Der Kampf gegen den Klerus

Band 1

Volker Speth

Der Kampf gegen den Klerus

Die staatliche Strafverfolgung des rheinischen Pfarrklerus im Kulturkampf wegen unbefugter Vornahme geistlicher Amtshandlungen

Band 1

PETER LANG

Bibliografische Information der Deutschen Nationalbibliothek
Die Deutsche Nationalbibliothek verzeichnet diese Publikation in der Deutschen Nationalbibliografie; detaillierte bibliografische Daten sind im Internet über http://dnb.d-nb.de abrufbar.

Gedruckt mit finanzieller Unterstützung des Landschaftsverbandes Rheinland, des Erzbistums Köln und des Bistums Trier.

LVR
Qualität für Menschen

Gedruckt auf alterungsbeständigem, säurefreiem Papier.
Druck und Bindung: CPI books GmbH, Leck

ISBN 978-3-631-82452-8 (Print)
E-ISBN 978-3-631-82587-7 (E-PDF)
E-ISBN 978-3-631-82588-4 (EPUB)
E-ISBN 978-3-631-82589-1 (MOBI)
DOI 10.3726/b17115

Peter Lang – Berlin · Bern · Bruxelles · New York · Oxford · Warszawa · Wien

Diese Publikation wurde begutachtet.

www.peterlang.com

Für Elke und Fabia in Dankbarkeit und Zuneigung

Inhaltsverzeichnis

Band 1

Band 2

Band 1

I. Einleitung: Thema, Fragestellungen, Vorbemerkungen

„Über das Verhalten des Klerus und der katholischen Gläubigen im Bistum Trier in den Kulturkampfauseinandersetzungen kann hier keine befriedigende Darstellung gegeben werden, da es dazu noch vieler Detailuntersuchungen bedarf."[1] Eine solche Detailuntersuchung, wie sie J. Steinruck in seiner Handbuchdarstellung des Kulturkampfes im Bistum Trier vermisst und angemahnt hat, will das vorliegende Werk leisten. Es ist im Kern der staatlichen (Straf-)Verfolgung des rheinischen Pfarrklerus wegen unbefugter Vornahme geistlicher Amtshandlungen während des Kulturkampfes gewidmet. Es geht also um das kulturkampfbedingte Vorgehen des Staates gegen die rheinischen Pfarrgeistlichen in deren Eigenschaft als Priester, Gemeindeleiter, Seelsorger und Kultvollzieher, nicht in ihrer Funktion als Zentrumsunterstützer, Vereinsorganisator, Redakteur oder Publizist; kurzum um die staatliche Repression des Pfarrklerus wegen dessen Aktivitäten auf dem Kerngebiet seiner Kompetenzen und seiner Berufstätigkeit, nicht auf dem Feld seiner diversen ‚Nebentätigkeiten'. Unberücksichtigt bleiben Ordensgeistliche, die seelsorgerliche Funktionen ausüben, beispielsweise in einer Kloster- oder Wallfahrtskirche. Ebensowenig wird das staatliche Vorgehen gegen die Priesterausbildungsstätten (Priesterseminare, Konvikte) und gegen die Bistumsleitungen (Bischöfe, Weihbischöfe, Generalvikare) wegen unbefugter Anstellung von Pfarrgeistlichen explizit thematisiert, auch wenn vor allem Letzteres am Rande natürlich Erwähnung findet. Bei den staatlichen Sanktionen bleiben die Vermögensbeschlagnahmungen und Gehaltseinbehaltungen, überhaupt der fiskalisch-finanzielle Aspekt der Klerusverfolgung weitgehend außer Acht. Vielmehr liegt der Fokus auf der Interaktion zwischen den Behörden, dem Pfarrklerus und den Gemeinden, auf der staatlichen Exekutivmaschinerie und auf der Reaktion der Geistlichkeit und ihrer Gemeinden auf die staatliche Strafverfolgung wegen illegaler Verrichtung geistlicher Amtshandlungen. Zentrale Bedeutung hat dabei die Eruierung der Zugriffsreichweite und Exekutivfähigkeit der Staatsgewalt, in diesem Fall des staatlichen Vermögens, die antiklerikalen Kulturkampfgesetze angesichts der klerikalen und gemeindlichen Renitenz durchzusetzen und zu implementieren. Konkret geht es um die Beantwortung der Frage: Mit welchen Mitteln versuchte und mit welchem Erfolg vermochte die Staatsmacht die einem partiellen oder prinzipiellen Amtierungsverbot unterliegenden Pfarrgeistlichen zur tatsächlichen Amtierungsunterlassung zu zwingen? Bei den Priestern steht weniger das individuelle Einzelschicksal im Mittelpunkt; es soll keine für das Gesamtbild wenig ertragreiche und bald ermüdende Aneinanderreihung von Mitgefühl erheischenden und erweckenden

1 J. Steinruck: Das Bistum Trier im Kulturkampf, S. 622.

Verfolgtenbiographien geboten werden, sondern die Repressionsstrukturen und Widerstandsmethoden, die Aktions-, Interaktions- und Reaktionsmuster, also das Typische, Überindividuelle, Charakteristische der gesetzbasierten staatlichen Repression eines Berufsstandes wegen seiner Berufsausübung herausgearbeitet werden. Insgesamt soll damit ein weiterer Beitrag geleistet werden zur Erforschung einer untergegangenen Kulturformation, nämlich des ‚klassischen' ultramontanen Katholizismus, seines Innenlebens, seiner Gedanken- und Wertewelt, seiner Kohäsionskräfte, seines Beziehungsgeflechts, seiner Herrschaftsstrukturen und seiner Konstitutionsbedingungen.

Der geographische Fokus dieser Studie liegt auf dem Südteil der Rheinprovinz, d.h. auf kirchlicher Seite auf dem Bistum Trier und auf staatlicher Seite auf den Regierungsbezirken Trier und Koblenz. Dies liegt hauptsächlich darin begründet, dass, gemessen an der Zahl der strafverfolgten und vertriebenen Priester, der Klerus im Bistum Trier, insbesondere im Regierungsbezirk Trier, einem größeren Verfolgungsdruck ausgesetzt war als in den Regierungsbezirken Aachen, Düsseldorf und Köln. So wurde nach einer im Innenministerium Anfang 1879 erstellten Statistik zwischen 1874 und 1878 im Regierungsbezirk Trier gegen 32 Geistliche und im Regierungsbezirk Koblenz gegen 19 Geistliche eine Aufenthaltsversagung verfügt, in den anderen drei rheinischen Regierungsbezirken zusammengenommen aber nur gegen 24 Geistliche und von den 19 Geistlichen der Rheinprovinz, die nach der Entziehung der Staatsangehörigkeit aus dem Deutschen Reich verbannt wurden, stammten 18 aus den Regierungsbezirken Koblenz und Trier.[2] Außerdem bietet die Quellenlage für das Bistum Trier den Vorzug, dass Pfarrgeistliche des Bistums Trier – teilweise in Reaktion auf eine Aufforderung des Bischofs Korum – eine größere Anzahl von handschriftlichen, zwischen 1888 und 1907 verfassten Erlebnisberichten hinterlassen haben, die im Bistumsarchiv Trier aufbewahrt sind. Dieser aufschlussreiche und wichtige, weil die Perspektive der betroffenen Opfer aufzeigende Quellenbestand ist – zusammen mit zwei schon während des Kulturkampfes publizierten Berichten – im Quellenanhang VII abgedruckt.[3] Andererseits leidet die kulturkampfbezügliche Quellenlage für den Südteil der preußischen Rheinprovinz an der weitgehenden Vernichtung der Landratsamtsakten während des Zweiten Weltkriegs.

---

2 Dem Kultusminister von Innenminister Eulenburg mit Begleitschreiben vom 14. Januar 1879 zugeschickte undatierte *Nachweisung der auf Grund des Reichsgesetzes vom 4. Mai 1874 gegen Geistliche und andere Religionsdiener verfügten Aufenthaltsversagungen, Aufenthaltsanweisungen, Entziehungen der Staatsangehörigkeit und Ausweisungen aus dem Bundesgebiete* (GStA PK, I. HA Rep. 76 IV Sekt. 1 Abt. IX Nr. 24 Bd. 5. Teilabdruck im Statistikanhang).

3 Auf den Aktenfundort bzw. Publikationsort der Erlebnisberichte und auf die Tatsache des Abdrucks mit Herkunftsnachweis im Quellenanhang VII wird zur Vermeidung ständiger Wiederholungen in der folgenden Darstellung nicht mehr eigens hingewiesen.

Zeitlich konzentriert sich die Studie auf die Zeit zwischen der Verabschiedung der Maigesetze von 1873 und dem ersten Milderungsgesetz vom 14. Juli 1880. Ungeachtet einiger Hinweise und Seitenblicke wird also nicht versucht, die einzelnen Stadien des Nachlassens und Abflauens der Klerusrepression systematisch nachzuzeichnen, was aufgrund des hochgradig arbiträren, stark von behördlichem Gutdünken bestimmten Charakters der langsamen Kulturkampfbeilegung eine eigene Untersuchung erfordern würde.

In dieser Studie geht es stark um Rechtsfragen, was die Tatsache widerspiegelt, dass der Kulturkampf in den Formen und mit den Mitteln des Rechtsstaats geführt wurde, d.h. aufgrund von parlamentarisch verabschiedeten Gesetzen, über deren Übertretung und Bestrafung letztlich die Justiz zu befinden hatte.[4] Gleichwohl ist diese Studie nicht primär rechtshistorisch angelegt und nicht auf die Justiz und auf die Erörterung der teils diffizilen Rechtsfragen um ihrer selbst willen fokussiert. Sie versucht nicht, die Entwicklung der Rechtsprechung, insbesondere der höchstrichterlichen des Obertribunals, zu Einzelfragen systematisch in allen Facetten und mit allen Wendungen und Widersprüchen nachzuzeichnen. Stattdessen konzentriert sie sich bezüglich des Staatshandelns auf die Exekutive, also auf die rheinische Provinzialverwaltung mit dem Oberpräsidenten an der Spitze und auf das Kultusministerium, das eine starke Steuerungsfunktion ausübte und mit dem sich der Oberpräsident selbst in Detailfragen absprach, und die Rechtsprechung kommt nur soweit in den Blick, als sie das Handeln der Verwaltungsbehörden bestimmte, eine Voraussetzung für dieses bildete oder im innerbehördlichen Schriftverkehr beispielsweise zwecks Entscheidungsbegründung thematisiert wurde.

Während die staatliche Verfolgung der Bischöfe während des Kulturkampfes in der Historiographie breite Aufmerksamkeit erhalten hat,[5] ist die staatliche Strafverfolgung des Pfarrklerus und dessen Verhalten als ein Berufsstand, der ein zentrales Angriffsobjekt eines antikatholisch und antiklerikal motivierten Einschüchterungs-, Bestrafungs-, Vertreibungs-, Verbannungs- und Säuberungsfeldzugs bildete, zumindest bezüglich des Rheinlandes, vielleicht mit Ausnahme des Regierungsbezirks Aachen, noch wenig systematisch, d.h. über die Beschreibung

4 Zur Justiz und Rechtsprechung im Kulturkampf vgl. U. Wilhelm: Das deutsche Kaiserreich und seine Justiz, S. 181–195; M. Scholle: Die preußische Strafjustiz im Kulturkampf; A. Stein: Justiz zwischen staatlicher Kirchenpolitik und kirchlicher Selbstbehauptung. – Kulturkampfbezügliche Urteile des Obertribunals enthalten die Zeitschriften: Die Rechtsprechung des Königlichen Obertribunals (bis 1874: und des Königlichen Oberappellationsgerichts) in Strafsachen, Bd. 15 (1874) – Bd. 20 (1879); Entscheidungen des Königlichen Obertribunals, Bd. 71 (1874) – Bd. 83 (1879); Archiv für gemeines deutsches und für preußisches Strafrecht, Bd. 22 (1874) – Bd. 27 (1879).

5 So widmet M. Scholle (Die preußische Strafjustiz im Kulturkampf) der Strafverfolgung der preußischen Bischöfe 180 Seiten, derjenigen des Pfarrklerus ca. 30 Seiten. Zur Strafverfolgung des Bischofs von Trier vgl. M. Scholle: Die preußische Strafjustiz im Kulturkampf, S. 197–212; A. Ditscheid: Matthias Eberhard, Bischof von Trier, im Kulturkampf. 2. Aufl.; J. Kraft: Matthias Eberhard, Bischof von Trier, S. 189ff.

von Einzelschicksalen hinausgehend, untersucht worden,[6] obwohl er doch numerisch unter den verurteilten hauptamtlichen Angehörigen der katholischen Kirche dominierte, wie bereits R. Ross konstatiert hat.[7]

Vier Gesetze, deren Publikationsorte hier in kleiner Auswahl – diese wichtigen Kulturkampfgesetze sind ja vielfach abgedruckt worden – ein für alle Mal nachgewiesen werden sollen, spielen in der vorliegenden Arbeit eine prominente Rolle. Es handelt sich um das preußische Gesetz über die Vorbildung und Anstellung der Geistlichen vom 11. Mai 1873[8], das preußische Gesetz über die kirchliche Disziplinargewalt und die Errichtung des Königlichen Gerichtshofes für kirchliche Angelegenheiten vom 12. Mai 1873[9], das Reichsgesetz betreffend die Verhinderung

6 Vgl. allgemein R. Ross: The failure of Bismarck's Kulturkampf, S. 61–74; E. Gatz: Der Weltklerus in den Kulturkämpfen; W. Becker: Katholische Kleriker im deutschen und bayerischen Kulturkampf; M. Scholle: Die preußische Strafjustiz im Kulturkampf, S. 235–267; J. Kißling: Geschichte des Kulturkampfes im Deutschen Reiche, Bd. 3, S. 106–136. Für das Rheinland vgl. K. Kammer: Trierer Kulturkampfpriester; E. Schwer: Der Kulturkampf am Rande des Hochwaldes, passim; H. Lepper: Die kirchenpolitische Gesetzgebung der Jahre 1872 bis 1875, S. 224–243; H. Schiffers: Der Kulturkampf in Stadt und Regierungsbezirk Aachen, S. 80–118; E. Föhles: Kulturkampf und katholisches Milieu, S. 247–267; W. Dietz: Die Auswirkungen des Kulturkampfes im Regierungsbezirk Koblenz, S. 110–179. Die bereits an anderer Stelle (V. Speth: Der Kampf um den öffentlichen Raum, S. 15–18) gemachten Literaturangaben zum Kulturkampf allgemein sollen hier nicht wiederholt werden. Die im ‚Archiv für mittelrheinische Kirchengeschichte', Bd. 71 von 2019, veröffentlichten Aufsätze von Hannah-Marie Hilsamer (Zwischen passivem Widerstand und offener Aggression. Die Darstellung des Kulturkampfes im Trierer ‚Eucharius', ebd. S. 299–339) und von Frederik Simon (Der preußische Kulturkampf im Selbstzeugnis eines Hunsrück-Pfarrers. Anstöße zu neuen Forschungsfragen, ebd. S. 341–370) sowie der dort von Letzterem publizierte Erlebnisbericht des Schöneberger Pfarrers Christian Müller (ebd. S. 493–530) sind erst nach Abschluss des Manuskripts zur Kenntnis des Autors der vorliegenden Studie gekommen und wohl auch erschienen.

7 „The bishops and lower clergy were the most conspicuous victims of governmental persecution. [...] But if the bishops were the Kulturkampf's most obvious victims, it was in fact the common clergy who overwhelmingly dominated the ranks of those arrested und jailed" (R. Ross: The Kulturkampf, S. 175).

8 Text: E. Huber/W. Huber [Hrsg.]: Staat und Kirche im 19. und 20. Jahrhundert, Bd. 2, S. 594–599; R. Lill [Hrsg.]: Der Kulturkampf, S. 86–90; J. Kißling: Geschichte des Kulturkampfes, Bd. 2, S. 462–467; N. Siegfried [Hrsg.]: Actenstücke betreffend den preußischen Culturkampf, S. 177–181; P. Hinschius: Die preußischen Kirchengesetze des Jahres 1873, S. 99–161 (mit Kommentar); G. Herrfurth: Die preußische und deutsche Gesetzgebung vom Mai 1873 und 1874, 2. Aufl., S. 38–64 (mit Kommentar); R. Höinghaus: Die neuen Kirchengesetze in Preußen, S. 123–164 (mit Kommentar).

9 Text: E. Huber/W. Huber [Hrsg.]: Staat und Kirche im 19. und 20. Jahrhundert, Bd. 2, S. 602–607; R. Lill [Hrsg.]: Der Kulturkampf, S. 90–94; J. Kißling: Geschichte des Kulturkampfes, Bd. 2, S. 467–473; N. Siegfried [Hrsg.]: Actenstücke betreffend den preußischen Culturkampf, S. 181–185; P. Hinschius: Die preußischen Kirchengesetze

der unbefugten Ausübung von Kirchenämtern (Verbannungs- oder Expatriierungsgesetz) vom 4. Mai 1874[10] und das preußische Gesetz wegen Deklaration und Ergänzung des Gesetzes vom 11. Mai 1873 über die Vorbildung und Anstellung der Geistlichen (Deklarationsgesetz) vom 21. Mai 1874[11].

Wenn vom Oberpräsidenten die Rede ist, ist in dieser Studie, sofern kein anderer ausdrücklich genannt ist, immer der in Koblenz residierende Oberpräsident der Rheinprovinz gemeint, der im Untersuchungszeitraum durchgängig der Protestant und promovierte Jurist Heinrich v. Bardeleben war. Als unentbehrliche Nachschlagewerke zum Personal der rheinischen Provinzialverwaltung und zum Klerus des Bistums Trier seien ein für alle Mal das von H. Romeyk verfasste Werk ‚Die leitenden staatlichen und kommunalen Verwaltungsbeamten der Rheinprovinz 1816 – 1945' und das vom Trierer Diözesanarchiv 1941 herausgegebene Werk ‚Der Weltklerus der Diözese Trier seit 1800' genannt.

Zur Fußnotenentlastung wurden einige Quellengattungen und die Quellen zu einigen Themen in die insgesamt sieben Quellenanhänge ‚ausgelagert'. Beim Nachweis der in den Akten überlieferten Quellen, die für den Untersuchungszeitraum durchgängig noch handschriftlich vorliegen, wurde wegen der Inpraktikabilität nicht zwischen Original und Abschrift unterschieden; nur ein Entwurf wurde als solcher gekennzeichnet. Wenn neben dem Druckort einer Quelle noch eine Aktenfundstelle nachgewiesen ist, so beruhen eventuelle Quellenzitate auf der eigenen Transkription. Bei der Transkription der Quellen wurde im Allgemeinen, von offenkundigen sinnentstellenden (Recht-)Schreibfehlern abgesehen, der Buchstabenbestand beibehalten, also nicht modernisiert; lediglich die Groß- und Kleinschreibung, die Getrennt- und Zusammenschreibung und die Zeichensetzung wurde, allerdings nicht konsequent, zwecks besserer Lesbarkeit heutigen Standards angepasst.

Ein von Herzen kommender Dank ist an die besuchten Archive abzustatten, in erster Linie an das Landeshauptarchiv Koblenz; von den dort Arbeitenden an Frau Schmidt-Schäfer und vor allem an Herrn Neupert. Dieser verkörpert in

---

des Jahres 1873, S. 37–94 (mit Kommentar); G. Herrfurth: Die preußische und deutsche Gesetzgebung vom Mai 1873 und 1874, 2. Aufl., S. 92–110 (mit Kommentar).

10 Text: E. Huber/W. Huber [Hrsg.]: Staat und Kirche im 19. und 20. Jahrhundert, Bd. 2, S. 632f; R. Lill [Hrsg.]: Der Kulturkampf, S. 98f; J. Kißling: Geschichte des Kulturkampfes, Bd. 2, S. 475–477; N. Siegfried [Hrsg.]: Actenstücke betreffend den preußischen Culturkampf, S. 216f; P. Hinschius: Die preußischen Kirchengesetze der Jahre 1874 und 1875, S. 1–16 (mit Kommentar); G. Herrfurth: Die preußische und deutsche Gesetzgebung vom Mai 1873 und 1874, 2. Aufl., S. 181–184 (mit Kommentar).

11 Text: E. Huber/W. Huber [Hrsg.]: Staat und Kirche im 19. und 20. Jahrhundert, Bd. 2, S. 639f; R. Lill [Hrsg.]: Der Kulturkampf, S. 102f; J. Kißling: Geschichte des Kulturkampfes, Bd. 2, S. 481–483; N. Siegfried [Hrsg.]: Actenstücke betreffend den preußischen Culturkampf, S. 243–245; P. Hinschius: Die preußischen Kirchengesetze der Jahre 1874 und 1875, S. 17–35 (mit Kommentar); G. Herrfurth: Die preußische und deutsche Gesetzgebung vom Mai 1873 und 1874, 2. Aufl., S. 71–77 (mit Kommentar).

herausragender Weise den hoffentlich nicht aussterbenden Typus des Archivars, der sich in einer jahrzehntelangen Dienstzeit ein stupendes landesgeschichtliches und archivisches Fachwissen angeeignet hat und die Nutzer freigebig davon profitieren lässt. Herrn Prof. B. Schneider von der Theologischen Fakultät Trier sei für die Übernahme der vom Verlag initiierten Begutachtung gedankt. Der Hauptdank freilich gebührt wie immer meiner Frau, die dieses Werk ebenso wie die vorhergehenden erst ermöglicht hat.

II. Das Bild von Kirche und Klerus in kulturkämpferischen Parlamentsreden

In diesem Kapitel soll als Beitrag zur Analyse der Kulturkampfmentalität untersucht werden, wie die den Kulturkampf mittragenden und unterstützenden Abgeordneten in deutschen Parlamenten einschließlich der die Gesetzentwürfe einbringenden und verteidigenden Regierungsvertreter die katholische Kirche und den Klerus, insbesondere deren vergangene und gegenwärtige Verfasstheit, Triebkräfte und Ziele wahrnahmen und beurteilten. Welche Negativsicht der sog. ‚Amtskirche' bewog die Mehrheit der Parlamentarier in den beiden Kammern des preußischen Landtags, dem Abgeordnetenhaus und dem Herrenhaus, sowie im Deutschen Reichstag, in der ersten Hälfte der 1870er Jahre für eine Erzwingungs- und Bekämpfungsgesetzgebung zu votieren, welche eine massive Repressionskampagne der Exekutive und Judikative gegen die katholische Geistlichkeit in Gestalt von Amtierungsverboten, Amtsenthebungen, Pfarrhausverweisungen, Geld- und Gefängnisstrafen, Pfändungen, Gehaltssperren, Aufenthaltsversagungen (Externierungen), Aufenthaltszuweisungen (Internierungen) bis hin zu Ausbürgerungen und Vertreibungen aus dem Reichsgebiet ermöglichten und aufgrund der Renitenz des Gesetzesadressaten auch tatsächlich auslösten? Aufgrund welchen Feindbildes hielten die kulturkämpferischen Parlamentarier die Verabschiedung eines umfassenden Gesetzespakets, welches juristisch den Weg freigab zu einer antiekklesialen und antiklerikalen Repressionsorgie, für gerechtfertigt und wohlbegründet? Mit den Worten von A. Birke gefragt: „Warum überhaupt erschien die katholische Kirche zum Zeitpunkt der Reichsgründung als der größte Feind? Warum wurden in so übertriebenem Maße Gefahren beschworen, die von hier der nationalen Einheit drohten?"[1] Unter Abstrahierung von individuellen, parteipolitisch geprägten Meinungen soll also das vorherrschende Narrativ oder die Meistererzählung der den legislativen Kulturkampf befürwortenden, die entsprechenden Gesetzesvorlagen der Regierung ungeachtet eventueller Vorbehalte und Änderungswünsche gleichwohl im Prinzip bejahenden Parlamentarier herauspräpariert werden und anschließend auf ihre verschwörungstheoretischen Implikationen hin untersucht werden.[2]

---

1 A. Birke: Zur Entwicklung und politischen Funktion des bürgerlichen Kulturkampfverständnisses in Preußen-Deutschland, S. 258f.

2 Ausgewertet und der folgenden Darstellung zugrunde gelegt wurden die folgenden Parlamentsdebatten:
- im Deutschen Reichstag über das Reichsgesetz betreffend die Ergänzung des Strafgesetzbuches für das Deutsche Reich (‚Kanzelparagraph') vom 10. Dezember 1871

1. Die kulturkämpferische Meistererzählung

a) Es droht akut Gefahr

Die kulturkampfaffirmativen Parlamentarier und die die Regierungsvorlagen im Parlament verteidigenden Regierungsvertreter einte als Grundgefühl und als Motiv für die Kulturkampfgesetze eine heute schwer nachvollziehbare, aber unzweifelhaft authentische Bedrohtwerdungsangst. Die Kulturkampfgesetzgebung werde – so die verbreitete Grundüberzeugung – dadurch veranlasst und erzwungen, dass die katholische Kirche in ihrer gegenwärtigen Verfassung eine fundamentale Bedrohung für jeden Staat und speziell für das Deutsche Reich, aber auch für Kultur, Bildung, Toleranz und Fortschritt darstellt, sodass die Kulturkampfgesetze als eine Art Not- und Abwehrreaktion auf eine akute Gefahr erschienen.[3] In Frage

---

- im Deutschen Reichstag über das Reichsgesetz betreffend den Orden der Gesellschaft Jesu (‚Jesuitengesetz') vom 4. Juli 1872
- im preußischen Landtag über das Gesetz betreffend die Abänderung der Artikel 15 und 18 der Verfassungsurkunde vom 31. Januar 1850 (‚Verfassungsänderungsgesetz') vom 5. April 1873
- im preußischen Landtag über die vier sog. ‚Maigesetze' vom 11., 12., 13. und 14. Mai 1873
- im Deutschen Reichstag über das Reichsgesetz betreffend die Verhinderung der unbefugten Ausübung von Kirchenämtern (‚Verbannungsgesetz') vom 4. Mai 1874
- im preußischen Landtag über das Gesetz wegen Deklaration und Ergänzung des Gesetzes vom 11. Mai 1873 über die Vorbildung und Anstellung der Geistlichen (‚Deklarationsgesetz') vom 21. Mai 1874.

Die ausgewerteten Parlamentsreden sind im Quellenverzeichnis vermerkt. Die Belegzitate haben selbstverständlich nur Beispielcharakter und könnten leicht vermehrt werden. Bei den Quellenzitaten wurde außer bei offensichtlichen Rechtschreibfehlern, die stillschweigend korrigiert wurden, der Buchstabenbestand beibehalten, jedoch die Groß- und Kleinschreibung, die Getrennt- und Zusammenschreibung sowie die Zeichensetzung um der besseren Lesbarkeit willen vorsichtig modernisiert. Die Weglassung des in den Parlamentsreden häufigen Einschubs *‚meine Herren'* ist nicht eigens gekennzeichnet. Die Auflösung der Abkürzungen: AH = preußisches Abgeordnetenhaus, HH = preußisches Herrenhaus, RT = Deutscher Reichstag.

3 Abg. Dr. Gneist am 28. November 1871 in der 33. Sitzung der 2. Session der 1. Legislaturperiode des RT: *Diese unsichtbar geleitete vorstoßende Gewalt, die gegen die evangelische Kirche geübt wird, gefährdet in der That die Freiheit und den Frieden der Gesellschaft und jedes Einzelnen. [...] In dieser Lage ist es naturgemäß, daß der Staat sich seiner Schutzpflicht zu erinnern hat* (Stenogr. Berichte RT, 1. Leg.-Per., 2. Sess., 1. Bd., S. 584).

Hr. Gobbin am 10. März 1873 in der 15. Sitzung der Session 1872/73 des HH: *Die Kirchengesetze sind ein Akt der Nothwehr, der Abwehr, nicht ein Akt der Noth- und Abwehr gegen die Kirche, sondern ein Akt gegen die hierarchischen Bestrebungen der Geistlichkeit. Daß diese Gesetze deshalb die Spitze zumeist gegen die katholische Kirche*

stehe *der Staat selbst, seine gesetzliche Ordnung, sein Ansehen, seine Würde, unter Umständen seine Existenz.*[4] Ein *Papalsystem* habe sich etabliert, *welches, dunkel in seinen Anfängen, in seinen Zielen nach allen Richtungen hin gemeingefährlich ist,*[5] sich *in offener Auflehnung [...] gegen die Staatsautorität* befindet[6] und den Staat *zur Nothwehr gewissermaßen gezwungen hat*[7]. Zu konstatieren sei eine *Rebellion gegen den Staat, gegen welche sich der Staat mit seiner Gewalt schützen kann und schützen muß,* und ein *kecke[r], kühne[r], wohlbewußte[r] Angriff gegen die Ordnungen des Staats, soweit er der Herrschaft der Kirche sich entgegensetzt.*[8] *Wir haben es mit einem Widerstand zu thun, der nicht blos eine einzelne Gesetzesübertretung involvirt, sondern prinzipiell und grundsätzlich das Recht des Staates negirt.*[9] *Die jetzige katholische Reaktion* gehe *darauf aus, den Staat zu ignoriren und zu beseitigen.* Diese *Untergrabung der Fundamente des Staates* erfolge durch eine Religionsgemeinschaft, *die sich als Staat im Staate gebehrdet und noch dazu mit einem auswärtigen Oberhaupte.*[10] Die *Akkommodationsfähigkeit der Kirche [...] gegenüber dem Staate* gehe einher mit einer politisch *aggressiven Richtung der Hierarchie, insbesondere der katholischen Hierarchie, gegen den Staat.*[11] Die oberste Kirchengewalt verfolge *ein Programm, von dem man einfach sagen muß, es sei die Wiederaufnahme*

---

und gegen die katholische Geistlichkeit kehren, hat ja einfach seinen Grund darin, daß eben die katholische Geistlichkeit hauptsächlich hierarchischen Bestrebungen huldigt und in diesen hierarchischen Bestrebungen so weit geht, daß es fast bis zur Vernichtung des Staates führen würde, wollte man ihnen nachgeben (Stenogr. Berichte HH, Sess. 1872/73, Bd. 1, S. 204).

Hr. Dr. Tellkampf am 10. März 1873 in der 15. Sitzung des HH: *Die Thatsache, daß dieser Kampf der Römischen Kirchengewalt gegen die höchsten menschlichen Güter, gegen Wahrheit, Bildung und Recht gerichtet ist, nöthigt zur entschiedenen Abwehr [...], damit nicht die Angriffe der Kirchengewalt die Reichseinheit wieder gefährden können, die durch schwere Kämpfe und glänzende Siege gewonnen ist* (Stenogr. Berichte HH, Sess. 1872/73, Bd. 1, S. 210f).

4 Abg. Kiefer am 16. Mai 1872 in der 23. Sitzung der 3. Session der 1. Legislaturperiode des RT (Stenogr. Berichte RT, 1. Leg.-Per., 3. Sess., 1. Bd., S. 395).

5 Abg. Petri am 31. Januar 1873 in der 37. Sitzung der Session 1872/73 des AH (Stenogr. Berichte AH, Sess. 1872/73, Bd. 2, S. 875).

6 Abg. Freiherr v. Winnigerode am 23. April 1874 in der 39. Sitzung der 1. Session der 2. Legislaturperiode des RT (Stenogr. Berichte RT, 2. Leg.-Per., 1. Sess., 2. Bd. S. 1033).

7 Abg. Graf Renard am 7. März 1873 in der 59. Sitzung der Session 1872/73 des AH (Stenogr. Berichte AH, Sess. 1872/73, Bd. 3, S. 1498).

8 Abg. Dr. Völk am 28. November 1871 in der 33. Sitzung der 2. Session der 1. Legislaturperiode des RT (Stenogr. Berichte RT, 1. Leg.-Per., 2. Sess., 1. Bd., S. 574f).

9 Abg. Miquel am 23. April 1874 in der 39. Sitzung der 1. Session der 2. Legislaturperiode des RT (Stenogr. Berichte RT, 2. Leg.-Per., 1. Sess., 2. Bd., S. 1048).

10 Abg. Wagener (Neustettin) am 15. Mai 1872 in der 22. Sitzung der 3. Session der 1. Legislaturperiode des RT (Stenogr. Berichte RT, 1. Leg.-Per., 3. Sess., 1. Bd., S. 380f).

11 Hr. Dr. Baumstark am 10. März 1873 in der 15. Sitzung der Session 1872/73 des HH (Stenogr. Berichte HH, Sess. 1872/73, Bd. 1, S. 215).

aller staatsfeindlichen Bewegungen, Kämpfe und Angriffe, welche die ganze Periode unseres deutschen Mittelalters und der späteren Epochen erfüllten, und führe *Krieg gegen die Gegenwart und Zukunft unseres Deutschen Reiches.*[12] Man fand, *daß die Rechte der Preußen durch die überwuchernde Gewalt der Kirche mehr und mehr beengt werden,*[13] und diagnostizierte *das Vorhandensein der höchsten Gefahr, die in diesem Augenblicke das ganze Vaterland bedroht*[14]. Als brandgefährlich und hochbedrohlich galt vor allem der Jesuitenorden, *welcher unsere heiligsten Interessen, welcher Vaterland und Freiheit gefährdet und das Rechts- und Sittlichkeitsbewußtsein des Volkes zu vernichten droht.*[15] *Dieser Organismus ist unserm Staate gegenüber [...] feindselig und führt einen unversöhnlichsten Krieg gegen die Grundlagen und die wichtigsten Interessen der Gesittung.*[16] Lapidar auf den Punkt gebracht lautete die Grundüberzeugung: *Wir sind angegriffen.*[17] *Es ist Gefahr im Verzuge!*[18] *Die Pflicht der Selbsterhaltung,*[19] *die Erfüllung der Pflicht der Abwehr,*[20] die *Ausübung des Rechtes der Nothwehr*[21] nötigen und legitimieren den Staat – so die Folgerung aus der gefühlten Bedrohungssituation – zu energischen Gegenmaßnahmen. *Das Vaterland ist in Gefahr; wir haben Abwehr zu treffen, um die Gefahr wirksam beschwören zu können, mit der wir hier bedroht werden.*[22] Der kurzzeitige preußische Ministerpräsident v. Roon wusste sich mit dem gesamten Staatsministerium darin einig, *daß wir uns gegen Rom zu wehren hätten* und dass eine *Nothwendigkeit*

---

12 Abg. Kiefer am 16. Mai 1872 in der 23. Sitzung der 3. Session der 1. Legislaturperiode des RT (Stenogr. Berichte RT, 1. Leg.-Per., 3. Sess., 1. Bd., S. 395f).

13 Abg. Dr. Virchow am 18. März 1873 in der 67. Sitzung der Session 1872/73 des AH (Stenogr. Berichte AH, 3. Sess. 1872/73, Bd. 3, S. 1730).

14 Abg. Schulze (Berlin) am 14. Juni 1872 in der 43. Sitzung der 3. Session der 1. Legislaturperiode des RT (Stenogr. Berichte RT, 1. Leg.-Per., 3. Sess., 2. Bd., S. 1012).

15 Abg. Windthorst (Berlin) am 15. Mai 1872 in der 22. Sitzung der 3. Session der 1. Legislaturperiode des RT (Stenogr. Berichte RT, 1. Leg.-Per., 3. Sess., 1. Bd., S. 391).

16 Abg. Kiefer am 16. Mai 1872 in der 23. Sitzung der 3. Session der 1. Legislaturperiode des RT (Stenogr. Berichte RT, 1. Leg.-Per., 3. Sess., 1. Bd., S. 398).

17 Abg. Dr. Völk am 14. Juni 1872 in der 43. Sitzung der 3. Session der 1. Legislaturperiode des RT (Stenogr. Berichte RT, 1. Leg.-Per., 3. Sess., 2. Bd., S. 1022).

18 Abg. Schulze (Berlin) am 16. Mai 1872 in der 23. Sitzung der 3. Session der 1. Legislaturperiode des RT (Stenogr. Berichte RT, 1. Leg.-Per., 3. Sess., 1. Bd., S. 413).

19 Hr. Dr. Tellkampf am 10. März 1873 in der 15. Sitzung der Session 1872/73 des HH (Stenogr. Berichte HH, Sess. 1872/73, Bd. 1, S. 210).

20 Kultusminister Falk am 17. Januar 1873 in der 28. Sitzung der Session 1872/73 des AH (Stenogr. Berichte AH, Sess. 1872/73, Bd. 1, S. 627).

21 Dr. Friedberg als Bevollmächtigter zum Bundesrat für Preußen am 14. Juni 1872 in der 43. Sitzung der 3. Session der 1. Legislaturperiode des RT (Stenogr. Berichte RT, 1. Leg.-Periode, 3. Sess., 2. Bd., S. 1001).

22 Abg. Windthorst (Dortmund) am 20. Januar 1873 in der 29. Sitzung der Session 1872/73 des AH (Stenogr. Berichte AH, Sess. 1872/73, Bd. 1, S. 665).

von Abwehrmaßregeln, zu denen wir diese Gesetze rechnen, besteht,[23] denn *unser Staatsleben wird auf das gefährlichste bedroht, wenn wir nicht Waffen der Abwehr haben gegen die Übergriffe, die uns bedrohen*[24]. Reichskanzler Bismarck berief sich auf das *Prinzip der Nothwehr*[25] und warb im preußischen Herrenhaus *um Hilfe zur Befestigung des Staates und zu seiner Vertheidigung gegen Angriffe und gegen Unterwühlungen, die seinen Frieden und seine Zukunft gefährden*[26]. Die katholische Kirche wurde somit angstvoll als hochgefährliches Sicherheitsrisiko mit einem enormen Desintegrations- und Destabilisierungspotential für die Staatenwelt allgemein und speziell für das Deutsche Kaiserreich empfunden, was dringende, drastische und durchgreifende Abwehrmaßnahmen zu erheischen schien.

b) Die geschichtliche Herausbildung der Bedrohungssituation

Wie war nach Ansicht der Parlamentarier diese dramatische universelle und existenzielle Bedrohungskulisse entstanden? Welche historische Entwicklung hatte vermeintlich dazu geführt, dass die Kirche, die im Gefolge der Französischen Revolution, der Säkularisation und der Napoleonischen Kirchenpolitik auf einem machtpolitischen Tiefpunkt angelangt war, nun zu einer derart elementaren Gefahr für das Deutsche Reich und die es tragenden Werte avancieren konnte? Die in den kulturkampfaffinen Parlamentsreden dominierende Erklärungshistorie lautete ungefähr folgendermaßen:

Nach dem Machtverfall der Kirche zu Beginn des 19. Jahrhunderts übernahm allmählich von Rom ausgehend eine zelotische kirchenpolitische Gruppierung, nämlich die ultramontane Partei, die Herrschaft in der Kirche. Diese erneuerte in postnapoleonischer Zeit unter dem Einfluss der Ideologie des Ultramontanismus die mittelalterlichen hierokratischen Weltherrschaftsambitionen und erklärte sowohl den modernen Staaten wie den zukunftsweisenden, das 19. Jahrhundert prägenden Kräften und Prinzipien den Krieg. Erste Maßnahmen der reaktionären *ultramontanen Partei, die damals allerdings noch im Verborgenen wirkte,*[27] waren die Proteste gegen die neuen freiheitsverbürgenden Verfassungen und vor allem die Neugründung des Jesuitenordens im Jahr 1814, welcher den Kampf der Kirche gegen die modernen Werte wie Religions- und Gewissenfreiheit und

---

23 Ministerpräsident Graf Roon am 17. Januar 1873 in der 28. Sitzung der Session 1872/73 des AH (Stenogr. Berichte AH, Sess. 1872/73, Bd. 1, S. 642).

24 Ministerpräsident Graf Roon am 11. März 1873 in der 16. Sitzung der Session 1872/73 des HH (Stenogr. Berichte HH, Sess. 1872/73, Bd. 1, S. 224).

25 Staatsminister Fürst Bismarck am 24. April 1873 in der 25. Sitzung der Session 1872/73 des HH (Stenogr. Berichte HH, Sess. 1872/73, Bd. 1, S. 443).

26 Staatsminister Fürst Bismarck am 10. März 1873 in der 15. Sitzung der Session 1872/73 des HH (Stenogr. Berichte HH, Sess. 1872/73, Bd. 1, S. 214).

27 Abg. Graf Frankenberg am 21. April 1874 in der 37. Sitzung der 1. Session der 2. Legislaturperiode des RT (Stenogr. Berichte RT, 2. Leg.-Per., 1. Sess., 2. Bd., S. 1011).

Gleichberechtigung der Konfessionen anführte.[28] Die Macht und Militanz des Ultramontanismus, dessen Anhänger ihre usurpierte innerkirchliche Machtposition

---

28 Abg. Dr. Roepell am 30. Januar 1873 in der 36. Sitzung der Session 1872/73 des AH: *Meine Ansicht ist, daß dieser heutige Streit, in dem wir uns befinden, nur die ganz natürliche Frucht einer großen langen geschichtlichen Entwicklung ist [...], deren Ausgangpunkt Rom war und die im Laufe dieser Jahrzehnte die übrige Welt ergriffen hat. [...] Meine Herren, Sie werden sich alle erinnern, in welchem tiefen Verfall innerlich und äußerlich die katholische Kirche war [...] am Ende der Stürme der französischen Revolutions-Epoche. [...] Im Mai 1814 war er* [d.h. Papst Pius VII.] *in Rom wieder eingezogen, im August 1814 erließ er die Bulle ‚Sollicitudo omnium ecclesiarum'. [...] In der Bulle stellte er den Orden der Gesellschaft Jesu wieder her, er stellte ihn her, wie er gewesen, mit seiner alten Regel, seiner alten Verfassung, seinen Konstitutionen und Institutionen, mit seinen Rechten, Privilegien und Freiheiten, die er jemals in der Kirche gehabt* (Stenogr. Berichte AH, Sess. 1872/73, Bd. 2, S. 857). – *Nun, meine Herren, wollen Sie denn behaupten, daß der Orden der Gesellschaft Jesu diese Prinzipien der Freiheit des Gewissens und des Kultus, dieses Prinzip der vollen Gleichberechtigung aller Konfessionen auf dem Gebiete des Staates jemals gelehrt, gepredigt habe oder für diese Prinzipien jemals eingetreten sei? Ich bin der Meinung, daß der Orden der Gesellschaft Jesu sich gegen diese Prinzipien geradezu feindlich bewiesen hat, daß er sie als Irrthümer verurtheilt, verdammt hat [...]. Und nun, meine Herren, frage ich Sie, ob wir auf unserer Seite ein Recht haben zu sagen, die Wiederherstellung des Ordens oder der Gesellschaft Jesu im Jahre 1814 war nicht ein Programm des Friedens, sondern ein Programm des Krieges [...]. Und nun, meine Herren, welches waren denn die nächsten Folgen dieses ersten großen Regierungs-Aktes Pius VII.? Sie werden sich erinnern, daß die Jahre von 1815 – 1820 die Zeit war, in welcher es in der Mehrzahl unserer europäischen Staaten zu neuen Verfassungen kam. Wenn Sie sich diese Verfassungen, die damals gegeben wurden, ansehen, meine Herren, so werden Sie in ihnen allen mehr oder weniger jene großen Grundsätze der Freiheit des Gewissens und Kultus und der Gleichberechtigung der Confessionen auf dem Gebiete des Staates aufgenommen finden. Wer aber hat protestirt grade wegen dieser Religionsartikel gegen diese Verfassungen in Belgien, in Frankreich, bei uns in Baiern Protest eingelegt? Die Bischöfe und die apostolischen Nuntien. Weshalb erwähne ich dieser Proteste [...]? Ich erwähne sie deshalb, weil sie die ersten Manifestationen waren der neu sich bildenden kirchlich politischen Partei, als deren jüngste Sprößlinge wir die Herren im Centrum zu erachten haben. [...] Diese politisch kirchliche Partei [...] ist schon lange da, sie existirt seit dem zweiten oder dritten Decennium unseres Jahrhunderts, und die kirchlich politische Partei, von der jene Protestationen ausgingen gegen die religiösen Freiheits-Artikel in den neuen Verfassungen [...] hat schon damals ganz dasselbe Ziel ins Auge gefaßt und erstrebt, welches auch noch heute von ihren Nachkommen ins Auge gefaßt und erstrebt wird, nämlich das Ziel, die Gesellschaft und den Staat zu organisieren und zu leiten nach den alten ultramontanen Principien und Lehren. Da aber die Entwicklung der Staaten in den letzten Jahrhunderten überall zu Gesetzen und zu Einrichtungen auf allen Gebieten des Lebens geführt hatte – ich will beispielsweise das Gebiet des Ehewesens, des Unterrichts, der kirchlichen Verhältnisse erwähnen – [...], welche den ultramontanen Lehren diametral entgegen waren, so befand sich die neue Partei, wenn sie ihre Grundsätze ins Leben setzen wollte, in der Lage, die bestehenden Gesetze und Einrichtungen der*

immer weiter ausbauten und befestigten, nahmen in der Folgezeit immer weiter zu, sodass er sogar in Europa Monarchen stürzen, Regierungswechsel erzwingen und Kriege auslösen konnte, wie der Sturz der Bourbonen, die Revolutionen in Frankreich und Belgien von 1830 und der Sonderbundkrieg in der Schweiz beweisen.[29]

In Deutschland manifestierte sich die wachsende Macht der ultramontanen Partei in den ‚Kölner Wirren', in denen zum ersten Male die Kirche den preußischen Staat erfolgreich herausfordern, sich von der Staatsaufsicht emanzipieren und ihre Hoheitsansprüche auf dem Gebiet der Erziehung, Ausbildung und Anstellung des Klerus durchsetzen konnte.[30] Insbesondere nach und dank der Revolution von 1848/49 konnte dann die unter dem Banner des Ultramontanismus und mit Hilfe

---

verschiedenen Staaten angreifen zu müssen [...] und damit die Gesellschaft wieder neu zu organisieren (ebd., S. 858).

29 Abg. Dr. Roepell am 30. Januar 1873 in der 36. Sitzung der Session 1872/73 des AH: *Wer die Geschichte Frankreichs, Englands, Belgien, der Schweiz kennt, wer sich erinnert, daß gerade die Bestrebungen und Tendenzen dieser Partei die Bourbons um ihren Thron gebracht, die Juli-Revolution herbeigeführt, die Revolution in Belgien im Jahre 1830 herbeigeführt, den Sonderbundskrieg in der Schweiz herbeigeführt haben, [...] für den wird das eben Gesagte keiner besonderen Ausführung bedürfen und ebenso wenig wird es einer weiteren Ausführung bedürfen, daß der Ultramontanismus von Jahrzehnt zu Jahrzehnt nicht nur an äußerem Umfange gewonnen hat, sondern auch an innerer Intensität, daß er gar nicht zu verachtende Erfolge erreicht hat* (Stenogr. Berichte AH, Sess. 1872/73, Bd. 2, S. 859).

30 Abg. Dernburg am 17. Juni 1872 in der 45. Sitzung der 3. Session der 1. Legislaturperiode des RT: *Im Jahre 1827* [richtig: 1837], *als die preußische Regierung sich genötigt sah, gegen die maßlosesten Ausschreitungen eines katholischen Bischofs* [d.h. des Kölner Erzbischofs Droste-Vischering] *einzuschreiten, ist sie unterlegen. Weswegen? Weil sie es nicht gewußt hat, das Herz des Volkes, die Stimmung der Nation für sich zu gewinnen* (Stenogr. Berichte RT, 1. Leg.-Per., 3. Sess., 2. Bd., S. 1067).
Abg. Dr. Roepell am 30. Januar 1873 in der 36. Sitzung der Session 1872/73 des AH: *Wie aber war es bei uns in Deutschland? [...] Bis in die Mitte der dreißiger Jahre, sage ich, hielt sich die ultramontane Partei bei uns in ihrer Wirksamkeit [...] wesentlich auf dem rein kirchlichen Gebiete und auf dem literarischen. Erst der Kölner erzbischöfliche Streit führte sie weiter, denn der Erzbischof von Köln war der erste, der den Kampf gegen den Staat offen aufnahm. [...] Der Kölner Streit betraf neben jenen beiden Fragen* [d.h. neben dem Mischehenproblem und dem Hermesianismus], *die ich nicht in ihrer Bedeutung heruntersetzen will, auch das Prinzip [...]. Denn ganz wie die Bulle vom Jahre 1836 [...] stellte der Erzbischof gegenüber der preußischen Regierung ganz im Allgemeinen die Forderung, daß der Staat anerkennen solle, die Kirche sei ihm vollkommen gleichberechtigt, koordinirt, und er schloß daraus weiter, daß also jede Aufsicht, jede Kontrolle des Staates, welche es auch sei, auf welches Gebiet sie sich auch erstrecke, vollkommen unnütz und unberechtigt sei und wegfallen müsse. [...] Von diesem Princip aus forderte der Erzbischof von den Behörden des Staates, daß ihm allein und ausschließlich die Leitung der Bildung und die Anstellung und Einsetzung der Geistlichen [...] seiner Diözese überlassen werde; er forderte, daß er allein das Recht erhalte, die Professoren der katholisch-theologischen Fakultät in*

des Jesuitenordens reorganisierte Kirche einen enormen Aufschwung nehmen, ihre Massenwirksamkeit auch durch die konsequente Nutzung der Presse und des Vereinswesens steigern und sich so eine große Machtfülle aneignen.[31]

Die Machtergreifung des Ultramontanismus in der Kirche und die unter dessen Ägide erfolgte Revitalisierung der Kirche bedrohten nicht nur den Staat, sondern zeitigten auch verheerende Folgen für die Gesellschaft. In Abwendung von der Toleranz und Irenik der Aufklärung führten sie zu einer wachsenden konfessionellen Abgrenzung und Unduldsamkeit, die sich beispielsweise darin niederschlugen, dass die katholische Kirche die Trauung konfessionsverschiedener Brautleute vom Versprechen beider Nupturienten, alle ihre künftigen Kinder katholisch zu erziehen, abhängig machte. Weiterhin vollzog sich eine kirchenamtliche Wiederbelebung glücklich überwunden geglaubter mentalpathologischer Volksfrömmigkeitsformen, die man nur als abergläubisch und als Rückfall ins Mittelalter ansehen

---

Bonn einzusetzen und abzusetzen; er forderte, daß ihm gestattet sei, vollkommen frei Knaben-Seminare zu errichten, in welche er Knaben vom 12. Jahre an aufnehmen könne; er forderte ferner, daß ihm und seiner Leitung ausschließlich das mit der Universität in Bonn verbundene Konvikt und das [Priester-]Seminar übergeben werde [...]. Meine Herren, ich will nun nicht weiter ausführen, welches Ende dieser Streit mit dem Erzbischof von Köln nahm, das liegt ja auf der Hand und das bestreiten auch Sie nicht, daß der Ausgang dieses Kampfes den Muth und die Zuversicht der ultramontanen Partei in Deutschland ungemein erhöhte und daß erst von diesem Moment an [...] die ultramontane Partei in Deutschland immer weiter Verbreitung gewann (Stenogr. Berichte AH, Sess. 1872/73, Bd. 2, S. 859f).

31 Abg. Dr. Gneist am 28. November 1871 in der 33. Sitzung der 2. Session der 1. Legislaturperiode des RT: *Welchen Gebrauch haben Sie* [zum Zentrum] *von der vollständigen Emancipation* [der Kirche vom Staat im Gefolge der Revolution von 1848] *gemacht? [...] Der katholische Klerus hat alle modernen Machtmittel der Gesellschaft in einer Weise genützt und ausgebeutet, daß man ihm die vollständigste Anerkennung nicht versagen kann: zu Ehren Gottes geschickter, zusammenhängender, systematischer operirt zu haben als irgendeine weltliche Partei. Sie hat die Tagespresse sich dienstbar und zu Nutzen gemacht mit allen Mitteln, welche im Stande sind, auf die Masse des Volkes stark und drastisch zu wirken. [...] Sie haben das Vereinsrecht benutzt mit einer systematischen Consequenz wie keine politische und sociale Partei. [...] Darin hat Ihre Kirche von jeher ihre Meisterschaft als die große Menschenkennerin bewährt. Sie sind und bleiben ferner Herren der Frauen und zwar der Frauen im Durchschnitt am meisten der arbeitenden Klassen. Alle diese gesellschaftlichen Mittel sind benutzt worden zur Beförderung der Macht der katholischen Kirche [...]. Meine Herren, diesen ganzen modernen Apparat verbinden Sie mit der alten Autorität der römisch-katholischen Kirche [...]. Innerhalb der kirchlichen Universalmonarchie soll dieser moderne Apparat von Preß- und Vereinsagitation als ein untrennbares Ganze kirchlicher Ansprüche gelten. [...] Für den neuen Apparat gesellschaftlicher Machtmittel, den Sie unter den weiten Mantel der Kirche genommen haben, wird nun die sakrosancte Natur der ‚heiligen Kirche', ihre Unverletzlichkeit und Unantastbarkeit beansprucht* (Stenogr. Berichte RT, 1. Leg.-Per., 2. Sess., 1. Bd., S. 584).

kann, so z.B. die Verehrung des Heiligen Rocks zu Trier im Jahr 1844.[32] Schließlich nahm das volksschädliche, den Jugendunterricht okkupierende Ordenswesen solche Ausmaße an, dass spanische Verhältnisse drohten, ein Synonym für

---

32 Abg. Graf v. Limburg-Stirum am 16. Januar 1873 in der 27. Sitzung der Session 1872/73 des AH: *Erinnern Sie sich doch, wie weit seit Emanation des Allgemeinen Landrechts die gemischten Ehen ohne jeden Anstand stattgefunden haben. Es lebten in vielen Familien die protestantischen und katholischen Kinder friedlich nebeneinander und von Schwierigkeiten war in diesen Fällen nicht die Rede. Da auf einmal kam die scharfe Haltung Roms, da wurden die Zügel straff angezogen und es ging nicht mehr* (Stenogr. Berichte AH, Sess. 1872/73, Bd. 1, S. 608).
Abg. Jung am 20. Januar 1873 in der 29. Sitzung der Session 1872/73 des AH: *Am Anfang dieses Jahrhunderts, als Preußen in den Besitz der Rheinprovinz kam, lebte Alles in ungestörtem Frieden, kein Mensch dachte an die alten Prätensionen, das Prädikat „alleinseligmachend" gehörte in die Rumpelkammer des Mittelalters [...]. Das, was schon so lange ein Zeichen der gebildeten Welt ist, daß die christliche Religion in Frieden und Gastfreundschaft miteinander leben soll und daß es ganz gleichgültig ist, ob jemand in der protestantischen oder in der katholischen Religion lebt, war zu Thatsache geworden. Die Heirathen fanden dort ohne alles Hinderniß und ohne Einspruch von Seiten der katholischen Geistlichkeit statt, die damals tolerant war [...]. Da kam die unselige Richtung der katholischen Kirche auf einmal, die die Grenzen und Unterscheidungslehren ängstlich wieder hervorhob, jeden veralteten Aberglauben und abgelegte Gebräuche gewissermaßen als Unterscheidungszeichen und Parteifahne wieder an den Tag brachte. Damals brachte man längst vergessene Feiern, wie z.B. die des heiligen Rocks zu Trier, zu Tage, über die sich das ganze gebildete Deutschland entsetzte. Aber dem ganzen gebildeten Deutschland zum Hohne wurde dieses Schauspiel in Scene gesetzt* (Stenogr. Berichte AH, Sess. 1872/73, Bd. 1, S. 651). – *Haben Sie ferner die Schriften des Conrad Bolanden* [eigentlich Joseph Bischoff, ein Priester und religiöser Volksschriftsteller] *vom neuen Gott gelesen, ferner die Heiligengeschichten, welche durch Jesuiten grade in neuster Zeit in Umlauf gebracht werden – das Geschäft wird ja fortgesetzt, wenn die Herren* [aufgrund des Jesuitengesetzes] *auch nicht mehr im Lande sind – die Geschichte des heiligen Casfaro oder der Klosterschwester Therese, die aller Bildung, aller Kultur, allen Erziehungsbegriffen gradezu ins Gesicht schlagen, und das sind Schriften, die die Jugend bestimmt. [...] Meine Herren, dann sehen Sie sich ein rheinisches Kirchweihfest an. Auf demselben sehen Sie Buden, in denen diese Schriften von Alban Stolz und von Bolanden verkauft werden; da werden diese Heiligengeschichten, die ich Ihnen charakterisirt habe, und die christliche Leidensgeschichte in einem illustrierten Rebus* [d.i. Bilderrätsel] *verkauft, da werden wunderthätige Medaillen und Rosenkränze und Marienbilder feil geboten, meistens mit französischen Inschriften, denn die Sachen kommen vielfach in großer Zahl aus Frankreich. Und, meine Herren, was für eine Medizinalpfuscherei wird da nicht getrieben! Sie kennen ja alle die Wallfahrten wegen Zahnweh, wegen Bauchweh; jede Pfarrkirche hat ihren besondern Zweig der Medizinalpfuscherei. Da wird z.B. in Aachen in der Adelbertskirche* [richtig: Adalbertskirche] *am Tage der heiligen Apollonia ein Zahn dieser Heiligen, der unter Glas gebracht worden ist, von einem Geistlichen zum Küssen herumgereicht, wodurch bei gehöriger Opferspende Zahnschmerzen beseitigt werden. (Große Heiterkeit.) In der Kreuzkirche wäscht man sich am Tage der heiligen Ottilie mit geweihtem Wasser, wodurch man alle Augenkrankheiten los wird.*

Rückständigkeit und Geistesfinsternis.[33] Überhaupt ist der *übermäßige klerikale Einfluß auch heute noch* ein Grund dafür, daß es in Bayern *mit dem Civilisationsprozeß etwas langsamer vorwärts geht.*[34]

Dies alles wurde ermöglicht durch die staatliche Nachgiebigkeit, die in Preußen seit den und infolge der Kölner Wirren Platz griff und im Gefolge der Revolution von 1848/49 in einer Einstellung der staatlichen Kirchenkontrolle endete.[35] Die Selbstentmannung des Staats wurde staatsrechtlich begründet und festgeschrieben durch die unheilvollen Religions- und Kirchenartikel der preußischen Verfassung von 1848/50, welche – zumindest laut der in den folgenden Reaktionsjahren herrschenden Interpretation – die unverzichtbaren staatlichen Hoheitsrechte preisgaben und welche von den Bischöfen sogleich rücksichtslos ausgenutzt wurden, um sich auf allen Gebieten des kirchlichen Lebens (Priesterausbildung, Vermögensverwaltung usw.) von der staatlichen Kirchenaufsicht zu befreien, ohne dass ihnen der Staat, der seine Autorität durch die Revolution geschwächt sah und Rückhalt

---

In der Jakobskirche verkauft der Küster Hubertusbrödchen, durch welche man von der Wasserscheu geheilt wird. Die Hundewelt brennt der Küster mit dem Hubertusschlüssel zu demselben Zweck. In der Fridolinskirche werden auch Leiden kurirt u.s.w. Alles dies gegen gehörige Opferspenden. Ich sage, es ist eine wahre Gewissensnoth aller gebildeten und mit ihrer Nation lebenden Katholiken, daß die Leitung der katholischen Kirche eine solche Richtung genommen hat (ebd., S. 653).

33 Abg. v. Kardorff am 4. Februar 1873 in der 38. Sitzung der Session 1872/73 des AH: *Die statistischen Zahlen, die uns gebracht sind über das Anwachsen der Klosterkongregationen, belehrten uns darüber, daß wir auf dem besten Wege waren, in spanische Verhältnisse hineinzugerathen, wo es bekanntlich in einem bestimmten Jahre 9000 Mönchsklöster, ungerechnet die Nonnenklöster, gab. An diesen Verhältnissen ist Spanien zu Grunde gegangen und wir konnten dies Anwachsen der Klosterkongregationen umso weniger mit ruhigem Auge ansehen, als die Klostergeistlichen wiederum einen bestimmten Einfluß auf den niederen Klerus ausübten und weitaus überall das Bestreben zeigten, den Jugendunterricht in ihre Hände zu bringen* (Stenogr. Berichte AH, Sess. 1872/73, Bd. 2, S. 912).

34 Abg. Dr. v. Schauß am 25. November 1871 in der 31. Sitzung der 2. Session der 1. Legislaturperiode des RT (Stenogr. Berichte RT, 1. Leg.-Per., 2. Sess., 1. Bd., S. 519).

35 Abg. Dernburg am 17. Juni 1872 in der 45. Sitzung der 3. Session der 1. Legislaturperiode des RT: *Leider, meine Herren* [vom Zentrum], *seit dem Jahre 1837* [d.h. seit dem Kölner Kirchenstreit] *[...] ist Ihrer Partei* [d.h. der *klerikalen Partei*] *mit einer fortwährenden Hätschelung und Zuvorkommenheit, mit einer Schwäche und Biegsamkeit entgegengetreten worden, die Sie grade zu dem erst gemacht hat, was Sie heute sind* (Stenogr. Berichte RT, 1. Leg.-Per., 3. Sess., 2. Bd., S. 1065) – *Es hat bis zu dem Jahre 1848 im Allgemeinen in Deutschland die Beamtenschaft es verstanden, in den so streng zusammenschließenden Körper der Hierarchie wenigstens einzelne schwache Keile hineinzudrängen, um damit die Übergewalt dieser Organisation zu brechen. In einem Leichtsinn, der heutzutage wahrlich beinahe unbegreiflich ist, hat man mit einigen wenigen Streichen in jenen Jahren dasjenige zerstört, was Jahrzehnte lang aufgebaut worden ist* (ebd., S. 1066).

an den Kirchen suchte, darin entgegentrat.[36] In der *jugendlichen Unerfahrenheit des Jahres 1848* hat man sich *die ungeheure Gefahr nicht vorgestellt, die kommen*

---

36 Abg. v. Treitschke am 23. November 1871 in der 28. Sitzung der 2. Session der 1. Legislaturperiode des RT: *Es ist hohe Zeit, daß der Staat erwachet. Ja, erwachet, denn seit 23 Jahren, seit den unklaren Bestimmungen der Verfassungen von 1848 hat er der Kirche gegenüber rathlos dagestanden, geschwankt zwischen tastenden Versuchen und einer kopflosen Politik der Trägheit* (Stenogr. Berichte RT, 1. Leg.-Per., 2. Sess., 1. Bd., S. 468).
Abg. Dr. Dove am 19. Juni 1872 in der 48. Sitzung der 3. Session der 1. Legislaturperiode des RT: *[... ...] im Berliner Parlament von 1848, wo die Liberalen sich verhielten wie die Trojaner, die die schützenden Mauern des staatlichen Hoheitsrechts eingerissen haben und sich vorgespannt haben vor das trojanische Pferd der kirchlichen Grundrechte, es hineinzogen in die Stadt und sich nicht haben warnen lassen durch das Waffengeklirr der kanonischen Waffenrüstung aus den Eingeweiden des Pferdes. [...] Im Jahre 1848 haben wir aber in unsere Gesetzgebung durch den Artikel 15 der Verfassung in Verbindung mit der Ausführung, die er in Preußen gefunden hat, Zustände eingeführt, die uns auf den besten Weg gebracht haben, aus Preußen ein neues Belgien zu machen. Sehen Sie doch, was der Jesuitenorden, was die Herrschaft Ihrer Richtung (zum Centrum) aus Belgien gemacht hat!* (Stenogr. Berichte RT, 1. Leg.-Per., 3. Sess., 2. Bd., S. 1129).
Abg. Dr. Gneist am 28. November 1871 in der 33. Sitzung der 2. Session der 1. Legislaturperiode des RT: *Als man aber in Preußen und im größten Theile Deutschlands im Jahre 1848 die mächtigste Körperschaft der Welt, die römisch-katholische Kirche, jeder Staatsaufsicht entbunden hat, als man sie mit einem Schlage emancipirt hat von aller wirksamen Kontrole, Aufsicht, Mitverwaltung, Bevormundung des Staates, da hätte man sich und würde sich in ruhigerer Stimmung gesagt haben, daß es gewisser regelnder Gesetze bedarf, um den äußeren Frieden zu erhalten* (Stenogr. Berichte RT, 1. Leg.-Per., 2. Sess.,1. Bd., S. 583). – Ders. am 19. Juni 1872 in der 48. Sitzung der 3. Session der 1. Legislaturperiode des RT: *Die Herren Bischöfe haben im Jahre 1848 jede Verständigung mit dem Staate auf dem Boden der Gesetzgebung und der Verordnung höhnisch zurückgewiesen mit der Erklärung: wir ziehen es vor, auf dem Wege der Selbsthülfe uns selbst in den Besitz der Rechte zu setzen, die durch die Verfassung wiederum unsere Rechte geworden sind. Auf dem Boden dieser Selbsthülfe ist der heutige Zustand entstanden. [...] Die Herren Bischöfe haben auf dem Boden ihrer eigenen Auslegung [der preußischen Verfassung] ihre Stellung genommen zu dem Kirchenvermögen, zu dem ganzen Personal der Pfarrgeistlichkeit, zu den Fragen der Ausbildung der Pfarrgeistlichkeit, zu den Trauungen, zu den Schulen, zu allem, was sie die inneren Angelegenheiten ihrer Kirche nennen. Leider sind sie dazu ermuntert worden* (Stenogr. Berichte RT, 1. Leg.-Per., 3. Sess., 2. Bd., S. 1141).
Abg. v. Bennigsen am 16. Januar 1873 in der 27. Sitzung der Session 1872/73 des AH: *Bei der Bedeutung, welche die Kirche für jede Staatsregierung mit Recht in Anspruch nehmen wird, war es natürlich angemessen, über diese Regelung* [d.h. über Art. 15 der revidierten preußischen Verfassung von 1850] *[...] zunächst sich in Verbindung zu setzen mit denjenigen Personen, die in der Kirche die Kirchengewalt führen – das sind die Bischöfe – und das ist damals auch geschehen. Dieser Versuch ist aber ein vergeblicher gewesen. Die Bischöfe haben einfach erklärt: Der allgemeine Verfassungs-Paragraph*

bedarf keiner Ausführung[sverordnung], wir haben damit das ganze natürliche Recht der Kirche wieder, wir wollen uns frei bewegen auf dem Terrain, das man uns überlassen hat, wir lehnen jede Verhandlung über die Ausführung dieses Artikels ab. Wenn man damals bei der Staats-Regierung gegenüber der katholischen Kirche selbstbewußter gewesen wäre, wenn man damals nicht durch vielfache andere Aufgaben und politische Kämpfe abgezogen wäre von diesem Gebiete [...], dann würde man diesen Versuch gewiß nicht so still haben auf sich beruhen lassen. Ich behaupte – und ich glaube, der Erfolg dieser letzten 25 Jahre hat es genügend gezeigt –, daß der Staat damals Rechte aufgegeben hat, sei es ausdrücklich, sei es stillschweigend, auf die keine wohlgeordnete Staats-Regierung verzichten kann, will sie nicht sich, ihre nothwendige Autorität über die Rechte und Freiheit der Staatsbürger den Oberen einer Religions-Genossenschaft ausliefern (Stenogr. Berichte AH, Sess. 1872/73, Bd. 1, S. 599).
Abg. Dr. Roepell am 30. Januar 1873 in der 36. Sitzung der Session 1872/73 des AH: *Nach den Stürmen der Revolution von 1848 aber, als die Verfassung gegeben war, da wandte sich [...] der Minister v. Ladenburg an die Bischöfe, um mit ihnen über die Grenzenzwichen Kirche und Staat auf Grund des Artikels 15 zu verhandeln. Die Bischöfe wiesen diese Verhandlungen ab. Sie erließen im Juli 1849 eine Denkschrift; [...] die erklärt es für eine heilige Pflicht, die der katholischen Kirche zustehenden Befugnisse im ungeschmälerten Umfange ohne Verzug in Besitz zu nehmen [...]. Die katholischen Bischöfe, heißt es wörtlich auf Seite 2, dürfen und können nicht zugeben, daß die ihrer Kirche kraft ihrer Stiftung von Gott angeborenen und darum unveräußerlichen Rechte und Freiheiten in irgend einer Weise ihr vorenthalten oder geschmälert werden. Nun, meine Herren, ich will Sie nicht aufhalten mit einer Aufzählung aller dieser Forderungen, die erhoben wurden auf Grund dieses Prinzips [...]. Wie sich die Regierung zu dieser Haltung der Bischöfe verhalten hat, das wissen wir alle; die Regierung verfolgte das [...] das laisser aller. Die folgen davon liegen vor Aller Augen* (Stenogr. Berichte AH, Sess. 1872/73, Bd. 2, S. 860).
Hr. Graf Rittberg am 11. März 1873 in der 16. Sitzung der Session 1872/73 des HH: *Nachdem die Verfassungsurkunde festgestellt und beschworen war, versuchte das geistliche Departement* [d.h. das Kultusministerium], *sich mit den Würdenträgern der katholischen Kirche über die Grenzen zu vereinigen. Sie lehnten aber die Vereinigung ab und legten Artikel 15 so aus, daß sie ganz freie Macht hätten zu schalten und zu walten. So ist die Sache beinahe ein Vierteljahrhundert gegangen und das geistliche Departement hat sich schweigend dazu verhalten* (Stenogr. Berichte HH, Sess. 1872/73, Bd. 1, S. 235).
Abg. Richter (Sangerhausen) am 5. Februar 1873 in der 44. Sitzung der Session 1873/74 des AH: *Der Artikel 15 [der revidierten preußischen Verfassung von 1850] hat für uns die Bedeutung, daß die katholische Kirche auf Grund dieses Artikels und unter Zulassung der früheren Staatsregierung sich eine Machtstellung genommen und immer mehr ausgebreitet hat, daß wir endlich in Zustände gekommen sind, die nicht mehr zu ertragen sind. [...] Wie oft habe ich von dieser Stelle, als [Kultusminister] Herr v. Mühler noch da drüben saß, aufmerksam gemacht auf die Gefahren, auf die schweren Gefahren, wenn man in keiner Weise drüben den Muth habe, den Bischöfen entgegenzutreten* (Stenogr. Berichte AH, Sess. 1873/74, Bd. 2, S. 1107).

könnte.[37] Aber auch der allgemeinen Kirchenfreundlichkeit der preußischen Herrschaftselite einschließlich des Monarchen, die in der folgenden nachrevolutionären Reaktionszeit ein antirevolutionäres Bündnis der konservativen Mächte Thron und Altar zu schmieden suchten, und, damit zusammenhängend, der *jahrelang unheilvollen Verwaltung des Kultusdepartements*,[38] welches, alle Warnungen von Liberalen ignorierend, die Staatsrechte und -interessen verriet und sich als verlängerter Arm der *klerikalen Partei* gerierte, war die übergroße Willfährigkeit des preußischen Staats gegenüber den klerikal-kurialen Anmaßungen geschuldet.[39] *Die jahrelange Vernachlässigung seiner Autorität, die nur den geistlichen Hochmuth*

---

37 Hr. Dr. Schulze am 11. März 1873 in der 16. Sitzung der Session 1872/73 des HH (Stenogr. Berichte HH, Sess. 1872/73, Bd. 1, S. 232).

38 Hr. Gobbin am 10. März 1873 in der 15. Sitzung der Session 1872/73 des HH (Stenogr. Berichte HH, Sess. 1872/73, Bd. 1, S. 205).

39 Abg. Dernburg am 17. Juni 1872 in der 45. Sitzung der 3. Session der 1. Legislaturperiode des RT: *Man sagte uns* [d.h. den Liberalen]: *Ihr verlangt in eurem Kampfe gegen die ultramontanen Bestrebungen von Preußen und vom Reiche Hilfe; wißt ihr denn nicht, ihr gutmüthigen Schwärmer, daß die Häupter und Führer dieser Partei in dem preußischen Kultusministerium sitzen?* (Stenogr. Berichte RT, 1. Leg.-Per., 3. Sess., 2. Bd., S. 1065).
Abg. Dr. Gneist am 19. Juni 1872 in der 48. Sitzung der 3. Session der 1. Legislaturperiode des RT: *Sie* [d.h. die Bischöfe] *sind ermuntert worden durch die „Solidarität der konservativen Interessen", wie man das damals nannte, durch die hohe Gönnerschaft, die ihnen zu Theil wurde, durch die Legende, daß die Partei der absoluten Autorität auch eine unbedingte Stütze des preußischen Thrones sein müßte. [...] Ohne zu fragen, ist die Societas Jesu in Deutschland wieder eingezogen und mit und neben ihr sind hundert kleine Gruppen von Orden, Kongregationen, von Vereinigungen aller Art eingezogen, ohne jemand zu fragen. Das Personal dieser Ordensorganisation hat sich verzehnfacht und darüber hinaus, ohne jemand zu fragen. Sie haben ihre Missionen sogar über die evangelischen und gemischten Kreise ausgedehnt ohne Widerspruch der maßgebenden Minister* (Stenogr. Berichte RT, 1. Leg.-Per., 3. Sess., 2. Bd., S. 1141).
Abg. Dr. Virchow am 8. März 1873 in der 60. Sitzung der Session 1872/73 des AH: *Faktisch war dieser ganze Friede* [zwischen Staat und Kirche nach 1848] *nichts weiter als ein Verhältniß, in welchem die katholische Kirche immer mächtiger und größer wurde, allmählich immer mehr neben dem Staate emporwuchs, während irgendeine andere Kirche gar nicht zur Entwicklung kam. [...] Ja, die Minister haben es erlaubt, das ist wahr; aber sie waren meiner Meinung nach weder berechtigt dazu noch war für diese Entwicklung irgendeine gesetzliche Grundlage gegeben. Im Gegentheil, die Minister haben nicht dasjenige gethan, was zu thun war, um die Ordnung der kirchlichen Verhältnisse auf dem Wege der Gesetzgebung herbeizuführen. Ich erinnere daran, daß schon vor dem vatikanischen Konzil der Herr Minister v. Mühler* [preuß. Kultusminister von 1862 bis 1872] *hier zu wiederholten Malen gewarnt worden ist* (Stenogr. Berichte AH, Sess. 1872/73, Bd. 3, S. 1512).
Abg. Miquel am 23. April 1874 in der 39. Sitzung der 1. Session der 2. Legislaturperiode des RT: *Wie war das Verhalten der Regierungen nicht blos in Deutschland, sondern fast in ganz Europa nach dem Jahre 1848? [...] Fast ausnahmslos suchten sie Regierungen bei den Kirchen Schutz gegen die liberalen Ideen; weil sie sich mit ihren*

groß gezogen hat,[40] zeigte sich darin, dass der preußische Staat *den Jesuitenorden nicht nur zugelassen, sondern auch in mittelbarer Weise gefördert hat, nachdem der Orden hohe und sehr hohe* [d.h. königliche] *Protektion gewonnen hat, nachdem er unter den Augen unseres preußischen Kultusministers seine Heidenmission mit Vorliebe in unsere protestantischen Kreise erstreckt hat*[41]. Speziell die katholische Abteilung im Kultusministerium hatte, anstatt die staatlichen Kirchenkontrollrechte wahrzunehmen und die staatlichen Gerechtsame gegenüber den Übergriffen der katholischen Kirche zu verteidigen, faktisch im Dienst des Papsttums die kirchlichen Wünsche gegenüber dem Staat vertreten und so gewissermaßen als feindliche ‚Fünfte Kolonne' operiert.[42] So hat man sich *sehr daran gewöhnt, daß der Staat Diener der Kirche sei, daß der Staat die Polizeidienste mitübernehme für die Kirche, wenigstens die Kirche schütze in ihrer polizeilichen Aktion.*[43]

Der Höhepunkt dieser unseligen Entwicklung, aber auch der Weckruf, der allen klar denkenden Staats- und Modernitätsanhängern die Notwendigkeit von Abwehrmaßnahmen aufzeigte, waren die Enzyklika ‚Quanta cura' mit dem beigefügten berühmt-berüchtigten Syllabus von 1864 sowie das auf dem 1. Vatikanischen Konzil von 1870 verabschiedete Infallibilitätsdogma. Diese darin ausgedrückten Postulate und Prätentionen bedeuteten einen offensiven Frontalangriff nicht nur auf das Prestige und die Kompetenzen des Staats, sondern auch auf dessen Fundament und Existenzgrundlage, weil sie die elementaren Werte und Normen des modernen, säkularen, paritätischen Rechts- und Verfassungsstaats provokativ negieren, die Gebote der Kirche über und gegen die Gesetze des Staats stellen

---

Völkern nicht vereinigen wollten und konnten in den Reaktionszeiten nach 1848, suchten sie sie Hülfe bei der alten Autorität der Kirche. Überall, namentlich in Deutschland und vorzugsweise in Preußen, zeigten die Regierungen in dieser Epoche die Neigung, allen Forderungen, mochten sie noch so übertrieben sein, der Kirche nachzugeben; sie fanden darin einen Hort; sie zeigten sich umso schwächer gegenüber den Anforderungen der Kurie, je stärker sie den Forderungen ihren Völkern gegenüber standen (Stenogr. Berichte RT, 2. Leg.-Per., 1. Sess., 2. Bd., S. 1045).

40 Abg. Graf Renard am 7. März 1873 in der 59. Sitzung der Session 1872/73 des AH (Stenogr. Berichte AH, Sess. 1872/73, Bd. 3, S. 1498).

41 Abg. Dr. Gneist am 17. Juni 1872 in der 45. Sitzung der 3. Session der 1. Legislaturperiode des RT (Stenogr. Berichte RT, 1. Leg.-Per., 3. Sess., 2. Bd., S. 1090).

42 Staatsminister Fürst Bismarck am 10. März 1873 in der 15. Sitzung der Session 1872/73 des HH: *Allerdings war dieser Frieden [zwischen Kirche und Staat nach 1848] doch nur durch eine ununterbrochene Nachgiebigkeit des Staates erkauft, indem er seine Rechte bezüglich der katholischen Kirche ganz rückhaltslos in die Hände einer Behörde gelegt hatte, die zwar ursprünglich eine Behörde sein sollte zur Wahrnehmung der Königlich Preußischen Rechte gegenüber der katholischen Kirche, die aber schließlich faktisch eine Behörde geworden ist im Dienste des Papstes zur Wahrnehmung der Rechte der Kirche gegenüber dem Preußischen Staat. Ich meine natürlich die katholische Abtheilung [...] im Kultusministerium* (Stenogr. Berichte HH, Sess. 1872/73, Bd. 1, S. 213).

43 Abg. Dr. Virchow am 18. März 1873 in der 67. Sitzung der Session 1872/73 des AH (Stenogr. Berichte AH, Sess. 1872/73, Bd. 3, S. 1730).

und den mit einem Unfehlbarkeitsnimbus versehenen Papst legitimieren, mit dem Anspruch auf unbedingten Gehorsam auch in unmittelbar staatliche Angelegenheiten einzugreifen. Durch diese Weltherrschaftsansprüche der Kirche, die mit der Souveränität des Staates unvereinbar sind und dessen Bestand gefährden, gerieten die Regierungen endgültig in Zugzwang und die Kulturkampfgesetze sind als unmittelbare Reaktion auf die in den genannten Verlautbarungen kulminierenden Allmachtsambitionen der katholischen Kirche in den vergangenen Dezennien zu begreifen.[44]

---

44 Abg. Dr. Völk am 14. Juni 1872 in der 43. Sitzung der 3. Session der 1. Legislaturperiode des RT: *Wer ist es gewesen, der zuerst und zunächst eine Änderung an den bisherigen Zuständen hervorgerufen, der zuerst neue Institutionen, neue Einrichtungen, neue Sätze ins Leben einzuführen getrachtet hat? Diese neuen Sätze sind schon vor dem vatikanischen Koncil in der Gestalt des Syllabus und mit dem vatikanischen Koncil in der Gestalt der päpstlichen Unfehlbarkeit nicht nur den Völkern, nicht nur den einzelnen [Menschen], sondern den Staaten selbst, dem Rechtsstaate, und namentlich dem deutschen Staate ins Gesicht geschleudert worden und sie haben zu dem Kampfe geführt, bei dem wir jetzt stehen, der jetzt auszukämpfen ist* (Stenogr. Berichte RT, 1. Leg.-Per., 3. Sess., 2. Bd., S. 1018).
Abg. v. Bennigsen am 16. Januar 1873 in der 27. Sitzung der Session 1872/73 des AH: *So sind wir hier gelangt bis zu diesen akuten Gegensätzen, zum Syllabus, der Encyclika und dem Vatikanum, welche das Verhältniß zwischen Kirche und Staat so geordnet verlangen, daß die Kirche sich über die Grenzen ihrer Rechte und Pflichten selbst sich die Entscheidung vorbehält als einen Theil ihrer göttlichen Mission, als einen unvergänglichen Teil des noch heute in allen seinen einzelnen Punkten aufrecht erhaltenen kanonischen Rechts und der dazu ex cathedra erlassenen Bestimmungen der Päpste. [...] Das Recht des Staates wird zu unumwunden bekämpft* (Stenogr. Berichte AH, Sess. 1872/73, Bd. 1, S. 600).
Abg. Dr. Virchow am 17. Januar 1873 in der 28. Sitzung der Session 1872/73 des AH: *Wir befinden uns schon gegenwärtig im offenen Kriege, das ist ja kein Zweifel, und dieser Krieg beruht unzweifelhaft auf jener letzten Formulierung des italienisch-päpstlichen Staats-Gedankens, der in der Infallibilität ausgedrückt ist* (Stenogr. Berichte AH, Sess. 1872/73, Bd. 1, S. 634).
Abg. Windthorst (Dortmund) am 20. Januar 1873 in der 29. Sitzung der Session 1872/73 des AH: *Das Datum dieser Veränderung der Beziehung zwischen Staat und Kirche steht für jeden fest, der die Verhältnisse klar durchschaut, es datirt von dem Augenblick, seit die römische Kurie mit großer Energie die alte Idee von der Weltherrschaft wieder aufgenommen und zum ersten Mal dieser Idee im Syllabus und der Encyklika neuen Ausdruck gegeben hat. Nach dem Syllabus [...] war es nothwendig, den Verkünder des Syllabus mit anderer Autorität, mit göttlicher Autorität zu bekleiden, und deshalb ist die Unfehlbarkeit des Papstes ausgesprochen worden* (Stenogr. Berichte AH, Sess. 1872/73, Bd. 1, S. 663).
Hr. Gobbin am 10. März 1873 in der 15. Sitzung der Session 1872/73 des HH: *Ich muß anerkennen, daß die katholische Geistlichkeit vermöge der ganzen Entwicklung, die die katholische Kirche durchgemacht hat, vollständig konsequent gehandelt hat, wenn sie*

Innerkirchlich vollendeten die vatikanischen Beschlüsse die Verfassungsentwicklung hin zu einer Hierarchisierung des Klerus und Zentralisierung der Kirche, die in der Monarchisierung des Papsttums gipfelten. Das Resultat dieser enormen Machtkonzentration in der Person des Papstes kann man nur als *monarchischen Absolutismus*[45] oder als *Despotismus eines Einzigen*[46] oder als *starrsten Absolutismus eines einzelnen Menschen*[47] bezeichnen. An der Spitze dieser *kirchlichen*

---

schließlich in der Encyklika und im Syllabus Sätze aufstellt, die zur Vernichtung des Staates führen müssen, die wenigstens dahin führen müssen, daß die Kirche nicht unter und neben dem Staat, sondern über dem Staat steht und es vollständig in der Hand hat zu bestimmen, welche Gesetze des Staates Geltung haben sollen, oder weiter, daß sie sogar womöglich in Anspruch nehmen will, Kaiser und Könige abzusetzen, jedenfalls deren Macht zu schädigen und zu brechen. [... ...] Lange vor dem deutsch-französischen Kriege lag bereits die offene Kriegserklärung der katholischen Kirche und Geistlichkeit gegen den Staat in der Enzyklika vor; eine schärfere Kriegserklärung kann ich mir kaum denken. Denn wenn in dem Syllabus ausgesprochen ist, daß die Gleichberechtigung der Konfessionen im Staate oder vielmehr die Lehre von der Gleichberechtigung der Konfessionen als ein mit dem Anathem zu belegender Irrthum zu bezeichnen ist, dann weiß ich nicht, wie weit die Kriegserklärung noch gehen soll (Stenogr. Berichte HH, Sess. 1872/73, Bd. 1, S. 205f).

Hr. Dr. Tellkampf am 10. März 1873 in der 15. Sitzung der Session 1872/73 des HH: *Zu dieser Feststellung* [nämlich *der Grenzen der Staatsgewalt und der Kirchengewalt*] *hat der Staat sich genöthigt gesehen, nachdem die vatikanischen Beschlüsse erklärt haben, daß alle Gewalt der Gesetzgebung und die unumschränkte Herrschaft dem für unfehlbar erklärten Papst übertragen seien, nachdem in Gemäßheit von Syllabus, Encyklika und Vatikanum behauptet wird, daß die Römische Kirche die Grenzen ihrer Rechte und Pflichten selbst zu bestimmen habe und die Gesetze des Staats nicht anzuerkennen brauche, und nachdem die katholischen Bischöfe kürzlich in ihrer Denkschrift ausgesprochen haben, daß die kanonischen Gesetze bindender seien als die Gesetze eines weltlichen Staates. Es ist klar, daß solche Ansprüche mit der Existenz eines wohlgeordneten Rechtsstaats unvereinbar sind, denn ein jeder Staat würde durch praktische Verwirklichung dieser Ansprüche in seinen Grundlagen erschüttert und aller Lebensfähigkeit beraubt. Zwei Regierungen, eine weltliche und eine kirchliche, können nicht in einem Staate vollständig unabhängig voneinander existiren, ohne sich durch gefahrvolle Konflikte zu schwächen und zu vernichten* (Stenogr. Berichte HH, Sess. 1872/73, Bd. 1, S. 210).

Ministerpräsident Graf v. Roon am 11. März 1873 in der 16. Sitzung der Session 1872/73 des HH: *Die Unfehlbarkeit, die von menschlicher Seite beanspruchte Unfehlbarkeit ist ja gerade die Veranlassung geworden zu dem Kampfe, in dem wir stehen* (Stenogr. Berichte HH, Sess. 1872/73, Bd. 1, S. 224).

45 Abg. Dr. v. Sybel am 8. Mai 1874 in der 62. Sitzung der Session 1873/74 des AH (Stenogr. Berichte AH, Sess. 1873/74, Bd. 2, S. 1549).

46 Abg. Dr. Völk am 14. Juni 1872 in der 43. Sitzung der 3. Session der 1. Legislaturperiode des RT (Stenogr. Berichte RT, 1. Leg.-Per., 3. Sess., 2. Bd., S. 1020).

47 Abg. Dr. Völk am 28. November 1871 in der 33. Sitzung der 2. Session der 1. Legislaturperiode des RT (Stenogr. Berichte RT, 1. Leg.-Per., 2. Sess., 1. Bd., S. 575).

Universalmonarchie[48] steht nun der mit diktatorischen Befugnissen ausgestattete omnipotente Papst, dem die Bischöfe als seine abhängigen Vasallen unterstehen, die wiederum den niederen Klerus als willfährige Werkzeuge vollkommen beherrschen. Dieser hält nun seinerseits die Laien, insbesondere die Frauen und die Landbevölkerung, in einer auf blinder Ergebenheit beruhenden Hörigkeit.[49] So hat sich

48 Abg. Dr. Gneist am 28. November 1871 in der 33. Sitzung der 2. Session der 1. Legislaturperiode des RT (Stenogr. Berichte RT, 1. Leg.-Per., 2. Sess., 1. Bd., S. 584).

49 Bundesbevollmächtigter Staatsminister v. Lutz am 23. November 1871 in der 28. Sitzung der 2. Session der 1. Legislaturperiode des RT: *Der Klerus, [...], wie ihn die alten Fürstbischöfe erzogen hatten, der ist ausgestorben. An seine Stelle ist ein Klerus getreten, der im Wesentlichen das Ebenbild des Jesuitismus ist* (Stenogr. Berichte RT, 1. Leg.-Per., 2. Sess., 1. Bd., S. 466).
Abg. Dr. Völk am 28. November 1871 in der 33. Sitzung der 2. Session der 1. Legislaturperiode des RT: *Der Kampf ist erneuert und dieser Kampf wird umso stärker geführt, als gerade die Abhängigkeit der niederen Geistlichkeit von der höheren und auch der höheren vom römischen Absolutismus stärker geworden ist und daß die Koncentration der Kräfte gerade im jetzigen Augenblicke stattfindet* (Stenogr. Berichte RT, 1. Leg.-Per., 2. Sess., 1. Bd., S. 576).
Abg. Wagener (Neustettin) am 15. Mai 1872 in der 22. Sitzung der 3. Session der 1. Legislaturperiode des RT: *Heute [...] stehen die Dinge [...] umso brennender, als die Verwaltungsveränderung innerhalb der römischen Kirche die bisher selbstständigen deutschen Bischöfe, die dadurch der Kirche in Deutschland immer noch einen gewissen selbstständigen ständischen Charakter verliehen [haben], durch die Errichtung des Absolutismus in Rom zu kirchlichen Präfekten degradirt und zu willenlosen Werkzeugen der römischen Kirche gemacht hat* (Stenogr. Berichte RT, 1. Leg.-Per., 3. Sess., 1. Bd., S. 381f).
Abg. Dr. Gneist am 19. Juni 1872 in der 48. Sitzung der 3. Session der 1. Legislaturperiode des RT: *Diese Art des Kampfes für die Erweiterung der Kirchenmacht ist [...] zu einem Abschluß gekommen durch ein vaticanum concilium [...]. Es war der Plan, die gesammte Kirchenregierung in den schrankenlosesten Absolutismus, den je ein theokratisches Regiment gehabt hat, umzubilden, die Bischöfe, vor allem die unabhängigsten, die bedeutsamsten, [nämlich] die deutschen Bischöfe, dem System willenlos unterzuordnen. Die agitatorische und organisatorische Seele dieses neuen Kirchenregiments, welches selbst über das Mittelalter hinausgeht, [...] [sind die] Jesuiten [...], eine Macht, vor der Kardinäle und Bischöfe zittern* (Stenogr. Berichte RT, 1. Leg.-Per., 3. Sess., 2. Bd., S. 1142).
Abg. v. Kardorff am 4. Februar 1873 in der 38. Sitzung der Session 1872/73 des AH: *Ich mache auf ein Symptom aufmerksam, [...], nämlich auf das Symptom der absoluten Abhängigkeit des niederen Klerus, welche in den letzten Jahrzehnten in der römischen Kirche zu Gunsten der Bischöfe herbeigeführt war. Nun, meine Herren, diese Abhängigkeit des niedern Klerus von den Bischöfen, verbunden mit dem [Unfehlbarkeits-]Dogma brachte doch unmittelbar die Abhängigkeit des niedern Klerus von Rom hervor* (Stenogr. Berichte AH, Sess. 1872/73, Bd. 2, S. 912).
Hr. Graf Krassow am 11. März 1873 in der 16. Sitzung der Session 1872/73 des HH: *Nicht zweifelhaft aber bin ich mir darin, daß gerade die Entwicklung, welche die katholische Kirche in der neuesten Zeit genommen hat, auch die Bischöfe in eine ganz andere Stellung gebracht hat als bisher. Dieselben sind bloße Delegirte des Oberhauptes*

insgesamt ein *System der Knechtung*[50] herausgebildet und ist eine Geistlichkeit herangewachsen, die *im Großen und Ganzen als charakterlos bezeichnet werden* muss[51].

Durch diese jüngsten innerkirchlichen Entwicklungen war eine grundlegend andere Kirche entstanden, sodass der Vertragspartner, mit dem der Staat die Konkordate geschlossen hatte, zu existieren aufgehört hat. Diese völlig neue Situation, welche die früher geschlossenen Vereinbarungen ungültig macht und dem Staat die Entscheidungshoheit zurückgibt, ermöglicht und erheischt, dass der Staat durch legislative Maßregeln sich in ein anderes Verhältnis zur Kirche setzt, indem er ohne Rücksicht auf vertragsmäßige Bindungen die Macht der Kirche beschneidet und die Kompetenzen auf den traditionellen Überschneidungsfeldern von kirchlichen und staatlichen Zuständigkeiten selbstständig neu regelt und abgrenzt.[52]

---

der katholischen Kirche geworden und haben damit ihre bisherige Selbstständigkeit wesentlich verloren. Daß die katholische Kirche eine andere Stellung dem Staat gegenüber eingenommen hat als früher, ist wohl nicht zweifelhaft (Stenogr. Berichte HH, Sess. 1872/73, Bd. 1, S. 250).

Abg. Richter (Sangerhausen) am 5. Februar 1874 in der 44. Sitzung der Session 1873/74 des AH: *Der jetzige Zustand (ist) ein solcher, daß eben allen Katholiken unbedingt von Rom befohlen wird und daß sie unbedingt Rom zu gehorchen haben. Das ist für mich die Änderung durch das Vatikanum* (Stenogr. Berichte AH, Sess. 1873/74, Bd. 2, S. 1107).

50 Abg. Dr. Virchow am 1. März 1873 in der 54. Sitzung der Session 1872/73 des AH (Stenogr. Berichte AH, Sess. 1872/73, Bd. 2, S. 1323).

51 Abg. Windthorst (Dortmund) am 20. Januar 1873 in der 29. Sitzung der Session 1872/73 des AH (Stenogr. Berichte AH, Sess. 1872/73, Bd. 1, S. 664).

52 Abg. Dr. Löwe am 17. Juni 1872 in der 45. Sitzung des 3. Session der 1. Legislaturperiode des RT: *Durch die Beschlüsse des vatikanischen Koncils ist doch der Kampf eröffnet. [...] Es ist daher jedenfalls in den Augen des Staates das Rechtssubject, mit dem er die Verträge geschlossen hat, ein anderes geworden. [...] Der Staat (ist) auch nach meiner Überzeugung im Interesse des Schutzes und der Freiheit seiner Bürger gezwungen und im Interesse der Aufrechterhaltung seiner eigenen Macht genöthigt zu sagen: das Rechtssubjekt hat sich geändert, die Verträge, die ich mit der früheren römischen Kirche gemacht habe, sind hinfällig, weil die jetzt nicht mehr existirt, mit der ich sie gemacht habe. Der Staat ist also jetzt frei und in der Lage, unabhängig von allen Konkordaten die Einrichtungen zu treffen, die er zum Schutz der religiösen Freiheit seiner Angehörigen und zu seinem eigenen Schutze treffen muß. Er kann also ohne irgend eine vertragsmäßige Beschränkung das wichtige Kapitel des Unterrichts in seine Hand nehmen* (Stenogr. Berichte RT, 1. Leg.-Per., 3. Sess., 2. Bd., S. 1084).

Abg. Dr. Virchow am 17. Januar 1873 in der 28. Sitzung der Session 1872/73 des AH: *Nun, dieses italienische Papstthum, aus welchem der Ultramontanismus in seiner modernen Form hervorgegangen ist, dieses ultramontane Papstthum hat, indem es in den vatikanischen Beschlüssen eine bis dahin ganz neue, ganz unerhörte Form gewonnen hat, allerdings die Basen der Verhandlung auch zwischen dem allerwohlwollensten Staate und der Kirche verrückt* (Stenogr. Berichte AH, Sess. 1872/73, Bd. 1, S. 631).

Hr. Dr. Schulze am 11. März 1873 in der 16. Sitzung der Session 1872/73 des HH: *Die katholische Kirchenverfassung ist aber eine ganz neue seit dem Jahre 1870, sie ist durchaus in ihren Grundlagen verändert. Die Würde der Bischöfe ist vollständig dahin, die*

Insgesamt war somit dem Staat ein wahrlich schlagkräftiger und furchteinflößender Gegner herangewachsen, weil die führenden preußischen Staatsmänner, alle Alarmrufe der Warner überhörend, der Kirche aus falsch verstandener Liberalität umfassende Freiheitsrechte zugestanden hatten, welche die von der ultramontanen Partei usurpierte, zentralisierte und umorientierte Kirche zum Aufbau ihres ebenso imponierenden wie hochgefährlichen Machtapparats nutzte, mit dem sie jeden Staat unterwandern und schließlich erobern kann.

c) Der schurkische Feind und dessen finstere Absichten

Die kulturkämpferischen Parlamentarier und Minister wähnten die Weltkirche allgemein und die Kurie speziell in den Händen einer verschworenen Partei oder Clique, die als *hierarchische Partei* oder als *klerikale Partei* oder – meist und eindeutiger, da auch speziell das Zentrum als *klerikale Partei* tituliert wurde – als *ultramontane Partei* bezeichnet wurde.[53] Diese ‚ultramontane Partei', *eine herrschsüchtige Partei in der katholischen Priesterschaft,*[54] eine *kosmopolitisch-revolutionäre Partei* und *international-klerikale Partei,*[55] verfolge im Kern keine religiösen, sondern allein machtpolitische Ziele in Gestalt einer weltlichen Priesterherrschaft und untergrabe durch ihre transnationale Dimension und internationalistische Orientierung den Nationalstaat.[56] Gegen diese ultramontane Strömung innerhalb der

---

Bischöfe, welche früher selbstständige Vertreter der Kirchengewalt als Nachfolger der Apostel waren, sind jetzt nichts weiter als Delegirte des Papstes. Der Staat hat daher das Recht, zu der katholischen Kirche zu sagen: du bist eine Andere geworden, deshalb muß mein Standpunkt auch dir gegenüber ein anderer werden (Stenogr. Berichte HH, Sess. 1872/73, Bd. 1, S. 233).

53 Wegen der Häufigkeit der Begriffsverwendung wird auf Einzelnachweise verzichtet. In den Parlamentsreden verschwimmt der Bedeutungsgehalt der Adjektive ‚ultramontan', ‚jesuitisch', ‚klerikal' und ‚hierarchisch' sowie der entsprechenden Substantive. Diese Wörter sind nahezu austauschbar; sie haben aufgehört, einen klar voneinander abgrenzbaren Sinn zu haben, und dienen allein dazu, den verhassten Gegner zu charakterisieren und zu dämonisieren. Am häufigsten noch ist dessen Chiffrierung mit ‚ultramontan' bzw. ‚Ultramontanismus', weshalb diese Begriffe auch hier bevorzugt verwendet werden.

54 Staatsminister Fürst Bismarck am 24. April 1873 in der 25. Sitzung der Session 1872/73 des HH (Stenogr. Berichte HH, Sess. 1872/73, Bd. 1, S. 446).

55 Abg. Fischer (Augsburg) am 23. November 1871 in der 28. Sitzung der 2. Session der 1. Legislaturperiode des RT (Stenogr. Berichte RT, 1. Leg.-Per., 2. Sess., 1. Bd., S. 476 u. 478).

56 Abg. Fischer (Augsburg) am 23. November 1871 in der 28. Sitzung der 2. Session der 1. Legislaturperiode des RT: *Es hat leider ein Theil des katholischen Klerus sich in die Dienste einer Partei begeben, von der ich behaupte, daß sie [...] sich nicht mehr auf dem Boden des Staates bewegt. Es gibt eine Partei und ich nenne sie die ultramontane Partei [...], die nach meiner Überzeugung [...] in Deutschland sich nicht auf dem Boden des Reiches bewegt, überhaupt nicht auf dem Boden des Staates steht; sie ist eine kosmopolitisch revolutionäre Partei* (Stenogr. Berichte RT, 1. Leg.-Per., 2. Sess., 1. Bd., S. 476).

Kirche, nicht gegen die katholische Kirche oder den Katholizismus an sich wollten die passionierten Kulturkämpfer, wie sie immer wieder betonten, ihre antikirchlichen Kampfgesetze bzw. – in ihrer Selbstsicht – ihre legislativen staatssichernden Abwehrmaßnahmen gerichtet haben und sehen.[57]

Die *jetzt in Rom herrschende Partei,*[58] die *römisch-hierarchische Partei,*[59] werde – so die obwaltende Überzeugung – wesentlich von den Jesuiten geprägt und gebildet, die gewissermaßen als das Befehls- und Kraftzentrum des Ultramontanismus begriffen wurden, weshalb die Adjektive ‚ultramontan', und ‚jesuitisch' sowie die

---

Abg. v. Kardorff am 25. November 1871 in der 31. Sitzung der 2. Session der 1. Legislaturperiode des RT: *Sie* [d.h. die *deutsche Nation*] *hat jene Vorgänge [auf dem 1. Vatikanum] als Zeichen betrachtet, daß innerhalb der römischen Kirche wieder jene Partei die Herrschaft an sich gerissen habe, welche noch nie unterlassen hat, die Kirche dazu anzureizen, ihren Arm in alle weltlichen Dinge hineinzustrecken* (Stenogr. Berichte RT, 1. Leg.-Per., 2. Sess., 1. Bd., S. 532).

Abg. v. Limburg-Stirum am 16. Januar 1873 in der 27. Sitzung der Session 1872/73 des AH: *Ihnen* [d.h. den *leitenden Männer[n] in Rom*] *ist die Macht und Organisation der katholischen Kirche nur [dazu] da, um politische Zwecke zu erreichen und die Organisation wird dazu benutzt, um diese Zwecke zu verwirklichen* (Stenogr. Berichte AH, Sess. 1872/73, Bd. 1, S. 607). – *Die ganze große, starke Organisation der katholischen Kirche liegt sonach hilflos in den Händen der in Rom herrschenden Partei und der einzelne Katholik [...] ist in der Lage, entweder sich in Konflikt zu setzen mit seinem Gewissen und seiner Kirche oder die staatsfeindliche Richtung mitzumachen, welche die klerikale Partei in Rom jetzt eingeschlagen hat* (ebd., S. 608f).

Abg. Graf Bethusy-Huc konstatierte am 17. Januar 1873 in der 28. Sitzung der Session 1872/73 des AH *das Vorhandensein einer staatsfeindlichen Bewegung nicht der katholischen Kirche als solcher, sondern einzelner wenn auch höchster Personen und Körperschaften der katholischen Kirche, der ultramontanen Partei* (Stenogr. Berichte AH, Sess. 1872/73, Bd. 1, S. 617).

57 Abg. v. Wedell-Vehlingsdorf am 21. Januar 1873 in der 30. Sitzung der Session 1872/73 des AH: *Meine Herren, wir erblicken in den kirchlichen Gesetzen, welche uns vorliegen, die Fortsetzung eines Kampfes der Staatsmacht gegen die Kirchenmacht, nicht einen Kampf gegen die Kirche. [...] Wenn wir also mit der Hoffnung in den Kampf hineintreten, daß der Kampf nicht gegen die Kirche, sondern gegen die Kirchenmacht gerichtet ist, dann thun wir es gestützt auf die Zusicherungen, die uns zwiefach vom Ministertisch gegeben sind. Der Herr Kultus-Minister hat entschieden ausgesprochen, „wir kämpfen nicht gegen die Kirche"* (Stenogr. Berichte AH, Sess. 1872/73, Bd. 1, S. 677f).

Regierungskommissar Dr. Hübler am 21. Januar 1873 in der 30. Sitzung der Session 1872/73 des AH: *Der Herr Abgeordnete v. Wedell hat den Standpunkt der Staats-Regierung ganz richtig dahin präzisirt, daß die gegenwärtigen Gesetzesvorlagen nicht gegen die Kirche, sondern gegen die Kirchengewalt und zwar gegen die Ausschreitungen dieser Kirchengewalt gerichtet sind* (Stenogr. Berichte AH, Sess. 1872/73, Bd. 1, S. 683).

58 Abg. Wagener (Neustettin) am 15. Mai 1872 in der 22. Sitzung der 3. Session der 1. Legislaturperiode des RT (Stenogr. Berichte RT, 1. Leg.-Per., 3. Sess., 1. Bd., S. 379).

59 Abg. Dr. v. Schauß am 25. November 1871 in der 31. Sitzung der 2. Session der 1. Legislaturperiode des RT (Stenogr. Berichte RT, 1. Leg.-Per., 2. Sess., 1. Bd., S. 519).

entsprechenden Substantive fast synonym benutzt wurden. Mit eindeutig verschwörungstheoretischen Anklängen und Elementen wurde vor allem im Reichstag im Zusammenhang mit der Beratung über das Jesuitengesetz vom 4. Juli 1872[60] das Bild einer krakenhaften, machtgierigen, kriegslüsternen, unpatriotischen, staatsgefährlichen, kulturbedrohlichen, volksschädlichen, freiheitsfeindlichen, intoleranten, antimodernistischen, militärisch organisierten, auf bedingungslosen Kadavergehorsam gegründeten, gewissen- und skrupellosen Kampfelite im Mönchshabit gezeichnet, welche eine gigantische weltumspannende Organisation darstellt, die Schaltzentrale der Kirche völlig okkupiert hat, den Klerus einschließlich des Episkopats kontrolliert, das Kirchenvolk in Unmündigkeit hält, im Dienst des antigermanischen Romanismus operiert, auf die Vernichtung des reformatorischen Protestantismus zielt, die konfessionellen Gegensätze gezielt verschärft, die Leitwerte und Errungenschaften der modernen Kultur erbittert bekämpft, die Staaten, ja die ganze Menschheit unter kirchliche und damit letztlich unter ihre eigene Botmäßigkeit zu bringen sucht und die von ihr beherrschten Länder ruiniert:[61]

---

60 Zur antijesuitischen Agitation und zur Entstehungs- und Wirkungsgeschichte des Jesuitengesetzes vgl. R. Healy: The Jesuit specter in imperial Germany, S. 51–83; J. Kißling: Geschichte des Kulturkampfes, Bd. 2, S. 11–39; H. Brück: Geschichte der katholischen Kirche in Deutschland, Bd. 4, Abt. 1, S. 138–157; C. Lepp: Protestantisch-liberaler Aufbruch in die Moderne, S. 329–333.

61 Abg. Fürst v. Hohenlohe-Schillingsfürst am 15. Mai 1872 in der 22. Sitzung der 3. Session der 1. Legislaturperiode des RT: *Allein der Jesuitenorden [...] ist ein wohlorganisiertes Heer, gegründet auf eine Disciplin, die jede militärische Organisation weit hinter sich läßt. Seine Streiter sind den Oberen zu einem Grad des Gehorsams verpflichtet, der nicht allein das Opfer des freien Willens, sondern auch das Opfer der Intelligenz verlangt* (Stenogr. Berichte RT, 1. Leg.-Per., 3. Sess., 1. Bd., S. 383).
Abg. Kiefer am 16. Mai 1872 in der 23. Sitzung der 3. Session der 1. Legislaturperiode des RT: *Sie werden nicht leugnen können, daß gerade der Jesuitenorden sich zum Ziele gesetzt hat, jene absolute Centralisation der Gewalt, der Lehr- und Regierungsgewalt innerhalb der Kirche durchzuführen, welche sich jetzt vollzogen hat. Die bischöflichen Gewalten sind annektirt zu Gunsten einer Centralgewalt, welche alle Mittel der Regierung, nicht etwa blos die administrativen [...], sondern auch die Beherrschung der tiefsten Grundlagen des religiösen, überhaupt des menschlichen Lebens in Händen führt* (Stenogr. Berichte RT, 1. Leg.-Per., 3. Sess., 1. Bd., S. 395). – *Dieser Orden hat sich zum Ziel gesetzt: Ausrottung der Ketzerei. Was versteht er nun unter Ketzerei? Er versteht einfach darunter alles das, was sich von irgend einem Standpunkte aus nicht unbedingt beugt der Machtstellung, der Autorität der römisch-katholischen Kirche [...]. In diesem Sinne ist jeder Katholik ein Ketzer, der der römischen Politik nicht unbedingt Gehorsam prästirt, in diesem Sinne ist Ketzer nicht nur der Protestant, sondern jeder, der im Gefühle des Bürgers oder der Menschenwürde gegen diesen Absolutismus ein Gefühl des Widerspruchs und des Widerstrebens kennt. Man wird nie zufrieden sein, solange man nicht mit niederwerfendem Schlage alle diese widerstrebenden Elemente gebeugt und gebrochen hat* (ebd., S. 396). – *Der Jesuitenorden kennt nur die unbedingteste Autorität, kennt nur sklavischen Gehorsam, die Disciplin in extremster Fassung als eine Lebensbedingung [...] Es giebt keine Partei [...], welche mit solcher Emsigkeit,*

Energie und Rücksichtslosigkeit, mit so eiserner Ausdauer der Arbeit sich unterzog, in der Bevölkerung eine Wühlerei großartigsten Styles durchzuführen und diesen fanatischen Anschauungen Geltung zu verschaffen, die absolut unverträglich sind mit dem Frieden des Staates (ebd., S. 397).
Abg. Dr. Völk am 14. Juni 1872 in der 43. Sitzung der 3. Session der 1. Legislaturperiode des RT: *Weil die Jesuiten sich Rom und die römische Kirche tributbar gemacht haben, so ist es leider auch dahin gekommen, daß auch unser Klerus größtentheils ihnen tributbar geworden ist [...]. Der Klerus ist seit den vatikanischen Dekreten den Jesuiten verfallen, denn Jesuiten herrschen in Rom* (Stenogr. Berichte RT, 1. Leg.-Per., 3. Sess., 2. Bd., S. 1021).
Abg. Dr. Gerstner am 17. Juni 1872 in der 45. Sitzung der 3. Session der 1. Legislaturperiode des RT: *In dem reaktionären Drange der Regierungen, der wenigstens gewissen Regierungskreisen angeboren ist, finden die kulturfeindlichen Bestrebungen, das kulturfeindliche Handwerk der Jesuiten ein sehr schützendes Dach und eine starke Deckung. [...] Der Jesuitismus ist ganz unabänderlich und deshalb unverbesserlich; er ist unbeugsam und deshalb unversöhnlich und die Regierungen werden stets in der Verbindung mit ihm den Kürzeren ziehen. Der Jesuit wird nie dienen, wenn er mit einem anderen in eine Verbindung sich einläßt; er will immer herrschen, läßt sich nie gebrauchen, sondern es ist immer die Regierung die gebrauchte. [...] Der Jesuitismus bleibt unter allen Umständen – und war es – ein geistiges und sittliches Verderben* (Stenogr. Berichte RT, 1. Leg.-Per., 3. Sess., 2. Bd., S. 1071).
Abg. v. Hörmann am 17. Juni 1872 in der 45. Sitzung der 3. Session der 1. Legislaturperiode des RT: *Gerade aber der Jesuitenorden ist rein das Produkt des romanischen Geistes; er hat mit dem germanischen Geiste, den wir in unserm deutschen Vaterlande glücklicherweise vorzugsweise vertreten finden, nichts gemein* (Stenogr. Berichte RT, 1. Leg.-Per., 3. Sess., 2. Bd., S. 1073). – *Die Jesuiten können nichts Anderes werden, als sie von Anfang an waren; sie sind ja als militärische Miliz organisirt, um die Reformation und deren Folgen zu bekämpfen, womöglich diese Folgen ungeschehen zu machen* (ebd., S. 1075).
Abg. v. Kardorff am 17. Juni 1872 in der 45. Sitzung der 3. Session der 1. Legislaturperiode des RT: *Der Abgeordnete für Meppen* [d.i. L. Windthorst] *hat früher den Beweis für die Staatsungefährlichkeit der Jesuiten auch daraus herzuleiten gesucht, daß er hervorgehoben hat, es wären ja nur 200 Jesuiten; gegen diese 200 Menschen lohne es doch wahrhaftig nicht, den Apparat des Reichs in Bewegung zu setzen. Ja, wenn diese 200 Menschen nicht zufällig 200 Generäle wären, die der Feind in unserem Lager hätte, dann würde der Herr Abgeordnete für Meppen vielleicht Recht haben. Aber ich glaube, man kann sie in der That wenigstens als Generalstabsoffiziere bezeichnen, denn uns ist ganz genau bekannt, wie scharf die Konduitenlisten über den ganzen deutschen Klerus geführt werden, die aus den Händen der Jesuiten nach Rom gehen* (Stenogr. Berichte RT, 1. Leg.-Per., 3. Sess., 2. Bd., S. 1078).
Abg. Dr. Völk am 25. April 1874 in der 41. Sitzung der 1. Session der 2. Legislaturperiode des RT: *Eine kleine, aber mächtige und rührige Partei in der katholischen Kirche, die Partei der Jesuiten, (hat sich) der Herrschaft der Kirche bemächtigt, wahrlich nicht zu ihrem Vorteil, sondern zu ihrem Verderben. Der Umstand, daß eine solche Bemächtigung der Kirche bis auf ihre Spitzen hinauf stattgefunden hat, hat zunächst dahin geführt, daß die Verfassung der Kirche eine absolutistische geworden ist, welches sie bislang nicht war* (Stenogr. Berichte RT, 2. Leg.-Per., 1. Sess., 2. Bd., S. 1129).

Der Jesuitenorden sei *die gewaltigste Institution der großen katholischen Kirche, die gewaltigste Organisation der Welt;*[62] er habe, *wie ihre zu Gunsten des Jesuitenordens massenhaft eingeschickten Petitionen beweisen, bereits eine mächtige Armee hinter sich;*[63] er sei *im Besitze ungeheurer Mittel und einer absolut selbstständigen Organisation;*[64] die Jesuiten hätten eine *feste hierarchische Kastenordnung, die das Gegentheil von freier Vereinigung ist,* und würden ihre *Thätigkeit nach den Befehlen eines auswärtigen Oberen* ausrichten;[65] *sie betrachten (sich) als Unterthanen einer fremden absoluten Souveränetät*[66]. Die Jesuiten wurden zu geheimen Regenten der Kirche erhoben, wenn von *dem bekanntlich ganz von den Jesuiten beherrschten Papst*[67] gesprochen wurde oder man sich mit der *Auffassung* identifizierte, dass in Rom *nicht irgend eine Person, sondern eine mächtige Kongregation regiert, die über Kräfte verfügt, die leider die meisten Leute noch gar nicht ahnen*[68]. Der Jesuitenorden sei eine staatsähnliche *Organisation, die durch das Vatikanische Koncil zur Herrschaft in der katholischen Kirche gelangt ist, die durch das Vatikanische Koncil auch den deutschen Episkopat unter ihr Joch gebeugt hat;*[69] *die Politik der Kirche* werde *nach seinen Grundsätzen geleitet;*[70] *die katholische Kirche* werde *geleitet von diesem mächtigen Orden;*[71] *die ganze Kirche ist jesuitisch inficirt, alles lebt und lehrt nur in jesuitischem Geiste;*[72] es gebe *eine große Anzahl von Klerikern, welche mit Widerwillen und mit Seufzen das Joch ertragen, das die Agenten des römischen Jesuitismus ihnen*

---

62 Abg. Windthorst (Berlin, also nicht der bekannte Zentrumspolitiker) am 15. Mai 1872 in der 22. Sitzung der 3. Session der 1. Legislaturperiode des RT (Stenogr. Berichte RT, 1. Leg.-Per., 3. Sess., 1. Bd., S. 384).

63 Abg. Dr. Dove am 19. Juni 1872 in der 48. Sitzung der 3. Session der 1. Legislaturperiode des RT (Stenogr. Berichte RT, 1. Leg.-Per., 3. Sess., 2. Bd., S. 1129).

64 Abg. Schulze (Berlin) am 16. Mai 1872 in der 23. Sitzung der 3. Session der 1. Legislaturperiode des RT (Stenogr. Berichte RT, 1. Leg.-Per., 3. Sess., 1. Bd., S. 413).

65 Abg. Dr. Gneist am 17. Juni 1872 in der 45. Sitzung der 3. Session der 1. Legislaturperiode des RT (Stenogr. Berichte RT, 1. Leg.-Per., 3. Sess., 2. Bd., S. 1092).

66 Abg. Dr. Dove am 19. Juni 1872 in der 48. Sitzung der 3. Session der 1. Legislaturperiode des RT (Stenogr. Berichte RT, 1. Leg.-Per., 3. Sess., 2. Bd., S. 1126).

67 Abg. Windthorst (Berlin) am 15. Mai 1872 in der 22. Sitzung der 3. Session der 1. Legislaturperiode des RT (Stenogr. Berichte RT, 1. Leg.-Per., 3. Sess., 1. Bd., S. 385).

68 Abg. Wagener (Neustettin) am 14. Juni 1872 in der 43. Sitzung der 3. Session der 1. Legislaturperiode des RT (Stenogr. Berichte RT, 1. Leg.-Per., 3. Sess., 2. Bd., S. 1010).

69 Abg. Dr. Dove am 19. Juni 1872 in der 48. Sitzung der 3. Session der 1. Legislaturperiode des RT (Stenogr. Berichte RT, 1. Leg.-Per., 3. Sess., 2. Bd., S. 1129).

70 Abg. Miquel am 23. April 1874 in der 39. Sitzung der 1. Session der 2. Legislaturperiode des RT (Stenogr. Berichte RT, 2. Leg.-Per., 1. Sess., 2. Bd., S. 1048).

71 Abg. Windthorst (Berlin) am 15. Mai 1872 in der 22. Sitzung der 3. Session der 1. Legislaturperiode des RT (Stenogr. Berichte RT, 1. Leg.-Per., 3. Sess., 1. Bd., S. 388).

72 Abg. Gravenhorst am 16. Mai 1872 in der 23. Sitzung der 3. Session der 1. Legislaturperiode des RT (Stenogr. Berichte RT, 1. Leg.-Per., 3. Sess., 1. Bd., S. 401).

aufgelegt haben[73]. Aber nicht nur die Kirche haben die Jesuiten nach Ansicht der kulturkämpferischen Parlamentarier unter ihr Joch gebracht, sondern sie machen auch im Völker- und Staatenleben ihren ebenso unheilvollen wie bestimmenden Einfluss geltend: *Überall und zu allen Zeiten ist der Jesuitismus der Untergang des Staates und das Verderben der Völker gewesen;*[74] in *ganz Europa* treibe eine *romanisch-jesuitisch-reaktionäre Verbindung* ihr Unwesen;[75] *die politische und sittliche Verderblichkeit und Verwerflichkeit des Jesuitismus* seien ein Grund dafür, dass *Spanien und Portugal durch den Jesuitismus zugrunde gerichtet worden* seien, welcher *eigentlich doch nur eine Appellation an die Dummheit und Unwissenheit des Volkes* sei[76]. Ein Abgeordneter perhorreszierte den Jesuitenorden als den großen heimlichen Geschichtsmacher und dämonischen Kriegstreiber, als er sich zur Behauptung verstieg: *Wir verdanken diesen geehrten Herren* [d.h. den Jesuiten] *und ihren Beichtväterkünsten an den maßgebenden Höfen den ganzen dreißigjährigen Krieg.*[77] Vor allem der linksliberale Abgeordnete Eduard Windthorst, ein Verwandter des bekannten Zentrumspolitikers Ludwig Windthorst, stellte den Jesuitenorden in einer allverdammenden, hasserfüllten Generalabrechnung als omnipotenten Kirchen- und Weltenlenker, als großen Staatengefährder, Reichswidersacher, Völkerverderber, Menschenverführer, Friedensstörer, Protestantenverfolger, Frauenbeherrscher, Schundliteraturproduzenten, Freiheitsfeind, Geistesunterdrücker, Fortschrittsblockierer, Kultur- und Moralitätsschädling und Syllabusverfasser, kurz als Ursprung alles Bösen in Kirche und Welt und als teufelsbrutartige Ausgeburt der Hölle hin. Diese polemische Philippika weist alle Kennzeichen einer Verschwörungstheorie in Reinform auf, so wenn beispielsweise die Jesuiten für den Bürgerkrieg in Spanien verantwortlich gemacht werden, der französische ‚Sonnenkönig' Ludwig XIV. zur Marionette seines jesuitischen Beichtvaters degradiert wird oder die polnischen Teilungen letztlich den Jesuiten angelastet werden und die nationale Wiedergeburt Polens von der Vertreibung der Jesuiten abhängig gemacht wird. Dass die Jesuiten den Dreißigjährigen Krieg, die politische Zersplitterung des Alten Reiches, die Herrschaftsform des Absolutismus und die katholische Bildungsinferiorität verschuldet haben, ist fast schon selbstverständlich.[78]

---

73 Abg. Fischer (Augsburg) am 23. November 1871 in der 28. Sitzung der 2. Session der 1. Legislaturperiode des RT (Stenogr. Berichte RT, 1. Leg.-Per., 2. Sess., 1. Bd., S. 478).

74 Abg. Windthorst (Berlin) am 15. Mai 1872 in der 22. Sitzung der 3. Session der 1. Legislaturperiode des RT (Stenogr. Berichte RT, 1. Leg.-Per., 3. Sess., 1. Bd., S. 386).

75 Abg. Dr. Völk am 14. Juni 1872 in der 43. Sitzung der 3. Session der 1. Legislaturperiode des RT (Stenogr. Berichte RT, 1. Leg.-Per., 3. Sess., 2. Bd., S. 1020).

76 Abg. Dr. Gerstner am 17. Juni 1872 in der 45. Sitzung der 3. Session der 1. Legislaturperiode des RT (Stenogr. Berichte RT, 1. Leg.-Per., 3. Sess., 2. Bd., S. 1068f).

77 Abg. Schulze (Berlin) am 14. Juni 1872 in der 43. Sitzung der 3. Session der 1. Legislaturperiode des RT (Stenogr. Berichte RT, 1. Leg.-Per., 3. Sess., 2. Bd., S. 1012).

78 Abg. Windthorst (Berlin) am 15. Mai 1872 in der 22. Sitzung der 3. Session der 1. Legislaturperiode des RT: *Wir erblicken eben in dem Jesuitenorden einen ebenso häßlichen wie schlimmen und gefährlichen Auswuchs der katholischen Kirche, der nicht blos die Säfte*

der Kirche zu gefährden droht, sondern auch die höchsten Interessen der menschlichen Gesellschaft und das Staates berührt [...] (Ich) erhebe gegen den Jesuitenorden die fünffache Anklage, daß er staatsgefährlich, reichsgefährlich, kulturgefährlich ist, daß er den konfessionellen Frieden zerstört und daß er die Sittlichkeit und Bildung des Volkes gefährdet (Stenogr. Berichte RT, 1. Leg.-Per., 3. Sess., 1. Bd., S. 384). – *In dritter Linie klage ich die Jesuiten an, daß sie kulturgefährlich sind, daß sie der fortschreitenden Civilisation mit ihrer ungeheuren Macht sich widersetzen, daß sie alle Hebel in Bewegung setzen, um die großen Errungenschaften, auf welche unser Zeitalter stolz zu sein berechtigt ist, um alle jene erhabenen Ideen, auf denen das geläuterte Rechts- und Sittlichkeitsbewußtsein unserer Zeit beruht, vor der ihnen dienstbaren Masse des Volkes [zu] verlästern und [zu] verdammen. Jede Seite ihrer Bücher, jeder Satz ihrer Lehren bildet einen schneidenden Gegensatz gegen alles, was von der gebildeten Welt für gut, groß und wünschenswerth gehalten wird. So wie sie die Knechtschaft des Geistes predigen und das sacrificio dell'intelletto, das Opfer des Verstandes auf dem Altare der Gottheit preisen, so verdammen sie jeden Versuch des nach Freiheit ringenden Menschengeistes, sich von den anererbten Fesseln des Aberglaubens und der Vorurtheile zu befreien. [...] Seit zwei Jahrzehnten nun hat der Jesuitenorden die Herrschaft der katholischen Kirche sich angemaßt und hat nicht versäumt, alle seine Sätze und Lehren mit der Sanktion der katholischen Kirche selbst zu umkleiden. Der Syllabus, von den Jesuiten veranlaßt und verfaßt, ist nichts als eine gelungene Manifestation dieses Ordens, ist nichts als der erste kühne Versuch, die Lehren dieses Ordens zu Dogmen der katholischen Kirche zu erheben* (ebd., S. 388). – *Viertens klage ich den Jesuitenorden an, daß er den Frieden der bürgerlichen Gesellschaft stört, daß er die konfessionelle Toleranz verhindert und die kirchlichen Gegensätze zu schärfen bestrebt ist. Gestiftet zu dem ausgesprochenen Zwecke, die ganze Menschheit der alleinseligmachenden Kirche zu unterwerfen und namentlich den Krieg gegen die Ketzer und Protestanten zu führen, haben sie dieses Ziel unausgesetzt mit bewunderungswerthem Eifer verfolgt [...]. Die Gegensätze haben sich ja jetzt wieder bis zur äußersten Spitze geschärft, seit die katholische Kirche, geleitet von diesem mächtigen Orden, auch an äußerer Kraft gewinnend, ihre alten Ansprüche auf die Oberherrlichkeit der Kirche erneuert hat* (ebd., S. 388). – *Die Lehren des Jesuitismus (sind) mit einer gesunden und geläuterten, Geist und Gemüth entsprechenden Moral absolut nicht zu vereinen. [...] Das Gebiet, welches von den Moralisten des Jesuitenordens am eingehendsten behandelt wird, [...] das ist die Lehre über das sechste und neunte Gebot. [...] Es ist ein unermeßlicher Abgrund von Schmutz und Gemeinheit, eine erschöpfende Kasuistik aller möglichen und unmöglichen Sünden und Verbrechen, die bis in die kleinsten Details mit allen Farben der Sinnlichkeit ausgemalt werden. Der verworfenste Mensch kann nicht mit mehr Behagen in diesen traurigen Bildern der entarteten Menschennatur herumwühlen, als es von Seiten der frommen und hochwürdigen Väter der Gesellschaft Jesu in den moraltheologischen Büchern geschieht, aus denen junge Männer, die sich dem priesterlichen Berufe weihen, Belehrung und Anleitung zur Verwaltung ihres heiligen Amtes schöpfen sollen. Ist es nicht empörend, wenn unverdorbene Jünglinge mit einem Cynismus ohne Gleichen in dunkle Irrgänge einer Sünde eingeweiht werden, von der ihr reines Herz niemals etwas wissen sollte. Ist es nicht ebenso beklagenswerth wie empörend, die Herzen dieser jungen Männer mit den raffinirtesten Bildern der Wollust und Schamlosigkeit zu erfüllen!* (ebd., S. 389f). – *Die große Gefahr, welche die politische und kirchliche Wirksamkeit der Jesuiten und ihrer Moral uns droht, liegt in ihrer ungeheuren Macht [...]. Die Jesuiten bilden eine einzige große, durch das Gelübde des unbedingten Gehorsams verbundene, streng militärisch gegliederte Gesellschaft, eine Gesellschaft, die sich über alle Länder und Völker verbreitet,*

Die von der *ultramontanen Partei* regierte Kirche empfand man nun als elementare Bedrohung für den zivilisatorischen Fortschritt, für die moderne Kultur und in erster Linie für den Staat wie überhaupt für die Idee einer modernen Staatlichkeit, als deren Kernelement die absolute, bindungslose Souveränität des Staates begriffen wurde[79]. Die jesuitisch-ultramontane Hierarchie-Hydra beanspruche, die

---

ihre Vorposten bis in die heidnischen Völker einschiebt. Es ist eine großartige Verbindung kühner, entschlossener Männer, welche nur den Pulsschlägen gehorchen, die von Rom ausgehen, und mit allen erlaubten und unerlaubten Mitteln das eine Ziel, die Ausbreitung der katholischen Kirche und die Herrschaft des Jesuitismus, erstreben [...]. Wer endlich sich davon überzeugt hat, daß der Jesuitenorden zur Zeit vollständig die Frauenwelt in katholischen Ländern beherrscht und daß er, um diese Herrschaft zu erreichen und zu behalten, den Marienkultus in seiner jetzigen Übertreibung bis zur vollständigen Idiolatrie gebracht hat, [...] der wird sich erklären können, daß eine solche Gesellschaft in der That zu einer ernstlichen, die Gesellschaft und den Staat bedrohenden Gefahr geworden ist (ebd., S. 390). – *In der ganzen gebildeten Welt (wird) aller Trug, alle List, alle Heuchelei, aller Schein und alle Werkheiligkeit unter dem einen Namen des Jesuitismus zusammengefaßt [...]. Portugal ist unter ihrer* [d.h. der Jesuiten] *Herrschaft in einen Abgrund von Unheil und Verfall gestürzt, aus dem es sich nicht hat wieder erheben können. [...] Und was ist aus Spanien geworden, wo sie am längsten gewirkt und geherrscht haben? Sie haben dieses schöne, reiche Land entvölkert, haben dem Volke ihren Geist aufgeprägt, alle Bildung erdrückt, den wissenschaftlichen Geist erstickt und das Land derartig zerrüttet, daß es sich jetzt noch nicht von seinen Wunden zu erholen vermag. Gerade heute entrollt dort der Jesuitismus seine blutige Fahne und überliefert das der Ruhe und des Friedens so sehr bedürftige Land wieder dem Bürgerkriege! [...] Der Jesuitenorden (hat) jenen beiden Scheusalen auf dem französischen Throne, Ludwig XIV. und Ludwig XV., die Beichtväter geliefert, die ihr Leben, ihre Entschlüsse und ihr Handeln geleitet und bestimmt haben. [...] In Polen haben sie die Könige, den Adel und den Klerus beherrscht und Polen ist zu Grunde gegangen, und Polen bleibt verloren, solange es nicht die Kraft hat, sich der Umarmung dieses Feindes zu entreißen. [...] Die Jesuiten haben uns den dreißigjährigen Krieg mit seinen schrecklichen Folgen gebracht, sie haben uns alle Zerrissenheit, allen Unfrieden gebracht, die wir so lange zu beklagen hatten; sie sind es gewesen, welche den Verfall des katholischen Volkes, den Verfall seiner Schulen und seiner Bildung verursacht haben; sie sind es, auf deren Gewissen die Durchführung des Absolutismus, die Unterdrückung der Protestanten [...] lastet* (ebd., S. 391).

79 Abg. Wagener (Neustettin) am 15. Mai 1872 in der 22. Sitzung der 3. Session der 1. Legislaturperiode des RT: *Der Staat kann niemals darauf verzichten [...] auf seinem eigenen Gebiete seine eigene Souverainetät festzuhalten und alles das von sich fern zu halten und zu beseitigen, was diese Souverainetät in Frage stellt* (Stenogr. Berichte RT, 1. Leg.-Per., 3. Sess., 1. Bd., S. 382).
Hr. Wever am 11. März 1873 in der 16. Sitzung der Session 1872/73 des HH: *Eine besondere, dem [Staat] gegenüberstehende Souveränetät verträgt sich nicht mit dem Begriff des Staates, der in seinem Territorium alles rechtlich ordnen kann. [...] In der Theorie kann aber keine Beschränkung der Staatsgewalt anerkannt werden, ohne den Begriff des Staates selbst aufzuheben* (Stenogr. Berichte HH, Sess. 1872/73, Bd. 1, S. 225).

Autonomie des Staates und säkularer Funktionsbereiche wie Politik, Wirtschaft, Erziehungs- und Bildungswesen, Wissenschaft usw. negierend und damit eine zentrale Errungenschaft der Reformation revidieren wollend, unter Berufung auf das vatikanische Unfehlbarkeitsdogma und ihrer theokratischen Geist atmenden Doktrinen über das richtige Staat-Kirche-Verhältnis eine weit über das religiös-kirchliche Gebiet hinausgreifende Einflussnahme auf Staat und Gesellschaft mit dem letztlichen Ziel der kirchlichen Alleinherrschaft. Der autokratische Herrschaftsstatus des Papstes wie die hierokratischen Herrschaftsansprüche der Kirche seien eine Gefahr nicht nur für die Selbstständigkeit und Weltlichkeit, sondern auch für die pure Existenz des Staats. Diese unterstellte kirchliche Reklamation einer Dienstbarkeit der Staatsgewalt als Vollzugsorgan der Kirche und einer Oberhoheit auch auf politisch-weltlichem Gebiet wurde als ein Wesensmerkmal der katholischen Kirche und als Teil einer bis ins Mittelalter zurückreichenden Tradition begriffen, sodass die gegenwärtigen kirchenpolitischen Auseinandersetzungen als gradlinige Fortsetzung der mittelalterlichen Kämpfe zwischen Kaiser und Papst um die Suprematie verstanden wurden.[80] Die Sorge um die Autonomie, Autorität und Souveränität des Staates, um die staatliche Kontrolle der sich auf seinem Territorium befindlichen Körperschaften einschließlich der Kirchen, um die uneingeschränkte Loyalität der Bürger gegenüber dem Staat, um die staatliche Unabhängigkeit von päpstlich-klerikalen Weisungen und Einwirkungen, ja um das schiere Weiterbestehen des Deutschen Reichs lässt sich als Kernthema und -anliegen der kulturkampfaffirmativen Parlamentsreden bezeichnen.[81] Im Hintergrund

80 Staatsminister Fürst Bismarck am 10. März 1873 in der 15. Sitzung der Session 1872/73 des HH: *Es handelt sich um den uralten Machtstreit [...] zwischen Königthum und Priesterthum [...], der die deutsche Geschichte des Mittealters bis zur Zersetzung des Deutschen Reiches erfüllt hat unter dem Namen der Kämpfe der Päpste mit den Kaisern, der im Mittelalter seinen Abschluß damit fand, daß der letzte Vertreter des erlauchten schwäbischen Kaiserstammes unter dem Beil eines französischen Eroberers auf dem Schaffot starb und dieser französische Eroberer im Bündniß mit dem damaligen Papste stand. Wir sind der analogen Lösung der Situation sehr nahe gewesen, übersetzt immer in die Sitten der Zeit* (Stenogr. Berichte HH, Sess. 1872/73, Bd. 1, S. 212).
Abg. Graf Frankenberg am 21. April 1874 in der 37. Sitzung der 1. Session der 2. Legislaturperiode des RT: *Für mich liegt der Grund [für den gegenwärtigen Kampf] elf Jahrhunderte zurück [...] Er liegt für mich darin, daß Stephan II. die weltliche Herrschaft über Rom an sich riß, daß er den legitimen byzantinischen Kaiser mit Hülfe des Franken Pippin aus seinem Besitz in Rom verdrängte, die weltliche Herrschaft über die ewige Stadt errang und sie behalten hat. Diese weltliche Herrschbegier führte bald darauf dazu, daß der Kaiser Ludwig, der Sohn Karls des Großen, der die Schenkung Pipins bestätigt hatte, im Büßergewande vor der Kirche stand; sie führte nach Canossa* [im Folgenden wird die Traditionskonstruktion bis Karl V. weitergeführt] (Stenogr. Berichte RT, 2. Leg.-Per., 1. Sess., 2. Bd., S. 1009).

81 Bundesbevollmächtigter Staatsminister v. Lutz am 23. November 1871 in der 28. Sitzung der 2. Session der 1. Legislaturperiode des RT: *Die Kirche (vindizirt sich) das Gebiet des Staates und ganz offen die Oberhoheit über den Staat. [...] Und nun*

bekämpft die Kirche mit ihren Dogmen den Staat, so oft sie nicht mit ihm einverstanden ist und zwar unter Anwendung des Ausspruchs, daß seine Gesetzgebung mit dem göttlichen Gesetz in Widerspruch stehe, daß es Gottes Gebot sei, den schlechten Gesetzen des Staates den Gehorsam zu verweigern, und daß es religiöse Pflicht sei, Gott mehr zu gehorchen als den Menschen, daß aber selbstverständlich die Kirche es sei, welche zu bestimmen habe, was Gott befiehlt, was nicht. Würde der Staat das anerkennen, er läge bald mit gebundenen Händen zu den Füßen der Kirche. [...] Es ist undenkbar, daß der Staat der Kirche als Schemel diene zu ihrer Erhebung über Gesetz und Recht. Es ist undenkbar, daß der Staat das Vollzugsorgan derjenigen Kirche sei, die sich vollständig unabhängig von ihm gestellt hat. Es ist undenkbar, daß der Staat auf seinem Gebiete der Kirche als solcher ein Wort mitzusprechen gestatte. Er muß sein Gebiet abgrenzen, er muß es schützen (Stenogr. Berichte RT, 1. Leg.-Per., 2. Sess., 1. Bd., S. 465).

Abg. v. Treitschke am 23. November 1871 in der 28. Sitzung der 2. Session der 1. Legislaturperiode des RT: *Jenes größte politische Ergebniß der Reformation vor dreihundert Jahren, die Mündigkeit des Staates, seine Unabhängigkeit der Kirche gegenüber, sein Recht sich selber zu leiten nach eigenem Willen, dieses köstliche Ergebniß der religiösen Bewegung von drei reichen Jahrhunderten wird jetzt in Frage gestellt* (Stenogr. Berichte RT, 1. Leg.-Per., 2. Sess., 1. Bd., S. 467).

Abg. Dr. Loewe am 23. November 1871 in der 28. Sitzung der 2. Session der 1. Legislaturperiode des RT: *Der Staat (hat) eine organisirte Körperschaft sich gegenüber, welche Befehle von Oberen bekommt, die sie selbst nicht im Stande ist zu kontroliren. [...] Wir dürfen niemals vergessen, daß wir heute bei der Aufrichtung des Reiches die kirchliche Bewegung sich wieder erheben sehen, wie wir sie beim Untergang desselben gesehen haben. Damals hat sie den Untergang des Reiches herbeigeführt, hat die Jahrhunderte lange Niederlage unserer Nation verschuldet* (Stenogr. Berichte RT, 1. Leg.-Per., 2. Sess., 1. Bd., S. 484).

Abg. Dr. v. Schauß am 25. November 1871 in der 31. Sitzung der 2. Session der 1. Legislaturperiode des RT: *Schon die bekannte Konstitution ‚Quanta cura' vom 8. Dezember 1864, mit welcher der Syllabus publicirt wurde, macht darauf aufmerksam, daß alle geistliche Obrigkeit unbedingt über die weltliche Obrigkeit, über alle Staaten gestellt sei. Es ist wiederholt gesagt, daß alle Gebiete des Glaubens [und] der Sitte, und ich habe Ihnen gesagt, wie reichhaltig dies Gebiet ist, daß alle weltlichen Fürsten ganz unbedingt der Kirche unterworfen sind* (Stenogr. Berichte RT, 1. Leg.-Per., 2. Sess., 1. Bd., S. 523).

Abg. v. Kardorff am 25. November 1871 in der 31. Sitzung der 2. Session der 1. Legislaturperiode des RT: *Ich verweise unter anderen auf Stahl und dessen bekannte, nicht genug zu empfehlende kleine Schrift ‚Der Jesuitismus und das politische Princip', wo er diesen Satz [...] auf das Konsequenteste und Schlagendste nachweist, den Satz nämlich, daß die römische Kirche ihrer Natur nach die Herrschaft über den Staat erstreben müsse* (Stenogr. Berichte RT, 1. Leg.-Per., 2. Sess., 1. Bd., S. 534).

Abg. Dr. Roepell am 30. Januar 1873 in der 36. Sitzung der Session 1872/73 des AH: *Ich will ganz absehen von den Momenten des Unterschieds zwischen Ultramontanismus und Katholizismus, welche auf dem rein kirchlichen Gebiete liegen; für uns ist es nur von Bedeutung, welche Grundsätze, welche Prinzipien der Ultramontanismus über das Verhältnis zwischen Kirche und Staat aufstellt, welche Prinzipien und Grundsätze er theoretisch lehrt und praktisch auf dem Gebiete des politischen Lebens zur Geltung, zur Herrschaft bringen will. Diese Grundsätze und Prinzipien sind heute noch dieselben, welche im Mittelalter von den großen Päpsten aufgestellt worden sind. Sie gipfeln in dem einfachen Satze [...]: die Kirche ist eine göttliche Institution, der Staat ist eine* leuchtet ein nationalliberales Staatsverständnis[82] auf, das die Majestät und Dignität des Staates betonte und diesem eine besondere Würde und Weihe beimaß, was Züge einer verabsolutierenden Staatsvergottung annahm.

---

weltliche Institution, die Kirche ist das Reich Gottes, und der Staat ist das Reich dieser an sich sündhaften Welt [...] und ebenso wie das Göttliche über dem Menschlichen steht, ebenso ist die Kirche über den Staat erhaben, und das Haupt der Kirche, der Papst, der Stellvertreter Christi, ist erhaben, wie die Kirche über alle Reiche, so er über alle Fürsten (Stenogr. Berichte AH, Sess. 1872/73, Bd. 2, S. 859).
Abg. Dr. Gneist am 31. Januar 1873 in der 37. Sitzung der Session 1872/73 des AH: *Was diese Gesetze herbeigeführt hat, sind nicht die politischen, augenblicklichen Verhältnisse, sondern es sind die ewigen Verhältnisse, durch welche die römisch-katholische Kirche seit Konstantin dem Großen bis zum heutigen Tage immer im Streit mit dem Staat gekommen ist, weil sie im Unterschied von allen anderen Kirchen die äußere Macht und Herrschaft der geistlichen Obrigkeit und der regierenden Klassen der Kirche weiter ausdehnt als irgendein anderes europäisches System der Kirchengewalt. [...] Sie* [zum Zentrum] *setzen der beschränkten verfassungsmäßig geordneten Gewalt des Staates gegenüber Ihre partikularistische Gewalt, der Sie eine absolute, unfehlbare Machtvollkommenheit beimessen nicht bloß in inneren Dingen, sondern in allen äußeren Dingen, die von diesem Kirchensystem in ihr Gebiet gezogen werden* (Stenogr. Berichte AH, Sess. 1872/73, Bd. 2, S. 884).
Hr. Wever am 11. März 1873 in der 16. Sitzung der Session 1872/73 des HH: *Die katholische Kirche nimmt bekanntlich fortwährend das Recht in Anspruch, die Abgrenzung der weltlichen und kirchlichen Gebiete mit bindender Kraft zu bestimmen; sie negirt eigentlich so die Souverainetät des Staates* (Stenogr. Berichte HH, Sess. 1872/73, Bd. 1, S. 225).
Abg. Dr. Völk am 25. April 1874 in der 41. Sitzung der 1. Session der 2. Legislaturperiode des RT: *Jene kurialistisch-jesuitische Abtheilung der katholischen Kirche, welche für sich der Rechte derselben zu konfisciren gedenkt, sie hat nun ihre Richtung gegen den Staat genommen. [...] Der Staat kann sich das nicht gefallen lassen, denn es wäre geradezu an seine Lebensexistenz, an alle seine Lebensbedingungen gegangen. Es kann kein Staat existiren, der die Grenzen seiner legislativen Gewalt sich vorschreiben zu lassen hat in seinem Gebiete von einer Macht, welche außerhalb desselben steht, und daher rührt der Kampf, welcher nun ausgekämpft werden muß* (Stenogr. Berichte RT, 2. Leg.-Per., 1. Sess., 2. Bd., S. 1130).
Abg. Dr. v. Schulte am 21. April 1874 in der 37. Sitzung der 1. Session der 2. Legislaturperiode des RT: *Es ist ganz unzweifelhaft, daß die Bischöfe der römischen Kirche sich offen und unbestreitbar in Theorie und in der That in der feierlichsten und förmlichsten Weise zu Grundsätzen bekannt haben, welche nicht blos die Selbstständigkeit des Staates negiren, ja mit denen auf die Dauer der Staat nicht existiren kann* (Stenogr. Berichte RT, 2. Leg.-Per., 1. Sess., 2. Bd., S. 995).

82 Vgl. H. Bornkamm: Die Staatsidee im Kulturkampf, S. 48–54 u. 296–299; E. Huber: Deutsche Verfassungsgeschichte, Bd. 4, 2. Aufl., S. 637–644; W. Becker: Religiös-politische Aspekte des Kulturkampfes, S. 50–59; Ders.: Liberale Kulturkampf-Positionen und politischer Katholizismus, S. 53ff; A. Birke: Zur Entwicklung und politischen Funktion des bürgerlichen Kulturkampfverständnisses in Preußen-Deutschland, passim.

Als lehramtliche Selbstlegitimationsbasis für die von der Kirche angeblich beanspruchte Überordnungsposition und Führungsrolle gegenüber der Staatsgewalt, die *Oberherrlichkeit über den Staat,*[83] identifizierte man die spezifisch katholischen Lehren über die Staatszwecke, über das richtige Verhältnis von Staat und Kirche und über die gottgewollte Verfasstheit der Kirche. Eine Gefahr für die Staatsautorität resultiere aus einem instrumentellen Staatsverständnis, für welches der Staat kein Selbstzweck mit eigenständigen sittlichen Zielen sei, sondern die Dispositionshoheit lediglich bei der Förderung des zeitlichen Glücks und der materiellen Wohlfahrt besitze, während er sich die sittlichen Staatsziele und -zwecke von der Kirche vorgeben lassen müsse, die für sich diesbezüglich eine Festsetzungs-, Begrenzungs- und Korrektivfunktion reklamiere, ja sogar ein allgemeines Vetorecht, wenn staatliche Anordnungen den von der Hierarchie definierten unveräußerlichen Kirchenrechten oder den von ihr interpretierten göttlichen Sittengesetzen widerstreiten. Verschärft würden die ultramontanen Prioritätsprätentionen noch durch eine extensive Definition des Gebiets der Sittlichkeit, wonach alle Beziehungen des Menschen zu seiner Familie und zum Staat darunterfallen und daher letztlich kirchlicher Bestimmungsmacht unterstünden. So gebe es nach kirchlicher Auffassung im Endeffekt keinen von kirchlicher Intervention freien Gestaltungsraum des Staates. Ein dermaßen seiner Funktionen beraubter und von der Kirche fremddirigierter Staat könne nicht mehr seiner Aufgabe gerecht werden, die *sittliche Natur* jedes einzelnen Menschen wie der ganzen Gesellschaft mittels seiner Gesetzgebung zu heben und zu entfalten, beispielsweise den Fortschritt, die Glaubensfreiheit oder den Konfessionsfrieden zu gewährleisten.[84] Den

83 Bundesbevollmächtigter Staatsminister v. Lutz am 25. November 1871 in der 31. Sitzung der 2. Session der 1. Legislaturperiode des RT (Stenogr. Berichte RT, 1. Leg.-Per., 2. Sess., 1. Bd., S. 538).

84 Bundesbevollmächtigter Staatsminister v. Lutz am 23. November 1871 in der 28. Sitzung der 2. Session der 1. Legislaturperiode des RT: *Die Kirche vindicirt sich als ihre eigenen Gebiete die des Glaubens und der Sitte. Von dem Gebiet des Glaubens in diesem Augenblick zu sprechen ist keine Veranlassung. Was aber das Gebiet der Sitte betrifft, so legt die Kirche ihre Berechtigung dahin aus, daß in dieses Gebiet alle Beziehungen der Menschen zueinander gehören. Es ist keine Materie denkbar, welche man als Staatsangelegenheit bezeichnen könnte und welche nicht auch von der Kirche mindestens unter Umständen als etwas bezeichnet wird, was ihrem Regimente anheimfällt. […] [Man] folgert hieraus, daß es der Kirche zukomme, den weltlichen Gesetzgeber, wenn er aus Unwissenheit oder Bosheit Gesetze erläßt, deren Materie zwar ausschließlich profan ist, die aber indirekt die Seelen schädigen, zu ermahnen und jede gesetzliche Bestimmung, durch welche ihrer Überzeugung nach die höheren, ihrer Obhut anvertrauten unverletzlichen und geheiligten Interessen beeinträchtigt werden, aufzuheben. Es giebt also nach kirchlicher Theorie […] kein Gebiet, das ausschließlich dem Staate anheimfiele und eventuell nicht der Kirche* (Stenogr. Berichte RT, 1. Leg.-Per., 2. Sess., 1. Bd., S. 464f) – *Man erklärt alle Angelegenheiten, auch die Staatsangelegenheiten vom reinsten Wasser, für Dinge, die dem Gebiet der Sitten anheimfallen und daher dem Kirchenregiment unterstellt sind. Man sagt, daß*

man das Recht habe, alle diese Sachen nach Bedarf als Glaubensätze festzustellen, thut dies nach Bedarf, verlangt dann von der Regierung, daß sie einfach den Standpunkt der Unterordnung unter die Gesetze der Religion einnehme (ebd., S. 466).
Abg. Dr. v. Schauß am 25. November 1871 in der 31. Sitzung der 2. Session der 1. Legislaturperiode des RT: *Ausdrücklich ist die apostolische Autorität über die Gesetze der ganzen Welt und der ganzen Menschheit als ein Satz hingestellt, der von jedem Katholiken unbedingt geglaubt werden müsse. Es ist in These 20 [des Syllabus] der Satz verdammt, daß die Staatsgewalt ihre Autorität auch ohne die Zustimmung der Kirchengewalt ausüben darf und es kann nicht geleugnet werden, daß, da der Papst befiehlt, daß die von ihm verworfenen Meinungen von allen Katholiken als verdammt betrachtet werden sollen, und da dieser Befehl sich an alle katholischen Bischöfe sowie an sämmtliche Kirchen- und lokalen Oberen der ganzen Welt richtet, für die ganze Welt und auf der ganzen Welt die päpstliche Autorität als Korrigens für alle Gesetze der Staaten und ihrer Fürsten aufgestellt ist* (Stenogr. Berichte RT, 1. Leg.-Per., 2. Sess., 1. Bd., S. 523).
Abg. Kiefer am 16. Mai 1872 in der 23. Sitzung der 3. Session der 1. Legislaturperiode des RT: *Auch dieser Schrift [des Jesuiten Emilio Liberatore über das Verhältnis des Staates zur Kirche] wie der ganzen Jesuitenpolitik liegen die Überzeugungen zu Grunde, der Staat habe kein Recht gegenüber der Kirche, er müsse sich unterordnen der Direktion und Leitung der Kirche, die Kirche müsse durchaus in jeder Beziehung sich des Staates bedienen für ihre Interessen, sie habe sogar das Recht, der Gewalt des Staates sich zu bedienen, wenn sie gegen anders Denkende der Mitwirkung der Staatsgewalt bedarf, sie sei berechtigt, Fürsten abzusetzen und die Unterthanen des Eides gegen die Fürsten zu entbinden, wenn diese Fürsten gegen die Interessen der Kirche vorgehen. Alle diese Anschauungen sind nicht Antiquitäten, es sind Dinge, die heute noch bestehen* (Stenogr. Berichte RT, 1. Leg.-Per., 3. Sess., 1. Bd., S. 399f).
Abg. Dr. Petri am 31. Januar 1873 in der 37. Sitzung der Session 1872/73 des AH: *Die Gegensätze, um die es sich handelt, bestehen meines Erachtens in den diametral entgegengesetzten Anschauungen über das Wesen und die Aufgabe des Staates und der ganzen bürgerlichen Gesellschaft. Das ultramontane System erkennt einen Selbstzweck des Staates, direkte sittliche Ziele des Staates nicht an; es vindizirt für sich die Bestimmung und die Begrenzung des sittlichen Gebietes. Ihm ist der Staat lediglich ein Mittel, eine mit materieller Macht ausgerüstete Anstalt zum Vollzug der von der Kirche, d.h. der mit der Kirche sich identifizirenden Hierarchie zum geistlichen Wohle des Menschen gegebenen Gesetze. Nach diesem System sind lediglich das zeitliche Glück, die Bedingungen des materiellen Wohlergehens Endzweck des Staats, und auch auf diesem Gebiete prätendirt die Hierarchie die Corrective, wenn die Anordnungen des Staates auf diesem Gebiete irgendwie den Gehorsam der Menschen gegen Gott, wie ihn die Anschauung der Hierarchie versteht, gefährden. [... ...] Was gehört aber nach ultramontaner Auffassung in das Gebiet der Sitten? Dahin gehört alles, jede menschliche Beziehung, das ganze Leben der Individuen. Darüber kann kein Zweifel sein Wenn Sie irgendein im ultramontanen Geiste geschriebenes Buch über Moraltheologie aufschlagen, [...] werden Sie finden, daß darin die Beziehungen des Menschen zur Familie, zur Gemeinde zum Staate, mit einem Worte alle Beziehungen des Menschen als in das Gebiet der Sitten gehörend betrachtet und behandelt werden. [...] Kann der Staat bei einem solchen Systeme noch seine hohe Aufgabe erfüllen, die sittliche Natur jedes einzelnen Menschen und der Gesammtheit durch seine Rechts-Ordnung zur freien Entfaltung, zur höchsten Blüthe zu bringen? Kann er bei einem solchen System den obersten Prinzipien seiner Gesetzgebung, den Prinzipien der Gewissensfreiheit und der konfessionellen Parität*

mentalen Hintergrund dieser Weltsicht bildete ein Staatsbegriff, welcher dem Staat die Verfolgung sittlicher Ideen und Werte mit dem Ziel der Moralitäts- und Bildungshebung, Fortschrittsmehrung, Persönlichkeitsentfaltung, Menschenbeglückung und Gesellschaftsverbesserung zuschrieb[85] und den Kirchen die Aufgabe zuwies, *die sittlichen und Kulturzwecke des Staates zu fördern*[86]. Dadurch erhielt der absolut gesetzte, zum Agenten des sittlichen Fortschritts nobilitierte Staat eine semisakrale Sinnstiftungs- und Kulturgestaltungsfunktion, der sich die Kirchen dienend unterzuordnen hatten.[87]

Als weiteres die Staatshoheit und -autonomie gefährdendes Element im katholischen Lehrsystem markierte man die katholische Ekklesiologie, gemäß welcher die konkrete hierarchische Verfasstheit der Kirche als religiöses Dogma gelte. Durch diese Sakralisierung der äußeren Kirchenorganisation werde auf Kosten der Staatsmacht die Kirche und Geistlichkeit gegenüber behördlicher Kontrolle und gesetzgeberischer Einwirkung zu immunisieren gesucht. Wenn jedoch der Staat eine so bedeutsame, massenbindende Großinstitution wie die Kirche und deren Personal als für ihn exemt, sakrosankt und intangibel anerkenne, akzeptiere er einen seinem Zugriff entzogenen Staat im Staat, wodurch er sich selbst aufgebe. Die katholische Ekklesiologie wurde auch deshalb als staatsbedrohlich gewertet, weil sie die Rebellion der Katholiken gegen ihren Staat religiös legitimiere, denn wenn der Staat auf politischem oder gesetzgeberischem Wege Einfluss auf die Kurie, den Klerus oder die Kirchenstruktur nehmen will, verstünden die Katholiken dies als Angriff auf zentrale Glaubenslehren, wodurch der Widerstand gegen den Staat eine religiöse Weihe und Rechtfertigung erhalte.[88]

---

gerecht werden? Kann bei einem solchen System der konfessionelle Frieden unter den Staatsangehörigen bewahrt werden, der konfessionelle Frieden, welcher die Grundlage aller gedeihlichen Entwicklung ist? (Stenogr. Berichte AH, Sess. 1872/73, Bd. 2, S. 875f).

85 Abg. Kiefer am 16. Mai 1872 in der 23. Sitzung der 3. Session der 1. Legislaturperiode des RT: *Wir aber wollen, daß der moderne Staat sich erfülle und entwickle mit dem Geiste des Fortschrittes. [...] Wir müssen überall dem deutschen Volke dazu verhelfen, daß sich das Große, Edle, im höchsten Grade national Erhebende, was sich mit dem Begriffe des Reiches verbindet, verwirkliche. Dazu gehört die Befestigung des Fortschritts, der Einrichtungen der Kultur, der Unterrichtspflege, der öffentlichen Anstalten des Staates* (Stenogr. Berichte RT, 1. Leg.-Per., 3. Sess., 1. Bd., S. 397).

86 Abg. Jung am 20. Januar 1873 in der 29. Sitzung der Session 1872/73 des AH (Stenogr. Berichte AH, Sess. 1872/73, Bd. 1, S. 651).

87 Abg. Dr. Völk am 25. April 1874 in der 41. Sitzung der 1. Session der 2. Legislaturperiode des RT: *Das ist unsere Hoffnung, daß nicht mit der Feststellung der äußeren Grenzen das Reich abgeschlossen ist, sondern daß das Reich und diejenigen, die es bilden, auch im Stande sein werden, von innen heraus zu einer Regeneration an Geist und Gemüth, an Herz und Verstand zu kommen. Wir laden die Leiter der katholischen Kirche ein, sich an dieser Regeneration zu betheiligen* (Stenogr. Berichte RT, 2. Leg.-Per., 1. Sess., 2. Bd., S. 1133).

88 Abg. Dr. Virchow am 17. Januar 1873 in der 28. Sitzung der Session 1872/73 des AH: *Wir verlangen die Garantie, daß jedermann in seinem Glauben frei sei, aber wir*

Auf der legitimatorischen Basis dieses Gedankengebäudes legte die katholische Kirche nach Ansicht der kulturkampfgesinnten Parlamentarier – wie bereits gesagt – einen umfassenden Welt- und Staatsbeherrschungsimpetus an den Tag. Die Kirche suche *den Kirchen-Staat über den ganzen orbis terrarum auszudehnen. [...] Jener große, wirklich katholische Gedanke der Weltherrschaft würde sich dann verwirklichen. Dann giebt die Kirche die Gesetze, dann macht die Kirche die Form der Gesellschaft, dann ordnet sie alle Dinge.*[89] Schon in der Reaktionszeit, in welcher das kirchliche Leben, vom Staat begünstigt, einen Aufschwung genommen habe, habe sie *den hochfliegenden Plan wieder* aufgenommen, *die Theokratie auf dem Gebiete des äußeren Lebens und gegenüber den Mächten, die bisher der Kirche als die höheren gegenüber gestanden hatten, wiederherzustellen.*[90] *Eine so organisirte Gewalt wie die der Kirche* werde *sich immer wieder zur Macht im Staate emporschwingen* wollen und immer wieder versuchen, *theokratisch den Staat zu regieren.*[91] Große *Bedenken* müssten zumal *in einer gemischten Bevölkerung entstehen durch die schrankenlosen Ansprüche auf äußere Geltung und Macht, die von der römischen Kirche aus gerade in den letzten Jahren erhoben worden sind,* einer Universalkirche, die *stets geneigt ist, die Staaten als sich untergeordnet anzusehen und ihre äußere Macht in das Gebiet*

---

leugnen, daß zu diesem Glauben die Hierarchie gehört. (Ruf im Centrum: Ja natürlich!) Ja, meine Herren, das ist die Differenz zwischen uns. Für Sie ist die Hierarchie auch eine dogmatische Einrichtung, der Klerus gehört bei Ihnen zum Dogma, und das, meine Herren, das können wir unmöglich anerkennen. Das ist der Fehler, den auch die Staats-Regierung immer gemacht hat. Sie hat immer zugelassen, daß die Hierarchie als Theil des Dogmas anerkannt wird. Ja, meine Herren, das führt in der That zur Negation des Staats. Wenn er anerkennt, daß die Unterthanen berechtigt sind, in voller Freiheit des Glaubens die ganze Organisation der katholischen Kirche als berechtigtes Dogma zu acceptiren, den infalliblen Papst zuzulassen, so sanktionirt er in der That die Möglichkeit des Aufruhrs, und zwar eines ganz gesetzmäßigen Aufruhrs. Denn wenn jemand sagt: der Papst wird angegriffen, ergo wird auch mein Glaube angegriffen, ergo bin ich verfassungsmäßig berechtigt, mich gegen die Regierung zu stellen, so ist das die nothwendige Konsequenz aus einer solchen Voraussetzung. Das ist der Irrthum unserer Staats-Regierung gewesen. Wie kann eine Staats-Regierung anerkennen, daß die Hierarchie, die äußere Organisation der Kirche ein dogmatisches Ding ist? [...] Daher kann ich nicht zugestehen, daß die hierarchische Organisation und daß die äußere Kirche von der gewöhnlichen Gesetzgebung ausgeschlossen sein sollen. Ich kann nicht zugestehen, daß jemand vermöge seines Religions-Bedürfnisses das Recht in Anspruch nehmen kann, auch alle diese Organisationen als nothwendige anzusehen und von dieser Nothwendigkeit ausgehend unter Umständen seinem eigenen Staate den Krieg zu erklären (Stenogr. Berichte AH, Sess. 1872/73, Bd. 1, S. 633f).

89 Abg. Dr. Virchow am 30. Januar 1873 in der 36. Sitzung der Session 1872/73 des AH (Stenogr. Berichte AH, Sess. 1872/73, Bd. 2, S. 846).

90 Abg. Dr. Gneist am 19. Juni 1872 in der 48. Sitzung der 3. Session der 1. Legislaturperiode des RT (Stenogr. Berichte RT, 1. Leg.-Per., 3. Sess., 2. Bd., S. 1141).

91 Abg. Dr. Loewe am 23. November 1871 in der 28. Sitzung der 2. Session der 1. Legislaturperiode des RT (Stenogr. Berichte RT, 1. Leg.-Per., 2. Sess., 1. Bd., S. 485).

des Staates auszudehnen.[92] Reichskanzler Bismarck, die religiöse Dimension des Papsttums ausblendend, glaubte, Letzteres sei eine rein *politische Macht jederzeit gewesen, die mit der größten Entschiedenheit und dem größten Erfolge in die Verhältnisse dieser Welt eingegriffen hat, die diese Eingriffe erstrebt und zu ihrem Programm gemacht hat. [...]. Das Ziel [...] ist die Unterwerfung der weltlichen Gewalt unter die geistliche, ein eminent politischer Zweck.*[93] Dabei eigne der ultramontanen Kirche nicht nur ein resoluter Machtwille, die vielbeschworene und vielverteufelte *klerikale Herrschsucht*[94] oder *hierarchische Herrschsucht*[95], sondern dank der Machtentfaltung in den vergangenen Dezennien auch ein immenses Machtpotential, mit dem sie ihre weitgreifenden Hegemonialambitionen über Staat und Gesellschaft auch in die Realität und Praxis umsetzen könne. Wie die jüngere Geschichte demonstriere, habe die *ecclesia militans* ganze Staaten beseitigt und Revolutionen ausgelöst, habe Regierungen je nach Belieben gestürzt oder eingesetzt.[96] Der Staat sehe sich nun einer *Organisation von internationalem Charakter gegenüber, wie sie gewaltiger die Geschichte noch nie gesehen hat* und die *Imperiumsgelüste des modernen Roms* stünden auf einer *solideren Grundlage als das Imperium des alten Roms, denn sie beruhen auf dem Gewissen.*[97] Wenn ein solches System *jemals zur Herrschaft kommen sollte, dann sind die düstersten Blätter der Geschichte noch nicht geschrieben*[98].

92 Abg. Dr. Gneist am 16. Mai 1872 in der 23. Sitzung der 3. Session der 1. Legislaturperiode des RT (Stenogr. Berichte RT, 1. Leg.-Per., 3. Sess., 1. Bd., S. 421 u. 423).

93 Staatsminister Fürst Bismarck am 10. März 1873 in der 15. Sitzung der Session 1872/73 des HH (Stenogr. Berichte HH, Sess. 1872/73, Bd. 1, S. 213).

94 Abg. v. Kardorff am 25. November 1871 in der 31. Sitzung der 2. Session der 1. Legislaturperiode des RT (Stenogr. Berichte RT, 1. Leg.-Per., 2. Sess., 1. Bd., S. 533).

95 Abg. Dr. Völk am 25. April 1874 in der 41. Sitzung der 1. Session der 2. Legislaturperiode des RT (Stenogr. Berichte RT, 2. Leg.-Per., 1. Sess., 2. Bd., S. 1132).

96 Abg. v. Bennigsen am 16. Januar 1873 in der 27. Sitzung der Session 1872/73 des AH: *Die ecclesia militans, die Staaten gestürzt hat und Revolutionen geführt hat, wenn Sie Beispiele haben wollen, meine Herren, wie die ecclesia militans Staaten gestürzt hat und Revolutionen geführt hat, nicht etwa vor Jahrhunderten, sondern in diesem Jahrhundert, in der neuesten Zeit, ist es nicht genug [...] zu erinnern an Brüssel, an Spanien? Ist es nicht genügend, daß es der kirchlichen Partei in der ganz ungesunden, leider noch später fortdauernden Verbindung mit den Liberalen gelungen ist, die damalige Revolution gegen den Haag zu machen? Und was geht täglich vor unseren Augen in Spanien vor? [...] Wer weiß denn nicht aus der Geschichte Ihrer Kirche, d.h. der Geschichte der klerikal-hierarchischen Partei, die sich so leicht identificirt mit der katholischen Kirche überhaupt, wer weiß durchaus nicht, daß sie Staaten gestützt und gestürzt, daß sie Regierungen offen oder durch Intriguen, die noch viel wirksamer sind als offener Kampf, beseitigt hat oder erhalten [hat], wie es ihr gerade nach den Interessen, die sie oder diejenigen, von denen sie von außen Befehle anzunehmen hatte, beliebte* (Stenogr. Berichte AH, Sess. 1872/73, Bd. 1, S. 601).

97 Abg. Dr. Petri am 31. Januar 1873 in der 37. Sitzung der Session 1872/73 des AH (Stenogr. Berichte AH, Sess. 1872/73, Bd. 2, S. 876).

98 Abg. Dr. Petri am 31. Januar 1873 in der 37. Sitzung der Session 1872/73 des AH (Stenogr. Berichte AH, Sess. 1872/73, Bd. 2, S. 875f).

Welche katastrophalen Folgen eine Machtübernahme der ultramontanen Kirche haben würde, könne man an den katholischen Ländern sehen, die ein klägliches Bild von Rückständigkeit und Stagnation böten, vermöge doch die in den Klauen der *Ultramontanen* befindliche Kirche ganze Länder in den Zustand innerer Zerrüttung zu treiben.[99]

Als Speerspitze, Führungskader und Generalstab der ultramontanen Menschheitsunterjochungs- und Staatsbeherrschungsoffensive wurde der Jesuitenorden perhorresziert. Er greife die Grundlagen des Staatslebens, ja sogar die pure Existenz von Staaten an, indem er in seinen Lehren die Bindekraft der kirchlichen Gebote über diejenige der staatlichen Gesetze und die Autorität der Kirche über diejenige des Staats stelle und in seiner Praxis unter Ausnutzung des liberalen Vereinsrechts die Staaten friedensstörend infiltriere und unterminiere mit dem Ziel ihrer Unterwerfung unter die ihm botmäßige Kirche.[100] Der Jesuitenorden sei

---

99 Abg. Jung am 20. Januar 1873 in der 29. Sitzung der Session 1872/73 des AH: *Dabei sind die Kulturbestrebungen der Ultramontanen dem Staate ebenso entgegen, besonders in der Erziehung. Es wäre am Ende genügend zu zeigen, was die Erziehung ist, wenn sie ausschließlich in den Händen der Kirche ist, auf Italien, Spanien, und zum Theil auch Österreich [...] hinzuweisen. Was hat die Kirche aus diesen Ländern gemacht? Sie hat sie vollständig zerrüttet und dem Untergange nahe gebracht* (Stenogr. Berichte AH, Sess. 1872/73, Bd. 1, S. 652f).

100 Abg. Windthorst (Berlin) am 15. Mai 1872 in der 22. Sitzung der 3. Session der 1. Legislaturperiode des RT: *Der Jesuitenorden ist staatsgefährlich, weil er unbedingte Unterordnung des Staates unter die Kirche fordert, weil er der Kirche Rechte zueignen will, auf welche allein der Staat Anspruch hat, weil er die unbedingte Wirksamkeit der bürgerlichen Gesetze negirt und damit die Grundlagen der staatlichen Organisation in Frage stellt. [...] Diese und viele andere mit den Grundanschauungen des Staates in direktem Widerspruch stehende Lehren finden Sie in mannigfacher Variation in den Werken der Jesuiten. Sie wurden von Bellarmin und Suarez in derselben Weise gelehrt wie sie heute in den Schriften der Väter von Maria Laach vertheidigt werden. [...] Die Abhängigkeit des Staates von der Kirche auf der einen Seite und die Unverbindlichkeit der bürgerlichen Gesetze vor dem Gewissen auf der anderen Seite, das sind die beiden Lehrsätze, durch deren Anerkennung die Existenz des Staates und seine Wirksamkeit, die Erfüllung seiner großen Aufgaben absolut unverträglich sind* (Stenogr. Berichte RT, 1. Leg.-Per., 3. Sess., 1. Bd., S. 384f). – *So wie sie* [d.h. die Jesuiten] *mit allen Mitteln für die ihrem Orden zu Grunde liegende Idee eintreten, die ganzen Menschen, alle Völker und Fürsten der päpstlichen Herrschaft und damit ihrer eigenen Botmäßigkeit zu unterwerfen, so verwerfen sie das in jedem Volke erwachte Streben nach Freiheit und politischer Selbstständigkeit* (ebd., S. 388).
Abg. Dr. Gneist am 16. Mai 1872 in der 23. Sitzung der 3. Session der 1. Legislaturperiode des RT: *[Die] Universalkirche [...] (ist) stets geneigt, die Staaten als sich untergeordnet anzusehen und ihre äußere Macht in das Gebiet des Staates auszudehnen. [...] Die Seele aber und der unermüdliche Agitator dieser übergreifenden Richtung, das ist seit ihrem Entstehen die Gesellschaft Jesu gewesen, indem sie die Ausdehnung der äußeren Macht der Kirche zum Selbstzweck alles Glaubens gesetzt hat. Gegen diese Agitation, gegen diese wohlgeleitete, nach einem einheitlichen Ziel, nach einem einheitlichen Plan geleitete Ordensthätigkeit muß der Staat sich vorsehen, denn diese*

eine politische Parteiorganisation, [die] [...] bestrebt ist, sich auf kürzestem Wege der Staatsmacht zu bemächtigen und dank welcher die Kirche *heutigen Tages konsequent daran denken kann, die mittelalterliche Macht der Kirche wiederherzustellen.*[101] Man glaubte, der Orden habe sich *die Bekämpfung des modernen Staats zur Aufgabe gestellt,* und meinte *eine entschiedene Kriegserklärung des Jesuitenordens gegen die Grundlagen unseres staatlichen Leben* diagnostizieren zu können, zumal der *dem Fortschritt, dem Liberalismus und der modernen Civilisation* feindliche Syllabus von 1864 *für die Thätigkeit des Jesuitenordens und die Zielpunkte seiner Bestrebungen die Richtschnur* gebe, sodass es *sich fragt: Können wir ein Institut in unserer Mitte dulden, das uns die Grundlagen unserer Existenz unter den Füßen wegziehen will? [...] Diesem feindlichen Heere sollen wir freie Hand lassen?*[102]

Parteiorganisation wird in dem Maße gefährlicher, je mehr sie der modernen gesellschaftlichen Mittel der Association sich bemächtigt und diese untrennbar verquickt mit der Autorität der Kirche (Stenogr. Berichte RT, 1. Leg.-Per., 3. Sess., 1. Bd., S. 422f). Abg. Wagener (Neustettin) am 14. Juni 1872 in der 43. Sitzung der 3. Session der 1. Legislaturperiode des RT: *Wir würden nicht diese Stellung einnehmen, wenn wir nicht den Jesuitenorden für den prägnantesten und eigentlichsten Vertreter der geistigen Knechtschaft hielten und nicht genau wüßten, daß die materielle Knechtschaft nur eine Folge derjenigen geistigen Knechtschaft ist, die den Hauptinhalt der Statuten und Regeln des Jesuitenordens bildet. [...] Überall, wo der Jesuitenorden zu weltlicher Bedeutung und weltlicher Herrschaft hat gelangen können, da ist sein erstes Bestreben gewesen, diesen Absolutismus, den er auf geistigem Gebiete ausübt, auch auf das politische und weltliche zu übertragen* (Stenogr. Berichte RT, 1. Leg.-Per., 3. Sess., 2. Bd., S. 1008). Abg. Dr. Meyer (Thorn) am 17. Juni 1872 in der 45. Sitzung der 3. Session der 1. Legislaturperiode des RT: *Die Überzeugung dieses Hohen Hauses von der Staatsgefährlichkeit des Jesuitenordens beruht eben auf den Erfahrungen dreier Jahrhunderte [...]. Es liegt im Wesen dieses Ordens, es ist der Grundzug seiner Aufgabe: der Kampf gegen die Andersgläubigen. Kampf ist sein Element und mit dem Aufhören des Kampfes würde er aufhören müssen zu existiren. Es ist das aber ein Kampf gegen die ganze geistige Entwicklung, welche die letzten drei Jahrhunderte ausgefüllt hat [...]. [Es] wird in alle Ewigkeit der Satz mit Recht aufgestellt werden können: die Jesuiten seien in ihrem Grundwesen Friedensstörer. Das Vorgehen dieses Ordens, dessen Wesen der Kampf ist, innerhalb der katholischen Kirche hat den Nothstand geschaffen, wie er jetzt vorliegt* (Stenogr. Berichte RT, 1. Leg.-Per., 3. Sess., 2. Bd., S. 1060). Abg. v. Hörmann am 17. Juni 1872 in der 45. Sitzung der 3. Session der 1. Legislaturperiode des RT: *Es liegt eine Richtung vor, welche ich mit Grund als eine Entartung der katholischen Kirche in der Richtung auf die Herrschsucht bezeichnen darf. Der Jesuitismus will [...] in weltlichen Dingen herrschen; er will den Staat und folgerichtig auch das Reich, das auch ihm als Staat entgegentritt, auf dem politischen Gebiet bekämpfen; ja er hat sogar schon angegriffen* (Stenogr. Berichte RT, 1. Leg.-Per., 3. Sess., 2. Bd., S. 1074).

101 Abg. Dr. Gneist am 19. Juni 1872 in der 48. Sitzung der 3. Session der 1. Legislaturperiode des RT (Stenogr. Berichte RT, 1. Leg.-Per., 3. Sess., 2. Bd., S. 1141 u. 1143).

102 Abg. Fürst v. Hohenlohe-Schillingsfürst am 15. Mai 1872 in der 22. Sitzung der 3. Session der 1. Legislaturperiode des RT (Stenogr. Berichte RT, 1. Leg.-Per., 3. Sess., 1. Bd., S. 383).

Speziell das Deutsche Reich glaubten die Kulturkämpfer im Fokus der von der ‚ultramontanen Partei' vorgetragenen Angriffe, die sie als existenzbedrohlich für den neugegründeten und noch labilen Staat einschätzten. Das Schreckensgemälde einer von militanter Reichsfeindschaft motivierten allgemeinen Mobilmachung des ultramontanen Katholizismus und eines vom Papsttum kommandierten und wesentlich von den Orden, *diese[n] stehenden Heeren der Kirche,*[103] und vom Klerus exekutierten Feldzugs gegen das neu geschaffene Deutsche Reich wurde gezeichnet.[104] Wie erwartbar wurde speziell der Jesuitenorden beschuldigt, die

---

103 Abg. Dr. Gneist am 16. Mai 1872 in der 23. Sitzung der 3. Session der 1. Legislaturperiode des RT (Stenogr. Berichte RT, 1. Leg.-Per., 3. Sess., 1. Bd., S. 421).

104 Abg. Wagener (Neustettin) am 14. Juni 1872 in der 43. Sitzung der 3. Session der 1. Legislaturperiode des RT: *Das Deutsche Reich befindet sich dem Jesuitenorden und der jetzt in Rom herrschenden Partei gegenüber im Kriegszustand.* [Zum Zentrum:] *Ja, meine Herren, Sie haben dem modernen Staate, Sie haben dem Deutschen Reiche mit den Beschlüssen des vatikanischen Koncils den Krieg erklärt [...]. Mit der Abhaltung des vatikanischen Koncils (sind) die Zerwürfnisse innerhalb des Deutschen Reiches, die religiösen Gegensätze, die Parteianfeindungen mit einer Schnelligkeit [...] aufgelebt, die [...] viele meiner Freunde im tiefsten innersten Mittelalter für immer begraben wähnten* (Stenogr. Berichte RT, 1. Leg.-Per., 3. Sess., 2. Bd., S. 1009).
Abg. v. Limburg-Stirum am 16. Januar 1873 in der 27. Sitzung der Session 1872/73 des AH: *Wenn ich nun auf den Ursprung dieses Kampfes hinsehe, so muß ich sagen, der er nicht so sehr in den neuen Lehren, welche das Vatikanum uns gebracht hat, liegt, als in den Umständen, welcher vorher und nachher sich ereignet haben, und in der aggressiven Haltung, welche Seitens der römischen Kurie seitdem gegen das deutsche Reich angenommen hat. Denn die Lehren Roms waren non jeher staatsgefährlich. Alle diese Bullen, welche seit dem Mittelalter und in neueren Zeiten ergangen sind, alle die Bestimmungen Roms über das Verhältniß von Kirche und Staat sind noch nicht aufgehoben worden* (Stenogr. Berichte AH, Sess. 1872/73, Bd. 1, S. 608).
Abg. Dr. Virchow am 17. Januar 1873 in der 28. Sitzung der Session 1872/73 des AH: *Das werden Sie gewiß der Regierung nicht bestreiten können, daß die Stellung, welche der Papst gegenwärtig als politische Person einnimmt, allerdings eine für das Deutsche Reich und die deutsche Reichsgewalt im höchsten Grade bedrohliche ist* (Stenogr. Berichte AH, Sess. 1872/73, Bd. 1, S. 632).
Abg. Graf Renard am 7. März 1873 in der 59. Sitzung der Session 1872/73 des AH: *Von allen Ecken und Enden, unter frommen und milden, profanen und geistlichen Vorwänden wurden Klöster und Vereine, Bruderschaften und Schwesterschaften aller Art erweitert und neue gestiftet allein zu dem Zwecke, ultramontane Propaganda zu machen, die Lärmtrommel zu rühren und dadurch die Gemüther des katholischen Volkes so zu verwirren und zu betäuben, daß es nicht mehr unterscheiden, sondern blindlings der Fahne der Macher folgen sollte. Die bis dahin nur sporadisch aufgetretene Kaplanokratie wurde in ein System gebracht, die Spionage organisirt und damit die Heuchelei in Permanenz erklärt. Willige Werkzeuge fanden sich leicht angesichts der bisherigen geistlichen Erziehungsmethode, mit deren Hilfe man darauf rechnen konnte, die im älteren Klerus noch vielfach vorhandenen nationalen Tendenzen zu neutralisiren oder zu beseitigen. Die Bildung des Deutschen Reiches wurde als ein akatholisches, mit allen Mitteln zu bekämpfendes, frevelhaftes Beginnen bezeichnet, die Siege der deutschen Waffen als*

Kommandozentrale und treibende Kraft der Kampagne gegen das Deutsche Reich zu sein und sich es in geheimer Allianz mit auswärtigen Mächten, insbesondere mit dem revanchistischen Frankreich, genauso untertänig machen zu wollen, wie er vorher die Kirche in seine Botmäßigkeit gebracht habe.[105] Der Grund für die

---

Siege des Protestantismus über die katholische Religion verketzert und jeder [...] Versuch, das Machtgebiet des Deutschen Reiches zu erweitern, dasselbe sicherer zu begründen und fester zu gestalten, wurde gerade von den Herren aus der Centrumsfraktion auf das Entschiedenste und Unablässigste Schritt für Schritt bekämpft und zu vereiteln gesucht (Stenogr. Berichte AH, Sess. 1872/73, Bd. 3, S. 1498).
Abg. Richter (Sangerhausen) am 5. Februar 1874 in der 44. Sitzung der Session 1873/74 des AH: *Wir haben nun die Meinung, daß in Rom eine Macht waltet, welche unserem preußischen und deutschen Staatswesen nicht bloß nicht freundlich, sondern feindlich ist* (Stenogr. Berichte AH, Sess. 1873/74, Bd. 2, S. 1107f).
Abg. Dr. v. Sybel am 8. Mai 1874 in der 62. Sitzung der Session 1873/74 des AH: *Ich will noch erinnern an die notorische Thatsache, seit wann die römische Kurie diese feindselige Haltung gegen den Staat Preußen eingenommen und weshalb sie sie eingenommen [hat]. [...] Österreich gegenüber hatte Preußen sich [1866] veranlaßt und genöthigt gesehen, mit dem Königreich Italien einen Bund zu schließen und dadurch das Königreich Italien, welches die Hälfte des Kirchenstaates sich schon annektirt hatte und die andere Hälfte zu annektiren wünschte, [...] mit einem Schlage durch solche Anerkennung als Gleichberechtigten in den Rath der Großmächte einzuführen und dadurch für's Erste die Stellung und die Errungenschaften dieses Königreichs fest und unwiderruflich zu machen. [...] Von diesem Tage an sehen Sie alle klerikalen Organe Europas durch, von der ‚Civiltà catholica', die Papst Pius IX. selbst organisirt hat, von dem Pariser ‚Univers', welchen der Papst mehrfach gelobt hat, bis zu dem wichtigsten, bedeutendsten und geistreichsten unserer deutschen klerikalen Organe, den ‚Historisch-politischen Blättern' von München, sehen Sie alle durch aus diesen Jahren, Sie finden nirgendwo ein Wort der Sympathie mehr für Preußen, trotz Preußens korrektester, legalster Kirchenpolitik; Sie finden überall, Seite auf Seite, die erbittertste Feindseligkeit* (Stenogr. Berichte AH, Sess. 1873/74, Bd. 2, S. 1547f).

105 Abg. Windthorst (Berlin) am 15. Mai 1872 in der 22. Sitzung der 3. Session der 1. Legislaturperiode des RT: *Ich [...] behaupte, daß der Jesuitenorden das Deutsche Reich gefährde, weil er mit allen Mitteln seiner Macht dessen Schwächung und Verderben betreibt, weil er falsche Vorstellungen über die Bedeutung und den Werth des Reiches verbreitet und weil er im katholischen Volke insbesondere die falsche Meinung zu erwecken sucht, daß das Deutsche Reich der Feind und Gegner der Interessen der katholischen Kirche sei* (Stenogr. Berichte RT, 1. Leg.-Per., 3. Sess., 1. Bd., S. 386f).
Abg. Kiefer am 16. Mai 1872 in der 23. Sitzung der 3. Session der 1. Legislaturperiode des RT: *Dieser Orden* [d.h. der Jesuitenorden] *[...] hat einen großen Theil seiner Aufgabe vollendet, die Kirche und ihre Institutionen liegen zu seinen Füßen, er hat über die alten Ordnungen gesiegt und steht jetzt ausgerüstet mit der ganzen schwer wiegenden Wucht, mit der Machtstellung der Kirche dem Deutschen Reiche und unserer politischen und Kulturaufgabe gegenüber. Glauben Sie, meine Herren, daß dieser Orden, der für die alten, geheiligten Organisationen der Kirche keine Pietät hatte, dem die alten Traditionen des bischöflichen Amtes und seiner dogmatischen Begründung nichts galten, der diesen Überlieferungen gegenüber keine Pietät trug, glauben Sie,*

besondere Opfer- und Feindrolle des Deutschen Reiches wurde darin gesehen, dass es Mutterland der Reformation und Hort der protestantisch grundierten modernen Leitwerte wie Geistes-, Forschungs-, Gewissens- und Religionsfreiheit sei.[106] Der *antihohenzollersche Ultramontanismus*[107] steht in unbedingter *Opposition gegen das*

---

daß dieser Machthaber der Kirche für unsere Staatsfragen und Kulturziele vielleicht eine größere Pietät üben wird? Das wäre eine thörichte Hoffnung. Der Jesuitenorden wird gegen sie mit der schneidigsten Kühnheit, Emsigkeit, Kraft, Thätigkeit vorgehen und wird thun, was er vermag, um auch innerhalb unserer Gesetzgebung mit allen Mitteln, die er stets ausgeübt hat, seinen Bestrebungen zum Ziele zu verhelfen, wie er dort zum Siege gelangt ist (Stenogr. Berichte RT, 1. Leg.-Per., 3. Sess., 1. Bd., S. 396).
Abg. Fischer (Augsburg) am 16. Mai 1872 in der 23. Sitzung der 3. Session der 1. Legislaturperiode des RT: *Die Meinung, es sei eine kräftige Organisation des Jesuitismus in Deutschland eine große politische Gefahr deshalb, weil man befürchten muß, das Ausland könne so Bundesgenossen auf unserem Territorium ansammeln, (ist) eine sehr weit verbreitete in dem Deutschen Reiche. [...] Die Jesuiten haben [...] alle Ursache, die Gelegenheit zu ergreifen, um eine Allianz von feindlichen Mächten gegen dieses Reich zu Stande zu bringen* (Stenogr. Berichte RT, 1. Leg.-Per., 3. Sess., 1. Bd., S. 417).
Abg. Dr. Völk am 14. Juni 1872 in der 43. Sitzung der 3. Session der 1. Legislaturperiode des RT: *Ist es nicht offenkundig [...], daß man in Frankreich die Alliance der Jesuiten sucht, um von Frankreich mittels der Verbindungen, welche die Jesuiten nach Deutschland hinüber haben, seiner Zeit die Revanche zu nehmen? Es ist Ihnen, meine Herren, letzthin ein Spruch von Ernst Renan citirt worden: „Man muß mit den Jesuiten sich verbinden – sie hätten ihre Verbindungen nach Deutschland – um nach Deutschland hinüber ebenfalls die Verbindungen ziehen zu können." Das ist nicht aufgegeben* (Stenogr. Berichte RT, 1. Leg.-Per., 3. Sess., 2. Bd., S. 1021).
Abg. Dr. Dove am 19. Juni 1872 in der 48. Sitzung der 3. Session der 1. Legislaturperiode des RT: *Meine Herren, ich glaube, Ihnen den Nachweis geliefert zu haben, daß es sich bei den Bestrebungen des Jesuitenordens in der That handelt um die Herstellung der geistlichen Universalmonarchie, um die Einfügung des Deutschen Reichs unter die Autorität des geistlichen Universalmonarchen* (Stenogr. Berichte RT, 1. Leg.-Per., 3. Sess., 2. Bd., S. 1129).

106 Abg. Windthorst (Berlin) am 15. Mai 1872 in der 22. Sitzung der 3. Session der 1. Legislaturperiode des RT: *Der Haß, der glühende Haß, mit dem der Jesuitismus das Deutsche Reich verfolgt, findet seine einfache Erklärung. Deutschland ist das Land der Reformation, das Land der freien Wissenschaft, das Land der Toleranz und Aufklärung. Es gilt in den Augen der Jesuiten mit Recht als der feste Hort des protestantischen Geistes und wird deshalb von ihnen als das größte Hinderniß ihrer Pläne betrachtet und verabscheut* (Stenogr. Berichte RT, 1. Leg.-Per., 3. Sess., 1. Bd., S. 386f).
Hr. Dr. Tellkampf am 10. März 1873 in der 15. Sitzung des HH: *Die Thatsache, daß die Reformation am klarsten in Deutschland durchgeführt und das geistige Leben hier freier und ungehemmter entwickelt ist als in anderen Ländern, scheint die Römische Kirche zu den kräftigsten Angriffen gegen Deutschland und die neu erkämpfte Einheit des Deutschen Reiches zu veranlassen* (Stenogr. Berichte HH, Sess. 1872/73, Bd. 1, S. 210).

107 Abg. Dr. Virchow am 1. März 1873 in der 54. Sitzung der Session 1872/73 des AH (Stenogr. Berichte AH, Sess. 1872/73, Bd. 2, S. 1323).

neue deutsche Reich und gegen die deutsche Staats-Verwaltung[108]*; gegen uns wurden [nach 1870] die ultramontanen Streithengste gesattelt und die Attacke auf allen Punkten begonnen;*[109] *die größte und mächtigste Korporation, die nunmehr von den Jesuiten unterjochte katholische Kirche, das ist die Macht, welche uns jetzt gegenübersteht;*[110] diese Macht führt *Krieg gegen die Gegenwart und Zukunft unseres Deutschen Reiches;*[111] *es handelt sich um den Kampf der römischen Kirche, wie sie von den Jesuiten unterjocht worden ist, gegen den deutschen Staat, es handelt sich um den Kampf des despotischen Romanismus gegen den Germanismus und das Deutschthum;*[112] *die Jesuiten* sind *entschiedene Feinde unserer nationalen Entwicklung*[113] – so lauten die dramatisierenden, von einer alarmistischen Kampfrhetorik geprägten Situationsanalysen, die einen Kriegszustand und eine Entscheidungsschlacht auf Leben und Tod evozierten. Vor allem Bismarck schilderte in den düstersten Farben seinen Alptraum einer Fundamentalbedrohung des Deutschen Reiches seitens *der nach weltlicher Priesterherrschaft strebenden Partei innerhalb der katholischen Kirche.*[114] Selbst wenn die ultramontane Kirche keine direkte Herrschaft über den

---

108 Abg. Jung am 20. Januar 1873 in der 29. Sitzung der Session 1872/73 des AH (Stenogr. Berichte AH, Sess. 1872/73, Bd. 1, S. 650)

109 Abg. Graf Renard am 7. März 1873 in der 59. Sitzung der Session 1872/73 des AH (Stenogr. Berichte AH, Sess. 1872/73, Bd. 3, S. 1497).

110 Abg. Dr. Völk am 14. Juni 1872 in der 43. Sitzung der 3. Session der 1. Legislaturperiode des RT (Stenogr. Berichte RT, 1. Leg.-Per., 3. Sess., 2. Bd., S. 1020).

111 Abg. Kiefer am 16. Mai 1872 in der 23. Sitzung der 3. Session der 1. Legislaturperiode des RT (Stenogr. Berichte RT, 1. Leg.-Per., 3. Sess., 1. Bd., S. 396).

112 Abg. Dr. Völk am 14. Juni 1872 in der 43. Sitzung der 3. Session der 1. Legislaturperiode des RT (Stenogr. Berichte RT, 1. Leg.-Per., 3. Sess., 2. Bd., S. 1022).

113 Abg. v. Hörmann am 17. Juni 1872 in der 45. Sitzung der 3. Session der 1. Legislaturperiode des RT (Stenogr. Berichte RT, 1. Leg.-Per., 3. Sess., 2. Bd., S. 1075).

114 Staatsminister Fürst Bismarck am 24. April 1873 in der 25. Sitzung der Session 1872/73 des HH: *Wenn ich in einer friedlichen Beschäftigung von einem Gegner, von dem ich gehofft, friedlich mit ihm leben zu können, plötzlich angefallen werde, plötzlich den Staat in seinen Fundamenten bedroht sehe, dann muß ich mich natürlich wehren. [...] Durch die Thätigkeit nicht der katholischen Kirche, sondern der nach weltlicher Priesterherrschaft strebenden Partei innerhalb der katholischen Kirche (wurde) eine Politik getrieben, welche die Grundlagen unseres Staates in einer Weise anfaßte resp. erschütterte oder bedrohte, daß ich als Minister die Verantwortlichkeit für längeres Zuwarten nicht mehr tragen konnte [...] Ich verweise darauf, wo ich die Genesis meiner Überzeugung, daß zur Nothwehr für den gefährdeten Staat die Regierung gezwungen sei, [dargelegt habe], wo ich dargelegt habe, daß die Regierung und Se. Majestät der König mit ihr die Überzeugung haben, daß der Staat in seinen Fundamenten bedroht und gefährdet ist von zwei Parteien* [d.h. das Zentrum und die SPD], *die beide das gemeinsam haben, daß sie ihre Gegnerschaft gegen die nationale Entwicklung in internationaler Weise bethätigen, daß sie Nation und nationale Staatsbildung bekämpfen. Gegen diese beiden Parteien müssen meines Erachtens alle diejenigen, denen die Kräftigung des staatlichen Elements, die Wehrhaftigkeit des Staats gegen die, die ihn angreifen und bedrohen, zusammenstehen und deshalb müssen sich alle Elemente*

deutschen Staat erreichen könne, bedrohe sie die Staatseinheit durch die Bildung einer letztlich vom Ausland her gesteuerten abgeschlossenen Parallelgesellschaft, eines *Staats im Staate*, eine Gefahr, deren Beschwörung sich als fester Topos durch die Parlamentsreden zieht[115] und die von späteren Historikern als katholisches Milieu identifiziert wurde.

Die Zentrumspartei, welche „die neugegründete parteipolitische Vertretung der Katholiken" darstellte und „sofort sowohl in Preußen als auch im Reich ein beachtliches parlamentarisches Gewicht erlangte"[116], identifizierte und diffamierte man als einen die Befehle der Kirchenhierarchie und ihres ausländischen Oberhauptes exekutierenden Agenten des ultramontanen Katholizismus in den preußischen und deutschen Parlamenten. Inhaltlich warf man ihr vor, einen reichsfeindlichen, antinationalen und partikularistischen Kurs zu vertreten, also die Interessen des Reiches zugunsten derjenigen des Klerus, der Kurie, der Welfen und der Polen zu verraten.[117] Diese *Herren mit dem vatikanisch-kosmopolitischen*

zusammenschaaren, die ein Interesse haben an der Erhaltung des Staats und an seiner Vertheidigung (Stenogr. Berichte HH, Sess. 1872/73, Bd. 1, S. 444). – *Diejenigen, die ich die herrschsüchtige friedensstörende Partei innerhalb der Priesterschaft nenne, sind sich klar über das, was sie wollen; sie haben öffentlich erklärt: „Sie wollen den Krieg, Sie sollen ihn haben!" Sie sprechen das Wort „Bürgerkrieg" gelassen aus in ihren Privatunterredungen. Sie sind die Feinde des Staates und ich habe [das] Recht, sie als solche zu bezeichnen* (ebd., S. 447).

115 So z.B. Abg. Wagener (Neustettin) am 15. Mai 1872 in der 22. Sitzung der 3. Session der 1. Legislaturperiode des RT (Stenogr. Berichte RT, 1. Leg.-Per., 3. Sess., 1. Bd., S. 381); Staatsminister Fürst Bismarck am 10. März 1873 in der 15. Sitzung der Session 1872/73 des HH (Stenogr. Berichte HH, Sess. 1872/73, Bd. 1, S. 214); Kultusminister Falk am 11. März 1873 in der 16. Sitzung der Session 1872/73 des HH (Stenogr. Berichte HH, Sess. 1872/73, Bd. 1, S. 237).

116 K. Lönne: Politischer Katholizismus im 19. und 20. Jahrhundert, S. 153 bzw. 155.

117 Abg. v. Kardorff am 25. November 1871 in der 31. Sitzung der 2. Session der 1. Legislaturperiode des RT: *Sie* [zu den Zentrumsabgeordneten] *haben sich außerhalb des Staates gestellt. Und worin hat Ihre ganze Thätigkeit bestanden in den letzten Jahren? Hat sie in etwas anderem bestanden als darin, energischen Widerstand gegen die deutschen Einigungsbestrebungen zu leisten (Widerspruch im Centrum, Zustimmung links und rechts). Noch heute sind die einzigen Elemente, mit denen Sie in Verbindung getreten sind, die Anhänger des Welfenthums in Hannover, die noch bis heute nicht mit den Verhältnissen* [d.h. mit der Reichseinigung unter preußischer Führung] *sich haben aussöhnen können. [...] Die Herren* [von der Zentrumspartei] *(haben) die partikularistischen Tendenzen innerhalb Deutschlands nur deshalb vertreten, weil sie glaubten, daß für die klerikale Herrschsucht das zerrissene Deutschland ein bequemeres Versuchsfeld biete als das einige* (Stenogr. Berichte RT, 1. Leg.-Per., 2. Sess., 1. Bd., S. 533).

Abg. Dernburg am 17. Juni 1872 in der 45. Sitzung der 3. Session der 1. Legislaturperiode des RT: *Welche Kampfmittel haben Sie* [d.h. die Zentrumsabgeordneten] *haben Sie noch nicht angewendet gegen das Reich und gegen die Sicherheit des Staates (Lachen im Centrum.) Ich frage Sie trotz Ihres Lachens, mit welcher staatsgefährlichen*

Vaterlande[118] würden eine *klerikale Partei*[119] bilden, welche *von vornherein eine vollständig antinationale Richtung verfolgte* und *die deutsche Einheit aufs Äußerste gefährdet*[120]. Bismarck bezeichnete sie mit martialischer Kriegsmetaphorik als *Mobilisierung gegen den Staat* und als *gegen den Staat* gerichtete *Breschbatterie*, deren programmatisches Ziel es sei, bei der Schaffung eines gesonderten staatsähnlichen, eigenen Normen unterworfenen Organismus mitzuwirken und eine einem fremden Souverän unterstehende Subgesellschaft zu etablieren, was einen antagonistischen Dualismus zwischen Kirche und Staat herstellen und damit den innerstaatlichen Zusammenhalt sprengen würde.[121]

---

und antinationalen Partei haben Sie nicht schon wenigstens geliebäugelt? Was ist denn durch Ihr Verhalten aus dem paritätischen und ruhigen Staatswesen geworden, das wir wenigstens in Südwestdeutschland und namentlich in Hessen gehabt haben, bis der unheilvolle Einzug Ihrer Partei und derjenigen stattfand, mit denen wir uns hier speciell beschäftigen, der Jesuiten? […] Haben Sie nicht die Bevölkerung bis aufs Äußerste und in jeder Weise bis jetzt schon aufzuwühlen gesucht? (Stenogr. Berichte RT, 1. Leg.-Per., 3. Sess., 2. Bd., S. 1065f).

118 Abg. Graf Renard am 7. März 1873 in der 59. Sitzung der Session 1872/73 des AH (Stenogr. Berichte AH, Sess. 1872/73, Bd. 3, S. 1497).

119 Abg. v. Bennigsen am 16. Januar 1873 in der 27. Sitzung der Session 1872/73 des AH (Stenogr. Berichte AH, Sess. 1872/73, Bd. 1, S. 602); Abg. v. Treitschke am 23. November 1871 in der 28. Sitzung der 2. Session der 1. Legislaturperiode des RT (Stenogr. Berichte RT, 1. Leg.-Per., 2. Sess., 1. Bd., S. 467).

120 Abg. v. Kardorff am 4. Februar 1873 in der 38. Sitzung der Session 1872/73 des AH (Stenogr. Berichte AH, Sess. 1872/73, Bd. 2, S. 913 u. 914).

121 Staatsminister Fürst Bismarck am 10. März 1873 in der 15. Sitzung der Session 1872/73 des HH: *Was mich zuerst auf die Gefahr aufmerksam machte, das war die Macht, die die neugebildete Fraktion sich erworben hatte. […] Man hatte eine so straffe Organisation und solche Macht über die Gemüther gewonnen, wie man sie bedurfte, wenn man das Programm des vorhin erwähnten Kirchenfürsten, des Bischofs von Mainz* [d.i. Ketteler], *wie er es in seinen Druckschriften kundgegeben hat, verwirklichen wollte. Wohin ging dies Programm? […] Es ging dahin, in dem preußischen Staat einen staatlichen Dualismus durch Errichtung eines Staats im Staat einzuführen, die sämmtlichen Katholiken dahin zu bringen, daß sie für ihr Verhalten im politischen wie im Privatleben ihre Leitung ausschließlich von dieser Centrumsfraktion empfingen. Wir kämen dadurch zu einem Dualismus der schlimmsten Art. […] Hier* [d.h. in Preußen und Deutschland] *handelt es sich aber um Herstellung zweier konfessioneller Staaten, die in einem dualistischen Kampf zueinander zu stehen haben würden, von denen der höchste Souverain des einen ein ausländischer Kirchenfürst ist, der in Rom seinen Sitz hat, ein Kirchenfürst, der durch die neuesten Änderungen in der Verfassung der katholischen Kirche mächtiger geworden ist, als er es früher war. Wir hätten also, wenn dieses Programm sich verwirklichte, anstatt des bisherigen geschlossenen preußischen Staats, anstatt des zu verwirklichenden Deutschen Reichs zwei parallel nebeneinander laufende staatliche Organismen, der eine mit seinem Generalstabe in der Centrumsfraktion und der andre mit seinem Generalstabe in dem leitenden weltlichen Prinzip und in der Regierung und der Person Seiner Majestät des Kaisers. Diese*

Insgesamt sahen die Kulturkämpfer in der Kirche und im Klerus einen fanatischen Reichsfeind, der übernational operiert, transnational verwurzelt ist und internationalistisch gesonnen ist, über enorme Machtressourcen waltet, von einem ausländischen Potentaten absolutistisch regiert wird, von der *ultramontanen Partei* beherrscht wird, von den Jesuiten kontrolliert wird, in den katholischen Orden, Vereinen und Parteien der Hierarchie treu ergebene, leicht instrumentalisierbare, zur Reichssubversion genutzte Handlanger verfügt und über eine ebenso reichsilloyale, blind gehorsame Masse von Gläubigen gebietet. Dieser Feind wolle bestimmenden Einfluss auf das Staatsleben gewinnen, wenn nicht die Herrschaft im Staat übernehmen und bedrohe die Autonomie, Autorität und vor allem die Souveränität des Staates, wenn nicht gar die Existenz des Deutschen Reichs.

d) Der finale Entscheidungskampf hat begonnen

Die kulturkampfentschlossenen Parlamentarier wähnten sich also von einer vermeintlich ultramontan formierten, jesuitisch manipulierten und päpstlich dirigierten Kirche – wie bereits zu Beginn ausgeführt – so akut bedroht und angegriffen, dass sie sich im Kriegszustand befindlich fühlten, bei dem es um die grundlegende Loyalitätsorientierung der Bürger, um die elementare Geltungs- und Bindekraft der Staatsgesetze und damit fundamental um die Herrschaft im Staat geht, wenn nicht gar die blanke Existenz des Staates auf dem Spiel steht und die Alternative nur Sieg oder Untergang lautet:[122] *Der Kampf ist*

Situation war eine vollständig unannehmbare für die Regierung; es war ihre Pflicht, den Staat gegen die Gefahr derselben zu vertheidigen (Stenogr. Berichte HH, Sess. 1872/73, Bd. 1, S. 214).
Staatsminister Fürst Bismarck am 24. April 1873 in der 25. Sitzung der Session 1872/73 des HH: *Die Centrumspartei in ihren Wirkungen ist eine Breschbatterie, aufgeführt gegen den Staat; die Artilleristen, die sie leiten, die Ingenieure, die sie erbauten, sie wissen genau, was sie beabsichtigten. Die Bildung der Centrumspartei – das habe ich bei einer früheren Gelegenheit die Mobilisirung gegen den Staat genannt – die Bildung einer konfessionellen Partei im Staate war die Rüstung gegen den Staat und zwar zu einer Zeit, wo [...] die Lage der katholischen Kirche in Preußen so günstig war, wie sie irgend sein konnte [...]. In der Zeit also bildete sich eine konfessionelle Partei, über deren Zwecke wir hinreichende Aufklärungen in der Publizistik gehabt haben, nämlich aus den Katholiken im Staate einen gesonderten Staat zu machen, eine Art von Dualismus* (Stenogr. Berichte HH, Sess. 1872/73, Bd. 1, S. 447).

122 Bundesbevollmächtigter Staatsminister v. Lutz am 23. November 1871 in der 28. Sitzung der 2. Session der 1. Legislaturperiode des RT: *(Ich) bezeichne ich den Kern der Sache, um den es sich handelt, damit, daß es sich fragt, wer Herr im Staate sein soll, die Regierung oder die römische Kirche. [...] Kein Staatswesen hat Bestand, in welchem zwei Regierungen nebeneinander bestehen, noch viel weniger dann, wenn die beiden Regierungen sich untereinander bekriegen, wenn die eine Regierung Dinge empfiehlt und durchzuführen sucht, welche die andere Regierung als verwerflich bezeichnet. In einem solchen Staatswesen muß nothwendig alle Autorität zu Grunde gehen. Die*

da![123] *Wir betrachten uns als im Kriegszustande.*[124] Ausnahmegesetze seien *nothwendig geworden durch Ausnahmezustände,* die dadurch herbeigeführt wurden, *daß eine mächtige, große Korporation, eine Weltkirche mit ungeheuren geistigen und*

Achtung vor dem Gesetz wird verschwinden, die Verwaltung aufhören, alle Grundlagen der öffentlichen Ordnung werden erschüttert (Stenogr. Berichte RT, 1. Leg.-Per., 2. Sess., 1. Bd., S. 464).

Abg. Wagener (Neustettin) am 15. Mai 1872 in der 22. Sitzung der 3. Session der 1. Legislaturperiode des RT: *Es ist unmöglich, daß eine deutsche Reichsregierung mit gefalteten Händen einer Thätigkeit gegenüber stehen kann, die die Fundamente des Staates in Frage stellt, die in Frage stellt, ob die katholischen Unterthanen auch durch die Gesetze verpflichtet sind, ob die katholischen Kleriker sich mit irgendeiner kanonischen Satzung ihrer staatlichen Pflicht entziehen dürfen. Ein solcher Zustand, der die Gewissen verwirrt, der die Moral zerstört, der die Gesetze illusorisch macht, ein solcher Zustand ist für jede Regierung ein unmöglicher und unerträglicher* (Stenogr. Berichte RT, 1. Leg.-Per., 3. Sess., 1. Bd., S. 381).

Abg. Schulze (Berlin) am 14. Juni 1872 in der 43. Sitzung der 3. Session der 1. Legislaturperiode des RT: *Das ist sicher, daß hier eine Existenzfrage auf beiden Seiten in Frage kommt, die Existenz unseres jungen deutschen Staatswesens auf der einen Seite und die Existenz des Jesuitenordens au der anderen, der sehr wohl weiß, daß die Festigung und der volle Ausbau des neuen Deutschlands die Wurzel seiner Existenz bedroht* (Stenogr. Berichte RT, 1. Leg.-Per., 3. Sess., 2. Bd., S. 1012).

Abg. Dr. Völk am 14. Juni 1872 in der 43. Sitzung der 3. Session der 1. Legislaturperiode des RT: *Jetzt sind wir an der Zeit des Kampfes, wo diese jesuitische Macht entweder das Deutsche Reich unterjochen wird oder das Deutsche Reich sich von ihr befreien muß* (Stenogr. Berichte RT, 1. Leg.-Per., 3. Sess., 2. Bd., S. 1020).

Abg. v. Saucken-Tarputschen am 21. April 1874 in der 37. Sitzung der 1. Session der 2. Legislaturperiode des RT: *Ich spreche also meine Überzeugung dahin aus, daß sich der Klerus, der widerspenstige Klerus unterwerfen muß; entweder muß der Staat untergehen oder der Klerus nachgeben. [...] Nur bei einer vollständigen Niederwerfung des Gegners kann hier der Frieden kommen* (Stenogr. Berichte RT, 2. Leg.-Per., 1. Sess., 2. Bd., S. 1005f).

Abg. Graf Frankenberg am 21. April 1874 in der 37. Sitzung der 1. Session der 2. Legislaturperiode des RT: *Wir betrachten uns als im Kriegszustande; deshalb gewähren wir der Regierung die Mittel, die wir unter ruhigen friedlichen Verhältnissen nicht gewähren würden* (Stenogr. Berichte RT, 2. Leg.-Periode, 1. Sess., 2. Bd., S. 1008).

Abg. Dr. v. Schulte am 21. April 1874 in der 37. Sitzung der 1. Session der 2. Legislaturperiode des RT: *Der Staat kann – und das ist die gegenwärtige Lage – er kann in sich keine zwei Gesetze auf seinem Gebiete herrschen lassen. [...] Sollen wir den Kirchenstaat aus dem Deutschen Reiche machen oder soll das Deutsche Reich das Deutsche Reich bleiben?* (Stenogr. Berichte RT, 2. Leg.-Per., 1. Sess., 2. Bd., S. 998).

123 Abg. Dr. Meyer (Thorn) am 17. Juni 1872 in der 45. Sitzung der 3. Session der 1. Legislaturperiode des RT (Stenogr. Berichte RT, 1. Leg.-Per., 3. Sess., 2. Bd., S. 1063).

124 Abg. Graf Frankenberg am 21. April 1874 in der 37. Sitzung der 1. Session der 2. Legislaturperiode des RT (Stenogr. Berichte RT, 2. Leg.-Per., 1. Sess., 2. Bd., S. 1008).

materiellen Mitteln, mit einer durchaus absolutistischen Verfassung, daß eine solche Kirche dem Staate direkt den Gehorsam aufkündigt [...]. Hier haben wir es mit dem organisirten Widerstand einer großen auswärtigen Macht zu thun.[125] Deshalb sei es *hohe Zeit, daß der Staat erwacht*[126] und endlich erkennt, *wie dringend nothwendig es wird, einen Feind zu bekämpfen, der die Grundlage des Staatswesens unterwühlt*[127]. Man müsse *den pfäffischen Gelüsten nach Alleinherrschaft in Staat und Kirche* widerstehen, alle *unberechtigten Eingriffe in das Machtgebiet des Staates* zurückweisen und den *ultramontanen Hetzereien und Wühlereien auf allen Gebieten des staatlichen und bürgerlichen Lebens* entgegentreten.[128] Es gelte, die *Bande, welche die Hierarchie der Kirche um uns geschlungen hat, [...] zu durchbrechen,*[129] gegen *den hierarchischen Gewissenszwang* Partei zu ergreifen,[130] *hierarchischer Willkühr gegenüber der Gewalt, der Macht und dem Recht des Staates* die Stirn zu bieten,[131] *im Interesse der staatlichen Organisation und zur Aufrechthaltung der gesellschaftlichen Ordnung den Übergriffen der kirchlichen Machthaber entgegenzutreten,*[132] *eine der Lebensfragen der Gegenwart in hartem Kampfe* zu lösen,[133] *die allerdringendste, brennendste und nächste Gefahr von dem Deutschen Reiche abzuwenden,*[134] eine *Schutzwehr gegen die Überflutung der Welt durch den Ultramontanismus* zu errichten,[135] *das Oberhoheitsrecht des Staats* zum *Wohl seiner Bürger* zu sichern,[136] *den*

---

125 Abg. Miquel am 23. April 1874 in der 39. Sitzung der 1. Session der 2. Legislaturperiode des RT (Stenogr. Berichte RT, 2. Leg.-Per., 1. Sess., 2. Bd., S. 1047).

126 Abg. v. Treitschke am 23. November 1871 in der 28. Sitzung der 2. Session der 1. Legislaturperiode des RT (Stenogr. Berichte RT, 1. Leg.-Per., 2. Sess., 1. Bd., S. 468).

127 Abg. Herz am 28. November 1871 in der 33. Sitzung der 2. Session der 1. Legislaturperiode des RT (Stenogr. Berichte RT, 1. Leg.-Per., 2. Sess., 1. Bd., S. 577).

128 Abg. Graf Renard am 7. März 1873 in der 59. Sitzung der Session 1872/73 des AH (Stenogr. Berichte AH, Sess. 1872/73, Bd. 3, S. 1496).

129 Abg. Dr. Virchow am 8. März 1873 in der 60. Sitzung der Session 1872/73 des AH (Stenogr. Berichte AH, Sess. 1872/73, Bd. 3, S. 1514).

130 Abg. Freiherr v. Winnigerode am 23. April 1874 in der 39. Sitzung der 1. Session der 2. Legislaturperiode des RT (Stenogr. Berichte RT, 2. Leg.-Per., 1. Sess., 2. Bd. S. 1033).

131 Hr. Dr. Baumstark am 10. März 1873 in der 15. Sitzung der Session 1872/73 des HH (Stenogr. Berichte HH, Sess. 1872/73, Bd. 1, S. 215).

132 Abg. Windthorst (Berlin) am 15. Mai 1872 in der 22. Sitzung der 3. Session der 1. Legislaturperiode des RT (Stenogr. Berichte RT, 1. Leg.-Per., 3. Sess., 1. Bd., S. 388).

133 Abg. Kiefer am 16. Mai 1872 in der 23. Sitzung der 3. Session der 1. Legislaturperiode des RT (Stenogr. Berichte RT, 1. Leg.-Per., 3. Sess., 1. Bd., S. 395).

134 Abg. Wagener (Neustettin) am 14. Juni 1872 in der 43. Sitzung der 3. Session der 1. Legislaturperiode des RT (Stenogr. Berichte RT, 1. Leg.-Per., 3. Sess., 2. Bd., S. 1010).

135 Abg. Dr. Roepell am 30. Januar 1873 in der 36. Sitzung der Session 1872/73 des AH (Stenogr. Berichte AH, Sess. 1872/73, Bd. 2, S. 861).

136 Abg. v. Saucken-Tarputschen am 21. April 1874 in der 37. Sitzung der 1. Session der 2. Legislaturperiode des RT (Stenogr. Berichte RT, 2. Leg.-Per., 1. Sess., 2. Bd., S. 1004).

Staat sicher[zu]stellen gegen die Übergriffe der Kirche und *den Jahrhunderte alten Kampf zwischen Staat und Kirche, unter dem unser Vaterland so unendlich viel gelitten hat, endlich ab[zu]schließen,*[137] *dem despotischen Druck, den eine kirchliche Partei durch äußerliche Mittel auf die [konfessionell] gemischte Bevölkerung übt,* Einhalt zu gebieten[138].

Gemäß dem Sprichwort ‚Wenn die Not am größten ist, dann ist Gottes Hilfe am nächsten' glaubten die Kulturkämpfer erfreut, dank einer nationalen Erweckung und ‚Ermannung' die heroische Bereitschaft der leitenden Staatsmänner wie des deutschen Volkes zur Aufnahme des notwendigen Abwehrkampfes gegen *die mächtigste Körperschaft der Welt, die römisch-katholische Kirche,*[139] registrieren zu können: Man begrüßte es, *daß der Staat sich endlich ermannt, sich auf seine Rechte besonnen hat und nicht länger wie bisher es dulden wird, daß seine Autorität auf ihm gehörigen Gebieten erschüttert werde;*[140] *das Deutsche Reich stellt sich [...] in Schlachtlinie auf;*[141] *der mächtigste Gegner der Jesuiten [...] ist endlich zu Leben [und] zu bewußter Thätigkeit erwacht, es regt sich der Schutzgeist [...] unseres Volkes, der echt germanische Sinn;*[142] nachdem man jahrzehntelang *den römischen Geist in unser Volksleben hinein vorschreiten sehen* konnte, *scheinbar siegreich und scheinbar unwiderstehlich,* habe nun zum Glück eine neue Epoche begonnen, *in der die gesunde Reaktion des deutschen Volksgeistes die Schlange von sich wirft*[143]. Mit bellizistischer Gewaltrhetorik, ausladendem Feldherrngestus, anfeuerndem Mitkämpfermobilisierungseifer, eschatologischem Endzeitpathos und kompromissabholder dichotomischer Alternativenradikalität im Sinne einer semiapokalyptischen Sieg-oder-Untergang-Dramatik wurde ein weltenwendender Entscheidungskampf um Sein oder Nichtsein des freien, säkularen und souveränen Staates beschworen und verkündet: ein Jahrhundertkampf von weltgeschichtlicher Dimension,[144]

---

137 Abg. Dr. Löwe am 17. Juni 1872 in der 45. Sitzung des 3. Session der 1. Legislaturperiode des RT (Stenogr. Berichte RT, 1. Leg.-Per.,3. Sess., 2. Bd., S. 1084f).

138 Abg. Dr. Gneist am 28. November 1871 in der 33. Sitzung der 2. Session der 1. Legislaturperiode des RT (Stenogr. Berichte RT, 1. Leg.-Per., 2. Sess., 1. Bd., S. 584).

139 Abg. Dr. Gneist am 28. November 1871 in der 33. Sitzung der 2. Session der 1. Legislaturperiode des RT (Stenogr. Berichte RT, 1. Leg.-Per., 2. Sess., 1. Bd., S. 583).

140 Abg. Windthorst (Dortmund) am 20. Januar 1873 in der 29. Sitzung der Session 1872/73 des AH (Stenogr. Berichte AH, Sess. 1872/73, Bd. 1, S. 663).

141 Abg. Dr. Meyer (Thorn) am 17. Juni 1872 in der 45. Sitzung der 3. Session der 1. Legislaturperiode des RT (Stenogr. Berichte RT, 1. Leg.-Per., 3. Sess., 2. Bd., S. 1063).

142 Abg. Graf Renard am 7. März 1873 in der 59. Sitzung der Session 1872/73 des AH (Stenogr. Berichte AH, Sess. 1872/73, Bd. 3, S. 1496).

143 Abg. Dr. Gneist am 19. Juni 1872 in der 48. Sitzung der 3. Session der 1. Legislaturperiode des RT (Stenogr. Berichte RT, 2. Leg.-Per., 3. Sess., 2. Bd. S. 1143f).

144 Abg. Dr. Roepell am 30. Januar 1873 in der 36. Sitzung der Session 1872/73 des AH: *Wir stehen nicht vor einer Frage, die eine rein preußische, auch nicht einmal vor einer, die eine rein deutsche Frage wäre, sondern wir stehen vor der großen historischen Frage, ob noch einmal der Ultramontanismus und sein Rom den Siegeszug vollenden sollen, den sie begonnen haben, ob noch einmal die Welt unterworfen werden soll*

ein *großer, welterschütternder Kampf,*[145] *ein positiver Kampf und Krieg in optima forma,*[146] ein *Kampf auf Leben und Tod,*[147] *einen Kampf um die weltliche Macht,*[148] *einen ernsten großen Kampf,*[149] eine *Entscheidungsschlacht zwischen Ultramontanismus und modernem Staat,*[150] ein *entschiedene[r] Kampf des Deutschen Reiches gegen den Ultramontanismus und Jesuitismus,*[151] ein gegen *die mächtig entwickelte Hierarchie der römischen Kirche* gerichteter *Befreiungskampf,*[152] ein *Kampf gegen den religiösen Fanatismus, gegen die kirchliche Herrschsucht, gegen die ewigen Gegner des modernen Staates und der freien Wissenschaft,*[153] ein *Kampf, der ausgebrochen ist zwischen dem Staate und einer Partei, die über den Staat hinwegzugehen sich anschickt*[154]. Der begonnene Kampf wurde sogar als gefahrvoller und härter hingestellt als der überstandene Krieg gegen Frankreich: *Der Kampf, in den wir ziehen, ist schwerer als die Bezwingung Frankreichs gewesen ist; der Weg ist gefährlich und lang.*[155] Der bevorstehende Kampf wurde für so grundstürzend, allumfassend und

---

ihren Prinzipien und ihren Lehren! Meine Herren, ich glaube, daß dies eine Frage ist, die inhaltsreicher, zukunftsreicher, schwerer ist wie alle Fragen, die unser Jahrhundert sonst beschäftigt haben, und weil ich das glaube, stimme ich auch für die Gesetze, die uns vorgelegt worden sind, denn ich halte sie für eine Schutzwehr gegen eine neue Überfluthung der Welt durch den Ultramontanismus (Stenogr. Berichte AH, Sess. 1872/73, Bd. 2, S. 861).

145 Abg. Graf Frankenberg am 21. April 1874 in der 37. Sitzung der 1. Session der 2. Legislaturperiode des RT (Stenogr. Berichte RT, 2. Leg.-Per., 1. Sess., 2. Bd., S. 1009).

146 Abg. Dr. Virchow am 1. März 1873 in der 54. Sitzung der Session 1872/73 des AH (Stenogr. Berichte AH, Sess. 1872/73, Bd. 2, S. 1324).

147 Abg. Windthorst (Berlin) am 15. Mai 1872 in der 22. Sitzung der 3. Session der 1. Legislaturperiode des RT (Stenogr. Berichte RT, 1. Leg.-Per., 3. Sess., 1. Bd., S. 388).

148 Abg. Freiherr v. Winnigerode am 23. April 1874 in der 39. Sitzung der 1. Session der 2. Legislaturperiode des RT (Stenogr. Berichte RT, 2. Leg.-Per., 1. Sess., 2. Bd. S. 1035).

149 Abg. v. Bennigsen am 16. Januar 1873 in der 27. Sitzung der Session 1872/73 des AH (Stenogr. Berichte AH, Sess. 1872/73, Bd. 1, S. 602).

150 Abg. Dr. Hinschius am 23. April 1874 in der 39. Sitzung der 1. Session der 2. Legislaturperiode des RT (Stenogr. Berichte RT, 2. Leg.-Per., 1. Sess. 2. Bd., S. 1059).

151 Abg. Herz am 28. November 1871 in der 33. Sitzung der 2. Session der 1. Legislaturperiode des RT (Stenogr. Berichte RT, 1. Leg.-Per., 2. Sess., 1. Bd., S. 577).

152 Abg. Dr. Virchow am 8. März 1873 in der 60. Sitzung der Session 1872/73 des AH (Stenogr. Berichte AH, Sess. 1872/73, Bd. 3, S. 1514).

153 Abg. v. Hörmann am 17. Juni 1872 in der 45. Sitzung der 3. Session der 1. Legislaturperiode des RT (Stenogr. Berichte RT, 1. Leg.-Per., 3. Sess., 2. Bd., S. 1073).

154 Abg. Fischer (Augsburg) am 23. November 1871 in der 28. Sitzung der 2. Session der 1. Legislaturperiode des RT (Stenogr. Berichte RT, 1. Leg.-Per., 2. Sess., 1. Bd., S. 477).

155 Abg. Dr. Dove am 19. Juni 1872 in der 48. Sitzung der 3. Session der 1. Legislaturperiode des RT (Stenogr. Berichte RT, 1. Leg.-Per., 3. Sess., 2. Bd., S. 1130).

unerbittlich erachtet, dass man nur die Alternative Sieg oder Untergang und allein die Option für Freund oder Feind erkennen konnte. Angesichts der gefühlten Bedrohung der höchsten Werte und der verspürten historischen Schicksalhaftigkeit der Konfrontation der beiden Gewalten Kirche und Staat wurden Neutralität, Abseitsstehen, Zögern, Rücksichtnahme und Kompromisssuche nicht nur als unmöglich, sondern auch als Feigheit vor dem klerikal-jesuitisch-ultramontanen Feind empfunden; der postulierte alternativlose Entweder-oder-Ausgang des Kampfes erzwang in den Augen der sich als Frontsoldaten in einer Schicksalsschlacht verstehenden und gerierenden kulturkämpferischen Parlamentarier eine entschieden parteiergreifende Entweder-oder-Positionierung: *Entweder muß der Staat untergehen oder der Klerus nachgeben.*[156] Die Abgeordneten seien nun *in die Alternative versetzt, ob sie mit dem Reichskanzler [...] für das Deutsche Reich gegen klerikale Übergriffe kämpfen sollen oder mit dem Herrn Abgeordneten Windthorst gegen das Deutsche Reich für klerikale Übergriffe. Und in dieser Alternative hört das Diskutiren, das Argumentiren pro und contra auf.* Viele Abgeordnete würden sich *als Soldaten in Reihe und Glied fühlen.*[157] Bei Aufbietung aller Kräfte glaubte man die bevorstehende Großschlacht *in diesem in der That kulturhistorischen Krieg, in dessen Anfang wir uns befinden,*[158] trotz der Gefährlichkeit des Gegners dank *der Bildung und Ausdauer des Deutschen Volkes* und dank dem *germanische[n] Geist,* dem Deutschland seine Größe schulde, zugunsten des Deutschen Reichs entscheiden und einen *Sieg über das Welschthum erringen* zu können[159]. Man hegte zuversichtlich die *Überzeugung, daß der Geist des germanischen Volkes über den romanischen*

156 Abg. v. Saucken-Tarputschen am 21. April 1874 in der 37. Sitzung der 1. Session der 2. Legislaturperiode des RT (Stenogr. Berichte RT, 2. Leg.-Per., 1. Sess., 2. Bd., S. 1005).

157 Abg. v. Kardorff am 17. Juni 1872 in der 45. Sitzung der 3. Session der 1. Legislaturperiode des RT (Stenogr. Berichte RT, 1. Leg.-Per., 3. Sess. 2. Bd., S. 1079).

158 Abg. Dr. Virchow am 30. Januar 1873 in der 36. Sitzung der Session 1872/73 des AH (Stenogr. Berichte AH, Sess. 1872/73, Bd. 3, S. 845).

159 Abg. Dr. Völk am 28. November 1871 in der 33. Sitzung der 2. Session der 1. Legislaturperiode des RT: *Der germanische Geist, welcher uns durch die Jahrhunderte hindurch geführt hat, welcher Deutschland groß gemacht und uns hier in diesem Hause vereinigt hat, dieser germanische Geist wird auch den Kampf gegen das Welschthum und gegen das Romanenthum, welches jetzt so heftig gegen uns auftritt, siegreich bestehen. Wir aber wollen in diesem Kampfe ausharren unverändert und unveränderlich und der germanische Geist wird den Sieg über das Welschthum erringen* (Stenogr. Berichte RT, 1. Leg.-Per., 2. Sess., 1. Bd., S. 576f).
Hr. Dr. Tellkampf am 10. März 1873 in der 15. Sitzung der Session 1872/73 des HH: *So schwer und langwierig dieser Kampf auch sein mag, so darf man doch zuversichtlich auf den Sieg hoffen, denn die geistige Bildung ist Macht und der Deutsche Geist giebt sich nie gefangen, wie die Geschichte zeigt, sondern überwindet siegreich alle Schwierigkeiten wie im Kriege, so im Frieden. Die Bildung und Ausdauer des Deutschen Volkes begründen daher die Hoffnung eines günstigen Erfolges in der Abwehr der Angriffe* (Stenogr. Berichte HH, Sess. 1872/73, Bd. 1, S. 210).

und despotischen Geist des Jesuitismus Herr werden wird. [...] Wir werden auch siegen und dem deutschen Volke die Friedenspalme bringen.[160] Man verhehlte sich *durchaus nicht, daß die geistigen Römerzüge, zu welchen wir jetzt aufgerufen werden, vielleicht ebenso mit Gefahr verbunden sind als vor Zeiten die militärischen. Aber wir werden diesem Kampfe gewachsen bleiben.*[161] *Siegen muß der Staat! [...] Unterwerfen müssen sich die Kleriker!* Sonst *ist das Ansehen des Staates vernichtet. [...] Nur bei einer vollständigen Niederwerfung des Gegners kann hier der Frieden kommen.*[162] Mit dröhnendem Endsiegpathos wurde im Reichstag unter lebhaftem Jubel und Applaus verkündet: *Dies deutsche Volk, dies Volk voll Glauben, voll Treue, voll Zucht und Sittlichkeit, das heute in den Kampf zieht gegen die Jesuiten, dies Volk, das Paris bezwungen hat, wird auch die Jesuiten und den Vatikan überwinden! (Lebhafter Beifall links und rechts).*[163] Insgesamt wurden also das Papsttum, die ‚Hierarchie', der Klerus, der Ultramontanismus, der Jesuitismus, das Romanentum und das Welschtum zu einer ebenso imposanten wie furchteinflößenden Phalanx von satanischen Feinden amalgamiert und dämonisiert. Es herrschte das panikartige Gefühl einer universellen Panbedrohung und eine regelrechte Einkreisungsangst, die sich ebenso wie das Tableau der sinisteren Feinde – das im nächsten Unterkapitel Ausgeführte vorwegnehmend – nur als wahnhaft-phobisch qualifizieren lassen und in die sich die Abgeordneten sichtlich hineinsteigerten. Diese wähnten sich in einem dem Staat von der Kirche aufgezwungenen Krieg, welchen sie, ihn metaphysisch überhöhend, zum welthistorischen Endkampf um Sein oder Nichtsein von Staat, Nation und Kultur hochstilisierten, welcher zu deren Gunsten durch den Einsatz aller staatlichen Machtmittel siegreich entschieden werden könne und müsse, genau wie man 1870/71 gegen Frankreich gesiegt habe.

Die gesetzgeberischen Waffen, mit denen die Kulturkämpfer diesen imaginierten Endkampf zu führen gedachten, verfolgten laut Selbstsicht der Kämpfer das Ziel, das Individuum und vor allem den Staat vor den anmaßenden Herrschaftsansprüchen von Pfaffentum und Papsttum zu schützen, die reichsfeindlichen Staatsunterwerfungs- und kulturfeindlichen Geistesknechtungsbestrebungen der jesuitisch dominierten ultramontanen Hierarchie zu stoppen und im Namen der höchsten irdischen Güter Staat und Gesellschaft von klerikalem Einfluss zu befreien: Die Kulturkampfgesetze bezweckten, dem *heranrückenden Systeme*

---

160 Abg. Dr. Völk am 14. Juni 1872 in der 43. Sitzung der 3. Session der 1. Legislaturperiode des RT (Stenogr. Berichte RT, 1. Leg.-Per., 3. Sess., 2. Bd., S. 1022).

161 Abg. Wagener (Neustettin) am 15. Mai 1872 in der 22. Sitzung der 3. Session der 1. Legislaturperiode des RT (Stenogr. Berichte RT, 1. Leg.-Per., 3. Sess., 1. Bd., S. 382).

162 Abg. v. Saucken-Tarputschen am 21. April 1874 in der 37. Sitzung der 1. Session der 2. Legislaturperiode des RT (Stenogr. Berichte RT, 2. Leg.-Per., 1. Sess., 2. Bd., S. 1005f).

163 Abg. Dr. Dove am 19. Juni 1872 in der 48. Sitzung der 3. Session der 1. Legislaturperiode des RT (Stenogr. Berichte RT, 1. Leg.-Per., 3. Sess., 2. Bd., S. 1130).

klerikaler Herrschaft Widerstand zu leisten,[164] *die Macht des Ultramontanismus zu brechen,*[165] *den Widerstand einer inhumanen, selbstsüchtigen und hochmüthigen Hierarchie zu brechen,*[166] *die Macht der Hierarchie zu brechen* und *den verderblichen Einfluss der Hierarchie zu beseitigen*[167]. Positiv gewendet galten die Gesetze der *Emanzipation des Staates,*[168] der *Vertheidigung des Staates,*[169] der *religiösen Befreiung des Individuums,*[170] der *nationale[n] Befreiung Deutschlands von der politischen Herrschaft Roms und von den äußeren Banden der Hierarchie,*[171] der *Befreiung des Individuums von der Priesterherrschaft* und *der individuellen Entwickelung gegenüber dem blinden Autoritätsglauben*[172]; sie suchten *die innere Befreiung der Nation herbeizuführen,*[173] *die Individuen zu befreien von dem unmenschlichen Drucke, den die Kirche auf sie ausübt,*[174] *zu wahren die Souveränetät des Staates und damit die Voraussetzung aller politischen Freiheit,*[175] *Gesetz und Recht, Kraft und Ansehen, Autorität und Würde unseres Staates* zu schützen,[176] *diese Schädigung der vaterländischen Interessen und diesen Mißbrauch der Religion abzuwenden,*[177] die Staatsbürger *vor*

164 Abg. Dr. Gneist am 19. Juni 1872 in der 48. Sitzung der 3. Session der 1. Legislaturperiode des RT (Stenogr. Berichte RT, 1. Leg.-Per., 3. Sess., 2. Bd., S. 1141).

165 Kultusminister Falk am 17. Januar 1873 in der 28. Sitzung der Session 1872/73 des AH (Stenogr. Berichte AH, Sess. 1872/73, Bd. 1, S. 626).

166 Hr. Gobbin am 10. März 1873 in der 15. Sitzung der Session 1872/73 des HH (Stenogr. Berichte HH, Sess. 1872/73, Bd. 1, S. 206).

167 Abg. Dr. Petri am 31. Januar 1873 in der 37. Sitzung der Session 1872/73 des AH (Stenogr. Berichte AH, Sess. 1872/73, Bd. 2, S. 875).

168 Abg. Dr. Virchow am 17. Januar 1873 in der 28. Sitzung der Session 1872/73 des AH (Stenogr. Berichte AH, Sess. 1872/73, Bd. 1, S. 635).

169 Staatsminister Fürst Bismarck am 10. März 1873 in der 15. Sitzung der Session 1872/73 des HH (Stenogr. Berichte HH, Sess. 1872/73, Bd. 1, S. 213.

170 Abg. Dr. Virchow am 30. Januar 1873 in der 36. Sitzung der Session 1872/73 des AH (Stenogr. Berichte AH, Sess. 1872/73, Bd. 2, S. 845).

171 Abg. Miquel am 23. April 1874 in der 39. Sitzung der 1. Session der 2. Legislaturperiode des RT (Stenogr. Berichte RT, 2. Leg.-Per., 1. Sess., 2. Bd., S. 1050).

172 Abg. v. Saucken-Tarputschen am 21. April 1874 in der 37. Sitzung der 1. Session der 2. Legislaturperiode des RT (Stenogr. Berichte RT, 2. Leg.-Per., 1. Sess., 2. Bd., S. 1004).

173 Abg. Dr. Virchow am 1. März 1873 in der 54. Sitzung der Session 1872/73 des AH (Stenogr. Berichte AH, Sess. 1872/73, Bd. 2, S. 1323).

174 Abg. Dr. Virchow am 18. März 1873 in der 67. Sitzung der Session 1872/73 des AH (Stenogr. Berichte AH, Sess. 1872/73, Bd. 3, S. 1730).

175 Abg. v. Treitschke am 23. November 1871 in der 28. Sitzung der 2. Session der 1. Legislaturperiode des RT (Stenogr. Berichte RT, 1. Leg.-Per., 2. Sess., 1. Bd., S. 467).

176 Abg. Kiefer am 16. Mai 1872 in der 23. Sitzung der 3. Session der 1. Legislaturperiode des RT (Stenogr. Berichte RT, 1. Leg.-Per., 3. Sess., 1. Bd., S. 400).

177 Abg. Fischer (Augsburg) am 23. November 1871 in der 28. Sitzung der 2. Session der 1. Legislaturperiode des RT (Stenogr. Berichte RT, 1. Leg.-Per., 2. Sess., 1. Bd., S. 478).

ausländischen Einflüssen, welche bis zu einer disziplinarischen Macht ausarten, zu bewahren,[178] *den Staat vor den Gefahren kirchlicher Übergriffe zu sichern*[179] und *das Individuum in seiner Freiheit gegen den Mißbrauch der Gewalt der Kirche zu schützen*[180]; sie *sind nur Sicherstellungen des Staats und der Laien gegen die Willkühr des Priesterthums;*[181] sie sind *eine große Manifestation, daß im deutschen Reiche und in seiner Entwicklung der römische Einfluß in jener Machtfülle, die der römische Stuhl sich selbst über alle Staaten anmaßt, keinen Platz findet;*[182] sie sollten *dem Staate Schutz gegen die hereinbrechende Macht des Wälschthums, des Romanenthums in der Kirche* gewähren;[183] sie beabsichtigten die *endliche Befreiung von den altgeschmiedeten und drückenden Fesseln der pfäffischen Herrschaft über die Geister und Gemüther deutscher Nation;*[184] sie dienten der *Nothwehr des deutschen nationalen Staates [...] gegen die Anmaßung einer Fremdherrschaft, gegen die Anmaßung der römischen Kurie* sowie der *Wahrung des deutschen Gewissens gegen die Vergötterung eines Menschen*[185]. Emanzipation und Befreiung des Individuums, der Gesellschaft und vor allem des Staates, speziell die Wahrung der Unabhängigkeit und Stärke des Deutschen Reichs, gegenüber den ebenso aggressiven wie anmaßenden papistisch-jesuitisch-klerikalen Beherrschungs-, Unterjochungs-, Knebelungs- und Bevormundungsanstrengungen der entspiritualisierten, machtfixierten ultramontanen Kirche – mit diesen Schlagworten lassen sich die Absichten und Ziele der kulturkampferpichten Parlamentarier resümieren.

Hinsichtlich der Geistlichen, *den bedeutendsten und wichtigsten Volkslehrern,*[186] erstrebten die Kulturkampfgesetze ihre ‚Nationalisierung', d.h. ihre sozial-mentale Einbindung in die kürzlich geeinte Nation und in ihr geistig-kulturelles Leben, womit indirekt, vom intendierten Soll- auf den postulierten Istzustand rückschließend, der Klerus des Antipatriotismus und der Reichsfeindschaft geziehen

---

178 Abg. Graf Bethusy-Huc am 17. Januar 1873 in der 28. Sitzung der Session 1872/73 des AH (Stenogr. Berichte AH, Sess. 1872/73, Bd. 1, S. 619).

179 Abg. Schulze (Berlin) am 16. Mai 1872 in der 23. Sitzung der 3. Session der 1. Legislaturperiode des RT (Stenogr. Berichte RT, 1. Leg.-Per., 3. Sess., 1. Bd., S. 414).

180 Abg. Dr. Loewe am 23. November 1871 in der 28. Sitzung der 2. Session der 1. Legislaturperiode des RT (Stenogr. Berichte RT, 1. Leg.-Per., 2. Sess., 1. Bd., S. 484).

181 Abg. Jung am 20. Januar 1873 in der 29. Sitzung der Session 1872/73 des AH (Stenogr. Berichte AH, Sess. 1872/73, Bd. 1, S. 650).

182 Abg. Dr. v. Schauß am 25. November 1871 in der 31. Sitzung der 2. Session der 1. Legislaturperiode des RT (Stenogr. Berichte RT, 1. Leg.-Per., 2. Sess., 1. Bd., S. 519).

183 Abg. Dr. Völk am 28. November 1871 in der 33. Sitzung der 2. Session der 1. Legislaturperiode des RT (Stenogr. Berichte RT, 1. Leg.-Per., 2. Sess., 1. Bd., S. 576).

184 Abg. Graf Renard am 7. März 1873 in der 59. Sitzung der Session 1872/73 des AH (Stenogr. Berichte AH, Sess. 1872/73, Bd. 3, S. 1496).

185 Hr. Dr. Schulze am 11. März 1873 in der 16. Sitzung der Session 1872/73 des HH (Stenogr. Berichte HH, Sess. 1872/73, Bd. 1, S. 233).

186 Abg. Dr. Nasse am 8. März 1873 in der 60. Sitzung der Session 1872/73 des AH (Stenogr. Berichte AH, Sess., 1872/73, Bd. 3, S. 1522).

wurde.[187] Es sei notwendig, *daß ein nationaler Gedanke auch in die Geistlichkeit hineingebracht werden müsse,*[188] und dass *die antinationale Tendenz der gegenwärtigen Geistlichen-Erziehung durch nationale Bildung und Erziehung nationaler Priester* beseitigt werde[189]. Dadurch dass die Priesterausbildung im Regelfall an einer deutschen Universität stattfinden muss, nur im Ausnahmefall an einem staatlichen konzessionierten deutschen Priesterseminar erfolgen kann, keinesfalls jedoch im

---

187 Abg. v. Bennigsen am 16. Januar 1873 in der 27. Sitzung der Session 1872/73 des AH: *Meine Herren, auch ein großer Theil dieser Gesetze, auch das Gesetz, mit welchem wir uns jetzt beschäftigen* [d.i. das Gesetz über die Vorbildung und Anstellung der Geistlichen], *wird seine Wirkung nicht im Augenblick haben; erst mit der Zeit wird es gelingen, mit Hülfe dieses Gesetzes Männer als Lehrer, Priester des Volkes zu erziehen, die nicht mehr vom vaterländischen Boden abgelöst, schon mit ihrem zwölften Jahre aus der Familie herausgerissen, von jeder Verbindung mit anderen Klassen der bürgerlichen Gesellschaft getrennt, unterworfen dem Einfluß sei es inneren deutschen oder auswärtigen römischen in der ganzen Art der Schulung ihres Geistes und Willens. [...] Aber das wird doch wenigstens gelingen, daß diese Art systematischer antinationaler Verbildung in der Erziehung der Knaben* [in kirchlichen Knabenkonvikten] *in absoluter Absonderung von der bürgerlichen Gesellschaft und Bildung aufhört* (Stenogr. Berichte AH, Sess. 1872/73, Bd. 1, S. 602).
Kultusminister Falk am 17. Januar 1873 in der 28. Sitzung der Session 1872/73 des AH: *Ich glaube, daß wir doch sehr verschiedene Sachen unter nationaler Erziehung [der Geistlichen] verstehen, der Herr Abgeordnete Reichensperger* [von der Zentrumsfraktion] *und ich. Ich habe ihm gesagt, was ich darunter verstehe: eine Erziehung, die dem jugendlichen Gemüthe die Möglichkeit giebt, in allen verschiedenen Lebensaltern berührt zu werden von dem Leben der Nation, wie es eben dem jedesmaligen Lebensalter entspricht, eine Erziehung, die bekannt sei mit den Verhältnissen der Nation [...], eine Erziehung, die von Mächten geleitet wird, die im Staatsleben stehen und nicht draußen. [...] Die römische Kirche kann das nicht* [d.h. *nationale Bildung gewähren*], *sie ist universell, kosmopolitisch, aber nicht national. Meine Herren, ich sage also, nationale Erziehung ist auch diejenige, die im Lande geleitet wird, die ihre höchsten Stellen dort findet und nicht ohne Kontrole nach römischen Prinzipien durch wohlgeschulte Werkzeuge von draußen geleitet wird* (Stenogr. Berichte AH, Sess. 1872/73, Bd. 1, S. 628).
Abg. Richter (Sangerhausen) am 8. März 1873 in der 60. Sitzung der Session 1872/73 des AH: *Der Staat will, daß die Geistlichkeit beider Kirchen mit den geistigen Strömungen des deutschen Volkes auch sich erfülle und durchdringe. Es ist derselbe nationale Gedanke [...], den wir allen Grund haben, in die Kreise der Geistlichen beider Kirchen ohne Unterschied einzuführen* (Stenogr. Berichte AH, Sess. 1872/73, Bd. 3, S. 1506).
Abg. Dr. Dove am 19. Juni 1872 in der 48. Sitzung der 3. Session der 1. Legislaturperiode des RT: *Wir werden wieder in die Hand bekommen müssen einen staatlichen Einfluß auf die Vorbildung der katholischen Geistlichkeit, damit sie nicht in dem nationalfeindlichen Sinne gebildet werde, der sie jetzt beherrscht* (Stenogr. Berichte RT, 1. Leg.-Per., 3. Sess., 2. Bd., S. 1130).

188 Abg. Windthorst (Dortmund) am 20. Januar 1873 in der 29. Sitzung der Session 1872/73 des AH (Stenogr. Berichte AH, Sess. 1872/73, Bd. 1, S. 663).

189 Abg. Graf Renard am 7. März 1873 in der 59. Sitzung der Session 1872/73 des AH (Stenogr. Berichte AH, Sess. 1872/73, Bd. 3, S. 1496f).

römischen Collegium Germanicum, wo die Priester nur *zum Kampf erzogen* werden und ihre *vollständige Abziehung von der lebenden und strebenden Welt in jeder Beziehung angestrebt wird*, sollen die angehenden Geistlichen den *separatistischen Geist* verlieren.[190]

Da die parlamentarischen Kulturkämpfer das nach 1848 ausgebildete Staat-Kirche-Verhältnis als historischen Irrweg qualifizierten, stellte sich die grundsätzliche Frage nach dem richtigen Staatskirchenrecht. Wie soll der Staat sein neues Verhältnis zur Kirche in Zukunft gestalten? Eine konsequente Trennung von Staat und Kirche mit der Reduzierung der Letzteren auf den Status eines privatrechtlichen Vereins wurde zwar von einigen Abgeordneten befürwortet, aber doch mehrheitlich abgelehnt, weil sie angesichts der Verwobenheit der kirchlichen und staatlichen Sphären für unrealistisch gehalten wurde.[191] Stattdessen wurde gegenüber allen Ansprüchen auf Gleichordnung oder Koordination von Kirche und Staat

---

190 Abg. Jung am 10. März 1873 in der 61. Sitzung der Session 1872/73 des AH (Stenogr. Berichte AH, Sess. 1872/73, Bd. 3, S. 1548).

191 Abg. v. Kardorff am 25. November 1871 in der 31. Sitzung der 2. Session der 1. Legislaturperiode des RT: *Staat und Kirche sind Jahrhunderte hindurch viel zu sehr miteinander verwoben durch unauflösliche Bande, als daß sie heute mit einem Schnitte getrennt werden könnten* (Stenogr. Berichte RT, 1. Leg.-Per., 2. Sess., 1. Bd., S. 534).
Abg. Graf Bethusy-Huc am 17. Januar 1873 in der 28. Sitzung der Session 1872/73 des AH: *Eine absolute Trennung von Kirche und Staat ist unmöglich ohne nicht nur eine vollkommene Verfassungsänderung, sondern auch ohne eine Änderung der ganzen Grundlagen unseres Familien-, unseres kommunalen und unseres staatlichen Lebens* (Stenogr. Berichte AH, Sess. 1872/73, Bd. 1, S. 616).
Kultusminister Falk am 17. Januar 1873 in der 28. Sitzung der Session 1872/73 des AH: *Eine Trennung von Staat und Kirche, bei welchem Verhältniß der eine Faktor von dem andern nichts weiß und nichts wissen will, ist für unsere Verhältnisse ein Ding der Unmöglichkeit und etwas, was wir nicht erstreben können, nicht blos um dieser Unmöglichkeit willen* (Stenogr. Berichte AH, Sess. 1872/73, Bd. 1, S. 626).
Hr. Gobbin am 10. März 1873 in der 15. Sitzung der Session 1872/73 des HH: *Ich glaube, weiter keine Partei im Lande hat jemals die Auffassung gehabt, daß eine einfache Trennung der Kirche vom Staate möglich ist. Es ist ja einfach deswegen nicht möglich, weil sich Kirche und Staat in jedem Individuum und überall berühren. Wenn der Satz also wirklich jemals aufgestellt sein sollte, dann ist er zweifellos nach den Erfahrungen, die darüber gemacht sind, zu verwerfen* (Stenogr. Berichte HH, Sess. 1872/73, Bd. 1, S. 205).
Hr. Wever am 11. März 1873 in der 16. Sitzung der Session 1872/73 des HH: *In unseren europäischen Staaten sind die kirchlichen und bürgerlichen Verhältnisse so miteinander verschlungen und verwebt, daß eine Trennung unmöglich ist, daß sie zum Ruin beider führen könnte. [...] Ich halte daher auch den vielbesprochenen Ausspruch des Ministers Cavour „eine freie Kirche im freien Staate" für eine reine Phrase* (Stenogr. Berichte HH, Sess. 1872/73, Bd. 1, S. 225).
Abg. Freiherr v. Winnigerode am 23. April 1874 in der 39. Sitzung der 1. Session der 2. Legislaturperiode des RT: *(Wir wollen) nicht in den bekannten Grundsatz der Trennung von Kirche und Staat einstimmen. Wir glauben vielmehr, ebenso wie der eine*

die absolute Souveränität des Staates und die staatlichen Prärogativen gegenüber den Kirchen als innerstaatlichen Institutionen betont. Die staatliche Kirchenkuratel wollte man vor allem durch Rückgriff auf die diese fixierenden Bestimmungen des Allgemeinen Landrechts restituieren, welches man nicht formal, sondern nur durch eine falsche Praxis außer Gebrauch gekommen wähnte.[192] Insgesamt wurde überwiegend eine Art Neoterritorialismus, also eine eingriffstiefe, in der Tradition des absolutistischen Staatskirchentums und der frühneuzeitlichen Religionspolicey

---

Mensch in seinen religiösen und politischen Gefühlen nicht zerschnitten werden kann, wie an darin nicht zwei getrennte Hälften aus den Menschen machen kann, deshalb ist es auch ein Unding, die Trennung von Kirche und Staat [...] proklamiren zu wollen (Stenogr. Berichte RT, 2. Leg.-Per., 1. Sess., 2. Bd. S. 1034).

192 Abg. Graf Bethusy-Huc am 17. Januar 1873 in der 28. Sitzung der Session 1872/73 des AH: *Die jetzt vorliegenden Gesetze sind [...] im Wesentlichen nichts weiter als eine ausdrückliche Wiederherstellung oder Anerkennung der landrechtlichen Grundsätze. Aufgehoben sind dieselben niemals und am Allerwenigsten durch die preußische Verfassung, welche nur zu Mißdeutungen über ihre spezielle Geltung Veranlassung geben könnte durch die Unklarheit ihrer Fassung; sie sind aber wohl aufgehoben durch eine 20jährige Praxis* (Stenogr. Berichte AH, Sess. 1872/73, Bd. 1, S. 617).
Abg. Dr. Virchow am 30. Januar 1873 in der 36. Sitzung der Session 1872/73 des AH: *Wir müssen dann der Kirche gegenüber absolut verlangen, daß sie sich den Staatsgesetzen fügt und daß die Staatsgesetze die maßgebenden sind* (Stenogr. Berichte AH, Sess. 1872/73, Bd. 2, S. 846).
Abg. v. Brauchitsch am 4. Februar 1873 in der 38. Sitzung der Session 1872/73 des AH: *Wir vermögen eben nicht anzuerkennen, daß [...] es möglich sei, daß zwei souveraine Gewalten, zwei gleichberechtigte souveraine Gewalten innerhalb des Staates überhaupt herrschen können.* (Stenogr. Berichte AH, Sess. 1872/73, Bd. 2, S. 908). – *Sie* [zum Zentrum] *wollen es nicht anerkennen, daß, wenn man der katholischen, Kirche, um im Bilde zu bleiben, sei es das Recht der Erzieherin, sei es selbst das Recht der Mutter zugestehen kann, daß dann dem Staate doch in der Konsequenz Ihres Vergleichs das Recht als Hausherr zustehen muß und daß dieser es sich nun und nimmermehr gefallen lassen kann, daß durch den Einfluß der Erzieherin ihm die Seelen und Gemüther seiner Angehörigen entfremdet werden* (ebd., S. 909).
Abg. v. Kardorff am 4. Februar 1873 in der 38. Sitzung der Session 1872/73 des AH: *Mit dieser ganzen Gesetzgebung (geschieht) in der Tat weiter nichts als an diejenige territoriale Staats-Kirchengesetzgebung wieder anzuknüpfen, welche in Preußen so gut wie in den anderen deutschen Territorien bis 1848 bestand und dazu gedient hat, uns 200 Jahre lang den kirchlichen Frieden zu bewahren, während mit dem Verschwinden dieses territorialen Staatskirchenrechts die religiösen Wirren und kirchlichen Differenzen sofort wieder ausgebrochen sind* (Stenogr. Berichte AH, Sess. 1872/73, Bd. 2, S. 915).
Hr. Gobbin am 24. April 1873 in der 25. Sitzung der Session 1872/73 des HH: *Der Staat hat in allen Konfliktfällen zwischen Staat und Kirche allein das Souveränetäts- und Gesetzgebungsrecht. Er hat zu bestimmen, innerhalb welcher Gesetze die Kirche sich im Staat zu bewegen hat, denn die Kirche steht nicht über oder neben dem Staate, sondern in dem Staate* (Stenogr. Berichte HH, Sess. 1872/73, Bd. 1, S. 438).

stehende Hoheit und Herrschaft des Staates über die Kirche als Ideal der Staat-Kirche-Beziehungen favorisiert und propagiert.

2. Die verschwörungstheoretischen Elemente der kulturkämpferischen Meistererzählung

Insgesamt evozierten die bisweilen in einer schrillen martialischen Diktion gehaltenen Parlamentsreden der Kulturkampfbefürworter ein extensives Bedrohungsszenario, das kurz zusammengefasst folgendermaßen lautet: Die katholische Kirche wird beherrscht von der ‚ultramontanen Partei', die vom Jesuitenorden dominiert und von dem durch das Unfehlbarkeitsdogma sakralisierten und immunisierten Papsttum kommandiert wird; sie ist also gewissermaßen eine unter dem Oberbefehl eines ausländischen Potentaten stehende, mit einer schlagkräftigen Kampfelite ausgestattete Armee. Entgegen der Anscheinerweckung verfolgt diese ‚ultramontane Partei' keine genuin religiösen, sondern allein machtpolitische Ziele, nämlich die Hegemonie auch im staatlich-weltlichen Bereich, und zwar vornehmlich im neu gegründeten Deutschen Reich. Aufgrund des blinden Gehorsams der hohen und niederen Geistlichkeit, der Existenz von manipulatorisch ferngesteuerten Marionetten wie der Zentrumspartei und der dumpfen Klerus- und Kirchenhörigkeit der Katholiken, die alle ihrem ‚Gehäusestaat' innerlich ablehnend gegenüberstehen, kann diese feindliche Armee das Deutsche Reich von innen unterwühlen und in seinen Grundfesten erschüttern. Zwar hat sie dank der Wachsamkeit der Liberalen noch nicht die Herrschaft in Deutschland übernommen, aber immerhin einen Staat im Staat in Gestalt einer Parallel- oder Subgesellschaft etablieren können. Nur durch energische Gegenmaßnahmen kann in letzter Minute die Machtergreifung der reichsfeindlichen ‚ultramontanen Partei' verhindert und damit die Existenz des Deutschen Reichs gesichert werden.

Die oben kondensierte Meistererzählung – so die hier vertretene These – weist Züge einer regelrechten Verschwörungstheorie[193] auf. Was rechtfertigt es nun, dem Narrativ der parlamentarischen Kulturkämpfer in Teilen den Charakter einer

193 Zu Verschwörungsthesen oder -theorien allgemein vgl. M. Butter: „Nichts ist, wie es scheint"; D. Groh: Die verschwörungstheoretische Versuchung; Ders.: Verschwörungen und kein Ende; K. Hepfer: Verschwörungstheorien; W. Wippermann: Agenten des Bösen; Ders.: Verschwörungen; D. Pipes: Verschwörung; J. Rogalla von Bieberstein: Die These von der Verschwörung; U. Caumanns/M. Niendorf [Hrsg.]: Verschwörungstheorien; H. Reinalter [Hrsg.]: Typologien des Verschwörungsdenkens; H. Reinalter [Hrsg.]: Verschwörungstheorien. – Die historisch orientierten Monographien bzw. Kapitel bzw. Aufsätze thematisieren die die katholische Kirche oder speziell den Jesuitenorden zum schurkischen Akteur erhebenden Verschwörungstheorien freilich nicht oder nur beiläufig, sodass diese Arbeiten zum hier behandelten Thema wenig ergiebig sind. Am meisten verdankt der Autor der eher synchron ausgerichteten Studie von M. Butter.

mentalpathologischen Verschwörungstheorie zu attestieren?[194] Folgende Postulate und Prämissen, welche die üblichen Ingredienzien und Charakteristika einer Verschwörungstheorie[195] bilden, sind vorhanden:

- Es gibt eine im Geheimen operierende, wohlorganisierte Gruppe von Verschwörern. Diese im Verborgenen wühlende Verschwörerclique ist die ‚ultramontane Partei', eine strikt autoritär geführte und hierarchisch verfasste Organisation, welche in einen monarchischen Absolutismus mit despotischen Zügen gipfelt. An der Spitze steht als omnipotenter Autokrat der Papst; den Kader stellen die Jesuiten; beide gemeinsam befehligen und kontrollieren den Episkopat und über diesen den niederen Pfarrklerus.
- Die Verschwörerbande ist äußerst bösartig und besitzt eine außerordentliche Machtfülle. Die ultramontane Partei, insbesondere der Jesuitenorden, verkörpert das Böse schlechthin. Sie ist nur an der weltlichen Macht interessiert, bedient sich hinterlistiger Machenschaften und hält das Volk in geistiger Knechtschaft. Gleichzeitig verfügt sie über enorme Kräfte, mit denen sie ganze Staaten destabilisieren oder gar ruinieren kann. Demgegenüber sind die Kulturkämpfer die Guten, die das bedrohte Vaterland retten wollen, das Volk im Dienst von Freiheit und Fortschritt den Klauen von Unwissenheit und Abhängigkeit entreißen wollen und natürlich weit entfernt sind von jeglicher konfessionalistischer Voreingenommenheit und Parteilichkeit.
- Es gibt einen perfiden Plan. Diese finstere Absicht besteht in nichts Geringerem als in der Subversion der Staaten mit dem Endziel der Usurpation der politischen Herrschaft, vor allem im neu gegründeten Deutschen Reich, das den ultramontanen Dunkelmännern als Mutterland der Reformation, als Sieger über die katholische Macht Frankreich, als Hort des aufgeklärt-liberalen Protestantismus und als Sitz eines machtvollen evangelischen Kaisertum ein besonderer Dorn im Auge ist.
- Die geschichtliche Entwicklung wird über einen längeren Zeitraum hinweg durch die verschworene Gemeinschaft gemäß deren Programm geplant,

194 Dass Verschwörungstheorien einen mentalen Hintergrund und ein Motiv für die deutschen und europäischen Kulturkämpfe bildeten, ist keine neue Erkenntnis. Schon der Mainzer Bischof Heinrich Brück konstatierte in seinem dem Kulturkampf gewidmeten, 1907 in 2. Auflage erschienen Bd. 4, Abt. 1 seiner ‚Geschichte der katholischen Kirche in Deutschland' auf S. 184 eine „abergläubische Furcht vor einer Verschwörung". Auch in der neueren Historiographie wird wiederholt der Kulturkampf mit der Existenz eines Verschwörungsglaubens in eine kausale Verbindung gebracht, allerdings ohne dieses Phänomen systematisch und theoretisch zu analysieren, so z.B. M. Borutta: Settembrini's world, S. 47; Ders.: Antikatholizismus, passim (s. Sachregister); L. Dittrich: Antiklerikalismus in Europa, passim (s. Sachregister); W. Altgeld: Katholizismus, Protestantismus, Judentum, S. 197.

195 Vgl. insbes. M. Butter: „Nichts ist, wie es scheint", S. 21–29; D. Groh: Die verschwörungstheoretische Versuchung, S. 267–281; S. Pipes: Verschwörung, S. 74–84.

gestaltet und kontrolliert.[196] Die ultramontan-jesuitische Partei hat spätestens seit Beginn des 19. Jahrhundert im Dienste ihres Machtergreifungsplans systematisch, kontinuierlich und erfolgreich die historische Entwicklung entsprechend ihren Intentionen in der Kirche wie in den Staaten bestimmt, indem sie beispielweise die Bourbonen stürzte, in Belgien die Revolution von 1830 mit der folgenden Sezession von den Niederlanden auslöste, Kriege herbeiführte, die Kirche zu einer Universalmonarchie zentralisierte und vom Vatikanischen Konzil die Unfehlbarkeit des Papstes proklamieren ließ.

- Es existieren verborgene Verbindungen und Verabredungen, vorgeschickte eigenwillenlose Marionetten dunkler Hintermänner, manipulatorische Fern- und Fremdsteuerungen, geheime Befehlsstränge und ein Netzwerk von Abhängigkeiten, die dem naiven Auge nicht erkennbar sind. Der Episkopat und der Pfarrklerus sind reine Handlanger und Exekutivorgane des diktatorisch regierenden Papstes und werden vom Jesuitenorden, dem großen Drahtzieher im Hintergrund, gesteuert und überwacht. Die Jesuiten wiederum kollaborieren heimlich mit Frankreich, das ihre Beziehungen nach Deutschland für einen künftigen Revanchekrieg nutzen will. Das unwissende und ungebildete Kirchenvolk ist völlig im Griff der Geistlichkeit und deren höriges Werkzeug. Hinter dem Zentrum ‚steckt' die ultramontane Partei, welche es als Sprachrohr in den deutschen Parlamenten nutzt. Die katholischen Zeitungen und Vereine sind weisungsgebundene Befehlsempfänger der Hierarchie wie überhaupt der gesamte ultramontane Katholizismus von ihr orchestriert wird. Relativ selbstständige Akteure gibt es darin nicht; alles wird von oben gelenkt.
- Der Verschwörung eignet eine enorme Dimension sowohl in Bezug auf die Teilnehmerzahl wie in Bezug auf den Zeitraum.[197] Der Verschwörungsakteur ist nichts weniger als der gesamte ultramontane Katholizismus, der militäranalog hierarchisch aufgebaut ist und autoritär geführt wird. Das Befehlszentrum ist die Kurie; die Kampfelite und Generalität bilden die weltumspannenden Orden, insbesondere der Jesuitenorden, der heimliche Herrscher in Rom. Der Episkopat und der Pfarrklerus sind gewissermaßen die Offiziere bzw. Unteroffiziere und die katholischen Laien stellen das Fußvolk der Soldaten. Die katholischen Vereine, die katholische Presse und die Zentrumspartei sind die Waffen, die gemäß den Befehlen der ‚Hierarchie' eingesetzt werden. Gleichzeitig ist das von dieser

196 „Verschwörungstheorien basieren auf der Annahme, dass Menschen den Verlauf der Geschichte ihren Intentionen entsprechend lenken können, dass Geschichte also planbar ist. Sie schreiben den Verschwörern die Fähigkeit zu, über Jahre, manchmal sogar über Jahrzehnte hinweg die Geschicke eines Landes oder gar der Welt zu bestimmen" (M. Butter: „Nichts ist, wie es scheint", S. 40).

197 „Verschwörungstheorien (imaginieren) fast immer viel umfassendere und ambitioniertere und daher unmöglich zu realisierende Komplotte, während tatsächliche Verschwörungen sehr begrenzt sind, was Umfang und Ziele angeht" (M. Butter: „Nichts ist, wie es scheint", S. 21).

gewaltigen Armee ausgehende Komplott langfristig angelegt und schon lange im Gange. Unter Wiederaufnahme mittelalterlicher päpstlicher Welteroberungspläne begann es in der postnapoleonischen Restaurationsepoche und nahm dank der Blindheit und Schwachheit der Regierungen nach der gescheiterten Revolution von 1848/49 an Ausmaß, Energie und Wirkung zu.

- Der äußere Anschein trügt; es gibt eine „Spannung zwischen trügerischer Oberfläche und verborgenen (Ab)Gründen“[198]; es ist nicht so, wie es scheint. Der Ultramontanismus ist, anders als er vorgibt, keine religiöse Strömung innerhalb der Kirche und verfolgt keine primär religiösen Ziele wie die Wiederbelebung, zeitgemäße Erneuerung und Kirchenintegrierung der traditionellen, barocküberkommenen Frömmigkeitsformen (z.B. Wallfahrten, Reliquien- und Marienverehrung), sondern allein machtpolitische Ziele, und zwar letztlich dasjenige der Weltherrschaft.
- Es gab Warnungen von aufmerksamen Hellsichtigen, die den Verschwörern auf die Schliche gekommen sind und ihre klandestinen Machenschaften aufgedeckt haben, aber zumindest anfangs von den Mächtigen nicht gehört wurden, teilweise sogar gewaltsam mundtot gemacht worden sind. Zu diesen klar blickenden Entlarvern gehörten in erster Linie die Liberalen, die nach einer Phase idealistischer freiheits- und verfassungstrunkener Naivität und Leichtgläubigkeit in der Revolution 1848/49 die preußischen Kultusminister wiederholt vor den Komplotten der ultramontanen Partei gewarnt haben.
- Da die Verschwörung schon weit fortgeschritten ist, sind unverzügliche Gegenmaßnahmen erforderlich. Die ultramontane Partei beherrscht völlig den deutschen Katholizismus, ist in Gestalt ihrer Strohmänner, der Zentrumsabgeordneten, bereits bis in die Parlamente vorgedrungen, hat mit der Etablierung eines Staats im Staate schon einen Teilerfolg errungen und bedroht damit die Autorität und Durchsetzungsfähigkeit der Staatsregierung, wenn nicht gar die schiere Existenz und Einheit des Deutschen Reichs. Es gilt in allerletzter Minute ihre Machtergreifung mittels einer drakonischen Abwehrgesetzgebung zu vereiteln.

Im Narrativ der parlamentarischen Kulturkämpfer sind somit zentrale Elemente einer Verschwörungstheorie erkennbar: die postulierte Existenz einer kleinen, wohlorganisierten, hierarchisch strukturierten Clique, der klerikalen oder ultramontanen Partei; die Unterstellung eines geheimen, kontinuierlich und langfristig verfolgten Plans und Ziels, nämlich die Errichtung einer universalen weltlichen Priesterherrschaft; die moralische Verteufelung der ‚ultramontanen Partei‘ bei gleichzeitiger Zuschreibung einer fast allmachtartigen enormen Wirkpotenz an diese dunkle Macht; das manichäische Weltbild mit der klaren Aufteilung in Gut und Böse, in dämonische Täter und unschuldige Opfer; die Konstruktion eines ein- und gradlinigen, von den Verschwörern entsprechend ihren Absichten gänzlich

198 K. Meyer: Das konspirologische Denken, S. 18.

bestimmten Geschichtsverlaufs; die verbreitete Denkfigur der Manipulation mit der Charakterisierung der ‚sichtbaren Feindesmasse' als instrumentalisierte, von außen fremd- und ferngesteuerte Marionetten der im Hintergrund die Strippen ziehenden ‚Partei'; das Schreckbild einer bereits im Landesinnern heimlich operierenden, das Gemeinwesen langsam desintegrierenden und sich den Weg zur Machtergreifung bahnenden ‚Untergrundarmee' von Kollaborateuren; die Abstempelung der sich den Alarmierungen und Weckrufen der aufgewachten mutigen Enthüller, der Wissens- und Erkenntnisavantgarde, verschließenden Menschen als ahnungslos, ignorant, blind, dumm und irregeführt.

In der Typologie der Verschwörungstheorien[199] handelte es sich anders als bei manchen anderen Staaten, in denen die behauptete Verschwörung ‚von oben' ausgeht, da dort der Staat angeblich von der ‚klerikalen Partei' bereits beherrscht wird, bei der vermeintlichen Verschwörung gegen das Deutsche Reich erstens um eine Verschwörung ‚von außen' und ‚von unten'. Diese beiden Ausgangspunkte gehören meist zusammen,[200] wenn die Verschwörerorganisation noch nicht als im Besitz der Staatsmacht und Herrschaftszentrale imaginiert wird, wie dies im Fall des Deutschen Reiches geglaubt und der Wachsamkeit der Kulturkämpfer zugeschrieben wird. Das Postulat einer Verschwörung ‚von außen' erklärt wesentlich das bellizistische Vokabular, weil dann die Verschwörung die Gestalt einer feindlichen Invasion annimmt, die sich einer ‚Fünften Kolonne' im Innern bedient.[201] Zweitens handelte es sich nicht um eine Ereignisverschwörungstheorie, bei der ein einzelnes partikulares Ereignis (z.B. ein Attentat, Politikermord, Staatsstreich oder Flugzeugabsturz) auf eine Verschwörung zurückgeführt wird, auch nicht um eine Systemverschwörungstheorie, die eine Verschwörergruppe für eine ganze Reihe von Einzelereignissen verantwortlich macht, sondern um eine Super- oder Weltverschwörungstheorie, da die postulierte Verschwörung chronologisch eine lange Dauer und geographisch eine umfassende, potentiell globale Reichweite hat. Drittens richtete sich die Verschwörungstheorie nicht gegen die (halb-)offizielle Version und bietet zu ihr keine Gegenerzählung, sondern ist die offiziöse bis offizielle Version, die von der preußischen Staatsregierung, den Mehrheiten im preußischen Landtag und im Deutschen Reichstag sowie von großen Teilen der liberalen und protestantischen Presse und Parteien zumindest ansatzweise geteilt

---

199 Vgl. insbes. M. Butter: „Nicht ist, wie es scheint", S. 29–36; D. Pipes: Verschwörung, S. 44–46.

200 „Tendenziell werden Verschwörungen von außen fast immer auch als Verschwörungen von unten imaginiert, denn der Staat und seine wichtigsten Institutionen sind dann ja offensichtlich noch nicht in der Hand der Verschwörer" (M. Butter: „Nichts ist, wie es scheint", S. 31).

201 „Handelt es sich um eine Verschwörung von außen, dominiert die militärische Sprache: Das Komplott wird als Invasion beschrieben" (M. Butter: „Nichts ist, wie es scheint", S. 95).

wurde.[202] Viertens war sie trotz aller partiellen volkskulturellen Akzeptanz und Rezeption doch im Wesentlichen ein Produkt und Teil der Hoch- oder Elitenkultur und war so elaboriert, dass sie bereits Charakteristika eines wissenschaftlichen historiographischen und politologischen Paradigmas aufwies.

Durch die stark normativ aufgeladene, nämlich stigmatisierende Bezeichnung ‚Verschwörungstheorie' wird das vorgetragene Kulturkampfnarrativ delegitimiert und disqualifiziert, weil implizit durch die Wortwahl suggeriert wird, dass die angenommene Verschwörung in der Wirklichkeit nicht existiert (hat), sondern nur als wahnhafte Einbildung und Phantasie in den Köpfen ihrer Propagatoren lebt, eine Behauptung, die zu plausibilisieren ist, da es ja unzweifelhaft echte Verschwörungen gegeben hat und gibt. Zur Deplausibilisierung des Narrativs ist zunächst ganz elementar auf die Faktenlage zu verweisen, welche schon von Zentrumsabgeordneten geltend gemacht und von der modernen Geschichtswissenschaft bestätigt wurde. Der Zentrumspolitiker Windthorst beispielsweise argumentierte, dass das geplante Jesuitengesetz nur etwa 200 Menschen betreffe und dass ein moderner Macht- und Militärstaat wie das Deutsche Reich mit 40 Millionen Einwohnern, einer großen Armee und einem Heer Polizisten sich vor 200 Jesuiten fürchte, sei – so der Tenor – einigermaßen absurd,[203] was der Abgeordnete v. Kardorff, ohne die genannte Jesuitenzahl zu bestreiten, damit zu entkräften suchte, dass er ernsthaft die Jesuiten als *Generäle* oder *wenigstens als Generalstabs-Offiziere* titulierte, *die der Feind in unserem Lager hat,* denn es sei *ganz genau bekannt, wie scharf die Konduitenlisten* [d.s. Führungszeugnisse] *über den ganzen deutschen Klerus geführt werden, die aus den Händen der Jesuiten nach Rom gehen*[204] – eine völlig unwahrscheinliche, ja nachgerade absurde Behauptung. Schwerer ins Gewicht fällt die von der neueren Historiographie[205] durchgängig vertretene Ansicht, dass die meisten Katholiken

202 „Die Idee, Verschwörungstheorien richteten sich zumeist gegen eine offizielle Version, (trifft) historisch betrachtet auch für Europa und Nordamerika gar nicht zu. Bis zur Mitte des 20. Jahrhunderts war die Behauptung, der Staat werde von einem groß angelegten Komplott bedroht, dort häufig die offizielle Version" (M. Butter: „Nichts ist, wie es scheint", S. 50).

203 Abg. Windthorst (Meppen) am 14. Juni 1872 in der 43. Sitzung der 3. Session der 1. Legislaturperiode des RT (Stenogr. Berichte RT, 1. Leg.-Per., 3. Sess., 2. Bd., S. 1016). J. Kißling (Geschichte des Kulturkampfes im Deutschen Reiche, Bd. 2, S. 15) spricht von „220 deutschen Jesuiten", während laut R. Healy (The Jesuit specter in Imperial Germany, S. 71f) zur Zeit der Verabschiedung des Jesuitengesetzes in den im Deutschen Reich gelegenen Niederlassungen 634 Jesuiten lebten.

204 Abg. v. Kardorff am 17. Juni 1872 in der 45. Sitzung der 3. Session der 1. Legislaturperiode des RT (Stenogr. Berichte RT, 1. Leg.-Per., 3. Sess. 2. Bd., S. 1078).

205 Vgl. R. Lill: Die deutschen Katholiken und Bismarcks Reichsgründung; R. Morsey: Die deutschen Katholiken und der Nationalstaat; H. Gründer: Nation und Katholizismus im Kaiserreich; B. Stambolis: Nationalisierung trotz Ultramontanisierung, S. 68–74; Dies.: Religiöse Festkultur, S. 179–192; U. Rasche: Geschichtsbilder im katholischen Milieu des Kaiserreichs; S. Weichlein: Nationsbilder und Staatskritik im deutschen Katholizismus; S. Laube: Konfessionelle Brüche in der nationalen

zwar eine großdeutsche Lösung der Reichseinheit bevorzugt hätten und einen antikatholischen, unitarisch orientierten, vom Machtstaatsgedanken getragenen und militaristisch durchtränkten Borussianismus fürchteten und ablehnten, sich doch auf dem Wege der inneren Aussöhnung mit dem kleindeutschen, preußisch dominierten Reich mit seinem evangelischen Kaisertum befanden, als der Kulturkampf ausbrach, der gegen dessen Intention die mentale Integration der Katholiken in das Deutsche Reich hemmte und verzögerte. Doch selbst im Kulturkampf hielten die Katholiken trotz aller Aversionen gegen die etatistische Kirchenrepressionspolitik, trotz aller Vorbehalte gegenüber den mehrfache oder gespaltene Loyalitäten (z.B. gegenüber Kaiser und Papst) und doppelte Identitäten (z.B. als Katholik und Deutscher) verwerfenden Ausschließlichkeitsansprüchen des totalisierenden reichsoffiziellen Nationalismus[206] und trotz andersartiger Präferenzen bei der konkreten Ausgestaltung der Reichseinheit an einer prinzipiellen staatsbürgerlichen Loyalität gegenüber dem Reich im Allgemeinen fest und fanden nach der Beilegung des Kulturkampfes Anschluss an die nationale Fest- und Feierkultur, auch wenn die nationalen Vergangenheitsdeutungen, Identifikationsfiguren, Erinnerungsinszenierungen und Jubiläumsfeiern (z.B. Bonifatiuskult vs. Lutherfeiern) der Katholiken sich von denjenigen der Protestanten unterschieden. Aber das von den Kulturkämpfern evozierte Bild, dass die ‚hierarchie-' und papsttreuen Katholiken mehrheitlich eine tiefverwurzelte, fundamentaloppositionelle, den Staatszusammenhalt bedrohende Reichsfeindschaft hegen würden, war schlichtweg ebenso falsch wie dasjenige eines konzertierten papistisch-jesuitischen Angriffs auf das Deutsche Reich; beides waren realitätsferne, imaginäre Schreckgespenster und Phantasmen. „Damit entstand das Paradox, daß die überwältigende Mehrheit der Katholiken voll hinter Krieg und Einigung stand und gleichzeitig Teile der protestantischen Öffentlichkeit permanent in Verschwörungstheorien und Verratsthesen schwelgten."[207]

Weiterhin wird die kulturkämpferische Geschichtserzählung widerlegt durch ihre komplexitätsreduktionistische Simplifizierung historischer Abläufe, die von epistemologischer oder kognitionsreflexiver Einfältigkeit zeugt, weil sie den Geschichtsprozess als das Resultat von realisierten Absichten versteht.[208] Das

---

Heldengalerie; F. Becker: Konfessionelle Nationsbilder im Deutschen Kaiserreich; H. Smith: German nationalism and religious conflict.

206 Abg. Windthorst (Dortmund) am 20. Januar 1873 in der 29. Sitzung der Session 1872/73 des AH: *Ich stelle an Sie* [zum Zentrum] *die Forderung [...], daß, mag kommen was da will, Sie unter allen Umständen, selbst im Kampfe gegen eine katholische Macht, selbst im Kampfe gegen das Papstthum, niemals das Vaterland verlassen und verrathen werden* (Stenogr. Berichte AH, Sess. 1872/73, Bd. 1, S. 665).

207 F. Becker: Konfessionelle Nationsbilder im Deutschen Kaiserreich, S. 395.

208 Zu den folgenden beiden Abschnitten vgl. R. Groth: Verschwörungstheorien und Weltdeutungsmuster; D. Groth: Die verschwörungstheoretische Versuchung, S. 269f, 181 u. 283f; Ders.: Verschwörungen und kein Ende, S. 13–16; K. Hepfer: Verschwörungstheorien, S. 103f, 126 u. 131f; M. Butter: „Nichts ist, wie es scheint", passim.

konspirationistische Denken setzt nämlich voraus, dass die geschichtliche Entwicklung über einen längeren Zeitraum hinweg durch die verschworene Gemeinschaft, in diesem Fall durch die ‚ultramontane Partei', gemäß deren Programm plan-, mach- und kontrollierbar sei. Eine historische Episode oder Entwicklung, hier die sich u.a. im ‚Syllabus' und im Unfehlbarkeitsdogma artikulierende ‚Ultramontanisierung' der katholischen Kirche, wird vom Ende her gedeutet und auf der Suche nach dem Schuldigen monokausal als das so gewollte und bewusst herbeigeführte Ergebnis der Aktionen und Intentionen einer davon profitierenden kleinen Clique begriffen. Dieser naive historiographische Intentionalismus und Voluntarismus ignoriert freilich völlig die Vielzahl interagierender Akteure mit jeweils eigenen Interessen, die Pluralität der teils konfligierenden Ursachen und Handlungsstränge, die anonymen strukturellen und systemischen, aus der Breitenmentalität, Volksreligiosität, Wirtschaftsordnung, Staatsverfassung, Herrschaftsform usw. resultierenden Vorgegebenheiten und Zwangsläufigkeiten, den Faktor Zufall, die Eigendynamik historischer Prozesse, die nichtintendierten Nebenwirkungen und Konsequenzen von Handlungen, kurzum die Kontingenz und Komplexität der Realität ebenso wie deren bewusster manipulativer Steuerung entzogene umständebedingte Konditioniertheit und Determiniertheit. Die so entstandene Geschichtskonstruktion war einerseits von bestechender Logik, Stringenz und Kohärenz, welche aber gerade wegen ihres von der Wirklichkeit nicht erreichbaren Grades den Konstruktcharakter verraten,[209] brachte andererseits auch unwahrscheinliche bis absurde Aussagen hervor, was beides typisch für Verschwörungstheorien ist. Der Reichstagsabgeordnete Gneist[210] beispielsweise konstruierte eine besonders elaborierte und folgerichtig klingende Geschichte der ‚ultramontanen Partei'[211] bzw. – in seinen Worten und in seiner Selbstsicht – er rekonstruierte den *sehr weit angelegten Plan* der römischen Kirche[212], behauptete aber darin allen Ernstes, diese Partei habe, um *die Theokratie auf dem Gebiete des äußeren Lebens [...] wiederherzustellen*, es darauf angelegt, *den Bildungsstand der Pfarrgeistlichkeit so weit herabzusetzen, dass sie die homogene Natur mit der evangelischen Geistlichkeit Deutschlands allmählig verliere.*[213]

Schließlich wird, mit dem vorstehend Ausgeführten eng zusammenhängend, das kulturkämpferische Geschichtsnarrativ genau wie viele andere

---

209 Vgl. K. Hepfer: Verschwörungstheorien, S. 57–59. D. Groh (Verschwörungen und kein Ende, S. 13) umschreibt diesen Sachverhalt treffend damit, dass die Logik, die Kohärenz und der Kausalnexus von Verschwörungstheorien „fast immer der Realität überlegen sind".

210 Zu ihm vgl. E. Hahn: Rudolf von Gneist.

211 Abg. Dr. Gneist am 19. Juni 1872 in der 48. Sitzung der 3. Session der 1. Legislaturperiode des RT (Stenogr. Berichte RT, 1. Leg.-Per., 3. Sess., 2. Bd., S. 1139–1144, hier insbes. S. 1141ff).

212 Ebd., S. 1142.

213 Ebd., S. 1141.

Verschwörungstheorien (so z.B. der Mythos von der ‚jüdischen Weltverschwörung') unglaubwürdig wegen der Hypertrophierung und Dämonisierung der Gegner, die einerseits zu nahezu omnipotenten Übermenschen hochstilisiert und andererseits zu amoralischen Unmenschen diabolisiert werden. Einmal übertreibt es nämlich in bisweilen grotesker Weise die Handlungsmöglichkeiten und Machtressourcen einer Gruppe bis hin zur Allmachtszuschreibung, indem es die Fähigkeit eines einzelnen historischen Akteurs zur maßgeblichen bis alleinigen Herbeiführung und Ablaufbestimmung von historischen Ereignissen weit überschätzt. Die implizite Behauptung, dass die ‚ultramontane Partei', insbesondere die Jesuiten in Verbindung mit dem Papsttum, über viele Jahrzehnte hinweg das Weltgeschehen, zumindest aber die Geschicke von einigen europäischen Staaten habe lenken können, indem sie beispielsweise Revolutionen ausgelöst, Kriege entfesselt, Monarchen gestürzt, Regimewechsel herbeigeführt, politische Parteien und Strömungen in anderen Staaten wie Marionetten ferngelenkt und große Teile der Bevölkerung manipuliert habe, überschätzt in unglaubwürdiger Weise massiv die Steuerungsfähigkeit historischer Prozesse durch einen einzelnen Spieler auf der historischen Bühne. Dann vertritt das kulturkämpferische Narrativ ein manichäisches Welt- und Geschichtsbild, insofern es die vom Papsttum als Schaltzentrale geleitete ‚ultramontane Partei' als Ausbund des Bösen, als Ursprung (fast) aller Übel dieser Welt, als eingefleischter Feind von Wahrheit und Recht, von Aufklärung und Fortschritt, von moderner Kultur und voraussetzungsloser Wissenschaft verteufelt und insbesondere ihre angebliche Kerntruppe, die Jesuiten, als dämonische Schurken verunglimpft, welche die Angriffe auf die Mächte des Guten in dieser Welt anführen, insbesondere auf das an der Spitze der Wertehierarchie stehende Deutsche Reich, den Hort des Protestantismus und die Heimstatt von Fortschritt und Freiheit, von Wissenschaft und Kultur. Dieser differenzierungsfreie moralische Schwarz-weiß-Dualismus trägt ebenfalls massiv zur Deplausibilisierung des kulturkämpferischen Narrativs bei.

Diese konspirationistische Wahnwelt der Kulturkampfeiferer gilt es nun im historischen Kontext zu verorten und zu deuten. Der stark ausgeprägte Bedrohtwerdungsglaube der Parlamentarier, der wiederholt konstatiert wurde und unzweifelhaft echt war, verweist zunächst auf eine existentielle Verunsicherung. Die permanente Beschwörung des enormen Ausmaßes der Gefahr, die vermeintlich von der ‚ultramontanen Partei' für das Deutsche Reich ausgeht, und der daraus folgende, den Ernst der Lage dramatisierende Alarmismus, mit dem Volksvertreter die unverzügliche Einleitung von Verteidigungsmaßnamen in Gestalt einer Ausnahmegesetzgebung forderten, verraten eine tiefsitzende Angst um den Weiterbestand des Deutschen Reiches. Dies lässt auf die untergründige Einschätzung schließen, dass das neu gegründete Reich noch labil, die nationale Einheit ungefestigt und die Staatsloyalität eines großen Teils der Bürger ungesichert ist, wodurch die selbstbewusste Sieg-, Überlegenheits- und Machtstaatsrhetorik, die nach dem gewonnenen Krieg gegen Frankreich und nach der Reichseinigung auch viele Parlamentsreden durchzog, teilweise den Charakter einer Fassade gewann. Außerdem offenbaren die Existenzängste die hohe emotionale Bedeutung, welche die nationale Einigung, die Erfüllung einer jahrzehntelangen Sehnsucht der Nationalgesinnten, im Gedanken- und Gefühlshaushalt vor allem der Liberalen hatte. Weiterhin eignete der Verschwörungstheorie eine unmittelbar politische Funktion im Parteienkampf, bot sie doch den liberalen Parteien im Reichstag und im preußischen Abgeordnetenhaus ein gerne genutztes Mittel, die gegnerische Zentrumspartei als ferngesteuerte Marionette einer reichsfeindlichen ausländischen Macht zu diskreditieren. Vor allem jedoch legitimierte die Verschwörungstheorie den Einsatz eines breiten gesetzlichen Repressionsinstrumentariums gegen diejenigen Berufs- und Statusgruppen, die als Opponenten des kleindeutschen Nationalstaats und seiner preußisch-protestantisch geprägten Leitwerte, auf welche die tonangebenden Herrschafts- und Deutungseliten die innere Reichseinigung basieren wollten, angesehen wurden. Sie rechtfertigte Unterdrückungsmaßnahmen gegen die im Episkopat, im Pfarrklerus und im Jesuitenorden lokalisierten Hauptfeinde des Deutschen Reiches und seiner identitätsstiftenden protestantismusnahen Leitkultur, auf welche man das neu geschaffene Reich zu dessen Kohäsionsstärkung und Machtsteigerung angewiesen glaubte. Sie begründete einen legislativen Kampf gegen die kirchlichen Amtsträger und geistlichen Führungseliten einer religiösen Minderheit, durch welche man die geistig-mentale Integrierung und Homogenisierung der Nation gebremst und behindert wähnte. Sie rechtfertigte im Dienste der inneren Nationsbildung und Reichsgründung die Repression der religiösen Repräsentanten eines als national unzuverlässig und religionskulturell dissonant empfundenen Bevölkerungssegments. So bestätigt der Kulturkampf, dass Verschwörungstheorien eine wichtige Ursache und Legitimationsressource für Gewalt sind.[214] Gleichzeitig ließ die konspirationistische Schwarzzeichnung der einen Kirche und Konfession die andere in einem umso helleren Glanz erstrahlen: Durch die Dämonisierung der katholischen Kirche und Geistlichkeit als antinationale Reichsfeinde wurde deren konfessioneller Gegenpol, die evangelische Kirche und der Protestantismus, indirekt zum wahren Sachwalter der Nation und zum eigentlichen Träger des Nationalgedankens aufgewertet. Im Deutungskampf um die Definition der Identität der neu geschaffenen Nation trug das verschwörungstheoretisch aufgeladene Narrativ der Kulturkämpfer somit dazu bei, den deutschen Nationalcharakter und die deutsche Nationalkultur als wesenhaft protestantisch zu konstruieren. Indem es den ultramontanen Katholizismus als übernational, unpatriotisch, romhörig, rückständig, romanisch infiziert und jesuitisch korrumpiert skandalisierte, half es das dominante, offiziöse Nationsbild protestantisch einzufärben, wodurch es die kulturelle Hegemonie des Protestantismus im Deutschen Kaiserreich stärkte.

---

214 „Wenig überraschend ist es daher, dass sich Verschwörungstheorien ebenso wie die Mythen vergangener Zeiten auch gezielt als ideologisches Werkzeug einsetzen lassen, etwa zur Rechtfertigung von Unterdrückungsmaßnahmen oder zur Diskreditierung politischer Gegner oder eben ganz allgemein zum Zweck des Machterhalts" (K. Hepfer: Verschwörungstheorien, S. 122).

Abschließend ist die Frage zu erörtern, weshalb die hier in Rede stehende Verschwörungstheorie eine solche parlamentarische Breitenakzeptanz fand, auf welche Verschwörungstheoretiker angewiesen sind, wenn sie den gewünschten Mobilisierungseffekt in Gestalt eines ‚Aufwachens' und einer Ergreifung von Abwehrmaßnahmen erzielen wollen. Diese verbreitete Resonanz bei den Abgeordneten gründete auf der Plausibilität der Verschwörungstheorie, denn sie stimmte mit weit verbreiteten Ressentiments, Animositäten und Vorurteilen überein. Sie passte nur zu gut, gewissermaßen wie ein Schlüssel ins Schloss, zu zentralen Elementen der in weiten liberalen und protestantischen Kreisen vorherrschenden Weltanschauung und Geschichtsdeutung, und zwar den in den letzten Jahren in der Historiographie vermehrt Aufmerksamkeit geschenkten Mentalitätsthemen Antikatholizismus und Antiklerikalismus[215], welche zu Recht als „Jahrhunderttatbestand"[216] im „century of anti-Catholicism"[217] bzw. als „gesellschaftlich verankertes Massenphänomen"[218] bezeichnet wurden, „denn der latente Antikatholizismus gehörte zum festen Bestandteil der Selbstwahrnehmung des liberalen protestantischen Bildungsbürgertums und seiner Wertorientierungen."[219] Ein zentraler Topos der im 19. Jahrhundert grassierenden Kirchen- und Kleruskritik kreiste um die Thematik Macht und Herrschaft und war geprägt von verbalen Kampfkeulen wie Machtgier, Herrschsucht, Blutrünstigkeit, Gewalttätigkeit, Glaubenszwang, Unduldsamkeit, Verfolgung Andersgläubiger, Papstdespotismus, Kadavergehorsam, Geistes- und Gewissensknechtung, Sexualitätsunterdrückung, Kreuzzugsgeist, Ketzer- und Hexenverbrennung, Inquisitionsfolter. Der Kirche wurde außerdem vorgeworfen, ihre internen freiheitsfeindlichen Herrschaftsausübungsmethoden unter übergriffiger Missachtung der Autonomie der staatlich-säkularen Sphäre auch auf ihr Verhältnis zur ‚Welt' anwenden zu wollen und so ein tyrannisches Schreckensregiment errichten zu wollen.[220] Im Lichte dieser angsteinjagenden Horrorvision, welche der ultramontanen Kirche Züge einer machtversessenen weltumspannenden Terrororganisation gab, erschien das ja auf die Machtfrage fokussierte verschwörungstheoretische Narrativ der Kulturkämpfer als kohärent mit anderen publizistisch propagierten Wirklichkeitsaussagen[221] und

215 Vgl. M. Gross: The war against Catholicism; M. Borutta: Antikatholizismus; Y. Werner/ J. Harvard [Hrsg.]: European anti-Catholicism in a comparative and transnational perspective; L. Dittrich: Antiklerikalismus in Europa; W. Kaiser: Kampf den Ultramontanen; G. Verucci: Antiklerikalismus und Laizismus in den Jahren des Kulturkampfes; C. Dowe: Antikatholizismus an den Universitäten des Deutschen Kaiserreichs.

216 T. Nipperdey: Deutsche Geschichte 1800 – 1866, S. 415.

217 M. Gross: The war against Catholicism, S. 1.

218 W. Kaiser: Kampf den Ultramontanen, S. 38.

219 H. Gramley: Christliches Vaterland – einiges Volk, S. 99.

220 Vgl. L. Dittrich: Antiklerikalismus in Europa, S. 291–329.

221 Die „Kohärenztheorie der Wahrheit" fordert „für die Wahrheit von Aussagen nur deren widerspruchsfreies und stimmiges Zusammengehen mit anderen

wirkte aufgrund dieser passgenauen Stimmigkeit mit verwandten Welterklärungsmustern besonders schlüssig und glaubwürdig, was eine Repressivgesetzgebung geboten und legitim erscheinen ließ. „Vor diesem Diskurspanorama konnten antiklerikaler Zwang und Gewalt für die Kulturkämpfer als gerechtfertigte Gegenwehr erscheinen."[222]

Natürlich beansprucht das verschwörungstheoretische Erklärungsmuster nicht den Status eines heuristischen Universalschlüssels für die Deutung des Kulturkampfes. Es wird nicht behauptet, dass die gesamte Kulturkampfgesetzgebung auf der gedanklichen Prämisse einer fiktionalen Verschwörungstheorie beruht habe und die zustimmenden Parlamentarier allein von einer selbstkonstruierten Schimäre geleitet gewesen seien, wohl aber, dass viele kulturkampfaffirmative Abgeordnete bei der Verabschiedung einzelner Gesetze, so vor allem des Jesuitengesetzes und der unmittelbar die hohe und niedere Geistlichkeit betreffenden Gesetze, mehr oder weniger stark im Banne einer Verschwörungstheorie standen, wodurch sie die Staatsgefährlichkeit und Machtfülle der Gesetzesadressaten maßlos überschätzten, deren Staatsloyalität und Patriotismus völlig unterschätzten und deren Gesinnungen und Absichten gravierend fehleinschätzten. Die entsprechenden kulturkampfbejahenden Reden sind durchgängig von einer Eigendynamik annehmenden paranoiden Hysterie und antikatholischen Phobie geprägt, welche imaginäre Gefahren und fiktive Bedrohungsszenarien wittern ließen. Das Papsttum, der Jesuitenorden und die ‚ultramontane Partei' hatten weder die Absicht noch das Machtpotential zur Destabilisierung oder gar Zerstörung des Deutschen Kaiserreichs; dessen späterer Untergang war anderen Ursachen und Schuldigen zu verdanken.

Behauptungen einer Theorie. Der Abgleich mit den Gegebenheiten der Welt tritt dabei in den Hintergrund oder entfällt im Extremfall gleich ganz. [...] Sie führt offensichtlich dazu, dass jede beliebige Fiktion, solange sie sich denn nur widerspruchsfrei und stimmig in unser Meinungsgefüge einpassen lässt, in der Genuss der Auszeichnung ‚wahr' kommen kann." (K. Hepfer: Verschwörungstheorien, S. 57f).

222 L. Dittrich: Antiklerikalismus in Europa, S. 310.

III. Begriffsklärungen

Das Gesetz über die Vorbildung und Anstellung der Geistlichen vom 11. Mai 1873 knüpfte in § 1 die Übertragung eines geistlichen Amtes an drei Bedingungen: Der Anwärter musste deutscher Staatsbürger sein, eine staatlich vorgeschriebene wissenschaftliche Qualifikation erworben haben und – was in dieser Studie ein zentrales Thema sein wird – das staatliche Plazet zur Amtsübernahme erhalten haben. Die *geistlichen Oberen,* im Fall des katholischen Pfarrklerus also die Bischöfe, die einem Priester ein geistliches Amt übertragen wollen, hatten gemäß § 15 dem zuständigen Oberpräsidenten den Kandidaten und das in Aussicht genommene Amt zu benennen. Der Oberpräsident konnte innerhalb von 30 Tagen nach Eingang der Anzeige gegen die beabsichtigte Anstellung Einspruch erheben. Laut § 16 konnte der Oberpräsident sein Veto neben anderen Gründen auch darauf stützen, dass *gegen den Anzustellenden Thatsachen vorliegen, welche die Annahme rechtfertigen, daß derselbe den Staatsgesetzen oder den innerhalb ihrer gesetzlichen Zuständigkeit erlassenen Anordnungen der Obrigkeit entgegenwirken oder den öffentlichen Frieden stören werde.* Wenn ein Priester geistliche Amtshandlungen vornahm, ohne dass der Bischof für seine Amtsübertragung die Genehmigung des Oberpräsidenten nachgesucht und in Gestalt einer Einspruchsunterlassung erhalten hatte, machte sich laut § 22 der investierende Bischof und laut § 23 der fungierende Priester strafbar. Angesichts dieser Rechtslage stellte sich die Frage, welche Ämter zu den geistlichen Ämtern zählen, deren Inhaber zum Amtsantritt der staatlichen Genehmigung bedürfen, welchen formalen Kriterien eine Übertragung eines geistlichen Amtes zu genügen hat und welche Amtshandlungen zu den geistlichen zu rechnen sind. Da das Gesetz vom 11. Mai 1873 die zentralen Begriffe ‚geistliches Amt', ‚Übertragung eines geistlichen Amtes' und ‚geistliche Amtshandlung' nicht definierte, sollen einzelne definitorische Aspekte und Facetten aus Gerichtsurteilen, insbesondere aus denjenigen des Obertribunals[1], aus den offiziösen Gesetzeskommentaren von P. Hinschius[2] und aus dem Schriftverkehr der Verwaltung,

1 Die Urteile des Obertribunals wurden u.a. gekürzt publiziert in der jährlich erscheinenden Zeitschrift ‚Die Rechtsprechung des Königlichen Obertribunals und des Königlichen Oberappellationsgerichts in Strafsachen' bzw. – ab 1875 – ‚Die Rechtsprechung des Königlichen Obertribunals in Strafsachen'. Die 1876 in Münster anonym erschienene Monographie ‚Die Maigesetze über die Vorbildung und die Anstellung der Geistlichen vom 11. Mai 1873 und 21. Mai 1874 in der Auffassung des Obertribunals' gliedert die bis März 1876 gefällten kulturkampfbezüglichen Urteile des Obertribunals systematisch nach sachlichen Gesichtspunkten.

2 P. Hinschius: Die Preußischen Kirchengesetze des Jahres 1873, S. 100–161; Ders.: Die preußischen Maigesetze der Jahre 1874 und 1875, S. 1–40. – Paul Hinschius (1835–1898) war ein auf Kirchenrecht spezialisierter Juraprofessor an der Universität Berlin, nationalliberaler Reichstagsabgeordneter von 1872 bis 1878 und politischer Berater

insbesondere aus den Erlassen des Kultusministers zusammengetragen werden, ohne den unrealisierbaren Anspruch auf Vollständigkeit und Widerspruchsfreiheit erfüllen zu wollen, denn die Rechtsprechung war durchaus uneinheitlich und stimmte nicht immer mit der Gesetzesauslegung der Verwaltungsbehörden überein.

1. Das geistliche Amt

Einerseits war ein geistliches Amt nicht mit einem Benefizium gleichzusetzen, sondern im weiteren Sinne zu verstehen als ein Bündel von geistlichen Befugnissen und Funktionen, mit denen eine Person betraut ist. Man brauchte also nicht im Besitze eines festen Amtes im Sinne einer fest eingerichteten Planstelle zu sein, um als Inhaber eines geistlichen Amtes zu gelten. Andererseits zählten zu den geistlichen Ämtern nicht alle Kirchenämter, sondern nur diejenigen, mit denen gottesdienstliche, seelsorgliche und lehramtliche Aufgaben verbunden sind.[3]

In Reaktion auf eine Anfrage des Oberpräsidenten der Rheinprovinz[4] entschied der preußische Kultusminister Falk, dass das Gesetz vom 11. Mai 1873 nur auf solche Ämter Anwendung finden soll, mit denen seelsorgliche Verrichtungen, nicht aber auf solche, mit denen rein jurisdiktionelle Funktionen verknüpft sind. Gemäß diesem Grundsatz sollte eine Ernennung zum Dechanten oder Generalvikar nicht unter die Bestimmungen des Gesetzes fallen, wohl aber eine solche zum Weihbischof.[5] Außerdem waren – so beschied der Kultusminister einige Monate später

---

des preußischen Kultusministers Falk. Laut S. Ruppert („Nach Canossa gehen wir nicht", S. 704) war er „vielleicht der einflussreichte wissenschaftliche Begleiter der Gesetzgebung des Kulturkampfs". Vgl. S. Ruppert: Kirchenrecht und Kulturkampf, S. 160–214; Ders.: „Nach Canossa gehen wir nicht", S. 703–709.

3 P. Hinschius: Die preußischen Kirchengesetze des Jahres 1873, S. 100–102.

4 Oberpräsident v. Bardeleben an den Kultusminister am 1. August 1873 (GStA PK, I. HA Rep. 76 IV Sekt. 1 Abt. XII Nr. 6 Bd. 1).

5 Kultusminister Falk an den Oberpräsidenten der Rheinprovinz am 6. September 1873 (LHAK, Bestand 441 Nr. 15460 u. 15488; GStA PK, I. HA Rep. 76 IV Sekt. 1 Abt. XII Nr. 6 Bd. 1): *Ew. Hochwohlgeboren erwiedere ich auf den gefälligen Bericht vom 1. d.* [richtig: v.] *Mts. ergebenst, daß das Gesetz vom 11. Mai d. Js. nur auf solche Ämter Anwendung findet, mit welchen seelsorgliche Funktionen verknüpft sind, wogegen alle rein jurisdictionellen Ämter ausweislich der Motive zum § 1 nicht unter das Gesetz fallen. Welche Ämter zu der einen oder anderen Kategorie zu rechnen [sind], läßt sich bei den abweichend gestalteten Verhältnissen innerhalb der verschiedenen Diözesen nicht überall mit völliger Sicherheit bestimmen, und wird es daher in zweifelhaften Fällen besonderer Ermittelungen bedürfen. Gemeinrechtlich hat übrigens sowohl der Dechant wie der Generalvicar nur eine jurisdictionelle Stellung [inne], während das weihbischöfliche Amt als ein seelsorgliches anzusehen ist.* – Zu den Weihbischöfen als Inhaber eines geistlichen Amts vgl. auch P. Hinschius: Die preußischen Kirchengesetze des Jahres 1873, S. 102.

eine weitere Anfrage – Kanonikate an den Kathedral- und Kollegiatkapiteln wegen des Fehlens einer cura animarum im Prinzip nicht als geistliche Ämter im Sinne des Gesetzes vom 11. Mai 1873 zu betrachten, aber ein als Dompfarrer amtierender Kanoniker war den Bestimmungen des Gesetzes unterworfen,[6] was für den Trierer Dompfarrer zutraf[7].

Ob Hauskapläne oder Hausgeistliche, welche Höhergestellte auf ihren Schlössern oder Gütern beschäftigen, ein geistliches Amt im Sinne des Gesetzes vom 11. Mai 1873 innehaben mit der Folge, dass für eine Amtsübertragung bzw. -übernahme die staatliche Erlaubnis einzuholen ist, war schwieriger zu beurteilen und umstrittener. Während die Regierung Koblenz zunächst entschied, dass der Hauskaplan, den Graf v. Schaesberg für sein Gut Laach engagiert hatte, *kein öffentliches*

---

6 Der Kultusminister an den Oberpräsidenten der Rheinprovinz am 3. August 1874 (GStA PK, I. HA Rep. 76 IV Sekt. 1 Abt. XII Nr. 6 Bd. 2; LHAK, Bestand 403 Nr. 10402; LHAK, Bestand 441 Nr. 15488): *Ew. Hochwohlgeboren erwiedere ich auf den gefälligen Bericht vom 29. Juni cr. ergebenst, daß weder die Stellen der Domdechanten noch die der Canoniker an den Cathedral- und Collegiat-Capiteln als geistliche Ämter im Sinne des Gesetzes vom 11. Mai pr. zu erachten sind. Wie die Motive dieses Gesetzes unzweideutig ergeben, finden die Vorschriften desselben nur auf diejenigen Ämter Anwendung, mit welchen seelsorgerliche Functionen verknüpft sind. Als solche aber können die den Capitelsmitgliedern im Chor obliegenden gottesdienstlichen Verrichtungen nicht angesehen werden, da sie außer jeder Beziehung zur Gemeinde stehen und sich als einen bloßen Gebetsdienst mehrerer, durch die vita communis miteinander verbundenen Cleriker characterisiren. Das Gleiche gilt auch von den zur Unterstützung der Canoniker beim Chordienst angestellten Domvicarien. Im Übrigen versteht es sich indeß, daß, sofern mit einzelnen der genannten Ämter noch besondere seelsorgerliche Functionen für einen bestimmten Kreis von Personen verbunden sind, die Vorschriften des Gesetzes vom 11. Mai pr. beobachtet werden müssen. Hierher gehört beispielsweise die Vereinigung der Dompfarrei mit einem Canonikat sowie der Fall, wo den Domvicarien zugleich die Aushülfe bei Verwaltung einer pfarrlichen cura animarum obliegt. Ob derartige Verhältnisse bei den Capiteln der dortigen Provinz bestehen, wird im Einzelnen zu prüfen und danach zu verfahren sein.* – Eine Abschrift dieser Verfügung ging im damals üblichen Verfahren an alle übrigen preußischen Oberpräsidenten *zur gefälligen Kenntnißnahme und Nachachtung*, sodass sie zur Rundverfügung wurde. – P. Hinschius (Die preußischen Kirchengesetze des Jahres 1873, S. 102; Die preußischen Kirchengesetze der Jahre 1874 und 1875, S. 21) vertrat dagegen die Ansicht, dass Kanoniker an Bischofs- und Kollegiatkirchen aufgrund ihrer Konventsgottesdienste, ihres Chordienstes und ihrer Assistenz bei Pontifikalämtern sehr wohl ein geistliches Amt innehaben.

7 Die Regierung Trier an den Oberpräsidenten der Rheinprovinz am 29. August 1874 (LHAK, Bestand 403 Nr. 10402): *Euer Hochwohlgeboren beehren wir uns [...]gehorsamst zu berichten, daß hierselbst eine Dompfarrei, umfassend die Curien der Domcapitulare, der Vikare und Domoffizianten mit ihrem numerisch geringen Personal besteht und zur Ausübung der Seelsorge in diesem Bereiche ohne irgend welche Beihülfe der Vicare der Domcapitular Lück als Dompfarrer bestellt ist. Unseres gehorsamsten Dafürhaltens dürfte daher auch nur die Stelle des p. Lück unter die Bestimmungen des Gesetzes vom 11ten Mai pr. fallen.*

geistliches Amt bekleidet,[8] instruierte der Kultusminister in einem Rundschreiben die preußischen Oberpräsidenten, dass in der Regel die Hauskapläne als Hilfsgeistliche derjenigen Pfarrer, in deren Pfarrei das Schloss oder Gut liegt, zu betrachten sind und sehr wohl unter die Bestimmungen des Gesetzes vom 11. Mai 1873 fallen.[9] Auf eine Rückfrage des Koblenzer Oberpräsidenten, ob das in diesem Rundschreiben *aufgestellte Princip auch auf solche Hausgeistlichen, welche privatim angenommen worden sind und in einer verschlossenen Privatkapelle für die Hausbewohner fungiren, anzuwenden* sei,[10] statuierte der Kultusminister das Prinzip der Einzelfallentscheidung, weil *die Stellung, welche die sog. Hauskapläne in den einzelnen Familien einnehmen und die Functionen, welche sie üben, so verschiedenartig und oft so wenig bestimmt definirt sind, daß es nothwendig erscheint, die Angelegenheit*

---

8 Die Regierung Koblenz an den Landrat von Mayen am 24. Juni 1873 (LHAK, Bestand 441 Nr. 15460 im Entwurf): *Auf den Bericht vom 13ten d. Mts., die Anstellung eines Hauskaplans in Laach betr., erwiedern wir, daß das Gesetz vom 11ten Mai d. Js. auf den vorliegenden Fall aus dem Grunde nicht anwendbar ist, weil der Hausgeistliche, den der Graf Schaesberg für seine Leute in Laach engagirt hat, kein öffentliches geistliches Amt bekleidet. Ein solches besteht in Laach nicht und ist auch durch die Annahme eines Privatgeistlichen für die Hausandachten daselbst nicht geschaffen worden. Zudem ist Laach nach Wehr eingepfarrt, dessen Pfarrer über dasselbe die Pfarrrechte ausübt und daselbst auch alle öffentlichen Amtshandlungen verrichtet.*

9 Der Kultusminister an den Oberpräsidenten der Provinz Schlesien, v. Nordenflycht, am 24. September 1874 (GStA PK, I. HA Rep. 76 IV Sekt. 1 Abt. XII Nr. 6 Bd. 2; LHAK, Bestand 403 Nr. 10402; LHAK, Bestand 441 Nr. 15460): *Ew. Hochwohlgeboren erwiedere ich [...] ergebenst, wie die Annahme, daß Hauscapläne nicht unter das Gesetz vom 11. Mai v. J. über die Vorbildung und Anstellung der Geistlichen fallen, als zutreffend nicht anerkannt werden kann. Die Hauscapläne pastoriren einen bestimmten Kreis von Personen (Hausherr und seine Familie) innerhalb einer Parochie; sie gehören daher zur Klasse der Pfarrgehülfen und es finden demnach die Vorschriften des Gesetzes in Gemäßheit des § 2 auf sie Anwendung. Über den Umfang ihrer seelsorgerlichen Befugnisse entscheidet der spezielle kirchliche Auftrag. Allgemein gültige Grundsätze giebt es dafür nicht, doch sind die Hauscapläne der Regel nach zu Aufgeboten und Trauungen nicht berechtigt. Im vorliegenden Falle liest der Hauscaplan Krutschek in Dobrau die Messe und hört Beichte. Er übt also gottesdienstliche und sacramentale, d.i. seelsorgerliche Functionen aus. Daß er hiernach ein geistliches Amt im Sinne des Gesetzes bekleidet beziehentlich in einem solchen Hülfe leistet, ist nicht zweifelhaft. Hiernach ist gegen den p. Krutschek einzuschreiten, falls er nicht etwa schon vor dem Inkrafttreten des Gesetzes vom 11. Mai pr. den kirchlichen Auftrag zur Übernahme der Functionen als Hauscaplan auf Schloß Dobrau erhalten hat, was zunächst festzustellen ist.* – Eine Abschrift der obigen Verfügung ging an alle übrigen preußischen Oberpräsidenten *zur Kenntnißnahme und Beachtung.*

10 Der Oberpräsident der Rheinprovinz an den Kultusminister am 28. September 1874 (GStA PK, I. HA Rep. 76 IV Sekt. 13 Abt. XII Nr. 13 Bd. 3; LHAK, Bestand 441 Nr. 15460).

streng concret zu behandeln.[11] Diese den nachgeordneten Behörden keine klaren Kriterien an die Hand gebende Weisung suchte die Regierung Aachen in einer Rundverfügung für ihren Amtsbereich etwas dahingehend zu substanziieren und zu konkretisieren, dass ein Hausgeistlicher ein geistliches Amt im Sinne des Gesetzes vom 11. Mai 1873 bekleidet, wenn außer dem Hausherrn, seiner Familie und seiner Dienerschaft noch andere Personen in der Privatkapelle dem Gottesdienst beiwohnen.[12] Eine vom Oberpräsidenten angeordnete Bestandsaufnahme ergab

---

11 Der Kultusminister an den Oberpräsidenten der Rheinprovinz am 12. Dezember 1874 (LHAK, Bestand 403 Nr. 10403; LHAK, Bestand 441 Nr. 15460; GStA PK, I. HA Rep. 76 IV Sekt. 1 Abt. XII Nr. 6 Bd. 2, GStA PK, I. HA Rep. 76 IV Sekt. 13 Abt. XII Nr. 13 Bd. 3): *Ew. Hochwohlgeboren erwiedere ich [...] ergebenst, daß mein Erlaß vom 24ten September d. J., betreffend die Anwendbarkeit des Gesetzes vom 11ten Mai v. Js. auf Hauskapläne, wie die Bezugnahme auf den § 2 dieses Gesetzes erkennen läßt, nur solche Fälle im Auge hat, wo in der That der Hauskaplan die Stellung eines Pfarrgehülfen zu dem eigentlichen Parochus einnimmt. Nun ergiebt sich aber nicht nur aus den von Ew. Hochwohlgeboren angeregten Fragen und Bedenken, sondern auch aus Berichten, die über den Gegenstand aus anderen Provinzen an mich gelangt sind, daß die Stellung, welche die sog. Hauskapläne in den einzelnen Familien einnehmen und die Functionen, welche sie üben, so verschiedenartig und oft so wenig bestimmt definirt sind, daß es nothwendig erscheint, die Angelegenheit streng concret zu behandeln und insbesondere nur dann von Amtswegen einzuschreiten, wenn die thatsächlichen Verhältnisse des einzelnen Falles zu der begründeten Annahme führen, daß es sich um die Ausübung eines geistlichen Amts oder um die Hülfsleistung in einem solchen im Sinne des Gesetzes vom 11. Mai pr. handelt.*

12 Die Regierung Aachen an alle Landräte ihres Regierungsbezirks am 6. Januar 1875 (GStA PK, I. HA Rep. 76 IV Sekt. 1 Abt. XII Nr. 6 Bd. 2; GStA PK, I. HA Rep. 76 IV Sekt. 13 Abt. XII Nr. 13 Bd. 3):
Die Stellung der Hauskapläne, welche von Privatleuten angenommen werden, ist mit Bezug auf die neuen Kirchengesetze nach folgenden Grundsätzen zu beurtheilen:
1. *Wird in einer Privatkapelle öffentlich Gottesdienst gehalten, so daß außer dem Besitzer, seiner Familie und Dienerschaft [noch] andere Personen demselben beiwohnen, so fällt der als Hauskaplan fungirende Geistliche unter das Gesetz vom 11. Mai 1873.*
2. *Auch in den Fällen, in welchen der Hauskaplan seine geistliche Thätigkeit in einer geschlossenen Kapelle lediglich auf den Kreis des Besitzers, der Familie und Dienerschaft desselben beschränkt, ist principiell die Anwendung des citirten Gesetzes keinesweges ausgeschlossen.*

Die Stellung jedoch, welche die Hauskapläne in den einzelnen Familien einnehmen, und die Functionen, welche sie üben, sind so verschiedenartig und oft so wenig bestimmt definirt, daß jeder einzelne Fall concret behandelt werden muß. Führen die thatsächlichen Verhältnisse des einzelnen Falles zu der begründeten Annahme, daß der Hauskaplan die Stellung eines Pfarrgehülfen zu dem eigentlichen Parochus einnimmt, so ist das Gesetz vom 11. Mai 1873 anwendbar. In dieser Beziehung ist der Umfang der gottesdienstlichen und sacramentalen, d.i. seelsorgerlichen Functionen, welche er ausübt, entscheidend. Gleichfalls bedarf es der Feststellung, ob ein kirchlicher Auftrag zur Übernahme der Functionen als Hauskaplan stattgefunden hat und welche Functionen dieser Auftrag gestattet.

allerdings die geringe Relevanz dieses (Definitions-)Problems zumindest im südlichen Rheinland, denn im Regierungsbezirk Koblenz amtierte nur ein Hausgeistlicher, nämlich derjenige zu Laach, und im Regierungsbezirk Trier kein einziger[13]. Im Osten Preußens dürfte die Situation eine andere gewesen sein.

2. Die Übertragung eines geistlichen Amts

Da die Strafbestimmungen in den §§ 22 und 23 des Gesetzes vom 11. Mai 1873 eine (rechtswidrige) Amtsübertragung voraussetzten und die Möglichkeit einer Amtsausübung ohne Amtsübertragung gar nicht vorsahen, war für eine Verurteilung die Frage entscheidend, wann eine Übertragung eines geistlichen Amtes überhaupt vorliegt und welchen formalen Kriterien der Übertragungsakt zu genügen hat. Auf diesbezügliche Eingaben des Oberpräsidenten[14] dekretierte der Kultusminister, dass die Vorschriften für die Übertragung eines geistlichen Amtes *auf alle Fälle der Übertragung seelsorgerlicher Funktionen an Geistliche Anwendung finden* sollen und weder auf die staatlich anerkannten Kirchengemeinschaften noch auf die mit staatlicher Genehmigung errichteten Pfarreien und Kirchengebäude beschränkt noch überhaupt an die Verleihung eines dauerhaft institutionalisierten, genau definierten Amtes geknüpft seien, sondern dass allein *der Auftrag zur Wahrnehmung seelsorgerlicher Functionen in Beziehung auf einen bestimmten Kreis von Personen oder aber eine Stellvertretung oder Hülfsleistung rücksichtlich dieser Functionen* das maßgebliche Kriterium sei, das einen Amtsantritt an die Erfüllung der staatlichen Vorgaben bindet.[15] Somit brauchte ein Priester, um aus staatlicher

---

13 Die Regierung Koblenz an den dortigen Oberpräsidenten am 8. März 1875; die Regierung Trier an dens. am 23. März 1875 (LHAK, Bestand 403 Nr. 10404).

14 Der Oberpräsident der Rheinprovinz an den Kultusminister am 17. und 28. Oktober 1873 (GStA PK, I. HA Rep. 76 IV Sekt. 13 Abt. XII Nr. 13 Bd. 1).

15 Kultusminister Falk an den Oberpräsidenten der Rheinprovinz am 9. Dezember 1873 (LHAK, Bestand 403 Nr. 10400; GStA PK, I. HA Rep. 76 IV Sekt. 13 Abt. XII Nr. 13 Bd. 1; GStA PK, I. HA Rep. 76 IV Sekt. 1 Abt. XII Nr. 6 Bd. 1): *Ew. Hochwohlgeboren erwiedere ich auf die gefälligen Berichte vom 17ten und 28ten October cr. ergebenst, daß die Vorschriften des Gesetzes vom 11. Mai cr. über die Vorbildung und Anstellung der Geistlichen, wie aus dem Zusammenhange der §§ 1, 2 und 19 hervorgeht und in den Motiven zu § 1 ausgesprochen ist, nicht nur auf Ämter an den vom Staate anerkannten Kirchen, sondern auf alle Fälle der Übertragung seelsorgerlicher Funktionen an Geistliche Anwendung finden und daß es demgemäß unerheblich ist, ob der Auftrag für eine förmlich constituirte Kirchengemeinde resp. einen Theil einer solchen oder für vagirende Glieder der Kirche, ob für eine staatlich anerkannte Kirche oder eine Kapelle oder ein ohne staatliche Genehmigung errichtetes, dem öffentlichen Gottesdienst gewidmetes Gebäude oder endlich für die Angehörigen einer bestimmten Anstalt oder eines Klosters ertheilt ist. In allen diesen Fällen liegt der Auftrag zur Wahrnehmung seelsorgerlicher Functionen in Beziehung auf einen bestimmten Kreis von Personen oder aber eine Stellvertretung oder Hülfsleistung rücksichtlich dieser Functionen vor. Nicht minder ist es für die Anwendbarkeit des Gesetzes ohne Einfluß, ob alle oder nur einzelne der*

Sicht ein Amt übertragen zu erhalten und staatlicherseits als Inhaber dieses geistlichen Amtes zu gelten, nicht kanonisch formgerecht von seinem Bischof in dieses Amt eingewiesen zu werden, sondern es genügte, faktisch und informell mit der Vornahme seelsorglich-kultischer Verrichtungen (Predigt halten, Messe lesen, Beichte hören, Trauungen vornehmen usw.) betraut zu werden. Das Obertribunal setzte die formalen Anforderungen an das Vorliegen einer Amtsübertragung sogar noch weiter herab, indem es selbst eine bloß stillschweigende Genehmigung oder ein stillschweigendes Geschehenlassen von Amtshandlungen seitens des Bischofs als eine Amtsverleihung anerkannte.[16] Durch diese äußerst weite Definition von Amtsübertragung sollte eine Umgehung des Gesetzes dadurch, dass ein Bischof einem Geistlichen nicht förmlich ein Amt übertrug, sondern ihn nur mündlich-formlos in eine Pfarrei schickte oder einfach die Ankündigung eines Priesters, in einer Pfarrei einzelne Amtshandlungen vornehmen zu wollen, widerspruchslos zur Kenntnis nahm, konterkariert werden. So hatte der Trierer Bischof den Geistlichen Franz Schneiders nicht zum Kaplan ernannt, sondern ihn nur mit der *Aushülfe* in der Trierer Pfarrei St. Laurentius (heute Liebfrauenpfarrei) beauftragt.[17]

---

in der cura animarum enthaltenen Functionen, z. B. das Predigen oder das öffentliche Messelesen, allein den Gegenstand des Auftrags bilden; das Gesetz findet auch in diesen Fällen unterschiedslos Anwendung. – Eine Abschrift dieses Erlasses wurde auch allen übrigen preußischen Oberpräsidenten *zur gefälligen Kenntnißnahme und Nachachtung* zugeschickt. Die wesentlichen Bestimmungen dieser Ministerialverfügung gab der Oberpräsident der Rheinprovinz in seiner an die Regierung Koblenz und wahrscheinlich auch an die übrigen rheinischen Bezirksregierungen adressierten Instruktion vom 16. Dezember 1873 weiter (LHAK, Bestand 441 Nr. 15488. Text im Quellenanhang I).

16 Zwei Urteile des Obertribunals vom 28. Mai 1874 (Die Maigesetze, S. 28–30; Die Rechtsprechung des Kgl. Obertribunals, Bd. 15 von 1874, S. 332f u. 335–338). Leitsätze: *Die auch nur stillschweigend ertheilte Genehmigung zur Vornahme einzelner geistlicher Amtshandlungen ist – sofern nicht eine Gefahr im Verzuge obwalte – als Übertragung des geistlichen Amtes anzusehen im Sinne des vom 11. Mai 1873 §§ 1–3. – Als Übertragung eines geistlichen Amtes ist es anzusehen, wenn ein geistlicher Oberer es stillschweigend geschehen läßt, daß ein Geistlicher ein solches Amt ausübe.*
Urteil des Obertribunals vom 1. März 1876 (Die Maigesetze, S. 30f; Die Rechtsprechung des Kgl. Obertribunals, Bd. 17 von 1876, S. 152–156). Leitsatz: *Eine Übertragung eines geistlichen Amts ist nicht nur in der ausdrücklichen Ertheilung eines deshalbigen Auftrags, sondern auch in der stillschweigenden Genehmigung der freiwilligen Übernahme damit verknüpfter Amtshandlungen zu finden. [...].*

17 Der Trierer Oberbürgermeister de Nys an den Oberpräsidenten der Rheinprovinz am 21. November 1873 (LHAK, Bestand 442 Nr. 1996): *Euer Hochwohlgeboren beehre ich mich [...] ganz gehorsamst zu berichten, daß trotz aller Bemühungen nicht hat festgestellt werden können, ob der Geistliche Schneiders eine Ernennungsurkunde als Kaplan überhaupt besitzt und wer dieselbe vollzogen* [d.h. unterschrieben] *hat. Sowohl der Pastor Classen zu St. Laurentius als Schneiders selbst erklären, daß Letzterer nicht angestellt sei, sondern sich nur zur Aushülfe bei dem Ersteren befinde. Der Bischöfliche Generalvicar de Lorenzi gibt an, daß ihm ein Kaplan Franz Schneiders aus Trier ganz*

Freilich ließ sich nicht verkennen, dass eine Rechtsauslegung und -anwendung, in welcher „die Amtsuntätigkeit des stillschweigenden Oberen seiner Amtstätigkeit gleichgestellt wird“[18], in juristisch bedenklicher Spannung zum klaren Wortlaut des Gesetzestextes stand und dessen Semantik sehr strapazierte, hatten doch die Strafbestimmungen der §§ 22 und 23 des Gesetzes vom 11. Mai 1873 – wie gesagt – die Sanktionen ausdrücklich an die rechtswidrige Übertragung eines geistlichen Amtes seitens eines *geistlichen Oberen* bzw. an die Vornahme von Amtshandlungen in einem rechtswidrig verliehenen Amt geknüpft. Die rechtlichen Bedenken und Schwierigkeiten mehrten sich, wenn nicht nur keine förmliche und auch keine stillschweigende, sondern überhaupt keine tatsächliche bischöfliche Kollation in irgendeiner Form vorlag und dem Bischof noch nicht einmal eine Genehmigung zur Amtsübertragung durch einen Dritten anzulasten war. Dies war dann der Fall, wenn ein Pfarrer wegen Alter, Gebrechlichkeit und/oder Krankheit auf der Basis einer privaten Vereinbarung und auf eigene Kosten einen Geistlichen vorübergehend zur Unterstützung anstellte,[19] ohne dass irgendeine Involvierung des Bischofs, geschweige denn eine förmliche bischöfliche Amtsübertragung nachweisbar oder auch nur wahrscheinlich war. Trotzdem wollte der Kultusminister, falls der geistliche Gehilfe ohne Wissen und Genehmigung des Oberpräsidenten seelsorgliche Funktionen ausübt, sowohl gegen diesen als auch gegen dessen geistlichen Oberen Strafanzeige erstattet haben. Er war sich nur darüber unschlüssig, ob der Bischof, der eventuell der Annahme eines Seelsorgehelfers zugestimmt hatte, oder der Pfarrer, der sich den Beistand genommen hatte, oder gar beide als *geistlicher Oberer*, der nach § 15 des Gesetzes vom 11. Mai 1873 die vorherige staatliche Genehmigung einzuholen hatte, zu betrachten war, wollte jedoch die Entscheidung dieser Frage den Gerichten überlassen.[20] Die inhärente juristische Problematik dieser Verfügung

---

unbekannt sei, daß er aber einen Geistlichen Franz Schneiders kenne, welcher mit der Aushülfe in der Pfarre St. Laurentius beauftragt sei. Diese „Aushülfe“ scheint lediglich eine neue Erfindung zur Umgehung der Gesetze zu sein und [es] werden wahrscheinlich alle neu angestellten Kapläne in gleicher Weise scheinbar nur zur Aushülfe beordert worden sein.

18 A. Stein: Justiz zwischen staatlicher Kirchenpolitik und kirchlicher Selbstbehauptung, S. 343.

19 Beispiel: Der Landrat von Koblenz an den dortigen Oberpräsidenten am 19. November 1873 (LHAK, Bestand 403 Nr. 10804): *Euer Hochwohlgeboren beehre ich mich gehorsamst anzuzeigen, daß der Caplan Mathias Münch zu Dieblich, welchen der dortige Pfarrer Klein als Stütze in seinem hohen Alter auf seine Kosten angenommen hatte, am 9ten ds. Mts. wegen Krankheit in seine Heimath Ockenfels zurückgekehrt ist. An seine Stelle ist der Neopresbyter Theodor Kerpen, geboren zu Monreal am 3ten Juni 1847, getreten.*

20 Kultusminister Falk an den Oberpräsidenten der Provinz Westfalen, v. Kühlwetter, am 14. Oktober 1873 (GStA PK, I. HA Rep. 76 IV Sekt. 1 Abt. XII Nr. 6 Bd. 1; GStA PK, I. HA Rep. 76 IV Sekt. 13 Abt. XII Nr. 13 Bd. 1; LHAK, Bestand 403 Nr. 10400 u. Nr. 10806; LHAK, Bestand 441 Nr. 15488): *In ergebenster Erwiederung auf den gefälligen Bericht vom 2ten d. Mts., betreffend die Annahme von Hülfsgeistlichen Seitens*

zeigte sich dann deutlich am Fall des Privatgeistlichen Joseph Leusch, der zuerst dem Pfarrer von Mastershausen (Kreis Zell) und dann dem kranken Pfarrer von Kinheim (Kreis Wittlich) in der Seelsorge ausgeholfen hatte. Ohne im Besitz einer Stelle zu sein, fungierte er ohne bischöfliche Beauftragung allein auf der Grundlage der Tatsache, dass ihm als geweihter Priester mit der approbatio pro cura das Recht zustand, innerhalb des Bistums Trier mit Zustimmung des zuständigen Ortspfarrers geistliche Handlungen vorzunehmen. So lag nicht nur keine irgendwie geartete Amtsübertragung durch den Bischof vor, sondern es war zumindest in Kinheim nicht einmal ein besetzbares Amt vorhanden, da es dort gar keine Stelle für einen Hilfsgeistlichen gab.[21] Der Oberpräsident äußerte erhebliche Zweifel an der Rechtsgrundlage für eine Bestrafung, weil das Gesetz vom 11. Mai 1873 für

---

der katholischen Pfarrer zu Brilon und Altenbüren, erkläre ich mich vollkommen damit einverstanden, daß die zur Sprache gebrachten Fälle unter die Bestimmung des § 2 des Gesetzes vom 11. Mai d. Js. über die Vorbildung und Anstellung der Geistlichen zu subsumiren sind und deshalb wegen Verletzung der Vorschriften dieses [Paragraphen] sowie des § 15 gegen den geistlichen Oberen und die betreffenden Hülfsgeistlichen einzuschreiten ist. Zweifelhaft kann [es] nur erscheinen, wer als geistlicher Oberer in den vorliegenden Fällen anzusehen ist, ob der Bischof, welcher den Pfarrern die Ermächtigung zur selbständigen Annahme der Gehülfen ertheilt hat, oder die Pfarrer, welche die Gehülfen angenommen haben, oder beide. Diesseitigen Erachtens trifft das Letztere zu. Der Bischof erscheint strafbar, da die Annahme der Gehilfen auf die seinerseits ertheilte Ermächtigung zurückzuführen ist; der Pfarrer, da die Annahme durch ihn selbst erfolgt ist. Demgemäß stelle ich ergebenst anheim, sowohl gegen den Bischof als auch gegen die Pfarrer die strafrechtliche Verfolgung herbeizuführen, indem schließlich die Gerichte darüber zu entscheiden haben werden, wer in einem solchen Falle als der geistliche Obere im Sinne des § 28 ibid. anzusehen ist. – Eine Abschrift dieser Verfügung wurde nachträglich, und zwar als Begleitschreiben zur oben erwähnten Ministerialverfügung vom 9. Dezember 1873, auch allen übrigen preußischen Oberpräsidenten, darunter auch demjenigen der Rheinprovinz, *zur gefälligen Kenntnißnahme und Nachachtung* zugeschickt, wodurch auch sie zur Rundverfügung avancierte. – Viele Gerichte und schließlich auch das Obertribunal folgten jedoch nicht der Rechtsauffassung des Kultusministers, sondern sprachen grundsätzlich einem Pfarrer die Eigenschaft eines ‚geistlichen Oberen' ab und ließen ihn in solchen Fällen straflos (s.u.).

21 Der Bürgermeister von Kröv an den Landrat von Wittlich am 2. Dezember 1873 (LHAK, Bestand 403 Nr. 1983): *Der Geistliche Joseph Leusch aus Mastershausen [...] (hat) keine Ernennung weder vom Herrn Bischof noch von dem Generalvicare, um die Dienste während der Krankheit des H. Pastors Boelinger* [d.i. der Pfarrer von Kinheim] *zu verrichten. In Kinheim ist, wie bekannt, keine Stelle für einen Kaplan oder Hülfsgeistlichen vorhanden, auch keine geschaffen worden, daher kann auch keiner dahin ernannt werden. Die Nachbargeistlichen haben bisher die Dienste in der Pfarrei besorgt, können aber jetzt bei den kurzen Tagen und wegen der Mosel dieselben nicht mehr thun. Der Geistliche Joseph Leusch hat keine Stelle, war bei seinem Oheim in Mastershausen und ist disponibel. Deshalb ist er dem Wunsche des kranken Pastors und Definitors nachgekommen, während der Krankheit die geistlichen Functionen zu verrichten, was er ohne Genehmigung des H. Bischofs thun kann, indem er durch die*

die Ausübung geistlicher Funktionen eine förmliche Amtsübertragung durch den zuständigen *geistlichen Oberen*, zumindest aber dessen Erlaubnis vorausgesetzt habe, mit diesem *geistlichen Oberen* im Bereich der katholischen Pfarrseelsorge den Ortsbischof gemeint habe und eine einfache Vornahme von Sakralhandlungen ohne irgendeine bischöfliche Amtsverleihung oder wenigstens Genehmigung einfach nicht vorgesehen habe;[22] gleichwohl stellte er unter Hinweis auf das Ministerialreskript vom 14. Oktober 1873 beim Trierer Oberprokurator wegen der Aushilfe in Kinheim Strafanzeige.[23] Doch der Ausgang des Gerichtsverfahrens bestätigte die

---

Priesterweihe die facultas hat, geistliche Functionen auszuüben überall in der ganzen Diöcese, wo er verlangt wird.
Der Trierer Oberprokurator Kewenig an den Oberpräsidenten der Rheinprovinz am 3. Dezember 1873 (LHAK, Bestand 403 Nr. 10806): *Der Herr Bischof von Trier (hat) meine bezügliche Anfrage unterm 28. v. Mts. dahin beantwortet hat, daß der Geistliche Joseph Leusch sich zu Mastershausen nur als Privatgeistlicher aufhalte, da er weder von ihm noch von seinem Generalvicar mit einem Auftrag zur Aushülfe in der Seelsorge in der Pfarrei Mastershausen betraut sei. Diese Erklärung steht im Einklange mit den [...] Berichten des Bürgermeisters zu Blankenrath [...] und es ist um so weniger an ihrer Wahrheit zu zweifeln, als der Herr Bischof zu den 40 anderen gleichen Beschuldigungen, über welche er sich bis jetzt ausgesprochen, die Übertragung der fraglichen Ämter eingeräumt hat.*

22 Der Oberpräsident der Rheinprovinz an den Kultusminister am 13. Dezember 1873 (GStA PK, I. HA Rep. 76 IV Sekt. 13 Abt. XII Nr. 13 Bd. 1): *Der Geistliche Joseph Leusch (soll) sich zu Mastershausen nur als Privatgeistlicher ohne Auftrag der bischöflichen Behörde aufgehalten haben. Ausweise des [...] Berichts des Königlichen Landraths zu Wittlich vom 4. d. Mts. soll der p. Leusch später ein gleiches Verhältniß zu Kinheim eingegangen sei. [...] Da die Fälle dieser Art, welche zur Anzeige gelangen, sich mehren und keine besondere Vermuthung dafür spricht, daß bei denselben eine Umgehung des sonst doch offen missachteten Gesetzes vom 11. Mai d. Js. beabsichtigt worden sei, so möchte ich glauben, daß nach der Verfassung der katholischen Kirche eine Hülfeleistung und Stellvertretung in einem geistlichen Amte ohne Auftrag oder Genehmigung der bischöflichen Behörde wohl stattfinden kann. Jedenfalls dürfte es aber keinem Zweifel unterliegen, daß ein Geistlicher, welcher die Weihe erhalten hat, in der ganzen Diöcese, welcher er angehört, mit Erlaubniß des einer Kirche vorgesetzten Geistlichen an der Letzteren Messe lesen darf. Dagegen setzt das Gesetz vom 11. Mai d. Js. einen anderen Zustand als bestehend voraus, indem dasselbe augenscheinlich davon ausgegangen ist, daß lediglich die geistlichen Oberen, also die Bischöfe, berechtigt seien, sowohl geistliche Ämter zu übertragen als eine Stellvertretung oder Hülfeleistung in denselben zu verordnen oder zu genehmigen. Für den Fall, daß eine Novelle zu dem gedachten Gesetze dem Landtage vorgelegt werden sollte, wird es sich daher meines Erachtens empfehlen, daß durch dieselbe jedem Geistlichen, welcher ohne Erlaubniß des Bischofs einen anderen Geistlichen zur Stellvertretung oder Hülfeleistung annimmt, die Verpflichtung auferlegt werde, den Letzteren dem Oberpräsidenten zu benennen. Denn nur auf diese Weise dürfte der Zweck des Gesetzes erreicht und eine Umgehung desselben unmöglich gemacht werden.*

23 Der Oberpräsident der Rheinprovinz an den Trierer Oberprokurator Kewenig am 29. Januar 1874 (LHAK, Bestand 442 Nr. 1983): *Der erkrankte Pfarrer Bölinger zu*

Rechtszweifel des Oberpräsidenten, denn es wurde eingestellt, weil dem Bischof keine Involvierung in den Vorgang, weder in Gestalt einer Beauftragung des Gehilfen noch einer Ermächtigung des Pfarrers zur Annahme eines Gehilfen noch einer Erlaubnis für den Gehilfen zur Übernahme der Funktion, nachzuweisen war und der Kinheimer Pfarrer inzwischen verstorben war.[24] Auch das Landgericht Kleve sprach in mehreren Strafverfahren sowohl die Pfarrer, welche einen Aushilfsgeistlichen ohne Mitwirkung des Bischofs allein aufgrund eines Privatvertrages angestellt hatten, als auch die Aushilfsgeistlichen selbst frei. Dass der jeweilige Pfarrer als der meldepflichtige *geistliche Obere* anzusehen sei, verneinte das Gericht unter Hinweis auf die Gesetzesformulierung, die ein schon vor dem Vertragsabschluss bestehendes Unterordnungsverhältnis voraussetze.[25] Das Obertribunal schloss sich

---

Kinheim (hat) den Priester Joseph Leusch, welcher [...] sich seither als Hülfsgeistlicher zu Mastershausen Kreises Zell aufgehalten hat, zu seinem Vertreter in Ausübung der pfarramtlichen Funktionen auf die Dauer seiner Krankheit angenommen und [es] hat p. Leusch dieses Amt bereits am 12. November v. Js. angetreten. Mit Rücksicht darauf, daß mir die durch § 15 des Gesetzes über die Vorbildung und Anstellung der Geistlichen vom 11. Mai v. Js. vorgeschriebene Anzeige bezüglich der gedachten Amtsübertragung Seitens keines geistlichen Oberen gemacht worden ist, stelle ich Euer Hochwohlgeboren unter Bezugnahme auf das [...] an den Herrn Oberpräsidenten von Westfalen ergangene Rescript des Herrn Ministers der geistlichen pp. Angelegenheiten vom 14. October pr. ergebenst anheim, gegen den Herrn Bischof von Trier, welcher dem Pfarrer Bölinger zu Kinheim die Ermächtigung zur Annahme des Hülfsgeistlichen Leusch ertheilt haben wird, sowie gegen den Pfarrer Bölinger wegen Annahme dieses Geistlichen zu seinem Vertreter auf Grund des § 22 l. c. einschreiten zu wollen.

24 Der Trierer Oberprokurator an den Oberpräsidenten der Rheinprovinz am 16. Juni 1874 (LHAK, Bestand 442 Nr. 1983): *Euer Hochwohlgeboren beehre ich mich, auf das gefällige Schreiben vom 29. Januar cr. ganz ergebenst mitzutheilen, daß die in Folge desselben gegen den Bischof Dr. Eberhard dahier und gegen den – inzwischen verstorbenen – Pfarrer Boelinger zu Kinheim eingeleitete gerichtliche Untersuchung durch Raths-Kammer-Beschluß vom 30. v. Mts. eingestellt worden ist, indem, was den Erstbeschuldigten betrifft, nicht nachgewiesen werden konnte, daß [er] dem Priester Joseph Leusch die Stelle eines Hülfsgeistlichen bei der katholischen Pfarre zu Kinheim übertragen oder den Pfarrer Boelinger zur selbstständigen Annahme des Leusch als Gehülfen und diesen selbst zur Übernahme eines solchen Amtes ermächtigt habe.*

25 Der Oberprokurator von Kleve am 28. April 1874 an den Oberpräsidenten der Rheinprovinz, der das Schreiben mit Begleitschreiben vom 5. Mai 1874 an den Kultusminister weiterreichte (GStA PK, I. HA Rep. 76 IV Sekt. 13 Abt. XII Nr. 13 Bd. 2): *In folgenden Fällen (sind) von dem hiesigen Königlichen Landgerichte auf Grund der §§ 22 und 23 des Gesetzes vom 11. Mai 1873 freisprechende Urtheile erlassen worden: I. In den Untersuchungssachen gegen [die Pfarrer von Sevelen, Capellen und Waze], welche auf Grund des § 22 der ungesetzlichen Annahme von Hülfsgeistlichen beschuldigt waren. In diesen Fällen wurde die Freisprechung damit motiviert, daß die Hülfsgeistlichen auf Grund des Art. 30 des Kaiserlichen* [d.h. Napoleonischen] *Dekrets vom 30. Dezember 1809 von den Pfarrern angenommen worden seien, daß dies aber keine Amtsübertragung durch einen geistlichen Oberen im Sinne des § 22 l. c. darstelle.*

später dieser Rechtsauffassung mit anderer Begründung an, indem es ausführte, dass *in der katholischen Kirche nach deren gegenwärtiger Verfassung die Bischöfe und ihre Stellvertreter und Gehülfen im Kirchenregiment,* also die Generalvikare, als Obere zu gelten haben, *wogegen gewöhnliche Pfarrer niemals zu den geistlichen Oberen gerechnet werden* können.[26]

Wegen der kirchlichen Gesetzumgehungsversuche und der gerichtlichen Freisprüche sah sich der Gesetzgeber gefordert und er reagierte mit Art. 2 des Gesetzes vom 21. Mai 1874, des sog. Deklarationsgesetzes. Um – so die *Motive*[27] – das vor

---

II. In den Untersuchungssachen gegen die Curatpriester [Dooremans zu Weeze, Peters zu Capellen, Anderheiden zu Sevelen und Plagge zu Ginderich], welche von der Beschuldigung der gesetzwidrigen Vornahme geistliche Amtshandlungen als Hülfsgeistliche freigesprochen worden sind mit der Erwägung, daß die geistlichen Functionen ohne Mitwirkung der bischöflichen Behörde nur auf Grund eines mit dem Ortspfarrer abgeschlossenen Privatvertrages vorgenommen worden seien, daß daher die Übertragung eines geistlichen Amtes, wie die §§ 1 bis 3 des Gesetzes vom 11. Mai 1873 es voraussetzten, nicht vorlägen, daß auch dadurch, daß nach Art. 30 des Decrets vom 30. Dezember 1809 dem Pfarrer das Recht zustehe, Pfarrgehülfen anzunehmen und denselben ihre Verrichtungen anzuweisen, jener nicht deren geistlicher Oberer im Sinne des Gesetzes vom 11. Mai 1873 werde, da die Fassung des § 15 daselbst in den Worten „die geistlichen Oberen sind verpflichtet, diejenigen Kandidaten, denen ein geistliches Amt übertragen werden soll" mit Nothwendigkeit voraussetze, daß schon vor der Übertragung das Verhältniß des Oberen zu dem anzustellenden Kandidaten als Untergebener bestehe, was bei den Berufungen in Gemäßheit des Art. 30 des mehrerwähnten Decrets nicht zutreffend sei.

26 Urteil des Obertribunals vom 12. Oktober 1874 (Die Maigesetze, S. 19–24, Zitat S. 22; Die Rechtsprechung des Kgl. Obertribunals, Bd. 15 von 1874, S. 649–655, Zitat S. 652). Leitsatz: *Ein Pfarrer, welcher im Wege des Übereinkommens einen Geistlichen zur Vornahme gewisser nach seiner Anweisung zu verrichtender geistlicher Amtshandlungen annimmt, ohne in Gemäßheit des §§ 1 – 3 des Gesetzes vom 11. Mai 1873 zu verfahren, überträgt nicht ein geistliches Amt als geistlicher Oberer und verwirkt somit nicht die Strafe des cit. Gesetzes vom 11. Mai 1873 § 22.*
Urteil des Obertribunals vom 23. Oktober 1874 (Die Maigesetze, S. 24f; Die Rechtsprechung des Kgl. Obertribunals, Bd. 15 von 1874, S. 713–715): Leitsatz: *Ein Geistlicher, welcher ohne Mitwirkung des Bischofs von einem Pfarrer zur Hülfeleistung in dessen Amte angenommen worden ist, verwirkt durch die Vornahme geistlicher Amtshandlungen in diesem Amte nicht die Strafe des Gesetzes v. 11. Mai 1873 § 23.*
Auch P. Hinschius (Die preußischen Kirchengesetze des Jahres 1873, S. 129) vertrat die Ansicht, dass Pfarrer und Dechanten trotz ihrer Befugnis, *interimistisch Stellvertretungen anzuordnen oder Hülfsgeistliche anzunehmen,* nicht als geistliche Obere zu verstehen sind.

27 *Der Artikel 2 des [Gesetz-]Entwurfs hat den Zweck, Umgehungen des Gesetzes vom 11. Mai pr. zu verhüten, die in letzterer Zeit mehrfach, namentlich in den westlichen Provinzen vorgekommen sind. Es mehren sich nämlich die Fälle, in denen katholische Geistliche theils auf Grund eines Privatabkommens mit angestellten Pfarrern bei diesen als Kapläne oder Hülfsgeistliche eintreten, theils angeblich ohne jeden besonderen Auftrag geistliche Funktionen auszuüben beginnen. Da nun die Strafbestimmungen des*

allem in den preußischen Westprovinzen zutage getretene ‚Schlupfloch' zu beseitigen, dass Geistliche aufgrund eines rein privaten Vertrages mit einem Pfarrer diesem aushelfen oder gar ganz ohne jeden höheren Auftrag geistliche Funktionen ausüben, wodurch die Strafbestimmungen des Gesetzes vom 11. Mai 1873 ausgehebelt wurden, welche eine Amtsübertragung seitens eines *geistlichen Oberen* voraussetzten und an deren Rechtswidrigkeit, d.h. realiter am Fehlen der vorherigen Zustimmung des Oberpräsidenten, ansetzten, dekretierte Art. 2 des preußischen Gesetzes vom 21. Mai 1874: *Die Strafe des § 23 des Gesetzes vom 11. Mai 1873 trifft einen jeden Geistlichen, welcher Amtshandlungen vornimmt, ohne den Nachweis führen zu können, daß er zu einem hierzu ermächtigenden Amte oder zur Stellvertretung oder zu Hülfsleistung in einem solchen Amte unter Beobachtung der §§ 1 bis 3 des genannten Gesetzes berufen worden sei.* Somit musste nun jeder Amtshandlungen vornehmende Priester nachweisen können, dass er von einem *geistlichen Oberen* unter Bezeichnung des vorgesehenen Amtes dem Oberpräsidenten benannt worden war und dieser innerhalb der dreißigtägigen Frist keinen Einspruch erhoben hatte. Eine Amtsausübung ohne eine irgendwie geartete Amtsübertragung durfte nicht mehr stattfinden und eine rechtskonforme Amtsübertragung erforderte eine Genehmigung des Oberpräsidenten in Form einer Vetounterlassung. Die Beweislast lag jetzt aufgrund der Beweislastumkehr beim amtierenden Geistlichen, sodass das zu dessen Entlastung häufig vorgebrachte Argument, er habe von der fehlenden Anzeige seines Bischofs keine Kenntnis gehabt, nicht mehr möglich war. Jeder Aushilfspriester oder Privatgeistliche, welcher geistliche Amtshandlungen ausüben wollte, musste also einen *geistlichen Oberen,* in der Regel seinen Bischof, um die Einholung des oberpräsidialen Plazets bitten und durfte ohne dessen Erhalt nicht amtieren.[28]

Aufgrund von Art. 2 des Deklarationsgesetzes konnten nunmehr problemlos diese ohne bischöfliche Beteiligung angestellten Aushilfspriester und die ganz beauftragungslos amtierenden Privatgeistlichen abgeurteilt werden. Dies erfuhren der oben erwähnte Geistliche Leusch im Dezember 1874 wegen seiner Aushilfe

---

Gesetzes vom 11. Mai pr. eine Übertragung eines geistlichen Amtes voraussetzen und weiter von der Annahme ausgehen, daß jede Übertragung eines geistlichen Amts entweder von den geistlichen Oberen selbst ausgehen müsse oder von ihnen zu genehmigen sei, wie dies den Grundsätzen des Kirchenrechts entspricht, so ist der Zweifel entstanden, ob Geistliche, welche Amtshandlungen vornehmen, ohne daß ihnen nachweislich dazu ein Auftrag seitens der geistlichen Oberen ertheilt worden, auf Grund des § 23 des Gesetzes straffällig seien. Nach dem Wortlaut des Gesetzes ist dieser Zweifel kein unberechtigter und würde demgemäß Seitens der Gerichte in den angedeuteten Fällen auf Freisprechung erkannt werden, so würden Umgehungen der Vorschriften des Gesetzes vom 11. Mai pr. leicht vorgenommen werden können (Anlagen zu den stenographischen Berichten über die Verhandlungen des Hauses der Abgeordneten während der 1. Session der 12. Legislaturperiode 1873–1874. Bd. 3, S. 1230f. Nachgedruckt in: P. Hinschius: Die preußischen Kirchengesetze der Jahre 1874 und 1875, S. 22f).

28 Vgl. P. Hinschius: Die preußischen Kirchengesetze der Jahre 1874 und 1875, S. 23f.

in Kinheim[29] und ein in Trier privatisierender Geistlicher, welcher nach der Auflösung der Trierer Redemptoristenniederlassung dort Wohnung genommen und in der dazugehörigen Klosterkirche St. Josef auf eigene Faust die Gottesdiensttradition der Redemptoristen weitergeführt hatte, sodass auch in diesem Fall niemand ein Amt verliehen oder auch nur einen Mandat erteilt hatte.[30] Genau dies, nämlich eine Amtierung ohne dem Oberpräsidenten angezeigte und von ihm genehmigte Amtsverleihung, hatte aber das Deklarationsgesetz vom 21. Mai 1874 in Art. 2 endgültig rechtswidrig gemacht und unter Strafe gestellt.

3. Die geistliche Amtshandlung

Weil weder der Gesetzgeber noch die Staatsregierung eine allgemein anerkannte genaue Definition von ‚geistlicher Amtshandlung' oder einem verbindlichen Katalog von als geistliche Amtshandlungen zu deutenden priesterlichen Verrichtungen erstellte, können wieder nur Einzelaussagen aus der Rechtsprechung des Obertribunals und dem Verwaltungsschriftverkehr aneinandergereiht werden: *Eine geistliche Funktion hat den Charakter einer geistlichen Amtshandlung, sobald sie objektiv die Natur einer Handlung an sich trägt, durch welche regelmäßig der Inhaber eines geistlichen Amtes das religiöse Bedürfniß der Gemeindemitglieder zu befriedigen*

---

29 Im *Verzeichniß der auf Grund der §§ 22 und 23 des Gesetzes [...] vom 11. Mai 1873 beantragten und eingeleiteten gerichtlichen Untersuchungen und erfolgten Bestrafungen* – Diöcese Trier (LHAK, Bestand 403 Nr. 15716) ist der Geistliche Leusch als im Dezember 1874 verurteilter *Hilfsgeistlicher an der kath. Pfarre zu Kinheim im Kreise Wittlich* unter Nr. 60 aufgeführt.

30 Der Pfarrer von Trier/St. Antonius, Graf, an den Trierer Oberbürgermeister de Nys am 21. Februar 1874 (LHAK, Bestand 442 Nr. 1944): *In der gestern dem Unterzeichneten zugestellten Bekanntmachung vom 18. Februar a. c. bezeichnen Ew. Hochwohlgeboren den hierselbst privatisierenden Geistlichen Herrn Arenth beziehungsweise als Hilfsgeistlichen für die Pfarrei St. Antonius. Der Unterzeichnete sieht sich verpflichtet, gegen diese Bezeichnung und die ihr zu Grunde liegende Auffassung Verwahrung einzulegen [...]. Herr Arenth ist sowenig Hilfsgeistlicher für die Pfarrei St. Antonius wie er es ist für alle übrigen Pfarreien der Stadt. Derselbe steht in keinerlei Beziehung zur Pfarrei St. Antonius als daß er in derselben wohnt wie jedes andere Pfarrkind. Er hat keine Anstellung als Vikar oder als Hilfspriester für die Pfarrei St. Antonius empfangen, hat keinerlei Amtsverrichtungen für die Pfarrkirche und die Pfarrei St. Antonius rechtlich vorzunehmen und thatsächlich vorgenommen, bezieht keinerlei Emolumente zu seinem Unterhalte weder aus der Pfarrkirche noch aus der Pfarrei. Die St. Josephskirche ist eine Privatkirche und steht als solche in keiner Rechtsbeziehung zur Pfarrkirche und zur Pfarrei St. Antonius und [es] besitzt der Unterzeichnete keinerlei Befugniß, Funktionen, welche in derselben vorgenommen werden, zu erlauben oder zu verbieten.*
Urteil der Zuchtpolizeikammer des Kgl. Landgerichts Trier vom 18. Juli 1874 (LHAK, Bestand 442 Nr. 1944. Text im Quellenanhang VI).

pflegt, sollte auch die Absicht des Geistlichen hierauf nicht gerichtet sein.[31] *Geistliche Amtshandlungen im Sinne der Kirchengesetze sind nur die den religiösen Bedürfnissen der Gemeindeglieder dienenden gottesdienstlichen Amtshandlungen, nicht aber diejenigen Handlungen, welche ein Geistlicher zwar auch kraft des ihm übertragenen Kirchenamts, aber als Ausfluß der jurisdiktionellen, das äußere Kirchenregiment betreffenden Seite desselben vornimmt.*[32] Man braucht auch nicht unbedingt Inhaber eines Amtes im Sinne einer festen Stelle zu sein, um eine geistliche Amtshandlung zu verrichten.[33] Das Attribut ‚geistlich' stellt klar, dass keineswegs nur solche Amtshandlungen gemeint und mit Strafe bedroht sind, die auch zivilrechtliche oder bürgerliche Bedeutung haben, wie z.B. Trauungen.[34] Einerseits sind geistliche Amtshandlungen nicht auf Kult- oder Sakralhandlungen im engeren liturgischen Sinne beschränkt; andererseits ist nicht jeder Kultakt, zu dem die Priesterweihe berechtigt, zwingend schon eine geistliche Amtshandlung.[35] So sind das Halten einer Predigt und das Verlesen einer päpstlichen Enzyklika auf jeden Fall als geistliche Amtshandlungen zu qualifizieren,[36] nicht dagegen nichtöffentliche

---

31 So ein Leitsatz des Urteils des Obertribunals vom 6. April 1875 (Die Maigesetze, S. 88f; Die Rechtsprechung des Kgl. Obertribunals, Bd. 16 von 1875, S. 267–269).

32 So ein Leitsatz des Urteils des Obertribunals vom 6. April 1876 (Die Rechtsprechung des Kgl. Obertribunals, Bd. 17 von 1876, S. 265–268).

33 So sinngemäß die Leitsätze des Urteils des Obertribunals vom 25. Februar 1875 (Die Maigesetze, S. 73–75; Die Rechtsprechung des Kgl. Obertribunals, Bd. 16 von 1875, S. 149–153) und vom 6. April 1875 (Die Maigesetze, S. 89f; Die Rechtsprechung des Kgl. Obertribunals, Bd. 16 von 1875, S. 267–269).

34 Kultusminister Falk an den in Potsdam residierenden Oberpräsidenten der Provinz Brandenburg am 17. September 1873 (GStA PK, I. HA Rep. 76 IV Sekt. 1 Abt. XII Nr. 6 Bd. 1; LHAK, Bestand 441 Nr. 15488): *Dagegen bezieht sich das Verbot des § 23 keineswegs, wie Ew. Excellenz annehmen, blos auf solche Amtshandlungen, welche eine civilrechtliche Bedeutung haben. Nach der Absicht des Gesetzes soll vielmehr ein Cleriker überhaupt kein geistliches Amt erlangen, bevor nicht dem Gesetze genügt ist, und darf er daher auch in einem Amte, welches ihm gegen das Gesetz verliehen ist, keinerlei Amtshandlungen vornehmen, gleichviel ob sie mit bürgerlicher Wirkung verknüpft sind oder nicht. Die Gesetzmaterialien lassen hierüber keinen Zweifel offen. Im Herrenhause hatte Graf York zu dem qu. § 23 ein Amendement eingebracht, wonach nur die Vornahme von Amtshandlungen, die mit bürgerlicher Wirkung verknüpft sind, unter Strafe zu stellen. Dieses Amendement ist aber, weil es den leitenden Gedanken des Gesetzes durchbricht, als unannehmbar bezeichnet und schließlich vom Antragsteller selbst zurückgezogen worden.* – Diese – hier nur auszugsweise wiedergegebene – Verfügung ging wie üblich in Abschrift an alle übrigen preußischen Oberpräsidenten *zur gefälligen Kenntnißnahme.*

35 So sinngemäß ein Leitsatz des Urteils des Obertribunals vom 25. Februar 1875 (Die Maigesetze, S. 73–75; Die Rechtsprechung des Kgl. Obertribunals, Bd. 16 von 1875, S. 149–153).

36 So sinngemäß das Urteil des Obertribunals vom 9. März 1876 (Die Maigesetze, S. 82f; Die Rechtsprechung des Kgl. Obertribunals, Bd. 17 von 1876, S. 192–194).

Hausandachten für Familienmitglieder[37]. Der Oberpräsident zählte im Einzelnen zu den geistlichen Amtshandlungen: *die Verwaltung aller nicht den bischöflichen Ordo voraussetzenden Sacramente, die Ausübung der liturgischen und Cultusakte in gleichem Umfange, die Verwaltung des Lehramts für das Volk und die Handhabung der Disciplin in kirchlicher Hinsicht. Es gehört dazu also auch das Messelesen in öffentlicher Kirche.*[38] Die Regierung Trier ergänzte die Aufzählung noch um die Erteilung von Religionsunterricht in der Kirche.[39]

Wie üblich blieben viele Interpretationsfragen offen. Klärungsbedürftig war beispielsweise, ob die Mitwirkung im Kirchenrat oder Kirchenvorstand und sonstige pfarramtliche Verwaltungsgeschäfte als geistliche Amtshandlungen zu betrachten seien. Während der Oberpräsident meinte, diese Beschlüsse bzw. Akte seien zwar, wenn der betreffende Geistliche nicht gesetzmäßig angestellt sei, rechtsungültig, aber, da nicht als geistliche Amtshandlungen anzusehen, nicht strafbar machend,[40] vertrat der Kultusminister entschieden die gegenteilige Auffassung mit dem Hinweis, dass das Attribut ‚geistliche' nur gewählt sei, um der irrigen Annahme vorzubeugen, als habe der Gesetzgeber nur Amtshandlungen mit bürgerlicher Wirkung im Auge[41]. Die Regierung Koblenz instruierte daraufhin in einem Rundschreiben

---

37 So sinngemäß der Leitsatz des Urteils des Obertribunals vom 9. März 1876 (Die Rechtsprechung des Kgl. Obertribunals, Bd. 17 von 1876, S. 190–192; Archiv für gemeines deutsches und für preußisches Strafrecht, Bd. 24 von 1876, S. 261f).

38 Der Oberpräsident der Rheinprovinz an den Kultusminister am 17. Oktober 1873 (GStA PK, I. HA Rep. 76 IV Sekt. 13 Abt. XII Nr. 13 Bd. 1).

39 Das Verfahren nach den Bestimmungen des Gesetzes vom 11. Mai 1873. In: C. Röbbelen: Das Gesetz vom 11. Mai 1873, S. 18–21, hier S. 21.

40 Der Oberpräsident der Rheinprovinz an Kultusminister Falk am 15. September 1874 (LHAK, Bestand 441 Nr. 15488; GStA PK, I. HA Rep. 76 IV Sekt. 13 Abt. XII Nr. 13 Bd. 3): *Da die Regierung [Aachen] auch von der Thätigkeit der Geistlichen im Kirchenrathe spricht, so erlaube ich mir noch, darauf gehorsamst hinzuweisen, daß meines Erachtens der § 23 des Gesetzes vom 11. Mai v. Js., welcher von geistlichen Amtshandlungen redet, nicht auf die Mitwirkung des ungesetzlich angestellten Geistlichen im Kirchenrathe und auf dergleichen Verwaltungsgeschäfte Anwendung finden dürfte, und dieses auch durch den Art. 2 des Gesetzes vom 21. Mai d. Js. nicht modificirt sein wird. Ich glaube daher, daß die genannte Thätigkeit, wenn die betreffenden Akte auch als nichtig erscheinen müssen und der Geistliche an der Mitwirkung in dem Kirchenrathe zu verhindern ist, denselben doch noch nicht strafbar macht.*

41 Der Kultusminister an den Oberpräsidenten der Rheinprovinz am 7. November 1874 (LHAK, Bestand 403 Nr. 10403): *Was endlich die am Schluß des gefälligen Berichts vom 15ten September cr. angeregte Frage betrifft, ob auch die Mitwirkung der gesetzwidrig angestellten Geistlichen im Kirchenrathe und bei Vornahme von Verwaltungsgeschäften im Hinblick auf die Vorschrift des § 23 cit., der nur von geistlichen Amtshandlungen redet, für strafbar zu erachten sei, so ist diese Frage unbedenklich zu bejahen. „Geistliche Amtshandlungen" sind alle Handlungen, die in Ausübung des geistlichen Amts vorgenommen werden und das Beiwort „geistliche" ist lediglich aus dem Grunde beigefügt, um der Annahme vorzubeugen, daß nur solche Amtshandlungen für strafbar hätten erklärt werden sollen, welche eine bürgerliche Wirkung haben. Jeder Zweifel in*

alle ihre Landräte, *daß der Herr Minister der geistl. Angelegenheiten durch Erlaß vom 7. d. Mts. auch die Mitwirkung der gesetzwidrig angestellten Geistlichen im Kirchenrathe und bei Vornahme von Verwaltungsgeschäften als unter den § 23 des Gesetzes vom 11. Mai v. J. fallend und somit als strafbar erklärt hat.*[42]

Strittig war weiterhin die rechtliche Bewertung solcher Handlungen, mit denen Geistliche bei prinzipieller Beachtung ihrer Amtssperre oder – besser und genauer – ihrer Amtierungssperre oder ihres Amtierungsverbots[43] trotzdem noch gewisse gottesdienstliche Funktionen in der Gemeinde ausüben wollten – für die Priester eine schmale Gratwanderung, die rasch im Gefängnis enden konnte. Als in Trier bei der vom gesetzeskonform amtierenden Pfarrer Classen geleiteten Erstkommunionfeier in der Liebfrauenkirche ein neu geweihter und daher nicht gesetzmäßig angestellter Priester nach der Predigt die Kanzel bestieg, um die üblichen Kommuniongebete zu sprechen, und die Kinder von ihren Plätzen zur Kommunionbank und wieder zurück führte, wollte der Trierer Oberbürgermeister darin geistliche Amtshandlungen erblicken, weil diese Hilfeleistungen im priesterlichen Ornat vollzogen wurden.[44] In Mehring – so ergab eine angeordnete Untersuchung – las laut Aussage zweier dort angestellter Lehrerinnen der gesperrte Kaplan Nikolaus Gombert während mehrerer vom Küster geleiteter Laiengottesdienste, in Zivilkleidung an der Kommunionbank stehend, der versammelten Gemeinde aus einem Buch vor.[45] Ein anderer Lehrer, der dem Kaplan deutlich

---

dieser Beziehung ist aber durch Art. 2 des diesjährigen Ergänzungsgesetzes vom 21. Mai beseitigt, indem danach alle Amtshandlungen der gesetzwidrig fungirenden Geistlichen unter Strafe gestellt sind.

42 Die Regierung Koblenz an alle Landräte ihres Regierungsbezirks am 30. November 1874 (LHAK, Bestand 441 Nr. 15488).

43 Der zeitgenössische Begriff ‚Amtssperre' wird in dieser Studie vermieden, weil eigentlich nicht das Amt, sondern der Amtsinhaber ‚gesperrt', d.h. ihm die künftige Amtierung verboten wurde.

44 Der Trierer Oberbürgermeister de Nys an den Oberpräsidenten der Rheinprovinz am 25. November 1875 (LHAK, Bestand 442 Nr. 2002): *Euer Hochwohlgeboren beehre ich mich [...] ganz gehorsamst zu berichten, daß, als am Sonntag den 14. ds. Mts. der Pfarrer Classen an der St.-Laurentius-Pfarrkirche* [d.i. die heutige Liebfrauenkirche] *hier an 65 Schulkinder die 1. Communion spendete, der neu geweihte Priester Carl Schmidt von hier bei dieser Kirchenfeier nach Schluß der Predigt die Kanzel bestieg und die üblichen Communiongebete verrichtete, später auch die Kinder von ihren Plätzen nach der Communionbank führte und wieder zu ihren Plätzen zurückbegleitete. Da der p. Schmidt diese Hülfeleistungen im kirchlichen Ornate ausführte, so dürfte dieserhalb gegen ihn der Strafantrag wegen unbefugter Hülfeleistung zu stellen sein.*

45 Die Lehrerin A. Ditgen aus Mehring an den Landrat des Landkreises Trier am 31. März 1879 (LHAK, Bestand 442 Nr. 1961): *An allen fraglichen Sonn- und Feiertagen habe ich dem Vormittagsgottesdienste in hiesiger Pfarrkirche beigewohnt, bin ich demgemäß in der Lage, Aufklärung dahin zu geben, daß Herr Kaplan Nikolaus Gombert von hier am 1. u. 10. November u. am 29. Dezember v. J. sowie am 1. Januar d. J. nicht am Altare, wohl aber an der Communionbank stehend den in der Kirche*

missgünstiger gesonnen war, dagegen meinte, der Kaplan habe, das Buch lediglich zum Schein vor sich haltend, tatsächlich gepredigt und überhaupt die formal vom Küster gehaltenen Gottesdienste faktisch mitgeleitet.[46] Die Trierer Staatsanwaltschaft betrachtete die Akte des Kaplans nicht als geistliche Amtshandlungen und

---

Versammelten aus einem Buche vorgelesen [hat] [...]. An letztgenanntem Tage [d.h. am Weihnachtstag des Jahres 1878] *las er anscheinend aus einem Gebetbuche kleinen Formates eine Art Betrachtung für die Kinder. Den Inhalt der übrigen Vorlesungen kann ich wegen der Länge der [seither verflossenen] Zeit nicht mehr angeben. Der Vortrag machte auf mich nie den Eindruck einer freien Predigt, sondern einer religiösen, erbaulichen Vorlesung, zumal ich von meinem Platze aus beim Umschlagen der einzelnen Blätter die Druckschrift deutlich wahrnehmen konnte. Im Übrigen scheint es mir, daß Herr Gombert namentlich an Festtagen, wo der Küster Herber mit der Leitung des Gesanges viel beansprucht ist, diesem eine Erleichterung verschaffen will, indem er in diesen Fällen das Vorlesen übernimmt, was doch gewöhnlich von dem Küster selbst besorgt wird. Auf die Frage, in welcher Weise der Gottesdienst durch Herrn Kaplan Gombert gehalten wird, habe ich zu erwidern, daß der Laiendienst regelmäßig durch den Küster Johan Peter Herber von hier besorgt wird u. ich mich nicht erinnere, daß Herr Gombert sich in anderer Weise als durch genannte Lesungen am Vormittage und zuweilen durch Vorbeten (gewöhnlich aus dem Gesang- u. Gebetbuche für die Diöcese Trier) am Nachmittage betheiligte.*

Die Lehrerin A. Müller aus Mehring an den Landrat des Landkreises Trier am 3. April 1879 (LHAK, Bestand 442 Nr. 1961): *An den fraglichen Sonn- und Festtagen war ich mit Ausnahme des Weihnachtsfestes bei unserm Laiengottesdienste zugegen, kann also der Wahrheit gemäß behaupten, daß Herr Kaplan Gombert am 1ten und 10ten November, am 29ten Dezbr. v. Js. sowie am 1ten Januar d. J. an der Communionbank stehend in Civilkleidern aus einem Erbauungsbuche vorgelesen, aber keinen freien Vortrag gehalten hat. Der Küster Joh. Peter Herber, der Leiter unsers Laiengottesdienstes, hat am 29ten Dezember v. Js. das Aufgebot von Brautleuten und am 1ten Januar l. J. eine Beerdigung angekündigt.*

46 Der Lehrer Bernhard Loch aus Kell, der früher in Mehring wohnte und arbeitete, an den Landrat des Landkreises Trier am 2. April 1879 (LHAK, Bestand 442 Nr. 1961): *Wenn der genannte Nikolaus Gombert am 10. November in den Gottesdienst eingriff, so geschah es in derselben Weise wie er dieses an früheren Tagen gethan hat. Der p. Gombert kam an diesen Tagen hinter dem Altare her an die Kommunionbank getreten und hielt in der Hand ein offenes Buch, woraus er der versammelten Gemeinde wie es schien vorlas. Meiner Ansicht nach – ich war nämlich immer in unmittelbarer Nähe der Kommunionbank – hat der benannte Vikar in vielen Fällen nicht vorgelesen, sondern gepredigt und dann das Buch bloß zum Scheine vor sich gehalten. Derselbe hat ferner an den Sonntag-Nachmittagen neben dem Altare knieend regelmäßig vorgebetet oder er ging auch während des Vorbetens in [der] Kirche umher von einem Ende zum andern. Auch ist mir erinnerlich, daß derselbe oft zum Gebete aufgefordert hat und zwar in der Kirche vor versammelter Gemeinde. Daß er sich an der Leitung des Gottesdienstes auch weiterhin betheiligt, geht daraus hervor, daß er besonders die Schuljugend strengstens zum Besuche des Laiengottesdienstes anhielt und Versäumnisse desselben regelmäßig bestrafte.*

lehnte Ende 1879 die Einleitung eines Strafverfahrens ab,[47] wofür vielleicht schon das langsame Abflauen des Kulturkampfes verantwortlich war.

Umstritten war überdies, ob und unter welchen Umständen die Primiz, die emotional hochbedeutsame und üblicherweise von einem Festbrauchtum begleitete erste Messe eines neugeweihten Priesters,[48] als geistliche Amtshandlung zu gelten habe. Während der Oberpräsident meinte, *daß die feierliche Abhaltung der ersten Messe als Hülfeleistung im Sinne des Gesetzes nicht erscheint,*[49] ließ die Regierung Trier die Anfrage eines Gastwirtes aus Schweich, ob sein neugeweihter Sohn in der Schweicher Pfarrkirche seine erste Messe lesen dürfe, trotz der Fürsprache des Bürgermeisters und trotz des Angebots, *von der sonst üblichen Abholung und Zurückführung des Geistlichen Max in seine elterliche Wohnung durch eine Prozession gerne Abstand* zu nehmen,[50] abschlägig bescheiden mit dem Hinweis, dass sich der Neopresbyter strafbar machen würde[51]. Dieser fand sich jedoch nicht mit der Ablehnung ab, wählte freilich eine vorsichtige, um Aufsehenvermeidung bemühte Kompromisslösung, indem er, während der Pfarrer die Frühmesse las, mit seinen Angehörigen in der Kirche erschien, die Kirchentür hinter sich verschloss und an einem Seitenaltar, allerdings *in Gegenwart von Andächtigen,* seine erste Messe

---

47 Der Erste Staatsanwalt von Trier an die Regierung Trier am 6. Dezember 1879 (LHAK, Bestand 442 Nr. 1961): *Der Königlichen Regierung beehre ich mich auf das gefällige Schreiben vom 19ten November d. Js., betreffend den Kaplan Gombert in Mehring, […] ergebenst zu erwidern, daß ich die in Betreff des p. Gombert konstatirten Thatsachen nicht für geeignet halte, um ein strafgerichtliches Verfahren wegen derselben einzuleiten, da sowohl dessen öffentliches Vorlesen aus einem Erbauungsbuche als auch das Besprengen der Menge mit Weihwasser als geistliche Amtshandlungen im Sinne des Art. 2 des Gesetzes vom 21. Mai 1874 nicht anzusehen sind.*

48 Vgl. M. Persch: Zur Lebenskultur des Trierer Diözesanklerus im 19. und 20. Jahrhundert, S. 375–377; Ders.: Der Diözesanklerus, S. 193f; O. Wiebel-Fanderl: Lebenslauf, S. 347–349; H. Meyer: Eucharistie, S. 565–573.

49 Der Oberpräsident der Rheinprovinz an den Kultusminister am 28. Oktober 1873 (GStA PK, I. HA Rep. 76 IV Sekt. 13 Abt. XII Nr. 13 Bd. 1).

50 Der Bürgermeister von Schweich, Schmitz, an den Landrat des Landkreises Trier, Spangenberg, am 24. August 1875 (LHAK, Bestand 442 Nr. 1985): *Adam Max, Gastwirth hier, hat bei dem Herrn Dechanten Becker dahier angefragt, ob sein Sohn, der neugeweihte Priester Franz Max, in der hiesigen Pfarrkirche seine erste heil. Messe öffentlich lesen dürfe. Herr Dechant Becker hat dem p. Max versprochen, die Genehmigung dazu nachzusuchen und mich heute mündlich um Einholung derselben gebeten mit dem Hinzufügen, daß von der sonst üblichen Abholung und Zurückführung des Geistlichen Max in seine elterliche Wohnung durch eine Prozession gerne Abstand genommen würde. Euer Hochwohlgeboren bitte ich daher ganz gehorsamst um hochgefällige Genehmigung des gestellten Antrages, da bei Gestattung dieses Antrages eine unerlaubte Handlung durchaus nicht zu befürchten ist.*

51 Die Regierung Trier an den Landrat des Landkreises Trier am 31. August 1875 (LHAK, Bestand 442 Nr. 1985 im Entwurf).

zelebrierte.[52] Ungeachtet der Obacht verurteilte ihn das Zuchtpolizeigericht Trier wohl wegen der Anwesenheit von Gläubigen zu einer Geldstrafe von 30 Mark, im Nichtzahlungsfalle zu sechs Tagen Gefängnis.[53] Anders bewertet wurde die Primiz des neugeweihten Geistlichen Gilles aus Mayen, was die hochgradige Subjektivität und Ermessensabhängigkeit der Entscheidungsfindung in diesen Religionsangelegenheiten beleuchtet. Trotz der Anwesenheit von Familienangehörigen plädierte nämlich die Regierung Koblenz für eine Duldung[54] und der Koblenzer Oberprokurator verzichtete auf eine Anklageerhebung, weil er in einer Primiz keine geistliche Amtshandlung erkennen konnte[55]. Die Referierung von Ausführungen des

---

52 Der Bürgermeister von Schweich an den Oberpräsidenten der Rheinprovinz am 12. September 1875 (LHAK, Bestand 442 Nr. 1985): *Euer Hochwohlgeboren beehre ich mich unterthänigst zu berichten, daß ich heute dem Königlichen Herrn Oberprokurator zu Trier die Anzeige gemacht habe, daß der nebengenannte Geistliche Franz Max am 1. dieses Monates in der hiesigen Pfarrkirche in Gegenwart von Andächtigen seine erste heil. Messe gelesen hat. Der p. Max ist nämlich, während der hiesige Pastor, Herr Dechant Becker, am 1. dieses Monats wie gewöhnlich morgens zwischen 6 und 7 Uhr Messe gelesen [hat], in Begleitung seiner Angehörigen in der Kirche erschienen, begab sich, nachdem die Kirchenthüre hinter ihm verschlossen worden war, an einen der in der Kirche befindlichen Altäre und leste seine erste heil. Messe still in Gegenwart der in der Kirche anwesend gewesenen Andächtigen.*

53 Der Trierer Oberprokurator Kewenig an die Regierung Trier am 28. Januar 1876 (LHAK, Bestand 442 Nr. 1985).

54 Die Regierung Koblenz an den Oberpräsidenten der Rheinprovinz am 12. September 1876 (LHAK, Bestand 441 Nr. 17285 im Entwurf): *Der Vater des jungen Geistlichen Peter Anton Gilles* [d.i. der Name des Vaters!] *hatte zuletzt unterm 21. August cr. angefragt, ob sein Sohn seine Primiz in der bisher üblichen Weise feiern dürfe und Ew. [Hochwohlgeboren] hatten hierauf unterm 23. August cr. dahin rescribirt, daß durch die Localbehörde festzustellen sei, ob nach der Weise, wie die Primizfeier beabsichtigt sei, das Lesen der Messe nicht den Charakter einer geistlichen Amtshandlung habe, in welchem Falle von vornherein von jeder weiteren Verfolgung abgesehen werden solle. Wenn dies aber auch angenommen und seitens der Verwaltungsbehörde daher nichts wegen der Feier veranlaßt werden sollte, so werde Petent doch ausdrücklich darauf hinzuweisen sein, daß über die Frage der Strafbarkeit schließlich lediglich das Gericht zu entscheiden habe. [...] In concreto dürfte in der beabsichtigten Primizfeier eine geistliche Amtshandlung nicht gefunden werden. Denn die Intention des p. Gilles, welcher den Staatsbehörden von seinem Vorhaben Anzeige gemacht hat, geht offenbar nur dahin, zum ersten Mal die allgemeine Priesterpflicht zu erfüllen, d.h. eine Messe zu lesen, nicht aber eine Amtshandlung zu begehen, wie denn die ganze Feier den Charakter einer Art Familienfestes hat und dieser Charakter auch dadurch nicht geändert wird, wenn noch einige Neugierige derselben beiwohnen. [...] Nach den gemachten Ausführungen glauben wir uns dahin aussprechen zu dürfen, daß in der von dem Gilles beabsichtigten Primizfeier eine geistliche Amtshandlung nicht gefunden werden könne und diese Feier daher zulässig erscheine.*

55 Der Koblenzer Oberprokurator Sommer an den Oberpräsidenten der Rheinprovinz am 22. September 1876 (LHAK, Bestand 441 Nr. 17285): *Ich (trete) der Ansicht der*

Bürgermeisters und des Landrats von Mayen in dieser Angelegenheit zeigt beispielhaft auf, in welcher Beurteilungsunsicherheit und Kompetenzproblematik sich Unterbehörden befanden, wenn sie entscheiden sollten, ob ein bestimmter Kultakt eine geistliche Amtshandlung darstellt oder nicht.[56]

Viel innerbehördlichen Diskussionsstoff und viele Gerichtsurteile verursachten die sog. stillen Messen, ein missverständlicher, da das Gemeinte nur ungenau wiedergebender Terminus, der aber hier wegen seiner durchgängigen Verwendung in den Quellen beibehalten wird. Konkret gemeint war im vorliegenden Kontext eine Sonderform der stillen Messe, nämlich die Privatmesse oder missa privata, welche ein Priester ohne beabsichtigte, wenngleich auch nicht ausgeschlossene Teilnahme von Gläubigen, daher auch ohne Aufforderung zur Teilnahme in Form von Glockenläuten, ohne liturgische Feierlichkeit in Gestalt von Musik und Gesang, eventuell lediglich assistiert von einem Ministranten, im Unterschied zu einer missa publica ganz für sich allein las und nicht zum gemeindeadressierten Pfarrgottesdienst gehörte.[57] Die Frage, ob und unter welchen Umständen eine solche nicht für ein ‚Publikum' gedachte, aber gleichwohl gelegentlich von Gläubigen besuchte

---

Königlichen Regierung bei und (habe) daher keine Veranlassung, wegen bloßer Abhaltung einer Primiz, da diese Handlung ihrer Natur nach mit der Ausübung eines concreten geistlichen Amtes nichts gemein hat sowie mit Rücksicht auf den Ministerialerlaß vom 12. April 1875 und das Urtheil des Königlichen Obertribunals zu Berlin (Staatsanzeiger von 1876, No. 149), strafgerichtlich einzuschreiten.

56 Die Regierung Koblenz an den Oberpräsidenten der Rheinprovinz am 12. September 1876 (LHAK, Bestand 441 Nr. 17285 im Entwurf): *Wie Ew. [Hochwohlgeboren] nun aus dem Aktenstück ersehen wollen, erklärt das Organ der Localbehörde, der Bürgermeister, daß er die Frage, ob in der Primizfeier eine geistliche Amtshandlung zu erblicken sei, nicht zu beantworten vermöge, wenn ihm nicht bestimmte Unterscheidungsmerkmale mitgetheilt würden, auch bei den Verhältnissen in Mayen Bedenken trage, selbst über den Zulassung der fraglichen Feier Entscheidung zu treffen, diese vielmehr höheren Orts erbitte. Der Landrath des Kreises Mayen schließt sich diesem Antrag an, indem er bemerkt, daß es geboten erscheine, im Interesse der einheitlichen Verwaltung die Frage in höherer Instanz allgemein zur Entscheidung zu bringen und sie nicht dem subjektiven Ermessen der Lokalbehörden zu überlassen. Im Übrigen hebt der Landrat hervor, daß diese Feier entweder pure zuzulassen oder zu versagen sei; solle aber zwischen den einzelnen Fällen distinguirt werden, so müsse in der fraglichen Feier eine Amtshandlung gefunden werden, da dieselbe in der bisher üblichen Weise in Anwesenheit von Geistlichen, Verwandten und Freunden beabsichtigt sei. Auch solle die Capelle erst nach Beginn des Gottesdienstes geschlossen werden, wo[durch] es schwerlich möglich sein werde, anderes Publicum, was bei solchen Veranlassungen hinzuzuströmen pflege, zu beseitigen, ohne den Gottesdienst zu stören. Auch sei zu erwägen, in welche Lage der Bürgermeister bei der Duplicität seiner amtlichen Stellung als administrativer und als gerichtlicher Polizeibeamter gebracht werde, wenn derselbe in der einen Eigenschaft die Feier zuließe und in der anderen als öffentlicher Ankläger denuncire.*

57 Vgl. J. Jungmann: Missarum sollemnia, Bd. 1, 5. Aufl., S. 279–306, insbes. S. 283 u. 300f.

Stillmesse eine – dann für nicht maigesetzkonform angestellte Priester verbotene – geistliche Amtshandlung ist, wurde im Laufe des Kulturkampfes zunehmend wichtiger, weil es je länger je mehr zur beruflichen Untätigkeit verdammte Priester gab, die weiterhin als Ausdruck ihrer priesterlichen Identität, zur Befriedigung eines inneren religiösen Bedürfnisses und zur – so die Standardformulierung in den Quellen – Erfüllung einer Gewissenspflicht meist täglich eine stille Messe lesen mochten. So wollte ein gesperrter Geistlicher, welcher seine Pfarrei, wo er zur pastoralen Passivität verpflichtet war, zu verlassen und bei Familienangehörigen oder Freunden zu verweilen gedachte, vom Oberpräsidenten wissen, ob er an seinem jeweiligen Aufenthaltsort stille Messen lesen dürfe.[58] Der Oberpräsident entgegnete, ihm sei eine öffentliche Messe, durch welche eine Seelsorge ausgeübt würde, verboten, dagegen eine allein für sich, nicht in Gegenwart Gläubiger verrichtete Stillmesse erlaubt.[59] Dieser Bescheid erhielt überindividuelle Bedeutung dadurch, dass der Oberpräsident den Schriftwechsel dem Kultusminister zur Begutachtung vorlegte[60] und dieser sich damit *einverstanden* erklärte und anheimgab, *in künftigen Fällen analog zu verfahren*[61]. Nahezu gleichzeitig, aber in einem anderen Zusammenhang bekräftigte und präzisierte der Kultusminister diese Linie bezüglich der Einschätzung und Behandlung stiller Messen, indem er als Kriterium für das Vorliegen einer geistlichen Amtshandlung und damit für das Stellen einer Strafanzeige angelegt wissen wollte, *ob die Messe mit Circumstanz stattfindet, also*

---

58 Der Geistliche Soehnen zu Rösberg im Kreis Bonn an den Oberpräsidenten der Rheinprovinz am 16. Juli 1874 (GStA PK, I. HA Rep. 76 IV Sekt. 13 Abt. XII Nr. 13 Bd. 2): *Ich gehöre nämlich zu den Geistlichen, welchen die amtlichen Functionen untersagt sind. In der Absicht nun, auf unbestimmte Zeit meinen Pfarrbezirk zu verlassen und während dessen theils bei meiner Familie, theils bei Freunden zu verweilen, bitte ich Euer Excellenz ergebenst, mir gütigst mittheilen zu wollen, ob es mir an meinem jedesmaligen Aufenthaltsort gestattet ist, eine stille Messe zu lesen.*

59 Oberpräsident v. Bardeleben *an den Geistlichen Soehnen zu Roesberg Kreis Bonn* am 18. Juli 1874 (LHAK, Bestand 441 Nr. 15488; GStA PK, I. HA Rep. 76 IV Sekt. 13 Abt. XII Nr. 13 Bd. 2; GStA PK, I. HA Rep. 76 IV Sekt. 1 Abt. XII Nr. 6 Bd. 2): *Euer Ehrwürden erwidere ich auf das Schreiben vom 16. d. Mts. ergebenst, daß das öffentliche Messelesen unter die Bestimmungen des Gesetzes vom 11. Mai v. Js. fällt und daher Ihnen nur dann gestattet ist, wenn auf Ihre Seitens der erzbischöflichen Behörde erfolgte Benennung kein Einspruch innerhalb der bestimmten 30tägigen Frist von mir erhoben worden [ist]. Dagegen würde gegen Sie wegen solcher Messen nicht eingeschritten werden, welche Sie für sich allein, also ohne Zuziehung Andächtiger, in Betreff derer dadurch eine cura animarum ausgeübt werden würde, lesen sollten.*

60 Der Oberpräsident der Rheinprovinz an den Kultusminister am 18. Juli 1874 (GStA PK, I. HA Rep. 76 IV Sekt. 13 Abt. XII Nr. 13 Bd. 2).

61 Der Kultusminister an den Oberpräsidenten der Rheinprovinz am 22. August 1874 (LHAK, Bestand 403 Nr. 10402; LHAK, Bestand 441 Nr. 15488; GStA PK, I. HA Rep. 76 IV Sekt. 13 Abt. XII Nr. 13 Bd. 2).

den Charakter einer cura animarum trägt.[62] Ein an alle Landräte gerichtetes Rundschreiben der Regierung Aachen resümierte den völlig auf die Differenz Privatheit versus Öffentlichkeit abhebenden Standpunkt des Kultusministers für die nachgeordneten Behörden.[63]

Wie so häufig ließen freilich neue Definitions- und Auslegungsprobleme nicht lange auf sich warten, denn bald erhob sich die Frage, ob die Realität der ‚Circumstanz' gegeben sein müsse oder ob schon ihre Potentialität ausreiche, um von einer geistlichen Amtshandlung sprechen zu können. Die Möglichkeit für eine Teilnahme von Gläubigen war beispielsweise dann gegeben, wenn die Kirchentür während des Lesens einer stillen Messe nicht abgeschlossen war. Weiterhin kam es vielfach vor, dass ein Priester am Hauptaltar für die Gemeinde die Messe zelebrierte, während ein anderer Priester an einem Seitenaltar für sich privat eine stille Messe abhielt und dann war es ebenfalls nicht ausgeschlossen, dass Gläubige hinzutraten. So war der Geistliche Beinroth, der vorher am Progymnasium in Boppard angestellt war, nach Mayen gezogen, um dort die Redaktion einer neu zu gründenden Zeitung zu übernehmen. Er las nun in der Mayener Pfarrkirche an einem Seitenaltar stille Messen zu einer Zeit, als gleichzeitig am Hochaltar ein gesetzmäßig angestellter Priester für die Gemeinde eine Messe zelebrierte, ohne dass diese beiden Gottesdienste miteinander in Verbindung standen oder in ihrem Ablauf synchronisiert wurden. Diese rein privaten Stillmessen, zu denen auch nicht geläutet wurde, waren nicht Teil des regulären Pfarrgottesdienstes wie überhaupt der Geistliche nicht zum Pfarrklerus von Mayen gehörte und keinerlei Pfarrseelsorge ausübte.[64] Andererseits fanden die beiden Messen parallel in derselben

---

62 Der Kultusminister an den Oberpräsidenten der Rheinprovinz am 21. August 1874 (GStA PK, I. HA Rep. 76 IV Sekt. 1 Abt. XII Nr. 6 Bd. 2; LHAK, Bestand 441 Nr. 15488; LHAK, Bestand 403 Nr. 10402).

63 Die Regierung Aachen an alle Landräte ihres Regierungsbezirks am 9. September 1874 (GStA PK, I. HA Rep. 76 IV Sekt. 13 Abt. XII Nr. 13 Bd. 2; GStA PK, I. HA Rep. 76 IV Sekt. 1 Abt. XII Nr. 6 Bd. 2): *Der Herr Minister der geistlichen, Unterrichts- und Medizinal-Angelegenheiten hat mittelst Rescripts vom 22. August d. J. sich wiederholt dahin ausgesprochen, daß das öffentliche Messelesen unter die Bestimmungen des Gesetzes vom 11. Mai v. J. fällt und daher einem Geistlichen nur dann gestattet ist, wenn auf dessen Seitens der Erzbischöflichen Behörde erfolgte Benennung kein Einspruch innerhalb der bestimmten 30tägigen Frist von dem Herrn Oberpräsidenten erhoben worden ist. Dagegen würde gegen den Geistlichen wegen solcher Messen nicht einzuschreiten sein, welche derselbe für sich allein, also ohne Zuziehung Andächtiger, in Betreff deren dadurch eine cura animarum ausgeübt würde, lesen sollte. Wir bemerken, daß die sog. stillen Messen ebenfalls unter das Gesetz vom 11. Mai v. J. fallen und allein durch den Ausschluß der Öffentlichkeit die Strafbarkeit wegfällt.*

64 Der Bürgermeister von Mayen an den Oberpräsidenten der Rheinprovinz am 30. Oktober 1874 (LHAK, Bestand 403 Nr. 10403): *Der Geistliche Beinroth, welcher bereits seit 9 Jahren Priester ist und früher als Religionslehrer an dem Progymnasium zu Boppard angestellt war, hält sich seit dem 14. c. angemeldet hier auf, um die Redaktion einer hier zu gründenden Zeitung zu übernehmen. Der p. Beinroth hat sich bis jetzt jeder*

Kirche statt, sodass die Beiwohnung von Gläubigen an der stillen Messe natürlich jederzeit möglich war. Der Oberpräsident vertrat diesbezüglich nun die Ansicht, dass der Charakter einer geistlichen Amtshandlung nicht erst dann anzunehmen

---

geistlichen Handlung in hiesiger Stadt enthalten außer dem Lesen von stillen Messen. Diese stillen Messen liest derselbe an einem Seitenaltare der hiesigen Pfarrkirche nur zu einer Zeit, während gleichzeitig an dem Hochaltar von einem gesetzlich angestellten Priester Messe gelesen wird. Der p. Beinroth liest keine Messen, welche zu den – wenn ich mich dieses Ausdrucks bedienen darf – Dienstmessen für die hiesige Pfarrei gehören, sondern während diesen Dienstmessen. Zu den von p. Beinroth gelesenen Messen wird nicht geläutet und nehmen auch die der Dienstmesse beiwohnenden Andächtigen auf die von p. Beinroth gelesenen Messen keine Rücksicht, indem z.B. während der Wandlung Orgel gespielt und vorgebetet wird, was sonst nicht stattfindet. Der hiesige Pfarrer, Dechant Stadlmair, hat mir erklärt, daß der p. Beinroth zu keinen geistlichen Amtshandlungen in seiner Pfarrei befugt sei und er die Kapläne wenn nothwendig biniren, d.h. zwei Messen lesen lasse, um dem festgesetzten Dienst zu genügen, da die von p. Beinroth gelesene Messe nicht für die hiesige Pfarrei gelte. Auf Grund dieser Thatsachen hielt ich mich bisher nicht für befugt, das Messelesen des p. Beinroth zu inhibiren, da ich der Ansicht bin, daß hier keine Messe vorliegt, durch welche cura animarum für die Umstehenden geübt wird. Wenn der p. Beinroth Messe läse, während kein anderer gesetzlich angestellter Priester fungirt, so würde ich nicht zweifelhaft sein, daß cura animarum geübt würde. Außerdem könnte vielleicht der Umstand von Erheblichkeit sein, daß der p. Beinroth schon vor Erlaß der kirchenpolitischen Gesetze befugt war, in der Diözese Trier Messe zu lesen und von dieser Befugniß auch jetzt noch Gebrauch macht. Irgend welches geistliches Amt ist dem p. Beinroth nicht verliehen und nimmt er auch kein solches in Anspruch, sondern glaubt nur berechtigt zu sein, für sich stille Messen auch ferner lesen zu dürfen.

Vom Bürgermeister von Mayen, Adams, am 5. Dezember 1874 aufgenommenes Protokoll (LHAK, Bestand 441 Nr. 17285): *Ad generalia: Ich heiße Johann Beinroth, bin 34 Jahre alt, katholischer Privatgeistlicher, in Mayen wohnhaft. Zur Sache: Ich bin seit 9 Jahren Priester, da ich am 26. August 1865 von dem Bischof von Trier geweiht worden bin. Seit dieser Zeit bin ich nach der mir damals von der Bischöflichen Behörde über die Weihe ausgestellten Urkunde berechtigt, im Umfang der Diözese Trier die h. Messe zu celebriren und auch Beichte zu hören. Wenn ich auch kein geistliches Seelsorgeamt oder ein anderes geistliches Amt bekleide, so bin ich doch Priester der Diözese Trier und als solcher auch nach den mir vorgehaltenen Gesetzen berechtigt, Messe zu lesen und Beichte zu hören, da mir diese Befugnisse vor dem Erlaß jener Gesetze zustanden. Trotzdem mir die Befugniß zu den genannten geistlichen Handlungen [...] zusteht, habe ich mich doch des öffentlichen Lesens von h. Messen und des Beichthörens seit meinem Aufenthalt hierselbst gänzlich enthalten, sondern nur stille Messen für mich gelesen. Ich habe nämlich in der hiesigen Pfarrkirche immer nur Messe gelesen, wenn gleichzeitig ein an der hiesigen Pfarrei gesetzlich angestellter Priester eine von den für die Pfarrgemeinde bestimmten Messen am Hochaltar las. Ich bin der Ansicht, daß hierdurch nicht die Seelsorge für die Umstehenden ausgeübt wird, wenn ich wie beschrieben am Seitenaltar während einer Pfarrmesse celebrire, sondern daß die Seelsorge durch die Messe am Hochaltar, die Pfarrmesse, geübt wird.*

sei, wenn tatsächlich Gläubige anwesend sind, sondern schon dann, wenn sie die bloße Möglichkeit zum Zutritt haben, denn sonst könne eine stille Messe, die anfangs wegen der Abwesenheit von Zuschauern straflos war, in ihrem weiteren Verlauf, beispielsweise mitten während der Wandlung, durch das unvermutete plötzliche Hereinkommen oder Hinzutreten eines Gläubigen zu einer straffälligen geistlichen Amtshandlung mutieren, eine Vorstellung, die dem Oberpräsidenten Probleme bereitete.[65] Der Kultusminister konnte oder wollte jedoch diese wahrlich intrikate Frage nicht entscheiden, sondern den Gerichten unterbreitet bzw. überlassen haben.[66]

Wie entschieden nun die Gerichte? Das Landgericht Koblenz verurteilte den Kaplan Nikolaus Zender, weil er in Gelsdorf (Kreis Ahrweiler) an einem Seitenaltar stille Messe las, während am Hauptaltar der Pfarrer das Hochamt zelebrierte, zu einer Geldstrafe von 150 Mark bzw. 30 Tagen Gefängnis. In diesem Fall kam neben der Anwesenheit von Gläubigen erschwerend hinzu, dass der Kaplan früher in Gelsdorf unerlaubterweise amtiert hatte und deshalb wegen verbotener Verrichtung von geistlichen Amtshandlungen verurteilt und aus den Kreisen Ahrweiler, Adenau und Mayen ausgewiesen worden war, sodass die Richter dessen illegale Rückkehr an seinen früheren Wirkungsort und das Lesen einer stillen Messe dortselbst in der Pfarrkirche als offene Provokation deuteten, welche die Aufmerksamkeit der Kirchenbesucher erregen und zur Teilnahme von Gläubigen führen musste.[67] Das Landgericht Trier dagegen sprach trotz einer nicht verschlossenen Kirchentür einen Priester frei, weil dieser eine stille Messe, um deren Privatheit sicherzustellen, zu einer ortsunüblichen Zeit, ohne Glockenläuten, ohne vorherige Bekanntmachung und sogar ohne Informierung des Küsters gelesen hatte.[68]

65 Der Oberpräsident der Rheinprovinz an den Kultusminister am 23. Oktober 1874 (GStA PK, I. HA Rep. 76 IV Sekt. 13 Abt. XII Nr. 13 Bd. 3): *Meines Erachtens (führt) die bloße Möglichkeit, daß Andächtige der Messe beiwohnen können, die Strafbarkeit der betreffenden, ohne vorhergegangene Benennung erfolgenden Handlung herbei. Denn andernfalls würde dieselbe so lange, als niemand an der kirchlichen Feier sich betheiligt, straflos sein, in dem Augenblicke, daß jemand hinzutritt, aber strafbar werden. Ich glaube nicht, daß eine solche Annahme zulässig erscheint.*

66 Der Kultusminister an den Oberpräsidenten der Rheinprovinz am 12. Dezember 1874 (GStA PK, I. HA Rep. 76 IV Sekt. 1 Abt. XII Nr. 6 Bd. 2; LHAK, Bestand 403 Nr. 10403): *Die Frage, ob ein nicht gesetzmäßig angestellter Geistlicher sich strafbar macht, wenn er an einem Nebenaltar die Messe liest, während gleichzeitig von einem gesetzlich angestellten Geistlichen die Messe am Hauptaltar celebrirt wird, (mag) der Entscheidung der Gerichte unterbreitet werden.*

67 Urteil der korrektionellen Appellkammer des Kgl. Landgerichts Koblenz vom 18. Februar 1875 (LHAK, Bestand 403 Nr. 10404. Text im Quellenanhang VI).

68 Die Regierung Trier an den Oberpräsidenten der Rheinprovinz am 24. Oktober 1877 (LHAK, Bestand 403 Nr. 10406): *Wie jede andere geistliche Handlung kann selbst in der Kirche bei offenen Thüren die stille Messe unter Umstände[n] keine Amtshandlung sein. So hat z. B. die Rathskammer des hiesigen Königlichen Landgerichts die Einstellung des Verfahrens auf Grund einer bei der Vernehmung in der Voruntersuchung abgegebene[n]*

Das Obertribunal beschäftigte sich in mehreren Urteilen mit den stillen Messen[69] und stellte als Grundsätze auf, dass sie im Prinzip, aber nicht obligatorisch und ausnahmslos als geistliche Amtshandlungen zu werten seien, dass freilich nicht bloß die Absicht des Zelebranten zur bloßen Erfüllung einer Priester- oder Gewissenspflicht, sondern auch die konkreten äußeren Umstände für die Einordnung maßgebend seien und dass – hier wich das Obertribunal leicht von der Position der Verwaltungsbehörden ab – die Gegenwart von Gemeindemitgliedern eine Qualifizierung als geistliche Amtshandlung zwar nahelege, aber nicht unbedingt erzwinge[70]. Unter Berücksichtigung dieser Rechtsprechung des

ausdrückliche[n] Erklärung des Beschuldigern, er habe bei Lesung der Messe einzig und allein die Erfüllung einer Gewissenspflicht gewollt, in Verbindung mit der constatirten Thatsache beschlossen, daß die fragliche Messe zu einer nicht herkömmlichen Zeit ohne vorheriges Zusammenläuten oder sonstige Bekanntmachung stattgefunden und der Beschuldigte außerdem dem Küster die Angabe der Stunde, in welcher er die Handlung vorzunehmen beabsichtigte, in der ausdrücklichen Absicht verweigert hatte, den Zutritt von Publikum zu vermeiden.

69 Urteil des Obertribunals vom 2. Juni 1874 (Die Maigesetze, S. 81f; Die Rechtsprechung des Kgl. Obertribunals, Bd. 15 von 1874, S. 353f). Leitsatz: *Das Lesen einer sog. stillen Messe ist eine geistliche Amtshandlung, sobald es von einem Geistlichen in einer amtlichen Stellung und zur Erfüllung der ihm dadurch überkommenen Pflichten bewirkt wird.*
Urteil des Obertribunals vom 15. Dezember 1874 (Die Maigesetze, S. 77f; Die Rechtsprechung des Kgl. Obertribunals, Bd. 15 von 1874, S. 867f). Leitsatz: *Eine von einem gesetzwidrig angestellten Geistlichen in der betreffenden Kirche gelesene stille Messe ist nicht als geistliche Amtshandlung anzusehen, wenn jenes Lesen nicht in Ausübung des fraglichen Amts, sondern lediglich in Erfüllung der allgemeinen Priesterpflicht stattgefunden hat. Ob dieses oder jenes im Einzelfalle anzunehmen sei, ist aber nicht blos nach der Absicht des Geistlichen, sondern nach der Gesammtheit der obwaltenden Umstände zu beurtheilen.*
Urteil des Obertribunals vom 4. März 1875 (Die Maigesetze, S. 78f; Die Rechtsprechung des Kgl. Obertribunals, Bd. 16 von 1875, S. 184f). Leitsatz: *Für die Beantwortung der Frage, ob das Lesen einer stillen Messe eine geistliche Amtshandlung sei, ist die Absicht des betreffenden Geistlichen nicht allein entscheidend; es kommt vielmehr auf die Erscheinungsform dem Publikum, besonders den Gemeindegliedern gegenüber an.*
Urteil des Obertribunals vom 7. Oktober 1875 (Die Maigesetze, S. 79–81; Die Rechtsprechung des Kgl. Obertribunals, Bd. 16 von 1875, S. 638–640). Leitsatz: *Ob das Lesen einer stillen Messe als eine geistliche Amtshandlung anzusehen sei oder nicht, unterliegt selbst dann, wenn jenes in Gegenwart von Gemeindemitgliedern geschah, lediglich der thatsächlichen Beurtheilung des Instanzrichters.*

70 *(Es) hängt von den Umständen des einzelnen Falles ab, ob das Lesen einer sogenannten stillen Messe [...] als eine geistliche Amtshandlung oder eine bloß private, lediglich die Erfüllung einer Gewissenspflicht in sich schließende Handlung sich darstelle, und, wenngleich der Umstand, daß dieselbe in der Kirche in Gegenwart von Gemeindemitgliedern gelesen worden ist, in der Regel zu der ersteren Annahme führen wird, so schließt er doch nicht mit rechtlicher Nothwendigkeit die letztere Annahme aus. Vielmehr bleibt es*

Obertribunals[71] und in Weiterführung der bisherigen Instruktionen regelte der Kultusminister in seinem Erlass vom 12. Mai 1875 abschließend, wann stille Messen als geistliche Amtshandlungen einzustufen und demzufolge Strafverfolgungen einzuleiten seien.[72] Dementsprechend instruierte die Regierung Aachen ihre Landräte in

---

Sache der freien thatsächlichen Beurtheilung, ob im einzelnen Falle in Folge besonderer Verhältnisse eine in der Kirche in Gegenwart von Gemeindemitgliedern gelesene Messe lediglich einen privaten Charakter an sich trage (Die Maigesetze, S. 80; Die Rechtsprechung des Kgl. Obertribunals, Bd. 16 von 1875, S. 639f).

71 Die Regierung Trier resümierte die Rechtsprechung des Obertribunals in ihrem Schreiben an den Oberpräsidenten vom 24. Oktober 1877 (LHAK, Bestand 403 Nr. 10406) folgendermaßen: *Daß eine sogenannte stille Messe sich von jeder andern Messe wesentlich nur durch mindere Feierlichkeit, namentlich durch den Mangel des Gesanges unterscheidet, kann nicht zweifelhaft sein [...]. In Übereinstimmung mit dieser Anschauung hat denn auch das Königliche Obertribunal in zahlreichen Fällen die stillen Messen als geistliche Amtshandlungen characterisirt und auf sie die Strafbestimmungen des § 23 des Gesetzes vom 11. Mai 1873 beziehungsweise des Art. 2 des Gesetzes vom 21. Mai 1874 für anwendbar erklärt. Ein Gleiches ist selbst in den [...] die Nichtigkeitsbeschwerden gegen freisprechende Erkenntnisse der Instanzgerichte zurückweisenden Urtheilen vom 15. Dezember 1874 und 7. October 1875 als Grundsatz ausdrücklich hingestellt, während die Möglichkeit der Annahme einer bloß privaten, lediglich die Erfüllung einer Gewissenspflicht in sich schließenden und damit straflosen Handlung bei der Celebrirung einer Messe in der Kirche mit geöffneten Thüren als eine Ausnahme erklärt und dabei ausgesprochen wird, daß das Vorhandensein einer solchen Ausnahme Gegenstand der Feststellung von thatsächlichen Verhältnissen bilde, welche sich als solche der oberstrichterlichen Prüfung der Cassationsinstanz entziehen.*

72 Der Kultusminister an den Oberpräsidenten der Rheinprovinz am 12. April 1875 (LHAK, Bestand 403 Nr. 10404): *Was sodann die Frage der stillen Messen anlangt, so liegt bereits eine ganze Reihe von Entscheidungen des Königlichen Obertribunals vor, die jedoch sämmtlich ihren Ausgangspunkt von der thatsächlichen Feststellung des Vorderrichters im einzelnen Fall nehmen und deshalb im Ergebniß je nach der thatsächlichen Feststellung des einzelnen Falles verschieden sind. Ich verweise in dieser Beziehung auf die Erkenntnisse vom 21. März, 8. Mai und 2. Juni v. J. (Oppenhoffs Rechtsprechung des Obertribunals in Strafsachen Bd. 15 S. 172, 298 und 353), welche sämmtlich das Lesen sogen. stiller Messen in den betreffenden Fällen für strafbar erklären, weil der Vorderrichter festgestellt hatte, daß das Lesen dieser Messen als geistliche Amtshandlung ausgeübt war und zwar deswegen, weil es in Gegenwart von Gemeindeangehörigen geschehen sei. Andererseits ist in dem Erkenntnisse vom 15. December v. J. [...] das freisprechende Erkenntniß des Appellationsrichters bestätigt, weil der Letztere festgestellt hatte, daß die in Frage stehende Messe sich nicht als Vornahme einer geistlichen Amtshandlung, sondern lediglich als Erfüllung der allgemeinen Priesterpflicht darstelle. In dieser Entscheidung ist mithin eine Nöthigung zum Verlassen der bisherigen Praxis in Betreff der Behandlung der sogen. stillen Messen nicht gegeben. [...] Es wird daher auch ferner davon auszugehen sein, daß das Lesen einer Messe unter die Bestimmungen des Gesetzes vom 11. Mai 1873 fällt, wenn dasselbe sich als eine geistliche Amtshandlung charakterisirt, und daß diese Voraussetzung bis zum Nachweise des Gegentheils als vorhanden anzunehmen ist, wenn, wie das Erkenntniß vom 21. März 1874 ausspricht,*

einem Rundschreiben, das die endgültige Position der rheinischen Provinzialverwaltung in der fraglichen Angelegenheit zusammenfasste.[73] Als der Bürgermeister von Asbach mit der Bitte um nähere Weisung einen polizeilich überwachten Neopresbyter meldete, der an einem Nebenaltar stille Messen las, während ein Pfarrgeistlicher am Hauptaltar zelebrierte,[74] ließ ihn die Regierung Koblenz gemäß der offiziellen Linie dahingehend instruieren, dass die fraglichen Kultakte dann den Charakter einer geistlichen Amtshandlung annehmen würden, wenn *ein Theil der im Kirchengebäude Versammelten sich um den Nebenaltar geschaart hat und somit als dem an Letzterem stattfindenden Gottesdienst theilnehmend zu erachten ist.*[75]

---

das Messelesen in Gegenwart von Gemeindeangehörigen geschieht. Nur wenn nach der ganzen Lage des concreten Falls ein Zweifel darüber nicht besteht, daß das Lesen der Messe nicht den Charakter einer geistlichen Amtshandlung hatte, wird von vornherein von jeder weiteren Verfolgung abzusehen sein.

73 Die Regierung Aachen an alle ihre Landräte am 29. April 1875 (GStA PK, I. HA Rep. 76 IV Sekt. 13 Abt. XII Nr. 13 Bd. 3; GStA PK, I. HA Rep. 76 IV Sekt.1 Abt. XII Nr. 6 Bd. 2): *Was sodann die Frage der stillen Messen anlangt, so wird auf Grund der verschiedenen Entscheidungen des Königlichen Obertribunals auch ferner davon auszugehen sein, daß das Lesen einer Messe unter die Bestimmungen des Gesetzes vom 11. Mai 1873 fällt, wenn dasselbe sich als eine geistliche Amtshandlung charakterisirt, und daß diese Voraussetzung und nicht die Annahme, das Messelesen geschehe lediglich als Erfüllung der allgemeinen Priesterpflicht, bis zum Nachweise des Gegentheils als vorhanden anzunehmen ist, wenn das Messelesen in Gegenwart von Gemeindeangehörigen geschieht. Nur wenn nach der ganzen Lage des concreten Falls ein Zweifel darüber nicht besteht, daß das Lesen der Messe nicht den Charakter einer geistlichen Amtshandlung hatte, wird von vornherein von jeder weiteren Verfolgung abzusehen sein.*

74 Der Bürgermeister von Asbach am 19. September 1875 an den Landrat von Neuwied, der das Schreiben an die Regierung Koblenz weiterleitete (LHAK, Bestand 441 Nr. 17290): *Dem Königlichen Landrathsamt zeige gehorsamst ich an, daß ein gewisser Reith, Sohn des Joseph Reith zu Kronkel, Geistlicher, seit kurzem sich daselbst aufhält und in hiesiger katholischer Kirche stets zu einer Zeit, wo der Pfarrer oder Vikar Gottesdienst hält, an einem Nebenaltar die stille Messe liest. Auf die erste durch Gendarm Matheis hierher gelangte Anzeige sind von mir dieser sowie der Polizeidiener Müller angewiesen worden, darauf zu vigiliren, ob durch irgend einen Umstand bei solcher Gelegenheit darauf zu schließen sei, daß die Messe mehr sei als die Übung einer jedem katholischen Geistlichen vorgeschriebenen Pflicht und ob sie eine cura animarum auch nur eines Anwesenden involvire. Eine betreffende Meldung ist mir über dergleichen bisher nicht zugegangen. Wenn aber der p. Reith in dieser Weise fortfährt, so dürfte darin mit der Zeit ein demonstratives Gebahren zu erblicken sein und bitte daher gehorsamst ich um hochgeneigte Belehrung, ob das Auftreten des Reith als gesetzwidrig zu behandeln sein wird.*

75 Die Regierung Koblenz an den Landrat von Neuwied am 30. September 1875 (LHAK, Bestand 441 Nr. 17290): *Den Geistlichen Reith aus Kronkel betreffend bemerken wir Ihnen, daß die Strafbarkeit des Lesens stiller Messen [...] lediglich nach der ganzen Lage des concreten Falles zu beurtheilen, insbesondere davon abhängig ist, ob das Lesen einer stillen Messe den Charakter einer geistlichen Amtshandlung hatte. Ihrer Auffassung,*

Dass sich die rheinische Provinzialverwaltung mit dem Oberpräsidenten an der Spitze, die preußische Staatsregierung in Gestalt des Kultusministers und das oberste preußische Gericht wiederholt, intensiv und schriftverkehrproduktiv ernsthaft mit der Frage beschäftigten, unter welchen Umständen und Bedingungen (unverschlossene Kirchentür, Glockenläuten und vor allem Gegenwart von Gläubigen) eine an einem Seitenaltar gelesene Stillmesse als geistliche Amtshandlung zu betrachten und daher zu bestrafen ist, entbehrt mit ihren teils bizarren juristischen Distinktionen – zumindest in der historischen Betrachtung – nicht einer gewissen Skurrilität, ja Lächerlichkeit. Gerade weil diese Wirkung das folgerichtige Praxisergebnis einer Gesetzgebung ist, entlarvt und richtet sie diese Legislation mitsamt der sie hervorbringenden Gesinnung. Die genannte Wirkung liegt letztlich in dem historischen Anachronismus begründet, dass ein moderner Staat, hinter den schon erreichten Stand seiner Scheidung von den Kirchen und seiner den politischen vom religiösen Funktionsbereich separierenden Säkularität in regressiver Weise zurückfallend, trotz der Preisgabe religiöser Staatsziele und -begründungen und trotz programmatischer und auch – wie kirchlicherseits vielfach beklagt wurde – realer religiöser Ignoranz, die staatliche Kirchenhoheit partiell restituierend zutiefst religiöse Handlungen reglementierte, restringierte, kriminalisierte und sanktionierte und als Voraussetzung dazu erst einmal die davon betroffenen Kultakte genau identifizieren und definieren musste.

daß eine dahin zielende Annahme bezüglich des Reith schon deshalb ausgeschlossen sei, weil derselbe die stillen Messen innerhalb der katholischen Kirche zu Asbach stets nur dann lese, wenn der dortige Pfarrer oder dessen Caplan am Hauptaltar den Gottesdienst leite, vermögen wir nicht zu theilen. Denn die Mehrzahl von Altären innerhalb ein und derselben katholischen Kirchengebäudes verbietet nicht, sondern gestattet umgekehrt, daß innerhalb desselben Gebäudes gleichzeitig mehrere Messen gelesen werden, deren jede einzelne den vollständigen Charakter einer geistlichen Amtshandlung an sich trägt. In dieser Beziehung wird die Feststellung des Falles namentlich davon abhängig sein, ob ein Theil der im Kirchengebäude Versammelten sich um den Nebenaltar geschaart hat und somit als dem an letzterem stattfindenden Gottesdienst theilnehmend zu erachten ist.

IV. Die Frage der Erlaubtheit von geistlichen Amtshandlungen gesetzmäßig angestellter Pfarrgeistlicher

In diesem Kapitel und in den nachfolgenden drei Kapiteln geht es darum, zunächst zu definieren, welchen Pfarrgeistlichen in welchen Fällen geistliche Amtshandlungen untersagt waren und wann welche Kleriker sich durch die Vornahme geistlicher Amtshandlungen strafbar machten. Die größte Gruppe der wegen Verrichtung verbotener Amtshandlungen strafverfolgten Geistlichen stellten die rechtswidrig ein neues Amt antretenden und damit von vornherein und grundsätzlich illegal amtierenden. Es konnten aber nicht nur die geistlichen Amtshandlungen der ungesetzlich, sondern auch diejenigen der vor dem Inkrafttreten der Maigesetze und daher gesetzmäßig angestellten Geistlichen unter bestimmten Umständen im Einzelfall maigesetzwidrig und sanktionierbar sein. Die Frage der Erlaubtheit oder Unerlaubtheit von geistlichen Amtshandlungen eigentlich gesetzeskonform angestellter Geistlicher in bestimmten Konstellationen stellte vor schwierige Abgrenzungs- und Auslegungsprobleme, welche die übliche Flut von Behördendiskussionen, Ministerial- und Oberpräsidialverfügungen und Gerichtsurteilen veranlassten, worüber dieses Kapitel handeln soll.

1. Amtshandlungen von gesetzmäßig angestellten Geistlichen in vakanten fremden Pfarreien

Mit der kulturkampfbedingt zunehmenden Zahl verwaister Pfarreien und gesperrter Geistlicher kam es immer häufiger vor, dass Pfarrangehörige oder der Kirchenvorstand einer betroffenen Pfarrei einen Geistlichen aus der Nachbarschaft ersuchten, in ihrer Pfarrei zumindest notdürftig das gottesdienstliche Leben aufrechtzuerhalten. Daher stellte sich den Behörden bald die Frage, ob und in welchem Ausmaß ein solchermaßen ersuchter Geistlicher, dessen eigene gesetzmäßige Anstellung natürlich vorausgesetzt, in einer erledigten oder mit einem amtierungsunbefugten Geistlichen besetzten fremden Pfarrei aushelfen dürfe. Juristisch gesehen ging es um die Frage, ob und wann eine solche Aushilfe als verbotene *Stellvertretung oder Hülfsleistung* im Amt gemäß § 2 des Gesetzes vom 11. Mai 1873 und Art. 2 des Deklarationsgesetzes vom 21. Mai 1874 zu werten ist. Für das Kultusministerium hatte Unterstaatssekretär Achenbach bei der parlamentarischen Beratung des Gesetzes vom 11. Mai 1873 konstatiert, dass, wenn gegenüber einem Pfarrer ein Amtierungsverbot ausgesprochen werde, *dadurch keineswegs ausgeschlossen werde, daß einzelne Amtshandlungen von dem benachbarten Pfarrer innerhalb des Bezirks wahrgenommen werden könnten.*[1] Ganz auf dieser Linie dekretierte dann

---

1 Unterstaatssekretär Dr. Achenbach am 13. März 1873 in der 63. Sitzung der Session 1872/73 des preußischen Abgeordnetenhauses (Stenographische Berichte über die

auf Nachfrage des Oberpräsidenten[2] der Kultusminister, dass gesetzmäßig angestellte Pfarrer *einzelne Handlungen* in benachbarten vakanten Pfarreien vornehmen könnten, ohne dass dies als Stellvertretung gelte, dass aber Rechtswidrigkeit und Strafwürdigkeit vorlägen, wenn der Bischof eine interimistische Stellenbesetzung oder ein Nachbarpfarrer eigeninitiativ eine provisorische Pfarrverwaltung vornehme, die Nichtmeldung der Amtsverleihung bzw. des Amtsantritts natürlich hier und auch im Folgenden vorausgesetzt.[3]

Diese Regelung bedurfte freilich bald der Konkretisierung und Auslegung, denn es stellte sich die Frage, wann Amtshandlungen als ‚einzelne' zu qualifizieren sind und wann eine faktische Pfarrverwaltung vorliegt. Die Regierung Trier vertrat anfangs eine sehr großzügige Interpretation, denn sie sprach sich in einem speziellen Vakanzfall dafür aus, sogar die regelmäßige Übernahme des Sonntagsgottesdienstes durch einen Nachbarpfarrer als bloß vereinzelte Amtshandlungen anzusehen und zu dulden, zumal eine Amtsübertragung durch den Trierer Bischof weder behauptet noch nachweisbar sei und, wenn das Beispiel Schule mache, die Möglichkeit bestehe, die Folgen der bischöflichen Renitenz für die katholische Bevölkerung abzumildern.[4] Erst als in einem anderen Fall ein benachbarter Pfarrer

---

Verhandlungen des preußischen Hauses der Abgeordneten, Session 1872/73, Bd. 3, S. 1626).

2 Der Oberpräsident der Rheinprovinz an den Kultusminister am 17. Oktober 1873 (GStA PK, I. HA Rep. 76 IV Sekt. 13 Abt. XII Nr. 13 Bd. 1).

3 Kultusminister Falk an den Oberpräsidenten der Rheinprovinz am 9. Dezember 1873 (LHAK, Bestand 403 Nr. 10400; GStA PK, I. HA Rep. 76 IV Sekt. 1 Abt. XII Nr. 6 Bd. 1): *Bei der legislativen Berathung der §§ 2 und 23 des Gesetzes vom 11ten Mai cr. ist nämlich von den Vertretern der Staatsregierung ausdrücklich erklärt worden, daß einzelne Handlungen, welche bei Vacanzen von Pfarrstellen der benachbarte Pfarrer in der vacanten Gemeinde vornehme, durch § 2 resp. 23 nicht berührt würden. Erst wenn der Bischof dem Nachbarpfarrer einen ausdrücklichen Auftrag zur Vertretung der Stelle ertheile, also dieselbe interimistisch besetze, oder der benachbarte Pfarrer die Verwaltung des Pfarramtes thatsächlich übernehmen sollte, sei die citirte Vorschrift event. anwendbar.* – Der Oberpräsident gab diese Weisung im Rahmen seiner Instruktion vom 16. Dezember 1873 (LHAK, Bestand 441 Nr. 15488. Text im Quellenanhang I) an die Bezirksregierungen weiter.

4 Die Regierung Trier an den Oberpräsidenten der Rheinprovinz am 3. September 1873 (LHAK, Bestand 403 Nr. 10803): *In dem Verfahren, daß der Kirchenvorstand der vakanten Pfarrei Eisenschmitt einen benachbarten Pfarrer* [nämlich den Pfarrer von Gransdorf] *veranlaßt, sonn- und festtägig den Gottesdienst zu Eisenschmitt zu verrichten und daß der Gemeinderath für die jedesmalige Feier des Gottesdienstes eine Remuneration an denselben Pfarrer zu zahlen übernimmt, in diesem Verfahren kann die Übertragung eines geistlichen Amtes unserem ehrerbietigen Dafürhalten nach nicht gefunden werden. Der benachbarte Pfarrer verrichtet gewisse einzelne Amtshandlungen in der vakanten Pfarrei auf Ersuchen der verwaisen Pfarrgemeinde. Daß seine geistlichen Oberen ihm Auftrag zur Verrichtung dieser Amtshandlungen in Eisenschmitt ertheilt hätten, ist weder mitgetheilt noch nachweisbar. [...] Uns will bedünken, als ob Kirchenvorstand und Gemeinderath das rechte Mittel ergriffen hätten, der Pfarrgemeinde Eisenschmitt die*

in einer durch den Tod des bisherigen Pfarrers vakanten Pfarrei *alle Rechte und Functionen eines Pfarrverwalters* ausübte, erkannte die Regierung Trier auf eine anzeigepflichtige Vertretung im Amt, woraus die Unerlaubtheit und Strafbarkeit der fraglichen Amtshandlungen folgte.[5]

Autoritativ entschieden wurde die Frage, ob die regelmäßige Abhaltung eines Sonntagsgottesdienstes in einer vakanten fremden Pfarrei noch als vereinzelte Amtshandlung zu klassifizieren ist, anhand des folgenden Falls. Der Kirchenrat der verwaisten Gemeinde Macken, dem sich der Gemeinderat angeschlossen hatte, hatte nämlich den Pfarrer de Latour zu Dommershausen mit der Übernahme der Pfarrverwaltung beauftragt, ein Beschluss, den der Bürgermeister mangels Befugnis der genannten Gremien dazu für ungültig erklärte.[6] Deswegen begab Pfarrer de Latour sich nur in Ausnahmefällen, hauptsächlich zur Spendung der Sterbesakramente, nach Macken, während die Gemeindemitglieder von Macken für die übrigen Amtshandlungen (Taufen, Trauungen usw.) nach Dommershausen

---

Wohlthat eines Gottesdienstes zu verschaffen, auch während durch Renitenz der geistlichen Oberen gegen die Kirchengesetze die Anstellung eines Pfarrers zu Eisenschmitt verzögert wird. Voraussichtlich wird in ähnlichen künftigen Fällen in derselben Weise wie hier Abhilfe gesucht werden. Und so mag es geschehen, daß die ländliche Bevölkerung weniger unter der Auflehnung der Bischöfe leide als von nicht wenigen Stimmen öffentlich vorausgesagt wird.

5 Die Regierung Trier an den Oberpräsidenten der Rheinprovinz am 23. Oktober 1873 (LHAK, Bestand 403 Nr. 10804): *Die Pfarrstelle zu Großkampen anlangend, so wurde solche am 15. Juli cr. durch den Tod des bisherigen Pfarrinhabers vacant. Der Pfarrer Lenartz zu Lützkampen hat, wie der Landrath nunmehr berichtet, bereits seit genanntem Tage alle Rechte und Functionen eines Pfarrverwalters von Großkampen ausgeübt; es dürfte also nicht nur die Vornahme einzelner Amtshandlungen in Frage stehen. Auf eine seitens des Bürgermeisters an p. Lenartz gerichtete Anfrage hat Letzterer erklärt, daß er darüber, von wem, seit wann und für welche Zeit er als Verwalter der fraglichen Stelle ernannt sei, eine Angabe nicht machen könne, indem ihm der Zweck dieser Anfrage nicht bekannt sei. Es ist nach §§ 2 und 15 des Gesetzes vom 11. Mai cr. auch derjenige Candidat, welchem eine Vertretung im geistlichen Amte übertragen werden soll, Euer Hochwohlgeboren zu benennen und [es] gilt, wenn vorschriftsmäßig nicht verfahren ist, die fragliche Übertragung nach § 17 l. c. als nicht geschehen. [...] Die Erwägung, daß etwa von früher her ein Reglement bestehen könnte, nach welchem ein für alle Mal bei eintretender Vacanz der Stelle zu Großkampen der Pfarrer zu Lützkampen als Pfarrverwalter bestimmt sei, daß also p. Lenartz auf Grund einer vor dem Gesetze vom 11. Mai cr. bereits getroffenen Bestimmung die Verwaltung übernommen habe, dürfte nicht von Belang sein, indem solche Reglements den bestimmten Vorschriften der §§ 1 p. l. c. gegenüber hinfällig sein würden.*

6 Der Bürgermeister von Brodenbach im Kreis St. Goar an den Pfarrer von Dommershausen, de Latour, am 9. Januar 1874 (LHAK, Bestand 403 Nr. 10806); der Landrat von St. Goar, Movius, an den Oberpräsidenten der Rheinprovinz am 10. Januar 1874 (ebd.).

gingen – ein durchaus übliches Arrangement.[7] Nach über einem Jahr Vakanz, während welcher die Pfarrangehörigen in auswärtigen Kirchdörfern den Gottesdienst besuchen mussten, erbaten dann der Ortsvorsteher von Macken und der Vorsitzende des dortigen Kirchenrats die behördliche Erlaubnis für den Pfarrer von Sabershausen, jeden Sonntag Gottesdienst in Macken zu halten. Der zuständige Landrat von St. Goar war sich nun unschlüssig, bedeutete doch die Abhaltung eines regelmäßigen Sonntagsgottesdienstes deutlich mehr als nur die Vornahme einzelner Amtshandlungen, aber immer noch keine kontinuierliche, vollständige Pfarrverwaltung.[8] Der vom Oberpräsidenten angerufene Kultusminister[9] entschied nun in einem Reskript, dass gegen eine *von Zeit zu Zeit* in Macken abgehaltene Sonntagsmesse nichts einzuwenden sei, dass aber in der regelmäßigen Übernahme des Sonntagsgottesdienstes eine unzulässige partielle Übernahme der Pfarrverwaltung

---

7 Die Regierung Koblenz an den Oberpräsidenten der Rheinprovinz am 2. Juni 1874 (GStA PK, I. HA Rep. 76 IV Sekt. 13 Abt. XII Nr. 13 Bd. 2): *(Wir) ermangeln nicht, dem Königlichen Oberpräsidium gehorsamst zu berichten, daß nach Anzeige des Landraths zu St. Goar der Pfarrer de la Tour zu Dommershausen sich seit der erfolgten Verwarnung insofern keine Übergriffe hat zu Schulden kommen lassen, als er sich nur in Ausnahmefällen, in welchen Kranke die Gewährung der Sterbesacramente verlangen, nach Macken begiebt, im Übrigen aber die erforderlichen Taufen, Copulationen pp. innerhalb seiner Pfarrei Dommershausen verrichtet, woselbst die betreffenden Parochianen von Macken ihn zu diesem Behuf aufsuchen.*

8 Der Landrat von St. Goar an den Oberpräsidenten der Rheinprovinz am 16. Februar 1875 (LHAK, Bestand 441 Nr. 15488): *Der Ortsvorsteher von Macken und der Kirchenrathspräsident der seit Jahr und Tag vakanten dortigen Pfarrei sind dahin vorstellig geworden, daß die Gemeinde jetzt schon so lange Zeit des sonntäglichen Gottesdienstes entbehre und einem solchen nur in den entfernten benachbarten Kirchendörfern beiwohnen könne. Der Pastor Bohn von Sabershausen sei nun bereit, jeden Sonntag Gottesdienst in Macken zu halten, wenn dazu staatliche Erlaubniß gegeben werde. Einzelne Handlungen, welche bei Vakanzen von Pfarreien ein Nachbarpfarrer in der vakanten Gemeinde vornimmt, fallen nicht unter den § 2 resp. 23 des Gesetzes vom 11. Mai 1873. Nach dem Rescript des Herrn Kultusministers Excellenz vom 16. Juli vor. Js. an Ew. Hochwohlgeboren soll es aber in den einzelnen Fällen streng überwacht werden, daß wirklich nur die Vornahme einzelner Handlungen in Frage stehe, nicht aber eine wirkliche Vertretung im Amte stattfinde. Wenn nun auch die hier fragliche Übernahme des sonntäglichen Gottesdienstes noch nicht die einer förmlichen Pfarrverwaltung einschließt, so geht dieselbe doch jedenfalls über die Vornahme einer einzelnen gottesdienstlichen Handlung hinaus, da sie regelmäßigen sonntäglichen Gottesdienst schafft. Ew. Hochwohlgeboren bitte ich demnach um Entscheidung, ob die beabsichtigte Einrichtung von vornherein abzulehnen und der Gemeinde anheimzugeben [ist], nach Maßgabe des Gesetzes die Wahl eines Pfarrverwalters einzuleiten, oder ob der Sache nähergetreten und Vorlage der Bedingungen verlangt werden solle, unter welchen der Pastor Bohn den sonntäglichen Gottesdienst zu übernehmen bereit ist.*

9 Der Oberpräsident der Rheinprovinz an den Kultusminister am 17. Februar 1875 (LHAK, Bestand 441 Nr. 15488).

zu erblicken sei.[10] Gemäß diesem Grundsatz stellte der Oberpräsident beim Trierer Oberprokurator gegen alle Beteiligten Strafanzeige, als der vom Trierer Bischof zum Verwalter der verwaisten Pfarrei Utscheid (Kreis Bitburg) bestellte Pfarrer von Weidingen wegen eigener Gebrechlichkeit wiederum den Pfarrer von Wissmannsdorf für die Winterzeit mit der regelmäßigen Verrichtung des Sonntagsgottesdienstes in Utscheid betraute.[11] Eine besondere Härte bedeutete die Anwendung der vom Kultusminister aufgestellten Richtlinie, wenn in einer vakanten Gemeinde

10 Der Kultusminister an den Oberpräsidenten der Rheinprovinz am 10. April 1875 (LHAK, Bestand 403 Nr. 10404; LHAK, Bestand 441 Nr. 15488; GStA PK, I. HA Rep. 76 IV Sekt. 1 Abt. XII Nr. 6 Bd. 2): *Ew. Hochwohlgeboren erwiedere ich [...] ergebenst, daß nichts dagegen zu erinnern sein würde, wenn der Pfarrer Bohn zu Sabershausen auf Ansuchen der Gemeinde Macken von Zeit zu Zeit den Sonntagsgottesdienst daselbst abhalten wird, daß dagegen die Übernahme des Sonntagsgottesdienstes ein für alle Mal und in einem regelmäßigen Turnus nach § 2 des Gesetzes vom 11. Mai 1873 nicht für zulässig zu erachten sein würde, weil hierin eine, wenn auch nicht vollständige Übernahme der Verwaltung der Pfarrstelle erblickt werden müsse.*

11 Der Oberpräsident der Rheinprovinz an den Trierer Oberprokurator Kewenig am 29. Januar 1874 (LHAK, Bestand 442 Nr. 1974): *Nach der [...] zwischen dem Landrath Borchert zu Bitburg und mir gepflogenen Correspondenz hat der zum Verwalter der vakanten Pfarre Utscheid bestellte Pfarrer und Definitor Kauth zu Weidingen dem Pfarrer Orth zu Wismannsdorf die Abhaltung des sonn- und feiertäglichen Gottesdienstes in der Pfarre Utscheid für die Winterzeit übertragen, ohne daß mir seitens eines geistlichen Oberen die durch § 15 des Gesetzes über die Vorbildung und Anstellung der Geistlichen vom 11. Mai v. J. vorgeschriebene Anzeige bezüglich dieser Amtsübertragung gemacht worden wäre. Der Herr Minister der geistlichen pp. Angelegenheiten hat in einem Erlasse vom 9. Dezember v. J. sich dahin ausgesprochen, daß einzelne Amtshandlungen, welche bei Vakanzen von Pfarrstellen der benachbarte Pfarrer in der vakanten Gemeinde vornehme, durch § 2 resp. 23 l. c. nicht berührt würden, daß aber dann, wenn der Bischof dem Nachbarpfarrer einen ausdrücklichen Auftrag zur Vertretung dieser Stelle ertheile, also dieselbe interimistisch besetze, oder der benachbarte Pfarrer die Verwaltung des Pfarramtes thatsächlich übernehme, die citirten Vorschriften event. anwendbar seien. Mit Rücksicht darauf, daß im vorliegenden Falle es sich nicht um einzelne Amtshandlungen des Pfarrers Orth in der vakanten Pfarre Utscheid im Sinne dieser Ministerialentscheidung handelt, sondern vielmehr eine vollständige Vertretung des bestellten Pfarrverwalters, Definitors Kauth zu Weidingen, in der Abhaltung des sonn- und feiertäglichen Gottesdienstes zu Utscheid stattfindet, auch angenommen werden muß, daß der Pfarrer und Definitor Kauth diese Vertretung nicht ohne die Genehmigung der bischöflichen Behörde dem p. Orth übertragen hat, stelle ich unter Bezugnahme auf das [...] an den Herrn Oberpräsidenten von Westfalen ergangene Rescript des Herrn Ministers der geistlichen pp. Angelegenheiten vom 14. Oktober v. J. Euer Hochwohlgeboren ergebenst anheim, gegen den Herrn Bischof von Trier, welcher dem Pfarrer und Definitor Kauth die Ermächtigung zur Übertragung der fraglichen Vertretung ertheilt haben wird, sowie gegen den p. Kauth wegen Übertragung dieser Vertretung an den Pfarrer Orth zu Wismannsdorf auf Grund des § 22 l. c. einschreiten zu wollen.*

eine mit teils erheblichen finanziellen Opfern eingerichtete Messstiftung bestand, da nun die regelmäßigen Stiftungsmessen nicht mehr von benachbarten Priestern gehalten werden konnten.[12] So fühlten sich die Nachfahren von Stiftern *im Herzen aufs Tiefste verletzt, weil dem Willen unserer seeligen Anverwandten nicht entsprochen wird,* denn in der Pfarrei Schuld konnte wegen Vakanz die für teures Geld gestiftete sonn- und feiertägliche Frühmesse nicht mehr gelesen werden.[13] Doch

---

12 Beispiel: Der Kirchenvorstand von Niederfischbach im Kreis Altenkirchen an den Oberpräsidenten der Rheinprovinz am 2. Dezember 1876 (LHAK, Bestand 441 Nr. 17273): *In unserer* [nach dem Tod des Pfarrers Simonis vakanten] *Pfarrei sind viele Stiftungsmessen gegründet, welche in der Regel auf die Sterbetage derjenigen Verstobenen gelesen und gehalten wurden, welche die Stipendien für diese Messen der Kirche als letzte Willenserklärungen vermacht haben. Es ist nun für die ihren Seelsorger entbehrende Gemeinde und namentlich für diejenigen Pfarreingesessenen, welche selbst resp. deren Eltern od. Voreltern ein solches Stipendium bei der Pfarrei hinterlegt [haben], damit alljährlich 1 od. 2 Stiftsmessen zum Andenken u. für das Seelenheil derselben gelesen werden sollten, ein großer und herber Schmerz, daß von allen diesen Messen keine gelesen werden kann, und [dies] um so mehr, als deren Abhaltung auch in anderen Kirchen nicht geschehen kann. Wenn wir auch unter den obwaltenden Umständen von dem allsonntäglichen Gottesdienste nur auch ungern absehen wollen, so drängt uns doch die Pflicht, den vielen Bitten der Pfarreingesessenen nachzukommen und die Abhaltung der erwähnten Stiftsmessen zu erflehen, indem der unterzeichnete Kirchenvorstand Ew. Excellenz die ganz gehorsamste Bitte zur unterbreiten sich erlaubt, hochgeneigtest genehmigen zu wollen, daß die in der hiesigen Pfarrgemeinde bestehenden Stiftsmessen durch die verschiedenen Nachbargeistlichen an geeigneten Tagen gelesen resp. abgehalten werden können.*

13 Acht Personen aus den Familien Hupperich, Hermes und Stappen an den Kirchenvorstand der Pfarrei Schuld im Kreis Adenau am 27. April 1877 (LHAK, Bestand 441 Nr. 17270): *Es kann Ihnen nicht unbekannt sein, daß unsere seeligen Anverwandten zu der in der Pfarrkirche Schuld gestifteten sonn- und festtäglichen Frühmesse bedeutende Unterstützungen bewilligt und gezahlt haben. Da die bereits erwähnte Frühmesse jedoch nicht gehalten wird, so fühlen wir uns im Herzen aufs Tiefste verletzt, weil dem Willen unserer seeligen Anverwandten nicht entsprochen wird und fordern Sie auf, Schritte zu thun, damit die erwähnte Frühmesse, die nicht anderswo als in der Pfarrkirche Schuld gehalten werden darf, regelmäßig stattfindet und der betreffende Geistliche für seine Mühe von den Zinsen des Kapitals entschädigt wird.*

Der fünfköpfige Kirchenvorstand von Schuld im Kreis Adenau an den Oberpräsidenten der Rheinprovinz am 29. April 1877 (LHAK, Bestand 441 Nr. 17270): *Wie aus beiliegendem Aktenstück* [d.h. der obigen Eingabe] *hervorgeht, beschweren sich die Anverwandten der Stifter resp. Verstärker des hiesigen Frühmessenfonds, daß die in der Pfarrkirche Schuld gestiftete sonn- und festtägliche Frühmesse, die laut Stiftung in Schuld zelebrirt werden muß, nicht gehalten wird und fordern die Unterzeichneten auf, sorgen zu wollen, daß dem Willen der edlen Stifter entsprochen werde. Indem wir Ew. Exellenz diese Beschwerde vorlegen, bitten wir ganz gehorsamst um hochgeneigten Bescheid, ob es denn gar keinen Weg gibt, um es möglich zu machen, daß benachbarte Geistliche, die schon vor den neuen Gesetzen angestellt waren, diese Stiftung halten, ohne dafür gestraft zu werden.*

der Landrat von Adenau konnte nur bedauernd auf die Rechtslage verweisen, wonach die Übernahme einer regelmäßigen Frühmesse durch einen Nachbargeistlichen eine verbotene Pfarrstellenverwaltung bedeute,[14] natürlich wie immer unter der stets gegebenen Bedingung, dass diese Amtsübernahme nicht dem Oberpräsidenten angezeigt und von ihm per Vetounterlassung genehmigt wurde.

Aber es verblieb bei der Regelung, dass gesetzmäßig, d.h. in der Praxis bereits vor der Publikation der Maigesetze angestellte Geistliche in vakanten (Nachbar-) Pfarreien gelegentlich geistliche Amtshandlungen vornehmen durften, solange es nicht periodisch wiederkehrend geschah und sich nicht zu einer faktischen oder gar förmlichen Übernahme einer Pfarrverwesung auswuchs. In diesem Sinne beantwortete der Oberpräsident eine Erkundigung des Pfarrers von Nachtsheim, der nach dem Tod des Pfarrers von Weiler dort auszuhelfen bereit war.[15] Auf

14 Der Landrat von Adenau an den Kirchenvorstand von Schuld am 16. Mai 1877 (LHAK, Bestand 441 Nr. 17270): *Der Kirchenvorstand hat unterm 29ten v. M. an den Herrn Oberpräsidenten der Rheinprovinz die Anfrage gestellt, ob es nicht unter irgend welchen Umständen statthaft sei, die in der dortigen Pfarrkirche gestiftete sonn- und festtägliche Frühmesse durch benachbarte gesetzmäßig angestellte Geistliche abhalten zu lassen, und eröffne ich dem Kirchenvorstand hierauf in Folge höherer Verfügung Folgendes: Solange die dortige Pfarrstelle nach gesetzlicher Vorschrift entweder nicht besetzt oder kein Verwalter ernannt ist, steht zwar nichts entgegen, daß auf Ansuchen der Parochianen von auswärtigen gesetzmäßig angestellten Geistlichen einzelne Amtshandlungen, z.B. der Besuch von Kranken und das Spenden der h. Sacramente an dieselben, daselbst vorgenommen werden; eine wirkliche Stellvertretung in dem Amte, eine wenn auch nur zeitweise oder periodische Verwaltung desselben darf aber hieraus nicht hervorgehen. Obschon nun in den betreffenden Fällen die Entscheidung darüber, ob derartige gesetzwidrige Handlungen vorliegen, schließlich nur den gerichtlichen Behörden zusteht, so kann es doch nach dem Gesagten nicht zweifelhaft sein, daß die in Rede stehende regelmäßige Abhaltung eines sonn- und festtäglichen Gottesdienstes strafbar sein würde.*

15 Der Pfarrer von Nachtsheim im Kreis Mayen, A. Conrady, an den Oberpräsidenten der Rheinprovinz am 18. Mai 1874 (LHAK, Bestand 403 Nr. 10401): *Durch den Tod des am 9. Mai a. c. verstorbenen Herrn Pfarrers Hoffmann von Weiler bei Mayen werde ich als der nächste Nachbar nunmehr in die Lage kommen, auf Verlangen der Pfarrangehörigen von Weiler gottesdienstliche Verrichtungen dort vornehmen zu sollen. Da ich mich nicht selbst freiwillig mit den Staatsgesetzen in Conflict bringen möchte, erlaube ich mir, an Ew. Hochwohlgeboren die gehorsamste Anfrage zu richten, ob es mir, ohne für mich und meine eigene Pfarrei weitere Unannehmlichkeiten erwarten zu müssen, gestattet ist, in vorkommenden Fällen in der Pfarrei Weiler gottesdienstliche Handlungen zu verrichten.*

Oberpräsident v. Bardeleben an den Pfarrer von Nachtsheim am 22. Mai 1874 (LHAK, Bestand 403 Nr. 10401 im Entwurf): *Ew. [Hochehrwürden] erwiedere ich auf das gef. Schreiben vom 18. d. M., daß einzelne Handlungen, welche bei Vacanzen von Pfarrstellen der benachbarte Pfarrer in der vacanten Gemeinde vornimmt, durch § 2 resp. § 23 des Ges. vom 11. Mai v. J. nicht berührt werden. Erst wenn der Bischof dem Nachbarpfarrer einen ausdrücklichen Auftrag zur Vertretung dieser Stelle ertheilt, also*

Anfrage des Oberpräsidenten[16] entschied der Kultusminister, dass die fragliche Regelung nicht durch Art. 2 des Deklarationsgesetzes vom 21. Mai 1874 berührt werde, und wollte sie auch auf Pfarreien, deren Inhaber erkrankt oder abwesend ist, ausgedehnt haben.[17] In Reaktion auf die entstandene Unsicherheit, ob der Ausdruck ‚benachbarter Geistlicher' oder ‚Nachbargeistlicher' ein meist faktisch gegebenes geographisches Verhältnis zur vakanten Pfarrei oder eine (weitere) rechtliche Bedingung für ein rechtskonformes Amtieren meint, betonte der Kultusminister, dass nicht die größere oder geringere Entfernung zur vakanten Pfarrei dafür ausschlaggebend sei, sondern dass, damit keine unzulässige, weil erlaubnislose Stellvertretung oder Hilfeleistung im geistlichen Amt nach § 2 des Gesetzes vom 11. Mai 1873 vorliege, die Aushilfe *nicht den Charakter, und zwar selbst nicht den Charakter einer nur zeitweisen oder periodischen Verwaltung des vacanten Amts* annehmen dürfe.[18]

---

dieselbe interimistisch besetzt, oder der benachbarte Pfarrer die Verwaltung des Pfarramts thatsächlich übernimmt, sind die bezogenen Vorschriften eventuell anwendbar.

16 Der Oberpräsident der Rheinprovinz an den Kultusminister am 4. Juli 1874 (GStA PK, I. HA Rep. 76 IV Sekt. 13 Abt. XII Nr. 13 Bd. 2; GStA PK, I. HA Rep. 76 IV Sekt. 1 Abt. XII Nr. 6 Bd. 1; LHAK, Bestand 441 Nr. 15474). In diesem Schreiben hatte der Oberpräsident die vom Landrat von Mayen angezweifelte Position vertreten, dass der *Grundsatz, daß einzelne Handlungen, welche bei Vakanzen von Pfarrstellen der benachbarte Pfarrer in der vacanten Gemeinde vornimmt,* durch den Art. 2 des Deklarationsgesetzes vom 21. Mai 1874 nicht tangiert werde.

17 Kultusminister Falk an den Oberpräsidenten der Rheinprovinz am 16. Juli 1874 (LHAK, Bestand 403 Nr. 10402; LHAK, Bestand 441 Nr. 15474; GStA PK, I. HA Rep. 76 IV Sekt. 13 Abt. XII Nr. 13 Bd. 2; GStA PK, I. HA Rep. 76 IV Sekt. 1 Abt. XII Nr. 6 Bd. 1): *In Erwiederung auf den gefälligen Bericht vom 4ten d. Mts. [...] erkläre ich mich [...] mit Euer Hochwohlgeboren Ausführungen ergebenst einverstanden. Indessen wird in den einzelnen Fällen streng zu überwachen sein, daß wirklich nur die Vornahme einzelner Handlungen in Frage stehe, nicht aber unter dem Vorwand, daß nur solche vorliegen, eine wirkliche Stellvertretung in dem Amte stattfinde. Unter dieser Voraussetzung liegt aber auch für den Fall vorübergehender Behinderung des Amtsinhabers im öffentlichen Interesse kein Grund zum Einschreiten vor, wenn ein benachbarter Geistlicher, vorausgesetzt, daß er gesetzmäßig angestellt ist, für den erkrankten oder abwesenden Amtsinhaber einzelne Amtshandlungen vornimmt.*

18 Der Kultusminister an den Oberpräsidenten der Rheinprovinz am 12. April 1875 (LHAK, Bestand 403 Nr. 10404): *Daß die Vornahme geistlicher Handlungen nur dann unter die Vorschrift des § 2 des Gesetzes vom 11. Mai 1873 fällt, wenn sie sich als eine Stellvertretung oder Hülfsleistung in einem geistlichen Amte charakterisirt, ist wiederholt ausgesprochen worden. Daraus folgt a) der bekannte Grundsatz, daß die Vornahme einzelner Amtshandlungen in einer vacanten Pfarrei seitens gesetzmäßig angestellter Pfarrer aus den benachbarten Parochien auf Ansuchen der Pfarrgenossen nicht strafbar ist. Die Bedeutung dieser Entscheidung liegt aber nicht in dem nachbarlichen Verhältniß, sondern in der Natur der vorgenommenen einzelnen Handlung, die nicht den Charakter einer, selbst nicht einer aushülfsweisen Verwaltung des vakanten Pfarramts trägt. Es ist daher auch nicht von Erheblichkeit, ob der auswärtige Pfarrer,*

Weil wegen der kulturkampfbedingten Nichtbesetzung von Pfarrstellen nach dem Tod des Amtsinhabers die Zahl der Vakanzen zunahm, wuchs auch die Zahl der Fälle, in denen benachbarte Geistliche in vakanten Pfarreien Aushilfe leisteten, wie schon die Regierung Trier im Herbst 1874 konstatierte: *Die Fälle, in denen in vakanten Pfarrstellen von den benachbarten Geistlichen einzelne Amtshandlungen vorgenommen werden, kommen in ziemlicher Anzahl vor.*[19] Dies konnte, wie der Landrat von Mayen bemerkte, dazu führen, *daß eine mehr oder weniger vollständige Pfarramtsverwesung durch eine Summe einzelner Amtshandlungen herbeigeführt werde.*[20] Als sich im Landkreis Trier genau diese Situation herausbildete, insofern nämlich die einzelnen Amtshandlungen (Beichthören, Messelesen, Kindstaufen, Letzte Ölungen usw.), welche die verschiedenen Nachbargeistlichen in der vakanten Pfarrei Reinsfeld ausübten, in der Summe und im Ergebnis auf eine vollständige Pfarrverwaltung hinausliefen, worin die Regierung Trier verständlicherweise eine Gesetzesumgehung erblickte,[21] fühlte sich der Kultusminister, dem die

---

der auf Ansuchen einer Pfarrgemeinde, die zur Zeit keinen Geistlichen besitzt, einzelne Amtshandlungen in dieser Gemeinde vornimmt, in geringerer oder weiterer Entfernung seinen Wohnsitz hat. In dieser Beziehung vermag ich deshalb die dortseitigen Verfügungen, welche die Entscheidung davon abhängig machen, ob der betreffende Geistliche als Nachbarpfarrer anzusehen sei oder nicht, als zutreffend nicht zu erachten. Vielmehr kommt es darauf an, daß die Vornahme einzelner Amtshandlungen nicht den Charakter, und zwar selbst nicht den Charakter einer nur zeitweisen oder periodischen Verwaltung des vacanten Amts annimmt. Immer aber ist hierbei vorausgesetzt, daß der im einzelnen Fall Aushülfe leistende Geistliche selbst gesetzmäßig angestellt ist, da sonst unter allen Umständen eingeschritten werden muß, wozu Art. 2 des Gesetzes vom 21. Mai 1874 die Grundlage darbietet.

19 Die Regierung Trier an den Oberpräsidenten der Rheinprovinz am 5. Oktober 1874 (LHAK, Bestand 403 Nr. 10402).

20 Der Landrat von Mayen an den Oberpräsidenten der Rheinprovinz am 18. Juni 1874 (LHAK, Bestand 403 Nr. 10402).

21 Die Regierung Trier an den Oberpräsidenten der Rheinprovinz am 22. Februar 1875 (LHAK, Bestand 403 Nr. 10403): *Ew. Hochwohlgeboren beehren wir uns gehorsamst zu berichten, daß zufolge einer Mittheilung des Königlichen Landraths zu Trier vom 12. Januar cr. auf der vacanten katholischen Pfarrstelle zu Reinsfeld durch die Nachbargeistlichen schon vor längerer Zeit die verschiedensten Amtshandlungen wie Vor- und Nachmittagsgottesdienst, Beichte, Spendung der Sterbesacramente, Kindstaufen und Ertheilung von Religionsunterricht vorgenommen worden sind. Seit dem 20. December pr. wird der gesammte Gottesdienst der Pfarrei durch die benachbarten Pfarrer in systematischer Weise auf Antrag der Pfarrgenossen verrichtet [...]. Wir bemerken dabei ehrerbietigst, daß derartige Fälle im diesseitigen Bezirke in neuester Zeit zahlreich zur Sprache gekommen sind, wir uns jedoch angesichts des verehrlichen Rescripts vom 2. November pr. einstweilen darauf beschränkt haben, die Angelegenheit genau im Auge zu halten. Wenn auch von Seiten der Verwaltung kein besonderer Anlaß vorliegt, gegen Abhaltung des Gottesdienstes durch benachbarte Pfarrer aufzutreten, so fragt es sich doch, ob in Fällen der vorliegenden Art nicht eine Umgehung des Gesetzes sowie der Bestimmungen Ew. Hochwohlgeboren hohen Erlasses vom 16ten December 1873 in*

Angelegenheit wie üblich vorgetragen wurde,[22] doch zur Intervention genötigt, da er *eine vollständige Verwaltung der vacanten Pfarrstelle in Reinsfeld durch die benachbarten Geistlichen* wahrnahm, und dekretierte deshalb: *Eine derartige systematische Einrichtung, die den Character einer Umgehung des Gesetzes trägt, ist nicht zu dulden.*[23]

Gleichwohl blieb es – wie gesagt – auf Seiten der Verwaltungsbehörden grundsätzlich bei der Regelung, *wonach Nachbarpfarrer die Seelsorge in einer vacanten Pfarrei versehen können, die Vornahme der einzelnen Amtshandlungen aber nicht den Charakter einer auch nur zeitweisen oder periodischen Verwaltung des vacanten Amtes annehmen darf. Es wird hierbei aber unter allen Fällen vorausgesetzt, daß der im einzelnen Fall Aushülfe leistende Geistliche selbst gesetzmäßig angestellt ist.*[24] Doch diese Rechtsauslegung wurde von der Teilen der Justiz und Rechtsprechung nicht akzeptiert, sodass hier im weiteren Verlauf des Kulturkampfes ein Widerspruch zwischen den Entscheidungen der Exekutive und der Judikative entstand. Der Koblenzer Oberprokurator hielt geistliche Amtshandlungen in einer vakanten fremden Pfarrei nur dann für gestattet, wenn diese lediglich in der vakanten Pfarrei vorgenommen werden können und wenn eine Gefahr im Verzug vorliege, in welchem Fall das Gesetz vom 11. Mai 1873 in § 2 ausnahmsweise auch ohne Anzeige eine Stellvertretung oder Hilfeleistung zuließ. Diese Bedingungen sah er allein für die Spendung der Sterbesakramente und für die Taufe kranker oder schwacher Kinder als erfüllt an, nicht aber für die Taufe gesund geborener Kinder und auch nicht für Beerdigungen, da letztere nicht den Charakter von heilswirksamen Sakramenten hätten – Sakramente konnten ja prinzipiell nicht an Tote gespendet werden – und daher ohne priesterlichen Segen und Beistand vorgenommen werden könnten.[25] Der Landrat von St. Goar, ein Katholik, empörte sich über die

---

Frage steht, da es sich hier nicht mehr um Vornahme von einzelnen Handlungen seitens der Nachbargeistlichem, sondern um ein geregeltes Amtiren respective förmliche Weiterverwaltung der fraglichen Stelle handelt.

22 Der Oberpräsident der Rheinprovinz an den Kultusminister am 5. März 1875 (GStA PK, I. HA Rep. 76 IV Sekt. 13 Abt. XII Nr. 13 Bd. 3).

23 Kultusminister Falk an den Oberpräsidenten der Rheinprovinz am 14. April 1875 (LHAK, Bestand 403 Nr. 10404).

24 Die Regierung Koblenz an den Landrat von Altenkirchen am 11. September 1876 (LHAK, Bestand 441 Nr. 17273). Diese Praxis bestätigte der Landrat von Cochem in seinem Schreiben an die Regierung Koblenz vom 16. August 1876 (LHAK, Bestand 441 Nr. 17279): *Bis heran wurde der Grundsatz festgehalten, daß die Vornahme einer einzelnen Amtshandlung in einer vakanten Pfarrei auf Ansuchen der Pfarrgenossen oder in einer besetzten Pfarrei auf Ansuchen des Pfarrers durch einen gesetzmäßig angestellten Geistlichen aus einer fremden Pfarrei nicht strafbar ist, wenn diese einzelne Handlung nicht den Charakter einer, selbst nicht aushülfsweisen Verwaltung des vakanten Pfarramtes beziehungsweise den Charakter einer Stellvertretung im Amte an sich trägt.*

25 Der Koblenzer Oberprokurator Sommer an den Bürgermeister von Weißenthurm im Landkreis Koblenz am 6. April 1877 (LHAK, Bestand 403 Nr. 10406): *Dagegen*

Härte dieser Einstellung, denn eine Beerdigung ohne priesterlichen Ritenvollzug werde von der Bevölkerung als Kirchenstrafe angesehen und Neugeborene zwecks Taufe in eine Nachbarpfarrei zu verbringen sei ein verantwortungsloser Anschlag auf deren Gesundheit.[26] Doch der Koblenzer Oberprokurator beharrte nach einem

---

rechne ich zu den vereinzelten geistlichen Handlungen, die [...] als erlaubt und straflos zu betrachten sind, diejenigen geistlichen Handlungen, bei denen zusammentrifft, daß sie nicht die Natur einer Verwaltung des Pfarramtes resp. des Gottesdienstes desselben haben, daß sie ferner im Augenblicke ihrer Vornahme nur zu Kärlich [eine vakante Pfarrei] *vorgenommen werden können, und daß sie endlich nach den Vorschriften der Kirchenlehre als nothwendig mit periculum in mora* [d.h. Gefahr im Verzug] *zu betrachten sind, also die Spendung der Sterbesakramente an zu Kärlich befindliche Kranke und die Taufe schwacher, kranker Kinder, die nach ärztlichem Gutachten die Reise nach der Nachbarpfarrei nicht vertragen können. Ich rechne aber nach dem dermaligen Stande der Gesetzgebung nicht zu den erlaubten Handlungen die Trauungen und Beerdigungen, die Ersteren nicht, weil sie [...] auch in Nachbarpfarreien vollzogen werden können, und die Letzteren nicht, weil sie nur religiöse Handlungen ohne Sakramentsnatur sind.*
In der Ergänzungsverfügung vom 8. Juli 1877 (ebd.) suchte der Koblenzer Oberprokurator das Ministerialreskript vom 10. April 1875 nach Bekanntwerden trotz dessen Unvereinbarkeit mit der höchstrichterlichen Rechtsprechung um der Rechtseinheit willen zu berücksichtigen und ‚einzubauen', woraus sich erklärt, dass die Position des Oberprokurators im Urteil des Rheinischen Appellationsgerichtshofs vom 5. Februar 1878 und im Urteil des Obertribunals vom 22. Juni 1878 angegriffen wurde. Der Koblenzer Oberprokurator an den Oberpräsidenten am 8. Juli 1877 (ebd.): *Nach dem mir inzwischen durch das geehrte Schreiben vom 25. Juni 1877 mitgetheilten Ministerialreskript vom 10. April 1875 habe ich es indeß der nothwendigen Einheit halber für erforderlich gehalten, meine vorerwähnte Verfügung nachträglich dahin zu ergänzen, daß außer den von mir als zulässig bezeichneten Handlungen auch nichts dagegen zu erinnern sei, wenn ein Nachbarpfarrer von Zeit zu Zeit den Sonntagsgottesdienst im Sinne des gedachten Ministerialreskripts in der vacanten Pfarrei abhalte.*

26 Der Landrat von St. Goar an die Regierung Koblenz am 17. April 1877 (LHAK, Bestand 403 Nr. 17280): *Hiernach* [d.h. nach dem Bescheid des Koblenzer Oberprokurators] *sind die für Nachbargeistliche in vakanten Pfarreien zulässigen Dienstleistungen sehr beschränkt. Meines Erachtens geht auch diese Interpretation etwas zu weit. Daß Beerdigungen nicht sollen vorgenommen werden dürfen, halte ich für zu hart. Es sind dies doch Fälle, welche an dem Orte, wo der Geistliche angestellt ist, nicht vorgenommen werden können, und wenn der Herr Oberprokurator in seinem Schreiben an die Königl. Regierung v. 7. April dieses Jahres anführt, daß die Einsegnung der Leichen nur eine religiöse Handlung ohne Sakramentsnatur und daher jedenfalls nicht unerläßliche Handlung sei, so läßt sich dem doch entgegenhalten, daß die Kirche die Verweigerung der Einsegnung der Leiche als eine kirchliche Censur ansieht, welche von dem Volke sehr hart empfunden wird, weil dieses großen Werth auf das kirchliche Begräbniß legt. Ich halte es daher für eine große Härte, in diesem Falle das Amtiren eines Nachbargeistlichen zu versagen. [...] Taufen sollen in der vakanten Pfarrei nur bei kränklichen Kindern vorgenommen werden dürfen. Es mag aber ein Kind nicht gerade kränklich sein, aber je nach der Entfernung der Nachbarpfarrei und dem Wetter doch*

einschlägigen, seine Position bestätigenden Urteil des Landgerichts Koblenz darauf, dass an sich jede in einer vakanten Pfarrei vorgenommene Amtshandlung als eine verbotene Hilfeleistung im Amt anzusehen ist. Eine Ausnahme wollte er nur bei Gefahr im Verzug zugestehen, die er im Fall der Spendung der Sterbesakramente und der Nottaufe kranker Kinder als gegeben ansah. Dass der Oberprokurator auch die gelegentliche, unregelmäßige Abhaltung des Sonntagsgottesdienstes zu den Ausnahmen zählen wollte, war ein dem Wunsch nach einheitlicher Rechtsanwendung geschuldetes, freilich juristisch inkonsequentes Zugeständnis an die divergierende Haltung der Regierung.[27] Doch das höchste rheinische Gericht,

---

einen Transport dorthin nicht vertragen können. Ich würde doch Bedenken tragen, ein Kind vom Alter von nur einigen Tagen zu dieser Reise zu zwingen. Ein Kind könnte leicht kränklich werden. Jedenfalls steht die von dem Herrn Oberprokurator aufgestellte Ansicht über das, was zulässig sein soll, im Widerspruch mit den oben angeführten Rescripten [d.h. mit dem Oberpräsidialreskript vom 16. Dezember 1873 und dem Ministerialreskript vom 12. April 1875].

27 Der Koblenzer Oberprokurator Sommer *an die Herrn Bürgermeister und Polizeicommissarien zu Coblenz, Stromberg, Waldalgesheim* am 9. Januar 1878 (LHAK, Bestand 441 Nr. 15461):

Mit Rücksicht auf die stets wachsende Zahl der vacanten Pfarreien benachrichtige ich Sie, meine Herrn, daß die Frage, welche geistliche Amtshandlungen in einer vacanten Pfarrei ohne Gesetzesverletzung vorgenommen werden dürfen und welche nicht, aus Veranlassung eines Specialfalles nunmehr von der Rathskammer des Königlichen Landgerichts hierselbst durch Beschluß vom 21. Dezember 1877 in Einklang mit mehrfachen höhern Erlassen und Urtheilen des Königlichen Obertribunals entschieden worden ist. Die Entscheidung der Rathskammer geht dahin,

daß bei der allgemeinen Fassung der betreffenden gesetzlichen Bestimmung art. 2 des Gesetzes vom 21. Mai 1874 an sich jede in einer vacanten Pfarrei vorgenommene geistliche Amtshandlung unter das Strafgesetzbuch fällt, eine Ausnahme aber dann eintritt, wenn eine Handlung vorgenommen werden wird, welche daselbst vorgenommen werden mußte, weil Gefahr im Verzug obwaltete (Urtheil des Obertribunals vom 21. Juni 1877; Rede des Cultusministers in der Sitzung des Abgeordnetenhauses vom 10. März 1876),

daß als solche ihrer Natur nach dringliche Handlungen die Spendung der Sterbesacramente und die Taufen schwacher kranker Kinder zu betrachten sind,

daß dazu auch die Abhaltung des sonntäglichen Gottesdienstes gehört, sofern dieselbe nicht in Folge einer Übernahme ein für alle Mal und in einem regelmäßigen Turnus erfolgt (Rescript des Cultusministers vom 12. April 1875; Urtheil des Obertribunals vom 21. Juni 1877),

daß aber andere geistliche Amtshandlungen ihrer Natur nach nicht dazu gehören, dieselben vielmehr nur dann straflos erscheinen können, wenn sie im einzelnen Falle wegen besonderer, von den betreffenden Geistlichen nachzuweisender Umstände als dringliche Handlungen zu betrachten sind.

Zugleich hat die Rathskammer entschieden, daß der Geistliche, welcher gesetzlich unzulässige Amtshandlungen in einer vacanten Pfarrei vornimmt, wenn er dabei in gutem Glauben handelt, weil es sich als gesetzlich angestellter Nachbarpfarrer zur Vornahme der fraglichen Handlungen für befugt hält, pro praeterito straflos ist und sich erst nach

der Rheinische Appellationsgerichtshof zu Köln,[28] akzeptierte diese partielle Konzession des Koblenzer Oberprokurators nicht, denn in seinem Urteil vom 5. Februar 1878[29], das für die Frage der Erlaubtheit geistlicher Amtshandlungen in vakanten fremden Pfarreien wegweisend war, kassierte es den Freispruch des Landgerichts Trier für den Kaplan Klasen zu Speicher, der in der vakanten Pfarrei Lockweiler ein Hochamt und eine Vesper zelebriert hatte. Das Gericht sah unter Berufung auf das Deklarationsgesetz vom 21. Mai 1874, welches in Art. 2 geistliche Amtshandlungen ohne den Nachweis einer Erlaubnis zur Stellvertretung oder Hilfeleistung in einem Amt unter Strafe stellte, ausnahmslos alle Amtshandlungen in einer vakanten Pfarrei als untersagt an. Anders als bisher die Behörden, die auf Anordnung des Kultusministers zwischen der Aushilfe in Form von gelegentlichen einzelnen Amtshandlungen einerseits und der Stellvertretung in einem Amt oder der Verwaltung eines Amtes andererseits unterschieden hatten, stellte sich also der Appellationsgerichtshof auf den Standpunkt, dass unter Berücksichtigung der ausdrücklichen Intention des Deklarationsgesetzes, nämlich die Umgehung des Gesetzes vom 11. Mai 1873 zu verhindern, auch eine einmalige Amtshandlung als Stellvertretung oder Hilfeleistung in einem Amte zu betrachten und deshalb unter der vielerwähnten, immer gegebenen Prämisse der Nichtanzeige untersagt und strafbar sei. Die kontinuierliche Rechtsauffassung des Kultusministers, wie sie zuletzt in den oben erwähnten Reskripten vom 10. und 12. April 1875 zum Ausdruck gebracht worden war, wurde als *nicht in Betracht kommen[d]* beiseitegeschoben, eine schallende Ohrfeige für die Behörden. Die Regierung Trier, dem Kölner Appellationsgericht in der Sache beipflichtend, wollte den so entstandenen Widerspruch zwischen den Ministerialverfügungen und der Rechtsprechung zugunsten der Priorität der Letzteren dadurch gelöst haben, dass die Verwaltungsbehörden, ihre Unzuständigkeit für die Erteilung von Genehmigungen zur Vornahme geistlicher Amtshandlungen einräumend, eventuelle Frage- und Antragsteller an die Gerichte verweisen und dass die fraglichen Verfügungen zurückgenommen bzw. dahingehend modifiziert werden, in vakanten Pfarreien nur noch die Spendung der Sterbesakramente an Todkranke und die einfache priesterliche Leichensegnung, nicht aber eine Seelenmesse unbeanstandet zu lassen.[30] Der angesprochene

---

einer ihm über seine Befugnisse zu ertheilenden Belehrung pro futuro strafbar machen kann, wenn er nach dieser Belehrung fortfährt, gesetzlich unzulässige Amtshandlungen in der vacanten Pfarrei vorzunehmen (Urtheile des Obertribunals vom 16. Februar und 4. Mai 1876).

28 Zur Geschichte dieses Gerichts vgl. A. Klein: Die rheinische Justiz.

29 Urteil des Rheinischen Appellationsgerichtshofs zu Köln vom 5. Februar 1878 (LHAK, Bestand 403 Nr. 10406. Text im Quellenanhang VI).

30 Die Regierung Trier an den Oberpräsidenten der Rheinprovinz am 21. Februar 1878 (GStA PK, I. HA Rep. 76 IV Sekt. 13 Abt. XII Nr. 13 Bd. 5): *Unterm 18. d. Mts. hat uns der hiesige Königliche Oberprokurator das [...] Urtheil des Anklage-Senats des Königlichen Rheinischen Appellationsgerichtshofes zu Köln vom 5. d. Mts. mit dem Bemerken übersandt, daß der Anklage-Senat in zwei anderen ähnlichen Fällen in derselben Weise*

Oberpräsident dagegen schlug dem Kultusminister als gesichtswahrende Lösung vor, statt einer Vorschriftenaufhebung oder -änderung die Entscheidung der Frage, welche Amtshandlungen gesetzmäßig angestellte Geistliche in vakanten fremden Pfarreien vornehmen dürfen, künftig einfach den Gerichten zu überlassen und bei Anfragen und Anträgen *nunmehr lediglich auf die gerichtliche Rechtsprechung zu verweisen,*[31] ein Verfahren, mit dem sich der Kultusminister *einverstanden* erklärte,[32] womit er sich rechtsstaatskonform der schärferen Linie der Justiz beugte.

In den zeitlich nachfolgenden Fällen, in denen beispielsweise ein Kirchenvorstand von einem Nachbargeistlichen wenigstens die Stiftungen persolviert und die Toten gesegnet haben wollte[33] oder ein Geistlicher in einer seit dreieinhalb

---

geurtheilt hat. Mit Rücksicht auf diese richterlichen Entscheidungen, in welchen unseres ehrerbietigen Dafürhaltens aus durchaus richtigen unanfechtbaren Gründen die Ansicht, als seien einzelne von Nachbargeistlichen auf besonderes Ersuchen in Nachbargemeinden vorgenommene Amtshandlungen straflos, als mit dem Wortlaut, Sinn und Geiste des § 22 des Gesetzes vom 11. Mai 1875 und Art. 2 des Gesetzes vom 21. Mai 1874 unvereinbar mit aller Entschiedenheit zurückgewiesen wird, glauben wir [...] Ew. Excellenz hohen Erwägung ehrerbietigst anheimstellen zu müssen, uns zu ermächtigen, den Bittsteller [...] einfach dahin zu bescheiden, daß die Verwaltungsbehörden überhaupt nicht befugt seien, die Erlaubniß zur Vornahme von geistlichen Amtshandlungen zu ertheilen, die Beurtheilung der Strafbarkeit der Letzteren vielmehr in jedem einzelnen Falle lediglich den Gerichten zustehe. Dabei erlauben wir uns die [...] Bitte zu wiederholen, Ew. Excellenz wolle hochgeneigtest bei dem Herrn Minister der geistlichen pp. Angelegenheiten die Zurücknahme des hohen Rescriptes vom 12. April 1875 oder wenigstens dessen Modification dahin in Anregung bringen, daß die Verwaltungsbehörden des Staates [...] von einer Protocollirung [d.h. Strafverfolgung] *des Nachbargeistlichen nur dann Abstand zu nehmen haben, wenn letztere sich darauf beschränken, in einer vacanten oder solchen Pfarrei, deren Geistliche zur Zeit durch Krankheit, Abwesenheit pp. zu amtiren verhindert sind, Sterbesacramente zu spenden und Begräbnisse zu leiten, letztere indeß nur durch einfaches Einsegnen der Leiche und Begleitung derselben zu Grabe, ohne damit die Vornahme anderer geistlicher Amtshandlungen, z.B. Celebrirung einer Seelenmesse, eines Hochamtes pp. zu verbinden. Eine derartige Verfügung würde mit der Rechtsprechung der Gerichte in dem erwünschten Einklange stehen, während unsres ehrerbietigen Dafürhaltens sich andererseits die Unzuträglichkeit nicht verkennen läßt, wenn in richterlichen Entscheidungen die Verfügungen selbst der höchsten Verwaltungsbehörde als gesetzlich nicht zutreffend bezeichnet werden.*

31 Der Oberpräsident der Rheinprovinz an den Kultusminister am 28. Februar 1878 (GStA PK, I. HA Rep. 76 IV Sekt. 13 Abt. XII Nr. 13 Bd. 5).

32 Der Kultusminister an den Oberpräsidenten der Rheinprovinz am 12. April 1878 (LHAK, Bestand 403 Nr. 10406).

33 Der Kirchenvorstand zu Wollmerath im Kreis Cochem an die Regierung Koblenz am 27. Oktober 1878 (LHAK, Bestand 441 Nr. 17279): *Ein Königliches Regierungspräsidium wird gütigst erlauben dem katholischen Kirchenvorstande der Pfarrkirche zu Wollmerath ergebenst anzufragen, ob die Stiftungen der p. Kirche nicht in derselben durch die Nachbarsgeistlichen an Werktagen abgehalten werden können. Sollte dieses nicht bewilligt werden, so wollen die Stifter derselben die Stiftungen wieder zurückziehen.*

Jahren verwaisten Hunsrückpfarrei aus Mitleid und *bewogen auch durch das traurige Loos der alten und gebrechlichen Mitglieder der Gemeinde, welchen es in dieser rauhen Gegend des Hochwaldes völlig unmöglich ist, bei den weiten Entfernungen eine Nachbarkirche zu besuchen,* wenigstens zeitweilig Gottesdienst halten und die *verwahrloste Jugend* unterrichten wollte[34], wurden die Antragsteller an die Gerichte verwiesen[35] und damit in Anbetracht der Rechtsprechung faktisch abgewiesen, zumindest aber in einer abschreckenden Rechtsunsicherheit belassen, da so die aushilfswilligen Geistlichen ihrer Straflosigkeit nicht im Vorhinein gewiss sein konnten. So ordneten sich seit 1878 die Verwaltungsbehörden vorübergehend der strengeren Linie der Justiz unter, gemäß welcher eine jegliche in einer vakanten Pfarrei verrichtete geistliche Amtshandlung als Hilfeleistung oder Stellvertretung im Pfarramt zu betrachten und bei Unterlassung der Anzeige zu bestrafen ist; allenfalls die Spendung der Sterbesakramente konnte als unter ‚Gefahr im Verzug' fallend gemäß § 2 des Gesetzes vom 11. Mai 1873 geduldet werden.

Am meisten litten diejenigen Gemeinden, die wegen Vakanz oder Amtierungsverbot aller ihrer Seelsorger beraubt waren, an der Unmöglichkeit, ihre Verstorbenen durch einen herbeigerufenen Nachbargeistlichen in ihrer Pfarrei einsegnen lassen und mit dem üblichen liturgischen Zeremoniell beisetzen zu können. Sie empfanden dies als Anschlag auf die Solidarität der Lebenden mit den Toten und auf das christliche Grundgebot der Totenbestattung. *Um namentlich die kameradschaftliche Liebe zu fördern,* verpflichtete beispielsweise die Satzung des

---

Was die Beerdigung der Leichen anbelangt, so möchten wir Ein Königl. Regierungspräsidium ganz unterthänigst bitten, uns doch zu gestatten, daß die Leichen, wie [es] bei Katholiken der Gebrauch ist, bei Beerdigungen von einem Geistlichen eingesegnet werden.

34 Pfarrer Spang zu Züsch im Landkreis Trier an den Kultusminister am 30. Oktober 1879 (GStA PK, I. HA Rep. 76 IV Sekt. 13 Abt. XII Nr. 13 Bd. 6. Text im Quellenanhang V).

35 Die Regierung Koblenz überreichte dem Landrat von Cochem das Gesuch des Kirchenvorstandes von Wollmerath zur Beantwortung mit dem Auftrag (LHAK, Bestand 441 Nr. 17279), die Bittsteller darauf hinzuweisen, *daß über die Frage, ob ein Geistlicher sich durch Annahme geistlicher Handlungen strafbar mache, lediglich die gerichtlichen Behörden zu befinden haben.*
Der Kultusminister an den Pfarrer Spang zu Züsch am 19. Dezember 1879 (GStA PK, I. HA Rep. 76 IV Sekt. 13 Abt. XII Nr. 13 Bd. 6 im Entwurf): *Der Vorstellung vom 30. Oktober d. J., in welcher Ew. [Hochehrwürden] um die Genehmigung nachsuchen, in der erledigten Pfarrei Malborn zeitweilig Gottesdienst zu feiern, auch den Beicht- und Communion-Unterricht daselbst zu übernehmen, bedaure ich Folge nicht geben zu können, da mir nach Lage der Gesetzgebung die Ermächtigung nicht zusteht, eine derartige Genehmigung zu ertheilen. Inwiefern ein gesetzlich angestellter Geistlicher sich durch Amtshandlungen, welche er in einer andern Parochie vornimmt, strafbar macht, unterliegt, wie dies in der von der Königl. Regierung zu Trier an den Kirchenvorstand zu Malborn gerichteten Verfügung vom 8. Mai d. J. zutreffend bemerkt wird, lediglich der richterlichen Entscheidung.*

Kriegervereins von Masburg jedes Vereinsmitglied, ein verstorbenes Mitglied *mit Fahne und Trommelschlag zur letzten Ruhstätte zu begleiten und jedem ein hl. Meßopfer darbringen zu lassen, dem alle Mitglieder beiwohnen müssen.* Da aufgrund der Sperrung ihres Pfarrers Pörtzgen in einer Nachbarpfarrei die Toten eingesegnet und das Sterbeamt abgehalten werden mussten, bedeutete dies für die Vereinsmitglieder den Ausfall eines Arbeitstages. *Die Mitglieder des Vereins sind aber zum größeren Theile Schieferbrecher und auf ihren Tagelohn angewiesen. Bei einem solchen Vorkommnisse müssen diese Leute also einen ganzen Tagelohn einbüßen, was natürlich für dieselben ein großes Opfer ist.* Deshalb bat der Vereinsvorstand, dass ein Nachbargeistlicher die verstorbenen Vereinsmitglieder in ihrer Pfarrei Masburg beerdigen und dort auch die Totenmesse zelebrieren dürfe. *So brauchte blos ein Viertel oder höchstens die Hälfte des Tagelohns für die oben gedachten Leute verloren gehen. Zudem würde die Feierlichkeit bedeutend gewinnen.*[36] Doch gemäß der neuen harten Linie erteilte der Landrat von Cochem auf Weisung des Oberpräsidenten dem Kriegerverein eine Abfuhr durch den Bescheid, dass ein Nachbargeistlicher einen Toten aus einer fremden Pfarrei nur in seiner eigenen Pfarrei einsegnen dürfe und dass im Übrigen die Gerichte über die Erlaubtheit bzw. Strafbarkeit geistlicher Amtshandlungen zu befinden hätten.[37] Auch die seit fünf Jahren verwaisten Eifelgemeinde Ettringen wollte wenigstens die Taufen und Beerdigungen in ihrer eigenen Gemeinde durch einen Nachbargeistlichen vorgenommen haben, denn *der Winter zeigt sich hier in aller Strenge und kommt es häufig vor, daß wegen Schneegestöber und bitterer Kälte Erwachsene sich nicht [nach] draußen wagen können. Würde man nun ein neugeborenes Kind zur Taufe tragen und es überfiel einen ein solches Unwetter, so brächte man es nicht mehr lebendig nach Hause. Ähnlich verhält es sich auch mit den Begräbnissen. Sterbefälle rufen in jedem Hause große Trauer hervor, besonders aber dort, wo man das Bewußtsein in sich trägt, seinen verstorbenen Angehörigen das christliche Begräbniß versagen zu müssen.*[38] Doch auch

---

36 Der Vorstand des *Kriegervereins* von Masburg im Kreis Cochem an den Oberpräsidenten der Rheinprovinz am 29. März 1878 (LHAK, Bestand 441 Nr. 17279. Text im Quellenanhang V).

37 Der Landrat von Cochem *an den Vorstand des Masburger Kriegervereins zu Händen dessen Präsidenten Ostermann* am 10. April 1878 (LHAK, Bestand 441 Nr. 17279): *Auf das an das Königliche Oberpräsidium der Rheinprovinz gerichtete, an mich zur Verfügung abgegebene Gesuch, betreffend Beerdigung der verstorbenen Mitglieder des dortigen Kriegervereins, wird Ihnen hierdurch erwidert, daß die bestehenden gesetzlichen Bestimmungen keine Ausnahme zulassen. In Betreff der Beerdigungen ist statthaft, wenn ein Nachbarpfarrer auf Ihr Ansuchen die Leichen innerhalb seines Pfarrbezirks behufs deren Beerdigung einsegnet. Ob und inwieweit im Übrigen ein Geistlicher sich durch Vornahme geistlicher Handlungen strafbar macht, unterliegt lediglich der Entscheidung der richterlichen Behörden.*

38 Der Kirchenvorstand von Ettringen im Kreis Mayen an den Oberpräsidenten der Rheinprovinz am 26. Oktober 1878 (LHAK, Bestand 441 Nr. 17285. Text im Quellenanhang V).

hier erklärten sich die angesprochenen Behörden für entscheidungsunbefugt und verwiesen den Ettringer Kirchenvorstand auf die Justiz,[39] was aus den bekannten Gründen eine indirekte Ablehnung des Gesuchs bedeutete.

Die Regierung Trier freilich drängte weiterhin auf eine nicht nur faktische, sondern auch förmliche Annullierung oder Modifizierung der bisherigen, mit der strengeren Rechtsprechung kollidierenden Ministerialverfügungen, denn das Obertribunal hatte in seinem Urteil vom 22. Juni 1878[40] in Einklang mit dem erwähnten Urteil des Rheinischen Appellationsgerichts zwar bereits eine einzelne, aushilfsweise vorgenommene Amtshandlung in einer vakanten fremden Pfarrei im Fall der Nichtanzeige grundsätzlich für illegal erklärt,[41] aber gleichzeitig die Verurteilung der Pfarrers von Wadern (Kreis Merzig), der in der vakanten Nachbarpfarrei Lockweiler amtiert hatte, deshalb kassiert und zur Prüfung an das Landgericht Saarbrücken zurückverwiesen, weil die Verfügung des Kultusministers vom 12. April 1875 den Pfarrer zu dem straflos machenden Irrglauben verleitet haben könnte, dass der Oberpräsident in solchen Fällen auf das Einspruchsrecht verzichte und seine Genehmigung stillschweigend erteile[42]. Die Regierung Trier fürchtete nun nicht nur, dass der Pfarrer von Wadern freigesprochen werde, sondern auch, dass in Zukunft überhaupt keine vereinzelten Amtshandlungen in vakanten fremden Pfarreien bestraft werden könnten, solange die genannten

39 Der Oberpräsident der Rheinprovinz übersandte am 3. November 1878 der Regierung Koblenz das obige Gesuch des Kirchenvorstandes *mit dem ergebensten Ersuchen, dem Kirchenvorstande zu Ettringen in meinem Namen gefälligst zu eröffnen, daß darüber, ob ein Geistlicher sich durch die Vornahme von Amtshandlungen in einer vacanten Pfarrei strafbar mache oder nicht, lediglich die gerichtlichen Behörden zu entscheiden haben* (LHAK, Bestand 441 Nr. 17285).

40 Die Rechtsprechung des Kgl. Obertribunals, Bd. 19 (1878), S. 330–332.

41 Leitsatz: *Nach Art. 2 des Gesetzes v. 21. Mai 1874 muß ein in seinem Bezirk gültig angestellter Geistlicher, der in einem vakanten Nachbarbezirk aushülfsweise eine einzelne Amtshandlung vornimmt, die vorgeschriebene Anzeige an den Oberpräsidenten auch dann machen, wenn er nicht die Absicht hat, die Verwaltung des vacanten Amts thatsächlich zu übernehmen.*

42 Leitsatz: *Ein in einem anderen Falle ergangenes Rescript des Kultusministers, daß nichts dagegen zu erinnern sei, wenn der betreffende in seinem Bezirke gültig angestellte Pfarrer von Zeit zu Zeit den Sonntagsgottesdienst in einer benachbarten vacanten Pfarre auf Ansuchen der dortigen Gemeinde abhalte, solange die Übernahme des Sonntagsgottesdienstes nicht ein für alle Mal und in einem regelmäßigen Turnus geschehe, macht zwar nicht einen durch dasselbe hervorgerufenen Rechtsirrthum über die Tragweite des Art. 2 des Gesetzes v. 21. Mai 1874 als eines Strafgesetzes entschuldbar, wohl aber einen Beschuldigten dann straflos, wenn in ihm durch das Rescript der sich als ein Irthum über die thatsächlichen Voraussetzungen des Gesetzes darstellende Glaube hervorgerufen worden ist, daß die zur Erhebung des Einspruchs kompetente Verwaltungsbehörde in derartigen Fällen mit Rücksicht auf deren eigenthümliche Gestaltung sich überhaupt ihres Einspruchs begeben und ihre Genehmigung stillschweigend erklärt habe.*

Ministerialreskripte formal in Kraft bleiben.[43] Doch der Kultusminister, dem der Oberpräsident die Eingabe der Regierung Trier vorlegte,[44] sah sich durch die Aussicht auf vermehrte Freisprüche in der fraglichen Angelegenheit nicht zu einer Revision seiner Haltung bemüßigt,[45] was darauf hindeutet, dass in Berlin der Kulturkampfenthusiasmus etwas nachließ.

Dieser Eindruck wird bestätigt durch die Verfügung des neuen Kultusministers v. Puttkamer vom 17. April 1880[46]. Für den Minister gewann *die Frage eine immer größere Bedeutung, inwieweit bei der gegenwärtigen Lage der Gesetzgebung gesetzmäßig angestellte Geistliche für befugt zu erachten sind, durch Verrichtung*

---

43 Die Regierung Trier an den Oberpräsidenten der Rheinprovinz am 9. September 1878 (LHAK, Bestand 403 Nr. 10406): *Das Königliche Obertribunal hat durch das [...] Urtheil vom 22. Juni ds. Js. wiederholt den Grundsatz ausgesprochen, daß es für die Strafbarkeit der Vornahme von geistlichen Amtshandlungen in Nachbargemeinden weder darauf ankomme, daß der beschuldigte Nachbargeistliche durch die ihm zur Last gelegten Handlungen die Absicht an den Tag gelegt habe, die Verwaltung der vacanten Stelle zu übernehmen, noch eine Mehrzahl von Amtshandlungen für die Strafbarkeit erforderlich sei, gleichwohl aber ein Urtheil der Zuchtpolizeikammer des hiesigen Königlichen Landgerichts vom 10. April cr., durch welches der Dechant Flesch zu Wadern wegen Vornahme einer einzelnen geistlichen Amtshandlung in der vacanten Nachbarpfarrei Lockweiler zu einer Geldbuße von 15 M, subsidiarisch zu 3 Tagen Gefängniß verurtheilt worden war, um deßwillen cassirt und zur anderweiten Verhandlung an die Zuchtpolizeiappellkammer des Königlichen Landgerichts zu Saarbrücken verwiesen, weil in dem angegriffenen Urtheil die Frage nicht genügend erörtert worden sei, ob nicht etwa der Beschuldigte in einem thatsächlichen Irrthum über die Strafbarkeit seiner Handlung durch eine Verfügung des Königlichen Oberprokurators zu Coblenz und durch den Erlaß des Herrn Ministers der geistlichen pp. Angelegenheiten vom 12. April 1875 versetzt worden sei, wodurch die Vornahme von einzelnen geistlichen Amtshandlungen in Nachbargemeinden für straffrei erklärt werde. Ohne Zweifel wird bei dem Königlichen Landgericht zu Saarbrücken nunmehr die Freisprechung des Dechanten Flesch erfolgen und in Zukunft überhaupt keine Verurtheilung wegen einzelner geistlichen Amtshandlungen in Nachbargemeinden, welche nicht gleichzeitig die Anmaßung der Verwaltung der erledigten Stelle in sich begreifen, bei den Gerichten unseres Bezirkes zu erwirken sein, solange das genannte hohe Ministerialrescript und die Verfügung des Königlichen Oberprokurators zu Coblenz bestehen bleiben.*

44 Der Oberpräsident der Rheinprovinz an den Kultusminister am 16. September 1878 (LHAK, Bestand 403 im Entwurf).

45 Der Kultusminister an den Oberpräsidenten der Rheinprovinz am 30. September 1878 (LHAK, Bestand 403 Nr. 1878).

46 Kultusminister v. Puttkamer an den Oberpräsidenten der Rheinprovinz am 17. April 1880 (LHAK, Bestand 402 Nr. 10406; LHAK, Bestand 441 Nr. 15488; GStA PK, I. HA Rep. 76 IV Sekt. 1 Abt. XII Nr. 6 Bd. 4. Text im Quellenanhang I). Der Oberpräsident der Rheinprovinz reichte eine Abschrift des Erlasses zusammen mit der kurzen Begleitinstruktion am 30. April 1880 (GStA PK, I. HA Rep. 76 IV. Sekt. 1 Abt. XII Nr. 6 Bd. 4; LHAK, Bestand 441 Nr. 15488. Text im Quellenanhang I) an alle rheinischen Bezirksregierungen weiter.

einzelner geistlicher Amtshandlungen in erledigten Pfarreien für die Befriedigung der dringendsten religiösen Bedürfnisse zu sorgen. Es habe für die Staatsregierung bei Erlass des Gesetzes vom 11. Mai 1873 festgestanden, *daß einzelne geistliche Amtshandlungen, welche von gesetzmäßig angestellten Geistlichen in erledigten Pfarreien vorgenommen werden, ohne dabei die Absicht zu bekunden, dort ein geistliches Amt zu übernehmen, den Strafbestimmungen des Gesetzes nicht unterfallen.* Da es nicht im Interesse des Staats liege, *die Ausübung der kirchlichen Seelsorge an sich zu hindern oder zu beschränken,* empfehle es sich – so umschrieb der Kultusminister seine von übergeordneten politischen Erwägungen diktierte Absicht –, *durch eine richtige, den ursprünglichen Gedanken und die Absicht des Gesetzes nicht überbietende Anwendung der Strafbestimmungen der seelsorgerlichen Thätigkeit der gesetzmäßig amtirenden Geistlichen innerhalb der Grenzen des Gesetzes möglichst Raum zu gestatten.* Die offensichtliche Intention dieses Erlasses, im Rahmen der noch bestehenden Gesetze die seelsorgliche und kultische Versorgung vakanter Pfarreien durch gesetzmäßig angestellte Nachbargeistliche zu ermöglichen, kommt auch darin zum Ausdruck, dass der Kultusminister ausdrücklich auf die Eventualitäten verwies, dass beim amtierenden Geistlichen ein *entschuldbarer Irrthum* über die Berechtigung seines Handelns vorliegen könne und dass eine Gefahr im Verzug gemäß § 2 des Gesetzes vom 11. Mai 1873 den Geistlichen rechtfertigen könne. Um dieser gemeinde- und seelsorgefreundlichen Politik zum Durchbruch zu verhelfen, verordnete der Minister, dass die Ortspolizeibehörden, sprich die Bürgermeister, nicht mehr von sich aus Strafanzeige zu erstatten, sondern alle Verdachtsfälle dem Oberpräsidenten zu melden hatten, der dann über eine Strafanzeige bei der Staatsanwaltschaft zu befinden hatte. Ohne Erwähnung der Rechtsprechung des Rheinischen Appellationsgerichtshofs und des Berliner Obertribunals, welche die kontinuierliche Haltung des Kultusministeriums in der fraglichen Angelegenheit konterkariert hatten, suchte der Kultusminister im faktischen Widerspruch zur Justiz die Umsetzung seiner erklärten Absicht, der aushilfsweisen Gottesdienstverrichtung in verwaisten Pfarreien möglichst wenig Hindernisse in den Weg zu legen, mittels einer Neuverteilung der Kompetenzen dergestalt zu sichern, dass er die Entscheidung über eine Strafanzeige allein dem Oberpräsidenten vorbehielt und diesem klar den politisch gewünschten Kurs vorgab, nämlich gelegentliche Amtshandlungen in erledigten Pfarreien zu dulden, solange nicht erkennbar oder erklärtermaßen die Übernahme der Pfarrverwaltung beabsichtigt war. Als der Kirchenrechner von Buch nach dem Tod des Pfarrers um die Erlaubnis bat, *uns einen Gottesdienst an Sonn- und Feiertagen durch einen benachbarten Herrn Geistlichen abhalten zu lassen,*[47] beschied die Regierung Koblenz ganz im Sinne

47 Der Kirchenrechner von Buch im Kreis Simmern an den Oberpräsidenten der Rheinprovinz am 14. Januar 1881 (LHAK, Bestand 441 Nr. 15461): *Ich theile Ihnen hierdurch die traurige Nachricht mit: Gestern ist unser Hochwürdiger Herr Pastor und Definitor Kornelius Hengen nach langer Krankheit an Altersschwäche gestorben. Indem ich Ihnen dieses gehorsamst mittheile, bitte ich zugleich Euer Hochwohlgeboren in Einvernehmen mit dem Königlichen Commissarius Herrn Breden in Trier, uns gütigst erlauben zu*

des Ministerialerlasses wieder wie vor 1878 die Gemeinde, dass geistliche Amtshandlungen, *welche von gesetzmäßig angestellten Geistlichen in erledigten Pfarreien vorgenommen werden, ohne dabei die Absicht zu bekunden, dort ein geistliches Amt zu übernehmen,* nicht strafbar seien.[48] Während sich seit 1878 die rheinische Provinzialverwaltung in der fraglichen Angelegenheit der strengeren Linie der Justiz insofern gebeugt hatte, als sie Antrag- und Fragesteller an die Gerichte verwies, kehrte sie im Gefolge des Ministerialerlasses vom 17. April 1880 wieder zu ihrer ursprünglichen Position zurück, wie sie Kultusminister Falk in seinen Weisungen vom 9. Dezember 1873 und 12. April 1875 vorgegeben hatte, und milderte sie in der Sache angesichts der expliziten Zielsetzung besagten Erlasses weiter ab in Richtung auf eine weitgehende stillschweigende Duldung der Aushilfe in vakanten fremden Pfarreien, was aber hier nicht weiterverfolgt werden soll.

Insgesamt gab es somit im Rheinland – abgesehen vom Zeitraum zwischen Februar 1878 und April 1880 – bei der Frage der geistlichen Amtshandlungen gesetzmäßig angestellter Geistlicher in vakanten oder mit gesperrten Geistlichen besetzten fremden Pfarreien ein Neben- und partielles Gegeneinander von Rechtsprechung und Verwaltungsverfügungen, dessen Ausmaß und Praxisauswirkungen freilich unklar sind. Zwar hatten die Gerichte im Prinzip das letzte Wort, aber die Position der Exekutive besaß insofern die höhere faktische Durchsetzungskraft, als die Staatsanwaltschaften für die Einleitung von Strafverfahren wesentlich auf die Meldungen der Verwaltungsbehörden angewiesen blieben und ohne die staatsanwaltschaftlichen Anklageerhebungen die Gerichte gar nicht erst tätig wurden. Wenn also der Oberpräsident, der seit dem Ministerialerlass vom 17. April 1880 die Entscheidungshoheit über die Anzeigeerstattung besaß, den Grundsätzen besagten Erlasses folgend von einer Anzeige absah, blieb in der Regel auch die Justiz passiv. Anfang 1881 jedenfalls meldete die Regierung Trier, dass *nach den eingezogenen Ermittelungen in fast allen vacanten Pfarreien die Seelsorge durch Nachbargeistliche ausgeübt wird,*[49] und berichtete der Oberpräsident nach Berlin, dass *in fast allen vacanten Pfarreien, in denen keine Stellvertreter oder Hülfsgeistliche fungieren, Aushülfe durch Nachbargeistliche gewährt wird.*[50] Freilich dürfte es sich meist nur um eine geistliche Notversorgung gehandelt haben.

---

wollen, forthin wie bisher uns einen Gottesdienst an Sonn- und Feiertagen durch einen benachbarten Herrn Geistlichen halten lassen zu dürfen. Ferner mögte ich Sie bitten, uns gütigst zu erlauben, daß alle religiösen Bedürfnisse in unserer Pfarrgemeinde forthin wie bisher befriedigt werden dürfen, damit alte und gebrechliche Leute auch mit den heiligen Sakramenten versehen werden dürfen.

48 Die Regierung Koblenz an den Kirchenrechner von Buch am 21. Januar 1881 (LHAK, Bestand 441 Nr. 15461 im Entwurf).

49 Die Regierung Trier an den Oberpräsidenten der Rheinprovinz am 19. Januar 1881 (LHAK, Bestand 403 Nr. 10406).

50 Der Oberpräsident der Rheinprovinz an Kultusminister v. Puttkamer am 13. März 1881 (GStA PK, I. HA Rep. 76 IV Sekt. 1 Abt. XII Nr. 6 Bd. 4).

2. Amtshandlungen von gesetzmäßig angestellten Geistlichen in ordnungsgemäß besetzten fremden Pfarreien

Die Kulturkampfgesetzgebung warf die Frage auf, wann eine pastorale Aushilfe in einer nichtvakanten, ordnungsgemäß besetzten Pfarrei zu einer Pfarrverwaltung oder Stellvertretung im Amt mutiert, die ohne vorherige Anzeige beim Oberpräsidenten laut §§ 2 und 23 des Gesetzes vom 11. Mai 1873 verboten und strafbar ist. Die Aushilfe konnte durch einen temporären hohen Zustrom von Gläubigen, beispielsweise zu einem zu bestimmten Zeiten besonders stark frequentierten Kult- oder Wallfahrtsort, oder durch eine vorübergehende Abwesenheit oder eine Krankheit eines Amtsinhabers bedingt sein wie im Fall des vom Schlaganfall getroffenen Pfarrers von Polch, der in der arbeitsintensiven Osterzeit Unterstützung benötigte[51]. Die Aushilfe durch einen Nachbarpfarrer konnte aber auch dadurch veranlasst werden, dass ein Pfarrer das Vertrauen seiner Parochianen verloren hatte und boykottiert wurde, weil er ein Staatsgehaltsempfänger war. Da in diesem Fall die Behörden zum Schutz des regierungsloyalen ‚Staatspfarrers' ein starkes Interesse daran hatten, die von den Einwohnern gewünschte Amtierung eines Nachbarpfarrers in der ja formal ordnungsgemäß besetzten Pfarrei zu verhindern, besaß für sie die diesbezügliche Rechtslage eine besondere Bedeutung. Der Kultusminister entschied die Frage nach der Erlaubtheit von geistlichen Amtshandlungen gesetzmäßig, d.h. vor Publikation der Maigesetze angestellter Geistlicher in gleichfalls gesetzmäßig besetzten Pfarreien in seiner an alle preußischen Oberpräsidenten gerichteten Grundsatzinstruktion vom 12. April 1875 dahingehend, dass ähnlich wie in vakanten Pfarreien auswärtige Geistliche einzelne Amtshandlungen, wie z.B. Gastpredigten, verrichten dürfen, dass sich aber die punktuelle Aushilfe in einer anderen Pfarrei nicht zu einer das Gesetz umgehenden Stellvertretung im Pfarramt oder zu einer Pfarrverwaltung auswachsen dürfe.[52] Allerdings verwies der

---

51 Pfarrer Pesch zu Polch im Kreis Mayen an den Oberpräsidenten der Rheinprovinz am 19. April 1879 (LHAK, Bestand 441 Nr. 17285): *Seit dem 20. Februar cr. von einem zweiten Schlaganfalle betroffen, ist es mir nicht möglich, meine geistlichen Amtshandlungen als Pfarrer zu Polch zumal in der österlichen Zeit allein zu bewältigen, und erlaube ich mir dieserhalb die unterthänige Bitte, Ein Hohes Oberpräsidium wolle gestatten, daß gesetzlich angestellte, staatstreue Geistlichen mir zeitweise Aushülfe leisten dürfen.*

52 Der Kultusminister an den Oberpräsidenten der Rheinprovinz am 12. April 1875 (LHAK, Bestand 403 Nr. 10404): *Auch bei einer besetzten Pfarrstelle sind einzelne Amtshandlungen, die ein fremder, jedoch gesetzlich bestellter Geistlicher vornimmt, nicht ohne Weiteres strafbar. Diese Frage ist schon früher bezüglich der landrechtlichen Gebietstheile mit Rücksicht auf die den Geistlichen nach den §§ 510ff Tit. 11 Th. II A.L.R. innewohnende facultas substituendi zur Erörterung gekommen und dahin entschieden worden, daß die Annahme eines ständigen Vicars oder die Übertragung der Stellvertretung im Amte auf einen anderen Pfarrer unter die Vorschriften des Gesetzes vom 11ten Mai 1873 fallen, daß dagegen die bloße Substituirung eines anderen*

Minister in dieser Instruktion auf das schon vertraute Problem, dass die Gerichte teilweise eine andere, und zwar strengere Auffassung vertraten, indem sie selbst vereinzelte Amtshandlungen als Hilfeleistung oder Stellvertretung qualifizierten, welche § 2 des Gesetzes vom 11. Mai 1873 und Art. 2 des Deklarationsgesetzes vom 21. Mai 1874 verboten hatten.

Wenig überraschend warf der bekannte Grundsatz, dass gelegentliche geistliche Amtshandlungen, nicht aber eine temporäre oder gar permanente Pfarrverwaltung zu tolerieren sei, auch bei den nichtvakanten Pfarreien schwierige Auslegungs- und Abgrenzungsprobleme auf, die im Fall der (damals) vor den Toren Triers gelegenen Wallfahrtskirche St. Matthias sogar das Obertribunal beschäftigten. In der Woche vor Pfingsten pilgerten nämlich traditionell viele Einzelpersonen und Prozessionen zum angeblichen Grab des Apostels Matthias. Um den Massenandrang zu bewältigen, halfen viele Trierer Geistliche in dieser sog. Pilgerwoche in St. Matthias durch Beichthören, Kommunionausteilung und Messelesen aus. Während die Regierung Trier darin eine weit über die Ausübung vereinzelter Amtshandlungen hinausgehende achttägige Amtierung in einer fremden Pfarrei erblickte und eine Strafverfolgung eingeleitet wissen wollte, konnte der Trierer Oberprokurator keine versuchte Umgehung der Anzeigepflicht feststellen, da ja in der Pfarrei St. Matthias keine eine Stellvertretung oder Amtsverwaltung erheischende Stellenvakanz vorhanden sei und teilweise die eigenen Pfarrangehörigen der Nachbargeistlichen die Notwendigkeit der Aushilfe herbeigeführt hätten.[53] Der

---

Geistlichen für eine einzelne Amtshandlung bez. für einen bestimmten Behinderungsfall nicht als die Übertragung der Stellvertretung oder Hülfsleistung in einem Amte aufzufassen sei. Nach demselben Grundsatze ist aber die Frage wegen der sogen. Gastpredigten zu entscheiden und [es] wird demgemäß kein Grund zum Einschreiten vorliegen, wenn ein gesetzmäßig angestellter Geistlicher einmal einen anderen, gleichfalls gesetzmäßig angestellten Geistlichen statt seiner eine einzelne Amtshandlung, z.B. also eine Predigt, vornehmen läßt. Freilich ist auch in diesen Fällen streng darauf zu achten, daß nicht durch die Form der Substituirung im einzelnen Fall eine Umgehung der Gesetze versucht werde. Obwohl sich dies nur in den concreten Fällen beurtheilen läßt, so will ich doch nicht unbemerkt bleiben lassen, daß nach mehrfachen Entscheidungen des Appellationsgerichts in Posen – in die dritte Instanz ist diese Frage, soweit diesseits bekannt, noch nicht gekommen – das Abhalten von Fastenpredigten, die Leitung von Prozessionen, das Abhalten von Ablässen seitens auswärtiger Geistlichen in einer ihnen fremden Parochie nach § 23 des Gesetzes vom 11. Mai 1873 und Art. 2 des Gesetzes vom 21. Mai 1874 als strafbar zu erachten sind.

53 Der Trierer Oberprokurator an den Oberpräsidenten der Rheinprovinz am 7. September 1875 (LHAK, Bestand 403 Nr. 10404): *In der Woche vor Pfingsten wird sowohl von hier als der Umgebung vereinzelt und in Prozessionen nach der benachbarten Pfarrkirche St. Mathias zu dem angeblichen Grabe des Apostels Mathias gewallfahrtet. Wie alljährlich, so hat auch in diesem Jahre der hiesige Pfarrclerus die Geistlichkeit der genannten Pfarrei in der Ausübung der Seelsorge dadurch unterstützt, daß einzelne während der erwähnten Zeit, der sogenannten Pilgerwoche, dort Messe lasen, die Beichte hörten und das Abendmahl austheilten. Die Königliche Regierung ist nun*

um Rat gefragte Oberpräsident empfahl dem Trierer Oberprokurator die Einleitung eines Strafverfahrens, um so den Gerichten die schwierige juristische Bewertung des Sachverhalts zu überlassen.[54] Der Oberprokurator folgte der Empfehlung, aber das Landgericht Trier sprach die beschuldigten Geistlichen frei.[55] Der Rheinische

---

der Ansicht, daß die Betreffenden sich hierdurch eines Vergehens gegen § 2 des Gesetzes vom 21. Mai 1874 schuldig gemacht [hätten], indem sie in unzulässiger Weise in einer Pfarrei, für welche sie nicht ernannt worden, Amtshandlungen vorgenommen hätten. Meines Erachtens liegt jedoch ein solches Vergehen nicht vor. Die Frage, unter welchen Voraussetzungen die Vornahme einzelner Amtshandlungen eines gesetzlich bestellten Geistlichen in einer besetzten fremden Pfarrei strafbar sei, wird in dem [...] Ministerialrescripte vom 12. April d. J. näher erörtert und dahin entschieden, daß die Strafbarkeit nicht ohne Weiteres anzunehmen, vielmehr nach den Umständen des conkreten Falles zu beurtheilen sei und daß es hierbei vor allem darauf ankomme, ob nicht der Versuch einer Gesetzesumgehung vorliege. Die Königliche Regierung ist nun der Ansicht, daß im vorliegenden Falle von einzelnen Amtshandlungen keine Rede sein könne, weil während 8 Tagen zu St. Mathias von fremden Geistlichen Amtshandlungen vorgenommen worden seien. Hiergegen ist aber zu bemerken, daß die einzelnen Geistlichen nur ganz vereinzelte Amtshandlungen an einem resp. zwei Tagen vorgenommen haben und dies doch allein bei Entscheidung der Frage maßgebend sein kann, nicht aber die ganze Dauer des Festes. Liegen nur vereinzelte Amtshandlungen vor, so würde weiter zu prüfen sein, ob nicht durch deren Vornahme die Umgehung eines Gesetzes versucht worden sei. Auch hierfür dürften gar keine Anhaltspunkte vorliegen. In der Pfarrkirche zu St. Mathias ist keine Stelle vakant oder das Bedürfniß zur Anstellung eines fremden Geistlichen hervorgetreten, so daß die Vermuthung ausgeschlossen ist, als ob durch die Aushülfe von fremden Geistlichen die Wiederbesetzung oder Neukreirung einer Stelle und damit die Anzeigepflicht umgangen werden sollte. Wenn bei der genannten Kirche in jedem Jahre zur Zeit der Pilgerwoche die Nothwendigkeit der Aushülfe eintritt, so ist dies eine Erscheinung, die fast bei allen größeren Pfarrkirchen, ja selbst in Dorfpfarreien vorkommt, wo bei Gelegenheit der Kirchenfeste, z. B. der sogenannten Patrocinien, die benachbarte Bevölkerung zuströmt und daher der benachbarte Clerus den betreffenden Pfarrer für die Dauer des Festes unterstützt. Es wird hierin umso weniger eine strafbare Einmischung in ein fremdes Amt zu finden sein, als es zum Theil die eigenen Pfarrinsassen sind, welche das Bedürfniß zur Aushülfe in der fremden Pfarrei verursacht haben. Daß aber gerade von hiesiger Stadt aus zahlreich während der erwähnten Zeit nach St. Mathias gewallfahrtet wird, ist schon bemerkt worden. Jedenfalls würde kein Grund vorliegen, den fremden Pfarrer, welcher mit einer Prozession dorthin kommt und in der Kirche Amtshandlungen vornimmt, anders zu beurtheilen wie den Pfarrer, aus dessen Pfarrei nicht prozessionsweise, sondern von zahlreichen Einzelnen gewallfahrtet worden [ist] und der sich hierdurch zur Aushülfe in der fremden Pfarrei veranlaßt gesehen hat.

54 Der Oberpräsident der Rheinprovinz an den Trierer Oberprokurator am 16. September 1875 (LHAK, Bestand 403 Nr. 10404 im Entwurf).

55 Aus dem Urteil des Obertribunals vom 16. März 1876 (LHAK, Bestand 403 Nr. 10405 in Abschrift): *Die Beschuldigten sind sämmtlich vor Erlaß der Maigesetze angestellte Geistliche und haben nach ihren eigenen Erklärungen und den Aussagen der Zeugen in der Pfingstwoche, 8. bis 16. Mai 1875, in der Kirche der gleichfalls gehörig besetzten Pfarrei St. Mathias bei Trier, welche alljährlich um diese Zeit von zahlreichen Pilgern aus der*

Appellationsgerichtshof bestätigte diesen Freispruch und das Obertribunal verwarf in seinem Urteil vom 16. März 1876[56] den dagegen eingelegten Kassationsrekurs[57].

Anders gelagert und zu beurteilen war nach übereinstimmender Behördenmeinung der Fall des Pfarrers a. D. Dommermuth, der aus Gesundheitsgründen seinen Wohnsitz nach Ehrenbreitstein verlegen und dann in der dortigen Pfarrkirche mit freudigem Einverständnis des schon betagten Ortspfarrers Piesbach regelmäßig eine öffentliche Messe lesen wollte. Darin sahen die Behörden umso mehr eine auf Dauer angelegte verbotene Hilfeleistung im Amt, als aufgrund der Auflösung des

---

Nähe und Ferne zur Verehrung der Gebeine des Apostel[s] St. Mathias besucht wird, zum Theil durch öffentliches Lesen feierlicher und stiller Messen sowie durch Ausspenden der Kommunion, alle aber durch Beichtehören Aushülfe geleistet, der Beschuldigte [Domvikar] Schmitt an zwei Tagen, die übrigen an je einem Tage. Der Pfarrer Thanisch aus Linz, früher als Kaplan zu St. Mathias angestellt, will die von ihm öffentlich gelesene Messe nur in Erfüllung seiner Priesterpflicht gehalten haben, während die anderen Beschuldigten behaupten, daß sie dem längst bestehenden Gebrauche gemäß dem Pfarrer von St. Mathias, welcher mit seinem Kaplan allein den Dienst in der s. g. Pilgerwoche nicht bewältigen könne, freundnachbarliche Unterstützung gewährt hätten. Der Pfarrer von St. Mathias bestätigt dies mit dem Bemerken, daß er mit denjenigen Geistlichen, welche sich zur Hülfeleistung bereit erklärt [hätten], vorher gesprochen habe, damit Abwechslung in der Aushülfe statthabe. Die Strafrathskammer des Landgerichts [Trier] hat unter dem 11. Dezember vorigen Jahres die Einstellung des Verfahrens beschlossen, indem sie davon ausging, daß die Aushülfe in dringender Noth entsprechend den kanonischen Bestimmungen und in Beobachtung eines lange bestandenen, bislang ohne Einsprache der Staatsregierung geübten Herkommens geleistet worden sei.

56 Die Maigesetze, S. 86f; Die Rechtsprechung des Königlichen Obertribunals, Bd. 17 (1876), S. 205–207. Leitsatz: *Der Art. 2 des Gesetzes v. 21. Mai 1874 trifft solche in dem Geschäftskreise einer anderen geistlichen Stelle verrichtete einzelne Amtshandlungen eines rite angestellten Geistlichen nicht, zu welchen derselbe unter den besonderen Umständen des concreten Falls sich durch sein eigenes Amt ermächtigt finden konnte. Das liegt vor, wenn auf Grund eines alten Herkommens in der Pfarrkirche eines Pilgerorts zu einer bestimmten Zeit die benachbarten Geistlichen Aushülfe leisten.*

57 Der Trierer Oberprokurator Kewenig an den Oberpräsidenten der Rheinprovinz am 9. Mai 1876 (LHAK, Bestand 403 Nr. 10405): *Euer Hochwohlgeboren beehre ich mich [...] ergebenst mitzutheilen, daß die zum Zweck der Ermittelung, ob sich die Pfarrer Graf und Grünewald, der Domvikar Schmitt, Kaplan Perdsborn und der Geistliche Thanisch, alle dahier wohnend, ferner der Rektor Varain zu St. Mathias, im Mai 1875 in der Pfarrkirche zu St. Mathias eines Vergehens im Sinne des Artikels 2 des Gesetzes vom 21. Mai 1874 wegen Deklaration und Ergänzung des Gesetzes über die Vorbildung und Anstellung von Geistlichen schuldig gemacht haben, hier* [d.h. in Trier] *eingeleitete Untersuchung durch Rathskammerbeschluß [des Landgerichts Trier] vom 11. Dezember pr. eingestellt, dieser Beschluß auf angemeldete Opposition am 7. Januar c. vom Anklage-Senat des Rheinischen Appellationsgerichtshofes bestätigt und der wider diese Entscheidung ergriffene Kassationsrekurs durch Urtheil des Königlichen Obertribunals vom 16. März als unbegründet verworfen worden ist.*

Kapuzinerklosters in Ehrenbreitstein einige Gottesdienste entfallen waren, sodass sie im Ansinnen der emeritierten Pfarrers Dommermuth den Versuch argwöhnten, die ausgefallenen Gottesdienste zu ersetzen.[58]

Obwohl insbesondere das Obertribunal häufig in seiner Rechtsprechung von der dargelegten behördlichen Differenzierung zwischen punktueller Aushilfe und regelmäßiger Hilfeleistung abwich und auch eine einmalige Amtshandlung als

---

58 Der Bürgermeister von Ehrenbreitstein an den Landrat von Koblenz am 9. Mai 1876 (LHAK, Bestand 441 Nr. 15461): *Der hiesige katholische Pfarrer Dr. Piesbach hat mir ein an Ew. Hochwohlgeboren gerichtetes Gesuch zur Weiterbeförderung übergeben, durch welches er bittet, von competenter Behörde eine Entscheidung darüber zu erwirken, ob es dem Pfarrer a. D. Dommermuth aus Ellenz, welcher aus Gesundheitsrücksichten seinen Wohnsitz hierhin verlegen wolle, gestattet sei, bei offener Kirche Messe zu lesen. Indem ich Ew. Hochwohlgeboren dieses Gesuch vom heutigen Tage hiermit gehorsamst vorlege, erlaube ich mir ebenmäßig mich zu demselben zu äußern. Nach dem durch Circularverfügung vom 14. Mai 1875 mitgetheilten Erlaß des Herrn Ministers der geistlichen Angelegenheiten vom 12. April 1875 soll bezüglich der Zulässigkeit des Messelesens durch andere Geistliche als die betreffenden Pfarrgeistlichen zwar unterschieden werden, ob das Lesen der Messe den Charakter einer geistlichen Amtshandlung hat oder lediglich als Erfüllung der allgemeinen Priesterpflicht anzusehen ist, wobei im Zweifel aber immer das Erstere angenommen werden soll. Im vorliegenden Falle dürfte es aber kaum zweifelhaft sein, daß das Messelesen sich als eine geistliche Amtshandlung oder gar als Hülfeleistung in einem geistlichen Amte charakterisieren würde. Nachdem nämlich den Geistlichen aus dem aufgelösten Capucinerkloster hierselbst jede geistliche Amtsthätigkeit untersagt ist, werden statt der 2 Messen an Werktagen und 3 Messen an Sonn- und Festtagen nur resp. 1 und 2 Messen durch den Pfarrer Dr. Piesbach allein gelesen. Würde der Pfarrer a. D. Dommermuth bei offener Kirche Messe lesen, so würde dadurch ein Ersatz für die ausgefallenen Messen eintreten und nach dem allegirten Rescript das Messelesen des p. Dommermuth als eine geistliche Amtshandlung anzusehen sein, weil dasselbe in Gegenwart von Gemeindeangehörigen geschehen wird. Wenn auch der Umzug des p. Dommermuth zunächst nur wegen seiner Krankheit erfolgen mag, so ist die Wahl auf Ehrenbreitstein doch wohl auch mit Rücksicht auf die Möglichkeit gefallen, dem alten Pfarrer hierselbst eine wünschenswerthe Erleichterung verschaffen zu können. So sehr ich dies dem recht würdigen Pfarrer wünschen möchte, muß ich es doch für unzulässig halten.* – Die Regierung Koblenz überreichte das obige Schreiben dem Oberpräsidenten mit Begleitschreiben vom 23. Mai 1876 (ebd.), in welchem sie sich dahingehend äußerte, *daß unseres Dafürhaltens nach den durch den hohen Erlaß vom 20. April v. J. uns mitgetheilten Grundsätzen das seitens des p. Dommermuth beabsichtigte Messelesen als unter die Strafbestimmungen der Gesetze vom 11ten Mai 1873 und 21ten Mai 1874 fallend zu erachten sein dürfte, da hierbei eine dauernde Unterstützung des Pfarrers Piesbach in seinem Amte, nicht bloß eine Hülfsleistung bei einzelnen bestimmten Amtshandlungen oder eine Substituirung für bestimmte Behinderungsfälle beabsichtigt wird und die Thätigkeit des p. Dommermuth sich ebensowenig als eine bloße Erfüllung der allgemeinen Priesterpflicht charakterisieren würde.* – Der Oberpräsident trat in seinem Antwortschreiben vom 2. Juni 1876 (ebd.) der Ansicht der Regierung Koblenz bei.

erlaubniseinholungspflichtige Hilfeleistung im Amt gemäß § 2 des Gesetzes vom 11. Mai 1873 klassifizierte,[59] sollte sich doch die rheinischen Provinzialverwaltung – so lautete die Devise des Oberpräsidenten – nach der kultusministeriellen Instruktion vom 12. April 1875 richten und gemäß deren Grundsätzen gegebenenfalls Strafanzeige bei den Oberprokuratoren stellen, woraufhin dann die Justiz zu entscheiden hatte.[60] So stimmten die Beurteilungsgrundsätze von Administration und Justiz auch in der hier verhandelten Frage nicht überein, wobei – wie schon wiederholt ausgeführt – die Gerichte zwar die Letztentscheidung hatten, aber in der Regel nur auf Anzeige der Behörden tätig wurden, die eine solche gemäß ihren Kriterien stellten.

3. Amtshandlungen von gesetzmäßig angestellten Geistlichen in der eigenen Pfarrei für fremde Pfarrangehörige

In vielen Fällen suchten Pfarrkinder die Konsequenzen einer Amtierungssperre ihres Pfarrers oder einer Stellenvakanz in ihrer Pfarrei abzumildern, indem sie sich, teilweise unter Vermittlung eines gesperrten eigenen Pfarrgeistlichen, an einen gesetzmäßig angestellten Pfarrer in der Nachbarschaft wandten, insbesondere für die Einsegnung von Leichen und für Trauungen.[61] Für die Administration und die

---

59 So z.B. das Urteil des Obertribunals vom 16. Februar 1876 (Die Maigesetze, S. 84–86; Die Rechtsprechung des Kgl. Obertribunals, Bd. 17 von 1876, S. 114f), welches einen Pfarrer betraf, der auf Ersuchen eines Nachbarpfarrers eine Festpredigt in dessen Pfarrei gehalten hatte. Leitsatz: *Die Vornahme einzelner Amtshandlungen eines Geistlichen in einer Nachbargemeinde fällt unter den Begriff der Hülfsleistung im Sinne des Art. 2 des Gesetzes vom 21. Mai 1874.*

60 Der Oberpräsident der Rheinprovinz an die Regierung Trier am 22. Januar 1877 (LHAK, Bestand 403 Nr. 10406 im Entwurf): *Ungeachtet dieses Erkenntnisses [des Obertribunals vom 6. April 1875] hat aber der H. Minister noch am 6. Juli 1876 bei einer anderen Gelegenheit geäußert, er könne nur wiederholen, daß seitens der Verwaltungsbehörden die Grundsätze des Erlasses vom 12. April 1875 genau zu befolgen seien. Wie diese Grundsätze auf den einzelnen Fall anzuwenden sein würden, müsse er dem Ermessen der betreffenden Behörden überlassen, zumal die obwaltenden Umstände hiebei von entscheidender Bedeutung seien. Ich kann daher nur empfehlen, diejenigen einzelnen Fälle, in welchen nach den concreten Umständen eine Strafbarkeit anzunehmen sein möchte, den H. Oberprocuratoren anzeigen zu lassen [...]. Übrigens glaube ich es auch unter den jetzigen Verhältnissen nur als zweckmäßig bezeichnen zu müssen, daß an dem einmal von dem H. Minister ausgesprochenen Grundsatze in der Praxis festgehalten werde.*

61 Beispiele:
Vom Bürgermeister von Mehring im Landkreis Trier am 27. Januar 1876 aufgenommenes Protokoll (LHAK, Bestand 403 Nr. 10866): *Auf dem Bürgermeisterei-Amte erschien der Polizeidiener Peter Welter von Mehring und machte folgende Anzeige: Wie ich in Erfahrung gebracht habe, proclamirt der Pfarrer zu Riol in dasiger Pfarrkirche*

Justiz stellte sich nun die Frage nach der juristischen Bewertung dieses Versuchs der katholischen Bevölkerung und Geistlichkeit, die kulturkampfbedingte Lahmlegung einer Pfarrseelsorge durch das Ausweichen auf Nachbarpfarreien teilweise zu kompensieren. So hatte der rite bestellte Pfarrer Christa zu Prüm zusätzlich noch die Verwaltung der vakanten Nachbarpfarrei Rommersheim inne. Nachdem er aber als Pfarrverwalter von Rommersheim gesperrt worden war, akzeptierte er zwar das Amtierungsverbot, insofern er in Rommersheim keine Amtshandlungen mehr ausübte, nahm aber in seiner eigenen Pfarrei Prüm Amtshandlungen für die Rommersheimer Pfarrangehörigen vor, die sich zu ihm nach Prüm begaben.[62] Nun stellte sich für die rheinischen Behörden die Frage, ob er diese Amtshandlungen erlaubterweise als Pfarrer von Prüm oder verbotenerweise als Verwalter des vakanten Pfarramtes Rommersheim vorgenommen habe.[63] Entgegen der subkutan erkennbaren Meinung der Verwaltung erkannte der Rheinische

---

die Eheverlöbnisse aus der hiesigen gesperrten Pfarrei [d.i. Mehring]. *Die betreffenden Brautleute begeben sich nach den Verlobungen stets zu dem hiesigen Vikar Nicolaus Gombert, der, wie es scheint, in geheimnißvoller Weise die Meldungen entgegen nimmt und das weiter Erforderliche zur kirchlichen Proclamation an den Pfarrer in Riol veranlaßt resp. vermittelt, auch wahrscheinlich noch Examen mit den Brautleuten hält.* Die Regierung Koblenz an den Landrat von Kreuznach am 30. Januar 1877 (LHAK, Bestand 441 Nr. 17282): *Es ist zu des Herrn Oberpräsidenten sowie zu unserer Kenntniß gelangt, daß in den Pfarreien Schöneberg und Stromberg die Einsegnung der Leichen von Katholiken angeblich in der Art erfolge, daß der katholische Geistliche der Pfarrei Stromberg sich dicht an die Grenze zwischen seinem Pfarrsprengel und dem Pfarrsprengel der zur Zeit vacanten Pfarrei Schöneberg begebe und von da aus die Einsegnung der bis an die gedachte Grenze gebrachten Leichen aus dem Pfarrsprengel Schöneberg vollziehe.*

62 *Der vor dem Inkrafttreten der Maigesetze angestellte katholische Pfarrer C. zu Prüm war bis zum Jahre 1875 auch mit der Vertretung der benachbarten Sukkursalpfarrei Rommersheim betraut. Am 16. September 1875 wurde demselben seitens des Oberpräsidenten die im § 23 Abs. 2 des Gesetzes v. 11. Mai 1873 vorgesehene Benachrichtigung über das behufs Wiederbesetzung letzterer Stelle eingeleitete Zwangsverfahren gemacht* [d.h. ‚gesperrt']. *C. stellte in Folge dessen zwar die Vornahme von Amtshandlungen innerhalb des Pfarrbezirkes Rommersheim ein, nahm aber zu verschiedenen Malen in seiner Pfarrei Prüm seelsorgerische Handlungen für Eingesessene der Pfarrei Rommersheim vor. Insbesondere taufte er in der Pfarrkirche zu Prüm mehrere Kinder aus der Pfarrei Rommersheim, segnete Leichen aus Rommersheim ein, publicirte eine Eheverkündigung in Betreff eines dortigen Pfarreingesessenen, ertheilte auch einzelnen Kindern aus Rommersheim Communionunterricht und führte dieselben demnächst* [d.h. danach] *zur Communion* (Die Rechtsprechung des Königlichen Obertribunals, Bd. 18 von 1877, S. 31).

63 Die Regierung Trier an den Oberpräsidenten der Rheinprovinz am 30. August 1876 (LHAK, Bestand 403 Nr. 10867); der Oberpräsident der Rheinprovinz an den Kölner Generalprokurator am 5. September 1876 (ebd. im Entwurf).

Appellationsgerichtshof zu Köln auf Freispruch und den dagegen eingelegten Kassationsrekurs verwarf das Obertribunal in seinem Urteil vom 11. Januar 1877[64].

Die Angehörigen der offenbar vakanten Pfarre Moselweiß pflegten die Leichen ihrer Verstorbenen in die nahegelegene Stadt Koblenz zu bringen, um sie dort von einem Priester segnen zu lassen. In einem Falle hatte der Pfarrer der Koblenzer Liebfrauenkirche, dicht an der Gemeindegrenze, aber noch auf Koblenzer Gebiet stehend, eine zu ihm gebrachte Leiche auf freiem Felde eingesegnet.[65] Der Oberpräsident, dem der Hin- und Hertransport von Leichen sichtlich missliebig war, konnte darin aber keinen Verstoß gegen ein Kulturkampfgesetz erkennen, sah freilich die Möglichkeit, falls ein geordneter prozessionsartiger Leichenzug stattfindet, dagegen aufgrund des preußischen Versammlungs- und Vereinsgesetzes vom 11. März 1850, ansonsten auf der Basis von sänitätspolizeilichen Bestimmungen vorzugehen.[66]

---

64 Die Rechtsprechung des Königlichen Obertribunals, Bd. 19 (1878), S. 30–33. Abschriftlicher Auszug: LHAK, Bestand 403 Nr. 10867. Leitsatz: *Ein vor dem Inkrafttreten der Maigesetze gültig angestellter Pfarrer darf – abgesehen von etwaigen aus dem Parochialzwang folgenden Ausnahmen – in seinem Pfarrbezirk geistliche Amtshandlungen auch für nicht in demselben Eingesessene, insbesondere für Eingesessene einer benachbarten vacanten Pfarrei vornehmen. Das gilt selbst dann, wenn er früher mit der gleichzeitigen Verwaltung des benachbarten vacanten Pfarramts betraut gewesen ist und inzwischen von dem Oberpräsidenten die im Gesetze vorgesehene Benachrichtigung über das behufs Wiederbesetzung desselben eingeleitete Zwangsverfahren erhalten hat, sofern er nur die betreffenden Amtshandlungen nicht in der Absicht vornimmt, die Verwaltung des benachbarten Pfarramts fortzusetzen.*

65 Der Landrat von Koblenz an den Oberpräsidenten der Rheinprovinz am 31. Dezember 1876 (LHAK, Bestand 403 Nr. 17276): *Euer Hochwohlgeboren beehre ich mich gehorsamst anzuzeigen, daß der Pastor Roderich* [d.i. der Pfarrer der Koblenzer Liebfrauenkirche] *hierselbst am 19. d. Mts. die Leiche des in Moselweiß verstorbenen Johann Bourmer an der Gemeindegrenze, auf dem Banne von Coblenz stehend, im freien Felde eingesegnet hat. [...]. Seitdem die hiesige Geistlichkeit in Folge der gegen dieselbe schwebenden Untersuchung wegen Aushülfe in vacanten Pfarreien es vermeidet, in auswärtigen Pfarrgemeinden zu amtiren, haben die Bewohner von Moselweiß den Versuch gemacht, die Leichen ihrer verstorbenen Angehörigen in den Kirchen hiesiger Stadt kirchlich einsegnen zu lassen. In dem ersten Falle, am 21. November cr., ist für den Transport einer Leiche von Moselweiß hierher ein Leichenpaß ausgestellt worden, was aber der Consequenzen halber, die durch den Hin- und Hertransport der Leichen entstehen müssen, für die Zukunft nicht mehr geschehen wird. Die Angehörigen des p. Bourmer haben sich nun auf die [...] dargelegte Weise zu helfen gesucht. Nach dem Berichte des Bürgermeisters von Brandt soll der Herr Oberprokurator in einem gleichartigen Falle den betreffenden Geistlichen für straflos gehalten haben.*

66 Der Oberpräsident der Rheinprovinz an die Regierung Koblenz am 4. Januar 1877 (LHAK, Bestand 441 Nr. 17276): *Der Königlichen Regierung lasse ich einen Bericht des hiesigen Königlichen Landraths vom 31. Dezember v. Js., betreffend ein in der Pfarrgemeinde Moselweiß stattgehabtes Begräbniß [...], mit dem ergebensten Bemerken zugehen, daß meines Erachtens die Thätigkeit des hiesigen Pfarrers Roderich, welche*

In seinem Urteil vom 11. Dezember 1879 bestätigte das Reichsgericht noch einmal anhand eines konkreten Falles den allgemein anerkannten Grundsatz, dass kein Verstoß gegen das Gesetz vom 11. Mai 1873 vorliegt, wenn ein rechtmäßig fungierender Geistlicher in seiner eigenen Pfarrei für Angehörige vakanter oder nichtvakanter fremder Pfarreien geistliche Amtshandlungen vornimmt.[67]

4. Amtshandlungen von gesetzmäßig angestellten Hilfsgeistlichen bei vakanter Pfarrstelle

Wie gravierend die nachteiligen Auswirkungen eines Amtierungsverbots für einen Pfarrer oder einer meist todbedingten Vakanz des Pfarramtes für das gottesdienstliche Leben und die pastorale Versorgung waren, entschied sich ganz wesentlich auch daran, ob die in einer Pfarrei etwa vorhandenen Hilfsgeistlichen weiteramtieren durften und so wesentliche Funktionen des Pfarrers (Aufgebote, Trauungen, Beerdigungen, Messelesen, Beichthören, Versehgänge usw.) mitübernehmen konnten. Der Oberpräsident der Rheinprovinz, von den Landräten und den Bezirksregierungen wiederholt um Instruktionen gebeten, ersuchte den Kultusminister in mehreren Eingaben um eine autoritative Entscheidung der wichtigen Frage, ob ein vor dem Inkrafttreten der Maigesetze und damit rechtmäßig angestellter Kaplan nach einer eingetretenen Vakanz der Pfarrstelle, die wegen des bischöflichen Boykotts der Anzeigepflicht nicht wiederbesetzt wurde, zu fungieren fortfahren dürfe, was er stark davon abhängig machen wollte, ob dies – wie kirchlicherseits immer behauptet wurde – nach dem kanonischen Recht ohne besonderen bischöflichen Auftrag möglich und geschehen sei.[68] Zunehmend drängender

---

in dessen Pfarrbezirk stattgefunden hat, eine Zuwiderhandlung gegen das Gesetz vom 11. Mai 1873 nicht enthält. Dagegen scheinen hier die Strafbestimmungen des § 17 der Verordnung vom 11. März 1850 (G.S. S. 277) Anwendung zu finden, da das in Rede stehende Leichenbegängniß wohl nicht als ein „gewöhnliches" im Sinne des § 10 l. c. anzusehen sein dürfte. [...] Hierbei wolle sich die Königliche Regierung auch darüber äußern, ob, wenn ein Leichenzug nicht stattfinden [sollte], vielmehr eine Leiche für sich allein behufs Einsegnung an die Grenze des betreffenden vacanten Pfarrbezirks transportirt werden [sollte], also der § 17 der Verordnung vom 11. März 1850 nicht Platz greifen sollte, hingegen doch würde eingeschritten werden können. Denn es wird schon vom sanitätspolizeilichen Standpunkte aus nicht zulässig erscheinen, ein derartiges Hin- und Hertragen von Leichen durch einen Gemeindebezirk zur Regel werden zu lassen.

67 Urteil des Reichsgerichts vom 11. Dezember 1879 (LHAK, Bestand 403 Nr. 10406. Text im Quellenanhang VI).

68 Der Oberpräsident der Rheinprovinz an den Kultusminister am 6. Dezember 1873 (GStA PK, I. HA Rep. 76 IV Sekt. 13 Abt. XII Nr. 13 Bd. 1): *Die Sache (liegt) so, daß ein Kaplan vor Eintritt der Rechtskraft des gedachten Gesetzes angestellt, die Pfarrstelle aber nach dem Eintritt der Rechtskraft vacant geworden ist. Es soll nun der gesetzlich ernannte Kaplan seit der Vacanz die erledigte Pfarrstelle verwalten, und zwar zufolge seiner Stellung als Kaplan, ohne daß ihm ein besonderer Auftrag zur Verwaltung der Pfarrstelle nach deren Erledigung von der bischöflichen Behörde ertheilt sei. Wenn*

bat der Oberpräsident den Kultusminister um eine genaue Bezeichnung derjenigen Amtshandlungen, die ein Kaplan oder Vikar bei verwaister Pfarrstelle verrichten dürfe und welcher er sich zur Vermeidung der Strafverfolgung enthalten müsse.[69] In der rheinischen Provinzialverwaltung herrschte diesbezüglich in der Tat Meinungsverschiedenheit und Rechtsunsicherheit, denn als beispielsweise in Kreuznach nach dem Ableben des dortigen Pfarrers Rummel dessen beide Kapläne – nach deren Aussage ohne besonderen bischöflichen Auftrag zur stellvertretenden Wahrnehmung des erledigten Pfarramts – einfach weiteramtierten, erblickte die Regierung Koblenz anders als der Kreuznacher Landrat darin selbst dann eine unzulässige Verwaltung des vakanten Pfarramts und damit eine Umgehung des Gesetzes vom 11. Mai 1873, wenn man der Versicherung der Kapläne

---

dieses nach der bestehenden Verfassung der katholischen Kirche überhaupt möglich ist, so wird die Staatsregierung in dem concreten Falle der Versicherung, daß ein besonderer Auftrag nicht ertheilt worden [sei], Glauben zu schenken haben, es müßten denn besondere Umstände für die Annahme des Gegentheils sprechen. Anderenfalls würde, da der erforderliche Auftrag nur nach erfolgter Rechtskraft des Gesetzes vom 11. Mai d. Js. stattgefunden haben könnte, wegen fehlender Bezeichnung des Candidaten dem Oberpräsidenten gegenüber die Bestrafung des Geistlichen, welcher die sämmtlichen Pfarramtshandlungen vornimmt, und seines Oberen geschehen müssen.

69 Der Oberpräsident der Rheinprovinz an den Kultusminister am 3. März 1874 (GStA PK, I. HA Rep. 76 IV Sekt. 13 Abt. XII Nr. 13 Bd. 1): *Wie Euer Excellenz aus dem Berichte des Königlichen Landraths zu Solingen vom 26. Februar d. Js. [...] geneigtest ersehen wollen, ist es hinsichtlich der Fälle, in welchen nach dem Abgange eines Pfarrers ein vor Eintritt der Rechtskraft des Gesetzes vom 11ten Mai v. Js. an der betreffenden Pfarre schon angestellt gewesener Kaplan zu fungiren fortfährt, von erheblich praktischer Bedeutung, daß die Localbehörden ein für alle Mal darüber instruirt werden, welche Amtshandlungen ein solcher Kaplan in Folge seiner gesetzmäßig erfolgten Anstellung als Kaplan vornehmen darf und welche als dem Pfarrer vorbehalten ihm entzogen sind. [...] Mit Bezug auf meinen Bericht vom 6. Dezember v. Js. [...] beehre ich mich daher Euer Excellenz um geneigte Eröffnung zu bitten, welche geistlichen Handlungen ein Geistlicher, von welchem nur constatirt werden kann, daß er vor dem Gesetze vom 11. Mai v. Js. als Kaplan angestellt worden, nach der Erledigung der Pfarrstelle vornehmen darf und welche dem Pfarrer vorbehalten waren, so daß in dem fraglichen Falle bei Vornahme derselben durch den Kaplan das gerichtliche Strafverfahren eingeleitet werden muß. Da mehrere Fälle dieser Art sich in der geschäftlichen Behandlung befinden, so gestatte ich mir um baldige Weisung gehorsamst zu bitten.*
Der Oberpräsident der Rheinprovinz an den Kultusminister am 20. März 1874 (GStA PK, I. HA Rep. 76 IV Sekt. 13 Abt. XII Nr. 13 Bd. 1): *In Verfolg meines Berichts vom 3. d. Mts. beehre ich mich Euer Excellenz in den beifolgenden Berichten des Königlichen Landraths zu Bergheim vom 13. d. Mts. und der Königlichen Regierung zu Aachen vom 14. d. Mts. zwei weitere Fälle zur geneigten Entscheidung gehorsamst vorzulegen, hinsichtlich welcher Fälle es ebenfalls der Festsetzung bedarf, welche Amtshandlungen die betreffenden in gesetzmäßiger Weise angestellten Vicare nach dem Abgange der Pfarrer vorzunehmen berechtigt sind und welcher als zur Competenz der Pfarrer gehörig sie sich enthalten müssen.*

Glauben schenke.[70] Der sich für seine Entscheidung viel Zeit lassende, offenbar selbst etwas unschlüssige Kultusminister erfüllte jedoch nicht den Wunsch des Oberpräsidenten nach einer genauen Benennung der Hilfsgeistlichen erlaubten und nichterlaubten Amtshandlungen, sondern wollte die vorgelegte Frage *nur in jedem einzelnen Falle nach näherer Prüfung der thatsächlichen Verhältnisse* entschieden haben. Er sah keinen Verstoß gegen das Gesetz vom 11. Mai 1873, wenn der Hilfsgeistliche *nach Erledigung der Pfarrstelle nur seine bisherige Thätigkeit fortsetzt,* dagegen eine Strafbarkeit gegeben, wenn der Kaplan oder Vikar *die Administration der Pfarrstelle* übernimmt.[71] Die letztere Bestimmung übersetzte der Oberpräsident

---

70 Die Regierung Koblenz am 1. Februar 1874 an den Oberpräsidenten der Rheinprovinz, der das Schreiben mit Begleitschreiben vom 13. März 1874 an Kultusminister Falk weiterreichte (GStA PK, I. HA Rep. 76 IV Sekt. 13 Abt. XII Nr. 13 Bd. 1): *Die beiden Kapläne in Creuznach (haben) der vorliegenden Erklärung des Kaplans Lenz zu Folge zur stellvertretenden Wahrnehmung des seit dem 1. Juni v. Js. durch den Tod des bisherigen Pfarrers erledigten Pfarramts von der bischöflichen Behörde keinen Auftrag, wie denn auch ein Pfarrverwalter für diese Stelle bisher noch gar nicht ernannt sein soll. Andererseits liegen nach Ansicht des Landraths zu Creuznach besondere Umstände nicht vor, die darauf schließen lassen möchten, daß diese Angabe der Kapläne eine Umgehung des Gesetzes vom 11. Mai v. Js. involire. Diesseitigen Dafürhaltens liegt die Sache im vorliegenden Fall so, daß, wenn die beiden Kapläne auch seiner Zeit während der vorhergehenden Krankheit des am 1. Juni v. Js. verstorbenen Pfarrers Rummel dessen Funktionen sei es Kraft ihrer amtlichen Stellung, sei es in Folge eines besonderen Auftrags der damals hierzu selbstständig berechtigten bischöflichen Behörde wahrgenommen haben, dieser Zustand doch jedenfalls seit dem unter der Herrschaft der jetzigen Gesetze erfolgten Ableben des Pfarrers Rummel seine Endschaft erreicht hat, da von einer Vertretung des Pfarrers Rummel offenbar nicht mehr die Rede sein kann und die Kapläne zur Pfarramtsverwaltung als solcher ihrem eigenen Zugeständniß zu Folge keinen Auftrag haben. Wenn unter diesen Umständen die beiden Kapläne, sei es auch ohne besonderen ausdrücklichen Auftrag ihrer vorgesetzten kirchlichen Behörde, doch jedenfalls mit Wissen und Zustimmung derselben die Pfarrstelle weiter verwalten, so dürfte es unseres gehorsamsten Dafürhaltens keinem Zweifel unterliegen, daß dieser Zustand eine Umgehung des Gesetzes involvirt, da nach § 2 desselben jede Stellvertretung oder auch nur Hülfsleistung in einem geistlichen Amt unter die Bestimmungen des Gesetzes fällt.*

71 Der Kultusminister an den Oberpräsidenten der Rheinprovinz am 7. April 1874 (LHAK, Bestand 403 Nr. 10401): *Die Frage, welche Amtshandlungen ein Kaplan vorzunehmen befugt ist und welche Amtshandlungen dem Pfarrer selbst vorbehalten sind, (läßt sich) in dieser Allgemeinheit nicht beantworten. Unter dem Ausdruck ‚Kaplan' werden nicht allein Gehülfen und Vertreter eines Pfarrers der verschiedensten Art begriffen, sondern es ist auch der Geschäftskreis innerhalb der verschiedenen Kategorien wiederum in den einzelnen Fällen je nach dem Auftrag, der dem Hülfsgeistlichen ertheilt ist, ein mannigfach verschiedener. Die von Ew. Hochwohlgeboren angeregte Frage kann daher nur in jedem einzelnen Falle nach näherer Prüfung der thatsächlichen Verhältnisse ihre Entscheidung finden. Im Allgemeinen aber wird davon auszugehen sein, daß ein Kaplan gegen die Vorschriften des Gesetzes vom 11. Mai pr. nicht verstößt, wenn er*

in seiner an die Bezirksregierungen adressierten Instruktion vom 12. Mai 1874[72] dahingehend, dass ein Kaplan *Amtshandlungen ausübt, welche er vor Erledigung der Pfarrstelle nicht vorgenommen hat.* Dass für die Behörden im Einzelfall und im Nachhinein kaum festzustellen war, welche Arten von Amtshandlungen ein Kaplan in einer bestimmten Pfarre früher ausgeübt hatte und welche sich der – meist verstorbene, also nicht mehr befragbare – Pfarrer vorbehalten hatte, illustriert die Problematik für den Staat, ohne zureichende Maßstäbe, Rechtskenntnisse, Fakteninformationen und Überprüfungsmöglichkeiten tief in interne pfarramtliche und pastorale Belange einzugreifen.

Die wenig weiterhelfende Vagheit und die geringe Praktikabilität der ministeriellen Instruktion vom 7. April 1874 stellte den Oberpräsidenten vor große Probleme, wie der Fall des Kaplans Schilling zu Manderscheid (Kreis Wittlich) demonstriert. Dieser behauptete, durch die bischöfliche Ernennung im Jahr 1872 sei ihm das Recht zur Wahrnehmung aller geistlichen Amtshandlungen übertragen worden, sodass er befugt sei, nach dem Tod seines Pfarrers in gleicher Weise wie zu dessen Lebzeiten weiter zu amtieren. Der Oberpräsident fragte sich nun, wie er dies bewerten, nachprüfen und ggf. widerlegen sollte. In der Ernennungsurkunde stand, der Kaplan habe unter der Leitung des Pfarrers und mit dessen Wissen und Auftrag zu fungieren. Bedeutete dies, dass nach der todbedingt weggefallenen Leitung der Kaplan überhaupt jegliche Berechtigung zur Amtsausübung verloren habe? Wenn man nicht so weit gehen und jegliche Pfarrseelsorge zum Erliegen bringen wollte, so stellte sich erneut die entscheidende Frage, welche Handlungen konkret als auch einem Kaplan originär zukommend von ihm weiterhin ausgeübt werden dürfen und welche die spezifisch pfarramtlichen Handlungen sind, die einem Hilfsgeistlichen ohne besondere Autorisierung des Pfarrers, die nach dessen Weggang oder Ableben naturgemäß nicht mehr möglich ist, untersagt sind. Da der Kultusminister trotz Insistierens jegliche Festlegung vermieden hatte, orientierte sich der Oberpräsident in seiner Entscheidungsnot an einem verbreiteten Kirchenrechtslehrbuch, das unter die pfarramtlichen Handlungen die Taufe, die Eheschließung, die Bestattung und die Osterkommunion subsumierte.[73]

---

nach Erledigung der Pfarrstelle nur seine bisherige Thätigkeit fortsetzt, daß er sich aber strafbar macht, wenn er, ohne daß den Bestimmungen des Gesetzes vom 11. Mai pr. genügt worden, thatsächlich die Administration der Pfarrstelle auszuüben übernimmt.

72 Der Oberpräsident der Rheinprovinz an alle rheinischen Bezirksregierungen am 12. Mai 1874 (LHAK, Bestand 441 Nr. 15488; GStA PK, I. HA Rep. 76 IV Sekt. 13 Abt. XII Nr. 13 Bd. 3. Text im Quellenanhang I).

73 Der Oberpräsident der Rheinprovinz an Kultusminister Falk am 4. Juli 1874 (GStA PK, I. HA Rep. 76 IV Sekt. 13 Abt. XII Nr. 13 Bd. 2): *Mit Rücksicht auf den Erlaß vom 7. April d. Js. gestatte ich mir Ew. Excellenz die anliegenden Verhandlungen* [d.h. Schriftstücke] *gehorsamst mit dem Anheimgeben vorzulegen, darüber geneigtest befinden zu wollen, ob gegen den Kaplan Schilling auf Grund des Art. 2 des Gesetzes vom 21. Mai d. Js. vorgegangen werden soll, wenn derselbe in der Pfarrei Manderscheid geistliche Handlungen vornimmt. Der p. Schilling behauptet ausweise seiner Erklärung vom*

Während der Kultusminister weiterhin alle drängenden Bitten um eine klare Definition der spezifisch pfarramtlichen Amtshandlungen, welche einem Hilfsgeistlichen ohne besondere Ermächtigung des Pfarrers verboten sind,[74] beharrlich ignorierte, musste die Justiz in der fraglichen Angelegenheit zu einer Entscheidung gelangen. Nachdem nämlich Pfarrer Abel zu Mehring zum 1. November 1873 freiwillig resigniert hatte und die Pfarrstelle also vakant geworden war, führte der im Mai 1871 ernannte, folglich gesetzmäßig angestellte Vikar Nikolaus Gombert die Amtsgeschäfte weiter. Der Kultusminister, ähnlich wie der Landrat der Behauptung des Kaplans, er amtiere nicht kraft besonderen bischöflichen Auftrags, sondern kraft seiner Funktion als Kaplan, keinen Glauben schenkend, sah darin eine rechtswidrige, weil dem Oberpräsidenten nicht gemeldete Verwaltung des Pfarrstelle.[75]

---

27. v. Mts., daß ihm durch die Ernennung vom 20. Dezember 1872 die Wahrnehmung aller geistlichen Amtshandlungen in der genannten Pfarre übertragen worden [sei] und daß er berechtigt sei, diese Handlungen jetzt nach dem Tode des Pfarrers Hansen in der nämlichen Weise wie bei dessen Lebzeiten zu besorgen. Nun ist demselben mittelst der Urkunde vom 20. Dezember 1872 zwar die Ausübung der Parochialien übertragen worden, zugleich aber mit dem Zusatze „sub parochi directione ac de eius scientia et iussu", so daß behauptet werden kann, mit dem Tode des Pfarrers habe seine Berechtigung aufgehört, weil die vorbehaltene Direktion des Pfarrers nicht mehr geübt werden könne. Sollte dem betreffenden Zusatze eine solche Bedeutung beizulegen sein, so würde es sich weiter fragen, ob dann alle künftigen Amtshandlungen des p. Schilling verboten und eventuell denuncirt werden sollen oder nur die eigentlich pfarramtlichen, wozu ich, wenn Euer Excellenz mir nicht eine entgegenstehende Weisung zukommen lassen sollten, mit Rücksicht auf Schulte's System [des allgemeinen katholischen Kirchenrechts] S. 281 in Zukunft bei der practischen Behandlung der Specialfälle die Taufe, die Eheschließung, das Begräbniß und die österliche Communion rechnen werde.

74 Der Oberpräsident der Rheinprovinz an den Kultusminister am 4. August 1874 (GStA PK, I. HA Rep. 76 IV Sekt. 13 Abt. XII Nr. 13 Bd. 2): *(Ich) gestatte mir die gehorsamste Bemerkung, daß die Frage, welche geistliche Handlungen zu den eigentlich pfarramtlichen gehören, jetzt öfters zur Sprache in Folge der Berichte kommt, welche die Regierungen [...] erstatten. Denn nach denselben liegt in mehreren Fällen, wo an erledigten Pfarren Kapläne fungiren, die Sache so, daß deren Anstellungsurkunden über die ihnen ertheilten Facultäten nichts ergeben. Für diese Fälle erscheint es nun nöthig, den Ortsbehörden mitzutheilen, welche geistlichen Handlungen die betreffenden Personen in ihrer Eigenschaft als Kapläne auszuüben berechtigt sind und welche zu den pfarramtlichen, eventuell auf Grund des Art. 2 des Gesetzes vom 21. Mai d. Js. zu verfolgenden gehören.*

75 Der Landrat des Landkreises Trier an den Oberpräsidenten der Rheinprovinz am 2. Dezember 1873 (LHAK, Bestand 442 Nr. 1961): *Der Kaplan Gombert gibt [...] an, auf der Vicarie von Mehring angestellt und nach der Stiftungsurkunde der Letzteren nicht etwa blos berechtigt, sondern für die Zeit der Abwesenheit eines Pastors sogar verpflichtet zu sein, die Sakramente zu spenden und die Rechte der Kirche zu wahren. Damit soll wohl gesagt sein, daß er bis zur Anstellung eines Pastors vermöge seines Amtes als Vikar ohne dahin lautenden speciellen bischöflichen Auftrag die Pfarrstelle zu Mehring zu verwalten habe. Ich glaube nun zwar nicht, daß der p. Gombert einen Auftrag zur Verwaltung der Pfarrstelle nicht erhalten haben sollte; er würde meines Dafürhaltens*

Daraufhin stellte der Oberpräsident wie befohlen Strafanzeige[76] und ließ den Vikar sperren, d.h. ihm unter Strafverfolgungsandrohung die weitere Verrichtung geistlicher Amtshandlungen untersagen[77]. Der Kirchenrat und zahlreiche Gemeindemitglieder von Mehring protestierten gegen die Amtierungssperre und beteuerten, der Kaplan habe nie die Pfarrverwaltung übernommen oder übertragen bekommen, sondern wirke nach wie vor als Kaplan und verrichte auch nach der Resignation des Pfarrers dieselben Amtshandlungen wie zuvor. Sie gelobten in einer Art

---

aber auch dann, wenn ein solcher Auftrag nicht gegeben wäre, die Befugniß nicht haben, die Pfarrstelle zu Mehring selbstständig zu verwalten, da er als Kaplan oder Vicar von Mehring, wie er sich nennt, das heißt also als Hülfsgeistlicher, wohl einen vorhandenen Geistlichen unterstützen, nicht aber nach dem Abgange desselben dessen Stelle auf der Pfarre ohne Weiteres ersetzen kann. – Der Oberpräsident legte dieses Schreiben mit Begleitschreiben vom 6. Dezember 1873 (GStA PK, I. HA Rep. 76 IV Sekt. 13 Abt. XII Nr. 13 Bd. 1) dem Kultusminister vor.
Kultusminister Falk an den Oberpräsidenten der Rheinprovinz am 17. Dezember 1873 (LHAK, Bestand 403 Nr. 10400): *Euer Hochwohlgeboren erwiedere ich [...] ergebenst, wie nach Lage der Sache angenommen werden muß, daß die Behauptung, der Vicar Gombert in Mehring habe nicht kraft Auftrags seitens der bischöflichen Behörde, sondern in seiner Eigenschaft als Kaplan die Verwaltung der Pfarrstelle übernommen, nur gemacht sei, um das Gesetz zu umgehen. Euer Hochwohlgeboren wollen daher in allen Beziehungen wie in Betreff eines gesetzwidrig bestellten Pfarrverwalters in der Sache vorgehen, namentlich auch die strafrechtliche Verfolgung des Bischofs und des Vicars herbeiführen, indem abzuwarten ist, ob und welche Bedeutung die Gerichte jener Behauptung nach näherer Feststellung des Thatbestandes beilegen werden.*

76 Der Oberpräsident der Rheinprovinz an den Trierer Oberprokurator Kewenig am 29. Dezember 1873 (LHAK, Bestand 442 Nr. 1961): *Der Kaplan Gombert zu Mehring (verwaltet) die in Folge freiwilliger Resignation des bisherigen Pfarrers Abel seit dem 1. November d. Js. vacante Pfarre daselbst. Mit Rücksicht darauf, daß der Herr Bischof von Trier die durch § 15 des Gesetzes über die Vorbildung und Anstellung der Geistlichen vom 11. Mai d. Js. vorgeschriebene Anzeige bezüglich der Übertragung des gedachten Amtes mir nicht gemacht hat und anzunehmen ist, daß der p. Gombert nicht ohne Auftrag oder Genehmigung der bischöflichen Behörde die Verwaltung des Pfarramtes in Mehring übernommen hat, stelle ich Euer Hochwohlgeboren ergebenst anheim, gegen den geistlichen Oberen, welcher diesen Auftrag oder die Genehmigung zu der fraglichen Amtsübernahme dem p. Gombert ertheilt hat, event. nach eidlicher Vernehmung des Letzteren auf Grund des § 22 l. c. einschreiten zu wollen. Ich bemerke zugleich, daß ich bezüglich des vorliegenden Falls die Entscheidung des Herrn Ministers der geistlichen pp. Angelegenheiten herbeigeführt habe, welche mittelst Erlasses vom 17. d. Mts. dahin ergangen ist, wie nach Lage der Sache angenommen werden müsse, daß die Behauptung, der p. Gombert habe nicht kraft Auftrags seitens der bischöflichen Behörde, sondern in seiner Eigenschaft als Kaplan die Verwaltung der Pfarrstelle übernommen, nur gemacht sei, um das Gesetz zu umgehen, und daß daher in allen Beziehungen, wie in Betreff eines gesetzwidrig bestellten Pfarrverwalters in der Sache vorzugehen, namentlich auch die strafrechtliche Verfolgung des Bischofs und des Vicars herbeizuführen sei.*

77 Vgl. N. Gombert: Erinnerungen an den Kulturkampf, S. 13f.

Treueschwur feierlich, dass sie *keinen anderen Geistlichen als rechtmäßigen Seelsorger anerkennen als einen von dem hochwürdigsten Herrn Bischof geweihten und* ihnen *gesandten Priester* und dem Kaplan *treu ergeben* bleiben würden, *was auch kommen mag.*[78] Da der Kaplan das Amtierungsverbot missachtete, musste er sich am 1. Mai 1874 in einer dreistündigen Verhandlung dem Zuchtpolizeigericht Trier stellen, das ihn aber freisprach.[79] Das Urteil[80] hob darauf ab, dass der Beschuldigte Gombert auch nach der Resignation des Pfarrers lediglich als Vikar amtiert habe, dass seine Amtsstellung und seine Amtsbefugnisse sich nicht durch den Wegfall einer pfarrherrlichen Leitung geändert hätten und dass er bis zu einem Widerruf des Bischofs alle pfarramtlichen Handlungen ausüben dürfe. In der wegen der Berufung des Trierer Oberprokurators erforderlichen Neuverhandlung vor der zweitinstanzlichen Zuchtpolizei-Appellkammer des Landgerichts Trier[81] erteilte der Trierer Generalvikar de Lorenzi kanonistischen Nachhilfeunterricht, indem er ausführte, dass *der Kaplan das alter ego des Pfarrers sei [...] und daß er auch nach dem Abgange des Pfarrers seiner Vollmachten nicht entkleidet werde, weil er nicht von dem Pfarrer, sondern von dem Bischofe mit allen seelsorgerlichen Vollmachten (universitas causarum) betraut sei und dies bleibe, bis der Bischof sie zurückziehe.*[82] Das erneut freisprechende Urteil vom 9. Juli 1874[83] führte zur Begründung gleichfalls aus, *daß nach einem feststehenden Gebrauch bei Vakanz der Pfarrei der Kaplan resp. Vikar ohne weiteres bis zur Ernennung eines Pfarrers, ohne daß er einer Bestätigung beziehungsweise eines neuen Auftrages in dieser Hinsicht bedürfe, die Verwaltung der Pfarrei selbständig fortführe.*

Die vom Kultusminister zumindest im Fall Gombert vertretene Position, dass ein Weiteramtieren eines Hilfsgeistlichen nach erledigter Pfarrstelle die Übernahme der Pfarramtsverwaltung bedeute, die vom Bischof angeordnet und dem Oberpräsidenten angezeigt werden müsse, war somit vor Gericht gescheitert. Unter dem Eindruck dieser und weiterer juristischer Niederlagen dekretierte der Kultusminister, von einer weiteren Strafverfolgung der Kapläne Schilling zu Manderscheid und Gombert zu Mehring *zur Zeit abzusehen.*[84] Nach diesen Präzedenzfällen war damit de facto entschieden, dass im Regelfall ein Hilfsgeistlicher, also ein Kaplan oder Vikar, nach dem Tod des Pfarrers weiteramtieren durfte. Der Oberpräsident

---

78 Mitglieder des Kirchenrats und der Pfarrgemeinde von Mehring an den Landrat des Landkreises Trier am 20. Januar 1874 (LHAK, Bestand 442 Nr. 1961; Druck in: N. Gombert: Erinnerungen an den Kulturkampf, S. 16f. Dem handschriftlichen Original folgender Text im Quellenhang V). 5 *Kirchenrathsmitglieder* und ca. 260 *Pfarrgenossen* haben die Petition unterzeichnet.

79 Vgl. N. Gombert: Erinnerungen an den Kulturkampf, S. 18–20.

80 N. Gombert: Erinnerungen an den Kulturkampf, S. 20–22.

81 Vgl. N. Gombert: Erinnerungen an den Kultuskampf, S. 24–28.

82 N. Gombert: Erinnerungen an den Kultuskampf, S. 26.

83 Auszug: N. Gombert: Erinnerungen an den Kultuskampf, S. 28.

84 Der Kultusminister an den Oberpräsidenten der Rheinprovinz am 21. August 1874 (LHAK, Bestand 403 Nr. 10402).

gedachte zwar seine in der Instruktion vom 12. Mai 1874 vorgenommene, wenig praktikable Differenzierung aufrechtzuerhalten *und also, wenn über die Art der Anstellung der bei vacanten Pfarren fungirenden Kaplänen nichts Näheres festgestellt werden kann, eine ungesetzliche Thätigkeit derselben nur dann anzunehmen, wenn dieselben nach dem Abgange der Pfarrer sich nicht mit der Fortsetzung ihrer früheren Thätigkeit begnügen, sondern Amtshandlungen vornehmen, welche sie vor Erledigung der Pfarrstellen nicht vorgenommen haben.*[85] Der Kultusminister erklärte sich mit dieser Linie im Prinzip *einverstanden*, machte aber deutlich, dass dies für ihn in der Praxis bedeutete, *von einer Verfolgung der ursprünglich gesetzmäßig angestellten Kapläne, falls nicht klar erhellt, daß sie den ihnen vor Erlaß des Gesetzes vom 11. Mai pr. ertheilten Auftrag überschritten haben, abzusehen.*[86] Diese – natürlich noch im Rahmen der Kampfgesetzgebung verbleibende – relativ ‚milde' Linie liegt, abgesehen von den Zwängen der Rechtsprechung, sicherlich auch darin begründet, dass der Kultusminister in dem Zwiespalt, einerseits eine Aushebelung der Anzeigepflicht verhindern, andererseits eine wenig wünschenswerte Beendigung jeglicher Seelsorge und Kultverrichtung in vielen Pfarreien vermeiden zu wollen, eher dazu neigte, die Weiteramtierung der Hilfsgeistlichen staatlicherseits möglichst zu dulden. Diese Tendenz, die Folgen des Kulturkampfes für die katholische Bevölkerung möglichst zu mildern, geht auch daraus hervor, dass dem Kultusminister schon vorher in den ihm vom Oberpräsidenten unterbreiteten Spezialfällen kein *Anlaß zu einem unmittelbaren Einschreiten gegen die betreffenden Vikare vorzuliegen* schien. *In zweifelhaften Fällen aber wird es sich empfehlen, eine Entscheidung der Gerichte durch Erhebung der Anklage herbeizuführen.*[87]

Der Oberpräsident der Rheinprovinz instruierte in seinem Rundschreiben vom 12. November 1874 dementsprechend die Bezirksregierungen, dass nach Verwaisung der Pfarrstelle weiteramtierende Hilfsgeistliche unbehelligt bleiben sollen, solange sie keine Amtshandlungen ausüben, *welche sie vor Erledigung der Pfarrstelle nicht vorgenommen haben.*[88] Damit hatte die rheinische Provinzialverwaltung die

---

85 Der Oberpräsident der Rheinprovinz an den Kultusminister am 15. September 1874 (GStA PK, I. HA Rep. 76 IV Sekt. 13 Abt. XII Nr. 13 Bd. 3; LHAK, Bestand 441 Nr. 15488).

86 Kultusminister Falk an Oberpräsident v. Bardeleben am 7. November 1874 (LHAK, Bestand 403 Nr. 10403; LHAK, Bestand 441 Nr. 15488; GStA PK, I. HA Rep. 76 IV Sekt. 1 Abt. XII Nr. 6 Bd. 2).

87 Der Kultusminister an den Oberpräsidenten der Rheinprovinz am 24. April 1874 (LHAK, Bestand 403 Nr. 10401).

88 Der Oberpräsident der Rheinprovinz an die Regierung Koblenz am 12. November 1874 (LHAK, Bestand 441 Nr. 15488): *Was die an vacanten Pfarrstellen fungirenden gesetzlich angestellten Kapläne anlangt, so verbleibt es demnach auch jetzt unter der Herrschaft des Ergänzungsgesetzes vom 21. Mai d. Js. bei meiner Verfügung vom 12. Mai d. Js., wonach in den fraglichen Fällen seitens der Landräthe Anzeigen mir nur dann zu erstatten sind, wenn solche Kapläne, über deren durch die ursprüngliche Anstellung ertheilten Befugnisse nichts Näheres festgestellt werden kann, nach dem Abgange ihrer Pfarrer sich nicht mit der Fortsetzung ihrer früheren Thätigkeit begnügen, sondern*

endgültige Position in der fraglichen Angelegenheit eingenommen und das relativ geringe Ausmaß des im Fortgang des Kulturkampfes diesbezüglich weiter überlieferten Schriftverkehrs legt nahe, dass in der Praxis die ungestörte Weiteramtierung der Hilfsgeistlichen nach dem Weggang oder Ableben des Pfarrers die Regel war und die dafür gestellte Bedingung, die Beschränkung auf die bisherige Amtsroutine, keine große Bedeutung hatte, zumal diese ja ohnehin schwer überprüfbar war und der Anreiz an einer Überprüfung eher gering gewesen sein dürfte, da eine Aufrechterhaltung der Seelsorge – von einigen passionierten Kulturkämpfern vielleicht abgesehen – im allgemeinen Interesse war. Lediglich wenn ein Kaplan so unklug oder rechtswahrungsbedacht war, beim Bürgermeister anzufragen, ob er sonntags neben dem bisher von ihm gehaltenen Hochamt zusätzlich noch eine Frühmesse anbieten dürfe und dies klar als Neuerung zu erkennen gab,[89] kassierte er natürlich eine Absage[90]. Auch wenn ein Benefiziat sich nicht damit begnügen wollte, alle Parochialien weiterhin auszuüben, sondern vom Staat förmlich als

---

Amtshandlungen ausüben, welche sie vor Erledigung der Pfarrstelle nicht vorgenommen haben. – Dass diese Verfügung auch den übrigen rheinischen Bezirksregierungen zuging, wird dadurch nahegelegt, dass die Regierung Aachen sie wörtlich ihren Landräten im Rahmen ihres Rundschreibens vom 20. November 1874 (GStA PK, I. HA Rep. 76 IV Sekt. 1 Abt. XII Nr. 6 Bd. 2) mitteilte.

89 Der Bürgermeister von Manderscheid am 2. Dezember 1875 an den Landrat von Wittlich, der das Schreiben, den Antrag befürwortend, unter dem 3. Dezember 1875 an die Regierung Trier weiterreichte (LHAK, Bestand 442 Nr. 2000): *Der hiesige Kaplan Schilling erschien heute vor mir und stellte die mündliche Anfrage, ob es den Gesetzen nicht zuwider laufe, wenn er an Sonn- und Feiertagen außer dem Hochamte auch Frühmesse lese. Er beanspruche, falls ihm das Lesen einer zweiten Messe gestattet werde, dafür keinerlei Entschädigung; er bezwecke nur, allen hiesigen Katholiken Gelegenheit zu geben, sonntags eine Messe zu hören, was bisher bei dem Halten einer Messe nur einem Theile derselben möglich sei, indem viele Leute der Pflege kleiner Kinder und der Wartung des Hauswesens halber verhindert seien, der Messe zu besuchen. Wenn aber zwei Messen an Sonn- und Feiertagen gelesen werden dürften, wie [es] der allgemeine Wunsch der hiesigen Katholiken sei, so könnten dieselben abwechselnd die Frühmesse und das Hochamt hören.*

90 Die Regierung Trier an den Landrat von Wittlich am 11. Dezember 1875 (LHAK, Bestand 442 Nr. 2000 im Entwurf): *Ew. [Hochwohlgeboren] erwiedern wir auf den Bericht vom 3.12. cur., Abhaltung einer Frühmesse an Sonn- und Festtagen seitens des Kaplans Schilling zu Manderscheid betreffend, daß ein Kaplan nach dem Abgange seines Pfarrers auf [die] Fortsetzung seiner früheren Thätigkeit beschränkt ist u. Amtshandlungen nicht ausüben darf, welche von ihm vor Erledigung der Pfarrstelle nicht vorgenommen werden durften. Dem Antrage des Caplans Schilling, ihm die Abhaltung der von ihm früher nicht wahrgenommenen Frühmesse zu erlauben, kann unter den obwaltenden Umständen u. im Hinblick auf die Bestimmungen des Ges. vom 11.5.1873 von uns nicht entsprochen werden.*

Verwalter einer vakanten Pfarrei anerkannt werden wollte, um in den Genuss des mit der Pfarrstelle verbundenen Staatsgehalts zu gelangen, stieß er auf Ablehnung.[91]

Ein Antwortschreiben an den Oberpräsidenten der Provinz Hannover, in welchem der Oberpräsident der Rheinprovinz diesem das im Rheinland beobachtete Verfahren in der hier in Rede stehenden Angelegenheit erläuterte,[92] liefert

---

91 Die Regierung Koblenz an den Landrat von Neuwied am 23. Januar 1877 (GStA PK, I. HA Rep. 76 IV Sekt. 13 Abt. XII Nr. 13 Bd. 7): *(Wir) beauftragen das Königliche Landrathsamt, den katholischen Geistlichen Günther zu Leubsdorf auf das an den Bürgermeister zu Linz gerichtete [...] Gesuch [...] dahin zu bescheiden, daß er die eigentliche Verwaltung der erledigten Pfarrei Dattenberg zwar nicht übernehmen könne, ihm als Beneficiar der Scheid'schen Stiftung zu Leubsdorf jedoch verstattet sei, einzelne Amtshandlungen, welche er schon vor Erlaß des Gesetzes vom 11. Mai 1873 auszuüben berechtigt gewesen ist, auch fernerhin zu Leubsdorf und Dattenberg vorzunehmen.*
Die Regierung Koblenz an den Oberpräsidenten der Rheinprovinz am 29. Oktober 1877 (GStA PK, I. HA Rep. 76 IV Sekt. 13 Abt. XII Nr. 13 Bd. 7): *Wir (erachten) sowohl die Übertragung der vacanten Pfarrstelle zu Dattenberg-Leubsdorf als auch die Bewilligung des Staatsgehaltes der genannten Pfarrei an den emeritirten Pfarrer Günther zu Leubsdorf für unzulässig. Der Pfarrer Günther dürfte vielmehr unseres Erachtens nach den bisher erhobenen Ermittelungen [...] zwar zur Vornahme von geistlichen Amtshandlungen, welche er schon vor Erlaß des Gesetzes vom 11. Mai 1873 ausgeübt, auch fernerhin sowohl zu Leubsdorf wie auch zu Dattenberg befugt sein, jedoch keineswegs zur eigentlichen Verwaltung der erledigten Pfarrei Dattenberg. [...] Ebensowenig konnte auch der Antrag auf Zuwendung des Staatszuschusses Berücksichtigung finden. Wenn der p. Günther nun neuerdings wiederum den Antrag gestellt hat, ihm die rechtmäßige Verwaltung der genannten Pfarrei und damit das mit dieser Stelle verbundene Staatsgehalt zu übertragen, so geht derselbe von dem Irrthum aus, als läge das Erstere in unserer Competenz und könnten ferner derartige Zuschüsse aus Staatsfonds, welche als persönliche Zulage des Stelleninhabers unseres Erachtens überhaupt während der Vacanz nicht zahlbar sind, auch dem Stellvertreter zugewendet werden.*

92 Der Oberpräsident der Rheinprovinz an den Oberpräsidenten der Provinz Hannover am 24. Mai 1877 (LHAK, Bestand 403 Nr. 10406 im Entwurf): *Ew. Hochgeboren erwiedere ich auf das gef. Schreiben vom 24. v. M., betr. die Thätigkeit gesetzmäßig angestellter Vicare in erledigten Parochien, ergebenst, daß die Frage nach der Berechtigung solcher Geistlichen zur Vornahme von Amtshandlungen sowohl vor als nach Erlaß des Ges. vom 21. Mai 1874 Gegenstand diesseitiger Berichte an den H. Min. der geistl. Ang. gewesen ist. Das Resultat dieser Berichte hat schließlich darin bestanden, daß auch unter der Herrschaft des genannten Gesetzes seitens der Verwaltungsbehörden ein gerichtliches Einschreiten gegen Capläne resp. Vicare, über deren durch die ursprüngliche Anstellung ihnen ertheilten Befugnisse nichts Näheres festgestellt werden kann, nach Erledigung der Pfarren, in denen sie fungieren, der Regel nach nur dann veranlaßt werden soll, wenn die bezüglichen Geistlichen sich nicht mit der Fortsetzung ihrer bei besetzter Pfarre geübten Thätigkeit begnügen, sondern Amtshandlungen vornehmen, welche sie vor Erledigung der Pfarre factisch nicht ausgeübt haben. Hienach haben*

einen interessanten Einblick in die behördliche Kulturkampfpraxis. Ein Motiv und Anlass für die Behörden, die Berechtigung eines Hilfsgeistlichen, nach Erledigung der Pfarrstelle weiter zu fungieren, näher ‚unter die Lupe zu nehmen', lag nämlich dann vor, *wenn die staatlichen Behörden wegen des staatsfeindlichen Auftretens eines Kaplans ein besonderes Interesse daran hatten, ihm die fernere Wirksamkeit unmöglich zu machen.* Dass die Berechtigungsverifizierung als leicht zur Klerusdisziplinierung nutzbares Damoklesschwert taugte, erfuhr der Kaplan Nikolaus Herrig zu Oberstadtfeld, der nach dem Tod des Pfarrers von Niederstadtfeld – Oberstadtfeld war eine Filiale von Niederstadtfeld – weiterfungierte. Er stand im Mittelpunkt einer von Erbitterung und Streit geprägten Atmosphäre, denn seine Gottesdienste und sonstigen Amtshandlungen wie Taufen wurden auch von Einwohnern der umliegenden Pfarrei Salm mit der Filiale Wallenborn und der Pfarrei Weidenbach in Anspruch genommen, weil deren Pfarrer bzw. Pfarrverwalter das Staatsgehalt weiter bezogen. Aber auch von sich aus suchte der Kaplan die Bevölkerung gegen die sog. ‚Staatspfarrer' einzunehmen und aufzubringen. Nachdem beispielsweise die Staatsgehaltsempfänger anlässlich einer Beerdigung in der Pfarrkirche von Niederstadtfeld – das Pfarramt war ja verwaist – Seelenmessen zelebriert hatten, lehnte der Kaplan die Verwendung der von ihnen benutzten Kelche ab und las demonstrativ an den zwei darauffolgenden Sonntagen das Hochamt an einem von den ‚Staatspfarrern' nicht genutzten Seitenaltar, während er dann an Allerheiligen den Altarstein dieses Seitenaltars vor aller Augen auf den von den ‚Staatspfarrern' angeblich entweihten Hochaltar legen ließ, bevor er dort die Messe feierte. Auf diese Weise war so viel *Haß und Zwietracht unter die sonst friedlichen Einwohner genannter Pfarreien hingetragen worden,* dass zu einer Kirmesfeier in Oberstadtfeld ein Gendarm entsandt werden musste, *dem es nicht ohne Mühe gelang, die erhitzten Köpfe auseinanderzuhalten.* Um den staatstreuen Pfarrern Schutz und Rückendeckung zu geben, drängte der Landrat auf ein entschiedenes Vorgehen gegen den von ihm als Hetzer und Aufwiegler hingestellten Kaplan.[93] Der darüber informierte

---

strafgerichtliche Verfolgungen auf Veranlassung der Verwaltungsbehörden den in Rede stehenden Geistlichen gegenüber nur dann stattgefunden, wenn die bekannt gewordenen Modalitäten ihrer Berufung zu berechtigten Zweifeln hinsichtlich der Fortdauer ihrer Befugnisse nach Erledigung des Pfarramts führten oder wenn die staatlichen Behörden wegen des staatsfeindlichen Auftretens eines Kaplans ein besonderes Interesse daran hatten, ihm die fernere Wirksamkeit unmöglich zu machen und zu diesem Zwecke ihn zur Führung des durch Art. 2 des Ges. vom 21. Mai 1874 ihm auferlegten Beweises vor Gericht zu zwingen.

93 Der Bürgermeister von Niederstadtfeld, Schramm, an den Landrat von Daun am 9. Oktober 1876 (LHAK, Bestand 403 Nr. 1969): *Eben bringe ich in Erfahrung, daß gestern Morgen der Kaplan Nicolaus Herrig von Oberstadtfeld in hiesiger Pfarrkirche 2 Kinder aus der Pfarrei Weidenbach getauft habe, ohne daß dazu die Nothwendigkeit Veranlassung geboten hätte, da der betreffende Pfarrer die Taufe ebenfalls vorgenommen haben würde, wenn nicht die Leute gegen seine geistlichen Handlungen aufgehetzt wären. Der p. Herrig scheint die Pfarreingesessenen von Weidenbach und Wallenborn immer mehr an sich ziehen und durch Verdächtigung der nicht gesperrten Geistlichen*

die Spaltung in den Gemeinden fördern zu wollen. Ob derselbe zu den qu. geistlichen Leistungen, welche er allerdings auf Wunsch der betreffenden Leute vornimmt, berechtigt ist, kann ich aus den bestehenden Gesetzen nicht mit Bestimmtheit entnehmen [...]. Der pp. Herrig war vor Erlaß der Maigesetze dem nunmehr verstorbenen Pfarrer Hermes als Gehülfe beigegeben und hat nach dessen Ableben die kirchlichen Dienste fortgeführt.

Vom Bürgermeister von Niederstadtfeld im Kreis Daun am 1. Dezember 1876 aufgenommenes Protokoll (LHAK, Bestand 442 Nr. 1969): *Vorbeschieden erschien der Ackerer Nicolaus Basten, 73 Jahre alt, zu Niederstadtfeld. Derselbe erklärt zur Sache: Am 11. October cr. starb mein Sohn. Da der in hiesiger Pfarrei fungirende Kaplan Nicol. Herrig abwesend war, war ich genöthigt, die kirchliche Beerdigungsfeier durch Nachbargeistliche vornehmen zu lassen. Ich hatte dazu 3 Geistliche bestellt, welche, so viel hier bekannt, das Staatsgehalt beziehen. Diese Herren lasen die Seelenämter an zwei Altären unserer Pfarrkirche. An den zwei folgenden Sonntagen las der Kaplan das Hochamt an dem Seitenaltare, welcher von den Herren nicht benutzt worden war, woraus ich und wahrscheinlich alle Anwesenden den Schluß zogen, der Kaplan suche dadurch die Nachbargeistlichen zu verdächtigen. Am Allerheiligentage las der Kaplan wieder das Amt am Hochaltare. Er hatte aber zuvor den Altarstein von dem oben bezeichneten Seitenaltare auf den Hauptaltar geschafft, wo sich derselbe jetzt noch befindet.*

Vom Bürgermeister von Niederstadtfeld am 1. Dezember 1876 aufgenommenes Protokoll (LHAK, Bestand 442 Nr. 1969): *Ferner erschien auf Vorbescheid der Mathias Haep, Ortsvorsteher und Kirchenrathsmitglied zu Niederstadtfeld. Zur Sache: [...] Als neulich der Peter Basten von hier gestorben war und in Abwesenheit des Kaplans drei Nachbargeistliche, welche das Staatsgehalt beziehen sollen, von den Angehörigen zum Begräbniß bestellt worden [waren], hat der Kaplan in offenbar demonstrativer Weise die Altäre, an welchen diese Herren die Messe gelesen, nicht mehr benutzt, sondern an 2 Sonntagen das Hochamt an einem Nebenaltare gelesen. Als er am Allerheiligentag wieder das Amt am Hauptaltare las, hatte er zuvor den Stein des Nebenaltars, an welchem keiner der auswärtigen Geistlichen celebrirt hatte, weggenommen und auf den Hauptaltar gelegt, wodurch sich die Ansicht verbreitete, die Altäre seien von den anderen Geistlichen entweiht worden. Durch solches Auftreten hat der Kaplan Streit und Zwietracht in unsere und die Nachbarpfarreien gebracht.*

Der Bürgermeister von Niederstadtfeld an den Landrat von Daun am 4. Dezember 1876 (LHAK, Bestand 403 Nr. 1969): *Der Kaplan Herrig (läßt) es sich angelegen sein, die Ansicht unter den Katholiken zu verbreiten, als seien die geistlichen Funktionen derjenigen Pfarrer, welche das Staatsgehalt beziehen, kirchlich ungültig. In Folge dieser öffentlichen (und jedenfalls auch geheimen) Einwirkungen des p. Herrig besucht eine große Anzahl der Einwohner aus Weidenbach und Wallenborn, wo die angestellten Geistlichen das Staatsgehalt beziehen, ihre Pfarrkirche nicht mehr, sondern finden sich jeden Sonntag hier in Niederstadtfeld und in Oberstadtfeld ein, um der Messe des p. Herrig beizuwohnen. Es sind dadurch Spaltungen in den Gemeinden zu Tage getreten, welche sogar größere Dimensionen anzunehmen drohen.*

Der Landrat von Daun, Rintelen, an die Regierung Trier am 14. Dezember 1876 (LHAK, Bestand 403 Nr. 1969): *Der Kaplan Nicolaus Herrig zu Oberstadtfeld wurde vor dem Jahre 1873 zu Lebzeiten des hochbetagten Pastors Hermes von Niederstadtfeld demselben als Gehülfe beigegeben und verrichtete, da der Pastor wegen Altersschwäche hierzu außer Stande war, dessen Pfarramtsgeschäfte und führt dieselben*

Oberpräsident beauftragte nun die Regierung Trier, die Berechtigung des Kaplans zur Weiteramtierung nach dem Tod des Pfarrers durch Einsichtnahme der Anstellungsurkunde zu prüfen.[94] Da der Kaplan deren Vorlage aber verweigerte, wurden seine von ihm verrichteten Amtshandlungen protokolliert und angezeigt.[95]

---

auch nach dem Ableben des p. Hermes bis auf den heutigen Tag fort. Schon seit längerer Zeit hat es sich p. Herrig zur Aufgabe gemacht, die Eingesessenen der Pfarreien Salm mit dem Filialorte Wallenborn, Bleckhausen mit dem Filialorte Schutz und Weidenbach, welche letztere vacant ist und seit dem Jahre 1872 von dem Pfarrer Leyendecker zu Deudesfeld verwaltet wird, gegen ihre im Besitze des Staatsgehalts befindlichen Seelsorger in gehässiger Weise aufzuhetzen und den Glauben zu verbreiten, als seien die Letzteren seit dem Bezuge des Staatsgehaltes von dem Glauben abgefallen. Dies geschah anfänglich ganz heimlich, jetzt aber gemäß der Anlage auch öffentlich. Wie dieselbe ergiebt, nahm p. Herrig unbefugter Weise bei Eingesessenen der Pfarreien Salm und Weidenbach Amtshandlungen vor, wollten keinen der Kelche, welche vorher drei Staatsgehaltsempfänger bei einer Messe benutzt hatten, in Gebrauch nehmen, hielt an zwei Sonntagen in demonstrativer Weise das Hochamt gegen den bisherigen Gebrauch an einem Seitenaltar ab, an welchem keiner der genannten drei Geistlichen celebrirt hatte, und ließ den sogenannten Altarstein dieses Altars an einem Sonntage vor den Augen eines Theils der sich zum Gottesdienste versammelnden Gemeinde vor den Hauptaltar bringen und auf dessen Altarstein legen. Durch ein derartiges Vorgehen, welches offenbar darauf berechnet ist, die Staatsgehaltsempfänger zu verdächtigen und in ihren Pfarreien unmöglich zu machen, hat p. Herrig es erreicht, daß ein großer Theil der Pfarreingesessenen von Salm, Weidenbach und einigen Personen der Pfarrei Bleckhausen den von ihren Seelsorgern abgehaltenen Gottesdienst nicht mehr besuchen, daß Haß und Zwietracht unter die sonst friedlichen Einwohner genannter Pfarreien hingetragen worden ist und daß sogar sich innerhalb der Pfarrei Niederstadtfeld selbst zwei sich schroff und feindselig gegenüberstehende Parteien gebildet haben. Zur Vermeidung von Excessen am 5. v. Mts. in Oberstadtfeld bei der Kirmesfeier mußte ein Gendarm vorher dahin abgesandt werden, dem es nicht ohne Mühe gelang, die erhitzten Köpfe auseinanderzuhalten. [...] Es erscheint im Interesse der öffentlichen Ordnung und zum Schutze der durch die geschilderten Hetzereien sehr beunruhigten Staatsgehaltsempfänger dringend erforderlich, gegen den p. Herrig mit allen gesetzlichen Mitteln entschieden vorzugehen.

94 Der Oberpräsident der Rheinprovinz an die Regierung Trier am 17. Januar 1877 (LHAK, Bestand 403 Nr. 1969): *Mit Rücksicht darauf aber, daß es von erheblichem Interesse zu sein scheint, den p. Herrig aus der Pfarrei Niederstadtfeld zu entfernen, wolle die Königliche Regierung versuchen, Kenntniß von dessen Anstellungsurkunde zu erhalten und sodann prüfen, ob vielleicht die Berechtigung desselben zur Vornahme geistlicher Handlungen durch den Tod des Pfarrers Hermes erloschen ist, so daß gegen ihn auf Grund des Art. 2 des Gesetzes vom 21. Mai 1874 und demnächst eventuell auf Grund des Reichsgesetzes vom 4. Mai 1874 eingeschritten werden könnte.*

95 Der Landrat von Daun an die Regierung Trier am 3. Februar 1877 (LHAK, Bestand 403 Nr. 1969): *Ich (habe) [...] den Kaplan Herrig zu Oberstadtfeld aufgefordert, seine Anstellungsurkunde hierher einzureichen, welcher Aufforderung p. Herrig nicht*

Im dann eröffneten Prozess wurde der Kaplan zwar vom Landgericht Trier zuerst freigesprochen, aber der Freispruch vom Rheinischen Appellationsgericht kassiert, weil der Kaplan angeblich nicht vom Bischof in ein selbständiges Amt berufen, sondern nur dem *hochbejahrten und aushülfsbedürftigen Pfarrer Hermes* als Kooperator zur persönlichen Unterstützung zugeteilt worden sei, welche Funktion mit dem Tod des Pfarrers erloschen sei, sodass er alle folgenden geistlichen Amtshandlungen, weil nicht gesetzeskonform, d.h. unter Anzeige an den Oberpräsidenten in sein Amt berufen, illegal vorgenommen habe.[96] Daraufhin verurteilte das Zuchtpolizeigericht Trier den Kaplan am 5. Mai 1877 zu einer Geldstrafe von 20 Mark, im Nichtzahlungsfall zu einer ersatzweisen Gefängnisstrafe von fünf Tagen.[97] Da Kaplan Herrig jedoch weiteramtierte, wurde er schließlich aus dem Regierungsbezirk Trier ausgewiesen.[98] In diesem Vorgang kommt ein zentrales Charakteristikum der kulturkämpferischen Klerusrepression paradigmatisch zum Ausdruck, insofern zwar die Gerichte über die Bestrafung und das Strafmaß, aber die Behörden über die Erstattung der Anzeige entschieden und damit darüber, ob überhaupt ein Gerichtsverfahren stattfand. Die Behörden besaßen ein weitgehendes faktisches

---

nachgekommen ist. Die dem Herrig gestellte dreitägige Frist war gestern Nachmittag 4 Uhr abgelaufen. Der Bürgermeister Schramm zu Niederstadtfeld ist von mir angewiesen, nunmehr gegen den p. Herrig wegen jeder von ihm vorgenommenen geistlichen Amtshandlung zu protocolliren und mir die Protokolle zu meiner weiteren Veranlassung von 8 zu 8 Tagen einzusenden. Die befohlenen Anzeigen werde pünktlich zu erstatten ich nicht verfehlen.

96 Urteil des Rheinischen Appellationsgerichtshofs zu Köln vom 5. April 1877 *wider Nicolaus Herrig, 33 Jahre alt, Kaplan, geboren zu St. Barbara bei Trier, wohnhaft zu Oberstadtfeld* (LHAK, Bestand 442 Nr. 1969. Text im Quellenanhang VI).

97 Der Trierer Oberprokurator an die Regierung Trier am 24. Mai 1877 (LHAK, Bestand 442 Nr. 1969).

98 Die Regierung Trier an den Geistlichen Nicolaus Herrig zu Oberstadtfeld im Kreise Daun am 24. Juli 1877 (LHAK, Bestand 442 Nr. 1969): *Nachdem Sie durch rechtskräftiges Erkenntniß des hiesigen Zuchtpolizeigerichts vom 5. Mai ds. Js. wegen unbefugter Vornahme von geistlichen Amtshandlungen in der Pfarrei Niederstadtfeld auf Grund des § 23 des Gesetzes vom 11. Mai 1873 beziehungsweise des Art. 2 des Gesetzes vom 21ten Mai 1874 verurtheilt worden sind und trotzdem im Laufe dieses Monats wiederum verschiedene geistliche Amtshandlungen in der genannten Pfarrei vorgenommen haben, aus denen hervorgeht, daß Sie noch fortdauernd sich widerrechtlich das Amt eines Kaplans jener Pfarrei anmaßen, wird Ihnen hiermit auf Grund des § 2 des Reichsgesetzes vom 4. Mai 1874, betreffend die Verhinderung der unbefugten Ausübung von Kirchenämtern, der Aufenthalt im Regierungsbezirk Trier untersagt. Sie haben demnach binnen achtundvierzig Stunden vom Ablauf des Tages an gerechnet, an welchem Ihnen diese Verfügung eröffnet ist, den Regierungsbezirk Trier zu verlassen und letzteren nicht wieder zu betreten, widrigenfalls Sie zwangsweisen Transport über die Grenze des hiesigen Regierungsbezirks beziehungsweise Internirung zu gewärtigen haben.*

Anzeigemonopol und einen weiten Ermessensspielraum, davon Gebrauch zu machen oder nicht. Sie konnten bestimmte seelsorgliche Tätigkeiten, in diesem Fall die Weiteramtierung von Hilfsgeistlichen bei vakanter Pfarrstelle, durch Unterlassung einer Protokollierung und Strafanzeige einfach stillschweigend dulden. Wenn ihnen jedoch die ‚ultramontanen Agitationen' eines Geistlichen missfielen, konnten sie leicht nach Belieben die Justiz mittels Strafanzeige aktivieren, um gegen solche missliebigen Geistlichen mit dem Instrumentarium der Kultkampfgesetzgebung vorzugehen.

Doch das Urteil gegen den Kaplan Herrig war, worauf auch der Oberpräsident hinwies,[99] dem Sonderfall geschuldet, dass ein alters- oder krankheitsbedingt kaum oder nicht mehr dienstfähiger Pfarrer sich auf eigene Kosten einen Gehilfen nimmt, und galt nicht für die weit überwiegende Mehrzahl der Fälle, in denen ein Hilfsgeistlicher unabhängig vom Gesundheitszustand des Pfarrers gewissermaßen auf einer ‚Planstelle' amtierte. Aus den wenigen Malen, in denen die fragliche Angelegenheit in der zweiten Hälfte der 1870er Jahre noch explizit thematisiert wurde, geht hervor, dass die Behörden der weiteren Tätigkeit eines solchen Hilfsgeistlichen kein Hindernis mehr in den Weg legten.[100] Als beispielsweise die Vorsitzenden des Kirchenrats, der Gemeindevertretung und des Gemeinderats von Obermendig gemeinsam darum baten, nach dem Tod ihres hochbetagten Pfarrers ihren für ein gestiftetes Benefizium ernannten Kaplan ungestört weiter seines Amtes walten zu lassen, weil sonst die 1600 Köpfe zählende Gemeinde völlig ohne Seelsorge sei,[101]

---

99 Der Oberpräsident der Rheinprovinz an den Kultusminister am 19. Februar 1878 (GStA PK, I. HA Rep. 76 IV Sekt. 13 Abt. XII Nr. 13 Bd. 5).

100 Beispiel: Die Regierung Trier an den Oberpräsidenten der Rheinprovinz am 24. Juli 1880 (GStA PK, I. HA Rep. 76 IV Sekt. 1 Abt. XII Nr. 6 Bd. 4): *Die Pfarrei Eppelborn ist ordnungsmäßig durch den Pfarrer Müller besetzt, während die Pfarrei Ottweiler zwar seit dem am 3. Mai 1875 erfolgtem Ableben des Dechanten Hansen erledigt, aber seitdem mit unserer stillschweigenden Duldung durch den bereits vor dem 11. Mai 1873 als solcher angestellten Caplan Schütz versehen wird.*

101 Die Vorsitzenden des Kirchenrats, der Gemeindevertretung und des Gemeinderats von Obermendig im Kreis Mayen an den Oberpräsidenten der Rheinprovinz am 6. August 1879 (LHAK, Bestand 441 Nr. 15461): *Ew. Excellenz wagen im Namen der Gemeinde Obermendig die gehorsamst unterzeichneten Vorsitzenden des Kirchenrathes, der kirchlichen Gemeindevertretung und des Gemeinderathes nach dem diesen Morgen erfolgten Ablebens unseres würdigen Seelsorgers, Jubilar-Priesters Leonhard Koll, um gütige Belassung des seit 6 Jahren dahier auf das Beneficium der seit mehr als 150 Jahren gestifteten Frühmesse ernannten Herrn Kaplans Johann Rausch gehorsamst zu bitten, indem sonst unsere über 1600 Seelen zählende Pfarrgemeinde, umgeben von Nachbargemeinden, die theilweise ohne alle Seelsorger, theilweise von altersschwachen Pfarrern verwaltet, ohne alle Seelsorge sein und namentlich unsere Jugend noch mehr verwildern würde.*

befürwortete der Landrat von Mayen in warmen Worten das Gesuch[102] und die Regierung Koblenz genehmigte es[103].

Insgesamt ist somit davon auszugehen, dass die behördlicherseits ungestörte Weiteramtierung der Hilfsgeistlichen nach eingetretener Vakanz der Pfarrstelle im weiteren Verlauf des Kulturkampfes je länger je länger je mehr den Regelfall darstellte. Ein wegweisendes Urteil des Berliner Kammergerichts vom 16. Juni 1881[104]

---

102 Der Landrat von Mayen, dem das obige Gesuch zur Stellungnahme zugeschickt worden war, an die Regierung Koblenz am 26. August 1879 (LHAK, Bestand 441 Nr. 15461): *Ich (habe) dem Königlichen Oberpräsidium in Gemäßheit des Oberpräsidialerlasses vom 2. Juni 1873 unterm 14. d. Mts. die vorgeschriebene Anzeige über das erfolgte Ableben des katholischen Pfarrers Koll zu Obermendig erstattet und gleichzeitig das Verhältniß des functionirenden Caplans Rausch vorgetragen. Jener Bericht lautet wörtlich: „Dem Königlichen Oberpräsidium beehre ich mich die ehrerbietigste Anzeige zu erstatten, daß nach der mir eben zugehenden Anzeige des Bürgermeisters zu Bell der katholische Pfarrer Koll zu Obermendig am 6. d. Mts. gestorben ist. Der Bürgermeister berichtet mir: Es fungirt in Obermendig seit dem Jahre 1872 als Kaplan der Geistliche Johann Rausch, welcher durch die Bischöfliche Behörde zu Trier als solcher angestellt ist und seither wegen des hohen Alters des Pfarrers alle seelsorgerlichen Functionen ausgeübt hat. Die Pfarrei Obermendig enthält ca. 1600 Katholiken. Die beiden Nachbarpfarreien Thür und Ettringen sind schon seit längerer Zeit durch den Tod der Inhaber vacant. Der nächste Pfarrer, in Niedermendig, ist durch seine eigene, über 2200 Seelen enthaltende Pfarrei vollauf in Anspruch genommen und die zwei noch übrigen Pfarrer der Nachbargemeinden Cottenheim und Kraft sind über 80 Jahre alt, können daher für die Gde. Obermendig keine Aushülfe leisten. Soll nun letztere Gemeinde nicht ganz der Seelsorge entbehren, so ist dringend zu wünschen, daß der Kaplan Rausch in seiner bisherigen rechtmäßigen Stellung verbleibe und nach wie vor die sämmtlichen seelsorgerlichen Functionen auszuüben ihm nicht verwehrt werde.“ Ich finde unter den obwaltenden Verhältnissen nichts dagegen einzuwenden, daß der gesetzmäßig angestellte Kaplan in der bisherigen Weise in Obermendig weiter functionirt. Es befindet sich zwar in der Nähe von Obermendig noch der Pfarrort Bell, von welchem aus Obermendig an sich unschwer versehen werden könnte; der dortige Geistliche ist jedoch auch ein bereits bejahrter Mann und überdieß die Kirche in Bell zu wenig geräumig, als daß sie noch Genossen einer andern Pfarrei in erheblicher Zahl aufnehmen könnte.*

103 Die Regierung Koblenz an den Vorsitzenden des Kirchenvorstandes der Pfarrgemeinde Obermendig, Herrn Klöppels, am 10. Oktober 1879 (LHAK, Bestand 441 Nr. 15461 im Entwurf): *Auf Ihre an den Herrn Oberpräsidenten der Provinz gerichtete und an uns zur Bescheidung abgegebene Vorstellung vom 6ten August curr. eröffnen wir Ew. [Wohlgeboren], daß, da der Caplan Rausch durch die von der bischöflichen Behörde in Trier unter dem 21ten Dezember 1872 ausgefertigte Bestallungsurkunde als Hülfsgeistlicher für alle seelsorgerlichen Funktionen in Obermendig ernannt worden ist und solche bisher auch in vollem Umfange ausgeübt hat, derselbe in dieser Ausübung belassen werden kann.*

104 GStA PK, I. HA Rep. 76 IV Sekt. 1 Abt. XII Nr. 6 Bd. 4 in Abschrift.

schrieb diese Situation juristisch fest und Kultusminister v. Gossler wollte das Urteil großzügig ausgelegt wissen[105].

105 Der Kultusminister an den Oberpräsidenten der Provinz Posen am 9. März 1882 (LHAK, Bestand 441 Nr. 15488; GStA PK, I. HA Rep. 76 IV Sekt. 13 Abt. XII Nr. 13 Bd. 7; GStA PK, I. HA Rep. 76 IV Sekt. 1 Abt. XII Nr. 6 Bd. 4): *Nach der Interpretation des Art. 5 des Gesetzes vom 14. Juli 1880 durch das kammergerichtliche Erkenntniß in Sachen Lüdke vom 16. Juni 1881 sind Hilfsgeistliche einer Pfarrei nach Eintritt der Pfarrvakanz als zur Vornahme aller derjenigen geistlichen Amtshandlungen befugt anzusehen, deren Vornahme ihnen bei Lebzeiten des Pfarrers zustand. Diese Interpretation auf die nicht pfarramtlichen Handlungen einzuschränken, liegt für die Verwaltungsbehörden ein Grund nicht vor. Vielmehr wird davon auszugehen sein, daß auch die Vornahme eigentlich pfarramtlicher Akte, also z.B. Ertheilung von Auszügen aus den Kirchenbüchern, in vakanten Pfarreien durch den Hilfsgeistlichen dann sich nicht als Pfarramtsanmaßung charakterisirt, wenn dem Hilfsgeistlichen die gleiche Thätigkeit schon während besetzter Pfarrei bei Behinderung des Pfarrers gebührte. Inwiefern solches zutrifft, muß nach Lage des einzelnen Falles entschieden werden.* – Eine Abschrift dieses Schreibens ging u.a. auch an den Oberpräsidenten der Rheinprovinz *zur gefälligen Kenntnißnahme und weiteren Veranlassung.*

V. Das Amtierungsverbot für Sukkursalpfarrer

1. Die Problematik, die diesbezüglichen maigesetzlichen Bestimmungen und die Auseinandersetzung mit dem Bischof von Trier

Es gab eine Großgruppe von eigentlich gesetzmäßig, da vor den Maigesetzen von 1873 angestellten Pfarrgeistlichen, deren geistliche Amtshandlungen unter einer bestimmten Voraussetzung, über deren Eintritt und Vorliegen der Oberpräsident entschied, gleichwohl illegal und damit strafbar werden konnten. Diese Großgruppe bildeten die – zumindest in Regierungssicht – nicht dauernd angestellten Pfarrer, bei denen es sich fast ausschließlich – die wenigen Pfarrverwalter fielen zahlenmäßig kaum ins Gewicht – um die im Linksrheinischen amtierenden Sukkursalpfarrer handelte. Zum besseren Verständnis der Problematik muss nun im Folgenden etwas weiter ausgeholt werden.[1]

In Gefolge des zwischen Napoleon und dem Papst 1801 geschlossenen Konkordats, das in Art. 9 eine Pfarrregulierung vorsah, und auf der Grundlage der in Art. 60–63 der Organischen Artikel von 1802 enthaltenen Ausführungsbestimmungen wurde im Linksrheinischen, das ja damals staatsrechtlich anerkanntermaßen französisches Staatsgebiet war, eine Neuumschreibung der Pfarreien vorgenommen. Das folgenschwerste Merkmal der französischen Parochialreorganisation bestand darin, dass in jedem Friedensgerichtsbezirk oder Kanton lediglich eine vollberechtigte ordentliche Pfarrei geschaffen wurde, deren Inhaber ‚curé', zu Deutsch ‚Kantonal-' oder ‚Oberpfarrer' genannt wurde. Daneben wurde zur Sicherstellung der pastoralen Versorgung je nach lokalem Bedarf eine vielfache Anzahl von Sukkursalpfarreien mit minderem Status errichtet, deren Vorsteher ‚desservant', zu Deutsch ‚Sukkursal-' oder ‚Hilfspfarrer' hießen. Die absolut unzureichende Ausstattung mit vollwertigen Pfarreien und die dem kanonischen Recht völlig widersprechende Rangabstufung der Pfarrer waren rein fiskalisch begründet, denn der französische Staat wollte zunächst keine Verpflichtung zum Unterhalt der Hilfspfarrer übernehmen, die nach seinen ursprünglichen Plänen aus dem Kreis der pensionsberechtigten Exreligiosen zwecks Verminderung der Pensionslasten rekrutiert werden sollten, und hatte nur den Kantonalpfarrern ein

1 Vgl. E. Gatz: Zur Problematik der Sukkursalpfarreien; Ders.: Zur Entwicklung der Pfarrei im Erzbistum Köln, passim; Ders.: Die französische Pfarregulierung in den linksrheinischen Gebieten; H. Schrörs: Kirchliche Bewegungen unter dem kölnischen Klerus im Jahre 1848, Teil 1, S. 15–20 u. Teil 2, S. 95. Der Autor wiederholt teilweise wörtlich das bereits in seiner Dissertation (Katholische Aufklärung, Volksfrömmigkeit und ‚Religionspolicey', 2. Aufl., Frankfurt/Main 2014, S. 114–117) Ausgeführte. Dort auch weitere Nachweise.

Staatsgehalt zugesagt, sodass er an einer Kleinhaltung der Zahl ordentlicher Pfarrer interessiert war, während er bei der Zahl der Sukkursalpfarrer wegen anfangs fehlender Staatshaushaltswirksamkeit die tatsächlichen pastoralen Notwendigkeiten zu berücksichtigen gewillt war. Diese Schichtung der Pfarrerschaft konkretisierte sich in drei Bereichen: Einmal hatte der französische Gesetzgeber sie in ein hierarchisches Gefälle zueinander gebracht dergestalt, dass die Hilfspfarrer der Aufsicht des jeweils zuständigen Kantonalpfarrers unterstehen sollten. Aber dieses dienstrechtliche Unterordnungsverhältnis reduzierte sich in der Praxis weitgehend auf einen Ehrenvorrang für die Kantonalpfarrer, da auch die Sukkursalpfarreien von Anfang an alle Pfarrrechte besaßen und die Hilfspfarrer bei ihrer alltäglichen Seelsorge eigenverantwortlich handelten; es wurde völlig obsolet, als mit der Einführung der Dekanatsverfassung in den Diözesen Köln und Trier im Jahre 1827 die Dechanten die Funktion einer Intermediärinstanz zwischen der Bistumsleitung und dem Pfarrklerus erhielten. Das zweite Feld, auf dem sich die Einteilung der linksrheinischen Pfarrer in zwei Klassen praktisch auswirkte, war das Staatsgehalt, insofern die Kantonalpfarrer zur ersten oder zweiten Besoldungsklasse, die Sukkursalpfarrer dagegen zur deutlich minderdotierten dritten Besoldungsklasse gehörten. Im Kulturkampf und damit für die vorliegende Thematik relevant wurde das dritte Unterscheidungsmerkmal, nämlich die Tatsache, dass die Sukkursalpfarrer im Gegensatz zu den Kantonalpfarrern jederzeit auf dem einfachen kirchlichen Verwaltungsweg zwangsversetzt werden konnten, sodass ihnen eigentlich ein wesentliches kanonisches Kriterium für den Status eines ‚parochus' zunächst fehlte, und zwar die Inamovibilität genannte Unwiderruflichkeit der Pfarramtsübertragung. In den beiden rheinischen Bistümern Köln und Trier wurde bis zur Mitte des 19. Jahrhunderts in unterschiedlicher Weise von dem an sich unkanonischen Ab- und Versetzungsrecht Gebrauch gemacht. Während laut dem im Kulturkampf geführten Schriftverkehr schon Bischof Hommer (1824–1836), der erste Inhaber des Trierer Bischofsstuhls nach der postnapoleonischen Neuorganisation und -zirkumskription der preußischen Bistümer, die Sukkursalpfarrer bezüglich der Inamovibilität mit den Kantonalpfarrern gleichbehandelte und bei Gelegenheit der Einführung der Dekanatsverfassung auch die differenzierenden Titulierungen ‚Kantonalpfarrer' und ‚Sukkursalpfarrer' abschaffte,[2] nahm sein Metropolit,

2 Der Trierer Generalvikar de Lorenzi an den Oberpräsidenten der Rheinprovinz am 20. Juni 1874 (LHAK, Bestand 403 Nr. 10402; GStA PK, I. HA Rep. 76 IV Sekt. 13 Abt. XII Nr. 13 Bd. 2): *Was indessen die dauernde Besetzung der in Rede stehenden Pfarreien an sich angeht, so ist allgemein bekannt, daß das Institut der Succursalpfarreien und die Amovibilität der Inhaber derselben, welche dem gemeinen Rechte der Kirche allerdings nicht entsprechen, erst zu Anfang dieses Jahrhunderts durch weltliche Gesetzgebung im Gebiete des französischen Rechts eingeführt, daß aber seitens der kirchlichen Oberen thatsächlich diese Pfarrer den s.g. Cantonalpfarrern gleichgestellt, daß sie als wirkliche Pfarrer angesehen und so behandelt und insbesondere seit Errichtung des Bischöflichen Officialates (im Jahre 1851) gegen ihren Willen und ohne ihre Zustimmung nicht, außer in Folge eines gerichtlichen Verfahrens, von ihren Stellen entfernt wurden. Das*

der Kölner Erzbischof Spiegel (1825–1835), sein Versetzungsrecht durchaus, wenn auch noch vorsichtig wahr, während Erzbischof Geissel (1842/45–1864) es in solch umfassendem Maße als Disziplinierungsinstrument und zur Abschiebung vermeintlicher Hermesianer auf unattraktive Landpfarreien nutzte, dass eine Pfarrerfronde im Revolutionsjahr 1848 dagegen opponierte, was den Kölner Oberhirten schließlich zur Einstellung seiner Versetzungspraxis veranlasste. Seitdem wurden auch im Erzbistum Köln, wie der Kölner Kulturkampfbischof Melchers dem Oberpräsidenten mitteilte, die Sukkursalpfarrer entsprechend den kanonischen Grundsätzen als inamovibel betrachtet und behandelt.[3] Es bleibt freilich festzuhalten, dass weder im Erzbistum Köln noch im Bistum Trier die Inamovibilität der Sukkursalpfarrer ausdrücklich und pauschal per Dekret statuiert, sondern nur dauerhaft praktiziert wurde.

Bestreben, die Stellung dieser Pfarrer mit den Grundsätzen des gemeinen Kirchenrechtes in Übereinstimmung zu bringen, wurde auch von den Kirchenoberen ausdrücklich constatirt. In der Verordnung des Bischofes von Hommer vom 19. Oktober 1827 (Statuta synodalia ed. Blattau tom. VIII p. 108.109) über die Eintheilung der Diöcese in Decanate wird das Verhältniß der untergeordneten Geistlichen zu den Decanen, wie es in den kirchlichen Vorschriften ausgesprochen ist, geregelt und dann hinzugefügt: „Wir wollen alle übrigen bisherigen Beziehungen und insonderheit die Benennung Cantonspfarrer und Succursalpfarrer als dem allgemeinen Kirchenrecht fremd andurch aufgehoben wissen."

3 Der Kölner Erzbischof Melchers an den Oberpräsidenten der Rheinprovinz am 13. November 1874 (LHAK, Bestand 403 Nr. 10403; GStA PK, I. HA Rep. 76 IV Sekt. 13 Abt. XII Nr. 13 Bd. 3): *Nach den Grundsätzen des kanonischen Rechtes sind alle Pfarrer inamovibel und an diesen Grundsätzen vermochte die einseitige staatliche Gesetzgebung aus der Zeit der Fremdherrschaft nichts zu ändern. Deshalb wurden auch die Succursalpfarrer, seitdem durch die Verfassungsurkunde [von 1848/50] die Selbständigkeit der Kirche in Ordnung ihrer Angelegenheiten anerkannt war, in der Erzdiözese Köln ebenfalls als dauernd angestellt betrachtet und hinsichtlich einer unfreiwilligen Versetzung oder Absetzung gleich den Cantonalpfarrern nach den Normen des kanonischen Gesetzes behandelt, so daß ich, als ich aus der Diözese Osnabrück, wo man stets nur dauernd angestellte Pfarrer kannte, in die Erzdiözese Cöln kam, auch hier in dieser Beziehung keinen Unterschied zwischen den verschiedenen Klassen der linksrheinischen Pfarrer vorfand. Zwar wurden die aus der früheren Zeit hergebrachten Ernennungsformulare der Succursalpfarrer beibehalten, weil staatlicherseits eine Aufhebung des Art. 31 des Gesetzes vom 18. prairial J. X nicht erfolgt war; aber die erzbischöfliche Behörde hielt sich deßhalb nicht für befugt, diese Pfarrer gegen ihren Willen anders als aus kanonischen Gründen und im Wege des kanonischen Prozesses zu versetzen und abzusetzen. Und diese Anschauung beruhte nicht etwa auf einer Änderung der Verwaltungspraxis, die durch einen späteren Bischof wieder in entgegengesetztem Sinne modificirt werden könnte, sondern sie ist eine nothwendige Folge der kirchlichen Grundsätze, nach welchen, wenn die Succursalstellen, wie dieses im linksrheinischen Theile der Erzdiözese Köln im Jahre 1804 geschah, zu wirklichen Pfarreien erhoben wurden, deren Inhaber auch als dauernd angestellt betrachtet werden müssen.*

Das Gesetz vom 11. Mai 1873 bestimmte nun in § 19 in Verbindung mit § 18, dass alle Sukkursalpfarrer innerhalb eines Jahres nach der Publikation des Gesetzes, die am 15. Mai 1873 erfolgte, dauerhaft zu besetzen sind. Da der preußische Landtag die ursprüngliche Regierungsvorlage[4], wonach die Sukkursalpfarreien nach Ablauf von sechs Monaten automatisch als endgültig verliehen gelten sollten, in besagter Weise abänderte,[5] musste nun der Bischof analog zu den vakant gewordenen Pfarreien auch für die schon besetzten Sukkursalpfarreien die in Aussicht genommenen, in der Regel also die bereits amtierenden Stelleninhaber bis zum 15. Mai 1874 dem Oberpräsidenten melden, der dann innerhalb von 30 Tagen sein Veto einlegen konnte. Auf diese Weise hatte sich der Staat nicht nur bei der Neubesetzung vakanter Sukkursalpfarrstellen, sondern auch bei der vorgeschriebenen Umwandlung der bereits, freilich nur widerruflich besetzten Sukkursalpfarrstellen in dauerhaft verliehene ‚ordentliche' Pfarrstellen ein Einfluss- und Mitspracherecht gesichert, insofern er durch einen Einspruch die definitive Anstellung eines Sukkursalpfarrers verhindern konnte. Falls der Bischof innerhalb der vorgesehenen Jahresfrist dem Oberpräsidenten nicht den Namen des Kandidaten für ein Sukkursalpfarramt zwecks Genehmigung meldet, ermächtigte § 18 Abs. 2 den Oberpräsidenten, die Wiederbesetzung mittels bis zur Befolgung wiederholter Verhängung hoher Geldstrafen in einem reinen Administrativverfahren zu erzwingen zu suchen. Dieses zunächst nur den Bischof betreffende Erzwingungsverfahren zur dauerhaften Besetzung der Sukkursalpfarreien konnte aber auch die derzeitigen Stelleninhaber in Mitleidenschaft ziehen, und zwar dann, wenn sie im Auftrag des Oberpräsidenten über die Einleitung des Zwangsverfahrens offiziell benachrichtigt wurden, denn dann mussten sie die Amtierung einstellen, sonst machten sie sich laut § 23 Abs. 2 besagten Gesetzes strafbar. Die Benachrichtigung des aktuellen Stelleninhabers über die Einleitung des Erzwingungsverfahrens gegenüber seinem Bischof[6] bedeutete also eine Amtierungssperre, deren Missachtung strafbedroht war. Dabei ist zu beachten und zu betonen, dass zwischen der Einleitung des Erzwingungsverfahrens gegenüber dem Bischof und der Benachrichtigung des betreffenden Sukkursalpfarrers über diese Tatsache kein Junktim bestand, dass folglich der Oberpräsident das Erstere tun und das Letztere unterlassen konnte, aber nicht

4 Anlagen zu den stenographischen Berichten über die Verhandlungen des Hauses der Abgeordneten während der 3. Session der 11. Legislaturperiode, Bd. 1, S. 438–440.

5 Vgl. P. Hinschius: Die preußischen Kirchengesetze des Jahres 1873, S. 142 u. 146.

6 Beispiel: Die Regierung Trier an Pfarrer Jox zu Brockscheid am 15. September 1875 (LHAK, Bestand 442 Nr. 5083): *Im Auftrage und namens des Herrn Oberpräsidenten der Rheinprovinz benachrichtigen wir Euer Hochehrwürden, daß das Zwangsverfahren wegen definitiver Besetzung des Succursalpfarramts zu Brockscheid auf Grund der §§ 18 und 19 des Gesetzes vom 11. Mai 1873 über die Vorbildung und Anstellung der Geistlichen seitens des Herrn Oberpräsidenten eingeleitet ist. Euer Hochehrwürden haben sich von nun an jeder Amtshandlung in dem dortigen Pfarramte zu enthalten, widrigenfalls das Strafverfahren nach § 23 Abs. 2 l. c. gegen Sie eingeleitet werden würde.*

musste und dass diese Entscheidung keiner richterlichen Kontrolle unterlag.[7] Mit anderen Worten: Es stand im Belieben und Gutdünken des Oberpräsidenten, ob er nach der Einleitung eines Erzwingungsverfahrens gegenüber dem Bischof den betreffenden Sukkursalpfarrer durch die Zustellung der Mitteilung darüber sperrt oder durch den Verzicht darauf weiterfungieren lässt.

Zusammenfassend statuierte also das preußische Kulturkampfgesetz vom 11. Mai 1873, dass die Bischöfe die angeblich interimistisch besetzten linksrheinischen Sukkursalpfarreien innerhalb eines Jahres definitiv zu besetzen und zu diesem Zweck für jede einzelne Pfarrei den Namen des vorgesehenen Kandidaten bzw. Amtsinhabers dem zum Widerspruch berechtigten Oberpräsidenten mitzuteilen haben, dass, wenn die Bischöfe dieser Vorschrift nicht nachkommen, gegen sie nach Ablauf der Jahresfrist das exekutivische Erzwingungsverfahren, welches in der bis zur Befolgung wiederholten Verhängung von Geldstrafen besteht, eingeleitet wird und dass derjenige Pfarrer, den der Oberpräsident nach freiem Ermessen und ohne richterliche Kontrolle von der Einleitung des Erzwingungsverfahrens in Kenntnis setzen lässt, die Weiteramtierung bei Strafandrohung unverzüglich einzustellen hat.

Mit dieser gesetzlichen Regelung zur dauerhaften Besetzung der Sukkursalpfarrstellen bezweckte der Staat laut den regierungsamtlichen Gesetzesmotiven, *die nahezu absolute Abhängigkeit der katholischen Geistlichen von ihren Oberen* zu beseitigen[8]. Ausgehend von der in den Parlamentsdebatten – wie im zweiten Kapitel ausgeführt – vielfach zum Ausdruck gekommenen, freilich in dieser Allgemeinheit irrigen Prämisse, dass die Geistlichen diese *Abhängigkeit* als drückendes Joch empfinden und am liebsten abwerfen würden, hoffte man insgeheim wohl, einen Keil zwischen den renitenten Episkopat und den Sukkursalpfarrklerus zu treiben, indem man dem Letzteren eine stärkere Position gegenüber dem Bischof verschafft, wodurch er sich dem Staat gegenüber verpflichtet fühlt und sich ihm

---

7 Innenminister Graf Eulenburg und Kultusminister Falk an den Oberpräsidenten der Provinz Schlesien am 24. März 1875 (LHAK, Bestand 403 Nr. 10865; LHAK, Bestand 442 Nr. 5070): *Die Einleitung des Zwangsverfahrens gegen den geistlichen Obern auf Grund des § 18 des Gesetzes vom 11. Mai 1873 verwandelt aber keineswegs die gesetzmäßige Bestellung in eine ungesetzliche, sondern es macht sich der betreffende Geistliche unter Umständen nur strafbar, wenn er noch ferner amtirt. Diese Strafbarkeit tritt überdies nicht einmal ipso jure durch das gegen den geistlichen Obern eingeleitete Zwangsverfahren, sondern erst dann ein, wenn der Oberpräsident den betreffenden Geistlichen von der Einleitung des Zwangsverfahrens ausdrücklich benachrichtigt hat. Diese Benachrichtigung eintreten zu lassen, steht aber im Ermessen der Staatsregierung, und in den meisten Fällen ist bisher davon kein Gebrauch gemacht worden, weil die Staatsregierung selbst ein Interesse daran hat, eine gesetzmäßig bestehende Seelsorge nicht ohne die dringendste Noth zu stören.* – Der Kultusminister schickte eine Abschrift dieser Verfügung dem Oberpräsidenten der Rheinprovinz zu.

8 Anlagen zu den stenographischen Berichten über die Verhandlungen des Hauses der Abgeordneten während der 3. Session der 11. Legislaturperiode, Bd. 1, S. 442.

aus Dankbarkeit für die Verschaffung einer festen, unwiderruflichen Anstellung gefügig(er) zeigt. In erster Linie freilich diente die Benachrichtigungsregelung dazu, den Druck auf die Bischöfe dadurch zu erhöhen, dass im Fall der Gehorsamsverweigerung die zwangsweise Einstellung der Seelsorge und des Kultus in den betreffenden Sukkursalpfarreien drohte.[9] Dieses zusätzliche Pressionsinstrument schien umso unverzichtbarer, als das Gesetz in § 18 Abs. 2 nur eine Besetzungserzwingung durch wiederholte Geldstrafen, aber nicht durch eine im Unvermögensfall zu verbüßende Gefängnisstrafe vorsah. Dadurch dass die Benachrichtigung nicht zwingend, sondern ermessensabhängig und nicht justiziabel war, sicherte sich der Staat gegenüber den Pfarrgeistlichen, solange es bei der Drohung blieb, ein Druck ausübendes Damoklesschwert zur Wohlverhaltensnötigung und im Anwendungsfall ein arbiträr nutzbares Mittel, um einzelne missliebige Geistliche zur Amtierungseinstellung zu zwingen und damit beruflich auszuschalten.

Die Bedeutsamkeit dieser Gesetzesregelung erhellt aus der hohen Zahl der davon potentiell betroffenen Sukkursalpfarrer, denn 1873 gab es im Regierungsbezirk Trier 395 Sukkursalpfarreien,[10] im Regierungsbezirk Koblenz 217 Sukkursalpfarreien[11]. Insgesamt existierten auf der linken Rheinseite im Erzbistum Köln 582 Sukkursalpfarreien bei nur 47 ‚ordentlichen' Pfarreien, im Bistum Trier 657 Sukkursalpfarreien gegenüber 69 ‚ordentlichen' Pfarreien, sodass zusammengenommen in den beiden rheinischen Bistümern 1239 Pfarreien und somit gut 90%

---

9 Dies geht aus den Stellungnahmen hervor, welche der als Regierungskommissar auftretende Unterstaatssekretär Dr. Achenbach und der als Berichterstatter fungierende nationalliberale Abgeordnete Dr. Gneist am 13. März 1873 während der zweiten Beratung über das später am 11. Mai 1873 verabschiedete Gesetz über die Vorbildung und Anstellung der Geistlichen abgaben (Stenographische Berichte über die Verhandlungen des preußischen Abgeordnetenhauses, Session 1872/73, Bd. 3, S. 1626f). Der Trierer Regierungsrat C. Röbbelen (Das Gesetz vom 11. Mai 1873 über die Vorbildung und Anstellung der Geistlichen, S. 17) umschrieb die Intention der fraglichen Bestimmung dezidiert so: *Die im § 23 Absatz 2 erwähnte Strafe soll die Vorschrift des § 19 sichern, wonach jedes Pfarramt [...] auch dauernd zu besetzen ist.* R. Höinghaus (Die neuen Kirchengesetze in Preußen, S. 160) referierte die von der Staatsregierung mit § 23 erklärtermaßen verfolgte Absicht so: *Der Paragraph sei bestimmt, einen Zwang gegen die Oberen auszuüben, damit nicht gegen den Sinn des Gesetzes die vorhandenen Pfarrstellen willkürlich auf Widerruf besetzt würden.*

10 Dies ergibt das von der Regierung Trier erstellte, auf den 13. November 1873 datierte *Verzeichniß der katholischen Pfarrämter, welche auf Widerruf (in forma commendae) besetzt sind* (LHAK, Bestand 403 Nr. 10400), das die Zahl der Sukkursalpfarreien in den einzelnen Kreisen des Regierungsbezirks Trier auflistet.

11 So die von der Regierung Koblenz erstellte, auf den 21. August 1873 datierte *Übersicht der im Regierungsbezirk Coblenz vorhandenen Sukkursalpfarreien des französischen Rechts* (LHAK, Bestand 441 Nr. 15460). Die gegenüber dem Regierungsbezirk Trier deutlich geringere Anzahl von Sukkursalpfarreien erklärt sich daraus, dass der Regierungsbezirk Koblenz auch auf den rechtsrheinischen Raum übergriff, wo es keine Sukkursalpfarreien gab.

der linksrheinischen Pfarreien tangiert waren.[12] Daher konnte die Staatsregierung bei extensiver Nutzung des Benachrichtigungsrechts die Seelsorge und den Kultus in großen Teilen des linksrheinischen Raums weitgehend zum Erliegen bringen. Angesichts der drohenden flächendeckenden Negativkonsequenzen für die Seelsorge war es kein Wunder, dass die gesetzlichen Bestimmungen zur definitiven Besetzung der Sukkursalpfarrstellen sowohl in der Pfarrerschaft selbst wie in der Bevölkerung große Unruhe auslösten.[13]

Die Bischöfe waren – wie gesagt – gesetzlich verpflichtet, bis zum 15. Mai 1874, dem Jahrestag der Publikation des Gesetzes vom 11. Mai 1873, dem Oberpräsidenten die in Aussicht genommenen Kandidaten für die definitive Besetzung der nicht dauernd besetzten Pfarrstellen zur Plazeterteilung zu benennen. Nachdem der Trierer Bischof das Problem der wenigen provisorisch angestellten Pfarrverwalter im Sinne einer Festanstellung gelöst hatte,[14] konzentrierte sich die Auseinandersetzung

---

12 So P. Hinschius (Die preußischen Kirchengesetze des Jahres 1873, S. 145) und C. Röbbelen (Das Gesetz vom 11. Mai 1873 über die Vorbildung und Anstellung der Geistlichen, S. 11f Anm.), welche die Zahlen wahrscheinlich dem ‚Zweiten Bericht der XIV. Kommission über den Gesetzentwurf, betreffend die Vorbildung und Anstellung der Geistlichen' (Anlagen zu den stenographischen Berichten über die Verhandlungen des Hauses der Abgeordneten während der 3. Session der 11. Legislaturperiode, Bd. 2, S. 643–663, hier S. 659) entnommen hatten.

13 Der Präsident der Regierung Düsseldorf an den Kultusminister am 8. April 1874 (GStA PK, I. HA Rep. 76 IV Sekt. 13 Abt. XII Nr. 13 Bd. 2): *Daß die Succursalpfarrer für ihre Zukunft sehr besorgt sind, unterliegt keinem Zweifel und mögen in dieser Besorgniß wohl auch die in verschiedenen Theilen des Regierungsbezirks ausgesprengten Gerüchte, daß am 11. Mai alle katholischen Pfarrer aus dem Lande vertrieben werden würden, daß am 11. Mai Revolution ausbrechen werde u.s.w. ihren Ursprung haben.*
Der Koblenzer Regierungsvizepräsident Konopacki in seinem Zeitungsbericht vom 24. April 1874 für das 1. Quartal des Jahres 1874 (LHAK, Bestand 403 Nr. 9709): *In den überwiegend katholischen Kreisen gibt die im Ganzen zu einsichtslose und zu selbstständigem Urtheile zu wenig geeignete Bevölkerung den klerikalen Aufreizungen ein zu williges Ohr und wird dadurch mit den abentheuerlichsten Gerüchten in steter Aufregung erhalten. Auf dem Lande herrscht die feste Überzeugung, daß im Monate Mai sämmtliche Geistliche abgesetzt und alle katholischen Kirchen geschlossen werden würden, unzweifelhaft wegen des kritischen Termines, welchen die Maigesetze für die Succursalpfarrer hinstellen.*

14 Der Bischof von Trier, M. Eberhard, an den Oberpräsidenten der Rheinprovinz am 9. Dezember 1873 (LHAK, Bestand 403 Nr. 10400; GStA PK, I. HA Rep. 76 IV Sekt. 13 Abt. XII Nr. 13 Bd. 1): *Euer Hochwohlgeboren beehre ich mich auf das geehrte Schreiben v. 29. v. M., die Frage betreffend, ob in meiner Diöcese außer den auf der linken Rheinseite befindlichen Succursalstellen noch Pfarreien existiren, welche nicht dauernd besetzt sind, ganz ergebenst zu erwidern, daß nur die an den Pfarreien Großmayscheid, Neustadt und Waldbreitbach im Kreise Neuwied fungirenden Geistlichen Ufer, Friedrichs und Hermes unter dem Titel ‚Pfarrverwalter' angestellt sind. Diesen Modus der Anstellung in den genannten drei Pfarreien bestand schon unter meinen beiden unmittelbaren Amtsvorgängern, so daß für mich die Annahme nahe lag, es bestehe wirklich*

ganz auf die linksrheinischen Sukkursalpfarreien. Nachdem die Jahresfrist ergebnislos verstrichen war, ohne dass der Trierer Bischof dem Oberpräsidenten der Rheinprovinz die Namen der Sukkursalpfarrer zur Genehmigung mitgeteilt hatte, forderte der Oberpräsident neben dem Kölner Generalvikar und dem Bischof von Münster auch den Trierer Generalvikar am 23. Mai 1874 noch einmal amtlich dazu auf.[15] Der Letztere, der sein Antwortschreiben mit den beiden anderen Adressaten abgesprochen hatte,[16] weigerte sich unter Hinweis auf die Kollektiveingabe des preußischen Episkopats an das Staatsministerium vom 26. Mai 1873, welche eine Mitwirkung der Bischöfe am Vollzug der Maigesetze ausgeschlossen hatte, der Forderung des Oberpräsidenten zu genügen, zeigte sich aber prinzipiell bereit, in einer Deklaration die gegenwärtigen Sukkursalpfarrer pauschal für definitiv angestellt zu erklären, zumal deren Versetzbarkeit oder Amovibilität nur auf die staatliche Gesetzgebung zurückgehe, eigentlich dem kanonischen Recht widerspreche und schon seit Langem nicht mehr praktiziert werde. Doch einer solchen Verlautbarung stand ein Problem entgegen, das schon aus der Adressierung des oberpräsidialen Aufforderungsschreibens an den Generalvikar hervorgeht: Der Bischof von Trier – wie übrigens auch der Erzbischof von Köln – saß nämlich im Gefängnis wegen Verstoßes gegen die Maigesetze und der Generalvikar hielt sich in jeder Hinsicht für unbefugt, ohne freie, d.h. ohne die Anwesenheit von *Zeugen*, sprich von Gefängniswärtern oder Justizvollzugsbeamten, zu erfolgende Rücksprache mit seinem Oberhirten eine rechtlich so weitreichende Maßnahme vorzunehmen, wie sie die Umwandlung von mehreren hundert theoretisch widerruflich besetzten Pfarrstellen in definitiv besetzte

---

ein zu berücksichtigendes Hinderniß, welches die formelle dauernde Besetzung dieser Stellen nicht gestatte. Aus diesem Grunde behielt ich jenen Modus bei, ohne gleichwohl zwischen diesen Pfarrverwaltern und den als Pfarrer angestellten Geistlichen bezüglich der dauernden Anstellung thatsächlich einen Unterschied zu machen. Eine neuerdings vorgenommene Prüfung der Sachlage hat indessen ergeben, daß kein mit einer rechtlich begründeten Unterlage versehenes Hinderniß existirt, welches dem auch formellen Ausdrucke der dauernden Besetzung jener Stellen entgegenstände. Ich werde daher in nächster Zeit für die jetzigen Inhaber derselben neue Anstellungsdecrete vollziehen, durch welche sie definitiv und also dauernd zu Pfarrern ernannt werden.

15 Der Oberpräsident der Rheinprovinz an den Trierer Generalvikar de Lorenzi am 23. Mai 1874 (GStA PK, I. HA Rep. 76 IV Sekt. 13 Abt. XII Nr. 13 Bd. 2): *Unter Bezugnahme auf § 19 des Gesetzes über die Vorbildung und Anstellung der Geistlichen vom 11. Mai v. Js. beehre ich mich Euer Hochwürden ergebenst zu ersuchen, die in der Diöcese Trier befindlichen Succursalpfarreien des französischen Rechts gefälligst dauernd zu besetzen und zu dem Zwecke mir die Namen der Geistlichen, welchen die betreffenden Stellen dauernd verliehen werden sollen, gemäß § 15 l. c. mitzutheilen, hierbei auch diejenigen Geistlichen zu bezeichnen, welche schon vor dem Eintritt der Rechtskraft des gedachten Gesetzes zu den ihnen nunmehr dauernd zu verleihenden Stellen berufen worden sind.* – Gleichzeitig ging ein bis auf die Titulatur und die Bistumsbezeichnung gleichlautendes Schreiben auch an den Kölner Generalvikar und Weihbischof Baudri sowie an den Münsteraner Bischof Brinkmann.

16 Vgl. E. Gatz: Zur Problematik der Sukkursalpfarreien, S. 222.

darstellte.[17] Der Oberpräsident umschrieb das Dilemma, in welchem die Staatsregierung nun steckte, punktgenau mit der Bemerkung, *daß es auch als eine Inconsequenz der Staatsregierung bezeichnet werden könnte, wenn dieselbe auf der einen Seite die Ordinarien ins Gefängniß bringe und auf der anderen Seite von denselben die Ausübung der Diöcesenverwaltung ganz oder theilweise unter Strafandrohung verlangen wollte.* Da er jedoch den Sachzwängen in Gestalt der Notwendigkeit zur Erlangung eines bischöflichen Mandats den Vorrang gab, sprach er sich dafür aus, den Kölner und den Trierer Generalvikar *in Begleitung zweier von ihnen auszuwählender geistlicher Räthe ihre im Gefängniß befindlichen Ordinarien* besuchen zu lassen, *ohne daß ein*

17 Der Trierer Generalvikar de Lorenzi an den Oberpräsidenten der Rheinprovinz am 20. Juni 1874 (LHAK, Bestand 403 Nr. 10402; GStA PK, I. HA Rep. 76 IV Sekt. 13 Abt. XII Nr. 13 Bd. 2): *Euer Hochwohlgeboren beehre ich mich auf das gefällige Schreiben vom 23. Mai l. J., durch welches ich unter Bezugnahme auf § 19 des Gesetzes über die Vorbildung und Anstellung der Geistlichen vom 11. Mai v. J. ersucht werde, die in der Diöcese Trier befindlichen Succursalpfarreien dauernd zu besetzen und zu dem Zwecke die Namen der Geistlichen, welchen die betreffenden Stellen dauernd verliehen werden sollen, gemäß § 15 desselben Gesetzes mitzutheilen, ganz ergebenst zu erwidern, daß ich zu meinem Bedauern nicht in der Lage bin, die bezeichneten Acte vorzunehmen, indem ich mich dazu weder ermächtigt noch berechtigt halten kann. Zur Begründung hiervon erlaube ich mir vorerst ergebenst zu bemerken, daß ich als Generalvicar des Hochwürdigsten Herrn Bischofs von Trier hinsichtlich des gedachten Gesetzes und der gleichzeitig damit publicirten kirchlich-politischen Gesetze überhaupt keine andere Stellung einnehmen kann als diejenige, welche in der Collectiveingabe des preußischen Episkopats an das hohe königliche Staatsministerium vom 26. Mai v. J. genau präcisirt ist. Da nun der gesammte preußische Episkopat, mein Hochwürdigster Bischof mit eingeschlossen, in jener Eingabe unter näherer Erläuterung der Gründe sich zu der Erklärung genöthigt gesehen hat, daß er nicht im Stande sei, zum Vollzuge der fraglichen Gesetze mitzuwirken, so sehe ich mich, auch wenn in meinem Amte als Generalvicar die Vollmacht dazu gelegen wäre, schon hierdurch außer Stande, dem oben erwähnten, auf Grund des gedachten Gesetzes an mich gestellten Ersuchen Folge zu geben, da dieses ohne Zweifel als eine Mitwirkung zum Vollzuge dieses Gesetzes betrachtet werden müßte. [... ...]. Obschon nun mit Rücksicht auf diese thatsächliche Lage der Dinge und um der Forderung des gemeinen kirchlichen Rechts zu genügen, wohl erklärt werden könnte, daß die fraglichen Stellen als durch die jetzigen Inhaber dauernd besetzt zu betrachten seien, so kann ich mich doch nicht für berechtigt halten, eine solche Erklärung zu geben oder die definitive Anstellung solcher Pfarrer zu vollziehen, sowohl wegen der großen Tragweite einer solchen Maßregel als auch weil es nach ausdrücklich ausgesprochenem Grundsatze des kanonischen Rechts (in sexto c. 3 d. Offic. Vicar. I 13) dem Generalvicar ohne specielles Mandat des Bischofes nicht zusteht, kirchliche Beneficien, um welche es sich ja in vorliegendem Falle handeln würde, zu conferiren. Eine solche Maßregel könnte nur von dem Bischofe selbst in freier Berathung mit seinen Räthen in nähere Erwägung gezogen werden, und erlaube ich mir daher Ew. Hochwohlgeboren ganz ergebenst zu ersuchen, geneigtest dahin wirken zu wollen, daß dem Hochwürdigsten Herrn Bischofe eine durchaus freie Berathung mit seinen Räthen ohne anderweitige Zeugen gestattet werden möge.*

Gefängnißbeamter dabei zugegen ist. In der Sache plädierte er dafür, dass *die Staatsregierung von dem ihr zustehenden Einspruchsrecht tatsächlich gar keinen Gebrauch macht*, wollte aber entsprechend der Rechtslage darauf bestehen, dass *die einzelnen Namen der definitiv anzustellenden Geistlichen mir mitgetheilt werden.*[18] Der Kultusminister wollte jedoch anders als der Oberpräsident erst die Entlassung der beiden rheinischen Bischöfe aus dem Gefängnis vor weiteren Schritten abwarten, pflichtete ihm aber darin bei, dass man auf einer genauen Angabe, welche Person für welches Amt vorgesehen sei, beharren müsse, dass man aber im Befolgungsfall Entgegenkommen zeigen könne, indem man zwar, um keine Missverständnisse aufkommen zu lassen, nicht völlig, wie der Oberpräsident vorgeschlagen hatte, von Einsprüchen absehe, aber doch *nur in den eclatantesten Fällen* vom Einspruchsrecht Gebrauch mache.[19]

---

18 Der Oberpräsident der Rheinprovinz an den Kultusminister am 24. Juni 1874 (GStA PK, I. HA Rep. 76 IV Sekt. 13 Abt. XII Nr. 13 Bd. 2).

19 Der Kultusminister an den Oberpräsidenten der Rheinprovinz am 4. Juli 1874 (LHAK, Bestand 403 Nr. 10402): *Ew. Hochwohlgeboren erwiedere ich auf den gefälligen Bericht vom 24. v. M., betreffend die dauernde Besetzung der Succursalpfarreien, ergebenst, daß ich in den übereinstimmenden Anträgen der Generalvikare Baudri in Coeln und de Lorenzi in Trier, ihnen und ihren Räthen eine freie Berathung mit dem Erzbischof von Coeln und dem Bischof von Trier zu gestatten, nicht die Absicht ausgedrückt finde, auf diesem Wege von den Bischöfen ein Specialmandat zur Verleihung von Beneficien bischöflicher Collation oder auch nur die Succursalpfarreien überhaupt zu erlangen, daß vielmehr die Motivirung jener an Ew. Hochwohlgeboren gerichteten Schreiben der beiden Generalvikare klar erkennen läßt, wie es darauf abgesehen ist, daß die Bischöfe selbst in Beziehung auf die vorliegende specielle Frage Entscheidung treffen sollen, so daß die Vikare alsdann nicht als selbstverantwortliche Vertreter der Bischöfe, sondern nur als deren ausführende Organe handeln, mithin ihrerseits nicht verantwortlich sein würden. Wenn Ew. Hochwohlgeboren es nun für nicht thunlich erachten, direkt mit den Bischöfen in Communication zu treten, weil ein zwangsweises Vorgehen gegen dieselben, solange sie im Gefängniß sich befinden, nicht zulässig sei, so leuchtet ein, daß auch dem von den Vikaren vorgeschlagenen Wege, der wiederum auf eine directe Entscheidung der Bischöfe zurückführt, dieselben Bedenken entgegenstehen. Unter diesen Umständen empfiehlt es sich, vorerst von einer weiteren Verhandlung, sei es mit den beiden Generalvikaren, sei es mit den Bischöfen der rheinischen Diöcesen abzusehen [...]. Was demnächst die weitere Behandlung der Sache anlangt, so bemerke ich mit Bezug auf Ew. Hochwohlgeboren gefällige Berichte vom 23. Mai c. und 1. v. Mts. bei Rücksendung der eingereichten Verhandlungen Folgendes ergebenst: Wenn die Bischöfe sich bereit zeigen, die dauernde Besetzung der Succursalpfarreien zu vollziehen, so findet sich nichts dagegen zu erinnern, ihnen das möglichste Entgegenkommen zu bethätigen, vorausgesetzt daß thatsächlich den Erfordernissen des Gesetzes genügt, also die Anstellung nicht früher vollzogen wird, bis die Benennung stattgehabt hat und feststeht, sei es durch Ablauf der vorgeschriebenen Zeit, sei es durch ausdrückliche Erklärung Ihrerseits, daß Einspruch dagegen nicht erhoben wird. Was die Benennung insbesondere anlangt, so genügt jede Bezeichnung, durch welche zweifellos festgestellt wird, welcher Person ein bestimmtes Amt übertragen werden soll. Von der Erhebung des Einspruchs hingegen kann in den Fällen, wo derselbe gesetzlich begründet ist, nicht abgesehen werden, zumal einzelne Persönlichkeiten in Frage stehen, gegen welche die Staatsregierung*

So verfolgte man staatlicherseits die Linie, das vom Trierer Generalvikar kommende Angebot einer pauschalen Erklärung, dass die Sukkursalpfarrer unwiderruflich festangestellt seien, als nicht gesetzeskonform abzulehnen und stattdessen die namentliche Benennung der Kandidaten für jedes einzelne Sukkursalpfarramt zu verlangen, aber in diesem Gesetzwillfahrungsfall auf einen Einspruch weitgehend, freilich zur Prinzipienwahrung nicht grundsätzlich und ganz zu verzichten.

Nachdem der Trierer Bischof Eberhard am 31. Dezember 1874 aus dem Gefängnis entlassen worden war, wandte sich der Oberpräsident sofort an ihn zwecks Benennung der Sukkursalpfarrer, doch der Trierer Bischof beharrte in seinem Antwortschreiben vom 22. Januar 1875 nach der Rekapitulierung der historischen Entwicklung darauf, dass spätestens mit Einführung der Dekanatsverfassung im Jahr 1827 die *Sukkursalpfarrer als selbständige wirkliche und darum inamovible Pfarrer im Sinne des canonischen Rechtes in die Reihe der übrigen Pfarrer eingetreten sind* und die ursprüngliche rangmindere Position der Sukkursalpfarrer nur doch darin zum Ausdruck komme, dass sie ein Staatsgehalt dritter Klasse beziehen, weshalb er statt von Sukkursalpfarreien von Pfarreien dritter Klasse sprechen wollte, welche *mit den jetzigen Inhabern dauernd besetzt sind.* Der Bischof legte zwar dem Oberpräsidenten eine Namenliste der amtierenden Sukkursalpfarrer vor, aber nur zur Information und allein schon deshalb nicht zur Genehmigung, weil er – so seine Argumentation – dadurch indirekt einräumen würde, dass die Sukkursalpfarrer nur provisorisch angestellt seien.[20] Der Trierer Bischof akzeptierte kein

den Einspruch nicht unterlassen kann, ohne sich den schwerwiegendsten Mißdeutungen auszusetzen. Ich bin aber damit einverstanden, daß nur in den eclatantesten Fällen von dem Einspruchsrecht Gebrauch gemacht werde.

20 Der Bischof von Trier, Eberhard, an den Oberpräsidenten der Rheinprovinz, v. Bardeleben, am 22. Januar 1875 (LHAK, Bestand 403 Nr. 10403; GStA PK, I. HA Rep. 76 IV Sekt. 13 Abt. XII Nr. 13 Bd. 4): *Wie in dem Schreiben meines Generalvicars vom 20. Juni vor. Js., worauf ich hiermit Bezug zu nehmen ergebenst mir erlaube, bereits bemerkt ist, entspricht die in der französischen Gesetzgebung zu Anfang dieses Jahrhunderts beliebte Unterscheidung zwischen Cantonal- und Succursalpfarrern und die damit in Verbindung stehende Amovibilität der Letztern – sie sollten von den Cantonalpfarrern abhängig und eben deswegen wie die übrigen Hilfsgeistlichen ad nutum episcopi amovibel sein – den Grundsätzen des gemeinen kirchlichen Rechtes nicht. Das Institut der Succursalpfarrer und das darauf ruhende Verwaltungssystem wurde daher auch nie von den kirchlichen Oberen als canonisch zu Recht bestehend betrachtet, und [es] fand dasselbe insbesondere in dem damals unter französischer Herrschaft stehenden Theile meiner Diöcese in seinem wesentlichen Punkt, der Abhängigkeit der Succursalpfarrer von den Cantonalpfarrern, nie vollständig Eingang. Thatsächlich standen die Ersteren rücksichtlich ihres geistlichen Amtes und der Ausübung desselben den Cantonalpfarrern gleich; sie fungirten als selbständige Pfarrer und wurden allgemein als solche betrachtet und behandelt. Die Wirkung jener Einrichtung beschränkte sich fast nur darauf, daß die Benennungen ‚Cantonal- und Sucursalpfarrer' mit Rücksicht auf die Verschiedenheit des zu beziehenden Staatsgehaltes beibehalten wurden. Förmlich und ausdrücklich wurde sodann der ganze Unterschied zwischen Cantonal- und Succursalpfarrern selbst bis auf diese Bezeichnungen schon durch*

meinen dritten Amtsvorgänger, den seligen Herrn Bischof von Hommer, bei Gelegenheit der Eintheilung der Diözese in Decanate beseitigt. In der darauf bezüglichen Verordnung vom 19. October 1827 heißt es wörtlich: „Wenn durch die Bestimmung dieser Eintheilung das Verhältniß der untergeordneten Geistlichkeit gegen die Decane und Definitoren, wie es in den kirchlichen Vorschriften ausgesprochen ist, sich von selbst versteht, so wollen Wir alle übrigen Bezeichnungen und insonderheit die Benennungen Cantonspfarrer und Succursalpfarrer als dem allgemeinen Kirchenrechte fremd andurch aufgehoben wissen, erklären aber zugleich, daß hierdurch die Beziehung des bisheran für die verschiedenen Pfarreien zugesicherten Staatsgehaltes nicht gefährdet sei und hinfüro hinsichtlich des Staatsgehaltes die Classification der Pfarreien 1., 2. [und] 3. Classe ohne andere Rücksicht statthaben werde." [… …] Aus den vorstehenden Erörterungen geht nun unzweifelhaft hervor, daß durch die mit Zustimmung der betheiligten Regierungen getroffene Anordnung vom 19. October 1827 das ganze Verhältniß der Cantonal- und Succursalpfarrer förmlich aufgehoben, auch die bis dahin noch beibehaltenen Benennungen beseitigt worden [sind], und eben damit die s.g. Succursalpfarrer als selbständige wirkliche und darum inamovible Pfarrer im Sinne des canonischen Rechtes in die Reihe der übrigen Pfarrer eingetreten sind, daß aber die Benennungen ‚Pfarrer 1., 2. u. 3. Classe' nur mehr mit Rücksicht auf die verschiedene Höhe des zu beziehenden Staatsgehaltes beibehalten werden sollten. Demgemäß gestaltete sich auch seit dem bezeichneten Zeitpunkt das Verhalten der geistlichen Behörden jenen Pfarrern gegenüber. Sie wurden stets als wirkliche Pfarrer mit allen Rechten und Pflichten eines Pfarrers angesehen und behandelt, hatten in den Decanatsversammlungen gleiche Rechte wie die Pfarrer 1. und 2. Classe, konnten wie diese zu Dechanten und Definitoren befördert werden und wurden, soviel sich aus der Zeit der Amtsführung des Bischofs von Hommer noch constatiren läßt, nur auf ihren Antrag und mit ihrer Zustimmung oder andernfalls nur in Folge eines richterlichen Verfahrens und aus canonischen Gründen von ihren Stellen versetzt. Dasselbe steht von der Zeit der Amtsführung der sel. Bischöfe Arnoldi und Pelldram fest; insbesondere wurden seit Errichtung des Bischöflichen Officialates (1850) Versetzungen von Pfarrern, auch 3. Classe, nur auf ihren Antrag und mit ihrer Zustimmung oder aber nach vorangegangenem gerichtlichen Verfahren und Urtheil aus im canonischen Recht vorgesehenen Gründen vorgenommen. Im Anschlusse an das früher Verordnete habe ich sofort nach dem Antritt des bischöflichen Amtes im November 1867 meinem Generalvicar und sämmtlichen Mitgliedern des Generalvicariates förmlich erklärt, daß ich alle Pfarrer, namentlich auch diejenigen, die ein Gehalt dritter Classe beziehen, als dauernd angestellte, canonisch vollständig berechtigte Pfarrer betrachte und anerkenne. Dasselbe habe ich auch bei den verschiedensten Gelegenheiten den Pfarrern mitgetheilt und in praxi stets demgemäß gehandelt. Ew. Hochwohlgeboren werden, wie ich nicht zweifeln kann, aus dem ergebenst Dargelegten die Überzeugung gewinnen, daß die früher s.g. Succursalpfarreien, jetzt Pfarreien 3. Classe, meiner Diöcese mit den jetzigen Inhabern dauernd besetzt sind und daß ich selbst nicht mehr berechtigt bin, eine Änderung darin eintreten zu lassen. Indessen nehme ich keinen Anstand, Ew. Hochwohlgeboren geehrtem Wunsche entsprechend eine Nachweise [d.h. Liste] *der vor dem 29. Mai 1873 als Pfarrer mit dem Gehalte dritter Classe ernannten Geistlichen ganz ergebenst vorzulegen und weiterhin eine Nachweise derjenigen Geistlichen ebenmäßig beizufügen, welche seitdem von mir zur Seelsorge in vacante Pfarrstellen dritter Classe berufen worden sind, in Bezug auf die letzteren mit dem ergebensten Ersuchen, der pfarrlichen Stellung und Wirksamkeit derselben staatlicher Seits ein Hinderniß geneigtest nicht entgegensetzen zu wollen.* – Die *Nachweise der vor dem 29. Mai 1873 als Pfarrer mit dem Gehalte dritter Classe ernannten Geistlichen nebst Anhang der seitdem zur Seelsorge in vacanten Pfarrstellen dritter Classe berufenen Geistlichen* (ebd.) lagen dem obigen Schreiben bei.

Einspruchsrecht des Oberpräsidenten und bestand darauf, dass die vom Gesetz vom 11. Mai 1873 intendierte und dekretierte definitive Besetzung der Sukkursalpfarreien im Bistum Trier bereits seit Langem feststehender Usus und insofern realisiert sei. Der Kultusminister und der Oberpräsident gestanden zwar zu, dass Bischof Hommer 1827 mit seiner Einteilung des Bistums Trier in Dekanate den Unterschied zwischen Kantonal- und Sukkursalpfarrern aufgehoben hatte, behaupteten jedoch, dass in der Folgezeit ausweislich der benutzten Ernennungsformulare doch wieder zwischen den beiden Pfarrerklassen bei der Frage der Ab- und Versetzbarkeit differenziert worden sei.[21]

---

21 Der Oberpräsident der Rheinprovinz an den Bischof von Trier am 8. April 1875 (GStA PK, I. HA Rep. 76 IV Sekt. 13 Abt. XII Nr. 13 Bd. 4): *[Es] hat sich die in meinem ergebensten Schreiben vom 19. Februar d. Js. ausgesprochene Annahme bestätigt, daß nämlich zwar durch die mit Genehmigung der Staatsregierung erlassene Verordnung des Bischofs von Hommer vom 19ten October 1827 für die Diöcese Trier der Unterschied zwischen den Kantons- und den Succursalpfarrern aufgehoben worden und die Succursalpfarreien unter das allgemeine Kirchenrecht gestellt seien, daß aber die weitere thatsächliche Entwickelung der Verhältnisse diesen Festsetzungen nicht entspreche. Denn ich befinde mich nicht in der Lage, den Ausführungen Ew. Bischöflichen Hochwürden beizutreten, nach welchen die betreffenden Geistlichen durch die gedachten Anstellungsurkunden mit den ihnen übertragenen Pfarreien dauernd beliehen worden seien, sowie die Kantonal- und die Succursalpfarrer ungeachtet der verschiedenen Art ihrer Anstellung hinsichtlich der Frage der Unabsetzbarkeit gleichstehen sollen. Zunächst hat dasjenige Formular, welches unbestritten bis zum Jahre 1827 eine revocable Besetzung auszudrücken bestimmt war, durch die bloße Beifügung der Überschrift „commissio parochi" und durch die Änderung des Passus „in ecclesia succursali" in den Ausdruck „in ecclesia parochiali" doch noch keine andere Bedeutung gewinnen können als es ursprünglich besessen hat. Wenn aber auch hievon abgesehen und lediglich der Wortlaut der jetzt gebräuchlichen Anstellungsdocumente ins Auge gefaßt wird, so hat durch die letzteren an die Succursalpfarrer unter Zulassung derselben zur Seelsorge und zur Administration der Sacramente bloß die Übertragung der Gewalt, in der „ecclesia parochiali" die Pfarrgeschäfte zu besorgen, stattgefunden, und zwar ausdrücklich unter Vorbehalt einer anderen bischöflichen Anordnung und unter Auferlegung eines künftigen Examens behufs Verlängerung einer besonderen, auf Zeit ertheilten Approbation. Es enthalten daher, während den Kanonalpfarrern die ecclesia parochialis cum omnibus juribus et pertinentiis definitiv conferirt zu werden pflegt, die Anstellungsdocumente der Succursalpfarrer eine dauernde Übertragung der Pfarrämter nicht.*
Kultusminister Falk an Pfarrer Jox zu Brockscheid im Kreis Daun am 5. November 1875 (LHAK, Bestand 403 Nr. 10865): *Sie (gehen) von der Annahme aus, daß Sie bereits dauernd angestellt seien, weil die Unterscheidung zwischen Succursal- und eigentlichen Pfarreien bereits früher durch die mit Genehmigung der Staatsregierung erfolgte Anordnung des Bischofs von Hommer aufgehoben sei. Es kann dahin gestellt bleiben, ob diese letzterwähnten Festsetzungen auch die Unterscheidung zwischen den Succursal- und Kantonspfarrern bezüglich der Art ihrer Anstellung haben aufheben sollen und können, da es Thatsache ist, daß auch nach jener Zeit die Succursalpfarreien nicht dauernd besetzt sind. Ein Blick in Ihre Anstellungsverfügung wird Sie belehren, daß Ihnen nicht ein Pfarrbeneficium dauernd conferirt ist, sondern daß*

Die hier nur ausschnitthaft vorgestellten, viel Schriftverkehr produzierenden, von viel Wortklauberei durchzogenen, dabei resultatarmen bis -losen Diskussionen des Oberpräsidenten mit dem Trierer Bischof um die definitive Besetzung der Sukkursalpfarreien sollen nicht weiter verfolgt werden, weil sie am Ergebnis, dass der Bischof trotz hoher Geldstrafen dem Oberpräsidenten keine Namenliste der Sukkursalpfarrer zur Genehmigung in Form einer Vetounterlassung einreichte,[22] nichts mehr änderten, außerhalb des thematischen Fokus der vorliegenden Studie liegen und bereits von A. Ditscheid für Bischof Eberhard und von E. Gatz für alle rheinischen Bischöfe referiert wurden[23].

2. Die Einspruchserhebung und die Benachrichtigung

Solange staatlicherseits noch die Hoffnung und Erwartung bestanden, dass die Bischöfe dem Oberpräsidenten die Namen der Sukkursalpfarrer zur Genehmigung einreichen, standen die Behörden – wie schon angeklungen – vor der Frage, gegen welche Sukkursalpfarrer sie Einspruch einzulegen gedachten. Dieser Einspruch hätte allerdings, wie der Oberpräsident zu bedenken gab, keine unmittelbare praktische Bedeutung, da er nur die Festanstellung verhindern, den Betreffenden aber nicht seines Amtes berauben oder an der Weiteramtierung hindern würde; dazu bedurfte es der Einleitung des Erzwingungsverfahrens und der Benachrichtigung darüber.[24] Da nun aber die Bischöfe den Maigesetzen passiven Widerstand

---

dieselbe nur eine commissio enthält, durch welche Ihnen die Besorgung der Pfarrgeschäfte übertragen ist, und zwar auch nicht einmal dauernd, sondern nur „usque ad aliam ordinationem". Die Annahme, daß Sie bereits definitiv angestellt seien, ist daher eine irrige.

22 Die Regierung Trier an den Oberpräsidenten der Rheinprovinz am 13. Oktober 1875 (LHAK, Bestand 403 Nr. 10405): *Der Bischof von Trier ist von Eurer Hochwohlgeboren bisher vergeblich aufgefordert worden, die Succursalpfarrstellen seiner Diözese definitiv zu besetzen. Er hat, soviel bekannt, bis heute keine einzige besetzt, und ist dieserhalb mit einer Geldstrafe von 91.350 M. belegt worden.*

23 A. Ditscheid: Matthias Eberhard, 2. Aufl., S. 152–156; E. Gatz: Zur Problematik der Sukkursalpfarreien, S. 222–231. Das den Trierer Pfarrer Classen seines Amtes enthebende Urteil des Gerichtshofs für kirchliche Angelegenheiten vom 3. Oktober 1877 (LHAK, Bestand 442 Nr. 5072, BAT, Abt. 86 Nr. 5. Text im Quellenanhang II) bietet eine staatsparteiische, aber gleichwohl ausführliche und aufschlussreiche Darlegung des Problems und Erörterung der gegensätzlichen Standpunkte.

24 Der Oberpräsident der Rheinprovinz an den Kultusminister am 23. Mai 1874 (GStA PK, I. HA Rep. 76 IV Sekt. 13 Abt. XII Nr. 13 Bd. 2): *Wenn auf die möglicher Weise in irgend einer Form erfolgenden Benennungen die vorgeschlagenen Einsprüche in Betreff der oben genannten [Sukkursal-]Pfarrer von mir erhoben werden sollten, so wird sich das eigenthümliche Verhältniß entwicklen, daß die vor dem Mai-Gesetze geschehene revocable Ernennung zum Succursalpfarrer als gesetzliche trotz des Einspruchs bestehen bleibt, da der letztere nur auf die jetzt beabsichtigte dauernde Verleihung der Pfarrstelle sich bezieht. Unter der fraglichen Voraussetzung können daher vor der Hand die*

entgegensetzten und keinerlei Anstalten machten, an der Umwandlung der Sukkursalpfarrstellen in definitiv besetzte Pfarrstellen mittels Benennung der Kandidaten bzw. Amtsinhaber mitzuwirken, erledigte sich zwar die Frage des Einspruchs; dafür stellte sich aber die andere Frage, ob und in welchem Ausmaß der Oberpräsident seine Befugnis, den Sukkursalpfarrern die vielerwähnte Benachrichtigung zuzustellen und damit zu sperren, wahrnehmen soll. Wenn, wie es immer wahrscheinlicher wurde und dann auch tatsächlich eintrat, die Bischöfe die Benennung der Kandidaten endgültig verweigern und daraufhin der Oberpräsident nach Fristablauf am 15. Mai 1874 gegenüber dem rheinischen Episkopat das Erzwingungsverfahren in Gestalt einer bis zur Willfahrung wiederholten Verhängung von Geldstrafen einleiten würde, wäre fast auf einen Schlag einem Großteil des linksrheinischen Pfarrklerus die weitere Amtsausübung verboten, falls der Oberpräsident gleichzeitig von seinem Recht Gebrauch machen würde, den Sukkursalpfarrern die Einleitung des besagten Zwangsverfahrens förmlich mitzuteilen. Von der Frage, welchen und wie vielen Sukkursalpfarrern der Oberpräsident der Rheinprovinz die Benachrichtigung über die Einleitung des Erzwingungsverfahrens zur definitiven Besetzung der linksrheinischen Sukkursalpfarrstellen zustellt, hing daher nicht nur das berufliche Schicksal hunderter Pfarrer, sondern die Fortführung der Pastoral und des Kultus in weiten Teilen des Rheinlandes ab. Wenn der Oberpräsident von seiner Ermessensbefugnis extensiven Gebrauch machen würde, brächte er – wie schon gesagt – die Seelsorge und das gottesdienstliche Leben im linksrheinischen Raum weitgehend zum Erliegen. Daher ist dieses Unterkapitel von der innerbehördlich breit diskutierten Frage dominiert, welchem Sukkursalpfarrer nach welchen Kriterien und aus welchen Gründen der Oberpräsident die fragliche, eine Amtierungssperre auslösende Eröffnung gemäß § 23 Abs. 2 des Gesetzes vom 11. Mai 1873 zustellen soll.

Zunächst freilich war die Vorfrage zu klären, ob – wie in der Bevölkerung gefürchtet und in der Presse ventiliert wurde – die Sukkursalpfarrstellen nach Ablauf der Jahresfrist, wenn keine definitive Besetzung zustande gekommen ist, als vakant und die bisherigen Amtsinhaber als abgesetzt zu gelten haben mit der Konsequenz, dass sie ihre Einkünfte verlieren und das Pfarrhaus zu räumen haben. So prophezeite die ‚Kölnische Zeitung': *Es wird also voraussichtlich am 11.* [richtig: 15.] *Mai 1874 nicht weniger als 1241 rheinischen Pfarrern die nothwendige gesetzliche Anerkennung fehlen. Von jenem Tage an würden die pfarramtlichen Acte dieser sämmtlichen 1241 Pfarrer für null und nichtig zu erklären sein.*[25] Wenn

---

Succursalpfarrer an der weiteren Vornahme geistlicher Handlungen nicht gehindert werden; vielmehr muß hierfür zunächst abgewartet werden, daß das im § 18 vorgesehene Zwangsverfahren gegen die geistlichen Oberen in Bezug auf die von den betreffenden Succursalpfarrern eingenommenen Stellen eingeleitet und die Benachrichtigung hiervon an die Succursalpfarrer ergangen sein wird.

25 In dem Artikel *Vom Rhein, 5. Oct.* in der Ausgabe vom 8. Oktober 1873. Die gegenüber den regierungsamtlichen Angaben leicht divergierende Gesamtzahl der

diese Rechtsaufassung zuträfe, würde sich eine Benachrichtigung mit der Folge des Amtierungsverbots erübrigen, denn dann wären die Stelleninhaber ohnehin als rechtswidrig im Amte befindlich und alle Amtshandlungen als untersagt zu betrachten. Der Oberpräsident teilte zwar nicht diese Rechtsansicht, sondern meinte, dass die Sukkursalpfarrer nach einem eventuellen Amtierungsverbot aufgrund einer Benachrichtigungszustellung zwar im Fall einer Verbotsignorierung bestraft werden können, aber gleichwohl regulär angestellte Pfarrer mit Gehaltsanspruch bleiben, wollte sich aber beim Kultusminister rückversichern.[26]

Der Kultusminister schloss sich der Rechtsansicht des Oberpräsidenten an, derzufolge die gesetzeskonform, d.h. vor Erlass des Gesetzes vom 11. Mai 1873 angestellten Sukkursalpfarrer durch das ergebnislose Verstreichen der Jahresfrist nicht zu gesetzwidrig angestellten werden und außerdem im Fall der Benachrichtigung zwar gesperrt sind, aber dadurch nicht ihr Amt und Gehalt verlieren. Anders als ein Geistlicher, welcher rechtswidrig, da ohne Meldung an den Oberpräsidenten eine vakante Pfarrstelle antrat, war und blieb also ein aufgrund einer Benachrichtigung

---

Sukkursalpfarrer kommt dadurch zustande, dass die ‚Kölnische Zeitung' im Erzbistum Köln 584 statt 582 Sukkursalpfarreien zählte.

26 Der Oberpräsident der Rheinprovinz an Kultusminister Falk am 29. Oktober 1873 (GStA PK, I. HA Rep. 76 IV Sekt. 13 Abt. XII Nr. 13 Bd. 1): *Wenn die genannten [Sukkursal-]Pfarreien nicht innerhalb der durch den § 19 des Gesetzes festgesetzten Frist dauernd besetzt werden, so verfallen die betreffenden Succursalpfarrer, vorausgesetzt daß der Oberpräsident sie von der Einleitung eines Zwangsverfahrens behufs dauernder Besetzung der Stelle in Kenntniß setzt, lediglich einer Geldstrafe gemäß § 23 l. c. für den Fall, daß sie darauf* [d.h. danach] *noch geistliche Amtshandlungen vornehmen. Das Verbot der Vornahme geistlicher Amtshandlungen ist aber nicht mit der Entziehung der ihnen übertragenen Stelle verbunden, so daß sie die Einkünfte der letzteren noch immer zu beziehen und das Pfarrhaus zu bewohnen haben würden. Denn der § 17 l. c. findet hier, wo es sich nicht um die Übertragung eines geistlichen Amts handelt, keine Anwendung. Auch würde meines Erachtens eintretenden Falls keine Veranlassung vorliegen, von der Euer Excellenz durch § 18 l. c. ertheilten Ermächtigung, die zur Unterhaltung der Stellen dienenden Staatsmittel einzubehalten, Gebrauch zu machen, da die Inhaber der Stellen keine Schuld daran haben, daß der geistliche Obere ihnen dieselben nicht dauernd verleiht.*

Der Oberpräsident der Rheinprovinz an Kultusminister Falk am 20. Dezember 1873 (GStA PK, I. HA Rep. 76 IV Sekt. 13 Abt. XII Nr. 13 Bd. 1): *In hiesiger Provinz wird vielfach, wie aus einer nicht geringen Zahl von Zeitungsartikeln hervorgeht, die [...] Ansicht für die richtige gehalten, welche dahin geht, daß die Succursalstellen am 15ten Mai künftigen Jahres, wenn sie bis dahin nicht dauernd besetzt werden, für vacant zu erachten seien und die jetzigen Inhaber dieser Pfarrämter derselben verlustig werden würden. Da dem Vernehmen nach in Folge dessen eine erhebliche Beunruhigung unter den Betheiligten herrscht und solche als Agitationsmittel benutzt werden soll, so beehre ich mich Ew. Excellenz um baldgeneigte Eröffnung über den fraglichen Punkt gehorsamst zu bitten, damit ich eventuell bei geeigneter Gelegenheit auf die wirkliche Bedeutung der betreffenden Bestimmung des § 19 aufmerksam machen kann.*

gesperrter Sukkursalpfarrer rechtmäßiger Amtsinhaber; er durfte lediglich nicht amtieren. Weiterhin sprach sich der Kultusminister dafür aus, zwar gegenüber den Bischöfen, wie gesetzlich vorgeschrieben, die definitive Besetzung der Sukkursalpfarrstellen mittels Einleitung des Erzwingungsverfahrens energisch zu betreiben, aber die betreffenden Sukkursalpfarrer nur unter besonderen Umständen und in Einzelfällen durch eine amtliche Informierung darüber zu sperren.[27] In dieser vorzeitigen Festlegung von Ende Dezember 1873 – die Frage wurde ja erst nach dem 15. Mai 1874 akut – wollte also der Kultusminister ausdrücklich davon absehen, die den Behörden per Gesetz übertragene diskretionäre Befugnis zur weitgehenden Lahmlegung der Seelsorge im Rheinland zu nutzen, sie vielmehr auf gravierende Sonder- und Einzelfälle beschränken, worunter in der Praxis besonders widerspenstige und ‚staatsgefährliche' Geistliche zu verstehen sind, deren Weiteramtierung durch die Zustellung der vielerwähnten Benachrichtigung verhindert bzw. bestraft werden konnte.

Anfang März 1874, als der Oberpräsident der Rheinprovinz noch die Hoffnung hegte, von den Bischöfen die Namenlisten der fest anzustellenden Sukkursalpfarrer

27 Der Kultusminister an den Oberpräsidenten der Rheinprovinz am 29. Dezember 1873 (LHAK, Bestand 403 Nr. 10400): *Ew. Hochwohlgeboren erwiedere ich auf die gefälligen Berichte vom 29. October c. und 20. d. Mts. [...] Folgendes ergebenst. Der § 17 des Gesetzes vom 11ten Mai c. hat nur den Fall einer gesetzwidrigen Übertragung eines geistlichen Amtes zum Gegenstande und bezeichnet eine solche als nicht geschehen. Die Bestimmung im Alinea 2 des § 19 hingegen handelt von der definitiven Besetzung der bisher nur widerruflich verliehenen Succursalpfarreien und wendet auf diese die Vorschrift des § 18, nicht des § 17 an. Sofern daher die jetzigen Inhaber der Succursalpfarreien an sich nicht gesetzwidrig angestellt sind – und dies trifft, da das Gesetz vom 11. Mai c. keine rückwirkende Kraft hat, bei allen vor dem Erlaß des Gesetzes angestellten Succursalgeistlichen zu –, so wird auch die ursprünglich gesetzmäßig erfolgte Übertragung durch den Ablauf der im § 19 gesetzten Frist nicht in eine gesetzwidrige verwandelt. Es findet mithin nicht die Vorschrift des § 17 Anwendung, sondern es tritt nur das Zwangsverfahren gegen die geistlichen Oberen in Gemäßheit des § 18 und die Bestrafung der Geistlichen nach Alinea 2 des § 23 ein, wenn die Letzteren von der Einleitung des Zwangsverfahrens ausdrücklich benachrichtigt sind. Diese Benachrichtigung ist aber wiederum nur in die Befugniß des Oberpräsidenten gestellt und ich stimme Ew. Hochwohlgeboren darin bei, daß bei der eigenthümlichen Lage der Verhältnisse bezüglich der Succursalpfarreien, soweit nicht besondere Umstände im einzelnen Fall eine Abweichung bedingen möchten, kaum Anlaß vorliegen wird, den einzelnen Geistlichen gegenüber von dieser Befugniß Gebrauch zu machen, so daß das Zwangsverfahren allein gegen die geistlichen Oberen zu richten sein wird.*
Innenminister Graf Eulenburg und Kultusminister Falk an den Oberpräsidenten der Provinz Schlesien am 24. März 1875 (LHAK, Bestand 403 Nr. 10865; LHAK, Bestand 442 Nr. 5070): *Die Einleitung des Zwangsverfahrens gegen den geistlichen Obern auf Grund des § 18 des Gesetzes vom 11. Mai 1873 verwandelt aber keineswegs die gesetzmäßige Bestellung in eine ungesetzliche, sondern es macht sich der betreffende Geistliche unter Umständen nur strafbar, wenn er noch ferner amtirt.*

zur Billigung vorgelegt zu bekommen, forderte er in einem Rundschreiben die rheinischen Bezirksregierungen auf, *schon jetzt festzustellen, bei welchen der bezüglichen Geistlichen ein Einspruch gemäß § 16 l. c. begründet sein würde.* Für den Fall aber, dass die Bischöfe ihre Verpflichtung nicht nachkommen, wollte er gleichzeitig diejenigen Sukkursalpfarrer mit einer ausführlichen Begründung benannt haben, denen die Benachrichtigung über das gegenüber den Bischöfen dann einzuleitende Zwangsverfahren mit der Folge des Weiteramtierungsverbots zugestellt werden soll. Diese Sperre sollte diejenigen Pfarrer treffen, bei denen *die Staatsregierung ein erhebliches Interesse* an einer Einstellung der Berufsausübung hat.[28] Der Oberpräsident verlangte also eine Art Proskriptionsliste der den Behörden höchst missliebigen Pfarrer.

Die Quellenlage erlaubt für den Regierungsbezirk Trier einen näheren Einblick in die Entscheidungsfindung, in die Auswahlkriterien und in den behördlichen Kulturkampfeifer, denn die Bezirksregierung ließ sich in Reaktion auf die Aufforderung des Oberpräsidenten, ihm Namen von besonders missliebigen Sukkursalpfarrern zu nennen, von den Landräten natürlich Bericht erstatten.[29] Der antikatholische Furor der Landräte war sehr unterschiedlich ausgeprägt, denn während der Landrat von Bernkastel gegen keinen Pfarrer gravierende Einwände

28 Der Oberpräsident der Rheinprovinz an alle rheinischen Bezirksregierungen am 4. März 1874 (GStA PK, I. HA Rep. 76 IV Sekt. 13 Abt. XII Nr. 13 Bd. 2; LHAK, Bestand 441 Nr. 15460 u. Nr. 15488; LHAK, Bestand 442 Nr. 5070): *Für den Fall, daß die bischöflichen Behörden der bezüglich der Succursalpfarreien des französischen Rechts im § 19 des Gesetzes vom 11. Mai v. Js. getroffenen Bestimmung nachkommen und also ihre Absicht, den gegenwärtigen Inhabern der betreffenden Stellen dieselben dauernd zu verleihen, mir zu erkennen geben sollten, erscheint es zweckmäßig, schon jetzt festzustellen, bei welchen der bezüglichen Geistlichen ein Einspruch gemäß § 16 l. c. begründet sein würde. Die Königliche Regierung ersuche ich daher ergebenst, schon jetzt die erforderlichen Ermittelungen in der fraglichen Hinsicht anzustellen und von dem Resultate derselben innerhalb 2 Monaten mich zu benachrichtigen. Für den anderen Fall aber, daß die gedachte gesetzliche Vorschrift Seitens der Bischöfe ignorirt werden sollte, würde nach dem 15. Mai d. Js. das im § 18 l. c. vorgesehene Verfahren gegen die geistlichen Oberen einzuleiten sein. Es würde aber mir außerdem die Befugniß zustehen, die Succursalpfarrer von dieser Einleitung des Zwangsverfahrens zu benachrichtigen, in welchem Falle derjenige, welchem die Benachrichtigung zugeht, sich der weiteren Vornahme von Amtshandlungen bei Vermeidung der im § 23 l. c. festgesetzten Strafe enthalten muß. Von der erwähnten Befugniß soll jedoch nur einem solchen Succursalpfarrer gegenüber Gebrauch gemacht werden, hinsichtlich dessen die Staatsregierung ein erhebliches Interesse hat, daß er nicht ferner fungire. Die Königliche Regierung wolle mir demnach in dem zu erstattenden Bericht auch diejenigen Succursalpfarrer Ihres Bezirks, auf welche Ihres Erachtens das fragliche Recht eventuell anzuwenden sein würde, unter Darlegung der dafür sprechenden Gründe gefälligst bezeichnen.*

29 Die Regierung Trier *an sämmtliche Herren Landräthe und den Herrn Oberbürgermeister hier* am 16. März 1874 (LHAK, Bestand 442 Nr. 5070).

erhob[30] und der Landrat von Prüm[31] ebenso wie der Landrat von Wittlich[32] nur einen Pfarrer nannte, schlug der Landrat von Daun drei Pfarrer,[33] der Landrat des Landkreises Trier vier Pfarrer[34] und der Landrat von Bitburg gar acht Pfarrer[35] als ‚Kandidaten' für die Einspruchserhebung vor. Die Begründungen des Landrats des Landkreises Trier und vor allem des Landrats von Bitburg bieten ein Panoptikum der Gründe für behördliche Aversionen gegen katholische Pfarrer. Im Folgenden seien also die ‚Sündenregister' von katholischen Pfarrern resümiert, die in den Augen von zwei Landräten des Regierungsbezirks Trier eine staatliche Repressalie in Form einer Einspruchserhebung gegen eine Festanstellung bzw. eine Benachrichtigung mit der Folge des Weiteramtierungsverbots rechtfertigen:

Pfarrer Mertes zu Messerich hatte unter anderem *von der Kanzel aufreizende, gehässige und verhöhnende Reden gegen die Staatsregierung gehalten, indem er von Verfolgungen der katholischen Kirche, des Papstes, von Hetzen der Katholiken, von Jesuitenfressern, Jesuitenriechern und Papstfressern gesprochen [und] einen wegen grober Beleidigungen hochgestellter Persönlichkeiten zu 6 Monaten Gefängniß verurtheilten Geistlichen als Märtyrer hingestellt hat,* hatte bei den Wahlen *im klerikalen Sinne,* d.h. zugunsten des Zentrums, *agitirt,* war ein *besonderer Protector des Mainzer Katholikenvereins,* war *der Staatsregierung und ihren Beamten überall und bei allen Gelegenheiten [...] schroff* gegenübergetreten, hatte seit der Inhaftierung

30 Dies geht aus dem Schreiben der Regierung Trier an den Oberpräsidenten vom 26. Mai 1874 (LHAK, Bestand 403 Nr. 10402) hervor.

31 In seinem auf den 25. April 1874 datierten, der Regierung Trier eingeschickten *Verzeichniß derjenigen Sukkursalpfarrer des Kreises Prüm, gegen welche auf Grund des § 16 des Gesetzes vom 11. Mai v. J. Einspruch zu erheben sein dürfte* (LHAK, Bestand 442 Nr. 5070) führte der Landrat von Prüm den Pfarrer Baulig zu Weinsheim auf.

32 In seinem Schreiben an die Regierung Trier vom 22. April 1874 (LHAK, Bestand 442 Nr. 5070) nannte der Landrat von Wittlich den Pfarrer Drees zu Hupperath.

33 In seinem auf den 25. April 1874 datierten, der Regierung Trier eingeschickten *Verzeichniß derjenigen Sukkursalpfarrer des Kreises Daun, hinsichtlich deren die Staatsregierung ein erhebliches Interesse hat, daß sie nicht ferner fungiren* (LHAK, Bestand 442 Nr. 5070) führte der Landrat von Daun die Pfarrer Jox zu Brockscheid, Klaersch zu Niederehe und Weyer zu Neroth auf.

34 In seinem Schreiben an die Regierung Trier vom 16. April 1874 (LHAK, Bestand 442 Nr. 5070) nannte der Landrat des Landkreises Trier die Pfarrer Degen zu Kell, Braun zu Pluwig, Mergens zu Nonnweiler und Hermes zu Gusenburg.

35 In seinem auf den 22. April 1874 datierten, der Regierung Trier eingeschickten *Verzeichniß derjenigen Succursalpfarrer des Kreises Bitburg, in Betreff deren wegen Erhebung des Einspruchs nach § 16 des Gesetzes vom 11. Mai 1873 resp. wegen Vergehen nach § 23 l. c. berichtet ist,* führte der Landrat von Bitburg die Pfarrer Hormisch zu Bettingen, Mertes zu Messerich, Kuhl zu Metterich, Jemann zu Gindorf, Lehnen zu Bollendorf, Strouvelle zu Schankweiler, Wiersch zu Rittersdorf und Sauer zu Irrel auf.

des Trierer Bischofs *Trauerfahnen in der Kirche angebracht* und hatte an Kaisers Geburtstag keine Glocken läuten und kein Te Deum singen lassen.[36]

Pfarrer Hormisch zu Bettingen ging vor den Wahlen *von Haus zu Haus und bearbeitete die Leute im Hause, in der Kirche und im Beichtstuhl* mit dem Resultat, *daß seine ganze Pfarrei bei beiden Wahlen klerikal stimmte,* d.h. bei den Reichs- und Landtagswahlen das Zentrum wählte. *Bei jeder Gelegenheit, in der Kirche und durch Aufsätze in öffentlichen Blättern suchte er die Staatsregierung und deren Beamte zu verdächtigen und ihr Ansehen zu untergraben. Als Mitarbeiter der ultramontanen Moselzeitung beschimpfte er wiederholt die Behörde.* Er hatte am Ostermontag in

---

36 Der Landrat von Bitburg, Bochert, an die Regierung Trier am 19. April 1874 (LHAK, Bestand 442 Nr. 5083): *Peter Mertes zu Messerich hat Jahre lang der Durchführung der von Königlicher Regierung in Schulangelegenheiten erlassenen Bestimmungen die schroffste Opposition entgegengesetzt und es schließlich so weit getrieben, daß er auf Antrag Königlicher Regierung vom Herrn Cultusminister von seinem Amte als Localschulinspector entsetzt wurde. [...] Außerdem hat Mertes wiederholt von der Kanzel aufreizende, gehässige und verhöhnende Reden gegen die Staatsregierung gehalten, indem er von Verfolgungen der katholischen Kirche, des Papstes, von Hetzen der Katholiken, von Jesuitenfressern, Jesuitenriechern und Papstfressern gesprochen, einen wegen grober Beleidigungen hochgestellter Persönlichkeiten zu 6 Monaten Gefängniß verurtheilten Geistlichen als Märtyrer hingestellt hat u.s.w. [...]. Mertes tritt der Staatsregierung und ihren Beamten überall und bei allen Gelegenheiten, selbst da, wo er nicht unmittelbar betheiligt ist, schroff gegenüber. Beispielsweise ist es seinen Intriguen und Hetzen gelungen, die Ausführung eines dringend nothwendigen Schulbaus in Niederstedem bis auf den heutigen Tag zu hintertreiben. Bei den Wahlen hat er selbstverständlich im klerikalen Sinne agitirt und daß er ein ganz besonderer Protector des Mainzer Katholikenvereins ist, geht daraus hervor, daß 3 Agenten dieses Vereines in seiner Pfarrei thätig sind und fast sämmtliche Männer mit verschwindend geringer Ausnahme demselben angehören. Den Bischöfen und Geistlichen, welche wegen ihrer Renitenz gegenüber den Maigesetzen zu leiden haben, wendet Mertes vorzugsweise seine Sympathieen zu. Seit der Gefangennahme des Bischofs von Trier sind Trauerfahnen in der Kirche angebracht. Als ferner der wegen unbefugter Ausübung geistlicher Amtshandlungen in der Kirche zu Oberweis zu einer 9tägigen Gefängnißstrafe verurtheilt gewesene Priester Kraemer am 25. Vorigen Monats aus Trier zurückkehrte, wurde derselbe von Mertes und dem Pastor Hormisch aus Bettingen in Erdorf empfangen und in einem bekränzten Wagen nach Oberweis geleitet. [...] Wie es mit der Liebe des Pastors zu König und Vaterland steht, ist daraus zu schließen, daß er am Geburtstage Seiner Majestät, einem Sonntage, in der Predigt der Bedeutung dieses Tages nicht mit einer Sylbe gedachte, ja nicht einmal die Glocken läuten und ein Te Deum singen ließ. Allerdings ist, so viel mir bekannt geworden, am Geburtstage seiner Majestät in keiner katholischen Kirche des diesseitigen Kreises in der Predigt auf die Bedeutung des Tages hingewiesen worden; wohl aber ist sonst überall ein Te Deum gesungen worden, was, wie ich glaube, auf besonderer Vorschrift beruht. Meines Erachtens kann das längere Verbleiben des Mertes in Messerich dem öffentlichen Interesse nur zum Schaden gereichen, weshalb ich ein Einschreiten gegen denselben nach Maßgabe der betreffenden Bestimmungen des Gesetzes vom 11. Mai 1873 für gerechtfertigt halte.*

einer Predigt gegen die *Neuheiden* gewettert, welche *die katholische Kirche von Grund aus zerstören* wollen, und hatte in der Frühmesse des gleichen Tages dem Reformator Martin Luther höhnisch die voreheliche Zeugung eines Kindes unterstellt. Als Pastor Kraemer zu Oberweis nach einem neuntägigen Gefängnisaufenthalt wegen Vornahme verbotener Amtshandlungen aus Trier zurückkehrte, holte ihn Pfarrer Hormisch zusammen mit (dem vorgenannten) Pfarrer Mertes *in einem mit Blumen bekränzten Wagen* von Erdorf ab und geleitete den Entlassenen *im Triumph* nach Oberweis, *wohin mehrere hundert Menschen zusammengetrommelt waren. Die Menge, an der Spitze Reiter mit Schärpen und weißgekleidete Bauernmädchen, empfing den Märtyrer feierlichst, stimmte in das von den Geistlichen auf Kraemer ausgebrachte ‚Hoch' ein und [es] hielt der Letztere dann durch einen Triumphbogen Einzug in seine Wohnung.* Da dieser Auflauf unter freiem Himmel nicht genehmigt war und der Aufforderung des Bürgermeisters zum Auseinandergehen keine Folge geleistet wurde, wurde u.a. gegen die Pfarrer Hormisch und Mertes ein Strafverfahren wegen Verstoßes gegen das Versammlungsrecht eingeleitet.[37]

---

37 Der Landrat von Bitburg an die Regierung Trier am 19. April 1874 (LHAK, Bestand 442 Nr. 5083): *Pastor Hormisch von Bettingen hat sich den weltlichen Behörden gegenüber von jeher schroff und fanatisch feindselig gegenübergestellt. [...] Vor den Wahlen ging er von Haus zu Haus und bearbeitete die Leute im Hause, in der Kirche und im Beichtstuhl mit den bekannten Mitteln. Das hatte umso mehr Erfolg als p. Hormisch wegen seines rücksichtslosen Auftretens überall gefürchtet ist. Er hatte denn auch die Genugthuung, daß seine ganze Pfarrei bei beiden Wahlen klerikal stimmte. [...] Doch damit begnügte sich p. Hormisch nicht. Bei jeder Gelegenheit, in der Kirche und durch Aufsätze in öffentlichen Blättern suchte er die Staatsregierung und deren Beamte zu verdächtigen und ihr Ansehen zu untergraben. Als Mitarbeiter der ultramontanen Moselzeitung beschimpfte er wiederholt die Behörde und wurde auch mit dem Verleger zur Untersuchung gezogen. Jedoch wurde nur der Letztere verurtheilt, p. Hormisch dagegen freigesprochen, dem Vernehmen nach weil das Manuscript verloren gegangen war und der Verleger die Strafe auf sich genommen hatte. [...] Übrigens berechtigen in Fällen wie der vorliegende freisprechende Erkenntnisse keineswegs zu dem Schluß auf Nichtschuld. [...] Am 2. Februar c. hat p. Hormisch seinen Todfeind, Lehrer Roles, von der Kanzel herab in einer ganz gemeinen Weise beschimpft. Ferner hat er [...] nach Aussage zweier Zeugen am Ostermontag, den 5. d. Mts., in der Predigt gesagt: „Die Neuheiden unserer Zeit, welche wieder ins frühere Heidenthum zurückkehren wollen, wollen die katholische Kirche von Grund auf zerstören; sie haben beim Fundamente angefangen. Der Papst ist schon abgesetzt, die Bischöfe sind im Gefängniß; die Taufe hat man abgeschafft und jetzt ist man auch daran, das heilige Meßopfer abzuschaffen." In der Frühmesse an demselben Tage äußerte er: „Noch jetzt wirken die katholischen Priester Wunder! Selbst Martin Luther glaubte an das Wunderbare und sagte von sich selbst: Gott hat mich wunderbar in die Ehe geworfen und" – fügte p. Hormisch hinzu – „ca. 8 Tage darauf war Kindtaufe in Luthers Haus". Gelächter begleitete diesen in der Kirche angebrachten schlechten Witz, worauf es jedenfalls berechnet war. Der Bürgermeister hat wegen dieser Verleumdungen der Staatsregierung und wegen dieser Verhöhnung einer anderen Confession dem Herrn Oberprocurator Anzeige gemacht. Ferner darf hier nicht übergangen werden das Verhalten des p. Hormisch bei Gelegenheit des Vorgehens gegen den vom*

Pfarrer Kuhl zu Metterich hatte sich *der reichsfeindlichen ultramontanen Partei*, d.h. dem Zentrum, angeschlossen und bei den Reichstagswahlen von 1871 für den *regierungsfeindlichen Candidaten* agitiert, hatte sich für den Mainzer Katholikenverein[38] engagiert, u.a. indem er Zweigvereine in Metterich und Hüttingen gründete, hatte während der Beratung der Maigesetze in einer Sonntagspredigt so sehr gegen dieselben gewettert, *daß die Pfarrbewohner in große Aufregung und Angst geriethen* und einen nahe bevorstehenden *Religionskrieg* fürchteten, hatte eine von ihm *verfasste Ergebenheitsadresse an den Bischof im Dorfe in Circulation gesetzt*, hatte bei den Reichstagswahlen von 1874 *trotz des unfreundlichen Wetters und der Entfernung von einer Stunde fast sämmtliche Wähler von Hüttingen, darunter schwache Greise im Alter von 73 resp. 77 Jahren* mit der ängstigenden Warnung, sie

---

Bischof unter Nichtbeachtung der Gesetze in Oberweis als Pfarrer angestellten Priester Kraemer. [...] Als p. Kraemer am 25. v. Mts. nach Abbüßung einer 9tägigen Gefängnißstrafe wegen unerlaubter Ausübung geistlicher Amtshandlungen von Trier zurückkehrte, wurde er von den genannten beiden Pastoren in einem mit Blumen begränzten Wagen von Erdorf abgeholt und im Triumph über Bitburg nach Oberweis geleitet, wohin viele hundert Menschen zusammengetrommelt waren. Die Menge, an der Spitze Reiter mit Schärpen und weißgekleidete Bauernmädchen, empfing den Märtyrer feierlichst, stimmte in das von den Geistlichen auf Kraemer ausgebrachte ‚Hoch‘ ein und [es] hielt der Letztere dann durch einen Triumphbogen Einzug in seine Wohnung. Man hatte bereits angefangen, einen Triumphbogen bei der Oberweiser Nimsbrücke zu errichten, doch wurden die bereits getroffenen Vorkehrungen auf Anordnung des Bürgermeisters noch vorher beseitigt. Da zu dieser öffentlichen Versammlung unter freiem Himmel die Genehmigung der Ortspolizeibehörde nicht eingeholt worden war, so forderte der Bürgermeister die Leute auf auseinanderzugehen, welcher Aufforderung indessen bei der renitenten Haltung der Geistlichen nicht Folge geleistet wurde. Es ist nunmehr gegen die Rädelsführer, unter anderen gegen p. Hormisch und Mertes, die Einleitung der Untersuchung auf Grund des Gesetzes vom 11. März 1850 beantragt worden. [...] Aus obiger Darstellung dürfte zur Genüge hervorgehen, daß das längere Verbleiben des Pfarrers Hormisch in Bettingen nicht allein für seine Pfarrei, sondern wegen des schlechten Beispiels auch für weitere Kreise die größten Nachtheile im Gefolge haben würde. Daß eine Änderung in den Gesinnungen und in der Handlungsweise des p. Hormisch eintreten werde, daran ist nach seinem früheren Verhalten auch nicht im Entferntesten zu denken. Ich fühle mich daher verpflichtet, an Königliche Regierung gehorsamst die dringende Bitte zu richten, beim Herrn Oberpräsidenten das Einschreiten gegen den Pastor Hormisch nach Maaßgabe des Gesetzes vom 11. Mai 1873 zu beantragen.

38 Der Mitte 1872 zu Beginn des Kulturkampfes in Mainz gegründete ‚Verein der deutschen Katholiken‘ war eine katholische Massenorganisation, welche die Verteidigung der Rechte, der Freiheiten und des Besitzstandes der katholischen Kirche bezweckte. Dieser allgemein ‚Mainzer Katholikenverein‘ genannte Verein bildete „die wichtigste kirchliche Formation im Kampf um die Mobilisierung der öffentlichen Meinung“ (E. Huber: Deutsche Verfassungsgeschichte, Bd. 4, 2. Aufl., S. 708). Wegen der schikanösen polizeilichen Pressionen und Verbote blieb ihm nichts anderes übrig, als sich Anfang 1876 aufzulösen.

müssten sonst *alle im nächsten Jahre lutherisch werden müssen*, dazu mobilisiert, in Dudeldorf *ihre Stimmzettel für den clericalen Candidaten abzugeben.*[39]

---

39 Der Bürgermeister von Dudeldorf am 18. April 1874 an den Landrat von Bitburg, der das Schreiben zustimmend an die Regierung Trier weiterleitete (LHAK, Bestand 442 Nr. 5070): *Karl Kuhl, früher Kaplan zu Neuwied, hat am 8. October 1868 die Succursalpfarrstelle zu Metterich angetreten. Der reichsfeindlichen ultramontanen Partei schloß derselbe sich im Jahre 1871 an und agirte damals in einer Weise, die allgemein empörte, indem er die damaligen Reichstagswahlen zum Gegenstande von Kanzelvorträgen machte, die Lehrer zu Metterich und Hüttingen zum Schreiben von Wahlzetteln für den regierungsfeindlichen Candidaten benutzte, diese Zetteln dann von Haus zu Haus herumtrug und seine Agitation auch auf Gemeinden außerhalb seiner Pfarrei ausdehnte. Nachdem ich den zwei Lehrern ihr un[an]gemessenes Verhalten verwiesen [hatte], was dieselben dem Pastor sogleich mittheilten, erhielt ich von diesem einen Brief, in welchem er erklärte, ich habe nicht die Befugniß, den Lehrern Vorhalt zu machen. [...] Als der Verein der Deutschen Katholiken ins Leben trat, war er der erste und eifrigste, der für denselben thätig war. Er veranlasste die Leute in Metterich, der ersten Wanderversammlung in Bitburg in großer Zahl beizuwohnen, gründete Zweigvereine zu Metterich und Hüttingen* [Hüttingen war eine Filiale von Metterich], *bestellte die Geschäftsführer und brachte es auch fertig, daß in Erdorf und Dudeldorf Zweigvereine zu Stande kamen. [...] Allen Versammlungen wohnte er bei und hatte es sehr den Anschein, daß er allein der Veranstalter derselben war. Als die Maigesetze in den beiden Häusern des Landtages berathen wurden, eiferte er in einer Sonntagspredigt auf der Kanzel so sehr gegen dieselben, daß die Pfarrbewohner in große Aufregung und Angst geriethen, indem sie den Religionskrieg, welchen der Pastor als unvermeidlich prophezeite, als nahe bevorstehend hielten. Am selben Tage nachmittags wurde eine von Kuhl verfasste Ergebenheitsadresse an den Bischof im Dorfe in Circulation gesetzt und, da man glaubte die Religion sei in Gefahr, mit zahlreichen Unterschriften bedeckt. Dieser Vorfall in Verbindung mit der Thatsache, daß der Pastor die Versammelten aufgefordert hatte, keinen Pastor anzunehmen, der nicht vom Bischofe ernannt sei, hatte eine gerichtliche Untersuchung zur Folge, in welcher Kuhl der Aufreizung zum Widerstande gegen die Staatsgewalt resp. beschuldigt wurde, in der Kirche zu Metterich vor mehreren [Personen] Angelegenheiten des Staates in einer den öffentlichen Frieden gefährdenden Weise zum Gegenstande von Erörterungen gemacht zu haben. In dieser Prozedur erfolgte Freisprechung, wahrscheinlich weil die Anklage nicht genügend erwiesen war. Demnächst wurde die von Königlicher Regierung beantragte Entfernung des p. Kuhl von dem Amte eines Lokalschulinspectors durch Rescript des Herrn Ministers der geistlichen etc. Angelegenheiten vom 29. August p. genehmigt. [...] Bei den letzten Reichstagswahlen war es auffallend, daß trotz des unfreundlichen Wetters und der Entfernung von einer Stunde fast sämmtliche Wähler von Hüttingen, darunter schwache Greise im Alter von 73 resp. 77 Jahre, sich nach Dudeldorf begaben, um ihre Stimmzettel für den clericalen Candidaten abzugeben, obgleich ich am Tage vorher die Zettel für Dr. Schruff [v]ertheilt hatte. Schon am Wahltage wurde das Rätsel gelöst, indem durch die Aussage eines Bahnwärters aus Hüttingen constatirt wurde, daß Kuhl am Vorabende in Hüttingen gewesen und die Leute damit beängstigt hatte, sie müssten alle zur Wahl gehen, sonst würden sie alle im nächsten Jahre lutherisch werden müssen. Dasselbe Manöver fand bei den vorletzten Reichstagswahlen zu Badem statt, wo die damalige Lehrerin Weiler,*

Pastor Lehnen in Bollendorf ist ein großer ultramontaner Agitator, doch sehr vorsichtig und ihm deshalb schwer beizukommen. Seine unpatriotische Gesinnung hat er dadurch an den Tag gelegt, daß er die vom Bürgermeister in der Kirche aufgehängte Gedächtnißtafel für den gefallenen Krieger aus Bollendorf von der ursprünglichen Stelle entfernt und dieselbe an den Kirchenthüren unter der Empore an ganz unangemessener Stelle aufgehängt hat.[40]

Pfarrer Mergens zu Nonnweiler war bereits *wegen Majestätsbeleidigung und Schmähung der Anordnungen der Obrigkeit in Untersuchung gewesen,* allerdings freigesprochen worden, hatte trotz amtlicher Warnungen der *Wanderversammlung des Vereins der Deutschen Katholiken am Ort Hermeskeil beigewohnt,* hatte *die Verbreitung agitatorischer, gegen die Staatsregierung gerichteter Zeitungen und Flugschriften unter den Einwohnern der Pfarrei* gefördert, hatte die *Unzufriedenheit gegen die Staatsregierung* geschürt, fuhr *in beständigem Raisonniren fort* und wusste *nicht genug über die angebliche Verfolgung der Kirche zu sprechen und das Martyrium der Bischöfe zu beklagen.*[41]

---

ein Beichtkind des Pfarrers Kuhl, den Kindern in der Schule anempfahl, sie möchten ihren Vätern sagen, daß sie ja nur im clericalen Sinne wählten, sonst würden schon im nächsten Jahre ein lutherischer Lehrer und eine lutherische Lehrerin nach Badem kommen. Es dürfte nicht gewagt sein zu behaupten, daß gerade Kuhl der Lehrerin dieses Mittel der Influenz eingegeben hatte, besonders da es feststeht, daß weder der Pastor zu Badem noch sonst jemand im Orte sich um die Wahlen zu Gunsten der Clericalen kümmerte.

40 Der Landrat von Bitburg an die Regierung Trier am 19. April 1874 (LHAK, Bestand 442 Nr. 5070).

41 Der Landrat des Landkreises Trier, Spangenberg, an die Regierung Trier am 10. April 1874 (LHAK, Bestand 442 Nr. 5083): *Der Königlichen Regierung beehre ich mich über das Verhalten des seit dem 19. September 1856 auf der katholischen Succursalpfarrstelle zu Nonnweiler fungirenden Pfarrers Mergens Folgendes gehorsamst zu berichten: Der p. Mergens ist […] nach seiner ganzen Gesinnung gegen die Staatsregierung, welches dadurch bekräftigt wird, daß er bereits im Jahre 1867 wegen Majestätsbeleidigung und Schmähung der Anordnungen der Obrigkeit in Untersuchung gewesen ist, wie dies die […] Untersuchungsverhandlungen ergeben haben. Der Inhalt derselben ist für den p. Mergens immerhin gravirend, wenn er auch freigesprochen worden ist. Der p. Mergens hat am 30. März 1873 der sogenannten Wanderversammlung des Vereins der deutschen Katholiken am Ort Hermeskeil beigewohnt, obwohl die Königliche Regierung unterm 12. November 1872 (Amtsblatt Nr. 46) alle öffentlichen Beamten ihres Ressorts und insbesondere die Schulinspectoren vor dem Beitritte zu dem Vereine und vor jeder Unterstützung desselben gewarnt hatte, und auf die hiernach im Auftrage der Königlichen Regierung an ihn gerichtete Frage, ob er Mitglied des Vereins der Deutschen Katholiken (des sogenannten Mainzer Vereins) geworden, die […] Erklärungen vom 16. Juli und 9. Oktober pr. abgegeben, wonach er ein Recht zu dieser Fragestellung nicht anerkennen könne, auf § 2 des Vereinsgesetzes vom 11. März 1850 verwies und es zuletzt bestimmt abgelehnt hat, die an ihn gestellte Frage zu bejahen oder zu verneinen. Dieserwegen sowie wegen des von ihm beobachteten Verfahrens in Ansehung strafbarer Schulversäumnisse, die er dem Bürgermeister zur weiteren Verfolgung nicht*

Diese ‚Verbrechensaufzählungen' zeigen, dass die Behörden Schwierigkeiten hatten, die politische Meinungsvielfalt und den gesellschaftlichen Pluralismus, wie sie insbesondere bei Wahl(kämpf)en, in der Presse und in der Gründung von Vereinen und Parteien zum Ausdruck kamen, sowie die Kritik an staatlichen Beamten, Einrichtungen, Anordnungen und Gesetzen als legitim anzuerkennen. Sie sahen in der Möglichkeit des Einspruchs und der Benachrichtigung eine gute Gelegenheit, gegen unbequeme regierungskritische Meinungsmacher, militante Kulturkampfgegner, öffentlich auf der Kanzel agitierende Volkstribune, eifrige Schreiber von polemischen Artikeln für die sog. ‚ultramontanen Kampfblätter', engagierte Förderer des Mainzer Katholikenvereins und Unterstützer des oppositionellen Zentrums unter den Pfarrern vorzugehen.

Der Oberpräsident berücksichtigte allerdings bei weitem nicht alle diese (und weitere) aus dem Regierungsbezirk Trier kommenden Personalvorschläge für die Einspruchserhebung bzw. Benachrichtigungszustellung, sondern nur diejenigen Pfarrer, die nachweislich gegen den Kanzelparagraphen oder anlässlich von demonstrationsartigen Einholungen von haftentlassenen Priestern gegen das Versammlungsrecht verstoßen hatten und möglichst auch deshalb schon verurteilt worden waren. Wahlkampf für das Zentrum oder Engagement für den Mainzer Katholikenverein allein reichten ihm, wenn sie nicht zu Weiterungen vor allem in Form von Strafverfahren geführt hatten, offenbar nicht aus, um die Festanstellung bzw. die Weiteramtierung eines Pfarrers zu verhindern.

---

angezeigt, ist dem p. Mergens gemäß der hohen Verfügung vom 13. Dezember 1873 mit Genehmigung des Herrn Ministers der geistlichen pp. Angelegenheiten vom 5ten ej. die Localschulinspection entzogen worden. Das sonstige Verhalten des p. Mergens ist ein unausgesetzt regierungsfeindliches, wenn auch besonders gravirende Thatsachen sich nicht anführen lassen. Im vorigen Jahre hat mir unter anderm der Bürgermeister zu Nonnweiler berichtet, daß er die Verbreitung agitatorischer, gegen die Staatsregierung gerichteter Zeitungen und Flugschriften unter den Einwohnern der Pfarrei befördere und als solche Blätter und Schriften die ‚Germania', die ‚Saarzeitung', den ‚Christlichen Pilger' und die Schrift des Pastors Hermes zu Gusenburg ‚Liberaler Guckkasten oder der Liberalismus ist staatsgefährlich und ein Feind des Volkes pp.' namhaft gemacht. Letztere Broschüre, wegen deren Abfassung der p. Hermes gerichtlich zu acht Tagen Gefängniß verurtheilt worden, ist nach Art und Inhalt ein über alle Maaßen gehässiges Machwerk. […]. Der p. Mergens wirkt offen und im Geheimen zur Erregung von Unzufriedenheit gegen die Staatsregierung. Er fährt, wie mir der Bürgermeister neuerdings berichtet, in beständigem Raisonniren fort, das freilich stets so gehalten wird, daß ihm nicht beizukommen ist, und weiß nicht genug über die angebliche Verfolgung der Kirche zu sprechen und das Martyrium der Bischöfe zu beklagen. Unter diesen Umständen glaube ich wohl, daß die Staatsregierung ein erhebliches Interesse daran hat, daß der p. Mergens als Pfarrer nicht ferner fungire, weshalb ich mir auch die Erhebung des Einspruchs gegen seine dauernde Anstellung nach dem § 16 des Gesetzes vom 11. Mai 1873 gehorsamst anheimzustellen erlaube.

Das Umfrageergebnis für die gesamte Rheinprovinz, das der Oberpräsident dem Kultusminister vortrug,[42] enthüllt erneut, dass der Schwerpunkt der Klerusrepression im Südteil der Rheinprovinz lag, denn in den Regierungsbezirken Aachen, Köln und Düsseldorf schien dem Oberpräsidenten laut den Berichten der Bezirksregierungen kein Sukkursalpfarrer zu amtieren, dessen Verhalten einen Einspruch gegen seine Festanstellung rechtfertigt, während nach Ansicht des Oberpräsidenten in den Regierungsbezirken Koblenz und Trier je vier einen solchen Einspruch ‚verdient' hatten,[43] welcher freilich an sich – wie gesagt – keine Amtierungssperre oder gar Amtsenthebung, sondern nur die Verhinderung der dauerhaften Anstellung zur Folge gehabt hätte. Die – nicht für alle Pfarrer – angegebenen Begründungen für ein Veto gegen die definitive Anstellung offenbaren die angelegten Kriterien: Die Pfarrer Löhr zu Ochtendung und Schmitt zu Vischel waren rechtskräftig zu sechs Wochen bzw. zwei Monaten Festungshaft, der Pfarrer Drees zu Hupperath noch nicht rechtskräftig zu drei Monaten Gefängnis verurteilt worden, und zwar allesamt wegen Verstoßes gegen § 130a des Strafgesetzbuches. Dieser sog. Kanzelparagraph[44] bedrohte einen Geistlichen mit Strafe, welcher im Rahmen seiner Berufsausübung öffentlich vor einer Menschenmenge in der Kirche oder an einem anderen zu religiösen Versammlungen bestimmten Ort *Angelegenheiten des Staates in einer den öffentlichen Frieden gefährdenden Weise zum Gegenstande einer Verkündigung oder Erörterung macht.* Den Pfarrer Hormisch zu Bettingen beschuldigte der Oberpräsident, *zu verschiedenen Malen aufreizende und den öffentlichen Frieden störende, zur Zeit noch der gerichtlichen Beurtheilung entgegensehende Reden auf der Kanzel gehalten sowie die dem ‚gesperrten' Geistlichen Kraemer bei dessen Rückkehr aus dem Gefängnisse dargebrachten Ovationen geleitet* zu haben; dem Pfarrer Jox zu Brockscheid legte er zur Last, dass dieser *auf Grund des § 130a des Strafgesetzbuchs rechtskräftig zu einer Festungsstrafe von zwei Monaten verurtheilt worden ist und zur Feier seiner Rückkehr von der Festung in der Kirche ein Tedeum hat singen lassen.* Insgesamt galten also demonstrative ‚staatsfeindliche' oder ‚aufrührerische' Handlungen und vor allem Kanzeläußerungen[45] dem Oberpräsidenten als entscheidendes Kriterium für eine Einspruchserhebung. *Sollten*

---

42 Der Oberpräsident der Rheinprovinz an den Kultusminister am 23. Mai 1874 (GStA PK, I. HA Rep. 76 IV Sekt. 13 Abt. XII Nr. 13 Bd. 2).

43 Im Regierungsbezirk Koblenz die Pfarrer Lonz zu Heddesheim, Zilger zu Klotten, Löhr zu Ochtendung und Schmitt zu Vischel; im Regierungsbezirk Trier die Pfarrer Hormisch zu Bettingen, Jox zu Brockscheid, Drees zu Hupperath und Hermes zu Gusenburg.

44 Text u.a. in: R. Lill [Hrsg.]: Der Kulturkampf, S. 84f; N. Siegfried [Hrsg.]: Actenstüke betreffend den preußischen Culturkampf, S. 93; E. Huber/W. Huber [Hrsg.]: Staat und Kirche im 19. und 20. Jahrhundert, Bd. 2, S. 528.

45 Dies und weitere solche Fälle widersprechen der Einschätzung von E. Huber (Deutsche Verfassungsgeschichte, Bd. 4, 2. Aufl., S. 701), dass „schon in der Zeit des Kulturkampfs die praktische Bedeutung des Kanzelparagraphen unerheblich war". Die Durchsicht der für diese Studie ausgewerteten Akten vermittelte vielmehr den

die geistlichen Oberen die dauernde Besetzung der Succursalpfarreien in gesetzlicher Weise nicht vornehmen, was mittlerweile zu erwarten stand, so wollte der Oberpräsident das Zwangsverfahren gegen die rheinischen Bischöfe einleiten und diesen acht ursprünglich für die Einspruchserhebung vorgesehenen Sukkursalpfarrern der Regierungsbezirke Trier und Koblenz die Benachrichtigung darüber zugehen lassen. Darüber hinaus sollten noch vier weitere Sukkursalpfarrer[46], ebenfalls allesamt Pfarrer des Bistums Trier, sowie *die verschiedenen von der Regierung zu Aachen benannten Pfarrer, welche das Trauergeläute beim Ableben Ihrer Majestät der Königin-Wittwe verweigert haben sollen,* die fragliche Mitteilung mit der Folge des Amtierungsverbots erhalten.

Wie reagierte nun Kultusminister Falk auf die ihm vom Oberpräsidenten für die Rheinprovinz eingereichte Liste mit den Kandidaten für eine Einspruchserhebung bzw. – im Fall der nun immer wahrscheinlicher werdenden endgültigen Verharrung der Bischöfe im passiven Widerstand – für die Zustellung einer Benachrichtigung über die Einleitung des Erzwingungsverfahrens gegenüber den Bischöfen? Der Kultusminister bestand in seinem Bescheid vom 4. Juli 1874 darauf, zu gegebener Zeit konsequent das Zwangsverfahren gegen die Bischöfe einzuleiten, d.h. diese bis zur Gesetzesbefolgung wiederholt mit Geldstrafen zu belegen, wollte aber erstaunlicherweise bis auf Weiteres keinen einzigen der ihm vorgeschlagenen linksrheinischen Sukkursalpfarrer davon benachrichtigt haben, *da ich Werth darauf lege, jene Geistlichen in der Ungewißheit über ihr ferneres Schicksal zu erhalten, um sie dadurch zu größerer Vorsicht und Zurückhaltung zu bestimmen. Erst wenn sie von Neuem Anlaß zu begründeten Beschwerden über ihr Verhalten geben, wird ihnen jene Benachrichtigung zuzustellen sein.*[47] Die Strategie des Kultusministers bestand also darin, die Möglichkeit der Benachrichtigung zunächst einmal und vorrangig als

---

Eindruck, dass zumindest in den Anfangsjahren des Kulturkampfes der Kanzelparagraph sehr wohl in extensiver Weise zur Strafverfolgung des Klerus eingesetzt wurde.

46 Die Pfarrer Becker zu Saarwellingen, Classen zu Trier, Rischar zu Weiten und Mertes zu Messerich.

47 Der Kultusminister an den Oberpräsidenten der Rheinprovinz am 4. Juli 1874 (LHAK, Bestand 403 Nr. 10402): *Sollten hingegen die Bischöfe es ablehnen, die dauernde Besetzung der Succursalpfarreien vorzunehmen, so ist [...] mit Einleitung des Zwangsverfahrens auf Grund des § 18 des Gesetzes vom 11. Mai pr. vorzugehen und zugleich an mich wegen Einbehaltung der Staatsmittel für den betreffenden geistlichen Oberen zu berichten. Dagegen ersuche ich Ew. Hochwohlgeboren bis auf Weiteres in keinem Falle den betreffenden Succursalpfarrern die im § 23 vorgesehene Benachrichtigung über die Einleitung des Zwangsverfahrens zustellen zu lassen, und zwar selbst nicht in den Fällen, wo die Erhebung des Einspruchs gegen die dauernde Anstellung begründet sein würde, da ich Werth darauf lege, jene Geistlichen in der Ungewißheit über ihr ferneres Schicksal zu erhalten, um sie dadurch zu größerer Vorsicht und Zurückhaltung zu bestimmen. Erst wenn sie von Neuem Anlaß zu begründeten Beschwerden über ihr Verhalten geben, wird ihnen jene Benachrichtigung zuzustellen sein, um alsdann ihre Bestrafung herbeizuführen.*

immer präsentes Damoklesschwert zur Disziplinierung, Wohlverhaltensnötigung und Einschüchterung des Klerus zu nutzen. Der Kultusminister wollte das Recht zur Benachrichtigung primär als Drohkulisse und Druckmittel verwenden, nicht aber dazu, einen bedeutsamen Teil oder gar einen Großteil der linksrheinischen Pfarrerschaft durch die Benachrichtigung an der Weiteramtierung zu hindern und so die Seelsorge mehr oder weniger großflächig zum Stillstand zu bringen. Diese Absicht und Tendenz, die rheinischen Sukkursalpfarrer möglichst weitgehend von einer Amtierungssperre via Benachrichtigung zu verschonen, bekundete er deutlich am 8. Mai 1874 in einer Rede vor dem preußischen Abgeordnetenhaus.[48] Hier wie auch schon bei der Frage der Aushilfe von gesetzmäßig angestellten Geistlichen in vakanten fremden Pfarreien oder bei der Frage der Weiteramtierung von Hilfsgeistlichen bei vakanter Pfarrstelle oder gesperrtem Pfarrer manifestierte sich das Bestreben des Staats, die Auswirkungen der Kulturkampfgesetze auf die Seelsorge und den Kultus – natürlich innerhalb des von der Kulturkampfgesetzgebung vorgegebenen Rahmens – zu minimieren. Der Staat kämpfte in erster Linie gegen den Klerus, insbesondere gegen den Episkopat, suchte aber die katholische Bevölkerung möglichst zu schonen, was freilich schwer miteinander vereinbar war. Auf der anderen Seite gedachte der Kultusminister durchaus das Recht zur Benachrichtigung in Zukunft gezielt gegen einzelne ‚Unruhestifter' und ‚Aufwiegler' unter der Pfarrerschaft einzusetzen. Was in besagter Rede allenfalls subkutan, wohl aber im obigen Ministerialbescheid vom 4. Juli 1874 zum Ausdruck kam und wie die künftige Politik zeigte, sollte die Benachrichtigung als Instrument zur beruflichen Ausschaltung von profilierten Regierungskritikern, vermeintlichen volksverhetzenden

48 *Nach § 19 jenes Gesetzes [vom 11. Mai 1873] ist den Bischöfen ein volles Jahr geblieben [...], die Succursalpfarren am Rhein zu besetzen oder die jetzigen Succursalpfarrer zu definitiv angestellten Pfarrern zu machen. Wenn dieses Jahr um ist, dann hat es die Regierung, der Oberpräsident in der Hand dahin zu wirken, daß die Bischöfe den letzterwähnten gesetzlichen Bestimmungen genügen [...]. Dieses Verfahren gegen den Obern berührt die Succursalpfarren in keiner Weise. Sie sind, sofern sie [...] vor der Rechtskraft der Maigesetze angestellt worden sind, als Succursalpfarrer rite angestellt und berechtigt, ferner als solche weiter zu fungiren. Ihnen wird nur entgegengetreten unter einer einzigen Voraussetzung, daß nämlich der Oberpräsident ihnen eine schriftliche Nachricht zugehen läßt, daß das Zwangsverfahren, von dem ich eben sprach, gegen ihren Oberen, den Bischof, wirklich eingeleitet sei. Solange sie dieses Notificatorium nicht haben, bleiben sie vollkommen unberührt. Und nun, meine Herren, wenn in Übereinstimmung mit den Häusern des Landtages die Tendenz der Staatsregierung dahin geht, diese nicht definitiv angestellten Pfarrer zu definitiv angestellten zu machen, so werden Sie doch wohl mit mir die Folgerung ziehen, daß die Staatsregierung sich selbst ins Gesicht schlüge, wenn das betreffende Notifikatorium an die Leute käme. Ich habe also schon vor längerer Zeit den Oberpräsidenten der Rheinprovinz angewiesen, das Notifikatorium nicht zu geben. Die Folge davon ist, die Sukkursalpfarrer bleiben unberührt* (Stenographische Berichte über die Verhandlungen des preußischen Abgeordnetenhauses, Session 1872/73, Bd. 2, S. 1568).

Fanatikern und imaginierten ultramontanen Reichsfeinden im Pfarrklerus eingesetzt werden. Die ‚Mosel-Zeitung' vom 2. Juni 1874 analysierte und prophezeite die staatliche Handlungsstrategie erstaunlich zutreffend in ihrem mit *‚Das Damoklesschwert über den Sukkursalpfarrern'* betitelten Leitartikel: *Die starke preußische Regierung, dies müssen wir aus der Debatte des Abgeordnetenhauses vom 8. Mai ds. J. mit Nothwendigkeit schließen, wird es aus gewissen Gründen niemals zugeben, daß der Oberpräsident an ein und demselben Tage 1239 Succursalpfarrern der Rheinprovinz das oben besagte Notifikatorium* [d.h. Benachrichtigung] *zuschicke. Was wird sie also thun? Bald diesem in der Diöcese Trier, bald jenem in der Erzdiözese Köln wird sie es zuschicken lassen, bald einem aus diesem, bald einem aus jenem Regierungsbezirke, immer aber in vereinzelter Weise. [...] Über den Succursalpfarrern der Rheinprovinz schwebt sonach das Schwert des Damokles. Sobald die Staatsregierung ein erhebliches Interesse hat, daß er nicht ferner fungire, [...] dann senkt sich das Schwert und findet sein Opfer.*

Noch aber waren die ergebnislosen, postalisch geführten Diskussionen mit dem Trierer Bischof um die dauerhafte Besetzung der Sukkursalen nicht abgeschlossen, ja noch nicht einmal ernsthaft aufgenommen worden, da Bischof Eberhard noch bis Ende 1874 im Gefängnis saß und anschließend, offensichtlich auf Zeitgewinnung und Verschleppung bedacht, immer neue Gegenvorstellungen erhob und den Beschwerdeweg voll ausschöpfte, der endgültig erst mit der Bescheidung durch Kultusminister Falk Anfang November 1875 abgeschlossen war.[49] Daher ruhte die Angelegenheit der Einspruchserhebung und der Benachrichtigung nach dem zur vorläufigen Passivität verpflichtenden Bescheid des Kultusministers vom 4. Juli 1874 ein ganzes Jahr lang. Erst am 9. Juli 1875 leitete der Oberpräsident offiziell gegenüber dem Bischof von Trier das Erzwingungsverfahren ein, indem er diesen aufforderte, ihm bis zum 5. August die zur definitiven Besetzung der Sukkursalpfarreien des Bistums Trier vorgesehenen Geistlichen zwecks Genehmigungserteilung zu benennen, und dem Bischof im Zuwiderhandlungsfall eine Geldstrafe von 150 Mark für jede Pfarrstelle androhte, welche Drohung er am 9. August 1875 mit der Verhängung der – exorbitant hohen und uneintreibbaren – Geldstrafe von 91.350 Mark für die insgesamt zu besetzenden

49 Kultusminister Falk an den Trierer Bischof Eberhard am 6. November 1875 (LHAK, Bestand 403 Nr. 10405): *Ew. Bischöflichen Hochwürden erwiedere ich auf den von dem Königlichen Staatsministerium an mich abgegebene Vorstellung vom 3. August d. Js. ergebenst, daß ich auch nach wiederholter Erörterung aller in Betracht kommenden tathsächlichen und rechtlichen Momente nicht anzuerkennen vermag, daß die Inhaber der sogenannten Succursalpfarreien der dortigen Diöcese bereits dauernd angestellt seien. Ich befinde mich daher auch nicht in der Lage, Ihren Anträgen Folge zu geben; vielmehr muß es bei den von dem Herrn Oberpräsidenten mit meiner Zustimmung wegen dauernder Besetzung dieser Stellen an Ew. Bischöfliche Hochwürden erlassenen Verfügungen das Bewenden behalten.*

609 Sukkursalpfarrstellen (548 besetzte und 61 länger als ein Jahr vakante Stellen) wahrmachte.[50] Weil der Bischof der Benennungsaufforderung nicht nachkam, hatte sich die Frage der Einspruchserhebung erledigt und stattdessen stellte sich die Anschlussfrage, welchen Pfarrern die Benachrichtigung über die Eröffnung des Erzwingungsverfahrens gemäß § 23 Abs. 2 des Gesetzes vom 11. Mai 1873 mit der vielerwähnten Folge des Weiteramtierungsverbots zugestellt werden sollte. Da der Kultusminister die in der vorherigen Umfrage erhobenen Anklagepunkte nicht berücksichtigt haben wollte, mussten in einer neuen Umfrage unter den Bezirksregierungen, die natürlich wiederum ihre Landräte zum Bericht aufforderten, die seit dem Ministerialbescheid vom 4. Juli 1874 neu begangenen ‚Missetaten' eruiert werden, die so schwerwiegend waren, dass sie die Zustellung einer Benachrichtigung an die geistlichen ‚Übeltäter' rechtfertigen.

Wieder gewährt die Quellenlage für den Regierungsbezirk Trier einen vertieften Einblick in die Entscheidungsfindungen und Auswahlkriterien. Zunächst ersuchte der Oberpräsident gleichzeitig mit der Einleitung des Erzwingungsverfahrens gegenüber dem Trierer Bischof am 9. Juli 1875 die Regierung Trier, ihm diejenigen Sukkursalpfarrer namhaft zu machen, welche nach dem 4. Juli 1874 zu solch *erheblichen Beschwerden Anlass gegeben haben*, dass die ein sanktionsbewehrtes Amtierungsverbot auslösende Benachrichtigung gerechtfertigt erscheint, und dies auch in künftigen, neu vorkommenden Fällen zu tun.[51] Daraufhin verlangte

50 Abschriften der beiden Schreiben in: LHAK, Bestand 441 Nr. 15461. Vgl. dazu auch A. Ditscheid: Matthias Eberhard, 2. Aufl., S. 155; E. Gatz: Zur Problematik der Sukkursalpfarreien, S. 230f. Laut E. Gatz (Zur Problematik der Sukkursalpfarreien, S. 231, Anm. 60b) bezog Bischof Eberhard ein Jahresgehalt von 24.000 Mark.

51 Der Oberpräsident der Rheinprovinz an die Regierung Trier am 9. Juli 1875 (LHAK, Bestand 442 Nr. 5070): *Der Königlichen Regierung theile ich beifolgend Abschrift zweier von mir an den Herrn Bischof von Trier gerichteten Schreiben vom 8. April d. J. und vom heutigen Tage mit, ausweise welcher derselbe bis zum 5. August d. J. die dauernde Besetzung der sogenannten Succursalpfarreien der Diöcese Trier vorzunehmen hat. Da der gestellten Aufforderung voraussichtlich nicht entsprochen werden wird, so erhebt sich die Frage, welchen Geistlichen demnächst die im Absatz 2 des § 23 des Gesetzes vom 11. Mai 1873 vorgesehene Benachrichtigung zuzustellen ist. Was die provisorisch angestellten Succursalpfarrer selbst anlangt, so bemerke ich, daß nach den früheren Erörterungen in Ihrem Bezirke folgende Pfarrer sich befinden, in Betreff welcher, wenn der Bischof sie gemäß § 15 l. c. benennen sollte, Einspruch auf Grund des § 16 zu erheben sein würde: Hormisch zu Bettingen, Jox zu Brockscheid, Drees zu Hupperath, Hermes zu Gusenburg und Geiler zu Orscholz. In einem Rescripte vom 4. Juli 1874, ergangen auf die von mir dem Herrn Minister der geistlichen Angelegenheiten vorgelegten, die Verhältnisse sämmtlicher Succursalpfarrer betreffenden Berichte der Königlichen Regierungen, hat der genannte Herr Minister sich jedoch dahin ausgesprochen, daß bis auf Weiteres in keinem Falle den Succursalpfarrern die im § 23 des Gesetzes vom 11. Mai 1873 vorgesehene Benachrichtigung zuzustellen sei, und selbst nicht in den Fällen, wo die Erhebung des Einspruches gegen die dauernde Anstellung begründet sein würde, da er Werth darauf lege, jene Geistlichen in der Ungewißheit über ihr ferneres Schicksal zu*

die Bezirksregierung von ihren Landräten solche ‚schwarzen Listen' der in ihren Kreisen amtierenden, behördlicherseits so missliebigen Pfarrer, dass ihnen die weitere Berufsausübung unter Strafandrohung verboten werden soll.[52] Die Reaktionen[53] zeigen wieder eine durchaus unterschiedliche Klerusrepressionsenergie: Die Landräte von Saarbrücken[54] und Ottweiler[55] nannten keinen Pfarrer, die Landräte von Wittlich,[56] St. Wendel[57] und Prüm[58] je einen Pfarrer, der Oberbürgermeister von Trier[59] und der Landrat von Merzig[60] je zwei Pfarrer, die Landräte von Daun[61]

---

erhalten, um sie dadurch zu größerer Vorsicht und Zurückhaltung zu bestimmen. Erst wenn sie von Neuem Anlaß zu begründeten Beschwerden über ihr Verhalten geben sollten, sei ihnen die fragliche Benachrichtigung zuzustellen. Hiernach ersuche ich die Königliche Regierung ergebenst um gefällige Äußerung, ob Ihrem Bezirke angehörige Succursalpfarrer seit den dem Rescripte vom 4. Juli 1874 vorhergegangenen, deren Verhalten betreffenden Berichten zu erheblichen Beschwerden Anlaß gegeben haben, wie ich auch in Zukunft einer Mittheilung entgegensehe, wenn noch späterhin sich derartige Beschwerden erheben sollten. Hinsichtlich des Pfarrers Classen zu Trier bedarf es einer Äußerung nicht, da diesem schon nach meiner Verfügung vom 4. Juni d. J. die Benachrichtigung zugehen wird.

52 Die Regierung Trier an alle Landräte des Regierungsbezirks am 22. Juli 1875 (LHAK, Bestand 442 Nr. 5070).

53 LHAK, Bestand 442 Nr. 5083. Die nachfolgend erwähnten und zitierten Schriftstücke sind, sofern nichts anderes angegeben, dieser Akte entnommen.

54 In seinem Schreiben an die Regierung Trier vom 6. September 1875 meldete der Landrat von Saarbrücken, *daß die Pfarrer Eich zu Heusweiler und Karst zu Auersmacher schon seit Jahresfrist sich in ihrem ganzen Auftreten gemäßigt und jeden Anstoß vermieden haben, so daß gerade gegenwärtig kein Grund zum Einschreiten gegen dieselben vorliegt.*

55 In seinem Schreiben an die Regierung Trier vom 26. Juli 1875 erhob der Landrat von Ottweiler zwar Vorwürfe gegen die Pfarrer Müller zu Eppelborn und Ferres zu Scheuern, meinte aber: *Ob das hier Angeführte genügen möchte, gegen die Genannten das weitere Verfahren einzuleiten, muß ich leider bezweifeln.*

56 In seinem Schreiben an die Regierung Trier vom 4. August 1875 nannte der Landrat von Wittlich den Pfarrer Drees zu Hupperath.

57 In seinem Schreiben an die Regierung Trier vom 3. August 1875 nannte der Landrat von St. Wendel den Pfarrer Sebastian zu Kirchenbollenbach.

58 In seinem Schreiben vom 4. August 1875 nannte der Landrat von Prüm den Pfarrer Baulig zu Weinsheim.

59 In seinem Schreiben an die Regierung Trier vom 3. August 1875 nannte der Trierer Oberbürgermeister als Landrat des Stadtkreises Trier die Pfarrer Classen zu Trier/St. Laurentius (Liebfrauen) und Lehnen zu Trier/St. Gervasius.

60 In seinem Schreiben an die Regierung Trier vom 12. August 1875 nannte der Landrat von Merzig die Pfarrer Stroth zu Hilbringen und Schneider zu Wadrill.

61 In seinem Schreiben an die Regierung Trier vom 12. August 1875 nannte der Landrat von Daun die Pfarrer Jox zu Brockscheid, Müller zu Mehren und Graeff zu Glaadt.

und Bitburg[62] je drei Pfarrer und der Landrat des Landkreises Trier vier Pfarrer[63]. Zusammengenommen schlugen also die Landräte des Regierungsbezirks Trier siebzehn Pfarrer für ein Weiteramtierungsverbot per Benachrichtigung vor.

Im Folgenden soll wieder ein repräsentativer Querschnitt der aufgelisteten ‚Schandtaten' präsentiert werden, mit denen Landräte und zur Berichterstattung aufgeforderte Bürgermeister ihre Anträge auf ein Berufsausübungsverbot zu legitimieren suchten. Diese Begründungen, die bisweilen den Charakter einer hasserfüllten Schmähtirade annahmen, offenbaren das Ausmaß an Animositäten und Ressentiments, das nach zwei Jahren Kulturkampf in den unteren und mittleren Rängen der rheinischen Provinzialverwaltung gegenüber dem Pfarrklerus herrschte.

Pfarrer Baulig zu Weinsheim hatte *gelegentlich einer von der reichstreuen Partei hier veranstalteten Vorwahl bei den letzten Reichstagswahlen an der Spitze von circa 14 Geistlichen in der Versammlung ruhestörenden Lärm erregt und auf das von dem Vorsitzenden bei Eröffnung der Versammlung auf Seine Majestät ausgebrachte Hoch mit brüllendem Hohn geantwortet, so daß ihm die Thüre gewiesen werden mußte.*[64]

Pfarrer Braun zu Pluwig wurde wegen Beleidigung des Bürgermeisters und eines Polizeidieners zu drei Monaten Gefängnis verurteilt, weil er in seiner Pfarrkirche verkündet hatte: „*Morgen früh ist keine Messe, denn ich muß nach Trier vor das Gericht. Es war ein fremder Geistlicher hier, der hier Messe gelesen hat, und es hat sich eine Judasseele gefunden, welche dies zur Anzeige gebracht hat.*"[65]

Pfarrer Drees zu Hupperath war durch Urteil des *Königlichen Zuchtpolizeigerichts in Trier vom 23. Februar 1874 wegen der Beschuldigung, am 9., 16. und 23. November 1873 in der Pfarrkirche zu Hupperath öffentlich vor einer Menschenmenge Angelegenheiten des Staates in einer den öffentlichen Frieden gefährdenden Weise zum Gegenstande einer Erörterung gemacht zu haben, zu einer Gefängnißstrafe von 3 Monaten verurtheilt worden.*[66]

Pfarrer Graeff zu Glaadt ist *ein verbissener staatsfeindlich gesinnter Geistlicher,* der seinen großen Einfluss in seiner Pfarrei *zur Verhöhnung der gesetzlichen Ordnung verwerthet.* So hatte er der Regierung Trier seinen Rücktritt von der Lokalschulinspektion in gewollt despektierlicher Weise durch eine einfache Postkarte angezeigt, wofür ihn die Bezirksregierung mit einer Ordnungsstrafe von 10 Mark belegte.[67]

---

62 In seinen Schreiben an die Regierung Trier vom 11. und 13. August 1875 nannte der Landrat von Bitburg den Pfarrer Hormisch zu Bettingen, Kuhl zu Metterich und Mertes zu Messerich.

63 In seinen vier Schreiben an die Regierung Trier vom 13. und 16. August 1875 nannte der Landrat des Landkreises Trier die Pfarrer Degen zu Kell, Braun zu Pluwig, Mergens zu Nonnweiler und Hermes zu Gusenburg.

64 Der Landrat von Prüm an die Regierung Trier am 4. August 1875.

65 Der Landrat des Landkreises Trier an die Regierung Trier am 16. August 1875.

66 Der Landrat von Wittlich an die Regierung Trier am 4. August 1875.

67 Der Landrat von Daun an die Regierung Trier am 12. August 1875.

Pfarrer Hermes zu Gusenburg *ist ein exaltirter Character, hat schon gleich im Anfange des kirchenpolitischen Streites eine sehr feindliche Stellung gegen die Staatsregierung eingenommen, welches er in einer von ihm herbeigeführten Volksversammlung dahier am 31. März 1873 durch eine längere Rede auch bekundet hat. Diese Rede hat er veröffentlicht und [es] gab dieselbe Veranlassung zur gerichtlichen Untersuchung, in Folge deren er durch das Königliche Zuchtpolizeigericht zu Trier am 2ten Dezember 1873 wegen verläumderischer Beleidigung zu einer Gefängnißstrafe von 8 Tagen verurtheilt worden ist. Wegen Verkündigung einer Prozession, wozu die Genehmigung nicht ertheilt war, wurde derselbe durch dasselbe Gericht im April v. Js. zu einer Geldbuße von 15 Thlr. verurtheilt.*[68] Noch fünf Jahre später reagierte der Landrat von Trier, Vaterlands- mit Regierungsliebe sowie Staatstreue mit Kulturkampfbefürwortung gleichsetzend, auf das Rückkehrgesuch des nach Belgien emigrierten Pfarrers Hermes mit einer vor Aversion triefenden Schimpfkanonade über dessen Gegnerschaft zur Regierung, über dessen publizistisches Wirken *für die ultramontane Sache,* über dessen *Aufreizungen gegen Staat und Beamte* und über dessen *agitatorisches Wesen,* mit dem er seine Pfarrei *vollständig durchwühlt* habe.[69]

Die über Pfarrer Hormisch zu Bettingen im Landratsamt Bitburg vorhandenen drei dicken Akten enthüllen *Trotz und Frechheit der Staatsregierung gegenüber, fanatischen Haß gegen andere Confessionen und seine gemeine Gesinnung.* Er war vom Landgericht Trier *wegen aufreizender Predigten gegen die Staatsregierung, ferner wegen Beschimpfung der protestantischen Kirche* rechtskräftig zu drei Monaten Gefängnis verurteilt worden. Weil er außerdem *keine Garantie für die Sicherheit der in seinem Hause befindlichen Kirchenkasse bietet* und *im Verdacht mancher schmutzigen Handlungen steht,* ist er ein *Krebsschaden nicht allein für seine Gemeinde,*

68 Der Bürgermeister von Hermeskeil am 3. August 1875 an den Landrat des Landkreises Trier, der das Schreiben zustimmend an die Regierung Trier weiterreichte (auch in: GStA PK, I. HA Rep. 76 IV Sekt. 13 Abt. XII Nr. 13 Bd. 6).

69 Der Landrat des Landkreises Trier, Spangenberg, an die Regierung Trier am 2. November 1880 (GStA PK, I. HA Rep. 76 IV Sekt. 13 Abt. XII Nr. 13 Bd. 6): *Der Pfarrer Hermes, welcher seine Vorbildung zum Theile bei den Jesuiten in Innsbruck erhalten [hat], hat sich von Anfang des kirchenpolitischen Kampfes an als ein leidenschaftlicher Geistlicher, der auf den verschiedensten Wanderversammlungen des Mainzer Vereins der Deutschen Katholiken als Redner und heftiger Gegner der Regierung aufgetreten ist und in Zeitungen wie per Druckschrift für die ultramontane Sache gewirkt hat, gezeigt. Über sein agitatorisches Wesen, seine Nichtachtung und Übertretung der Gesetze werden die gegen ihn aufgelaufenen gerichtlichen Akten weitern Aufschluß geben können. Er hat in den zu seiner Pfarrei gehörigen Orten Gusenburg und Sauscheid, die von ihm vollständig durchwühlt waren, durch sein Auftreten und Handeln ein sehr übeles Beispiel gegeben und […] mit seinen Aufreizungen gegen Staat und Beamte auch nicht geruht, als er sich schon außer Landes in dem nahen Großherzogthum Luxemburg aufgehalten hat. Seine patriotischen Regungen […] können daher kaum ernst gemeint sein.*

sondern durch sein Beispiel für den ganzen Kreis Bitburg, sodass *seine Entfernung aus dem Amte* dringend erforderlich ist.[70]

Pfarrer Jox zu Brockscheid hatte nach seiner Entlassung aus einer zweimonatigen Festungshaft, zu der ihn das Landgericht Trier wegen Verstoßes gegen den Kanzelparagraphen verurteilt hatte, *seine Pfarrangehörigen in der Kirche versammelt und zur Feier seiner Rückkehr*, den Kultus *frivol* zur Selbsthuldigung missbrauchend, *ein feierliches Te Deum* angestimmt und sich auch danach noch *fortdauernd als Friedensstörer gerirt*, indem er benachbarte Amtsbrüder, *welche nicht gleich ihm in dem kirchenpolitischen Kampfe als fanatische Eiferer auftreten*, gegenüber der Bistumsleitung und in der Presse verunglimpfte.[71]

---

70 Der Landrat von Bitburg, Borchert, an die Regierung Trier am 11. August 1875: *Pastor Hormisch zu Bettingen ist sofort nach seiner Berufung dorthin im Jahre 1868 mit den Staatsbehörden in Conflicte gerathen, die bis in die neueste Zeit ununterbrochen fortgesetzt sind. Es bestehen darüber hier 3 dicke Aktenstücke. [...] Durch Erkenntniß der Appellkammer des Zuchtpolizeigerichts zu Trier vom 17ten November 1874 ist Hormisch in 2 Untersuchungen wegen aufreizender Predigten gegen die Staatsregierung, ferner wegen Beschimpfung der protestantischen Kirche zu 3 Monaten Gefängniß rechtskräftig verurtheilt worden. Die Akten werden Trotz und Frechheit der Staatsregierung gegenüber, fanatischen Haß gegen andere Confessionen und seine gemeine Gesinnung ergeben. [...] Es ist unmöglich, in einem kurzen Bericht ein vollständiges Bild über den Charakter und die Thätigkeit eines Mannes wie Hormisch zu geben. Ein solches erhält man erst, wenn man die zahllosen einzelnen Beschwerden, Verhandlungen pp., welche sich auf ihn beziehen, liest. Mehrere solche Männer im Kreise würden eine vollständige Arbeitskraft absorbiren und giebt es kein Mittel, sie zu entfernen, so bliebe schließlich nichts übrig, als sie gewähren zu lassen, da deren permanente Bekämpfung so viel Zeit erfordern würde, daß darüber der andere Geschäftsgang leiden müßte. Allerdings würde dadurch die Autorität des Gesetzes und der Behörden leiden. [...] Schließlich kann ich nicht umhin, meine auch vom Bürgermeister getheilte Ansicht auszusprechen, daß Pastor Hormisch keine Garantie für die Sicherheit der in seinem Hause befindlichen Kirchenkasse bietet. Bei seinem Treiben, welches seit seiner vor 7 Jahren erfolgten Anstellung immer ein gleich renitentes gewesen ist und auch so bleiben wird, ist seine Stellung, gleichviel wie lange die Staatsregierung mit ihm Geduld hat, doch endlich unhaltbar. Daß er dies selbst einsieht, beweist die Fortgabe seines Vermögens. Er will durch nichts gebunden sein, um erforderlichen Falls sofort verschwinden zu können. Verschiedene Summen von Schuldnern der Kirchengemeinden sollen zur Zeit zurückgezahlt werden, doch suche ich die Sache bis zur Entscheidung der Sache hinzuziehen, da dem Hormisch nicht zu trauen ist, zumal derselbe [...] im Verdacht mancher schmutzigen Handlungen steht. Ich habe mich wiederholt dahin ausgesprochen, daß Pastor Hormisch ein Krebsschaden nicht allein für seine Gemeinde, sondern durch sein Beispiel für den ganzen Kreis ist und stelle den dringenden Antrag, seine Entfernung aus dem Amte herbeizuführen.*

71 Der Landrat von Daun an die Regierung Trier am 12. August 1875: *Bezüglich desselben* [d.i. Pfarrer Anton Jox zu Brockscheid] *habe ich schon in meinem Berichte vom 14. April v. Js. angeführt, daß er am 18. November 1873 in der Appellinstanz der Zuchtpolizeikammer des Königlichen Landgerichts zu Trier wegen Verletzung des § 130a des*

Pfarrer Kuhl zu Metterich hatte in einem Seelsorgebrief an ein Pfarrkind, das in einem Berliner Grenadier-Regiment seinen Militärdienst ableistete, dessen Vorgesetze *als rohe, ungebildete Leute, als armselige Menschen geschildert, über welchen nach Herkunft und Bildung ein ultramontaner Bauernbusche aus der Eifel himmelhoch steht und welche von demselben bemitleidet und verachtet werden sollen. Solange die Seelsorge in solchen Händen ist, kann das Nationalgefühl, die Liebe und das Vertrauen zu Kaiser, König und Vaterland in den niederen Klassen nicht aufkommen. Im öffentlichen Interesse dürften deshalb solche Geistlichen da, wo es angeht, unschädlich zu machen sein.*[72]

Strafgesetzbuches zu zwei Monaten Festungshaft verurtheilt worden [sei], daß er bei seiner Rückkehr aus dieser Haft, nachdem der ihm von seiner Pfarrgemeinde zugedachte feierliche Empfang durch die Gendarmerie vereitelt worden, seine Pfarrangehörigen in der Kirche versammelt und zur Feier seiner Rückkehr ein feierliches Te Deum habe anstimmen lassen, wie es frivol sei, daß ein wegen Verletzung des Strafgesetzbuches bestrafter Geistlicher sich bei seiner Rückkehr aus dem Gefängnisse huldigen lasse und zu diesem Zwecke den religiösen Cultus mißbrauche. Wenn ich ferner in dem citirten Berichte hervorhob, daß diese nach kaum verbüßter Strafe an den Tag gelegte Mißachtung des Strafgesetzbuches die Annahme rechtfertige, daß der Jox keineswegs gesonnen sei, sich von dem betretenen Wege der Friedensstörung abzuwenden, so kann ich heute sagen, daß der Jox sich auch wirklich fortdauernd als Friedensstörer gerirt hat, da es Thatsache ist, daß er durch gehässige Denunziationen die Stellung derjenigen seiner benachbarten Confratres, welche nicht gleich ihm in dem kirchenpolitischen Kampfe als fanatische Eiferer auftreten, bei der kirchlichen Oberbehörde und in der Presse zu erschüttern bestrebt gewesen ist, ist mir von mehreren Geistlichen geklagt worden.

72 Der Landrat von Bitburg an die Regierung Trier am 13. August 1875: *Kuhl wurde von dem Amte eines Localschulinspectors entsetzt und gegen ihn unter der Anschuldigung, in einer Predigt Angelegenheiten des Staates in einer den öffentlichen Frieden gefährdenden Weise zum Gegenstande von Erörterungen gemacht zu haben, die gerichtliche Untersuchung eingeleitet. Kuhl wurde zwar in Folge von Aussagen einer gewissen Klasse von Entlastungszeugen freigesprochen; doch steht dieses Urtheil mit den Aussagen glaubwürdiger Personen so in Widerspruch, daß zur Beurtheilung der Sache die Einforderung der Untersuchungsakten wünschenswerth wäre. Das gerichtliche Einschreiten hat den Herrn Pastor etwas vorsichtiger gemacht. Wie derselbe jedoch gesinnt ist, zeigt das Schreiben desselben an einen zur Zeit im Kaiser-Alexander-Grenadier-Regiment dienenden Mann aus Metterich vom 31. Dezember pr., welches mir von dem Herrn Regimentscommandeur in beglaubigter Abschrift übersandt ist und welches ich hier gehorsamst beifüge. Im Eingange bemüht sich der Pastor so zu schreiben, wie es die Pflicht eines Geistlichen ist. Er sagt: „Ehre deine Vorgesetzten, die Gott und der König dir gegeben; in ihnen ehrst du ja Gott selbst." Aber im weiteren Verlauf kann er seine wahre Natur und Gesinnung nicht verleugnen. Dieselben Vorgesetzten, die der Soldat als von Gott gesetzt ehren soll, werden als rohe, ungebildete Leute, als armselige Menschen geschildert, über welchen nach Herkunft und Bildung ein ultramontaner Bauernbursche aus der Eifel himmelhoch steht und welche von demselben bemitleidet und verachtet werden sollen. Solange die Seelsorge in solchen Händen ist, kann das Nationalgefühl, die Liebe und das Vertrauen zu Kaiser, König und Vaterland in den niederen Klassen*

Pfarrer Lehnen zu Trier/St. Gervasius bekundete *bei jeder Gelegenheit seine Abneigung gegen die Staatsregierung und gegen die erlassenen Gesetze.* Vor allem freilich bestärkte und unterstützte er seinen kämpferischen Kaplan Dasbach, welcher zwei dezidiert katholische Blätter, nämlich die Tageszeitung ‚Katholische Volkszeitung', ab 1. Oktober 1875 in ‚Trierische Landeszeitung' umbenannt, und die Sonntagszeitung ‚St.-Paulinus-Blatt' verlegte,[73] in seinen regierungsfeindlichen Machenschaften und Volksverhetzungen. *Er gestattete demselben fast allwöchentlich die Reisen als Wanderlehrer des Mainzer Katholiken-Vereins, eine Reise im vorigen Jahre nach Mainz zur Generalversammlung des gedachten Vereins, in welcher die staatsfeindlichsten Resolutionen gefaßt wurden. Er ließ ihn mehrere Tage nach Brüssel reisen und verhinderte nicht, daß p. Dasbach Broschüren wie Wahlkatechismus pp. schreibt sowie daß er die Katholische Volkszeitung und das St.-Paulinus-Blatt verlegt.* Er gab an ihn ergangene amtliche Verfügungen an seinen Kaplan zum Abdruck in der Katholischen Volkszeitung weiter und ließ zu, dass sie dort *mit spöttelnden und verhöhnenden Bemerkungen* versehen wurden. Er gehörte dem Komitee an, das den Zentrumsabgeordneten Majunke nach Trier rief, damit dieser in einer öffentlichen Volksversammlung, die dann freilich *wegen ihres durchaus regierungsfeindlichen Charakters aufgehoben werden* musste, zu seinen Wählern redet.[74]

---

nicht aufkommen. Im öffentlichen Interesse dürften deshalb solche Geistlichen da, wo es angeht, unschädlich zu machen sein.

Pfarrer Kuhl zu Metterich hatte sich in seinem inkriminierten Brief vom 31. Dezember 1874 an ein seinen Militärdienst in Berlin ableistendes Pfarrkind u.a. folgendermaßen geäußert: *Mein lieber Bernhard! [... ...] Du wirst schon gemerkt haben, daß Berlin nicht Metterich ist. Deine gute Mutter hat mir erzählt, was Du gleich in den ersten Tagen im Unterricht von einem Sergeanten zu hören bekamst. Sieh, mein lieber Bernhard, das sind rohe, ungebildete Leute aus den untersten Klassen des Volkes, die nicht das Glück hatten, gut erzogen und unterrichtet zu werden. Bemitleide und verachte sie und denke, du ständest Deiner Herkunft und Deiner Bildung nach himmelhoch über solchen armseligen Menschen. Du wirst im Casernenleben allerlei Dinge zu hören bekommen, die einem braven Jungen die Schamröthe in's Gesicht treiben, vielleicht am meisten von den niederen Vorgesetzten. Du wirst in Berlin Erfahrungen machen, wie tief der Mensch sinken kann, wie thierisch gemein und schlecht er werden kann, wenn er Gott nicht mehr fürchtet. Berlin und besonders die Weibsleute dort haben ja den traurigen Namen, daß es in Sodoma nicht schlimmer gewesen sein könne. Hüte sich vor jedem, auch dem unschuldigsten Verkehr mit solchen Leuten, die Du als schlecht erkannt hast.*

73 Zum publizistischen Wirken des ‚Preßkaplans' Dasbach vgl. U. Fohrmann: Trierer Kulturkampfpublizistik im Bismarckreich, S. 54–147; H. Thoma: Georg Friedrich Dasbach, S. 75–177; J. Steinruck: Das Bistum Trier im Kulturkampf, S. 629f.

74 Der Oberbürgermeister von Trier, de Nys, an die Regierung Trier am 3. August 1875: *Der Pfarrer Lehnen wurde als Schulinspector wegen der Widersetzlichkeit gegen die Verfügung Königlicher Regierung in Betreff des gesperrten Geistlichen Schneiders von seinem Amte entsetzt. Seit jener Zeit bekundete er bei jeder Gelegenheit seine Abneigung gegen die Staatsregierung und gegen die erlassenen Gesetze, obwohl es ihm ein Leichtes gewesen wäre, als unmittelbarer Vorgesetzter dem Treiben des an seiner Pfarrei angestellten Kaplans Dasbach ein Ziel zu setzen. Er ließ vielmehr den*

Pfarrer Mergens zu Nonnweiler hatte *unausgesetzt den regierungsfeindlichen Geistlichen erkennen lassen, der in und außer der Kirche offen und im Geheimen die Unzufriedenheit gegen die Königliche Staatsregierung zu erregen gesucht hat.* Er wurde schon mehrmals zu Gefängnisstrafen verurteilt, weil er *die evangelische Kirche öffentlich beschimpft* hatte, *Angelegenheiten des Staats in einer den öffentlichen Frieden gefährdenden Weise zum Gegenstande einer Erörterung gemacht* hatte und an den anlässlich seiner Abführung ins Gefängnis stattgefundenen *Demonstrationen und tumultuarischen Auftritte[n]* mitschuldig war.[75]

---

p. Dasbach ungestört und unbehindert, oft sogar zum Nachtheile seiner pfarramtlichen Geschäfte, in seinem gesetzwidrigen Verhalten fortfahren. Er gestattete demselben fast allwöchentlich die Reisen als Wanderlehrer des Mainzer Katholiken-Vereins, eine Reise im vorigen Jahre nach Mainz zur Generalversammlung des gedachten Vereins, in welcher die staatsfeindlichsten Resolutionen gefaßt wurden. Er ließ ihn mehrere Tage nach Brüssel reisen und verhinderte nicht, daß p. Dasbach Broschüren wie Wahlkatechismus pp. schreibt sowie daß er die katholische Volkszeitung und das St.-Paulinus-Blatt verlegt, für diese selbst gehässige Artikel schreibt und sich fast den ganzen Tag in der Buchdruckerei, die er selbst leitet und beschafft hat, befindet. Aus diesem geht hervor, daß p. Dasbach seinen geistlichen Amtspflichten durchaus nicht nachkommt und dieses vom Pfarrer Lehnen gebilligt und nicht verhindert wird. Nichtsdestoweniger läßt ihn jedoch der Pfarrer Lehnen […] in den Elementarschulen seiner Pfarrei den obligatorischen Religionsunterricht ertheilen, statt dies selbst zu thun. Dieses Verhalten von Seiten des p. Lehnen muß unter solchen Umständen nur als eine Billigung angesehen werden. Es geht eine solche auch aus dem Umstande hervor, daß der Pfarrer Lehnen speziell an ihn ergangene Verfügungen der städtischen Behörde seinem Kaplan Dasbach nicht nur zum Abdrucke in die Volkszeitung übergibt, sondern dieselben auch noch mit spöttelnden und verhöhnenden Bemerkungen begleiten läßt. Der Pfarrer Lehnen hat auch seinen Namen und seinen Einfluß verwendet zur Unterstützung einer Klage resp. Aufforderung an das hiesige Oberbürgermeisteramt, die amtlichen städtischen Inserate auch regierungsfeindlich gesinnten Blättern zukommen zu lassen. Als die klerikale Parthei es am 7. Juni v. Js. zu Wege gebracht hatte, den Reichstagsabgeordneten Majunke nach Trier zu dirigiren, damit derselbe in einer öffentlichen Volksversammlung zu seinen Wählern spreche (diese Versammlung mußte wegen ihres durchaus regierungsfeindlichen Charakters aufgehoben werden), war der Pfarrer Lehnen nicht nur ein hervorragendes Mitglied des Comités zu dieser Parthei, sondern er war auch ein thätiges Mitglied unter denjenigen, die dem p. Majunke ein demonstratives Festbanquett veranstalteten. […] Dem Pfarrer Lehnen ist von verschiedenen Seiten nahegelegt worden, seinen Einfluß dem Treiben des p. Dasbach [gegenüber] geltend zu machen. Er hat dieses aber nicht nur abgewiesen, sondern bei jeder Gelegenheit das Verhalten desselben gebilligt und [durch] seine Reden denselben bestärkt, so daß ihm wohl auch ein größerer Theil der Verantwortlichkeit für das Treiben des p. Dasbach zuzumessen sein dürfte als diesem selbst. Auch der p. Lehnen gehört zu denjenigen 43 Geistlichen, welche unterm 18. März 1873 wegen Beleidigung der Königlichen Regierung zu Trier, ein jeder mit 15 Thlr Geldbuße, event. 5 Tagen Haft bestraft wurden.

75 Der Landrat des Landkreises Trier an die Regierung Trier am 16. August 1875: *Der Geistliche Mergens war […] schon im Jahre 1867 wegen Majestätsbeleidigung und Schmähungen der Anordnungen der Obrigkeit gerichtlich angeklagt. Derselbe ist zwar*

Den Pfarrer Müller zu Mehren hatte der Landrat von Daun nächst dem genannten Pfarrer Jox *als den eifrigsten Anhänger und Agitator der jesuitisch ultramontanen Partei erkannt.* Er zeichnete sich durch eine *vaterlandslose Gesinnung* und einen *blinden Fanatismus* aus. *In seiner Pfarrei ist sein Einfluß unbegrenzt und daher auch sehr nachtheilig.*[76]

---

durch Urtheil der Königlichen Zuchtpolizeikammer des hiesigen Landgerichts vom 19ten October 1867 freigesprochen worden; indessen ist der Inhalt der [Gerichts-]Acten doch für ihn immerhin gravirend. Sein Verhalten in und außer dem Amte in den letzten Jahren hat unausgesetzt den regierungsfeindlichen Geistlichen erkennen lassen, der in und außer der Kirche offen und im Geheimen die Unzufriedenheit gegen die Königliche Staatsregierung zu erregen gesucht hat. Die Localschul-Inspection über die Schulen der Pfarrei Nonnweiler ist ihm schon mit Genehmigung des Herrn Ministers der geistlichen pp. Angelegenheiten vom 5ten Dezember 1873 durch die Regiminalverfügung vom 13ten ejsd. entzogen worden. Durch Urtheil des Königlichen Landgerichtes, Zuchtpolizeikammer, hierselbst vom 19. März laufenden Jahres ist der p. Mergens für überführt erklärt, a) am 10. Januar cr. zu Nonnweiler die evangelische Kirche öffentlich beschimpft zu haben, b) am 17. Januar cr. […] in der Pfarrkirche zu Nonnweiler öffentlich vor Mehreren Angelegenheiten des Staates in einer den öffentlichen Frieden gefährdenden Weise zum Gegenstande einer Erörterung gemacht zu haben, und unter Anwendung der §§ 166, 130a und 74 des Strafgesetzbuches und Art. 194 der Strafproceßordnung in eine Gefängnißstrafe von zwei Monaten und in die Kosten verurteilt worden. Die gegen dieses Urtheil sowohl seitens des Öffentlichen Ministeriums als auch des Beschuldigten erhobene Berufung wurde durch Urtheil der Zuchtpolizei-Appellkammer vom 29ten April cr. verworfen und hat der p. Mergens seine Strafe in den Monaten Juni und Juli cr. abgebüßt. […] In der Sitzung des Polizeigerichts zu Hermeskeil vom 10. August cr. standen aus Veranlassung der Demonstrationen und tumultuarischen Auftritte zu Nonnweiler am 30. Mai cr. anläßlich der Abreise des Pastors Mergens behufs Antritts seiner 2monatlichen Gefängnißstrafe in der hiesigen Strafanstalt 90 Personen vor Gericht, von welchen der Pastor Mergens zu 6 Wochen […] Haft verurtheilt worden [ist]. […] Die Königliche Staatsregierung hat unter solchen Umständen unzweifelhaft ein erhebliches Interesse daran, daß der Succursalpfarrer Mergens nicht ferner fungire, weshalb ich gehorsamst bitte, hochgeneigtest bei dem Herrn Oberpräsidenten befürworten zu wollen, daß der p. Mergens benachrichtigt werde, daß das Zwangsverfahren behufs Besetzung der Stelle in Gemäßheit des § 18 Absatz 2 des Gesetzes vom 11. Mai 1873 eingeleitet sei.

76 Der Landrat von Daun an die Regierung Trier am 12. August 1875: *Nächst dem p. Jox habe ich den Pfarrer Müller zu Mehren als den eifrigsten Anhänger und Agitator der jesuitisch ultramontanen Partei erkannt und der Beweis hierfür ist geliefert in den mit meinem Bericht vom 29. Juni 1874 eingereichten Verhandlungen, inhalts deren er sich nicht entblödet hat, seine vaterlandslose Gesinnung öffentlich bei Gelegenheit der Schulprüfung in Mehren zur Schau zu tragen. Auch wird er in seinem blinden Fanatismus von den nicht gleichgesinnten Geistlichen seiner Nachbarschaft gefürchtet, indem er unter diesen als der geheime Controleur ihres politischen Verhaltens gilt. In seiner Pfarrei ist sein Einfluß unbegrenzt und daher auch sehr nachtheilig. Ich lege namentlich auch im Hinblick auf sein feindseliges Verhalten gegen die besser gesinnten Geistlichen ein besonderes Gewicht darauf, daß auch gegen diesen Pfarrer das qu. Verfahren eingeleitet wird.*

Pfarrer Schneider zu Wadrill *hat ebenfalls bei den Wahlen in hervorragender Weise persönlich und durch Vertheilen einer Ansprache des Kaplan[s] Dasbach aus Trier auf die Wähler seiner Pfarrberings zu Gunsten seiner ultramontanen Partei gewirkt, überhaupt die sonst friedlichen Pfarreinsassen mit sehr wenigen Ausnahmen zur Parteinahme gegen die Maigesetze und die Staatsregierung zu engagiren gewußt. [...] Dieserhalb und weil er von der Kanzel herab in anderer Weise für eine größere Verbreitung des entschieden regierungsfeindlichen, in Trier erscheinenden ‚St.-Paulinus-Blattes' Sorge getragen hat, wurde ihm die Localschulaufsicht entzogen.*[77]

Pfarrer Sebastian zu Kirchenbollenbach hatte *seinen Pfarrkindern gegenüber sich mißbilligend gegen das Unterschreiben* einer Adresse ausgesprochen, die den Reichskanzler Fürst Bismarck zum Überleben eines in Kissingen auf ihn verübten Attentats beglückwünschte, welches Verhalten *von einer so staatsfeindlichen Gesinnung* zeugt, *daß die Staatsregierung wohl ein Interesse daran haben dürfte, daß derselbe als Geistlicher in diesseitigen Landen nicht ferner funktionire.*[78]

Über Pfarrer Stroth zu Hilbringen kann nur konstatiert werden, *daß er den Staatsgesetzen oder den innerhalb ihrer gesetzlichen Zuständigkeit erlassenen Anordnungen der Obrigkeit stets entgegenwirkte.* Als ehemaliger Jesuitenzögling, dem man *Haß und Feindseligkeit namentlich gegen den preußischen Staat* einimpfte, ist er *staatsgefährlicher* als die des Landes verwiesenen Jesuiten. *Er war ein kräftiges Triebrädchen in dem staatsfeindlichen Getriebe des Mainzer Katholikenvereins.* Von der Kanzel verbot er die Lektüre nichtkatholischer Zeitungen. *Das Volk hat er so sehr religiös verdummt, daß eine politische Aufklärung nicht mehr Eingang findet.* Er suchte die Wahlen zugunsten der Zentrumspartei zu beeinflussen, indem er von Haus zu Haus ging, *allerlei Drohungen aussprechend, wenn die Wahlberechtigten nicht in clericalem Sinne wählten. Solche Drohungen waren: Der Staat will Euch eure Religion rauben, ihr werdet [im Fall der Nichtwahl des Zentrumskandidaten] von der Kirche und den Sacramenten ausgeschlossen.* Am Wahltag selbst trachtete er das Wahlverhalten zum Nachteil der Regierung zu manipulieren, indem er im Wahllokal demonstrativ Präsenz zeigte. Trotz gerichtlicher Verurteilung wegen *medizinischer Pfuschereien* betrieb er seine *homöopathische Pfuscherei noch immer heimlich weiter.* Er verwendete Geldsammlungen *zu Inseraten von Wahlaufrufen, zur Beschaffung von Wahlzettel, zur Anschaffung von staatsgefährlichen Flugschriften,*

---

77 Der Bürgermeister von Wadern am 29. Juli 1875 an den Landrat von Merzig, der das Schreiben an die Regierung Trier weiterleitete. In seinem Begleitschreiben vom 12. August 1875 bemerkte der Landrat: *Der Pfarrer Schneider zu Wadrill befaßt sich außer seiner eigentlichen Berufsthätigkeit mit Politik in einem der Staatsregierung feindlichen Sinne. Mit Rücksicht auf die Anführungen des Bürgermeisters schließe ich mich dem Antrage desselben an und bitte die Verhinderung seines weitern Amtirens im staatlichen Interesse zu beantragen. Die von den katholischen Geistlichen gleichsam wie von Agenten betriebene Verbreitung des ‚Paulinus', ‚Eucharius', der ‚Saarzeitung' und anderer ultramontaner Blätter möchte alsdann eine Störung erleiden und eine richtigere Auffassung der Zustände bei der Bevölkerung Raum finden.*

78 Der Landrat von St. Wendel an die Regierung Trier am 3. August 1875.

zu Diäten für den Reichstagsabgeordneten. Ungeachtet eines bürgermeisterlichen Verbots sorgte er für einen feierlichen Empfang des Trierer Bischofs, denn dieser *habe es bei seiner bewiesenen Standhaftigkeit verdient, er sei ein wahrer Bekenner.* Bei der Verkündigung eines Jubiläumsablasses beging er eine Majestätsbeleidigung mit der Äußerung, die Kirche habe *viele Feinde, die sich von der liberalen Strömung hinreißen lassen. Die Kirche besieg[e] aber ihre Feinde nicht mit Kanonen, Flinten und Todtmachen, sondern mit den Waffen des Gebets und Glaubens.*[79]

---

79 Der Bürgermeister von Hilbringen, Rosch, am 2. August 1875 an den Landrat von Merzig, Knebel, der den Bericht an die Regierung Trier weiterreichte (auch in: LHAK, Bestand 403 Nr. 10866): *Ew. Hochwohlgeboren beehre ich mich [...] gehorsamst zu berichten, daß das Verhalten des Succursalpfarrers Joseph Stroth zu Hilbringen zu erheblichen Bedenken für seine dauernde Anstellung wohl genugsam Veranlassung gegeben hat. Im Allgemeinen kann nur angenommen werden, daß er den Staatsgesetzen oder den innerhalb ihrer gesetzlichen Zuständigkeit erlassenen Anordnungen der Obrigkeit stets entgegenwirkte und den öffentlichen Frieden zu stören suchte. Er war Jesuit, denn er war längere Zeit in einem Jesuitenkloster, wo ihm Haß und Feindseligkeit namentlich gegen den preußischen Staat eingeimpft worden sind. Sein Treiben heimlich und öffentlich ist staatsgefährlicher wie das der Jesuiten, welche des Landes verwiesen sind. Er war ein kräftiges Triebrädchen in dem staatsfeindlichen Getriebe des Mainzer Katholikenvereins. Seitdem dieser Verein aufgelöst ist, hat er einen Bruderschaftsverein zum heiligen Herzen Jesu gegründet, der dieselben Intentionen verfolgt wie auch der Mainzer Katholiken-Verein; nur ist sein Wirken noch nicht so offenkundig. [...] Das Volk hat er so sehr religiös verdummt, daß eine politische Aufklärung kaum mehr Eingang findet. Auf der Kanzel hat er alle Zeitungslectüre verboten, nur Saarzeitung, Eucharius und Paulinusblatt sollen sie lesen, das seien christliche Blätter, die die Wahrheit enthielten, alle anderen Blätter seien Lügenschriften und nur dafür ausgearbeitet, um den Leuten die Religion zu nehmen. Es solle ja keiner ein anderes Blatt als die von ihm bezeichneten lesen bei Kirchenbannstrafe, auch wenn die Zeitungen und andere liberale Flugschriften ihnen umsonst ins Haus gebracht würden. Wenn sie andere Lectüre haben wollten, sollten sie zu ihm kommen, sich in den Borromäus-Verein aufnehmen lassen, dann erhielten sie Lectüre, die Balsam für ihre Herzen seien. [...] [Er hat] die Wahlen gegen den Staat sehr beeinflusst, unterrichtete nicht allein in der Kirche die Leute für die clericale Wahl, sondern er ging auch vor dem Wahltermine von Haus zu Haus, allerlei Drohungen aussprechend, wenn die Wahlberechtigten nicht in clericalem Sinne wählten. Solche Drohungen waren: Der Staat will Euch eure Religion rauben, ihr werdet von der Kirche und den Sacramenten ausgeschlossen, ich nehme Euch eure Kinder nicht mehr zur Communion und entlasse sie auch nicht mehr aus der Schule, wenn ihr krank werdet, gebe ich Euch auch keine Medizin mehr u.s.w. In ähnlicher Weise wühlte er auch noch im Wahllocale. Die Schulkinder benutzte er dazu, um die Wahlzettel herumzutragen. Bei der Reichstagswahl erschien er gegen Mittag im Wahllocale mit einer unbeschreiblichen Arroganz, schickte 2 anwesende Wähler, die er beordert hatte, um Wache zu halten, nach Hause mit den Worten: „Nun könnt ihr zu Hause gehen, jetzt bin ich selbst da." Leid ist es mir, daß ich ihn ob dieser demonstrativen Anmaßung nicht sofort mit den beiden Spionen hinausgejagt habe. Wegen medizinischer Pfuschereien ist er am 3. Februar 1874 vor dem Polizeigerichte zu Merzig zu 5 Thaler Geldbuße verurtheilt worden. Trotzdem treibt er seine religiös homöopathische Pfuscherei noch immer*

Alle diese Anklagepunkte, mit denen die Bürgermeister, in exemplarischer Weise derjenige von Hilbringen, und die Landräte ihre Personalvorschläge für

---

heimlich weiter. Er nimmt ein Stückchen Zucker, läßt einige Tropfen aus der Apotheke darauf träufeln, schlägt verschiedene Male das Kreuzzeichen darüber und flüstert im Beisein der Consultirenden ein Gebetchen dazu, so daß die dummen Leute sagen, er verstehe mit unserm Herrgott zu sprechen. In der Kirche hält er häufig und noch bis in die letzte Zeit Geldsammlungen für die Verbreitung des kath. Glaubens, was früher nie geschehen [war]. Das Geld wird aber zu Inseraten von Wahlaufrufen, zur Beschaffung von Wahlzettel, zur Anschaffung von staatsgefährlichen Flugschriften, zu Diäten für den Reichstagsabgeordneten und in der Neuzeit zur Unterhaltung ausgewiesener Geistlichen, welche sich in der Nähe aufhalten, verwendet. Sodann hat er voriges und dieses Jahr zu Ostern in der Kirche Collecten für den Josephs-Verein gehalten, der früher nie existirt hat. Die Sammlungen werden aber zur Unterstützung der aus Deutschland ausgewiesenen Jesuiten, welche sich in Belgien und Holland aufhalten, verwendet. Er empfahl die Collecten zur warmen Betheiligung, weil sie ja für unsere Landsleute geschehen [würden], die sich schon so sehr für die Verbreitung des Glaubens verdient gemacht hätten. [...] Bei den letzten Bischofsempfangsfeierlichkeiten verkündete er von der Kanzel, trotzdem ihm die demonstrativen Aufzüge von hiesiger Stelle in Folge der erlassenen Reg.-Verfügung untersagt worden waren, daß ihm mitgetheilt sei, es wäre alles erlaubt, das sei altes Weiber-Gespräch, daß der Bischof dies Mal nicht wie früher empfangen werden soll, die Katholiken hätten ein Recht darauf und sie sollten alle dazu beitragen, daß der Bischof recht würdig empfangen werde, denn er habe es bei seiner bewiesenen Standhaftigkeit verdient, er sei ein wahrer Bekenner. In Folge dessen war ich veranlaßt, meine polizeilichen Anordnungen in Betreff des Bischofsempfangs [in] ortsüblicher Weise bekannt zu machen. Dennoch haben auf seine Veranlassung Reiter-Cavalcaden [d.h. Reiteraufzüge] *stattgefunden und hat er nach beendigtem Feste den Reitern satt Wein zu trinken gegeben. Bei Verkündigung der Bedingungen, unter denen der jetzige Jubiläumsablaß zu gewinnen sei, erwähnte er, daß man auch beten müsse für die Feinde der Kirche. Ja, die Kirche hat viele Feinde, die sich von der liberalen Strömung hinreißen lassen. Die Kirche besiegt aber ihre Feinde nicht mit Kanonen, Flinten und Todtmachen, sondern mit den Waffen des Gebetes und Glaubens. Hierüber habe ich eine besondere Anzeige vorgelegt, weil ich in dieser Äußerung eine Majestätsbeleidigung verstehen konnte, denn nur die Majestät gebraucht Kanonen und Flinten und [es] bezog sich das Todtmachen nur auf die gefallenen Opfer des letzten Krieges. [...] Alle Leute wären froh, wenn er fort wäre, denn sie fürchten ihn wie die Hölle.* – In seinem Schreiben an die Regierung Trier vom 12. August 1875 bemerkte der Landrat von Merzig zu dieser Philippika des Bürgermeisters von Hilbringen: *Gegen den Pfarrer Stroth bringt der Bürgermeister so Gravirendes vor, daß es im staatlichen Interesse liegt, sein ferneres Amtiren zu verhindern. Derselbe ist ein Zögling des bischöflichen Knabenconvicts gewesen und gilt als Wächter und Verfolger seiner Amtsbrüder, wenn dieselben sich Abweichungen von der ultramontanen Richtung erlauben, wozu er in dem von ihm besuchten Jesuiten-Institut weiter ausgebildet worden sein mag. Der Bürgermeister Rosch lebte früher mit ihm auf sehr freundschaftlichem Fuß, ist jedoch seit einiger Zeit mit ihm ganz verfeindet, wie ich nachrichtlich zu vermerken nicht unterlassen will. Mag dessen Urtheil hierdurch getrübt sein, so finden seine Angaben doch ihre Bestätigung in den sonst über den p. Stroth herrschenden Ansichten.*

eine Benachrichtigungszustellung begründeten, enthielten viele persönliche Verdächtigungen, moralische Verunglimpfungen und antiklerikale Ausfälle. Dies verdeutlicht, dass der Kulturkampf bei vielen Amtsträgern sowohl persönliche Ressentiments und Aversionen weckte als auch ihnen Gelegenheit bot, diesen freien Lauf zu lassen; der Kulturkampf eröffnete lokalen Amtsinhabern Frei- und Hegeräume für Denunziationen ihrer persönlichen Feinde, politischen Gegner und weltanschaulichen Widersacher im Klerus. Im sachlichen Kern freilich beanstandeten die gegen den Klerus erhobenen Vorwürfe dessen politischen Protest gegen die liberalen Parteien, gegen die Staatsregierung und gegen die von diesen zu verantwortenden Kulturkampfgesetze sowie dessen Einsatz zugunsten der oppositionellen Zentrumspartei, des Mainzer Katholikenvereins, der katholischen Zeitungen und der strafverfolgten Amtsbrüder und Bischöfe. Die Landräte und Bürgermeister betrachteten die Zustellung der Benachrichtigung als willkommene Gelegenheit, klerikale Regierungskritiker, die sie als staatsfeindliche Fundamentalopponenten wahrnahmen, auszuschalten oder zumindest in abschreckender Weise zu bestrafen; die fragliche Benachrichtigung wurde kurzum zum Kampf- und Repressionsmittel gegen diejenigen Pfarrgeistlichen, die als Initiatoren und Organisatoren der katholischen parlamentarischen wie außerparlamentarischen Opposition galten, zu instrumentalisieren gesucht. Die Nichtbereitschaft oder Unfähigkeit, die Demonstrations-, Meinungsäußerungs-, Publikations-, Rede-, Vereinsbildungs-, Versammlungs- und Pressefreiheit als auch Andersdenkenden und selbst Priestern zustehende Freiheitsrechte zu respektieren, und die Diskreditierung der antigouvernementalen Wahrnehmung dieser Rechte als staatsbedrohliche ‚Wühlereien' von bösartigen Reichsfeinden offenbaren eine noch ganz von autoritärem Obrigkeitsdenken geprägte Illiberalität. Diese antipluralistische, vor- und undemokratische Grundhaltung, welche zumindest von Geistlichen eine politische Konformität mit der Regierungslinie verlangte, brachte der Landrat von Bitburg paradigmatisch mit seiner Hoffnung zum Ausdruck, *daß ein strenges Einschreiten gegen die größten Heißsporne sie veranlassen wird, eine befriedigende Haltung einzunehmen.*[80]

Welche Sukkursalpfarrer des Regierungsbezirks Trier ließ nun der entscheidungsbefugte Oberpräsident nach welchen Kriterien von der mittlerweile erfolgten Einleitung des Erzwingungsverfahrens benachrichtigen und damit sperren? Auffälligerweise ließ der Oberpräsident keineswegs allen ihm von den Landräten vorgeschlagenen siebzehn Pfarrern die Benachrichtigung zugehen, sondern zunächst nur den sieben Pfarrern Braun zu Pluwig, Hermes zu Gusenburg, Hormisch zu Bettingen, Jox zu Brockscheid, Mergens zu Nonnweiler, Schneider zu Wadrill und Stroth zu Hilbringen.[81] Das Ausmaß der partei- und kirchenpolitischen

80 Der Landrat von Bitburg an die Regierung Trier am 13. August 1875 (LHAK, Bestand 442 Nr. 5083).

81 Der Oberpräsident der Rheinprovinz an die Regierung Trier am 4. September 1875 (LHAK, Bestand 442 Nr. 5083): *In Folge des gefälligen Berichts vom 26. v. Mts. ersuche ich die Königliche Regierung ergebenst, den Succursalpfarrern Hormisch zu Bettingen, Jox zu Brockscheid und Hermes zu Gusenburg in meinem Namen die im 2. Absatz des*

Agitation, welche möglichst schon durch eine Verurteilung wegen Beleidigung von Amtsträgern oder infolge des Kanzelparagraphen oder aufgrund des Vereinsgesetzes nachgewiesen, zumindest aber anhaltend und offenkundig sein sollte, war augenscheinlich für den Oberpräsidenten das ausschlaggebende Hauptkriterium. Diesen genannten Pfarrern untersagte daraufhin die Regierung Trier im Auftrag des Oberpräsidenten mittels Benachrichtigung jede weitere Amtshandlung und drohte ihnen im Zuwiderhandlungsfall die Strafverfolgung gemäß § 23 Abs. 2 des Gesetzes vom 11. Mai 1873 an.[82] Von dem Verbot der weiteren Berufsausübung verschonte der Oberpräsident gemäß dem Willen des Kultusministers diejenigen Pfarrer, die ihre ‚Verbrechen' vor dem Ministerialbescheid vom 4. Juli 1874 begangen hatten;[83] beim Pfarrer Degen zu Kell wollte er erst den *Ausgang des gegen ihn schwebenden Strafverfahrens* abwarten;[84] bezüglich des Pfarrers Lehnen zu Trier folgte er wohl der Fürsprache der Regierung Trier, welche die Anschuldigung eines bloßes *Unterlassens, nämlich daß er dem Treiben des Kaplans Dasbach nicht entgegengetreten sei,* nicht für schwerwiegend genug für ein Berufsverbot hielt[85].

---

§ 23 des Gesetzes vom 11. Mai 1873 vorgesehene Benachrichtigung zugehen zu lassen und mir demnächst von dem Geschehenen Mittheilung zu machen, auch dafür Sorge zu tragen, daß alle etwa nach der Benachrichtigung seitens der genannten Geistlichen erfolgenden Amtshandlungen dem Königlichen Oberprocurator angezeigt und zugleich zu meiner Kenntniß gebracht werden.
Der Oberpräsident der Rheinprovinz an die Regierung Trier am 6. September 1875 (LHAK, Bestand 442 Nr. 5083): *In Folge des gefälligen Berichts vom 26. v. Mts. ersuche ich die Königliche Regierung ergebenst, den Succursalpfarrer[n] Braun zu Pluwig, Mergens zu Nonnweiler, Stroth zu Hilbringen und Schneider zu Wadrill in meinem Namen die im zweiten Absatze des § 23 des Gesetzes vom 11. Mai 1873 vorgesehene Benachrichtigung zugehen zu lassen und demnächst von dem Geschehenen mir Mittheilung zu machen, auch dafür Sorge zu tragen, daß alle etwa nach der Benachrichtigung seitens der genannten Geistlichen erfolgenden Amtshandlungen dem Königlichen Oberprocurator angezeigt und auch zu meiner Kenntniß gebracht werden.*

82 Beispiel: Die Regierung Trier an Pfarrer Hermes zu Gusenburg am 15. September 1875 (LHAK, Bestand 442 Nr. 5083): *Im Auftrage und namens des Herrn Oberpräsidenten der Rheinprovinz benachrichtigen wir Euer Hochehrwürden, daß das Zwangsverfahren wegen definitiver Besetzung des Succursalpfarramts zu Gusenburg auf Grund der §§ 18 und 19 des Gesetzes vom 11. Mai 1873 über die Vorbildung und Anstellung der Geistlichen seitens des Herrn Oberpräsidenten eingeleitet ist. Euer Hochehrwürden haben sich von nun an jeder Amtshandlung in dem dortigen Pfarramte zu enthalten, widrigenfalls das Strafverfahren nach § 23 Abs. 2 l. c. gegen Sie eingeleitet werden würde.* – Die an die anderen genannten Pfarrer verschickten Schreiben (ebd.) waren – bis auf den Ortsnamen natürlich – gleichlautend.

83 Der Oberpräsident der Rheinprovinz an die Regierung Trier am 6. September 1875 (LHAK, Bestand 442 Nr. 5083).

84 Ebd.

85 Die Regierung Trier an den Oberpräsidenten der Rheinprovinz am 26. August 1875 (LHAK, Bestand 403 Nr. 10865).

Unabhängig von der Umfrage unter den Landräten des Regierungsbezirks Trier, die indirekt von der Oberpräsidialverfügung vom 9. Juli 1875 ausgelöst worden war, gingen auf Antrag der Regierung Trier allerdings noch weiteren Sukkursalpfarrern des Regierungsbezirks Trier die fragliche Benachrichtigung zu. Bis auf den ersteren Fall erfolgte sie aufgrund neuer, nach den obigen Bescheiden verübter ‚Delikte'.

Pfarrer Classen zu Trier/St. Laurentius (Liebfrauen) hatte schon seit langem den Unmut der Regierung Trier erweckt, weil sie ihn für einen der *ultramontansten und regierungsfeindlichsten Geistlichen* hielt. Er bekenne sich *zu den Tendenzen des Mainzer Katholikenvereins,* habe einen weiteren, auf die *Förderung katholischer Interessen* abzielenden Verein mitbegründet, versuche Kinder, von einem *Religionskrieg* fantasierend, zum Abhalten von Prozessionen zu animieren, habe eine Petition zugunsten der Jesuiten und Redemptoristen ebenso wie einen Aufruf zur Wahl von treukatholischen Zentrumsabgeordneten mitunterzeichnet und den maigesetzwidrig amtierenden Kaplan Schneiders Religionsunterricht erteilen lassen.[86] Ein Jahr später fühlte sich die eine *Schädigung der Staats-Interessen* fürchtende Regierung

---

86 Die Regierung Trier an den Oberpräsidenten der Rheinprovinz am 12. Mai 1874 (LHAK, Bestand 442 Nr. 5072 im Entwurf):
Der neben Genannte [d.i. der *Succursalpfarrer Classen an der hiesigen St-Laurentius-Kirche (Kirche zu unserer lieben Frauen)*] *betheiligte sich seit längerer Zeit an Agitationen gegen die Gesetze und Maßregeln der Regierung. Derselbe bekennt sich zu den Tendenzen des Mainzer Katholiken-Vereins und ist Mitgründer des hier bestehenden ultramontanen Vereines ‚Unitas' (Verein zur Förderung katholischer Interessen). Classen ist einer der ultramontansten und regierungsfeindlichsten Geistlichen, welcher seine Zwecke mit großer Umsicht und Ausdauer so wie unter Benutzung eines auf viele Eingesessenen ihm zustehenden besonderen Einflusses verfolgt. Es liegt nach den uns erstatteten Berichten des hiesigen Oberbürgermeisters und obgleich der p. Classen die bezüglichen, von Schulkindern ihren Eltern mitgetheilten Äußerungen bestreitet, der dringende Verdacht vor, daß Genannter sogar in der Christenlehre den Kindern gegenüber seinen ultramontanen Tendenzen Ausdruck gegeben und unter der Hervorhebung, daß ein blutiger Religionskrieg bevorstehe, letztere zur Betheiligung an Prozessionen aufgefordert habe. Dabei soll namentlich auch von ihm bemerkt sein, daß, falls die Regierung das Ausfallen des Schulunterrichtes behuf[s] Theilnahme der Kinder an den Wallfahrten verböte, er die Schulversäumnißstrafen bezahlen würde. Auf unseren desfallsigen Bericht hat der Herr Minister des Innern unterm 13ten Januar cr. den H. Classen von seinen bisherigen Funktionen als Seelsorger bei der hiesigen Strafanstalt enthoben; auch ist dem Genannten von uns das Amt als Localschulinspector entzogen [worden]. Die einzelnen gegen H. Classen besonders hervorzuhebenden Punkte sind folgende:*

1. *Derselbe hat die öffentliche Erklärung mitunterzeichnet, welche der ultramontane Theil der hiesigen Geistlichkeit unterm 25ten August 1872 zu Gunsten der Jesuiten und Redemptoristen erlassen hat und welche namentlich eine auf Prozessionen bezügliche Anordnung der Regierung in beleidigender Weise kritisirte. Jeder der Unterzeichner ist auf Grund des § 185 des Strafgesetzbuchs unterm 25. August 1872 zu einer Geldbuße von 15 Thalern rechtskräftig verurteilt worden.*

Trier von dem fortgesetzten *oppositionellen Verhalten* des Pfarrers Classen so provoziert und von seinem im antigouvernementalen Sinne ausgeübten Einfluss auf die Gläubigen so alarmiert, dass sie zum ersten Mal eine Absetzung des Pfarrers gemäß § 24 des Gesetzes vom 12. Mai 1873 zur Debatte stellte. Insbesondere kreidete sie dem Pfarrer an, dass er seinen maigesetzwidrig angestellten Kaplan Schneiders bei dessen illegalen Amtshandlungen gedeckt und unterstützt hatte, wobei die mit einer Verurteilung endende Gerichtsverhandlung gezeigt habe, *wie einseitig und mit den Interessen des Staats unvereinbar dessen Anschauungen sind.* Außerdem hielt ihn die Regierung Trier für moralisch mitschuldig an den – an anderer Stelle thematisierten – Tumulten, die am 1. November 1874 anlässlich der Verhaftung des Kaplans in der Trierer Liebfrauenkirche vorgefallen waren.[87] Insgesamt zeichnete

---

2. *Am Ende vergangenen Jahres hat H. Classen einen Aufruf der klerikalen Partei, welche zur Wahl von ultramontanen Abgeordneten aufforderte und den Gegensatz gegen die Staatsregierung sehr scharf betonte, mit unterzeichnet.*
3. *Hat Genannter den vom Bischof gesetzwidrig ernannten Geistlichen Schneiders am Ende vergangenen Jahres, während er noch als Lokalschulinspector fungierte, den Religionsunterricht in der Knaben- und Mädchenschule der Pfarrei St. Laurentius ertheilen lassen, obwohl ihm sehr wohl bekannt war, daß dieses einen strafbaren Verstoß gegen die neueren Kirchengesetze involvire und deshalb von uns die Ertheilung des Religions-Unterrichts in den Schulen doch solche Geistliche ausdrücklich verboten sei.*

Letzterer Vorgang dürfte namentlich darthun, daß H. Classen die neueren Kirchengesetze nicht anerkannt und somit ein sehr erhebliches Interesse vorliege, daß derselbe nicht weiter fungire. Nach Lage der hiesigen Verhältnisse und bei der Persönlichkeit des Pastors Classen halten wir dessen Entfernung aus seinem jetzigen Amte, welches er jedenfalls dazu benutzt, um der Staatsregierung entgegenzuwirken, für dringend geboten. Überdies soll er in neuerer Zeit durch besonders aufreizende Predigten sich hervorthun.

87 Die Regierung Trier an den Oberpräsidenten der Rheinprovinz am 18. Mai 1875 (LHAK, Bestand 403 Nr. 10865): *Euer Hochwohlgeboren beehren wir uns im Anschluß an unsere Berichte vom 12. Mai pr. und 29. October pr., nach welchen der Pfarrer Classen an der hiesigen St.-Laurentius-Kirche sein Amt behufs Schädigung der Staats-Interessen benutzt, gehorsamst vorzutragen, daß Genannter nach Erstattung unserer erwähnten Berichte in seinem oppositionellen Verhalten fortfuhr und sich namentlich eifrigst angelegen sein ließ, den bei der Laurentius-Kirche gesetzwidrig angestellten Kaplan Schneiders bei Vornahme von Amtshandlungen zu unterstützen. Wenn den einsichtigen Bürgern hiesiger Stadt auch das Benehmen des p. Classen im hohen Grade zum Ärgernisse gereichte, so versuchte letzterer doch auf die große Menge einzuwirken und bemühte sich, dieser den Beweis zu liefern, daß die Macht des Staats nicht so weit reiche, um die von der Kirche ernannten Geistlichen am Amtiren zu hindern. Es unterliegt wohl keinem Zweifel, daß die höchst beklagenswerthen, Euer Hochwohlgeboren bekannten Vorgänge in der Laurentius-Kirche im November v. Js. von H. Classen in völliger Verkennung seiner Stellung als Pfarrer in Scene gesetzt sind, und wie einseitig und mit den Interessen des Staats unvereinbar dessen Anschauungen sind, dürfte die wegen Theilnahme des H. Classen an den unerlaubten Amtshandlungen der gesetzwidrig ernannten Kapläne Schneiders und Reis vor dem hiesigen Zuchtpolizeigericht unterm*

die Regierung Trier das Bild eines engagiert zugunsten der katholischen Interessen und gegen die Kulturkampfgesetze agitierenden Priesters. Aber noch erachtete der Oberpräsident, wie immer um ein hohes Anforderungsniveau an die Prämissen für eine Sanktionierung an sich regulär angestellter und legal amtierender Pfarrgeistlicher bemüht, die vorgebrachten Anschuldigungen für nicht schwerwiegend genug für die Eröffnung eines gerichtlichen Absetzungsverfahrens, aber er wollte, sobald die rechtlichen Voraussetzungen in Gestalt des gegenüber dem Trierer Bischof eingeleiteten Erzwingungsverfahrens zur definitiven Besetzung der Sukkursalpfarrstellen vorliegen, dem Pfarrer die weitere Amtsausübung per Benachrichtigung verbieten lassen.[88] Als einige Wochen später die rechtlichen Bedingungen erfüllt waren, setzte der Oberpräsident seine Ankündigung in die Tat um.[89] Das weitere Vorgehen des Staates gegen Pfarrer Classen, der als einziger Pfarrgeistlicher des

12ten März stattgehabte Verhandlung (confer. die angeschlossene 2te Beilage zum St.-Paulinus-Blatte Nr. 11) zur Genüge ergeben. Die Resultate dieser Untersuchungen lauten für den Pfarrer Classen sehr ungünstig, indem derselbe zufolge der [...] beiden [...] Urtheile der hiesigen Zuchtpolizeiappellkammer vom 15ten April cr. zu Geldstrafen von 100 beziehungsweise 30 Mark event. entsprechende Gefängnißstrafe verurtheilt ist. Abschließend meinte die Regierung Trier, dass *die Handlungen des H. Classen* ihres Erachtens *die Einleitung des Absetzungsverfahrens nach § 24 des Gesetzes vom 12ten Mai 1873 als nothwendig erscheinen lassen.*

88 Der Oberpräsident der Rheinprovinz an die Regierung Trier am 4. Juni 1875 (LHAK, Bestand 442 Nr. 5072): *Wie ich der Königlichen Regierung auf den gefälligen Bericht vom 18 v. Mts., betreffend den Succursalpfarrer Classen zu Trier an der dortigen St.-Laurentius-Kirche, [...] ergebenst erwiedere, scheinen mir die gegen den p. Classen vorliegenden Thatsachen nicht so schwerwiegend zu sein, um daraufhin das im § 24 des Gesetzes vom 12. Mai 1873 vorgesehene Verfahren durchführen zu können. Dagegen werde ich, wenn hinsichtlich der von ihm bekleideten Stelle eine Geldstrafe gegen den Bischof von Trier auf Grund des § 18 resp. des § 19 des Gesetzes vom 11. Mai 1873 festgesetzt werden sollte, die nach Abs. 2 § 23 l. c. zulässige Benachrichtigung an ihn gelangen lassen.*

89 Der Oberpräsident der Rheinprovinz an die Regierung Trier am 9. August 1875 (LHAK, Bestand 442 Nr. 5072): *Mit Bezug auf den gefälligen Bericht vom 18. Mai d. Js. [...] ersuche ich die Königliche Regierung ergebenst, dem Succursalpfarrer Classen an der St.-Laurentius-Kirche daselbst in meinem Namen die im zweiten Absatze des § 23 des Gesetzes vom 11. Mai 1873 vorgesehene Benachrichtigung zugehen zu lassen. Die Königliche Regierung wolle demnächst von dem Geschehenen mir Mittheilung machen und Sorge tragen, daß alle etwa nach der Benachrichtigung Seitens des p. Classen erfolgenden Amtshandlungen dem Königlichen Oberprocurator angezeigt und auch zu meiner Kenntniß gebracht werden.*
Die Regierung Trier an Pfarrer Classen zu Trier/St. Laurentius (Liebfrauen) am 13. August 1875 (LHAK, Bestand 442 Nr. 5072): *Im Auftrage und Namens des Herrn Oberpräsidenten der Rheinprovinz benachrichtigen wir Euer Hochehrwürden, daß das Zwangsverfahren wegen definitiver Besetzung des Succursalpfarramts an der hiesigen St.-Laurentius-Kirche auf Grund der §§ 18 und 19 des Gesetzes vom 11. Mai 1873 über die Vorbildung und Anstellung der Geistlichen seitens des Herrn Oberpräsidenten*

Bistums Trier vom Gerichtshof für kirchliche Angelegenheiten abgesetzt wurde, soll an anderer Stelle verfolgt werden.

Pfarrer Mertes zu Messerich (Kreis Bitburg) hatte gerichtsnotorisch dadurch gefrevelt, dass er einem maigesetzwidrig angestellten Geistlichen bei der Verrichtung von verbotenen Amtshandlungen *wissentlich durch Rath und That Hülfe geleistet* hatte. Wahrscheinlich hatte der Pfarrer seine Pfarrkirche einem gesperrten Amtsbruder für die Abhaltung von Gottesdiensten zur Verfügung gestellt. Seine Rechtfertigung, er habe von der Nichtberechtigung des Geistlichen nichts gewusst, hielt die Regierung Trier für unglaubwürdig und den Frevel verschlimmernd, da der Geistliche *bei ihm abgestiegen war, Civilkleider mit sich führte und einen Vollbart trug.*[90] Diese Missetaten veranlassten den Oberpräsidenten, Pfarrer Mertes sperren zu lassen[91].

In den folgenden Fällen taucht ein ganz neuer, bisher noch nicht angegebener Grund für eine Benachrichtigung auf, nämlich der Schutz der sog. ‚Staatspfarrer' vor Angriffen und Störungen seitens benachbarter Amtsbrüder. Hervorgerufen wurde diese staatlicherseits gefühlte Notwendigkeit durch das preußische Gesetz vom 22. April 1875,[92] auch ‚Sperrgesetz' oder ‚Brotkorbgesetz' genannt,

---

eingeleitet ist. Euer Hochehrwürden haben sich von nun an jeder Amtshandlungen in dem Pfarramte der St.-Laurentius-Kirche hierselbst zu enthalten, widrigenfalls das Strafverfahren nach § 23 Abs. 2 l. c. gegen Sie eingeleitet werden würde.

90 Die Regierung Trier an den Oberpräsidenten der Rheinprovinz am 13. Oktober 1875 (LHAK, Bestand 403 Nr. 10865): *Euer Hochwohlgeboren gestatten wir uns [...] Abschrift eines Urtheils der Zuchtpolizei-Appellkammer des hiesigen Königlichen Landgerichts vom 16. August gehorsamst zu überreichen, wonach der genannte Mertes* [d.i. der Sukkursalpfarrer von Messerich im Kreis Bitburg] *für überführt erklärt worden [ist], einem Geistlichen, welcher am 28. Februar cr. zu Messerich geistliche Amtshandlungen in Zuwiderhandlung gegen den Art. 2 des Gesetzes vom 11. Mai 1874 vorgenommen hat, zur Begehung dieses Vergehens wissentlich durch Rath und That Hülfe geleistet zu haben, und demgemäß in eine Geldstrafe von 15 Mark, subsidiarisch in eine Gefängnißstrafe von zwei Tagen verurtheilt worden ist. Diese Verurtheilung, insbesondere aber das unwürdige Verhalten des p. Mertes, mit welchem er in der Voruntersuchung wie bei der gerichtlichen Verhandlung hartnäckig geleugnet hat, den Geistlichen als einen zu den fraglichen Amtshandlungen nicht berechtigten gekannt zu haben, obgleich derselbe bei ihm abgestiegen war, Civilkleider mit sich führte und einen Vollbart trug, scheint uns eine neue Thatsache darzustellen, welche in Verbindung mit dem in unseren gehorsamsten Berichten vom 7ten und 8ten Mai v. Js. Vorgetragenen die Ansicht rechtfertigt, daß es im Interesse der Staatsregierung liegt, daß Mertes nicht weiter fungire. Euer Hochwohlgeboren hoher Erwägung stellen wir daher ehrerbietigst anheim, dem p. Mertes die Benachrichtigung im Sinne des § 23 alin. 2 des Gesetzes vom 11ten Mai 1873 zugehen zu lassen.*

91 Der Oberpräsident der Rheinprovinz an die Regierung Trier am 28. Oktober 1875 (LHAK, Bestand 403 Nr. 10865 im Entwurf).

92 Text u.a. in: N. Siegfried [Hrsg.]: Aktenstücke betreffend den preußischen Kulturkampf, S. 277–279; E. Huber/W. Huber [Hrsg.]: Staat und Kirche im 19. und 20. Jahrhundert, Bd. 2, Nr. 309, S. 656–658. Vgl. dazu E. Huber: Deutsche Verfassungsgeschichte, Bd. 4,

welches – mit gewissen Ausnahmen – in § 1 die Einstellung von Staatsleistungen an Geistliche dekretierte. Es ließ laut § 6 die Wiederaufnahme der Leistungen aus Staatsmitteln zu, wenn sich ein Empfangsberechtigter schriftlich zur Befolgung der Staatsgesetze verpflichtet, und ermächtigte darüber hinaus die Staatsregierung, die Temporaliensperre für diejenigen Geistlichen aufzuheben, die *durch Handlungen die Absicht an den Tag legen, die Gesetze des Staates zu befolgen.* Die Staatsregierung konnte also, um die bisher nahezu geschlossene klerikale Widerstandsfront aufzubrechen, diskretionär nach Gutdünken staatstreues Wohlverhalten durch Gehaltsauszahlung belohnen, ohne dass der Empfänger sich durch die Leistung einer Unterschrift schriftlich kompromittieren musste. Die Möglichkeit, von einer förmlichen Verpflichtungserklärung abzusehen und aus konkludenten Handlungen auf eine vermutete Gesinnung zurückzuschließen, was naturgemäß einen großen Interpretationsspielraum ließ, führte freilich auch dazu, dass auf Veranlassung von prokatholischen, befreundeten und einfach mitfühlenden Bürgermeistern oder Landräten Auszahlungen vorgenommen wurden, ohne dass die geistlichen Empfänger jemals ihren Gehorsam gegenüber den Kulturkampfgesetzes bekundet hatten; manchen wurde das Gehalt regelrecht aufgenötigt. Die wenigen Geistlichen, die eine Wiederauszahlung erwirkten oder zuließen, wurden meist sowohl seitens ihrer Gemeinden wie ihrer Amtsbrüder befehdet, beschimpft und boykottiert, was an anderer Stelle näher behandelt wird. Hier interessiert die Funktion der Benachrichtigung als Abwehrmaßnahme zum Schutz, zur Ermunterung und zur Rückendeckung dieser staatstreuen Pfarrer, denn sie bot, zumal wenn keine justiziablen Rechtsverletzungen vorlagen, eine willkommene Handhabe, gegen einen solchen ‚fanatischen', seinen staatsloyalen Amtsbruder anfeindenden oder diesen bei der Seelsorge beeinträchtigenden Pfarrer vorzugehen, indem man dessen Weiteramtierung verbot und ihn somit zur beruflichen Passivität verdammte. Der Regierung Trier schien es *durch das Staatsinteresse dringend geboten, daß ein Geistlicher nicht weiter fungire, welcher sich nicht entblödet, öffentlich gegen staatstreue Geistliche sich des zur Aufregung der Menge besonders geeigneten und deshalb stets in Anwendung gebrachten Agitationsmittels der Beschuldigung des Glaubensabfalls zu bedienen.*[93] So hatte Pfarrer Paquet zu Otzenhausen (Landkreis Trier) auf der Bahnfahrt von Trier nach Saarburg im Eisenbahn-Coupé den Staatsgehaltsbezieher Klein zu Mannebach vor Mitreisenden als *Abtrünniger und Meineidiger* tituliert, wofür er zu einer Geld-, ersatzweise zu einer vierwöchigen Gefängnisstrafe verurteilt wurde. *Überdies hat sich der p. Paquet nach Eintritt des kirchenpolitischen Conflictes*

---

2. Aufl., S. 734–736; H. Lepper: Die kirchenpolitische Gesetzgebung der Jahre 1872 bis 1875, S. 234–243; H. Schiffers: Der Kulturkampf in Stadt und Regierungsbezirk Aachen, S. 110–116; E. Hegel: Das Erzbistum Köln 1815 – 1962, S. 565–567; A. Ditscheid: Matthias Eberhard, 2. Aufl., S. 168–184; C. Weber: Kirchliche Politik, S. 23–27; W. Dietz: Die Auswirkungen des Kulturkampfes im Regierungsbezirk Koblenz, S. 170–179.

93 Die Regierung Trier an den Oberpräsidenten der Rheinprovinz am 8. November 1875 (LHAK, Bestand 403 Nr. 10865).

entschieden auf die Seite der staatsfeindlichen ultramontanen Parthei gestellt und dies bei den Wahlen laut bekundet. *Bei dieser Partheistellung hat er sich besonders zur geringeren Volksklasse gewandt und sich in derselben einen Anhang verschafft.*[94] Die gerichtskundige Beleidigung eines Staatsgehaltsempfängers, kombiniert mit Volksnähe, Zentrumsunterstützung und entschieden ultramontaner Einstellung, bewog den Oberpräsidenten, die Regierung Trier mit der ein Berufsverbot auslösenden Benachrichtigung an Pfarrer Paquet zu beauftragen.[95]

Als bekannt geworden war, dass Pfarrer Gotthard zu Berglicht (Kreis Bernkastel) sich den Staatsgesetzen unterworfen hatte und daraufhin die Staatsleistungen wieder erhalten hatte, verbreitete sich sofort in seiner Pfarrei das Gerücht, *Gotthard sei vom Glauben abgefallen, sein Gottesdienst sacrilegisch und die Betheiligung daran eine schwere Sünde. In Folge dessen stand die Kirche zu Berglicht bald leer,* und

94 Die Regierung Trier an den Oberpräsidenten der Rheinprovinz am 26. Januar 1876 (LHAK, Bestand 403 Nr. 10866): *Der Succursalpfarrer Nicolaus Paquet zu Otzenhausen (ist) durch Erkenntniß des hiesigen Zuchtpolizeigerichts vom 27. November pr. für überführt erklärt, den katholischen Pfarrer Klein zu Mannebach dadurch öffentlich beleidigt zu haben, daß er bezüglich desselben am 22. September pr. auf der Fahrt von Trier nach Saarburg in einem Eisenbahn-Coupé in Gegenwart mehrerer Personen die Äußerung gethan [habe], Klein sei ein Abtrünniger und Meineidiger, weil er sich den Staatsgesetzen unterworfen habe, und dieserhalb zu einer Geldstrafe von 150 Mark, subsidiarisch einer Gefängnißstrafe von 4 Wochen verurtheilt worden. Des Herrn Cultusministers Excellenz haben bereits [...] in dem Rescript vom 3. Dezember v. Js. anerkannt, daß das Staatsinteresse gebiete, dem Weiterfungiren eines Geistlichen entgegen zu treten, welcher sich nicht entblöde, öffentlich gegen staatstreue Geistliche das zur Aufregung der Menge besonders geeignete Agitationsmittel der Beschuldigung des Glaubensabfallen[s] und des Meineides anzuwenden. Überdieß hat sich der p. Paquet nach Eintritt des kirchenpolitischen Conflictes entschieden auf die Seite der staatsfeindlichen ultramontanen Parthei gestellt und dieses sowohl bei den politischen wie den unlängst stattgehabten kirchlichen Wahlen bekundet. Bei dieser Partheistellung hat er sich besonders zur geringeren Volksklasse gewandt und sich in derselben einen Anhang verschafft, dagegen das Vertrauen der besseren, zur Staatsregierung haltenden Pfarreingesessenen verloren. Im Übrigen ist derselbe wegen seiner geistlichen Herrschsucht und seiner Leidenschaftlichkeit bei seinen Pfarrkindern nicht besonders beliebt. Er soll nach dem Bericht des Kreislandrathes schon wiederholt mit seinen Pfarrgenossen in Prozessen gestanden haben; einmal ist derselbe durch Urtheil des Zuchtpolizeigerichts vom 23. Dezember 1870, bestätigt durch das Zuchtpolizei-Appellationsgericht hierselbst unterm 21. Februar 1871, wegen Beleidigung des Ortsvorstehers Linnig zu Otzenhausen zu einer Geldstrafe von 15 Thlr., ev. 5 Tage Gefängniß verurtheilt worden. [...]. Die Localschulinspection haben wir dem p. Paquet bereits durch Verfügung vom 19. d. M. entzogen. Hiernach gestatten wir uns Euer Hochwohlgeboren ehrerbietigst anheim zu geben, dem p. Paquet die Benachrichtigung im Sinne des § 23 al. 2 des Gesetzes vom 11. Mai 1873 zugehen zu lassen.*

95 Der Oberpräsident der Rheinprovinz an die Regierung Trier am 7. Februar 1876 (LHAK, Bestand 403 Nr. 10866 im Entwurf).

die Einwohner wandten sich für die Gottesdienste, Leichenbegängnisse, Taufen und Trauungen hauptsächlich an Pfarrer Alles zu Horath; auch ihre Kinder schickten sie in den etwa eine Wegstunde entfernten Ort zum Kommunionunterricht, sodass Pfarrer Alles praktisch die Pfarrverwaltung von Berglicht mitübernommen hatte. Diese Marginalisierung und Ausbootung eines ‚Staatspfarrers' wollte die Regierung Trier unbedingt konterkarieren, weil sie den Staat für verpflichtet hielt, *den ihm freundlich gesinnten Geistlichen jeden möglichen gesetzlichen Schutz zu Theil werden zu lassen.* Da nun aber der Pfarrer von Horath sich keiner strafbaren Handlungen schuldig gemacht hatte und ihm juristisch nicht beizukommen war – die Pastorierung fremder Pfarrkinder durch einen rechtmäßig angestellten Pfarrer in dessen eigener Pfarrei war ja nicht strafbar –, plädierte die Regierung Trier dafür, die Möglichkeit der Benachrichtigung als Waffe zu seiner Kaltstellung zu nutzen, wie überhaupt *den Fanatikern unter den Geistlichen gegenüber rücksichtslos von der Bestimmung des § 23 al. 2 des Gesetzes vom 11. Mai 1873 Gebrauch gemacht werden muß. Nur so ist es möglich, einestheils ein weiteres Unterwühlen der Massen zu verhindern, anderntheils die besser gesinnten Geistlichen zu schützen, an sich heranzuziehen und ihnen zu einem freien Bekennen ihrer Überzeugungen den Muth zu geben.*[96] Der Oberpräsident schloss sich dieser Ansicht an und ließ dem Pfarrer

---

96 Die Regierung Trier an den Oberpräsidenten der Rheinprovinz am 11. März 1876 (LHAK, Bestand 403 Nr. 10866): *Kaum war die Unterwerfung des Pfarrers Gotthard zu Berglicht unter die Staatsgesetze und die in Folge dessen zu seinen Gunsten verfügte Wiederaufnahme der Staatsleistungen bekannt geworden, als sofort in seiner Pfarrei das Gerede auftauchte und Verbreitung fand, Gotthard sei vom Glauben abgefallen, sein Gottesdienst sei sacrilegisch und die Betheiligung daran eine schwere Sünde. In Folge dessen stand die Kirche zu Berglicht bald leer, die Pfarrgenossen befriedigten ihre religiösen Bedürfnisse in den Nachbargemeinden, namentlich in dem etwa eine Stunde entfernten Horath. Nicht nur bezeichnet der Pfarrer Gotthard als Hauptschürer der Agitation gegen ihn seinen Amtsbruder, den Pfarrer Alles zu Horath, sondern es weisen auf diesen auch alle Anzeichen hin, ohne daß sich freilich ein stricter Beweis hierfür bei der ultramontanen Gesinnung der Pfarrgenossen, welche sich hüten, eine den p. Alles beschwerende Aussage zu machen, führen ließe. Allein es bestätigen die Thatsachen den Verdacht des p. Gotthard und das allgemeine Gerücht. Alles hat nicht nur die Eltern der Pfarrei Berglicht zu bestimmen gewußt, ihm die Kinder zum Beicht- und Communionunterricht zu schicken, sondern er hat es sich sogar beigehen lassen, eine ganze Anzahl von Kindern der Schule in Berglicht zu entziehen und sie derjenigen in Horath zuzuführen. Außerdem läßt er sich die Kinder aus der Pfarrei Berglicht zur Taufe bringen, proclamirt und traut die dorthin gehörenden Paare in seiner Kirche und hält dort die Exequien für Verstorbene der Pfarrei Berglicht, mit einem Wort, er führt vollständig die Verwaltung der letzte[re]n Pfarrei von Horath aus. Auf die deßfallsige Beschwerde des Pfarrers Gotthard haben wir zunächst durch Verfügung vom 14. v. Mts. die Rückführung der betreffenden Schulkinder in die Schule zu Berglicht angeordnet und dem p. Alles die Localschulinspection entzogen, gleichzeitig aber noch nähern Bericht über die Gotthardschen Beschwerden vom Kreislandrath erfordert. Hierdurch haben sich jene Beschwerden vollständig als in jeder Beziehung, wie oben ausgeführt,*

von Horath die weitere Amtsausübung untersagen durch die Benachrichtigung, dass gegenüber dem Bischof von Trier das Erzwingungsverfahrens zur definitiven Besetzung der Sukkursalpfarrei Horath eingeleitet sei.[97]

Nach der Rückkehr von der Beerdigung des Trierer Bischofs Eberhard, der am 30. Mai 1876 an Herzversagen gestorben war,[98] erzählte der *jesuitisch gesinnte* und *als Fanatiker bekannte* Pfarrer Müller zu Mehren am Pfingstmontag im Hochamt, der Bischof habe sich noch kurz vor seinem Tod zufrieden über die Standhaftigkeit seines Pfarrklerus im Kulturkampf geäußert; nur derjenige des Dekanats Daun habe ihm viel Kummer bereitet. Ein *hochgestellter Geistlicher* habe, auf den Sarg des Bischofs deutend, zu ihm, Pfarrer Müller, gesagt, einen Sargnagel habe das Dekanat Daun geliefert. In diesem Dekanat empfingen nämlich laut Landrat fünf Geistliche und damit überproportional viele das Staatsgehalt. Der Landrat von Daun und die Regierung Trier sahen in dieser Kanzelverkündigung sowie in der drohenden Ankündigung des Pfarrers Müller, das im Gottesdienst Berichtete werde im St.-Paulinus-Blatt einer größeren Öffentlichkeit zur Kenntnis gebracht und dann seien *die Staatsgehaltsempfänger im Dekanate Daun unhaltbar*, eine gegen diese gerichtete Hetze, durch die deren Stellung und Ansehen bei der Bevölkerung untergraben werden soll. Zur Abstellung dieser *Machinationen, die bei der Leichtgläubigkeit der irregeführten Menge meistens ihren Zweck nicht verfehlen*

---

begründet erwiesen. Der Pfarrer Alles gerirt sich vollkommen als Pfarrverwalter von Berglicht. Wir halten den Staat für verpflichtet, den ihm freundlich gesinnten Geistlichen jeden möglichen gesetzlichen Schutz zu Theil werden zu lassen und sind daher der Meinung, daß solchen Agitationen, welche nicht etwa nur vereinzelt vorkommen, sondern gegen alle staatstreuen Geistliche gleichmäßig zur Anwendung gebracht zu werden pflegen, schon um andere [Geistliche] von gleichem Vorgehen abzuschrecken, mit aller Entschiedenheit entgegenzutreten und namentlich den Fanatikern unter den Geistlichen gegenüber rücksichtslos von der Bestimmung des § 23 al. 2 des Gesetzes vom 11. Mai 1873 Gebrauch gemacht werden muß. Nur so ist es möglich, einestheils ein weiteres Unterwühlen der Massen zu verhindern, andterntheils die besser gesinnten Geistlichen zu schützen, an sich heranzuziehen und ihnen zu einem freien Bekennen ihrer Überzeugungen den Muth zu geben. Hiernach gestatten wir uns den ehrerbietigen Antrag, dem Pfarrer Alles zu Horath die Mittheilung im Sinne des § 23 al. 2 des Gesetzes vom 11. Mai 1873 zugehen zu lassen.

97 Die Regierung Trier an den Pfarrer von Horath im Kreis Bernkastel am 20. April 1876 (LHAK, Bestand 403 Nr. 10867; GStA PK, I. HA Rep. 76 IV Sekt. 13 Abt. XII Nr. 13 Bd. 6): *Im Auftrage und namens des Herrn Oberpräsidenten der Rheinprovinz benachrichtigen wir Euer Hochwürden, daß das Zwangsverfahren wegen definitiver Besetzung des Succursalpfarramts zu Horath auf Grund der §§ 18 und 19 des Gesetzes vom 11. Mai 1873 über die Vorbildung und Anstellung der Geistlichen seitens des Herrn Oberpräsidenten eingeleitet ist. Euer Hochwürden haben sich von nun an jeder Amtshandlung in dem Pfarramte zu Horath zu enthalten, widrigenfalls das Strafverfahren nach § 23 Absatz 2 l. c. gegen Sie eingeleitet werden wird.*

98 Vgl. A. Ditscheid: Matthias Eberhard, 2. Aufl., S. 186; J. Kraft: Matthias Eberhard, S. 240.

werden, zur Abschreckung der anderen Geistlichen und zur Erfüllung der staatlichen *Verpflichtung,* die staatstreuen *Geistlichen gegen maßlose Angriffe zu schützen,* wollten Landrat und Bezirksregierung den Pfarrer Müller, der *sich schon früher durch seine staatsfeindlichen Agitationen und vaterlandslose Gesinnung hervorgethan* hatte, durch die Zustellung der vielerwähnten Benachrichtigung gesperrt und damit beruflich mattgesetzt haben.[99]

---

99 Der Landrat von Daun, Eich, am 16. Juni 1876 an die Regierung Trier, die das Schreiben an den Oberpräsidenten weiterreichte (LHAK, Bestand 403 Nr. 10867): *Es verlautet hier, daß der zum Begräbniß des Herrn Bischofs zu Trier versammelt gewesene Klerus die Verabredung getroffen habe, gegen diejenigen Geistlichen, welche das Staatsgehalt empfangen, neue Hetzereien in Scene zu setzen, um diese Geistlichen in ihren Pfarrbezirken entweder unmöglich zu machen oder sie zur Verzichtleistung auf das Staatsgehalt und zur Rückkehr zur Fahne des Ultramontanismus zu bewegen. Der als Fanatiker bekannte Pfarrer Müller zu Mehren scheint den Augenblick kaum haben abwarten zu können, um dieser Verabredung, bei der man vielleicht auch die Herbstwahlen im Auge gehabt haben wird, entsprechend zu handeln. Denn sofort nach seiner Rückkehr von dem quest. Begräbnisse unterhielt er am Pfingstmontage, nachdem er den Tod des Bischofs verkündet hatte, [...] in dem Hauptgottesdienste seine zahlreichen Zuhörer mit einer zusätzlichen Erzählung ungefähr folgenden Inhalts: „Der verstorbene Bischof habe am Tage vor seinem Tode zu seinem Begleiter die Äußerung gethan, er könne ruhig sterben, da der Klerus seiner Diözese sich brav gehalten [habe]; nur das Dekanat Daun habe ihm vielen Kummer gemacht. Am Begräbnißtage selbst habe ein hochgestellter Geistlicher zu ihm, Müller, auf den Sarg des Bischofs zeigend gesagt, diesen Nagel an dem Sarge hat das Dekanat Daun geliefert; er, Müller, sei auch von einer Seite verrathen und verkauft, von der er es am wenigsten erwarte." Als mir die Mittheilung über den qu. Sachverhalt gemacht wurde, habe ich keinen Augenblick daran gezweifelt, daß der jesuitisch gesinnte Pfarrer mit dieser Erzählung lediglich den Zweck verfolgt hat, die Menge gegen diejenigen 5 Geistlichen des Dekanats Daun, welche das Staatsgehalt empfangen, aufzuhetzen. Übrigens hat der Müller auch selbst diese Tendenz dadurch klar zu erkennen gegeben, daß er einem Beamten von hier am Tage vor dem qu. Gottesdienst die fragliche Erzählung mit dem Zusatze mitgetheilt hat, daß für die Verbreitung dieser Erzählung durch das Paulinusblatt und dgl. Sorge getragen sei und daß, wenn dieselbe erst bekannt geworden, die Staatsgehaltsempfänger im Dekanate Daun unhaltbar seien. Daß die Erzählung auch in dem von Müller beabsichtigten Sinne von den Besuchern des Gottesdienstes aufgefaßt war, ergeben die Verhandlungen* [d.h. Akten]. *In der jüngsten Zeit sind mir mehrfach Klagen darüber zu Ohren gekommen, daß die Gläubigkeit und katholische Gesinnung der staatsfreundlich gesinnten Geistlichen des Dekanates Daun bei den betreffenden Pfarr-Eingesessenen durch fremde Einflüsse verdächtigt würden. So besucht schon ein großer Theil der Bevölkerung des Ortes Wallenborn nicht mehr den Gottesdienst des zuständigen Pfarrers Bremer in Salm, der das Staatsgehalt empfängt. Die Hetzereien des Kaplans zu Oberstadtfeld sollen dies zu Wege gebracht haben. [...] Auch noch ein anderer Vorgang deutet darauf hin, daß gegen die staatsfreundlichen Geistlichen agitirt und gedrängt werden soll. Meines Erachtens müssen die Letzteren gegen diese Machinationen, die bei der Leichtgläubigkeit der irregeführten Menge meistens ihren Zweck nicht verfehlen werden, entschieden in Schutz genommen werden und im vorliegenden Falle erscheint mir ein entsprechendes Vorgehen ganz besonders am*

Doch diesmal reskribierte der Oberpräsident, dass die *beantragte Benachrichtigung des Müller gemäß § 23 Abs. 2 des Ges[etzes] vom 11. Mai 1873 zur Zeit mit Rücksicht auf die Erledigung des bischöflichen Stuhles von Trier nicht zulässig ist.*[100] Auch als der Pfarrer von Büdlich (Landkreis Trier) Kindern aus Berglicht, wo der schon genannte Staatsgehaltsempfänger Pfarrer Gotthard amtierte, Kommunionunterricht erteilte und sie zur Erstkommunion führte und außerdem noch eine Kollekte zugunsten eines gesperrten Geistlichen abhielt,[101] lehnte der Oberpräsident die

---

Platze zu sein, da der Pfarrer Müller schon früher sich durch seine staatsfeindlichen Agitationen und vaterlandslose Gesinnung hervorgethan hat, in Folge dessen die Königliche Regierung ihn auch durch die Verfügung vom 15. Juli 1874 aus der Schulinspection entfernt und mich weiterhin in der Verfügung vom 16. September 1875 beauftragt hat, für den Fall, daß das fernere Verhalten des p. Müller Anlaß zu erheblichen Beschwerden geben sollte, zu berichten, damit ev. die Sperrung gegen ihn verhängt werde (§ 23 des Gesetzes vom 11. Mai 1873). Wird diese Sperrung [...] jetzt gegen ihn verhängt, so werden sich daran die übrigen Geistlichen ein Beispiel nehmen. Indem ich noch bemerke, daß der Pfarrei Mehren durch die qu. Maßregel erhebliche Inconvenienzen nicht erwachsen werden, da der Ort Mehren und der ferner zur Pfarrei gehörige Ort Steiningen von der benachbarten und geräumigen Kirche der Pfarrei Schalkenmehren nur 10 resp. 30 Minuten entfernt sind, erlaube ich mir den gehorsamsten Antrag zu stellen, daß dem Pfarrer Müller die im 2. Absatz des § 23 des Gesetzes vom 11. Mai 1873 vorgesehene Benachrichtigung zugestellt werde.

Die Regierung Trier an den Oberpräsidenten der Rheinprovinz am 23. Juni 1876 (LHAK, Bestand 403 Nr. 10867): *Euer Hochwohlgeboren beehren wir uns anliegend Abschrift eines Berichtes des Königlichen Landrathes zu Daun vom 16. d. Mts. [...] mit dem gehorsamsten Antrage zu überreichen, aus den in dem landräthlichen Berichte entwickelten Gründen, dem wir uns in allen Theilen anschließen, dem Pfarrer Müller zu Mehren die Mittheilung im Sinne des § 23 Absatz 2 des Gesetzes vom 11. Mai 1873 und zwar, um andere Geistliche von einem gleichen Vorgehen thunlichst abzuschrecken, möglichst bald zugehen zu lassen. Der Pfarrer Müller gehört zu den fanatischsten Geistlichen unseres Bezirkes. [...] Die jetzt neuerdings gegen den p. Müller festgestellten Thatsachen dürften unseres ehrerbietigen Dafürhaltens unzweifelhaft darthun, daß ein weiteres Fungiren des Genannten mit den Interessen des Staates und insbesondere mit des Letzteren Verpflichtung, die ihm treu gesinnten Geistlichen gegen maßlose Angriffe zu schützen, unvereinbar erscheint.*

Dass Bischof Eberhard sich über die Staatsgehaltsempfänger des Dekanats Daun grämte, bestätigen sein Kaplan und Geheimsekretär A. Ditscheid (Matthias Eberhard, 2. Aufl., S. 184) sowie der Trierer Weihbischof J. Kraft (Matthias Eberhard, S. 239).

100 Der Oberpräsident der Rheinprovinz an die Regierung Trier am 13. Juli 1876 (LHAK, Bestand 403 Nr. 10867 im Entwurf).

101 Die Regierung Trier an den Oberpräsidenten der Rheinprovinz am 6. Juli 1876 (LHAK, Bestand 403 Nr. 10867): *Der Pfarrer Erz zu Büdlich (hat) am 23. April ds. Js. 8 – 9 Kinder aus der Pfarrei Berglicht, nachdem er ihnen im Schulsaale zu Büdlich den Communicantenunterricht ertheilt [hatte], in der Pfarrkirche daselbst zur ersten Communion geführt und ferner in derselben Pfarrkirche bei Gelegenheit des im vorigen Monat für den verstorbenen Bischof abgehaltenen Seelenamtes einen allgemeinen Opfergang zur Unterstützung eines gesperrten Geistlichen veranstaltet hat. Wir*

zum Schutz des regierungstreuen Pfarrers beantragte Benachrichtigung ab, da *die Zustellung der gedachten Benachrichtigung zur Zeit nicht mehr zulässig erscheint*[102]. Wie ist dies zu erklären? Dem Oberpräsidenten waren nach dem erwähnten Tod des Trierer Bischofs Eberhard rechtliche Bedenken gekommen, ob die fragliche Benachrichtigung noch zulässig sei, da sie nach dem Willen des Gesetzgebers in erster Linie als gegen den Bischof gerichtetes Pressionsmittel gedacht war, welches diesen durch die darin enthaltene Drohung, ansonsten die Weiteramtierung der Stelleninhaber zu unterbinden, veranlassen sollte, dem Oberpräsidenten die Namen der zur definitiven Besetzung der Sukkursalpfarreien vorgesehenen Personen, meist also der gegenwärtigen Amtsinhaber, zur Plazeterteilung zu nennen, welches Ziel jedoch nach dem Tod des Bischofs prinzipiell nicht mehr erreichbar war.[103] Der Kultusminister teilte diese Bedenken und dekretierte, dass im Bistum Trier keine Benachrichtigungen mehr vorgenommen werden dürfen und dass gegen Sukkursalpfarrer, *deren längeres Verbleiben im Amte mit der öffentlichen*

---

haben dem p. Erz wegen dieses durchaus ungehörigen, eine demonstrative Opposition gegen die Staatsgesetze darstellenden Verhaltens durch Verfügung vom 30. Juni c. die Lokalschulinspection sowie das Recht jeder Einwirkung auf die inneren und äußeren Schulangelegenheiten entzogen, sind aber der Meinung, daß das weitere Functioniren des p. Erz in seinem Pfarramte überhaupt den Interessen des Staates zuwider läuft und stellen daher Euer Hochwohlgeboren ehrerbietigst anheim, dem genannten Succursalpfarrer die Mittheilung gemäß § 23 Abs. 2 des Gesetzes vom 11. Mai 1873 zugehen zu lassen. Daß es nicht geduldet werden kann, wenn Geistliche ihr Amt zur Veranstaltung kirchlicher Collecten für gesperrte Collegen mißbrauchen, bedarf keiner weiteren Erörterung. Die Ertheilung des Communionunterrichtes und die Zulassung zum Abendmahl für Kinder aus Berglicht wenden ihre Spitze gegen den [...] vielfachen Anfeindungen ausgesetzten staatstreuen Pfarrer Gotthard. Hierdurch werden die Angehörigen der Pfarrer Berglicht in ihrer Feindseligkeit gegen ihren Pfarrer bestärkt und die Aussicht auf Herbeiführung geordneter kirchlicher Zustände daselbst wird immer mehr in die Ferne gerückt. Wir sind der Meinung, daß die Staatsregierung verpflichtet ist, die ihr treuen Geistlichen mit allen Mitteln zu schützen und jede gegen diese gerichtete Demonstration entschieden zurückzuweisen.

102 Der Oberpräsident der Rheinprovinz an die Regierung Trier am 6. Juli 1876 (LHAK, Bestand 403 Nr. 10867 im Entwurf).

103 Der Oberpräsident der Rheinprovinz an den Kultusminister am 9. Juni 1876 (LHAK, Bestand 403 Nr. 10867): *[Es] erhebt sich zunächst Frage, ob jetzt nach dem Tode des Bischofs von Trier eine Mittheilung im Sinne des § 23 Abs. 2 des Gesetzes vom 11. Mai 1873 einem Geistlichen überhaupt noch gemacht werden kann, denn wenn auch in der Praxis der Umstand bisher erheblich gewesen ist, daß der betreffende Geistliche zu Beschwerden Anlaß gegeben hatte, so dürfte sich doch nach dem Gesetze vom 11. Mai 1873 die in Rede stehende Maßregel als eine gegen den Bischof gerichtetes Zwangsmittel charakterisiren, indem der Letztere dadurch, daß die provisorische Verwaltung des Pfarramts staatlicher Seits gehindert wird, zur definitiven Besetzung desselben veranlaßt werden soll, welcher Erfolg zur Zeit gar nicht herbeigeführt werden kann.*

Ordnung unverträglich erscheint, allein mit dem Mittel des Absetzungsverfahrens vor dem neu eingerichteten Gerichtshof für kirchliche Angelegenheiten vorgegangen werden soll.[104] Vom Oberpräsidenten dementsprechend instruiert, gab die Regierung Trier diese Weisung vertraulich in einem Rundschreiben an alle Landräte weiter.[105] Damit hatte sich für den Staat ab Sommer 1876 die Frage der Benachrichtigung im Bistum Trier erledigt; aber die Pfarrer, die von dieser internen Dienstanweisung nichts erfahren sollten, mussten weiterhin das Damoklesschwert der Benachrichtigung in disziplinierender und drohender Weise über sich schweben fühlen. Insgesamt waren im Regierungsbezirk Trier elf Pfarrern[106] die ein Amtierungsverbot auslösende Benachrichtigung gemäß § 23 Abs. 2 des Gesetzes vom 11. Mai 1873 zugestellt worden.

---

104 Der Kultusminister an den Oberpräsidenten der Rheinprovinz am 30. Juni 1876 (LHAK, Bestand 403 Nr. 10867): *Insbesondere erkläre ich mich damit einverstanden, daß, nachdem der Bischof von Trier verstorben ist und damit das gegen ihn auf Grund des § 18 des Gesetzes vom 11. Mai 1873 eingeleitete Zwangsverfahren seine Erledigung gefunden hat, eine Benachrichtigung in Gemäßheit des § 23 Abs. 2 an die Succursalpfarrer zur Zeit nicht erfolgen kann. Vielmehr muß abgewartet werden, ob eine gesetzmäßige Diöcesanverwaltung eingerichtet wird und [es] kann dann event. gegen diese das Zwangsverfahren des § 18 wieder aufgenommen und in Folge dessen dann auch wieder von der Bestimmung des § 23 Abs. 2 Gebrauch gemacht werden. Bis dahin bleibt nur übrig, gegen solche Succursalpfarrer, deren längeres Verbleiben im Amte mit der öffentlichen Ordnung unverträglich erscheint, das Absetzungsverfahren in Gemäßheit des § 24 des Gesetzes vom 12. Mai 1873 einzuleiten.*

105 Die Regierung Trier an alle Landräte und an den Trierer Oberbürgermeister am 13. Juli 1876 (LHAK, Bestand 442 Nr. 5070): *Zur Kenntnißnahme und Nachachtung bei etwa zu stellenden Anträgen theilen wir Ew. Hochwohlgeboren vertraulich mit, daß sich der Herr Minister der geistlichen pp. Angelegenheiten über die Frage, ob jetzt nach dem Tode des Bischofs von Trier eine Mittheilung im Sinne des § 23 Abs. 2 des Gesetzes vom 11. Mai 1873 einem Geistlichen überhaupt gemacht werden könne, folgendermaßen ausgesprochen hat: „Insbesondere erkläre ich mich damit einverstanden, daß, nachdem der Bischof von Trier verstorben ist und damit das gegen ihn auf Grund des § 18 des Gesetzes vom 11. Mai 1873 eingeleitete Zwangsverfahren seine Erledigung gefunden hat, eine Benachrichtigung in Gemäßheit des § 23 Abs. 2 an die Succursalpfarrer zu Zeit nicht erfolgen kann. Vielmehr muß abgewartet werden, ob eine gesetzmäßige Diöcesanverwaltung eingerichtet werden wird und [es] kann dann event. gegen diese das Zwangsverfahren des § 18 wieder aufgenommen und in Folge dessen dann auch wieder von der Bestimmung des § 23 Abs. 2 Gebrauch gemacht werden. Bis dahin bleibt nur übrig, gegen solche Succursalpfarrer, deren längeres Verbleiben im Amte mit der öffentlichen Ordnung unverträglich erscheint, das Absetzungsverfahren in Gemäßheit des § 24 des Gesetzes vom 12. Mai 1873 einzuleiten."*

106 Diese elf Pfarrer des Regierungsbezirks Trier seien noch einmal aufgezählt: J. Alles zu Horath, J. Braun zu Pluwig, C. Classen zu Trier/St. Laurentius (Liebfrauen), B. Hermes zu Gusenburg, G. Hormisch zu Bettingen, A. Jox zu Brockscheid, M. Mergens zu Nonnweiler, P. Mertes zu Messerich, N. Paquet zu Otzenhausen, J. Schneider zu Wadrill und J. Stroth zu Hilbringen.

Die Darstellung der Vorgänge rund um die vielerwähnte Benachrichtigung kann und muss für den Regierungsbezirk Koblenz bedeutend kürzer ausfallen, da dort deutlich weniger Sukkursalpfarrer davon betroffen waren. Dies liegt zwar sicherlich auch darin begründet, dass im Regierungsbezirk Koblenz, in dessen rechtsrheinischem Gebietsanteil keine Sukkursalpfarreien existierten, nur etwas mehr als halb so viele Sukkursalpfarrer wie im Regierungsbezirk Trier amtierten; doch sind die Diskrepanzen so disproportional stark, dass dieses Faktum zur Erklärung nicht ausreicht. Es bestätigt sich vielmehr die schon wiederholt gemachte Beobachtung, dass die Repressionsintensität regional stark variierte. Dies erklärt sich nur durch den ‚menschlichen Faktor', nämlich einerseits durch die unterschiedliche Widerstandsentschlossenheit und Militanz des Pfarrklerus und andererseits durch das unterschiedliche Ausmaß des Kulturkampfengagements und der es befeuernden antikatholischen und antiklerikalen Ressentiments, von welchen die Amtsträger, in diesem Fall die für die Unterbreitung von Personalvorschlägen erstzuständigen Bürgermeister und Landräte, beseelt waren. Schon auf die Anfrage des Oberpräsidenten, ihm zwecks Benachrichtigung diejenigen Sukkursalpfarrer zu nennen, die nach dem 4. Juli 1874 *zu erheblichen Beschwerden Anlaß gegeben haben,*[107] nannte die Regierung Koblenz in ihrem Antwortschreiben statt siebzehn Pfarrer wie die

107 Der Oberpräsident der Rheinprovinz an die Regierung Koblenz am 9. Juli 1875 (LHAK, Bestand 441 Nr. 15461): *Der Königlichen Regierung theile ich beifolgend Abschrift zweier von mir an den Herrn Bischof von Trier gerichteten Schreiben vom 8. April d. J. und vom heutigen Tage mit, ausweise welcher derselbe bis zum 5. August d. J. die dauernde Besetzung der sogenannten Succursalpfarreien der Diöcese Trier vorzunehmen hat. Da der gestellten Aufforderung voraussichtlich nicht entsprochen werden wird, so erhebt sich die Frage, welchen Geistlichen demnächst die im Abs. 2 des § 23 des Gesetzes vom 11. Mai 1873 vorgesehene Benachrichtigung zuzustellen ist. Was die provisorisch angestellten Succursalpfarrer selbst anlangt, so bemerke ich, daß nach den früheren Erörterungen in Ihrem Bezirke folgende Pfarrer sich befinden, in Betreff welcher, wenn der Bischof sie gemäß § 15 l. c. benennen sollte, Einspruch auf Grund des § 16 zu erheben sein würde: Lonz zu Heddesheim, Löhr zu Ochtendung und Schmitt zu Vischel. In einem Rescripte vom 4. Juli 1874, ergangen auf die von mir dem Herrn Minister der geistl. Angelegenheiten vorgelegten, die Verhältnisse sämmtlicher Succursalpfarrer betreffenden Berichte der Kgl. Regierungen, hat der genannte Herr Minister sich jedoch dahin ausgesprochen, daß bis auf Weiteres in <u>keinem</u> Falle den Succursalpfarrern die im § 23 des Gesetzes vom 11. Mai 1873 vorgesehene Benachrichtigung zuzustellen sei, und selbst nicht in den Fällen, wo die Erhebung des Einspruches gegen die dauernde Anstellung begründet sein würde, da er Werth darauf lege, jene Geistlichen in der Ungewißheit über ihr ferneres Schicksal zu erhalten, um sie dadurch zu größerer Vorsicht und Zurückhaltung zu bestimmen. Erst wenn sie von Neuem Anlaß zu begründeten Beschwerden über ihr Verhalten geben sollten, sei ihnen die fragliche Benachrichtigung zuzustellen. Hiernach ersuche ich die Königliche Regierung ergebenst um gefällige Äußerung, ob Ihrem Bezirke angehörige Succursalpfarrer seit den dem Rescripte vom 4. Juli 1874 vorhergegangenen, deren Verhalten betreffenden Berichten zu <u>erheblichen</u> Beschwerden Anlaß gegeben haben, wie ich auch in Zukunft einer*

Regierung Trier nur vier Pfarrer[108], überdies auch noch mit sehr vagen und dürftigen Begründungen. Zu Pfarrer Lonz zu Heddesheim hatte allerdings der zuständige Landrat von Kreuznach ein Dossier zusammengestellt, welches das typische bunte Sammelsurium von ‚Frevel- und Schandtaten' enthält, wegen derer ein Landrat die berufliche Paralysierung eines preußen-, staats- und regierungskritischen Pfarrers für ratsam und gerechtfertigt erachtete: Der Pfarrer habe die Einrichtung eines kommunalen Simultanfriedhofs für Katholiken und Protestanten boykottiert, indem er dort keine Beerdigungen rituell begleitete; im preußisch-österreichischen Krieg von 1866 habe er für die katholische Vormacht Österreich Partei ergriffen; zeitkritisch habe er Handel, Industrie und Politik als die neuen verehrten Heiligen bezeichnet; als ihm der Postbote aus Versehen zwei Exemplare eines Amtsblatts überreichte, habe er despektierlich gefragt, ob er das Zweitexemplar auf der Toilette benutzen sollte; in einer Predigt habe er die Enteignungen von Kirchenbesitz in Spanien und Italien als Raub gebrandmarkt, mit dem sich die Minister die Taschen füllen; in einer weiteren Predigt habe er die Staatskatholiken mit dem *Gründerschwindel* in Verbindung gebracht.[109] Wohl unter dem Eindruck dieses

---

Mittheilung entgegensehe, wenn noch späterhin sich derartige Beschwerden erheben sollten. – Daraufhin forderte die Regierung Koblenz in ihrem Rundschreiben vom 29. Juli 1875 (LHAK, Bestand 441 Nr. 15461 u. Nr. 15488) die linksrheinischen Landräte zur Berichterstattung auf, *ob die in dem Kreise befindlichen Sukkursalpfarrer seit dem im Frühjahr vorigen Jahres über dieselben erstatteten Bericht zu erheblichen Beschwerden Anlaß gegeben haben, wie wir auch in Zukunft einer Mittheilung entgegensehen, wenn noch späterhin sich derartige Beschwerden ergeben sollten.*

108 In ihrem Schreiben an den Oberpräsidenten vom 21. Oktober 1875 (LHAK, Bestand 403 Nr. 10865) nannte die Regierung Koblenz die Pfarrer Pörtzgen zu Masburg (Kreis Cochem), Weber zu Düngenheim (Kreis Cochem), Lonz zu Heddesheim (Kreis Kreuznach) und Sellen zu Rheinböllen (Kreis Simmern). Als Begründung gab die Bezirksregierung in demselben Schreiben an: *Was die [...] Pfarrer Pörtzgen und Weber anbelangt, so hat ersterer sich den behördlichen Anordnungen in Schulangelegenheiten nicht nur nicht gefügt, sondern die betreffenden Lehrer auch durch Androhung der Excommunikation von ihren amtlichen Verpflichtungen abzuhalten gesucht, letzterer dagegen sich geweigert, bei Celebrirung der Messe das Gebet für Se. Majestät den Kaiser zu sprechen. [...] In Betreff des [...] Pfarrers Sellen berichtet der Kreislandrath, daß derselbe am 20. September v. Js. in einer zu Rheinböllen abgehaltenen Katholikenversammlung die Kirchengesetze geschmäht, deren Befolger verhöhnt und zum Widerstande gegen dieselben aufgereizt habe, so daß die Versammlung polizeilich hätte geschlossen werden müssen.*

109 Der Landrat von Kreuznach, Agricola, in seinem *Promemoria* vom 19. Juli 1874 (LHAK, Bestand 441 Nr. 15461): *Der katholische Pfarrer und Definitor Johann Adam Lonz, jetzt 54 Jahre alt, ist seit 4. Juli 1861 Pfarrer der Succursalpfarrei Heddesheim und verwaltet [...] die benachbarte Succursalpfarrei Waldhilbersheim, beide im Kreise Kreuznach, und zwar die erstere in der Bürgermeisterei Langenlonsheim, die letztere in der Bürgermeisterei Windesheim belegen. Es ist in Frage gekommen, ob [...] „Thatsachen und Beweise vorliegen, welche die Annahme rechtfertigen, daß derselbe den Staatsgesetzen oder den innerhalb ihrer gesetzlichen Zuständigkeit erlassenen*

imponierenden Sündenregisters akzeptierte der Oberpräsident von den vier ‚Kandidaten', die ihm die Regierung Koblenz für das Amtierungsverbot per Benachrichtigung vorgeschlagen hatte, nur diesen Pfarrer Lonz zu Heddesheim.[110] Bezüglich

---

Anordnungen der Obrigkeit entgegenwirken oder den öffentlichen Frieden stören werde" und ob demnach der p. Lonz auf Grund dieser Thatsachen und Beweise aus seinen Ämtern zu entfernen sei. Diese Frage ist meines Erachtens zu bejahen, und [es] sind hierfür folgende Thatsachen und Beweise anzuführen: [...] 1. Die von der Aufsichtsbehörde angeordnete und 1864 durchgeführte Einrichtung eines gemeinsamen kommunalen Kirchhofs in Heddesheim, auf welchem Katholiken und Evangelische ohne gesonderte Abtheilung in einfacher Reihenfolge zu beerdigen waren, erregte den Widerspruch des Pfarrers Lonz und obschon die Eingesessenen sich ausnahmslos dieser Anordnung fügten, verweigerte der p. Lonz konsequent bis auf den heutigen Tag jede Leichenbegleitung und gottesdienstliche Verrichtung auf diesem Kirchhof und ließ seinen in Heddesheim verstorbenen Vater den bestehenden polizeilichen Bestimmungen zuwider in Waldhilbersheim beerdigen. [...] 3. Im Jahre 1866 brachte er die Politik wiederholt auf die Kanzel, und zwar indem er in nicht zu verkennender Weise in dem damaligen Kriege die Partei Österreichs gegen Preußen ergriff und sich über letzteren Staat mißbilligend höhnisch und sarkastisch, ja beleidigend äußerte. Dies ist wenigstens der allgemeine Eindruck solcher Predigten auf fast alle Zuhörer gewesen. [...] 6. Am Feste der heiligen 3 Könige des Jahres 1867 oder 1868 äußerte p. Lonz in seiner Predigt zu Waldhilbersheim Folgendes: „Handel, Industrie und Politik sind heutigen Tages an die Stelle der heiligen drei Könige getreten. Handel und Wandel leiden durch Mangel an Vertrauen, was daher kommt, daß von oben herab das schlechteste Beispiel in dieser Beziehung gegeben wird, namentlich in Beziehung auf Wahrheiten und Worthalten." [...] 10. Als der Postbote ihm gelegentlich 2 statt eines Amtsblatts überbrachte, sagte er, ob er sich etwa mit dem 2ten den A... wischen sollte (eidliche Aussage des Th. Kreuter). [...] 12. Am Laurentiustage 1873 sagte Pfarrer Lonz in seiner Predigt zu Waldhilbersheim: Zur Zeit des h. Laurentius habe der Präfect den Kaiser auf die Schätze der Christen aufmerksam gemacht und [es] habe dann der Kaiser die Christenverfolgung dazu benutzt, um sich die Güter der Christen und der Kirche anzueignen. So sei es, fuhr er fort, auch heute noch; was damals der Präfect gethan, das thäten jetzt die Minister. Sie füllten sich die Taschen und dann sei das Vaterland gerettet. Er, p. Lonz, sprach hierbei, so fügt der Zeuge Lehrer Kraut seiner obigen Aussage hinzu, speziell von Italien und Spanien. [...] 14. In einer Predigt sprach endlich p. Lonz von dem Gründerschwindel und fügte hinzu, daß der, welcher an der Spitze der Staatskatholiken [stehe], auch an der Spitze der Gründer oder Schinder stehe.

110 Der Oberpräsident der Rheinprovinz an die Regierung Koblenz am 29. Oktober 1875 (LHAK, Bestand 441 Nr. 15461): *In Erwiderung auf den gefälligen Bericht vom 21. d. Mts. ersuche ich die Kgl. Regierung ergebenst, dem Succursalpfarrer Lonz zu Heddesheim im Kreise Kreuznach, welcher auch die vacante Pfarre Waldhilbersheim verwaltet, in meinem Namen die im zweiten Absatze des § 23 des Gesetzes vom 11. Mai 1873 vorgesehene Benachrichtigung zugehen zu lassen. Die Königliche Regierung wolle demnächst von dem Geschehenen mir Mittheilung machen und dafür Sorge tragen, daß alle etwa nach der Benachrichtigung seitens des p. Lonz erfolgenden Amtshandlungen dem Kgl. Oberprocurator angezeigt und auch zu meiner Kenntniß gebracht werden.*

der übrigen Genannten wollte er, die Regierung Koblenz für die Unspezifik ihrer Tatsachenbegründungen unüberhörbar tadelnd, die *Vorlegung der Beweismittel, so daß ich in die Lage gesetzt werde, den ganzen Thatbestand zu übersehen und mir eine eigene Überzeugung von der Richtigkeit der Beschuldigungen zu bilden.*[111] Wie schon gegenüber der Regierung Trier billigte der Oberpräsident keineswegs pauschal alle Personenvorschläge, sondern wollte sich ein eigenes Urteil bilden und legte, sichtlich bestrebt, stark von persönlichen Antipathien lokaler Amtsträger beeinflusste und veranlasste Vorschläge auszuscheiden, strengere Kriterien an als die beantragenden Landräte und Bezirksregierungen.

Die näheren Prüfungen und Nachforschungen lieferten in den Augen des Oberpräsidenten nur noch bezüglich des Pfarrers Pörtzgen zu Masburg genügendes Belastungsmaterial, um eine Benachrichtigung mit Amtierungsverbot zu rechtfertigen, denn dieser war schon zweimal gerichtlich verurteilt worden. Außerdem hatte er angeblich zwei Lehrern Kirchenstrafen angedroht, wenn sie nicht eine Adresse an den Papst unterzeichnen.[112] Die Weigerung des Pfarrers Sellen zu

---

Die Regierung Koblenz an Pfarrer Lonz zu Heddesheim im Kreis Kreuznach am 13. November 1875 (LHAK, Bestand 441 Nr. 15461 im Entwurf): *Nachdem nunmehr gegen den Herrn Bischof zu Trier in Gemäßheit des § 18 Abs. 2 des Gesetzes vom 11. Mai 1873 behufs dauernder Besetzung der Sukkursalpfarrstellen zu Heddesheim und Waldhilbersheim das Zwangsverfahren eingeleitet worden ist, benachrichtigen wir Ew. [Hochehrwürden] hiervon im Auftrage des Herrn Oberpräsidenten der Rheinprovinz mit dem ausdrücklichen Bemerken, daß Sie angesichts dieses sich jeglicher Amtshandlungen in den bisher von Ihnen verwalteten obengenannten Pfarreien zu enthalten haben, widrigenfalls Sie für jede einzelne Übertretung die in dem § 23 Abs. 2 des vorcitirten Gesetzes angedrohten Strafen zu gewärtigen haben.*

111 Der Oberpräsident der Rheinprovinz an die Regierung Koblenz am 29. Oktober 1875 (LHAK, Bestand 441 Nr. 15461).

112 Der Landrat von Cochem, Jäger, an die Regierung Koblenz am 4. Januar 1876 (LHAK, Bestand 441 Nr. 15461): *Was dagegen den Pastor Pörtzgen in Masburg anlangt, so erlaube ich mir wegen seiner unerlaubten Einwirkung auf die Lehrer seiner Lokalinspection in der Anlage die [...] gerichtlichen Verhandlungen gehorsamst vorzulegen, welche mit dem Urtheile gegen den Pastor zu einer Geldstrafe von 150 M. abschließen. Das Urtheil hat anerkannt, daß Pörtzgen zweien Lehrern gegenüber kirchliche Strafen und Zuchtmittel angedroht habe, um sie dadurch zur Unterlassung von amtlich ihnen obliegenden Handlungen zu bestimmen. Die gerichtlichen Verhandlungen enthalten [...] die Auslassungen der Zeugen über die Aufforderung des Pastors an die Lehrer, die Adresse an den Papst zu unterzeichnen. Nach amtlicher Mittheilung des hiesigen Friedensrichters ist der Pastor Pörtzgen durch Urtheil des hiesigen Polizeigerichts vom 12ten Februar 1875 wegen groben Unfugs in der Kirche zu Masburg zu 15 M. verurtheilt worden.*

Die Regierung Koblenz an den Oberpräsidenten der Rheinprovinz am 24. Januar 1876 (LHAK, Bestand 403 Nr. 10866): *Der p. Pörtzgen (ist) wegen Bedrohung und Pression der Lehrer durch Erkenntniß des Königlichen Landgerichts, Zuchtpolizeikammer hierselbst vom 26. November 1875 zu einer Geldbuße von 150 Mark zuchtpolizeigerichtlich verurtheilt worden. Ferner zeigt der Kreislandrath an, daß p. Pörtzgen durch Urtheil des*

Rheinböllen, *die Glocken am Sedansfeste läuten zu lassen,*[113] hielt der Oberpräsident dagegen nicht für ausreichend, um *die in Rede stehende Maßregel anzuordnen*[114].

Auch im Regierungsbezirk Koblenz stellte sich die Frage, ob die Benachrichtigung insbesondere dann dazu verwendet werden sollte, um Staatsgehaltsempfänger vor den Anfeindungen und Seelsorgestörungen durch ihre benachbarten Amtsbrüder zu bewahren, wenn Letzteren wegen der Beweislage auf dem Rechtsweg nicht beizukommen war. So beschwerte sich der ‚Staatspfarrer' J. Allard zu Ramersbach beim Oberpräsidenten, dass der Sukkursalpfarrer Hartmann zu Blasweiler ihn als *Altkatholiken* und die Einwohner von Blasweiler ihn als *abgefallen* verunglimpfen würden. *Die Gesetze des Staates zu befolgen habe ich von jeher für Gewissenspflicht erachtet und gerade deshalb bin ich in der Achtung des Volkes so herabgesetzt worden, daß es nicht zu verwundern ist, wenn nicht mehr als 1/5 meiner Pfarrkinder (Seelenzahl 315) jetzt meinen Gottesdienst besucht.*[115] Dieser

---

Polizeigerichts zu Cochem vom 12. Februar 1875 wegen groben Unfugs in der Kirche zu Masburg in eine Geldstrafe von 15 M. verurtheilt und auch bereits früher einmal wegen Mißhandlung eines Knaben gerichtlich bestraft worden sei, in letzterer Zeit sich indessen ruhig verhalten habe.

Der Oberpräsident der Rheinprovinz an die Regierung Koblenz am 12. Februar 1876 (LHAK, Bestand 441 Nr. 15461): *In Erwiederung auf den gefälligen Bericht vom 24. v. Mts. ersuche ich die Königliche Regierung bei Rückgabe der Akten ergebenst, dem Succursalpfarrer Pörtzgen zu Masburg im Kreise Cochem in meinem Namen die im zweiten Absatze des § 23 des Gesetzes vom 11. Mai 1873 vorgesehene Benachrichtigung zugehen zu lassen. Die Königliche Regierung wolle demnächst von dem Geschehenen mir Mittheilung machen und dafür Sorge tragen, daß alle etwa nach der Benachrichtigung seitens des p. Pörtzgen erfolgenden Amtshandlungen dem Königlichen Oberprocurator angezeigt und auch zu meiner Kenntniß gebracht werden.*

Die Regierung Koblenz an Pfarrer Pörtzgen zu Masburg am 23. Februar 1876 (LHAK, Bestand 403 Nr. 10866): *Nachdem gegen den Herrn Bischof zu Trier in Gemäßheit des § 18 Absatz 2 des Gesetzes vom 11. Mai 1873 behufs dauernder Besetzung der Sukkursalpfarrstelle zu Masburg das Zwangsverfahren eingeleitet worden ist, benachrichtigen wir Ew. Hochehrwürden hiervon im Auftrage des Herrn Oberpräsidenten der Rheinprovinz mit dem ausdrücklichen Bemerken, daß Sie angesichts dieses sich jeglicher Amtshandlungen in der bisher von Ihnen verwalteten Pfarrei Masburg zu enthalten haben, widrigenfalls Sie für jede einzelne Übertretung die im § 23 Abs. 2 des vorcitirten Gesetzes angedrohten Strafen zu gewärtigen haben.*

113 Die Regierung Koblenz an den Oberpräsidenten der Rheinprovinz am 24. Januar 1876 (LHAK, Bestand 403 Nr. 10866).

114 Der Oberpräsident der Rheinprovinz an die Regierung Koblenz am 12. Februar 1876 (LHAK, Bestand 441 Nr. 15461).

115 Pfarrer J. Allard zu Ramersbach im Kreis Ahrweiler an den Oberpräsidenten der Rheinprovinz am 26. Mai 1876 (LHAK, Bestand 441 Nr. 15461): *Der Succursalpfarrer Anton Hartmann zu Blasweiler hat schon zu Ende August 1875 angefangen, das Vertrauen des Volkes zu mir zu untergraben, indem er mich als einen Altkatholiken darzustellen sich bemühte, weil ich das Staatsgehalt wieder beziehen sollte. Dies erfuhr ich zuerst durch Elisabeth Hirsch, Ehefrau des Peter Schumacher, Ackerers hierselbst,*

auf Seiten des Kultusministers wie des Oberpräsidenten zu beobachtende Behutsamkeit und das Anlegen strenger Maßstäbe waren, vielleicht neben der Bedachtheit auf die Einhaltung rudimentärer rechtsstaatlicher Standards, hauptsächlich dadurch bedingt, dass die vor dem 11. Mai 1873 investierten Pfarrer ja eigentlich gesetzeskonform amtierten und dass der Staat an einer flächendeckenden Unterbindung einer an sich ordnungsgemäß bestehenden Seelsorge in weiten Teilen des Rheinlandes kein Interesse hatte. Innenminister Eulenburg und Kultusminister Falk brachten diese Strategie, die Auswirkungen der antiklerikalen Kampfgesetzgebung auf die kultische und pastorale Versorgung der breiten Bevölkerung in den Pfarreien möglichst zu minimieren, in anderem Zusammenhang mit der Erklärung zum Ausdruck, dass *die Staatsregierung selbst ein Interesse daran hat, eine gesetzmäßig bestehende Seelsorge nicht ohne die dringendste Noth zu stören,*[124] und Kultusminister Falk suchte die zugunsten einer geordneten Seelsorge geübte staatliche Zurückhaltung bei der Benachrichtigungszustellung in seinem Antwortschreiben auf eine Beschwerde des per Benachrichtigung gesperrten Pfarrers Jox zu Brockscheid zu belegen: *Mit welcher schonenden Rücksicht die Staatsregierung* in der Benachrichtigungsfrage verfahren sei und nur die *ernstesten Fälle* herausgegriffen

---

Kreis Rheinbach] *gemäß § 23 des Ges[etzes] vom 11. Mai 1873 anzuordnen. Während bei der Anwendung der fraglichen Bestimmung schon aus dem Grunde mit Vorsicht zu verfahren ist, weil die einmal geschehene Benachrichtigung nicht rückgängig gemacht werden kann, muß außerdem bei den Succursalpfarrern davon ausgegangen werden, daß gegen dieselben nur dann eingeschritten werde, wenn ein Einspruch gegen ihre dauernde Anstellung im Falle, daß sie von der bischöflichen Behörde benannt werden sollten, gemäß § 16 l. c. begründet sein sollte. Allerdings scheinen nun gegen den p. Kauff Thatsachen vorzuliegen, welche die Annahme rechtfertigen, daß er den öffentlichen Frieden stört. Es bedarf aber zunächst der näheren Feststellung dieser einzelnen Thatsachen, indem bisher hauptsächlich nur wahrscheinlich gemacht ist, daß er in seinen Predigten den Besuch schlechter Häuser bei Strafe des Kirchenbanns verboten habe, ohne indeß das Haus des Lehrers als ein solches schlechtes ausdrücklich bezeichnet zu haben. Die [Kgl. Regierung] ersuche ich daher erg[ebenst], noch in bestimmterer Weise als geschehen ermitteln zu wollen, daß der p. Kauff seine Gemeinde terrorisire und sich dabei oftmals der Drohung des Kirchenbanns bediene, daß er den Einwohnern den Verkehr mit dem Lehrer verboten habe und Letzteren in sonstiger Weise anzugreifen pflege. Insbesondere wird es auch darauf ankommen, die einzelnen Gelegenheiten, bei welchen der p. Kauff sich der Staatsregierung feindlich gezeigt hat, näher zu constatiren.*
Der Oberpräsident der Rheinprovinz an die Regierung Koblenz am 12. Februar 1876 (LHAK, Bestand 441 Nr. 15461): *In Betreff des Pfarrers Weber [zu Düngenheim im Kreis Cochem] (sind) die näheren Umstände des Falls, wo derselbe sich geweigert hat, das vorgeschriebene Gebet für Se. Majestät den Kaiser und König zu sprechen, näher mitzutheilen. Einer weiteren gefälligen Äußerung in dieser Beziehung sehe ich daher ergebenst entgegen.*

124 Der Innenminister und der Kultusminister an den Oberpräsidenten der Provinz Schlesien, Graf v. Arnim-Boitzenburg, am 24. März 1875 (LHAK, Bestand 442 Nr. 5070; LHAK, Bestand 403 Nr. 10865).

habe, *um die seelsorgerische Bedienung der Gemeinden thunlichst vor Störung zu wahren,* lasse sich daran erkennen, dass in der Diözese Trier von den in Frage kommenden 546 Sukkursalpfarrern noch nicht einmal zehn Pfarrer – so der Stand von Anfang November 1875 – eine Benachrichtigung erhalten hätten.[125]

So waren in den Regierungsbezirken Trier und Koblenz bei zusammengenommen über 600 Sukkursalpfarreien lediglich 13 Sukkursalpfarrern mittels Benachrichtigung die Weiteramtierung verboten worden, sodass die kulturkampfbedingten Seelsorgeerschwerungen nur zu einem kleinen Teil durch das Mittel der Benachrichtigung gemäß § 23 Abs. 2 des Gesetzes vom 11. Mai 1873 verursacht worden waren. Der Staat hat die sehr weitreichende arbiträre Befugnis, die ihm diese auf den ersten Blick eher unscheinbare Bestimmung einräumte, nicht dazu verwendet, um im linksrheinischen Raum die Seelsorge und den Kultus weitgehend zum Erliegen zu bringen. Auf der anderen Seite gab das Benachrichtigungsinstrument dem Staat die durchaus genutzte Möglichkeit, gezielt auf dem reinen Exekutivweg besonders profilierte ‚Agitatoren' unter den Sukkursalpfarrern beruflich lahmzulegen. Es diente der systematischen Repression von prominenten kirchenpolitischen Opponenten im Pfarrklerus und war umso wertvoller, als diese

---

125 Der Kultusminister an Pfarrer Jox zu Brockscheid im Kreis Daun am 5. November 1875 (LHAK, Bestand 403 Nr. 10865): *Ew. Hochwürden haben in der Vorstellung vom 21. September cr. darüber Beschwerde geführt, daß Ihnen im Auftrage des Herrn Oberpräsidenten eröffnet worden, daß das Zwangsverfahren wegen dauernder Besetzung des von Ihnen verwalteten Pfarramts eingeleitet und Ihnen deshalb jede Amtshandlung in dieser Stelle verboten sei. [...] Wenn Ew. Hochehrwürden aber auf meine Erklärung in der Sitzung des Hauses der Abgeordneten vom 8. Mai 1874 Bezug nehmen, in welcher ich mitgetheilt habe, daß der Herr Oberpräsident der Rheinprovinz angewiesen sei, das im § 23 Abs. 2 des Gesetzes vom 11. Mai 1873 vorgesehene Notificatorium den Succuralpfarrern nicht zugehen zu lassen und daß demgemäß die Succursalpfarrer durch das gegen den Bischof einzuleitende Zwangsverfahren nicht berührt werden würden, so kann ich jene Erklärung auch jetzt nur in ihrem vollen Umfange bestätigen. Auch ist auf das Pünktlichste dieser Weisung gemäß verfahren worden. Freilich hat dies nicht ausnahmslos geschehen können, denn die Staatsregierung würde pflichtwidrig gehandelt haben, wenn sie von der Mittheilung des Notificatoriums auch an solche Succursalpfarrer hätte absehen wollen, die sich bereits schwerer Verletzungen der Staatsgesetze oder einer ernsten Störung des öffentlichen Friedens schuldig gemacht haben. Mit welcher schonenden Rücksicht die Staatsregierung aber auch hierbei vorgegangen ist und wie sie, um die seelsorgerische Bedienung der Gemeinden thunlichst vor Störung zu wahren, sich darauf beschränkt hat, nur die ernstesten Fälle herauszugreifen, beweist der Umstand, daß während in der dortigen Diöcese 546 Succursalpfarrer in Frage standen, nicht an 10 derselben das Notificatorium erlassen ist. Zu diesen letzteren gehören auch Sie, weil in Bezug auf Sie Thatsachen vorliegen, welche, selbst wenn der Herr Bischof sich zu Ihrer Benennung zum Zweck der dauernden Anstellung entschlossen hätte, die Staatsregierung unter allen Umständen zur Erhebung des Einspruchs genöthigt haben würde[n]. Hiernach muß ich Ihre Beschwerde für unbegründet erachten*

Repressalie auch dann eingesetzt werden konnte, wenn keine juristisch verwertbaren harten Fakten und Beweise vorlagen, die eine Strafverfolgung ermöglichen würden, denn eine Benachrichtigung musste weder gegenüber einem Gericht noch gegenüber dem Betroffenen begründet werden. Faktisch verfügten die Behörden über eine Art halbgeheime Administrativjustiz, dank welcher sie ohne Rechenschaftslegung, Begründungspflicht und richterliche Kontrolle nach Gutdünken hartnäckige klerikale Dissidenten beruflich kaltstellen konnten. Weiterhin reichte die repressive Wirkung der jederzeit drohenden Benachrichtigungsmöglichkeit weit über die geringe Zahl der tatsächlichen Benachrichtigungen hinaus, denn sie erwies sich durchaus als effizientes Mittel zur Disziplinierung und Einschüchterung der Sukkursalpfarrer. Viele von ihnen fühlten sich, wie behördlicherseits befriedigt registriert wurde, auch um ihrer an einer ungestörten Fortführung der Seelsorge interessierten Gemeinden willen bewogen, auf demonstrative, Aufmerksamkeit erregende und Opposition bekundende kirchenpolitische Äußerungen und Aktionen zu verzichten.[126] Denn jeder Sukkursalpfarrer, der sich sehr für den Mainzer Katholikenverein oder für die Zentrumspartei engagierte, von der Kanzel gegen die Kulturkampfgesetze oder ‚die Liberalen' wetterte, in einer katholischen Zeitung einen bissigen regierungskritischen Artikel platzierte, nach einer Haftverbüßung sich von der Bevölkerung mit einem öffentlichen Aufzug feierlich empfangen ließ oder gegen einen Amtsbruder, der mit dem Staat einen Privatfrieden geschlossen hatte und sich das Staatsgehalt auszahlen ließ, polemisierte und dessen ihm abtrünnig gewordene Pfarrkinder mitpastorierte, musste gewärtigen, von der zuständigen Bezirksregierung ein kurzes Schreiben zu erhalten, welches ihm ohne wirkliche inhaltliche Begründung im Namen des Oberpräsidenten mit sofortiger Wirkung die weitere Berufsausübung verbot und ihm im Zuwiderhandlungsfall Geld- und Gefängnisstrafen androhte.

Der Gesetzgeber hatte das oberpräsidiale Benachrichtigungsrecht ursprünglich und vorrangig als Druckmittel gegen die Bischöfe einsetzen wollen, um diese durch die implizite Androhung, im Nichtwillfahrungsfall die Seelsorge in den

126 Der Trierer Regierungspräsident v. Wolff in seinem Zeitungsbericht vom 22. Oktober 1875 für das 3. Quartal des Jahres 1875 (LHAK, Bestand 403 Nr. 17964): *Nachdem gegen den Bischof von Trier [...] das Zwangsverfahren auf Besetzung sämmtlicher (circa 600) Succursalpfarrstellen seiner Diözese eingeleitet worden [ist], ist nunmehr die Benachrichtigung von dieser Einleitung neun Succursalpfarrern und zwei Kaplänen, und zwar den hervorragendsten Agitatoren, darunter dem bekannten Pastor Classen an der hiesigen Liebfrauenkirche, seitens des Oberpräsidenten zugegangen, so daß diese Geistlichen bei Strafe nicht mehr geistliche Amtshandlungen vornehmen dürfen. Die Wirkung dieser Maaßregel ist eine außerordentliche gewesen, indem die übrigen Succursalpfarrer in der Besorgniß, von einer gleichen Verfügung betroffen zu werden, ängstlich alles vermeiden, was die Aufmerksamkeit der Behörden auf sie lenken könnte, und mit wenigen Ausnahmen sich ruhig verhalten. Auch die Gemeinden, welche ihre Seelsorger sich zu erhalten wünschen, wirken vielfach in gleichem beruhigendem Sinne auf die Geistlichen ein.*

betreffenden Gemeinden zum Erliegen zu bringen, zu veranlassen, dem Oberpräsidenten die für die definitive Besetzung der Sukkursalpfarrämter vorgesehenen Geistlichen zur Genehmigungserteilung zu benennen. Nachdem aber die Bischöfe sich auch von diesem Pressionsinstrument nicht beeindrucken ließen, mutierte die Benachrichtigung zu einem Mittel, um staatlicherseits höchst missliebige und unbequeme, weil notorisch regierungskritische, gegen die Kulturkampfgesetze und gegen deren Unterstützer, Befürworter und Exekutoren agitierende Geistliche zu sanktionieren und beruflich zu paralysieren. In dieser von der Primärintention abweichenden Verwendung des Benachrichtigungsrechts als gegen den Pfarrklerus gerichtetes Repressionsinstrument kann man sicherlich einen Missbrauch dieser gesetzlichen Bestimmung sehen.

Nachdem bisher das Agieren des Staats im Mittelpunkt gestanden hatte, soll nun zum Abschluss und zur Vervollständigung des Bildes die Perspektive gewechselt und ein kurzer Blick auf die Opferseite geworfen werden. Schon die Eingabe von rund 160 Angehörigen der Pfarrei Masburg lässt erkennen, dass ein über einen Pfarrer plötzlich verhängtes Berufsausübungsverbot für dessen Gemeinde *ein ganz furchtbarer Schlag* bedeutete, unter dem sie *buchstäblich aufzeufzt[e].*[127] Besonders deutlich lassen sich die praktischen Konsequenzen einer Benachrichtigung für die betroffene Gemeinde und deren hartnäckige Bemühungen um eine Aufhebung der Amtierungssperre anhand der Gemeinde Horath dank der günstigen Quellenlage verfolgen, denn der per Benachrichtigung gesperrte Pfarrer Alles zu Horath hinterließ einen 1895 verfassten Erlebnisbericht und in den einschlägigen Akten

127 Angehörige der Pfarrei Masburg an den Oberpräsidenten der Rheinprovinz am 20. März 1876 (LHAK, Bestand 403 Nr. 10866): *Durch Verfügung Kgl. Regierung ist seit 1ten März über den Pfarrer hiesiger Pfarrei* [d.i. Pfarrer Pörzgen] *die sogenannte Amtssperre verhängt. Das ist für die Pfarrei von 1600 Seelen ein ganz furchtbarer Schlag. [...] Im Übrigen gibt das ganze bisherige Auftreten des Pfarrers die Bürgschaft, das[s] er den pflichtschuldigen Gehorsam gegen die weltliche Obrigkeit nach bestem Gewissen üben und predigen wird. Manches hier nicht Berührte würde durch die Kenntniß der persönlichen Verhältnisse, die in hiesiger Pfarrei spielen, sich erklären und wäre dann geeignet, eine etwaige ungünstige Meinung über den gesperrten Pfarrer in das gerade Gegentheil zu verwandeln. Daher stellen die Unterzeichneten an Ew. Excellenz Hochwohlgeboren die allerdringenste und gehorsamste Bitte, die Amtssperre, unter welche[r] die ganze Pfarrei buchstäblich aufseufzt, gnädigst aufheben zu wollen. Wir würden Ew. Excellenz zu ewigem Danke verpflichtet zu sein und glauben uns verbürgen zu können, das[s] Königl. Regierung die Erfüllung unserer gehorsamsten Bitte niemals zu bedauern Ursache haben wird.* – Die Petition haben ca. 160 Einwohner von Kalenborn (ca. 85) und Masburg (ca. 75) unterzeichnet. Kalenborn gehörte als Filiale zur Pfarrei Masburg.
Der Oberpräsident der Rheinprovinz beauftragte am 23. März 1876 die Regierung Koblenz (ebd. im Entwurf), *den Bittstellern gefälligst zu eröffnen, daß die geschehene Benachrichtigung des Pfarrers als eine Thatsache naturgemäß nicht rückgängig gemacht werden könne.*

sind mehrere Eingaben überliefert, in denen sowohl die Gemeinde wie der Pfarrer gegen das Amtierungsverbot protestierten und um dessen Kassierung baten. Pfarrer Alles zu Horath gehörte – wie oben geschildert – zu denjenigen, welche aufgrund eines Konfliktes mit einem Staatsgehaltsbezieher, in diesem Fall mit dem Pfarrer Gotthard zu Berglicht, und auf dessen Beschwerde hin per Benachrichtigung gesperrt wurden. Anders als der ‚Staatspfarrer' und in dessen Gefolge die Regierung Trier, die den Pfarrer von Horath als Drahtzieher und Initiator der Schmähung und Ächtung des Staatsgehaltsbeziehers Gotthard identifiziert hatten, beschrieb sich Pfarrer Alles eher als passives Opfer, das gegen seinen Willen zwischen die Fronten geriet, als er von den über ihren ‚Staatspfarrer' empörten und ihn boykottierenden Pfarrangehörigen von Berglicht um die Vornahme von Kasualien ersucht wurde. Nachdem nämlich ein Wirt aus Berglicht in der Zeitung gelesen hatte, dass ihr Pfarrer das Staatsgehalt weiter beziehe, sprach sich diese Nachricht *wie ein Lauffeuer in der ganzen Pfarrei* herum und rief die Überzeugung hervor, *daß ihr Herr Pastor vom Glauben der Kirche abgefallen sei. Diese Ansicht war so allgemein vorherrschend, daß bereits am nächstfolgenden Sonntage von beinahe 800 Pfarreingesessenen nur mehr 27 dem Gottesdienste in ihrer Pfarrkirche beiwohnten, während die Übrigen in den nahe liegenden Pfarreien ihrer religiösen Pflicht zu genügen suchten.* Dass die Regierung Trier auf die Beschwerde des Pfarrers Gotthard hin dessen Pfarrangehörigen untersagte, auch ihre Kinder in die Nachbardörfer zur Schule zu schicken, brachte die Einwohner von Berglicht nur noch mehr gegen ihren regierungsloyalen Pfarrer in Rage. *Nicht eine einzige kirchliche Funktion mehr ließen sie durch ihn vornehmen, sondern wandten sich vielmehr zu diesem Zwecke an die Geistlichen der Nachbarspfarreien.* In dieser aufgeheizten Stimmung ersuchten zwei Brautpaare, die sich nicht von ihrem *abgefallenen* Pfarrer Gotthard trauen lassen wollten, den Pfarrer von Horath um die Proklamation bzw. Trauung. Der Trierer Generalvikar, den der Pfarrer von Horath nach Instruktionen fragte, ermächtigte diesen, das Aufgebot und die Trauung in seiner Pfarrei vorzunehmen, was den übergangenen Pfarrer Gotthard zu einer Beschwerde bei der Regierung Trier veranlasste. Diese schickte dem Pfarrer von Horath daraufhin eine Benachrichtigung, die ihm am siebten Jahrestag seines Einzugs in die Pfarrei von einem Polizeidiener in die Hand gedrückt wurde, als er gerade die Religionsunterweisung der Schulkinder in der Kirche beendigt hatte. *Die Nachricht meiner Sperre verbreitete sich rasch im ganzen Dorfe und dem benachbarten Walde, wo die Gemeinde mit Holzfällen beschäftigt war. Da hätte man sehen können, wie das Auge manches herben, doch biedern Landmannes sich mit Thränen füllte und mancher Mund in laute Klagen ausbrach.* Pfarrer Alles reiste am folgenden Tag nach Trier, um sich im Generalvikariat Verhaltensanweisungen einzuholen. Dort bedeutete man ihm, geduldig auszuharren und einen offenen Konflikt mit den Behörden zu vermeiden. (Wie schon gesagt, war und blieb ja ein per Benachrichtigung gesperrter Sukkursalpfarrer, anders als ein rechtswidrig eine vakante Pfarrstelle antretender Geistlicher, gleichwohl rechtmäßiger Amtsinhaber mit Anspruch auf das Wohnen im Pfarrhaus.) Für die Gläubigen bedeutete die Amtierungssperre ein Unglück, denn nun mussten sie im Prinzip für eine Messe, Taufe, Trauung oder Beerdigung in eine der zwischen 1¼ und 2 Wegstunden entfernten Nachbarpfarreien ausweichen. Zwar fand an den nächstfolgenden Sonntagen als dürftiger Ersatz für eine Messe ein Laiengottesdienst statt, an dem auch der gesperrte Pfarrer *in gewöhnlicher Kleidung theilnahm. Die armen Leute waren derart niedergeschlagen und betrübt, daß* der Pfarrer *von ferne das Schluchzen der Anwesenden vernahm, die, einen Priester in der Mitte [habend], trotzdem der Segnungen des hl. Meßopfers verlustig bleiben mußten.* Außerdem las der Pfarrer in der Kirche stille Messen, zu denen er unerlaubterweise Zuhörer zuließ, die aber sehr aufpassen mussten, da sie eben durch ihre bloße Anwesenheit das Lesen einer stillen Messe strafbar machten und so die Einkerkerung ihres Pfarrers verschulden konnten. Insgesamt freilich machte die Überwachung des wie üblich auch als Küster fungierenden Lehrers, der sich bei den Behörden beliebt machen wollte und mit dem Pfarrer in inniger Abneigung verbunden war, eine Fortsetzung der früheren geregelten Pfarrgottesdienstordnung unmöglich. Der Pfarrer suchte unter äußerer Anscheinerweckung von gehorsamer Befolgung des Amtierungsverbots zwar *so viel wie möglich im Geheimen zu wirken,* aber die wachsamen Argusaugen von Lehrer, Gemeindevorsteher und Polizeidiener setzten auch der konspirativen Seelsorge enge Grenzen. Daher blieb den Einwohnern, denen die Laiengottesdienste nicht genügten, zum Besuch der Sonntagsmesse nichts anderes übrig, als unter Führung ihres Pastors sonntags *in Massen* zu einer der Nachbarpfarreien zu ‚pilgern', *was bei der gebirgischen Gegend und den kaum [be-]fahrbaren Wegen nicht ohne große Anstrengung zu ermöglichen war.*[128] So hatte eine Benachrichtigung urplötzlich und unvermutet nicht nur die Berufstätigkeit eines Menschen auf unbestimmte Zeit beendet bzw. illegal gemacht, sondern auch eine ganze Pfarrei in Mitleidenschaft gezogen.

Angesichts dieser einschneidenden negativen Konsequenzen einer Benachrichtigung für die 400-Seelen-Gemeinde baten Einwohner von Horath mit dem Kirchenvorstand an der Spitze den Kultusminister in einer Petition inständig um die Aufhebung des Amtierungsverbots, das die großen finanziellen Opfer der finanzschwachen Gemeinde für den Bau eines neuen Pfarrhauses und einer neuen Kirche umsonst machte.[129] Doch wie immer in solchen Fällen erhielten sie den Bescheid, dass naturgemäß weder eine bereits geschehene Tatsache noch eine Mitteilung darüber rückgängig zu machen war.[130]

---

128 Pfarrer Alles zu Horath in seinem Erlebnisbericht.

129 *Einwohner von Horath* mit dem *Kirchen- und Gemeindevorstand* an der Spitze an Kultusminister Falk am 12. Mai 1876 (LHAK, Bestand 403 Nr. 10867. Text im Quellenanhang V). Das Bittgesuch trägt rund 80 Unterschriften.

130 Der Oberpräsident der Rheinprovinz, an den der Kultusminister die Petition vom 12. Mai 1876 zur Bescheidung abgegeben hatte, reichte sie an die Regierung Trier weiter und ersuchte diese in seinem Marginalbegleitschreiben vom 2. Juni 1876 (LHAK, Bestand 403 Nr. 10867), *den Petenten gefälligst zu äußern, dass die geschehene Benachrichtigung des p. Alles als eine Thatsache naturgemäß nicht rückgängig gemacht werden könne.* In ähnlicher Weise beschied auch der Kultusminister den benachrichtigungsbedingt gesperrten Pfarrer Jox zu Brockscheid am 5. November 1875 (LHAK,

Auch Pfarrer Alles selbst machte in einer Eingabe an den Monarchen geltend, dass er keineswegs der geheime Anstifter im Hintergrund gewesen sei, sondern dass die Pfarrkinder von Berglicht *aus eigenem Antrieb* die Gottesdienste ihres staatsfreundlichen Pfarrers Gotthard boykottiert und sich zur Vornahme pfarramtlicher Handlungen nach Horath begeben hätten. Ihre Eigeninitiativität könne man daraus ersehen, dass die benachrichtigungsbedingte Einstellung der Amtierung in Horath keineswegs dazu geführt habe, dass sie wieder die Dienste ihres Pfarrers Gotthard in Anspruch nähmen.[131] Die um Stellungnahme gebetene Regierung Trier bestätigte, was der Pfarrer nur vermuten konnte, nämlich dass die Pastorierung von Pfarrangehörigen des Staatsgehaltsempfängers Gotthard zu Berglicht der Hauptgrund für die Sperrung des Pfarrers Alles zu Horath war, und plädierte für die Ablehnung seines Gesuchs um Aufhebung des Amtierungsverbots. Denn erstens wollte sie am bisher vertretenen Grundsatz festgehalten haben, dass eine zugestellte Benachrichtigung *als eine factische Thatsache nicht rückgängig gemacht werden könne.* Zweitens sah sie die Staatsregierung in der Pflicht, die ihr ergebenen Geistlichen mit allen halbwegs legalen Mitteln gegen An- und Eingriffe zu schützen. Drittens bekräftigte sie ihre *wenn auch nicht durch streng juristische Beweise gestützte, doch darum nicht minder feste Überzeugung*, dass Pfarrer Alles ein *Miturheber* des Geredes sei, Pfarrer Gotthard *sei vom Glauben abgefallen, sein Gottesdienst sei sacrilegisch und die Betheiligung daran eine schwere Sünde.*[132] Dieses Votum der

Bestand 403 Nr. 10865): *Übrigens würde ich auch gar nicht in der Lage sein, die an Sie gerichtete Benachrichtigung des Herrn Oberpräsidenten rückgängig zu machen, da diese Thatsache nicht ungeschehen zu machen ist und über die rechtlichen Folgen derselben lediglich die Gerichte zu befinden haben.*

131 Pfarrer J. Alles zu Horath im Kreis Bernkastel an den preußischen König und deutschen Kaiser Wilhelm I. am 27. Februar 1877 (LHAK, Bestand 403 Nr. 10867. Text im Quellenanhang V).

132 Die Regierung Trier an den Oberpräsidenten der Rheinprovinz am 28. März 1877 (LHAK, Bestand 403 Nr. 10867; GStA PK, I. HA Rep. 76 IV Sekt. 13 Abt. XII Nr. 13 Bd. 5): *[Wir erlauben uns] unsere Ansicht ehrerbietigst dahin auszusprechen, daß vor allem an dem bereits wiederholt sowohl von Ew. Excellenz als dem Herrn Minister der geistlichen Angelegenheiten gebilligten Grundsatz festzuhalten sei, daß die in Gemäßheit des 2ten Absatzes des § 23 des Gesetzes zugestellte Benachrichtigung als eine factische Thatsache nicht rückgängig gemacht werden könne. Aber auch materiell halten wir die erwähnte Benachrichtigung für durchaus gerechtfertigt. Zur Begründung dieser unserer Ansicht erlauben wir uns auf die Ausführungen in unserm Bericht vom 11. März pr. ehrerbietigst Bezug zu nehmen. Allerdings sind, wie Alles in seinem Immediatgesuch richtig hervorhebt, seine Eingriffe in die pfarramtlichen Functionen des staatstreuen Pfarrers Gotthard zu Berglicht die Hauptursache der gegen ihn ausgesprochenen Sperrung gewesen. Mit vollem Recht, denn gerade durch solche Eingriffe wird die Stellung der staatstreuen Geistlichen wesentlich erschwert und die Renitenz deren Pfarrgenossen aufrecht erhalten und verstärkt. Die Staatsregierung hat demnach nicht nur das Recht, sondern auch die Pflicht, die ihr ergebenen Geistlichen gegen solche deren Stellung immer mehr erschütternde Eingriffe mit allen gesetzlichen Mitteln*

Regierung Trier belegt erneut, dass die Benachrichtigung als willkommenes Instrument genutzt und zweckentfremdet wurde, um ohne Begründung gegenüber dem Adressaten und ohne Kontrolle durch ein ordentliches Gericht einen rechtmäßig amtierenden, aber dem Staat missliebigen Pfarrgeistlichen, gegen den man wegen des Fehlens gerichtlich verwertbarer Fakten und aussagebereiter Zeugen juristisch-strafrechtlich nicht vorgehen konnte, beruflich zu paralysieren. Im Auftrage des Kultusministers[133] beschied der Oberpräsident das Gesuch des Pfarrers von Horath abschlägig mit dem erstgenannten formalen Argument.[134]

Nach vier Jahren Amtierungsverbot stellte der Kirchenvorstand von Horath Anfang 1880 ein weiteres Aufhebungsgesuch, in welchem er deutlich die rechtsstaatliche Problematik eines Berufsverbots ohne Begründung und ohne Vorliegen eines Gerichtsurteils artikulierte und auf die Folgen für die Gemeinde aufmerksam machte: *Unsere Gemeinde liegt abgeschlossen von allem Verkehr, so daß es uns nicht möglich ist, in benachbarten Pfarreien, die wenigstens 1½ Stunden entfernt liegen, unsere religiösen Bedürfnisse zu befriedigen.*[135] Auch Pfarrer Alles appellierte an Kultusminister Puttkamer mit dem bekannten Argument, dass er die Gemeindemitglieder von Berglicht nicht ihrem ‚Staatspfarrer' abspenstig gemacht habe, sondern diese sich aus eigener Initiative an ihn gewandt hätten, und zeigte die religiös und sozial desintegrierenden Folgen einer jahrelangen Einstellung aller seelsorglichen Tätigkeit in einer abgelegenen Gemeinde auf: *Überall aber, wo die Kirche in Erfüllung der ihr von Gott gewordenen hohen Aufgabe behindert ist, kommen recht traurige Zustände, religiöser Unglaube, Verfall der Sitten, Verwilderung der Jugend*

---

zu schützen. Dazu kommt unsere, wenn auch nicht durch streng juristische Beweise gestützte, doch darum nicht minder feste Überzeugung, daß Alles, wie wir solches ebenfalls bereits in unserm Bericht vom 1. März pr. auszusprechen uns gestattet haben, als Miturheber des gegen den Pfarrer Gotthard alsbald, nachdem zu dessen Gunsten die Staatsleistungen wieder aufgenommen worden waren, auftauchenden Geredes, er sei vom Glauben abgefallen, sein Gottesdienst sei sacrilegisch und die Betheiligung daran eine schwere Sünde, zu betrachten ist.

133 Der Kultusminister an den Oberpräsidenten der Rheinprovinz am 23. April 1877 (LHAK, Bestand 403 Nr. 10867).

134 Der Oberpräsident der Rheinprovinz an Pfarrer Alles zu Horath am 28. April 1877 (LHAK, Bestand 403 Nr. 10867 im Entwurf): *Auf die Immediateingabe vom 27. Februar d. J., welche an den Herrn Minister der geistlichen pp. Angelegenheiten zur Prüfung abgegeben worden ist, eröffne ich Euer [Hochehrwürden] im Auftrage des genannten Herrn Ministers [...], daß, nachdem die im § 23 Absatz 2 des Gesetzes über die Vorbildung und Anstellung der Geistlichen vom 11. Mai 1873 vorgesehene Benachrichtigung Ihnen zugefertigt worden ist, diese Benachrichtigung als eine Thatsache naturgemäß nicht rückgängig gemacht und daher Ihrem Gesuche um Ertheilung der Erlaubniß zur Wiederaufnahme Ihrer pfarramtlichen Functionen in Horath keine Folge gegeben werden kann.*

135 Der Kirchenvorstand von Horath an den Oberpräsidenten der Rheinprovinz am 25. Januar 1880 (LHAK, Bestand 403 Nr. 10868. Text im Quellenanhang V).

u. dergl., immer mehr zum Vorschein. Auch in meiner Pfarrei ist es in vielfacher Beziehung, besonders aber mit Bezugnahme auf die christliche Erziehung der Jugend, die erwachsene sowohl als ganz speciell der Schuljugend, nicht ohne traurige Folgen gewesen, daß ich nunmehr schon seit beinahe vier Jahren in Kirche und Schule meine priester- und seelsorgerliche Thätigkeit nicht mehr entfalten kann und darf.[136] Doch aus dem bekannten formaljuristischen Grund, dass die Rücknahme einer einmal geschehenen Benachrichtigung naturgemäß nicht möglich und auch im Gesetz nicht vorgesehen sei, wurden alle Eingaben abgelehnt.[137] Erst am Palmsonntag des Jahres 1882, nach fast sechs Jahren beruflicher Passivität, wagte Pfarrer Alles seine Amtierung wiederaufzunehmen. *Nichts erfolgte auf diesen Schritt.*[138]

---

136 Pfarrer Alles zu Horath an Kultusminister v. Puttkamer am 27. Januar 1880 (GStA PK, I. HA Rep. 76 IV Sekt. 13 Abt. XII Nr. 13 Bd. 6. Text im Quellenanhang V).

137 Der Kultusminister an Pfarrer Alles zu Horath im Kreis Bernkastel am 13. März 1880 (GStA PK, I. HA Rep. 76 IV Sekt. 13 Abt. XII Nr. 13 Bd. 6 im Entwurf): *Der Vorstellung vom 27. Januar d. J., in welcher Ew. [Hochehrwürden] um die Aufhebung der gegen Sie verfügten Amtssperre nachsuchen, vermag ich eine Folge nicht zu geben. Nachdem durch Verfügung der Königlichen Regierung zu Trier vom 20. April 1876 Ew. [Hochehrwürden] die Benachrichtigung zugegangen ist, daß das Zwangsverfahren behufs Wiederbesetzung der Pfarrstelle zu Horath in Gemäßheit der Vorschrift des § 18 Abs. 2 und des § 19 Abs. 2 des Gesetzes vom 11. Mai 1873 eingeleitet ist, liegen, falls Ew. [Hochehrwürden] in dem von Ihnen nicht dauernd verwalteten Pfarramte geistliche Amtshandlungen vornehmen sollte, die Voraussetzungen für die Anwendung der Strafbestimmungen des § 23 a. a. O. vor. An dieser Lage der Verhältnisse etwas zu ändern, liegt außerhalb der Befugniß der Verwaltungsbehörden, da im Gesetze die Möglichkeit der Zurücknahme einer auf Grund des § 23 einmal ausgesprochenen Benachrichtigung nicht vorgesehen ist.*

Der Oberpräsident der Rheinprovinz an den Kirchenvorstand von Horath am 16. März 1880 (LHAK, Bestand 403 Nr. 10868 im Entwurf): *Dem Gesuch vom 25. Januar d. J. um Ertheilung der Erlaubniß an den Pfarrer Alles zur Wiederaufnahme seiner pfarramtlichen Functionen in Horath bin ich, wie ich dem [kath. Kirchenvorstande] hiermit eröffne, nicht in der Lage Folge zu geben, da die dem Pfarrer Alles auf Grund des § 23 Absatz 2 des Gesetzes übe die Vorbildung und Anstellung der Geistlichen vom 11. Mai 1873 zugestellte Benachrichtigung als eine Thatsache nicht rückgängig gemacht werden kann.*

138 Pfarrer Alles zu Horath in seinem Erlebnisbericht.

VI. Das Amtierungsverbot für Kapläne bei vakanter oder provisorisch besetzter Pfarrstelle

In diesem Kapitel geht es ebenso wie in den letzten beiden Kapiteln um eigentlich gesetzmäßig angestellte Geistliche, deren geistliche Amtshandlungen gleichwohl unter bestimmten Bedingungen rechtswidrig und strafbar werden konnten, und ebenso wie im letzten Kapitel um die vielerwähnte, ein Amtierungsverbot auslösende Benachrichtigung über die Einleitung des Erzwingungsverfahrens gegenüber dem Bischof behufs Wiederbesetzung bzw. dauerhaften Besetzung einer vakanten oder nur provisorisch besetzten Pfarrstelle gemäß § 23 Abs. 2 des Gesetzes vom 11. Mai 1873, allerdings nicht um die Benachrichtigung von angeblich interimistisch amtierenden Sukkursalpfarrern, sondern um diejenige von Pfarrverwaltern und – in allererster Linie – von Kaplänen. Das Gesetz vom 11. Mai 1873 verpflichtete nämlich in § 18 Abs. 1 und § 19 Abs. 2 jeden Bischof, die durch Tod, Resignation oder Versetzung erledigten Pfarrämter und die – nach staatlicher Auffassung – nur provisorisch besetzten Sukkursalpfarrämter innerhalb einer Jahresfrist, welche im letzteren Fall mit der Publikation des Gesetzes begann, wieder bzw. dauerhaft zu besetzen. Im Nichtwillfahrungsfall konnte der Oberpräsident gegenüber dem Bischof das exekutivische Erzwingungsverfahren einleiten, welches in der bis zur Gesetzesbefolgung wiederholten Verhängung (hoher) Geldstrafen bestand, und die in den betreffenden Pfarreien amtierenden Pfarrverwalter und Kapläne von diesem Vorgang benachrichtigen, woraufhin die Benachrichtigten, obschon sie eigentlich gesetzeskonform angestellt waren, gemäß § 23 Abs. 2 die Weiteramtierung bei Strafandrohung in einem strittigen Ausmaß einzustellen hatten. Auch hier ist zu beachten und zu betonen, dass aus der Einleitung des Erzwingungsverfahrens gegenüber dem Bischof zur Wiederbesetzung bzw. dauerhaften Besetzung von Pfarrstellen keineswegs zwingend die diesbezügliche Informierung der in diesen Pfarreien fungierenden Administratoren und Kapläne folgte, sondern dass Letzteres mit der Folge des Berufsausübungsverbots im freien Belieben des entscheidungsbefugten Oberpräsidenten stand und keiner richterlichen Kontrolle unterlag. Bezüglich der im Folgenden im Mittelpunkt stehenden Kapläne geht es in diesem Unterkapitel also nicht um die oben bereits thematisierte allgemeine Frage, ob und inwieweit ein regulär angestellter Kaplan nach eingetretener Vakanz der Pfarrstelle überhaupt weiteramtieren durfte, sondern um die spezielle Frage, ob und inwieweit ein Kaplan nach der Benachrichtigung über die Einleitung des Erzwingungsverfahrens zwecks Wiederbesetzung bzw. definitiven Besetzung der Pfarrstelle weiterfungieren durfte und welchen Kaplänen nach welchen Kriterien der Staat in Gestalt des Oberpräsidenten die Benachrichtigung mit der Folge der Amtierungssperre zustellte.

Wie üblich stellten sich den Behörden bald Definitions- und Auslegungsprobleme sowie die Frage des weiteren Vorgehens, gab die Rechtslage dem Staat doch umfassende diskretionäre, d.h. nicht justiziable Befugnisse, deren Ausschöpfungsausmaß behördenintern geklärt werden musste. Ebenso umstritten wie entscheidend war zunächst, ob das benachrichtigungsbedingte Weiteramtierungsverbot für Kapläne alle Amtshandlungen betraf oder nur ein Teilsegment. Der etwas kryptische Gesetzestext, welcher nach einer Benachrichtigung denjenigen Geistlichen mit Strafe bedrohte, *der geistliche Amtshandlungen in einem von ihm nicht dauernd verwalteten Pfarramte vornimmt,* setzte somit nämlich als Bedingung für eine Bestrafung das Elementarfaktum voraus, dass der Benachrichtigte die nicht dauernde Verwaltung des Pfarramts ausübt. Wird nun ein Kaplan, sofern er nicht von einem alten oder gebrechlichen Pfarrer auf dessen Kosten aufgrund eines Privatvertrags zur vorübergehenden, spätestens mit dem Tod des Auftraggebers endenden Aushilfe angestellt ist, als aus eigenem Recht amtierend und als Inhaber eines eigenständigen Amtes betrachtet, würde er das nicht oder nicht definitiv besetzte Pfarramt nicht verwalten, sondern nach eingetretener Vakanz nur sein eigenes Amt fortführen und von einer benachrichtigungsbewirkten Sperrung des verwaisten oder mit einem interimistisch amtierenden Sukkursalpfarrer besetzten Pfarramts nicht zwangsläufig mitbetroffen sein. Wird er hingegen rein als unselbständiger, eng zum Pfarramt gehörender Gehilfe oder Helfer des Pfarrers angesehen, würde er nach dem Abgang des Pfarrers das Pfarramt verwalten und von einer benachrichtigungsbedingten Sperrung der Pfarrstelle als deren fest integrierter Teil automatisch mitbetroffen sein. Der Oberpräsident der Rheinprovinz, wie schon im Zusammenhang mit der Frage der Weiteramtierung von Hilfsgeistlichen bei vakanter Pfarrstelle ein ‚Sowohl-als-auch' vertretend, postulierte eine – wohl eher rechtstheoretische und praxisrelevanzarme – Zweiteilung des Tätigkeitsspektrums der Kapläne in solche Amtshandlungen, die an sich einem Pfarrer allein vorbehalten sind und einem Kaplan lediglich dank besonderer Ermächtigung des Pfarrers auch gestattet sind, und in solche Amtshandlungen, die ihm kraft eigenen Rechts zustehen, und glaubte von einer Benachrichtigung nur die Ersteren verboten, weil er nur diese als die eigentlich pfarramtlichen Handlungen im engeren Sinn ansah, deren Fortführung eine Pfarramtsverwaltung wäre, während er die Letzteren straffrei fortführbar wähnte.[1] Weiterhin stellte sich die wichtige Frage, ob und

1 Der Oberpräsident der Rheinprovinz an den Kultusminister am 15. Februar 1875 (GStA PK, I. HA Rep. 76 IV Sekt. 13 Abt. XII Nr. 13 Bd. 3): *Wie Euer Excellenz aus dem […] Bericht der Düsseldorfer Regierung vom 3. d. Mts. geneigtest ersehen wollen, befindet Letztere sich nun im Zweifel darüber, ob vom Augenblicke der Benachrichtigung an eine jede geistliche Amtshandlung der benachrichtigten Kapläne als strafbar zur Anzeige gebracht werden müsse. Euer Excellenz ist es aus dem Schlusse meines Berichts vom 4. Dezember v. Js. bekannt, daß ich die vorstehende Frage verneinen zu müssen glaube, indem meines Erachtens ein gesetzmäßig angestellter Kaplan, der nach dem Abgange des Pfarrers seine Funktionen fortsetzt, die Letzteren nicht „in einem von ihm nicht dauernd verwalteten Pfarramte" vornimmt (cfr. Commentar von Hinschius Anm. 4 zum*

in welchem Ausmaß der Staat von der arbiträren Befugnis der Benachrichtigung der Kapläne Gebrauch machen soll, eignete doch dem Benachrichtigungsrecht das Potential zur massiven Beeinträchtigung bis fast vollständigen Paralysierung der Seelsorge und des Kultus im Rheinland, denn durch diese Befugnis konnten bei umfassender Nutzung nicht nur – wie bereits im vorigen Kapitel thematisiert – alle linksrheinischen Sukkursalpfarrer, sondern bei extensiver Gesetzesinterpretation, wonach Hilfsgeistliche als unselbstständige Gehilfen zum Pfarramt gehören und von einer benachrichtigungsgenerierten Amtierungssperre (mit-)betroffen sind, auch sämtliche Kapläne, die in vakanten oder mit amoviblen Sukkursalpfarrern besetzten Pfarreien amtierten, zur völligen beruflichen Untätigkeit verurteilt werden. Der Oberpräsident plädierte ähnlich wie schon bei den Sukkursalpfarrern dafür, insbesondere dann, wenn den benachrichtigten Kaplänen alle Amtshandlungen verboten sein sollten, auf das Instrument der Benachrichtigung ganz zu verzichten, zumal ein rechtmäßig, d.h. vor dem Gesetz vom 11. Mai 1873 installierter Kaplan ähnlich wie ein Sukkursalpfarrer durch die Benachrichtigung nicht zu einem ungesetzlich angestellten werde, sondern seine Einkünfte einschließlich das Staatsgehalt weiter beziehen und am Wirkungsort wohnen bleiben dürfe, was ihn nur zu ‚ultramontanen Agitationen' befähigen und animieren würde. *Ein staatsfeindlicher Geistlicher, dem die Benachrichtigung zugestellt wird, verliert also lediglich die Befugniß zur Vornahme geistlicher Handlungen und die Gelegenheit, hierbei eine gefährliche Einwirkung zu üben, erhält aber eine größere Muße zu agitatorischen Bemühungen.*[2]

---

§ 23). Ich bin vielmehr der Ansicht, daß die in Rede stehende Strafvorschrift nur dann zur Anwendung gelangen könne, wenn der betreffende Kaplan in Folge einer besonderen Ermächtigung bisher berechtigt gewesen sei, solche geistlichen Amtshandlungen zu besorgen, welche der Regel nach dem Pfarrer allein zukommen, und derselbe nach der geschehenen Benachrichtigung <u>diese</u> Handlungen fortsetzen sollte.

2 *Wenn es unter der Voraussetzung, daß den benachrichtigten Kaplänen jede geistliche Handlung verboten sein würde, erlaubt ist, hier noch die Frage zu berühren, ob es überhaupt im öffentlichen Interesse liegen könne, gegen irgend einen Kaplan von dem Benachrichtigungsrecht Gebrauch zu machen, so beehre ich mich noch gehorsamst zu bemerken, daß meines Dafürhaltens ein solches Interesse kaum vorliegen dürfte. Ein von der in Rede stehenden Maßregel betroffener Kaplan verliert, da der § 17 l. c. hier keine Anwendung findet, seine Einkünfte nicht; selbst die ihm etwa aus Staatsfonds zufließenden Einnahmen können ihm nicht auf Grund des letzten al. des § 18 l. c. entzogen werden, indem diese Einnahmen nicht zur Unterhaltung der erledigten Pfarrstelle, sondern zu der der gesetzmäßig besetzen Kaplaneistelle dienen. Auch ist wegen dieses Mangels der Erledigung für eine Beschlagnahme des Kaplaneivermögens auf Grund des Art. 3 des Gesetzes vom 21. Mai v. Js. […] keine Berechtigung vorhanden. Ein staatsfeindlicher Geistlicher, dem die Benachrichtigung zugestellt wird, verliert also lediglich die Befugniß zur Vornahme geistlicher Handlungen und die Gelegenheit, hierbei eine gefährliche Einwirkung zu üben, erhält aber eine größere Muße zu agitatorischen Bemühungen. Wenn jedoch, wie vorauszusehen [ist], ein solcher Geistlicher die Vornahme von Amtshandlungen nicht unterläßt, so verfällt er allerdings in Strafe, aber er wird nicht wie*

Ohne seine Rechtsansicht mit einer Auslegung des Gesetzestextes zu begründen, dekretierte der Kultusminister, dass von der Eröffnung über die Einleitung des Erzwingungsverfahrens zur Wiederbesetzung einer vakanten oder interimistisch besetzten Pfarrstelle alle Amtshandlungen eines Kaplans betroffen sind. Nur wenn ein Kaplan noch ein eigenes Benefizium innehat, mit dem bestimmte Stiftungsobliegenheiten, wie das Lesen einer Messe, verknüpft sind, ist dieser Teil seiner Amtierung nicht von der Sperre berührt. Hinsichtlich der Nutzung des Benachrichtigungsrechts wollte der Kultusminister zwar nicht, wie der Oberpräsident vorgeschlagen hatte, gänzlich darauf verzichten, es aber doch restriktiv gehandhabt wissen, weil, *wo eine ursprünglich gesetzmäßig eingerichtete Seelsorge besteht, die Staatsregierung keinen Anlaß hat, in dieselbe störend einzugreifen, es sei denn, daß überwiegende Gründe des öffentlichen Wohles ein Einschreiten verlangen.*[3] Genau

---

ein von Anfang an gesetzwidrig angestellter Geistlicher zwangsweise von dem Orte seiner Thätigkeit entfernt werden können, indem der § 2 des Reichsgesetzes vom 4. Mai v. Js. auf diesen Fall nicht paßt. [...] Aus vorstehenden Gründen möchte ich mich dafür aussprechen, daß überhaupt von der Vornahme derartiger Benachrichtigungen an die betreffenden Kapläne Abstand genommen werde. (ebd.)

3 Der Kultusminister an den Oberpräsidenten der Rheinprovinz am 5. April 1875 (LHAK, Bestand 403 Nr. 10865): *Ew. Hochwohlgeboren erwiedere ich auf den gefälligen Bericht vom 15. Februar d. J. ergebenst, wie ich nur von Neuem darauf aufmerksam machen kann, daß, wo eine ursprünglich gesetzmäßig eingerichtete Seelsorge besteht, die Staatsregierung keinen Anlaß hat, in dieselbe störend einzugreifen, es sei denn, daß überwiegende Gründe des öffentlichen Wohles ein Einschreiten verlangen. Trifft die letztere Voraussetzung aber zu, so muß auch eingeschritten und es darf die Mühe nicht gescheut werden, welche die concrete Behandlung der einzelnen Specialfälle erfordert. Die Entscheidung der einzelnen Fälle aber kann ich nur Ew. Hochwohlgeboren überlassen. Was sodann die Folgen anlangt, welche die Benachrichtigung eines Kaplans von der erfolgten Einleitung des Zwangsverfahrens Behufs Wiederbesetzung der Pfarrstelle hat, so ist in dem diesseitigen Erlaß vom 11. Dezember v. J. der Grundsatz ausgesprochen, daß der Kaplan alsdann nicht nur keine Handlungen vornehmen darf, die dem Pfarrer vorbehalten sind, sondern daß ihm die Vornahme jeder Amtshandlung in dem Pfarramt verboten ist, also auch diejenige, zu welcher er bei Lebzeiten des Pfarrers als dessen Gehülfe berechtigt gewesen [ist]. Hiervon verschieden ist die Frage, welche die Regierung in Düsseldorf [...] anregt. Sie setzt den Fall voraus, daß der Kaplan nicht nur Hülfsgeistlicher des Pfarrers, sondern außerdem für ein bestimmtes Benefizium, mit dem gewisse Stiftungsobliegenheiten, z.B. das Lesen bestimmter Messen, verbunden [ist], berufen ist. In einem solchen Falle wird durch das Verbot des weiteren Fungirens zur Aushülfe im Pfarramt die Fortsetzung der Verrichtung der mit jenem Benefizium verknüpften Obliegenheiten nicht strafbar.* – In seinem erwähnten Erlass vom 11. Dezember 1874 (ebd.) hatte der Kultusminister den Oberpräsidenten u.a. folgendermaßen beschieden: *Was sodann die Frage wegen des Einschreitens gegen die in Xanten fungirenden Kapläne anlangt, so würden diese, sobald ihnen die in § 23 des Gesetzes vom 11. Mai pr. vorgesehene Benachrichtigung ertheilt ist, überhaupt keine Amtshandlungen in dem Pfarramte in Xanten mehr vorzunehmen berechtigt sein.*

wie bei den Sukkursalpfarrern wollte der Kultusminister das Recht zur Benachrichtigung von Kaplänen nicht dazu einsetzen, um die Seelsorge und den Kultus großflächig zu behindern oder gar zu unterbinden, sondern es einerseits als omnipräsentes damoklesschwertartiges Druck- und Drohmittel und andererseits gezielt zur beruflichen Ausschaltung besonders widerspenstiger und lautstark antigouvernemental agitierender Geistlicher verwenden. Diese Grundsatzentscheidungen gab der Oberpräsident in einem Rundschreiben an die rheinischen Bezirksregierungen weiter.[4]

Die Regierung Düsseldorf fürchtete wie auch schon der Oberpräsident, eine berufliche Lahmlegung von Kaplänen per Benachrichtigung könne zumal angesichts des Fortbezugs ihrer Einkünfte *schädlich wirken* und *leicht dazu führen, daß sie ihre größere Muße noch mehr als bisher zum staatsfeindlichen Agitiren in allerlei Art benutzen,* und beantragte daher, eine Entscheidung des Kultusministers darüber herbeizuführen, ob nicht das Mittel der Aufenthaltsversagung oder gar der Ausbürgerung gemäß §§ 1 und 2 des Reichsgesetzes vom 4. Mai 1874 dazu genutzt werden könne, um solche Kapläne, welche, zur beruflichen Passivität verdammt, Zeit zu allerlei staatlich unerwünschten Aktivitäten haben, von ihrem Wirkungsort zu entfernen.[5] Der die gleichen Befürchtungen hegende Oberpräsident kam dieser

4 Der Oberpräsident der Rheinprovinz an die Regierung Düsseldorf am 9. April 1875 (LHAK, Bestand 441 Nr. 15461 u. Nr. 15488; LHAK, Bestand 442 Nr. 5070): *(Ich) habe die Frage nach den Folgen, welche die Benachrichtigung eines an einer erledigten Pfarrei angestellten Kaplans von der erfolgten Einleitung des Zwangsverfahrens behufs Wiederbesetzung der Pfarrstelle habe, nochmals dem Herrn Minister der geistlichen Angelegenheiten vorgetragen. Der Letztere hat mir darauf zu erkennen gegeben, daß nach der gedachten Benachrichtigung der Kaplan nicht nur keine Handlungen vornehmen dürfe, die dem Pfarrer vorbehalten seien, sondern daß ihm die Vornahme jeder Amtshandlung in dem Pfarramt verboten sei, also auch diejenige, zu welcher er bei Lebzeiten des Pfarrers als dessen Gehülfe berechtigt gewesen [sei]. Hiervon verschieden sei die Frage, welche die Königliche Regierung [...] anrege. Sie setze den Fall voraus, daß der Kaplan nicht nur Hülfsgeistlicher des Pfarrers, sondern außerdem für ein bestimmtes Benefizium, mit dem gewisse Stiftungsobliegenheiten, z.B. das Lesen bestimmter Messen, verbunden, berufen sei. In einem solchen Falle werde durch das Verbot des weiteren Fungirens zur Aushülfe im Pfarramt die Fortsetzung der Verrichtung der mit jenem Benefizium verknüpften Obliegenheiten nicht strafbar.* – Dadurch dass diese Verfügung in Abschrift auch den Regierungen Trier und Koblenz und wahrscheinlich auch den Regierungen Köln und Aachen *zur gefälligen Beachtung* zugestellt wurde, avancierte sie zur Rundverfügung.

5 Die Regierung Düsseldorf an den Oberpräsidenten der Rheinprovinz am 28. April 1875 (LHAK, Bestand 403 Nr. 10865): *Allerdings verkennen wir nicht, daß [...] die Benachrichtigung, wenn ihre rechtliche Wirkung nur in den von Euer Hochwohlgeboren zugelassenen Folgen bestehen sollte, halbe Resultate erzielen, ja wo möglich schädlich wirken kann, denn die Versagung aller zur Aushülfe in der Pfarrseelsorge gehörigen Verrichtungen unter Fortbezug aller Einkünfte und die Unmöglichkeit, auf Grund des Reichsgesetzes vom 4. Mai v. Js. die betreffenden Geistlichen [...] zu entfernen, könnte leicht dazu führen, daß sie ihre größere Muße noch mehr als bisher zum*

Anregung nach,[6] erhielt jedoch vom Kultusminister die Abschrift einer Verfügung, mit welcher dieser gemeinsam mit dem Innenminister kurz zuvor in der gleichen Angelegenheit den Oberpräsidenten der Provinz Schlesien beschieden hatte. Darin legten die beiden Minister noch einmal die Rechtslage und die staatliche Handlungsstrategie dar: Durch die Einleitung des Erzwingungsverfahrens gegenüber dem Bischof zur Wiederbesetzung einer vakanten Pfarrstelle mutiere eine gesetzmäßige Amtierung eines in der betreffenden Pfarrei amtierenden Kaplans noch nicht zu einer rechtswidrigen. Die Strafbarkeit der Amtshandlungen dieses Kaplans setze vielmehr dessen Benachrichtigung über die Einleitung des Zwangsverfahrens[7] voraus, welche ins freie Ermessen des Oberpräsidenten gestellt sei. Von der Möglichkeit zur Benachrichtigung solle nur in begründeten Sonder- und Einzelfällen Gebrauch gemacht werden, da der Staat kein Interesse an der Störung einer ordnungsgemäß bestehenden Seelsorge habe. Wenn die Benachrichtigung erfolgt sei, könne zwar der betroffene Geistliche im Zuwiderhandlungsfall bestraft werden, bleibe aber im Amt und könne nicht auf der Grundlage des Reichsgesetzes vom 4. Mai 1874 (Expatriierungsgesetz) ausgewiesen oder ausgebürgert werden. Durch die Wortwahl von § 2 des besagten Gesetzes habe der Gesetzgeber sicherstellen wollen, dass diese Strafmaßnahmen der Wirkungsortsverweisung, der Aufenthaltsortszuweisung und der Ausbürgerung nur auf irregulär angestellte, nicht aber auf regulär angestellte Geistliche, als welche auch benachrichtigte Kapläne

---

staatsfeindlichen Agitiren in allerlei Art benutzen, wie ja überhaupt die clericale Praxis nicht allein Kanzel und Altar, sondern sehr wesentlich auch mit der Seelsorge nichts gemein habenden Wege zu agitatorischen Erfolgen auszubeuten sich gewöhnt hat. Wir möchten [es] deshalb für durchaus geboten erachten, daß, sobald die erste gerichtliche Bestrafung eines der trotz der von uns beantragten Benachrichtigung etwa fortfungirenden obigen Kapläne stattgefunden haben wird, des Herrn Ministers ausdrückliche Entscheidung über die Anwendbarkeit der §§ 1 und 2 des Reichsgesetzes vom 4. Mai v. Js. erbeten werde.

6 Der Oberpräsident der Rheinprovinz an den Kultusminister am 13. Mai 1875 (GStA PK, I. HA Rep. 76 IV Sekt. 13 Abt. XII Nr. 13 Bd. 4).

7 Als Beispiel für eine Benachrichtigung das vom kommissarischen Landrat von Kleve, Frowein, am 30. August 1875 aufgenommene Protokoll (LHAK, Bestand 403 Nr. 10865): *In Gemäßheit des Erlasses Königlicher Regierung zu Düsseldorf vom 25. August cr. begaben sich heute die Unterzeichneten in die Wohnung des Kaplans M. Selders zu Till im Kloster daselbst. Demselben wurde im Auftrage des Herrn Oberpräsidenten eröffnet, daß in Gemäßheit der Vorschrift des § 18 alinea 2 des Gesetzes über die Vorbildung und Anstellung der Geistlichen vom 11. Mai 1873 das Zwangsverfahren behufs Wiederbesetzung der seit mehr als Jahresfrist erledigten katholischen Pfarrstelle zu Till über den Bischof von Münster eingeleitet sei. Diese Eröffnung habe die Bedeutung, daß er sich von jetzt ab jeder geistlichen Amtshandlung bei Vermeidung der im § 23 des citirten Gesetzes angedrohten Strafen zu enthalten habe. Herr Kaplan p. Selders erklärte, die ihm gemachte Eröffnung wohl verstanden zu haben, verweigerte indessen unter Protest die Unterschrift. Nach seiner Erklärung ist mit der von ihm verwalteten Kaplanstelle ein Beneficium nicht verbunden.*

selbst im Fall einer Verurteilung wegen rechtswidriger Amtshandlungen anzusehen seien, anwendbar sind.[8]

Wieder soll zunächst anhand des Regierungsbezirks Trier die Umsetzung und Handhabung des dem Staat in Gestalt des Oberpräsidenten gegebenen Rechts, Pfarrverwalter und Kapläne an vakanten Pfarrstellen oder Kapläne an – aus staatlicher Sicht – nur provisorisch besetzten Pfarrstellen per Benachrichtigung zu sperren, analysiert werden.

Nach dem Tod des Pfarrers von Rommersheim hatte Pfarrer Christa zu Prüm die Verwaltung der vakanten Pfarrei übernommen. In zwei äußerst polemischen, eine Intimfeindschaft verratenden Verbalabrechnungen beschuldigte ihn der Landrat von Prüm, in jeder *Predigt staatliche Einrichtungen und Anordnungen, namentlich bezüglich der Schule und Kirche, zu verunglimpfen,* unentwegt *gegen das Zustandekommen regierungsfreundlicher Wahlen* und *fanatisch* gegen die Kulturkampfgesetze agitiert zu haben, *die Renitenz der Bevölkerung gegen die Letzteren durch wiederholte demonstrative Empfangsfeierlichkeiten* für einen aus einer verbüßten Haft zurückkehrenden Kaplan angestachelt zu haben, diesen *feierlichst unter Erregung eines öffentlichen Auflaufs abgeholt und mit einem 3fachen Hurrah empfangen* zu haben, den Besuch einer Prümer Simultanschule *als für das Seelenheil*

8 Kultusminister Falk und Innenminister Eulenburg an den Oberpräsidenten der Provinz Schlesien, Graf v. Arnim-Boitzenburg, am 24. März 1875 (LHAK, Bestand 403 Nr. 10865; LHAK, Bestand 442 Nr. 5070): *Schon bei den Vorbereitungen für das Reichsgesetz [vom 4. Mai 1874] ist es die bestimmte Absicht gewesen, durch die jetzige Vorschrift des § 2 nur solche Geistliche zu treffen, welche auf Grund des Absatzes 1 des § 23 des Gesetzes vom 11. Mai 1873 und des Artikel[s] 2 des damals gleichzeitig vorbereiteten Gesetzes vom 21. Mai 1874 verurtheilt seien. Die Fälle einer Verurtheilung auf Grund des Absatzes 2 des § 23 des Gesetzes vom 11. Mai 1873 haben dagegen ausgeschlossen werden sollen. Eine entsprechend verschiedene Behandlung dieser beiden Kategorien ist auch sowohl im Gesetz vom 11. Mai 1873 als im Gesetz vom 21. Mai 1874 durchgeführt und findet ihre Begründung in dem Umstande, daß in den Fällen der einen Kategorie ein gesetzwidriges Eindringen in das geistliche Amt vorliegt, in den Fällen der anderen Kategorie dagegen eine gesetzmäßige Bestellung vorhanden ist. Die Einleitung des Zwangsverfahrens gegen den geistlichen Obern auf Grund des § 18 des Gesetzes vom 11. Mai 1873 verwandelt aber keineswegs die gesetzmäßige Bestellung in eine ungesetzliche, sondern es macht sich der betreffende Geistliche unter Umständen nur strafbar, wenn er noch ferner amtirt. Diese Strafbarkeit tritt überdies nicht einmal ipso jure durch das gegen den geistlichen Obern eingeleitete Zwangsverfahren, sondern erst dann ein, wenn der Oberpräsident den betreffenden Geistlichen von der Einleitung des Zwangsverfahrens ausdrücklich benachrichtigt hat. Diese Benachrichtigung eintreten zu lassen, steht aber im Ermessen der Staatsregierung, und in den meisten Fällen ist bisher davon kein Gebrauch gemacht worden, weil die Staatsregierung selbst ein Interesse daran hat, eine gesetzmäßig bestehende Seelsorge nicht ohne die dringendste Noth zu stören. Aus diesem Grunde ist absichtlich der Wortlaut des § 2 des Reichsgesetzes vom 4. Mai v. J. so gewählt, daß die Fälle der Verurtheilungen auf Grund des Absatzes 2 des § 23 des Gesetzes vom 11. Mai 1873 ausgeschlossen sind.*

katholischer *Kinder verderblich darzustellen,* die Unterzeichner einer staats- und kulturkampffreundlichen Adresse vor die Wahl gestellt zu haben, *entweder ihre Unterschrift zurückzuziehen oder vom Empfang der Sakramente ausgeschlossen zu werden,* in seiner Korrespondenz *auf das Sündhafte und Verderbliche* einer Stimmabgabe für einen *Candidaten der Regierungspartei* hingewiesen zu haben, zur Einweihung des mit finanzieller Unterstützung des Königs errichteten Denkmals für den in Prüm verstorbenen Karolinger Lothar I. keine Beamten eingeladen zu haben, *jegliche Betheiligung an den Festmahlen zu Ehren des Geburtstages Seiner Majestät* abgelehnt zu haben und sich doch tatsächlich erfrecht zu haben, das landrätliche *Verhalten auf kirchenpolitischem Gebiete einer ebenso albernen als dünkelhaften Kritik zu unterziehen.* Die die beiden Tiraden des Landrats durchziehenden persönlichen Verunglimpfungen, so beispielsweise die Schmähung des Pfarrers Christa als *fanatisch, arrogant und persönlich gehässig* und *als einen dünkelhaften, eigensinnigen, jeder besseren Einsicht unzugänglichen und verbissenen Feind staatlicher Anordnungen,* gipfelten in der liebevollen Charakteristik: *Christa hat einen verbissenen, zänkischen und eigensinnigen Charakter, dem es nicht wohl ist, wenn er nicht tagtäglich, jetzt meist im Geheimen, die staatlichen Einrichtungen verdächtigen und anfeinden kann. Er nährt nur Unduldsamkeit, befördert den Unfrieden, stiftet Zerwürfnisse und wird ein unversöhnlicher Feind des Staates bleiben.*[9] Insgesamt bezichtigte ihn also der Landrat der Fundamentalopposition gegen den

---

9 Der Landrat von Prüm an die Regierung Trier am 15. Mai 1875 (LHAK, Bestand 403 Nr. 10865):
Die am 11. März 1872 in Folge Ablebens des seitherigen Pfarrers Marxen vakant gewordene Pfarrstelle Rommersheim (ist) am 8. April ejd. m. dem hiesigen Pfarrer, Dechanten Christa, als Administrator übertragen worden. [...] Die gegen den Christa seit meiner amtlichen Thätigkeit hierselbst vorgekommenen Beschwerden, seine Persönlichkeit und Stellung den Kirchengesetzen und dem Staate gegenüber habe Königliche[r] Regierung ich [...] [bereits in mehreren Berichten] eingehend erörtert und glaube ich daher die Hauptthatsachen, welche zu jenen Beschwerden Veranlassung boten, hier nur in Kürze wiederholen zu dürfen:

1. *Kurz vor meiner Herkunft hatte die offene, durch Wort und Schrift bekundete Opposition des Christa gegen die neuen staatlichen Einrichtungen auf dem Gebiet der Volksschule dazu geführt, ihn der Schulinspection zu entheben.*
2. *Vor Erlaß des Kanzelparagraphen zum Strafgesetzbuche unterließ Christa es in keiner Predigt, staatliche Einrichtungen und Anordnungen, namentlich bezüglich der Schule und Kirche, zu verunglimpfen, so daß selbst von seinen Gesinnungsgenossen über dieses widrige und taktlose Gebahren Klage geführt wurde.*
3. *Christa ist notorisch der Hauptagitator gegen das Zustandekommen regierungsfreundlicher Wahlen und gegen die glatte Durchführung der Kirchengesetze. Er hat persönlich am eifrigsten von allen Geistlichen gegen die ersteren durch mündliche und schriftliche persönliche Beeinflussung gewirkt und die Renitenz der Bevölkerung gegen die letzteren durch wiederholte demonstrative Empfangsfeierlichkeiten bei der Rückkehr des gesperrten respectiv ausgewiesenen Kaplans Alt hier aufgestachelt. Bei Abführung des p. Alt hat er durch Aufpostiren an meiner Hausthür in Gemeinschaft*

mit Kirchenrathsmitgliedern einen Volksauflauf provozirt, der nur mit Mühe von Excessen abgehalten werden konnte.

4. *Er war und bleibt der fanatischste Gegner des paritätischen, jetzt vollberechtigten hiesigen Progymnasiums und würde die städtische Vertretung hier, welche vorherrschend aus krassen Ultramontanen besteht, unbedingt dazu gebracht haben, die ferner gewährte Staatsbeihülfe unter Hinweis auf die Verderblichkeit der daran geknüpften Bedingung der Parität abzuweisen, wenn seinem deßfallsigen Pamphlet die Aufnahme in das Kreisblatt nicht versagt worden und wenn nicht im letzten Monate die besser gesinnten Elemente der Stadt ihm entgegengetreten wären. Notorisch hat er noch in der Letztzeit die Geistlichkeit seines Dekanats, wovon viele in völliger Abhängigkeit zu ihm stehen, manche ihn fürchten, strengstens angewiesen, katholische Schüler mit allen Mitteln von dem Besuche der Anstalt abzurathen und abzuhalten. Bis jetzt hat er noch keiner einzigen Sitzung des Kuratoriums der Anstalt beigewohnt und bei der ersten Einladung lediglich erklärt, er müsse erst dem Bischof die Sache vortragen.*
5. *Er hat die Unterzeichner der Ratibor-Adresse* [d.i. eine vom Herzog von Ratibor im Juni 1873 dem Kaiser überreichte Adresse von ‚Staatskatholiken', welche die Kulturkampfgesetze befürwortete] *bei Weigerung des Widerrufs resp. der Abgabe einer Sühne-Erklärung vom Empfange der Sakramente auszuschließen gedroht.*
6. *Er hat sich erfrecht unter dienstlicher Rubrik Briefe mir zugänglich zu machen, welche sich unterfingen, mein gesetzliches Verhalten auf kirchenpolitischem Gebiete einer ebenso albernen als dünkelhaften Kritik zu unterziehen.*
7. *Er hat das Aufhängen der Gedächtnißtafeln* [für die Gefallenen des Krieges von 1870/71] *in den Kirchen hier und zu Rommersheim den Anordnungen der Allerhöchsten Cabinets-Ordre vom 2. September 1873 zuwider zu inhibiren versucht und konnte hierzu nur durch Androhung der Ausführung im Executivwege vermocht werden.*
8. *Er hat in der Letztzeit unbefugter Weise in den Bürgermeistereien Rommersheim und Wallersheim Gelder zur Unterstützung der gesperrten Geistlichen kollectirt, worüber ich noch nähere Erhebungen machen lasse.*

Christa hat einen verbissenen, zänkischen und eigensinnigen Charakter, dem es nicht wohl ist, wenn er nicht tagtäglich, jetzt meist im Geheimen, die staatlichen Einrichtungen verdächtigen und anfeinden kann. Er nährt nur Unduldsamkeit, befördert den Unfrieden, stiftet Zerwürfnisse und wird ein unversöhnlicher Feind des Staates bleiben. Bei der blinden Ergebenheit, mit welchem die meisten Pfarrgenossen demselben ergeben sind, muß ich daher unter den vorgetragenen Verhältnissen sein ferneres Fungieren in Rommersheim als mit dem öffentlichen Wohle und den staatlichen Interessen für absolut unvereinbar bezeichnen.

Der Landrat von Prüm an die Regierung Trier am 4. August 1875 (LHAK, Bestand 403 Nr. 5083): *Von [den] Administratoren von Succursalpfarreien, welchen die [...] Benachrichtigung zuzustellen sein dürfte, vermag ich nur den Administrator der vakanten Pfarrstelle Rommersheim, den hiesigen Dechanten Pfarrer Christa, anzuführen. [...] Zunächst führte die bereits unter meinem Vorgänger zum Ausbruch gelangte Opposition des p. Christa gegen die neuen staatlichen Einrichtungen auf dem Gebiete der Volksschule dazu, ihn der Schulinspection zu entheben. Seit jener Zeit hat sich dieselbe nur verschärft und auf alle Gebiete übertragen. Die Kanzelvorträge trachteten danach, die Verderblichkeit der Oberaufsicht des Staates über die Schulen und der prinzipiellen Einrichtung von Simultananstalten möglichst kraß darzustellen, immer jedoch so, daß demselben auf Grund des Kanzelparagraphen nicht beizukommen war. Noch im Herbst vorigen Jahres versuchte er es mit allen Mitteln, die durchweg klerikal gesinnten Stadträthe dazu zu bewegen, den hiesiger Stadt in Aussicht gestellten neuen Staatszuschuß von 1670 Thaler für das hiesige Progymnasium abzulehnen, weil an die Gewährung desselben die Bedingung geknüpft war, den paritätischen Character der Anstalt statutenmäßig festzustellen. Um seiner Einwirkung durchschlagenden Erfolg zu verschaffen, versuchte er es einen die Parität der Anstalt geißelnden Artikel durch das gleichzeitig als Kreisblatt fungirende hiesige Intelligenzblatt zu veröffentlichen. Als ihm dies nicht gelang, wirkte er auf die theilweise ihm ergebene Geistlichkeit dahin ein, katholischen Eltern die Anstalt als für das Seelenheil ihrer Kinder verderblich dazustellen. Ebenso schroff, irrationell und fanatisch war seine Haltung gegenüber der kirchenpolitischen Gesetzgebung. Abgesehen von dem desfallsigen Inhalt seiner Predigten hat er thatsächlich die Thüre seines Hauses gelegentlich der Rückkehr seines ehemaligen, wegen gesetzwidrigen Amtirens aus der Haft zurückkehrenden und bei ihm wohnenden Kaplans Alt mit Guirlanden geziert, denselben bei seiner mehrmaligen Rückkehr aus solcher Haft in Umstand mehrerer Kirchenrathsmitglieder feierlichst unter Erregung eines öffentlichen Auflaufs abgeholt und mit einem 3fachen Hurrah empfangen, endlich bei Ausweisung des p. Alt durch Aufpostirung vor meiner Wohnung einen Volksauflauf bewirkt, der nur mit Mühe von Thätlichkeiten abgehalten werden konnte [...]. Die Erklärungen des Christa habe ich [...] als unwahr resp. lügenhaft abgefertigt, wie er denn überhaupt zu fanatisch, arrogant und persönlich gehässig ist, um einen objektiv richtigen Bericht abfassen zu können. Dies trifft zu bei seinem [...] Leugnen einer Betheiligung der von den hiesigen Franziskanerinnen geleiteten, in Folge dessen geschlossenen höheren Mädchenschule an dem Empfang des aus der Haft zurückkehrenden Kaplans Alt. [...] Aus den Akten über die Verwaltung der vacanten Pfarrstelle Rommersheim, speziell aus dem Berichte vom 10ten Juni cr. erhellt, daß derselbe widerrechtlich Geldbeträge empfangen resp. an sich gehalten und dieselben nach Herausgabe in Folge drohender Kriminaluntersuchung später wieder zu erschleichen sich unterfangen hat. Die Schroffheit und Verwegenheit seiner Behauptung, er sei einer der besten Patrioten, läßt sich daraus erkennen, daß er jegliche Betheiligung an den Festmahlen zu Ehren des Geburtstages Seiner Majestät abweist, daß er zu dem entsprechenden Gottesdienste nicht einmal eine Einladung ergehen läßt, daß er sich erdreistete, sein Befinden über die Geeignetheit des Platzes der Gedenktafeln für die im letzten Kriege Gefallenen dem durch die Allerhöchste Cabinetsordre vom 2. September 1873 ausdrücklich bestimmten Willen Seiner Majestät [vorzuziehen]. Ich erwähne nur noch, daß er notorisch der Hauptagitator gegen das Zustandekommen regierungsfreundlicher Wahlen ist, daß er sich herausnahm, dieserhalb in verschiedenen Privatschreiben an angesehene Einwohner auf das Sündhafte und Verderbliche hinzuweisen, für den Candidaten der Regierungspartei zu stimmen, daß er verschiedenen Unterzeichnern der Ratibor-Adresse seiner Zeit [vor] die Wahl stellte, entweder ihre Unterschrift zurückzuziehen oder vom Empfang der Sakramente ausgeschlossen zu werden, daß er sich erfrechte, meine Amtsthätigkeit auf kirchenpolitischem Gebiete unter dienstlicher Rubrik zum Gegenstande einer ebenso unbefugten als albernen Kritik in einer Privatkorrespondenz zu machen, daß er zur kirchlichen Einweihung des durch die Munifizenz Seiner Majestät errichteten Lothardenkmals* [Kaiser Lothar I. war 855 in der Abtei Prüm gestorben] *keine Einladungen an die Behörden und Beamten hiesiger Stadt ergehen ließ und die Rücksichtslosigkeit nach gewohnter Weise so weit trieb, namens des Kirchenraths Seiner Majestät nicht einmal Dank abstatten zu lassen. Hiernach muß ich den p. Christa wiederholt als einen*

Regierungskurs. Die Regierung Trier befürwortete wärmstens ein per Benachrichtigung herbeigeführtes Amtierungsverbot für Pfarrer Christa – wohlgemerkt nur in dessen Funktion als Verwalter der vakanten Pfarre Rommersheim –, weil dieser sich *höchst oppositionell zu den Staatsgesetzen und zu der Staatsregierung* verhalte und *als einer der größten Agitatoren* systematisch die *Aufwiegelung der Eingesessenen* betreibe.[10] Angesichts dieses Ausmaßes an regierungskritischem Engagement in Wort und Tat ließ der Oberpräsident dem Pfarrverwalter mitteilen, dass gegenüber dem Bischof von Trier das Erzwingungsverfahren zur Wiederbesetzung der vakanten Pfarrei Rommersheim eingeleitet worden sei, sodass die dortige Seelsorge einzustellen sei.[11]

---

dünkelhaften, eigensinnigen, jeder besseren Einsicht unzugänglichen und verbissenen Feind staatlicher Anordnungen bezeichnen, der bei jeder sich darbietenden Gelegenheit, meist im Geheimen, durch Wort, Schrift und That die staatlichen Einrichtungen und Behörden zu verdächtigen und anzufeinden, Unduldsamkeit zu nähren und Unfrieden auszustreuen sucht. Dieserhalb bitte Königliche Regierung ich gehorsamst, die beregte Benachrichtigung, welche sein schon seit dem 8ten April 1872 währendes Amtiren als Administrator der Pfarrstelle zu Rommersheim fortan unter Strafe stellt, demselben hochgeneigtest zustellen zu lassen, da ein solches mit dem öffentlichen Wohle und den staatlichen Interessen absolut unvereinbar ist.

10 Die Regierung Trier an den Oberpräsidenten der Rheinprovinz am 27. Mai 1875 (LHAK, Bestand 403 Nr. 10865): *Der Cantonalpfarrer und Dechant Christa zu Prüm, welcher bereits am 8. April 1872 zum Verwalter der vakanten Pfarrstelle zu Rommersheim, Kreis Prüm, ernannt ist, verhält sich [...] höchst oppositionell zu den Staatsgesetzen und zu der Staatsregierung. Derselbe wird mit Recht als einer der größten Agitatoren bezeichnet und läßt sich planmäßig und mit besonderer Umsicht der Aufwiegelung der Eingesessenen angelegen sein. Es dürfte deshalb im höchsten Grade gegen das Interesse des Staats verstoßen, daß Genannter neben der Verwaltung seiner Pfarrei Prüm noch die Pfarrei Rommersheim administrirt, indem bei Erweiterung des Feldes, auf welchem p. Christa seinen Einfluß geltend machen kann, dessen Agitation umso mehr wirksam und dem Staatswohl gefährlich wird. Hiernach dürfte [...] jedenfalls die Erwirkung der definitiven Besetzung der Pfarrstelle zu Rommersheim geboten erscheinen, weßhalb Euer Hochwohlgeboren wir ehrerbietigst bitten, den hiesigen Bischof zur Wiederbesetzung der Pfarrstelle nach § 18 des Gesetzes vom 11. Mai 1873 bei Geldstrafe zu zwingen und behufs schleunigster Reducirung des verderblichen Einflusses des p. Christa auf die Pfarreingesessenen dem Letztern nach § 23 l. c. Eröffnung zugehen zu lassen.*

11 Die Regierung Trier an Pfarrer Christa zu Prüm als Verwalter der Pfarrei Rommersheim am 16. September 1875 (LHAK, Bestand 442 Nr. 5083): *Im Auftrage und namens des Herrn Oberpräsidenten der Rheinprovinz benachrichtigen wir Euer Hochehrwürden, daß das Zwangsverfahren wegen definitiver Besetzung des Succursalpfarramts zu Rommersheim auf Grund der §§ 18 und 19 des Gesetzes vom 11. Mai 1873 über die Vorbildung und Anstellung der Geistlichen seitens des Herrn Oberpräsidenten eingeleitet ist. Euer Hochehrwürden haben sich von nun an jeder Amtshandlung in dem Pfarramte zu Rommersheim zu enthalten, widrigenfalls das Strafverfahren nach § 23 Abs. 2 l. c. gegen Sie eingeleitet werden würde.*

Der Trierer Oberbürgermeister de Nys schlug den Kaplan Dasbach[12] als einzigen unter den stadttrierischen Kaplänen, dafür aber umso nachdrücklicher für ein Amtsausübungsverbot per Benachrichtigung vor. In einer langen Auflistung zahlreicher ‚Sünden' und ‚Verfehlungen' verübelte er ihm insbesondere dessen politischen antigouvernementalen Aktivismus, beispielsweise sich zugunsten des Mainzer Katholikenvereins als Redner und zeitweise sogar als lokaler Geschäftsführer engagiert zu haben, eine gegen die Umsetzung des Schulaufsichtsgesetzes protestierende öffentliche Erklärung von Geistlichen mitunterzeichnet zu haben und *vor der schlichten, ungebildeten Landbevölkerung die nothwendige Autorität der nächsten Vorgesetzten derselben durch Spott- und Hohnreden* untergraben zu haben. *Offen und unumwunden suchte er das schlichte Landvolk für die Sache der Wahlen zu Gunsten der clericalen Parthei zu gewinnen, indem er in den Versammlungen auf dem Lande sich als Priester charakterisirte und sagte: „Wer nicht mit dem Centrum geht und für das Centrum wählt, der hört auf, ein katholischer Christ zu sein und fällt ab von seinem Glauben."* In erster Linie freilich waren dem Trierer Oberbürgermeister die publizistischen Aktivitäten des Kaplans Dasbach in Gestalt der Gründung und Herausgabe des St.-Paulinus-Blattes, einer Sonntagszeitung, und der ‚Katholischen Volkszeitung', einer bald in ‚Trierische Landeszeitung' umbenannten Tageszeitung, wegen deren kritischen Kommentierung der staatlichen und städtischen Politik ein Dorn im Auge. *Das Erstere [Blatt] geht darauf aus, in ganz populärer, für den Ungebildeten faßlichen Sprache die kirchlich-politischen Verhältnisse zum Nachtheile der Staatsbehörde zu besprechen und hierdurch Mißtrauen und Unzufriedenheit in die untersten Schichten der Bevölkerung zu tragen, während das letztere Blatt das Ziel verfolgt, alle städtischen öffentlichen Angelegenheiten in der unrichtigsten Weise zum Gegenstande der Besprechung zu machen und die Bürgerschaft gegeneinander und gegen die Anordnungen und Maßnahmen der städtischen Behörden aufzureizen.*[13]

---

12 Vgl. zu ihm U. Fohrmann: Trier Kulturkampfpublizistik im Bismarckreich; Ders.: Georg Friedrich Dasbach; H. Thoma: Georg Friedrich Dasbach. Da dort die Person und das Wirken des Trierer Kaplans Dasbach umfassend geschildert wird, kann und soll hier auf eine nähere Beleuchtung seiner (kirchen-)politischen Lebensarbeit und Bedeutung verzichtet werden.

13 Der Oberbürgermeister von Trier, de Nys, an die Regierung Trier am 3. August 1875 (LHAK, Bestand 442 Nr. 5083): *Von den an den Succursalpfarreien hierselbst angestellten Kaplänen (giebt) bis jetzt nur der Kaplan von St. Gervasius, Friedrich Dasbach, durch sein Auftreten Veranlassung, ihm die im Abs. 2 des § 23 des Gesetzes vom 11ten Mai 1873 vorgesehene Benachrichtigung zuzustellen. Derselbe trat im Monat März 1871 in die Hülfsseelsorge an genannte Kirche und begann seine politische Thätigkeit am 14. August 1872 bei Gelegenheit einer Volksversammlung im hiesigen katholischen Bürgerverein, in welcher die Bildung des Mainzer Katholikenvereins berathen und beschlossen wurde. Hier schilderte der p. Dasbach den Anwesenden die unermüdliche Thätigkeit und die Tugenden der Jesuiten und erklärte dabei, daß er selbst 3 Jahre in Rom unter ihnen gelebt und ihre Frömmigkeit und Zwecke kennengelernt habe. (Der p. Dasbach wurde in dem Collegium Germanicum der Jesuiten zu Rom ausgebildet.)*

Später schloß sich p. Dasbach als beinahe jüngster Kaplan von Trier einer in Sachen des Schulaufsichtsgesetzes von 43 Geistlichen des Domcapitels und der umliegenden Dekanate verfaßten und in den öffentlichen Blättern verbreiteten öffentlichen Erklärung de dato Trier, den 25. August 1872, welche gegen die Maßregeln der Bezirksregierung bezüglich des obigen Gesetzes gerichtet war, an und [es] *wurde derselbe nebst den übrigen 42 Geistlichen durch Urtheil der hiesigen Zuchtpolizeiappellkammer vom 18. März 1873 wegen der Beschuldigung, die Königliche Regierung beleidigt zu haben, zu einer Geldbuße von 15 Thlr oder im Falle des Unvermögens zu einer Haft von 5 Tagen verurtheilt. Demnächst* [d.h. danach] *gerirte sich der p. Dasbach als Geschäftsführer des Mainzer Katholikenvereins, übertrug aber dieses Amt zum Schein dem Kaufmann Patheiger jr., jetzigen Landtagsabgeordneten, und betrieb die Wanderversammlungen in Sachen dieses Vereins bis in die entlegensten Ortschaften des Regierungsbezirks Trier mit diesem gemeinschaftlich. Jede Verfügung Königlicher Regierung und anderer Behörden wurde von ihm in der gehässigsten Weise bei diesen Versammlungen besprochen, so daß in den meisten Fällen Auflösung derselben eintreten mußte. Seiner Agitation war der Umstand hauptsächlich zuzuschreiben, daß der Stadtdechant Schue von hier, welchem der p. Dasbach das Wort ertheilte, sich soweit vergessen konnte, von öffentlicher Bühne einem sehr zahlreich versammelten Publikum entgegenzurufen: „Weg mit einem solchen Ministerium, nieder mit diesem Ministerium". Der p. Dasbach benutzte diese Versammlungen dazu, um vor der schlichten, ungebildeten Landbevölkerung die nothwendige Autorität der nächsten Vorgesetzten derselben durch Spott- und Hohnreden zu untergraben. Dieses beweist die Äußerung, die er zu den Bewohnern des Fleckens Neuerburg gethan hat: „Aus Eurem Bürgermeister braucht Ihr Euch nichts zu machen, der hat niemandem etwas zu befehlen als höchstens seinem Nachtwächter und Polizeidiener." Wegen dieser Beleidigung des Bürgermeisters Baden zu Neuerburg wurde der p. Dasbach vor Gericht gezogen und wiederum unter dem 17. Februar 1874 mit 15 Thaler Geldbuße event. einer Woche Gefängniß bestraft. Ungeachtet der Schließung und Auflösung des Priesterseminars benutzte p. Dasbach die ausgewiesenen Alumnen, um sich bei Ertheilung des obligatorischen Religionsunterrichts vertreten zu lassen, um desto ungestörter seine Reisen in Sachen des Mainzer Katholikenvereins unternehmen zu können. Dieses Verfahren wurde jedoch durch das energische Vorgehen der städtischen Schulbehörde inhibirt. Durch die späteren vielfachen Wahlagitationen, für welche er auch den Kaufmann Patheiger als Werkzeug benutzte und in welchen er oftmals der Regierung freundlich gesinnte Bürger herabwürdigte, stiftete er nicht selten Feindschaft und Zwist unter Verwandten und Unfrieden in bis dahin ungestörtem Familienleben. Offen und unumwunden suchte er das schlichte Landvolk für die Sache der Wahlen zu Gunsten der clericalen Parthei zu gewinnen, indem er in den Versammlungen auf dem Lande sich als Priester charakterisirte und sagte: „Wer nicht mit dem Centrum geht und für das Centrum wählt, der hört auf, ein katholischer Christ zu sein und fällt ab von seinem Glauben." Ihm standen auch die übrigen Geistlichen vom Lande zur Seite und somit gelang es auch, daß die Wahlen für das Abgeordnetenhaus und den Reichstag sowohl im Stadt- und Landkreis Trier als auch in vielen andern Kreisen des Regierungsbezirks zu Gunsten der clericalen Parthei ausfielen. Um den durch die Abhaltung von Wanderversammlungen bei dem gewöhnlichen Volke erworbenen Einfluß zu erhalten und ihn bei allen öffentlichen Angelegenheiten verwerthen zu können, gründete p. Dasbach unter pecuniärer Beihülfe seitens eines hiesigen sehr vermögenden Geistlichen (Convictsdirektor Endres) ein Sonntagsblatt, genannt St.-Paulinus-Blatt, welches in 15.000 Exemplaren verbreitet ist, und darauf eine täglich erscheinende katholische*

Sogar in auswärtigen Zeitungen platziere er Artikel, *in denen er die höchsten städtischen Behörden in den Maßregeln, die sie im Interesse der Stadt sowie der Aufrechthaltung der Ordnung und des Friedens getroffen [haben], verspottet.* Der Trierer Oberbürgermeister wollte gerne einen ortsprominenten scharfen Kritiker seiner Kommunalpolitik durch ein benachrichtigungsinduziertes Berufsausübungsverbot zumindest schädigen, am liebsten mundtot machen und sich wohl auch ein wenig an ihm rächen. Die Regierung Trier unterstützte das Ansinnen des Oberbürgermeisters,[14] woraufhin der Oberpräsident die Regierung Trier ersuchte, dem Kaplan

Volkszeitung. Das Erstere geht darauf aus, in ganz populärer, für den Ungebildeten faßlichen Sprache die kirchlich-politischen Verhältnisse zum Nachtheile der Staatsbehörde zu besprechen und hierdurch Mißtrauen und Unzufriedenheit in die untersten Schichten der Bevölkerung zu tragen, während das letztere Blatt das Ziel verfolgt, alle städtischen öffentlichen Angelegenheiten in der unrichtigsten Weise zum Gegenstande der Besprechung zu machen und die Bürgerschaft gegeneinander und gegen die Anordnungen und Maßnahmen der städtischen Behörden aufzureizen. Beide Blätter billigen nicht nur das gesetzwidrige Verhalten der jungen Geistlichen, sondern fordern dieselben geradezu auf zum Ungehorsam gegen die bestehenden Staatsgesetze. Gut gesinnte Geistliche werden auf die gemeinste Weise verspottet und so der Verachtung des gewöhnlichen Publikums preisgegeben. Die Anwesenheit und der Empfang Sr. Excellenz des Herrn Cultusministers wurde in diesen Blättern so wegwerfend behandelt, als ob eben nur einzelne Beamte und einige liberale Persönlichkeiten der untern Schichten der Bevölkerung sich an dem veranstalteten Feste betheiligt hätten, dagegen die zu gleicher Zeit stattgehabte Firmungsreise des Bischofs als eine so glanzvolle und für die Katholiken als ein Triumpfzug geltend dargestellt. Trotzdem im vorigen Jahre an allen Königl. Landgerichten die Geschäftsführer des Mainzer Katholikenvereins in der Rheinprovinz zu Geldstrafen verurtheilt und der Verein selbst fast überall geschlossen wurde, hat der p. Dasbach im Monate Juni cr. in den beiden von ihm verlegten Blättern einen Aufruf des Freiherrn von Loé aufgenommen, welcher zum erneuten Beitritt in den Verein der deutschen Katholiken auffordert, weshalb derselbe unter Einreichung der betreffenden Blätter bei der Königlichen Staatsbehörde angeklagt wurde. Jeder Schritt und jede Haltung einzelner Personen im Sinne der Regierung und des Staates wird von diesen Blättern als eine Verleugnung des katholischen Glaubens gestempelt und somit dem Einflusse, den diese Personen in ihrem Kreise oder ihrer Parthei besitzen, entgegengearbeitet. Damit der p. Dasbach die in seinem Sinne besprochenen Verhältnisse, sogar die der hiesigen Stadt, auch in den weitesten auswärtigen Kreisen bekannt zu machen im Stande ist, benutzt er die beiden Zeitungen ‚Germania' in Berlin und die ‚Kathol. Volkszeitung' in Cöln zu seinen Organen, in denen er die höchsten städtischen Behörden in den Maßregeln, die sie im Interesse der Stadt sowie der Aufrechthaltung der Ordnung und des Friedens getroffen [haben], verspottet. Jedenfalls dürfte schleunigst dafür zu sorgen sein, daß p. Dasbach in den Elementarschulen den obligatorischen Religionsunterricht nicht mehr ertheilt.

14 Die Regierung Trier an den Oberpräsidenten der Rheinprovinz am 26. August 1875 (LHAK, Bestand 403 Nr. 10865): *Die Thätigkeit des Kaplans Dasbach an der hiesigen St.-Gervasius-Kirche ist in den hieneben angeschlossenen Berichte des hiesigen Oberbürgermeisters de Nys vom 3ten August curr. des Näheren beschrieben. Danach ist*

Dasbach zu Trier/St. Gervasius *in meinem Namen die im zweiten Absatze des § 23 des Gesetzes vom 11. Mai 1873 vorgesehene Benachrichtigung zugehen zu lassen*[15], was die Regierung Trier am 16. September 1875 erledigte.[16]

Der Fall des Kaplans N. Gombert zu Mehring, der eine besondere Komplexität aufwies, von allen Geistlichen des Bistums Trier wohl den meisten Schriftverkehr provozierte und von ihm selbst in einer 1901 selbstverlegten kleinen Broschüre geschildert wurde[17], illustriert besonders eindrücklich, welch' enorme, beliebig nutzbare Machtbefugnis das Benachrichtigungsrecht den Behörden an die Hand gab, denn diese konnten mit seiner Inanspruchnahme sogar einen ihnen missliebigen gerichtlichen Freispruch konterkarieren und praktisch unwirksam machen, indem sie dem betreffenden Geistlichen einfach per Benachrichtigung, die ja keiner richterlichen Prüfung unterlag, die Vornahme weiterer Amtshandlungen untersagten. Wie schon ausgeführt, war nämlich der vor der Publikation der Maigesetze und damit regulär installierte Kaplan Gombert, der nach dem Amtsverzicht seines Pfarrers in gewohnter Weise weiteramtiert hatte, endgültig am 9. Juli 1874 vom Landgericht Trier vom Vorwurf der Verrichtung illegaler Amtshandlungen freigesprochen worden, ein wegweisendes Grundsatzurteil, das zusammen mit ähnlich lautenden Urteilen wesentlich dazu beitrug, Hilfsgeistlichen nach eingetretener Vakanz der Pfarrstelle die Fortführung der Seelsorge zu ermöglichen. In Reaktion auf diese Rechtsprechung dekretierte der Kultusminister, von weiteren Strafverfolgungen von rechtmäßig angestellten Hilfsgeistlichen *zur Zeit abzusehen*, aber nach dem ergebnislosen Verstreichen der für die dauernde Wiederbesetzung der vakanten Pfarrstellen eingeräumten Jahresfrist unverzüglich gegenüber dem zuständigen Bischof das Erzwingungsverfahren einzuleiten und dann eventuell die Kapläne mittels der Benachrichtigung beruflich zu paralysieren.[18] Die Regierung

p. Dasbach einer der größten Agitatoren durch Wort und Schrift und redigirt mit größtem Eifer zwei Blätter der ultramontansten Farbe, nämlich das Paulinus-Blatt und die hier täglich erscheinende katholische Volkszeitung. Jede Zeile dieser Blätter verbreitet Aufregung und ist auf Aufwiegelung berechnet. Mittelst unserer [...] Verfügung vom 31ten Juli curr. ist dem p. Dasbach die fernere Ertheilung des Religions-Unterrichts untersagt.

15 Der Oberpräsident der Rheinprovinz an die Regierung Trier am 5. September 1875 (LHAK, Bestand 442 Nr. 5083).

16 Vgl. zu diesem Vorgang auch H. Thoma: Georg Friedrich Dasbach, S. 57–59. Auf S. 59 ist der Text des Benachrichtigungsschreibens vom 16. September 1875.

17 Gombert, Nikolaus: Erinnerungen an den Kulturkampf. Aufzeichnungen eines Gesperrten.

18 Kultusminister Falk an den Oberpräsidenten der Rheinprovinz am 21. August 1874 (LHAK, Bestand 403 Nr. 10402): *Ew. Hochwohlgeboren erwiedere ich auf die gefälligen Berichte vom 4. Juli und 4. d. Mts., betreffend den Kaplan Schilling in Manderscheid und den Kaplan Gombert in Mehring, daß es im Hinblick auf die wegen Verwaltung der Pfarrstelle in Wesel durch den Kaplan Schröder ergangenen gerichtlichen Entscheidungen [...] anräthlich erscheint, von einer weiteren Verfolgung gegen die gedachten beiden*

Trier wollte die Möglichkeit, auf diesem (Um-)Weg dem ihr höchst unliebsamen Geistlichen Gombert trotz des Freispruchs doch noch die Amtierung zu verbieten, entschlossen genutzt haben,[19] denn der Bürgermeister von Mehring hatte ihr gemeldet, Kaplan Gombert habe *die hiesige Gemeinde unter Benutzung aller erdenklichen Mittel in Kirche und Haus derart durchwühlt und bearbeitet, namentlich die untere Klasse, daß das Schlimmste zu befürchten steht [...]. Gombert ist ein der Staatsregierung im höchsten Grade feindlich gesinnter Mensch, ein religiöser Fanatiker, herrsch- und streitsüchtig.* Nach und anlässlich seiner Freisprechung habe sich ein feierlicher Triumphzug mit Gombert in der Mitte gebildet, der zur Kirche führen sollte, wo ein ‚Te Deum' angestimmt werden sollte und Gombert eine Ansprache halten wollte. Zwar vermochte der Bürgermeister durch sein *energisches Eingreifen* mit Hilfe der Gendarmerie diesen Zug aufzulösen *und so eine unerhörte Demonstration gegen die Staatsregierung und [eine] Gesetzesverhöhnung zu verhindern,* aber der Kaplan holte am folgenden Morgen den Lobgesang in der Kirche nach und der Bürgermeister musste sich wegen seines Verhaltens allerlei Anfeindungen gefallen lassen.[20] Im engen Anschluss an das Klagelied des Bürgermeisters von Mehring

---

Kapläne zur Zeit abzusehen, dagegen sofort, wenn seit Erledigung der Stellen die Frist eines Jahres verlaufen sein wird, die dauernde Wiederbesetzung der Stellen auf Grund des § 18 des Gesetzes vom 11. Mai pr. herbeizuführen und eventuell alsdann gegen die Kapläne auf Grund des § 23 Alinea 2 a.a.O. einzuschreiten.

19 Die Regierung Trier an den Oberpräsidenten der Rheinprovinz am 28. Januar 1875 (LHAK, Bestand 403 Nr. 10865): *Die seit dem 1. November 1873 vakante Pfarrstelle zu Mehring wird zur Zeit von dem Kaplan Gombert verwaltet, welcher von den gegen ihn auf Grund des § 23 des Gesetzes vom 11. Mai 1873 wegen Wahrnehmung der Functionen des Pfarrers erhobenen Anschuldigungen durch gerichtliches Urtheil freigesprochen ist. [...] Wenn nun p. Gombert [...] stets bemüht ist, sich zur Geltung zu bringen und die erfolgte Freisprechung für sich auszubeuten, so dürfte dessen ferneres Funktioniren in Mehring nicht im staatlichen Interesse liegen. [...] Diesemnach stellen Euer Hochwohlgeboren wir ganz gehorsamst anheim, das bezüglich der Pfarrstelle zu Manderscheid [...] in Aussicht gestellte Verfahren nach § 18 des Gesetzes vom 11. Mai 1873 hochgeneigtest nunmehr für Mehring eintreten lassen zu wollen.*

20 Der Bürgermeister von Mehring, Blees, an den Landrat des Landkreises Trier am 21. Mai 1874 (LHAK, Bestand 403 Nr. 10865; LHAK, Bestand 442 Nr. 1961): *Der Kaplan Gombert hat die hiesige Gemeinde unter Benutzung aller erdenklichen Mitteln in Kirche und Haus derart durchwühlt und bearbeitet, namentlich die untere Klasse, daß das Schlimmste zu befürchten steht, besonders da der größere Theil der besseren Klasse sich passiv verhält. Gombert ist ein der Staatsregierung im höchsten Grade feindlich gesinnter Mensch, ein religiöser Fanatiker, herrsch- und streitsüchtig, dem es an Bildung fehlt, der sich mit dem Auswurf des Ortes abgibt und dem zur Erreichung seiner Zwecke kein Mittel zu schlecht ist. Ein Beispiel erlaube ich mir nur anzuführen: In Folge der gerichtlichen Freisprechung des p. Gombert am 1. Mai c. hatte sich abends ein förmlicher Triumphzug mit Lampen, Kränzen pp. hier in Bewegung gesetzt, p. Gombert in seiner Mitte führend, der in der Kirche mit Absingung des ‚Te Deum laudamus' und einer Ansprache des p. Gombert an die Versammelten endigen sollte.*

setzte sich auch der Landrat des Landkreises Trier dafür ein, dem Kaplan Gombert mittels Benachrichtigung die weitere Berufsausübung zu untersagen. Wenngleich ihm *nicht leicht etwas Gravirendes bewiesen werden* könne, so sei er doch *nach seiner ganzen Anlage, Gesinnung und Wirksamkeit unbedingt einer derjenigen Geistlichen, bei welchen die Königliche Staatsregierung ein erhebliches Interesse hat, daß er nicht ferner fungire.*[21] Angesichts der übereinstimmenden Voten von Bürgermeister,

---

Nur durch mein persönliches energisches Eingreifen mit Hülfe der Königlichen Gendarmerie ist es gelungen, den Zug aufzulösen, die Straßen zu säubern, wobei ich die Kirche schließen ließ, und so eine unerhörte Demonstration gegen die Staatsregierung und Gesetzesverhöhnung zu verhindern. Ich selbst wurde bei dieser Gelegenheit in der Nacht insultirt. Am andern Morgen stimmte p. Gombert in der Kirche den Lobgesang mit dem Bemerken an, er sei daran am vorhergehenden Abend verhindert worden. Sonntags, den 3. Mai c., erklärte p. Gombert auf der Kanzel, die Mutter Gottes sei mit dem Perlenkranz geschmückt und er habe sich den Siegeskranz errungen, da er überhaupt noch überall gesiegt habe. Die Mutter Gottes befindet sich in der Kirche in Lebensgröße mit einem Perlenkranze umgeben. Im Geheimen wird in Folge meines Vorgehens gegen p. Gombert, den ich seit Januar auch täglich protocollire [das heißt, dass der Bürgermeister täglich die vermeintlich verbotenen Amtshandlungen des Kaplans schriftlich notierte], *gegen meine Person intriguirt, raisonirt, Drohungen fallen u.s.w., so daß ich das Schlimmste befürchte. Die vorläufige Stationirung eines energischen Gendarmen hierher, der gleichzeitig auch die Mitbeschützung der Gemeinde-Waldungen in Ermangelung eines Hülfsförsters übernehmen könnte, dürfte dringend geboten erscheinen.*

21 Der Landrat des Landkreises Trier, Spangenberg, an die Regierung Trier am 14. August 1875 (LHAK, Bestand 442 Nr. 5083): *Der Kaplan Gombert zu Mehring [...] übt seit der am 1ten November 1873 eingetretenen Vacanz der Succursalpfarrstelle zu Mehring auf dieser alle seelsorgerlichen Funktionen aus. Die Anstellung des p. Gombert als Kaplan oder als Vicar zu Mehring ist längere Zeit vor Erlaß des Gesetzes vom 11ten Mai 1873 erfolgt. Da er, ohne als Pfarrer auf der Pfarrstelle zu Mehring ernannt zu sein, also in obiger Weise daselbst fungirte, so ist alsbald nach dem Abgange des Pfarrers gegen den p. Gombert wegen Zuwiderhandlungen gegen das vorerwähnte Gesetz die gerichtliche Untersuchung eingeleitet worden. Derselbe wurde indessen in der Sitzung des hiesigen Zuchtpolizeigerichts vom 1ten Mai 1874 und nach eingelegter Berufung seitens des öffentlichen Ministeriums auch in der Sitzung der Zuchtpolizei-Appell-Kammer des Königlichen Landgerichts hierselbst vom 9. Juli freigesprochen. Unter diesen Umständen hat der p. Gombert, ein der Staatsregierung durchaus feindlich gesinnter, fanatischer, herrsch- und streitsüchtiger Geistlicher, seitdem auf der Pfarrstelle Mehring ungehindert fortfungirt und es dabei verstanden, in die Pfarrei eine starke ultramontane Strömung zu bringen. Nach der gerichtlichen Verhandlung vom 1ten Mai pr. fand zu seinen Gunsten in Mehring eine Demonstration statt, wegen welcher die Betheiligten gerichtlich belangt worden sind, und [es] ist im vorigen Jahre wiederholt Gendarmerie wegen Aufrechthaltung der Ordnung nach Mehring hingesandt worden. Die Zerwürfnisse, die in Folge des Eindringens des p. Gombert in das Pfarramt mit dem bisher als Küster angestellten Lehrer und im Kirchenrathe entstanden sind und auch sonst auf den p. Gombert zurückzuführen sind, sind der Königlichen Regierung aus den bezüglichen Verhandlungen* [d.h. Akten] *in [den] letzten Jahren bekannt geworden. Doch ist der*

Landrat und Bezirksregierung ließ der Oberpräsident den Kaplan Gombert über die Einleitung des Erzwingungsverfahrens gegenüber dem Trierer Bischof behufs Besetzung der vakanten Pfarrstelle von Mehring mit der bekannten Folge des Amtierungsverbots von der Regierung Trier informieren.[22] Auf diese Weise hatten die Behörden ein Amtierungsverbot, welches ein Gericht durch einen Freispruch indirekt als rechtswidrig kassiert hatte, auf anderer, diesmal nicht justiziabler Rechtsgrundlage erneut ausgesprochen. So hatte das Gesetz vom 11. Mai 1873 mit seiner in § 23 Abs. 2 statuierten arbiträren Benachrichtigungsbefugnis faktisch den Behörden die Möglichkeit eingeräumt, gegenüber Teilen der Geistlichkeit parallel zur ‚justiziellen Justiz' eine Art ermessensgegründete Administrativjustiz zu etablieren, welche die Urteile der Ersteren ihrer Wirksamkeit berauben konnte. Diese ‚Verwaltungsjustiz' erlaubte es, wie im Fall Gombert Geistliche zu sperren, denen keine justiziablen Rechtsverletzungen nachweisbar waren.

Gegen diese Amtierungssperre machte die Gemeinde Mehring in einer Protesteingabe geltend, dass Kaplan Gombert nicht bloß ein dem Pfarrer bei- und untergeordneter Hilfsgeistlicher sei, sondern auch Inhaber eines seit 1507 neben dem und getrennt vom Pfarramt bestehenden Benefiziums. Dieses beneficium altaris Sanctae Annae, auch Frühmesserei genannt, sei eine selbständige Vikarie oder Pfründe mit eigenem Altar, eigener Vermögensmasse, eigener Güterverwaltung, eigenen Messstiftungen und eigenen Kultobliegenheiten. Deshalb baten die

---

p. Gombert stets so schlau gewesen, bei allen Zerwürfnissen seine Person im Hintergrunde zu halten, so daß ihm nicht leicht etwas Gravirendes bewiesen werden kann, was bei der vorherrschenden ultramontanen Stimmung in der Gemeinde ohnehin seine Schwierigkeiten haben würde. Daß er die Staatsgesetze nicht achtet, geht im Übrigen auch daraus hervor, daß der nicht angestellte Geistliche Hugo Hoppe aus Saarlouis nach der dem Herrn Oberprokurator gemachten Anzeige anfangs Mai ds. Js. zwei Tage in der Pfarrkirche zu Mehring gesetzwidriger Weise geistliche Amtshandlungen vorgenommen hat, was ohne die Billigung und Beihülfe des p. Gombert nicht hätte geschehen können. Der p. Gombert ist nach seiner ganzen Anlage, Gesinnung und Wirksamkeit unbedingt einer derjenigen Geistlichen, bei welchen die Königliche Staatsregierung ein erhebliches Interesse hat, daß er nicht ferner fungire […]. Ich bitte daher gehorsamst, hochgeneigtest bei dem Herrn Oberpräsidenten befürworten zu wollen, daß der p. Gombert benachrichtigt werde, daß das Zwangsverfahren behufs der Stellenbesetzung in Gemäßheit des § 18 Abs. 2 des obencitirten Gesetzes eingeleitet sei.

22 Die Regierung Trier an Kaplan Gombert zu Mehring im Landkreis Trier am 16. September 1875 (LHAK, Bestand 442 Nr. 5083. Druck: N. Gombert: Erinnerungen an den Kulturkampf, S. 31. Die Wiedergabe folgt der Abschrift): *Im Auftrage und namens des Herrn Oberpräsidenten der Rheinprovinz benachrichtigen wir Euer Hochehrwürden, daß das Zwangsverfahren wegen definitiver Besetzung des Succursalpfarramts zu Mehring auf Grund der §§ 18 und 19 des Gesetzes vom 11. Mai 1873 über die Vorbildung und Anstellung der Geistlichen seitens des Herrn Oberpräsidenten eingeleitet ist. Euer Hochehrwürden haben sich von nun an jeder Amtshandlung in dem Pfarramte zu Mehring zu enthalten, widrigenfalls das Strafverfahren nach § 23 Abs. 2 l. c. gegen Sie eingeleitet werden würde.*

Gemeindemitglieder, diejenigen Amtshandlungen, welche der Kaplan als Inhaber dieses Benefiziums ausübt, ungeahndet zu lassen, zumal *durch den Wegfall der dem Vikar zustehenden Amtshandlungen der seelsorgerliche Zustand der hiesigen Pfarrei, die ca. siebenzehnhundert Seelen zählt, ein höchst beklagenswerther, ja trostloser wäre.*[23] Damit stand nun die Frage zur Debatte, ob Kaplan Gombert und die Gemeinde Mehring in den Genuss der kultusministeriellen Bestimmung kommen können, wonach eine benachrichtigungsbedingte Amtierungssperre nicht (ganz) greife, wenn ein *Kaplan nicht nur Hülfsgeistlicher des Pfarrers, sondern außerdem für ein bestimmtes Benefizium, mit dem gewisse Stiftungsobliegenheiten, z.B. das Lesen bestimmter Messen, verbunden [sind], berufen ist. In einem solchen Falle wird durch das Verbot des weiteren Fungirens zur Aushülfe im Pfarramt die Fortsetzung der Verrichtung der mit jenem Benefizium verknüpften Obliegenheiten nicht strafbar.*[24] Doch der Oberpräsident stellte sich mit Zustimmung der Regierung Trier auf den Standpunkt, dass die französische Revolutionsgesetzgebung alle selbständigen Stiftungen aufgehoben habe und dass das französische Dekret vom 28. Frimaire des Jahres XII (20. Dezember 1803) nicht das beneficium altaris St. Annae wiederhergestellt, sondern nur dessen Vermögen der Kirchenfabrik zurückgegeben habe mit der Auflage, die mit der früheren Stiftung verknüpften Dienste zu verrichten. Im linksrheinischen, ehemals französischen Gebiet gebe es keine aus vorfranzösischer Zeit stammenden selbständigen Stiftungen mehr.[25] Doch schließlich erledigte sich

23 Mitglieder der Pfarrgemeinde Mehring an den Oberpräsidenten der Rheinprovinz am 12. November 1875 (LHAK, Bestand 442 Nr. 1961. Text im Quellenanhang V). Diese Petition trägt 200 Unterschriften. Zur Geschichte des Benefiziums und zur Petition vgl. auch N. Gombert: Erinnerungen an den Kulturkampf, S. 4–11 u. 34f.

24 Der Kultusminister an den Oberpräsidenten der Rheinprovinz am 5. April 1875 (LHAK, Bestand 403 Nr. 10865).

25 Der Oberpräsident der Rheinprovinz an die Regierung Trier am 20. Januar 1876 (LHAK, Bestand 442 Nr. 1876): *In Folge des [arrêté vom 28. frimaire XII] ist nämlich das beneficium altaris St. Annae, welches durch die französische Revolutionsgesetzgebung aufgehoben worden war, nicht als selbstständige Fundation wiederhergestellt, sondern es ist nur das Vermögen derselben der Kirchenfabrik restituirt worden, welcher letzteren die Verpflichtung zur Besorgung der mit der Fundation verbundenen Dienste obliegt. Es dürfte überhaupt nach den vorstehenden Bestimmungen das linksrheinische Kirchenrecht selbstständige Beneficien nicht kennen, so daß, abgesehen von den bei gesetzlich anerkannten Kapellen und Annexkirchen angestellten Geistlichen, jeder Geistliche, welcher nicht als Pfarrer fungirt, nur als Gehülfe des Pfarrers anzusehen sein wird.*
Die Regierung Trier an den Oberpräsidenten der Rheinprovinz am 3. Februar 1876 (LHAK, Bestand 403 Nr. 10866): *(Wir) können uns mit Euer Hochwohlgeboren Auffassung, daß nach der authentischen Interpretation, welche das Staatsrathsgutachten vom 21. Frimaire XIV dem sich in dieser Beziehung nicht ganz zweifellos aussprechenden arrêté vom 28. Frimaire XII und dem Decret vom 22. Fructibor XIII giebt, die der katholischen Kirche zurückgegebenen Stiftungen nicht als selbstständige Fundation hergestellt, sondern nur den Kirchenfabriken mit der Verpflichtung restituirt worden sind, für die mit der Stiftung verbundenen Dienste zu sorgen, nur vollkommen einverstanden*

diese Frage nach der puren Existenz einer eigenständigen Stiftung, weil das Landgericht Trier in seinem erstinstanzlichen Urteil[26] den Kaplan wegen unbefugter Vornahme von geistlichen Amtshandlungen nach erfolgter Benachrichtigung zu 5 Tagen Gefängnis mit der Begründung verurteilte, Kaplan Gombert habe gar nicht nachweisen können, dass ihm das Benefizium des Altars der hl. Anna überhaupt übertragen worden sei. Nach eingelegter Berufung gelangte das Gericht auch in seinem zweitinstanzlichen, das Strafmaß bestätigenden Urteil[27] zur Überzeugung, dass Gombert *nach Inhalt seiner Ernennungsurkunde nur zur Aushilfe des Pfarrers, ohne der Stiftung der heiligen Anna zu erwähnen, somit nicht als Inhaber dieses Beneficiums anzusehen ist.* Daher sei er nicht als Besitzer einer neben dem Pfarramt bestehenden selbständigen Pfründe oder Vikarie, sondern als Verwalter des verwaisten Pfarramts anzusehen, welcher von der Einleitung des Erzwingungsverfahrens zur Wiederbesetzung der Pfarrstelle als dessen integrierter Teil nach einer Benachrichtigung automatisch mitbetroffen ist. Nach Auffassung des Landgerichts Trier waren also ausnahmslos alle Amtshandlungen, die der Kaplan Gombert in der Pfarrei Mehring vornahm, nach erfolgter Benachrichtigung strafbar. Im Auftrag des Oberpräsidenten beschied die Regierung Trier die Bittsteller aus der Gemeinde Mehring gemäß der durch die genannten Urteile geschaffenen Rechtslage.[28]

---

erklären. Im Gebiete der rheinisch-französischen Gesetzgebung bestehen sonach rechtlich keine selbstständige Beneficien mehr.

26 Urteil der Zuchtpolizeikammer des Landgerichts Trier vom 15. Januar 1876 (LHAK, Bestand 403 Nr. 10866. Text im Quellenanhang VI). Vgl. auch N. Gombert: Erinnerungen an den Kulturkampf, S. 35–38.

27 Urteil der Zuchtpolizei-Appellkammer des Landgerichts Trier vom 15. Februar 1876 (LHAK, Bestand 403 Nr. 10866. Text im Quellenanhang VI). Vgl. auch N. Gombert: Erinnerungen an den Kulturkampf, S. 38–45.

28 Die Regierung Trier an die Gemeinde Mehring am 24. April 1876 (LHAK, Bestand 442 Nr. 1961 im Entwurf. Druck: N. Gombert: Erinnerungen an den Kulturkampf, S. 47f. Die Wiedergabe folgt dem Entwurf): *Namens und im Auftrage des Herrn Oberpräsidenten der Rheinprovinz eröffnen wir Ihnen auf die an denselben gerichtete Eingabe vom 12. November v. J. hiermit zum Bescheid. Nachdem durch übereinstimmende Urtheile des Zuchtpolizeigerichts und der Zuchtpolizei-Appellkammer des hiesigen Kgl. Landgerichts vom 15. Januar bzw. 15. Februar d. Js. festgestellt worden ist, daß der Kaplan Gombert zu Mehring durch seine Anstellungsurkunde vom 9. Mai 1871 nur zum vicarius seu sacellanus, um unter Leitung des Pfarrers und mit Wissen und im Auftrage desselben alle pfarramtlichen Geschäfte auszuüben, berufen [worden ist], ohne daß dabei die Stiftung des Altars der heiligen Anna als eines besonderen, ihm zur selbstständigen Verwaltung übertragenen Amts erwähnt worden sei, so wie daß die nachträgliche Bescheinigung des bischöflichen Generalvicariates vom 14. Februar d. J. nicht geeignet erscheine, der Anstellung des p. Gombert einen anderen, über die Grenzen der Anstellungsurkunde hinaus gehenden Character zu geben, so kann der p. Gombert als Inhaber des genannten Beneficiums nicht angesehen werden und setzt sich demgemäß der gerichtlichen Bestrafung aus, wenn er sich trotzdem die Vornahme von Amtshandlungen in diesem Beneficium anmaßt. Ihr Gesuch vom 12. November v. J. muß folglich, wie hiermit geschieht, zurückgewiesen werden.*

Welche Bedingungen und Kriterien erfüllt sein mussten, damit einem Kaplan die fragliche Benachrichtigung zugestellt werden konnte, erhellt auch der Fall des Kaplans Schilling zu Manderscheid, welcher nach langen behördeninternen Diskussionen eben nicht per Benachrichtigung gesperrt wurde. Dieser war vor Publikation der Maigesetze von 1873 als Kaplan zur Aushilfe und Vertretung des erkrankten Pfarrers Hansen nach Manderscheid entsandt worden, amtierte also rechtmäßig, und führte nach dem Tod des Pfarrers dieselben seelsorgerlichen Funktionen wie zu dessen Lebzeiten fort.[29] Aufgefordert, zur Frage einer eventuellen benachrichtigungsbedingten Amtierungssperre des nun an einer vakanten Pfarrstelle fungierenden Kaplans Stellung zu nehmen, gab der Landrat von Wittlich das ihm glaubwürdig erscheinende Gerücht weiter, dass *der p. Schilling ein der streng ultramontanen Richtung angehörender, wenig friedliebender und zu geheimen Agitationen geneigter Geistlicher sein soll,* fügte aber ehrlicherweise hinzu: *Gravirende Thatsachen bin ich indessen nicht in der Lage, gegen ihn vorzubringen.* Aus diesem Grunde und weil *er der einzige Geistliche an diesem Orte ist und die benachbarten Pfarrorte nur auf weiten und beschwerlichen Wegen zu erreichen sind,* plädierte er für einen vorläufigen Verzicht auf ein Amtierungsverbot gemäß § 23 Abs. 2 des Gesetzes vom 11. Mai 1873.[30] Der Oberpräsident war sich mit der Regierung Trier darin einig, dass weder ausreichend belastbares Beweismaterial noch ein genügend schwerwiegender Grund für ein solches Verbot vorlag.[31]

---

29 Der Bürgermeister von Manderscheid an den Landrat von Wittlich am 5. August 1875 (LHAK, Bestand 442 Nr. 2000): *Der Caplan Schilling wurde im Monate Dezember 1872 von der bischöflichen Behörde zur Aushülfe resp. Vertretung des erkrankten Pfarrers Hansen nach Manderscheid gesandt. Nachdem der p. Pfarrer Hansen am 10. Mai 1873 gestorben [war], hat der p. Caplan Schilling die see[l]sorgliche[n] Functionen in Manderscheid wie früher zu Lebzeiten des Pfarrers fort wahrgenommen und das von der Gemeinde dem zeitlichen Pfarrer aus der Gemeindekasse bewilligte Zusatzgehalt sowie den Ertrag resp. die Pachtgelder aus den Pfarrdotalgütern nebst freier Wohnung in dem Pfarrhause bezogen.*

30 Der Landrat von Wittlich an die Regierung Trier am 7. August 1875 (LHAK, Bestand 442 Nr. 2000; LHAK, Bestand 403 Nr. 10865): *Nach von anderer Seite mir zugegangenen glaubwürdigen Mittheilungen (soll) der p. Schilling ein der streng ultramontanen Richtung angehörender, wenig friedliebender und zu geheimen Agitationen geneigter Geistlicher sein. Gravirende Thatsachen bin ich indessen nicht in der Lage, gegen ihn vorzubringen und [es] ist mir namentlich nicht bekannt geworden, daß er in seinen Kanzelvorträgen regierungsfeindliche Auslassungen sich erlaubt habe. Seine Entfernung aus dem Amte würde von den Einwohnern Manderscheids sehr unangenehm empfunden werden, da er der einzige Geistliche an diesem Orte ist und die benachbarten Pfarrorte nur auf weiten und beschwerlichen Wegen zu erreichen sind. Unter diesen Umständen möchte ich es gehorsamst empfehlen, daß von Anwendung der im § 23 Absatz 2 des Gesetzes vom 11. Mai 1873 bezeichneten Maßregel dem p. Schilling gegenüber vorläufig noch Abstand genommen werde.*

31 Die Regierung Trier an den Oberpräsidenten der Rheinprovinz am 17. August 1875 (LHAK, Bestand 403 Nr. 10865): *In dem hierneben abschriftlich angeschlossenen*

Eine veränderte, eine Neubewertung erheischende Situation entstand, als Pfarrer Föhr zu Meisburg seine schriftliche Anerkennung der Kulturkampfgesetze widerrief und der Landrat von Daun aufgrund von eigenen Nachforschungen über die Motive für diesen Schritt herausgefunden haben wollte, dass Kaplan Schilling überall in seiner Nachbarschaft, wozu auch die Pfarrei Meisburg gehörte, das Gerücht verbreitet habe, Staatsgehaltsbezieher würden vom Trierer Bischof von ihrem Amt suspendiert, weshalb der Landrat dafür plädierte, *dem intriguanten Auftreten des Caplans von Manderscheid* mit Hilfe der Kulturkampfgesetze entgegenzutreten.[32] Der Bürgermeister von Manderscheid hielt die Einschätzung des Landrats von Daun, dass Kaplan Schilling durch die Verbreitung des Gerüchts von der Amtsenthebung der ‚Staatspfarrer' den Pfarrer Föhr zum Widerruf veranlasst habe, für zutreffend, konnte aber keine konkreten Tatsachen und Beweise nennen und musste einräumen, dass der Kaplan sich bislang gehütet habe, *öffentlich gegen*

Berichte des Kreislandraths zu Wittlich vom 7. August cur. [...] wird zwar angeführt, daß der genannte Kaplan ein der ultramontanen Richtung angehörender, wenig friedliebender und zu geheimen Agitationen geneigter Geistlicher sein solle; allein specielle gravirende Thatsachen können nicht angeführt werden. Unter diesen Umständen treten wir der Ansicht des Kreislandraths dahin bei, daß es sich empfehlen dürfte, von Anwendung der im § 23 Absatz 2 des Gesetzes vom 11. Mai 1873 bezeichneten Maßregel dem p. Schilling gegenüber vorläufig noch Abstand zu nehmen.

Der Oberpräsident der Rheinprovinz an die Regierung Trier am 28. August 1875 (LHAK, Bestand 442 Nr. 2000): *Auf den gefälligen Bericht vom 17. d. Mts. erkläre ich mich ergebenst damit einverstanden, daß an den Kaplan Schilling zu Manderscheid eine Benachrichtigung gemäß § 23 al. 2 [des] Gesetz[es] vom 11. Mai 1873 über die Vorbildung und Anstellung der Geistlichen nicht erfolge, da überwiegende Gründe des öffentlichen Wohles ein Einschreiten nicht verlangen.*

32 Der Landrat von Daun, Eich, an den Präsidenten der Regierung Trier, Wolff, am 13. Januar 1876 (LHAK, Bestand 442 Nr. 2000): *Der Pfarrer Föhr zu Meisburg (hat) die vor wenigen Wochen schriftlich erklärte Anerkennung der Staatsgesetze kurz darauf in einer neuen Eingabe widerrufen. Da es mir nicht zweifelhaft erschien, daß der p. Föhr zu diesem allerdings charakterlosen Schritte weniger aus eigenem Antriebe sich entschlossen hat als durch Beeinflussung von dritter Seite, so bin ich bemüht gewesen, mir hierüber nähere Aufklärung zu verschaffen. Durch die in dieser Beziehung angestellten Nachforschungen habe ich erfahren, daß der Caplan der vacanten Pfarrei Manderscheid in der letzten Zeit es sich angelegen sein läßt, überall in den benachbarten geistlichen Kreisen, wozu auch der Pfarrer Föhr gehört, in tendenziöser Weise das Gerücht zu verbreiten, alle diejenigen Geistlichen, welche das Staatsgehalt ausgezahlt erhalten, würden von der geistlichen Behörde von ihrem Amte suspendirt. Dieses Gerücht hat, wie ich höre, unter den Empfängern des Staatsgehalts eine große Unruhe hervorgerufen und wird auch, wie ich mit Gewißheit annehmen darf, den p. Föhr zu dem erwähnten Widerruf veranlaßt haben. Dem intriguanten Auftreten des Caplans von Manderscheid möchte wohl damit zu begegnen sein, daß ihm seine Stellung in der vacanten Pfarrei Manderscheid, soweit dies die Maigesetze und die dazu ergangenen Instructionen irgend gestatten, erschwert wird.*

die Staatsgesetze zu agitiren. Gleichwohl hegte der Bürgermeister die Überzeugung, *daß er gegen die Staatsregierung im Geheimen arbeitet so viel er kann,* und machte kein Hehl aus seinen Antipathien gegen den Kaplan, den er als *unduldsam, herrschsüchtig, heißblütig und rücksichtslos* charakterisierte.[33] Aber auch jetzt weigerte sich die Regierung Trier, angesichts der vorauszusehenden Erfolglosigkeit beim Oberpräsidenten die Ermächtigung zu einer Benachrichtigung des Kaplans Schilling überhaupt zu beantragen, solange *nicht positive nachweisbare Beschwerden, sondern nur Verdachtsgründe* vorlagen, und verlangte erst die Eruierung nachweisbarer Fakten.[34] Da die Akten schweigen, konnte die letztere Bedingung offenbar nicht erfüllt werden, sodass der Kaplan ungestört weiteramtieren konnte.

Zwei Jahre später wurden neue Vorwürfe gegen Kaplan Schilling laut, sodass noch einmal die Amtierungssperre per Benachrichtigung über die Einleitung

---

33 Der Bürgermeister von Manderscheid, Thielen, an den Landrat von Wittlich, Aldringen, am 29. Januar 1876 (LHAK, Bestand 442 Nr. 2000): *Wie ich bereits früher zu berichten die Ehre hatte, ist das Verhalten des Kaplans Schilling gegen die Staatsgesetze ein unpassendes. Die Annahme des Herrn Landraths Eich zu Daun, daß p. Schilling auf den Pfarrer zu Meisburg Druck ausgeübt und denselben zum Widerruf seiner abgegebenen Erklärung veranlaßt habe, halte ich für vollständig berechtigt. Wenigstens wurde mir gestern von dem Pfarrer Weiss zu Bettenfeld und dem Pfarrer Comes zu Meerfeld beschwerend mitgetheilt, daß der p. Schilling das Gerücht verbreite, alle Geistlichen, die das Staatsgehalt bezögen, würden in nächster Zeit von Rom aus ihres geistlichen Amts entkleidet werden. Dieses Gerücht hat Unruhe und Besorgniß bei den betreffenden Geistlichen verursacht. Bei wem p. Schilling die Äußerung gethan hat, konnte ich bis jetzt nicht ermitteln. Zur Zeit schwebt eine Untersuchung gegen denselben wegen Beleidigung der Tochter des Gendarmen Oberst hierselbst, welche von der Kanzel herab geschehen sein soll. Der Kaplan Schilling hat sich bisher gehütet, öffentlich gegen die Staatsgesetze zu agitiren. Auch liegt nichts gegen ihn als Privatmann vor. Er ist indessen der Kurie sehr ergeben, als Geistlicher unduldsam, herrschsüchtig, heißblütig und rücksichtslos. An der Erhaltung des Friedens in der Gemeinde ist ihm wenig gelegen. Auch habe ich die Überzeugung, daß er gegen die Staatsregierung im Geheimen arbeitet so viel er kann.*

34 Die Regierung Trier an den Landrat von Wittlich am 10. Februar 1876 (LHAK, Bestand 442 Nr. 2000 im Entwurf): *Auf den Bericht vom 4. d. Mts. erwidern wir Ew. [Hochwohlgeboren], daß, solange gegen den Kaplan Schilling zu Manderscheid nicht positive nachweisbare Beschwerden, sondern nur Verdachtsgründe einer ultramontanen staatsfeindlichen Gesinnung vorliegen, ein bei dem Herrn Oberpräsidenten zu stellender Antrag, dem p. Schilling die Benachrichtigung auf Grund des § 23 al. 2 des Gesetzes vom 11. Mai 1873 zugehen zu lassen, keine Aussicht auf Berücksichtigung hat. Ew. Hochwohlgeboren wollen das Verhalten des p. Schilling fortdauernd im Auge behalten und alsbald berichten, wenn nachweisbare Beschwerden gegen denselben hervortreten Insbesondere wollen Sie sich bemühen, Personen zu ermitteln, den gegenüber Schilling die Äußerung gethan haben soll, diejenigen Geistlichen, welche sich den Staatsgesetzen unterwerfen, hätten alsbaldige Suspension von Seiten der geistlichen Behörde zu erwarten. Sollte es gelingen, diese Äußerung zu constatiren, so würden wir unbedingt bei dem Herrn Oberpräsidenten den Antrag auf Zustellung der Benachrichtigung gemäß § 23 al. 2 l. c. mit Erfolg stellen.*

des Erzwingungsverfahrens zur Wiederbesetzung der erledigten Pfarrstelle zu Manderscheid behördenintern zur Debatte stand. Ein ortsprominenter *Führer der Ultramontanen* hatte nämlich den Hubertus-Verein ins Leben gerufen, eine Art Geldsammelverein, welcher analog zu vielen anderen Unterstützungsvereinen, die nach der Einstellung der Staatsleistungen infolge des Sperrgesetzes vom 22. April 1875 gegründet worden waren,[35] nach dem Entzug des Staatsgehalts zum Lebensunterhalt des Kaplans Schilling beitragen wollte. Als der Bürgermeister jedoch den Verein um nähere Auskünfte über die Geldflüsse und den Kaplan um die Vorlage seiner Anstellungsurkunde ersuchte, beschloss der Verein auf einer Generalversammlung auf Antrag des Vorsitzenden ohne Debatte seine Selbstauflösung, weil man mit Recht um die Weiteramtierung des Kaplans fürchtete und den Behörden keinen Vorwand zu dessen Sperrung liefern wollte.[36] Weiterhin

---

35 Der Trierer Regierungspräsident v. Wolff in seinem Zeitungsbericht vom 21. April 1876 für das 1. Quartal des Jahres 1876 (LHAK, Bestand 403 Nr. 17964): *In vielen Gemeinden sind Vereine zur Unterstützung der Geistlichen gebildet. Sie haben gleichlautende Statuten, führen aber besondere Namen und stehen, soweit bisher zu ermitteln ist, miteinander nicht in Verbindung. Sie reichen ihr Mitgliederverzeichniß ein und erfüllen alle gesetzlichen Vorschriften. Auch von auswärts kommen viele Unterstützungen und man merkt nirgends Symptome von erheblichem Geldmangel unter den Geistlichen.*
Vgl. auch H. Lepper: Die kirchenpolitische Gesetzgebung der Jahre 1872 bis 1875, S. 235f; H. Schiffers: Der Kulturkampf in Stadt und Regierungsbezirk Aachen, S. 109; W. Dietz: Die Auswirkungen des Kulturkampfes, S. 297.

36 Der Bürgermeister von Manderscheid an den Landrat von Wittlich am 11. April 1878 (LHAK, Bestand 442 Nr. 2000): *Unterm 29. v. Mts. habe ich den Dr. Huels hierselbst, Vorsteher des kürzlich gegründeten Hubertus-Vereins, welcher die Unterstützung des Kaplans Schilling bezweckte, auf Grund des § 2 des Ges. vom 11. März 1850* [d.i. ist das preußische Vereinsgesetz] *aufgefordert, mir Aufschluß über die etwa nachträglich beigetretenen Mitglieder sowie über die eingegangenen und verwendeten Gelder zu geben. Daraufhin hat der Dr. Huels sofort die polizeiliche Erlaubniß zur Abhaltung einer Generalversammlung des Vereins nachgesucht, welcher ich in meiner Eigenschaft als Polizeibeamter beigewohnt habe. Es wurde die Auflösung des Vereins ohne weitere Debatte nach dem Antrage des Dr. Huels beschlossen. Ich nehme mit Sicherheit an, daß die Auflösung des p. Vereins erfolgt ist, weil man Befürchtungen für die Stellung des Kaplans gehabt hat, nachdem derselbe unterm 29. v. Mts. von mir aufgefordert worden war, seine Anstellungsurkunde vorzulegen. Die Gründung des Vereins ist aber unzweifelhaft hauptsächlich ein Werk des Dr. Huels, eines geborenen Manderscheiders, der ein junger vorlauter Mensch und ein hervorragender Führer der Ultramontanen hiesiger Gegend ist. Huels thut sich nämlich sehr gerne in politischen und anderen öffentlichen Angelegenheiten hervor und wollte sich durch die Gründung des Hubertus-Vereins auszeichnen. Wie man annimmt, hat der Hubertus-Verein etwa 60 bis 70 Mark zusammengebracht, die dem Kaplan Schilling eingehändigt worden sein werden. Da der Hubertus-Verein genau nach dem Gesetze vom 11. März 1850 gegründet und geleitet worden ist, so ließe sich ein polizeiliches Einschreiten gegen denselben nicht*

hatte der Kaplan von der Kanzel herab einige junge Mädchen, darunter die Tochter eines Gendarmen, angegriffen, weil diese entgegen seinem Verbot an einem Fastnachtsstück mitgewirkt hatten, und war deshalb wegen Beleidigung zu 80 Mark Geldstrafe verurteilt worden. Aber der Bürgermeister musste zugunsten des Kaplans bei aller persönlichen Abneigung konzedieren, dass dieser ansonsten, um seine gefährdete Stellung wissend, sehr vorsichtig agierte, und dass die Behauptung, er untergrabe das Ansehen des staatsfreundlich gesonnenen Pfarrers Comes zu Meerfeld, wie üblich in solchen Fällen nicht belegt werden konnte.[37] Der Bürgermeister von Manderscheid stimmte mit dem Landrat von Wittlich darin überein, dass der Kaplan, in Kenntnis seiner prekären Position sich einer leisetreterischen Zurückhaltung befleißigend, trotz seiner unzweifelhaft ‚ultramontanen', d.h. strengkirchlichen und papstfrommen Einstellung und seiner hochwahrscheinlichen geheimen ‚Wühlereien' gegen staatstreue Geistliche sich keiner gravierenden und vor allem nachweisbaren ‚Missetaten' schuldig gemacht hatte, die ein Amtierungsverbot per Benachrichtigung rechtfertigen könnten. Deshalb wollten sie umso mehr davon absehen, als dies in der Gemeinde Manderscheid große Unruhe auslösen und allerlei Widrigkeiten herbeiführen würde, da der Kaplan der einzig verbliebene Seelsorger vor Ort war, die Pfarrstelle kulturkampfbedingt faktisch nicht besetzbar war und die nächstgelegenen Pfarrorte *nur auf weiten*

---

rechtfertigen. Übrigens tadelten viele Einwohner die Gründung des Vereins, welcher auch nur aus unbemittelten Leuten der ungebildeten Klasse bestanden hat.

37 *Die Gesamthaltung des Kaplans Schilling anlangend, habe ich Folgendes zu berichten. Anfangs meiner Dienstzeit, vor etwa 2 Jahren, hat Schilling sich in Privatangelegenheiten gemischt, welches mancherlei Streitigkeiten zur Folge hatte. Er verbot nämlich einigen jungen Mädchen, bei der Vorstellung in einem Fastnachtsstück mitzuwirken. Als diese dennoch mitwirkten, griff er sie von der Kanzel herab heftig an. Auf eine Klage des Gendarmen Oberst wegen Beleidigung seiner Tochter wurde Schilling durch Urtheil des Zuchtpolizeigerichts zu 80 Mk verurtheilt. Durch diese Vorfälle bildeten sich zwei Parteien, die ‚Gutgesinnten' und die ‚Liberalen' genannt, welche sich heftig bekämpften. Verschiedene Excesse und Bestrafungen waren die Folgen. Der Zank dauerte längere Zeit, ist jetzt aber gänzlich beigelegt. In kirchenpolitischer Beziehung verhält Schilling sich ruhig. Von Agitationen ist nichts bekannt. Indessen ist er der Kurie sehr ergeben und verkehrt nur mit ultramontan gesinnten Geistlichen und Laien. Im Herbste 1875 beschwerte sich der staatsfreundlich gesinnte Pfarrer Comes zu Meerfeld bei mir gegen Schilling, daß derselbe Leute aus Manderscheid, die bei p. Comes gebeichtet hatten, veranlaßt habe, noch einmal vor Empfang des Abendmahls bei ihm zu beichten, wodurch die Beichte bei Comes als ungültig bezeichnet worden sei. Die von mir angestellte Untersuchung hat indessen zu keinem Resultate geführt, wie dies in solchen Dingen in der Regel der Fall ist. Schilling ist vorsichtig in seinem Gesammtverhalten und [es] kann ihm keine Thatsache in agitatorischer Hinsicht nachgewiesen werden. Sein Verhalten in bürgerlicher Beziehung ist anständig und tadellos, jedoch etwas eigensinnig und hochmüthig. Aus dem Grunde hat er sich mit dem Justizrath Schmitz, dem Vorsteher Engel und dem Mühlenbesitzer Pütz, Leute von ganz verschiedener politischer Gesinnung, überworfen. Im Allgemeinen verhält Schilling sich jetzt ruhig.* (ebd.)

und beschwerlichen Wegen zu erreichen waren.[38] Die Regierung Trier schloss sich dieser Sachverhaltseinschätzung an.[39] Der Fall Schilling demonstriert, dass insbesondere der Oberpräsident, teilweise aber auch die nachgeordneten Verwaltungsinstanzen bei der Frage des Amtierungsverbots per Benachrichtigung durchaus

---

38 Der Landrat von Wittlich an die Regierung Trier am 29. April 1878 (LHAK, Bestand 442 Nr. 2000): *Nach den von dem Bürgermeister Thielen gemachten Angaben und den noch anderweit von mir eingezogenen Informationen (kann) ich ein Einschreiten gegen den Kaplan Schilling zur Entfernung desselben aus seinem jetzigen Amte nicht befürworten. Denn wenn der p. Schilling auch zu den der streng ultramontanen Richtung angehörenden Geistlichen gehört und dieserhalb die Möglichkeit gewiß nicht ausgeschlossen ist, daß er im Geheimen gegen staatsfreundlich gesinnte Geistliche agitirt hat oder vielleicht auch noch agitirt, so sind doch, ungeachtet derselbe unter den Augen des Bürgermeisters und einer sehr wachsamen Gegenpartei lebt, eigentlich gravirende Thatsachen nicht gegen ihn constatirt. Andererseits aber würde, wie ich dies in meinem Berichte vom 7. August 1875 bereits hervorgehoben habe, seine Entfernung aus dem Amte von den Einwohnern Manderscheids sehr unangenehm empfunden werden, indem er der einzige Geistliche an diesem Orte ist und die benachbarten Pfarrorte nur auf weiten und beschwerlichen Wegen zu erreichen sind. Es ist dieserhalb auch nach Inhalt Hochderselben verehrlichen Verfügung vom 4. September 1875 von einem Einschreiten gegen den p. Schilling auf Grund des § 23 al. 2 des Gesetzes vom 11. Mai 1873 seiner Zeit Abstand genommen worden.*
Der Bürgermeister von Manderscheid, Thielen, an den Landrat von Wittlich am 30. April 1878 (LHAK, Bestand 442 Nr. 2000): *Wenn ich mir erlauben darf, ein persönliches Urtheil darüber abzugeben, ob die Amtsthätigkeit des Kaplans Schilling einzustellen sei, so dürfte zu dieser Maßregel vorläufig noch nicht zu schreiten sein. Schilling ist, wie ich wiederholt zu berichten die Ehre hatte, ultramontan und der Kurie ergeben. Daß er derselben dient, unterliegt wohl keinem Zweifel, jedoch hat er sich bis jetzt keiner nachweislichen Agitation zu Schulden kommen lassen, wenn auch nur aus dem Grunde, daß er seine unsichere Stellung als Kaplan hierselbst kennt und daher weiß, daß er jeden Tag beseitigt werden kann. Obschon p. Schilling ein hochmüthiger und eigensinniger Mann ist, der sich leicht mit den Leuten überwirft, so verhält er sich doch im Ganzen in bürgerlicher Beziehung anständig und tadellos. Aus Rücksicht für den größten Theil der hiesigen Katholiken, welcher sich um politische Bewegungen gar nicht kümmert, wäre die Fortsetzung der Amtsthätigkeit des Kaplans zu wünschen, da nach den umliegenden Kirchen weite und beschwerliche Wege zurückgelegt werden müssen und die erledigte Pfarrstelle zur Zeit nicht besetzt werden kann. Sollte der Kaplan Schilling sich aber fernerhin nicht ganz ruhig verhalten, so würde ich sofort Anzeige machen und seine Entfernung von der hiesigen Kaplansstelle beantragen.*

39 Die Regierung Trier an den Landrat von Wittlich am 2. Mai 1878 (LHAK, Bestand 403 Nr. 2000 im Entwurf): *Mit Rücksicht auf die in dem Bericht vom 29. v. M. hervorgehobenen Thatsachen und Umstände wollen wir einstweilen von einem weiteren Verfahren gegen den Kaplan Schilling zu Manderscheid absehen. Dagegen ist das Verhalten des p. Schilling namentlich in kirchenpolitischer Beziehung fortdauernd im Auge zu behalten und alsbald zu berichten, falls dasselbe ein Einschreiten der Verwaltungsbehörde erforderlich oder im Interesse der Sache wünschenswerth machen sollte.*

um die Vermeidung von Willkür und Leichtfertigkeit bemüht waren, indem sie an die ‚Verbrechensschwere' und die Beweislage gewisse Niveauanforderungen stellten, dass die Behörden nicht ohne gefühlte Not die Seelsorge in einer Pfarrei durch die Sperrung eines regulär installierten Geistlichen zum Erliegen bringen wollten und dass die behördliche Politik des Damoklesschwertes, nämlich das Benachrichtigungsrecht primär als latentes Droh- und Druckmittel zur Wohlverhaltens- und Zurückhaltungserzwingung zu nutzen, sehr wohl bei einigen Geistlichen Wirkung zeitigte.

Diese Analyse wird durch einen Blick auf den Regierungsbezirk Koblenz bestätigt, denn dort wurde kein einziger Kaplan durch die fragliche Benachrichtigung gesperrt. So hatten in Kreuznach die beiden vormaigesetzlich und damit rechtmäßig angestellten Kapläne nach dem Tod des Pfarrers die Amtsgeschäfte als faktische Verwalter der vakanten Pfarrstelle einfach weitergeführt, weshalb nun auf Veranlassung des Oberpräsidenten die Behörden zu prüfen hatten, ob eine Amtierungssperre per Benachrichtigung angezeigt sei.[40] Im Interesse der Bevölkerung und unter Berufung auf die ministerielle Vorgabe, in eine ursprünglich gesetzmäßig eingerichtete Seelsorge nur störend einzugreifen, *wenn überwiegende Gründe des öffentlichen Wohles ein Einschreiten verlangten,* sprach sich der Landrat von Kreuznach entschieden gegen eine Benachrichtigungszustellung aus, weil diese für die Kapläne angesichts der Tatsache, dass diese kein eigenes Benefizium innehatten, sondern lediglich als Helfer des kranken Pfarrers amtiert hatten, die völlige Amtierungseinstellung zur Folge haben müsste und dann eine große, über 5000 Seelen zählende Gemeinde ebenso wie die badesaisonalen 7000 – 8000 Kurgäste völlig ohne seelsorgliche Betreuung wären, was böses Blut und *mancherlei Unzuträglichkeiten herbeiführen würde.*[41] Auch die Regierung Koblenz plädierte

40 Der Oberpräsident der Rheinprovinz an die Regierung Koblenz am 1. Juli 1875 (LHAK, Bestand 403 Nr. 10865 im Entwurf).

41 Der Landrat von Kreuznach, Agricola, an die Regierung Koblenz am 20. Juli 1875 (LHAK, Bestand 441 Nr. 15461; LHAK, Bestand 403 Nr. 10865): *Wie ich bereits berichtet habe, verwalten die beiden Kapläne Lentz und Weber seit dem 19ten April 1873, von welchem Tage ab der am 1ten Juni nämlichen Jahres verstorbene Pfarrer Rummel wegen Krankheit keine Amtshandlung mehr ausgeübt hat, factisch die hiesige vacante Pfarrstelle. Beide Kapläne sind, soviel hier bekannt und hat ermittelt werden können, nur als Hülfsgeistliche des Pfarrers angestellt und nicht außerdem für ein bestimmtes Beneficium, womit gewisse Stiftungsobliegenheiten verbunden wären, berufen. Hiernach würde die Zustellung einer Benachrichtigung gemäß § 23 al. 2 des Gesetzes vom 11ten Mai 1873 an die beiden Kapläne die Folge haben, daß ihnen die Vornahme jeder Amtshandlung in dem Pfarramte verboten wäre und sie event. die gesetzliche Strafe zu gewärtigen hätten. Die Kapläne Lentz und Weber haben die erledigte Pfarrstelle bisher in einer ausreichenden Weise verwaltet, so daß der 5000 Seelen zählenden Pfarrgemeinde der Mangel eines wirklichen Pfarrers wenig oder gar nicht fühlbar geworden ist. Wenn hiernach die Seelsorge als eine ursprünglich gesetzmäßig eingerichtete anzunehmen ist, in welche störend einzugreifen die Königliche Staatsregierung nur dann Anlaß haben würde, wenn überwiegende Gründe des öffentlichen Wohles ein Einschreiten*

dafür, *daß zur Zeit von einem Einschreiten gegen die beiden Kapläne abzusehen sein möchte,* da dies *dem Geiste des Gesetzes* widerspreche,[42] welcher Einschätzung sich der Oberpräsident anschloss[43].

Wohl auf Antrag der zuständigen Landräte schlug die Regierung Koblenz dem Oberpräsidenten vor, die Kapläne von Beltheim (Kreis Simmern) und von Halsenbach (Kreis St. Goar) per Benachrichtigung zu sperren, weil *Ersterer in versteckter Weise durch Zeitungsartikel staatsfeindlich agitirt und Letzterer von der Kanzel herab die Gläubigen zu Beiträgen für den gehaltlosen Pastor von Halsenbach aufgefordert haben soll.*[44] Aber dem Oberpräsidenten waren solche Anschuldigungen natürlich viel zu vage, unsubstantiiert und leichtgewichtig, als dass er die fragliche Maßnahme ergreifen wollte.[45]

Das Gleiche galt für die Vorwürfe, die gegen die beiden in der vakanten Pfarrei Münstermaifeld amtierenden Kapläne gerichtet wurden, nämlich sich in die Kirchenvorstandswahlen *im Interesse der ultramontanen Partei eingemischt* zu haben, die Pfarreingesessenen zu Eingaben an den Trierer Bischof animiert zu haben, *welche den Wegfall der Gemeindevertretungen zum Zwecke hatten,* und in einer Predigt betont zu haben, dass die Bischöfe *durch keine andere Gewalt,* womit natürlich der Staat gemeint war, *ihres Amtes entsetzt werden* könnten; *mögen sie im Kerker oder in der Verbannung sein, so haben die Gläubigen sich doch an sie als ihre rechtmäßigen Hirten zu halten.*[46] Während die Regierung Koblenz in diesen ‚Vergehen' *ein Grund*

---

verlangten, so dürfte die Fortsetzung dieser Seelsorge durch die Kapläne Lentz und Weber hochgeneigtest zu gestatten sein, da dieselben seither zu keinerlei ernstlichen Klagen oder Beschwerden Veranlassung gegeben haben und die plötzliche Einstellung ihrer amtlichen Thätigkeit in der bedeutenden Pfarrgemeinde, namentlich innerhalb der Badesaison, während welcher 7 – 8000 Kurgäste hier mehrere Wochen verweilen, mancherlei Unzuträglichkeiten herbeiführen würde, deren Abwendung das Interesse der hiesigen Verhältnisse erfordert. Mit Rücksicht hierauf vermag ich die Zustellung einer Benachrichtigung gemäß § 23 al. 2 des Gesetzes vom 11ten Mai 1873 an die Kapläne Lentz und Weber nicht für angezeigt erachten.

42 Die Regierung Koblenz an den Oberpräsidenten der Rheinprovinz am 27. Juli 1875 (LHAK, Bestand 403 Nr. 10865).

43 Der Oberpräsident der Rheinprovinz an die Regierung Koblenz am 2. August 1875 (LHAK, Bestand 441 Nr. 15461): *Auf den gefälligen Bericht vom 27. v. Mts., betreffend die Kapläne Lenz und Weber zu Creuznach, erkläre ich mich, da erhebliche Gründe des öffentlichen Wohls ein Einschreiten gegen die genannten Geistlichen nicht erfordern, ergebenst damit einverstanden, daß eine Benachrichtigung im Sinne des Abs. 2 § 23 des Gesetzes vom 11. Mai 1873 an dieselben nicht erfolge.*

44 Die Regierung Koblenz an den Oberpräsidenten der Rheinprovinz am 21. Oktober 1875 (LHAK, Bestand 403 Nr. 10865).

45 Der Oberpräsident der Rheinprovinz an die Regierung Koblenz am 29. Oktober 1875 (LHAK, Bestand 441 Nr. 15461).

46 Der Landrat von Mayen an die Regierung Koblenz am 13. Mai 1876 (LHAK, Bestand 441 Nr. 15461; LHAK, Bestand 403 Nr. 10866): *Die beiden Kapläne Frisch und Bois*

zum Einschreiten gegen die beiden Kapläne erblickte,[47] sah der Oberpräsident dafür *zur Zeit keine genügende Veranlassung*[48].

In den Regierungsbezirken Trier und Koblenz verblieb es bei diesem Sachstand, denn einmal sollte – wie schon im letzten Kapitel ausgeführt – gemäß Weisung des Kultusministers nach dem Tod des Trierer Bischof am 30. Mai 1876 keinem Geistlichen des Bistums Trier, zu welchem die beiden Regierungsbezirke größtenteils gehörten, mehr eine Benachrichtigung zugestellt werden, da der Gesetzgeber das Benachrichtigungsrecht in erster Linie als ein Druckmittel gegenüber dem Bischof gedacht hatte, um diesen durch die seitens des Staats drohende Möglichkeit, jedwede Seelsorge in einer vakanten oder interimistisch besetzten Pfarrei durch eine Benachrichtigung zum Erliegen zu bringen, zur Wiederbesetzung bzw. dauerhaften Besetzung einer Pfarrstelle zu veranlassen, welches Ziel aber nach dem Tod des Bischofs naturgemäß nicht mehr erreichbar war. Außerdem gab es einen speziell die Kapläne betreffenden Grund für die Einstellung der Benachrichtigungen an sie, nämlich die Rechtsprechung des Obertribunals. In seinem Urteil vom 3. Februar 1876[49] kassierte zwar das höchste preußische Gericht einen Freispruch für einen Xantener Kaplan, der trotz der Benachrichtigung über die Einleitung des Erzwingungsverfahrens gegenüber dem Bischof von Münster zwecks Wiederbesetzung der todbedingt vakant gewordenen Pfarrstelle von Xanten weiterhin

---

fungiren als solche seit dem Jahre 1869 resp. 1871 an der katholischen Pfarrstelle zu Münstermaifeld. Nach den eigenen Angaben der Genannten ist weder der Eine noch der Andere von ihnen für ein Beneficium, mit welchem bestimmte Stiftungs-Angelegenheiten verbunden sind, berufen. [...] Bezüglich des Verhaltens der Kapläne entnehme ich aus dem mir vorliegenden Berichte des Bürgermeisters zu Münstermaifeld, daß dieselben sich in die Wahlangelegenheiten bei den Wahlen der Kirchen- resp. Kapellenvorstände und der Gemeindevertreter mehr wie jeder andere Wahlberechtigte im Interesse der ultramontanen Partei eingemischt und namentlich die Mitglieder verschiedener Filialgemeinden veranlaßt haben, Eingaben an die bischöfliche Behörde zu richten, welche den Wegfall der Gemeindevertretungen zum Zwecke hatten. Sodann will der Bürgermeister aus zuverlässiger Quelle vernommen haben, daß der Kaplan Bois in seiner Predigt am Sonntag den 30. April c. Folgendes proclamirt hat: „Die Bischöfe sind gesetzt vom h. Geiste, die Kirche Gottes zu regieren, d.h. durch die vom h. Geiste geleitete Kirche. Deshalb können die Bischöfe auch durch keine andere Gewalt ihres Amtes entsetzt werden; mögen sie im Kerker oder in der Verbannung sein, so haben die Gläubigen sich doch an sie als ihre rechtmäßigen Hirten zu halten." Es wird vermuthet, daß dies eine Anspielung auf das gegen den Herrn Bischof von Trier eingeleitete Zwangsverfahren sei, von welchem schon seit einiger Zeit unter der Bevölkerung zu Münstermaifeld gesprochen wird.

47 Die Regierung Koblenz an den Oberpräsidenten der Rheinprovinz am 18. Mai 1876 (LHAK, Bestand 403 Nr. 10866).

48 Der Oberpräsident der Rheinprovinz an die Regierung Koblenz am 22. Mai 1876 (LHAK, Bestand 441 Nr. 15461).

49 Text: Die Maigesetze, S. 49–53; Die Rechtsprechung des Kgl. Obertribunals, Bd. 17 (1876), S. 82–87.

amtierte, stellte aber gleichzeitig den Grundsatz auf, dass die Strafandrohung von § 23 Abs. 2 des Gesetzes vom 11. Mai 1873 sich lediglich gegen denjenigen Geistlichen richte, *welcher geistliche Amtshandlungen in dem Pfarramte, d.h. in Ausübung desselben als Stellvertreter des Pfarrers vornimmt,* und dass ein Hilfsgeistlicher, der in einer seit länger als einem Jahr erledigten Pfarrei amtiert, *nur dann unter die Vorschrift des § 23 Abs. 2 a.a.O. fällt, wenn er diese Handlungen nicht kraft eigenen Rechts, sondern in Ausübung der Rechte des Pfarrers vornimmt.* Eine Strafbarkeit geistlicher Amtshandlungen wie Messelesen, Predigen, Religionsunterweisung, Ministrieren bei Beerdigungen hänge nach einer Benachrichtigung davon ab, ob der betreffende Hilfsgeistliche die fraglichen Handlungen *in Ausübung der Rechte des verstorbenen Pfarrers oder kraft eigenen Rechts vorgenommen hat.* Ausdrücklich konstatierte das Obertribunal, dass es *in manchen Diöcesen Kapläne oder sonstige Pfarrgehülfen gibt, welche, wenn sie gleich den Weisungen des Pfarrers Folge zu leisten verpflichtet sind, doch ein eigenes neben dem Pfarramt bestehendes kirchliches Amt bekleiden.* Ob der eine oder der andere Sachverhalt gegeben ist, wollte das Obertribunal für jedem einzelnen Fall anhand der Anstellungsurkunde, des allgemeinen Usus, des Gewohnheitsrechts und besonderer Diözesanstatuten von den Gerichten geprüft haben. Somit hatte das Obertribunal die Freisprechung des Xantener Kaplans nicht grundsätzlich, sondern wegen der Mangelhaftigkeit der Begründung angegriffen und einen Weg eröffnet, wie ein erneuter Freispruch juristisch korrekt legitimiert werden könnte. Mit dieser Differenzierung zwischen Amtshandlungen, die ein Hilfsgeistlicher kraft eigenen Rechts und in Ausübung eines eigenen, neben dem Pfarramt bestehenden Amtes verrichtet, und solchen Amtshandlungen, die ein Hilfsgeistlicher in Ausübung des Pfarramts und als Stellvertreter des Pfarrers vornimmt, wobei nach einer Benachrichtigung die Ersteren legal, die Letzteren illegal sind, bestätigte das Obertribunal die anfangs vom Oberpräsidenten eingenommene Position und verwarf diejenige des Kultusministers Falk, dass nach der Benachrichtigung ein Kaplan jedwede Amtierung einzustellen habe, es sei denn, er habe ein eigenes Benefizium inne, welche Ausnahmeregelung freilich für die Rheinprovinz wohl wenig relevant war. Im Lichte dieses Urteils sprach das Landgericht Düsseldorf den Xantener Kaplan erneut frei, weil im Bistum Münster die Kapläne im Regelfall *kraft eigenen Rechts* und *in Ausübung eines selbstständigen Amts* fungieren würden.[50] Wohlgemerkt ist bei diesen Urteilen zu berücksichtigen, dass

50 Der Oberpräsident der Rheinprovinz an den Kultusminister am 22. Februar 1878 (GStA PK, I. HA Rep. 76 IV Sekt. 13 Abt. XII Nr. 13 Bd. 5): *[Betreffend] die strafgerichtliche Verfolgung derjenigen 6 Kapläne von Till, Calcar und Xanten, welchen ich die im Abs. 2 des bezogenen § 23 bezeichnete Benachrichtigung hatte zustellen lassen, [...] hat eine Freisprechung dieser Geistlichen nunmehr endgültig stattgefunden. [...] Zwar (hat) das Königliche Obertribunal die freisprechenden Urtheile des Königlichen Landgerichts zu Cleve cassirt, aber dabei die Unterscheidung aufgestellt, daß die Straflosigkeit der Kapläne davon abhänge, ob sie die in Rede stehenden geistlichen Handlungen (Messelesen, Predigen, Beichtehören, Austheilung der Communion, Ministriren*

die Gerichte nicht darüber entschieden haben und entscheiden durften, welchen Geistlichen aus welchen Gründen eine Benachrichtigung zugestellt wird – dies war weiterhin ein nicht justiziables Privileg der Behörden –, sondern nur darüber, welche geistlichen Amtshandlungen nach einer Benachrichtigung bestraft werden können, wann also die Voraussetzung für eine Sanktionierung gemäß § 23 Abs. 2 des Gesetzes vom 11. Mai 1873 vorliegt, nämlich das Amtieren in einem vom betreffenden Geistlichen *nicht dauernd verwalteten Pfarramte.* Zwar hatte das Obertribunal schon allein wegen der nun vorgeschriebenen strikten Einzelfallprüfung die Weiteramtierung von Kaplänen nach deren Informierung über die Einleitung des Erzwingungsverfahrens nicht generell und prinzipiell straflos gestellt und die einen Geistlichen des Bistums Münster betreffende Entscheidung des Landgerichts Düsseldorf präjudizierte keine Urteile für Geistliche des Bistums Trier oder anderer Diözesen, aber die beiden Urteile entfalteten doch sicherlich eine wichtige Signalwirkung. Jedenfalls ist nach 1876 in den Regierungsbezirken Trier und Koblenz kein benachrichtigungsbedingtes Amtierungsverbot eines Kaplans an einer nur provisorisch besetzten Pfarrstelle oder nach eingetretener einjähriger Vakanz der Pfarrstelle mehr nachweisbar.

Insgesamt wurden also im Regierungsbezirk Koblenz keinem einzigen und im Regierungsbezirk Trier nur drei Pfarrverwaltern und Kaplänen, nämlich dem Pfarrverwalter Christa zu Rommersheim, dem Kaplan Dasbach zu Trier und dem Kaplan Gombert zu Mehring, mittels Zustellung der fraglichen Benachrichtigung die weitere Amtsausübung untersagt. Ebenso wie bei den Sukkursalpfarrern nutzte der Staat das ihn mit umfassenden diskretionären Befugnissen ausstattende Benachrichtigungsrecht nicht, um gegen eine nennenswerte Anzahl oder gar gegen einen Großteil der Kapläne in einer die Seelsorge und den Kultus im Rheinland stark beeinträchtigenden Weise ein Amtierungsverbot zu verhängen, was durch das Gesetz vom 11. Mai 1873 durchaus gedeckt gewesen wäre. So gehen im südlichen Rheinland die kulturkampfbedingten Behinderungen der Seelsorge und des Kultus nur zum sehr kleinen Teil auf die Anwendung des Benachrichtigungsrechts auf rechtmäßig angestellte Kapläne zurück. Wie der Kultusminister und in seinem Gefolge der Oberpräsident der Rheinprovinz und die rheinischen Bezirksregierungen immer wieder betonten, hatte der Staat kein Interesse, eine regulär

---

bei Beerdigungen) kraft eigenen Rechts, nicht also in Ausübung der Rechte des Pfarrers ausgeübt hätten. Seitens des Königlichen Landgerichts zu Düsseldorf, an welches die Sachen verwiesen worden, ist darauf nicht bloß den Kaplänen die Befugniß, die ihnen stiftungsmäßig obliegenden Verrichtungen vorzunehmen, zugesprochen, sondern auch thatsächlich festgestellt worden, daß die der Diöcese Münster angehörigen, in gewöhnlicher Weise, nicht bloß als persönliche Gehülfen für die Lebenszeit des Pfarrers angestellten Kapläne für die betreffende Pfarrei kraft eigenen Rechts die sämmtlichen geistlichen Amtshandlungen, mit etwaiger alleiniger Ausnahme der Copulationen, und zwar in Ausübung eines selbstständigen Amts als sacellani [d.h. Kapläne] *besorgen könnten und bei dieser Thätigkeit also gegen den § 23 Abs. 2 des Gesetzes vom 11. Mai 1873 nicht verstießen.*

bestehende, da durch vormaigesetzlich installierte Geistliche ausgeübte Seelsorge ohne gefühlte Notwendigkeit zu stören. Erkennbar suchte der Staat die Auswirkungen der gegen den Klerus gerichteten Kulturkampfgesetze auf das Glaubens- und Frömmigkeitsleben der breiten katholischen Bevölkerung zu minimieren. Der Staat betrachtete und nutzte – wie schon wiederholt gesagt – das Benachrichtigungsrecht primär als in der Latenz verbleibendes, omnipräsentes, damoklesschwertartiges Droh- und Druckmittel, um den Klerus zum (kirchen-)politischen Wohlverhalten zu veranlassen, was, wie die Quellen wiederholt offenbaren,[51] durchaus einen gewissen Erfolg zeitigte, insofern sich dadurch viele Geistliche auch im Interesse ihrer auf den Fortbestand der Seelsorge erpichten Gemeinden zur Zurückhaltung bei der kirchenpolitischen Agitation bewogen fühlten.

Wie die drei Anwendungsfälle im Regierungsbezirk Trier zeigen, nutzte der Staat das Benachrichtigungsrecht aber auch, um besonders profilierten, notorischen und lautstarken Gegnern und Kritikern der Regierungspolitik unter den Kaplänen im reinen Exekutivverfahren die weitere Amtsausübung zu verbieten und so beruflich lahmzulegen. Hauptkriterium und -grund für ein Amtierungsverbot per Benachrichtigung war wie auch schon bei den Sukkursalpfarrern ein herausgehobenes, publizitätträchtiges Engagement in Wort und Tat, in der Presse, auf der Kanzel und in Versammlungen zugunsten des Zentrums und des Mainzer Katholikenvereins und gegen die Kulturkampfgesetze und die für diese Verantwortlichen, die Staatsregierung und den politisch-weltanschaulichen Liberalismus. Insbesondere scheinen die Behörden die Bereitschaft von Kaplänen, sich selbst nach der Rückkehr aus einer kulturkampfbedingten Haft feierlich empfangen zu lassen, und die Mitwirkung an der volksfestartigen Einholung eines anderen aus dem Gefängnis zurückkehrenden Priesters sehr als antietatistische Demonstration verübelt zu haben. Manifestationen von politischer Opposition und von Nichteinverständnis mit der Kommunal- oder Regierungspolitik wurden kaum als legitim anerkannt, sondern als unstatthafter Angriff auf den Staat und dessen Organe empfunden. Die Akzeptanz des politischen und gesellschaftlichen Pluralismus und der Respekt vor der Meinungsäußerungs-, Vereinsbildungs- und Pressefreiheit waren in der behördlichen Mentalität noch wenig entwickelt.

Die Benachrichtigungsmöglichkeit hatte für die Exekutive vor allem dann einen großen Wert, wenn die Voraussetzungen für eine strafrechtliche Verfolgung der inkriminierten Taten, beispielsweise wegen der dürftigen Beweislage, nicht vorlagen, sodass die Verwaltung mit und dank dem Instrument der Benachrichtigung eine Art semiklandestine Administrativjustiz praktizieren konnte, da die

---

51 Beispiel: Die Regierung Düsseldorf an den Oberpräsidenten der Rheinprovinz am 23. August 1875 *die Anwendung des § 23 Abs. 2 des Gesetzes vom 11ten Mai 1873 auf Kapläne von Sukkursalpfarreien der Erzdiözese Cöln* betreffend (LHAK, Bestand 403 Nr. 10865): *Die Landräthe berichten, daß selbst mehrere früher stark agitirende Kapläne in jüngerer Zeit zurückhaltend geworden seien und vorsichtiger die bemerkbar werdende Agitation meiden.*

Benachrichtigungen keiner gerichtlichen Kontrolle unterlagen und gegenüber niemandem, weder gegenüber einem Richter noch gegenüber den Adressaten, begründet werden mussten. Zwar suchte insbesondere der Oberpräsident der Rheinprovinz durchaus Willkür und Leichtfertigkeit bei der Ausübung des Benachrichtigungsrechts möglichst auszuschließen und legte an die Nachweisbarkeit und Gewichtigkeit der von den Bürgermeistern und Landräten als Begründung für ein Amtierungsverbot vorgebrachten Beschuldigungen eine hohe Messlatte an. Doch weil das Benachrichtigungsrecht dem Oberpräsidenten ein nach freiem, arbiträrem Gutdünken nutzbares und genutztes Instrument an die Hand gab, um (kirchen-)politisch besonders unbequeme Priester beruflich kaltzustellen und den Übrigen in einschüchternder Weise damit zu drohen, vermögen die Bemühungen des Oberpräsidenten um die Einhaltung gewisser Verfahrensstandards den Gesamteindruck von systematisch betriebener staatlicher Klerusrepression nur etwas zu mildern, aber nicht zu beseitigen.

Manche Anträge von Bürgermeistern und Landräten auf eine Benachrichtigungszustellung verraten als Motiv sogar einen zelotischen Verfolgungsfuror, denn einige Adressatenvorschläge waren erkennbar stark von persönlichen Animositäten und Antipathien motiviert und einigen ‚Sündenkatalogen' haftet etwas Aggressives, Übelwollendes, Rachedurstiges, Böswilliges und Denunziatorisches an. Das Benachrichtigungsrecht bot manchen Amtsträgern eine willkommene Gelegenheit, ihre lokalen Intimfeinde und Politikgegner im Pfarrklerus beruflich auszuschalten und einen tiefverwurzelten, ressentimentgeladenen Antikatholizismus und Antiklerikalismus an einem örtlichen Repräsentanten des weltanschaulichen Erzfeindes auszuleben, wie überhaupt die gegen den Pfarrklerus gerichteten Kulturkampfgesetze reiche Möglichkeiten für persönliche Befehdungen, Rachefeldzüge und Heimzahlungen eröffneten.

VII. Das Amtierungsverbot für maigesetzwidrig angestellte Pfarrgeistliche und die Folgen

Der häufigste Grund für die Rechtswidrigkeit und die daraus resultierende Strafverfolgung von geistlichen Amtshandlungen war ein maigesetzwidriger Amtsantritt und die meisten Bestrafungen wegen illegaler Vornahme geistlicher Amtshandlungen trafen solche Pfarrgeistliche, die maigesetzwidrig ein neues Amt angetreten hatten, denn in einem solchen Fall waren alle in einem solchen Amt verrichteten geistlichen Amtshandlungen von vornherein und grundsätzlich untersagt und strafwürdig. Während also in den vorhergehenden drei Kapiteln untersucht wurde, unter welchen Voraussetzungen und in welchen Konstellationen an sich gesetzmäßig angestellte Geistliche gleichwohl einem strafbewehrten Amtierungsverbot unterlagen, geht es in diesem Kapitel um das Amtierungsverbot und dessen Folgen für gesetzwidrig angestellte Pfarrgeistliche. Es sollen nun die maigesetzkonträren Amtsantritte von Pfarrgeistlichen, die daraus für diese wie für andere Personen erwachsenden rechtlichen Konsequenzen, das dabei an den Tag gelegte Verhalten der Geistlichen und die Reaktionen der Behörden auf diese illegalen Amtsantritte geschildert werden, wobei wieder die typischen, überindividuellen Aktions- und Interaktionsmuster herausgearbeitet werden sollen.

1. Die Amtsübertragung, der Amtsantritt und die behördliche Belehrung von Priester und Gemeinde

Wie bereits ausgeführt, verpflichtete das preußische Gesetz vom 11. Mai 1873 in § 15 den *geistlichen Oberen*, beim Pfarrklerus also den Bischof, jeden Geistlichen, dem er ein Amt neu übertragen wollte, sei es eine Erstanstellung oder eine Versetzung, den in Aussicht genommenen Kandidaten und das anvisierte Amt dem zuständigen Oberpräsidenten zu melden. Der Oberpräsident konnte innerhalb von 30 Tagen sein Veto einlegen, dessen mögliche Gründe in § 16 normiert waren, darunter die begründete und zu begründende Annahme, dass der Anwärter *den Staatsgesetzen oder den innerhalb ihrer gesetzlichen Zuständigkeit erlassenen Anordnungen der Obrigkeit entgegenwirken oder den öffentlichen Frieden stören werde.* In seiner an alle preußischen Oberpräsidenten adressierten Ausführungsinstruktion zum Gesetz vom 11. Mai 1873[1] dekretierte der Kultusminister, dass ein auf den

1 Kultusminister Falk an alle preußischen Oberpräsidenten am 30. Mai 1873 (GStA PK, I. HA Rep. 76 IV Sekt. 1 Abt. XII Nr. 6 Bd. 1. Ausfertigung an den Oberpräsidenten der Rheinprovinz: LHAK, Bestand 403 13680. Text im Quellenanhang I).

letztgenannten Grund gestützter Einspruch *nur nach möglichst genauer Prüfung der concreten Verhältnisse und nur dann, wenn überwiegende Gründe des Staatsinteresses oder des öffentlichen Wohles ein Einschreiten rechtfertigen,* erhoben werden soll und dass der Oberpräsident um der *Gleichmäßigkeit in der Behandlung der einzelnen Fälle* willen vor jeder darauf gegründeten Einspruchserhebung sich des Einverständnisses des Kultusministers zu vergewissern habe. Wie schon wiederholt zu konstatieren war, beabsichtigte man staatlicherseits durchaus eine restriktive und an hohe Anforderungsstandards gebundene Handhabung des Amtierungsverbotsrechts, hier des Vetorechts bei der Anstellung, und wollte sichtlich eine großflächige Behinderung der Seelsorge vermieden haben. Dem Staat ging es mehr um die Durchsetzung des Prinzips, die Geistlichen vor der Anstellung und als Voraussetzung für diese einer politischen Staatsloyalitäts- und Wohlverhaltensprüfung unterziehen zu können.

Doch die Frage der Einspruchserhebung gegen neu ein Amt antretende Geistliche erledigte sich, weil der preußische Episkopat dem Staat kein Vetorecht in Personalangelegenheiten zugestehen wollte und daher grundsätzlich die Benennung der Kandidaten verweigerte. Noch vor der – allerdings schon zu erwartenden – Verabschiedung der Maigesetze von 1873 versammelten sich die preußischen Bischöfe vom 29. April bis 2. Mai in Fulda und vereinbarten, den geplanten Gesetzen passiven Widerstand entgegenzusetzen.[2] Nach der Publikation der Maigesetze erklärten sie gegenüber dem Staatsministerium in ihrer Kollektiveingabe vom 26. Mai 1873[3], nicht am Vollzug der Gesetze mitwirken zu wollen. Dies bedeutete u.a. konkret, dass die Bischöfe es grundsätzlich unterließen, dem Oberpräsidenten die Übertragung eines geistlichen Amtes anzuzeigen, sodass alle neu in einer Pfarrei fungierenden Geistlichen maigesetzwidrig wirkten und somit staatlicher Strafverfolgung unterlagen.

Im Herbst 1873 ernannte der Trierer Bischof Eberhard einunddreißig am 30. August in der Domkirche neugeweihte Priester zu Kaplänen und eine ähnliche Anzahl von Kaplänen zu Pfarrern, sodass er insgesamt rund 60 Amtsübertragungen vollzog, natürlich ohne sie wie vorgeschrieben dem Oberpräsidenten zur Genehmigung gemeldet zu haben,[4] was im Folgenden nicht mehr eigens erwähnt,

---

2 Vgl. A. Ditscheid: Matthias Eberhard, 2. Aufl., S. 17f; J. Kißling: Geschichte des Kulturkampfes, Bd. 2, S. 226–228; H. Brück: Geschichte der katholischen Kirche in Deutschland, Bd. 4, 2. Aufl., S. 280–283.

3 Text: E. Huber/W. Huber [Hrsg.]: Staat und Kirche, Bd. 2, S. 286; N. Siegfried [Hrsg.]: Actenstücke betreffend den preußischen Culturkampf, S. 188f; A. Ditscheid: Matthias Eberhard, 2. Aufl., S. 23f.

4 Pfarrer J. Kirsch, damals Kaplan in Vallendar, in seinem Erlebnisbericht: *Am folgenden Tage, dem 30. August [1873], erhielten wir* [d.h. *31 Alumnen des Trierschen Priesterseminars*] *in der hohen Domkirche durch den Hochwürdigsten Herrn Bischof die hl. Priesterweihe und einige Wochen später erfolgte unsere Ernennung und Anstellung in der Seelsorge, jedoch ohne Einholung der im Gesetze über die Anstellung der Geistlichen § 15 verlangten Genehmigung durch den Oberpräsidenten der Rheinprovinz. Wie folgenschwer sowohl für den hochwürdigsten Herrn Bischof als für uns die Priesterweihe*

sondern immer als selbstverständlich vorausgesetzt werden soll. Behufs Umgehung der Kulturkampfgesetze übertrug Bischof Eberhard den Kaplänen – so zumindest berichtete ein betroffener Kaplan später – nicht förmlich ein bestimmtes Amt, sondern schickte sie zu aushilfebedürftigen Pfarrern zur beliebigen Verwendung, welcher Umgehungsversuch wegen der Weitgefasstheit der Begriffe ‚geistliches Amt' und ‚Übertragung eines geistlichen Amts', welche weder die Existenz eines festen Amts im Sinne einer Planstelle noch die Ausstellung einer Bestallungsurkunde voraussetzten, freilich vergeblich war.[5] Die Neupriester ahnten, was sie erwartete,

---

und die Anstellung sein mochte, auf die Maigesetze wurde einfach keine Rücksicht genommen. Die bösen Aussichten auf Geld- und Gefängnißstrafen konnten weder den Bischof veranlassen, unsere Weihe und Anstellung etwa vor den Tag der Veröffentlichung der Maigesetze zu rücken, noch uns die Freude des Priesterthums stören.

Pfarrer H. Volk, damals Kaplan in Polch, in seinem Erlebnisbericht: *Am 30. August 1873 wurde ich mit 32* [richtig: 30] *anderen Diakonen des Priesterseminars in Trier vom hochwürdigsten Bischof Dr. Mathias Eberhard zum Priester geweiht, nachdem im Mai desselben Jahres Gesetze erlassen worden waren, welche unsere Anstellung in der Seelsorge ohne Verletzung des Gewissens unmöglich machten. 30 Priester unseres Curses wurden vom Bischofe der Diöcese als Kapläne angestellt und 30 Kapläne, in deren Stellung wir einrücken sollten, als Pfarrer versetzt. Mit einem Schlage wurden so 60 Priester der Diözese ins Treffen gestellt gegen die Staatsgewalt, welche mit Polizei uns bekriegte und zu überwinden hoffte.*

Der Präsident der Regierung Trier an den Oberpräsidenten der Rheinprovinz am 18. Oktober 1873 (GStA PK, I. HA Rep. 76 IV Sekt. 13 Abt. XII Nr. 13 Bd. 1; LHAK, Bestand 403 Nr. 10400): *Ew. Hochwohlgeboren verfehle ich nicht anbei einen Artikel der heutigen ‚Moselzeitung' zur hochgeneigten Kenntnißnahme gehorsamst zu überreichen, inhalts dessen der hiesige Bischof 60 – 70 Anstellungen von Geistlichen neuerdings vorgenommen haben soll. Die Notiz kommt jedenfalls aus ultramontanem Lager und wird also wohl richtig sein; auch stimmt sie mit dem von mir früher Gemeldeten überein.*

Vgl. auch A. Ditscheid: Matthias Eberhard, 2. Aufl., S. 80. Laut A. Ditscheid ernannte Bischof Eberhard 31 neugeweihte Priester zu Kaplänen. Die Namenliste der am 30. August 1873 im Trierer Dom neugeweihten 31 Priester in: K. Kammer: Trierer Kulturkampfpriester, S. 32; W. Dietz: Die Auswirkungen des Kulturkampfs, S. 103.

5 Pfarrer J. Alt, damals Kaplan in Prüm, in seinem Erlebnisbericht: *So verließen wir das Seminar, begaben uns in die Heimath und warteten dort die Zeit ab, bis uns der Bischof einen Ort anweisen werde, an welchem wir unsere Thätigkeit und Wirksamkeit beginnen sollten. Es wurde nämlich dieses Mal nicht wie früher bei der Entlassung aus dem Seminare die Ernennung jedem mitgeteilt, sondern, um an dem Conflikte mit der Regierung vorbeizukommen, suchte man nach einer Anstellungsformel, von der man glaubte, daß die Regierung die Maigesetze nicht in Anwendung bringen könnte. [...] Uns wurde nämlich von der bischöflichen Behörde kein kirchliches Amt übertragen, sondern wir wurden irgend einem Pfarrer, der Hilfe bedurfte, zur beliebigen Verwendung zugeschickt. Damit war uns aber ebensowenig das Amt eines Kaplans übertragen, d.h. wir waren ebensowenig Kapläne als beim Militär ein Unteroffizier, der Offizier[s]dienste versieht [...] schon Offizier ist. Aber all' diese Vorsicht, alles Nachgeben des Bischofs half nichts. Die Regierung sagte anders. Ihr versehet die Dienste eines Kaplans, also seid ihr Kapläne, und nach dieser Logik mußten die Richter verurtheilen.*

waren aber mehrheitlich entschlossen, der Staatsgewalt zu trotzen[6] und versicherten ihrem Bischof noch vor der Weihe in einer Ergebenheitsadresse ihre Loyalität[7].

Entgegen der Annahme von J. Steinruck, der Trierer Bischof habe „seit Ende 1873 darauf verzichtet, Priester zu Kaplänen oder Pfarrern zu ernennen"[8], hat Bischof Eberhard am 28. August 1875 im Trierer Dom 24 Männern die Priesterweihe erteilt und diese Neopresbyter anschließend – so wollte der Trierer Oberbürgermeister erfahren haben – mündlich zur vorsichtigen Amtierung in ihre Heimatgemeinden entsandt; auf jeden Fall wirkten sie, Strafanzeigen provozierend, an verschiedenen Orten des Bistums, was schwerlich ohne Wissen und Zustimmung des Bischofs geschah.[9] Auch am 1. April 1876 nahm Bischof Eberhard kurz vor seinem Tod offenbar noch einmal Priesterweihen vor und erteilte den neu

---

6 Pfarrer J. Alt, damals Kaplan in Prüm, in seinem Erlebnisbericht: *Nachdem wir nun zu Priestern geweiht waren, war die Zeit gekommen, wo wir das Seminar, in welchem wir drei Jahre hindurch wohnten, verlassen mußten. Wir verabschiedeten uns voneinander, und zwar mit ganz sonderbaren Abschiedsworten. Uns allen war hinlänglich klar, was uns bevorstand, daß wir uns an Orten wieder treffen sollten, wo wir doch eigentlich nicht hingehörten. Darum hieß es allgemein: Im ‚Bolles'* [umgangssprachlich für Gefängnis] *treffen wir uns wieder. Aber doch muß ich gestehen, dieser Abschied war ebenso herzlich wie er sonst zu sein pflegt. Keiner zeigte Muthlosigkeit; das im ‚Bollestreffen' wurde so gleichgiltig, ja ich möchte fast sagen, mit einem gewissen Spotte ausgesprochen, so daß mancher Culturkämpfer, der die Worte gehört hätte, vor lauter Ärger und sittlicher Entrüstung schier die Schwindsucht bekommen hätte, weil man es wagte, schon im Voraus mit kalter Überlegung der Majestät der Gesetze zu trotzen, ja selbst die Strafen, welche die Übertreter der Staatsgesetze treffen sollten, mit verächtlicher Miene und höhnischen Worten zu erwarten.*

7 Vgl. Pfarrer J. Kirsch, damals Kaplan in Vallendar, in seinem Erlebnisbericht; A. Ditscheid: Matthias Eberhard, 2. Aufl., S. 81f.

8 J. Steinruck: Das Bistum Trier im Kulturkampf, S. 623.

9 Die Regierung Trier an den Oberpräsidenten der Rheinprovinz am 13. Oktober 1875 (LHAK, Bestand 403 Nr. 10405): *Trotz der erfolgten Schließung des hiesigen Priesterseminars und trotz der seitens der hiesigen Königlichen Regierung ergriffenen Maaßregeln zur Verhinderung eines weiteren Unterrichts an die Seminaristen [...] hat sich auch während des letzten Jahres eine Serie Seminaristen hier aufgehalten, die wahrscheinlich heimlich von den Seminarprofessoren vorbereitet worden sind. Von diesen hat Bischof Eberhard am 28. August d. J. im Dome 24 zu Priestern, 6 zu Diaconen und 1 zum Subdiacon geweiht. [...] Daß ein Theil der im August d. Js. geweihten Priester demnächst* [d.h. danach] *an verschiedenen Orten bei Vornahme gesetzwidriger Amtshandlungen ertappt worden ist, wird Eurer Hochwohlgeboren aus den bezüglichen amtlichen Anzeigen bekannt sein.*

Der Trierer Regierungspräsident v. Wolff in seinem Zeitungsbericht vom 22. Oktober 1875 für das 3. Quartal des Jahres 1875 (LHAK, Bestand 403 Nr. 17964): *Daß der Bischof überhaupt seinen Standpunkt gegenüber den Staatsgesetzen nicht geändert hat, geht auch daraus hervor, daß er im August d. J. 24 Theologen, die ungeachtet der verfügten Schließung des hiesigen Priesterseminars jedenfalls heimlich hier weiter unterrichtet worden sind, zu Priestern geweiht hat. Diese Letzteren kommen jetzt an*

Ordinierten mündlich auf ein Jahr die Erlaubnis zur Seelsorge, die sog. ‚approbatio pro cura' oder ‚approbatio ad curam animarum' oder kurz die ‚cura'.[10]

Die neuernannten Pfarrgeistlichen – im Folgenden stehen entsprechend der Menge der Personen und dementsprechend auch des Quellenmaterials die im Herbst 1873 Neuernannten im Mittelpunkt – reisten mit banger Erwartung, die zumindest einen von ihnen sogar vorsichtshalber, um eine eventuelle Pfändung ins Leere laufen zu lassen, zum Verkauf seiner Wertgegenstände veranlasste, an ihren neuen Wirkungsort und nahmen bald ihre Berufsausübung in Form von geistlichen Amtshandlungen auf.[11] Diese Amtsantritte und die nachfolgenden

---

den verschiedensten Orten der Diözese wegen ungesetzlicher Vornahme von Amtshandlungen zur Anzeige.

Der Präsident der Regierung Trier an den Kultusminister am 6. November 1875 (LHAK, Bestand 403 Nr. 10405): *Was die Art der Anstellung dieser* [am 28. August 1875 im Trierer Dom geweihten] *Neopresbyter anbetrifft, so berichtet mir darüber der Oberbürgermeister de Nys unter'm gestrigen Tage wörtlich Folgendes: „Von den 24 Neopresbytern hat keiner eine bestimmte Anstellung erhalten, jedoch ist denselben, wie ich aus ganz glaubwürdiger Quelle erfahren [habe], von dem Bischofe mündlich, und zwar nicht jedem Einzelnen insbesondere, sondern allen zusammen die generelle Weisung ertheilt worden, in ihren betreffenden Heimathsorten unter Anwendung der nöthigen Vorsicht seelsorgerische Functionen auszuüben. Zu diesem Ende wurde denselben ebenfalls mündlich die sogenannte cura (animarum) auf ein Jahr erteilt, welche sie außer dem Messelesen pp. auch zum Beichthören berechtigt. Auch diese Ertheilung erfolgte generell."* – Das 31 Personen aufführende *Namentliche Verzeichniß der am 28. August cr. durch den Bischof Dr. Eberhard hierselbst zu Priestern resp. Diaconen und Subdiaconen geweihten Theologen* (ebd.) lag und liegt dem Schreiben in Abschrift bei.

10 Die Regierung Trier an den Oberpräsidenten der Rheinprovinz am 18. April 1876 (LHAK, Bestand 403 Nr. 10405): *Übrigens hat Letzterer* [d.h. der Trierer Bischof Eberhard] *am 1. ds. Mts. wiederum 25 Seminaristen, und zwar 7 zu Priestern, 16 zu Diaconen und 2 zu Subdiaconen geweiht, nachdem dieselben sich im letzten Jahre hier aufgehalten haben. Das geschlossene Seminar arbeitet also offenbar trotz aller Präventivmaßregeln weiter und wird bis zur Entfernung der Professoren weiter arbeiten.*

Der Trierer Oberbürgermeister de Nys an die Regierung Trier am 9. Mai 1876 (LHAK, Bestand 403 Nr. 10405): *Dagegen habe ich aus zuverlässiger Quelle festgestellt, daß den am 1. v. M. zu Priestern geweihten Theologen nur eine Bescheinigung über die erfolgte Weihe, jedoch kein Cura-Instrument ertheilt worden ist. Die Cura ist denselben vielmehr ebenso wie den im vorigen Jahre neu Geweihten durch den Bischof mündlich auf ein Jahr ertheilt worden.*

11 Beispiele:

Pfarrer J. Alt, damals Kaplan in Prüm, in seinem Erlebnisbericht: *Es war am 24. Oktober 1873, da gelangte ich in P[rüm], meinem neuen Bestimmungsorte, an. Noch nie war ich in dieser Gegend gewesen, kannte auch den dortigen Pfarrer noch nicht. Während der Reise kamen mir allerlei Gedanken in den Sinn, unter anderem auch der, wie der neue Prinzipal* [d.h. Pfarrer] *sich der Regierung gegenüber verhalten mag, ob er mir vielleicht keine Anweisung gebe, ihm in der Seelsorge auszuhelfen. Indeß als ich im Pfarrhause angelangt war, da schwand jeglicher Verdacht von mir. Ich wurde recht*

Amtierungen konnten den Ortsbehörden nicht lange verborgen bleiben. Die Reaktion der Bürgermeister und Landräte auf den verbotenen Amtsantritt und auf die meist unmittelbar darauf beginnende illegale Amtierung war durch eine Vielzahl von Verordnungen geregelt.[12] Im Folgenden werden nun auf der Basis der beiden

---

freundlich aufgenommen und vernahm noch während der Unterhaltung, daß meinem Prinzipale wegen sogenannter staatsfeindlicher Gesinnung schon längstens die Lokalschulinspektion entzogen worden. Es war dieses damals noch eine große Seltenheit und ich dachte bei mir, der ist eben recht, der wird dir nicht hindernd in den Weg treten. Und so geschah es auch wirklich. Sogleich wurde bestimmt, wie wir es mit der Arbeit halten wollen; schnell waren wir einig darüber, denn wir theilten uns ganz brüderlich in dieselbe. Einen Monat lang hörte ich nun gar nichts und konnte ruhig meine Dienste versehen ohne die geringste Störung.

Pfarrer M. Görgen, damals Kaplan in Neunkirchen im Kreis Ottweiler, in seinem Erlebnisbericht: *Nachdem ich am 30. August 1873 die h. Priesterweihe empfangen, wurde mir im October desselben Jahres von der Oberhirtlichen Stelle in Trier die Kaplanei Neunkirchen im Kreise Ottweiler übertragen. Der damalige Inhaber der Pfarrstelle Neunkirchen, welche etwa 7000 Seelen zählte, Herr Pastor Adolph Meyer, begrüßte mich bei meiner Anmeldung mit herzlichen Worten und suchte mir ein festes Gottvertrauen einzuflößen. Ich fand im dortigen Pfarrhause eine freundliche Aufnahme und war unser gemeinschaftliches Leben und Wirken ohne jeden Mißton. Wir arbeiteten treulich zusammen ohne Rücksicht auf die Culturkampfgesetze. Ich besuchte die Schulen und vollzog alle übrigen mir übertragenen priesterlichen Funktionen, vom lieben Gott mit einer kräftigen Gesundheit ausgestattet.*

Pfarrer C. Müller, damals Pfarrer zu Schöneberg, in seinem Erlebnisbericht: *Am 13. Oktober 1873 erhielt ich meine Ernennung als Pastor von Schöneberg, Dekanat und Kreis Kreuznach. Und schon am 20. Oktober ließ ich meine Habseligkeiten öffentlich durch einen Notar versteigern, um mich nicht der Gefahr auszusetzen, sie später gepfändet zu sehen. Meine Mitbrüder tadelten mich dieserhalb, indem sie behaupteten, soweit komme es nicht. Die Zukunft aber hat gezeigt, daß ich recht hatte. Der Erlös betrug 233 Thlr. 23 Sgr. 2 Pf. (= 701,23 M.). Einige Tage später sagte ich Mülheim, Pfarrei Kärlich, jetzt eigene Pfarrei, Lebewohl, wo ich seit dem 25. Januar 1872 gewirkt hatte. Vom dortigen Bürgerverein, dessen Ehrenmitglied ich war, wurde ich mit Musik und unter Böllerschüssen zum Bahnhof Urmitz begleitet. […] Der Abschied von den Pfarrkindern in Mülheim war sehr herzlich. Zunächst lenkte ich meine Schritte nach meiner Heimath Carbach und nachdem alles geordnet war, zog ich in Begleitung des damaligen Pfarrers von Norath, Eduard Golling (gegenwärtig in Eller a. d. Mosel), nach Schöneberg, wo ich zunächst in der Schule beim Lehrer Schitthof abstieg. Bald waren auch die Mitglieder des Kirchenvorstandes erschienen und ich stellte mich dann vor als ihr neuer Pfarrer. Alle machten große Augen und wollten mir die Schlüssel zum Pfarrhause nicht aushändigen, weil sie mich für einen ‚Staatspfarrer' hielten. Ich trug nämlich das Eiserne Kreuz auf meiner Brust. Erst als ich ihnen meine Ernennungsurkunde vom Bischof vorlegte, da strahlten ihre Gesichter und ich war ihnen sehr willkommen. Ich war damals 30 Jahre alt.*

12 Wichtig und zentral sind die an alle preußischen Oberpräsidenten gerichtete Instruktion des Kultusministers Falk vom 30. Mai 1873 (GStA PK, I. HA Rep. 76 IV Sekt. 1 Abt. XII Nr. 6 Bd. 1; LHAK, Bestand 403 Nr. 13680. Text im Quellenanhang I), deren

Oberpräsidialinstruktionen vom 2. Juni 1873 und 5. November 1873 sowie der Instruktion der Regierung Trier betreffend *Das Verfahren nach den Bestimmungen des Gesetzes vom 11. Mai 1873*, welche Instruktionen im Folgenden als Einheit betrachtet und um weitere Verfügungen zu Spezialfragen ergänzt werden, zunächst die von der rheinischen Provinzialverwaltung zu beobachtenden, insbesondere den südrheinischen Landräten und Bürgermeistern vorgeschriebenen Handlungsnormen und -routinen vorgestellt.

Ausnahmslos in allen Fällen einer unbefugten Amtsübertragung und eines illegalen Amtsantritts war gegen den betreffenden Geistlichen und dessen Oberen entsprechend dem vorgeschriebenen Prozedere einzuschreiten, denn die staatsrechtliche Nichtigkeit und Strafbarkeit der Amtsübertragung bzw. des Amtsantritts waren durch das Gesetz selbst gegeben und die Exekutive hatte nicht das Recht, in besonderen Fällen Ausnahmen zu machen und einen ungesetzlichen Amtsantritt mit nachfolgender Amtierung zu dulden, zumal wenn einzelne Amtshandlungen wie beispielsweise Trauungen bürgerliche Wirkung hatten und die Erbfolge berührten.[13]

---

die nachgeordneten Behörden betreffenden Teile zusammen mit weiteren Vorschriften der Oberpräsident der Rheinprovinz in seiner Rundverfügung vom 2. Juni 1873 (LHAK, Bestand 441 Nr. 15460 u. Nr. 15488; GStA PK, I. HA Rep. 76 IV Sekt. 1 Abt. XII Nr. 6 Bd. 1. Text im Quellenanhang I) an die Bezirksregierungen weitergab, sowie die *behufs Herbeiführung eines gleichmäßigen Verfahrens bei eintretenden Vakanzen katholischer geistlicher Stellen* vom Oberpräsidenten der Rheinprovinz an die rheinischen Bezirksregierungen erlassene Instruktion vom 5. November 1873 (GStA PK, I. HA Rep. 76 IV Sekt. 13 Abt. XII Nr. 13 Bd. 1 als undatierter Entwurf; LHAK, Bestand 441 Nr. 15488. Text im Quellenanhang I). Weiterhin von Bedeutung ist die vom Trierer Regierungsrat C. Röbbelen publizierte, leider undatierte Verfügung (C. Röbbelen: Das Gesetz vom 11. Mai 1873 über die Vorbildung und Anstellung der Geistlichen, S. 18–21. Text im Quellenanhang I) betreffend *Das Verfahren nach den Bestimmungen des Gesetzes vom 11. Mai 1873 über die Vorbildung und Anstellung der Geistlichen*, bei welcher Instruktion es sich wohl um eine aktualisierte Fassung derjenigen der Regierung Trier vom 29. Oktober 1873 handelt.

13 Der Kultusminister an den Oberpräsidenten der Provinz Posen am 22. Juli 1873 (GStA PK, I. HA Rep. 76 IV Sekt. 13 Abt. XII Nr. 13 Bd. 1 u. Sekt. 1 Abt. XII Nr. 6 Bd. 1; LHAK, Bestand 403 Nr. 13680): *Ew. Hochwohlgeboren erwiedere ich auf den gefälligen Bericht vom 14. d. Mts. ergebenst, daß es unerläßlich ist, in allen Fällen einer gesetzwidrigen Übertragung von geistlichen Ämtern gegen die geistlichen Oberen und die betreffenden Geistlichen nach Anleitung meines Erlasses vom 30. Mai cr. über die Ausführung der §§ 15 und 17 des Gesetzes vom 11. Mai cr. einzuschreiten. Nach § 17 gilt die Übertragung eines geistlichen Amts, welche vor Ablauf der im § 15 für die Erhebung des Einspruchs gewährte[n] Frist erfolgt, als nicht geschehen. Jede Übertragung eines geistlichen Amts ohne vorgängige Benennung des betreffenden Geistlichen und vor Ablauf der erst mit der Benennung überhaupt beginnenden dreißigtätigen Frist, ist daher, abgesehen von dem Ausnahmefall des § 2, betreffend die einstweilige Anordnung einer Stellvertretung wegen Gefahr im Verzuge, nichtig, und zwar unmittelbar durch das Gesetz selbst, wogegen die Staatsregierung nicht in der Lage ist, durch die Stellung, welche sie im concreten Fall*

Die Landräte waren verpflichtet, sich über alle eingetretenen Vakanzen und Personalwechsel auf den geistlichen Stellen genau informiert zu halten und jeden neu amtierenden Geistlichen unverzüglich dem Oberpräsidenten zu melden, damit dieser prüfen konnte, ob der Bischof die vorgeschriebene Anzeige gemacht hatte.[14] Damit die Landräte ihre Überwachungs- und Meldepflicht erfüllen konnten, waren natürlich die Lokalbehörden, sprich die Bürgermeister und Ortsvorsteher, angehalten, ihrerseits dem Landrat über die fraglichen Vorgänge in ihrem Amtsbereich unter genauer Angabe der Daten und Personen zu berichten.[15] Die behördliche Pflicht, dem Oberpräsidenten einen ein Amt antretenden Geistlichen zu melden, erstreckte sich natürlich auch auf Hilfsgeistliche und überhaupt auf alle Geistliche, die über die Verrichtung vereinzelter Amtshandlungen hinausgehend eine Stellvertretung oder Hilfeleistung in einem geistlichen Amt vornahmen.[16]

Nach eingetretener Vakanz einer Stelle, zu deren Unterhalt Staatsmittel verwendet wurden, waren die Gelder einzubehalten und erst dann dem Amtsnachfolger auszuzahlen, nachdem der Oberpräsident dies genehmigt hatte.[17]

---

dem Verfahren der geistlichen Oberen gegenüber etwa einnehmen möchte, diese ex lege begründete Nichtigkeit zu heilen oder ihre Folgen zu beseitigen. Die Staatsregierung würde sich auch einer schweren Verantwortlichkeit aussetzen, wenn sie, ohne ihrerseits die im Gesetz vorgesehenen Hülfsmittel anzuwenden, es in einzelnen Fällen wollte geschehen lassen, daß ein Geistlicher, dem in Widerspruch mit den Bestimmungen des Gesetzes ein Amt übertragen worden [ist], der also, da der Übertragungsakt gesetzlich als nicht geschehen gilt, zur Vornahme von Amtshandlungen in diesem Amte nicht berechtigt ist, in dem letzteren fungirte und Amtshandlungen vornähme, welche unter Umständen der rechtlichen Wirksamkeit auf Gebieten entbehren würden, die nicht nur das kirchliche, sondern vornehmlich auch das staatsbürgerliche und bürgerliche Leben der Gemeindeglieder und die damit in Verbindung stehenden Rechtsverhältnisse des Civilstandes, der Eheschließung und der Erbfolge berühren. – Die obige Verfügung ging in Abschrift an alle übrigen preußischen Oberpräsidenten *zur gefälligen Kenntnißnahme und gleichmäßigen Beachtung*, wodurch sie zur Rundverfügung avancierte.

14 Der Oberpräsident der Rheinprovinz an alle rheinischen Bezirksregierungen am 2. Juni 1873 (a.a.O.).

15 *Das Verfahren nach den Bestimmungen des Gesetzes vom 11. Mai 1873* (a.a.O.).

16 Der Oberpräsident der Rheinprovinz an die Regierung Trier am 25. Juli 1873 (LHAK, Bestand 403 Nr. 13680 im Entwurf): *Nach meiner Verfügung vom 2. v. Mts. (muß) eine Mittheilung der Kreislandräthe auch dann erfolgen, wenn eine Stellvertretung oder eine Hülfeleistung bezüglich eines katholischen geistlichen Amts stattfindet. Falls es sich jedoch nur um einzelne Amtshandlungen handelt, welche ein Geistlicher für einen Andern verrichtet, bedarf es einer solchen Mittheilung nicht. Die Stellen von Hülfsgeistlichen sind wie alle anderen geistlichen Stellen zu behandeln.*

17 Der Oberpräsident der Rheinprovinz an alle rheinischen Bezirksregierungen am 2. Juni 1873 (a.a.O.); der Oberpräsident der Rheinprovinz in Punkt 1 seiner an alle rheinischen Bezirksregierungen gerichteten Instruktion vom 5. November 1873 (a.a.O.); *Das Verfahren nach den Bestimmungen des Gesetzes vom 11. Mai 1873* (a.a.O.).

Wenn die für die Geistlichen bestimmten Wohnungen und Häuser sich im Eigentum der Zivilgemeinde befanden, was im Linksrheinischen durchgängig der Fall war, so hatte der Bürgermeister sie nicht zum Bezug freizugeben, wenn der Geistliche maigesetzwidrig sein Amt angetreten hatte, was angesichts der bekannten Haltung der Bischöfe bei einem Neuankömmling vorauszusetzen war.[18]

Bei einem drohenden oder vollzogenen maigesetzwidrigen Amtsantritt waren außerhalb des Geltungsgebiets des französischen Rechts, d.h. hier im rechtsrheinischen Gebiet des Regierungsbezirks Koblenz, die Kirchenbücher zusammen mit dem Kirchensiegel zu beschlagnahmen und an die vorgesetzte Bezirksregierung abzugeben.[19]

Der Bürgermeister oder ein sonstiger lokaler Amtsträger, bei dem sich der geistliche Neuankömmling polizeilich anmeldete, hatte die Einsichtnahme in die Anstellungsurkunde zu verlangen, um zwecks Strafverfolgung der investierenden Person (Bischof oder Generalvikar) festzustellen, wer sie wann unterzeichnet hatte.[20]

Nachdem der Oberpräsident auf die Meldung des Landrats hin die bischöfliche Nichtanzeige der Amtsübertragung und des Kandidaten amtlich konstatiert und durch eine diesbezügliche Informierung der Bezirksregierung das weiter vorgeschriebene Verfahren initiiert hatte, waren alle involvierten und tangierten Personen über die staatsrechtliche Ungültigkeit und Strafbarkeit der Amtsübertragung und der eventuell vorgenommenen geistlichen Amtshandlungen aufzuklären, um jedem, insbesondere dem Amtsneuling, in einem eventuellen Strafverfahren die Möglichkeit der Ausrede zu nehmen, er habe von der bischöflichen

---

18 Der Oberpräsident der Rheinprovinz in Punkt 2 seiner an alle rheinischen Bezirksregierungen gerichteten Instruktion vom 5. November 1873 (a.a.O.); *Das Verfahren nach den Bestimmungen des Gesetzes vom 11. Mai 1873* (a.a.O.).

19 Der Oberpräsident der Rheinprovinz in Punkt 7 seiner an alle rheinischen Bezirksregierungen gerichteten Instruktion vom 5. November 1873 (a.a.O.).

20 *Das Verfahren nach den Bestimmungen des Gesetzes vom 11. Mai 1873* (a.a.O.). Der Oberpräsident der Rheinprovinz an die Regierung Koblenz am 13. Oktober 1873 (LHAK, Bestand 441 Nr. 15488 u. Nr. 15460): *In Verfolg meiner Verfügung vom 2. Juni d. Js. ersuche ich die Königliche Regierung ergebenst, die Landräthe Ihres Bezirks gefälligst anzuweisen, daß dieselben mir bei Anzeigen über Besetzungen katholischer geistlicher Stellen nicht nur das Datum der Ernennungsurkunde, sondern auch jedesmal angeben, ob die betreffende Urkunde von dem Herrn Bischofe oder von dessen Generalvicar unterzeichnet ist. Es bedarf dabei der Mittheilung, in welcher Weise der letztere Punkt constatirt worden. Derselbe wird sich in den meisten Fällen leicht dadurch feststellen lassen, daß die Geistlichen, welche sich bei den Ortsbehörden zu melden pflegen, von diesen in geeigneter Weise veranlaßt werden, ihre Ernennungsurkunden vorzuzeigen. Sollte das Letztere nicht zu erreichen und auch in anderer Weise nicht festzustellen sein, von wem die Ernennung ausgegangen ist, so haben die Herrn Landräthe solches ausdrücklich zu berichten.* – Vermutlich ging eine gleichlautende Verfügung an die übrigen rheinischen Bezirksregierungen.

Anzeigeunterlassung und deren Rechtsfolgen nichts gewusst. Zu diesem Zweck war der Amtsneuling vorzuladen und ihm zu Protokoll zu eröffnen, dass die Amtsübertragung *als nicht geschehen gelte* und dass alle in diesem Amt vorgenommenen geistlichen Amtshandlungen gesetzwidrig und strafbar seien. In dieser Eröffnung sollte über die Rechtslage belehrt werden, nicht aber ein Amtierungsverbot direkt ausgesprochen werden. *Eine solche polizeiliche Interdiction ist weder nothwendig noch räthlich.* Es handelte sich also eigentlich nicht oder nur im psychologischen Sinne für den Betroffenen um eine Amtierungssperre, denn es wurde aus staatlicher Sicht nicht eine Rechtslage hergestellt, sondern eine bereits bestehende nur förmlich festgestellt und mitgeteilt, um der Ausflucht der Unwissenheit vorzubeugen. Reagierte der Geistliche nicht auf die Vorladung, so war ihm die Belehrung oder Verwarnung in schriftlicher Form amtlich zuzustellen.[21]

Daneben war auch der breiten Öffentlichkeit in einer *kurzen fasslichen Bekanntmachung* die aus der Gesetzwidrigkeit der Anstellung folgende staatsrechtliche Nichtigkeit und Strafbarkeit der Amtshandlungen des Amtsneulings zur allgemeinen Kenntnis zu bringen. Diese Bekanntmachung sollte auch den Hinweis enthalten, dass der Geistliche zum Empfang von Abgaben und Gebühren nicht berechtigt sei und dass jeder Zahler das Risiko einer nochmaligen Zahlungspflicht eingehe. Außerhalb des Geltungsgebiets des französischen Rechts, wo die kirchliche Eheschließung bürgerliche Wirkung hatte, war in dieser Bekanntmachung außerdem noch darauf aufmerksam zu machen, dass die Kirchenbucheintragungen, Zivilstandsbescheinigungen und Trauungen eines maigesetzwidrig angestellten Geistlichen keine bürgerliche Gültigkeit und staatliche Anerkennung besäßen, bei den Eheschließungen mit Folgen für den Zivilstand und das Erbrecht. Die Promulgierung der Bekanntmachung hatte zu erfolgen durch Abdruck in den Kreis- und Ortszeitungen, durch Zusendung von Einzelexemplaren an die betreffenden Orts- und Kirchenvorstände sowie durch Aushang und ‚Ausschellung' in den zur Pfarrei gehörenden Ortschaften. Dagegen war eine Einberufung sämtlicher

21 Der Oberpräsident der Rheinprovinz in Punkt 3 seiner an alle rheinischen Bezirksregierungen gerichteten Instruktion vom 5. November 1873 (a.a.O.); *Das Verfahren nach den Bestimmungen des Gesetzes vom 11. Mai 1873* (a.a.O.).
Kultusminister Falk an den Oberpräsidenten der Provinz Brandenburg am 17. September 1873 (GStA PK, I. HA Rep. 76 IV Sekt. 1 Abt. XII Nr. 6 Bd. 1): *(Ich) vermag das Verfahren des Landraths nur insofern nicht zu billigen, als er anscheinend ein ausdrückliches Verbot an den Pfarrer Klein erlassen hat. Eine solche polizeiliche Interdiction ist weder nothwendig noch räthlich. Nachdem das Gesetz selbst die Vornahme von Amtshandlungen durch einen unbefugten Geistlichen bei Strafe untersagt hat, wird sich die Verwaltung darauf zu beschränken haben, etwaige Contraventionsfälle im strafgerichtlichen Wege zur Verfolgung zu stellen resp. die Interessenten auf die rechtliche Ungültigkeit der betreffenden Acte hinzuweisen.* – Diese Verfügung ging in Abschrift an alle übrigen preußischen Oberpräsidenten *zur gefälligen Kenntnißnahme.*

Gemeindemitglieder zu einer Versammlung wegen der voraussehbar geringen Resonanz in der Regel zu vermeiden.[22]

In dieser vorgeschriebenen Ablaufroutine gab es im Frühjahr 1875 zwei gravierende Änderungen, die im folgenden Kapitel näher beschrieben, aber hier um des Zusammenhangs willen kurz angedeutet werden sollen: Das Institut der Verwarnung oder Belehrung des Geistlichen sowie die Prüfanfrage beim Oberpräsidenten, ob der Amtsantritt eines Geistlichen maigesetzkonform sei, entfielen in der Regel.

Soweit die Norm(en). Im Folgenden soll nun dargestellt werden, wie das vorgeschriebene Prozedere in der Praxis ablief, wobei die Konfiszierungen des Pfarrhauses und der Kirchenbücher ausgespart werden, weil sie in eigene Unterkapitel ‚ausgelagert' werden. Manche neu eingetroffenen Geistlichen, die natürlich um die Eruierungsabsichten der Bürgermeister bezüglich des Ausstellers ihrer Ernennungsurkunde wussten, erschienen gar nicht erst zur polizeilichen Anmeldung und kamen auch einer Vorladung des Bürgermeisters nicht nach.[23] Die schriftlich

---

22 Der Oberpräsident der Rheinprovinz in Punkt 3 seiner an alle rheinischen Bezirksregierungen gerichteten Instruktion vom 5. November 1873 (a.a.O.); *Das Verfahren nach den Bestimmungen des Gesetzes vom 11. Mai 1873* (a.a.O.).
Kultusminister Falk an den Oberpräsidenten der Provinz Posen, Günther, am 19. September 1873 (LHAK, Bestand 441 Nr. 15488; GStA PK, I. HA Rep. 76 IV Sekt. 1 Abt. XII Nr. 6 Bd. 1): *Aus Ew. Hochwohlgeboren gefälligem Berichte vom 15ten habe ich ersehen, daß bei der Convocation der katholischen Pfarrgemeinde Filehne aus Anlaß der gesetzwidrigen Anstellung des Vikars Arendt in Folge der Einwirkung der Geistlichkeit nur sehr wenige Gemeindemitglieder erschienen sind. Eine gleiche Wahrnehmung ist nach den Nachrichten der öffentlichen Blätter in anderen gleichartigen Fällen gemacht worden. Unter diesen Umständen wird es sich empfehlen, von der Convocation der Gemeinden in der Regel abzusehen und eine solche nur in den Fällen, wo besondere Umstände diesen Modus als den geeigneten erscheinen lassen, zu wählen. Im Allgemeinen aber werden die erforderlichen Eröffnungen an die Gemeinden in Form einer kurzen faßlichen, in beiden Sprachen gegebenen Belehrung über die Gesetzwidrigkeit der erfolgten Anstellung und ihre Wirkungen, insbesondere bezüglich der Eheschließungen und deren Folgen rücksichtlich der Civilstandsverhältnisse und der Erbfolge, zu bewirken und durch Abdruck in den betreffenden Kreis- und Ortsblättern sowie durch Zusendung von einzelnen Exemplaren an die Kirchen- und Ortsvorstände und endlich durch Aushang in den einzelnen Ortschaften der Parochie zur öffentlichen Kenntniß zu bringen sein. Dabei wird es sich ferner als zweckdienlich empfehlen, in die Bekanntmachung eine Bemerkung dahin aufzunehmen, daß der gesetzwidrig angestellte Geistliche zur Empfangnahme von Zahlungen und Hebungen für die Stelle nicht berechtigt sei und jeder, der Zahlungen oder andere Prästationen* [d.h. Abgaben] *an den Letztern leiste, sich daher der Gefahr aussetze, nochmals zahlen zu müssen. Daß Staatsmittel, welche zur Unterhaltung einer gesetzwidrig besetzten Stelle bestimmt sind, einbehalten werden müssen, bedarf hiernach kaum der Erwähnung.* – Diese Verfügung ging in Abschrift an alle übrigen preußischen Oberpräsidenten *zur gefälligen Kenntnißnahme und gleichmäßigen Beachtung rücksichtlich der dortigen Provinz.*

23 Beispiel: Der Landrat von Cochem an den Oberpräsidenten der Rheinprovinz am 6. November 1873 (LHAK, Bestand 403 Nr. 10804): *Ferner fungiren seit einigen Tagen*

oder mündlich verlangte Einsichtnahme in die Anstellungsurkunde konnte in den allermeisten Fällen nicht erreicht werden, da die Amtsneulinge meist jede Auskunftserteilung oder die Vorlage des Dokuments verweigerten, um nicht indirekt mitschuldig an der Strafverfolgung ihres Bischofs oder Generalvikars zu werden.[24]

---

als Kapläne resp. verrichten diesfällige Handlungen die Priester Hansen zu Cochem und Büsch zu Treis. Meine Versuche um Ermittelung und Einsichtsnahme der betreffenden Dekrete beziehungsweise ob die Ernennung seitens des Herrn Bischofs oder durch das Generalvikariat erfolgt [ist], sind bis jetzt ohne Erfolg geblieben. Hansen, der sich nicht einmal polizeilich angemeldet [hat], hat auf die Aufforderung des Bürgermeisters, auf seinem Bureau zu erscheinen, geantwortet, daß, wenn man ihm Eröffnungen zu machen habe, man dies schriftlich thun möge.

24 Beispiele:

Der Landrat von Prüm an den Oberpräsidenten der Rheinprovinz am 26. Oktober 1873 (LHAK, Bestand 442 Nr. 1953): *Euer Hochwohlgeboren verfehle ich nicht ehrerbietigst anzuzeigen, daß am 10. dieses Monats ein neuer Geistlicher in Schüller eingetroffen und im Wirthshause abgestiegen ist. Auf Befragen erklärte derselbe dem Bürgermeister, er heiße Esch und sei zum Vikar dieser Stelle ernannt. Eine weitere Auskunft darüber, seit wann und von wem er hierzu ernannt sei, verweigerte er, indem er den Bürgermeister an die erzbischöfliche Behörde zu Cöln verwies.*

Der Landrat von Adenau, Dillenburger, an den Oberpräsidenten der Rheinprovinz am 6. November 1873 (LHAK, Bestand 403 Nr. 10804): *Euer Hochwohlgeboren beehre ich mich [...] anzuzeigen, daß mir heute der zum Pfarrer von Dümpelfeld ernannte frühere Kaplan Stiff von Rübenach erklärt hat, daß er Anstand nehme, mir seine Ernennungsurkunde vorzulegen oder mitzutheilen, unter welchem Datum und von wem dieselbe vollzogen* [d.h. unterschrieben] *sei, weil es in diesem Falle den Anschein gewänne, als ob er Zeugniß ablege gegen seinen Bischof oder dessen Stellvertreter.*

Der Bürgermeister von Polch an den Landrat von Mayen am 6. November 1873 (LHAK, Bestand 403 Nr. 10804): *(Ich) habe den hierselbst amtirenden katholischen Geistlichen Heinrich Volk aus Oberspay heute persönlich um Vorzeigung seiner Ernennungsurkunde resp. Angabe des Datums derselben sowie der kirchlichen Behörde ersucht, von welcher dieselbe vollzogen sey, von demselben aber zum Bescheid erhalten, daß er sich von seinem kirchlichen Standpunkte aus zu einer solchen Mittheilung nicht verpflichtet halte, dieselbe vielmehr seinen geistlichen Obern überlassen müsse.*

Der Landrat des Landkreises Trier, Spangenberg, an den Oberpräsidenten der Rheinprovinz am 12. November 1873 (LHAK, Bestand 403 Nr. 10804; LHAK, Bestand 442 Nr. 2003): *Seit dem 21ten October cr. ist dessen Stelle* [d.i. die Kaplansstelle in Schweich] *thatsächlich durch den am 27. Juli 1848 zu Halsdorf im Kreise Bitburg geborenen Johann Thielen besetzt, welcher am 1. März c. hierselbst die Subdiaconatsweihe empfangen hat und seitens des Herrn Bischofs hierselbst am 30ten August c. zum Priester geweiht wurde. [...] Der p. Thielen hat vor dem Bürgermeister Schmitz zu Schweich die Vorzeigung seiner Ernennungsurkunde für die dortige Kaplanstelle verweigert, ebenso die Auskunft, von wem dieselbe ausgegangen ist, und dem Bürgermeister mündlich erklärt, daß er nur zur Aushülfe bis auf Weiteres dorthin geschickt worden sei. Eine förmliche Vernehmung hat er von der Hand gewiesen.*

Pfarrer H. Schmitz, damals Kaplan in Andernach, in seinem Erlebnisbericht: *Alsbald stellte ich mich meinem Pfarrer in Andernach vor und trat am 28. Oct. [1873] kurz vor*

Der Erlebnisbericht des im Oktober 1873 als Kaplan nach Treis geschickten Neopresbyters J. Büsch illustriert eindrücklich die konsequente Auskunfts- und Mitwirkungsverweigerung, womit die Geistlichen das staatliche Vorgehen zu boykottieren suchten.[25] Wahrscheinlich existierte vielfach gar keine Ernennungsurkunde, denn

---

Allerheiligen in mein neues Amt ein. Als neues Mitglied der Civilgemeinde meldete ich mich gleich beim Bürgermeister, um so den polizeilichen Vorschriften Genüge zu leisten. Sofort aber benützte letzterer die Gelegenheit, um zu erforschen, von wem ich zum Caplan ernannt worden sei. Ich entgegnete, daß ich keine Veranlassung habe, auf derartige Fragen zu antworten, und entfernte mich. Allein schon am 5. Nov. erhielt sich vom Bürgermeister ein Schreiben mit derselben Anfrage, die dann auch in ähnlicher Weise beantwortet wurde.

25 Pfarrer J. Büsch, damals Kaplan in Treis, in seinem Erlebnisbericht: *Auch ich gehörte zu jenen 31 neugeweihten Priestern der Diözese Trier, welchen der hochselige Bischof Matthias nach der Priesterweihe den Rat gab, auf die Stellen, die er uns anweisen werde, nur das Brevier mitzunehmen. Im Mai 1873 waren die kirchenpolitischen Gesetze in Preußen erlassen worden; am 30. August desselben Jahres wurden wir geweiht und am 14. Oktober ohne Beachtung der Maigesetze zu Kaplänen ernannt. Ich erhielt meine Anstellung als Kaplan in Treis a. d. Mosel. Nachdem ich am Samstag, den 25. Oktober, auf meiner Stelle eingetroffen war und am darauffolgenden Sonntage das erste Hochamt gehalten hatte, erhielt mein Pfarrherr am 29. ds. M. folgendes Schreiben: „An Herrn Pastor Schild, Hochwürden hier. Bezüglich des hier eingetroffenen Kaplans erlaube ich mir Ew. Hochwürden ergebenst anzufragen, inwieweit derselbe den Bestimmungen des Gesetzes über die Vorbildung und Anstellung der Geistlichen vom 11. Mai genügt hat. Trier, den 28. Oct. 1873. Der Bürgermeister, gez. Reis." Auf diese Anfrage erfolgte nachstehende Antwort: „Ew. Hochwohlgeboren beehre ich mich auf das gefällige Schreiben vom 28. ds. ergebenst zu erwidern, daß mir jegliche Cognition fehlt, ob und inwieweit dem Gesetze vom 11. Mai genügt worden ist, da dieses lediglich zum Ressort des Bischöflichen Generalvicariats gehört. Treis, den 29. Oct. 1873. Der Pfarrer, gez. Schild." Am 4. Nov. 1873 morgens erschien der Bürgermeister, wohl wissend, daß der Pfarrer wegen der Landtagswahl in Polch abwesend sei, im Pfarrhaus und fragte im Auftrage des Landrates von Cochem, auf Grund wessen Vollmacht resp. Ernennung ich hier in Treis die Funktionen eines Kaplans wahrnehme. Ich erklärte, darüber keine Mitteilungen zu machen, wie ich hierher gekommen sei; ich verwies ihn an meinen Bischof resp. an das Bischöfliche Generalvicariat. Seine Bitte, diese meine Erklärung ihm schriftlich zu geben, habe ich abgelehnt. Daraufhin ließ er mir noch eine diesbezügliche schriftliche Aufforderung zurück, die ich auch unbeantwortet ließ. Am 8. ds. M. erhielt Herr Pastor Schild folgendes Schreiben vom Landrat: „An Herrn Pastor Schild, Hochwürden zu Treis. Auf Anzeige des Herrn Bürgermeisters hat der als Kaplan dort fungierende Geistliche Büsch Auskunft darüber verweigert, ob er staatlich anerkannt ist. Ich stelle ergebenst anheim, mir über Datum und Aussteller des Ernennungsdekretes Mittheilung zu machen. Zugleich ersuche [ich] um gefällige Äußerung, ob der p. Büsch in den Schulen Religionsunterricht ertheilt. Cochem, den 6. Nov. 1873. Der Landrath, gez. Jaeger." Herr Pastor Schild antwortete wie folgt: „An den Königl. Landrath, Herrn Jaeger, Hochwohlgeboren in Cochem. Ew. Hochwohlgeboren erwidere ich auf das gefällige Schreiben vom 6. ds. ergebenst, daß ich mich nicht in der Lage befinde, die gewünschten Mittheilungen machen zu können. Treis, den 8. Nov. 1873. Der Pastor, gez. Schild."*

offenbar hat der Bischof von Trier tatsächlich zumindest den Neopresbytern des Weihejahrgangs 1873 meist – es gab wohl Ausnahmen aus besonderen Gründen[26] – keine Ernennungsurkunde für ein bestimmtes Amt ausgestellt bzw. ausstellen lassen und sie nur formlos zur Aushilfe in einzelne Pfarreien geschickt,[27] welche Taktik freilich – wie schon ausgeführt – nicht vor der Strafverfolgung schützte.

---

26 Der Landrat von Bernkastel, v. Kühlwetter, an den Oberpräsidenten der Rheinprovinz am 10. November 1873 (LHAK, Bestand 442 Nr. 1995): *Euer Hochwohlgeboren beehre ich mich ganz gehorsamst anzuzeigen, daß der neu geweihte Priester Franz Thomas Schmitz zum Kaplan in Cues ernannt worden ist. Die Ernennungs-Urkunde datirt vom 22. October cr. und ist nach dem Berichte des Bürgermeisters in Maring, welchem diese Urkunde vorgezeigt worden [ist] [...], von dem Herrn Bischof in Trier ausgefertigt. Mit der fraglichen Kaplanstelle ist kein Staatsgehalt verbunden. Im Büdjet des Hospitals Cues sind 50 Thlr. jährlich als Besoldung des Kaplans vorgesehen. Gewöhnlich wurde dabei dem Letzteren im Hospitale freie Station pp. gewährt.*

27 Der Bürgermeister von Andernach an den Landrat von Mayen, Delius, am 29. Oktober 1873 (LHAK, Bestand 403 Nr. 10804): *Ew. Hochwohlgeboren beehre ich mich die gehorsame Anzeige zu machen, daß mir der hiesige katholische Pfarrer Parsch heute Morgen den gestern Abend hier eingetroffenen Neopresbyter Heinrich Schmitz aus Ronig, Gemeinde Dattenberg, welcher in diesem Herbst in Trier die Priesterweihe empfangen und seitens des Bischofs von Trier die Weisung empfangen hat, hier zur Aushilfe zu fingiren, offiziell auf dem Bureau vorgestellt und letzterer sich polizeilich bei mir angemeldet hat. Aus dem Gespräche erfuhr ich, daß der p. Schmitz keine schriftliche Ernennungsurkunde für Andernach besitze, sich wenigstens nur mündlich bei dem Pfarrer Parsch legitimirt habe und daß seine mündlich oder sonstwie erfolgte Bestellung vom Bischofe selbst ausgegangen ist. Es scheint somit von einer schriftlichen Ernennungsurkunde einstweilen in Trier Abstand genommen zu werden.*

Der Landrat des Landkreises Trier an den Oberpräsidenten der Rheinprovinz am 4. November 1873 (LHAK, Bestand 403 Nr. 10804): *Durch die Ernennung des Geistlichen Dr. Kraus zum Professor an der Universität zu Straßburg ist die Frühmesserstelle zu Pfalzel seit [dem] 15ten April vorigen Jahres vacant. [...] Auf eine dem Bürgermeister Aich zu Ehrang zufällig gewordene Mittheilung, daß diese Stelle seit dem 30ten October cr. wieder besetzt sei, hat sich derselbe am 2ten laufenden Monats zu dem Pastor Blindert nach Pfalzel begeben und ihn um Auskunft ersucht. Derselbe stellte ihm den Kaplan Johann Weyrauch aus Langenlonsheim vor, welcher Letzterer dem Bürgermeister erklärte, er sei vorläufig weder als Kaplan noch als Frühmesser von Pfalzel ernannt, sondern von dem Herrn Bischof zu Trier dem Pfarrer Blindert lediglich nur zur Aushülfe beigegeben; ob dieserwegen eine Anzeige an das Königliche Oberpräsidium gemacht worden sei oder nicht, sei ihm persönlich unbekannt.*

Der Oberbürgermeister von Trier an den Oberpräsidenten der Rheinprovinz am 21. November 1873 (LHAK, Bestand 442 Nr. 1996; LHAK, Bestand 403 Nr. 10804): *Euer Hochwohlgeboren beehre ich mich [...] ganz gehorsamst zu berichten, daß trotz aller Bemühungen nicht hat festgestellt werden können, ob der Geistliche Schneiders eine Ernennungsurkunde als Kaplan überhaupt besitzt und wer dieselbe vollzogen hat. Sowohl der Pastor Classen zu St. Laurentius als Schneiders selbst erklären, daß Letzterer nicht angestellt sei, sondern sich nur zur Aushülfe bei dem Ersteren befinde. Der*

Dann zeigte der Landrat den in der Regel mit einem unmittelbaren Amtierungsbeginn verbundenen Amtsantritt sowie dessen Begleitumstände dem Oberpräsidenten an,[28] damit dieser prüfen konnte, ob der Bischof die gesetzlich

---

Bischöfliche Generalvicar de Lorenzi gibt an, daß ihm ein Kaplan Franz Schneiders aus Trier ganz unbekannt sei, daß er aber einen Geistlichen Franz Schneiders kenne, welcher mit der Aushülfe in der Pfarre St. Laurentius beauftragt sei. Diese „Aushülfe" scheint lediglich eine neue Erfindung zur Umgehung der Gesetze zu sein und [es] werden wahrscheinlich alle neu angestellten Kapläne in gleicher Weise scheinbar nur zur Aushülfe beordert worden sein.

28 Beispiele:
Der Landrat von Daun an den Oberpräsidenten der Rheinprovinz am 23. Oktober 1873 (LHAK, Bestand 442 Nr. 1966): *Euer Hochwohlgeboren beehre ich mich ganz gehorsamst anzuzeigen, daß vor einigen Tagen in Neunkirchen, Bürgermeisterei Daun, ein neugeweihter Priester namens Heinen aus Echternach eingetroffen ist, der dem hochbejahrten Pfarrer Thies daselbst als Stütze in seinen pfarramtlichen Funktionen dienen soll. Eine Kaplanstelle besteht in Neunkirchen nicht und [es] bestreitet der Pfarrer die Unterhaltung des p. Heinen aus eigenen Mitteln. Der Letztere hat bereits am Sonntag den 19. h. die Frühmesse in Neunkirchen gelesen.*
Der Landrat von St. Wendel an den Oberpräsidenten der Rheinprovinz am 25. Oktober 1873 (LHAK, Bestand 442 Nr. 1972): *Am 18. l. Mts. fand sich in Namborn ein katholischer Geistlicher namens Jakob Isbert, früher Kaplan in Trier, ein, der sich als von der Bischöflichen Behörde in Trier ernannter Pfarrer für die seit Ende Juni l. J. vacante katholische Pfarrei Namborn ausgab. Seine Ernennung soll von dem Bischöflichen Generalvikar de Lorenzi unterzeichnet sein. Das Datum derselben vermag ich augenblicklich noch nicht anzugeben und behalte ich mir weiteren Bericht vor, sobald dasselbe ermittelt sein wird. Der p. Isbert hat am 19., 20. und 21. l. Mts. öffentlichen Gottesdienst in Namborn abgehalten. Das Beziehen des Pfarrhauses, dessen Schlüssel der Bürgermeister Woytt in seinen Verwahr genommen [hat], ist ihm nicht gestattet worden.*
Der Landrat von Saarburg an den Oberpräsidenten der Rheinprovinz am 27. Oktober 1873 (LHAK, Bestand 442 Nr. 1960): *Auf der vakanten Pfarrei Wawern hat sich am Sonntag, 25. d. M., der bisherige Kaplan Glees von Zell a. d. Mosel eingefunden und am Sonntag als Pfarrer installirt. Es hat sich, ohne Papiere vorzuzeigen, bei dem Vorsteher Weber gemeldet, nachdem er sich vorher schon durch Vermittelung des Kirchenrechners Strupp in den Besitz des bis dahin von dem* [Orts-]*Vorsteher verwahrten Pfarrhausschlüssels gesetzt [hatte]. Das Pfarrhaus hat er aber nicht bezogen, sondern einstweilen bei dem p. Strupp Quartier genommen. Ich habe den Bürgermeister angewiesen, den Schlüssel des Pfarrhauses einzufordern, event. dasselbe unter Siegel zu legen. Datum und Unterschrift der Ernennung[surkunde] des p. Glees konnte bisher nicht ermittelt werden.*
Der Trierer Oberbürgermeister an den Oberpräsidenten der Rheinprovinz am 31. Oktober 1873 (LHAK, Bestand 442 Nr. 1996): *Ew. Hochwohlgeboren beehre ich mich [...] ganz gehorsamst anzuzeigen, daß die durch die Ernennung des Caplan[s] Maringer in der Pfarrei St. Laurentius hierselbst seit dem 7. d. Mts. vacant gewesene Caplanstelle seit dem 26ten d. Mts. durch den Priester Franz Schneiders aus Fankel (Kreis Cochem, Regierungsbezirk Coblenz) besetzt worden ist. Der p. Schneiders ist einer von 31 Diakonen, welche am 30. August d. J. hier zu Priestern geweiht worden sind. Das Datum seiner Ernennung zum Caplan konnte ich bis jetzt nicht in Erfahrung bringen;*

vorgeschriebene Anzeige gemacht hat. Nachdem der Oberpräsident immer die Unterlassung der Anzeige festgestellt hatte, informierte er in einem variationsarmen Standardreskript die zuständige Bezirksregierung über das Versäumnis des Bischofs von Trier bzw. des Erzbischofs von Köln – einige Pfarreien der Regierungsbezirke Trier und Koblenz gehörten ja zum Erzbistum Köln – und beauftragte sie, dem Amtsneuling zu Protokoll eröffnen zu lassen, dass die fragliche Amtsübertragung *als nicht geschehen gelte*, den Kirchenrats- und den Gemeindemitgliedern die Ungültigkeit der Amtsübertragung bekannt zu machen und, falls der Geistliche danach trotzdem noch Amtshandlungen vornimmt, sofort Strafanzeige zu stellen.[29]

---

es wird jedoch vermuthet, daß alle neuen Ernennungen, deren in der hiesigen Diözese noch mehrere stattgefunden haben sollen, nach der Mitte des Monats erfolgt sind.

29 Beispiele:
Der Oberpräsident der Rheinprovinz an die Regierung Trier am 31. Oktober 1873 (LHAK, Bestand 442 Nr. 1972): *Nach einer Anzeige des Landraths Rumschöttel zu St. Wendel vom 25. d. Mts., welche in Abschrift beiliegt, ist dem Geistlichen Jakob Isbert, früher Kaplan zu Trier, die seit Ende Juni erledigte katholische Pfarrstelle zu Namborn übertragen worden. Mit Rücksicht darauf, daß der Herr Bischof von Trier die durch § 15 des Gesetzes über die Vorbildung und Anstellung der Geistlichen vom 11. Mai d. Js. vorgeschriebene Anzeige bezüglich der gedachten Anstellung mir nicht gemacht hat, ersuche ich die Königliche Regierung ergebenst, dem p. Isbert gefälligst zu Protokoll eröffnen zu lassen, daß nach § 17 l. cit. die erfolgte Übertragung des Pfarramtes zu Namborn als nicht geschehen gelte. Außerdem wolle die Königliche Regierung die Mitglieder des Kirchenraths sowie die zu gedachter Pfarrei gehörigen katholischen Einwohner nach Maßgabe des unterm 22. September d. Js. mitgetheilten Erlasses des Herrn Ministers der geistlichen pp. Angelegenheiten vom 19. September d. Js. auf die Ungültigkeit der Übertragung des Pfarramtes, soweit die Bestimmungen dieses Erlasses im Gebiete des französischen Rechts zur Anwendung gelangen können, aufmerksam machen. Für den Fall, daß der p. Isbert in seiner Eigenschaft als ernannter Pfarrer zu Namborn noch ferner geistliche Amtshandlungen in diesem Pfarrbezirke vornehmen sollte, ist dessen gerichtliche Bestrafung nach Maaßgabe des unterm 29. d. Mts. mitgetheilten Erlasses des Herrn Ministers der geistlichen pp. Angelegenheiten vom 24. d. Mts. auf Grund des § 23 des erwähnten Gesetzes herbeizuführen. Abschrift eines heute an den Königlichen Oberprocurator zu Trier gerichteten Schreibens füge ich zur gefälligen Kenntnißnahme hierbei, indem ich mich damit einverstanden erkläre, daß der Bürgermeister das Pfarrhaus dem p. Isbert nicht eingeräumt hat.*
Der Oberpräsident der Rheinprovinz an die Regierung Trier am 1. November 1873 (LHAK, Bestand 442 Nr. 1960): *Nach einer Anzeige des Landraths Tobias zu Saarburg vom 27. resp. 28. October d. Js. hat der Herr Bischof von Trier den seitherigen Kaplan Glees zu Zell unterm 13. v. Mts. zum Pfarrer in Wawern Kreises Saarburg ernannt und ist derselbe unterm 25. v. Mts. daselbst eingetroffen. Mit Rücksicht darauf, daß der Herr Bischof die durch § 15 des Gesetzes über die Vorbildung und Anstellung der Geistlichen vom 11. Mai d. Js. vorgeschriebene Anzeige bezüglich der gedachten Anstellung mir nicht gemacht hat, ersuche ich die Königliche Regierung ergebenst, dem p. Glees gefälligst zu Protokoll eröffnen zu lassen, daß nach § 17 l. cit. die erfolgte Übertragung des Pfarramtes zu Wawern als nicht geschehen gelte. Außerdem wolle die Königliche*

Gleichzeitig stellte er gegenüber dem zuständigen Oberprokurator Strafanzeige gegen den Bischof wegen der verbotenen Amtsübertragung.[30] Der Landrat oder ein

---

Regierung die Mitglieder des Kirchenraths sowie die zu gedachter Pfarrei gehörigen katholischen Einwohner nach Maaßgabe des unterm 22. September d. Js. mitgetheilten Erlasses des Herrn Ministers der geistlichen pp. Angelegenheiten vom 19. September d. Js. auf die Ungültigkeit der Übertragung des Pfarramtes, soweit die Bestimmungen dieses Erlasses im Gebiet des französischen Rechts zur Anwendung gelangen können, aufmerksam machen. Für den Fall, daß der p. Glees in seiner Eigenschaft als ernannter Pfarrer zu Wawern dennoch geistliche Amtshandlungen in diesem Pfarrbezirke vornehmen sollte, ist dessen gerichtliche Bestrafung nach Maaßgabe des unterm 29. v. Mts. mitgetheilten Erlasses des Herrn Ministers der geistlichen pp. Angelegenheiten vom 24. v. Mts. auf Grund des § 23 des erwähnten Gesetzes herbeizuführen.
Der Oberpräsident der Rheinprovinz an die Regierung Trier am 7. November 1873 (LHAK, Bestand 442 Nr. 1966): *Nach den abschriftlich beigefügten Anzeigen des Landraths Eich zu Daun vom 23. October und 2. November d. Js. ist ein neu geweihter Priester namens Christian Heinen zum Hülfsgeistlichen der katholischen Pfarrei zu Neunkirchen Kreises Daun ernannt worden und hat bereits am Sonntag den 19. v. Mts. dort Frühmesse gelesen. Mit Rücksicht darauf, daß der Herr Bischof von Trier die durch § 15 des Gesetzes über die Vorbildung und Anstellung der Geistlichen vom 11. Mai d. Js. vorgeschriebene Anzeige bezüglich der gedachten Anstellung mir nicht gemacht hat, ersuche ich die Königliche Regierung ergebenst, dem p. Heinen gefälligst zu Protokoll eröffnen zu lassen, daß nach § 17 l. cit. die erfolgte Übertragung des Amtes eines Hülfsgeistlichen an der Pfarre zu Neunkirchen als nicht geschehen gelte. Außerdem wolle die Königliche Regierung die Mitglieder des Kirchenraths sowie die zu gedachter Pfarrei gehörigen katholischen Einwohner nach Maaßgabe des unterm 22. September d. Js. mitgetheilten Erlasses des Herrn Ministers der geistlichen pp. Angelegenheiten vom 19. September d. Js. auf die Ungültigkeit der Übertragung des Pfarramtes, soweit die Bestimmungen dieses Erlasses im Gebiet des französischen Rechts zur Anwendung gelangen können, aufmerksam machen. Für den Fall, daß der p. Heinen in seiner Eigenschaft als Hülfsgeistlicher der Pfarre zu Neunkirchen geistliche Amtshandlungen in diesem Pfarrbezirke vornehmen sollte, ist dessen gerichtliche Bestrafung nach Maaßgabe des unterm 29. v. Mts. mitgetheilten Erlasses des Herrn Ministers der geistlichen pp. Angelegenheiten vom 24. v. Mts. auf Grund des § 23 des erwähnten Gesetzes herbeizuführen.* – Daraufhin instruierte die Regierung Trier den Landrat von Daun, *nach Maßgabe unserer Circularverfügung vom 29. October cr. vorzugehen.*

30 Beispiele:
Der Oberpräsident der Rheinprovinz an den Trierer Oberprokurator Kewenig am 30. Oktober 1873 (LHAK, Bestand 442 Nr. 1987): *Euer Hochwohlgeboren theile ich hierbei Abschrift einer Anzeige des Königlichen Landraths Aldringen zu Wittlich vom 24. d. Mts., wonach der Herr Bischof von Trier unterm 14. d. Mts. den Geistlichen Jakob Ignaz Pohle zum Hülfsgeistlichen an der katholischen Pfarre zu Wittlich ernannt hat, sowie Abschrift meiner in dieser Angelegenheit an die Königliche Regierung daselbst heute erlassenen Verfügung unter dem ergebensten Anheimstellen mit, gegen den Herrn Bischof von Trier, welcher die Stelle als Hülfsgeistlicher an der Pfarre zu Wittlich dem p. Pohle übertragen hat, auf Grund des § 22 des Gesetzes vom 11. Mai d. Js. einschreiten zu wollen. Euer Hochwohlgeboren ersuche ich zugleich ergebenst um eine gefällige*

von diesem Beauftragter machten auftragsgemäß den Amtsneuling unter Führung eines Gesprächsprotokolls mahnend und warnend darauf aufmerksam, dass *die erfolgte Übertragung des Kirchenamts als nicht geschehen gelte* und dass die Verrichtung geistlicher Amtshandlungen in dem maigesetzwidrig angetretenen Kirchenamt gesetzlich verboten sei und mit den im Gesetz vorgesehenen Strafen belegt würde.[31] Der Erlebnisbericht des Pfarrers P. Maringer zu Niederbettingen lässt

---

demnächstige Benachrichtigung, ob ein Strafverfahren eingeleitet worden ist und welches Resultat dasselbe ergeben hat, so wie auch um eventuelle Mittheilung bezüglich des etwa gegen den p. Pohle auf Grund des § 23 l. c. einzuleitenden Verfahrens.

Der Oberpräsident der Rheinprovinz an den Trierer Oberprokurator Kewenig am 1. November 1873 (LHAK, Bestand 442 Nr. 1960): *Euer Hochwohlgeboren theile ich hierbei Abschrift zweier Anzeigen des Königlichen Landraths Tobias zu Saarburg vom 27. und 28. v. Mts., betreffend die Ernennung des seitherigen Kaplans Glees zu Zell zum Pfarrer in Wawern Kreises Saarburg sowie Abschrift meiner in dieser Angelegenheit an die Königliche Regierung daselbst heute erlassenen Verfügung unter dem ergebensten Anheimstellen mit, gegen den Herrn Bischof von Trier, welcher die Pfarrstelle zu Wawern dem p. Glees übertragen hat, auf Grund des § 22 des Gesetzes vom 11. Mai d. Js. einschreiten zu wollen. Euer Hochwohlgeboren ersuche ich zugleich ergebenst um eine gefällige demnächstige Benachrichtigung, ob ein Strafverfahren eingeleitet worden ist und welches Resultat dasselbe ergeben hat, sowie auch um eventuelle Mittheilung bezüglich des etwa gegen den p. Glees auf Grund des § 23 l. c. einzuleitenden Verfahrens.*

31 Beispiele:

Vom Bürgermeister von Kelberg im Kreis Adenau am 31. Oktober 1873 aufgenommenes Protokoll (LHAK, Bestand 403 Nr. 10804): *Verhandelt Uess den 31. October 1873. Der unterzeichnete Bürgermeister begab sich heute nach Uess und machte dem nach seiner eigenen am 9. lfdn. Mts. dem Unterzeichneten gemachten Aussage von dem Herrn Bischofe zu Trier zum Pfarrer der vakanten Pfarrstelle von Uess bestellten Kaplan Herrn Mathias Kaes in höherem Auftrage die Eröffnung, daß, da der Herr Bischof die durch § 15 des Gesetzes über die Vorbildung und Anstellung der Geistlichen vom 11. Mai 1873 vorgeschriebene Anzeige bezüglich seiner Anstellung als Pfarrer von Uess dem Herrn Oberpräsidenten der Rheinprovinz nicht erstattet habe, diese Anstellung nach § 17 gedachten Gesetzes als nicht geschehen gelte; daß demgemäß, falls er in seiner Eigenschaft als ernannter Pfarrer von Uess dennoch geistliche Amtshandlungen in diesem Pfarrbezirke vornehme, seine strafgerichtliche Verfolgung auf Grund des § 23 des erwähnten Gesetzes herbeigeführt werden müsse; daß endlich das letztgedachte Verbot des § 23 l. c. sich nicht nur auf solche Amtshandlungen bezöge, die eine civilrechtliche Bedeutung haben, sondern auf alle Amtshandlungen irgendwelcher Art, gleichviel ob sie mit bürgerlicher Wirkung verknüpft sind oder nicht. Auf Befragen versicherte Herr Kaes, daß er wirklich zum Pfarrer von Uess ernannt sei und zwar unterm 3. October c. dem Herrn Bischofe von Trier selbst; dagegen nahm der Genannte Anstand, die Ernennungsurkunde dem Unterzeichneten vorzulegen. Der Bürgermeister, gez. Schorn.*

Vom Kreissekretär im Auftrag des Landrats von Merzig am 21. November 1873 aufgenommenes Protokoll (LHAK, Bestand 442 Nr. 1956): *Verhandelt Haustadt, den 21. November 1873. Da der Herr Bischof zu Trier die durch § 15 des Gesetzes vom 11. Mai d. Js. über die Vorbildung und Anstellung der Geistlichen vorgeschriebene Anzeige über die vollzogene Übertragung der Pfarrverwaltung von Haustadt an den Presbyter Fellenz*

erahnen, dass eine solche Amtierungssperre in der Exekutivpraxis nicht immer so geschäftsmäßig-förmlich verlief, wie es die Protokolle suggerieren.[32] Wie schon

---

daselbst dem Herrn Oberpräsidenten der Rheinprovinz zu machen unterlassen hat, so begab sich zufolge Regierungsverfügung vom 17. d. M. der unterzeichnete Kreissekretair Hopp im Auftrage des verhinderten Landrathes [von Merzig namens] von Louisenthal mit dem Bürgermeister Tiné von Beckingen heute nach Haustadt und eröffnete dem p. Fellenz, daß die erfolgte Übertragung dieses Kirchenamtes als nicht geschehen gelte und daß er den im § 23 vorgenannten Gesetzes angedrohten Strafen verfalle, sofern er geistliche Amtshandlungen als Pfarrverwalter von Haustadt vornehme. Hierüber ist die gegenwärtige Verhandlung aufgenommen worden und [es] haben nach Vorlesung unterschrieben, nachdem der p. Fellenz die Mitvollziehung abgelehnt hatte. Hopp, Kreis-Secretair. Joh. Tine, Bürgermeister.

Vom Trierer Polizeikommissar Schneider am 5. Dezember 1873 aufgenommenes Protokoll (LHAK, Bestand 442 Nr. 1996): *Verhandelt zu Trier im Pfarrhause von St. Laurentius den 5ten December 1873. Dem am 30. August c. zum Priester geweihten Herrn Franz Schneiders aus Fankel wurde in Folge Verfügung des Königlichen Oberpräsidenten der Rheinprovinz resp. der Königlichen Regierung, Abtheilung des Innern hierselbst vom 2ten d. Mts. ad protocollum andurch eröffnet, daß, da seine Anstellung als Hülfsgeistlicher an der katholischen Pfarrei von St. Laurentius hierselbst durch die bischöfliche Behörde nicht unter Innehaltung des Gesetzes über die Vorbildung und Anstellung der Geistlichen vom 11. Mai d. J. erfolgt [ist], indem die durch § 15 l. c. vorgeschriebene Anzeige bezüglich der Übertragung dieses Amtes auf ihn seitens des Herrn Bischofs dem Herrn Oberpräsidenten der Rheinprovinz behufs Erhebung des Einspruchs nicht gemacht worden ist, diese seine Anstellung als Hülfsgeistlicher der genannten Pfarrei nach § 17 des gedachten Gesetzes als nicht geschehen gelte und er sich demnach der Vornahme aller geistlichen Amtshandlungen zu enthalten habe. Gleichzeitig wurde dem Herrn Schneiders eröffnet, daß er die im Pfarrhause von St. Laurentius bisher innegehabte Dienstwohnung des Caplans sofort zu verlassen habe. Vorgelesen und hat Herr Schneiders die Unterschrift verweigert. Der Polizei-Commissar, gez. Schneider.*

32 Pfarrer P. Maringer zu Niederbettingen im Kreis Daun in seiner *Fortsetzung aus früheren Aufzeichnungen und Erinnerungen* (BAT, Abt. 86 Nr. 4. Text im Quellenanhang VII): *Wie Landrath Eich von Daun kam und mich amtlich sperrte. Es war Sonntag den 23.11.73, ein ganz ungemüthlicher Novembertag. Der Dienst war beendet und [ich] wollte eben recht bequem mich hinter den Ofen setzen. Auf hohen Besuch hatte ich für heute bei dem Wetter nicht gerechnet. Und doch sollte ich mit solchem beehrt werden. Der Landrath kam 4 Stunden weit her geritten. Es ging alles ganz programmmäßig vor sich. Anstellung ohne Genehmigung des Oberpräsidenten, Verwarnung vor Amtshandlungen etc. Das alles war der Tenor seiner Ansprache. Er bat mich das Protokoll zu unterschreiben, was ich natürlich verweigerte. „Aber Herr Pastor, es ist ja nur eine Formalität." „Nein, ich gebe meine Unterschrift nicht." „Aber, Herr Pastor, ich bin extra so weit hergekommen bei dem Wetter." „Meinetwegen hätten Sie sich nicht zu bemühen brauchen. Aber eine Erfrischung wird Ihnen gut thun, bitte nehmen Sie mit mir ein Glas Wein und dazu eine Zigarre." „Herr Pastor, ich danke, aber das möchte ich Ihnen gern zur Erwägung anheimgeben, wohin soll es kommen, wenn die Geistlichen, die geborenen Vertreter der Ordnung und des Gesetzes, dem Volke das Beispiel der Auflehnung gegen die Gesetze des Staates geben?" „Herr Landrath, diese Frage müssen*

gesagt, handelte es sich nur im uneigentlichen oder im psychologischen Sinne um eine sog. Amtssperre oder – besser und genauer – Amtierungssperre, denn anders als bei einer Benachrichtigung eines Sukkursalpfarrers über die Einleitung des Erzwingungsverfahrens bewirkte die Mitteilung nach staatlichem Recht keine Sperrung, sondern belehrte lediglich über das von vornherein und unabhängig von der Mitteilung bereits bestehende Amtierungsverbot, warnte vor den Folgen einer Zuwiderhandlung und schuf damit die rechtliche Voraussetzung für ihre Bestrafung. Viele Geistliche lehnten ein persönliches Erscheinen ab, sodass ihnen die Belehrung und Warnung schriftlich zugestellt werden musste.[33] So lobte der

---

die[jenigen] beantworten, welche die Geistlichen in diese Lage gebracht haben; hier ist mein mir angewiesener Posten. Aber bitte nehmen Sie ein Glas Wein, Ihr Weg ist weit." „Nein danke" und er ritt nach Hause. Des andern Tages hatte er noch einen Geistlichen zu sperren. Von Natur aus etwas schüchtern, hat [er] aber ebenfalls den Kulturkampf wacker mitgemacht.

33 Beispiele:
Pfarrer J. Kraemer zu Oberweis im Kreis Bitburg an den dortigen Bürgermeister Linden am 10. November 1873 (LHAK, Bestand 442 Nr. 1978): *In Betreff der mir gestern von Ihnen in freundschaftlichster Weise eingehändigten obrigkeitlichen Vorladung erlaube ich mir, Ihnen andurch die ergebenste Mittheilung zu machen, daß ich nicht in der Lage bin, besagter Aufforderung Folge leisten zu können, da ich in Bezug auf meine Anstellung als Pfarrer in Oberweis sowie in allen religiösen Angelegenheiten niemanden als meinen Vorgesetzten anerkenne als meinen rechtmäßigen Bischof, dem allein ich also in diesen Dingen Gehorsam schulde und mit Gottes Beistande unverbrüchlich leisten werde.* – Daraufhin schickte der Landrat von Bitburg dem Geistlichen Kraemer am 11. November 1873 den folgenden schriftlichen Bescheid (ebd.): *Der Herr Bischof zu Trier hat Sie, wie Sie selbst angegeben, zum Pfarrer in Oberweis ernannt, ohne dem Königlichen Oberpräsidenten der Rheinprovinz vorher die in § 15 des Gesetzes über die Vorbildung und Anstellung der Geistlichen vom 11. Mai 1873 (G.S. S. 191) vorgeschriebene Anzeige zu machen. Nach § 17 l. c. gilt daher die Übertragung der dortigen Pfarre an Sie als nicht geschehen und sind Sie zur Vornahme geistlicher Amtshandlungen nicht befugt. Indem ich Ihnen im Auftrage der Königlichen Regierung zu Trier dieses eröffne, bemerke ich gleichzeitig, daß, falls Sie noch ferner geistliche Amtshandlungen vornehmen sollten, in Gemäßheit des § 23 l. c. gerichtlich gegen Sie eingeschritten werden wird.*
Der Bürgermeister von Mettendorf im Kreis Bitburg an *den Neopresbyter Herrn Nicolaus Thielen* am 27. Januar 1874 (LHAK, Bestand 442 Nr. 2005): *Da Sie auf meine Einladung vom 25. d. M. gestern nicht in meinem Amtslokale erschienen sind, so eröffne ich Ihnen durch Gegenwärtiges [Schreiben] im Auftrage des Herrn Oberpräsidenten der Rheinprovinz Folgendes: Sie haben wiederholt seelsorgerische Functionen in der Pfarrkirche zu Mettendorf ausgeübt und [es] liegt deshalb eine Hülfsleistung für den dortigen Pfarrer vor. Da seitens der geistlichen Obern hierüber dem Herrn Oberpräsidenten nicht die vorgeschriebene Anzeige erstattet ist (§§ 1, 2, 15 des Gesetzes vom 11. Mai 1873, Gesetz-Sammlung Seite 191), so ist diese Hülfsleistung unstatthaft und gilt nach § 17 l. c. der Auftrag hierzu als nicht geschehen. Es wird deshalb, falls Sie auch ferner noch geistliche Amtshandlungen vornehmen sollten, in Gemäßheit des § 23 l. c. gerichtlich gegen Sie eingeschritten werden.*

Landrat von Prüm den Pfarrer J. Junk zu Pronsfeld als den *einzige[n] gesperrte[n] Geistliche[n] des diesseitigen Kreises, welcher s. Z. zur Entgegennahme der über seine gesetzwidrige Anstellung ihm zu machenden Eröffnungen persönlich sich bei mir einfand.*[34] Den katholischen Einwohnern teilte der jeweilige Landrat weisungsgemäß per Bekanntmachung mit, dass die Amtsübertragung null und nichtig sei, dass der fragliche Geistliche zu geistlichen Amtshandlungen in diesem Amt unbefugt sei und dass er zur Entgegennahme irgendwelcher Zahlungen und Gebühren nicht berechtigt sei und jeder, der solche leiste, Gefahr laufe, doppelt zahlen zu müssen.[35]

---

34 Der Landrat von Prüm an die Regierung Trier am 4. Juli 1874 (LHAK, Bestand 442 Nr. 1942).

35 Beispiele:
Im ‚Bitburger Kreis- und Intelligenzblatt' vom 11. November 1873 publizierte Bekanntmachung (LHAK, Bestand 442 Nr. 1978): *Der Herr Bischof zu Trier hat den seitherigen Caplan zu Polch namens Krämer zum Pfarrer in Oberweis ernannt, ohne dem Herrn Oberpräsidenten der Rheinprovinz vorher die im § 15 des Gesetzes über die Vorbildung und Anstellung der Geistlichen vom 11. Mai 1873 (G.S. S. 191) vorgeschriebene Anzeige zu machen. Nach § 17 l. c. gilt die erfolgte Übertragung des Pfarramts zu Oberweis an den p. Krämer als nicht geschehen und wird gegen denselben, falls er auch ferner geistliche Amtshandlungen vornehmen sollte, in Gemäßheit des § 23 l. c. gerichtlich eingeschritten werden. Indem ich den Ortsvorstand und Kirchenrath zu Oberweis sowie die zur dortigen Pfarrei gehörigen Einwohner hiervon in Kenntniß setze, hebe ich noch ausdrücklich hervor, daß p. Krämer zur Empfangnahme von Zahlungen und Hebungen für die Stelle nicht berechtigt ist und daß jeder, welcher an denselben Zahlungen oder Prästationen leistet, sich der Gefahr aussetzt, nochmals zahlen zu müssen. Bitburg, den 7. November 1873. Der Königliche Landrath, Borchert.*
Im ‚Kreis-Blatt für den Kreis Saarburg' vom 15. November 1873 publizierte Bekanntmachung (LHAK, Bestand 442 Nr. 1960): *Der Herr Bischof von Trier hat den seitherigen Kaplan Glees zu Zell unterm 13. v. M. zum Pfarrer von Wawern ernannt, ohne dem Herrn Oberpräsidenten der Rheinprovinz die durch § 15 des Gesetzes über die Vorbildung und Anstellung der Geistlichen vom 11. Mai d. J. vorgeschriebene Anzeige zu erstatten. Nach § 17 des erwähnten Gesetzes gilt daher die Übertragung des Pfarramtes an Herrn Glees als nicht geschehen und es ist derselbe somit nicht befugt, die mit diesem Amte verbundenen Funktionen auszuüben. Indem ich den Mitgliedern des Kirchenraths, dem Ortsvorstande und den katholischen Einwohnern von Wawern dieses bekannt mache, hebe ich noch hervor, daß Herr Glees auch zur Empfangnahme von Zahlungen und zur Erhebung sonstiger Gefälle für die Pfarrstelle zu Wawern nicht berechtigt ist, so daß jeder, der Zahlungen oder andere Praestationen an ihn leistet, sich der Gefahr aussetzt, nochmals dafür in Anspruch genommen zu werden. Saarburg, den 14. November 1873. Der Königliche Landrath, Tobias.*
In der ‚Merziger Zeitung' vom 25. November 1873 publizierte Bekanntmachung (LHAK, Bestand 442 Nr. 1956): *Da der Herr Bischof von Trier die durch § 15 des Gesetzes über die Vorbildung und Anstellung der Geistlichen vom 11. Mai c. vorgeschriebene Anzeige von der vollzogenen Übertragung der Pfarrverwaltung von Haustadt an den Presbyter Fellenz daselbst dem Herrn Oberpräsidenten der Rheinprovinz zu machen unterlassen hat, so gilt die erfolgte Übertragung dieses Kirchenamtes als nicht geschehen und verfällt der Herr Fellenz den in § 23 vorgenannten Gesetzes angedrohten Strafen,*

Diese Bekanntmachung wurde im Orts- oder Kreisblatt publiziert, dem Kirchenrat bzw. -vorstand und den in der betreffenden Pfarrei amtierenden Ortsvorstehern übersandt, in den Ortschaften der Pfarrei öffentlich ausgehängt und je nach örtlichem Gebrauch teilweise mittels ‚Ausschellung' öffentlich verlesen. Lag die Pfarrei außerhalb des Geltungsgebiets des französischen Rechts, wo es keine obligatorische zivile, sondern nur eine kirchliche Eheschließung mit bürgerlicher Wirkung gab, enthielten sowohl die Belehrung des Geistlichen wie die Bekanntmachung an die Einwohnerschaft den Hinweis, dass die von einem Gesperrten vollzogenen Eheschließungen und Kirchenbucheintragungen staatlicher Anerkennung entbehren würden, was Folgen auch für das Erbrecht habe.[36] Die Abschlussberichte der

---

sofern derselbe geistliche Amtshandlungen als Pfarrverwalter zu Haustadt vornimmt. Nachdem der Herr Fellenz in Gemäßheit einer im Auftrage des Herrn Oberpräsidenten von der Königlichen Regierung zu Trier erlassenen Verfügung vom 17. November hiervon in Kenntniß gesetzt worden ist, mache ich hierdurch dem Kirchenrathe und dem Kirchenvorstande wie auch den Mitgliedern der katholischen Pfarrgemeinde Haustadt unter dem gleichzeitigen Hinweis davon Mittheilung, daß Herr Fellenz zur Zusammenberufung des Kirchenvorstandes nicht berechtigt ist, dass die etwa dennoch unter seiner Mitwirkung gefaßten Beschlüsse, vorgenommenen Etatsüberschreitungen u.s.w. keine Gültigkeit haben, derselbe zum Empfang von Zahlungen und sonstigen Hebungen für die Pfarrstelle Haustadt resp. die dortige Kirchenkasse nicht befugt ist, weßhalb ein Jeder, der Zahlungen oder andere Prästationen an Herrn Fellenz in seiner Eigenschaft als Pfarrverwalter leistet, sich der Gefahr der nochmaligen Bezahlung aussetzt. Merzig, den 21. November 1873. Der Königliche Landrath, Baron von Louisenthal.

36 Beispiel:
Bekanntmachung des Landrats von Koblenz vom 9. Dezember 1873 (LHAK, Bestand 441 Nr. 15435): *Der bisherige katholische Pfarrer von Limbach, Herr Friedrich Gottlieb Wehn, ist von dem Herrn Bischof von Trier zum Pfarrer von Niederberg, Bürgermeisterei Ehrenbreitstein, ernannt worden, ohne daß seitens des Herrn Bischofs die durch den § 15 des Gesetzes über die Vorbildung und Anstellung der Geistlichen vom 11. Mai d. J. vorgeschriebene Anzeige über diese Anstellung dem Herrn Oberpräsidenten der Rheinprovinz erstattet worden ist. Nach den Bestimmungen dieses Gesetzes ist daher jene Anstellung als nicht geschehen zu betrachten und jede Vornahme geistlicher Amtshandlungen Seitens des Geistlichen Herrn Wehn unter Strafe gestellt. Solches bringe ich hierdurch zur öffentlichen Kenntniß und mache darauf noch besonders aufmerksam, daß Herr Wehn zur Empfangnahme von Zahlungen und Hebungen für die Stelle nicht berechtigt ist und jeder, welcher Zahlungen und andere Prästationen an ihn leistet, sich der Gefahr aussetzt, nochmals zahlen zu müssen. Sodann wird auf die Wirkung der Gesetzwidrigkeit der erfolgten Anstellung bezüglich der Eheschließungen und die damit verbundenen Folgen für die Civilstandsverhältnisse und die Erbfolge besonders hingewiesen und ausdrücklich bemerkt, daß der Geistliche Herr Wehn zur Führung der Kirchenbücher nicht berechtigt ist, und Eintragungen, die er vornimmt, sowie Auszüge, die er daraus ertheilt, des öffentlichen Glaubens entbehren. Coblenz, den 9. Dezember 1873. Der Königliche Landrath, Frhr. v. Frentz.* – Laut handschriftlichem Vermerk des Bürgermeisters von Ehrenbreitstein vom 13. Dezember 1873 ist die obige Bekanntmachung *am 12. December l. Js. in den Gemeinden Niederberg und Urbar*

Landräte geben einen guten Ein- und Überblick über das in Reaktion auf einen verbotenen Amtsantritt üblicherweise getroffene Maßnahmenbündel der Behörden.[37]

---

an den Gemeindehäusern und in Neudorf an der Wohnung des Gemeindevorstehers öffentlich ausgehängt worden.
Vom Bürgermeister von Ehrenbreitstein am 18. Dezember 1873 aufgenommenes Protokoll (LHAK, Bestand 441 Nr. 15435): *Verhandelt zu Niederberg am 18ten December 1873. Nachdem der bisherige katholische Pfarrer von Limbach Herr Friedrich Wehn von dem Herrn Bischof von Trier zum Pfarrer von Niederberg, Bürgermeisterei Ehrenbreitstein, ernannt worden [ist], ohne daß seitens des Herrn Bischofs die durch den § 15 des Gesetzes über die Vorbildung und Anstellung der Geistlichen vom 11. Mai d. Js. vorgeschriebene Anzeige über diese Anstellung dem Herrn Oberpräsidenten der Rheinprovinz erstattet worden ist, wurde dem Geistlichen Herrn Friedrich Wehn, welcher den bisherigen Vorladungen, in Ehrenbreitstein zu erscheinen, nicht nachgekommen ist, heute hierselbst verwarnend eröffnet, daß nach den Bestimmungen vorerwähnten Gesetzes jene Anstellung als nicht geschehen zu betrachten und jede Vornahme geistlicher Amtshandlungen seinerseits unter Strafe gestellt sei. Sodann wurde Herr Wehn auf die Wirkung der Gesetzwidrigkeit der erfolgten Anstellung bezüglich der Eheschließung und der damit verbundenen Folgen für die Civilstandsverhältnisse und die Erbfolge besonders hingewiesen und ausdrücklich bemerkt, daß er zur Führung der Kirchenbücher nicht berechtigt sey und Eintragungen, die er vornehme, sowie Auszüge, die er daraus ertheile, des öffentlichen Glaubens entbehrten. Hierüber wurde diese Verhandlung aufgenommen, vorgelesen, von dem Herrn p. Wehn jedoch nicht unterzeichnet. Der Bürgermeister.*

37 Beispiele:
Der Landrat von Saarburg an die Regierung Trier am 18. November 1873 (LHAK, Bestand 442 Nr. 1960): *Der Königlichen Regierung überreiche ich anliegend ehrerbietigst die mit dem widerrechtlich fungirenden Geistlichen Glees zu Wawern am 14. d. M. aufgenommene Verhandlung* [d.h. das Protokoll] *sowie ein Exemplar des Kreisblattes Nr. 91, welches meine in dieser Angelegenheit unter'm 14. d. M. erlassene Bekanntmachung enthält. Ich habe ferner den Ortsvorsteher, den Lehrer und Küster sowie die Mitglieder des Kirchenraths instruirt, sowie den Bürgermeister, welchem alle generelle[n] Verfügungen mitgetheilt worden sind, noch mit specieller Weisung versehen und ihn namentlich beauftragt, die Bekanntmachung zu Wawern in ortsüblicher Weise publiciren zu lassen und den p. Glees zu überwachen. Letzterer gab mir die mündliche Erklärung, aller Maßregeln ungeachtet so lange fungiren zu müssen, bis ihm von seinem Bischofe [eine] andere Weisung zu Theil werde.*
Der Landrat des Landkreises Trier an die Regierung Trier am 4. Dezember 1873 (LHAK, Bestand 442 Nr. 2003): *Der Königlichen Regierung beehre ich mich [...] gehorsamst zu berichten, daß dem seitens des Herrn Bischofs hierselbst in ungesetzlicher Weise als Hülfsgeistlichen an der katholischen Pfarre zu Schweich angestellten Johann Thielen aus Halsdorf am 1. d. Mts. durch den Bürgermeister Schmitz zu Schweich die angeordnete protocollarische Eröffnung und Verwarnung gemacht worden ist. Eine Abschrift habe ich in Gemäßheit Verfügung des Herrn Regierungspräsidenten vom 26. v. Mts. dem Herrn Oberprocurator hierselbst zugesandt. Über die Ungültigkeit der Übertragung des q. Amtes und deren Wirkungen habe ich die erforderliche Bekanntmachung am 28ten November c. erlassen und [es] ist dieselbe sowohl den Kirchenrathsmitgliedern*

Zum Abschluss wieder einen Perspektivenwechsel hin zu den Normadressaten vollziehend, soll anhand des sicherlich repräsentativen Erlebnisberichts des Kaplans Jakob Alt, der maigesetzwidrig eine Kaplanstelle in Prüm angetreten hatte, kurz geschildert werden, wie er und seine Gemeinde auf die behördliche Belehrung bzw. Bekanntmachung reagierten. An einem Herbsttag des Jahres 1873 kam der Amtsdiener des Landrats zum Kaplan und ersuchte ihn, wegen einer Mitteilung *zum Herrn Landrath auf's Bureau zu kommen.* Als der Kaplan zurückfrug, worum es gehe, und der Amtsdiener mit der Antwort zurückkehrte, es gehe um seine Anstellung, entgegnete der Kaplan, dass er dasjenige, was er diesbezüglich wissen müsse, von seinen geistlichen Vorgesetzten erfahren habe und nur diesen rechenschaftspflichtig sei. Einige Tage später erschien der Amtsdiener im Pfarrhaus mit einem Brief, in welchem dem Kaplan mitgeteilt wurde, dass er ungesetzlich angestellt sei und sich *fürderhin jeglicher Amtshandlung in der Pfarrei zu enthalten habe.* Wie sehr ihn dies beeindruckte, geht daraus hervor, dass er *eine ½ Stunde später auf der Kanzel stand und die Predigt hielt.* Die amtliche Bekanntmachung im Prümer Kreisblatt mit der Warnung, irgendeine Zahlung an den Gesperrten zu leisten, bewirkte nur einen Geldzustrom *von allen Seiten her.* Ebensowenig scherten sich die Pfarrkinder um die – so ihr Empfinden – staatliche Ungültigkeitsdeklarierung der Sakralhandlungen ihres Kaplans, wie die Frequentierung des Beichtstuhls und das eifrige Bestellen von Messen demonstrierten.[38] Die amtlichen Mitteilungen

und Ortvorständen in der Pfarrei Schweich zugestellt als durch Ausschellung in den zur Pfarrei gehörigen Ortschaften Schweich und Issel am 30ten November c. zur öffentlichen Kenntniß gebracht und im hiesigen Kreisblatte abgedruckt worden. Wegen etwaiger fernerer Gesetzesübertretungen des p. Thielen sowie in allen sonstigen einschlägigen Beziehungen ist der Bürgermeister Schmitz zu Schweich von mir in Gemäßheit der hohen Verfügung vom 29. October c. und vom 7. und 12. November c. mit Weisung versehen.

38 Pfarrer J. Alt, damals Kaplan in Prüm, in seinem Erlebnisbericht: *Es war am 24. Oktober 1873, da gelangte ich in P[rüm], meinem neuen Bestimmungsorte, an. [...] Einen Monat lang hörte ich nun gar nichts und konnte ruhig meine Dienste versehen ohne die geringste Störung. Eines Tages nun kam der Diener des Landrath[s]amtes zu mir und theilte mir mit, ich möchte zum Herrn Landrath auf's Bureau kommen, derselbe habe mir etwas mitzutheilen. Ich dachte gleich, was es für eine Mittheilung sein könnte, und frug den Diener, was er mir denn mitzutheilen habe. Dieser wußte es nicht, ging indeß fragen und brachte die Antwort zurück, daß die Mittheilung meine Anstellung betreffe. Ich entgegnete ihm, daß ich das, was ich darüber wissen müsse, von meiner geistlichen Behörde erfahren habe, und daß ich davon Rechenschaft zu geben niemandem schuldig sei als meinen geistlichen Vorgesetzten, bedaure daher sehr, der Einladung des Herrn Landraths nicht Folge leisten zu können. Im Übrigen dachte ich doch bei mir ähnlich wie Ariovist einstens den Cäsar sagen ließ: Der Herr Landrath hat nicht weiter zu mir als ich zu ihm; wenn er etwas mit mir will, so mag er zu mir kommen. [...] Einige Tage nachher (erschien) wieder der Amtsdiener im Pfarrhause mit einem großen Briefe. Da ich aber nicht anwesend war, sondern mich, weil es grade Samstag war, im Beichtstuhle befand, machte er kehrt und kündigte an, daß er am folgenden Tage wiederkommen werde. Und richtig, am andern Morgen kam er und überreichte mir voller*

über das Amtierungsverbot und dessen Folgen besaßen weder für den Kaplan noch für die Gemeinde irgendeine moralische Autorität oder Bindekraft. Dies machten auch die zahlreichen Protesteingaben den Behörden deutlich, in denen Pfarrangehörige um die staatliche Amtierungserlaubnis für einen Pfarrgeistlichen baten oder gegen die Amtierungssperre förmlich Einspruch erhoben. Sie alle bestritten deren innere Legitimität und betonten, dass sie den ihnen vom Bischof gesandten Pfarrer als ihren rechtmäßigen Seelsorger anerkennen würden.[39] Die Behörden

---

Freundlichkeit und ganz artig den Brief. In demselben wurde mir mitgetheilt, daß ich ungesetzlich angestellt sei, mich also fürderhin jeglicher Amtshandlung in der Pfarrei zu enthalten habe, widrigenfalls mich die Strafen treffen werden, welche das Gesetz vom 11. Mai 1873 über die Übertreter bestimmt hat. Wie sehr ich mir diese Mittheilung zu Herzen genommen [habe], geht wohl daraus hervor, daß ich ½ Stunde später auf der Kanzel stand und die Predigt hielt, was mir nach dem Sperrungsdekret strengstens verboten war. Am folgenden Tage konnte man unter den amtlichen Nachrichten des P[rümer] Kreisblattes dasselbe lesen, was in dem landräthlichen Schreiben stand, mit der Bemerkung, daß allen Bewohnern der Pfarrei P[rüm] strengstens untersagt sei, irgendwie eine Zahlung an mich zu leisten, da sie sich sonst der Gefahr aussetzen, nochmals zahlen zu müssen. Diese Bekanntmachung verfehlte ihre Wirkung nicht. Bisher hatte ich noch keine Unterstützung von Seiten der Pfarrei erhalten, wiewohl ich keinen Pfennig Gehalt bezog. Aber jetzt kamen von allen Seiten her Gelder an mich mit dem Bemerken, es käme noch mehr. Anfangs wohl stutzten auch die Pfarrkinder ob dieser landräthlichen Verfügung, nach welcher alle Amtshandlungen, die ich vornahm, nicht nur für strafbar, sondern auch für ungiltig erklärt wurden. Also jede Taufe, die ich spendete, jede Absolution, die ich ertheilte, jede hl. Messe, welche ich las, sollte laut der Verfügung null und nichtig sein. Meinem beschränkten Unterthanenverstande wollte dieses nun einmal nicht einleuchten und mein staatsfeindliches Gewissen empfand nicht die geringsten Skrupel, wenn ich auch dem Verbote entgegen handelte. Auch die Pfarrkinder fanden es unbegreiflich, daß alle meine Amtshandlungen ungiltig sein sollten. Wie wenig aber auch sie sich um diese Bekanntmachung kümmerten, davon würde mein Beichtstuhl, wenn er sprechen könnte, das beste Zeugniß ablegen und wie wenig sie an der Giltigkeit meiner hl. Messe zweifelten, dafür sprechen die vielen hl. Messen, welche bei mir bestellt wurden. Kurz und gut, weder ich noch die Pfarrkinder glaubten an die Ungiltigkeit meiner Handlungen und weil wir dieselben auch nicht für böse hielten, so dachten wir auch nicht daran, daß sie schuldbare und strafwürdige Handlungen sind.

39 Beispiele:
Mitglieder der Pfarrgemeinde Taben an den Landrat von Saarburg am 2. November 1873 (LHAK, Bestand 442 Nr. 1958. Text im Quellenanhang V). Die Eingabe trägt ca. 50 Unterschriften.
Mitglieder der Pfarrgemeinde Niederbettingen im Kreis Daun an die Regierung Trier am 8. Dezember 1873 (LHAK, Bestand 442 Nr. 3617. Text im Quellenanhang V). Die Eingabe trägt 17 Unterschriften einschließlich derjenigen des Ortsverstehers. Der Landrat von Daun berichtete der Regierung Trier am 19. Februar 1874 (ebd.), dass *der Ortsvorsteher von Niederbettingen und ferner auch die Vorsteher von Oberbettingen und Dohm-Lammersdorf, die die Eingabe ebenfalls unterzeichnet haben, wie angeordnet verwarnt worden sind.*

konnten nicht im Zweifel darüber sein, dass sie den Interessen und dem Rechtsgefühl der überwältigenden Katholikenmehrheit zuwiderhandelten.

2. Das Verbot des Pfarrhausbezugs

Als sich im Herbst 1873 die Meldungen der Unterbehörden über maigesetzwidrige Amtsantritte mehrten, gewann die Frage an Dringlichkeit, wie mit der Tatsache umzugehen ist, dass ein unrechtmäßig ein Amt antretender Priester das Pfarrhaus zu beziehen wünscht oder bereits bezogen hat. Wie schon gesagt und angeklungen, resultierte aus der Maigesetzwidrigkeit eines Amtsantritts das Verbot, ein im Besitz der Zivilgemeinde befindliches Pfarrhaus zu beziehen und zu bewohnen. So erklärte sich der Oberpräsident in einem Reskript an den Landrat von Saarburg ausdrücklich *damit einverstanden, daß das Pfarrhaus zu Wawern, wenn dasselbe Eigenthum der Civilgemeinde ist, dem widerrechtlich angestellten Pfarrer Glees daselbst nicht eingeräumt und der Schlüssel zu demselben von dem Bürgermeister in Verwahr genommen wird.*[40] Wenige Tage später verfügte der Oberpräsident in Punkt 2 seiner vom Kultusminister gebilligten,[41] an die rheinischen Bezirksregierungen adressierten Instruktion vom 5. November 1873[42], dass den geistlichen Amtsneulingen die für sie bestimmten Häuser und Wohnungen, welche der Zivilgemeinde gehören, nur dann überlassen werden dürfen, wenn diese ihre maigesetzkonforme Anstellung nachweisen können, wobei angesichts der bekannten Haltung der Bischöfe von der Nichterfüllung der Bedingung auszugehen sei. Die Eigentumsverhältnisse waren im Rheinland dergestalt, dass im linksrheinischen Gebiet die bereits zum Zeitpunkt des französischen Gesetzes vom 20. Prairial X vorhandenen Pfarrhäuser und aufgrund der Gesetzeslage auch die danach errichteten sich im Eigentum der Zivilgemeinde befanden, während dies auf der rechten Rheinseite der Ausnahmefall war.[43] Um den gefühlten Missstand zu beseitigen,

---

Mitglieder des Kirchenrats und der Pfarrgemeinde von Mehring an den Landrat des Landkreises Trier am 20. Januar 1874 (LHAK, Bestand 442 Nr. 1961. Text im Quellenanhang V). Die Eingabe hatten 5 *Kirchenrathsmitglieder* und rund 260 *Pfarrgenossen* unterzeichnet.

40 Der Oberpräsident der Rheinprovinz an den Landrat von Saarburg, Tobias, am 1. November 1873 (LHAK, Bestand 442 Nr. 1960).

41 Der Kultusminister an den Oberpräsidenten der Rheinprovinz am 30. Oktober 1873 (GStA PK, I. HA Rep. 76 IV Sekt. 13 Abt. XII Nr. 13 Bd. 1 im Entwurf).

42 LHAK, Bestand 441 Nr. 15488; GStA PK, I. HA Rep. 76 IV Sekt. 13 Abt. XII Nr. 13 Bd. 1 im undatierten Entwurf. Text im Quellenanhang I.

43 Die Regierung Köln in ihrem Gutachten zur *Disposition über die katholischen Pfarrhäuser auf der linken Rheinseite* vom 23. Oktober 1873 (LHAK, Bestand 403 Nr. 10400): *Es sind also nach Rheinischem Rechte die Civilgemeinden Eigenthümerinnen der durch Gesetz vom 20. prairial X zu kirchlichen Zwecken zur Verfügung gestellten Pfarrhäuser nebst anschließenden Gärten, nur daß wesentliche Rechte aus diesem Eigenthum während der Zeit, wo jene Pfarrhäuser ihrem Zwecke dienen, zu ruhen haben.*

dass maigesetzwidrig angestellte Geistlichen wochen-, ja monatelang ungestört amtieren, bevor ein rechtskräftiges Urteil gegen sie ergangen ist, wollte der Kultusminister von vornherein die Geistlichen an der Inbesitznahme ihres Amtes möglichst gehindert haben und dekretierte zu diesem Zweck in einer Rundverfügung an alle preußischen Oberpräsidenten, dass preußenweit in allen Pfarreien mit landesherrlichem Patronat nach eingetretener Vakanz die Pfarrhäuser nebst Pfarrgrundstücken per Beschlagnahme in kommunale Verwaltung genommen und nur nachgewiesenermaßen maigesetzkonform installierten Geistlichen zur Bewohnung übergeben werden.[44] Diese Regelung betraf neun auf der rechten Rheinseite gelegene Pfarreien des Bistums Trier, die gemäß einer Vereinbarung aus dem Jahr 1870 landesherrlichem Patronat unterstanden.[45]

Doch die kulturkampfbedingte Norm, dass einem unbefugterweise ein Amt antretenden Priester der Einzug in ein der Kommune gehörendes Pfarrhaus versagt war, warf rechtliche Schwierigkeiten auf, wenn der neue Geistliche bereits in den Besitz des Pfarrhauses gelangt war. So hatte der neu in die erledigte Pfarrstelle von Ittersdorf eingewiesene Pfarrer Gondorf vom bisherigen Pfarrverwalter die Schlüssel zum Pfarrhaus ausgehändigt erhalten, noch bevor der Bürgermeister von der Wiederbesetzung erfuhr und vom Pfarrverwalter die Schlüssel requirieren konnte.[46] Da aber kein kommunaler Amtsträger die Schlüssel übergeben hatte und überdies der neue Pfarrer noch gar nicht eingezogen war, sondern in einem

---

Der Oberpräsident der Rheinprovinz an den Kultusminister am 26. November 1873 (GStA PK, I. HA Rep. 76 IV Sekt. 1 Abt. XII Nr. 6 Bd. 1): *Der letztere Zustand* [nämlich dass die *den Geistlichen zustehenden Häuser resp. Wohnungen [...] sich im Eigentum der Civilgemeinden befinden*] *bildet übrigens auf der linken Rheinseite wegen der dort den Civilgemeinden obliegenden Verpflichtung zur Errichtung der Pfarrhäuser und wegen der durch das arrêté vom 20. prairial X stattgehabten Gütereinziehung die Regel, während auf der rechten Rheinseite nur ausnahmsweise die Pfarrhäuser im Eigenthum der bürgerlichen Gemeinden sich befinden.*

44 Der Kultusminister an alle preußischen Oberpräsidenten am 18. November 1873 (LHAK, Bestand 403 Nr. 10400; Druck: G. Herrfurth: Die preußische und deutsche Gesetzgebung vom Mai 1873 und 1874, 2. Aufl., S. 83f. Der der Akte folgende Text im Quellenanhang I).

45 Vgl. J. Marx: Geschichte der Pfarreien der Diözese Trier, Bd. 1, S. 329; W. Dietz: Die Auswirkungen des Kulturkampfes, S. 130f.

46 Der Landrat von Saarlouis an die Regierung Trier am 28. Oktober 1873 (LHAK, Bestand 442 Nr. 1962): *Nach Anzeige des betreffenden Bürgermeisters ist die seit dem 14. Mai d. J. erledigte Pfarrstelle zu Ittersdorf einseitig durch den Herrn Bischof mit dem Pfarrer Gondorf, seither Kaplan zu Cochem, wiederbesetzt worden und ist derselbe am 26. d. Mts. dort eingetroffen. Der Bürgermeister begab sich sofort zum bisherigen Pfarrverwalter, Pfarrer Löhr zu Bedersdorf, welcher die Schlüssel zum Pfarrhause in Händen hatte; allein die Einweisung des neuen Pfarrers in das Amtshaus war bereits geschehen, so daß dem Bürgermeister nur übrig blieb, Protest zu erheben. Ebenso wurde die Vorzeigung der Ernennungs-Urkunde verweigert. Am verflossenen Sonntage hat der neue Pfarrer bereits Messe gelesen und gepredigt.*

Privathaus Quartier genommen hatte, konnte man die Tür des Pfarrhauses unbedenklich durch einen Schlosser gewaltsam öffnen und mit einem neuen Schloss versehen lassen, dessen Schlüssel der Bürgermeister in Gewahrsam nahm.[47]

Rechtlich problematisch wurde aber eine Vertreibung aus dem Pfarrhaus, wenn der Geistliche ganz legal mit Hilfe eines Amtsträgers in seinen Besitz gelangt war und dort auch Wohnung genommen hatte. Die Schilderung eines solchen Falles, der auch den Kultus- und den Innenminister beschäftigte und beide zu einer Grundsatzentscheidung nötigte, soll gleichzeitig als Gelegenheit genutzt werden, um einen verbotenen Amtsantritt eines Geistlichen, die routinemäßigen Reaktionen der Behörden und die dabei auftretenden Konflikte einmal beispielhaft im Zusammenhang darzustellen. Der Geistliche Matthias Föhr, der in der Pfarrei Neunkirchen (Kreis Ottweiler) als Vikar fungiert hatte, war vom Trierer Bischof zum Pfarrer der seit einigen Monaten verwaisten Pfarrei Taben (Kreis Saarburg) ernannt worden. Der Gemeindevorsteher des Dorfes, noch nicht im Kulturkampfmodus agierend, hatte den Neuankömmling nicht nach seinen Papieren gefragt und ihm arglos auf Treu und Glauben die Schlüssel zum Pfarrhaus ausgehändigt.[48] Der Oberpräsident wollte bezüglich der Ernennungsurkunde das Versäumte nachgeholt und bezüglich des Pfarrhauses den neuen Bewohner zwar nicht gewaltsam entfernt, aber doch zum Verlassen aufgefordert haben.[49] Doch der Pfarrer lehnte unter Berufung auf seine vorrangige Gehorsamspflicht gegenüber dem Bischof sowohl die Vorlage

---

47 Der Landrat von Saarlouis an den Oberpräsidenten der Rheinprovinz am 8. November 1873 (LHAK, Bestand 403 Nr. 10804): *Dem Königlichen Oberpräsidium beehre ich mich [...] gehorsamst zu berichten, daß, da der Bürgermeister nicht im Besitze des Schlüssels zu dem der Civilgemeinde gehörigen Pfarrhause zu Ittersdorf hat gelangen können, dasselbe durch einen Schlosser geöffnet und mit einem neuen Schlosse versehen worden ist, dessen Schlüssel sich in dem Verwahr des Bürgermeisters befindet. Der neu ernannte Pfarrer hatte übrigens in dem Pfarrhause noch keine Möbel aufgestellt, sondern wohnt in einem Privathause.*

48 Der Landrat von Saarburg an den Oberpräsidenten der Rheinprovinz am 27. Oktober 1873 (LHAK, Bestand 442 Nr. 1958): *Ew. Hochwohlgeboren habe ich die Ehre [...] gehorsamst zu berichten, daß das Pfarrhaus zu Taben Eigenthum der Civilgemeinde ist. Der Pfarrer Föhr hat sich daselbst, wie dies bisher auch üblich gewesen, ohne Vorzeigung von Papieren bei dem Gemeindevorsteher auf Treu und Glauben eingeführt und auch den Schlüssel zum Pfarrhause in Empfang genommen.*

49 Der Oberpräsident der Rheinprovinz an den Landrat von Saarburg, Tobias, am 31. Oktober 1873 (LHAK, Bestand 442 Nr. 1958): *In Erwiderung auf den gefälligen Bericht vom 27. d. Mts., betreffend die Ernennung des Geistlichen Föhr zum Pfarrer in Taben, ersuche ich Euer Hochwohlgeboren, dem Bürgermeister aufgeben zu wollen, den p. Föhr darüber zu befragen und sich durch Einsicht der Ernennungs-Urkunde davon zu überzeugen, unter welchem Datum derselbe zum Pfarrer in Taben ernannt worden [ist] und ob die bezügliche Urkunde von dem Herrn Bischof von Trier oder von dessen Generalvikar vollzogen* [d.h. unterschrieben] *ist. In Betreff des der Gemeindebehörde eingeräumten Pfarrhauses bemerke ich ergebenst, daß, um den p. Föhr aus dem Pfarrhause zu entfernen, Gewaltmaßregeln nicht angewendet werden können, daß es aber*

der Ernennungsurkunde wie einen Auszug aus dem Pfarrhaus ab. Er betrachtete sich als rechtmäßig vom Bischof eingesetzter Pfarrer mit Anspruch auf die Bewohnung des Pfarrhauses.[50] Die Gemeinde machte ebenfalls in zwei an den Landrat und den Oberpräsidenten gerichteten Eingaben deutlich, dass sie Pfarrer Föhr als ihren rechtmäßigen Seelsorger ansah, und erbat *die Bestätigung des Pfarrers für die Gemeinde.*[51] (Die Gemeinde hatte ihr Ziel, die staatliche Nichtbehinderung des Pfarrers, etwas unglücklich formuliert, denn der Episkopat verweigerte dem Staat doch gerade das Bestätigungsrecht.) Alle involvierten Instanzen, vom Bürgermeister über den Landrat von Saarburg und die Bezirksregierung Trier bis hin zum Oberpräsidenten der Rheinprovinz, konnten daher nicht im leisesten Zweifel sein, dass sie den Interessen wie dem Rechtsempfinden einer ganzen Gemeinde zuwiderhandelten. Gleichwohl beauftragte der Oberpräsident die Regierung Trier,

---

angemessen sein würde, wenn der Bürgermeister dem p. Föhr erklärte, daß er widerrechtlich im Besitze des Pfarrhauses sei und dasselbe zu verlassen habe.

50 Pfarrer M. Föhr zu Taben im Kreis Saarburg an den Bürgermeister von Freudenburg, Emmerich, am 7. November 1873 (LHAK, Bestand 403 Nr. 10804; LHAK, Bestand 442 Nr. 1958): *Ew. Wohlgeboren beehre ich mich auf das gefällige Schreiben vom 6. Nov. c., die Vorlage meiner Ernennungs-Urkunde als Pastor von Taben betreffend, ergebenst zu erwidern, daß ich dieser Aufforderung zu entsprechen nicht in der Lage bin. Nur das vermag ich gehorsamst mitzutheilen, daß, wie bereits der ganzen hiesigen Pfarrgemeinde bekannt, ich in Wirklichkeit von dem Hochwürdigsten Herrn Bischof von Trier zum Pfarrer der katholischen Gemeinde Taben im Kreise Saarburg im Laufe dieses Jahres ernannt worden [bin]. Zugleich bemerke ich, daß ich fest entschlossen bin, das Gebot „Gebet dem Kaiser, was des Kaisers, und Gott, was Gottes ist“ treu zu erfüllen, daß ich daher der Staatsregierung in Allem, was des Staates ist, willige und freudige Folgsamkeit leisten werde, daß ich aber auch mich streng verpflichtet halte, dem Bischofe [gegenüber] in Allem, was Christi und seiner heiligen Kirche ist, den beim Empfange der heiligen Priesterweihe feierlich gelobten Gehorsam gewissenhaft zu üben. Was die in demselben Schreiben erwähnte Besitzergreifung des hiesigen Pfarrhauses, welche von meiner Seite widerrechtlich stattgefunden haben soll, betrifft, so ist das meinem Dafürhalten nach eine unrichtige Auffassung der hiesigen Verhältnisse, denn es kann doch kein Recht in irgend welcher Weise verletzt werden durch das Einziehen und Wohnen in einem Hause, welches mir als rechtmäßigem Pfarrer hiesiger Gemeinde zukommt, in einem Hause, welches Eigenthum einer Gemeinde ist, die nichts sehnlichster wünscht, als daß ich als ihr rechtmäßig ernannter Pastor im Pfarrhause wohne, die auch bereit ist, diesen ihren gerechten und gerechtfertigten Wunsch vor Ew. Wohlgeboren schriftlich niederzulegen. Hiernach werde ich nicht freiwillig und ungezwungen von meinem Rechte abstehen und das Pfarrhaus verlassen, daher mit Ruhe und Ergebung allen Folgen meiner unerläßlichen Pflichterfüllung entgegensehen, bis Königliche Regierung auf die bereits erfolgte Eingabe der hiesigen Pfarrgemeinde hochgeneigtest Entscheidung getroffen.*

51 Mitglieder der Pfarrgemeinde Taben an den Landrat von Saarburg am 2. November 1873 (LHAK, Bestand 442 Nr. 1958. Text im Quellenanhang V). Die Petition trägt ca. 50 Unterschriften. Ein textähnliches und inhaltsgleiches Gesuch richteten dieselben Personen am selben Tag an den Oberpräsidenten der Rheinprovinz.

gegenüber dem Pfarrer und den Gemeindemitgliedern gemäß den vorgeschriebenen Exekutivroutinen zu verfahren sowie den Gemeinderat von Taben zur Erhebung einer gerichtlichen Klage auf Räumung des Pfarrhauses zu veranlassen und einen eventuellen Weigerungsbeschluss zu suspendieren.[52] Im üblichen Verfahren belehrte der Landrat daraufhin den Pfarrer zu Protokoll, dass die Amtsübertragung nichtig sei, dass er als maigesetzwidrig Ernannter zu geistlichen Amtshandlungen einschließlich des Religionsunterrichts an öffentlichen Schulen unbefugt sei und dass dem auch als Küster tätigen Lehrer jeglicher Küsterdienst für ihn untersagt sei.[53] Wie zu erwarten war, beschloss der Gemeinderat von Taben, von

---

52 Der Oberpräsident der Rheinprovinz an die Regierung Trier am 18. November 1873 (LHAK, Bestand 442 Nr. 1958): *Nach den [...] Anzeigen des Landraths Tobias zu Saarburg vom 22., 24. und 27. Oktober und 10. November d. J. und meiner [...] Verfügung vom 31. v. Mts. ist der Geistliche Mathias Föhr zum katholischen Pfarrer in Taben Kreises Saarburg und zwar nach seiner [...] an den Bürgermeister zu Freudenburg unterm 7. d. Mts. gerichteten Schreiben enthaltenen Angabe von dem Herrn Bischof von Trier ernannt worden und am 18. v. Mts. daselbst eingetroffen. Mit Rücksicht darauf, daß der Herr Bischof die durch § 15 des Gesetzes über die Vorbildung und Anstellung der Geistlichen vom 11. Mai d. J. vorgeschriebene Anzeige bezüglich der gedachten Anstellung mir nicht gemacht hat und angenommen werden muß, daß die Ernennung des p. Föhr nach Eintritt des Rechtskraft des erwähnten Gesetzes erfolgt ist, ersuche ich die Königliche Regierung ergebenst, nach Vorschrift meines Erlasses vom 5. d. Mts. zu verfahren. Bezüglich des der Civilgemeinde Taben gehörigen, dem gesetzwidrig angestellten Pfarrer eingeräumten Pfarrhauses ist der Gemeinderath von Taben zum Beschlusse darüber zu veranlassen, ob gegen den p. Föhr auf Räumung des widerrechtlich von ihm bewohnten Hauses gerichtliche Klage erhoben werden soll. Sollte die Anstellung einer Klage abgelehnt werden, so wird der Bürgermeister den betreffenden Beschluß gemäß § 88 der Gemeindeordnung zu suspendiren haben. Indem ich bemerke, daß ich dem Herrn Oberprokurator daselbst Behufs Einleitung des Strafverfahrens gegen den geistlichen Oberen auf Grund des § 22 l. c. heute die erforderliche Mittheilung gemacht habe, füge ich zwei die die Bestätigung des Föhr als Pfarrer in Taben betreffenden Eingaben mehrerer Pfarreingesessenen von Taben vom 2. d. Mts., die eine an den Landrath Tobias zu Saarburg gerichtet, mit dem ergebensten Ersuchen bei, den Bittstellern gefälligst eröffnen zu wollen, daß ich mich nicht in der Lage befände, ihrem Gesuche entsprechen zu können, da der Herr Bischof von Trier die durch § 15 des oben gedachten Gesetzes vorgeschriebene Anzeige bezüglich der Anstellung des p. Föhr mir nicht gemacht habe, die fragliche Anstellung also eine gesetzwidrige sei und nach § 17 l. c. als nicht geschehen gelte.* – Die Regierung Trier forderte den Landrat von Saarburg am 26. November 1873 auf (ebd.), *sofort nach Maßgabe unserer Circularverfügung vom 29. October cr. vorzugehen.*

53 Vom Landrat von Saarburg am 2. Dezember 1873 aufgenommenes Protokoll (LHAK, Bestand 442 Nr. 1958): *Verhandelt zu Taben im Pfarrhause am 2ten October* [richtig laut Begleitschreiben: 2. Dezember] *1873. Nachdem der seitherige Caplan Herr Föhr zu Neunkirchen (Kreis Ottweiler) durch den Herrn Bischof von Trier zum Pfarrer von Taben ernannt worden [ist] und die Pfarrstelle auch angetreten hat, ohne daß seitens des Herrn Bischofs dem Herrn Oberpräsidenten der Rheinprovinz die durch § 15 des Gesetzes über die Vorbildung und Anstellung der Geistlichen vom 11. Mai d. J. vorgeschriebene Anzeige*

einer Klageerhebung gegen den Pfarrer auf Räumung des Pfarrhauses abzusehen, welchen Beschluss der Bürgermeister Emmerich weisungsgemäß umgehend kassierte,[54] weshalb gemäß der Gemeindeordnung die Regierung Trier als kommunale Aufsichtsbehörde darüber zu entscheiden hatte. Der Landrat von Saarburg resümierte in seinem Abschlussbericht an die vorgesetzte Regierung Trier die in Reaktion auf den illegalen Amtsantritt des Pfarrers Föhr ergriffene Maßnahmenpalette, musste aber einräumen, dass die Gemeinderatsmitglieder bezüglich des Pfarrhauses in ihrer Oppositionshaltung verharren würden und dass deshalb die Einberufung einer zweiten Versammlung sinnlos sei.[55] Nun stellte sich die schwierige juristische

---

gemacht worden wäre, wurde dem Herrn Föhr durch den unterzeichneten Landrath eröffnet, daß nach § 17 des vorerwähnten Gesetzes die Übertragung des Pfarramtes zu Taben an ihn als nicht geschehen gelte, er also auch nicht befugt sei, die mit diesem Amte verbundenen Functionen auszuüben, daß er für jede Amtshandlung, und zwar ohne Unterschied, ob sie mit bürgerlichen Folgen verknüpft sei oder nicht, strafrechtliche Verfolgung gemäß § 23 des Gesetzes vom 11. Mai c. zu gewärtigen habe. Dem Herrn Föhr wurde ferner eröffnet, daß er als gesetzwidrig ernannter Geistlicher an öffentlichen Schulen Religionsunterricht nicht ertheilen dürfe und daß der Lehrer und Küster Weisung erhalten [habe], ihm keinen Küsterdienst zu leisten. Vorgelesen, genehmigt und unterschrieben. Seitens des Herrn Föhr wurde protestirt und die Unterschrift verweigert. Tobias, Kgl. Landrath.

54 Protokoll der Sitzung des Gemeinderates von Taben vom 2. Dezember 1873 (LHAK, Bestand 442 Nr. 1958):
Verhandelt im Schulhause zu Taben den 2. December 1873 mittags 12 Uhr. Auf vorschriftsmäßige Einladung versammelte sich heute der Gemeinderath, um in Ausführung der Verfügung Königl. Regierung zu Trier vom 26. v. Mts. darüber zu berathen und zu beschließen, ob gegen den Geistlichen Mathias Föhr zu Taben auf Räumung des widerrechtlich von ihm bewohnten Hauses (Pfarrhauses) Klage erhoben werden soll. Der Gemeinderath beschließt, daß von Einleitung einer gerichtlichen Klage wider den Geistlichen Föhr auf Räumung des Pfarrhauses Abstand genommen werden soll. 10 Unterschriften.
Nach Schluß dieser Verhandlung wurde der Versammlung seitens des Vorsitzenden erklärt, daß der gefaßte Beschluß als den Gesetzen zuwider suspendirt und hiernach das Weitere veranlaßt werden würde. Taben, den 2. December 1873. Emmerich.

55 Der Landrat von Saarburg an die Regierung Trier am 4. Dezember 1873 (LHAK, Bestand 442 Nr. 1958): *Wie die Königliche Regierung aus dem urschriftlich beifolgenden Protokolle geneigtest entnehmen wolle, habe ich die Verwarnung des widerrechtlich fungirenden Geistlichen Föhr zu Taben am 2. d. M. bewirkt. Die desfallsige Bekanntmachung wird in der nächsten Nummer des Kreisblattes erscheinen. Die Mitglieder des Kirchenrathes sowie den Ortsvorsteher und die Mitglieder des Gemeinderathes habe ich persönlich instruirt. Dem Herrn Oberprokurator ist eine beglaubigte Abschrift des Verwarnungsprotokolls mitgetheilt worden. Ferner habe ich die Unterzeichner der [...] beiden Eingaben vom 2. v. Mts. in Gemäßheit der angezogenen Verfügung beschieden. Sodann überreiche ich anliegend den Gemeinderathsbeschluß vom 2. d. M., inhalts dessen die Erhebung einer gerichtlichen Klage gegen den p. Föhr wegen widerrechtlicher Besitznahme des der Gemeinde gehörigen Pfarrhauses abgelehnt wird, und bemerke*

Frage, ob gegen Pfarrer Föhr der Klageweg zu beschreiten war oder ob er einfach auf dem ‚kurzen' Verwaltungsweg, d.h. auf Anordnung der Regierung Trier durch den Bürgermeister von Taben mit Hilfe der Polizei, zur Räumung des Pfarrhauses gezwungen werden konnte. Um im Interesse der Staatsautorität ein *warnendes Präcedenz bezüglich der noch zu erwartenden ähnlichen Fälle* zu statuieren, plädierte die Regierung Trier für den ‚kurzen Prozess', den sie für gerechtfertigt hielt, weil sie das Pfarrhaus als öffentliches Gebäude und den Pfarrer aus *unberechtigten Eindringling* qualifizierte.[56] Obwohl der Oberpräsident nicht verkannte, dass *das von der Regierung Trier vorgeschlagene Verfahren practisch von gutem Erfolge und für die Autorität der Behörden diensam sein würde,* äußerte er gegenüber dem Kultusminister doch erhebliche rechtliche Bedenken, weil der Ortsvorsteher dem Pfarrer Föhr die Schlüssel ausgehändigt und diesen somit in den formal legalen Besitz des Pfarrhauses gebracht habe und weil das Pfarrhaus ebensowenig wie die Dienstwohnung des Bürgermeisters als frei zugängliches öffentliches Gebäude zu klassifizieren sei. Daher sei die Auseinandersetzung privatrechtlicher Natur, für deren Entscheidung die Gerichte zuständig seien; ansonsten würde die Gemeinde bzw. in diesem Fall die Bezirksregierung *eine unzulässige Selbsthülfe sich zu Schulden kommen lassen.*[57] Der Kultusminister, mit dem Innenminister Rücksprache haltend, verneinte freilich, *daß die Überlassung einer Pfarrwohnung an einen gesetzwidrig angestellten Geistlichen den privatrechtlichen Character einer Schenkung oder eines einseitigen Verzichts seitens der Gemeinde habe,* und postulierte stattdessen *eine gesetzwidrige Verwendung von Gemeindevermögen,* welche zu einer Vertreibung des Pfarrers Föhr auf dem Verwaltungsweg legitimiere.[58] Der Innenminister wiederum vertrat die Auffassung, das zwar der Beschluss des Tabener Gemeinderates, einen staatlich nicht anerkannten Geistlichen im Besitz eines der Gemeinde gehörigen Pfarrhauses zu belassen, eindeutig gesetzwidrig sei, hielt aber angesichts der Tatsache, dass Pfarrer Föhr dank des Ortsvorstehers sich formal im Besitz des Pfarrhauses befand, eine Zwangsräumung *im administrativen Exekutionsverfahren* zur rechtlich unzulässig und erachtete *nur das Richteramt als qualificirt zur Beseitigung der vorliegenden Rechtsstörung.*[59] Die umfänglichen, hier nur sehr verkürzt wiedergegebenen innerbehördlichen Rechtsdiskussionen endeten in einem gemeinsamen

---

noch, daß eine meinerseits persönlich abzuhaltende zweite Gemeinderaths-Versammlung ganz bestimmt kein anders Resultat haben wird. Ich habe mich hiervon bei dem eben Statt gehabten persönlichen Verkehr mit den Gemeinderäthen vollständig überzeugt.

56 Die Regierung Trier an den Oberpräsidenten der Rheinprovinz am 13. Dezember 1873 (LHAK, Bestand 403 Nr. 10400).

57 Der Oberpräsident der Rheinprovinz an den Kultusminister am 22. Dezember 1873 (LHAK, Bestand 441 Nr. 15488 u. Nr. 15460; LHAK, Bestand 442 Nr. 1958).

58 Der Kultusminister an den Innenminister am 17. Januar 1874 (GStA PK, I. HA Rep. 77 Tit. 413 Nr. 124).

59 Innenminister Eulenburg an Kultusminister Falk am 13. Februar 1874 (GStA PK, I. HA Rep. 76 IV Sekt. 1 Abt. XII Nr. 6 Bd. 1).

Bescheid des Innen- und des Kultusministers, der gemäß dem Votum des Innenministers zwar konstatierte, dass der Beschluss des Gemeinderates, einen maigesetzwidrig eingesetzten Geistlichen im *Besitz und Genuß des Pfarrhauses zu belassen*, unrechtmäßig sei und dass die kommunale Aufsichtsbehörde zur Annullierung eines solchen Beschlusses berechtigt sei, aber angesichts der Umstände der Inbesitznahme die Erwirkung eines Gerichtsurteils auf dem Klageweg als das juristisch einzig erlaubte Mittel zur Entfernung des Pfarrers Föhr erklärte.[60]

An diesem ganzen Vorgang rund um das Pfarrhaus von Taben imponiert einerseits das Bemühen um eine strenge Rechtsstaatlichkeit, um derentwillen von einer einseitigen staatlichen Machtdemonstration im Gestalt einer umstandslosen polizeilichen Zwangsräumung des Tabener Pfarrhauses zugunsten der Beschreitung des langwierigen Rechtswegs, aber zulasten der Exekutiveffizienz Abstand genommen wurde; andererseits stellt er sich als staatlicher Gemeindekujonierungsfeldzug dar, welcher gegen den einvernehmlichen, geschlossenen Protest von Gemeinde und Gemeinderat den lautstark geäußerten Wunsch der Einwohner an

---

60 Der Kultus- und der Innenminister an den Oberpräsidenten der Rheinprovinz am 7. März 1874 (LHAK, Bestand 403 Nr. 10401; LHAK, Bestand 442 Nr. 1958; LHAK, Bestand 441 Nr. 15488 u. Nr. 15460; GStA PK, I. HA Rep. 77 Tit. 413 Nr. 124): *Euer Hochwohlgeboren erwiedern wir [...] betreffend die Zulässigkeit einer Exmission* [d.h. Ausweisung] *widerrechtlich angestellter Geistlichen aus den Pfarrhäusern im Wege des administrativen Zwangsverfahrens ergebenst, wie darüber ein Bedenken nicht bestehen kann, daß der Bürgermeister einer rheinischen Gemeinde auch ohne einen zustimmenden Beschluß des Gemeinderaths zur Anstellung einer Exmissionsklage gegen eine Person angehalten werden kann, welche nach § 17 des Gesetzes vom 11. Mai 1873 als Inhaber eines geistlichen Amtes nicht zu betrachten ist und welche sich trotzdem in den Besitz eines der Gemeinde gehörigen Pfarrhauses zu setzen gewußt hat. Der Beschluß des Gemeinderaths, einer solchen Person den Besitz und Genuß des Pfarrhauses zu belassen, ist ein gesetzwidriger. Die Aufsichtsbehörde ist daher nach § 144 der Gemeindeordnung vom 23. Juli 1845 berechtigt und verpflichtet dafür zu sorgen, daß nach einem derartigen Beschlusse nicht verfahren, daß derselbe vielmehr thatsächlich rückgängig gemacht werde. [...] Dagegen stimmen wir Euer Hochwohlgeboren darin bei, daß eine Exmission im administrativen Executionsverfahren zur Zeit nach Lage der Sache als zulässig nicht zu erachten ist. Nach den Vorlagen* [d.h. vorgelegten Akten] *ist der Geistliche Föhr in den Besitz des Pfarrhauses zu Taben dadurch gelangt, daß ihm der Gemeindevorsteher daselbst die Schlüssel des fraglichen Hauses übergeben hatte. [...] Richtig ist es hiernach zwar, daß die Besitzeinweisung durch eine dazu nicht legitimirte Person und an einen Unberechtigten erfolgt ist. Gleichwohl ist nicht zu verkennen, daß unter solchen Umständen ein formelles Besitzverhältniß vorliegt und daß der von der Verletzung des Hausrechts handelnde § 123 des Strafgesetzbuches hier nicht zur Anwendung kommen kann. Demnach wird für jetzt nur das Richteramt als qualifizirt zur Beseitigung der vorliegenden Rechtsstörungen betrachtet werden können, während eine durchgreifende Abhülfe auch nach dieser Richtung hin erst von dem Erlaß des noch in legislativer Berathung befindlichen Gesetzes wegen Declaration und Ergänzung des Gesetzes vom 11. Mai pr. zu erwarten ist.*

einer geordneten Seelsorge durch einen im Pfarrhaus wohnenden Pfarrer souverän ignorierte. Die antiklerikalen Kulturkampfgesetze provozierten in katholischen Gegenden so manchen erbitterten Kleinkrieg, freilich einen mit den Mitteln und in den Formen des Rechtsstaats geführten.

Das preußische Deklarationsgesetz vom 21. Mai 1874 änderte die pfarrhausbezügliche Rechtslage zugunsten einer unmittelbaren Durchgriffsbefugnis des Staats, indem es in Art. 3 den Oberpräsidenten ermächtigte, nach Erledigung eines geistlichen Amts das gesamte Stellenvermögen, wozu natürlich auch das Pfarrhaus zählte, zu beschlagnahmen, und festlegte: *Zwangsmaßregeln, welche zur Ausführung der Beschlagnahme erforderlich sind, werden im Verwaltungswege getroffen.* Die kurz danach erlassene Ausführungsverordnung des Kultusministers vom 19. Juni 1874[61] dekretierte dementsprechend in Punkt 2, *in allen Fällen, wo gegenwärtig gesetzwidrig bestellte Geistliche in dem Besitze des Pfründenvermögens oder einzelner Theile desselben, insbesondere des Pfarrhauses, sich befinden, die Beschlagnahme zu verfügen und nöthigenfalls die Exmission* [d.h. die Ausweisung] *jener Geistlichen im administrativen Zwangsverfahren zu bewirken, da nach ausdrücklicher Bestimmung des Gesetzes alle zur Ausführung der Beschlagnahme erforderlichen Zwangsmaßregeln im Verwaltungswege zu treffen sind.* Da eine gleichzeitige Verfügung des Kultusministers die unbedenkliche Anwendbarkeit dieser Vorschrift auch auf die im kommunalen Besitz befindlichen Pfarrhäuser auf der linken Rheinseite konstatierte,[62] konnte künftig im ganzen Rheinland ein Pfarrhaus nach der Verwaisung einer Pfarrstelle auf dem Verwaltungsweg beschlagnahmt und ein maigesetzwidrig ein Amt antretender Priester, der sich in das Pfarrhaus einquartiert, ohne vorherige Herbeiführung einer Gerichtsentscheidung sofort gewaltsam wieder daraus vertrieben werden.

---

61 Der Kultusminister an alle preußischen Oberpräsidenten am 19. Juni 1874 (LHAK, Bestand 403 Nr. 10402; LHAK, Bestand 441 Nr. 15474; GStA PK, I. HA Rep. 76 IV Sekt. 1 Abt. XII Nr. 6 Bd. 1. Druck: P. Hinschius: Die preußischen Kirchengesetze der Jahre 1874 und 1875, S. 36–38; G. Herrfurth: Die preußische und deutsche Gesetzgebung vom Mai 1873 und 1874, S. 77–81. Text im Quellenanhang I).

62 Der Kultusminister an den Oberpräsidenten der Rheinprovinz am 19. Juni 1874 (LHAK, Bestand 403 Nr. 10402): *Was insonderheit die im Eigenthum der politischen Gemeinden stehenden Pfarrhäuser auf der linken Rheinseite anlangt, so unterliegt nach den Andeutungen in der beiliegenden allgemeinen Verfügung [vom 19. Juni 1874] die Anwendbarkeit der Vorschrift im Art. 3 des cit. Gesetzes [vom 21. Mai 1874] auf dieselben keinen begründeten Bedenken [...]. Die in der allgemeinen Verfügung vom heutigen Tage vorgezeichneten Gesichtspunkte sind daher auch bezüglich der Beschlagnahme der Pfarrhäuser auf der linken Rheinseite zu befolgen. Es hindert dies jedoch nicht [...] im einzelnen Fall das Pfarrhaus von der Beschlagnahme auszunehmen, wenn die betreffenden Gemeindevertreter genügende Sicherheit bieten, daß sie niemanden in das Pfarrhaus einlassen werden, der nicht in gesetzlicher Weise zum Pfarrer oder dessen Vertreter bestellt ist.*

Die Entfernthaltung und gegebenenfalls Entfernung von maigesetzkonträr angestellten Geistlichen aus dem Pfarrhaus vermochte der Staat wohl ziemlich konsequent zu exekutieren. Zwar konnte ein polizeilich gesuchter, illegal amtierender Geistlicher das Pfarrhaus bisweilen für Amtshandlungen (Erteilung von Religionsunterricht, Spendung von Sakramenten usw.) nutzen und dort auch vorübergehend Unterschlupf finden, zumal wenn er dort nicht vermutet wurde,[63]

63 Pfarrer J. Alles zu Horath in seinem Erlebnisbericht: *Den Religionsunterricht konnte ich nur mit Unterbrechung ertheilen, indem ich zu gewissen Zeiten die Kinder ins Pfarrhaus oder in ein anderes Privathaus bestellte. Des Sonntags traf ich einige Male mit sämmtlichen Christenlehrpflichtigen auf ihren Spaziergängen an einer im Voraus bestimmten Stelle zusammen und theilte ihnen hier am Waldessaume die ewigen Wahrheiten mit. Aber bald war auch dies der weltlichen Behörde hinterbracht, wovon mir aber baldigst durch einen Amtsbruder eine Warnung zuging. Die Erstkommunikanten wurden von mir im Pfarrhause des Abends heimlich unterrichtet und dann in Haag zum Tische des Herrn zugelassen. Was die Spendung der Sacramente betrifft, so taufte ich anfänglich der Sperre die Kinder des Abends im Pfarrhause, späterhin in der Kirche bei verschlossenen Thüren.*
Pfarrer P. Maringer, damals Pfarrer zu Niederbettingen, in seinem Erlebnisbericht: *Als man mich nämlich am 5. November 1873 aus meinem Pfarrhause hinauswarf (im buchstäblichen Sinne des Wortes), hatte man die vordere Thür vorsorglich abgeschlossen, mit dem amtlichen Siegel versehen und der Bürgermeister trug den richtigen Hausschlüssel stets bei sich in der Tasche oder, wie andere behaupten, auf der Brust, gerade wie die Soldaten es mit ihrem Geldbeutel machen. Den Schlüssel der hintern Thür des Pfarrhauses hatte man dagegen vergessen; diesen hatte ich selbst abgezogen und an einem sichern Orte aufbewahrt. Schnell ließ ich mir denselben bringen, schlich mich ans ‚gesperrte' Haus hinan, voltigirte* [d.h. sprang] *mit einem kühnen Satze über die Hecke des Gartens, öffnete die Hinterthür, die sich anfangs, da sie fast seit einem Jahre nicht geöffnet worden, auch etwas renitent zeigte und durchschritt wehmüthig die leeren Räume des von Staatswegen geschlossenen Pfarrhauses. Unterdessen suchten mich die Gendarmen wie eine Stecknadel im ganzen Dorfe, in allen Häusern und Winkeln mit einer Sorgfalt und Peinlichkeit, die einem Goldsucher in Californien alle Ehre gemacht hätte[n]. Freilich ahnten sie nicht, daß ich dort war, wo ich am wenigsten sein durfte, auf zweimal verbotenem Grunde!*
Pfarrer J. Thielen, damals Kaplan in Schweich, in seinem Erlebnisbericht: *Am Morgen des andern Tages* [d.h. am 7. März 1874] *wurde ich aus dem [Trierer] Gefängniß entlassen. Es war mittlerweile von der Kgl. Regierung jeder festliche Empfang eines aus dem Gefängniß zurückkehrenden Geistlichen strengstens untersagt worden. Um den Pfarrkindern aus Schweich jegliche Unannehmlichkeit zu ersparen, die Unbesonnenheit hätte herbeiführen können, verblieb ich bis gegen Abend in Trier, um später unter dem Schutze der Dunkelheit ungesehen in's Pfarrhaus zu gelangen. [… …] Nach der Predigt machte ich mich aus dem Staube. Kaum war der Gottesdienst beendigt, so eilten die Gensdarmen in's Pfarrhaus, durchsuchten dasselbe resultatlos, sowie auch bald mein elterliches Haus in Halsdorf. Indessen wartete ich ruhig in dem Elternhaus des Geistlichen Thielen bis der Abend herankam. Im Dunkel der Nacht schlich ich mich in's Pfarrhaus, um daselbst zu übernachten.*

und der behördliche Versuch zur zwangsweisen Räumung des Pfarrhauses konnte, wie im Fall des Pfarrers C. Müller zu Schöneberg im Kreis Kreuznach, auf den hinhaltenden Widerstand des betroffenen Geistlichen und seiner aufgebrachten Gemeindemitglieder treffen,[64] aber ein längeres Wohnen im Pfarrhaus war für einen gesperrten Geistlichen unmöglich. So war der Geistliche Maringer, der maigesetzwidrig die Pfarrstelle in Niederbettingen angetreten hatte, widerrechtlich in das abgeschlossene Pfarrhaus, dessen Schlüssel in den Händen des Bürgermeisters waren, eingedrungen und hatte sich dort einquartiert. Der Bürgermeister begab sich in Begleitung eines Gendarmen zum Pfarrhaus, forderte den neuen Pfarrer zur Räumung des okkupierten Pfarrhauses auf und setzte ihn nach dessen Weigerung und trotz dessen Protestes kurzerhand gewaltsam *mitsamt seinem Mobiliar vor die Thüre.*[65] Bei dem von Pfarrer ‚M.

---

64 Pfarrer C. Müller, damals Pfarrer zu Schöneberg, in seinem Erlebnisbericht: *Schließlich erhielt ich die Weisung, binnen 24 Stunden das Pfarrhaus zu verlassen, worauf ich erklärte, dies* [d.h. die Ausweisung] *der Beamtenwelt zu überlassen. Am 10. Dezember 1873 kamen ganz unerwartet die Einwohner, besonders die Frauen, in den Pfarrhof gestürmt. Einige hoben mir nichts dir nichts die Flügelthür des Pfarrhauses aus ihren Angeln und trugen sie abseits in eine nahegelegene Wiese. Der Bürgermeister war nämlich gekommen, um mich aus dem Pfarrhause auszuweisen. Ich war in der Schule. Er ließ mich rufen. Ich störte mich nicht daran, sondern fuhr fort im Religionsunterrichte, bis die Stunde zu Ende war, und heute dauerte die Stunde bedeutend länger. Schließlich ging ich ins Pfarrhaus und fand zu meinem größten Erstaunen die untern Räume – ich wohnte eine Treppe hoch – vollständig von Frauen belagert, die mir jubelnd entgegeneilten und sagten: „Der Bürgermeister wollte uns aus dem Pfarrhause jagen. Wir bleiben aber hier, solange Sie uns nicht wegschicken. Der (der Bürgermeister nämlich) hat kein Recht, uns wegzujagen." Erst als der Bürgermeister sie nochmals „im Namen des Gesetzes" aufgefordert hatte, die Zimmer zu verlassen, gingen sie auf einen Wink von mir aus dem Hause, blieben aber im Hofe stehen. Jetzt wurde der Schreinermeister Christian Eckes, zugleich Kirchenrechner, aufgefordert, die Hausthüröffnung mit Brettern zu vernageln, was derselbe aber ablehnte mit der Bemerkung: „Dazu habe ich keine Bretter." Unverrichteter Sache mußte der Bürgermeister abziehen. Spät abends kamen auch wieder einige Frauen mit der Thüre, hingen sie ein und ich konnte mich ruhig und vergnügt über das am Tage Erlebte zu Bett legen.*

65 Der Bürgermeister von Hillesheim an den Landrat von Daun am 5. November 1873 (LHAK, Bestand 442 Nr. 1984): *Nachdem ich dem Geistlichen Maringer am 23. Oktober c. auseinander gesetzt hatte, daß er nach seiner Ernennungsurkunde des Herrn Bischofs, aus der nicht hervorgehe, daß die in § 15 des Gesetzes vom 11. Mai cr. vorgeschriebene Anzeige an den Herrn Oberpräsidenten erfolgt sei, und es auch notorisch [sei], daß eine solche Anzeige nicht geschehe, er als ein im Sinne des Gesetzes angestellter Pfarrer nicht betrachtet werden könne und daher weder einen Anspruch auf Pfarrgehalt noch Pfarrwohnung habe, entfernte sich p. Maringer mit der Erklärung, wie er dieserhalb Beschwerde bei Königlicher Regierung erheben werde. Von der Beschwerde habe ich bis jetzt nichts gehört, wohl aber hat sich p. Maringer [am] verflossenen 31ten in das abgeschlossene Pfarrhaus zu Niederbettingen, von welchem ich den Schlüssel in Händen hatte, begeben und sich dort widerrechtlich einlogirt. Vor 3 Tagen, von dem Gensdarm*

Renitentus'[66] geschilderten Hinauswurf aus dem Pfarrhaus dürfte es sich um den gleichen Vorgang handeln, nur aus der Sicht des betroffenen Pfarrers Maringer erzählt. Demnach war dieser, da wie gesagt der Bürgermeister die Pfarrhausschlüssel in Besitz hatte, unter aktiver Mithilfe seiner Pfarrkinder durch die Hinter- oder Gartentür in das Pfarrhaus eingezogen. Trotz des Angebots eines guten Lohns hatte niemand dem Bürgermeister geholfen, dessen Drohung einer Zwangsräumung wahrzumachen, sodass die Polizisten selbst unter den Augen der zu Hunderten herumstehenden Einwohner *höchsteigenhändig* den Pastor mitsamt seinen Habseligkeiten *auf die Straße* hatten befördern müssen.[67] Zwar bot ihm sofort ein

---

Grohé hier in meinem Auftrage befragt, wie er dazu gekommen [sei], gewaltsam in das Pfarrhaus einzudringen, gab er zur Antwort, er sei geborener Nutznießer des Pfarrhauses und die Verwaltungsbehörde habe über das Pfarrhaus gar nichts zu sagen. Ich verfügte mich deshalb heute nach Niederbettingen und ersuchte den Pfarrer Maringer, das Pfarrhaus zu räumen. Er machte mir dieselbe Erklärung wie dem Gensdarm Grohé und protestirte gegen seine Ausweisung aus dem Pfarrhause, hervorhebend nur der Gewalt weichen zu wollen. Ich setzte ihn daraufhin mitsamt seinem Mobiliar vor die Thüre. Unter Protest entfernte sich p. Maringer. Ich habe gegen denselben sowie gegen 4 Helfershelfer Protokoll errichtet wegen widerrechtlichen Eindringens in ein abgeschlossenes Haus und das Protokoll dem Herrn Oberprokurator heute eingereicht.

66 Hinter dem Pseudonym dürfte sich, wie in der Einleitung zum Quellenanhang VII näher ausgeführt, Pfarrer P. Maringer zu Niederbettingen verbergen, der in seiner mehrfach wiederaufgelegten, laut Schlussbemerkung im März 1875 verfassten Broschüre ‚Ein Opfer des Culturkampfes' vermutlich die Kulturkampferlebnisse verschiedener Priester, darunter auch seine eigenen, zu einer Erzählung verarbeitete und verschmolz und einem fiktiven ‚M. Renitentus' zuschrieb. In diesem Falle dürfte er ein eigenes Erlebnis schildern, das mit dem vom Bürgermeister von Hillesheim berichteten Vorgang identisch ist.

67 *Die Hauptsache also ist, daß ich ein junger Pastor bin und diesen Posten nach Erlaß der berühmten Maigesetze im Jahre 1873 antrat. Dies geschah im October desselben Jahres und frohen Muthes zog ich in die neue Stelle in, doch nicht in das Pfarrhaus, denn dies war schon vor meiner Ankunft ‚gesperrt' worden. Der Hausschlüssel hatten sich in die Tasche des Bürgermeisters verirrt und so blieb mir nichts übrig, als durch die Hinterthür einzutreten. Dieser Einzug lockte seiner Neuheit wegen meine zahlreichen Pfarrkinder an, die sich gern bereit erklärten, meine Möbel auf demselben Umwege an Ort und Stelle zu bringen. Ich machte es mir gemüthlich, harrte der Dinge, die da kommen sollten und gefiel mir in der Rolle eines Hausherrn ohne Hausschlüssel. Doch [...] schon am folgenden Morgen beehrte mich der Bürgermeister mit seinem Besuche und [...] ersuchte mich [...], das Pfarrhaus schleunigst zu verlassen. Das ging nun aber nicht gut, denn erstens betrachtete ich mich als vom Bischof gesandten rechtmäßigen Pfarrer, hatte somit ein Anrecht auf das Pfarrhaus, und zweitens liebte ich die Gemüthlichkeit viel zu sehr, um nach dem kaum erfolgten Einzug wieder auszuziehen. Der gestrenge Herr stampfte mit dem Fuße, drohte, mich auf die Straße werfen zu lassen und ging davon [...]. Allein die Ausführung der Drohung hatte doch ihre Haken; der Bürgermeister rannte durch den ganzen Ort, um das Herauswerfungspersonal zusammenzutrommeln. Indeß keiner der braven Leute wollte sich herbeilassen, mich und meine Möbel an die Luft zu setzen.*

Einwohner in seinem Hause eine Wohnung an, die er auch mit Hilfe seiner Pfarrkinder gleich bezog, aber das Pfarrhaus hatte er räumen müssen. Hier wie in vielen anderen Fällen ist immer wieder zu beobachten, dass letztlich und langfristig die Staatsorgane ‚am längeren Hebel saßen'.

3. Das Verbot der Kirchenbuchführung

Da aus einer maigesetzwidrigen Anstellung logischerweise folgte, dass der betreffende Geistliche staatlich nicht anerkannt war und alle seine Amtshandlungen für den Staat ungültig waren, konstatierte Kultusminister Falk in seiner Rundverfügung vom 19. September 1873, dass ein solcher Geistlicher zur Führung der Kirchenbücher nicht berechtigt sei und dass den von ihm vorgenommenen Eintragungen und den von ihm erstellten Auszügen zur Zivilstandsbescheinigung keine bürgerliche Gültigkeit und Anerkennung eigneten. Um zu vermeiden, dass die Kirchenbücher durch ungültige Einträge in Unordnung geraten und Verwirrung stiften, und um den Bürgern die Möglichkeit zur Erlangung rechtsgültiger Geburts-, Tauf-, Trauungs- und Todesbescheinigungen zu sichern, waren im Fall einer maigesetzwidrigen Besetzung eines geistlichen Amts die Kirchenbücher zusammen mit dem Kirchensiegel zu beschlagnahmen und der zuständigen Bezirksregierung zu übergeben.[68] Der Oberpräsident der Rheinprovinz wandte jedoch ein, dass im

---

Selbst der außeretatsmäßige Lohn zog nicht. Hunderte umstanden das Pfarrhaus, aber kein Arm rührte sich, bis schließlich die Polizisten selbst die Arme der Gerechtigkeit in Bewegung setzten und höchsteigenhändig meine Sachen und mich selbst auf die Straße setzten. [...] Meine braven Pfarrkinder schauten traurig drein, weinten still und machten Fäuste in den Taschen. Ein wackerer Mann bot mir in seinem Hause eine Wohnung an, und als ich die Leute fragte: „Wollt ihr mir helfen?", da luden sie jubelnd Kisten und Kasten auf, und in einer Stunde saß ich in meinem neuen Quartier (M. Renitentus: Ein Opfer des Culturkampfes, 8. Aufl., S. 7–9).

68 Kultusminister Falk an den Oberpräsidenten der Provinz Posen am 19. September 1873 (LHAK, Bestand 441 Nr. 15488; GStA PK, I. HA Rep. 76 IV Sekt. 1 Abt. XII Nr. 6 Bd. 1): *Der gesetzwidrig angestellte Geistliche ist zur Führung der Kirchenbücher nicht berechtigt und Eintragungen, die er vornimmt, und Auszüge, die er daraus ertheilt, entbehren des öffentlichen Glaubens. Um zu vermeiden, daß die Kirchenbücher durch ungültige Eintragungen in Verwirrung gerathen und zugleich um den Gemeindemitgliedern die Möglichkeit zu sichern, ordnungsmäßige Kirchenbuchszeugnisse zu erlangen, ist daher fortan in allen Fällen, wo ein geistliches Amt, mit dem die Führung von Kirchenbüchern verbunden ist, gegen die Vorschriften des Gesetzes besetzt wird oder bereits jetzt besetzt ist, sofort das Kirchenbuch und zur Vermeidung des Mißbrauchs zugleich auch das Kirchensiegel mit Beschlag zu belegen und ist beides an die betreffende Königliche Regierung als die für Sachen der Kirchenbuchführung dem Geistlichen vorgesetzte Behörde abzugeben, welche alsdann auch auf den Antrag der Interessenten die Kirchenzeugnisse aus dem Kirchenbuch zu ertheilen hat. Den Justiz-Minister habe ich ersucht, die Königlichen Gerichte von dieser Anordnung, die ich allgemein für den ganzen Umfang der Monarchie habe ergehen lassen, in Kenntniß zu setzen; Ew.*

Gebiet des französischen Rechts, wo zivile Personenstandsregister geführt wurden, auch die von gesetzeskonform amtierenden Geistlichen geführten Kirchenbücher lediglich kircheninterne Bedeutung hätten und die alten, vor Einführung der Zivilstandsregister geführten Kirchenbücher im behördlichem Besitz seien. Auch Kirchensiegel hätten im Gebiet des französischen Rechts keine öffentlich-rechtliche Beweiskraft für Urkunden.[69] Da der Kultusminister dieser Argumentation beipflichtete,[70] beschränkte der Oberpräsident in Punkt 7 seiner schon wiederholt erwähnten und nachgewiesenen Instruktion vom 5. November 1873[71] die referierten Bestimmungen des Ministerialerlasses vom 19. September 1873 auf die im rechtsrheinischen Raum gelegenen Pfarreien, in denen das französische Recht nicht galt.

Hochwohlgeboren aber ersuche ich ergebenst, danach die betheiligten Verwaltungsbehörden der dortigen Provinz schleunigst mit Anweisung zu versehen, auch in den einzelnen Fällen die Gemeinden gefälligst von der getroffenen Anordnung in Kenntniß zu setzen. – Diese Verfügung ging in Abschrift an alle übrigen preußischen Oberpräsidenten *zur gefälligen Kenntnißnahme und gleichmäßigen Beachtung in der dortigen Provinz,* wodurch sie zum Runderlass avancierte. Der oben zitierte, die Führung von Kirchenbüchern betreffende Auszug aus der Rundverfügung ist abgedruckt in: N. Siegfried [Hrsg.]: Actenstücke betreffend den preußischen Culturkampf, S. 202f; Justiz-Ministerial-Blatt für die preußische Gesetzgebung und Rechtspflege, 35 (1873), S. 275.

69 Der Oberpräsident der Rheinprovinz an den Kultusminister am 13. Oktober 1873 (GStA PK, I. HA Rep. 76 IV Sekt. 13 Abt. XII Nr. 13 Bd. 1): *Euer Excellenz beehre ich mich mit Bezug auf dero Circularerlaß vom 19. September d. Js. einen Bericht der Königlichen Regierung zu Düsseldorf vom 1. d. Mts. [...] mit dem gehorsamsten Bemerken vorzulegen, daß ich den zweiten Theil des bezogenen Erlasses für anwendbar auf den Theil der Rheinprovinz, in welchem das französische Recht gilt, nicht erachtet und denselben daher nur den Regierungen zu Düsseldorf und zu Coblenz mitgetheilt habe. Diese Annahme scheint mir dadurch gerechtfertigt zu sein, daß die Eintragungen etc. der gesetzwidrig angestellten Geistlichen als des öffentlichen Glaubens entbehrend von Ew. Excellenz bezeichnet worden sind, im Gebiete des französischen Rechts aber auch diejenigen Eintragungen, welche von gesetzmäßig angestellten Geistlichen vorgenommen werden, keinen öffentlichen Glauben genießen, sondern lediglich kirchliche Bedeutung haben. Auch aus den alten, vor Einführung der Civilstandsregister geführten Kirchenbüchern können die Letzteren keine Auszüge ertheilen, da diese Kirchenbücher auf den Bürgermeistereien resp. auf den Secretariaten der Gerichte ersten Instanz beruhen. Was schließlich die Kirchensiegel anlangt, bezüglich welcher die Regierung einen Mißbrauch bei Beschlüssen der Kirchenvorstände, Vollmachten und dergleichen befürchtet, so ist mir keine gesetzliche Bestimmung bekannt, nach welcher im Gebiete des französischen Rechts diese Kirchensiegel eine Erheblichkeit für Urkunden haben könnten, da die Beweiskraft der letzteren von der Aufdrückung der Siegeln nicht abhängt.*

70 Der Kultusminister an den Oberpräsidenten der Rheinprovinz am 30. Oktober 1873 (LHAK, Bestand 403 Nr. 10400).

71 Text im Quellenanhang I.

Die umfassendste Auseinandersetzung um die Führung von Kirchenbüchern, die sogar das preußische Abgeordnetenhaus und den Kultusminister beschäftigte, wurde von Pfarrer Wehn provoziert, wobei auch hier wieder die Darstellung der Ereignisabfolge dazu genutzt werden soll, um beispielhaft die von einer maigesetzwidrigen Anstellung eines Geistlichen ausgelösten Vorgänge und Konflikte im Zusammenhang anstatt mit dem ausschließlichen Fokus auf die Kirchenbücher zu schildern. Der Geistliche Friedrich Wehn trat am 20. November 1873 sein neues Amt eines Pfarrers in der vakant gewordenen rechtsrheinischen Pfarrei Niederberg an. Sobald der zuständige Bürgermeister von Ehrenbreitstein davon erfuhr, eilte er unverzüglich dorthin und ersuchte den neu eingetroffenen Pfarrer um die Vorzeigung seiner Ernennungsurkunde. Aber der Bürgermeister musste diesbezüglich nicht nur eine Abfuhr hinnehmen, sondern auch feststellen, dass der bisherige Pfarrverwalter dem Pfarrer Wehn bereits die Pfarrhausschlüssel, die Kirchenbücher und das Kirchensiegel ausgehändigt hatte, woraufhin der Landrat von Koblenz gemäß der Oberpräsidialinstruktion vom 5. November 1873 die Räumung und Schließung des im kommunalen Besitz befindlichen Pfarrhauses sowie die Beschlagnahme der Kirchenbücher und des Kirchensiegels anordnete.[72] Da der Bischof die Ernennung des Pfarrers dem Oberpräsidenten nicht gemeldet hatte, wies dieser die Regierung Koblenz an, gemäß dem vorgeschriebenen Prozedere zu verfahren und stellte beim Trierer Oberprokurator Strafanzeige gegen den Bischof

72 Der Landrat von Koblenz, v. Frentz, an den Oberpräsidenten der Rheinprovinz am 21. November 1873 (LHAK, Bestand 441 Nr. 15435; LHAK, Bestand 403 Nr. 10804): *Euer Hochwohlgeboren beehre ich mich gehorsamst anzuzeigen, daß die Pfarrei Niederberg, Bürgermeisterei Ehrenbreitstein, welche seit dem 20. Juni dieses Jahres vakant war, gestern durch den Pfarrer Wehn von Limbach, Kreis Saarlouis, neu besetzt worden ist. Der Pfarrer Wehn, welcher bereits im Laufe des vorigen Monats zum Pfarrer von Niederberg ernannt worden war, wurde gestern Morgen von dem Dechanten Holsinger aus Sayn in sein Amt eingeführt. Als der Bürgermeister Freiherr von Eyß von dieser Einführung Kunde erhielt, begab er sich sofort an Ort und Stelle und ersuchte den Pfarrer Wehn um Vorzeigung seiner Ernennungsurkunde, welchem Ersuchen der Pfarrer aber nicht entsprach. Gleichzeitig stellte der Bürgermeister fest, daß der p. Wehn den Schlüssel zum Pfarrhause, die Kirchenbücher und das Kirchensiegel von dem bisherigen Pfarrverwalter Dr. Piesbach zu Ehrenbreitstein bereits erhalten hatte, und bat um Verhaltungsmaßregeln. Daraufhin habe ich den Bürgermeister angewiesen, 1. hinsichtlich der Räumung und Schließung des der bürgerlichen Gemeinde gehörigen Pfarrhauses und 2. wegen der Beschlagnahme der Kirchenbücher und des Kirchensiegels sofort das Weitere in Gemäßheit der Bestimmungen No. 2 und No. 7 des hohen Erlasses vom 5. d. Mts. zu veranlassen und 3. den Pfarrer Wehn nöthigenfalls im Wege der polizeilichen Execution anzuhalten, über seine Personal- und Anstellungsverhältnisse ihm die gesetzlich erforderliche Auskunft zu ertheilen. Indem ich mir über die Letzteren die weitere Berichterstattung ehrerbietigst vorbehalte, bitte ich gehorsamst um eine hochgeneigte Instruction bezüglich des weiteren Verfahrens.*

von Trier.[73] Daraufhin nahm der Landrat bzw. der Bürgermeister wie üblich die Bekanntmachung an die Gemeinde und die protokollarische Belehrung des Pfarrers vor, wobei in beide neben den üblichen Mitteilungen der Hinweis aufgenommen wurde, dass die staatsrechtliche Ungültigkeit der Anstellung die staatsrechtliche Ungültigkeit der vom Pfarrer vorgenommenen Trauungen und Kirchenbucheintragungen zur Folge habe,[74] denn Niederberg lag ja im Geltungsbereich des sog. gemeinen Rechts und damit außerhalb des Geltungsgebiets des französischen Rechts mit seiner obligatorischen Zivileheschließung,[75] sodass die kirchliche Trauung bürgerliche Wirkung hatte, welche aber natürlich nicht eintreten konnte, wenn der Pfarrer mitsamt seinen Amtshandlungen nicht staatlich anerkannt waren. Pfarrer Wehn erwies sich jedoch als außerordentlich renitent. Da er die freiwillige Räumung des Pfarrhauses verweigerte, musste der

---

73 Der Oberpräsident der Rheinprovinz an die Regierung Koblenz am 24. November 1873 (LHAK, Bestand 441 Nr. 15435): *Nach der [...] Anzeige des Landraths Freiherrn von Frentz hierselbst vom 21. d. Mts. ist die am 20. Juni d. Js., also nach Eintritt der Rechtskraft des Gesetzes über die Vorbildung und Anstellung der Geistlichen vom 11. Mai d. Js. vacant gewordene katholische Pfarrstelle zu Niederberg dem Geistlichen Wehn, seither* [d.h. bisher] *in Limbach Kreises Saarlouis, übertragen und derselbe unterm 20. d. Mts. in das Amt eingeführt worden. Mit Rücksicht darauf, daß der Herr Bischof von Trier die durch § 15 des erwähnten Gesetzes vorgeschriebene Anzeige bezüglich der gedachten Anstellung mir nicht gemacht hat, ersuche ich die Königliche Regierung ergebenst, nach Vorschrift meines Erlasses vom 5. November d. Js. zu verfahren und den Kreislandrath mit der von demselben erbetenen weiteren Instruktion zu versehen. [...] Dem Herrn Oberprocurator zu Trier habe ich behufs Einleitung des Strafverfahrens gegen den geistlichen Oberen, welcher dem p. Wehn die Pfarrstelle zu Niederberg übertragen hat, auf Grund des § 22 l. c. die erforderliche Mittheilung gemacht.*

74 Aus der Bekanntmachung des Landrats von Koblenz vom 9. Dezember 1873 (LHAK, Bestand 441 Nr. 15435): *Sodann wird auf die Wirkung der Gesetzwidrigkeit der erfolgten Anstellung bezüglich der Eheschließungen und die damit verbundenen Folgen für die Civilstandsverhältnisse und die Erbfolge besonders hingewiesen und ausdrücklich bemerkt, daß der Geistliche Herr Wehn zur Führung der Kirchenbücher nicht berechtigt ist, und Eintragungen, die er vornimmt, sowie Auszüge, die er daraus ertheilt, des öffentlichen Glaubens entbehren.*
Aus dem vom Bürgermeister von Niederberg am 18. Dezember 1873 aufgenommenes Protokoll (LHAK, Bestand 441 Nr. 15435): *Sodann wurde Herr Wehn auf die Wirkung der Gesetzwidrigkeit der erfolgten Anstellung bezüglich der Eheschließung und der damit verbundenen Folgen für die Civilstandsverhältnisse und die Erbfolge besonders hingewiesen und ausdrücklich bemerkt, daß es zur Führung der Kirchenbücher nicht berechtigt sey und Eintragungen, die er vornehme, sowie Auszüge, die er daraus ertheile, des öffentlichen Glaubens entbehrten. Hierüber wurde diese Verhandlung aufgenommen, vorgelesen, von dem Herrn p. Wehn jedoch nicht unterzeichnet.*

75 Vgl. H. Conrad: Preußen und das französische Recht in den Rheinlanden, S. 85 u. 111f; E. Landsberg: Das rheinische Recht und die rheinische Gerichtsverfassung, S. 150.

Bürgermeister in Begleitung zweier Polizisten und eines Schlossers gewaltsam in das verschlossene und von innen verriegelte Pfarrhaus eindringen, die wenigen Habseligkeiten des abwesenden Pfarrers einsammeln und dem Küster übergeben. Eine anschließende Durchsuchung des Pfarrhauses und der Sakristei führte jedoch nicht zum Auffinden der vermissten Kirchenbücher.[76] Der Kirchenvorstand protestierte gegen das Aufbrechen und die Versiegelung des Pfarrhauses und betonte energisch, dass die Gemeinde Herrn Wehn als ihren rechtmäßigen, vom Bischof geschickten Pfarrer betrachte, der einen Anspruch auf das Pfarrhaus als Amtswohnung habe.[77] Auch der Vorladung ins Bürgermeisterbüreau zu seiner Belehrung

---

76 Der Landrat von Koblenz an den dortigen Oberpräsidenten am 25. November 1873 (LHAK, Bestand 403 Nr. 10804; LHAK, Bestand 441 Nr. 15435): *Bei Gelegenheit seiner Vernehmung wurde dem p. Wehn wiederholt vom Bürgermeister eröffnet, daß er die Pfarrwohnung räumen und das Kirchenbuch sowie das Kirchensiegel abzugeben habe, und da er beides verweigerte, erklärte der Bürgermeister, daß er das Pfarrhaus räumen und das Kirchenbuch etc. mit Beschlag belegen werde, worauf p. Wehn entgegnete, daß er dieser Verhandlung nicht beiwohnen könne, und sich entfernte. Der Bürgermeister hat sich darauf in den Besitz des Pfarrhauses gesetzt, aber weder im Letzteren noch in der Sakristei das Kirchenbuch vorgefunden. Nunmehr werde ich den Bürgermeister anweisen, die Herausgabe des Kirchenbuches im Wege der polizeilichen Execution von dem Pfarrer Wehn zu erzwingen.*

Der Landrat von Koblenz an die Regierung Koblenz am 15. Januar 1874 (LHAK, Bestand 441 Nr. 15435): *Meinem [...] Berichte vom 21. Novbr.* [an den Oberpräsidenten] *habe ich noch Folgendes über die Vollziehung der Räumung des Pfarrhauses hinzuzusetzen. Am 24. v. Mts.* [richtig: November 1873] *hatte der Bürgermeister von Eyss den Pastor Wehn vormittags über seine Personal- und Anstellungsverhältnisse auf dem Bürgermeisteramte zu Ehrenbreitstein vernommen und ihm bei dieser Veranlassung eröffnet, daß er (der Bürgermeister) am Nachmittage desselben Tages die Räumung des Pfarrhauses vernehmen werde, da seine bezüglichen Aufforderungen, dieses Haus zu verlassen, bis jetzt vergeblich gewesen seien. Der Pastor Wehn erklärte hierauf, daß er der betreffenden Verhandlung nicht beiwohnen werde. Der Bürgermeister begab sich darauf in Begleitung eines Gendarmen, eines Polizeisergeanten und eines Schlossers nach Niederberg und zog daselbst noch den Küster, Lehrer Straaten, als Zeuge hinzu. Er fand das Haus verschlossen, die Thüre von innen verriegelt. Der Eingang in das Haus mußte durch den Hof gesucht werden. Das Wohnzimmer des Pastors war ebenfalls verschlossen und wurde durch den Schlosser erbrochen. Die wenigen Effecten des Pfarrers Wehn wurden gesammelt und dem Küster, Lehrer Straaten, übergeben. Nachdem dann eine vergebliche Haussuchung nach den Kirchenbüchern stattgefunden, deren Abhaltung der Bürgermeister dem Pastor am Morgen desselben Tages ebenfalls in Aussicht gestellt [hatte], und der nicht beiwohnen zu wollen der Pastor ebenfalls erklärt hatte, wurde das Haus verschlossen und versiegelt. Der Bürgermeister nahm die Schlüssel zu sich.*

77 Der Kirchenvorstand von Niederberg an die Regierung Koblenz am 24. November 1873 (LHAK, Bestand 441 Nr. 15435): *Gegen den Akt, der heute durch den Herrn Bürgermeister, Freiherr v. Eyß, unter Zuziehung eines Gensdarmen, zweier Polizeibeamten und eines Schlossers aus Ehrenbreitstein an unserm katholischen Pfarrhause ausgeübt worden ist, darin bestehend, daß die Hausthüre desselben versiegelt worden,*

über das Amtierungsverbot kam Pfarrer Wehn nicht nach und der Versuch einer zwangsweisen Vorführung mittels eines beträchtlichen Polizeiaufgebots endete in einem farceartigen, von der Lokalpresse ‚ausgeschlachteten' Exekutivdesaster, weil der wenig Kompetenz verratende Bürgermeister ausgerechnet das Ende eines Gottesdienstes, als noch die ganze Gemeinde anwesend war, als Zeitpunkt für eine Festnahme wählte, weil die Gottesdienstbesucher energischen Widerstand leisteten, indem sie die Kirchentür vor den draußen stehenden und wartenden Polizisten durch eine niemanden heraus oder herein lassende Menschenkette verschlossen hielten und im Kircheninnern lautstark und lange den Rosenkranz beteten, und weil der Pastor den Bürgermeister durch geschicktes Taktieren, souveränes Ignorieren und glatte Renitenz regelrecht vorführte. Er brachte den Tumulte und Ausschreitungen fürchtenden Bürgermeister sogar dazu, die Polizisten wieder abziehen zu lassen, kam dann aber doch nicht aus der Kirche heraus, sodass der Bürgermeister, anstatt sich – wie befohlen und ursprünglich geplant – den Pfarrer polizeilich vorführen zu lassen, sich schließlich seinerseits in die Kirche bemühte, wo er dem die Orgel spielenden, *von einer Anzahl weinender Weiber* umgebenen Pastor die Belehrung mit dem Amtierungsverbot, gegen die Musik anredend, vorlas, woraufhin er sich Beschimpfungen anhören musste.[78] Obwohl die Regierung

---

legt hiermit der unterzeichnete Kirchenvorstand Niederberg entschieden Protest ein. Wie bisher, so erkennen wir auch jetzt nur den von unserm Hochwürdigsten Herrn Bischof geschickten und feyerlich bei uns eingeführten Seelsorger, den Herrn F. Wehn, als unsern rechtmäßigen Pastor an, für welchen wir darum [...] das aus den Mitteln des Kirchspiels Niederberg erbaute katholische Pfarrhaus als Amtswohnung unsers Herrn Pastors beanspruchen.

78 Aus der ‚Coblenzer Volkszeitung' vom 20. Dezember 1873: *Niederberg, 18. Dez. Die Verkündigung einer Amtssperre in der Kirche unter Gebet und Gesang mit Orgelbegleitung? Ganz richtig! Die Eröffnung der Amtssperre sollte dem Herrn Pastor F. Wehn in Niederberg ausnahmsweise auf dem Bürgermeisteramte in Ehrenbreitstein, wohin er vorgeladen worden, gemacht werden. Da er natürlich nicht erschien, so ließ sich also der Bürgermeister v. Eyß die Sistirung desselben durch persönlichen Zwang, wie er angedroht war, angelegen sein. Was geschieht? Während der Herr Pastor am 17. dieses [Monats] morgens auf der Filiale Urbar beschäftigt ist, kommt ein Gensdarm und ein Polizeidiener nach Niederberg, um den Befehl des Bürgermeisters zu vollstrecken. Von da geht's nach Urbar, aber auch dort war der Gesuchte nicht zu finden. War er etwa flüchtig geworden? O nein, denn andern morgens besorgte er den gewöhnlichen Gottesdienst in der Pfarrkirche zu Niederberg. Aber siehe, während desselben erscheinen die Häscher; zwei Polizeidiener; zwei Gensdarmen mit Gewehren kommen, ihnen folgt nachher noch ein Gensdarm; es zeigen sich noch zwei Gendarmen; zwei andere endlich seien noch zwischen Niederberg und Ehrenbreitstein geritten. Das war schon eine anständig bewaffnete Macht, welche den Herrn Pastor nehmen sollte. Derselbe war noch am Altare, als schon ein kleines Durcheinander bemerkt wurde, auf welches dann ein allgemeines Weinen und Schluchzen in der Kirche ausbrach, das kein Ende nehmen wollte. Alt und Jung klagten laut ihrem nach beendigtem Gottesdienste vom Altare kommenden Seelsorger die Ankunft der Gewaltigen am Eingange der Kirche, die dort ständen um ihn zu holen; man ließe aber niemanden herein; er dürfe eben nicht*

hinausgehen. Alles stellte sich von Innen an die Thüre, das Eintreten war nicht möglich. Ein dicker Polizeidiener, der es versuchte, mußte zurück. Der Herr Pastor selbst, welcher mehrmals heraus wollte, wurde nicht durchgelassen. Die Frauen nehmen ihn vor sich, halten ihn am Arme, lassen ihn nicht los, umringen ihn, die Mädchen dienen ihnen zur Unterstützung, die Männerwelt hält an der Thüre, da war an ein Herauskommen nicht zu denken. [...] Was aber jetzt? Nun, wir fangen den Rosenkranz an. Alle stimmen ein; wir singen bald auch Lieder zwischen den einzelnen Gesetzen; hierzu spielt der Herr Pastor die Orgel. Da wurde es doch den Gewappneten da draußen etwas lange. Es mochte ihnen während den 2 Stunden vor der Kirche wohl kalt werden und dazu war in der Kirche der Dienst so herrlich im Gange, daß er noch lange kein Ende zu nehmen schien. So läuft denn einer von ihnen zurück nach Ehrenbreitstein, um den Bürgermeister zu benachrichtigen. Der kommt, geht in die Wohnung des Lehrers, aus welcher er früher den Herrn Pastor hat ausweisen lassen und schickt Boten zur Kirche, damit der Herr Pastor doch dorthin zu ihm kommen möge. Der trug aber kein Verlangen, den Bürgermeister in einer Wohnung zu sprechen, aus welcher er ihn hatte ausbieten lassen, und schickte abschlägigen Bescheid. Dann möge derselbe doch in seine Wohnung gehen, da wolle er zu ihm kommen. Auch wieder nein. Überhaupt wurde von den Leuten erst verlangt, daß die Gewappneten sich entfernten; eher sei nicht daran zu denken, daß der Herr Pastor komme. Das geschah denn auf Geheiß des Bürgermeisters. Gleichwohl bekam er den Herrn Pastor noch nicht heraus. Den konnte er erst sprechen, als er in die Kirche sich bemühte, wo er [d.h. der Pastor] *zu dem gerade wieder angefangenen Liede die Orgel spielte und er kam hier erst zu Wort, als das Lied beendigt war. Er verlangte aber auch vergeblich den Herrn Pastor abseits und so mußte er sich denn dazu verstehen, theilweise unter dem Tönen der Orgel und Protestiren des Herrn Pastors nach wiederholtem „Erlauben Sie" sein Schriftstück abzulesen. Der Herr Pastor unterließ es nicht mit Ernst zu protestiren gegen eine Maßregel, die wohl bei gemeinen Verbrechern am Platze sei, bisher aber noch nicht gegen einen Geistlichen, dem die Amtssperre verkündigt werden sollte, weder von einem Landrathe noch viel weniger von einem Bürgermeister angewendet worden sei. Sonstwo hätte sich vielmehr der Landrath oder der Bürgermeister anständig zu dem betreffenden Geistlichen begeben. Herr von Eyß entschuldigte sich zwar damit, daß er das im Auftrage des Landrathes habe thun müssen, mag es aber auch der Ausführung dieser aufregenden Maßregel zuschreiben, daß später auf der Straße vor dem Hause des Ortsvorstehers und seines Genossen ein Auflauf entstand, der nachher durch gute Worte des Herrn Pastor beigelegt wurde. Respekt vor Niederberg!*

Der Landrat von Koblenz an die Regierung Koblenz am 28. Dezember 1873 (LHAK, Bestand 441 Nr. 15435): *Der Geistliche Wehn hat der ersten Vorladung vor dem Bürgermeister zu erscheinen, um die nöthige Eröffnung wegen seiner ungesetzlich erfolgten Anstellung entgegen zu nehmen, keine Folge geleistet [...], worauf ihm eine Strafvorladung zugestellt wurde. Nachdem auch diese wirkungslos war, beauftragte ich den Bürgermeister von Eyß [...] die Vorführung des Wehn zu bewirken und stellte ihm 1 Gendarm zur Verfügung, Dieser Gendarm, der sich in Begleitung eines Polizeisergeanten nach Niederberg [begab], traf den p. Wehn dort nicht an. Derselbe sollte in Urbar sein; allein auch dort wurde er nicht gefunden. Hierauf beauftragte ich den Bürgermeister für den 18ten früh solche Anordnungen zu treffen, daß die Vorführung bewirkt werden könnte. Die Ausführung dieses Auftrages hat Herr von Eyß nicht nur in sehr ungeschickter Weise eingeleitet, sondern er hat seinen Auftrag gar nicht ausgeführt. Anstatt sich den Pfarrer vorführen zu lassen, hat er sich zum Pfarrer in die Kirche begeben.*

Koblenz mehrfach eine Exekutivhaftstrafe, d.h. eine von der Exekutive verfügte, rein polizeiliche, keiner richterlichen Kontrolle unterliegende Haft zur Erzwingung einer Handlung,[79] gegen Pfarrer Wehn verhängt hatte, gab dieser nur die seit 1838 geführte deutschsprachige Kirchenbuchausfertigung heraus, nicht aber das weiter in die Vergangenheit zurückreichende lateinische Exemplar.[80] Nachdem nun

---

Über den Vorgang sprechen die vorliegenden Akten und hebe ich zunächst hervor, daß der Bürgermeister die Gendarmen in sehr ungeschickter Weise beauftragt hat, den Zeitpunkt der Beendigung des Gottesdienstes für die Vorführung des Pfarrers, also eine Gelegenheit zu wählen, wo die ganze Gemeinde zusammen [war] und Excesse beinahe unvermeidlich waren. [...] Obgleich ich ihm noch 4 Gendarmen schickte, so daß er 6 Gendarmen und 2 Polizeisergeanten an Ort und Stelle hatte, fängt er mit dem Pfarrer an zu verhandeln. Dieser verlangt die Zurückziehung der Gendarmen, Herr von Eyß fügt sich [...]. Nachdem das geschehen, kommt der Pfarrer doch nicht und nun begibt sich der Herr Bürgermeister zum Herrn Pfarrer in die Kirche. Er trifft ihn dort im Mantel auf der Emporbühne, die Orgel spielend, umgeben von einer Anzahl weinender Weiber, kann nur mit Mühe zu Worte kommen und erfährt von dem Pfarrer eine keineswegs anständige Behandlung. Um Excessen vorzubeugen, hat Herr von Eyß so gehandelt, eine Rücksicht, welche mit dem Hohn belohnt worden ist, welchen der Pfarrer Wehn in der Volkszeitung über ihn ausgießt und die in ihren Folgen höchst üble Früchte tragen wird. Schon am 22. d. Mts. wurde der Gendarm Fiand bei einem Patrouillenritt in dem Filialorte Urbar durch einen Haufen von Weibern und Kindern aufgehalten, welche ihn drohend in der Meinung umringten, er sei gekommen, um den Pfarrer zu holen. Als sich auch Männer dazu gesellten, mußte der Gendarm sich gewaltsam Bahn brechen.

79 Der Kgl. Gerichtshof zur Entscheidung der Kompetenz-Konflikte in seinem Urteil vom 10. Oktober 1874 (GStA PK, I. HA Rep. 76 IV Sekt. 13 Abt. XII Nr. 13 Bd. 3): *Das Vorgehen des verklagten Landraths [von Koblenz] Freiherrn v. Frentz gegen den Kläger* [d.i. Pfarrer F. Wehn], *welches dieser jetzt zum Gegenstand einer gerichtlichen Untersuchung und Entscheidung machen will, erscheint als ein polizeiliches Executionsverfahren. Denn dasselbe wurde ausdrücklich auf Grund des Gesetzes vom 11. März 1850 § 20 von der K. Regierung zu Coblenz veranlaßt und von dem Verklagten ausgeführt, um den Kläger zur Herausgabe des lateinischen Kirchenbuchs und des Kirchensiegels zu bestimmen, da er nach dem Gesetz vom 11. Mai 1873 § 17 als Pfarrer und demgemäß als berechtigt zur Führung des Kirchenbuchs und Kirchensiegels nicht staatlich anerkannt wurde. Nach dem Gesetz vom 11. Mai 1842 § 1 kann aber insbesondere die Gesetzmäßigkeit derartiger polizeilicher Verfügungen einer richterlichen Prüfung nicht unterworfen werden, und ist darum auch der Rechtsweg rücksichtlich der von dem Kläger bestrittenen Zuständigkeit des Landraths Freiherrn v. Frentz und der K. Regierung zu Coblenz zur Verfügung und Vollstreckung der administrativen Executivhaft sowie rücksichtlich der Dauer derselben ausgeschlossen.*

80 Die Regierung Koblenz an den Justizminister am 22. April 1874 (GStA PK, I. HA Rep. 76 IV Sekt. 13 Abt. XII Nr. 13 Bd. 2): *Nachdem die katholische Pfarrstelle zu Niederberg, Kreis Coblenz, am 20. Juni v. J., also nach Eintritt der Rechtskraft des Gesetzes über die Vorbildung und Anstellung der Geistlichen vom 11ten Mai v. J., durch den Tod ihres bisherigen Inhabers vacant geworden war, wurde der Geistliche Wehn zu Limbach, Kreis Saarlouis, auf dieselbe berufen und am 20. November v. J. in das Amt eingeführt.*

Pfarrer Wehn insgesamt zwölf Wochen in Beugehaft verbracht hatte, ohne dass der Staat seine Verweigerungshaltung brechen konnte, griff der Zentrumsabgeordnete v. Mallinckrodt in einer Interpellation[81], über die am 19. Mai 1874 im preußischen Abgeordnetenhaus debattiert wurde,[82] die Rechtmäßigkeit der Beugehaftdauer an.

Da der Herr Bischof von Trier bei dieser Anstellung indessen die durch § 15 a.a.O. vorgeschriebene Anzeige nicht gemacht hatte, so mußte in Gemäßheit der [...] Anweisung des Königlichen Oberpräsidiums vom 5ten November v. J. unter Anderem zur Beschlagnahme des Kirchenbuches der dem Geltungsgebiete des französischen Rechts nicht angehörenden Pfarrei Niederberg geschritten werden. Obwohl nun die Ortspolizeibehörde festzustellen vermochte, daß der mit der inter[i]mistischen Pfarrverwaltung betraut gewesene Pfarrer Dr. Piesbach zu Ehrenbreitstein die Kirchenbücher dem p. Wehn übergeben hatte, so wurde doch von Letzterem die Herausgabe derselben verweigert. Da auch eine sofort abgehaltene Nachsuchung zur Auffindung und Beschlagnahme der in Frage stehenden Urkunden nicht führte, so wurde ihre Auslieferung nunmehr unsererseits unter Androhung von Zwangsmitteln verlangt, dadurch jedoch nur die Herausgabe des in deutscher Sprache abgefaßten Exemplars erreicht, während die zweite, auf Anordnung der Kirchenoberen lateinisch geschriebene Kirchenbuchsausfertigung zurückbehalten wurde und auch seither trotz mehrfacher Zwangsstrafvollstreckungen noch nicht in unsern Besitz gelangt ist.

81 Interpellation des Zentrumsabgeordneten v. Mallinckrodt (GStA PK, I. HA Rep. 76 IV Sekt. 13 Abt. XII Nr. 13 Bd. 2; Stenographische Berichte über die Verhandlungen des preußischen Hauses der Abgeordneten, Session 1873/74, Bd. 2, S. 1816):
In der Pfarrei Niederberg – im rechtsrheinischen Theile des Kreises Koblenz – findet herkömmlich eine doppelte Buchung der kirchlichen Akte statt, indem dieselben einerseits in die deutschen Standesbücher und andererseits in die lateinischen Kirchenbücher eingetragen werden. Der derzeitige Pfarrer Friedrich Wehn ist „gesperrt" und hat auf Erfordern und im Einverständnisse mit dem Generalvikariate zu Trier die deutschen Bücher der Staatsbehörde ausgeliefert, dahingegen die Herausgabe der lateinischen Bücher und des Kirchensiegels verweigert. Der Königliche Landrath Freiherr v. Frentz hat darauf, um die Herausgabe auch dieser Gegenstände zu erzwingen, zunächst Geldbußen und sodann Exekutivhaft angedroht und verfügt. Es sind vollstreckt worden:
a. 14tägige Haft vom 9. – 23. Februar d. J.
b. 14tägige Haft vom 26. Februar bis 12. März d. J.
c. 4wöchentliche Haft vom 16. März bis 13. April, 9 Uhr morgens
d. 4wöchentliche Haft vom 13. April, 9 Uhr morgens, bis 11. Mai d. J.
Sa. 3 Monate
Dieses Verfahren des Königlichen Landraths, gegen welches der Betroffene ohne Erfolg Beschwerde geführt hat, ist nach Überzeugung des Unterzeichneten ungesetzlich, denn erstens entbehrt die Forderung der Polizei-Behörde der gesetzlichen Begründung und zweitens überschreitet die Dauer der verfügten Exekutivhaft das gesetzliche Maximum von 4 Wochen um das Dreifache. Der Unterzeichnete beehrt sich, an die Königliche Staatsregierung, zu deren Kenntniß der Vorgang bereits gelangt ist, die Frage zu richten, ob dieselbe gesonnen ist, den Herrn Wehn gegen fernere Beeinträchtigung der bürgerlichen Freiheit zu schützen.

82 Stenographische Berichte über die Verhandlungen des preußischen Hauses der Abgeordneten, Session 1873/74, Bd. 2, S. 1816–1826.

Der (Hinter-)Grund dieser parlamentarischen Anfrage war die auch innerbehördlich breit diskutierte Frage, ob gemäß den gesetzlichen Regelungen die maximal vierwöchentliche Exekutivhaft für ein und denselben Zweck nur einmal oder mehrfach bis zur Willfahrung verhängt werden dürfe.[83] Diese Frage, deren Erörterung mit ihrer diffizilen juristischen Kasuistik hier nicht weiter ausgebreitet werden soll, hatten der Kultus- und der Innenminister zugunsten einer mehrfachen Verhängungsmöglichkeit entschieden.[84] Obwohl der Kultusminister in der Debatte im Abgeordnetenhaus die Schuldschwere und Staatsschädigung der Kirchenbuchvorenthaltung betonte[85] und die Mehrfachverhängung der Exekutivhaft

83 Die Regierung Koblenz an den Innen- und den Kultusminister am 19. Februar 1874 (GStA PK, I. HA Rep. 76 IV Sekt. 13 Abt. XII Nr. 13 Bd. 1): *Gegen den in die katholischen Pfarrstelle zu Niederberg, Kreis Coblenz, und zwar im Bezirk des Justiz-Senats zu Ehrenbreitstein, widergesetzlich eingesetzten Geistlichen Wehn ist die Anwendung der den Verwaltungsbehörden zu Gebote stehenden gesetzlichen Zwangsmittel erforderlich geworden, um mit Hülfe derselben die verweigerte Herausgabe der Kirchenbücher sowie des Kirchensiegels zu erwirken. Nachdem die auferlegten Geldstrafen sich als nicht zum Zwecke führend erwiesen hatten, weil bei der beabsichtigten Beitreibung derselben Pfandobjecte nicht vorgefunden worden sind, ist zur Androhung und Vollstreckung einer Executivhaft von zunächst 14 Tagen übergegangen worden, welche am 23. d. M. ihr Ende erreicht und voraussichtlich eine Fortsetzung des eingeschlagenen Zwangsverfahrens nöthig machen wird. Gelegentlich der durch eine Anfrage des Kreislandraths veranlaßten Berathung der in dieser Sache weiter zu treffenden Maßregeln ist nun innerhalb unseres Collegii eine Meinungsverschiedenheit darüber hervorgetreten, welches Maaß bei der eventuell anderweit anzudrohenden Executivhaft inne zu halten sei. Während nämlich von der einen Seite geltend gemacht wurde, daß die eben gedachte weitere Haft bis auf 4 Wochen ausgedehnt werden dürfte, weil die im § 48 zu No. 2 der Verordnung vom 26. Dezember 1808 ausgesprochene Beschränkung der anwendbaren Gefängnißsstrafe auf die Dauer von 4 Wochen dem ausdrücklichen Wortlaute gemäß nur auf die einzelnen Strafbefehle, nicht aber auf die Gesammtsumme der zur Durchsetzung einer Verfügung je nach dem Maaße des Widerstandes erforderlichen Freiheitsstrafen sich bezöge, ist andererseits angenommen worden, daß wegen des Zusammenhanges der in Frage stehenden Vorschrift mit der allgemeinen Gerichtsordnung in jener Fristbestimmung eine Begrenzung derjenigen Executionsbefugniß erkannt werden müsse, welche der Verwaltungsbehörde zur Erzwingung des Gehorsams dem betreffenden Individuum gegenüber gesetzlich zustände.*

84 Der Kultus- und der Innenminister an die Regierung Koblenz am 13. März 1874 (LHAK, Bestand 441 Nr. 15435; GStA PK, I. HA Rep. 76 IV Sekt. 1 Abt. XII Nr. 6 Bd. 1): *(Wir) vermögen nicht zu der Auffassung zu gelangen, daß nach der Intention des Gesetzes in einem Falle wie der vorliegende der Exequendus gegen Abbüßung einer vierwöchentlichen Gefängnißstrafe als befreit von der durch das öffentliche Interesse gebotenen Erfüllung einer ihm gesetzlich obliegenden Verpflichtung habe erklärt werden sollen. Die Kgl. Regierung ermächtigen wir daher, gegen den Pfarrer Wehn weitere executivische Strafbefehle bis zu einer jedesmaligen vierwöchentlichen Gefängnißstrafe zu erlassen.*

85 *(Es) unterliegt keinem Zweifel, daß, wenn Personen die Kirchenbücher führen, die dazu keine Befugniß haben – und das gilt von den sogenannten widerrechtlich angestellten*

verteidigte, wies er noch am selben Tag den Oberpräsidenten an, den Geistlichen Wehn aus ihr zu entlassen, weil das Ziel, die Auslieferung der lateinischen Kirchenbücher und des Kirchensiegels, eventuell mit Hilfe des kurz zuvor verabschiedeten Reichsgesetzes vom 4. Mai 1874, also durch die Maßregeln der Ausweisung, Internierung oder Ausbürgerung erreicht werden könne.[86] Doch der Oberpräsident protestierte gegen eine Freilassung, weil die Voraussetzung für die genannten Repressivmaßnahmen, eine rechtskräftige Verurteilung, noch nicht gegeben sei – Pfarrer Wehn hatte ja in der Haftanstalt keine Gelegenheit, in Form der Vornahme rechtswidriger Amtshandlungen zu ‚sündigen' –, weil selbst beim Vorliegen einer rechtskräftigen Verurteilung weder eine Internierung, also eine zwingende Aufenthaltsortzuweisung, noch eine Vertreibung aus dem Reichsgebiet, sondern allein das *stärkere Mittel der polizeilichen Exekutivhaft* erfolgversprechend sei und weil ein Nachgeben sowohl die Autorität wie den Durchsetzungselan des Staatsorgane beeinträchtigen würde.[87] Der Kultusminister freilich bestand vor allem wegen der

---

Geistlichen – unter solchen Verhältnissen das Staatsinteresse entschieden leidet. Denn, meine Herren, diese Personen haben kein Recht, die Kirchenbücher mit öffentlichem Gauben weiter zu führen, diese Personen haben kein Recht, Auszüge aus diesen Kirchenbüchern zu führen, mit dem Siegel zu versehen und ihnen dadurch öffentlichen Glauben beizumessen. [...] Wenn solche Personen die Kirchenbücher weiter führen, so gewinnt die Fortführung zwar äußerlich den Schein des Rechtes, aber in Wahrheit ist eine solche rechte Fortführung nicht vorhanden. Es muß daraus in Beziehung auf den Rechtszustand eine Verwirrung eintreten. [...] Es giebt nun kein anderes Mittel, als die Entziehung dieser Bücher und Siegel aus den Händen unbefugter Personen, sonst ist der Mißbrauch nicht zu tilgen (Stenographische Berichte über die Verhandlungen des preußischen Hauses der Abgeordneten, Session 1873/74, Bd. 2, S. 1821).

86 Der Kultusminister an den Oberpräsidenten der Rheinprovinz am 19. Mai 1874 (LHAK, Bestand 403 Nr. 10401).

87 Der Oberpräsident der Rheinprovinz an den Kultusminister am 20. Mai 1874 (GStA PK, I. HA Rep. 76 IV Sekt. 13 Abt. XII Nr. 13 Bd. 2): *In dem geehrten Erlasse vom 19. d. Mts. haben Euer Excellenz mich veranlaßt, von weiteren Zwangsmaßregeln gegen den Geistlichen Friedrich Wehn zum Zwecke der Herausgabe der Kirchenbücher und Kirchensiegel Abstand zu nehmen, da die Zwecke, welche mit diesen Maßregeln verfolgt würden, eventuell durch das Reichsgesetz vom 4. Mai d. Js. indirekt erreicht werden könnten. In Folge dessen gestatte ich mir vor Ausführung dieses Erlasses Euer Excellenz gehorsamst zu benachrichtigen, daß eine* <u>*rechtskräftige*</u> *Verurtheilung des p. Wehn auf Grund des § 23 des Gesetzes vom 11. Mai v. Js. noch nicht stattgefunden hat, wenigstens zu meiner Kenntniß noch nicht gelangt ist. Es würde hiernach vorläufig nur der § 5 des gedachten Gesetzes zur Anwendung gelangen können. Wenn aber auch eine rechtskräftige Verurtheilung vorläge, so würde doch durch die dann zulässige Internirung des p. Wehn an einem bestimmten Orte oder selbst durch dessen Ausweisung aus dem Bundesgebiete eine Herausgabe der Kirchenbücher und Kirchensiegel wohl nicht erreicht werden. Daß eine solche aber herbeigeführt werde, fordert in dem erheblichsten Maaße das öffentliche Interesse, Namentlich ist das Militair-Ersatz-Geschäft bei der Beschaffung der Kirchenbücher betheiligt und es befinden sich außerdem die Personen, welche zu ihrer Verehelichung Auszüge aus den Kirchenbüchern nöthig haben,*

die Versuche des Andernacher Bürgermeisters, den gesperrten Kaplan Schmitz am Betreten des Schulgebäudes zu hindern, bisher *an dem passiven Widerstande aller Betheiligten gescheitert sind*, und kreidete der Lehrerin das Versäumnis an, die offenkundige Erteilung des Religionsunterrichts durch den Kaplan nicht angezeigt und nicht durch das Nach-Hause-schicken der Schulkinder verhindert zu haben.[98] Doch die Regierung Koblenz verhängte nicht die beantragte Ordnungsstrafe gegen die Lehrerin, sondern brachte den Pfarrer von Andernach dazu, statt des gesperrten Kaplans Schmitz künftig den Kaplan Kraemer in die Andernacher Mädchenschule zur Erteilung des Religionsunterrichts zu schicken.[99] Diese kleine Miniatur aus dem Kulturkampfkaleisdoskop dürfte beispielhaft illustrieren, dass der Ausschluss von gesperrten Priestern aus der Schule zwar eine Zeitlang vereitelt und umgangen, aber auf Dauer kaum zu verhindern war; die Staatsgewalt hatte langfristig auf die Schule eine aller Renitenz überlegene Durchgriffsmacht.

---

habe. Herr Vicar Schmitz würde nach seinen eigenen Worten meiner Weisung, das Schullocal zu verlassen, nicht Folge leisten; die Anwendung von Gewalt könne man mir aber nicht zumuthen. Ich würde in Zukunft die Schule nach Beendigung meines Unterrichts – um 16 Uhr – verlassen und erklärte mich für nicht verantwortlich für das was weiter geschehe. Herr Bürgermeister Kaiser schrieb mir hierauf unterm 9. December pr., mein Verfahren sei ganz correct; ein Weiteres sei nicht nöthig. Als nun am 19. December v. J. der Polizeidiener Pütz in Begleitung des Gensdarmen Andrae dennoch wieder zu mir kam und frug, wer den Religionsunterricht ertheile, war ich natürlich ärgerlich. Am Schlusse der Unterredung sagte ich ihm gelegentlich davon [d.h. als] *Pütz unter anderem sagte, ich müsse es wissen, wer in der Schule Unterricht ertheile, und der Herr Bürgermeister würde es mir nächstens zustellen lassen, daß niemand mehr Zutritt zur Schule habe, der dazu nicht competent sei, erklärte ich dem Polizeidiener, ich erkenne nur den Herrn Schulinspector in Schulangelegenheiten als meinen Vorgesetzten an. In diesen Angelegenheiten ist der Herr Bürgermeister mein Vorgesetzter nicht. Gehen Sie selbst und sehen nach, wer in der Schule ist, worauf er erwiderte: „Ich gehe nicht und thue nichts." Demnächst* [d.h. danach] *verließen beide Beamte das Haus.*

98 Der Landrat von Mayen an die Regierung Koblenz am 23. Februar 1874 (LHAK, Bestand 441 Nr. 15460): *Aus den anliegenden Verhandlungen* [d.h. aus dem Schriftverkehr] *ergiebt sich, daß die von dem Bürgermeister Kaiser zu Andernach getroffenen Maßregeln wegen Entfernung des gesperrten Vicars Schmitz als Religionslehrer in der zweiten Mädchenschule daselbst an dem passiven Widerstande aller Betheiligten gescheitert sind. [...]. Die Lehrern Möllenrose ist den ihr [...] obliegenden Verpflichtungen insofern nicht nachgekommen, als sie es unterlassen hat, erstens dem Bürgermeister Kaiser von Fortertheilung des Religionsunterrichts durch den p. Schmitz Anzeige zu machen und zweitens jedem derartigen Versuche des Letzteren durch Entlassung der Schulkinder vorzubeugen. Gegen die p. Möllenrose kann ich daher nur die Festsetzung einer Ordnungsstrafe gehorsamst in Antrag bringen.*

99 Der Regierung Koblenz an den Kreisschulinspektor Pfarrer Parsch zu Andernach am 10. März 1874 (LHAK, Bestand 441 Nr. 15460 im Entwurf); dies. an den Landrat von Mayen am 10. März 1874 (ebd. im Entwurf); Schulinspektor Pfarrer Parsch zu Andernach an die Regierung Koblenz am 13. März 1874 (ebd.).

5. Das Dienstleistungsverbot für als Küster und Organist tätige Lehrer

Insbesondere auf dem Lande fungierte durchgängig der örtliche Lehrer gleichzeitig als Küster, vor allem in den Städten auch als Organist. Viele Lehrer fürchteten nun einerseits disziplinarrechtliche Konsequenzen, wenn sie als Staatsbedienstete nebenbei einem maigesetzwidrig in ein Amt gekommenen Geistlichen leicht als staatsfeindliche Demonstration deutbare Küster- und Organistendienste leisten, andererseits aber auch eine Kündigung seitens der Kirche und damit Gehaltseinbußen, wenn sie die Dienstleistungen verweigern, und wandten sich in diesem Loyalitätskonflikt zwischen Kirche und Staat – aus Angst vor Repressalien häufig anonym – bald nach der Publikation der Maigesetze an die Behörden mit der Bitte um Verhaltensmaßregeln.[100] In Reaktion auf eine Anfrage des Oberpräsidenten der

100 Ein anonym bleibender Koblenzer Bürger, wahrscheinlich ein Lehrer, an den Kultusminister im August 1873 (GStA PK, I. HA Rep. 76 IV Sekt. 1 Abt. XII Nr. 6 Bd. 1): *Es sind jetzt schon manche Geistliche von den Bischöfen gegen das Gesetz v. 11. Mai angestellt worden. Bald werden solche Geistliche massenhaft gegen das Gesetz angestellt werden. Welche Stellung haben dann die Lehrer, welche zugleich Küster, also Kirchendiener sind, einzunehmen? In den meisten katholischen Pfarreien sind die Lehrer auch Küster, auf dem Lande alle. In den Städten sind vielfach die Lehrer Gesangführer und Orgelspieler beim Gottesdienste. Thut nun ein ungesetzlich angestellter Geistlicher dennoch Dienst, so wird er für jede Amtshandlung gestraft. Darf nun ein Lehrer, der Küster ist, einen solchen Geistlichen amtlich bedienen? Wir meinen, das sei eine offene Theilnahme an einer ungesetzlichen, strafbaren Handlung und zugleich eine Parteinahme für die widerspenstigen Geistlichen und somit eine Demonstration gegen die Staatsregierung. Diese Angelegenheit wäre also noch zu ordnen. Sie ist dringend und wichtig! Nach unserer Meinung darf es einem Lehrer durchaus nicht erlaubt sein, in irgend einem Falle einen ungesetzlich fungirenden Geistlichen amtlich als Küster zu bedienen. Wird dann von der bischöfl. Behörde der Küster als solcher abgesetzt, so muß das Küstergehalt dem Lehrer, wenn er ohne dasselbe nicht gut leben kann, von der Gemeinde resp. vom Staat ersetzt werden.*
Ein anonym bleibender Lehrer aus dem Regierungsbezirk Koblenz an den Oberpräsidenten der Rheinprovinz am 23. August 1873 (LHAK, Bestand 403 Nr. 10802): *Ein Lehrer aus dem Regierungsbezirk Coblenz erlaubt sich nach Verabredung mit anderen Lehrern Ein Königl. Oberpräsidium ganz gehorsamst zu ersuchen, bei dem Conflikt der Bischöfe mit der Staatsregierung den Lehrern, welche in allen großen und kleinen Dörfern der Rheinprovinz zugleich Küster, also Kirchendiener und Diener der Geistlichen sind, die nöthigen Verhaltungsmaßregeln zu geben und öffentlich bekannt zu machen. Gegen Ende August werden in allen Diözesen viele neue Priester geweiht, in Trier etwa 30, in Köln noch mehr. Diese werden dann als Kapläne an Stelle der älteren Kapläne angestellt. So werden 30 ältere Kapläne disponibel. Diese werden dann zu Pfarrern ernannt. So gibt es in der Trierschen Diözese allein gegen 60 Ernennungen, Versetzungen etc., in der Kölnischen Diözese noch mehr. Sämmtliche Ernennungen werden im September erfolgen, ohne Anzeige beim Oberpräsidenten. Kommt ein so*

Provinz Westfalen, der solche Küster- und Organistentätigkeiten als einem Staatsdiener unerlaubte Beihilfe an strafbaren Handlungen qualifizierte,[101] lehnte freilich der Kultusminister in seinem Erlass vom 31. Oktober 1873 ein generelles Verbot ab, weil dieses dann im Zuwiderhandlungsfall mittels Disziplinarverfahren und letztlich Amtsenthebungen auch durchgesetzt werden müsste, *der in vielen Bezirken des Staates bestehende Lehrermangel aber in dieser Beziehung zu einer gewissen Vorsicht mahnt.* Es wollte eine Einzelfallbehandlung und erst dann eingeschritten haben, wenn *ein Lehrer in seiner Eigenschaft als Kirchendiener offenbar gemeinsame Sache mit einem gesetzwidrig angestellten Geistlichen macht und dadurch positiven Antheil an der Opposition gegen die Gesetze des Staates* nimmt.[102] Dieser

---

ernannter Geistlicher in ein Dorf, darf dann der Lehrer als Küster ihn vor den Augen der ganzen Gemeinde bedienen? Dieser Punkt ist sehr wichtig und bedarf einer baldigen Entscheidung. Darf der Lehrer und Küster das nicht, darf er auch, wenn ein Geistlicher ungesetzlich angestellt ist, beim Gottesdienst nicht den Gesang leiten und nicht die Orgel spielen, darf er nicht einmal zu solchem Gottesdienst läuten u.s.w. So wird wohl der Bischof einen solchen Küster als solchen absetzen wollen. Ein Bischof darf doch wohl nach den neuen Kirchengesetzen keinen strafen, weil ein Verbot oder Gebot der Regierung befolgt wird. Das Königl. Oberpräsidium wolle daher recht bald die Entscheidung treffen und dieselbe zur Öffentlichkeit bringen. Sonst kommt plötzlich ein ungesetzlich angestellter Geistlicher in eine Pfarrei hinein und der Lehrer weiß dann nicht, wie er sich als Küster, als Kirchendiener zu verhalten hat. Da diese Sache von allgemeinem Interesse ist, so ist es nicht von Belang, daß Schreiber dieser Zeilen sich nenne.

101 Der Oberpräsident der Provinz Westfalen, v. Kühlwetter, an den Kultusminister am 15. Oktober 1873 (GStA PK, I. HA Rep. 76 IV Sekt. 1 Abt. XII Nr. 6 Bd. 1).

102 Kultusminister Falk an den Oberpräsidenten der Provinz Westfalen am 31. Oktober 1873 (LHAK, Bestand 403 Nr. 10400; LHAK, Bestand 441 Nr. 15488; GStA PK, I. HA Rep. 76 IV Sekt. 1 Abt. XII Nr. 6 Bd. 1): *Ew. Excellenz erwiedere ich auf den gefälligen Bericht vom 15. d. Mts., die Heranziehung der Lehrer als Küster und Organisten zu den Amtshandlungen der gesetzwidrig angestellten Geistlichen betreffend, ergebenst, daß die darin angeregten Gesichtspunkte als vollkommen berechtigt anzuerkennen sind. Gleichwohl nehme ich Anstand, in diesem Sinne eine generelle Verfügung zu treffen, einmal weil der Gegenstand anderweit noch nicht angeregt worden ist und sodann weil es nicht unbedenklich erscheint, ohne dringende Veranlassung denselben allgemein aufzunehmen, zumal einem generellen Verbote an die Lehrer auch jedenfalls ev. Nachdruck durch Einleitung der Disciplinaruntersuchung auf Amtsentsetzung gegen die Contravenienten würde gegeben werden müssen, der in vielen Bezirken des Staats bestehende Lehrermangel aber in dieser Beziehung zu einer gewissen Vorsicht mahnt. Ich lege deshalb Werth darauf, die Angelegenheit bis auf Weiteres lediglich concret zu behandeln und halte demgemäß zur Zeit nur in solchen Fällen ein Einschreiten für geboten, wo ein Lehrer in seiner Eigenschaft als Kirchendiener offenbar gemeinsame Sache mit einem gesetzwidrig angestellten Geistlichen macht und dadurch positiven Antheil an der Opposition gegen die Gesetze des Staates und die auf Grund derselben erlassenen Anordnungen der Regierung nimmt. Es ist zu erwarten, daß die Schulinspectoren oder die Landräthe in solchen Fällen der betreffenden Regierung Anzeige machen und die Regierungen dadurch Gelegenheit zu dem erforderlichen Einschreiten nehmen*

eher ausweichende, staatsrechtlich inkonsequente, das Problem umgehende und die Problemlösung delegierende Ministerialerlass machte ein Einschreiten stark vom subjektiven Ermessen der Behörden und vom Verhalten des Lehrers abhängig. Wenn Letzterer einen demonstrativen antietatistischen Schulterschluss mit dem illegal amtierenden Geistlichen vermied oder sich gar glaubhaft den Anschein der Unwilligkeit und des inneren Widerstrebens gab, war eine Weiteramtierung als Küster und Organist laut diesem Erlass möglich.

Die Regierung Trier ergriff für ihren Regierungsbezirk von sich aus die Initiative, indem sie am Schluss ihrer Zirkularverfügung vom 29. Oktober 1873[103] konstatierte, dass *es mit der amtlichen Stellung eines Lehrers unvereinbar erscheint, dem gesetzwidrig angestellten Geistlichen, welcher sich bei Ausübung von Amtshandlungen strafbar macht, Beistand zu leisten.* Ungeachtet, vielleicht auch noch ohne Kenntnis des Ministerialerlasses vom 31. Oktober 1873 dekretierte die Regierung Trier in ihrer Rundverfügung vom 8. November 1873 für ihren Regierungsbezirk, dass Lehrer grundsätzlich keine Küster- und Organistendienste für maigesetzwidrig ernannte Geistliche leisten dürfen.[104] In einer späteren Verteidigung dieser Rundverfügung, die ja in Spannung zum genannten Ministerialerlass stand, rechtfertigte sich die Regierung Trier mit der Neigung von Lehrern, *in ihrer Eigenschaft als Küster oder Organisten dem gesetzwidrig anstellten Geistlichen bei Vornahme von Amtshandlungen zu assistieren,* sowie mit der in der Bevölkerung einen üblen Eindruck erweckenden Widersprüchlichkeit, wenn der Staat einem Staatsbediensteten

werden. Ew. Excellenz stelle ich ergebenst anheim, in diesem Sinne die Regierungen der dortigen Provinz gefälligst mit Weisung zu versehen. Sollten weitere Erfahrungen dortseits eine andere Auffassung zu rechtfertigen scheinen, so erwarte ich näheren Bericht. – Diese Verfügung ging in Abschrift an alle übrigen preußischen Oberpräsidenten *zur gefälligen Kenntnißnahme und Beachtung.*

103 *Das Verfahren nach den Bestimmungen des Gesetzes vom 11. Mai 1873.* In: C. Röbbelen: Das Gesetz vom 11. Mai 1873, S. 18–21. Text im Quellenanhang I.

104 Die Regierung Trier *an sämmtliche Königliche Herren Landräthe und den Herrn Oberbürgermeister* von Trier am 8. November 1873 (LHAK, Bestand 403 Nr. 10400): *Da die Anstellung eines gesetzwidrig ernannten Geistlichen nach § 17 des Gesetzes über die Vorbildung der Geistlichen vom 11. Mai cr. als nicht geschehen gilt und die Vornahme geistlicher Amtshandlungen seitens derselben nach §§ 22 sequ. l. c. mit Strafe belegt ist, so ist es für völlig unzulässig und der Stellung eines Lehrers nicht entsprechend zu erachten, wenn derselbe in seiner Eigenschaft als Küster den gesetzwidrig ernannten Geistlichen bei Vornahme von Amtshandlungen unterstützt oder ihm in irgend einer Weise Hülfe leistet. Es sind deshalb diejenigen Lehrer, die zugleich Organisten oder Küster sind, hiernach mit Weisung zu versehen und erwarten wir sofortigen Bericht, wenn ein Lehrer dieser Weisung zuwider handeln sollte. Ebenso ist es auch unzulässig, daß ein gesetzwidrig ernannter Geistlicher an öffentlichen Schulen Religionsunterricht ertheile. Ew. Hochwohlgeboren wollen, falls solches vorkommen sollte, mit Nachdruck dagegen einschreiten und gleichzeitig darüber an uns berichten. Ew. Hochwohlgeboren wollen den Ortspolizeibehörden Kenntniß von dem Inhalte dieser Verfügung geben und ihnen die genaueste Beachtung derselben zur Pflicht machen.*

erlaubt, einem staatsrechtlich illegal installierten Geistlichen bei der Vornahme ungesetzlicher Handlungen Beistand zu leisten.[105] Der Kultusminister billigte diese Regelung der Regierung Trier, obwohl sie von seinem Ministerialerlass abwich.[106]

Das prinzipielle Dienstleistungsverbot für nebenbei als Küster und Organist fungierende Lehrer im Regierungsbezirk Trier ist der Hintergrund für die folgende kleine Episode aus dem Kulturkampf. Der Küster und Lehrer von Mehring im Landkreis Trier hatte nach dem Ende des Vormittagsgottesdienstes seine älteren

---

105 Die Regierung Trier an den Oberpräsidenten der Rheinprovinz am 18. November 1873 (LHAK, Bestand 403 Nr. 10400): *Da die Anstellung eines gesetzwidrig ernannten Geistlichen [gemäß Gesetz] vom 11. Mai cr. als nicht geschehen gilt und die Vornahme geistlicher Amtshandlungen seitens desselben nach § 23 l. c. mit Strafe belegt ist, so dürfte es als mit der Stellung eines Lehrers nicht im Einklang stehend zu erachten sein, wenn derselbe in seiner Eigenschaft als Küster den gesetzwidrig ernannten Geistlichen bei Vornahme von Amtshandlungen Hülfe leistet. Von diesem Gesichtspunkte aus und da der Lehrer im betreffenden Falle als Gehülfe anzusehen und somit gegen ihn selbst auf Grund des § 23 l. c. resp. des § 132 des Straf-Gesetz-Buches ein Strafverfahren einzuleiten sein würde, haben wir schon vor einiger Zeit Gelegenheit genommen, diejenigen Lehrer, welche zugleich Organisten oder Küster sind, im obigen Sinne mit Weisung zu versehen. Wir glaubten hiezu um so mehr Veranlassung zu haben, als nach den Angaben verschiedener Landräthe einzelne Lehrer große Neigung beweisen, in ihrer Eigenschaft als Küster oder Organisten dem gesetzwidrig angestellten Geistlichen bei Vornahme von Amtshandlungen zu assistiren. Unter den obwaltenden Umständen erscheint uns das Bestehenbleiben unserer Verfügung im besonderen Interesse der Angelegenheit zu liegen [...], indem gerade die hier gemachten Erfahrungen befürchten lassen, daß im Allgemeinen die betreffenden Lehrer ohne deßfallsige ausdrückliche Verwarnung ihren obenberegten Neigungen nicht widerstehen werden, während andererseits nicht zu besorgen ist, daß die Lehrer unserer ausdrücklichen Weisung zuwiderhandeln und uns Veranlassung zu disciplinarischem Einschreiten geben werden. Ein fernerer Grund für das Bestehenbleiben unserer Verfügung möchte auch darin zu befinden sein, daß nunmehr, nachdem die Verfügung einmal erlassen, eine Zurücknahme derselben an sich nicht zweckmäßig erscheine, auch in den Gemeinden eine Verwirrung über die eigentliche Absicht der Regierung erzeugen würde, da der gewöhnliche Mann es nicht begreifen könnte, warum das Auftreten des gesetzwidrig angestellten Geistlichen ein so tadelnswerthes sein sollte, während man dem Lehrer erlaubt, ihm bei seinen gesetzwidrigen Amtshandlungen Assistenz zu leisten.*

106 Kultusminister Falk an den Oberpräsidenten der Rheinprovinz am 10. Dezember 1873 (LHAK, Bestand 403 Nr. 10400): *Ew. Hochwohlgeboren erwiedere ich [...], wie es außerhalb des Zwecks der Verfügung vom 31. October d. J. liegt, absolut bindende Vorschriften aufzustellen. Wenn daher die Regierung in Trier nach pflichtmäßigem Ermessen der Verhältnisse zu der Überzeugung gelangt ist, daß für ihren Bezirk eine generelle Anweisung wegen der Betheiligung der Lehrer bei den Amtshandlungen gesetzwidrig angestellter Geistlichen angezeigt sei, so finde ich dagegen nichts zu erinnern. Ich erkläre mich deshalb damit einverstanden, daß es bei der von der gedachten Regierung unterm 8. v. M. erlassenen Verfügung bewende.*

Schüler für den Nachmittag in die Kirche bestellt, um ihm beim Kehren des Kircheninnenraums zu helfen. Als er aber zum vorgegebenen Zeitpunkt in die Kirche kam, fand er dort viel mehr Schüler vor, als er einbestellt hatte. Auf seine Frage nach dem dafür Verantwortlichen erhielt er den Kaplan genannt. Der Küster stellte den Kaplan zur Rede und verwies diesem dessen Einmischung in seinen Aufgabenbereich. Doch der Kaplan entgegnete, er sei nicht Küster, denn er würde ihm ja keine Dienste leisten. Auf die Replik des Küsters, dies habe ihm die *hohe Behörde* verboten, erwiderte der Kaplan spitz, dann solle er einen Staatspfarrer nach Mehring kommen lassen.[107]

Die Regierung Koblenz verbot ebenfalls als Küster und Organist fungierenden Lehrern die fraglichen Dienstleistungen, allerdings gemäß dem Ministerialerlass vom 31. Oktober 1873 nur auf eine begründete Anfrage oder Beschwerde für den Einzelfall.[108] Als eine anonyme Eingabe die daraus resultierende

107 Der auch als Küster tätige Lehrer Staud zu Mehring an den dortigen Bürgermeister Blees am 13. Mai 1874 (LHAK, Bestand 403 Nr. 10865): *Ich finde mich veranlaßt, Euer Wohlgeboren Folgendes zur Anzeige zu bringen. Heute Vormittag um 11 Uhr, als der Gottesdienst zu Ende war, sagte ich zu den ältesten Schülern und Schülerinnen, sie möchten mir, wie dies seit uralten Zeiten hier gebräuchlich [ist], des Nachmittags nach 1 Uhr die Kirche kehren helfen. Als um 1 Uhr die Religionsstunde zu Ende war, kamen einige von den bestellten Mädchen in meine Wohnung und nahmen die zum Kehren der Kirche nothwendigen Besen und sonstige Sachen. Ich ging sofort mit denselben zur Kirche, in der sich viele Knaben und Mädchen, und zwar mehr als ich bestellt hatte, befanden. Ich fragte die andern, wer sie bestellt habe, und da hieß es: der Herr Kaplan. Mittlerweile kam dieser aus der Sakristei und bemerkte mir, er ließe die Kirche kehren, worauf ich erwiderte, das sei als Pfarrküster meine Sache. Er entgegnete einigemal darauf, ich sei nicht Küster, ich würde ihm ja keine Dienste leisten. Ich antwortete, daß mir hohe Behörde die Weisung gegeben [habe], ihm keine Küsterdienste zu leisten, und ich hätte dies so lange zu beobachten, bis gesagte Behörde dies mir wieder erlaube. Hierauf gab mir der Kaplan zur Antwort, dann sollte ich auch einen Staatspastor hierher bestellen. Meine Antwort hierauf war folgende: Ich würde mir solche Ausdrücke besonders in Gegenwart der Schulkinder durchaus verbitten, worauf er sich in vollem Eifer entfernte.*

108 Beispiel: Der Landrat von Adenau an die Regierung Koblenz am 25. Dezember 1873 (LHAK, Bestand 441 Nr. 15460): *Nachdem die Königliche Regierung auf die von mir vorgelegte Anfrage des Lehrers Faber zu Uess, ob er dem gesetzwidrig angestellten Pfarrer Kaes Küsterdienste leisten dürfe, durch die verehrliche Verfügung vom 12. December c. entschieden hatte, daß diese Dienstleistung dem Faber zu untersagen sei, habe ich nicht nur dem Lehrer Faber zu Uess, sondern, da beide Fälle vollkommen gleichartig lagen, auch dem Lehrer und Küster Adriany zu Dümpelfeld die Leistung der Küsterdienste bis zur gesetzlichen Besetzung der Pfarrstelle zur Assistenz des gesetzwidrig ernannten Pfarrers unter dem 20. d. M. untersagt.* – Die Regierung Koblenz erwiderte am 10. Februar 1874 dem Landrat von Adenau (ebd. im Entwurf), *daß wir kein Bedenken tragen, die dortigen Anordnungen bezüglich des Lehrers Faber zu Uess sowie des Küsters Adriany zu Dümpelfeld aufrecht zu erhalten und denselben unter den obwaltenden Umständen die fernere Ausübung ihrer Küsterdienste zu untersagen.*

Handhabungsunheitlichkeit und vielerorts ungestörte Küster- und Organistendienstverrichtung von Lehrern im Regierungsbezirk Koblenz rügte,[109] regte der Oberpräsident beim Kultusminister an, um der Staatsautorität und -glaubwürdigkeit willen den Lehrern jegliche Assistenz für illegal angestellte Geistliche generell zu verbieten,[110] aber der Kultusminister reagierte nicht darauf, sodass im Regierungsbezirk Koblenz – wie der Oberpräsident selbst vermutete – die Hilfeleistung *in den meisten Fällen gerade wie früher* stattgefunden haben dürfte. Dies wird bestätigt durch die Klage des Landrats von Cochem, an seinem Amtssitz habe wiederholt ein Lehrer für einen gesperrten und sogar aus dem Regierungsbezirk Koblenz ausgewiesenen Geistlichen während des Hochamts die Orgel gespielt und in Wollmerath habe ein anderer Lehrer unter ähnlichen Umständen als Küster fungiert.[111] Den damit begründeten Vorschlag des Landrats, *nun doch ein generelles*

109 Ein anonym bleibender Bürger von Ehrenbreitstein bei Koblenz an den Oberpräsidenten der Rheinprovinz am 6. Januar 1874 (LHAK, Bestand 403 Nr. 10400): *Hochgeehrtester Herr Oberpräsident! Sie werden hiermit auf das Allerdringendste gebeten, in Betreff der nothwendigen Maßregelung der gesetzwidrig angestellten kathol. Geistlichen doch ein gleichmäßiges Verfahren anbefehlen zu wollen. Sie wissen nicht, wie viel darüber räsonnirt wird, daß der eine ‚Gesperrte' so behandelt wird, der andere so. [...] Die ‚Gesperrten' schreiben sich gegenseitig alles. [...] Auch hebt der ‚Gesperrte' in Alken besonders noch hervor, daß, während an so vielen anderen Orten dem ‚Gesperrten' der Lehrer als Küster nichts thun dürfe, auch nicht einmal die Orgel spielen dürfe, sein Lehrer in Alken ihm alle Küsterdienste thue und auch die Orgel spiele. Er begreife nicht, warum man mit ihm, dem ‚Gesperrten' in Alken, eine solche Nachsicht übe, die er gar nicht beanspruche u.s.w. Sie werden daher, hochverehrtester Herr Oberpräsident, nochmals dringendst gebeten, darauf streng zu halten, daß Einer behandelt werde wie der Andere. Denn man weiß nicht, wie man ein solches ungleichmäßiges Verfahren in Gesellschaften, wo davon gesprochen wird, entschuldigen soll.*

110 Der Oberpräsident der Rheinprovinz an den Kultusminister am 8. Januar 1874 (GStA PK, I. HA Rep. 76 IV Sekt. 1 Abt. XII Nr. 6 Bd. 1): *Was die am Schlusse des letztgedachten Schreibens* [d.h. der obigen anonymen Beschwerde vom 6. Januar] *berührte Stellung der Lehrer, welche zugleich Küster sind, betrifft, so würde es mir erwünscht sein, wenn an dieselben ein generelles Verbot, den Amtshandlungen der gesetzwidrig angestellten Geistlichen beizuwohnen, erginge. Denn solange ihnen zufolge des Erlasses vom 31. October v. Js. überlassen ist, selbst über das Maß ihrer Hülfeleistung zu bestimmen, wird die Letztere in den meisten Fällen gerade wie früher stattfinden und es dürfte die Autorität der Staatsregierung wohl an manchen Orten dadurch eine Erschütterung erleiden.*

111 Der Landrat von Cochem an die Regierung Koblenz am 23. Dezember 1874 (LHAK, Bestand 441 Nr. 15460): *(Ich) wollte mir die gehorsamste Anfrage erlauben, ob es mit Rücksicht auf die so häufig wiederkehrenden unberechtigten Vornahmen geistlicher Amtshandlungen besonders seitens gesperrter Geistlichen auf den ihnen von der bischöflichen Behörde übertragenen Stellen nicht angemessen sein dürfte, nun doch ein generelles Verbot zu erlassen, daß die mit dem Küsterdienst betrauten Lehrer bei jenen geistlichen Handlungen assistiren. Hier in Cochem ist der Fall wiederholt*

Verbot zu erlassen, griff die Regierung Koblenz aber offenbar nicht auf, sodass im Regierungsbezirk Koblenz anders als im Regierungsbezirk Trier nie ein grundsätzliches Dienstleistungsverbot für Lehrer ausgesprochen wurde und der erwähnte Ministerialerlass vom 31. Oktober 1873 die maßgebliche Richtschnur für das fragliche Problem blieb. Die Annahme einer daraus resultierenden relativ geringen Strafverfolgungsintensität wird erhärtet durch die Weigerung des Koblenzer Oberprokurators, eine Strafverfolgung gegen einen Lehrer, der dem gesperrten Pfarrer zu Rübenach während der Messe die Orgel gespielt hatte, überhaupt einzuleiten. Der Oberprokurator begründete seine Ablehnung mit der Priorität der Klerusverfolgung und der Überforderung der Justiz, denn wenn er gegen die Organisten strafrechtlich vorgehe, müsse er konsequenterweise auch gegen die Messdiener, Balgtreter, Sänger und Küster ein Verfahren einleiten; aber der dadurch erforderliche Ermittlungsaufwand würde die vorrangige rasche Strafverfolgung der ungesetzlich amtierenden Priester, die bislang auch gewährleistet sei, be- oder verhindern.[112] Dieses Reskript wirft ein bezeichnendes Schlaglicht auf den antiklerikalen Impetus und Zweck des Kulturkampfes wie auf den ‚administrativen Stress', unter den die Strafverfolgung eines ganzen Berufsstandes den Justizapparat setzte.

Etwas kurios, aber doch bezeichnend für die kulturkampfbedingten Schwierigkeiten, vor denen als Küster und Organisten fungierende Lehrer standen, ist der Fall des Volksschullehrers Dötsch aus Andernach, welcher in der dortigen Hospitalkirche erst während der vom gesperrten Kaplan H. Schmitz gelesenen Messe die

---

vorgekommen, daß der Lehrer Schäfer als Organist fungirt hat, während der gesperrte, jetzt aus dem Bezirk ausgewiesene Geistliche Hansen das Hochamt celebrirte. In Wollmerath hat der Lehrer Schäfgen unter ähnlichen Umständen den Küsterdienst selbst versehen oder durch seinen Sohn versehen lassen, und zwar bei sehr vielen unberechtigten geistlichen Amtshandlungen. [...] Grade dem Lehrer Schäfgen gegenüber würde ich ein Vorgehen für umso nothwendiger erachten, weil ich bei ihm annehmen muß, daß er weniger aus Rücksichten gegen den betreffenden Geistlichen als aus Vergnügen an der Opposition gegen die Regierung jene Hülfeleistung übernimmt.

112 Der Koblenzer Oberprokurator Sommer an die Regierung Koblenz am 23. Oktober 1874 (LHAK, Bestand 441 Nr. 15460): *Königlicher Regierung beehre ich mich anliegend eine mir zugekommene Anzeige gegen den Lehrer Kill zu Rübenach, welcher bei dem Gottesdienste des ungesetzlich dort fungirenden Geistlichen Reis die Orgel gespielt hat, zur Verfügung ganz ergebenst abzugeben, da die Anzeige sich zu einer strafgerichtlichen Verfolgung nicht eignet. Dieselbe könnte nur auf Grund des § 49 Str.G.B., pto Hülfeleistung, eingeleitet werden. In diesem Falle aber müßten auch alle Personen, die bei dem fraglichen Gottesdienst Hülfe geleistet haben, als Mitbeschuldigte in die Untersuchung gezogen werden, die Meßdiener, Sänger, Balgtreter, Küster, Pfarrer und noch manche andere. Dadurch würden die hier fraglichen Untersuchungen gegen die ungesetzlich fungirenden Geistlichen, die ihrer Natur nach eine rasche Aburtheilung dringend erheischen und auch hier bisher gefunden haben, sehr umfangreich und wegen der den einzelnen Mitbeschuldigten gegenüber zu führenden besonderen Beweise ihrer Wissenschaft* [d.h. ihres Wissens] *sehr schwierig und zeitraubend werden, in Folge wovon von einer raschen Aburtheilung keine Rede mehr sein könnte.*

Orgel spielte, weil er den Zelebranten von der Orgel aus nicht sehen konnte, aber dann sofort damit aufhörte, als er ihn bei der Predigt erkannte.[113] An Allerheiligen spielte Lehrer Dötsch in derselben Kirche aus demselben Grunde für denselben Geistlichen die Orgel während der ganzen Messe, weil diese als eine stille Messe ihm keine Gelegenheit zur Erkennung des Zelebranten bot[114] – so zumindest seine Version.

---

113 Der Andernacher Polizeisergeant Pütz an den dortigen Bürgermeister am 4. Oktober 1874 (LHAK, Bestand 441 Nr. 15460): *Der Geistliche Heinrich Schmitz von hier hat gestern Morgen zwischen 8 u. 9 Uhr im hiesigen Hospital die Messe gelesen, die Sakramente an die Nonnen gespendet. Orgelbegleitung von der halben Messe fand durch den Lehrer Doetsch statt. Nach der halben Messe schwieg die Orgel, was zu vermuthen ist* [d.h. gibt], *daß Lehrer Doetsch bei Anfang der Messe den betreffenden Geistlichen, welcher die Messe gelesen, nicht gekannt hat.*
Aus dem vom Bürgermeister von Andernach am 23. Oktober 1874 aufgenommenen Protokoll (LHAK, Bestand 441 Nr. 15460): *Vorgeladen erschien der Elementarlehrer Thomas Dötsch von hier, um wegen der Beschuldigung [...] am 4. October c. in der von demselben Kaplan* [d.i. Kaplan H. Schmitz] *in der Hospitalkirche gelesenen Messe vor der Wandlung die Orgel gespielt zu haben, verantwortlich vernommen zu werden. Derselbe erklärte wie folgt: [...] Am 4. Oktober habe ich in der Meinung, daß Kaplan Kraemer die Messe lese, allerdings bis zur Predigt die Orgel gespielt. Nachdem ich aber den Kaplan Schmitz erkannt hatte, hörte ich sofort auf.*

114 Vom Bürgermeister von Andernach, Kaiser, aufgenommenes undatiertes Protokoll: *Vorgeladen erscheint der Lehrer Dötsch wiederholt, um darüber verantwortlich vernommen zu werden, weshalb er in der Hospitalkirche* [der *Irrenanstalt* zu Andernach] *am 1. November c.* [d.i. 1874] *morgens von 8 – 9 Uhr während der Messe die Orgel gespielt habe, obgleich der ausgewiesene Kaplan Heinrich Schmitz die Messe las. Derselbe erklärte: Von meinem Sitze an der Orgel aus kann ich, wenn der Platz vor der Orgel von dem Publikum besetzt ist, nicht direkt auf den Altar sehen und den Geistlichen höchstens an der Stimme erkennen. Die Messe war eine stille ohne Predigt und Vorlesung des Evangeliums, so daß ich während der ganzen Messe in der Täuschung befangen blieb, der celebrirende Priester sei der Sohn des Kaufmanns Franz Baltzer hierselbst, welcher katholischer Religionslehrer am Gymnasium zu Ehingen (Würtemberg) ist u. die Ferien im väterlichen Hause zuzubringen pflegt. Erst gegen Mittag erfuhr ich, daß Kaplan Schmitz hier eingetroffen sei und die Hospitalmesse gelesen habe. Für die Zukunft werde ich Vorkehrungen zu treffen wissen, daß solche Täuschungen nicht mehr vorkommen.*

VIII. Die Strafverfolgung

Dieses Kapitel thematisiert die Verfahren und Methoden der Strafverfolgung von Klerikern wegen unbefugter Vornahme geistlicher Amtshandlungen, wobei hier ‚Strafverfolgung' nicht allein im engen juristisch-justiziellen Sinne verstanden wird, sondern auch die Sanktionierungen und Zwangsmaßregeln der Exekutive behufs Amtierungsunterbindung und Renitenzbrechung einschließt. Dafür sollen zunächst als Resultat aus den vorangegangenen vier Kapiteln diejenigen Gruppen von Pfarrgeistlichen aufgezählt werden, welche gemäß den wesentlich vom Kultusminister vorgegebenen Kriterien der Verwaltungsbehörden sich strafbar gemacht hatten und gegen welche die Administrativorgane die Strafverfolgung mittels Strafanzeige einzuleiten hatten und einleiteten:

- Gesetzmäßig angestellte Geistliche, welche in einer vakanten oder mit einem amtierungsunbefugten Geistlichen besetzten fremden (Nachbar-)Pfarrei, über die Verrichtung vereinzelter oder gelegentlicher Amtshandlungen hinausgehend, so wiederholt oder regelmäßig aushalfen, dass eine provisorische Pfarrverwaltung oder Stellvertretung im Pfarramt vorlag.
- Gesetzmäßig angestellte Geistliche, welche in einer ordnungsgemäß besetzten fremden Pfarrei, über die Verrichtung vereinzelter oder gelegentlicher Amtshandlungen hinausgehend, so wiederholt oder regelmäßig aushalfen, dass eine Hilfeleistung oder Stellvertretung im Pfarramt vorlag.
- Gesetzmäßig angestellte Hilfsgeistliche, welche nach eingetretener Vakanz der Pfarrstelle geistliche Amtshandlungen vornahmen, die sie vor Erledigung der Pfarrstelle nicht verrichtet hatten.
- Gesetzmäßig angestellte linksrheinische Sukkursalpfarrer, welche weiteramtierten, nachdem ihnen der Oberpräsident die Benachrichtigung hatte zukommen lassen, dass er gegenüber dem zuständigen Bischof das Erzwingungsverfahren zwecks dauerhafter Besetzung ihrer Pfarrstelle eingeleitet habe.
- Nicht für ein eigenes Benefizium gesetzmäßig angestellte Kapläne, welche bei vakanter oder nur provisorisch besetzter Pfarrstelle weiteramtierten, nachdem ihnen der Oberpräsident die Benachrichtigung hatte zukommen lassen, dass er gegenüber dem zuständigen Bischof das Erzwingungsverfahrungen zwecks Wiederbesetzung bzw. dauerhafter Besetzung der Pfarrstelle eingeleitet habe.
- Pfarrgeistliche, welche maigesetzwidrig, d.h. ohne vorherige bischöfliche Anzeige beim Oberpräsidenten und ohne dessen Genehmigung, neu ein geistliches Amt in einer Pfarrei antraten und zu amtieren begannen.

Dabei ist (noch einmal) zu betonen, dass die gesetzmäßig installierten Hilfsgeistlichen und (Sukkursal-)Pfarrer nur einen kleinen Teil der strafverfolgten Geistlichen stellten, diese vielmehr von den maigesetzwidrig neu angestellten und daher grundsätzlich illegal amtierenden dominiert wurden, und dass die obigen Kategorien von Pfarrgeistlichen sich nach Maßgabe der Gesetzesauslegung der hauptsächlich vom preußischen Kultusminister instruierten Exekutivorgane strafbar machten, dass die Gerichte in ihren Urteilen aber keineswegs immer – am meisten aber wohl bei der letzteren Kategorie – der sich in zahlreichen Verordnungen und Erlassen niederschlagenden Gesetzesinterpretation der Exekutive folgten. Beispielsweise vertraten die Gerichte teil- und zeitweise die Auffassung, dass jede einzelne geistliche Amtshandlung, die ein regulär angestellter Kleriker in einer vakanten oder nichtvakanten fremden Pfarrei verrichtet, als eine verbotene Stellvertretung oder Hilfeleistung im Amt zu betrachten und damit strafwürdig sei. Die tatsächliche letztendliche (Nicht-)Verurteilung und (Nicht-)Bestrafung sollen jedoch nicht (und können angesichts der Quellenlage auch vielfach nicht) in jedem Einzelfall durch die Instanzen nachverfolgt werden, denn gemäß dem Schwerpunkt dieser Studie steht die Strafverfolgungstätigkeit der Exekutive, nicht die Rechtsprechung der Judikative im Mittelpunkt.

1. Die Einleitung der Strafverfolgung

Zunächst sollen wieder in einem ersten Schritt die normativen Verfahrens- und Geschäftsgangsroutinen für das Vorgehen der Behörden bei der Einleitung der Strafverfolgung, wie sie in einer Vielzahl von Verfügungen und Erlassen festgelegt wurden, vorgestellt werden. Entsprechend dem dominanten ‚Verbrechenstyp' konzentrierten sich die Vorschriften und daher auch die folgende Darlegung auf das Verfahren, das bei einem illegalen Amtsantritt eines Geistlichen, gefolgt von einem mehr oder weniger unmittelbaren Beginn der Amtstätigkeit, zu beobachten war; bezüglich der übrigen ‚Verbrechenskategorien' waren die Regelungen analog anzuwenden.

Als im Herbst 1873 deutlich wurde, dass die Bischöfe ihre Ankündigung, prinzipiell keinen neu ernannten Pfarrgeistlichen dem Oberpräsidenten zu melden, wahrmachten, forderte der sich um die Staatsautorität und den Gesetzesgehorsam sorgende Kultusminister Falk in einem Rundschreiben[1] alle preußischen Oberpräsidenten auf, *mit der vollen Strenge des Gesetzes dagegen einzuschreiten.* Die Behörden hätten *ein schärferes Vorgehen* als bisher an den Tag zu legen, die gesetzwidrig eingesetzten Geistlichen *die volle Strenge des Gesetzes empfinden zu lassen* und vor einem Vorgehen, das absehbar zur Inhaftierung von Priestern führt, *in keiner Weise zurückzuschrecken. Um daher jene gesetzwidrig angestellten Geistlichen zu zwingen, ihre Functionen einzustellen, ist es unerläßlich, daß jede einzelne Amtshandlung derselben, sobald sie zur Kenntniß der Behörden gelangt, sofort zum Gegenstand einer strafrechtlichen Untersuchung gemacht und die Geistlichen auf diese Weise unausgesetzt mit immer neuen Strafanträgen verfolgt werden, bis sie dem Gesetze sich fügen.*

1 Kultusminister Falk an alle preußischen Oberpräsidenten am 24. Oktober 1873 (LHAK, Bestand 403 Nr. 10400; LHAK, Bestand 441 Nr. 15488; GStA PK, I. HA Rep. 76 IV Sekt. 1 Abt. XII Nr. 6 Bd. 1. Druck: N. Siegfried [Hrsg.]: Actenstücke betreffend den preußischen Culturkampf, S. 207. Text im Quellenanhang I).

Diesen Appell kann man nur als eine ministerielle Alarmierung und Mobilmachung des Staatsapparats gegen die renitente katholische Geistlichkeit bezeichnen. Der sich durch die kirchliche Opposition elementar bedroht und herausgefordert fühlende Staat nahm entschlossen den Kampf gegen den als Staatsfeind perhorreszierten Klerus auf. Die staatliche Widerstandsbrechungsoffensive gegen die katholische Geistlichkeit war eröffnet und sollte zwar mit dem Instrumentarium des Rechtsstaats, in dessen Rahmen aber mit aller Härte und Unerbittlichkeit vorangetrieben werden.

Wie und mit welchen Handlungsroutinen wollten und sollten die Verwaltungsbehörden den Kampf gegen den inneren Feind konkret führen? Zunächst stellte sich die Frage, ob sofort alle nach einem Amtsantritt eines Geistlichen vorgenommenen verbotenen Amtshandlungen angezeigt werden sollten oder lediglich diejenigen, die erst nach der Belehrung des Geistlichen über die Rechtswidrigkeit seines Amtsantritts und über die Strafbarkeit seiner Amtshandlungen ausgeübt wurden. Da der Oberpräsident inkonsequent verfahren war, regte der Trierer Oberprokurator an, nur diejenigen Amtshandlungen anzuzeigen, die ein Amtsneuling nach erfolgter protokollarischer Belehrung oder Verwarnung verrichtet hat, und das diesbezügliche Protokoll der Strafanzeige zur Beschleunigung des Strafverfahrens beizulegen. Der Oberprokurator fürchtete nämlich, die angeklagten Kleriker könnten sonst vor Gericht vorbringen, sie hätten vom Versäumnis des Bischofs, sich die Amtsübertragung vom Oberpräsidenten genehmigen zu lassen, keine Kenntnis gehabt, und die Gerichte könnten strenge Maßstäbe an den Nachweis anlegen, dass die Geistlichen um die aus der Unterlassung folgende Illegalität ihres Tuns wussten.[2] Tatsächlich beschränkte der Oberpräsident künftig in

---

2 Der Trierer Oberprokurator Kewenig an den Oberpräsidenten der Rheinprovinz am 20. November 1873 (LHAK, Bestand 403 Nr. 10400): *Euer Hochwohlgeboren haben in den geehrten Schreiben vom 18. October, 7., 8., 10. und 12. November c. die sofortige strafgerichtliche Verfolgung der darin benannten Geistlichen, welchen von der Bischöflichen Behörde zu Trier ohne die im § 15 des Gesetzes vom 11. Mai d. J. vorgeschriebene Anzeige geistliche Ämter im hiesigen Landgerichtsbezirk übertragen worden [waren] und welche in Folge dessen nach den eingegangenen Berichten bereits Amtshandlungen vorgenommen hatten, beantragt, während hinsichtlich der gleich gesetzwidrig zu einem geistlichen Amte berufene[n] Personen, welche darin noch nicht fungirt hatten, die gerichtliche Verfolgung stets nur für den Fall in Antrag gestellt wird, daß sie nach erfolgter warnender Hinweisung auf die Bestimmung des § 17 l. c. geistliche Amtshandlungen vornehmen würden. Das Gesetz vom 11. Mai c. schreibt nicht vor, daß bei der Übertragung eines geistlichen Amtes der Erfüllung der betreffenden gesetzlichen Bestimmungen in der Ernennungsurkunde Erwähnung geschehe. Der Geistliche darf aber annehmen und müßte dies eigentlich pflichtschuldig sogar, daß die ihm vorgesetzte geistliche Behörde bei seiner Ernennung zu einem Amte gesetzlich verfahren habe. Nach Lage der Verhältnisse zweifle ich nun zwar nicht, daß die nach Erlaß des Gesetzes vom 11. Mai c. zu einem geistlichen Amt berufenen Katholiken sehr wohl wissen, daß bei ihrer Ernennung den Vorschriften dieses Gesetzes nicht genügt worden ist. Das erkennende Gericht wird jedoch voraussichtlich strenger in der Beweisfrage sein und den zur*

seinen Verfügungen an die Bezirksregierungen, in denen er die Rechtswidrigkeit eines ihm gemeldeten Amtsantritts konstatierte und das daraus folgende Vorgehen der Behörden initiierte, die Aufforderung zur Stellung von Strafanzeigen in der Regel auf solche Amtshandlungen, die nach und trotz der vorgeschriebenen Belehrung oder Verwarnung vorgenommen wurden.[3] Allerdings stellte sich im weiteren Fortgang des Kulturkampfes den Behörden das Problem der aus einer Region (Landkreis, Regierungsbezirk, Provinz) ausgewiesenen gesperrten Geistlichen, die an ihrem neuen, oft wechselnden Aufenthaltsort Amtshandlungen vornahmen. Dies gipfelte in den sog. ‚Wandergeistlichen', welche, ohne Chance auf eine reguläre feste Anstellung, – häufig verkleidet – vagierten, um bald in dieser, bald in jener Pfarrei einen Gottesdienst zu zelebrieren und danach schnell wieder zu verschwinden. Deren effiziente Strafverfolgung war nicht möglich, wenn man

---

Verurtheilung erforderlichen Beweis der Kenntniß von der gesetzlichen Ungültigkeit der Ernennung nur dann als erbracht ansehen, wenn der betreffende Geistliche warnend benachrichtigt und daß dieses geschehen zu den Akten nachgewiesen ist. Euer Hochwohlgeboren erlaube ich mir daher ganz ergebenst anheimzustellen, auch die in den vorgedachten geehrten Schreiben aufgeführten Geistlichen von der Gesetzwidrigkeit ihrer Ernennung in Kenntniß setzen zu lassen, und den wider sie genommenen Strafantrag auf diejenigen Amtshandlungen einschränken zu wollen, welche sie nach dieser Verwarnung noch vornehmen möchten. Damit das Strafverfahren nach Möglichkeit abgekürzt und beschleunigt werde, dürfte es sich außerdem empfehlen, daß in diesen Fällen und überhaupt die betreffenden Polizeibehörden angewiesen würden, mit den Anzeigen über die Vornahme verbotener Amtshandlungen gleichzeitig auch das Verwarnungsprotokoll und die einzuholende Erklärung des Beschuldigten über das ihm zur Last gelegte Vergehen einzusenden, oder aber, wenn eine solche Erklärung verweigert oder die Verrichtung von Amtshandlungen nach erfolgter Verwarnung geläugnet werden sollte, die zum Beweis der That und namentlich zum Beweis der Vornahme von Taufen, Trauungen und Beerdigungen geeignetsten Personen – zumeist wohl der Küster – zu benennen.

3 Beispiel: Der Oberpräsident der Rheinprovinz an die Regierung Koblenz am 21. Dezember 1874 (LHAK, Bestand 441 Nr. 17280): *Nach einer Anzeige des Landrathes Movius zu St. Goar hat der katholische Geistliche Philipp Lamberti zu Boppard in der Pfarrkirche zum heiligen Severus und in der Waisenhauscapelle sowie in der Kirche des Ursulanerinnenklosters daselbst Messe gelesen […]. Die Königliche Regierung ersuche ich daher ergebenst, mit Rücksicht darauf, daß mir von einer Amtsübertragung an den p. Lamberti die im § 15 des Gesetzes vom 11. Mai v. J. vorgeschriebene Anzeige seitens des geistlichen Oberen nicht gemacht worden ist, die Ortspolizeibehörde zu Boppard anweisen zu lassen, den p. Lamberti vor weiterer Ausübung der fraglichen geistlichen Handlungen in Boppard protocollarisch zu verwarnen und, falls derselbe nach erfolgter Verwarnung fortfahren sollte, in einer oder der anderen Kirche daselbst öffentliche Messe zu lesen oder sonstige seelsorgerliche Functionen, insbesondere in dem Waisenhause oder in dem Ursulanerinnenkloster auszuüben, die einzelnen Fälle dem Königlichen Oberprocurator behufs Herbeiführung seiner Bestrafung auf Grund des § 23 des Gesetzes vom 11. Mai 1873 und des Artikel[s] 2 des Gesetzes vom 21. Mai 1874 nach Maßgabe meiner Erlasse vom 5. November pr. und 13. October cr. zur Anzeige zu bringen.*

sie von einer jedesmaligen vorherigen Belehrung abhängig gemacht hätte, ganz abgesehen davon, dass man ihrer oft nicht habhaft werden konnte und ihr Aufenthaltsort, an den man eine Verwarnung hätte adressieren können, vielfach unbekannt war.[4] Deshalb wurde nach Maßgabe des Oberpräsidenten folgendermaßen verfahren: Wenn ein Kleriker infolge der Belehrung auf die Vornahme von Amtshandlungen verzichtete, wurden eventuelle vorher verrichtete Amtshandlungen nicht zur Anzeige gebracht; fuhr er aber trotz der Belehrung mit der Amtierung fort, so konnten auch die vorher vorgenommenen zusammen mit den nach der Belehrung verrichteten der Staatsanwaltschaft angezeigt werden. War der Geistliche bereits gesperrt, d.h. über die Illegalität seines Amtsantritts und eventueller Amtshandlungen förmlich informiert worden, und amtierte er trotzdem, beispielsweise infolge einer Ausweisung aus einem Bezirk, an einem anderen Ort, so waren auf Anweisung des Oberpräsidenten alle am neuen Aufenthaltsort verrichteten verbotenen Amtshandlungen, also auch die vor der neuerlichen Verwarnung getätigten, zur Anzeige zu bringen, denn ein solcher bereits andernorts verwarnter Priester könne sich über die Illegalität seines Tuns nicht im Unklaren befinden.[5]

---

4 Die Regierung Trier an den Oberpräsidenten der Rheinprovinz am 24. Januar 1875 (LHAK, Bestand 403 Nr. 10403): *In neuester Zeit mehren sich die Fälle, in denen nicht gesetzmäßig ernannte Geistliche, mitunter bis zur Unkenntlichkeit verkleidet, einzelne Amtshandlungen in einer Parochie vornehmen und danach sich schleunigst entfernen, anscheinend um in einer anderen Parochie in gleicher Weise aufzutreten. Der Geistliche Bernardy, welcher kürzlich in Neuenkirchen, Kreis Ottweiler, fungirte und gegen welchen zufolge Euer Hochwohlgeboren hohen Erlasses vom 7. Januar cur. das weitere Verfahren eingeleitet ist, konnte bisher nicht wie vorgeschrieben vernommen werden, indem er Neuenkirchen bereits verlassen hatte und sein neuer Aufenthaltsort noch nicht zu ermitteln war. Gleichfalls soll der nach Euer Hochwohlgeboren Erlass vom 13ten Januar cur. protocollarisch zu verwarnende Geistliche Wald, welcher mit einem Vollbart pp. versehen in den Pfarrkirchen zu Hermeskeil und Gusenburg Messen las, bereits nach Wadrill, Kreis Merzig, behufs Fortsetzung des gesetzwidrigen Verfahrens abgegangen sein. Auch der Name eines kürzlich in Pluwig, Landkreis Trier, amtirenden, dem Vernehmen nach aus Simmern oder der dortigen Umgegend stammenden Geistlichen sowie dessen Verhältnisse waren bisher nicht festzustellen. Endlich nahm am 10. und 11. Januar cur. der Geistliche Johann Wirtz aus Mandern, gegen welchen nach Euer Hochwohlgeboren Erlaß vom 19. October pr. in dem Falle einzuschreiten ist, daß er in der Kapelle zu Mandern amtiren sollte, in Pluwig Amtshandlungen vor.*

5 Der Oberpräsident der Rheinprovinz an die rheinischen Bezirksregierungen am 13. Oktober 1874 (Ausfertigung an die Regierung Aachen: GStA PK, I. HA Rep. 76 IV Sekt. 13 Abt. XII Nr. 13 Bd. 3; GStA PK, I. HA Rep. 76 IV Sekt. 1 Abt. XII Nr. 6 Bd. 2. Text im Quellenanhang I).
Der Oberpräsident der Rheinprovinz an die Regierung Trier am 4. Februar 1875 (LHAK, Bestand 442 Nr. 2009): *Was die seitens der Königlichen Regierung berührte Verwarnung der nicht gesetzmäßig fungirenden Geistlichen anlangt, so weise ich ergebenst darauf hin, daß diese Verwarnung zwar der Regel nach aus den Gründen, welche in meinem an die Beamten der Staatsanwaltschaft gerichteten, auch der Königlichen Regierung mitgetheilten Schreiben vom 13. October 1874 enthalten sind, stattfindet,*

Bei ‚Ersttätern' sollten im Normalfall allerdings nur diejenigen Amtshandlungen angezeigt werden, die ein neu in ein Amt gekommener Geistlicher nach geschehener Belehrung über die Rechtswidrigkeit seines Amtsantritts und einer eventuellen Amtierung vornahm.[6]

Gemäß einer Rundverfügung des Koblenzer Oberprokurators[7] sollten die Ortsbehörden bei der Stellung einer Strafanzeige wegen Vornahme verbotener Amtshandlungen folgendermaßen verfahren: Die Amtshandlungen werden genau protokolliert, d.h. die Art jeder Amtshandlung (Taufe, Beerdigung, Messelesen, Religionsunterricht usw.) und deren Verrichtungszeit und -ort werden schriftlich notiert und ein oder zwei zuverlässige Zeugen für sie benannt, wobei Lehrer, Küster und Organisten bevorzugt als Zeugen in Betracht kommen. Bei einer Erstanzeige fügt der Bürgermeister dem Verzeichnis der vorgenommenen Amtshandlungen das Protokoll der Belehrung des betreffenden Geistlichen über die Rechtswidrigkeit seines Amtsantritts und folglich seiner Amtshandlungen bei. Die angegebenen Zeugen werden von den Lokalbehörden zu Protokoll vernommen, damit sichergestellt wird, dass sie wirklich Kenntnis von den Amtshandlungen haben, denn es führt – so der Koblenzer Oberprokurator – zu gesetzautoritätsschädigenden Freisprüchen, wenn vorgeladene Zeugen in der Gerichtsverhandlung ihre Unwissenheit beteuern. Der beschuldigte Geistliche wird sodann zur Rechtfertigung eingeladen. Erscheint er nicht und/oder erklärt, sich als rechtmäßig angestellter Geistlicher zu betrachten und in dieser Angelegenheit die Kompetenz der Gerichte nicht anzuerkennen, so unterbleibt in künftigen Fällen eine Einbestellung. Der Bürgermeister sendet schließlich die Unterlagen unter Angabe der Personalien des

---

daß ich aber in besonderen Fällen, z.B. wenn der Verwarnung sich Schwierigkeiten entgegenstellen oder der Geistliche von Anfang an renitent gewesen ist, die Vornahme von Anzeigen bei der Staatsanwaltschaft von einer vorhergehenden Verwarnung nicht abhängig mache, daß endlich bezüglich der schon ‚gesperrten' Geistlichen, welche später an einem anderen Orte als an dem ihrer ursprünglichen Thätigkeit auftreten, wenn auch deren erneute Verwarnung dann verfügt wird, doch die Denunciation aller an dem neuen Aufenthaltsorte vorgenommenen geistlichen Handlungen, auch der der Verwarnung vorhergegangenen, vorgeschrieben zu werden pflegt.

6 Der Oberpräsident der Rheinprovinz an den Kultusminister am 31. Januar 1875 (GStA PK, I. HA Rep. 76 IV Sekt. 13 Abt. XII Nr. 13 Bd. 3): *Nach der hier geübten Praxis (werden) Contraventionen gegen § 23 des Gesetzes vom 11. Mai 1873, abgesehen von den Fällen, wo ein schon gesperrter Geistlicher irgendwo geistliche Amtshandlungen verrichtet, nicht sofort zur Kenntniß der Königlichen Staatsanwaltschaft gebracht, sondern die Localbehörden angewiesen, der genannten Behörde erst dann Anzeigen zu erstatten, wenn die Geistlichen der geschehenen Verwarnung ungeachtet in ihrer gesetzwidrigen Thätigkeit fortfahren. Es geschieht dieses aus dem Grund, weil Geistliche oft in bona fide sein können, da leider die hier zur Anwendung kommende Gesetzgebung zu so vielen Zweifeln Anlaß giebt.*

7 Der Koblenzer Oberprokurator Sommer an alle *Hülfsbeamten der gerichtlichen Polizei* am 15. Dezember 1873 (LHAK, Bestand 655,71 Nr. 24. Text im Quellenanhang I).

Beschuldigten sowie – falls dieser seine Ernennung und Anstellung als Geistlicher ableugnen sollte – der dafür sprechenden Tatsachen an die zuständige Staatsanwaltschaft ein.

Die Ortspolizeibehörden, d.h. in der Regel die Bürgermeister, hatten direkt an die zuständige Staatsanwaltschaft die Strafanzeige wegen illegaler Amtierung zu stellen und den Oberpräsidenten ebenfalls direkt, d.h. ohne Vermittlung des Landrats und der Bezirksregierung, darüber zu informieren.[8] Da dies laut Ministerialerlass vom 24. Oktober 1873 sofort für jede einzelne Amtshandlung zu geschehen hatte, entstand angesichts des flächendeckenden Ausmaßes des klerikalen Widerstandes[9] eine Korrespondenzflut, durch die sich die Behörden bald überfordert und überrollt fühlten (und unzählige Akten gefüllt wurden). Daher bestimmte der Oberpräsident der Rheinprovinz, dass es ausreiche, wenn die Ortspolizeibehörden ihn nur alle vierzehn Tage von den gestellten Strafanzeigen benachrichtigen.[10] Auch die Bürgermeister stöhnten unter der Masse an Schriftverkehr, welche die Anordnung des Kultusministers, jede einzelne verbotene Amtshandlung unverzüglich zur Anzeige zu bringen, hervorrief, aber der Oberpräsident lehnte einen Antrag, dass die Ortsbehörden nur wochenweise die Verzeichnisse der vorgenommenen illegalen Amtshandlungen der Staatsanwaltschaft einzusenden brauchen,

8 Der Oberpräsident der Rheinprovinz in Punkt 4 seiner an die rheinischen Bezirksregierungen gerichteten Instruktion vom 5. November 1873; *Das Verfahren nach den Bestimmungen des Gesetzes vom 11. Mai 1873.* Texte und Nachweise im Quellenanhang I.

9 Der Trierer Regierungspräsident v. Wolff in seinem Zeitungsbericht vom 16. Januar 1874 für das 4. Quartal des Jahres 1873 (LHAK, Bestand 403 Nr. 17964): *In dem zum diesseitigen Regierungsbezirke gehörigen Theile der Diözese befinden sich zur Zeit einige dreißig widerrechtlich angestellte Geistliche, denen die Vornahme geistlicher Amtshandlungen hat untersagt werden müssen. Fast alle fungiren gleichwohl fort. Sie werden mit successiv steigenden Strafen von den Gerichten belegt.*

10 Der Oberpräsident der Rheinprovinz an alle rheinischen Bezirksregierungen am 27. November 1873 (Ausfertigung an die Regierung Koblenz: LHAK, Bestand 441 Nr. 15460): *In der No. 4 meines Erlasses vom 5. d. Mts., betreffend das bei eintretenden Vacanzen katholischer geistlicher Stellen zu beobachtende Verfahren, ist die Bestimmung enthalten, daß die Ortspolizeibehörden über jede einzelne Anzeige, welche dieselben nach Maaßgabe des unterm 29. October d. Js. mitgetheilten Erlasses des Herrn Ministers der geistlichen pp. Angelegenheiten vom 24. ejusd. m. gegen gesetzwidrig angestellte Geistlichen wegen vorgenommener geistlicher Amtshandlungen der Staatsanwaltschaft zu machen haben, dem Oberpräsidium Bericht erstatten sollen. Zur Vereinfachung des Geschäftsganges bestimme ich hierdurch, daß über die fraglichen, der Staatsanwaltschaft nach wie vor in jedem einzelnen Falle zu machenden Anzeigen mir in Zukunft von 14 zu 14 Tagen seitens der Ortspolizeibehörden direkt Bericht zu erstatten ist und ersuche die Königliche Regierung ergebenst, hiernach die Ortspolizeibehörden durch die Kreislandräthe baldigst mit Anweisung versehen zu lassen.*

in Anbetracht des klaren Wortlauts des erwähnten Ministerialerlasses ab.[11] Auf Fürsprache des Oberpräsidenten[12] hatte der Kultusminister dann etwas Einsehen, indem er zwar, damit die illegal angestellten *Geistlichen durch unausgesetzte Verfolgung ihrer Gesetzesübertretungen den vollen Ernst des Gesetzes erfahren*, am vorrangigen Postulat der unerbittlichen zeitnahen Strafanzeige jeder einzelnen verbotenen Amtshandlung festhielt, aber als kleine Erleichterung zugestand, dass die Ortsbehörden nicht unbedingt täglich Anzeige bei der Staatsanwaltschaft erstatten müssen.[13] Allerdings hatten die Lokalbehörden, auch wenn die Maigesetzwidrigkeit der Amtierung eines neu eingesetzten Priesters aus dem bekannten Grund von vornherein feststand, mit der Strafanzeige zu warten, bis sie offiziell vom Oberpräsidenten über die Bezirksregierung von der Gesetzwidrigkeit des Amtsantritts wegen Verstoßes gegen die bischöfliche Meldepflicht informiert wurden.[14]

---

11 Der Oberpräsident der Rheinprovinz an den Landrat von Saarburg am 27. November 1873 (LHAK, Bestand 403 Nr. 10804 im Entwurf): *Da nach dem den K. Regierungen meinerseits unterm 29. October mitgetheilten Erlasse des Herrn Ministers der geistlichen pp. Angelegenheiten vom 24. ejusd. m. jede einzelne geistliche Amtshandlung, welche ein gesetzwidrig angestellter Geistlicher vornimmt, von den Ortspolizeibehörden sofort und direct bei der Staatsanwaltschaft zur Anzeige gebracht werden soll, (muß) ich Anstand nehmen, zu Ihrem Vorschlage, über die von den betreffenden Geistlichen vorgenommenen Amtshandlungen wöchentlich nur einmal zu protokolliren, meine Zustimmung zu ertheilen.*

12 Der Oberpräsident der Rheinprovinz an den Kultusminister am 2. Dezember 1873 (GStA PK, I. HA Rep. 76 IV Sekt. 13 Abt. XII Nr. 13 Bd. 1).

13 Der Kultusminister an den Oberpräsidenten der Rheinprovinz am 16. Dezember 1873 (LHAK, Bestand 403 Nr. 10400; GStA PK, I. HA Rep. 76 IV Sekt. 13 Abt. XII Nr. 13 Bd. 1): *Es kommt aber gerade darauf an, daß diese [gesetzwidrig angestellten] Geistlichen durch unausgesetzte Verfolgung ihrer Gesetzesübertretungen den vollen Ernst des Gesetzes erfahren. Aus diesem Grunde ist angeordnet, daß jede einzelne gesetzwidrige Handlung, sobald sie zur Kenntniß der Behörden gelangt, sofort der Staatsanwaltschaft angezeigt werde. Dieser Gesichtspunkt muß unbedingt maßgebend bleiben, schließt jedoch nicht aus, daß die Unterbehörden, wenn die Fälle sich häufen, nicht täglich Anzeige machen, sondern in kurzen Zwischenräumen die Denunciationen wiederholen. In dieser Weise wird sich indessen die Sache im gewöhnlichen Laufe der Dinge von selbst gestalten, ohne daß es dieserhalb einer allgemeinen Verfügung, die leicht mißverstanden werden könnte, bedarf.*

14 Der Oberpräsident der Rheinprovinz an alle rheinischen Bezirksregierungen am 3. Juni 1874 (GStA PK, I. HA Rep. 76 IV Sekt. 1 Abt. XII Nr. 6 Bd. 1; LHAK, Bestand 441 Nr. 15474): *Die Localbehörden (haben) Anzeigen über Vornahme geistlicher Handlungen erst dann den Beamten der Staatsanwaltschaft zu erstatten, wenn sie durch Vermittlung der Königlichen Regierung vom mir davon in Kenntniß gesetzt worden sind, daß die Thätigkeit der betreffenden Geistlichen eine gesetzwidrige sei.*
Der Oberpräsident der Rheinprovinz an die Regierung Trier am 7. Januar 1875 (LHAK, Bestand 442 Nr. 1948): *Den Bürgermeister zu Neunkirchen wolle die Königliche Regierung gefälligst dahin belehren lassen, daß nach meinen Erlassen vom 2. Juni und 5. November 1873 und 13. October d. J. Anzeigen über Vornahme geistlicher*

Im Frühjahr 1875 gab es, wie schon angedeutet, gravierende Änderungen im Geschäftsgang und in der Ablaufroutine. Zunächst äußerte der Kultusminister Bedenken dagegen, die Amtshandlungen eines neu in ein Amt gekommenen Geistlichen in der Regel erst nach erfolgter Verwarnung oder Belehrung über ihre Illegalität strafrechtlich per Anzeige zu verfolgen, denn wenn eine Amtshandlung unzweifelhaft strafbar sei, könne man nicht von einer Strafverfolgung absehen; wenn ihre Strafbarkeit aber zweifelhaft sei, könne man sie nicht zum Anlass einer Verwarnung oder Belehrung machen.[15] Daraufhin wollte der Oberpräsident *der Regel nach* vom Institut der Verwarnung oder Belehrung Abstand nehmen,[16] regte aber nun seinerseits an, dass nach einem Amtsantritt eines Geistlichen die Ortsbehörden ohne vorherige Anfrage bei ihm, ob der Bischof ihm den geistlichen Amtsneuling zur Genehmigung gemeldet habe, beim Verdacht auf Verrichtung verbotener Amtshandlungen direkt bei der Staatsanwaltschaft Anzeige erstatten und ihn, den Oberpräsidenten, nur über die erstattete Anzeige informieren.[17]

Amtshandlungen auf Grund des § 23 resp. des Art. 2 der allegirten Gesetze seitens der Localbehörden erst dann dem Königl. Oberprocurator zu erstatten seien, wenn die genannten Behörden durch Vermittelung der Königlichen Regierung von mir davon in Kenntniß gesetzt worden sind, daß die Thätigkeit des betreffenden Geistlichen eine gesetzwidrige sei.

15 Der Kultusminister an den Oberpräsidenten der Rheinprovinz am 12. April 1875 (LHAK, Bestand 403 Nr. 10404): *Ew. Hochwohlgeboren haben vielfach in Fällen einer ersten Contravention, insbesondere dann, wenn Sie Zweifel hegten, ob die betreffenden Geistlichen sich der Strafbarkeit ihrer Handlungen bewußt waren, zunächst nur Verwarnungen eintreten lassen. Mir scheint ein solches Verfahren nicht unbedenklich. Denn liegt eine Handlung vor, welche zweifellos als eine strafbare anzusehen ist, so wird von ihrer Verfolgung nicht abgesehen werden können; ist aber die Strafbarkeit zweifelhaft, so ist es höchst bedenklich, sie zum Anlaß einer Verwarnung zu benutzen, da dies [...] nur zu weiteren Erörterungen führt, welche zu vermeiden die Staatsregierung bestrebt sein muß. Ew. Hochwohlgeboren gebe ich daher zu gefälliger Erwägung, ob es nicht zweckmäßiger sein wird, von derartigen Verwarnungen ganz abzusehen und in zweifelhaften Fällen, falls überhaupt ein Einschreiten indicirt ist, die weitere Verfolgung lediglich der Staatsanwaltschaft anheimzustellen.*

16 Der Oberpräsident der Rheinprovinz an den Kultusminister am 20. April 1875 (GStA PK, I HA Rep. 76 IV Sekt. 13 Abt. XII Nr. 13 Bd. 4).

17 *Übrigens würde von solchen Eröffnungen der Verwaltungsbehörde an Geistliche meines gehorsamsten Erachtens dann gänzlich abgesehen werden können, wenn mit Rücksicht auf die Fassung der neueren Strafbestimmung des Art. 2 des Gesetzes vom 21. Mai 1874 die diesseitige Vorprüfung der fraglichen Verhältnisse überhaupt unterbliebe. In diesem Falle würden die Polizeibehörden ohne Weiteres alle Handlungen, die ihres Dafürhaltens unter die genannte Strafbestimmung fielen, bei der Staatsanwaltschaft zur Anzeige zu bringen und mir zugleich hiervon Nachricht zu geben haben. Ich werde mich dann darauf beschränken, der Staatsanwaltschaft auf Ersuchen Auskunft über die Ansichten der Verwaltungsbehörde zu geben, ferner zu controliren, ob die Staatsanwaltschaft eine Anklage eintreten lasse und welches Resultat solche ergebe, sowie endlich in geeigneter Weise einzuschreiten, falls eine Verfolgung unbegründeter Weise unterbleiben sollte.*

Hintergrund war neben der bekannten Tatsache, dass die Bischöfe im passiven Widerstand verharrten, das preußische Gesetz vom 21. Mai 1874, welches in Art. 2, die Beweislast umkehrend, den Nachweis über die maigesetzgemäße Anstellung den Geistlichen auferlegt hatte, sodass der betreffende Geistliche gegenüber der Staatsanwaltschaft den fraglichen Nachweis zu führen hatte und sich die oberpräsidiale Gesetzkonformitätsprüfung des Amtsantritts eigentlich erübrigte. Da sich der Kultusminister mit dem Vorschlag einverstanden erklärte,[18] informierte der Oberpräsident in einem Rundschreiben die rheinischen Bezirksregierungen, dass wegen des besagten Gesetzesartikels sowie des notorischen Faktums, dass die Bischöfe sowieso keinen geistlichen Kandidaten melden, eine *Prüfung der Berechtigung neu auftretender Geistlicher* künftig entfallen könne und dass die Ortspolizeibehörden ohne diesen Zwischenschritt die Strafverfolgung unmittelbar nach der Tat mittels Anzeigeerstattung einleiten könnten.[19] Aber vom Herbst 1873

Es würde dann auch die Verwaltungsbehörde von der eigentlich nur der Staatsanwaltschaft zukommenden Aufgabe, strafbare Verhandlungen zu verfolgen, entbunden werden (ebd.).

18 Der Kultusminister an den Oberpräsidenten der Rheinprovinz am 12. Mai 1875 (GStA PK, I HA Rep. 76 IV Sekt. 13 Abt. XII Nr. 13 Bd. 4 im Entwurf).

19 Der Oberpräsident der Rheinprovinz an die rheinischen Bezirksregierungen am 17. Mai 1875 (Ausfertigung an die Regierung Aachen: GStA PK, I. HA Rep. 76 IV Sekt. 1 Abt. XII Nr. 6 Bd. 2; GStA PK, I. HA Rep. 76 IV Sekt. 13 Abt. XII Nr. 13 Bd. 4): *Nachdem nunmehr zwei Jahre seit Erlaß des Gesetzes über die Vorbildung und Anstellung der Geistlichen vom 11. Mai 1873 verflossen sind, auch die im § 23 dieses Gesetzes enthaltene Strafbestimmung durch Artikel 2 des Gesetzes vom 21. Mai 1874 eine Vereinfachung resp. Erläuterung erfahren hat und endlich feststeht, daß zunächst auf die Beobachtung des § 15 des Gesetzes vom 11. Mai 1873 seitens der katholischen Bischöfe (mit Ausnahme des [altkatholischen] Bischofs Dr. Reinkens) nicht gerechnet werden kann, will ich auf Grund der von dem Herrn Minister der geistlichen Angelegenheiten ertheilten Ermächtigung in Zukunft von der in meiner Verfügung vom 2. Juni 1873 vorbehaltenen Prüfung der Berechtigung neu auftretender Geistlichen Abstand nehmen und überlasse in Folge dessen den Ortspolizeibehörden, ohne Weiteres die unter die vorgedachte Strafbestimmung fallenden Handlungen bei der betreffenden Staatsanwaltschaft zur Anzeige zu bringen. Über die stattfindenden Anzeigen ist mir vor wie nach* [d.h. nach wie vor] *Bericht zu erstatten, und zwar bei der ersten derselben, welche einen mit der Vornahme von Amtshandlungen an einem Orte neu beginnenden Geistlichen anlangt, unter genauer Mittheilung der Verhältnisse dieses Geistlichen und des ganzen Thatbestandes. Im Übrigen bleibt es bei den erlassenen generellen Verfügungen, insbesondere denen vom 2. Juni 1873 und vom 5. November 1873, so daß, wenn beispielsweise Belehrungen der Mitglieder des Kirchenraths oder der Parochianen über die Gesetzwidrigkeit einer Anstellung nach Lage der Sache erforderlich erscheinen, die betreffenden Anzeigen und Anträge seitens der Kreislandräthe bei mir einzureichen sind.*

zum Frühjahr 1875, also in der ‚Hochzeit' der unbefugten Amtsantritte, bildete die Prüfanfrage beim Oberpräsidenten und die warnende Belehrung des geistlichen Amtsneulings als Voraussetzungen für eine Anzeige verbotener Amtshandlungen noch zentrale Elemente des staatlichen Verfahrens bei der Einleitung der Strafverfolgung.

Nach der Darlegung der Normen soll wieder die Handhabungspraxis unter Zitierung einiger Beispiele vorgestellt werden. Wenn ein Geistlicher sich verdächtig gemacht hatte, zu einer der oben beschriebenen Gruppen von Gesetzesübertretern zu gehören, protokollierten die Ortspolizeibehörden, entweder ein Polizist oder der Bürgermeister selbst, gegen den betreffenden Geistlichen – so die zeitgenössische Diktion –, d.h. sie notierten Datum, Art, Ort und Zeugen der illegalen Amtshandlung. Übernahm ein Polizist die Ermittlungsarbeit, meldete er das Ergebnis dem Bürgermeister.[20] Durch das Zusammentragen der Ermittlungsergebnisse entstanden

---

20 Beispiele:
Der *Fuß-Gendarm* Maringer von der 8. Gendarmerie-Brigade an den Bürgermeister von Wittlich am 20. November 1874 (LHAK, Bestand 442 Nr. 1987): *Der Unterzeichnete brachte in Erfahrung, daß der [Kaplan] p. Pohle am heutigen Vormittage zwischen 7–8 Uhr in der hiesigen Pfarrkirche, während der Herr Dechant Lichter am Hochaltar ein Todtenamt celebrirte, Pohle am Muttergottesaltar eine stille Messe gelesen [hat].* – Ders. an dens. am 22. November 1873 (ebd.): *Der Unterzeichnete brachte in Erfahrung, daß der p. Pohle am heutigen Vormittage zwischen 7–8 Uhr in der hiesigen Pfarrkirche, während der Herr Dechant Lichter am Hochaltar ein Todtenamt celebrirte, Pohle am Muttergottesaltar eine stille Messe gelesen [hat].* – Ders. an dens. am 24. November 1874 (ebd.): *Dem Bürgermeistereiamt zeige ich gehorsamst an, daß der p. Pohle am 23. d. Mts. Vormittags zwischen 7–8 Uhr in der hiesigen Pfarrkirche am Muttergottesalthar eine stille Messe gelesen [hat], während der Herr Dechant Lichter am Hochalthar ein Todtenamt celebrirte. Am heutigen Vormittage zischen 7–8 Uhr hat der p. Pohle am Hochalthar ein Todtenamt celebrirt, während der Herr Dechant Lichter am Kreuzalthar eine stille Messe gelesen hat.*
Von Bürgermeister Blees zu Mehring im Landkreis Trier am 27. Januar 1876 aufgenommenes Protokoll (LHAK, Bestand 403 Nr. 10866): *Auf dem Bürgermeisterei-Amte erschien der Polizeidiener Peter Welter von Mehring und machte folgende Anzeige: Wie ich in Erfahrung gebracht habe, proclamirt der Pfarrer zu Riol in dasiger Pfarrkirche die Eheverlöbnisse aus der hiesigen gesperrten Pfarrei. Die betreffenden Brautleute begeben sich nach den Verlobungen stets zu dem hiesigen Vikar Nicolaus Gombert, der, wie es scheint, in geheimnißvoller Weise die Meldungen entgegen nimmt und das weiter Erforderliche zur kirchlichen Proclamation an den Pfarrer in Riol veranlaßt resp. vermittelt, auch wahrscheinlich noch Examen mit den Brautleuten hält. Als Zeugen können vernommen werden:* [Es werden vier Personen namentlich genannt].

bisweilen umfangreiche Verzeichnisse der verbotenen Amtshandlungen.[21] Der Bürgermeister stellte dann Strafanzeige bei der zuständigen Staatsanwaltschaft,

---

21 Beispiele:

Verzeichniß derjenigen geistlichen Amtshandlungen, welche der Pastor Aug. Classen an der St.-Laurentius-Kirche hier [d.h. in Trier] *nach der ihm am 13. August 1875 erfolgten Untersagung resp. seiner Sperrung in gedachter Kirche bis zum 22. August 1875 vorgenommen hat* (LHAK, Bestand 442 Nr. 5072)

Nr.	*Datum 1875*	*Bezeichnung der Amtshandlungen*	*Zeugen*
1.	*10. Aug.*	*Religions-Unterricht ertheilt an die mittlere und obere Mädchenklasse im Kreuzgange vormittags von 8–9 und von 11–12 Uhr*	*Küster Joh. Bapt. Rohmer*
2.	*12. Aug.*	*desgleichen*	*ders.*
3.	*14. Aug.*	*Messe gelesen und des morgens und abends Beichte gehört*	
4.	*15. Aug.*	*Messe gelesen, Communion ausgetheilt Vesper am Nachmittage und Abend-Andacht gehalten*	*ders.*
5.	*16. Aug.*	*Messe gelesen und Abend-Andacht gehalten*	*ders.*
6.	*17. Aug.*	*desgl.*	*ders.*
7.	*18. Aug.*	*Messe gelesen*	*ders.*
8.	*19. Aug.*	*Messe gelesen und Abend-Andacht gehalten*	*ders.*
9.	*20. Aug.*	*desgl.*	*ders.*
10.	*21. Aug.*	*Messe gelesen*	*ders.*
11.	*22. Aug.*	*Hochamt und Predigt gehalten, eine Leiche eingesegnet (Schwiegermutter des Schreiners Jari im Gartenfelde), Christenlehre und Abend-Andacht gehalten*	*ders.*

Verzeichniß der durch den gesperrten Pastor Aug. Classen von St. Laurentius hierselbst [d.h. in Trier] *vorgenommenen Amtshandlungen in der Zeit vom 12. bis incl. 31. October 1875* (LHAK, Bestand 403 Nr. 10865)

Datum 1875	*Bezeichnung der Amtshandlungen*	*Zeugen*
vom 1. bis 23. Oct.	*täglich Messe gelesen*	*Postconducteur a. D. Carl Weiß*
24. Oct.	*Messe gelesen, Beichte gehört, Abendmahl ausgetheilt, und Vesper abgehalten*	*Lehrer Nik. Milber*
25., 26. & 27. Oct.	*jeden Tag Messe gelesen*	*[derselbe]*
28. Oct.	*desgleichen und Abendmahl gehalten*	*[derselbe]*
29. & 30. Oct.	*Messe gelesen*	*[derselbe]*
31. Oct.	*Hochamt, Abendandacht gehalten und Beichte gehört*	*[derselbe]*
24. Oct.	*getauft das Kind Catharina des Tagelöhners Peter Morscheid (Simonstr. 23)*	*Hebamme Edeling*
24. Oct.	*getauft das Kind Katharina Maria des Conditors Wilhelm Bötticher (Brodstr. 248)*	*[dieselbe]*
29. Oct.	*getauft das Kind Franziska des Schreiners Ed. Brefort (Simonstr. 22)*	*[dieselbe]*
31. Oct.	*getauft das Kind Clemens des Sandformers Mich. Jos. Mockel (Glockenstr. 170)*	*Hebamme Rief*

wobei er die Verzeichnisse oder die Meldungen beifügte.[22] Da nach dem Willen des Kultusministers zeitnah nach jeder Tat Strafanzeige zu stellen war, konnte sich bei geistlichen ‚Intensivtätern' eine beeindruckende Menge von Strafanzeigen ergeben.[23]

---

22 Beispiel: Der Bürgermeister von Wadern an den Trierer Oberprokurator Pleuss am 11. September 1877 (LHAK, Bestand 403 Nr. 10867): *Der Pastor Schneider zu Wadrill, gegen welchen durch Verfügung der Königlichen Regierung vom 16. September 1875 die Amtssperre verhängt wurde und welcher bereits 2mal durch das Königliche Zuchtpolizeigericht zu Trier wegen Vorschubleistung bei ungesetzlicher Vornahme geistlicher Amtshandlungen in der Pfarrkirche Wadrill durch den Pastor Wald aus Seesbach resp. wegen persönlicher Vornahme solcher Amtshandlungen in besagter Pfarrkirche zu Geldstrafen verurtheilt worden, auch mehrfach in Untersuchung befangen gewesen ist, bei denen das weitere Verfahren eingestellt wurde, und der gegenwärtig noch in Folge meiner Berichte vom 15. März c., vom 7. Mai c. und 2. d. Mts. in Untersuchung sich befindet, hat nach der angeschlossenen Protocollarerklärung des Feld- und Waldhüters Nikolaus Samson zu Wadrill am Sonntag den 9ten d. Mts. nachmittags 2 Uhr dem die Kirche Wadrill füllenden Pfarreinsassen von der Communionbank aus über den Gnadenort Marpingen und über in seiner Pfarrei vorkommende unwürdige Communionen und Sonn- und Feiertagsentheiligungen Predigt gehalten und [es] dürfte durch dieses Vorkommniß derselbe sich abermals des Vergehens gegen das Gesetz vom 11. Mai 1873 schuldig gemacht haben, weshalb Euer Hochwohlgeboren ich mich beehre, die Anlage zur hochgeneigten weitern Veranlassung ganz gehorsamst zu überreichen.*

23 Beispiele:
Der Landrat von Koblenz an die dortige Bezirksregierung am 20. August 1874 (LHAK, Bestand 441 Nr. 17276):
Der Geistliche Kirsch zu Vallendar ist dem Herrn Oberstaatsanwalt angezeigt
am 24. Mai cr. wegen Abhaltens des öffentlichen Gottesdienstes am Pfingstsonntage
am 4. Juni cr. wegen Abhaltens des öffentlichen Gottesdienstes am Frohnleichnamstage
am 5. Juni c. wegen Amtsverrichtung bei der öffentlichen Frohnleichnamsprocession
am 6. Juni cr. wegen Versehens eines Kranken
am 10. Juni c. wegen Abhaltens des öffentlichen Gottesdienstes zu Niederwerth am 7. Juni c.
am 11. Juni c. wegen Vornahme einer Beerdigung am 6. Juni
am 27. Juni c. wegen Vornahme einer Amtshandlung, die im Journal des Bürgermeisters von Vallendar nicht genauer bezeichnet ist
am 6. Juli c. wegen Abhaltung des öffentlichen Gottesdienstes in Vallendar
am 5. August c. wegen widerrechtlichen Eindringens in ein Schullokal und Ertheilung von Religionsunterricht ungeachtet des Widerspruches des Lehrers Luckenbach von Vallendar (III. Knabenschule)
am 7. August cr. wegen widerrechtlichen Eindringens in die Schule zu Mallendar und Ertheilung von Religionsunterricht ungeachtet der Lehrer Billig ihn zum Weggehen aufgefordert [hat]

am 10. August c. wegen Abhaltens des öffentlichen Gottesdienstes zu Niederwerth am 26. Juli.

Vom Bürgermeister von Neunkirchen im Kreis Ottweiler am 29. April 1875 erstellte *Übersicht der wegen des gesetzwidrig angestellten Kaplans Martin Görgen zu Neunkirchen der Königlichen Oberprocuratur gemachten Anzeigen* (LHAK, Bestand 442 Nr. 1963)

Datum der protokollirten Handlung	*Kurzer Inhalt der Anzeige resp. Bezeichnung der ausgeführten Amtshandlung*
30.11.73	*Abhaltung von Frühgottesdienst, Predigt und Communion-Ertheilung in der Pfarrkirche zu Neunkirchen*
5.12.73	*Beerdigung des Michel Satzweiß zu Neunkirchen*
8.12.73	*Abhaltung des Hochamts mit Predigt hier*
14.12.73	*Lesen der Frühmesse mit Predigt hier*
17.12.73	*Beerdigung einer Leiche hier*
25.12.73	*Lesen zweier Messen dahier*
26.12.73	*Abhaltung des Hochamts mit Predigt hier*
17.12.73	*Beerdigung einer Leiche hier*
1.1.74	*Beerdigung einer Leiche zu Spiesen*
4.1.74	*Abhaltung des Hochamts hier*
11.1.74	*Beerdigung einer Leiche hier*
11.1.74	*Abhalten des Frühgottesdienstes mit Predigt hier*
18.1.74	*Abhaltung des Hochamts mit Predigt hier*
16.1.74	*Beerdigung einer Leiche hier*
2.2.74	*Halten des Hochamts mit Predigt hier*
15.2.74	*desgleichen*
22.2.74	*Lesen der Frühmesse hier*
20.2.74	*Beerdigung einer Leiche hier*
22.2.74	*Beerdigung einer Leiche hier*
6.3.74	*Beerdigung einer Leiche hier*
9.3.74	*desgleichen*
15.3.74	*Halten des Hochamts mit Predigt hier*
15.3.74	*Beerdigung einer Leiche hier*
16.3.74	*desgleichen*
5.4.74	*Lesen der Frühmesse hier*
6.4.74	*Halten des Hochamtes hier*
4.4.74	*Beerdigung einer Leiche hier*
16.4.74	*Lesen der Frühmesse und Beichtsitzen hier*
29.4.74	*Halten des Hochamtes hier*
10.5.74	*Lesen der Frühmesse hier*
10.5.74	*Abhalten des Nachmittagsgottesdienstes (Vesper)*

Der Bürgermeister[24] oder – in leichter Abweichung vom vorgeschriebenen Geschäftsgang – der Landrat[25] in Reaktion auf eine Nachricht des Bürgermeisters informierte wie vorgeschrieben den Oberpräsidenten über die verrichteten

---

24 Beispiele:
Der in Tawern residierende Bürgermeister von Kanzem im Kreis Saarburg an den Oberpräsidenten der Rheinprovinz am 23. November 1873 (LHAK, Bestand 403 Nr. 10804): *Euer Hochwohlgeboren beehre ich mich unter Bezugnahme auf die hochverehrliche Verfügung vom 5. d. Mts. hiermit ganz gehorsamst zu berichten, daß ich unterm heutigen Tage dem Königlichen Herrn Oberprokurator zu Trier zum Zwecke der Einleitung des gerichtlichen Strafverfahrens angezeigt habe, daß der ohne staatliche Anerkennung unterm 13. v. Mts. durch den Herrn Bischof zu Trier nach Wawern als Pfarrer ernannte frühere Kaplan Glees, ungeachtet ihm seitens des Königlichen Herrn Landraths von Saarburg unterm 14. d. Mts. die protokollarische Eröffnung gemacht wurde, daß er zur Ausübung geistlicher Amtshandlungen in Wawern nicht befugt sei, 1. am Dienstag den 18. November Lesemesse mit Libera (Todtengesang) und 2. am Mittwoch den 19. November c. wieder Messe (Requiemsmesse) gelesen hat.*
Der in Wilzenburg residierende Bürgermeister von Irsch und Schöndorf im Landkreis Trier an den Oberpräsidenten der Rheinprovinz am 20. Dezember 1875 (LHAK, Bestand 403 Nr. 10865): *Euer Hochwohlgeboren beehre ich mich ganz gehorsamst zu berichten, daß der gesperrte Geistliche Johann Braun zu Pluwig, nachdem er am 17ten l. Mts. nach Verbüßung einer wegen Beleidigung von Beamten wider ihn erkannten dreimonatlichen Gefängnißstrafe aus dem Gefängnisse in Trier entlassen worden war, am 18. l. Mts. Religionsunterricht mit den Kindern, welche zu Ostern künftigen Jahres zum ersten Male zur Beichte gehen sollen, im Pfarrhause abgehalten, am 19. ejusd. vormittags Messe gelesen, an demselben Tage nachmitttags wieder Religions-Unterricht in der Kirche zu Pluwig abgehalten und am heutigen Tage morgens Messe gelesen und nachmittags Religions-Unterricht im Pfarrhause abgehalten hat. Der Pfarrer Braun hat gestern von der Kanzel herunter verkündigt, daß er jeden Tag mit Ausnahme Dienstags den 21. l. Mts. Messe lesen würde, daß er das Recht habe Messe zu lesen, daß ihm dies niemand verwehren könne, daß er sich auch nicht stören lassen und fortfahren werde wie immer. Diese Verhöhnung der Gesetze geschieht hier in der Gemeinde, wo der Bürgermeister und der Polizeidiener ihren Wohnsitz haben. Die Einleitung des Strafverfahrens ist heute bei dem Herrn Oberprocurator in Trier beantragt worden.*

25 Beispiele:
Der Landrat von Bitburg an den Oberpräsidenten der Rheinprovinz am 16. Oktober 1875 (LHAK, Bestand 403 Nr. 10865): *Euer Hochwohlgeboren beehre ich mich [...] gehorsamst anzuzeigen, daß der gesperrte Pastor Hormisch von Bettingen am 7., 8., 9. und 10. dieses Monats Messe gehalten und eine Leiche beerdigt hat, wovon die bezüglichen polizeilichen Anzeigen am 12. dieses Monats dem Herrn Oberprocurator erstattet sind. Gleichzeitig ist auch die gerichtliche Untersuchung gegen den vom ehemaligen Kirchenrath als Küster eingesetzten Jacob Thommes, welcher an obigen Tagen den Küsterdienst unbefugter Weise versehen hat, beantragt worden. Endlich ist auch gegen Pastor Hormisch wegen aufreizenden Predigens in der Pfarrkirche nach der Sperre sowie wegen Verstümmelung von 6 dem Lehrer Roles gehörigen Obstbäumen eine Anzeige an Herrn Oberprocurator eingereicht worden.*

Amtshandlungen und die daraufhin erstatteten Strafanzeigen. Die Berichte des Bürgermeisters von Zell lassen die Arbeitsbelastung durch den Observierungs-, Protokollierungs- und Anzeigenschreibaufwand erahnen, den die Lokalbehörden

Der Landrat des Landkreises Trier an den Oberpräsidenten der Rheinprovinz am 18. Dezember 1875 (LHAK, Bestand 403 Nr. 10865): *Ew. Hochwohlgeboren beehre ich mich gehorsamst anzuzeigen, daß der Succursalpfarrer Hermes zu Gusenburg am 5., 8. und 12. d. Mts. in der Pfarrkirche zu Gusenburg Vor- und Nachmittagsgottesdienst gehalten hat. Ferner hat derselbe am 13. und 16. d. Mts. zwei Leichen-Beerdigungen, denen jedesmal Gottesdienst gefolgt ist, vorgenommen. Hierüber ist dem Herrn Oberprokurator hierselbst auf Grund des § 23 alin. 2 des Gesetzes vom 11. Mai 1873 behufs gerichtlicher Verfolgung des p. Hermes durch den Bürgermeister Rüdell zu Hermeskeil Anzeige erstattet worden.*
Der Landrat des Landkreises Trier, Spangenberg, an den Oberpräsidenten der Rheinprovinz am 6. Juli 1876 (LHAK, Bestand 403 Nr. 10867): *Euer Hochwohlgeboren beehre ich mich hierdurch gehorsamst zu berichten, daß der Kaplan Gombert zu Mehring, welchem unterm 24. September pr. die im Auftrage und Namen Euer Hochwohlgeboren erfolgte Benachrichtigung Königlicher Regierung vom 16. ej. zugestellt wurde des Inhalts, daß das Zwangsverfahren wegen definitiver Besetzung des Succursalpfarramtes zu Mehring auf Grund der §§ 18 und 19 des Gesetzes vom 11. Mai 1873 eingeleitet sei, in der Pfarrkirche zu Mehring am Nebenaltare, genannt St. Anna, vor versammelten Pfarrgenossen am 21., 25. und 28. Mai vormittags stille Messe gelesen und die h. Communion ausgetheilt hat. Zur Predigt hat derselbe vor der Communionbank aus einem Buche vorgelesen. Ferner hat der p. Gombert im Monate Juni und zwar*

1. *Sonntag, Pfingsten, den 4. Juni, vormittags zwischen 8 und 10 Uhr Hochamt und nachmittags zwischen 2 und 3 Uhr Vesper am Altar St. Anna gehalten;*
2. *Pfingstmontag, den 5. Juni, vormittags zwischen 8 und 9 Uhr stille Messe am vorgenannten Altare gelesen;*
3. *am 15. Juni, Frohnleichnam, vormittags Hochamt am vorgenannten Altare und darauf die übliche Procession mit dem Sanctissimum im Orte gehalten. Nachmittags Vesper mit Segen;*
4. *am 16. und 17. Juni vormittags zwischen 6 und 7 Uhr Singmesse und abends Andacht an fraglichem Altare gehalten;*
5. *am 18. Juni morgens zwischen 6 und 7 Uhr stille Messe gelesen und zwischen 10 bis 1 Uhr Hochamt am p. Altare gehalten mit Auslegung des Lebens des jetzigen Papstes, darauf Abhaltung einer Procession nach der Kapelle St. Medardus. Nachmittags Vesper;*
6. *vom 19. bis 23. Juni an jedem dieser Tage morgens zwischen 6 und 7 Uhr Messe und abends Andacht an mehrgenanntem Altare gelesen resp. gehalten.*

Da nach einer Verfügung der Königlichen Regierung vom 24. April gegen den p. Gombert wegen aller in der Pfarrei Mehring vorzunehmenden Amtshandlungen protocollirt werden soll [...], so sind die Amtshandlungen des p. Gombert seitens des Bürgermeisters Blees zu Mehring dem Herrn Oberprokurator hierselbst zum Zwecke der strafgerichtlichen Verfolgung nach dem § 23 des Gesetzes vom 11. Mai 1873 zur Anzeige gebracht worden.

bei einem ebenso widerspenstigen wie pastoralaktiven Geistlichen betreiben mussten.[26]

---

26 Der Bürgermeister von Zell an den Oberpräsidenten der Rheinprovinz am 17. November 1873 (LHAK, Bestand 403 Nr. 10804):
Dem Königlichen Oberpräsidium beehre ich mich in Folge des hohen Rescripts vom 5ten November cr. ganz gehorsamst zu berichten, daß ich heute vier Anzeigen gegen den gesetzwidrig als Hülfsgeistlichen hierselbst angestellten Neopresbyter Kaas aus Trier wegen Vornahme geistlicher Amtshandlungen, wonach derselbe in hiesiger Pfarrkirche
1. am 15ten d. Mts. Messe gelesen
2. am 16ten d. Mts. sonntägliches Hochamt gehalten
3. am 17ten d. Mts. Messe gelesen und
4. am 17ten d. Mts. in der 2ten Knabenklasse hierselbst Religionsunterricht ertheilt hat,
dem Herrn Staatsprocurator in Simmern zur weitern Veranlassung eingereicht habe.

Der Bürgermeister von Zell an den Oberpräsidenten der Rheinprovinz am 21. November 1873 (LHAK, Bestand 403 Nr. 10804):
Dem Königlichen Oberpräsidium beehre ich mich in Folge des hohen Rescripts vom 5ten November cr. ganz gehorsamst zu berichten, daß ich heute acht Anzeigen gegen den gesetzwidrig als Hülfsgeistlichen hierselbst angestellten Neopresbyter Kaas aus Trier wegen Vornahme geistlicher Amtshandlungen, wonach derselbe in hiesiger Pfarrkirche
1. am 15. dieses Monats Beichte gehört
2. am 18. dieses Monats Messe gelesen
3. am 19. dieses Monats im hiesigen Kloster der Schwestern vom Orden des hl. Franziskus Messe gelesen
4. am 19. dieses Monats in der 2. Knabenklasse hierselbst Religionsunterricht ertheilt
5. am 20. dieses Monats in hiesiger Pfarrkirche Messe gelesen
6. am 20. dieses Monats in der 2. Mädchenklasse Religionsunterricht ertheilt
7. am 21. dieses Monats in hiesiger Pfarrkirche Messe gelesen
8. am 21. dieses Monats in der 2. Knabenklasse Religionsunterricht ertheilt hat,
dem Herrn Staatsprokurator in Simmern zur weitern Veranlassung eingereicht habe.

Der Bürgermeister von Zell an den Oberpräsidenten der Rheinprovinz am 30. November 1873 (LHAK, Bestand 403 Nr. 10805):
Dem Königlichen Oberpräsidium beehre ich mich in Folge des hohen Rescripts vom 5. November cr. ganz gehorsamst zu berichten, daß ich heute sieben Anzeigen gegen den gesetzwidrig als Hülfsgeistlicher hierselbst angestellten Neopresbyter Kaas aus Trier wegen Vornahme geistlicher Amtshandlungen, wonach derselbe
1. am 26. dieses Monats in der 2. Knabenklasse hierselbst Religionsunterricht ertheilt
2. am 27ten dieses Monats in der hiesigen Pfarrkirche Messe gelesen
3. am 28. dieses Monats in der hiesigen Pfarrkirche Messe gelesen
4. am 28. dieses Monats in der 2. Knabenklasse hierselbst Religionsunterricht ertheilt
5. am 27. und 29. dieses Monats in der 2. Mädchenklasse hierselbst Religionsunterricht ertheilt
6. am 29. dieses Monats im Kloster der Schwestern vom Orden des Hl. Franziskus Messe gelesen und in der hiesigen Pfarrkirche Beichte gehört und
7. am 30. dieses Monats in der hiesigen Pfarrkirche Messe gelesen hat,
dem Herrn Staatsprokurator in Simmern zur weiteren Veranlassung eingereicht habe.

Die ‚delinquenten' Geistlichen, die zumindest gemäß dem Willen des Koblenzer Oberprokurators zu ihrer Verteidigung vernommen werden sollten, kamen meist der Vorladung nicht nach oder verweigerten eine Stellungnahme.[27]

Nachdem ein Landrat oder ein Bürgermeister unter Vermittlung des Landrats den Oberpräsidenten informiert hatte, dass mutmaßlich ein Geistlicher ein Amt neu angetreten habe, und um Prüfung gebeten hatte, ob der zuständige Bischof den Amtsneuling zur Genehmigung gemeldet habe, erstattete der Oberpräsident, da die Prüfung immer negativ ausfiel, gegen den Bischof Strafanzeige, wobei er gegebenenfalls die einschlägigen behördeninternen Dienstinstruktionen vor allem des Kultusministers referierte, gemäß welchen die fragliche Amtstätigkeit nach Ansicht der Verwaltungsbehörden als strafbar anzusehen sei.[28] Bis er in Reaktion

---

27 Beispiele:
Vom Bürgermeister von Boppard, Syrée, am 28. Oktober 1873 aufgenommenes Protokoll (LHAK, Bestand 441 Nr. 17280): *Erschien vor dem Unterzeichneten und erklärte, mit dem Gegenstande seiner Vernehmung bekannt gemacht, Philipp Lamberti, 26 Jahre alt, katholisch, von Boppard, vermögenslos, noch nicht bestraft, am 29. August a. c. zum Priester geweiht. Zur Sache: Ich muß Ihnen auf Ihre Frage wegen Vornahme gottesdienstlicher Handlungen hierselbst die Erklärung abgeben, daß ich in dieser Beziehung nur die bischöfliche Behörde für competent erachte und deshalb Auskunft verweigern muß.*
Der örtliche Polizeikommissar an den Bürgermeister von Dudweiler am 16. Juli 1874 (LHAK, Bestand 442 Nr. 1994): *Dem Bürgermeisterei-Amte hier mache ich die ganz ergebenste Anzeige, daß der gesetzwidrig angestellte katholische Hilfsgeistliche Neopresbyter Heinrich Schmitt von hier am Sonntag den 12. huj. morgens von 8 bis 9 Uhr in der hiesigen katholischen Kirche öffentlichen Gottesdienst gehalten hat. Die Vernehmung des p. Schmidt hat diesseits nicht geschehen können, da derselbe der an ihn ergangenen Vorladung nicht Folge geleistet hat.*

28 Beispiele:
Der Oberpräsident der Rheinprovinz an den Trierer Oberprokurator Kewenig am 17. November 1873 (LHAK, Bestand 442 Nr. 1975): *Nach dem […] Berichte der Königlichen Regierung daselbst vom 8. d. Mts. ist der Geistliche Kautz zum katholischen Pfarrer in Bliesransbach Kreises Saarbrücken, und zwar gemäß seinem […] an den Bürgermeister zu Brebach gerichteten Schreiben vom 30. v. Mts. von dem Herrn Bischof von Trier unterm 2. October d. J. ernannt worden und am 18. ejus. m. daselbst eingetroffen. Mit Rücksicht darauf, daß der Herr Bischof die durch § 15 des Gesetzes über die Vorbildung und Anstellung der Geistlichen vom 11. Mai d. J. vorgeschriebene Anzeige bezüglich der gedachten Anstellung mir nicht gemacht hat, stelle ich Euer Hochwohlgeboren ergebenst anheim, gegen den Herrn Bischof von Trier, welcher dem p. Kautz die Pfarrstelle zu Bliesransbach übertragen haben soll, auf Grund des § 22 des erwähnten Gesetzes einschreiten zu wollen. Euer Hochwohlgeboren ersuche ich zugleich um eine gefällige demnächstige Benachrichtigung, ob ein Strafverfahren eingeleitet worden ist und welches Resultat dasselbe ergeben hat.*
Der Oberpräsident der Rheinprovinz an den Trierer Oberprokurator Kewenig am 3. Februar 1874 (LHAK, Bestand 442 Nr. 1944): *Nach der abschriftlich hier beigefügten Anzeige des Oberbürgermeisters de Nys daselbst vom 9. Oktober v. Js. und den gleichfalls in Abschrift angeschlossenen Berichten der dortigen Königlichen Regierung*

vom 4. November v. Js. und 25. Februar d. Js. hat der Geistliche Mathias Arenth, früher Caplan zu Dudweiler, gleich nach Auflösung der Redemptoristen-Niederlassung zu Trier in dem Redemptoristen-Kloster daselbst Wohnung genommen und in der zu diesem Kloster gehörigen Kirche täglich Messe gelesen, so daß angenommen werden muß, daß dem p. Arenth das Amt eines Vicars oder Hülfsgeistlichen an der genannten Klosterkirche beziehungsweise an der Pfarre St. Antonius, in deren Bezirk die Letztere liegt, seitens der bischöflichen Behörde übertragen worden ist. Mit Rücksicht darauf, daß der Herr Bischof von Trier die im § 15 des Gesetzes über die Vorbildung und Anstellung der Geistlichen vom 11. Mai v. Js. vorgeschriebene Anzeige bezüglich der gedachten Amtsübertragung mir nicht gemacht hat, stelle ich Euer Hochwohlgeboren ergebenst anheim, gegen den Herrn Bischof von Trier, welcher dem Geistlichen Arenth den Auftrag oder die Genehmigung zur Übernahme dieses Amts ertheilt haben wird, auf Grund des § 22 l. c. einschreiten zu wollen. Indem ich Euer Hochwohlgeboren um eine gefällige demnächstige Benachrichtigung über die erfolgte Einleitung des Strafverfahrens und des Resultats desselben ersuche, bemerke ich zugleich ergebenst, daß der Herr Minister der geistlichen pp. Angelegenheiten in Folge mehrerer demselben meinerseits zur Entscheidung vorgelegten Specialfälle in Betreff der Anwendbarkeit des Gesetzes vom 11. Mai v. Js. sich in einem Erlasse vom 9. Dezember v. Js. dahin ausgesprochen hat, daß die Vorschriften des gedachten Gesetzes nicht nur auf Ämter an den vom Staate anerkannten Kirchen, sondern auf alle Fälle der Übertragung seelsorgerlicher Funktionen an Geistliche Anwendung fänden, und daß es demgemäß unerheblich sei, ob der Auftrag für eine förmlich constituirte Kirchengemeinde resp. einen Theil einer solchen oder für vagirende Glieder einer Kirche, ob für eine staatlich anerkannte Kirche oder eine Capelle oder ein ohne staatliche Genehmigung errichtetes, dem öffentlichen Gottesdienste gewidmetes Gebäude oder endlich für die Angehörigen einer bestimmten Anstalt oder eines Klosters ertheilt ist.

Der Oberpräsident der Rheinprovinz an den Trierer Oberprokurator Kewenig am 29. Januar 1874 (LHAK, Bestand 442 Nr. 1974): *Nach der [...] zwischen dem Landrath Borchert zu Bitburg und mir gepflogenen Correspondenz hat der zum Verwalter der vakanten Pfarre Utscheid bestellte Pfarrer und Definitor Kauth zu Weidingen dem Pfarrer Orth zu Wismannsdorf die Abhaltung des sonn- und feiertäglichen Gottesdienstes in der Pfarre Utscheid für die Winterzeit übertragen, ohne daß mir seitens eines geistlichen Oberen die durch § 15 des Gesetzes über die Vorbildung und Anstellung der Geistlichen vom 11. Mai v. J. vorgeschriebene Anzeige bezüglich dieser Amtsübertragung gemacht worden wäre. Der Herr Minister der geistlichen pp. Angelegenheiten hat in einem Erlasse vom 9. Dezember v. J. sich dahin ausgesprochen, daß einzelne Amtshandlungen, welche bei Vakanzen von Pfarrstellen der benachbarte Pfarrer in der vakanten Gemeinde vornehme, durch § 2 resp. 23 l. c. nicht berührt würden, daß aber dann, wenn der Bischof dem Nachbarpfarrer einen ausdrücklichen Auftrag zur Vertretung dieser Stelle ertheile, also dieselbe interimistisch besetze, oder der benachbarte Pfarrer die Verwaltung des Pfarramtes thatsächlich übernehme, die citirten Vorschriften event. anwendbar seien. Mit Rücksicht darauf, daß im vorliegenden Falle es sich nicht um einzelne Amtshandlungen des Pfarrers Orth in der vakanten Pfarre Utscheid im Sinne dieser Ministerialentscheidung handelt, sondern vielmehr eine vollständige Vertretung des bestellten Pfarrverwalters, Definitors Kauth zu Weidingen, in der Abhaltung des sonn- und feiertäglichen Gottesdienstes zu Utscheid stattfindet, auch angenommen werden muß, daß der Pfarrer und Definitor Kauth diese Vertretung nicht ohne die Genehmigung der bischöflichen Behörde dem p. Orth übertragen hat,* auf das Votum des Trierer Oberprokurators vom 20. November 1873 eine Strafanzeige auf diejenigen Amtshandlungen beschränkt wissen wollte, die ein geistlicher Amtsneuling nach seiner vielerwähnten Belehrung oder Verwarnung vornahm,[29] stellte er noch zusätzlich Strafanzeige gegen den Pfarrkleriker, wenn dieser laut Meldung des Bürgermeisters oder Landrats bereits unmittelbar nach dem Amtsantritt zu amtieren begonnen hatte,[30] sodass in diesen Fällen gegen den betreffenden

---

stelle ich unter Bezugnahme auf das [...] an den Herrn Oberpräsidenten von Westfalen ergangene Rescript des Herrn Ministers der geistlichen pp. Angelegenheiten vom 14. Oktober v. J. Euer Hochwohlgeboren ergebenst anheim, gegen den Herrn Bischof von Trier, welcher dem Pfarrer und Definitor Kauth die Ermächtigung zur Übertragung der fraglichen Vertretung ertheilt haben wird, sowie gegen den p. Kauth wegen Übertragung dieser Vertretung an den Pfarrer Orth zu Wismannsdorf auf Grund des § 22 l. c. einschreiten zu wollen.

29 Beispiel: Der Oberpräsident der Rheinprovinz an die Regierung Trier am 27. Januar 1875 (LHAK, Bestand 442 Nr. 1967): *Nach einer Anzeige des Königlichen Landraths Spangenberg daselbst vom 25. d. Mts. nimmt der katholische Geistliche Johann Hau zu Ensch in der dortigen Pfarrkirche geistliche Amtshandlungen vor, indem derselbe an den Wochentagen zu gleicher Zeit mit dem dortigen Ortspfarrer und an den Sonntagen allein in Gegenwart von Andächtigen stille Messen liest, auch zuweilen Beichte hört. Mit Rücksicht darauf, daß mir von einer Amtsübertragung an den p. Hau die im § 15 des Gesetzes vom 11. Mai 1873 vorgeschriebene Anzeige seitens des geistlichen Oberen nicht gemacht worden ist, ersuche ich die Königliche Regierung ergebenst, die Ortspolizeibehörde zu Ensch gefälligst anweisen zu lassen, den p. Hau vor weiterer Ausübung seelsorgerlicher Functionen in der Rheinprovinz protokollarisch zu verwarnen und, falls derselbe nach erfolgter Verwarnung fortfahren sollte, geistliche Amtshandlungen in Ensch vorzunehmen, die einzelnen Fälle dem Königlichen Oberprocurator behufs Herbeiführung seiner Bestrafung auf Grund des § 23 des Gesetzes vom 11. Mai 1873 und des Art. 2 des Gesetzes vom 21. Mai v. J. nach Maaßgabe meiner Erlasse vom 5. November 1873 und 13. October 1874 zur Anzeige zu bringen.*

30 Beispiele:
Der Oberpräsident der Rheinprovinz an den Trierer Oberprokurator Kewenig am 7. November 1873 (LHAK, Bestand 442 Nr. 1966): *Euer Hochwohlgeboren theile ich hierbei Abschrift einer Anzeige des Königlichen Landraths Eich zu Daun vom 23. v. Mts., meiner darauf erlassenen Randverfügung vom 26. v. Mts. und der landräthlichen Rückäußerung vom 2. d. Mts. betreffend die Ernennung des neu geweihten Priesters Christian Heinen zum Hülfsgeistlichen an der katholischen Pfarre zu Neunkirchen Kreises Daun sowie Abschrift meiner in dieser Angelegenheit an die Königliche Regierung daselbst heute erlassenen Verfügung unter dem ergebensten Anheimstellen mit, gegen den geistlichen Oberen, welcher das Amt eines Hülfsgeistlichen an der Pfarre zu Neunkirchen dem p. Heinen übertragen hat, auf Grund des § 22 des Gesetzes vom 11. Mai d. Js. einschreiten, auch gegen den p. Heinen, welcher nach dem Schlußpassus der vorliegenden landräthlichen Anzeige vom 23. v. Mts. am Sonntag den 19. v. Mts. in Neunkirchen Frühmesse gelesen, also eine geistliche Amtshandlung vorgenommen hat, auf Grund des § 23 l. c. das Strafverfahren einleiten zu wollen. Welcher geistliche Obere dem p. Heinen das fragliche Amt übertragen und unter welchem Datum die Ernennung vollzogen worden ist, konnte nicht festgestellt werden, da der p. Heinen darüber jede Auskunft verweigert hat.*

Pfarrgeistlichen zwei Anzeigen, eine vom Bürgermeister und eine vom Oberpräsidenten, bei der Staatsanwaltschaft eingegangen sein müssen.

2. Das Gerichtsverfahren

Den Stand der Strafverfahren gegen den Klerus und der Rechtsprechung der südrheinischen Gerichte zum Gesetz vom 11. Mai 1873 neun Monate nach dessen Promulgierung lässt sich einem Bericht entnehmen, den der Generalprokurator am Rheinischen Appellationsgerichtshof zu Köln,[31] dem obersten Gericht für das

---

Der Oberpräsident der Rheinprovinz an den Trierer Oberprokurator Kewenig am 31. Oktober 1873 (LHAK, Bestand 442 Nr. 1972): *Euer Hochwohlgeboren theile ich hierbei Abschrift einer Anzeige des Königlichen Landraths Rumschöttel zu St. Wendel vom 25. d. Mts., betreffend die Ernennung des Geistlichen Jakob Isbert, früher Kaplan zu Trier, zum Pfarrer zu Namborn sowie Abschrift meiner in dieser Angelegenheit an die Königliche Regierung daselbst heute erlassenen Verfügung unter dem ergebensten Anheimstellen mit, gegen den geistlichen Oberen, welcher die Pfarrstelle zu Namborn dem p. Isbert übertragen hat, auf Grund des § 22 des Gesetzes vom 11. Mai d. Js. einschreiten, auch gegen den widerrechtlich angestellten Pfarrer Isbert, welcher nach der vorliegenden Anzeige des Kreislandraths geistliche Amtshandlungen als Pfarrer zu Namborn vorgenommen hat, auf Grund des § 23 l. cit. das Strafverfahren einleiten zu wollen. Euer Hochwohlgeboren ersuche ich zugleich ergebenst um eine gefällige demnächstige Benachrichtigung, ob die Strafverfahren eingeleitet worden sind und welches Resultat dieselben ergeben haben.*

Der Oberpräsident der Rheinprovinz an den Trierer Oberprokurator Kewenig am 8. November 1873 (LHAK, Bestand 442 Nr. 1951): *Euer Hochwohlgeboren lasse ich hierbei Abschrift einer Anzeige des Landrathsamtsverwalters, Regierungsassessors Strom zu Prüm, vom 3. September d. Js. und eines Auszugs aus dem in Folge dessen von der Königlichen Regierung zu Trier erforderten Berichte vom 23. v. Mts., wonach dem Pfarrer Lenartz zu Lützkampen die Verwaltung der seit dem 15ten Juli d. Js. vacanten Pfarrstelle zu Großkampen übertragen worden ist, unter dem Anheimstellen ergebenst zugehen, mit Rücksicht darauf, daß der Herr Bischof von Trier die durch § 15 des Gesetzes über die Vorbildung und Anstellung der Geistlichen vom 11. Mai d. Js. vorgeschriebene Anzeige bezüglich der gedachten Stellung mir nicht gemacht hat, gegen den geistlichen Oberen, welcher die Verwaltung der Pfarre zu Großkampen dem p. Lenartz übertragen hat, auf Grund des § 22 des erwähnten Gesetzes einschreiten, auch gegen den p. Lenartz, welcher nach der vorliegenden Anzeige vom 3. September d. Js. geistliche Amtshandlungen als Pfarrverwalter in Großkampen vorgenommen hat, auf Grund des § 23 l. c. das Strafverfahren einleiten zu wollen. Welcher geistliche Obere die gedachte Pfarrverwaltung dem p. Lenartz übertragen hat, und unter welchem Datum diese Übertragung stattgefunden, hat nicht festgestellt werden können, da p. Lenartz darüber Auskunft zu geben sich weigerte. Euer Hochwohlgeboren ersuche ich zugleich ergebenst um eine gefällige demnächstige Benachrichtigung, ob in beiden Fällen ein Strafverfahren eingeleitet worden ist und welches Resultat dasselbe ergeben hat.*

31 Zu dessen Geschichte vgl. A. Klein: Die rheinische Justiz und der rechtsstaatliche Gedanke.

Gebiet des rheinisch-französischen Rechts, am 24. März 1874 dem Justizminister Leonhard über die juristisch-justizielle Behandlung von Übertretungen einiger Kulturkampfgesetze erstattete.[32]

Laut Generalprokurator v. Seckendorff hatte das Landgericht Koblenz bis Ende Februar 1874 47 Strafurteile gegen Geistliche wegen unbefugter Vornahme geistlicher Amtshandlungen verkündet, und zwar alle in Abwesenheit der Angeklagten, die mehrheitlich auch keine Berufung einlegten. Dass die Beschuldigten sich weigerten, *ein verfassungsmäßig zu Stande gekommenes Gesetz als verbindlich zu erachten*, wurde in den erstinstanzlichen Urteilen strafverschärfend berücksichtigt, zumal die Geistlichen *dem Volke Lehrer und Vorbild im Gehorsam gegen die Gesetze* sein sollten.[33]

Das Landgericht Saarbrücken hatte, die geschilderten Befürchtungen des Trierer Oberprokurators bestätigend, tatsächlich die Verurteilung der angeklagten Geistlichen wegen unbefugter Vornahme geistlicher Amtshandlungen von einer vorhergehenden amtlichen Belehrung über die Rechtswidrigkeit ihrer Anstellung abhängig gemacht, allerdings jede einzelne Amtshandlung als eine eigene Straftat bewertet und deshalb Strafen ausgesprochen, die deutlich über der gesetzlich festgesetzten Höchststrafe von 100 Talern lagen.[34]

---

32 *Bericht über Zuwiderhandlungen gegen die Gesetze vom 11. Mai 1873, betreffend die Anstellung und Vorbildung der Geistlichen, und vom 13. Mai 1873, die Straf- und Zuchtmittel betreffend, sowie über andere strafbare Handlungen kirchenpolitischer Natur* (GStA PK, I. HA Rep. 76 Sekt. 13 Abt. XII Nr. 13 Bd. 2).

33 *[Landgericht] Coblenz. Wegen Zuwiderhandlungen gegen § 23 des Gesetzes vom 11. Mai 1873 sind [bis] gegen Ende vorigen Monats 62 Untersuchungen gegen Geistliche eingeleitet und 47 condemnatorische Erkenntnisse erlassen gewesen, alle in contumaciam* [d.h. in Abwesenheit]. *Zum Theil hatten die Beschuldigten brieflich jede Verbindlichkeit der Maigesetze bestritten und die weltliche Jurisdiction abgelehnt. Die Mehrzahl der Urtheile ist in Folge der auf Anstehen der Staatsbehörde ohne Verzug bewirkten Zustellung in Rechtskraft übergegangen. Nur gegen jüngere Urtheile aus dem Februar ist seitens mehrerer Beschuldigten das Rechtsmittel der Appellation versucht worden. Dasselbe hat auch in dem bisher entschiedenen Falle den Erfolg der Freisprechung bei der correctionellen Appellationskammer gehabt. Die ferneren Appellationen sind noch nicht zur Entscheidung gekommen. Gegen das freisprechende Erkenntniß ist der Kassationsrecurs angemeldet worden. In den Motiven bezüglich der Strafausmessung wird in den Erkenntnissen erster Instanz unter anderm hervorgehoben, daß die ausdrücklich erklärte Weigerung der Beschuldigten, ein verfassungsmäßig zu Stande gekommenes Gesetz als verbindlich zu erachten, die Anwendung eines höheren Strafmaßes erfordere, und darauf hingewiesen, daß die Auflehnung gegen das Gesetz um so sträflicher erscheine, als der Beschuldigte in seiner Stellung als Geistlicher dem Volke Lehrer und Vorbild im Gehorsam gegen die Gesetze sein sollte, zumal auch bereits nach der früheren rheinischen Gesetzgebung die Geistlichen sogar erst nach ihrer Ernennung durch die weltliche Behörde kanonisch bestätigt oder doch aus den von ihr genehmigten Personen ernannt und eingeführt werden durften.* (ebd.)

34 *Saarbrücken. Das dortige Landgericht hat bisher nur gegen Geistliche, die auch nach der amtlichen Eröffnung ihrer gesetzwidrigen Anstellung fortgefahren hatten zu amtiren,*

Das Landgericht Trier hatte bis zum Zeitpunkt der Berichterstattung in rund 40 Urteilen alle Geistlichen bestraft, die über die Rechtwidrigkeit ihrer Anstellung belehrt worden waren oder nach Lage der Dinge die Unterlassung der erforderlichen Anzeige an den Oberpräsidenten annehmen mussten und demungeachtet amtierten. Diese Urteile ergingen meist in Abwesenheit und alle verurteilten Kleriker verzichteten auf eine Berufung. Das Landgericht Trier hatte anders als das Landgericht Saarbrücken alle bis zum Tag der Vorladung verrichteten Amtshandlungen als ein einziges Vergehen betrachtet und mit einer Strafe belegt, welche Gesetzesauslegung die Zustimmung des Generalprokurators fand. Dafür wurden ‚Rückfalltäter' gleich ab der zweiten Verurteilung mit der gesetzlichen Höchststrafe von 100 Talern belegt, sofern die inkriminierten Taten nach eingetretener Rechtskraft des vorherigen Urteils begangen wurden.[35]

---

erkannt und dieselben in erster und zweiter Instanz zu theilweise hohen, das Maximum von 100 Thlr. weit übersteigenden Geldstrafen verurtheilt, indem es in jeder Amtshandlung ein selbstständiges Vergehen für sich erkannte, anders wie das Landgericht in Trier, worauf ich weiterhin kommen werde. Anfänglich hatte das Zuchtpolizeigericht gegen den einen dieser Beschuldigten, dem zur Zeit der Vornahme der incriminirten Amtshandlungen eine amtliche Verwarnung noch nicht gemacht worden, freisprechend erkannt, indem dasselbe zwar den § 23 des Maigesetzes im Sinne der authentischen Interpretation auslegte, jedoch in Ermangelung jener Verwarnung das strafbare Bewußtsein von der Gesetzwidrigkeit der Anstellung nicht als nachgewiesen erachtete. (ebd.)

35 *[Landgericht] Trier. [...] Was sodann die Auslegung des § 23 des Ges. betrifft, so wurden von der Zuchtpolizeikammer gleichmäßig alle diejenigen Geistlichen mit Strafe belegt, welche, obwohl sie durch amtliche Verwarnung erfahren hatten oder nach den Umständen des einzelnen Falles annehmen mußten, daß ihre Anstellung ohne vorherige Anzeige an den Oberpräsidenten geschehen sei, dennoch geistliche Amtshandlungen ausgeübt hatten. Es sind gegen 40 Urtheile erlassen worden, meist in contumaciam, die sämmtlich mangels der Einlegung eines Rechtsmittels in Rechtskraft übergegangen sind. Gegen diejenigen Beschuldigten, welche sich im Rückfalle befanden, ist gleich bei der zweiten Verurtheilung, sofern die in der Beschuldigung enthaltenen Handlungen nach eingetretener Rechtskraft des früheren Urtheils verübt waren, auf das höchste Strafmaaß von 100 Thlr. Geldbuße erkannt worden. Hinsichtlich der Nicht-Rückfälligen in diesem Sinne ist die Zuchtpolizeikammer in Trier, abweichend von derjenigen in Saarbrücken, von der Ansicht ausgegangen, daß der im § 23 in der Mehrzahl gebrauchte Ausdruck „Amtshandlungen" nicht etwa nur bezwecke, auf die verschiedenen möglichen Arten der geistlichen Amtshandlungen hinzudeuten, vielmehr alle bis zum Tage der Vorladung des Beschuldigten vorgekommenen gesetzwidrigen Amtshandlungen umfasse und nur als ein fortgesetztes Vergehen mit einmaliger Strafe bedrohe, welche 100 Thlr. nicht übersteigen dürfe, wozu denn auch weiter nur eine zusätzliche Strafe wegen derjenigen Handlungen komme, die später nach der Verurtheilung bis zur eingetretenen Rechtskraft des Urtheils vorgenommen würden. Diese Frage in die II. Instanz zu bringen, hat der Oberprokurator noch keinen practischen Beweggrund gefunden und ebensowenig hat der Entwurf des Declarationsgesetzes dieselbe berücksichtigt. Es scheint mir auch kein Bedürfniß zum Einschreiten der Gesetzgebung in Beziehung darauf vorhanden zu sein*

Als Folge der grundsätzlichen Ablehnung der Maigesetze erkannten also die Geistlichen die Kompetenz der Gerichte zur Ahndung von geistlichen Amtshandlungen nicht an, was sie dadurch demonstrierten, dass sie meist die Gerichtsverhandlungen boykottierten und auf das Rechtsmittel der Berufung verzichteten. Die staatliche Kriminalisierung von geistlichen Amtshandlungen widersprach erkennbar dem Rechtsgefühl der primären Gesetzesadressaten, was im Klerus einen Autoritätsverlust der Justiz zur Folge hatte.

Generalprokurator v. Seckendorff war ein passionierter Kulturkämpfer,[36] der die rheinische Justizverwaltung energisch auf Kulturkampfkurs zu bringen suchte. Um die Strafverfahren zu beschleunigen, hatte er die Oberprokuratoren an den Landgerichten angewiesen, die Urteile *auf dem geradesten und kürzesten gesetzlichen Wege* herbeizuführen und *dafür Sorge zu tragen, daß die Verhandlungstermine in den Untersuchungssachen wegen unbefugter Vornahme geistlicher Amtshandlungen außerhalb der ordentlichen Reihenfolge verhandelt und gleich Haftsachen möglichst beschleunigt* werden. Dass die Oberprokuratoren gegen *unzutreffende* Freisprüche der Landgerichte sofort Einspruch einlegen bzw. Kassationsrekurs ergreifen, fand der Generalprokurator *selbstverständlich,* hatte es ihnen aber sicherheitshalber durch eine Verfügung noch einmal *ausdrücklich in Erinnerung gebracht.* Großen Wert legte der Generalprokurator auch auf *die ungesäumte Vollstreckung der ergangenen rechtskräftigen Urteile,* um *den Maigesetzen Achtung zu verschaffen.* Trotz

---

und die Ansicht des Landgerichts in Saarbrücken, daß mehrere Amtshandlungen eines gesetzwidrig angestellten Geistlichen, welche gleichzeitig der richterlichen Cognition unterbreitet werden, als ebensoviele selbstständige Vergehen wider § 23 cit. zu bestrafen seien, so daß aus diesem § in solchen Fällen z.B. einmal auf 200 Thlr. erkannt worden ist, kaum haltbar. (ebd.)

36 *Der Preußen und dem ganzen Deutschen Reiche aufgedrungene Kampf für die Unabhängigkeit des Staates gegen die unberechtigten Herrschaftsansprüche des jesuitischen Ultramontanismus mußte auch in der Rheinprovinz bei der vorwiegend katholischen Bevölkerung zu einem lebhaften Ausbruche gelangen. Die Vollziehung der sogenannten kirchenpolitischen Gesetze und von diesen vornehmlich des Gesetzes vom 11. Mai 1873 über die Vorbildung und Anstellung der Geistlichen gab in Folge des in Fulda vereinbarten und von Rom gebotenen Widerstandes der Bischöfe und seines abhängigen Clerus fast Tag für Tag zu thatsächlichen Conflicten Veranlassung, so daß der Anklage-Senat des Appellationsgerichtshofes und die Strafkammern bei sämmtlichen Landgerichten, mit alleiniger Ausnahme von Elberfeld, in der Lage waren, Zuwiderhandlungen gegen diese Gesetze ihrer Cognition zu unterziehen. Das geflissentliche Bestreben der ultramontanen Partei, mittelst künstlicher Agitation durch die bekannten Wanderversammlungen des Vereins Deutscher Katholiken zu Mainz, durch eine blind ergebene politische und locale Presse, durch den Mißbrauch der Kanzel den Ungehorsam gegen die Gesetze und die Mißachtung der Staatsautoritäten in die zum eigenen Urtheil über die Tendenz der kirchenpolitischen Gesetzgebung nicht befähigten Massen des Volkes hineinzutragen, mußte außerdem mannigfache Übertretungen der Gesetze über das Vereins- und Versammlungsrecht vom 11. Mai 1850 und des Preßgesetzes vom 12. Mai 1851 sowie des § 130a des Strafgesetzbuchs im Gefolge haben.* (ebd.)

gewisser *Verzögerungen*, die er den Verwaltungsbehörden anlastete, konnte er erfreut konstatieren: *Auch die Vollstreckung der Urtheile gegen die Curatgeistlichkeit nimmt ihren ordentlichen Verlauf.* Der Generalprokurator achtete um der *Würde der Justiz* willen darauf, *daß die Oberprokuratoren das Ihrige ohne Verzug thun*, um die Zeit zwischen der Urteilsverkündigung und der Verhaftung zum Antritt der Gefängnisstrafe möglichst kurz zu halten, zumal die Zwischenzeit gerne *zu Agitationen und Demonstrationen aller Art* benutzt zu werden pflege. So fühlte er sich *in der angenehmen Lage, der Staatsanwaltschaft im ganzen Appellationsgerichtsbezirke das Zeugniß geben zu können, daß sie ihren Pflichten hinsichtlich der Handhabung der Staatsgesetze dem Clerus gegenüber mit Festigkeit nachgekommen* ist. Insgesamt zeigte sich der Kölner Generalprokurator v. Seckendorff mit der klerusbezüglichen Strafverfolgungsenergie und -geschwindigkeit der rheinischen Staatsanwaltschaften wie mit der Bestrafungshärte der Gerichte sehr zufrieden und zog für die gesamte Justiz eine positive Bilanz: *Soweit demnach die kirchenpolitischen Gesetze in Betracht kommen, sind alle Maßnahmen, welche geeignet waren, denselben bei der hohen und niederen Geistlichkeit und den mißleiteten Volksschichten Achtung zu verschaffen, beobachtet und mit der gebotenen Entschiedenheit ausgeführt worden.*[37] Die Einschätzung von A. Klein, dass „die rheinischen Gerichte sich bestrebt zeigten, die Bestimmungen [des Gesetzes vom 11. Mai 1873] so behutsam-eng wie möglich auszulegen“[38], wird durch den Zwischenbericht des Kölner Generalprokurators ebensowenig bestätigt wie das Urteil von R. Ross, that „Prussia's juridical arrangements und law enforcement agencies (were) unequal to the Kulturkampf's volume of prosecutions“[39].

Auskunft darüber, wie viele Priester des Bistums Trier wegen unbefugter Vornahme geistlicher Amtshandlungen verurteilt wurden, gibt ein im Bestand ‚Oberpräsidium‘ des Landeshauptarchivs Koblenz befindliches, deshalb wahrscheinlich auf Veranlassung des Oberpräsidenten angelegtes Verzeichnis der im Bistum Trier aufgrund von § 23 des Gesetzes vom 11. Mai 1873 eingeleiteten Untersuchungen und erfolgten Bestrafungen[40]. Laut diesem Verzeichnis wurden bis zum

---

37 Ebd.

38 A. Klein: Die rheinische Justiz und der rechtsstaatliche Gedanke, S. 192.

39 R. Ross: The failure of Bismarck's Kulturkampf, S. 105.

40 *Verzeichniß der auf Grund der §§ 22 und 23 des Gesetzes über die Vorbildung und Anstellung der Geistlichen vom 11. Mai 1873 beantragten und eingeleiteten gerichtlichen Untersuchungen und erfolgten Bestrafungen – Diöcese Trier* (LHAK, Bestand 403 Nr. 15716). Dieses Verzeichnis führt durchnummeriert 248 Geistliche auf (zwar weist die Liste 251 Einträge auf, aber vier Einträge wurden wieder durchgestrichen und eine Nummer wurde doppelt vergeben), welche einer gerichtlichen Untersuchung und Strafverfolgung wegen Zuwiderhandlung gegen § 23 des Gesetzes vom 11. Mai 1873 ausgesetzt waren. Allerdings waren nicht alle Aufgeführten Geistliche des Bistums Trier; ein Teil der Geistlichen wurde freigesprochen; bei anderen Geistlichen wurde das Verfahren eingestellt. Elf Priester, die aber teilweise nicht als Priester des Bistums Trier nachweisbar sind, wurden zwischen März 1881 und

ersten Milderungsgesetz vom 14. Juli 1880 insgesamt 100 Geistliche des Bistums Trier wegen unbefugter Vornahme geistlicher Amtshandlungen zu einer Geld-, im Unvermögensfall ersatzweise zu einer Gefängnisstrafe rechtskräftig verurteilt. Von diesen 100 Geistlichen wurden 50 Geistliche mehr als dreimal, 10 Geistliche[41] mehr als achtmal rechtskräftig verurteilt. Das höchste Strafmaß, das bei den geistlichen ‚Intensivtätern' nach mehreren erfolgten Verurteilungen laut diesem Verzeichnis durchgängig auch ausgeschöpft wurde, betrug 100 Taler, wofür im Nichtzahlungsfall eine Gefängnisstrafe substituiert wurde, die zwischen einem Monat und hundert Tagen schwankte. Alle 50 ‚Intensivtäter' mit mehr als drei rechtskräftigen Verurteilungen wegen unbefugter Verrichtung geistlicher Amtshandlungen wurden zwischen Dezember 1873 und September 1875 abgeurteilt wie überhaupt die mit Abstand meisten rechtskräftigen Verurteilungen zwischen Ende 1873 und Ende 1875 erfolgten, während nach 1875 die Zahl der verurteilten Geistlichen wie der Verurteilungen drastisch zurückging und Mehrfachverurteilungen desselben Geistlichen fast ganz aufhörten. Die sich aus diesem Befund ergebenen Folgerungen sollen im letzten Unterkapitel erörtert werden.

Typische Strafurteile wegen unbefugter Vornahme geistlicher Amtshandlungen bzw. wegen Begünstigung dieses ‚Vergehens' in Form einer Überlassung der Pfarrkirche an einen ‚Gesperrten' sind u.a. diejenigen gegen Kaplan M. Arenth zu Trier vom 18. Juli 1874, Kaplan J. Kirsch zu Vallendar vom 21. August 1874, Kaplan F. Schneiders zu Trier vom 14. November 1874, Kaplan J. Stoelben zu Bernkastel vom 5. Januar 1875, Kaplan N. Zender zu Gelsdorf vom 18. Februar 1875 und Pfarrer V. Bier zu Thomm vom 18. Dezember 1875.[42] Sie sind in einem sehr gewöhnungsbedürftigen, für juristische Laien schwer les- und goutierbaren Stil abgefasst, der sich durch überlange und grammatisch unvollständige Sätze auszeichnete. Vom Ausgang der Strafverfahren benachrichtigten die Oberprokuratoren aktenfüllend die zuständige Bezirksregierung.[43]

Juni 1884, also nach dem ersten Milderungsgesetz, wegen unbefugter Verrichtung von Amtshandlungen verurteilt. Übrigens führt das Verzeichnis als strafverfolgt 15 Geistliche auf, welche im 1876 neu entstandenen, freilich nicht kirchlich anerkannten saarländischen Marienerscheinungs- und Wallfahrtsort Marpingen Gottesdienst hielten, aber oft nicht aus dem Bistum Trier stammten, wie z.B. der Kölner Seminarprofessor Scheeben, und überwiegend freigesprochen wurden. Zu Marpingen als Marienerscheinungs- und Wallfahrtsort vgl. D. Blackbourn: „Wenn ihr sie wieder seht, fragt wer sie sei"; Ders.: „Die von der Gottheit überaus bevorzugten Mägdlein"; G. Korff: Kulturkampf und Volksfrömmigkeit, S. 140–146; K. Mallmann: Volksfrömmigkeit, Proletarisierung und preußischer Obrigkeitsstaat, S. 212–221. Allgemein dazu vgl. B. Schneider: Marienerscheinungen im 19. Jahrhundert.

41 Die Geistlichen K. Ehses zu St. Goar, M. Görgen zu Neunkirchen, N. Heit zu Koblenz, J. Isbert zu Namborn, J. Kaas zu Zell, C. Müller zu Schöneberg, J. Reiß zu Rübenach, H. Schieben zu Spiesen, H. Schmitt zu Dudweiler, P. Zimmermann zu Kärlich.

42 Texte und Nachweise im Quellenanhang VI.

43 Beispiel: Der Trierer Oberprokurator Kewenig an die Regierung Trier am 23. November 1873 (LHAK, Bestand 442 Nr. 1989): *Die Königliche Regierung beehre ich mich*

Insgesamt lässt sich feststellen, dass in Preußen der Kulturkampf „in hohem Maße in juristischen Bahnen verlief“[44]. Die Strafrechtspflege wurde von der Politik funktionalisiert zur Repression einer staatlich ebenso missliebigen wie gefürchteten Berufs- und Statusgruppe und die Strafjustiz, insbesondere das Obertribunal, ließ sich im Ganzen auch zu einer politischen Waffe für politische Ziele instrumentalisieren mit der Folge eines Vertrauens- und Ansehensverlustes.[45] Zwei Rechtshistoriker bilanzieren die Politisierung der Strafjustiz im Kulturkampf folgendermaßen: „Namentlich in Preußen [...] spielte sich der Kulturkampf nicht zuletzt in den Gerichtssälen ab. Er wurde, wenn man so will, ‚auf dem Rücken‘ der Gerichte ausgetragen. Vor allem die Liberalen instrumentalisierten die Autorität der Justiz, um dem Vorgehen einen rechtsstaatlichen Anstrich zu verleihen. [...] Die Gerichte gerieten zwangsläufig zwischen die Fronten und zogen sowohl den Unmut der Regierenden als auch die Empörung der Betroffenen auf sich. Für die katholische Bevölkerung ebnete sich der Unterschied zwischen Polizei und Verwaltung auf der einen, Justiz auf der anderen Seite weitgehend ein. [...] Ein affektiv gefärbtes Mißtrauen gegenüber der staatlichen Strafgewalt blieb lange lebendig. [...] Im ganzen bildet der Kulturkampf ein Beispiel für die Folgen einer politischen Überspannung des Strafrechts.“[46] – „Die Strafprozesse gegen Bischöfe und Pfarrgeistliche während des Kulturkampfes zeigen, welche Folgen für den Staat eintreten können, wenn Strafrechtsnormen ihrem Inhalt nach nicht mit dem Unrechtsbewußtsein der in ihm lebenden Gemeinschaft übereinstimmt, wenn keine gewachsene Harmonie zwischen Moral, Sittlichkeit und Gesetz besteht. Die Strafrechtsnormen der Kirchengesetze – sie waren in den meisten Fällen der Grund der Strafverfolgung – widersprachen dem Rechtsbewußtsein etwa eines Drittels der preußischen Bevölkerung. [...] Insbesondere die Gerichte büßten aufgrund der Strafprozesse teilweise ihr Ansehen als unabhängige staatliche Institutionen ein. Der Staat bediente sich der rechtsprechenden Gewalt zur Verwirklichung seiner politischen Ziele. Er drängte die Gerichte in die Rolle, den Kulturkampf im Strafprozeß zu führen. Er machte sich ihre Autorität zunutze und nahm eine Minderung des Ansehens dieser wichtigen Institution in Kauf. [...] Die Vorkommnisse zeigen

---

ergebenst zu benachrichtigen, daß der Geistliche Vitalis Pantenburg zu Manderscheid durch Erkenntniß des hiesigen Königlichen Zuchtpolizeigerichts vom 16. October 1875 wegen der Beschuldigung, am 5. September 1875 in der katholischen Pfarrkirche zu Manderscheid geistliche Amtshandlungen vorgenommen zu haben, ohne den Nachweis führen zu können, daß er zu einem hierzu ermächtigenden Amte oder zur Stellvertretung oder zur Hülfeleistung in einem solchen Amte unter Beobachtung der §§ 1 – 3 des Gesetzes vom 11. Mai 1873 berufen worden sei, zu einer Geldstrafe von 20 Mark, eventuell drei Tage Gefängniß verurtheilt worden ist.

44 U. Wilhelm: Das deutsche Kaiserreich und seine Justiz, S. 181f.

45 Vgl. M. Scholle: Die preußische Strafjustiz im Kulturkampf; U. Wilhelm: Das deutsche Kaiserreich und seine Justiz, S. 181–195.

46 U. Wilhelm: Das deutsche Kaiserreich und seine Justiz, S. 194f.

deutlich, welche Probleme Strafprozesse mit sich bringen, die in einer gespannten Atmosphäre der Durchsetzung politischer Ziele dienen sollen."[47]

3. Die Amtsenthebung

Das ‚Gesetz über die kirchliche Disciplinargewalt und die Errichtung des Königlichen Gerichtshofes für kirchliche Angelegenheiten' vom 12. Mai 1873 hatte in § 24 die Möglichkeit geschaffen, den Staatsgesetzen und obrigkeitlichen Anordnungen besonders hartnäckig zuwiderhandelnde Geistliche per Gerichtsurteil ihres Amtes zu entheben mit den Folgen des Amtierungsverbots, des Amtseinkommensverlustes und der Stellenerledigung. Der einzige Pfarrgeistliche des Bistums Trier, der auf der Grundlage dieser Gesetzesbestimmung vom Gerichtshof für kirchliche Angelegenheiten seines Amtes enthoben wurde, war Pfarrer Carl August Classen von Trier/St. Laurentius (heute: Liebfrauenkirche), dessen Fall nun im Folgenden geschildert werden soll, wobei die Quellenzitate, insbesondere das ausführliche Absetzungsurteil des genannten Gerichtshofs, wegen ihres Umfangs in den Quellenanhang II ‚ausgelagert' sind.

Wie schon an anderer Stelle ausgeführt, war Pfarrer Classen, der nach staatlicher Auffassung ein nur provisorisch angestellter Sukkursalpfarrer war, am 13. August 1875 mittels Benachrichtigung über das gegenüber dem Trierer Bischof eingeleitete Erzwingungsverfahren zwecks definitiver Besetzung der Pfarrstelle ‚gesperrt' worden, d.h. ihm war die weitere Amtsausübung untersagt worden. Im Unterschied zu maigesetzwidrig installierten Geistlichen, die aus staatlicher Sicht gar kein Amt rechtmäßig innehatten und deshalb von vornherein gesetzwidrig amtierten, verlor Pfarrer Classen jedoch durch das Amtierungsverbot weder sein Amt noch sein Amtseinkommen, sondern blieb auch für den Staat rechtmäßiger Pfarrer von St. Laurentius, der lediglich zur beruflichen Untätigkeit verpflichtet war. Aber der Trierer Oberbürgermeister de Nys meldete wiederholt der Regierung Trier die Missachtung des Amtierungsverbots[48], wobei er umfangreiche Verzeichnisse der vorgenommenen Amtshandlungen beifügte[49]. Die gleichzeitig gestellten Strafanzeigen mündeten in eine Vielzahl von Verurteilungen wegen unbefugter Amtierung.[50] Da laut § 25 des eingangs erwähnten Gesetzes vom 12. Mai 1873 der Eröffnung der staatlichen Absetzungsprozedur eine Aufforderung an die vorgesetzte kirchliche Behörde, gegen den Angeschuldigten ein

---

47 M. Scholle: Die preußische Strafjustiz im Kulturkampf, S. 271, 274 u. 276

48 LHAK, Bestand 442 Nr. 5072.

49 LHAK, Bestand 442 Nr. 5072. Ein Verzeichnis von vielen ist zur Eindruckgewinnung im Quellenanhang II wiedergegeben.

50 Vgl. die häufigen Benachrichtigungen von Verurteilungen, die der Trierer Oberprokurator Kewenig an die Regierung Trier schickte (LHAK, Bestand 442 Bestand 5072), sowie das Urteil der Zuchtpolizeikammer des Landgerichts Trier vom 3. September 1875 (LHAK, Bestand 403 Nr. 10865).

kirchliches Amtsentlassungsverfahren zu eröffnen, vorauszugehen hatte, ersuchte Mitte April 1876 der Oberpräsident den Bischof von Trier,[51] *gegen p. Classen die kirchliche Untersuchung auf Entlassung aus dem Amte gefälligst einzuleiten,* widrigenfalls er beim Gerichtshof für kirchliche Angelegenheiten die Einleitung des Amtsenthebungsverfahrens beantragen werde. Zur Begründung führte er an, dass Classen seinen gesetzwidrig angestellten Kaplan Schneiders bei dessen verbotener Amtierung unterstützt und ihm geholfen habe, sich dem Zugriff der Polizei zu entziehen, dass er in seiner Eigenschaft als Lokalschulinspektor denselben habe Religionsunterricht erteilen lassen, dass er an den Tumulten anlässlich der Verhaftung des Kaplans eine Mitschuld trage, dass er die dabei beteiligten Gendarmen wider besseres Wissen strafbarer Handlungen und der Pflichtverletzung beschuldigt habe, weswegen er mit einem Monat Gefängnis bestraft worden sei, und dass er nach und trotz der Zustellung der vielerwähnten Benachrichtigung *mit einer gewissen Ostentation und mit einer derartigen Hartnäckigkeit* weiteramtiert habe, dass er mittlerweile vierzehnmal zu je 300 Mark Geldstrafe, ersatzweise zu einer entsprechenden Gefängnisstrafe verurteilt worden sei. Allgemein beklagte der Oberpräsident, *wie sehr durch das gesetzwidrige Auftreten des p. Classen die Bevölkerung von Trier und namentlich die der Laurentius-Pfarrei aufgeregt worden und wie sehr dieses Auftreten geeignet ist, die Autorität der staatlichen Behörden zu untergraben sowie die öffentliche Ordnung zu stören.*

Doch der Trierer Bischof entgegnete, er sei nicht berechtigt, einen Pfarrer gegen dessen Willen des Amtes ohne kirchliche Untersuchung und richterliches Urteil zu entheben, und dass er deshalb die Angelegenheit, wie stets in solchen Fällen, dem 1851 errichteten Offizialat übergeben habe.[52] Dem Oberpräsidenten konnte eine solche Antwort natürlich nicht genügen, weil damit nicht nur die beantragte Amtsentlassung auf unbestimmte Zeit bis zu einer Urteilssprechung vertagt würde, sondern auch das kirchliche Urteil kaum zweifelhaft sein konnte, da sich Pfarrer Classen nach kanonischem Recht nichts hatte zuschulden kommen lassen. Weil jedoch Bischof Eberhard kurz nach diesem Schriftwechsel plötzlich verstarb und eine dem ‚Gesetz über die Verwaltung erledigter katholischer Bistümer' vom 20. Mai 1874 gemäße Bistumsverwaltung nicht zustande kam, sodass auch die Tätigkeit des Offizialats zu ruhen hatte, trat eine weitere Bestimmung von § 25 des mehrerwähnten Gesetzes vom 12. Mai 1873 in Kraft, wonach der Angeschuldigte persönlich zur Niederlegung des Amtes aufzufordern war, wenn derselbe keiner deutschen kirchlichen Behörde untersteht. Deshalb appellierte der Oberpräsident an Pfarrer Classen in einem persönlichen Anschreiben[53], sein Amt *als Succursalpfarrer an der St.-Laurentius-Kirche*

51 Der Oberpräsident der Rheinprovinz an den Bischof von Trier am 15. April 1876 (LHAK, Bestand 442 Nr. 5072. Text im Quellenanhang II).

52 Der Bischof von Trier, Eberhard, an den Oberpräsidenten der Rheinprovinz am 13. Mai 1876 (LHAK, Bestand 442 Nr. 5072. Text im Quellenanhang II).

53 Der Oberpräsident der Rheinprovinz an Pfarrer Classen zu Trier/St. Laurentius am 27. Juli 1876 (BAT, Abt. 86 Nr. 5; LHAK, Bestand 442 Nr. 5072. Text im Quellenanhang II).

zu Trier niederzulegen, da er die Staatsgesetze und die Anordnungen der Obrigkeit so schwer verletzt habe, dass sein Verbleiben im Amte *mit der öffentlichen Ordnung unverträglich erscheint.* Neben den schon im Schreiben an den Trierer Bischof genannten Beschuldigungen warf der Oberpräsident dem Pfarrer noch zusätzlich vor, *daß Sie nach der Entlassung aus dem Gefängnisse Ovationen Ihrer Pfarreingesessenen in dem mit Blumen und Kränzen geschmückten Pfarrhause entgegennahmen und sich als angeblicher Märtyrer feierlich mit einem von einer Schülerin gesprochenen Gedichte empfangen ließen.*

Da Pfarrer Classen die erhobenen Beschuldigungen zurückwies und, dem Staat jegliche Berechtigung zur Absetzung eines kanonisch installierten Pfarrers absprechend, die Amtsniederlegung ablehnte,[54] beantragte der Oberpräsident beim Königlichen Gerichtshof für kirchliche Angelegenheiten die Einleitung des Absetzungsverfahrens. Das am 3. Oktober 1877 gesprochene Urteil[55] erkannte auf Amtsenthebung, weil Pfarrer Classen – so die Hauptvorwürfe – seinem maigesetzwidrig angestellten Kaplan Schneiders sowie dem ebenfalls wegen maigesetzwidriger Amtierung mehrfach verurteilten und aus dem Regierungsbezirk Koblenz ausgewiesenen Kaplan Reiß zu Rübenach in seiner Pfarrkirche verbotene Amtshandlungen habe vornehmen lassen, er den beiden Kaplänen also, sich der Beihilfe zu Rechtsverletzungen schuldig machend, seine Kirche zur Begehung rechtswidriger Akte überlassen habe, weil er die bei der Verhaftung des Kaplans Schneiders tätigen Polizeibeamten wissentlich mit Falschbehauptungen denunziert habe, wofür er verurteilt wurde, und weil er nach seiner benachrichtigungsbedingten Amtierungssperre vom 13. August 1875 bis zu seiner Verhaftung im März 1876 hartnäckig weiteramtiert habe, was ihm 14 Verurteilungen wegen Verstoßes gegen § 23 Abs. 2 des Gesetzes vom 11. Mai 1873 eingebracht habe. Um das Vorliegen der gesetzlichen Grundvoraussetzung für eine Amtsenthebung zu begründen, nämlich dass diese Rechtsverletzungen des Pfarrers so schwerwiegend sind, *daß sein Verbleiben im Amte mit der öffentlichen Ordnung unverträglich erscheint,* rekurrierte das Gericht auf den *prinzipielle[n] Standpunkt* des Rechtsbrechers, welchen es sicherlich zu Recht als mentalen Wurzelgrund für seine vielfältigen Rechtsverstöße ausmachte. Das von Pfarrer Classen verfochtene Leitbild des Staat-Kirche-Verhältnisses sah das Gericht *im schroffen und tiefgreifenden Gegensatze zu unzweifelhaften Fundamentalsätzen des in Preußen geltenden Staatsrechts* stehen, insofern Pfarrer Classen in seinen Erklärungen dem Staat *die alleinige und untheilbare Souveränität* bestritten habe, als er ihm das Recht aberkannt habe, einseitig die Grenze zwischen den staatlichen und kirchlichen Angelegenheiten, zwischen den dem korporativen Selbstbestimmungsrecht der Kirche unterliegenden und den der Kirchenhoheit und -aufsicht des Staates unterstehenden Handlungsfeldern und Wirkungsbereichen zu definieren. Von *diesem prinzipiellen Widerspruch gegen die*

---

54 Pfarrer Classen zu Trier/St. Laurentius an den Oberpräsidenten der Rheinprovinz am 2. August 1876 (BAT, Abt. 86 Nr. 5 im Entwurf. Text im Quellenanhang II).

55 LHAK, Bestand 442 Nr. 5072; BAT, Abt. 86 Nr. 5. Text im Quellenanhang II.

souveräne Gesetzgebungsgewalt des Staates und gegen so wichtige Gesetze wie die Maigesetze von 1873 habe er sich nicht nur bei seinem Handeln leiten lassen, sondern diesen Widerspruch auch in einer die *staatliche Autorität* herausfordernden und *öffentliches Aufsehen* erregenden Weise *ganz offen, demonstrativ und agitatorisch* vertreten. Dies glaubte das Gericht an seinem Auftritt vor Gericht und vor allem an seinem Verhalten bei der Verhaftung seines Kaplans Schneiders erkennen zu können, als er diesem nicht nur ermöglichte, am Allerheiligenfest des Jahres 1874 öffentlich mitten in Trier das gut besuchte Hochamt zu zelebrieren, sondern auch sich nicht bemühte, die bei der Verhaftung vorgefallenden *Excesse* und Tumulte zu verhindern. Der von der Negierung der absoluten Staatssouveränität selbstlegitimierte, sich in permanenten Rechtsverletzungen artikulierende *offene Kampf gegen die Gesetze und die Behörden des Staates* in Verbindung mit einem als staatsfeindliche und -gefährliche Initiierung einer fundamentaloppositionellen Volksbewegung perhorreszierten Öffentlichkeitsappell, wodurch das *bethörte Volk zu Excessen und Widersetzlichkeiten* aufgewiegelt und eine *immer steigende Aufregung* in der breiten katholischen Masse hervorgerufen werde, bewogen den Gerichtshof für kirchliche Angelegenheiten letztlich, Pfarrer Classen zu Trier/St. Laurentius seines Amtes zu entheben. Dieses Urteil illustriert beispielhaft noch einmal eindrücklich, wie die Klerusverfolgung formal korrekt auf rechtsstaatlichem Weg auch mit Hilfe der Justiz exekutiert wurde und wie sehr die Gerichte zu politischen Zwecken instrumentalisiert wurden und sich auch dazu instrumentalisieren ließen. In diesem Fall wurde ein Geistlicher durch Amtsentzug und – daraus folgend – Einkommensverlust sanktioniert, der nichts anderes getan hatte, als Gottesdienste in seiner Pfarrkirche abzuhalten, diese auch anderen Geistlichen zum selben Zweck zur Verfügung zu stellen und öffentlich gegen eine Gesetzgebung zu agitieren, die dieses Handeln unter den gegebenen Umständen kriminalisiert hatte.

4. Das Reichsgesetz vom 4. Mai 1874

Wie schon ausgeführt, kristallisierte sich bald ein Kreis von geistlichen ‚Intensivtätern' heraus, allermeist maigesetzwidrig angestellte Geistliche, die sich auch durch wiederholte Verurteilungen und Gefängnisstrafen nicht von der weiteren Vornahme von geistlichen Amtshandlungen abschrecken ließen. Auf diesen so nicht erwarteten klerikalen Widerstand, der mit den bisherigen Gesetzen, die nur Geld- und Gefängnisstrafen und äußerstenfalls eine Amtsentlassung vorsahen, nicht zu brechen war, reagierte das auf preußische Initiative zustande gekommene Reichsgesetz vom 4. Mai 1874, *betreffend die Verhinderung der unbefugten Ausübung von Kirchenämtern.*[56] Als Voraussetzung für die nachfolgenden Unterkapitel soll dieses

56 Zum Zustandekommen des Gesetzes und zu den parlamentarischen Beratungen vgl. H. Brück: Geschichte der katholischen Kirche in Deutschland, Bd. 4, 2. Aufl., S. 359–374; J. Kißling: Geschichte des Kulturkampfes im Deutschen Reichs, Bd. 2, S. 375–388.

„Proskriptionsgesetz“[57] auf der Basis des Gesetzestextes, der dazu gemeinsam vom Innen- und vom Kultusminister erlassenen Interpretations- und Ausführungsverordnung vom 22. Juni 1874[58] sowie des offiziösen Gesetzeskommentars von P. Hinschius[59] vorgestellt werden. Laut seiner *Motive*[60] bezweckte das Gesetz, *einer fortgesetzten Wiederholung unerlaubter Amtshandlungen, welche aus einer grundsätzlichen Verneinung der Staatsgesetze hervorgehen,* mit Präventivmaßnahmen zu begegnen, also mit solchen Maßnahmen, die vorbeugend eine Weiteramtierung verhindern sollen und nicht nur nachgelagert bestrafen. Laut genanntem Ministerialerlass zielte das Reichsgesetz außerdem noch darauf ab, die Anzahl der inhaftierten Geistlichen dadurch zu vermindern, dass ihnen die Möglichkeit zu Straftaten beschnitten, gewissermaßen also die Gefängnisstrafen durch Vorbeugungsmaßregeln ersetzt werden. Diese waren laut §§ 1 und 2 des Reichsgesetzes die Aufenthaltsversagung oder Externierung oder Reklusion, die Aufenthaltszuweisung oder Internierung oder Konfinierung sowie die Ausbürgerung oder Expatriierung mit eventueller anschließender Landesverweisung oder Verbannung aus dem Deutschen Reich. Laut Ministerialerlass waren diese Sanktionen nicht als Alternativen, sondern als eine fortschreitende Verschärfung gedacht und in der Regel sukzessive je nach Fortdauer und Intensität der klerikalen Widerborstigkeit zu verhängen; jedoch konnte in gravierenden Fällen nach behördlichem Ermessen eine Maßregel ‚übersprungen‘ und bei Vorliegen der gesetzlichen Voraussetzungen direkt eine schärfere festgesetzt werden.

Die Maßregeln richteten sich gegen zwei Kategorien von Geistlichen, nämlich gegen ursprünglich gesetzmäßig angestellte Geistliche, die per rechtskräftiges Gerichtsurteil aus ihrem Amt entlassen worden waren, und gegen maigesetzwidrig, d.h. illegal in ein Amt gekommene und in diesem angemaßten Amt prinzipiell illegal amtierende Geistliche, die bereits rechtskräftig wegen unbefugter Vornahme verbotener Amtshandlungen in diesem Amt zu einer Strafe verurteilt worden waren, nicht jedoch gegen diejenigen an sich gesetzeskonform angestellten Pfarrgeistlichen, die ungeachtet einer Benachrichtigung über die Einleitung des vielerwähnten Erzwingungsverfahrens weiteramtiert hatten und deswegen gemäß § 23 Abs. 2 des Gesetzes vom 11. Mai 1873 verurteilt worden waren[61]. Wohlgemerkt

---

57 H. Brück: Geschichte der katholischen Kirche in Deutschland, Bd. 4, 2. Aufl., S. 362 u. 364.

58 LHAK, Bestand 403 Nr. 7558; LHAK, Bestand 442 Nr. 10419; GStA PK, I. HA Rep. 77 Tit. 413 Nr. 125; GStA PK, I. HA Rep. 76 IV Sekt. 1 Abt. IX Nr. 24 Bd. 1. Text im Quellenanhang I.

59 P. Hinschius: Die preußischen Kirchengesetze der Jahre 1874 und 1875, S. 1–16.

60 Stenographische Berichte über die Verhandlungen des Deutschen Reichstages, 2. Legislaturperiode, 1. Session, 3. Bd., S. 318f; P. Hinschius: Die preußischen Kirchengesetze der Jahre 1874 und 1875, S. 3–5, Anm. 1.

61 Die Regierung Trier an alle Landräte des Regierungsbezirks und an den Trierer Oberbürgermeister am 4. August 1875 (LHAK, Bestand 442 Nr. 5070): *Die in neuerer Zeit zur Sprache gekommene Frage, ob der § 2 des Reichsgesetzes vom 4. May pr.,*

war ein rechtskräftiges Entlassungs- oder Strafurteil eine notwendige, aber keine hinreichende Bedingung für eine der bezeichneten Sanktionen; vielmehr musste ein Geistlicher sich danach noch bestimmter weiterer Handlungen schuldig gemacht haben, wie sie im Folgenden beschrieben werden. Einem solchen Geistlichen, gegen den also entweder ein Straf- oder ein Entlassungsurteil schon rechtskräftig verhängt worden war, konnte der Aufenthalt in einem Ort oder Bezirk versagt oder zugewiesen werden, wenn er nach dem rechtskräftigen Straf- oder Amtsentlassungsurteil und nach dem Inkrafttreten des in Rede stehenden Gesetzes *eine Handlung vornimmt, aus welcher hervorgeht, daß er die Fortdauer des ihm entzogenen Amtes beansprucht.* Dabei ist, worauf der Ministerialerlass abhob, die wohlüberlegt gewählte Gesetzesformulierung zu beachten, insofern sich nämlich der Anspruch auf die Fortdauer des Amtsbesitzes keineswegs in einer verbotenen Amtshandlung artikulieren musste, sondern schon eine *Handlungsweise* genügte, die *erkennen läßt,* dass der Geistliche *sich als noch im Amte befindlich betrachtet.* Diese Formulierung senkte die erforderlichen Prämissen für eine Sanktionsverhängung deutlich ab, gab den Behörden aufgrund ihrer interpretationsbedürftigen Vagheit einen weiten Ermessensspielraum und entband sie konkret von der Notwendigkeit, eine verbotene Amtshandlung nachweisen zu müssen. P. Hinschius nennt als mögliche Handlungen, die einen Anspruch auf Weiterbekleidung des Amtes erkennen lassen, das Verbleiben im Pfarrhaus nach erfolgter Räumungsaufforderung, den Weitergebrauch des Amtstitels, die ausdrückliche Selbstbezeichnung als Amtsinhaber oder die widerspruchslose Akzeptierung dieser Titulierung durch andere Personen, beispielsweise durch ihre Solidarität bekundende Deputationen.[62] Diese Beispiele verraten deutlich den (Hinter-)Grund für die gewählte Gesetzesfassung.

Für eine Ausbürgerung oder Expatriierung, d.h. für den Entzug der Staatsangehörigkeit, eventuell gefolgt von einer Ausweisung aus dem Deutschen Reich, setzte das Reichsgesetz voraus, dass der einer der beiden genannten Kategorien zugehörige Geistliche sich nach dem Inkrafttreten des Gesetzes einer *ausdrücklichen Anmaßung* seines Amtes oder der *tatsächlichen Ausübung desselben* oder der Zuwiderhandlung gegen eine *Verfügung der Landespolizeibehörde,* womit in Preußen konkret eine Aufenthaltsversagung oder -zuweisung durch eine Bezirksregierung

---

Verhinderung der unbefugten Ausübung von Kirchenämtern, auch auf ursprünglich gesetzmäßig als Pfarradministratoren, Kapläne [pp.] angestellte Geistliche Anwendung findet, ist zu verneinen [... ...]. Die Staatsregierung selbst (hat) ein Interesse daran, eine gesetzmäßig bestehende Seelsorger nicht ohne die dringendste Noth zu stören. Aus diesem Grunde ist absichtlich der Wortlaut des § 2 des Reichsgesetzes vom 4. May v. J. so gewählt, daß die Fälle der Verurtheilungen auf Grund des Absatzes 2 des § 23 des Gesetzes vom 11. Mai 1873 ausgeschlossen sind.

62 P. Hinschius: Die preußischen Kirchengesetze der Jahre 1874 und 1875, S. 8, Anm. 4; Ders. in seiner Reichstagsrede vom 23. April 1874 (Stenographische Berichte über die Verhandlungen des Deutschen Reichstags, 2. Legislaturperiode, 1. Session, 2. Bd., S. 1059).

gemeint war,[63] schuldig gemacht hatte. Die schärfste Sanktion richtete sich also gegen solche Geistliche, welche sich nach einem rechtskräftigen Straf- oder Amtsentlassungsurteil, wobei das Strafurteil wegen unbefugter Vornahme von Amtshandlungen in einem maigesetzwidrig übertragenen oder übernommenen Amt ergangen sein musste, weiterhin als Amtsinhaber gerierten oder ausdrücklich titulierten, und insbesondere gegen diejenigen Kleriker, welche, eine verfügte Internierung oder Externierung missachtend, unerlaubterweise in ihre Heimatpfarrei[64] zurückkehrten, meist um dort Gottesdienst zu halten. Laut § 1 Abs. 2 des Reichsgesetzes war die Aberkennung der Staatsangehörigkeit der *Centralbehörde* eines Bundesstaates, d.h. in Preußen dem Innen- und dem Kultusminister,[65] vorbehalten und galt laut § 4 automatisch auch für alle anderen Bundesstaaten, also für das ganze Deutsche Reich. Obwohl wohlgemerkt die Entziehung der Staatsangehörigkeit theoretisch nicht zwingend die Landesverweisung, also die physische Verbannung aus dem Deutschen Reich nach sich ziehen musste,[66] wurde die Ausbürgerung von Geistlichen während des Kulturkampfes faktisch immer mit ihrer Zwangsexilierung verknüpft, weshalb in der folgenden Darstellung nicht differenziert wird und mit dem einen Begriff immer der andere mitgemeint ist.

Um in der Zwischenzeit zwischen der Einleitung und der rechtskräftigen Beendigung eines Strafverfahrens eine ungestörte Weiteramtierung zu verhindern, erlaubte § 5 des fraglichen Reichsgesetzes den Verwaltungsbehörden, denjenigen Geistlichen, gegen die ein Strafverfahren wegen unbefugter Vornahme von Amtshandlungen in einem ihnen maigesetzwidrig übertragenen oder von ihnen maigesetzwidrig übernommenen Amt eingeleitet worden war, bis zur rechtkräftigen Beendigung des Verfahrens den Aufenthalt in einem bestimmten Ort oder Bezirk zu versagen. Selbst nach einer Verurteilung müsse zwar – so der Innen- und der Kultusminister in ihrem Ministerialerlass – die Aufenthaltsbeschränkung aufgehoben werden, aber schon die Rückkehr in die Heimatpfarrei, aus der der Geistliche ferngehalten worden war, könne als eine Handlung interpretiert werden, welche den eine Aufenthaltsversagung oder -zuweisung rechtfertigenden Anspruch auf die Fortbekleidung des Amtes erkennen lasse.

Bezüglich der praktischen Umsetzung und der Kompetenzverteilung bestimmte der Ministerialerlass vom 22. Juni 1874 Folgendes: Für eine Aufenthaltsversagung waren die Bezirksregierungen erstzuständig und entscheidungsbefugt, unterstanden

63 P. Hinschius: Die preußischen Kirchengesetze der Jahre 1874 und 1875, S. 8f, Anm. 5 u. 11.

64 Mit ‚Heimatpfarrei' oder ‚-gemeinde' ist hier und im Folgenden nicht der Herkunfts- oder Geburtsort gemeint, sondern der zugewiesene oder angestammte Amtierungsort.

65 P. Hinschius: Die preußischen Kirchengesetze der Jahre 1874 und 1875, S. 9, Anm. 16.

66 P. Hinschius: Die preußischen Kirchengesetze der Jahre 1874 und 1875, S. 9, Anm. 18; der Innen- und der Kultusminister in Punkt 3 ihres Ministerialerlasses vom 22. Juni 1874 (a.a.O.).

freilich der koordinierenden Aufsicht des für die Handhabungseinheitlichkeit verantwortlichen Oberpräsidenten. Eine beabsichtigte Aufenthaltsversagung in mehreren Regierungsbezirken derselben Provinz war beim Oberpräsidenten, eine beabsichtigte provinzübergreifende Aufenthaltsversagung bei den beiden Ministern nachzusuchen. Neben der Entscheidung über eine Expatriierung, die bereits per Gesetz den Ministern vorbehalten war, reservierten diese sich auch die Entscheidung über eine Internierung, weshalb ihnen bei einem gefühlten diesbezüglichen Erfordernis ausführlich Bericht zu erstatten war. Wenngleich das Reichsgesetz die Behörden zu den genannten Zwangsmitteln nur ermächtigte, aber nicht beim Vorliegen der definierten Bedingungen verpflichtete, wollten doch die Minister zumindest von der Aufenthaltsversagung und -zuweisung *zur Aufrechthaltung der Autorität der Staatsgesetze* konsequenten Gebrauch gemacht haben und behielten sich die Entscheidung über eine etwaige *mildere Behandlung* vor. In einem weiteren Runderlass übertrugen der Innen- und der Kultusminister, den Ministerialerlass in einem Punkt partiell modifizierend, zur Verfahrensbeschleunigung den Bezirksregierungen das Recht, ohne vorherige Anfrage und Berichterstattung selbständig auch über eine Internierung zu entscheiden, sofern diese im eigenen Verwaltungsbezirk erfolgen soll.[67]

Schon bald stellte sich heraus, dass das Reichsgesetz vom 4. Mai 1874 ein Problem aufwarf und eine Regelungslücke aufwies. In vielen Fällen waren nämlich, worauf die Regierung Trier bald aufmerksam machte,[68] gegen externierte, internierte oder expatriierte Geistliche noch Strafverfahren, welche eine Vorladung zur Vernehmung oder zur Gerichtsverhandlung nötig machten, anhängig oder noch ausstehend. Wie die vom Oberpräsidenten der Rheinprovinz alarmierten Minister

---

67 Der Innen- und der Kultusminister an die Regierung Düsseldorf am 17. Juli 1874 (LHAK, Bestand 403 Nr. 7558): *Um nun aber bei der großen Zahl der Fälle, welche im dortigen Bezirk zur Zeit schweben, eine raschere Erledigung derselben zu erleichtern, wollen wir die Königliche Regierung hierdurch ermächtigen, fortan auch die Maßnahme der Internirung selbständig zu verfügen und nur Anzeige an uns im einzelnen Fall zu erstatten, falls dieselbe eine Internirung an einem Orte des dortigen Bezirks für genügend erachtet. Dagegen ist zuvorige Berichtserstattung an uns auch ferner nothwendig, wenn die Internirung an einem Orte außerhalb des dortigen Bezirks nothwendig erscheint; indessen bleibt es auch in solchen Fällen der eigenen Entschließung der Königlichen Regierung überlassen, dem betreffenden Geistlichen einstweilen einen bestimmten Aufenthaltsort im dortigen Bezirk anzuweisen.* – Unter dem 31. Juli 1874 teilten die beiden Minister allen preußischen Oberpräsidenten einen abschriftlichen Auszug aus der obigen Verfügung (GStA PK, I. HA Rep. 77 Tit. 413 Nr. 125) *zur gefälligen Kenntnißnahme und weiteren Veranlassung unter dem ergebensten Bemerken mit, daß wir die darin ausgesprochene Erweiterung der Competenz der Regierung in Düsseldorf zur selbstständigen Verfügung der Internirung hierdurch allgemein auf alle Königliche Regierungen und Landdrosteien ausdehnen wollen.*

68 Die Regierung Trier an den Oberpräsidenten der Rheinprovinz am 21. Dezember 1874 (LHAK, Bestand 403 Nr. 7558).

Falk und Eulenburg gegenüber Justizminister Leonhardt zu bedenken gaben, könnten solche Geistliche ein Kommen verweigern unter Hinweis auf das polizeiliche Verbot, den betreffenden Ort oder Bezirk zu betreten bzw. ihren Internierungsort zu verlassen, und die Gerichte könnten sich weigern, in Abwesenheit gegen einen Angeklagten zu verhandeln, welcher eine Internierungs- oder Externierungsverfügung der zuständigen Bezirksregierung als Hinderungsgrund für sein Erscheinen geltend macht. Zwar habe das Reichsgesetz vom 4. Mai 1874 die Rechtsprechung sicherlich nicht behindern wollen, aber sein expliziter Wortlaut enthalte nicht die Möglichkeit, die Aufenthaltsanweisungen oder -beschränkungen zwecks Strafrechtspflege vorübergehend zu suspendieren.[69] Nach der Einverständniserklärung

69 Kultusminister Falk und Innenminister Graf zu Eulenburg an Justizminister Leonhardt am 27. Februar 1875 (GStA PK, I. HA Rep. 76 IV Sekt. 1 Abt. IX Nr. 24 Bd. 2): *Betreffend die Vorladung ausgewiesener Geistlichen als Angeklagte oder Zeugen, erklären wir uns mit Euer Excellenz darin ganz ergebenst einverstanden, daß es bei Erlaß des Reichsgesetzes vom 4. Mai v. J. nicht die Absicht gewesen ist, durch Externirung oder Internirung eines Geistlichen auf Grund der §§ 1 Absatz 1, 2 oder 5 dieses Gesetzes der Strafrechtspflege Hindernisse in den Weg zu legen. Wir sind daher bereit, die Bezirksregierungen bewz. Landdrosteien dahin zu instruiren, daß eine gerichtliche Vorladung, als Angeklagter oder Zeuge in einer Untersuchungssache zu erscheinen, einen externirten oder internirten Geistlichen legitimire, den gesperrten Bezirk zu betreten bezw. den Internirungsort zu verlassen, beides jedoch nur auf so lange, als es zur Wahrnehmung des gerichtlichen Termins nothwendig ist. Da jedoch derartige Unterbrechungen der von den Verwaltungsbehörden angeordneten Externirungen oder Internirungen immerhin geeignet erscheinen, störend in Bezug auf den durch jene Maßregeln zu erreichenden Zweck, die Fernhaltung der Geistlichen von dem Orte ihres gesetzwidrigen Amtirens, einzuwirken, so stellen Ew. Excellenz wir ganz ergebenst anheim, den Gerichten anzuempfehlen, die Vorladung externirter oder internirter Geistlichen thunlichst zu beschränken. Zugleich müssen wir es als wünschenswerth bezeichnen, daß die Gerichte angewiesen werden, von jeder Vorladung eines externirten oder internirten Geistlichen der betreffenden Bezirksregierung bzw. Landdrostei Mittheilung zu machen, damit diese Behörden in die Lage kommen, die ihnen nachgeordneten Behörden und Beamten mit entsprechender Instruktion zu versehen. Um andererseits die Gerichte und die Beamten der Staatsanwaltschaft in die Lage zu versetzen, von jeder verfügten Externirung oder Internirung eines Geistlichen Kenntniß zu erhalten, beabsichtigen wir die Publikation jeder derartigen Verfügung durch die Amtsblätter anzuordnen. Wenn nun aber unsererseits der gerichtlichen Ladung auch die Wirkung beigelegt wird, die von den Landespolizeibehörden verfügte Externirung oder Internirung zeitweise zu suspendiren, so ergiebt sich diese Wirkung doch aus dem Wortlaute des Gesetzes selbst nicht; es bleibt also immerhin noch möglich, daß die Gerichte es ablehnen, gegen einen Externirten oder internirten Geistlichen in contumaciam zu verfahren, wenn derselbe die bezügliche Verfügung der Landespolizeibehörde als Hinderungsgrund, der gerichtlichen Ladung Folge zu leisten, bezeichnen sollte. Um diesen Einwand für die Zukunft abzuschneiden, beabsichtigen wir die Provinzialbehörden anzuweisen, Geistlichen, welche sie ausweisen oder interniren, gleich bei der Ausweisung oder Internirung hinsichtlich der Wirkung einer gerichtlichen Vorladung die geeignete Eröffnung zu machen. Um aber*

des Justizministers verfügten der Innen- und der Kultusminister in einem Runderlass[70] Folgendes: Eine Ladung zum Erscheinen am Gerichtsort war *als eine hinreichende Legitimation anzusehen, den gesperrten Bezirk zu betreten beziehungsweise den Internirungsort zu verlassen,* aber natürlich nur so lange, wie es zur Wahrnehmung des Gerichtstermins notwendig war. Darüber waren die betreffenden Geistlichen künftig gleich bei der Eröffnung der Ex- oder Internierung zu belehren. Bei den ‚Altfällen' hatten die Bezirksregierungen *auf Ansuchen des zuständigen Gerichts Geleitscheine für die zu Ladenden*[71] *auszufertigen,* welche den Vorladungen beigefügt werden. Damit die Richter und Staatsanwälte wissen, welche Geistliche externiert oder interniert sind, waren deren Namen in den Amtsblättern der Bezirksregierungen zu veröffentlichen. Eine Verbannung von ausgebürgerten Geistlichen aus dem Deutschen Reich war erst dann zu vollstrecken, nachdem fest- und sichergestellt war, dass gegen die Betreffenden keine Strafverfahren mehr anhängig und alle verhängten Strafen abgebüßt waren.

So waren die Rechtsgrundlagen geschaffen für eine Intensivierung der Klerusverfolgung und ihre Fokussierung auf die maigesetzwidrig in ein Amt gekommenen und daher in diesem Amt prinzipiell unbefugt amtierenden Geistlichen, auf deren Amtierungsverhinderung sich der Staat konzentriert hatte, während seine Organe es erklärter- und vorgeschriebenermaßen möglichst vermieden, eine an sich regulär bestehende Seelsorge zu behindern oder gar zu unterbinden. Nachdem der Staat mit der Kulturkampfgesetzgebung vom Mai 1873, welche die traditionelle, vor allem in Titel 11 von Teil II des preußischen Allgemeinen Landrechts kodifizierte staatliche Kirchenaufsicht und -kontrolle – nur mit anderer, ‚moderner' Begründung, Verfahrensweise und Zielsetzung – im Bereich der Priesterausbildung

---

dem erwähnten Einwande auch in denjenigen Fällen vorzubeugen, in welchen Geistliche ohne eine solche Eröffnung ausgewiesen oder internirt worden sind, wird es sich unseres Erachtens empfehlen, der gerichtlichen Ladung einen Geleitschein derjenigen Behörde anzuschließen, welche die Externirung oder Internirung verfügt hat. Wir sind bereit, die Provinzialbehörden anzuweisen, solche Geleitscheine auf Ansuchen des zuständigen Gerichts ohne Weiteres auszufertigen.

70 Der Innen- und der Kultusminister an alle preußischen Bezirksregierungen am 31. März 1875 (LHAK, Bestand 403 Nr. 7558; LHAK, Bestand 442 Nr. 10419; GStA PK, I. HA Rep. 76 IV Sekt. 1 Abt. IX Nr. 24 Bd. 3. Text im Quellenanhang I).

71 Als Beispiel für einen solchen *Geleitschein* sei derjenige für den aus dem Regierungsbezirk Koblenz sowie aus den Kreisen Daun und Wittlich ausgewiesenen Pfarrer H. Kiesgen von Wollmerath (LHAK, Bestand 441 Nr. 17279 im Entwurf) zitiert: *Auf Ansuchen des zuständigen Oberprocurators wird dem katholischen Geistlichen Herrn Heinrich Kiesgen von Wollmerath hierdurch bescheinigt, daß derselbe zwecks Beiwohnung an dem zu seiner Verantwortung wegen unbefugter Vornahme geistlicher Amtshandlungen auf den 14. Juni d. J. vor das hiesige Zuchtpolizeigericht anberaumten Termin auf so lange den gesperrten Bezirk zu betreten befugt ist, als es zur Wahrnehmung des gerichtlichen Termins nothwendig ist. Coblenz, den 29. Mai 1875. Kgl. Regierung, Abth. d. Innern.*

und der Pfarrstellenbesetzung wiederhergestellt hatte, auch die Berechtigung zur Vornahme geistlicher Amtshandlungen reglementiert und restringiert hatte, lieferte das Reichsgesetz vom 4. Mai 1874 nun das Sanktionsinstrumentarium zur effektiven Durchsetzung der diesbezüglichen Bestimmungen insbesondere gegenüber den geistlichen Amtsneulingen. Den Methoden und Praktiken, mit denen das Reichsgesetz implementiert wurde, den dadurch hervorgerufenen Problemen und Abwehrreaktionen, aber auch den damit durchaus erreichten Erfolgen sind die folgenden Kapitel gewidmet.

5. Die Aufenthaltsversagung

Das Inkrafttreten des Reichsgesetzes vom 4. Mai 1874 löste sofort eine Flut von Klagen von Bürgermeistern und Landräten aus, dass ein Geistlicher mehrmals wegen unbefugter Vornahme geistlicher Amtshandlungen in einem maigesetzwidrig übertragenen oder übernommenen Amt verurteilt worden sei, aber demungeachtet ungerührt zu amtieren fortfahre, weshalb ein Verbot, sich in einem bestimmten Territorium aufzuhalten, angebracht und ratsam sei, um mit der Autorität des Staates und seiner Gesetze auch diejenige der Staatsvertreter und Gesetzeshüter zu sichern. Die Aufenthaltsversagung oder Ausweisung oder Externierung wurde als einzig verbliebene Möglichkeit erachtet, die ungesetzliche Weiteramtierung trotz wiederholter Verurteilungen wirksam zu unterbinden, die durch die fortgesetzten renitenzgeborenen Rechtsverletzungen gestörte Achtung vor dem Gesetz wiederherzustellen und das Band zwischen dem widerspenstigen Geistlichen und der sich mit ihm solidarisierenden Gemeinde zu kappen.[72]

---

72 Beispiele:
Der Bürgermeister von Vallendar an den Landrat von Koblenz am 3. Juni 1874 (LHAK, Bestand 441 Nr. 17276): *Den ungesetzlich von bischöflicher Behörde zu Trier als Kaplan bei der katholischen Pfarrkirche zu Vallendar angestellten Geistlichen Johann Kirsch aus Trier wurde in Verfolg Euer Hochwohlgeboren Verfügung vom 26ten Novbr. 1873 die Vornahme geistlicher Amtshandlungen untersagt. Demzuwider verrichtete der Kirsch alle geistlichen Amtshandlungen, wie sie im Pfarrdienste vorkommen. [...] Unbekümmert auch um die zweite Verurtheilung beging Kirsch fortgesetzt Vergehen gegen die Maigesetze. Er wurde von mir wegen unbefugter Vornahme von Amtshandlungen dem Herrn Oberstaatsanwalt zu Neuwied zur ferneren Bestrafung angezeigt unterm 13ten, 15ten und 24ten Mai c. a. Es documentirt der p. Kirsch öffentlich [eine] höhnende Mißachtung der Kirchengesetze und übt das ihm ungesetzlich übertragene Amt thatsächlich aus, ungeachtet polizeilicher Untersagungen und gerichtlicher Bestrafung. Ich erlaube mir, namentlich noch gestützt auf den Umstand, daß die freche Auflehnung gegen die Gesetze des Staates seitens des p. Kirsch außerordentlich entsittlichend auf die hiesige Bevölkerung wirkt, den Antrag zu stellen, daß der p. Kirsch seiner Staatsangehörigkeit verlustig erklärt, bis dahin aber, und möglichst bald, ihm der fernere Aufenthalt im Regierungsbezirk Coblenz und dem benachbarten Bezirk von Wiesbaden versagt werde.*
Der Bürgermeister von Neumagen an den Landrat von Bernkastel, v. Kühlwetter, am 11. Juni 1874 (LHAK, Bestand 442 Nr. 1943): *Ew. Hochwohlgeboren beehre ich mich*

gehorsamst zu berichten, daß der gesetzwidrig angestellte Hilfsgeistliche Joseph Anheier hier, nachdem ihm am 23ten Dezember a. pr. die Ungesetzlichkeit seiner Anstellung protocollarisch eröffnet worden, bereits 3mal wegen unbefugter Ausübung geistlicher Amtshandlungen durch das Königliche Zuchtpolizei-Gericht verurtheilt wurde; zuerst am 6. März c. und zuletzt am 6. Juni c. Die zuerst erkannte Strafe hat derselbe bereits abgebüßt. Obschon ich dem Anheier das Zeugniß geben muß, daß er sich in seinen Predigten und auch, soviel mir bekannt ist, im Privatverkehr von jeglicher Agitation fern gehalten hat, derselbe aber ungeachtet seiner Verurtheilungen fortfährt, geistliche Amtshandlungen vorzunehmen, jeder Antritt einer Strafe und jede Rückkehr von derselben dem Volke mehr oder minder Anlaß zu Erregung bieten würde, so halte ich es im Interesse der öffentlichen Ordnung für geboten, demselben den Aufenthalt im hiesigen Regierungsbezirke zu untersagen.

Der Landrat von Prüm an die Regierung Trier am 16. Juni 1874 (LHAK, Bestand 442 Nr. 1951): *Der Königlichen Regierung ermangle ich nicht [...] gehorsamst zu berichten, daß der seit dem 29. October pr. zu Großcampen gesetzwidrig fungirende katholische Geistliche Johann Concemius, welcher inzwischen wegen unbefugter Ausübung geistlicher Amtshandlungen von der Zuchtpolizeikammer des Königlichen Landgerichts zu Trier zum dritten Male rechtskräftig verurtheilt worden ist, nach wie vor thatsächlich das Amt eines Pfarrers zu Großcampen ausübt. Da der p. Concemius s. Z. nur mit Gewalt aus dem Pfarrhause exmittirt werden konnte, auch das gesetzwidrig ihm übertragene Amt nach Möglichkeit dazu benutzt hat, bei den Pfarrbewohnern die Achtung vor dem Gesetze zu untergraben, so dürfte ihm der Aufenthalt in dem Regierungsbezirk Trier zu untersagen sein.*

Der Landrat von Adenau an die Regierung Koblenz am 21. Juni 1874 (LHAK, Bestand 403 Nr. 15722): *Nach den anliegenden Urtheilsauszügen ist der gesetzwidrig angestellte Geistliche Alphons Stiff zu Dümpelfeld wegen Vergehens gegen § 23 des Gesetzes vom 11. Mai 1873 [mehrfach verurteilt worden]. Nach Erlaß des letzten Urtheils hat sich der Geistliche Stiff wiederholt desselben Vergehens schuldig gemacht und [es] schweben zur Zeit noch mehrere Untersuchungen deshalb gegen ihn. Da der Geistliche Stiff somit wegen Vornahme von Amtshandlungen in einem Kirchenamte, das ihm den Vorschriften der Staatsgesetze zuwider übertragen ist, rechtskräftig zu Strafe verurtheilt ist, so kann ihm nach § 2 und 1 des Reichsgesetzes vom 4. Mai 1874, betreffend die Verhinderung der unbefugten Ausübung von Kirchenämtern, der Aufenthalt in bestimmten Bezirken oder Orten versagt oder angewiesen werden. Von dieser Befugniß muß m. E. seitens der Landespolizeibehörde Gebrauch gemacht werden, weil das Auftreten des Stiff, wobei ich jedoch eine subjektive Schuld desselben nicht behaupten will, die öffentliche Moral und das Ansehen der Staatsregierung schmälert. Die ganze Bevölkerung der Pfarrei Dümpelfeld hält es für ihre Pflicht, den Geistlichen Stiff in Vornahme seiner ungesetzlichen Handlungen zu unterstützen und denselben vor den gesetzlichen Strafen zu schützen. [...] Diese Versuche, die Wirkung der Staatsgesetze zu eludiren, dürfen m. E. nicht geduldet werden. Sie sind aber wirksam nur dadurch zu vereiteln, daß dem Geistlichen Stiff der Aufenthalt in Dümpelfeld und Umgegend untersagt wird. Es würde genügen, wenn das Verbot auf die Kreise Adenau, Rheinbach und Ahrweiler ausgedehnt würde.*

Der Landrat des Landkreises Trier an die Regierung Trier am 23. Juni 1874 (LHAK, Bestand 442 Nr. 2003): *Kaplan Johann Thielen [zu Schweich], ein dem Gesetze vom 11. Mai pr. zuwider angestellter Geistlicher, (ist) auf Grund des Letzteren schon 5mal gerichtlich bestraft worden. Er befindet sich gegenwärtig in der hiesigen Straf-Anstalt*

[...]. So wie der p Thielen aus dem Gefängnisse nach Schweich zurückkommt, wird er nach den bisherigen Erfahrungen wieder weiter amtiren und [es] wird sich die Auflehnung gegen das Gesetz und die Staatsregierung wiederholen und die Aufregung unter der Bevölkerung größeren Umfang gewinnen. Die Königliche Regierung bitte ich gehorsamst, hochgeneigtest auf Grund der §§ 1 und 2 des Reichsgesetzes vom 4. Mai dem p. Thielen nach Verbüßung seiner Strafen den Aufenthalt im hiesigen Regierungsbezirke versagen zu wollen.
Der Bürgermeister von Bernkastel an den dortigen Landrat am 10. Juli 1874 (LHAK, Bestand 442 Nr. 1997): *Gestern Abend ½11 Uhr kehrte der Kaplan Stölben hierhin zurück, nachdem er Morgens ½6 Uhr aus der Strafanstalt in Trier nach Verbüßung seiner dritten Subsidiargefängnißstrafe entlassen worden war. Direct begab er sich in die hiesige Kirche, wo sich nach und nach eine große Menschenmenge ansammelte, die durch Böllerschüsse auf dem anderseitigen Ufer von der Ankunft des p. Stölben in Kenntniß gesetzt worden war. Nach vorheriger Ansprache ertheilte p. Stölben den Anwesenden den Segen und begab sich gegen 11 Uhr nach Hause, nachdem das Te Deum gesungen war. Heute früh ½8 Uhr hielt derselbe schon die h. Messe. Indem ich mir erlaube, Euer Hochwohlgeboren Vorstehendes gehorsamst zu berichten, gestatte ich mir zugleich den Antrag zu stellen, den p. Stölben, der bereits 5mal rechtskräftig verurtheilt ist und 3 Subsidiargefängnißstrafen schon verbüßt hat, auf Grund der §§ 1 & 2 des Reichsgesetzes vom 4. Mai 1874 seiner Staatsangehörigkeit für verlustig zu erklären und ihn aus dem Bundesgebiet auszuweisen. Bis dahin, daß über diesen Antrag seitens der Centralbehörde Beschluß gefaßt ist, dürfte dem p. Stölben der Aufenthalt in dem Regierungsbezirke Trier zu versagen sein. Ich erachte die Ergreifung dieser Maßregeln zur Aufrechterhaltung der Autorität des Staats, des Gesetzes und insbesondere der öffentlichen Ruhe für durchaus geboten.*
Der Bürgermeister von Polch an den Landrat von Mayen am 2. August 1874 (LHAK, Bestand 441 Nr. 17285): *Wegen Verletzung des § 23 des Gesetzes vom 11ten May 1873 ist der p. Volk bereits sieben Mal gerichtlich bestraft worden [...]. Daß er seit dem 22ten Juni nicht mehr bestraft worden ist, findet seine Erklärung einzig und allein in dem Umstande, daß er sich seit dem 23ten May c. zur Verbüßung der gegen ihn ausgesprochenen Gefängnißstrafen in dem Arresthause zu Coblenz befindet. Seine beharrliche Renitenz steht also ganz außer Zweifel. Ebensosehr steht es aber auch außer Zweifel, daß er der intelectuelle Urheber des hießigen Unheiles ist, denn er hat sich am 23ten May c. bei seiner Abführung nach dem Arresthause zu Coblenz gegen den ihn begleitenden Gensdarmen Krause von hier in der Beziehung noch dahin ausgesprochen: „Es thut mir gar nicht leid, daß ich die Polcher so durcheinander gebracht habe, und ich werde auch künftig hin desgleichen thun, so sehr ich es vermag." [...] Hieraus glaube ich den Schluß ziehen zu dürfen, daß der Volk eine höchst gemeingefährliche Persönlichkeit ist und bitte das Königliche Landrathsamt, geneigtest dahin wirken zu wollen, daß das Reichsgesetz vom 4ten May c. mit seiner ganzen Schärfe gegen ihn zur Anwendung gebracht werden möchte.* – Der Landrat von Mayen, Delius, an die Regierung Koblenz am 4. August 1874 (ebd.): *Dem Antrag auf Ausweisung des p. Volk kann ich nur beitreten. Ich bin überzeugt, daß eine minder thätige fanatisirende und perniciöse Einwirkung als die seinige es nicht fertig gebracht hätte, die große, sonst so ruhige Gemeinde in einen Gährungszustand zu versetzen [...]. Der Geistliche Heinrich Volk [...] ist im October v. Js. zur Aushülfe des Pfarrers nach Polch gesandt.*

Die zuständigen Instanzen, an die solche Anträge auf dem Dienstweg gelangten, willfahrten ihnen in der Regel erstaunlich anstandslos und meist ohne Rückfrage, hatten doch der Innen- und der Kultusminister am Schluss ihres erwähnten Erlasses vom 22. Juni 1874[73] eine konsequente Anwendung der Ex- und Internierungsbestimmungen des Reichsgesetzes vom 4. Mai 1874 verlangt und sich die Entscheidung über eine eventuelle *mildere Behandlung* eines geistlichen ‚Delinquenten' vorbehalten. Aber die Leitungsinstanzen der rheinischen Provinzialverwaltung waren, wie der behördeninterne Schriftverkehr belegt, sowieso überzeugte antiklerikale Kulturkämpfer und zum energischen Durchgreifen gegenüber störrischen Priestern entschlossen.[74] So hatte der maigesetzwidrig angestellte Pfarrer M. Kaes zu Ueß nach rechtskräftigen Verurteilungen noch Taufen und Beerdigungen vorgenommen. Trotzdem gab der Landrat von Adenau zu bedenken, ob nicht vielleicht *eine mildere Behandlung angezeigt erscheine,* weil der *Geistliche Kaes sich alle Mühe gegeben hat und giebt, mit Staatsgesetzen nicht in Conflikt zu kommen.* Der Landrat hielt ihn für ein gutwilliges Opfer widriger Umstände: *Sein ganzes Auftreten ist das eines friedliebenden versöhnlichen Mannes, sein Einfluß auf die Pfarrgemeinde beruhigend und kann es gar nicht zweifelhaft sein, daß nur der Zwang der Umstände ihn dazu bewegen kann, den Staatsgesetzen ungehorsam zu werden.*[75] Doch die Regierung Koblenz wollte sich bei ihrem Vorgehen gegen den Pfarrer nicht von irgendwelcher Nachsichtigkeit oder Rücksichtnahme bremsen lassen, da nun einmal *durch die Ministerialanweisung vom 22. Juni d. Js. die Geltendmachung der im Reichsgesetze vom 4. Mai d. J. gewährten Befugnisse als Regel empfohlen ist*

73 Text und Nachweise im Quellenanhang I.

74 Beispiele:
Der Trierer Regierungspräsident v. Wolff in seinem Zeitungsbericht vom 18. April 1874 für das 1. Quartal des Jahres 1874 (LHAK, Bestand 403 Nr. 17964): *Die enorme Verbreitung, welche die ultramontanen Zeitungen und Flugblätter überall finden, und die Consequenz und Energie, mit der die katholischen Pfarrer jede andere Lectüre von den Gemeinden fernzuhalten wissen, lassen eine bessere Belehrung der ländlichen Bevölkerung schwer ausführbar erscheinen. Es kann ein Umschwung in dieser Hinsicht nur allmählich und nach Entfernung der schlimmsten Agitatoren unter dem Clerus erhofft werden.*
Der Koblenzer Regierungsvizepräsident v. Konopacki in seinem Zeitungsbericht vom 28. April 1875 für das 1. Quartal des Jahres 1875 (LHAK, Bestand 403 Nr. 9709): *Nach wie vor schüren die katholischen Geistlichen durch Beängstigung der um ihren Glauben besorgt gemachten Beichtkinder und Pfarreingesessenen den Widerstand gegen die Staatsgesetze [...]. Energische Handhabung der Staatsgesetze und nachdrückliche Unterstützung der Rückhalt suchenden staatstreuen Elemente sind der einzige Weg, zunächst solche, die ohne innere Überzeugung und nur aus Furcht vor der Majorität ihrer Bekannten und vor den Drohungen der Geistlichkeit sich renitent erweisen, zurückzurufen und alsdann auch den Verblendeten vor Augen zu führen, auf welch abschüssiger Bahn sie wandeln.*

75 Der Landrat von Adenau, Dillenburger, an die Regierung Koblenz am 21. Juli 1874 (LHAK, Bestand 403 Nr. 15722).

und die zu Gunsten des p. Kaes angeführten Umstände und Thatsachen die Übung einer milderen Praxis nicht genügend zu rechtfertigen scheinen, und votierte erfolgreich für eine die weitere Amtsausübung verhindernde Vertreibung des Pfarrers Kaes aus seiner angestammten Wirkungsregion.[76]

Üblicherweise ließ die Regierung Trier dem Geistlichen vom Landrat oder Bürgermeister mitteilen, er habe vom Eröffnungstag an gerechnet binnen 48 Stunden den genannten Bezirk zu verlassen und nicht wieder zu betreten, andernfalls die nächstschärfere Maßnahme der Internierung verfügt werden würde. Vom gewählten neuen Aufenthaltsort habe der Geistliche der Bezirksregierung wegen eventuell noch abzubüßender Strafen Mitteilung zu machen; ansonsten würde im Eventualfall steckbrieflich nach ihm gefahndet.[77] Die Regierung Koblenz gewährte nach

---

76 Die Regierung Koblenz an den Oberpräsidenten der Rheinprovinz am 6. August 1874 (LHAK, Bestand 403 Nr. 15722).

77 Beispiele:
Die Regierung Trier *an den Geistlichen Herrn Jos. Bapt. Gondorf zu Ittersdorf, Kr. Saarlouis* am 30. Juni 1874 (LHAK, Bestand 442 Nr. 1962): *Da Sie bereits wiederholt und zwar mittelst der gerichtlichen Urtheile vom 26ten Februar, 14ten Mai und 15ten Mai cr. wegen Vornahme von Amtshandlungen in dem Ihnen gegen die Vorschriften der Staatsgesetze übertragenen Kirchenamte zu Ittersdorf, Kreis Saarlouis, rechtskräftig zu Strafe verurtheilt sind, demungeachtet aber wiederholt, auch am 21ten bez. 22ten Juni cr. Amtshandlungen in Ittersdorf vorgenommen haben, so wird Ihnen hiermit auf Grund der §§ 1 und 2 des Reichsgesetzes vom 4. Mai cr., betreffend die Verhinderung der unbefugten Ausübung von Kirchenämtern, der Aufenthalt im Regierungsbezirk Trier untersagt. Sie haben diesemnach binnen achtundvierzig Stunden vom Ablauf des Tages an gerechnet, an welchem Ihnen diese Verfügung eröffnet ist, den Regierungsbezirk Trier zu verlassen, auch Letztern nicht wieder zu betreten, widrigenfalls Ihre Internirung nach Maßgabe des erwähnten Gesetzes verfügt werden wird. Hinsichtlich des von Ihnen außerhalb des Regierungsbezirks Trier gewählten Aufenthaltsorts haben Sie uns ohne Verzug Anzeige zu machen, widrigenfalls Sie wegen der von Ihnen etwa noch zu verbüßenden gerichtlichen Strafen steckbriefliche Verfolgung zu gewärtigen haben.*
Die Regierung Trier *an den Hülfsgeistlichen Herrn Joseph Anheier zu Neumagen Kreis Berncastel* am 2. Juli 1874 (LHAK, Bestand 442 Nr. 1943): *Da Sie bereits wiederholt, und zwar mittelst der gerichtlichen Urtheile vom 6. März und 18. Mai curr., wegen Vornahme von Amtshandlungen in dem Ihnen gegen die Vorschriften der Staatsgesetze übertragenen Kirchenamte zu Neumagen Kreis Berncastel rechtskräftig zu Strafe verurtheilt sind, demungeachtet aber nach dem 21. May cur. Amtshandlungen in Neumagen vorgenommen haben, so wird Ihnen hiermit auf Grund der §§ 1 und 2 des Reichsgesetzes vom 4. Mai, betreffend die Verhinderung der unbefugten Ausübung von Kirchenämtern, der Aufenthalt im Regierungsbezirke Trier untersagt. Sie haben diesemnach binnen achtundvierzig Stunden vom Ablauf des Tags an gerechnet, an welchem Ihnen diese Verfügung eröffnet ist, den Regierungsbezirk Trier zu verlassen, auch Letztern nicht wieder zu betreten, widrigenfalls Ihre Internirung nach Maßgabe des erwähnten Gesetzes verfügt werden wird. Hinsichtlich des von Ihnen außerhalb des Regierungsbezirks Trier gewählten Aufenthaltsorts haben Sie uns ohne Verzug Anzeige zu machen, widrigenfalls*

der Eröffnung der Ausweisungsverfügung gewöhnlich nur 24 Stunden zum Verlassen der aufenthaltsverbotenen Region.[78] Allerdings konnte einigen Geistlichen der Ausweisungsbeschluss nicht ausgehändigt werden, weil sie, die ganze Prozedur boykottierend, sich verbargen oder sich verleugnen ließen, jedenfalls für die

---

Sie wegen der von Ihnen etwa noch zu verbüßenden gerichtlichen Strafen steckbriefliche Verfolgung zu gewärtigen haben.

78 Beispiele:
Die Regierung Koblenz an den dortigen Landrat, v. Frentz, am 17. Oktober 1874 (LHAK, Bestand 441 Nr. 17276 im Entwurf): *Indem wir Ew. [Hochwohlgeboren] in der Anlage einen gegen den katholischen Geistlichen Johann Kirsch zu Vallendar erlassenen Ausweisungsbeschluß übersenden, veranlassen wir Sie, denselben dem p. Kirsch unter der Verwarnung behändigen zu lassen, daß er binnen 24 Stunden nach erfolgter Behändigung – im Falle seiner etwaigen Detinirung in einer Strafanstalt aber sofort nach seiner Entlassung – die Regierungsbezirke Coblenz, Trier u. Wiesbaden zu verlassen habe und in dieselben nicht wieder zurückkehren dürfe bei Meidung der zwangsweisen Entfernung in dem Betretungsfalle.*
Vom Bürgermeister von Zell am 19. Dezember 1874 aufgenommenes Protokoll (LHAK, Bestand 441 Nr. 17292): *Verhandelt Zell, den 19ten Dezember 1874, nachmittags ein Uhr. In Folge Auftrages der hiesigen landräthlichen Behörde [...] verfügte sich heute der unterzeichnete Bürgermeister von Zell zu dem gesetzwidrig zum Hülfsgeistlichen an der hiesigen katholischen Pfarre ernannten Neopresbyter Johann Kaas hierselbst, theilte demselben den Oberpräsidialerlaß vom 21ten November d. J. vollständig mit, wonach ihm, nachdem er durch rechtskräftige Urtheile vom 27ten Januar, 9ten und 28ten April, 6ten und 12ten Mai und 21ten Juli d. J. zu Geld- und event. Gefängnißstrafen verurtheilt, in dem ihm gesetzwidrig übertragenen Amte in der Zeit vom 21ten Mai bis 4ten Juli d. J. an 26 Tagen Messe gelesen und am 7ten Juni eine Predigt gehalten, auch später noch seelsorgerliche Functionen ausgeübt hat, auf Grund des § 2 des Reichsgesetzes vom 4ten Mai d. J., betreffend die Verhinderung der unbefugten Ausübung von Kirchenämtern, der Aufenthalt im Regierungsbezirk Coblenz und in den Kreisen Wittlich und Berncastel des Regierungsbezirkes Trier versagt worden sei, und eröffnete ihm dabei zugleich in Folge Anordnung Königlicher Regierung in Coblenz vom 1ten Dezember ds. J., daß er bei Vermeidung zwangsweiser Entfernung binnen 24 Stunden den Regierungsbezirk Coblenz sowie die Kreise Wittlich und Berncastel des Regierungsbezirks Trier zu verlassen habe. Über diese Mittheilung und Eröffnung wurde die gegenwärtige Protokollareröffnung aufgenommen, welche Kaas zu unterschreiben verweigerte, und zugleich erklärte, gegen alle Acte der Gewalt, wie sie bisher gegen ihn ausgeübt worden seien und in der Zukunft etwa gegen ihn ausgeübt werden könnten, zu protestiren.*
Vom Bürgermeister von Stromberg am 21. Dezember 1874 aufgenommenes Protokoll (LHAK, Bestand 441 Nr. 17282): *Erschien durch Vorführung des Gensdarmen Andrae der Geistliche Christian Müller von Schoeneberg. Demselben wurde der Erlaß des Ministeriums des Innern vom 30. Nov. 74 zu Protocoll eröffnet und derselbe dahin beschieden, daß er bei Vermeidung zwangsweiser Entfernung binnen 24 Stunden den Regierungsbezirk Coblenz und den Kreis Rüdesheim des Regierungsbezirks Wiesbaden zu verlassen habe.*

Behörden unauffindbar waren.[79] Wurde ein Ausgewiesener als besonders gefährlich und widerspenstig eingeschätzt, z.B. wenn er ‚untertauchte' oder heimlich in seine Heimatpfarrei zurückzukehren drohte, informierten die Bezirksregierungen in einem Rundschreiben, bisweilen unter Beifügung einer als ‚Signalement' firmierenden Personenbeschreibung, zusätzlich alle Landräte ihres Regierungsbezirks über ihren Ausweisungsbeschluss mit dem Auftrag, den betreffenden Geistlichen sofort festzunehmen und aus dem verbotenen Territorium zwangsweise herauszuführen, wenn er sich dort antreffen lassen sollte.[80]

---

79 Beispiele:
Der Kreissekretär in Vertretung des Landrats von Daun an die Regierung Trier am 21. September 1874 (LHAK, Bestand 442 Nr. 1966): *Bisher konnte die hohe Ausweisungsordre vom 16. Juli cr. dem gesetzwidrig angestellten Neopresbyter Heinen von Neunkirchen nicht behändigt werden, weil derselbe sich stets den Blicken der insinuirenden Beamten zu entziehen wußte und von seinen Hausgenossen stets verleugnet wurde. Auch der Versuch, qu. Ordre durch seine Hauswirthin dem p. Heinen übergeben zu lassen, blieb ohne Erfolg, indem sie die cit. Verfügung mit dem Bemerken zurückreichte, daß p. Heinen abgereist sei. Wie mir nun der Gendarm Wiepking anzeigte, wurde p. Heinen seit [dem] 12. l. Mts. wieder in Neunkirchen von dem Lehrer Thielen, dem Communalförster Hilgers und anderen Personen aus genanntem Orte gesehen und [es] ist die Vermuthung nicht unbegründet, daß p. Heinen sich gar nicht auswärts befunden, vielmehr sich fortwährend verborgen gehalten habe. Ich beauftragte p. Wiepking nochmals mit der Insinuation* [d.h. Zustellung] *der qu. Ordre; derselbe kehrte aber wieder unverrichteter Sache hierhin zurück.*
Der Landrat von Bitburg an die Regierung Trier am 15. März 1875 (LHAK, Bestand 442 Nr. 2005): *Die [...] angeordnete protokollarische Eröffnung [der Ausweisungsverfügung] an den p. Thielen konnte nicht erfolgen, da derselbe bereits seit mehreren Wochen von Mettendorf abwesend und sein Aufenthalt unbekannt ist.*

80 Beispiele:
Die Regierung Trier *an sämmtliche Herren Landräthe und den Herrn Oberbürgermeister de Nys hier* am 22. März 1875 (LHAK, Bestand 442 Nr. 2005; LHAK, Bestand 441 Nr. 17233): *Der gesetzwidrig als Hülfsgeistlicher an der katholischen Pfarrei zu Mettendorf, Kreis Bitburg, fungirende, wegen Vornahme unerlaubter Amtshandlungen mehrfach zu Strafe verurtheilte Neopresbyter Nikolaus Thielen, dessen Signalement hier unten aufgeführt ist, ist durch Verfügung des Herrn Oberpräsidenten vom 19. Februar cur. aus der Rheinprovinz ausgewiesen. Falls der genannte Nicolaus Thielen im dortigen Bezirke sich betreffen lassen sollte, ist derselbe jedesmal unverzüglich über die Grenze der Rheinprovinz zwangsweise zu transportiren und uns von dem Geschehenen Anzeige zu machen. Eine entsprechende Anzahl von Exemplaren dieser Verfügung für die Herren Bürgermeister erfolgt hierneben.*
Signalement des Nikolaus Thielen aus Mettendorf:

1) *Alter 24 Jahre*	7) *Mund gewöhnlich*
2) *Haare blond*	8) *Bart im Entstehen*
3) *Stirne hoch*	9) *Kinn rund*
4) *Augenbraunen blond*	10) *Statur schwächlich*
5) *Augen grau*	11) *Gesichtsfarbe blaß*
6) *Nase spitz*	12) *Besondere Kennzeichen keine*

Von § 5 des Reichsgesetzes vom 4. Mai 1874 machten die Behörden ebenfalls gerne Gebrauch, weil der Paragraph die Möglichkeit eröffnete, auch vor und ohne Vorliegen einer rechtskräftigen Verurteilung und ohne richterliche Kontrolle einen Geistlichen schon gleich bei der Einleitung des Strafverfahrens aus einem Territorium auszuweisen und so seine weitere Berufsausübung bis zu einem rechtskräftigen Urteil vorübergehend zu unterbinden.[81] Beispielsweise war

---

Bekanntmachung der Regierung Trier vom 11. August 1877 (Amtsblatt der Königlich Preußischen Regierung zu Trier, Jg. 1877, Nr. 34 vom 16. August 1877, S. 236): *Wir haben den katholischen Geistlichen Nikolaus Herrig, früher Kaplan der Pfarrei Niederstadtfeld im Kreise Daun, nachdem derselbe wegen unbefugter Vornahme von geistlichen Amtshandlungen in der genannten Pfarrei auf Grund des § 23 des Gesetzes vom 11. Mai 1873 bezw. des Artikels 2 des Gesetzes vom 21. Mai 1874 durch Erkenntniß des Königl. Zuchtpolizeigerichts hierselbst vom 5. Mai d. J. rechtskräftig verurteilt worden ist und trotzdem im Laufe des Monats Juni dieses Jahres wiederum verschiedene geistliche Amtshandlungen in der genannten Pfarrei vorgenommen hat, aus denen hervorgeht, daß er sich noch fortdauernd widerrechtlich das Amt eines Kaplans jener Pfarrei anmaßt, auf Grund des § 2 des Reichsgesetzes vom 4. Mai 1874, betreffend die Verhinderung der unbefugten Ausübung von Kirchenämtern, durch am 1. d. M. gesetzlich zugestellte Verfügung vom 24. Juli d. J. aus dem diesseitigen Regierungsbezirke ausgewiesen. Demnach werden die Polizeibeamten unseres Bezirkes angewiesen, den p. Herrig, falls er sich im diesseitigen Regierungsbezirke sollte betreffen lassen, zu ergreifen und dem Herrn Kreislandrath behufs Veranlassung des Transportes über die Grenze des Regierungsbezirks vorzuführen.*

81 Beispiele:
Die Regierung Trier *an den Geistlichen Herrn Joseph Leusch zu Kinheim, Kreis Wittlich,* am 30. Juni 1874 (LHAK, Bestand 442 Nr. 1983): *Da gegen Sie die gerichtliche Untersuchung eingeleitet ist wegen der Beschuldigung, seit dem 9ten Juni 1874 in der katholischen Pfarrei zu Kinheim geistliche Amtshandlungen vorgenommen zu haben, ohne den Nachweis führen zu können, daß Sie zu einem hierzu ermächtigenden Amte oder zur Stellvertretung in einem solchen unter Beobachtung der §§ 1 – 3 des Gesetzes vom 11ten May pr. berufen seien (Art. 2 des Gesetzes vom 21. May 1874), so wird Ihnen hiermit auf Grund des § 5 des Reichsgesetzes vom 4ten Mai pr., betreffend die Verhinderung der unbefugten Ausübung von Kirchenämtern, der Aufenthalt in den Kreisen Wittlich und Berncastel untersagt. Sie haben diesemnach binnen achtundvierzig Stunden vom Ablauf des Tages an gerechnet, an welchem Ihnen diese Verfügung eröffnet ist, den Bezirk der Kreise Wittlich und Berncastel zu verlassen, auch solche Bezirke nicht wieder zu betreten, widrigenfalls Ihre Internirung verfügt werden wird. Hinsichtlich des von Ihnen außerhalb des Kreises Wittlich und Berncastel gewählten Aufenthaltsorts haben Sie uns in Rücksicht auf die gegen Sie eingeleitete Untersuchung pp. ohne Verzug Anzeige zu machen, widrigenfalls Sie wegen der von Ihnen etwa noch zu verbüßenden gerichtlichen Strafen steckbriefliche Verfolgung zu gewärtigen haben.*
Die Regierung Koblenz an den Geistlichen Johann Weyrauch zu Langenlosheim am 19. Januar 1875 (LHAK, Bestand 441 Nr. 17282 im Entwurf): *Nachdem gegen Sie einer Anzeige des Königlichen Oberprocurators zufolge wegen unbefugter Vornahme geistlicher Amtshandlungen in Waldhilbersheim auf Grund der Bestimmungen des Gesetzes vom 11. Mai 1873 die gerichtliche Untersuchung eröffnet worden ist, wird Ihnen hierdurch auf Grund des § 5 des Reichsgesetzes vom 4. Mai v. J. bis zur rechtskräftigen Beendigung des gerichtlichen Verfahrens der Aufenthalt im Reg.-Bez. Coblenz versagt.*

der maigesetzwidrig angestellte Pfarrer P. Maringer zu Niederbettingen aus dem Regierungsbezirk Trier ausgewiesen worden.[82] Nach einer heimlichen Rückkehr, während welcher er sogar zur Nachtzeit in seiner Gemeinde Gottesdienst hielt, wurde er unter Gendarmeriebedeckung wieder über die Grenze des Regierungsbezirks transportiert.[83] Kurz darauf tauchte er in dem zum Regierungsbezirk Koblenz gehörenden Ort Rheinböllen auf, wo er – wegen der fehlenden Anzeige beim Oberpräsidenten natürlich ebenfalls verbotenerweise – Gottesdienste abhielt.[84] Obwohl der Oberpräsident ihn daraufhin auch für Rheinböllen ‚sperrte', d.h. – genauer und zutreffender gesagt – ihn über das auch dort geltende Amtierungsverbot amtlich

82 Die Regierung Trier *an den Geistlichen Herrn Peter Maringer zu Niederbettingen, Kreis Daun,* am 16. Juli 1874 (LHAK, Bestand 442 Nr. 1984): *Da Sie bereits wiederholt und zwar mittelst der gerichtlichen Urtheile vom 15.12. pr., 12. Januar und 6. März cr. wegen Vornahme von Amtshandlungen in dem Ihnen gegen die Vorschriften der Staatsgesetze übertragenen Kirchenamte zu Niederbettingen, Kreis Daun, rechtskräftig zu Strafe verurtheilt sind, demungeachtet aber nach dem 21. Mai cr. verschiedene Amtshandlungen in Niederbettingen vorgenommen haben, so wird Ihnen hiermit auf Grund der §§ 1 und 2 des Reichsgesetzes vom 4. May cr., betreffend die Verhinderung der unbefugten Ausübung von Kirchenämtern, der Aufenthalt im Regierungsbezirk Trier untersagt. Sie haben diesemnach binnen achtundvierzig Stunden, vom Ablauf des Tags an gerechnet, an welchem Ihnen diese Verfügung eröffnet ist, den Regierungsbezirk Trier zu verlassen, auch Letztern nicht wieder zu betreten, widrigenfalls Ihre Internirung nach Maßgabe des erwähnten Gesetzes verfügt werden wird. Hinsichtlich des von Ihnen außerhalb des Regierungsbezirks Trier gewählten Aufenthaltsorts haben Sie uns ohne Verzug Anzeige zu machen, widrigenfalls Sie wegen der von Ihnen etwa noch zu verbüßenden gerichtlichen Strafen steckbriefliche Verfolgung zu gewärtigen haben.*

83 Der Landrat von Daun an die Regierung Trier am 31. August 1874 (LHAK, Bestand 442 Nr. 1984): *Der Königlichen Regierung (beehre) ich mich gehorsamst anzuzeigen, daß der aus dem Regierungsbezirks Trier ausgewiesene Geistliche Maringer von Niederbettingen daselbst gestern von dem Gendarmen Kneifel verhaftet und gemäß der mir von dem Herrn Regierungspräsidenten von Wolff mündlich ertheilten Ermächtigung zu Fuß nach der Grenze des Regierungsbezirks bei Raunen in Marsch gesetzt worden [ist]. […] Der p. Maringer hat keine Mittel und Wege gescheut, um die Pfarrgemeinde in steter Aufregung zu erhalten. Um dies zu erreichen, hat er nach seiner Ausweisung selbst zur Nachtzeit Gottesdienst abgehalten.*

84 Der Bürgermeister von Rheinböllen an den Oberpräsidenten der Rheinprovinz am 7. September 1874 (LHAK, Bestand 441 Nr. 17291): *Ew. Hochwohlgeboren beehre ich mich ganz gehorsamst die Mittheilung zu machen, daß der zufolge Verfügung der Königlichen Regierung zu Trier vom 16. Juli cr. aus dem Regierungsbezirke Trier ausgewiesene Geistliche Maringer aus Niederbettingen am 8. und 9. August cr. durch Messelesen und Predigen in der katholischen Pfarrkirche dahier sich der Verrichtung widerrechtlicher geistlicher Amtshandlungen schuldig gemacht hat. Die diesseits in der Sache gepflogenen Verhandlungen sind dato der Königlichen Staatsanwaltschaft zu Simmern eingereicht worden.*

belehren ließ,[85] fuhr Pfarrer Maringer, von einem unermüdlichen Seelsorgeeifer in Verbindung mit einer unbeugsamen Renitenz getrieben,[86] trotzdem fort, in Rheinböllen zu amtieren.[87] Eine Ausdehnung des endgültigen Aufenthaltsverbots auf den Regierungsbezirk Koblenz, wie vom Bürgermeister angeregt, war jedoch rechtlich nicht möglich, solange noch kein rechtskräftiges Urteil wegen der Vornahme von Amtshandlungen im neuen Wirkungsort Rheinböllen vorlag. Ersatzweise verfügte deshalb die Regierung Koblenz aufgrund von § 5 des Reichsgesetzes vom 4. Mai 1874 eine vorläufige Ausweisung des Pfarrers aus dem Regierungsbezirk Koblenz bis zur rechtskräftigen Beendigung des inzwischen eingeleiteten Strafverfahrens.[88]

---

85 Der Oberpräsident der Rheinprovinz an die Regierung Koblenz am 1. Oktober 1874 (LHAK, Bestand 441 Nr. 17291): *Der frühere Kaplan in Trier, Peter Maringer, welchem seitens des Bischofs von Trier die Verwaltung der Pfarre Niederbettingen unter Nichtbeachtung der Vorschrift im § 15 des Gesetzes vom 11. Mai 1873 übertragen worden war, ist, nachdem er durch Urtheile des Zuchtpolizeigerichts in Trier wegen Vornahme geistlicher Amtshandlungen in Niederbettingen auf Grund des § 23 l. c. in 3 Fällen zusammen zu 230 Thlr. Geldbuße, ev. 3 Monate[n] 6 Tage[n] Gefängniß rechtskräftig verurtheilt und demnächst* [d.h. danach] *gemäß § 2 des Reichsgesetzes vom 4. Mai c. aus dem Regierungsbezirk Trier ausgewiesen worden [war], ausweise der [...] Anzeige des Bürgermeisters von Rheinböllen vom 7. v. Mts. gegenwärtig in Rheinböllen eingetroffen und hat in dortiger Pfarrkirche Messe gelesen. Da mir von einer Amtsübertragung an p. Maringer hinsichtlich der Pfarre Rheinböllen seitens der geistlichen Oberen die vorgeschriebene Anzeige nicht gemacht worden [ist], so ersuche ich die Königliche Regierung ergebenst, die Ortspolizeibehörde in Rheinböllen anweisen zu lassen, den p. Maringer vor weiterer Ausübung geistlicher Amtshandlungen protocollarisch zu verwarnen und die einzelnen von ihm in Rheinböllen vorgenommenen geistlichen Amtshandlungen der Staatsanwaltschaft behufs Herbeiführung der Bestrafung auf Grund des § 23 des Gesetzes vom 11. Mai 1873 und des Art. 2 des Gesetzes vom 21. Mai 1874 zur Anzeige zu bringen.*

86 Vgl. seinen 1875 publizierten Erlebnisbericht.

87 Der Bürgermeister von Rheinböllen an den Landrat von Simmern am 1. Dezember 1874 (LHAK, Bestand 441 Nr. 17291): *Da Maringer trotz der ihm unterm 27. v. Mts. ertheilten Verwarnung fortfährt, den Staatsgesetzen Hohn zu sprechen und so weit geht, daß er am letzten Sonntage das Hochamt celebrirt und die Predigt gehalten hat, so erlaube ich mir bei Ew. Hochwohlgeboren die Bitte auszusprechen, bei hoher Behörde beantragen zu wollen, daß der p. Maringer aus dem Bürgermeisterei-Bezirke Rheinböllen ausgewiesen werde.*

88 Die Regierung Koblenz *an den katholischen Geistlichen Herrn Peter Maringer, Hochehrwürden zu Rheinböllen* am 10. Dezember 1874 (LHAK, Bestand 441 Nr. 17291 im Entwurf): *Nachdem zufolge Anzeige des Königlichen Oberprocurators hierselbst gegen Sie wegen mehrerer im August, September und Oktober d. J. dort unbefugt vorgenommener geistlicher Amtshandlungen die gerichtliche Untersuchung eröffnet worden ist, wird Ihnen hierdurch auf Grund des § 5 des Gesetzes vom 4. Mai d. J. (Reichsgesetzblatt S. 43), betreffend die Verhinderung der unbefugten Ausübung von Kirchenämtern, der*

Im Einzelfall konnte eine Ausweisung auch von anderen Gründen als vom Bestreben, eine Fungierung in einem maigesetzwidrig angetretenen Amt zu unterbinden, zumindest mitmotiviert sein. Sichtlich begrüßten viele Amtsträger in besagtem Reichsgesetz die ersehnte Möglichkeit, einen als staatsfeindlichen Unruhestifter, antigouvernementalen Agitator und positionsbedrohlichen Herrschaftskonkurrenten gefürchteten Kleriker, mit dem sich ein Großteil der Bevölkerung solidarisierte und der vielfach eine größere Reputation und Meinungsprägekraft als die örtlichen Staatsdiener besaß, auf Dauer zu entfernen, wobei der Übergang zur Instrumentalisierung des Reichsgesetzes zwecks ‚Entsorgung' persönlicher Intimfeinde fließend war. So waren dem bei den Wahlen und im Konflikt mit dem maigesetzwidrig angestellten Pfarrer auf Regierungsseite stehenden Ortsvorsteher von Ittersdorf *die Arbeiter abspenstig gemacht worden, um ihn beim Einheimsen der Ernte in Verlegenheit zu bringen;* ja man hatte angeblich sogar der Pflegerin seiner kranken Frau Geld für die Einstellung der Betreuung geboten, welchen *Terrorismus* der Landrat von Saarlouis mittels Ausweisung des schon wegen unbefugter Amtierung verurteilten Geistlichen bekämpft haben wollte.[89] Die Ausweisungsverfügung der

---

Aufenthalt im Regierungsbezirke Coblenz bis zur rechtskräftigen Beendigung des gegen sie eingeleiteten gerichtlichen Verfahrens versagt.
Der Landrat von Simmern an die Regierung Koblenz am 17. Dezember 1874 (ebd.): *Ich (habe) den katholischen Geistlichen Peter Maringer unmittelbar nach Empfang der Verfügung aufgesucht und denselben gestern zwar nicht in Rheinböllen, so jedoch in Sevenich (Bürgermeisterei Castellaun) angetroffen, wo er sich beim Pfarrer Saurborn zum Besuch aufhielt, auch in der Kirche daselbst bereits wiederholt Dienst gethan hatte. Die vorgeschriebenen Anzeigen sind sogleich an die Staatsanwaltschaft und den Herrn Oberpräsidenten erstattet. Dem p. Maringer habe ich die an ihn gerichtete Verfügung der Königlichen Regierung vom 10ten Dezember cr. mit dem Eröffnen behändigt, daß er bei Vermeidung zwangsweiser Entfernung binnen 24 Stunden den Regierungsbezirk Coblenz zu verlassen habe. [...] An die Polizeibehörden und Gensdarmen (sind) die erforderlichen Instructionen erlassen, um den p. Maringer beim ferneren Antreffen im hiesigen Kreise über die Grenze des Regierungsbezirks Coblenz zu bringen, wobei auf den Umstand, daß p. Maringer schon aus dem Regierungsbezirk Trier ausgewiesen worden, Rücksicht genommen ist.*

89 Der Landrat von Saarlouis an die Regierung Trier am 22. Juni 1874 (LHAK, Bestand 442 Nr. 1962): *Aus einem Gesuche des Ortsvorstehers Schwarze aus Ittersdorf, Beurlaubung seines militairdienstpflichtigen Sohnes betreffend, habe ich ersehen und ist dies amtlich bestätigt, daß dem p. Schwarze, welcher bei den letzten Wahlen und in dem Conflict des gesetzwidrig angestellten Geistlichen Gondorf zur Regierung gestanden hat, die Arbeiter abspenstig gemacht worden [sind], um ihn beim Einheimsen der Ernte in Verlegenheit zu bringen. Ja man hat sogar die Pflegerin seiner kranken Frau durch Geldanerbietungen bewegen wollen, die bisher bei der Kranken ausgeübte Pflicht der Nächstenliebe einzustellen. Einem solchen Terrorismus wirksam zu begegnen, kann nur dann geschehen, wenn man die Quellen abgräbt, welche demselben neue Nahrung zuführen. Ich erlaube mir daher den Antrag gehorsamst zu stellen, den wegen Vornahme von Amtshandlungen wiederholt verurtheilten Geistlichen Gondorf, welcher lediglich an erwähnten Aufhetzereien die Schuld trägt, aus dem hiesigen Kreise auszuweisen.*

Regierung Trier[90] bewirkte daher nicht nur die Beendigung der illegalen Kultverrichtung, sondern auch die Entfernung eines lokalen Gegners des regierungsloyalen Ortsvorstehers. – Die Regierung Koblenz gestand behördenintern, dass sie unter Inanspruchnahme von § 5 des Reichsgesetzes vom 4. Mai 1874, welcher Paragraph eigentlich eine ungestörte seelsorglich-kultische Weiteramtierung nach Einleitung eines Strafverfahrens verhindern wollte,[91] den Vikar Freihen zu Wissen aus dem Regierungsbezirk Koblenz ausgewiesen hatte, weil dieser *als Redacteur der ‚Siegblätter', welche nächst der Linzer Zeitung die ausgesprochenste Opposition gegen die Staatsgesetze predigen, die Seele der ultramontanen Opposition in Wissen ist, bereits wegen Majestätsbeleidigung eine Verurtheilung von 2 Monaten Festungshaft erfahren hat und daher seine Entfernung aus dem Mittelpunkte seiner agitatorischen Thätigkeit zur Aufrechthaltung der öffentlichen Ordnung nothwendig erschienen hat.*[92] – Dem Bürgermeister von Kröv schien *der frivole und anmaßende Ton* eines neu eingetroffenen Geistlichen bei der polizeilichen Anmeldung *darauf hinzudeuten, daß er um Demonstrationen und Scandal zu erregen wahrscheinlich auf Veranlassung* der sich *staatsfeindlich* benehmenden Lehrerin, bei welcher der Geistliche sein *Absteigequartier* genommen habe und die mit *allen ultramontan Gesinnten* im Bunde stehe, *gekommen sei.*[93] Als die Regierung Trier daraufhin dem

90 Die Regierung Trier *an den Geistlichen Herrn Jos. Bapt. Gondorf zu Ittersdorf, Kr. Saarlouis* am 30. Juni 1874 (LHAK, Bestand 442 Nr. 1962).

91 Vgl. P. Hinschius: Die preußischen Kirchengesetze vom 4. Mai 1874, S. 15, Anm. 45.

92 Die Regierung Koblenz an den Oberpräsidenten der Rheinprovinz am 16. Dezember 1874 (LHAK, Bestand 403 Nr. 15722).

93 Der Bürgermeister von Kröv, Ernst, an den Landrat von Wittlich am 3. Mai 1875 (LHAK, Bestand 442 Nr. 2004): *Am Samstag, den 24. v. Mts., [...] hat sich der [Geistliche] Heinrich Thielen bei der Wittwe Joseph Keucker und der [Geistliche] Mathias Heimes bei dem Winzer und Kirchenrathsmitglied Peter Jacoby Quartier genommen resp. wurden von denselben aufgenommen. [...] Der Geistliche Heinrich Thielen ist ein Vetter der Lehrerin Angela Brust in Kinheim und [es] scheint dieselbe, da sie überhaupt wenig Sympathie gegen die Staatsgesetze an den Tag legt und ganz und gar sich der ultramontanen Seite hinneigt, im Gemeinschaft mit der Wittwe Jos. Keucker, die äußerst fanatisch alles auf- und betreibt gegen die Maigesetze und alle Schwierigkeiten, die sich nur denken lassen, der Verwaltung bereitet, anzettelt, scheinen die Urheber zu sein, daß die genannten Geistlichen sich auf einmal in Kinheim eingefunden haben.* – Ders. an dens. am 29. Juni 1875 (ebd.): *Heinrich Thielen, gegen welchen in Folge Reg.-Verf. v. 8. Mai c. die gerichtliche Untersuchung wegen Lesens stiller Messen in der Pfarrkirche zu Kinheim von der Staatsbehörde eingeleitet [ist], ist am 26. d. Mts. wiederum in Kinheim eingetroffen und hat sein Absteigequartier bei der Lehrerin Angela Brust in Kinheim im Schulhause genommen. Derselbe hat sich nach der beiliegenden Anzeige des Ortsvorstehers vom selbigen Tage angemeldet und zwar auf unbestimmte Zeit. Der frivole und anmaßende Ton dieses Geistlichen in der Anmeldung scheint darauf hinzudeuten, daß er um Demonstrationen und Scandal zu erregen wahrscheinlich auf Veranlassung der Lehrerin, die mit der Wittwe Keucker und allen ultramontan Gesinnten ligirt ist* [d.h. im Bunde steht], *gekommen sei. Überhaupt benimmt sich die Lehrerin, wie ich dieses bereits in meinem Berichte vom 3. Mai anzudeuten die Ehre hatte, sehr staatsfeindlich*

Geistlichen, gegen den bereits ein Strafverfahren lief, unter Berufung auf § 5 des vielerwähnten Reichsgesetzes den Aufenthalt im Kreis Wittlich untersagte,[94] ging sie damit faktisch zu Gunsten und im Interesse des regierungstreuen, angefeindeten Bürgermeisters gegen ein lokales ‚ultramontanes Netzwerk' vor. – Anlässlich seiner bevorstehenden Abführung ins Gefängnis hatte der bereits viermal wegen unbefugter Amtshandlungen verurteilte Kaplan J. Kaas zu Zell durch die Klage über die kulturkampfbedingten Leiden die Einwohner von Zell in *Aufregung* versetzt, welche sich bei der Feier von Kaisers Geburtstag darin äußerte, dass beim Anstimmen des Te Deum aus Protest *fast die ganze Gemeinde die Kirche verließ und ein Bursche mit Gewalt das Glockenläuten verhinderte.*[95] Obwohl der Landrat von Zell seinen Antrag auf Ausweisung des inhaftierten Kaplans direkt vom Gefängnis aus mit der wünschenswerten *Beruhigung der hiesigen Bevölkerung* begründete[96]

---

und hält überhaupt auf Disciplin und Zucht ihrer Schulkinder außer[halb] der Schule wenig. [...] Indem ich Vorstehendes dem Kgl. Landrathsamte zur Kenntniß bringe, muß ich gehorsamst bitten, daß der Geistliche Thielen, da er in gerichtlicher Untersuchung ist und eine Haltung eingenommen [hat], nach welcher er gemäß seiner Anmeldung auch Amtshandlungen vorzunehmen willens ist, die von hier aus nicht controllirt werden können, aus dem Kreis Wittlich auf Grund des Reichsgesetzes v. 4. Mai ausgewiesen werde.

94 Die Regierung Trier an *den Geistlichen Heinrich Thielen zu Kinheim im Kreis Wittlich* am 12. Juli 1875 (LHAK, Bestand 442 Nr. 2004 im Entwurf).

95 Der Landrat von Zell an die Regierung Koblenz am 11. Juni 1874 (LHAK, Bestand 441 Nr. 17292; LHAK, Bestand 403 Nr. 15722): *Eine Zeitlang hat p. Kaas Agitationen betreiben, welche geeignet erschienen, die öffentliche Ruhe und Ordnung zu gefährden. Er benutzte namentlich seine bevorstehende Abführung in das Gefängniß, um die Bevölkerung der Stadt Zell durch Schilderung der für die Religion zu erduldenden Leiden in eine unnatürliche Aufregung zu versetzen. Als er am Geburtstage Sr. Majestät des Kaisers und Königs wiederum auf dieses bereits mehrfach erörterte Thema zurückkam, verstand er es, die Aufregung derart zu steigern, daß beim Beginne des Te Deum fast die gesammte Gemeinde die Kirche verließ und ein Bursche mit Gewalt das Glockenläuten verhinderte, während andere das Balgtreten störten. Auch hat p. Kaas zu der über ihn verhängten Haft sich nicht freiwillig gestellt, sondern, als der verhaftende Gendarm ihm anheimstellte, in die in nächster Nähe seiner Wohnung haltende Post einzusteigen, erklärt, daß er es vorziehe, zu Fuß – durch die belebten Theile der Stadt – zu gehen.*

96 Der Landrat von Zell an die Regierung Koblenz am 12. August 1874 (LHAK, Bestand 441 Nr. 17292): *Der Hülfsgeistliche Johann Kaas hierselbst (hat) seit dem 20. Mai d. Js. mit Ausnahme der Zeit seiner Detention in Simmern – seit dem 4. Juli d. Js. bis jetzt – sich aller derjenigen pfarramtlichen Handlungen fortdauernd schuldig gemacht, welche überhaupt mit einer Kaplanstelle verbunden zu sein pflegen. Die Aufenthaltsversagung dürfte auf den Regierungsbezirk Coblenz und die Kreise Wittlich und Berncastel des Regierungsbezirks Trier zu erstrecken sein. Die sehr bemerkbare Beruhigung der hiesigen Bevölkerung, welche eingetreten ist, seit p. Kaas in dem Gefängnisse detinirt ist, läßt es dringend wünschenswerth erscheinen, daß ihm die Ausweisungsverfügung noch während seiner jetzigen, bis zum 29. d. Mts. laufenden Haft in Simmern zugestellt werde. Seine Rückkehr nach Zell würde nur einen bedauernswerthen Rückschlag in der Haltung der Bevölkerung zur Folge haben.*

und die Regierung Koblenz ebenfalls den *höchst* verderblichen *Einfluß des p. Kaas auf die Bevölkerung* geltend machte, um *seine Ausschließung aus Zell und Umgebung* zu beantragen[97], stützte der Oberpräsident seine offizielle Ausweisungsverfügung ausschließlich auf die unbefugte Verrichtung von Amtshandlungen in einem maigesetzwidrig übertragenen Amt[98]. Alle diese Bespiele bestätigen die schon wiederholt gemachte Beobachtung, dass die klerusbezüglichen Kulturkampfgesetze entgegen deren Primärintentionen vielfach dazu genutzt wurden, um Pfarrgeistliche, welche in einen persönlich oder politisch motivierten innerörtlichen Streit mit einem Regierungsanhänger involviert waren oder welche öffentlich gegen die Kulturkampfgesetze und deren Propagatoren agitierten, beruflich kaltzustellen oder ganz aus ihren Dienstorten zu entfernen.

Die betretungsuntersagte Region umfasste in den meisten Fällen, bei den von der Regierung Trier initiierten Aufenthaltsverboten in allen Fällen, zumindest denjenigen Regierungsbezirk, in welchem der Amtierungsort des Geistlichen lag; wenn der bisherige Wirkungsort, aus dem der Kleriker ferngehalten werden sollte, eine geographische Randlage hatte, wurden auch ein benachbarter Regierungsbezirk oder einzelne seiner Kreise hinzugenommen, um eine leichte und schnelle ausflugsartige Rückkehr an den bisherigen ‚Tatort' zu erschweren. Manchmal wurde im Fall von schwerer Unbotmäßigkeit auf Antrag auch der Aufenthalt in der gesamten Rheinprovinz untersagt. Für ein über einen Regierungsbezirk, aber nicht über die Rheinprovinz hinausreichendes Aufenthaltsverbot waren der Oberpräsident, für ein provinzübergreifendes Aufenthaltsverbot der Innen- und der Kultusminister gemeinsam zuständig.[99]

---

97 Die Regierung Koblenz an den Oberpräsidenten der Rheinprovinz am 27. August 1874 (LHAK, Bestand 403 Nr. 15722).

98 Der Oberpräsident der Rheinprovinz an die Regierung Koblenz am 21. November 1874 (LHAK, Bestand 441 Nr. 17292): *Nachdem der durch rechtskräftige Urtheile vom 27. Januar, 9. und 28. April, 6. und 12. Mai und 21. Juli d. Js. zu Geld- und event. Gefängnißstrafen verurtheilte, gesetzwidrig zum Hülfsgeistlichen an der katholischen Pfarre zu Zell ernannte Neopresbyter Johann Kaas in dem ihm gesetzwidrig übertragenen Amte in der Zeit vom 21. Mai bis 4. Juli d. Js. an 26 Tagen Messe gelesen und am 7. Juni eine Predigt gehalten, auch später noch seelsorgerliche Funktionen ausgeübt hat, wird demselben auf Grund des § 2 des Reichsgesetzes vom 4. Mai d. Js., betreffend die Verhinderung der unbefugten Ausübung von Kirchenämtern, der Aufenthalt im Regierungsbezirk Coblenz und in den Kreisen Wittlich und Berncastel des Regierungsbezirks Trier hierdurch versagt.*

99 Beispiele:
Der Landrat von Bitburg an die Regierung Trier am 3. Februar 1875 (LHAK, Bestand 442 Nr. 2005): *Der Neopresbyter Nicolaus Thielen zu Mettendorf (hat) seit seiner rechtskräftigen Verurtheilung vom 30. November vorigen Jahres fast jeden Sonn- und Feiertag geistliche Amtshandlungen verrichtet und in Folge dessen zwei weitere Bestrafungen erlitten, nämlich am 2. Januar 1875 150 M. Geldbuße event. 1 Monat Gefängniß, am 22. Januar 1875 300 M. Geldbuße event. 2 Monate Gefängniß. […] Über Abhalten eines Hochamts am 24. Januar cr. ist der Königlichen Oberprocuratur zu Trier Anzeige*

Wenn ein Geistlicher im Gefängnis einsaß, ließ ihm die Bezirksregierung eine eventuelle Ausweisungsverfügung möglichst schon in der Haftanstalt eröffnen und ihm vorschreiben, direkt von dort aus das betretungsverbotene Gebiet zu

---

erstattet. Die geistlichen Amtshandlungen des p. Thielen bestehen in Messelesen, und zwar abwechselnd in stiller Messe und Hochamt. Bei dieser Mißachtung der Gesetze verdient Nicolaus Thielen wohl unzweifelhaft aus dem Regierungsbezirk Trier und den benachbarten Regierungsbezirken ausgewiesen zu werden. Meines Erachtens würde sich in allen Fällen die Ausweisung aus der ganzen Rheinprovinz empfehlen, da die gemaßregelten Geistlichen in der ganzen Provinz Anhang haben und durch Agitationen resp. zur Schau getragenes Martyrerthum die Bevölkerung erregen und gegen die Regierung erbittern. – Der Oberpräsident der Rheinprovinz an die Regierung Trier am 19. Februar 1875 (LHAK, Bestand 442 Nr. 2005; LHAK, Bestand 441 Nr. 17233): *Nachdem der gesetzwidrig als Hülfsgeistlicher an der katholischen Pfarre zu Mettendorf im Kreise Bitburg fungirende Neopresbyter Nicolaus Thielen, welcher durch rechtskräftiges Erkenntniß des Königlichen Zuchtpolizeigerichts zu Trier vom 30. November v. Js. gemäß Art. 2 des Gesetzes vom 21. Mai 1874 zu einer Geldbuße von 50 Thlr. event. zu einer Gefängnißstrafe von einem Monat und durch Erkenntnisse vom 2. und 22. v. Mts. zu ferneren Geld- und event. Gefängnißstrafen verurtheilt worden [ist], demungeachtet in dem gesetzwidrig übernommenen Amte weiter fungirt und unterm 24. Januar d. Js. in der Pfarrkirche zu Mettendorf ein Hochamt abgehalten hat, wird demselben auf Grund des § 2 des Reichsgesetzes vom 4. Mai v. Js., betreffend die Verhinderung der unbefugten Ausübung von Kirchenämtern, der Aufenthalt in der Rheinprovinz hierdurch versagt.* Die Regierung Koblenz an den Oberpräsidenten der Rheinprovinz am 5. September 1874 (LHAK, Bestand 403 Nr. 15722): *Die katholischen Geistlichen Nicolaus Heit dahier und Johann Kirsch zu Vallendar (haben) trotz [...] wiederholt erfolgten rechtskräftigen Verurtheilungen wegen Vergehen gegen den § 23 des Gesetzes vom 11. Mai pr. auch noch nach dem Inkrafttreten des Gesetzes vom 4. Mai cr., die Verhinderung der unbefugten Ausübung von Kirchenämtern betreffend, Amtshandlungen vorgenommen. Da hiernach die Vorbedingungen zur Anwendung des § 2 des Gesetzes vom 4. Mai cr. vorhanden sind, so würde zu Folge des Erlasses der Herren Minister des Innern und der geistlichen, Unterrichts- und Medicinalangelegenheiten vom 22. Juni ds. Js. die Ausweisung gegen die betreffenden Geistlichen auszusprechen sein. Mit Rücksicht auf die Nähe der Wohnorte der beiden Geistlichen an der Grenze unseres Verwaltungsbezirks und in Anbetracht der fanatischen Gesinnung derselben dürfte es jedoch geboten erscheinen, die Ausschließung außer auf den Regierungsbezirk Coblenz auch auf den Regierungsbezirk Wiesbaden auszudehnen, und erlauben wir uns deßhalb die Ausschließung in diesem Umfange bei Euer Hochwohlgeboren gehorsamst in Antrag zu bringen.* – Der Innen- und der Kultusminister an den Oberpräsidenten der Rheinprovinz am 5. Oktober 1874 (ebd.): *(Wir) wollen hierdurch auf Grund des § 2 des Reichsgesetzes vom 4. Mai cur., betreffend die Verhinderung der unbefugten Ausübung von Kirchenämtern, den katholischen Geistlichen Nicolaus Heit zu Coblenz und Johann Kirsch zu Vallendar den Aufenthalt in den Regierungsbezirken Coblenz, Trier und Wiesbaden versagen. Indem wir Ew. Hochwohlgeboren hiernach die gefällige weitere Veranlassung ergebenst anheimstellen, ersuchen wir Sie zugleich, auch dem Herrn Oberpräsidenten der Provinz Hessen-Nassau sowie der Königlichen Regierung in Wiesbaden von der getroffenen Verfügung Kenntniß zu geben.*

verlassen, um auch eine nur vorübergehende Rückkehr in seine Gemeinde zu verhindern, da sein feierlicher straßenöffentlicher Empfang mit Solidaritätsbekundungen, die leicht in Tumulte und regierungsfeindliche Proteste münden konnten, gefürchtet wurde.[100]

---

100 Beispiele:
Der Bürgermeister von Haustadt an den Landrat von Merzig, Baron v. Louisenthal, am 22. Juni 1874 (LHAK, Bestand 442 Nr. 1956): *Der gesperrte Geistliche Nikolaus Fellenz, welcher schon mehrere Male wegen unbefugter Ausübung pfarramtlicher Funktionen gerichtlich bestraft worden ist, (hat) seine frühere Thätigkeit als Pfarrer gleich nach verbüßter Strafe immer wieder aufgenommen. Es ist auch zu erwarten und [es] soll sich derselbe den Pfarrgenossen gegenüber in diesem Sinne schon ausgesprochen haben, daß er seine seelsorgliche Thätigkeit in der Pfarrei Haustadt wieder fortsetzen wird, sobald er aus der Strafanstalt zu Trier, woselbst er sich zur Verbüßung der dritten Subsidiargefängnißstrafe gegenwärtig befindet, entlassen sein wird. [...] Wenn diese Maßregel* [d.h. die Ausweisung] *gegen p. Fellenz jetzt schon zur Anwendung kommen kann, so würde es sich meines unvergreiflichen Dafürhaltens empfehlen, solche zur Ausführung bringen zu lassen, sobald er [aus] der letzten Haft entlassen ist, damit die unnöthige Aufregung der Gemüther der ihm treu gebliebenen Pfarrkinder, welche durch einen demonstrativen Abschied seinerseits mit Hülfe der wenigen Fanatiker in Scene gesetzt würde, schon im Voraus vermieden werden kann. Wenn der gesperrte Pfarrer nicht mehr nach Haustadt zurückkehrt, so werden ihn seine besten Glaubensgenossen sehr bald vergessen haben, da die Nachbargeistlichen abwechselnd den Dienst versehen und die Vacanz des Pfarramtes niemand[em] fühlbar wird.*
Der Landrat von Adenau an die Regierung Koblenz am 30. August 1874 (LHAK, Bestand 441 Nr. 17270): *Bei Eingang der [...] [Ausweisungs-]Verfügung war der Geistliche Stiff in Dümpelfeld im Kreise Adenau nicht mehr anwesend, da derselbe behufs Verbüßung einer 4- und einer 6wöchentlichen Gefängnißstrafe am 20ten d. Mts. verhaftet und in das Arresthaus zu Coblenz abgeführt war. [...] Der Geistliche Stiff ist keineswegs ein Mann, gegen den auch nur die geringste Rücksicht zu nehmen ist, da er bei seiner letzten Verhaftung dem Gensdarmen Brandies erklärte, daß er nicht folgen, sondern sich nur an Händen und Füßen gebunden auf den Wagen schleppen lassen werde und erst längerer vernünftiger Zurede des Gensdarmen gegenüber sich zum Folgen entschloß. Außerdem machte seine Verhaftung Schwierigkeiten, da er einige Zeit vor derselben latitirte* [d.h. sich verborgen hielt] *und wiederholt vergebens gesucht war. Es liegt also Veranlassung zu der Annahme vor, daß der p. Stiff, wenn er nach seiner Entlassung hierher zurückkehrt, den Versuch machen wird, sich der zwangsweisen Entfernung zu entziehen, und daß er möglicher Weise tumultarische Auftritte provocirt. Aus den bei seiner Verhaftung gethanen Äußerungen geht hervor, daß er über das, was ihm bevorsteht, vollkommen informirt war. Er hat also Gelegenheit gehabt, seine Verhältnisse zu ordnen, wozu aber auch seine Anwesenheit nicht erforderlich ist. Die Königliche Regierung bitte ich daher gehorsamst, durch die Arresthausdirection dortselbst dem p. Stiff über die Versagung des Aufenthalts eine erneute, dem Obigen entsprechende Eröffnung machen zu lassen.* – Vom Koblenzer Gefängnisdirektor am 30. September 1874 aufgenommenes Protokoll (ebd.): *Dem Unterzeichneten* [d.h. dem Gefängnisdirektor] *wurde heute vorgeführt der in hiesiger Anstalt in Strafverbüßung begriffene Geistliche Stiff von Dümpelfeld und ihm im Auftrage der Königlichen*

Wenn ein Geistlicher nicht freiwillig innerhalb der gesetzten Frist abreiste, wurde er zwangsweise von der Polizei über die Grenze des verbotenen Bezirks eskortiert.[101] So erklärte der Kaplan J. Weyrauch, der maigesetzwidrig die

---

Regierung hier eröffnet, daß ihm die mittels Erlaß der Königlichen Regierung vom 19. vorigen Monats gesetzte 24stündige Frist für seine Entfernung, welche ihm nur für den Fall seiner Anwesenheit in Dümpelfeld beim Eintreffen des Ausweisungsbeschlusses gesetzt war, durch Verfügung der K. Regierung hier vom 21. September zurückgezogen worden ist, und daß er sich sonach überhaupt nicht mehr in den Kreisen Adenau, Ahrweiler und Rheinbach nach seiner Entlassung dürfe sehen lassen, andernfalls eine zwangsweise Entfernung stattfinden werde.

Im Auftrag des Direktors des Koblenzer Arrest- und Korrektionshauses von einem Inspektor am 3. Januar 1875 aufgenommenes Protokoll (LHAK, Bestand 441 Nr. 17290): *Verhandelt im Arresthause. Es erschien heute auf Erfordern vorgeführt der hier in Strafverbüßung begriffene Geistliche Jacob Spanier aus Hönningen und wurde demselben im Auftrage der Königlichen Regierung hier einen Ausweisungsbeschluß des Königlichen Oberpräsidiums zu Coblenz vom 30ten November 1874 mit dem Eröffnen eingehändigt, daß er nach Entlassung aus dem hiesigen Gefängnisse bei Vermeidung zwangsweiser Entfernung binnen 24 Stunden die Regierungsbezirke Coblenz und Trier zu verlassen habe und dahin nicht wieder zurückkehren dürfe.*

In der Strafanstalt zu Trier vom Polizeikommissar Schneider am 7. Januar 1875 aufgenommenes Protokoll (LHAK, Bestand 442 Nr. 2007): *Dem katholischen Geistlichen Johann Weyrauch aus Pfalzel wurde dato durch den am Schlusse unterzeichneten Polizei-Commissar ad protocollum andurch eröffnet, daß er nach Verbüßung der bisher gegen ihn erkannten Gefängnißstrafe auf Grund Verfügung Königlicher Regierung hierselbst vom 12. Dezember v. J. am morgenden Tage über die Grenze des Regierungsbezirks in der Richtung nach Coblenz zwangsweise transportirt werden wird, sowie daß er im Falle seiner Rückkehr in den hiesigen Regierungsbezirk die weiteren Maßnahmen nach Maßgabe des Reichsgesetzes vom 4. Mai v. J., namentlich Expatriirung und Ausweisung aus dem Bundesgebiete zu gewärtigen habe.*

101 Beispiele:

Der Landrat von Prüm an die Regierung Trier am 1. August 1874 (LHAK, Bestand 442 Nr. 1942): *Dem Geistlichen Jacob Alt hier (ist) die Ausweisungsverfügung vom 11. Juli c. […] am 26. v. Mts. behändigt worden. Da derselbe indessen binnen 48 Stunden nach Ablauf jenes Tages den Regierungsbezirk Trier nicht verlassen hat, so habe ich ihn heute gemäß einer vorgestern seitens des Herrn Regierungspräsidenten mir ertheilten mündlichen Weisung mittelst Transports über die Grenze des diesseitigen Regierungsbezirks in der Richtung nach Kreuznach schaffen lassen.*

Der Bürgermeister von Fraulautern an den Landrat von Saarlouis am 1. Oktober 1874 (LHAK, Bestand 442 Nr. 1971): *Gestern den 30. September c. (hat) der zwangsweise Transport des in Dillingen gesetzwidrig angestellten und früher bereits ausgewiesenen Geistlichen Imandt über die Grenze des Regierungsbezirks stattgefunden. Derselbe ließ sich ohne Anstand von mir nach dem Bahnhofe Dillingen bringen, von wo aus er in Begleitung eines Gendarmen per Bahn bis zur Station Türkismühle gebracht wurde.*

Der Oberbürgermeister von Trier an die dortige Bezirksregierung am 22. Oktober 1874 (LHAK, Bestand 442 Nr. 1996): *Der Caplan Franz Schneiders (ist) heute*

Frühmesserstelle in Pfalzel versah und nach einer rechtskräftigen Verurteilung aus dem Regierungsbezirk Trier ausgewiesen worden war, in seinem Wohnzimmer einem eintretenden Polizeidiener, dass er nicht freiwillig der Ausweisungsverfügung nachkommen wolle und dass, wenn der Polizeidiener ihn zwangsweise abführen solle, er morgens so früh kommen möge, dass man noch die Eisenbahn nutzen könnte. Einige Tage später kam ein Gendarm, brachte den Kaplan über Nacht ins Trierer Gefängnis, um ihn dann am nächsten Tag mit der Eisenbahn nach Kirn zu bringen. Eine Rückkehr brachte dem Kaplan eine erneute Einlieferung ins Gefängnis ein.[102]

---

verhaftet, durch den Königlichen Fußgensdarm Korreng mit der um 1¾ Uhr von hier nach Coblenz abgehenden Personenpost nach Lutzerath transportirt und aus dem diesseitigen Regierungsbezirk ausgewiesen worden ist.

Der Bürgermeister von Cochem an die Regierung Koblenz am 25. Oktober 1874 (LHAK, Bestand 441 Nr. 17279): *Der Königlichen Regierung beehre ich mich hierdurch gehorsamst anzuzeigen, daß ich den katholischen Geistlichen Carl Hansen zu Cochem, nachdem ihm der Ausweisungsbeschluß Königlicher Regierung vom 6. ds. Mts. durch Vermittelung des Herrn Oberprokurators vor Entlassung aus seiner letzten Haft am 21. ds. behändigt worden, heute früh 6½ Uhr hier verhaftet und per Transport durch zwei Polizeioffizianten über Lutzerath dessen Ausführung aus dem hiesigen Regierungsbezirke veranlaßt habe. Am Vorabende hat derselbe trotz der erfolgten Ausweisung in hiesiger Pfarrkirche Beicht gehört.*

Der Bürgermeister von Haustadt berichtete am 25. November 1874 dem Landrat von Merzig, dass der am 11. November 1874 aus dem Regierungsbezirk Trier ausgewiesene Geistliche *Fellenz heute Vormittag 8 Uhr mittelst Wagen von hier nach dem Bahnhofe zu Beckingen und von da per Eisenbahn nach der Grenze des Coblenzer Regierungsbezirks durch den Fußgendarmen Hahn aus Merzig transportirt worden ist.*

102 Vom Bürgermeister von Ehrang am Nachmittag des 28. Juli 1874 aufgenommenes Protokoll der Erklärung des Ehranger Polizeidieners Hartung (LHAK, Bestand 442 Nr. 2007): *Bei meiner Anwesenheit in Pfalzel heute Nachmittag habe ich Veranlassung genommen, ins Pfarrhaus zu gehen und traf daselbst den p. Weyrauch in seinem Wohnzimmer an. Derselbe erklärte mir, er sei nicht gewillt, der an ihn ergangenen Aufforderung, den Bezirk zu verlassen, Folge zu leisten und möge ich dies dem Bürgermeister mittheilen. Derselbe ersuchte mich ferner, für den Fall, [daß] ich Auftrag zu seiner Abführung erhielte, mögte ich morgens so früh mich bei ihm einfinden, daß wir noch die Eisenbahn zur Fahrt benutzen könnten.*

Ein Gendarm der 8. Gendarmerie-Brigade an den Landrat des Landkreises Trier am 9. August 1874 (ebd.): *Dem Königlichen Landrathsamt hier beehre ich mich hierdurch gehorsamst zu berichten, daß ich den Caplan Johann Weirauch aus Pfalzel am 6. d. M. des Vormittags daselbst verhaftet habe und denselben bis nächstfolgenden Tag in der hiesigen Strafanstalt unterbrachte. Am 7ten August habe ich denselben behufs Ausweisung aus dem Regierungsbezirk Trier von hier nach Kirn per Eisenbahn transportirt und ihm dort verlassen. Der p. Weirauch fuhr gleich weiter und wollte sich angeblich bei seinen Eltern in Langenlonsheim fernerhin aufhalten.*

Wenn ein Geistlicher nach der freiwilligen oder erzwungenen Abreise in seine frühere Pfarrei zurückkehrte, so ließen ihn die Regierungen Trier und Koblenz noch einmal per polizeilichen Zwangstransport über die Grenze der betretungsverbotenen Region bringen und ihm dabei androhen, dass nach der nächsten, also nach der zweiten verbotenen Rückkehr seine Internierung verfügt bzw. beantragt werden würde. Damit diese Maßnahme ohne weitere Verzögerungen umgesetzt werden konnte, wollte ihn die Regierung Trier bei dieser Eröffnung gefragt haben, ob er einen bestimmten Internierungsort vorzuschlagen habe.[103] Allerdings konnte

---

Der Bürgermeister von Ehrang berichtete am 9. Dezember 1874 dem Landrat Spangenberg (ebd.), *daß der Kaplan Weyrauch am gestrigen Tage wieder in Pfalzel die Frühmesse gelesen, gegen Mittag im Pfarrhause zu Pfalzel von dem Polizeidiener Hartung von hier verhaftet und sofort in die Strafanstalt zu Trier abgeliefert worden ist.*

103 Beispiele:
Die Regierung Trier an den Landrat von Prüm am 2. August 1874 (LHAK, Bestand 442 Nr. 1951): *Sobald Concemius* [d.i. der aus dem Regierungsbezirk Trier ausgewiesene Pfarrer von Großkampen] *sich im dortigen Bezirke betreffen lassen sollte, ist derselbe zwangsweise über die Grenze des Regierungsbezirks in der Richtung via Berncastel nach Simmern zu transportieren. Sollte p. Concemius nach diesem Transport in den dortigen Kreis zurückkehren, so wird dessen Internirung verfügt werden. Um Letztere in einer das Fortkommen des p. Concemius möglichst erleichternden Weise zur Ausführung bringen zu können, ist derselbe event., d.h. im Falle seiner Rückkehr nach stattgehabtem Transport, protocollarisch darüber zu vernehmen, ob er einen bestimmten Ort für Ausführung seiner Internirung in Vorschlag zu bringen habe.* – Der Bürgermeister von Eschfeld an den Landrat von Prüm am 6. September 1874 (LHAK, Bestand 442 Nr. 1951): *Der Concemius [hat] heute morgen in der Pfarrkirche zu Großcampen wieder Frühmesse gehalten, nach deren Beendigung [er] von dem Gendarm Zander aus Dasburg verhaftet, demnächst mir vorgeführt worden ist. Den von Königlicher Regierung mittelst Rescript vom 2. August c. angeordneten Transport des Concemius über die Grenze des Regierungsbezirks in der Richtung via Berncastel nach Simmern zu habe ich sofort, heute Vormittag 11 Uhr, von hier über Waxweiler veranlaßt. Den Concemius habe ich davon in Kenntniß gesetzt, daß im Falle er nach diesem Transport wieder zurückkehren sollte, seine Internirung verfügt werden würde, worauf derselbe erwiderte, daß er sich solches mal überlege.*
Vom *Polizei-Sekretair* Lambert zu Trier am 11. September 1874 aufgenommenes Protokoll (LHAK, Bestand 442 Nr. 1995): *Mittelst Verfügung Königlicher Regierung vom 22ten Juni cr. wurde dem Rubrikaten* [d.i. der 25jährige Geistliche Franz Thomas Schmitz aus Cues] *auf Grund der §§ 1 und 2 des Reichsgesetzes vom 4. Mai d. J. der Aufenthalt im Regierungsbezirk Trier untersagt und unterm heutigen Tage in den Bezirk Aachen transportirt und demselben vor seinem Abgange dorthin ad protocollum eröffnet, daß er in Folge seiner Rückkehr in den Regierungsbezirk Trier nicht nur seinen sofortigen Rücktransport über dessen Grenze, sondern auch seine Internirung auf Grund des genannten Gesetzes vom 4. Mai d. J. zu gewärtigen habe. Gleichzeitig wurde demselben anheim gegeben, seinen Internirungsort zu bestimmen, worauf derselbe erklärte, daß er einstweilen in seine Heimath in den Regierungsbezirk Coblenz nach Ne[e]f gehen würde.*
Die Regierung Trier an den Landrat von Daun am 29. September 1874 (LHAK, Bestand 442 Nr. 1966 im Entwurf): *Unter den obwaltenden Umständen ist die Insinuation*

vielen Geistlichen die Eröffnung nicht gemacht werden, weil sie unerkannt und verkleidet in ihre angestammte Pfarrei zurückkehrten und nach kurzer Amtierung schnell und spurlos wieder verschwanden.[104]

---

unserer Verfügung vom 16. Juli cr. [d.i. die Ausweisungsverfügung] *an p. Heinen als geschehen zu erachten und [es] ist nunmehr für dessen zwangsweise Transportirung über die Grenze des hiesigen Regierungsbezirks in der Richtung nach Cöln zu unverzüglich Sorge zu tragen. Sollte p. Heinen danach in den dortigen Kreis zurückkehren, so wird dessen Internirung verfügt werden. Um Letztere in einer das Fortkommen des p. Heinen möglichst erleichternden Weise zur Ausführung zu bringen, ist derselbe event. im Falle seiner Rückkehr nach stattgehabtem Transport protokollarisch darüber zu vernehmen, ob er einen bestimmten Ort für Ausführung seiner Internirung in Vorschlag zu bringen habe.* – Vom Dauner Kreissekretär Weber am 21. November 1874 aufgenommenes Protokoll (LHAK, Bestand 442 Nr. 1966): *Verhandelt Daun, den 21. November 1874, nachmittags ½5 Uhr. Seitens des Gendarmen Wiepking von Daun wurde der gesetzwidrig angestellte Neopresbyter Christian Heinen zu Neunkirchen mit der Anzeige vorgeführt, daß er denselben in Neunkirchen betroffen und daselbst verhaftet habe. Dem p. Heinen wurde von dem Unterzeichneten eröffnet, daß er bei etwaiger Rückkehr in den Regierungsbezirk Trier Internirung und vierwöchentliche Executivhaft zu gewärtigen habe. Außerdem wurde ihm bekannt gemacht, daß er nunmehr zum zweiten Male zwangsweise über die Grenze des Regierungsbezirks Trier gebracht werden würde.*
Die Regierung Koblenz an den Landrat von Adenau am 20. Oktober 1874 (LHAK, Bestand 441 Nr. 17270 im Entwurf): *Auf den Antrag [...] auf Internirung des Geistlichen Kaes, vormals zu Uess dortigen Kreises, eröffnen wir Ihnen, daß wir bei dem ersten Falle der Zuwiderhandlung gegen unsere [Ausweisungs-]Verfügung vom 20. August d. J. seitens des Kaes noch von einer Verschärfung der Maßregeln gegen denselben absehen wollen. Jedoch weisen wir Sie an, bei dem nächsten Falle, wo p. Kaes sich dortselbst betreten läßt, demselben bei seiner Verhaftung androhen zu lassen, daß, sofern er fortfahre, unserem citirten Erlasse vom 20. August c. entgegenzuhandeln, Antrag auf Internirung bei dem Herrn Minister werde gestellt werden.* – Vom Bürgermeister von Kelberg, Schorn, am 13. Dezember 1874 aufgenommenes Protokoll (LHAK, Bestand 441 Nr. 17270): *Vorgeführt von Gendarm Brockhoff erschien der gesetzwidrig zum Pfarrer von Uess ernannte und in Folge von Zuwiderhandlungen gegen § 23 des Gesetzes vom 11. Mai c. zu Geldstrafen verurtheilte, sowie in Folge dessen aus den Kreisen Adenau, Cochem und Daun ausgewiesene Geistliche Mathias Kaes. Demselben ward angekündigt, daß er über die Grenze gebracht werden würde. Zugleich ward demselben angedroht, daß, sofern er fortfahre, dem Erlasse der Königlichen Regierung vom 20. August d. J., betreffend seine Ausweisung aus den oben benannten Kreisen, entgegen zu handeln, Antrag auf seine Internirung bei dem Herrn Minister werde gestellt werden.*

104 Beispiele:
Der Landrat von Prüm an die Regierung Trier am 12. August 1874 (LHAK, Bestand 442 Nr. 1942): *Der Königlichen Regierung verfehle ich nicht [...] gehorsamst anzuzeigen, daß der ausgewiesene Geistliche Alt von hier am vorigen Sonntag zu Gondenbrett Messe gelesen [hat] und darauf wieder verschwunden ist. Bei dieser Gelegenheit kann ich nicht umhin ehrerbietigst zu bemerken, daß die [...] behufs Internirung angeordnete protokollarische Vernehmung desselben kaum durchführbar ist. Zunächst scheinen die ausgewiesenen Geistlichen jetzt den Plan zu befolgen, bald hier, bald da in*

Wenn bei Erlass einer Ausweisungsverfügung noch eine rechtskräftige Verurteilung vorlag oder eine Gefängnisstrafe noch nicht zu Ende verbüßt war, so hatte dies eine suspendierende Wirkung, insofern vor einer freiwilligen Abreise oder einem polizeilichen Abtransport erst alle Gefängnisstrafen ‚abgesessen' werden mussten.[105] Wenn ein ausgewiesener Geistlicher seine Rückkehr in seine

verschiedenen Gemeinden plötzlich aufzutreten, irgendeine geistliche Amtshandlung daselbst vorzunehmen und schleunigst wieder zu verschwinden. Schon aus diesem Grunde ist eine protokollarische Vernehmung nicht zu bewerkstelligen.
Der Bürgermeister von Fraulautern an den Landrat von Saarlouis am 17. November 1874 (LHAK, Bestand 442 Nr. 1971): *Der in Folge Verfügung Königlicher Regierung in Trier vom 21. September cr. nach mehrfacher Bestrafung über die Grenze des Regierungsbezirks ausgewiesene und am 30. September cr. nach Türkismühle transportirte gesetzwidrig angestellte Kaplan Julius Wilhelm Imandt von Dillingen (ist) nach einer mir gestern Abend gewordenen Anzeige am 14. d. Mts. abends in Dillingen wieder eingetroffen und (hat) am 15. d. M. in der dortigen Pfarrkirche amtirt. Gemäß Anordnung der Königlichen Regierung in obiger Verfügung begab ich mich heute nach Dillingen, um dem p. Imandt bezüglich der angedrohten Internirung protokollarische Eröffnung zu machen, fand denselben im Pfarrhause jedoch nicht vor und erklärte mir Pastor Hillen, daß ihm der Aufenthalt des p. Imandt unbekannt, derselbe wahrscheinlich wieder abgereist sei. Dem Vernehmen nach hat Imandt seit seiner Ausweisung in Trier und Umgegend sich aufgehalten, soll auch am 1. November c. in St. Laurentius gepredigt haben.*
Der Landrat von Prüm an die Regierung Trier am 12. Februar 1875 (LHAK, Bestand 442 Nr. 1951): *Der Königlichen Regierung verfehle ich nicht gehorsamst anzuzeigen, daß Rubrikat* [d.i. der am 11. Juli 1874 aus dem Regierungsbezirk Trier ausgewiesene Pfarrer Concemius zu Großkampen] *am 6. Dezember pr. und 31. Januar cr. in der Pfarrkirche zu Großcampen abermals Messe gelesen und gepredigt hat. Die durch Verfügung vom 2. August pr. angeordnete protokollarische Vernehmung desselben konnte nicht ausgeführt werden, weil er nach seiner Amtirung nicht mehr aufzufinden war. Dies dürfte auch nur dann gelingen, wenn der Gendarm Zander zu Dasburg [...] einige Zeit hindurch seinen Wohnsitz in Großcampen nehmen könnte, da Concemius verkleidet in den diesseitigen Bezirk zurückkehrt.*

105 Beispiele:
Der Landrat von Willich an die Regierung Trier am 24. September 1874 (LHAK, Bestand 442 Nr. 1988): *Ich (habe) den Geistlichen Jacob Pies in Eisenschmitt zur Verbüßung einer gegen ihn wegen unbefugter Vornahme geistlicher Amtshandlungen verhängten subsidiarischen Gefängnißstrafe von 5 Wochen am 21. d. Mts. in die Strafanstalt zu Trier habe abführen lassen. Die wider den p. Pies erlassene Ausweisungsverfügung vom 12. Juli c. wird demnach dann erst in Zwangsvollzug gesetzt werden können, wenn derselbe nach verbüßter Gefängnißstrafe den hiesigen Bezirk nicht verlassen sollte.*
Der Trierer Oberbürgermeister an die Regierung Trier am 19. Februar 1875 (LHAK, Bestand 442 Nr. 1944): *Königlicher Regierung habe ich die Ehre [...] gehorsamst zu berichten, daß dem Geistlichen Mathias Arenth am 13. ds. Mts. morgens um 8¾ Uhr die Verfügung, wonach er sich nach 24 Stunden aus dem Regierungsbezirk Trier zu begeben habe, durch den Polizei-Sergeanten Buschmann in seiner Wohnung behändigt worden ist. Am 17. ds. Mts. Vormittags gegen 11 Uhr wurde der p. Arenth noch im Sitzungssaal des Königlichen Zuchtpolizeigerichts von dem Gendarm Korreng betroffen und*

Heimatpfarrei wagte und sich dabei fassen ließ, musste er gleichfalls vor seiner polizeilichen Zwangsverbringung aus der verbotenen Region erst eine eventuell mittlerweile verhängte neue Haftstrafe abbüßen.[106]

Wenn ein ausgewiesener Geistlicher am neuen Aufenthaltsort ebenfalls unbefugt amtierte, so begann die Prozedur bis zur etwaigen Ausweisungsverfügung von neuem. So hatte der maigesetzwidrig angestellte Kaplan A. Krämer zu Bombogen nach seiner Entlassung aus der Trierer Strafanstalt zu amtieren fortgefahren[107] und war deshalb von der Regierung Trier aufgefordert worden, ihren Regierungsbezirk

---

verhaftet, um zwangsweise aus dem Regierungsbezirk Trier heraustransportirt zu werden. Inzwischen war aber noch ein Verhafsbefehl hier eingetroffen, wonach p. Arenth wegen unbefugter Ausübung von Amtshandlungen noch 14 Tage Haft zu verbüßen hat, und wurde er in Folge dessen zur Abbüßung dieser Strafe in die hiesige Straf-Anstalt abgeführt. Nach seiner Entlassung wird p. Arenth auf Grund oben angeführter verehrlicher Verfügung zwangsweise in den Regierungsbezirk Koblenz transportirt werden.

106 Beispiele:
Der Bürgermeister von Bernkastel an den dortigen Landrat v. Kühlwetter am 23. November 1874 (LHAK, Bestand 442 Nr. 1997): *Euer Hochwohlgeboren beehre ich mich gehorsamst zu berichten, daß der ausgewiesene Caplan Stölben von hier gestern hierhin zurückgekehrt ist und in dem Hochamte die Predigt gehalten hat. Ich habe mir denselben heute Morgen vorführen lassen, um ihn in Gemäßheit der Regierungsverfügung vom 7. August c. darüber zu Protokoll zu vernehmen, ob er einen bestimmten Ort zur Ausführung seiner Internirung in Vorschlag zu bringen habe. Stoelben erklärte mir, daß er in dieser Beziehung einen Vorschlag nicht zu machen habe, da ihm seitens des Herrn Bischofs Berncastel als Ort seines Aufenthaltes angewiesen sei. Ich habe den p. Stoelben daraufhin in das hiesige Cantonsgefängniß abführen lassen. Da derselbe außerdem noch verschiedene Haftstrafen zu verbüßen hat und seitens des Herrn Oberprocurators Steckbrief gegen ihn erlassen ist, so werde ich ihn morgen nach Trier* [d.h. ins dortige Gefängnis] *transportiren lassen.*
Der Bürgermeister von Kelberg an den Landrat von Adenau am 28. Dezember 1874 (LHAK, Bestand 441 Nr. 17270): *Der Nebengenannte* [d.i. der ausgewiesene Pfarrer Kaes zu Ueß] *hat sich heute wiederum in Uess betreten lassen. Da gleichzeitig ein Verhaftsbefehl behufs Abbüßung mehrerer subsidiarischer Gefängnißstrafen gegen Kaes vorlag, so habe ich denselben dem Transport über Mayen ins Arresthaus zu Coblenz übergeben. Herr Kaes äußerte mir gegenüber den Wunsch und die Bitte, daß ihm, falls er internirt werden müsse, die Stadt Kreuznach als zukünftiger Aufenthaltsort angewiesen werden möge.*

107 Der Bürgermeister von Wittlich, Bottler, an den dortigen Landrat Aldringen am 31. Oktober 1874 (LHAK, Bestand 442 Nr. 1977; LHAK, Bestand 403 Nr. 10403): *Der am 24. d. Mts. aus der Strafanstalt zu Trier entlassene und bereits wiederholt wegen unbefugter Vornahme von Amtshandlungen rechtskräftig verurtheilte Kaplan Kraemer von Bombogen hat ausweislich der beiliegenden beiden Anzeigen nach seiner Rückkehr die Vornahme unbefugter Amtshandlungen fortgesetzt, am 25. October c. bereits das Hochamt in der Pfarrkirche zu Bombogen und am 30. d. Mts. in hiesiger Pfarrkirche eine stille Messe gelesen. Es dürfte nunmehr das Reichsgesetz vom 4. Mai d. J. auf denselben zur Anwendung zu bringen und seine Ausweisung zu veranlassen sein.*

innerhalb von 48 Stunden auf Nimmerwiedersehen zu verlassen[108]. Kurz nachdem der Kaplan, *da derselbe dieser Verfügung keine Folge geleistet hat,* durch einen Gendarmen *über die Grenze* des Regierungsbezirks Trier *nach Lutzerath transportirt worden* war,[109] meldete ein anonymer Denunziant, dass der Kaplan in dem im Regierungsbezirk Koblenz gelegenen Dorf Mudersbach jeden Morgen eine Messe lese[110]. Zwar konnten oder wollten die vernommenen Zeugen den Namen des Zelebranten nicht nennen,[111] aber es konnte kein Zweifel darin bestehen, dass der

---

108 Die Regierung Trier *an den Geistlichen Herrn Anton Kraemer zu Bombogen, Kreis Wittlich* am 5. November 1874 (LHAK, Bestand 442 Nr. 1977): *Da Sie bereits wiederholt und zwar mittelst der gerichtlichen Urtheile vom 2. Dezember 1873, 5. Januar, 23. Februar, 10. April und 9. Mai 1874 wegen Vornahme von Amtshandlungen in dem Ihnen gegen die Vorschriften der Staatsgesetze übertragenen Kirchenamte zu Bombogen Kreis Wittlich rechtskräftig zu Strafe verurtheilt sind, demungeachtet aber im October curr. geistliche Amtshandlungen in Bombogen vorgenommen haben, so wird Ihnen hiermit auf Grund der §§ 1 und 2 des Reichsgesetzes vom 4. Mai cr., betreffend die Verhinderung der unbefugten Ausübung von Kirchenämtern, der Aufenthalt im Regierungsbezirk Trier untersagt. Sie haben diesemnach binnen achtundvierzig Stunden, vom Ablauf des Tags an gerechnet, an welchem Ihnen diese Verfügung eröffnet ist, den Regierungsbezirk Trier zu verlassen, auch Letzteren nicht wieder zu betreten, widrigenfalls Sie zwangsweisen Transport über die Grenze des hiesigen Regierungsbezirks beziehungsweise Internirung zu gewärtigen haben. Hinsichtlich des von Ihnen außerhalb des Regierungsbezirks Trier gewählten Aufenthaltsorts haben Sie uns ohne Verzug Anzeige zu machen, widrigenfalls Sie wegen der von Ihnen etwa noch zu verbüßenden gerichtlichen Strafen steckbriefliche Verfolgung zu gewärtigen haben.*

109 Der Landrat von Wittlich an die Regierung Trier am 16. November 1874 (LHAK, Bestand 442 Nr. 1977).

110 An den Oberpräsidenten der Rheinprovinz gerichtete anonyme undatierte Anzeige vom November 1874 (LHAK, Bestand 441 Nr. 17273): *Ein Kaiserlich Königlich hochlöbliches Oberpräsidium erlauben wir uns, wenn auch der persönlichen Sicherheit wegen nur in anonymer Weise, von Folgendem in Kenntniß zu setzen. Der aus Bombogen bei Wittlich ausgewiesene Kaplan Anton Kraemer befindet sich seit dem 18. ds. bei dem [mit] ihm verwandten Pfarrer Schütz in Mudersbach. Derselbe liest von da ab jeden Morgen in Gegenwart von Pfarrer Schütz und vieler Pfarrkinder bei unverschlossenen Thüren in der hiesigen Pfarrkirche eine Messe, welches demselben gesetzlich doch jedenfalls untersagt ist. Sollten die genannten Geistlichen dies in Abrede stellen, so erlauben wir uns die von uns während der genannten Handlung in der Kirche bemerkten Peter Bähner, Friedrich Pfeiffer und Tischler Mathias Utsch als Zeugen anzugeben.*

111 Aus dem vom Bürgermeister von Altenkirchen am 5. Januar 1875 aufgenommenen Protokoll (LHAK, Bestand 441 Nr. 17273): *Auf Einladung erschienen heute 1. der Bergmann Peter Baehner von Mudersbach, 2. der Bergmann Friedrich Pfeifer von da, 3. der Tischler Mathias Utsch von da. Denselben wurde die in Abschrift vorliegende anonyme Anzeige gegen den Kaplan Anton Kraemer vorgelesen und [es] erklärte darauf 1. der Peter Baehner: „Es ist kurze Zeit ein fremder Geistlicher in Mudersbach gewesen, seit wann und wie lange, ist mir nicht bekannt. Er ist seit einiger Zeit wieder fort. Der Name des fremden Geistlichen ist mir nicht bekannt. Ich bin einmal an einem Sonntage des Morgens gegen 7 Uhr in der Kirche zu Mudersbach gewesen und habe gesehen, daß der*

aus dem Regierungsbezirk Trier ausgewiesene Kaplan Krämer an seinem ‚Exilort' fortfuhr zu amtieren[112]. Nachdem der Kaplan weisungsgemäß vom Bürgermeister zwecks konsequenter Strafverfolgung bei der Staatsanwaltschaft angezeigt worden war[113] und *wegen unbefugter Vornahme von geistlichen Amtshandlungen in Mudersbach, Kreises Altenkirchen, durch Erkenntniß des Königlichen Kreisgerichts zu Altenkirchen vom 25. Juni 1875 zu einer Geldstrafe von 600 Mark event. 4 Monaten Gefängniß rechtskräftig verurtheilt worden* war,[114] beantragte die Regierung Koblenz beim Oberpräsidenten, das Aufenthaltsverbotsterritorium vom Regierungsbezirk Trier auf die ganze Rheinprovinz auszudehnen[115]. Der Oberpräsident jedoch vermisste die Erfüllung einer entscheidenden rechtlichen Voraussetzung, nämlich die Weiterfungierung nach der ersten rechtskräftigen Verurteilung in demselben Amt, da die früheren Verurteilungen wegen der Amtierung in Bombogen nicht zählten.[116] Doch die Regierung Koblenz musste einräumen, dass Kaplan Krämer

---

fremde Geistliche die Messe gelesen hat. Er war wenigstens am Altare in der Kirche und [es] befanden sich in dieser auch noch mehrere Leute. Ob der fremde Geistliche beim Pfarrer Schütz sich aufhielt, weiß ich nicht, weil ich mich nicht darum bekümmert habe. Dabei bemerke ich noch ausdrücklich, daß ich zu wissen verlange, von welchen Leuten die Anzeige gemacht ist. Es könnte sonst in Mudersbach angenommen werden, ich sei bei der Anzeige betheiligt und [es] wäre dies für mich sehr unangenehm."

112 Die Regierung Koblenz an den Oberpräsidenten der Rheinprovinz am 18. Januar 1875 (LHAK, Bestand 441 Nr. 17273 im Entwurf): *Ew. [Hochwohlgeboren] verfehlen wir nicht [...] gehorsamst zu berichten, daß der katholische Geistliche Peter Krämer aus Bombogen nach den hierüber veranlassten Erhebungen während seiner Anwesenheit bei dem Pfarrer Schütz zu Mudersbach in der Zeit vom 18. Nov. bis 22. Dez. v. J. an den Sonntagen in Gegenwart mehrerer Pfarrgenossen Messe gelesen hat.*

113 Der Oberpräsident der Rheinprovinz an den Oberstaatsanwalt v. Mörs zu Neuwied (LHAK, Bestand 441 Nr. 17273): *Mit Rücksicht darauf, daß mir von einer Amtsübertragung an den p. Krämer bezüglich der Pfarre Mudersbach seitens des geistlichen Oberen eine Anzeige nicht gemacht worden ist, habe ich die Königliche Regierung hierselbst heute veranlaßt, die Ortpolizeibehörde zu Mudersbach anzuweisen, die einzelnen Amtshandlungen, welche p. Krämer an dem letzteren Orte vorgenommen hat, behufs Herbeiführung seiner Bestrafung auf Grund des § 23 des Gesetzes vom 21. Mai 1873 und des Artikels 2 des Gesetzes vom 21. Mai 1874 dem Königlichen Staatsanwalt zur Anzeige zu bringen.*

114 Der Oberpräsident der Rheinprovinz an die Regierungen Koblenz und Trier am 30. September 1875 (LHAK, Bestand 441 Nr. 17273 bzw. LHAK, Bestand 442 Nr. 1977)

115 Die Regierung Koblenz an den Oberpräsidenten der Rheinprovinz am 8. Oktober 1875 (LHAK, Bestand 403 Nr. 15722): *Der Geistliche Anton Kraemer von Bombogen (ist), nachdem derselbe wegen unbefugter Vornahme von geistlichen Amtshandlungen bereits rechtskräftig verurtheilt [worden war], wegen wiederholter Vornahme solcher Amtshandlungen, und zwar diesmal innerhalb unseres Bezirks, abermals rechtskräftig verurtheilt worden. Die [...] Ausweisung aus dem Regierungsbezirke Trier dürfte nunmehr in eine Ausweisung aus der Rheinprovinz zu verwandeln sein.*

116 Der Oberpräsident der Rheinprovinz an die Regierung Koblenz am 19. Oktober 1875 (LHAK, Bestand 441 Nr. 17273): *Wie ich der Königlichen Regierung auf den gefälligen Bericht vom 8. d. Mts., betreffend die Ausweisung des Geistlichen Anton Kraemer von*

nach seiner Verurteilung durch das Kreisgericht Altenkirchen die Gottesdienstabhaltung in Mudersbach eingestellt hatte, sodass von einer weiteren Ausweisungsverfügung *einstweilen noch Abstand zu nehmen* sei.[117] Auch diese Episode verrät wieder einmal die Janusköpfigkeit der staatlichen Kulturkampfpolitik gegenüber dem Klerus: Einer rabiaten Repression, die zur Verhinderung der Berufsausübung als Seelsorger auch vor einer Vertreibung aus der Heimat nicht zurückschreckte, steht ein strenger Legalismus gegenüber, der sich im Bemühen äußerte, die Bedrückung streng im Rahmen der Gesetze und unter Einhaltung rechtsstaatlicher Formstandards zu gestalten.

Zur Illustration soll anhand eines typischen Beispiels eine ‚Verbrecherkarriere', die von zwei Ausweisungsverfügungen ‚gekrönt' wurde, exemplarisch nachverfolgt werden. Obwohl Kaplan Nikolaus Zender zu Gelsdorf, ein am 30. August 1873 im Trierer Dom geweihter Neupriester, mehrmals wegen Vornahme verbotener Amtshandlungen in Gestalt von Messelesen, Predigten, Taufen, Beerdigungen, Religionsunterricht usw. verurteilt worden war, ließ er sich nicht von der Weiteramtierung abhalten, weshalb der Bürgermeister von Gelsdorf seine Ausweisung für gerechtfertigt hielt.[118] Der zuständige Landrat von Ahrweiler erachtete

---

Bombogen, ergebenst erwiedere, setzt der § 2 des Gesetzes vom 4. Mai v. Js. (Reichs-Ges.-Blatt S. 43) zu seiner Anwendung voraus, daß ein Geistlicher, welcher ein geistliches Amt thatsächlich ausübt, vorher wegen Vornahme von Amtshandlungen in dem nämlichen, von ihm rechtswidrig übernommenen Kirchenamte rechtskräftig zur Strafe verurtheilt worden ist. Da demnach die gegen den p. Kraemer wegen Vornahme geistlicher Handlungen in dem Amte zu Bombogen früher ergangenen Verurtheilungen hier gleichgültig sind, so ersuche ich die Königliche Regierung ergebenst noch um gefällige Äußerung, ob derselbe noch nach der rechtskräftigen Verurtheilung, welche wegen der Amtshandlungen zu Mudersbach erfolgt ist, an dem letzteren Orte geistliche Amtshandlungen vorgenommen hat.

117 Die Regierung Koblenz an den Oberpräsidenten der Rheinprovinz am 13. November 1875 (LHAK, Bestand 403 Nr. 15722).

118 Der in Ringen residierende Bürgermeister von Gelsdorf an den Landrat von Ahrweiler am 26. Juni 1874 (LHAK, Bestand 403 Nr. 15722): *Die Amtshandlungen, derer wegen der Caplan Nicolaus Zender bei dem Königlichen Herrn Oberprocurator angezeigt worden ist, bestehen in Lesen der Messen, in Predigten, Taufen, Mithülfe bei einer Beerdigung, im Halten von christlichem Unterrichte und im Spenden der heiligen Communion. Bis jetzt sind mir 2 Verurtheilungen des Zender bekannt geworden; die erste am 6. Februar cr. (Appellinstanz 8. April), und die zweite am 24. März cr. Beide Urtheile lauten nach der Strafüberweisung als Vergehen gegen § 23 des Gesetzes vom 11. Mai 1873. Gegen das weitere Verhalten des p. Zender habe ich nichts einzuwenden und [es] ist mir insbesondere noch nichts darüber bekannt geworden, daß er sich mit politischen Umtrieben und gehässigen Auslassungen pp. gegen den Staat befaßt. Einen Antrag auf Ausweisung des Zender muß ich aber dennoch als begründet erachten, weil derselbe ungeachtet seiner Verurtheilung dennoch mit geistlichen Amtsverrichtungen nach wie vor fortfährt und dies ungeachtet dessen noch thut, nachdem er bei dem Königlichen Herrn Oberprocurator zur Verbüßung seiner Gefängnißstrafe um Ausstand eingekommen ist, als Grund hierzu körperliches Leiden vorschützt und selbst*

ebenfalls *unter den obwaltenden Umständen die Ausweisung des Caplans Zender nur für wünschenswerth*, plädierte freilich dafür, sie erst dann zu verfügen, *nachdem Zender die gegen ihn erkannten subsidiarischen Freiheitsstrafen verbüßt haben wird.*[119] Die Regierung Koblenz befürwortete wie üblich ebenfalls eine Ausweisung, *da zu einer milderen Behandlung des p. Zender eine Veranlassung in keiner Weise vorliegt*, und stellte einen Ausweisungsantrag an den Oberpräsidenten, dem die Entscheidung vorbehalten war, weil angesichts der geographischen Lage von Gelsdorf auch die beiden zum Regierungsbezirk Köln gehörenden Kreise Bonn und Rheinbach in das Aufenthaltsverbotsterritorium einbezogen werden sollten.[120] Da eine unbeeindruckte Weiteramtierung trotz mehrfacher rechtskräftiger Verurteilungen ein zureichender Grund für eine Ausweisung war, untersagte der Oberpräsident dem Kaplan den Aufenthalt in den Kreisen Adenau, Ahrweiler, Mayen, Neuwied, Bonn und Rheinbach.[121] Da der Kaplan gerade im Koblenzer Gefängnis

---

diesen vorgeschützten Grund nicht gelten läßt, um die Amtsverrichtungen einzustellen. So habe ich mich z.B. heute persönlich davon überzeugt, daß er heute Vormittag von 10 – 11 Uhr den Schulkindern in der Kirche christlichen Unterricht ertheilt.

119 Der Landrat von Ahrweiler an die Regierung Koblenz am 1. Juli 1874 (LHAK, Bestand 403 Nr. 15722).

120 Die Regierung Koblenz an den Oberpräsidenten der Rheinprovinz am 6. August 1874 (LHAK, Bestand 403 Nr. 15722): *Der katholische Geistliche Nikolaus Zender zu Gelsdorf, Kreis Ahrweiler, (ist) wegen Zuwiderhandlungen gegen § 23 des Gesetzes vom 11. Mai v. Js. durch die Urtheile des hiesigen Zuchtpolizeigerichts vom 27. Mai und vom 20. Juni d. J. rechtskräftig verurtheilt worden und hat in Gemäßheit des anbei abschriftlich angeschlossenen Randberichts des Bürgermeisters zu Ringen vom 26. Juni d. Js. wiederholt Amtshandlungen vorgenommen, insbesondere am 26. Juni d. Js. den Schulkindern von Gelsdorf Religionsunterricht ertheilt. Mit Rücksicht hierauf und da zu einer milderen Behandlung des p. Zender eine Veranlassung in keiner Weise vorliegt, können wir den vom Landrath in Übereinstimmung mit der Ortsbehörde gestellten Antrag auf Reklusion des genannten Geistlichen nur für durchaus gerechtfertigt erachten, und bitten demgemäß in Anbetracht der Lage des Kreises Ahrweiler, den p. Zender vom Aufenthalt sowohl in diesem Kreise als auch in dem Kreise Adenau, Mayen, Neuwied, Bonn und Rheinbach auszuschließen. Zur Zeit befindet sich der p. Zender zum Mindesten bis zum 22. d. Mts. im hiesigen Arresthause.*

121 Der Oberpräsident der Rheinprovinz an die Regierung Koblenz am 12. August 1874 (LHAK, Bestand 441 Nr. 17272): *Nachdem der durch die rechtskräftigen Erkenntnisse vom 6. Februar, 8. April, 27. Mai und 30. Juni d. Js. wegen Zuwiderhandlungen gegen § 23 des Gesetzes vom 11. Mai v. Js. zu Geldstrafen verurtheilte, gesetzwidrig zum Hülfsgeistlichen an der Pfarre zu Gelsdorf berufene Geistliche Zender auch noch nach Eintritt der Rechtskraft des Gesetzes vom 4. Mai d. Js., betreffend die Verhinderung der unbefugten Ausübung von Kirchenämtern, geistliche Handlungen in dem ihm gesetzwidrig übertragenen Amte vorgenommen, insbesondere am 21. Juni d. Js. den Kindern in der Kirche Religionsunterricht ertheilt hat, wird demselben auf Grund des § 2 des bezogenen Gesetzes der Aufenthalt in den Kreisen Adenau, Mayen, Neuwied, Bonn und Rheinbach hierdurch versagt. Die Königliche Regierung ersuche ich, indem ich ergebenst bemerke, daß die Königliche Regierung zu Cöln direct von dieser Verfügung in*

eine Strafe verbüßte, ließ die Bezirksregierung dem Häftling die Ausweisungsverfügung von der Gefängnisleitung noch vor seiner Entlassung eröffnen.[122] Als der Kaplan einige Wochen später bei einer Stippvisite in Gelsdorf aufgegriffen wurde, wurde er per Gendarmerie zwangsweise über die Grenze des aufenthaltsverbotenen Gebiets transportiert.[123] Weil er bei seiner Rückkehr die Chuzpe besessen hatte, in der Pfarrkirche von Gelsdorf an einem Seitenalter eine stille Messe zu lesen, während der Pfarrer am Hauptalter das Hochamt zelebrierte, was natürlich die Aufmerksamkeit von Kirchenbesuchern erregte und sie zum Hinzutreten animierte, verurteilte ihn das Landgericht Koblenz, das angesichts dieser Umstände in der Stillmesse keine Erfüllung einer reinen Gewissenspflicht, sondern nur eine verbotene Amtshandlung und eine offene Provokation der Staatsmacht erblicken konnte, zu 30 Tagen Gefängnis.[124] Bald fand sich seine Spur im Landkreis Trier wieder, wo er in Heidenburg bei einem mit ihm verwandten Pfarrer in der arbeitsintensiven Zeit vor Weihnachten und vor Ostern vorübergehend Quartier genommen und aushilfsweise in der dortigen Pfarrkirche unerlaubt Gottesdienste gehalten, Religionsunterricht erteilt und Beichte gehört hatte, aber schon wieder verschwunden war, bevor man seiner habhaft werden konnte.[125] Offenbar gehörte

---

Kenntniß gesetzt worden ist, das zur Ausführung der Letzteren Erforderliche gefälligst veranlassen zu wollen. – Die versehentliche Nichterwähnung des Kreises Ahrweiler wurde auf Bitten der Regierung Koblenz durch die Oberpräsidialverfügung vom 25. August 1874 (ebd.) korrigiert.

122 Wohl vom Direktor des Koblenzer Gefängnisses am 26. September 1874 aufgenommenes Protokoll (LHAK, Bestand 441 Nr. 17272): *Vor dem Unterzeichneten erschien heute vorgeführt der hier detinirte strafgefangene Geistliche Nicolaus Zender, worauf demselben im Namen Königlicher Regierung hier vom 3. d. Mts. eröffnet wurde, daß ihm in Verfolg Oberpräsidialerlasses vom 12ten bezw. 25. August d. J. der Aufenthalt in den Kreisen Ahrweiler, Adenau, Mayen, Neuwied, Bonn und Rheinbach untersagt sei und er die besagten Kreise, falls er dieselben nach seiner Entlassung von hier betreten sollte, binnen 24 Stunden zu verlassen habe, widrigenfalls er zwangsweise aus denselben entfernt werde. Abschrift der erwähnten Ausweisung wurde hierauf dem p. Zender behändigt.*

123 Der Landrat von Ahrweiler, v. Grote, an die Regierung Koblenz am 3. November 1874 (LHAK, Bestand 441 Nr. 17272): *Der Königlichen Regierung beehre ich mich gehorsamst anzuzeigen, daß der Geistliche Zender zu Gelsdorf, welchem gemäß Erlaß des Herrn Oberpräsidenten vom 12. resp. 25. August cr. der Aufenthalt in den Kreisen Ahrweiler, Adenau, Mayen, Neuwied, Bonn und Rheinbach untersagt worden [ist], gestern durch die hiesige Gendarmerie in Gelsdorf verhaftet und nach Rheinbach transportirt worden ist. Nach einer Mittheilung des Landrathsamtes von Rheinbach wurde an demselben Tage der Weitertransport des p. Zender bis zur Grenze des Kreises Rheinbach vollführt.*

124 Urteil der korrektionellen Appellkammer des Kgl. Landgerichts Koblenz vom 18. Februar 1875 (LHAK, Bestand 403 Nr. 10404. Text im Quellenanhang VI).

125 Der Landrat des Landkreises Trier, Spangenberg, an den Oberpräsidenten der Rheinprovinz am 1. Mai 1875 (LHAK, Bestand 442 Nr. 2001): *Ew. Hochwohlgeboren beehre ich mich hierdurch gehorsamst anzuzeigen, daß der Bürgermeister Kropf zu Bescheid*

er mittlerweile zu jenen vagierenden ‚Wandergeistlichen', welche, ohne Chance auf eine gesetzkonforme Anstellung und unbehinderte Amtierung, teils in ihrer angestammten, vom Bischof zugewiesenen Pfarrei, teils in anderen Pfarreien Gottesdienst hielten und bei Entdeckungs- und Verhaftungsgefahr schnell wieder die Flucht ergriffen. Der Oberpräsident ließ die erneuten, in Heidenburg vorgenommenen Amtshandlungen des Kaplans, der bereits wegen seiner in Gelsdorf verrichteten Amtshandlungen zu zusammengenommenen 17 Wochen Gefängnis verurteilt worden war, bei der Trierer Staatsanwaltschaft anzeigen, glaubte jedoch die rechtlichen Voraussetzungen für eine Ausbürgerung noch nicht gegeben, da die Amtshandlungen in verschiedenen Orten oder Ämtern verrichtet wurden, das Reichsgesetz vom 4. Mai 1874 aber eine Expatriierung von einer Weiteramtierung in demselben Amt nach erfolgter rechtskräftiger Verurteilung abhängig machte.[126]

---

neuerdings ermittelt hat, daß der katholische Geistliche Nicolaus Zender, gebürtig aus Wolsfeld im Kreise Bitburg, sich um die Zeit vor Weihnachten 1874 einige Wochen und in der Woche vor Ostern dieses Jahres ca. 8 Tage zu Heidenburg bei dem dortigen Pfarrer Wolsfeld, einem Verwandten von ihm, aufgehalten und während seines dortigen Aufenthalts geistliche Amtshandlungen theils an Sonn-, theils an Wochentagen bestehend in Messelesen, Predigen, Katechesiren und Beichthören in der Pfarrkirche daselbst verrichtet habe. Nach einer Mittheilung, die der Bürgermeister Weis zu Wolsfeld dem p. Kropf gemacht, ist der Geistliche p. Zender Kaplan zu Gelsdorf im Regierungsbezirk Koblenz gewesen und seit October 1874 aus 6 Kreisen des Regierungsbezirks Coblenz ausgewiesen. Der p. Zender ist in Heidenburg nicht mehr anwesend und konnte daher über seine Berechtigung zur Ausübung jener geistlichen Amtshandlungen von dem Bürgermeister Kropf nicht vernommen werden. – ‚Wolsfeld' hieß sowohl der katholische Pfarrer von Heidenburg als auch der Geburtsort des Kaplans Zender.

126 Der Oberpräsident der Rheinprovinz an die Regierung Trier am 6. Mai 1875 (LHAK, Bestand 442 Nr. 2011): *Nach einer Anzeige des Landraths Geheimen Regierungsraths Spangenberg daselbst vom 1. d. Mts. hat der katholische Geistliche Nicolaus Zender aus Wolsfeld, welcher seitens des Bischofs von Trier gesetzwidrig zum Hülfsgeistlichen an der katholischen Pfarre zu Gelsdorf im Kreise Ahrweiler ernannt [worden war], durch rechtskräftige Urtheile des hiesigen Königlichen Zuchtpolizeigerichts wegen Vornahme von Amtshandlungen in Gelsdorf in sechs Fällen zu Geldbußen von zusammen 315 Thlr., event. zu 17 Wochen und 5 Tagen Gefängniß verurtheilt und sodann aus den Kreisen Adenau, Ahrweiler, Mayen, Neuwied, Bonn und Rheinbach ausgewiesen worden ist, in der Pfarrkirche zu Heidenburg in der Zeit vor Weihnachten 1874 einige Wochen und zu Ostern dieses Jahres etwa 8 Tage lang seelsorgerliche Funktionen, bestehend in Messelesen, Predigen, Katechesiren und Beichthören ausgeübt. Da mir auch bezüglich dieser Thätigkeit die im § 15 des Gesetzes vom 11. Mai 1873 vorgeschriebene Anzeige seitens des geistlichen Oberen nicht gemacht worden ist, so ersuche ich die Königliche Regierung ergebenst, die Ortspolizeibehörde zu Heidenburg gefälligst anweisen zu lassen, die geistlichen Handlungen, welche p. Zender in der Pfarrkirche daselbst bereits vorgenommen hat oder noch vornehmen sollte, dem Königlichen Oberprocurator behufs Herbeiführung seiner Bestrafung auf Grund des § 23 des Gesetzes vom 11. Mai 1873 und des Art. 2 des Gesetzes vom 21. Mai 1874 nach Maaßgabe meiner Erlasse vom 5. November 1873 und 13. Oktober 1874 zur Anzeige zu bringen. Gleichzeitig stelle*

Tatsächlich zeigte der Bürgermeister von Heidenburg die in seiner Gemeinde von Kaplan Zender in der vorweihnachtlichen und vorösterlichen Zeit verrichteten Amtshandlungen (Messe lesen, Beichte hören, Katechese halten) dem Trierer Oberprokurator an.[127] Nachdem dieser das Gerichtsverfahren eingeleitet hatte,[128] untersagte die Regierung Trier, wie vom Oberpräsidenten als vorübergehenden Ersatz vorgeschlagen, gemäß § 5 des Reichsgesetzes vom 4. Mai 1874 dem Kaplan bis zum Verfahrensende den Aufenthalt im Land- und im Stadtkreis Trier, die binnen 24 Stunden zu verlassen waren[129]. Doch der Bürgermeister von Heidenburg

---

ich dem Ermessen der Königlichen Regierung ergebenst anheim, ob nach erfolgter Einleitung der gerichtlichen Untersuchung gegen den p. Zender die Vorschrift des § 5 des Reichsgesetzes vom 4. Mai v. Js. gegen denselben zur Anwendung zu bringen sein möchte, indem ich bemerke, daß der § 2 l. c. auf den vorliegenden Fall nicht Anwendung finden dürfte, da die neuen Amtshandlungen des Zender nicht in demjenigen Amte ausgeübt worden sind, in Bezug auf welches eine rechtskräftige Verurtheilung desselben stattgefunden hat.

127 Der in Bescheid residierende Bürgermeister von Heidenburg im Landkreis Trier an den Trierer Oberprokurator Kewenig am 31. Mai 1875 (LHAK, Bestand 442 Nr. 2011): *Der katholische Geistliche Nicolas Zender, gebürtig aus Wolsfeld, Kr. Bittburg, welcher bis zum Monat October v. J. Kaplan in Gelsdorf, Regierungsbezirk Coblenz, war und aus den Kreisen Adenau, Ahrweiler, Mayen, Neuwied, Bonn und Rheinbach ausgewiesen ist, kam gegen den 21ten November h. nach Heidenburg und hielt sich etwa bis zum 20. December im Pfarrhause daselbst bei dem Pastor Wolsfelt, der ein Verwandter von ihm ist, auf. Während dieses c. 4wöchentlichen Aufenthalts in Heidenburg hat Zender täglich öffentlich Messe gelesen. An einem der Sonntage dieser Periode, genau an welchem kann nicht mehr angegeben werden, celebrirte er das Hochamt und hielt die Predigt; an diesem oder an einem der anderen Sonntage hielt er auch die Nachmittagsandacht mit Categese; außerdem hörte er während dieser [Sonntage] Beichte. In diesem Jahre fand sich Zender wieder gegen den 13. März in Heidenburg ein und verblieb daselbst etwa bis zum 25. März. Auch während dieser Periode hat derselbe täglich öffentlich Messe gelesen sowie auch Beichte gehört. Die in dem § 15 des Gesetzes vom 11. Mai 1873 vorgeschriebene Anzeige bezüglich dieser Thätigkeiten des p. Zender ist dem Herrn Oberpräsidenten seitens des geistlichen Obern nicht gemacht worden. Eine Verhandlung* [d.h. Schriftstück], *worin das gesetzwidrige Amtiren des p. Zender in Kürze constatirt ist, füge ich gehorsamst anbei und bitte um baldgefällige Einleitung des gerichtlichen Verfahrens. Als Zeugen könnten außer dem Küster und Polizeidiener noch vernommen werden 1. Johann Barz, c. 54 Jahre alt, Kirchenrathsmitglied u. Nachbar des Pfarrers; 2. Mathias Kolz, c. 58 Jahre alt, Kirchenrathsmitglied.*

128 Der Trierer Oberprokurator Kewenig an die Regierung Trier am 9. Juni 1875 (LHAK, Bestand 442 Nr. 2011).

129 Die Regierung Trier an Kaplan Nikolaus Zender zu Heidenburg im Landkreis Trier am 23. Juni 1875 (LHAK, Bestand 442 Nr. 2011 im Entwurf): *Da gegen Sie die gerichtliche Untersuchung eingeleitet ist wegen der Beschuldigung, vom 21. November bis 20ten December pr. und 13. bis 25. März cr. in der Pfarrkirche zu Heidenburg geistliche Amtshandlungen vorgenommen zu haben, ohne den Nachweis führen zu können, daß Sie zu einem hierzu ermächtigenden Amte oder zur Stellvertretung eines solchen unter Beobachtung der §§ 1 – 3 des Gesetzes vom 11. Mai 1873 berufen seien (Art. 2*

konnte die Ausweisungsverfügung nur im Pfarrhaus abgeben, nicht jedoch dem Adressaten persönlich aushändigen, da dieser einfach untergetaucht war; man vermutete ihn im nahegelegenen Luxemburg.[130] Einige Monate später erhielt die Regierung Trier davon Kenntnis, dass sich Kaplan Zender vor einiger Zeit etwa zwei Wochen lang beim Pfarrer von Wincheringen im Kreis Saarburg aufgehalten und in der Pfarrkirche amtiert hatte, was deswegen herausgekommen war, weil der dortige Lehrer dem Pfarrer, nachdem er sich mit diesem überworfen hatte, durch eine Denunziation – die Beherbergung eines Ortsfremden ohne polizeiliche Anmeldung und die Überlassung der Kirche an einen ‚Gesperrten' waren natürlich strafbar – zu schaden trachtete.[131] Zwar wurde erneut Strafanzeige bei der Trierer Staatsanwaltschaft gestellt,[132] aber kein Gerichtsverfahren eingeleitet, weil die Behörden trotz eines Steckbriefs des Kaplans nicht habhaft werden konnten,

---

des Gesetzes vom 21. Mai pr.), so wird Ihnen hiermit auf Grund des § 5 des Reichsgesetzes vom 4. Mai pr., betreffend die Verhinderung der unbefugten Ausübung von Kirchenämtern, der Aufenthalt in dem Stadt- und Landkreis Trier untersagt. Sie haben diesemnach binnen 24 Stunden vom Ablauf des Tages an gerechnet, an welchem Ihnen diese Verfügung eröffnet ist, den Landkreis Trier zu verlassen, auch Letzteren und den Stadtkreis bis auf Weiteres nicht wieder zu betreten, widrigenfalls die weiteren Maßnahmen nach dem Reichsgesetz vom 4. Mai pr. gegen Sie in Anwendung kommen werden.

130 Der Bürgermeister von Heidenburg an den Landrat des Landkreises Trier am 4. Juli 1875 (LHAK, Bestand 442 Nr. 2011): *Ew. Hochwohlgeboren beehre ich mich […] gehorsamst zu berichten, daß ich mich am 1. dieses Monats nach Heidenburg begeben hatte, um dem Pfarrer Wolsfelt daselbst das Original der […] Verfügung Königlicher Regierung vom 23. v. Mts. in Betreff der Ausweisung des Geistlichen Nicol. Zender aus Wolsfeld aus dem Stadt- und Landkreise Trier zu behändigen, nachdem Letzterer sich seit Ostern d. Js. nicht mehr in Heidenburg aufgehalten hat. Ich traf indeß den Pfarrer Wolsfelt nicht zu Hause an und händigte deßhalb der Schwester desselben die in Rede stehende Ausweisungsverfügung mit dem Ersuchen ein, dieselbe ihrem Bruder bei dessen Rückkehr sofort zu übergeben, was dieselbe zu thun versprach. […] Über den Aufenthaltsort des p. Zender ist Sicheres nicht bekannt; es wird indeß vermuthet, daß sich derselbe im Luxemburgischen aufhält, von dessen Grenze seine Heimath Wolsfeld nur 1½ bis 2 Stunden entfernt liegt.*

131 Der Landrat von Saarburg an die Regierung Trier am 17. Februar 1876 (LHAK, Bestand 442 Nr. 2011): *Inhaltlich der gehorsamst beigefügten Vernehmungs-Verhandlungen ist constatirt worden, daß der Pfarrer Engelmann in Wincheringen im Monat März und April v. Js. den angeblich ausgewiesenen Geistlichen Nicolaus Zender von Wolsfeld etwa 14 Tage im Pfarrhause beherbergt und in der Pfarrkirche hat amtiren lassen. […] Daß die Anzeige erst jetzt erhoben [wurde], hat darin seinen Grund, daß der Lehrer Jung vor kurzer Zeit mit dem Pfarrer Engelmann verfallen ist und einer den andern durch Denunciationen zu schädigen sucht.*

132 Der Landrat von Saarburg an die Regierung Trier am 15. März 1876 (LHAK, Bestand 442 Nr. 2011).

dieser vielmehr spurlos verschwunden blieb[133]. Dieser in allen Punkten typische Fall zeigt die Grenze ebenso wie die Reichweite der staatlichen Durchsetzungsfähigkeit beispielhaft auf: Der Kaplan konnte untergetaucht vagierend dank der Solidarität seiner Amtsbrüder und der katholischen Bevölkerung in dieser oder jener Pfarrei vorübergehend Gottesdienste halten, auch je nach Nervenstärke mit der Polizei ‚Katz und Maus spielen', aber an eine dauerhafte, regelmäßige Amtierung an einem bestimmten Ort war nicht zu denken. Ein gesperrter Geistlicher konnte kein geordnetes und geregeltes Gottesdienstleben in einer Pfarrei langfristig aufrechterhalten.

Gegen wie viele der (ursprünglich) in den Regierungsbezirken Koblenz und Trier amtierenden Pfarrkleriker[134] wurde eine Ausweisungsverfügung ausgesprochen? Da, wie erwähnt, der Innen- und der Kultusminister alle preußischen Bezirksregierungen angewiesen hatten, zur Information der Justiz in ihren Amtsblättern die Namen der ausgewiesenen und internierten Kleriker zu veröffentlichen, kann mit Stand von Mitte April 1875 die Zahl der ausgewiesenen Kleriker für die beiden Regierungsbezirke Koblenz und Trier angegeben werden.[135] Laut den beiden Verzeichnissen hatten zum angegebenen Zeitpunkt[136] 21 Kleriker für den ganzen Regierungsbezirk Koblenz (18) oder für einzelne seiner Kreise (3) und 32 Kleriker für den ganzen Regierungsbezirk Trier (30)[137] oder für einzelne seiner

---

133 Der Erste Staatsanwalt zu Trier an die dortige Bezirksregierung am 21. September 1881 (LHAK, Bestand 442 Nr. 2011): *Die im Jahre 1875 gegen den Geistlichen Nikolas Zender aus Wolsfeld wegen Zuwiderhandlung gegen die Maigesetze eingeleitete Untersuchung (ist) durch Rathskammer-Beschluß des Königlichen Landgerichts vom 30ten Juli 1875 bis zur Habhaftwerdung des Beschuldigten eingestellt worden. Eine Wiederaufnahme des Verfahrens hat nicht stattgefunden, weil der p. Zender ungeachtet des unterm 21. Mai 1876 wider ihn erlassenen Steckbriefs nicht zur Haft gebracht werden konnte.*

134 Die in anderen Regierungsbezirken amtierenden Pfarrgeistlichen, die in den Regierungsbezirken Koblenz oder Trier oder in Teilen von ihnen Aufenthaltsverbot hatten, bleiben im Folgenden unberücksichtigt.

135 Amtsblatt der Königlichen Regierung zu Coblenz, Jg. 1875, S. 118; Amtsblatt der Königlich Preußischen Regierung zu Trier, Jg. 1875, S. 109f. Das ‚St.-Paulinus-Blatt' vom 9. Mai 1875 nahm auf S. 216 eine Wiedergabe und Auswertung der beiden Ausgewiesenenlisten vor.

136 Die Namenliste der Regierung Trier ist auf den 13. April 1875, diejenige der Regierung Koblenz auf den 19. März 1875 datiert. Letzteres Datum muss aber auf einem Versehen beruhen und ist wohl als 19. April 1875 zu lesen, da der die Publikation anordnende Ministerialerlass erst am 31. März 1875 erging.

137 Den zwei Geistlichen C. Heinen zu Neunkirchen und P. Kiefer zu Wiesbaum war nachträglich der Aufenthalt in einer Gemeinde des Regierungsbezirks (Neunkirchen bzw. Fremersdorf) nach dem festen Versprechen der Nichtamtierung wieder gestattet worden, sodass die ursprüngliche Ausweisung aus dem Regierungsbezirk Trier entgegenkommender- und ausnahmsweise partiell revidiert wurde (LHAK, Bestand 442 Nr. 1966 bzw. Nr. 1976). Dem Geistlichen W. Kautz zu Bliesransbach

Kreise (2) ein Aufenthaltsverbot. Allerdings ist die Liste für den Regierungsbezirk Trier unvollständig – offenbar hatte die Bezirksregierung bei den nicht von ihr ausgesprochenen, aber ihren Amtsbereich mitbetreffenden Verboten den Überblick verloren –, denn es fehlen dort 6 Geistliche aus dem Regierungsbezirk Koblenz, denen der Aufenthalt im ganzen Regierungsbezirk Trier oder in Teilen von ihm mituntersagt war, nämlich N. Heit zu Koblenz und J. Kirsch zu Vallendar, denen der Innen- und der Kultusminister den Verbleib in den Regierungsbezirken Koblenz, Trier und Wiesbaden untersagt hatten,[138] die Geistlichen J. Spanier zu Hönningen und P. Schmidt zu Linz, die der Oberpräsident aus den Regierungsbezirken Koblenz und Trier verbannt hatte,[139] der Geistliche H. Kiesgen zu Wollmerath, dem der Oberpräsident neben dem Regierungsbezirk Koblenz auch die zum Regierungsbezirk Trier gehörigen Kreise Daun und Wittlich aufenthaltsversagt hatte,[140] sowie der Geistliche J. Kaas zu Zell, dem der Oberpräsident neben dem Regierungsbezirk Koblenz auch die zum Regierungsbezirk Trier gehörigen Kreise Wittlich und Bernkastel verschlossen hatte,[141] sodass insgesamt 38 Geistliche aus dem ganzen Regierungsbezirk Trier oder aus Teilen von ihm verbannt waren. Bei den beiden Listen sind freilich die Doppelnennungen und Überschneidungen zu berücksichtigen, da einige Geistliche aus beiden Regierungsbezirken oder aus Teilen von ihnen ausgewiesen waren. Schlüsselt man – was aussagekräftiger ist – die ausgewiesenen Pfarrgeistlichen nach ihrem (ursprünglichen) Amtierungsort auf, so war bis Mitte April 1875 aufgrund der §§ 1 und 2 des Reichsgesetzes vom 4. Mai 1874 gegen 20 im Regierungsbezirk Koblenz amtierende Pfarrgeistliche und gegen 30 im Regierungsbezirk Trier amtierende Pfarrgeistliche, zusammen also gegen 50 Geistliche ein definitives Aufenthaltsverbot ausgesprochen worden.

Neben diesen beiden in ihren Amtsblättern veröffentlichten Listen der Regierungen Koblenz und Trier gibt das vielerwähnte ‚*Verzeichniß der auf Grund der §§ 22 und 23 des Gesetzes über die Vorbildung und Anstellung der Geistlichen vom 11. Mai 1873 beantragten und eingeleiteten gerichtlichen Untersuchungen und erfolgten Bestrafungen – Diöcese Trier*‘ Auskunft über die definitiven Ausweisungen. Diese Zusammenstellung, die anders als die vorgenannten nicht den Stand an

---

hatte die Regierung Trier am 8. Juli 1874 den Aufenthalt im Regierungsbezirk Trier verboten, bevor ihn der Innen- und der Kultusminister am 29. November 1874 ausbürgerten (LHAK, Bestand 442 Nr. 1975). Diese genannten Geistlichen sind hier unter die aus dem ganzen Regierungsbezirk Trier Ausgewiesenen, zu denen sie ja zunächst gehörten, rubriziert.

138 Der Innen- und der Kultusminister an den Oberpräsidenten der Rheinprovinz am 5. Oktober 1874 (LHAK, Bestand 403 Nr. 15722; LHAK, Bestand 441 Nr. 17276).

139 Der Oberpräsident der Rheinprovinz an die Regierung Koblenz am 30. November 1874 (LHAK, Bestand 441 Nr. 17290; LHAK, Bestand 442 Nr. 10419).

140 Der Oberpräsident der Rheinprovinz an die Regierung Koblenz am 5. November 1874 (LHAK, Bestand 442 Nr. 10419).

141 Der Oberpräsident der Rheinprovinz an Regierung Koblenz am 21. November 1874 (LHAK, Bestand 441 Nr. 17292).

einem bestimmten Stichtag aufführt, sondern bis zum Ende des Kulturkampfes laufend fortgeführt wurde, listet insgesamt 49 Geistliche als ausgewiesen. Freilich ist auch dieses Verzeichnis etwas lückenhaft, da dort die aus dem Regierungsbezirk Trier ausgewiesenen Geistlichen H. Esch zu Schüller (Kreis Prüm) und M. Arenth zu Trier fehlen bzw. als ausgewiesen fehlen; dafür nennt es zusätzlich den Kaplan N. Herrig zu Oberstadtfeld in der Pfarrei Niederstadtfeld, den die Regierung Trier als Letzten erst im Juli 1877 aus dem Regierungsbezirk Trier auswies[142].

Wenn man auf diese Weise die genannten drei Verzeichnisse gegenseitig und anhand der sonstigen Quellen verifiziert, korrigiert und ergänzt, ergibt sich als Gesamtergebnis, dass gegen 20 im Regierungsbezirk Koblenz amtierende Pfarrgeistliche[143] und gegen 31 im Regierungsbezirk Trier amtierende Pfarrgeistliche[144], zusammen also gegen 51 Geistliche ein definitives[145] Aufenthaltsverbot ausgesprochen worden, das – wenigstens anfangs – in den allermeisten, nämlich in 48 Fällen[146] zumindest für den ganzen Regierungsbezirk des Amtierungsorts galt, eventuell auch noch für andere Regierungsbezirke oder Teile von ihnen.

Von diesen 51 Priestern zählten, wie ein Vergleich mit der Geweihtenliste ergibt,[147] 27 zu den am 30. August 1873 in Trier neugeweihten 31 Neopresbytern,

---

142 Die Regierung Trier *an den Geistlichen Herrn Nic. Herrig zu Oberstadtfeld, Kreis Daun,* am 24. Juli 1877 (LHAK, Bestand 442 Nr. 1969).

143 J. Büsch zu Treis, C. Ehses zu Alken, C. Hansen zu Cochem, N. Heit zu Koblenz, J. Kaas zu Zell, M. Kaes zu Ueß, T. Kerpen zu Dieblich, H. Kiesgen zu Wollmerath, J. Kirsch zu Vallendar, L. Lunkenheimer zu Mayen, C. Müller zu Schöneberg, J. Reiß zu Rübenach, P. Schmidt zu Linz (St. Katharinen), H. Schmitz zu Andernach, J. Spanier zu Hönningen, A. Stiff zu Dümpelfeld, H. Volk zu Polch, J. Wald zu Seesbach, N. Zender zu Gelsdorf, P. Zimmermann zu Mülheim.

144 J. Alt zu Prüm, J. Anheier zu Neumagen, M. Arenth zu Trier, P. Boever oder Boewer zu Wiesbach, J. Concemius zu Großkampen, H. Esch zu Schüller, N. Fellenz zu Haustadt, M. Föhr zu Taben, P. Glees zu Wawern, J. Gondorf zu Ittersdorf, C. Heinen zu Neunkirchen, N. Herrig zu Oberstadtfeld, J. Imandt zu Dillingen, J. Isbert zu Namborn, J. Junk zu Pronsfeld, W. Kautz zu Bliesransbach, P. Kiefer zu Wiesbaum, A. Kraemer zu Bombogen, J. Kraemer zu Oberweis, P. Maringer zu Niederbettingen, J. Pies zu Eisenschmitt, J. Pohle zu Wittlich, H. Schieben zu Spiesen, H. Schmitt oder Schmidt zu Dudweiler, F. Schmitz zu Cues, F. Schneiders zu Trier, J. Stölben zu Bernkastel, J. Thielen zu Schweich, N. Thielen zu Mettendorf, J. Thomé zu Hunolstein, J. Weyrauch zu Pfalzel.

145 Geistliche, gegen die lediglich ein vorläufiges Aufenthaltsverbot bis zur rechtskräftigen Beendigung des gegen sie eingeleiteten Strafverfahrens gemäß § 5 des Reichsgesetzes vom 4. Mai 1874 verhängt wurde, sind nicht berücksichtigt.

146 Den im Regierungsbezirk Koblenz amtierenden Geistlichen A. Stiff zu Dümpelfeld, M. Kaes zu Ueß und N. Zender zu Gelsdorf wurde der Aufenthalt lediglich in einzelnen Kreisen des Regierungsbezirks Koblenz, allerdings auch in mindestens einem Kreis eines benachbarten Regierungsbezirks untersagt.

147 W. Dietz: Die Auswirkungen des Kulturkampfes, S. 103; K. Kammer: Trierer Kulturkampfpriester, S. 32. Der in beiden Listen unter Nr. 21 genannte Geistliche wird von der Regierung Trier in ihrer Liste als ‚Heinrich Schmidt' statt ‚Schmitt' geführt. Der

von denen also alle bis auf vier[148] bereits bis Mitte April 1875 ihren zugewiesenen Wirkungsort wieder auf Dauer zu verlassen hatten. Soweit erkennbar, hatten die ausgewiesenen Geistlichen durchgängig oder fast durchgängig[149] illegalerweise ein neues Amt übernommen, ohne gleichzeitig maigesetzkonformer Inhaber irgendeines anderen geistlichen Amtes zu sein. Die gesetzmäßig, d.h. vor Inkrafttreten des Gesetzes vom 11. Mai 1873 in ihr Amt gekommenen Geistlichen gefährdeten offenbar in der Regel ihr Verbleiben in diesem Amt nicht durch die zusätzliche Übernahme eines anderen Amtes, als welche staatlicherseits beispielsweise die wiederholte und regelmäßige Amtierung in einer vakanten Nachbarpfarrei angesehen wurde.

Weiterhin zeigen die Verzeichnisse, dass bis auf eine Ausnahme, den genannten Kaplan N. Herrig, in den Regierungsbezirken Koblenz und Trier alle Ausweisungen in den Jahren 1874 und 1875 ausgesprochen wurden, wobei die Ausweisungen des Jahres 1875 in die erste Jahreshälfte fielen. In diesem relativ kurzen Zeitraum von etwa einem Jahr nach der Promulgierung des die Ausweisungen erst ermöglichenden Reichsgesetzes vom 4. Mai 1874 waren also die seit Sommer 1873 maigesetzwidrig in ein Amt gekommenen und daher in diesem Amt prinzipiell unbefugt amtierenden Geistlichen, auf die der Staat sein Hauptaugenmerk gerichtet hatte und aus denen sich in der Tat wohl die allermeisten, wenn nicht alle der als ‚geistliche Intensivtäter' titulierbaren ausgewiesenen Priester rekrutierten, im Fall ihrer hartnäckigen, Verurteilungen ignorierenden Weiteramtierung systematisch aus ihrem Wirkungsort und -gebiet verbannt worden.

Eine im Innenministerium erstellte Statistik listet preußenweit nach Regierungsbezirk geordnet die bis Ende 1878 ausgesprochenen Aufenthaltsversagungen auf.[150] Zwar ist auch diese Liste hinsichtlich des Rheinlandes leicht

---

Nachname des in der *Kammer*'schen Liste unter Nr. 22 genannten Geistlichen ist, wie in der Liste von W. Dietz richtig angegeben, als ‚Schmitz' statt ‚Schmitt' zu lesen.

148 M. Görgen, J. Klee, J. Leusch und T. Schaaf. Von diesen wurden allerdings M. Görgen und T. Schaaf mehrmals rechtskräftig verurteilt (vgl. LHAK, Bestand 403 Nr. 15716), sodass von den 31 Neopresbytern des Trierer Weihejahrgangs 1873 lediglich zwei nicht wegen unbefugter Vornahme von Amtshandlungen verurteilt wurden.

149 Der Fall des Kaplans N. Herrig zu Oberstadtfeld ist insofern eigentümlich gelagert, als dieser zwar schon 1870 vom Trierer Bischof ernannt worden war und somit zunächst maigesetzkonform angestellt war, aber laut Urteil des Rheinischen Appellationsgerichtshofs vom 5. April 1877 (LHAK, Bestand 442 Nr. 1969) seine Amtierungsbefugnis mit dem im Januar 1875 erfolgten Tod seines Pfarrers verloren hatte, sodass er danach gemäß staatlicher Definition auch in seiner eigenen Pfarrei prinzipiell maigesetzwidrig amtierte, weswegen er schließlich ausgewiesen wurde.

150 Dem Kultusminister von Innenminister Eulenburg mit Begleitschreiben vom 14. Januar 1879 zugeschickte *Nachweisung der auf Grund des Reichsgesetzes vom 4. Mai 1874 gegen Geistliche und andere Religionsdiener verfügten Aufenthaltsversagungen, Aufenthaltsanweisungen, Entziehungen der Staatsangehörigkeit und Ausweisungen aus dem Bundesgebiete* (GStA PK, I. HA Rep. 76 IV Sekt. 1 Abt. IX Nr. 24 Bd. 5. Abdruck im Statistikanhang).

fehlerbehaftet,[151] doch sie zeigt mit aller Deutlichkeit, dass der Regierungsbezirk Trier, gefolgt vom Regierungsbezirk Koblenz, diesbezüglich mit Abstand an der Spitze der rheinischen Regierungsbezirke (Reg.-Bez. Aachen: 5; Reg.-Bez. Köln: 6; Reg.-Bez. Düsseldorf: 13) steht und sich erneut als ein Brennpunkt des Kulturkampfes mit der größten Repressionsintensität bezüglich des Pfarrklerus erweist. Die Strafverfolgung des Pfarrklerus war stark zielgruppen-, zeit- und regionkonzentriert.

6. Die Aufenthaltszuweisung

Als nächste Eskalationsstufe in der Klerusrepressionsspirale war die Anweisung eines permanenten obligatorischen Wohn- und Aufenthaltsortes vorgesehen. Laut der mehrerwähnten, im Innenministerium erstellten Statistik[152] wurde eine solche Aufenthaltszuweisung oder Internierung gegen zwei im Regierungsbezirk Koblenz und gegen vier im Regierungsbezirk Trier amtierende Geistliche verhängt. Somit lag zwar der Regierungsbezirk Trier diesbezüglich wie so häufig in der Sanktionierungshäufigkeitsskala wieder an der Spitze der rheinischen Regierungsbezirke (Reg.-Bez. Aachen: 1; Reg.-Bez. Köln: 1; Reg.-Bez. Düsseldorf: 2), aber die Zahl der Aufenthaltsanweisungen war doch deutlich niedriger als diejenige der Aufenthaltsverbote. Zunächst sollen, soweit die Quellenlage es erlaubt, die behaupteten sechs Internierungsanordnungen mit ihren näheren Umständen kurz skizziert, wobei sich – um das Ergebnis kurz vorwegzunehmen – herausstellen wird, dass in leichter Abweichung von der erwähnten Statistik tatsächlich nur gegen fünf in den Regierungsbezirken Koblenz und Trier amtierende Geistliche eine Internierung verfügt wurde, und zwar alle in dem kurzen Zeitraum vom Inkrafttreten des Reichsgesetzes vom 4. Mai 1874 bis Anfang November 1874. Anschließend soll den Gründen für die niedrige Interniertenzahl und den kurzen Internierungsverhängungszeitraum nachgegangen werden.

Kaplan Jacob Alt zu Prüm war nach mehreren Verurteilungen wegen unbefugter Vornahme von Amtshandlungen aus dem Regierungsbezirk Trier ausgewiesen und, als er der Ausweisungsverfügung nicht Folge leistete, zwangsweise über die Grenze des Regierungsbezirks in Richtung Kreuznach befördert worden. Zwei Wochen später kam er jedoch heimlich zurück, las in Gondenbrett eine Messe und verschwand schnell wieder, *ohne daß die Behörde rechtzeitig von seiner Anwesenheit Kenntniß erlangt und seine Ergreifung hätte bewirken können.* Um ein solches das Gesetz und die Exekutive verhöhnendes Treiben wirksam zu unterbinden, wähnte die Regierung Trier es *im Interesse der Autorität der Gesetze und der Verfügungen der Behörde* für unabweisbar, den Geistlichen Alt *in einer möglichst weit von hier*

151 Statt 19 wurden aus dem Regierungsbezirk Koblenz 20 Geistliche und statt 32 wurden aus dem Regierungsbezirk Trier nur 31 Geistliche definitiv ausgewiesen.

152 Abdruck und Nachweis im Statistikanhang.

entfernten Provinz des Staates zu internieren.[153] Der Innen- und der Kultusminister kamen der Bitte nach, indem sie die Internierung des ‚Übeltäters' in Naugard im Regierungsbezirk Stettin anordneten und ihm drei Tage Zeit gaben, sich dorthin zu begeben und sich bei der örtlichen Polizei zu melden.[154] Die Internierungsverfügung

---

153 Die Regierung Trier an den Innen- und den Kultusminister am 22. August 1874 (LHAK, Bestand 442 Nr. 1942 im Entwurf): *(Wir) haben den Geistlichen Jacob Alt zu Prüm durch ihm unterm 26. Juli zugestellte Verfügung vom 11. desselben Monates aus dem diesseitigen Regierungsbezirk ausgewiesen, weil er, nachdem er bereits wiederholt, und zwar durch Urtheile des hiesigen Zuchtpolizeigerichts vom 15. Dezember vorigen und 26. Januar, 14. März und 1. Mai d. J., wegen Vornahme von Amtshandlungen in dem ihm gegen die Vorschriften der Staatsgesetze übertragenen Kirchenamte zu Prüm rechtskräftig zu Strafen verurtheilt worden war, auch nach dem 21. May cr.* [d.h. nach Inkrafttreten des Reichsgesetzes vom 4. Mai 1874] *abermals Amtshandlungen in der Stadt Prüm vorgenommen hatte. Da p. Alt dieser Ausweisungsverfügung nicht Folge leistete, so wurde er am 1. August über die Grenze des Regierungsbezirks in der Richtung nach Creuznach transportirt. Trotzdem ist derselbe heimlich zurückgekehrt, hat am Sonntag den 16. d. Mts. zu Gondenbrett, Kreis Prüm, Messe gelesen und ist dann ebenso heimlich wieder verschwunden, ohne daß die Behörde rechtzeitig von seiner Anwesenheit Kenntniß erlangt und seine Ergreifung hätte bewirken können. Wir haben den Kreislandrath angewiesen, mit aller Sorgfalt darüber zu wachen, daß derartige Ungesetzlichkeiten sich nicht wiederholen und zu dem Ende auf den p. Alt zu vigiliren und ihn im Betretungsfall sofort jedesmal wieder über die Grenze des Regierungsbezirkes transportiren zu lassen. Eine Internirung in unserm Verwaltungsbezirk würde unserer gehorsamster Überzeugung nach erfolglos sein. Um den p. Alt wirksam an der ungesetzlichen Ausübung von Amtshandlungen im Kreise Prüm zu verhindern, und im Interesse der Autorität der Gesetze und der Verfügungen der Behörde halten wir vielmehr dessen Internirung in einer möglichst weit von hier entfernten Provinz des Staates für dringend geboten. Den p. Alt in Gemäßheit des hohen Erlasses Ew. Excellenzen vom 17. Juli d. J. wegen der Wahl des Internierungsorts zu vernehmen, war unter den obwaltenden Verhältnissen bei dem Latitiren* [d.h. sich verborgen halten] *des p. Alt einestheils nicht möglich, anderntheils aber würde der Letztere bei seiner bekannten Renitenz auch eine solche Wahl schwerlich getroffen haben.*

154 Der Innen- und der Kultusminister an die Regierung Trier am 9. Oktober 1874 (LHAK, Bestand 442 Nr. 1942): *Der Königlichen Regierung eröffnen wir auf den Bericht vom 22. August cr., daß wir beschlossen haben, dem katholischen Geistlichen Alt aus Prüm die Stadt Naugard im Regierungsbezirk Stettin als Aufenthaltsort anzuweisen. Wir beauftragen deshalb die Königliche Regierung, den p. Alt, falls er trotz des ergangenen Verbotes in den dortigen Regierungsbezirk zurückkehren sollte, zu Protokoll eröffnen zu lassen, daß ihm auf Grund des Reichsgesetzes vom 4. Mai d. Js. der Aufenthalt in der Stadt Naugard, Regierungsbezirkes Stettin, angewiesen werde, und daß er daher binnen drei Tagen sich bei Vermeidung des zwangsweisen Transportes dorthin zu begeben und bei der dortigen Polizeibehörde zu melden habe, auch bei Vermeidung des zwangsweisen Rücktransportes und etwaiger weiterer gemäß § 1 Absatz 2 l. c. zu verhängender Maßnahmen sich von dem ihm angewiesenen Aufenthaltsort demnächst nicht entfernen dürfe. Abschrift dieses Protokolles ist der Regierung in Stettin zu übersenden, welcher auch event. von der erfolgten Abreise des p. Alt Kenntniß zu geben*

konnte ihm jedoch nicht einmal zugestellt werden, da er untertauchte, jedenfalls nie in Naugard auftauchte und stattdessen – wie vermutet wurde – bei einem Pfarrer in der Nähe von Kaiserslautern, also außerhalb Preußens, Quartier nahm.[155]

Der maigesetzwidrig angestellte Pfarrer Wilhelm Kautz zu Bliesransbach, der nach Ansicht des Landrats von Saarbrücken seine Gemeinde *fanatisirt* hatte und *Aufregung unter der der katholischen Geistlichkeit treu anhängenden Bevölkerung* hervorrief,[156] war wegen seiner Weiteramtierung nach und trotz Verbüßung einer Gefängnisstrafe aus dem Regierungsbezirk Trier ausgewiesen[157] und, da er nicht freiwillig abreiste, per polizeilichen Zwangstransport nach Kirn in den Regierungsbezirk Koblenz verbracht worden[158]. Dort verblieb er aber nicht, sondern ließ sich in den nichtpreußischen Ortschaften Bliesmengen in der bayerischen Pfalz und Bliesschweigen in Lothringen nieder, von wo aus er an der Grenze zum Regierungsbezirk Trier für seine nahegelegene ‚alte' Gemeinde regelmäßig Gottesdienst hielt,[159] aber auch nach Bliesransbach selbst zurückkehrte, um dort Messe

---

ist. Falls der p. Alt innerhalb der gestellten Frist nicht nach Naugard abreisen sollte, würde er demnächst zwangsweise dorthin zu transportiren sein.

155 Die Regierung Trier an den Innen- und den Kultusminister am 19. Januar 1875 (LHAK, Bestand 442 Nr. 1942): *Ew. [Excellenzen] beehren wir uns [...] gehorsamst zu berichten, daß die Internirung des kath. Geistlichen Alt aus Prüm in der Stadt Naugard, Regierungsbezirkes Stettin, nicht zur Ausführung gebracht werden konnte, da p. Alt in den hiesigen Regierungsbezirk bisher nicht zurückgekehrt ist. Über den jetzigen Aufenthaltsort des Genannten ist nichts bekannt geworden.*
Die Regierung Trier an Kultusminister Gossler am 13. Juli 1881 (GStA PK, I. HA Rep. 76 IV Sekt. 13 Abt. XII Nr. 13 Bd. 6): *Damals nämlich* [d.h. 1874] *ist der katholische Geistliche Jacob Alt zu Prüm, nachdem er verschiedentlich wegen unberechtigter Vornahme von geistlichen Amtshandlungen gerichtlich verurtheilt worden war, durch Verfügung der hiesigen Königlichen Regierung vom 11. Juli 1874 aus dem diesseitigen Bezirke ausgewiesen und ihm demnächst* [d.h. danach], *da er seine gesetzwidrige Thätigkeit fortsetzte, [...] durch Ministerialerlaß vom 9. October desselben Jahres die Stadt Naugard als Aufenthaltsort angewiesen worden. Seit jener Zeit hat sich der p. Alt im hiesigen Regierungsbezirk nicht mehr betreten lassen. Er soll sich bei einem Pfarrer in der Nähe von Kaiserslautern (bairische Pfalz) aufhalten, so daß ihm bis jetzt der Internirungsbeschluß noch nicht hat zugestellt werden können.*

156 Der Landrat von Saarbrücken an die Regierung Trier am 26. Juni 1874 (LHAK, Bestand 442 Nr. 1975).

157 Die Regierung Trier an den Geistlichen Wilhelm Kautz zu Bliesransbach am 8. Juli 1874 (LHAK, Bestand 442 Nr. 1975 im Entwurf).

158 Der Landrat von Saarbrücken an die Regierung Trier am 31. Juli 1874 (LHAK, Bestand 442 Nr. 1975).

159 Der Landrat von Saarbrücken an die Regierung Trier am 18. September 1874 (LHAK, Bestand 442 Nr. 1975): *Der zufolge Verfügung vom 8. Juli 1874 aus dem hiesigen Regierungsbezirke ausgewiesene Geistliche Kautz aus Bliesransbach hat seit einiger Zeit in den nahe an der Landesgrenze belegenen Ortschaften Bliesmengen in der bayerischen Pfalz und Bliesschweigen im Regierungsbezirk Lothringen seinen Aufenthalt genommen und unterhält von dort einen lebhaften Verkehr mit den Bewohnern von*

zu halten[160]. Auf den Vorschlag der Regierung Trier, die Ausweisung des Pfarrers aus den dem Regierungsbezirk Trier benachbarten Gebieten herbeizuführen, mochten der Innen- und der Kultusminister wohl wegen der dazu erforderlichen diplomatischen Schritte nicht eingehen, sondern verfügten seine Festnahme und anschließende Internierung in Greiffenberg im Regierungsbezirk Stettin, falls er, wie sie erwarteten, irgendwann wieder in seiner Heimatgemeinde Bliesransbach oder anderswo im ihm verbotenen Regierungsbezirk Trier erscheinen sollte.[161] Da Pfarrer Kautz aber noch inhaftiert war und die beiden Minister schon im folgenden Monat die Ausbürgerung und Landesverweisung des Pfarrers verfügten,[162] wurde dessen Internierung nie umgesetzt.

Bliesransbach, für welche derselbe namentlich in der nur eine halbe Stunde von Bliesransbach entfernten Capelle zu Gräfenthalerhof, zur Gemeinde Bliesmengen gehörig, regelmäßigen Gottesdienst abhalten soll. Unter Bezugnahme auf meinen gehorsamsten Bericht vom 26. Juni d. J. gestatte ich mir der Königlichen Regierung nochmals ehrerbietigst anheimzustellen, die Ausweisung des Geistlichen Kautz aus dem Gebiete der bayerischen Pfalz und des Regierungsbezirks Lothingen mit thunlichster Beschleunigung herbeiführen zu wollen.

160 Der in Brebach residierende Bürgermeister von Bischmisheim an den Landrat von Saarbrücken am 20. Oktober 1874 (LHAK, Bestand 442 Nr. 1975): *Euer Hochwohlgeboren verfehle ich nicht gehorsamst anzuzeigen, daß der Kaplan* [richtig: Pfarrer] *Kautz am Sonntag den 18. d. Mts. ein Hochamt in der Pfarrkirche zu Bliesransbach abgehalten hat. Die Entfernung des p. Kautz von dem benachbarten Bairischen Gebiete erscheint immer mehr als durchaus geboten.*

161 Innenminister Graf zu Eulenburg und Kultusminister Falk an die Regierung Trier am 26. Oktober 1874 (LHAK, Bestand 442 Nr. 1975): *Auf den Bericht vom 28. v. Mts. eröffnen wir der Königlichen Regierung, daß wir Bedenken tragen, dem Antrage der Königlichen Regierung auf Herbeiführung einer Ausweisung des Geistlichen Kautz aus den Grenzbezirken von Elsaß-Lothringen und der Bairischen Pfalz seitens der dortigen Behörde zu entsprechen. Dagegen ist die Internirung des Genannten herbeizuführen, falls derselbe, wie [es] bei der Lage seines gegenwärtigen Aufenthalts in unmittelbarer Nähe des Regierungsbezirkes Trier und bei seinen Gesinnungen zu erwarten steht, behufs Fortführung des Verkehrs mit seiner früheren Pfarrgemeinde oder aus irgend einem anderen Grunde in den dortigen Bezirk zurückkehren sollte. Demgemäß ermächtigen wir die Königliche Regierung, den p. Kautz, sobald er im dortigen Bezirke betroffen wird, sistiren und ihm zu Protokoll eröffnen zu lassen, daß ihm auf Grund des Reichsgesetzes vom 4. Mai d. Js. der Aufenthalt in der Stadt Greiffenberg, Regierungsbezirkes Stettin, angewiesen werde und daß er von Greiffenberg sich demnächst nicht entfernen dürfe. Nach geschehener protokollarischer Eröffnung ist der p. Kautz zwangsweise nach Greiffenberg zu transportiren und hiervon der Regierung in Stettin Mittheilung zu machen.*

162 Die Regierung Trier an den Landrat von Saarbrücken am 14. Dezember 1874 (LHAK, Bestand 442 Nr. 1975 im Entwurf):
Euer Hochwohlgeboren erwiedern wir auf den Bericht vom 10. Dezember cur., nach welchem der Geistliche Kautz zu Bliesransbach noch dort in Haft gehalten wird, das Folgende: Durch Entscheidung der Herrn Minister des Innern und der geistlichen

Der vom Trierer Bischof maigesetzwidrig ernannte Pfarrer Peter Kiefer zu Wiesbaum[163] im Kreis Daun war nach vier rechtskräftigen Verurteilungen wegen unbefugter Amtierung aus dem Regierungsbezirk Trier ausgewiesen worden, wobei auf Fürsprache des Landrats von Daun der Kreis Saarlouis ausgenommen worden war, weil Pfarrer Kiefer in diesem Fall bei seinen in Fremersdorf lebenden Eltern Wohnung zu nehmen gedachte. Nach einem vorübergehenden ‚Rückfall' in Gestalt eines verbotenen Besuchs von Wiesbaum zog Pfarrer Kiefer *sich zurück und lebte ruhig im elterlichen Haus in seiner Heimath Fremmersdorf*, in welcher Ortschaft ihm die Regierung Trier unter der von ihm akzeptierten Bedingung der Nichtamtierung den Aufenthalt ausdrücklich gestattet hatte.[164] Er war also streng genommen gar nicht interniert worden, da ihm kein bestimmter obligatorischer

---

Angelegenheiten vom 29. November cur. ist der Geistliche Wilhelm Kautz von Bliesransbach in Erwägung,
daß derselbe wegen Vornahme von Amtshandlungen in einem Kirchenamte, das den Vorschriften der Staatsgesetze zuwider ihm übertragen beziehungsweise von ihm übernommen worden ist, rechtskräftig zu Strafe verurtheilt worden ist, daß ihm demnächst durch Verfügung der Königlichen Regierung zu Trier auf Grund der §§ 1.2. l. c. der Aufenthalt in dem Regierungsbezirke versagt worden ist, daß er aber dieser gegen ihn ergangenen Verfügung wiederholt zuwidergehandelt beziehungsweise wiederholt gesetzwidrige Amtshandlungen vorgenommen hat,
seiner Staatsangehörigkeit verlustig erklärt und aus dem Bundesgebiete auszuweisen. Euer Hochwohlgeboren wollen dem p. Kautz, gegen welchen Ihrem erwähnten Berichte zufolge nunmehr festgestellt ist, daß er auch am 2. und 9. November cur. sich nach Bliesransbach begeben und dort Amtshandlungen vorgenommen hat, die obige Entscheidung zu Protokoll eröffnen und an denselben, nachdem er die sämmtlichen Gefängnißstrafen abgebüßt haben wird, die verfügte Ausweisung aus dem Bundesgebiete mittelst zwangsweisen Transports zur Ausführung bringen. Ob und wie diese Verfügung ihre Erledigung gefunden, ist binnen 14 Tagen zu berichten unter Beifügung eines Signalements des p. Kautz und einer Abschrift der fraglichen protokollarischen Verhandlung. Auch ist anzugeben, wohin Genannter muthmaßlich sich begeben hat.

163 Zum Fall Kiefer, der hier nur unter dem Aspekt der Internierung erörtert wird, vgl. auch H. Rönz: Der Trierer Diözesanklerus im 19. Jahrhundert, Bd. 2, S. 770–775; Ders.: Kultusminister und Dorfpfarrer, S. 182–191. Die „Evakuierung" (S. 774f bzw. 188f) muss freilich als ‚Expatriierung' gelesen werden.

164 Der Landrat von Daun an die Regierung Trier am 23. Juli 1874 (LHAK, Bestand 442 Nr. 1976): *Der Geistliche Kiefer zu Wiesbaum hat seine Heimath in Fremersdorf, Kreis Merzig* [richtig: Kreis Saarlouis], *wo seine Eltern ansässig sein sollen. Außer der unbefugten Vornahme geistlicher Amtshandlungen hat derselbe sich Agitationen nicht zu Schulden kommen lassen. Von mehreren Seiten ist mir früher mitgetheilt worden, daß er ein ruhiger und besonnener Mann sei, der sich von seinen heißspornigen confratres vortheilhaft unterscheide. [… …] Der p. Kiefer hat bei mir vor einiger Zeit den Wunsch ausgesprochen, daß bei seiner Ausweisung seine Heimathsbürgermeisterei von dem Externierungsterrain ausgeschlossen werden möchte, da er bei seinen Eltern Aufenthalt zu nehmen beabsichtige. Ich habe dem p. Kiefer damals mit Rücksicht auf sein ruhiges Verhalten die Befürwortung dieses Wunsches zugesagt.*

Aufenthaltsort vorgeschrieben war, sondern ihm war nur eine Ausnahme vom Verbot, sich im Regierungsbezirk Trier aufzuhalten, gewährt worden und er hatte das Recht, sich außerhalb des Regierungsbezirks Trier frei zu bewegen.

Der Fall des maigesetzwidrig ernannten Pfarrers Joseph Kraemer zu Oberweis im Kreis Bitburg soll etwas ausführlicher und von Anfang an geschildert werden, weil er quellenmäßig besonders gut dokumentiert ist und weil anhand dieses Falls der Innen- und der Kultusminister ihre Grundsatzentscheidung über die Rang- und Reihenfolge der Maßregeln Ausweisung – Internierung – Ausbürgerung bestätigten und die Voraussetzungen für deren Verhängung präzisierten, worauf an anderer Stelle noch zurückzukommen sein wird. Als Pfarrer Kraemer nach und trotz der Abbüßung zweier Gefängnisstrafen von neun Tagen bzw. vier Wochen mit seiner Amtierung fortfuhr, beantragte der Landrat von Bitburg dessen Ausweisung direkt vom Gefängnis aus, um den bei einer Rückkehr zu befürchtenden *Ovationen* und

---

Die Regierung Trier *an das Präsidium der Königl. Bayerischen Regierung der Pfalz zu Speier* am 29. April 1880 (LHAK, Bestand 442 Nr. 1976): *Der Geistliche Kiefer war am 25. October 1873 von Prüm, wo er bis dahin Kaplan gewesen [war], nach Wiesbaum im Kreise Daun seitens des Bischofs von Trier als Pfarrer berufen worden, ohne daß von Letzterem die durch § 15 des Gesetzes vom 11. Mai 1873 vorgeschriebene Anzeige der Übertragung des Pfarramtes an den p. Kiefer dem Herrn Oberpräsidenten der Rheinprovinz gemacht worden war. Da p. Kiefer, ohne gesetzlich angestellt zu sein, Amtshandlungen vorgenommen hatte, so wurde gegen denselben das Strafverfahren eingeleitet und er wegen unbefugter Vornahme geistlicher Amtshandlungen viermal rechtkräftig und zwar durch zwei Urtheile zu einer Geldstrafe von 30 Thlr. und durch zwei Urtheile zu Geldstrafen von je 100 Thlr. event. entsprechender Gefängnißstrafe verurtheilt. Die letzterwähnten Geldstrafen hat p. Kiefer bezahlt, während er für die erstere Geldstrafe die substituirte Gefängnißstrafe unter freiwilliger Gestellung abgebüßt hat. Da der Genannte demungeachtet fortfuhr, geistliche Amtshandlungen vorzunehmen, wurde derselbe durch unsere Verfügung vom 28. Juli 1874 aus dem hiesigen Regierungebezirk mit Ausnahme seines Heimatskreises Saarlouis ausgewiesen. Kiefer kam der Ausweisungsverfügung nach, kehrte aber im September 1874 wieder nach Wiesbaum zurück und verrichtete daselbst vom 6. – 14. September verschiedene geistliche Amtshandlungen. Die zwangsweise Transportirung des p. Kiefer über die Grenze war nicht zur Ausführung zu bringen, indem man desselben nicht habhaft werden konnte. Seit dem 15. September 1874 zog p. Kiefer sich zurück und lebte ruhig im elterlichen Hause in seiner Heimath Fremmersdorf, einer Ortschaft, woselbst ihm der Aufenthalt mittelst unserer Verfügung vom 28. Juli 1874 gestattet war. Nachdem dem p. Kiefer unterm 2. März 1875 protokollarisch eröffnet worden, daß ihm der Aufenthalt bis auf Weiteres in Fremmersdorf gestattet werde, daß er aber, falls er sich von Neuem ein nicht gesetzliches Amtiren zu Schulden kommen lassen sollte, die Entziehung der preußischen Staatsangehörigkeit und die Ausweisung aus dem Bundesgebiet zu gewärtigen habe, gab derselbe die Erklärung ab, daß er diese Verwarnung entgegengenommen, auch derselben pünktlich Folge leisten und sich jeder pfarramtlichen geistlichen Handlungen enthalten werde. Seitdem ist uns ein Weiteres über p. Kiefer nicht mehr bekannt geworden.*

Volksaufhetzungen vorzubeugen.[165] Gemäß diesem Gesuch wurde Pfarrer Kraemer aus dem Regierungsbezirk Trier ausgewiesen unter Androhung einer vierwöchigen Exekutivhaft im Fall der Rückkehr.[166] Nach seiner Abreise – wie es hieß nach

---

165 Der Landrat von Bitburg an die Regierung Trier am 15. Mai 1874 (LHAK, Bestand 442 Nr. 1978): *Der ohne Beobachtung der Vorschriften des Gesetzes vom 11. Mai 1873 als Pfarrer in Oberweis angestellte Geistliche Kraemer wurde wegen unbefugter Ausübung von Amtshandlungen zu 9 Tagen Gefängniß verurtheilt. Nach seiner Entlassung aus dem Gefängnisse von seinen Pfarrkindern feierlich empfangen, fuhr er fort, geistliche Amtshandlungen zu verrichten und wurde zu einer größeren Geldstrafe, eventuell zu einer Gefängnißstrafe von 4 Wochen, verurtheilt, welche er seit dem 28. April c. augenblicklich abbüßt. Vor dem Antritt der Strafe ist er wiederum zu einer größeren Geldstrafe, ev. – wie ich glaube – zu 2 Monaten verurtheilt worden und [es] ist gar nicht daran zu zweifeln, daß er, in Oberweis belassen, hartneckig fortfahren wird, die Gesetze zu ignoriren. Ich halte es im Interesse der öffentlichen Ordnung, ja selbst im eigenen Interesse des p. Kraemer für nothwendig, dem Letzteren den Aufenthalt im Regierungsbezirk Trier zu untersagen und bitte Königliche Regierung gehorsamst, das Erforderliche in Gemäßheit des Gesetzes vom 4. Mai c. (Reichsgesetzblatt Seite 43) zu verfügen. Sehr erwünscht möchte es sein, wenn dem Kraemer die betreffende Verfügung schon vor dem 26ten dieses Monats, an welchem Tage die 4wöchentliche Gefängnißhaft abläuft, insinuirt* [d.h. zugestellt] *würde, damit derselbe gar nicht mehr nach Oberweis zurückkehrt und auf diese Weise Ovationen und die Gelegenheit für gewisse Geistliche (Hormisch in Bettingen, Mertes zu Messerich), das Volk aufzuhetzen, vermieden werden.* – Ders. an dies. am 13. Juni 1874 (ebd.): *Da Kraemer vor dem Inkrafttreten des Reichsgesetzes vom 4. Mai cr. mehrmals wegen unbefugter Vornahme von Amtshandlungen rechtskräftig verurtheilt und bestraft worden ist und jetzt nach dem Inkrafttreten hartnäckig fortfährt, die im § 1 bezeichneten Handlungen auszuüben, so bitte Königliche Regierung ich ganz gehorsamst, gegen denselben nach dem genannten Paragraphen zu verfahren.*

166 Die Regierung Trier *an den Geistlichen Herrn Joseph Kraemer zu Oberweis, Kreis Bitburg,* am 17. Juni 1874 (LHAK, Bestand 442 Nr. 1978; LHAK, Bestand 403 Nr. 7558): *Da Sie bereits wiederholt, und zwar mittelst der gerichtlichen Urtheile vom 15. Dezember pr., 5. Januar und 23. Februar c. wegen Vornahme von Amtshandlungen in dem Ihnen gegen die Vorschriften der Staatsgesetze übertragenen Kirchenamte zu Oberweis, Kreis Bitburg, rechtskräftig zu Strafe verurtheilt sind, demungeachtet aber während der Zeit vom 31. Mai bis 11. Juni c. fast täglich Amtshandlungen zu Oberweis vorgenommen haben, so wird Ihnen hiermit auf Grund der §§ 1 und 2 des Reichsgesetzes vom 4. Mai c., betreffend die Verhinderung der unbefugten Ausübung von Kirchenämtern, der Aufenthalt im Regierungsbezirke Trier untersagt. Sie haben diesemnach binnen achtundvierzig Stunden, von Ablauf des Tags an gerechnet, an welchem Ihnen diese Verfügung eröffnet ist, den Regierungsbezirk Trier zu verlassen, auch Letztern nicht wieder zu betreten und zwar beides bei Vermeidung einer nach § 11 der Instruction zur Geschäftsführung der Regierungen in den Königlichen Preußischen Staaten vom 23. October 1817 und § 48 der Verordnung wegen verbesserter Einrichtung der Provinzialpolizei- und Finanzbehörden vom 26. Dezember 1808 sofort zu vollstreckenden vierwöchentlichen Executivhaft. Hinsichtlich der von Ihnen außerhalb des Regierungsbezirks Trier gewählten Aufenthaltsorts haben Sie uns ohne Verzug*

Trier zur Einholung oberhirtlicher Instruktionen – kehrte er aber nach Oberweis zurück, weshalb der Landrat ihn die angedrohte vierwöchentliche Exekutivhaft verbüßen ließ und vorschlug, ihn anschließend auszubürgern und des Landes zu verweisen.[167] *Im Hinblick auf die außergewöhnliche Hartneckigkeit, mit welcher p. Krämer zu Werke geht* und auf sein *im besonderm Grade den Gesetzen Hohn sprechendes* Verhalten stellte die Regierung Trier tatsächlich einen solchen Antrag auf Landesverbannung, die unmittelbar im Anschluss an die Exekutivhaft vollzogen werden sollte,[168] doch der Innen- und der Kultusminister lehnten im Konsens mit

---

Anzeige zu machen, widrigenfalls Sie wegen der von Ihnen etwa noch zu verbüßenden gerichtlichen Strafen steckbriefliche Verfolgung zu gewärtigen haben.

167 Der Landrat von Bitburg, Borchert, an die Regierung Trier am 25. Juni 1874 (LHAK, Bestand 442 Nr. 1978; LHAK, Bestand 403 Nr. 7558): *Dem p. Kraemer ist die [Ausweisungs-]Verfügung Königlicher Regierung vom 17. d. Mts. […] am 22. d. Mts. behändigt worden. Kraemer entfernte sich darauf von Oberweis, wie es heißt, nach Trier zur Einholung weiterer Instruction. Diese scheint dahin ausgefallen zu sein, weitere Renitenz zu üben, denn Kraemer war heute noch, nach Ablauf der Frist, in Oberweis und ist nun der ihm gestellten Verwarnung gemäß in das hiesige Cantonsgefängniß gesperrt worden. Königliche Regierung bitte ich gehorsamst zu bestimmen, was nach Ablauf der 4wöchentlichen Executivhaft mit p. Kraemer geschehen soll. Da nach dem bisherigen Verhalten desselben wohl mit Sicherheit anzunehmen ist, daß er nach seiner Freilassung wieder nach Oberweis zurückkehren wird, daß auch fernere Executivstrafen nichts fruchten würden, so kann ich mich nur dafür aussprechen, höheren Orts zu beantragen, ihn seiner Staatsangehörigkeit für verlustig zu erklären und aus dem Bundesgebiete auszuweisen, ihm demgemäß auch eine entsprechende Verwarnung zuzustellen. Event. bitte ich auch um hochgeneigte Instruction, über welche Grenze die Ausweisung erfolgen soll, da Kraemer keinem anderen Staate angehört.*

168 Die Regierung Trier an den Innen- und den Kultusminister am 3. Juli 1874 (LHAK, Bestand 403 Nr. 7558): *Der Geistliche Joseph Krämer von Polch, Kreis Mayen, ist wegen Vornahme von Amtshandlungen in dem ihm gegen die Vorschriften der Staatsgesetze übertragenen Pfarramt zu Oberweis, Kreis Bitburg, bereits mittelst der gerichtlichen Urtheile vom 15ten Dezember pr., 5. Januar und 23. Februar cr. rechtskräftig zu Strafe verurtheilt. Da Genannter demungeachtet während der Zeit vom 31. Mai bis 11ten Juni cr. […] Amtshandlungen in Oberweis vorgenommen hat, so haben wir demselben mittelst […] Verfügung vom 17. Juni cr. den Aufenthalt im hiesigen Regierungsbezirke bei Vermeidung einer Exekutivstrafe von 4 Wochen untersagt und […] angeordnet, daß die fragliche 4wöchentliche Exekutivhaft betreffenden Falls sofort an dem p. Kraemer vollstreckt werde. Letzterer hat nach dem […] Berichte des Landraths zu Bitburg vom 25. Juni cr. unserer erwähnten Verfügung keine Folge geleistet und ist deßhalb in das Cantonsgefängniß zu Bitburg behufs Abbüßung der verwirkten Strafe abgeführt worden. […] Das Verhalten des Letztern ist ein in besonderm Grade den Gesetzen Hohn sprechendes […]. Genannter hat sich an die wiederholt an ihm vollzogenen Strafen nicht gekehrt, sondern unmittelbar nach deren Abbüßung weitergehende, von den Einwohnern zu Oberweis veranstalteten Ovationen aller Art entgegengenommen und Amtshandlungen aufs Neue verrichtet. Unsere darauf erfolgte Ausweisungsverfügung ist von p. Kraemer ganz unbeachtet gelassen. […] Im Hinblick auf die außergewöhnliche Hartneckigkeit, mit welcher p. Krämer zu Werke geht, dürfte es im allgemeinen*

dem Oberpräsidenten[169] die Überspringung der Internierung als nächste Zwangsmaßregel ab, die überdies auch nicht sofort, sondern erst nach einer nochmaligen, einer polizeilichen Wegführung folgenden Rückkehr nach Oberweis auszusprechen war.[170] Demgemäß wurden dem Pfarrer am Tag seiner Entlassung aus der Exekutivhaft die bevorstehende Zwangsverbringung aus dem Regierungsbezirk Trier und die drohende Internierung im Fall der Rückkehr mitgeteilt.[171] Um auf die

---

Interesse liegen, auch behufs Aufrechterhaltung der Autorität des Gesetzes dringend erforderlich sein, daß derselbe baldigst seiner preußischen Staatsangehörigkeit verlustig erklärt und aus dem Bundesgebiete ausgewiesen wird. Die in dieser Hinsicht im Gesetze vom 4. Mai cr. aufgestellten Bedingungen sind erfüllt, denn indem p. Kraemer seit dem 31. Mai cr. täglich Amtshandlungen vornahm, ließ derselbe sich Handlungen zu Schulden kommen, welche die ausdrückliche Anmaßung des fraglichen Amts seitens des p. Kraemer darthun [...]. Abgesehen hiervon, so würde die fragliche Maßnahme schon deshalb gerechtfertigt sein, weil Genannter unserer erwähnten Verfügung vom 17. Juni cr. zuwider gehandelt hat. Eurer Excellenzen bitten wir diesemnach ehrerbietigst die Expatriirung des p. Kraemer sowie dessen Ausweisung aus dem Bundesgebiete hochgeneigtest so zeitig verfügen zu wollen, daß die Ausweisung gleich nach Ablauf der Exekutivhaft erfolgen kann.

169 Der Oberpräsident der Rheinprovinz an den Innen- und den Kultusminister am 9. Juli 1874 (LHAK, Bestand 442 Nr. 1978; GStA PK, I. HA Rep. 76 IV Sekt. 1 Abt. IX Nr. 24 Bd. 1).

170 Der Innen- und der Kultusminister an den Oberpräsidenten der Rheinprovinz am 17. Juli 1874 (LHAK, Bestand 442 Nr. 1978; LHAK, Bestand 403 Nr. 7558): *Auf den gefälligen Bericht vom 9. d. M. erklären wir uns damit einverstanden, daß die gegen den Geistlichen Kraemer zu Oberweis festgesetzte Executivhaftstrafe von 4 Wochen, nachdem derselbe zur Haft gebracht ist, nunmehr auch vollständig vollstreckt werde. Was dagegen die weitere Behandlung der Sache anlangt, so vermögen wir in wesentlicher Übereinstimmung mit Ew. Hochwohlgeboren Ausführungen dem Antrage der Königlichen Regierung zu Trier in dem [...] Berichte vom 3. d. M. nicht stattzugeben. [...] Demgemäß wird der p. Kraemer bei seiner Entlassung aus der Haft darüber protokollarisch zu vernehmen sein, ob er sich nunmehr der Verfügung vom 17. Juni cr., durch welche ihm der Aufenthalt im Regierungsbezirk Trier untersagt worden [ist], fügen wolle. Lehnt er dies ab oder verläßt er nach erfolgter Zusage nicht freiwillig den Regierungsbezirk, so ist er zwangsweise über die Grenze des Bezirks zu transportiren, und zwar an einer Stelle, von welcher aus ihm die Rückkehr nach Oberweis möglichst erschwert wird. Sollte er dann doch zurückkehren, so ist gegen ihn die Internirung zu verfügen und diese gleichfalls zwangsweise durch Transport an den Ort der Internirung auszuführen. Erst wenn auch diese Maßregel sich als erfolglos erweisen sollte, würde es an der Zeit sein, zur Expatriirung und Ausweisung aus dem Bundesgebiete vorzugehen. Da indessen nach der Persönlichkeit des p. Kraemer zu erwarten ist, daß er es mindestens zur Internirung wird kommen lassen, so geben wir Ew. Hochwohlgeboren ergebenst anheim, die Regierung in Trier sofort zu veranlassen, schon jetzt wegen eventueller Bestimmung eines Ortes, welcher dem p. Kraemer zum Aufenthalt anzuweisen sein wird, zu berichten.*

171 Vom Landrat von Bitburg, Borchert, am 23. Juli 1874 aufgenommenes Protokoll (LHAK, Bestand 442 Nr. 1978): *Verhandelt im Cantonsgefängnisse zu Bitburg am*

erwartete Rückkunft des Pfarrers Kraemer rasch, d.h. ohne weitere zeitraubende Abstimmungskorrespondenz – eine Internierung in einem anderen Regierungsbezirk benötigte ja eine ministerielle Genehmigung –, mit einer Internierungsverfügung reagieren zu können, hielt die Regierung Trier, wie von den Ministern angeregt, prophylaktisch nach einem geeigneten Internierungsort Ausschau. Ihrer Absicht, gegebenenfalls dem geistlichen ‚Delinquenten' die Stadt Baumholder im Kreis St. Wendel als permanenten Aufenthaltsort anzuweisen, widersprach jedoch Innenminister Eulenburg, weil in diesem Kreis die Tumulte anlässlich der Verhaftung des Pfarrers Isbert zu Namborn stattgefunden hatten, was ihm wohl die Gefahr einer breiten Solidarisierung und Sympathiebekundung der Bevölkerung mit dem Internierten anzuzeigen schien, und weil er es für unzweckmäßig erachtete, einem Geistlichen, welchem *der Aufenthalt innerhalb eines ganzen Regierungsbezirks untersagt worden ist, zur Strafe dafür, daß er dieser Anordnung nicht nachgekommen ist, nunmehr den Aufenthalt in einem Orte desselben Regierungsbezirks anzuweisen.* Stattdessen plädierte der Innenminister für Wollin in der Provinz Pommern als Internierungsort, weil dieser prinzipiell in einer nichtkatholischen Gegend außerhalb des Rheinlandes liegen sollte.[172] Da sich Kultusminister Falk

---

23. Juli 1874 morgens 7 Uhr. Der unterzeichnete Landrath begab sich heute in Begleitung des Kreisschreibers Bettingen in das hiesige Cantonsgefängniß zu dem hier inhaftirten Geistlichen Joseph Kraemer und eröffnete demselben, daß, da am Vormittage des heutigen Tages die durch Verfügung Königlicher Regierung vom 17. v. Mts. gegen ihn festgesetzte 4wöchentliche Executivhaft ablaufe, Kraemer heute auf Anordnung der genannten Behörde über die Grenze des Regierungsbezirks Trier bei Jünkerath gebracht werden würde, ferner, daß er bei etwaiger Rückkehr an einem von Königlicher Regierung zu bestimmenden Orte werde internirt werden. Zugleich wurde p. Kraemer auf den Inhalt der Regierungsverfügung vom 17. v. Mts. hingewiesen, in welcher er angewiesen ist, Königlicher Regierung von seinem künftigen Aufenthalte Kenntniß zu geben für den Fall, daß noch weitere rechtskräftig erkannte Strafen an ihm zu vollstrecken seien.

172 Innenminister Eulenburg an Kultusminister Falk am 6. August 1874 (GStA PK, I. HA Rep. 76 IV Sekt. 1 Abt. IX Nr. 24 Bd. 1; GStA PK, I. HA Rep. 77 Tit. 413 Nr. 125): *Die von der Regierung zu Trier [...] event. beabsichtigte Internirung des Geistlichen Joseph Kraemer in der Stadt Baumholder des Kreises St. Wendel erscheint mir schon aus dem Grunde nicht unbedenklich, daß in diesem Kreise vor kurzem die tumultuarischen Auftritte bei Gelegenheit der Verhaftung des Geistlichen Isbert zu Namborn stattgefunden haben. Abgesehen hiervon bin ich der Ansicht, daß es nicht zweckmäßig ist, einem Geistlichen, welchem, wie dem p. Kraemer, der Aufenthalt innerhalb eines ganzen Regierungsbezirks untersagt worden ist, zur Strafe dafür, daß er dieser Anordnung nicht nachgekommen ist, nunmehr den Aufenthalt in einem Orte desselben Regierungsbezirks anzuweisen. Ich trete daher der Meinung des Oberpräsidenten bei, daß die Internierung des p. Kraemer an einem Orte außerhalb des Regierungsbezirkes Trier zu erfolgen haben wird. Mir scheint es aber auch angemessen zu sein, zur Internirung des Genannten einen Ort außerhalb der Rheinprovinz und in einer Gegend mit nichtkatholischer Bevölkerung zu wählen, und ich glaube, mit dieser Ansicht mich im Einklange mit Ew. Excellenz zu befinden im Hinblicke auf den mir von Ew. Excellenz*

mit diesem Votum *vollkommen einverstanden* erklärte,[173] bestimmten die beiden Minister, dem Pfarrer Kraemer die Stadt Wollin als künftigen festen, nicht zu verlassenden Wohnsitz vorzuschreiben und ihm drei Tage Zeit für die Anreise und die Meldung bei der dortigen Polizei zu geben, widrigenfalls ihn zwangsweise dorthin verbringen zu lassen, was ihm im Fall seiner verbotenen Rückkehr nach Oberweis zu eröffnen war.[174] Doch auch in diesem Fall erschien der Geistliche nie am zudiktierten Internierungsort, da er wider Erwarten nicht zurückkehrte, sondern nach Luxemburg emigrierte.[175]

---

zur Mitzeichnung vorgelegten Entwurf eines gemeinschaftlichen Erlasses an die Oberpräsidenten der Provinzen Pommern, Brandenburg, Sachsen, Schleswig-Holstein und Hannover, in welchem dieselben veranlaßt werden, geeignete Orte zur Internirung von Geistlichen in Vorschlag zu bringen. Bei der Dringlichkeit der Sache werden indessen die desfallsigen Äußerungen der Oberpräsidenten nicht mehr abgewartet werden können. Ich stelle daher Ew. Excellenz ganz ergebenst anheim, als Internirungsort für den p. Kraemer irgend eine Stadt der Provinz Pommern, etwa Wollin, zu bestimmen.

173 Der Kultusminister an den Innenminister am 8. August 1874 (GStA PK, I. HA Rep. 76 IV Sekt. 1 Abt. IX Nr. 24 Bd. 1 im Entwurf).

174 Der Innen- und der Kultusminister an die Regierung Trier am 19. August 1874 (LHAK, Bestand 442 Nr. 1978; GStA PK, I. HA Rep. 76 IV Sekt. 1 Abt. IX Nr. 24 Bd. 2): *Der Königlichen Regierung eröffnen wir auf den Bericht vom 25. v. Mts., daß die in demselben event. vorgeschlagene Internirung des Geistlichen Joseph Kraemer in der Stadt Baumholder des Kreises St. Wendel uns schon aus dem Grunde nicht unbedenklich erscheint, weil in diesem Kreise erst vor Kurzem tumultarische Auftritte bei Gelegenheit der Verhaftung des Geistlichen Isbert zu Namborn stattgefunden haben. Abgesehen davon halten wir es nicht für zweckmäßig und ist es daher zu vermeiden, Geistlichen, welchen wie dem p. Kraemer der Aufenthalt innerhalb eines ganzen Regierungsbezirks untersagt worden ist, zur Strafe dafür, daß sie dieser Anordnung nicht nachgekommen sind, nunmehr den Aufenthalt in einem Orte desselben Regierungsbezirks anzuweisen. In solchen Fällen ist vielmehr für die Internirung ein Ort außerhalb des betreffenden Regierungsbezirks zu wählen, und daher stets an uns behufs Bestimmung eines solchen Ortes zu berichten. Für den vorliegenden Fall haben wir uns für die Stadt Wollin im Regierungsbezirk Stettin entschieden. Wir beauftragen daher die Königliche Regierung, dem p. Kraemer, falls er trotz des ergangenen Verbots in den dortigen Regierungsbezirk zurückkehren sollte, zu Protokoll eröffnen zu lassen, daß ihm auf Grund des Reichsgesetzes vom 4. Mai v. J. der Aufenthalt in der Stadt Wollin, Regierungsbezirkes Stettin, angewiesen werde, und daß er daher binnen drei Tagen sich bei Vermeidung des zwangsweisen Transportes dorthin zu begeben und bei der dortigen Polizeibehörde zu melden habe, auch bei Vermeidung des zwangsweisen Rücktransports und event. weiterer Maßnahmen gemäß § 1 Absatz 2 l. c. sich von dem ihm angewiesenen Aufenthaltsorte demnächst nicht entfernen dürfe. Abschrift dieses Protokolls ist der Regierung zu Stettin zu übersenden, welcher auch event. von der erfolgten Abreise des p. Kraemer Kenntniß zu geben ist. Falls p. Kraemer innerhalb der gestellten Frist nicht nach Wollin abreisen sollte, würde er demnächst zwangsweise dorthin zu transportiren sein.*

175 Die Regierung Trier an den Oberpräsidenten der Rheinprovinz am 10. Oktober 1874 (LHAK, Bestand 442 Nr. 1978 im Entwurf): *Dem kath. Geistlichen Joseph Kraemer zu Oberweis, Kreis Bitburg, nachdem derselbe bereits durch diesseitige Verfügung vom 17.*

Obwohl dem Pfarrer Friedrich Wehn zu Niederberg aufgrund von § 5 des Reichsgesetzes vom 4. Mai 1874 bis zur rechtskräftigen Beendigung des gegen ihn eingeleiteten Strafverfahrens der Aufenthalt in den Regierungsbezirken Koblenz und Wiesbaden verboten worden war, hatte er sich noch vor erlangter Rechtskraft des schließlich ergangenen Urteils wieder in Niederberg eingefunden und dort auch danach noch geistliche Amtshandlungen vorgenommen. Wegen der dadurch *an den Tag gelegten Widerspenstigkeit und Dreistigkeit des als ein überaus geschicktes Werkzeug der ultramontanen Opposition erprobten p. Wehn* glaubte die Regierung Koblenz gleich eine Landesverweisung angebracht.[176] Doch der Oberpräsident reichte den Expatriierungsantrag u.a. deshalb nicht nach Berlin weiter, weil er darin einen Verstoß gegen die im Ministerialerlass vom 22. Juni 1874 vorgeschriebene Rang- und Reihenfolge der Sanktionsmaßregeln erblickte, insofern in der Regel eine Internierung einer Landesverweisung voranzugehen hatte.[177] Diesen

---

Juni cr. aus dem Regierungsbezirke Trier ausgewiesen worden war, (ist) auf unseren Antrag der Aufenthalt in der Stadt Wollin im Regierungsbezirk Stettin angewiesen und die Internirung desselben unterm 26. August cr. verfügt worden. Der p. Kraemer soll sich nach Anzeige des Landraths zur Zeit im Großherzogthum Luxemburg aufhalten und unlängst mit einigen Einsassen seiner Pfarrei im Grenzstädtchen Echternach Rendezvous gegeben haben.

Der Landrat von Bitburg an die Regierung Trier am 6. Januar 1875 (LHAK, Bestand 442 Nr. 1978): *Königlicher Regierung beehre ich mich [...] gehorsamst zu berichten, daß nach Anzeige des Bürgermeisters Linden zu Oberweis der Geistliche Kraemer eine Kaplanstelle in dem luxemburgischen Orte Rosport unweit Echternach versieht und sich daselbst aufhält.*

176 Die Regierung Koblenz an den Innen- und den Kultusminister am 6. August 1874 (LHAK, Bestand 403 Nr. 15722): *Betreffend das von uns gegen den katholischen Geistlichen Friedrich Gottlieb Wehn aus Niederberg einzuschlagende Verfahren, (erlauben wir uns) gehorsamst anzuzeigen, daß [...] der p. Wehn wegen fortgesetzter Vornahme von geistlichen Amtshandlungen [...] zu einer Geldbuße von 76 Thlr. event. 19 Tagen Haft rechtskräftig verurtheilt worden ist. [...] Das vorgedachte Erkenntniß (hat) seine Rechtskraft erst am 21. Juli d. Js. erlangt, so daß die [...] Anwesenheit des p. Wehn am 29. Juni d. Js. in Niederberg eine Handlung in sich schließt, welche unserer vorläufigen Ausweisungsverfügung vom 25. Mai d. J. zuwiderläuft und daher gemäß § 1 Absatz 2 des Reichsgesetzes vom 4. Mai d. Js. zur Verfügung der Expatriirung über den p. Wehn berechtigt. In der That ist denn auch die Anwendung dieser Maaßregel von dem Kreislandrath beantragt und hegen wir bei der hinlänglich an den Tag gelegten Widerspenstigkeit und Dreistigkeit des als ein überaus geschicktes Werkzeug der ultramontanen Opposition erprobten p. Wehn kein Bedenken, jenen Antrag zu befürworten und Euer Excellenz gehorsamst zu bitten, dahin hochgeneigtest wirken zu wollen, daß der katholische Geistliche Friedrich Gottlieb Wehn, zur Zeit in der Gefangenenanstalt zu Neuwied, baldmöglichst seiner Staatsangehörigkeit verlustig erklärt und zugleich aus dem Bundesgebiete ausgewiesen werde.*

177 Der Oberpräsident der Rheinprovinz an die Regierung Koblenz am 12. August 1874 (LHAK, Bestand 441 Nr. 17276).

Wink griff die Regierung Koblenz auf, indem sie dem Pfarrer die in ihrem Regierungsbezirk gelegene, protestantisch geprägte Stadt Wetzlar als Internierungsort zuwies, den der Pfarrer nach seiner Entlassung aus dem Neuwieder Gefängnis unverzüglich aufzusuchen hatte.[178] Doch auch in diesem Fall wurde die Internierung nie vollzogen, da Pfarrer Wehn sich der Abbüßung von mehrmonatigen Gefängnisstrafen durch ‚Untertauchen' entzog[179] und schließlich *unter Aufhebung*

---

178 Die Regierung Koblenz an Pfarrer Wehn zu Niederberg am 19. August 1874 (LHAK, Bestand 441 Nr. 17276 im Entwurf): *In Erwägung, daß Sie, obwohl bereits wegen fortgesetzter Vornahme von geistlichen Amtshandlungen in einem Kirchenamte, das den Vorschriften der Staatsgesetze zuwider Ihnen übertragen war, rechtskräftig zu Strafe verurtheilt, dennoch am 2. August d. J. in Niederberg erschienen sind und wiederum unbefugter Weise geistliche Amtshandlungen vorgenommen haben; in Betracht ferner, daß Sie der von uns unter dem 25. Mai d. J. gegen Sie verfügten Ausschließung aus den Regierungsbezirken Koblenz und Wiesbaden ebenfalls zuwider gehandelt haben, indem Sie den Verboten zuwider am 29. Juni c. an Ihrem früheren Wohnorte Niederberg sich aufgehalten und hierdurch gezeigt haben, daß Sie nicht gewillt sind, den Anordnungen der Behörde nachzukommen und den gesetzlichen Bestimmungen Folge zu leisten, haben wir auf Grund des § 2 des Gesetzes betreffend die Verhinderung der unbefugten Ausübung von Kirchenämtern vom 4. Mai c. beschlossen, Sie nunmehr in die Stadt Wetzlar unseres Bezirkes zu interniren.*
Die Regierung Koblenz an den Oberpräsidenten der Rheinprovinz am 19. August 1874 (LHAK, Bestand 403 Nr. 15722): *Ew. Hochwohlgeboren beehren wir uns [...] gehorsamst zu berichten, daß wir die Internirung des katholischen Geistlichen Wehn von Niederberg in der Stadt Wetzlar nach seiner am 22. d. Mts. erfolgenden Entlassung aus dem Kreisgerichtsgefängniß zu Neuwied beschlossen haben. Wir haben geglaubt, diese Verschärfung unsere Maßregeln gegen den erwähnten Geistlichen vornehmen zu müssen, da nach den gemachten Erfahrungen, nach welchen er weder die von uns verhängte Ausschließung aus den Regierungsbezirken Coblenz und Wiesbaden vom 25. Mai d. Js. durch seine am 29. Juni d. J. erfolgte Rückkehr nach Niederberg beachtet hat noch auch durch seine nach erfolgter rechtskräftiger Verurtheilung wegen Vergehen gegen die Maigesetze vom vorigen Jahre am 2. August d. J. wiederholte Nichtbeachtung der erwähnten Gesetze nicht anzunehmen steht, daß p. Wehn sich den staatlichen Anordnungen bzw. den bestehenden Gesetzen zu fügen gedenkt. Die Internirung in der Stadt Wetzlar, also innerhalb unseres Bezirkes, halten wir um deßwegen für ausreichend, weil wir in der Person des dortigen Landrathsamtsverwalters, des Regierungsassessors v. Tieschowitz, eine geeignete Persönlichkeit zu haben glauben, welche mit der erforderlichen Umsicht und Energie den Intentionen dieser Maßregel Rechnung tragen wird.*

179 Der Oberstaatsanwalt zu Neuwied, v. Moers, an die Regierung Koblenz am 25. Mai 1875 (LHAK, Bestand 441 Nr. 17276):
Auf das geehrte Schreiben vom 14. d. Mts. erwiedere ich der Königl. Regierung ergebenst, daß gegen den Geistlichen Friedrich Gottlieb Wehn von Niederberg keine Untersuchung mehr anhängig ist, daß derselbe aber noch folgende rechtkräftig erkannte Strafen zu verbüßen hat:
1. *aus dem Urteil Königl. Justiz-Senats zu Ehrenbreitstein vom 24. October 1874 wegen des im § 133 des Reichsstrafgesetzbuches bezeichneten Vergehens wider die öffentliche Ordnung (Beseitigung der Kirchenbücher und Kirchensiegel) 3 Monate Gefängniß;*

der die Internirung des Wehn in der Stadt Wetzlar anordnenden, aber bisher nicht zur Ausführung gelangten Verfügung der Königlichen Regierung zu Coblenz vom 19. August 1874 [...] aus dem Bundesgebiete ausgewiesen wurde[180].

Außerdem haben der Innen- und der Kultusminister noch dem mehrfach wegen unbefugter Ausübung geistlicher Amtshandlungen verurteilten Kaplan Peter Zimmermann zu Mülheim bei Koblenz die Stadt Bergen auf der Insel Rügen als Internierungsort zugewiesen.[181] Allerdings konnte auch diese Internierung nicht vollstreckt werden, *weil sich der Geistliche Zimmermann seiner Ergreifung durch die Flucht entzogen hat und sein demnächstiger Aufenthalt bisher unbekannt geblieben ist.*[182]

So ist als Ergebnis festzuhalten, dass eine Internierung an sich dazu dienen sollte, ausgewiesenen Geistlichen, die demungeachtet – teilweise wiederholt – heimlich an ihren angestammten Amtierungsort zurückkehrten, um dort Gottesdienst(e) zu halten (und anschließend meist schnell wieder zu verschwinden), diese ‚Stippvisiten' zu verleiden und unmöglich zu machen, dass trotz deren Häufigkeit nur fünf ‚echte' Internierungen gegen Geistliche aus den Regierungsbezirken Koblenz und Trier ausgesprochen wurden, dass aber keine einzige ausgeführt wurde, da

---

2. aus dem Urteil des königl. Kreisgerichts zu Neuwied vom 21. August 1874 wegen gewaltsamen Widerstands gegen Exekutivbeamten während der Vornahme einer Amtshandlung 6 Monate Gefängniß.

Da der Aufenthalt des Wehn bisher trotz dem gegen ihn unter'm 22. März c. erlassenen Steckbriefe nicht ermittelt worden ist, so konnten die vorgedachten Strafen noch nicht gegen ihn vollstreckt werden.

180 Der Innen- und der Kultusminister an die Regierung Koblenz am 23. April 1875 (LHAK, Bestand 441 Nr. 17276; LHAK, Bestand 403 Nr. 15722).

181 Der Innen- und der Kultusminister an die Regierung Koblenz am 3. November 1874 (LHAK, Bestand 403 Nr. 15722; GStA PK, I. HA Rep. 76 IV Sekt. 1 Abt. IX Nr. 24 Bd. 2 u. Bd. 6): *Der Königlichen Regierung eröffnen wir auf den Bericht vom 14. v. Mts. [...], daß wir beschlossen haben, dem katholischen Geistlichen Peter Zimmermann zu Mülheim im dortigen Kreise die Stadt Bergen auf der Insel Rügen im Regierungsbezirke Stralsund als Aufenthaltsort anzuweisen. Wir beauftragen deshalb die Königliche Regierung, dem p. Zimmermann zu Protokoll eröffnen zu lassen, daß ihm auf Grund des Reichsgesetzes vom 4. Mai d. Js. der Aufenthalt in der Stadt Bergen, Regierungsbezirk Stralsund, angewiesen werde und daß er daher binnen 3 Tagen sich bei Vermeidung des zwangsweisen Transportes dorthin zu begeben und bei der dortigen Polizeibehörde zu melden habe, auch bei Vermeidung des zwangsweisen Rücktransportes und event. weiterer Maßnahmen gemäß § 1 Abs. 2 l. c. sich von dem ihm angewiesenen Aufenthaltsorte demnächst nicht entfernen dürfe. Abschrift dieses Protokolls ist der Regierung zu Stralsund zu übersenden, welcher auch event. von der erfolgten Abreise des p. Zimmermann Kenntniß zu geben ist. Falls der p. Zimmermann innerhalb der gestellten Frist nicht nach Bergen abreisen sollte, würde er demnächst zwangsweise dorthin zu transportiren sein.*

182 Die Regierung Koblenz an den Ersten Staatsanwalt zu Koblenz am 9. Februar 1881 (GStA PK, I. HA Rep. 76 IV Sekt. 1 Abt. IX Nr. 24 Bd. 6).

alle diese Geistlichen untertauchten, meist wohl in nichtpreußische Bundesstaten oder ins Ausland emigrierten, und überdies zwei, nämlich die Pfarrer Kautz und Wehn, bald nach der Internierung ganz des Landes verwiesen wurden. Die geringe Zahl und die Nichtexekution der Internierung waren Symptom und Ausdruck der Schwierigkeit, die relativ vielen Ausweisungsverfügungen effektiv durchzusetzen, und über dieses Exekutivproblem wurde innerhalb des Staatsapparats eine intensive Diskussion geführt, die im Folgenden nachverfolgt werden soll.

Angesichts der Erfahrung, dass gesperrte und ausgewiesene Geistliche immer wieder in ihre Heimatgemeinden zur Amtierung zurückkehrten, hatte die Regierung Trier zur Verhinderung und Bestrafung dieser ‚Stippvisiten' faktisch eine neue, zusätzliche, im Reichsgesetz jedoch nicht vorgesehene Sanktionierungsform eingeführt, nämlich die schon mehrfach erwähnte Exekutivhaft. Und zwar hatte die ‚Instruction zur Geschäftsführung der Regierungen in den Königlich Preußischen Staaten' vom 23. Oktober 1817[183] in § 11 die Bezirksregierungen dazu *befugt, ihren Verfügungen nöthigenfalls durch gesetzliche Zwangs- und Strafmittel Nachdruck zu geben und sie zur Ausführung zu bringen, ohne daß eine Exemtion darüber zulässig ist,* und im Folgenden auf die ‚Verordnung wegen verbesserter Einrichtung der Provinzialpolizei- und Finanz-Behörden' vom 26. Dezember 1808[184] verwiesen, welche in Punkt 2 von § 48 dekretierte: *Strafbefehle können die Regierungen im Wege des exekutivischen Verfahrens bis zur Summe von 100 Thalern oder vierwöchentlichem Gefängniß erlassen und vollstrecken.* So waren die Bezirksregierungen autorisiert, aus eigener Machtvollkommenheit, d.h. ohne Einschaltung der Justiz und ohne Kontrolle durch die Justiz, gegen widerspenstige Bürger zur Durchsetzung ihrer Anordnungen eine maximal vierwöchentliche Gefängnisstrafe zu verhängen. Auf dieses zusätzliche Gehorsamserzwingungs- und Abschreckungsmittel hatte nun – wie gesagt – die Regierung Trier zurückgegriffen, um des klerikalen Ungehorsams in Gestalt der heimlichen Rückkehr von ausgewiesenen Priestern in ihre Heimatgemeinde Herr zu werden.[185] Doch in ihrem Erlass vom 5. Juni 1874

183 Gesetz-Sammlung für die Königlichen Preußischen Staaten, Jg. 1817, S. 248–282.

184 Ebd., S. 282–288 (Auszüge).

185 Beispiele:
Die Regierung Trier *an den Geistlichen Herrn Herrmann Joseph Esch zu Schüller, Kreis Prüm,* am 17. Juni 1874 (LHAK, Bestand 442 Nr. 1953): *Da Sie bereits wiederholt und zwar mittelst der gerichtlichen Urtheile vom 5. Januar, 23. Februar und 10. April cr. wegen Vornahme von Amtshandlungen in dem Ihnen gegen die Vorschriften der Staatsgesetze übertragenen Kirchenamte zu Schüller Kreis Prüm rechtskräftig zu Strafe verurtheilt sind, demungeachtet aber nach dem 9. Juni cr. verschiedene Amtshandlungen in Schüller vorgenommen haben, so wird Ihnen hiermit auf Grund der §§ 1 und 2 des Reichsgesetzes vom 4. Mai cr., betreffend die Verhinderung der unbefugten Ausübung von Kirchenämtern, der Aufenthalt im Regierungsbezirk Trier untersagt. Sie haben diesemnach binnen achtundvierzig Stunden vom Ablauf des Tages an gerechnet, an welchem Ihnen diese Verfügung eröffnet ist, den Regierungsbezirk Trier zu verlassen, auch letzteren nicht wieder zu betreten und zwar bei der Vermeidung einer nach § 11 der Instruction zur Geschäftsführung der Regierungen in den Königlich Preußischen*

untersagten der Innen- und der Kultusminister der Regierung Düsseldorf, die auf genau denselben Notbehelf verfallen war, dessen Anwendung, weil das Reichsgesetz vom 4. Mai 1874 eine solche Maßnahme nicht vorgesehen habe, vielmehr die Ausweisung, die Internierung und die Ausbürgerung, und zwar in dieser Steigerungsreihenfolge, als Instrumente zur Brechung der klerikalen Widerstandes bestimmt habe.[186] Im vielerwähnten Ministerialerlass vom 22. Juni 1874 hatten die

---

Staaten vom 23. October 1817 und § 48 der Verordnung wegen verbesserter Einrichtung der Provinzialpolizei- und Finanz-Behörden vom 26. Dezember 1808 sofort zu vollstreckenden vierwöchentlichen Executivhaft. Hinsichtlich des von Ihnen außerhalb des Regierungsbezirks Trier gewählten Aufenthaltsorts haben Sie uns ohne Verzug Anzeige zu machen, widrigenfalls Sie wegen der von Ihnen etwa noch zu verbüßenden gerichtlichen Strafen steckbriefliche Verfolgung zu gewärtigen haben.

Die Regierung Trier *an den Geistlichen Herrn Franz Thomas Schmitz zu Cues, Kr. Bernkastel,* am 22. Juni 1874 (LHAK, Bestand 442 Nr. 1995): *Da Sie bereits wiederholt und zwar mittelst der gerichtlichen Urtheile vom 5. Januar und 23. Februar cr. wegen Vornahme von Amtshandlungen in dem Ihnen gegen die Vorschriften der Staatsgesetze übertragenen Kirchenamte zu Cues, Kreis Berncastel, rechtskräftig zu Strafe verurtheilt sind, demungeachtet aber im Anfange Juni cr. fest täglich Amtshandlungen in Cues vorgenommen haben, so wird Ihnen hiermit auf Grund der §§ 1 und 2 des Reichsgesetzes vom 4. Mai cr., betreffend die Verhinderung der unbefugten Ausübung von Kirchenämtern, der Aufenthalt im Regierungsbezirk Trier untersagt. Sie haben diesemnach binnen achtundvierzig Stunden vom Ablauf des Tages an gerechnet, an welchem Ihnen diese Verfügung eröffnet ist, den Regierungsbezirk Trier zu verlassen und letztern nicht wieder zu betreten und zwar beides bei Vermeidung einer nach § 11 der Instruction zur Geschäftsführung der Regierungen in den Königlich Preußischen Staaten vom 23. October 1817 und [nach] § 48 der Verordnung wegen verbesserter Einrichtung der Provinzial- und Finanzbehörden vom 26. Dezember 1808 sofort zu vollstreckenden vierwöchentlichen Executivhaft. Hinsichtlich des von Ihnen außerhalb des Regierungsbezirks Trier gewählten Aufenthaltsorts haben Sie uns ohne Verzug Anzeige zu machen, widrigenfalls Sie wegen der von Ihnen etwa noch zu verbüßenden gerichtlichen Strafen steckbriefliche Verfolgung zu gewärtigen haben.*

186 Der Innen- und der Kultusminister an die Regierung Düsseldorf am 5. Juni 1874 (LHAK, Bestand 403 Nr. 7558): *Was die dem [Pfarrer] p. Tüffers [zu Kalkar] für den Fall des Zuwiderhandelns gegen eine solche [Ausweisungs-]Verfügung anzudrohenden Folgen anlangt, so vermögen wir der Androhung einer Executivhaft in der vorliegenden Angelegenheit nicht zuzustimmen. Das Reichsgesetz vom 4. v. M. bezeichnet selbst diejenigen Maßnahmen, welche zu seiner Durchführung zur Anwendung zu bringen sind. Dasselbe bezweckt die Verhinderung der unbefugten Ausübung von Kirchenämtern und schreibt als Mittel zur Erreichung dieses Zweckes in erster Linie die Reclusion* [d.h. Ausschießung aus einem Gebiet] *und die Internirung, in zweiter Linie aber die Expatriirung und die Externirung vor. Im gewöhnlichen Verlauf der Dinge und sofern nicht besondere Umstände eine Ausnahme begründen, wird demgemäß von dem gelinderen zu dem schärferen Zwangsmittel überzugehen sein, zumal wenn es sich nicht um Kirchendiener in hervorragender Stellung, sondern um die Curatgeistlichkeit handelt. Es wird also zunächst die Ausweisung aus einem bestimmten Bezirk zu verfügen, sodann zur Internirung überzugehen und endlich als letztes Mittel die Entziehung der*

beiden auf strenge Gesetzkonformität bedachten Minister diesen Exekutivgrundsatz fast wörtlich wiederholt[187] und hinzugefügt, dass, um im Sinne des Reichsgesetzes die Zahl der inhaftierten Priester zu minimieren, *der Regel nach von der Anwendung von Exekutivstrafen abzusehen* sei und dass eine etwaige als angezeigt geglaubte Ausnahme von der Regel ihrer vorherigen Genehmigung bedürfe. In mehreren Eingaben bat die Regierung Trier nun die Minister Falk und Eulenburg, die Verfügung bzw. Vollstreckung der bereits vor Kenntnis des Ministerialerlasses vom 5. Juni 1874 angedrohten Exekutivhaftstrafen nachträglich zu genehmigen, weil *das Ansehen der Behörden* und *die Autorität der Gesetze* sonst leiden würden und weil die betroffenen Geistlichen sich einer *ganz besondern Renitenz und Hartnäckigkeit* schuldig gemacht hätten bzw. *im hohen Grade agitatorisch* verfahren seien.[188]

Die Vorgänge um den schon erwähnten Pfarrer Kraemer zu Oberweis nahm die Regierung Trier dann zum Anlass, um ein weiteres grundsätzliches Exekutivproblem anzusprechen, das sie durch die in den beiden Ministerialerlassen vom 5. und 22. Juni 1874 vorgeschriebene Stufenfolge Ausweisung – Internierung – Ausbürgerung heraufbeschworen wähnte, nämlich den dadurch verursachten Zeitverzug und -aufwand, welche nach ihrer Ansicht den Priestern eine unerträglich lange Weiteramtierung bis zu ihrer endgültigen Entfernung ermöglichen würden. Durch

---

Staatsangehörigkeit anzuwenden, aber auch hierbei nach Lage des Falles noch offen zu halten sein, ob mit der Expatriirung sofort auch die Ausweisung aus dem Bundesgebiete zu verbinden sei oder nicht. Von Zwangsmaßregeln aber, welche außerhalb des Rahmens des Reichsgesetzes liegen, ist hierbei, sofern nicht für einen speciellen Fall die diesseitige Erlaubniß dazu ausdrücklich ertheilt werden möchte, gänzlich abzusehen. – Der Oberpräsident der Rheinprovinz erhielt eine Abschrift dieser Verfügung *zur gefälligen Kenntnißnahme* und gab sie auch an die Bezirksregierungen weiter, allerdings erst am 29. Juni 1874.

187 Der Innen- und der Kultusminister in ihrem an alle preußischen Oberpräsidenten gerichteten Runderlass vom 22. Juni 1874 (Text und Nachweise im Quellenanhang I): *Das [Reichs-]Gesetz [vom 4. Mai 1874] bezweckt die Verhinderung der unbefugten Ausübung von Kirchenämtern und schreibt als Mittel zur Erreichung dieses Zweckes in erster Linie die Versagung oder Anweisung des Aufenthalts in bestimmten Bezirken oder Orten, in zweiter Linie aber die Entziehung der Staatsangehörigkeit und die Ausweisung aus dem Bundesgebiete vor. Im gewöhnlichen Lauf der Dinge und sofern nicht besondere Umstände eine Ausnahme begründen, wird demgemäß zunächst das gelindere Zwangsmittel anzuwenden und zu dem schärferen erst überzugehen sein, wenn jenes nicht die erwartete Wirkung gehabt hat, zumal wenn es sich nicht um Kirchendiener in hervorragender Stellung, sondern um die Curatgeistlichkeit handelt. Es wird also zunächst die Ausweisung aus einem bestimmten Bezirk zu verfügen, sodann zur Internirung überzugehen und endlich als letztes Mittel die Entziehung der Staatsangehörigkeit anzuwenden [sein].*

188 Die Regierung Trier an den Innen- und den Kultusminister am 3. Juli 1874 (LHAK, Bestand 403 Nr. 7558) und am 11. Juli 1874 (GStA PK, I. HA Rep. 76 IV Sekt. 1 Abt. IX Nr. 24 Bd. 1).

die verordnete Prozedur werde *den betreffenden Geistlichen lange Zeit zum Aufenthalte in der ihnen gesetzwidrig zugewiesenen Pfarrei gewährt. Letztere werden nicht allein vor den Augen der Behörden ihre gesetzwidrigen Handlungen wochenlang fortsetzen können, sondern auch diese Zeit zu Agitationen und Aufregungen aufs Eifrigste benutzen und den einfältigen Sinn der hiesigen Bevölkerung immer mehr umstricken.* Um nun *den höchst verderblichen Einfluß,* welchen die widerspenstigen Geistlichen *auf die bethörte Menge* ausüben, möglichst zu verkürzen, glaubte die Regierung Trier es notwendig, das Reichsgesetz vom 4. Mai 1874 *möglichst sofort mit voller Schärfe zur Anwendung zu bringen,* indem bei einer Missachtung der Ausweisungsverfügung zwecks Verfahrensbeschleunigung auf die Internierung verzichtet und gleich zur Expatriierung geschritten wird. Die Überspringung der Internierung empfahl sich der Regierung Trier auch deswegen, weil der Geistliche am Internierungsort im Allgemeinen keiner Berufstätigkeit nachgehen könne, aber nicht unter die Armengesetzgebung falle und die Kommune nicht zur finanziellen Unterstützung verpflichtet sei, sodass der Staat für die Unterbringung und Verpflegung des Internierten sorgen müsse. Aus diesen Gründen wollte die Regierung Trier gleich bei der Aufenthaltsversagung die Landesverweisung schon im Fall der ersten Rückkehr in das verbotene Territorium angedroht und dann gegebenenfalls auch vollstreckt haben.[189] Um die aufrührerischen Priester möglichst

---

189 Die Regierung Trier an den Innen- und den Kultusminister am 3. Juli 1874 (LHAK, Bestand 403 Nr. 7558): *Im Hinblick auf die außergewöhnliche Hartneckigkeit, mit welcher p. Krämer zu Werke geht, dürfte es im allgemeinen Interesse liegen, auch behufs Aufrechterhaltung der Autorität des Gesetzes dringend erforderlich sein, daß derselbe baldigst seiner preußischen Staatsangehörigkeit verlustig erklärt und aus dem Bundesgebiete ausgewiesen wird. [...] Eure Excellenzen wollen uns hiernach noch die nachfolgenden Bemerkungen gestatten. Bei Durchführung des im hohen Erlasse vom 5. Juni cr. vorgeschriebenen Verfahrens wird den betreffenden Geistlichen lange Zeit zum Aufenthalte in der ihnen gesetzwidrig zugewiesenen Pfarrei gewährt. Letztere werden nicht allein vor den Augen der Behörden ihre gesetzwidrigen Handlungen wochenlang fortsetzen können, sondern auch diese Zeit zu Agitationen und Aufregungen aufs Eifrigste benutzen und den einfältigen Sinn der hiesigen Bevölkerung immer mehr umstricken und unklar machen. Namentlich in Rücksicht auf diesen höchst bedauerlichen verderblichen Einfluß, welchen die Geistlichen bei längerem Verbleiben auf die bethörte Menge sicherlich üben würden und da auch die ultramontane Presse solche Fälle sofort als Zeichen der Schwäche und Ohnmacht der Regierung ausbeuten wird, dürfte es sich ohne Zweifel dringend empfehlen, das Reichsgesetz vom 4. Mai cr. so weit als irgend möglich sofort mit voller Schärfe zur Anwendung zu bringen. Wenn zunächst Ausweisung aus einem bestimmten Bezirke, danach mit Eurer Excellenzen zuvoriger Genehmigung Internirung, drittens auf erneuerten Bericht Expatriirung und schließlich Ausweisung aus dem Bundesgebiete, und zwar alles ohne Anwendung der Executivhaft erfolgen soll, so dürfte gegenüber einer so großen Anzahl höhnender Geistlicher und an den Erfolgen der Letztern sich ergötzender Pfarrgenossen in den meisten Fällen, namentlich auch in denen des § 5 des Reichsgesetzes, der Zweck des Gesetzes verfehlt werden. Abgesehen hiervon stößt namentlich die Durchführung der*

rasch zu isolieren und ihre Gemeinden ihrem Einfluss zu entziehen, wollte also die Regierung Trier mit den ‚geistlichen Intensivtätern', die ihrer Ausweisung durch eine Rückkehr zuwiderhandeln, einen in einer raschen Abschiebung ins Ausland endenden ‚kurzen Prozess' ohne den zeitaufwendigen, Berichterstattungen und Genehmigungseinholungen erfordernden Zwischenschritt der Internierung gemacht haben.

Doch in Übereinstimmung mit dem Oberpräsidenten, der für eine Rückendeckung der Bezirksregierung in der Exekutivhaftangelegenheit, aber gegen eine Überspringung der Internierung als nächster Sanktionsverschärfungsstufe plädierte,[190] billigten der Innen- und der Kultusminister zwar, um eine Desavouierung der Bezirksregierung gegenüber den klerikalen ‚Übeltätern' zu vermeiden, die Vollstreckung der bisher angedrohten Exekutivhaftstrafen, entschieden jedoch, eine Landesverweisung dürfe *als die äußerste und schwerwiegendste Maßregel nur nach fruchtloser Erschöpfung aller sonstigen Zwangsmittel zur Anwendung gebracht werden, sofern nicht ganz besondere Umstände im Interesse des Staatswohles und der öffentlichen Ordnung ausnahmsweise schon in einem früheren Stadium ein*

Internirung auch noch auf besondere Schwierigkeiten. Denn der betreffende Geistliche wird sich, sobald dessen Internirung an einem Orte verfügt wird, auf seine Mittellosigkeit als excussus [gemeint wohl: als Entschuldigungsgrund] *berufen, die betreffende Gemeinde aber wird auf Grund des § 4 des Freizügigkeitsgesetzes seine Aufnahme ablehnen können, so daß unter allen Umständen für Fälle der vorliegenden [Art] die Unterbringung auf Staatskosten erfolgen müßte. Unseres Erachtens ist es nach den bestehenden gesetzlichen Bestimmungen aber auch durchaus zulässig, den betreffenden Geistlichen bei deren Ausweisung aus bestimmten Bezirken Executivhaft und gleichzeitig Expatriirung sowie Ausweisung aus dem Bundesgebiete anzudrohen und eventuel[l] im beschleunigten Verfahren zur Ausführung zu bringen, indem nur durch schnelle Enthebung der Genannten aus der Mitte der Pfarreingesessenen die Letztern von den auf das Verderblichste wirkenden Beeinflussungen der Geistlichen zu bewahren sind.* Die Regierung Trier an den Innen- und den Kultusminister am 11. Juli 1874 (GStA PK, I. HA Rep. 76 IV Sekt. 1 Abt. IX Nr. 24 Bd. 1): *Wir beziehen uns [...] auf die Ausführungen in unserem Berichte vom 3. Juli c., den Geistlichen Joseph Kraemer zu Oberweis betreffend, wonach namentlich jegliche Verzögerung in der Durchführung der gesetzlich zulässigen Maßregeln die betreffenden Geistlichen und ihre Anhänger widerspenstig macht und in allen Hinsichten verderblich wirkt. Wir bemerken noch, daß kürzlich eingetretene Vorfälle und namentlich thätliche Widersetzlichkeiten, welche bei Einziehung eines in Namborn gesetzwidrig angestellten Geistlichen behufs Verbüßung der wegen Vornahme von Amtshandlungen gerichtlich gegen ihn erkannten Gefängnißstrafe sich ereigneten [...], dringend mahnen, die gesetzwidrig angestellten, die große Menge fanatisirenden und irreführenden Geistlichen, soweit [es] die Gesetze irgend zulassen, ohne jeglichen Verzug der Mitte der Pfarreingesessenen zu entheben. Die weittragendensten Folgen eines nur langsamen Vorgehens dürften nicht auf sich warten lassen.*

190 Der Oberpräsident der Rheinprovinz an den Kultusminister am 9. Juli 1874 (LHAK, Bestand 442 Nr. 1978; GStA PK, I. HA Rep. 76 IV Sekt. 1 Abt. IX Nr. 24 Bd. 1).

Einschreiten mit den schärfsten Maßnahmen nothwendig erscheinen lassen. Demgemäß sei Pfarrer Kraemer, nachdem er wenn nötig unter Polizeibedeckung den Regierungsbezirk Trier wieder verlassen hat, nach seiner eventuellen weiteren Rückkehr zunächst zu internieren und erst nach dem Scheitern auch dieser Maßregel stehe die Expatriierung an.[191] Die Minister wollten also die Internierung als Etappe nicht nur beibehalten, sondern auch erst nach der insgesamt zweiten Rückkehr in das verwiesene Territorium verhängt haben und die gravierendste Sanktionsform, die Expatriierung, für den Fall des Verlassens des zugewiesenen Internierungsorts reserviert haben. Zwei Wochen später erneuerten die beiden Minister in einer weiteren Verfügung die Genehmigung zur Vollstreckung der von der Regierung Trier bereits angedrohten Exekutivhaftstrafen, bestanden aber weiterhin auf der Einhaltung des Prozedere, wie sie es in Bezug auf Pfarrer Kraemer zu Oberweis exemplarisch vorgeschrieben hatten, und erteilten der Regierung Trier, wie gleichzeitig den anderen Bezirksregierungen ebenfalls, zur

---

191 Der Innen- und der Kultusminister an den Oberpräsidenten der Rheinprovinz am 17. Juli 1874 (LHAK, Bestand 442 Nr. 1978; LHAK, Bestand 403 Nr. 7558): *Auf den gefälligen Bericht vom 9. d. M. erklären wir uns damit einverstanden, daß die gegen den Geistlichen Kraemer zu Oberweis festgesetzte Executivhaftstrafe von 4 Wochen, nachdem derselbe zur Haft gebracht ist, nunmehr auch vollständig vollstreckt werde. Was dagegen die weitere Behandlung der Sache anlangt, so vermögen wir in wesentlicher Übereinstimmung mit Ew. Hochwohlgeboren Ausführungen dem Antrage der Königlichen Regierung zu Trier in dem [...] Berichte vom 3. d. M. nicht stattzugeben. Die Entziehung der Staatsangehörigkeit und die Ausweisung aus dem Bundesgebiete darf als die äußerste und schwerwiegendste Maßregel nur nach fruchtloser Erschöpfung aller sonstigen Zwangsmittel zur Anwendung gebracht werden, sofern nicht ganz besondere Umstände im Interesse des Staatswohles und der öffentlichen Ordnung ausnahmsweise schon in einem früheren Stadium ein Einschreiten mit den schärfsten Maßnahmen nothwendig erscheinen lassen. Daß derartige besondere Umstände in dem vorliegenden Fall vorhanden seien, vermögen wir nicht anzuerkennen. Demgemäß wird der p. Kraemer bei seiner Entlassung aus der Haft darüber protokollarisch zu vernehmen sein, ob er sich nunmehr der Verfügung vom 17. Juni cr., durch welche ihm der Aufenthalt im Regierungsbezirk Trier untersagt worden [ist], fügen wolle. Lehnt er dies ab oder verläßt er nach erfolgter Zusage nicht freiwillig den Regierungsbezirk, so ist er zwangsweise über die Grenze des Bezirks zu transportiren, und zwar an einer Stelle, von welcher aus ihm die Rückkehr nach Oberweis möglichst erschwert wird. Sollte er dann doch zurückkehren, so ist gegen ihn die Internirung zu verfügen und diese gleichfalls zwangsweise durch Transport an den Ort der Internirung auszuführen. Erst wenn auch diese Maßregel sich als erfolglos erweisen sollte, würde es an der Zeit sein, zur Expatriirung und Ausweisung aus dem Bundesgebiete vorzugehen. Da indessen nach der Persönlichkeit des p. Kraemer zu erwarten ist, daß er es mindestens zur Internirung wird kommen lassen, so geben wir Ew. Hochwohlgeboren ergebenst anheim, die Regierung in Trier sofort zu veranlassen, schon jetzt wegen eventueller Bestimmung eines Ortes, welcher dem p. Kraemer zum Aufenthalt anzuweisen sein wird, zu berichten.*

Verfahrensbeschleunigung lediglich die Ermächtigung, selbstständig, d.h. ohne vorherige Rückfrage in Berlin, die Internierung verhängen zu dürfen, allerdings nur dann, wenn der Internierungsort innerhalb des eigenen Regierungsbezirks lag.[192] Dieses letztere Zugeständnis war allerdings faktisch bedeutungslos, da die beiden Minister, und zwar wieder anlässlich des Falles Kraemer, kurze Zeit später dekretierten, dass in der Regel der Internierungsort außerhalb des Regierungsbezirks, für den das Betretungsverbot ausgesprochen worden war, liegen solle, weshalb die ministerielle Genehmigung einzuholen war und somit der Innen- und der Kultusminister gemeinsam für die Internierungsentscheidung zuständig waren.[193]

Als einige Wochen später die Regierung Trier die ministerielle Erlaubnis für die Androhung und Verhängung neuer Exekutivhaftstrafen nachsuchte, um durch dieses zusätzliche Sanktions- und Pressionsinstrument ihren Ausweisungsverfügungen größeren Nachdruck und stärkere Wirksamkeit zu verleihen, wurde die Diskussion um die Exekutivhaft und vor allem um die Beibehaltung der Internierung als Pflichtetappe auf dem Weg zur Ausbürgerung und als notwendigen Bestandteil der als sukzessive Sanktionierungsverschärfung begriffenen Reihenfolge

192 Der Innen- und der Kultusminister an die Regierung Trier am 31. Juli 1874 (LHAK, Bestand 403 Nr. 7558; LHAK, Bestand 442 Nr. 1995; GStA PK, I. HA Rep. 77 Tit. 413 Nr. 125): *Auf die Berichte der Königlichen Regierung vom 11. d. Mts. wollen wir hierdurch genehmigen, daß die den Geistlichen Schmitz zu Cues, Esch zu Schüller, Glees zu Wawern und Föhr zu Taben angedrohte Executivhaft vollstreckt werde, sofern sie den dortigen Regierungsbezirk nicht verlassen beziehungsweise in denselben zurückkehren. Was hingegen die weitere Behandlung dieser Fälle anlangt, so kann den desfallsigen Anträgen der Königlichen Regierung nicht entsprochen werden. Vielmehr ist auch in diesen Fällen nach denselben Grundsätzen zu verfahren, welche bezüglich des Geistlichen Kraemer zu Oberweis in unserer Verfügung vom 17. d. Mts. [...] als Richtschnur hingestellt sind. Zugleich wollen wir die Königliche Regierung jedoch zur Förderung einer rascheren Erledigung der einzelnen Specialfälle hierdurch ermächtigen, fortan auch die Maßnahme der Internirung selbstständig zu verfügen und nur Anzeige an uns im einzelnen Fall zu erstatten, falls dieselbe eine Internirung an einem Orte des dortigen Bezirks für genügend erachtet. Dagegen ist zuvorige Berichterstattung an uns ferner nothwendig, wenn die Internirung an einem Orte außerhalb des dortigen Bezirks nothwendig erscheint; indessen bleibt es auch in solchen Fällen der eigenen Entschließung der Königlichen Regierung überlassen, dem betreffenden Geistlichen einstweilen einen bestimmten Aufenthaltsort im dortigen Bezirk anzuweisen.*

193 Der Innen- und der Kultusminister an die Regierung Trier am 19. August 1874 (GStA PK, I. HA Rep. 76 IV Sekt. 1 Abt. IX Nr. 24 Bd. 2; LHAK, Bestand 442 Nr. 1978; LHAK, Bestand 403 Nr. 7558 im Auszug): *(Wir) halten wir es nicht für zweckmäßig und (es) ist daher zu vermeiden, Geistlichen, welchen wie dem p. Kraemer der Aufenthalt innerhalb eines ganzen Regierungsbezirks untersagt worden ist, zur Strafe dafür, daß sie dieser Anordnung nicht nachgekommen sind, nunmehr den Aufenthalt in einem Orte desselben Regierungsbezirks anzuweisen. In solchen Fällen ist vielmehr für die Internirung ein Ort außerhalb des betreffenden Regierungsbezirks zu wählen, und daher stets an uns behufs Bestimmung eines solchen Ortes zu berichten.*

Ausweisung – Internierung – Ausbürgerung weitergeführt. Zwar lehnte Innenminister Graf zu Eulenburg nach wie vor das Zwangsmittel der Exekutivhaft ab, weil er diese der Intention des Reichsgesetzes vom 4. Mai 1874 wie dem Wortlaut der Ausführungsinstruktion vom 22. Juni 1874 als zuwiderlaufend erachtete, aber er erkannte im Antrag der Regierung Trier auf ihren Einsatz einen Berücksichtigung verdienenden Ausdruck eines tatsächlich vorhandenen und Abstellung erheischenden Exekutivnotstands und -defizits, welche durch die *planmäßige Renitenz* der Geistlichkeit hervorgerufen worden seien und die Anwendung der *schärfsten Maßregeln* verlangen würden. Zwecks Abhilfe wollte der Innenminister in Abweichung von seinem früheren Standpunkt die einzelnen Maßregeln der Ausweisung, Internierung und Landesverweisung nicht mehr als zwingend einzuhaltende Aufeinanderfolge betrachtet und Schritt für Schritt angewandt wissen, sondern sah nunmehr kein gesetzliches Hindernis für eine Auslassung der Internierung und für eine sofortige Ausbürgerung, wenn der Ausweisung in Form von heimlichen Besuchen der Heimatpfarrei getrotzt wird. Zu dieser Meinungsänderung trug auch die Erkenntnis bei, dass es *bisher noch in keinem Fall, wo eine Internirung verhängt worden, gelungen ist, dieselbe zur Ausführung zu bringen,* und dass selbst im Fall einer gelungenen Vollstreckung eine unverzügliche Rückkehr des Internierten in seine Heimatgemeinde zu erwarten ist, *was, da eine unausgesetzte polizeiliche Überwachung der Internirten nicht möglich ist, leicht ausführbar sein wird.* Danach würde dann sowieso die Ausbürgerung anstehen, weshalb man auch gleich dazu übergehen könne.[194] Dabei hatte der Minister besonders den Fall des gesperrten

194 Innenminister Eulenburg an Kultusminister Falk am 9. November 1874 (GStA PK, I. HA Rep. 76 IV Sekt. 1 Abt. IX Nr. 24 Bd. 2): *In den [...] Berichten vom 26. und 27. October cr. beantragt die Regierung zu Trier, ihr die Ermächtigung zu ertheilen, gegen die katholischen Geistlichen Maringer und Kiefer beziehungsweise Kautz, welche der von der Regierung auf Grund der §§ 1.2 des Reichsgesetzes vom 4. Mai d. Js. gegen sie erlassenen Ausweisungsverfügung nicht Folge leisten, eine vierwöchentliche Exekutivstrafhaft nach vorgängiger Androhung zu verhängen und die genannten Geistlichen demnächst* [d.h. danach] *an einem von dem Regierungsbezirke entfernten Orte zu interniren. Die von der Regierung vorgeschlagene Exekutivstrafe entspricht weder den Intentionen des gedachten Reichsgesetzes noch der von uns unterm 22. Juni d. Js. erlassenen gemeinschaftlichen Instruktion zur Ausführung dieses Gesetzes. Anderseits ist nicht zu verkennen, daß die planmäßige Renitenz gegen die Anordnung der Regierung die schärfsten Maaßregeln angezeigt erscheinen läßt, um den Widerstand zu brechen. Indem ich auf die Ausführungen in meinem Votum, den Geistlichen Schneiders betreffend, ganz ergebenst Bezug nehme, erlaube ich mir daher auch in dem vorliegenden Falle den Vorschlag, sofort zur Entziehung der Staatsangehörigkeit und zur Landesverweisung gegen die in Rede stehenden renitenten Geistlichen zu schreiten. Ein gesetzliches Bedenken, die Maaßregel der Internirung zu überspringen, liegt meines Erachtens nicht vor. Die letztere Maaßregel empfiehlt sich aber um so weniger, als es bisher noch in keinem Falle, wo eine Internirung verhängt worden, gelungen ist, dieselbe zur Ausführung zu bringen. Sollte dies aber in dem einen oder anderen Falle auch gelingen, so ist mit Sicherheit anzunehmen, daß die internirten Geistlichen ihrem*

Trierer Kaplans F. Schneiders im Auge, der am 9. Oktober 1874 aus dem Regierungsbezirk Trier ausgewiesen worden war,[195] aber nicht nur der Ausweisungsverfügung nicht nachgekommen war, sondern schon wenige Tage später mitten in Trier in der Liebfrauenkirche offen das Hochamt zelebriert[196] und sich bei der Androhung einer Exekutivhaft im Fall seines nochmaligen Einfindens im Regierungsbezirk störrisch gezeigt hatte.[197] Der über diese ostentative und provokative Aufsässigkeit höchst entrüstete Innenminister, den die Meldung des Trierer Regierungspräsidenten *von der planmäßigen Unbotmäßigkeit der dortigen katholischen Geistlichen und von der relativen Wirkungslosigkeit der gelinden Maaßnahmen der Aufenthaltsversagung beziehungsweise der Internirung* in seiner Positionsrevision bestärkte, hielt es für *angezeigt, gegen den Schneider[s] sofort die schärfsten zulässigen Maaßregeln in Anwendung zu bringen*, was bedeutete, ihn *seiner Staatsangehörigkeit verlustig zu erklären und aus dem Bundesgebiete auszuweisen*, aber natürlich erst nach Verbüßung aller Haftstrafen.[198] Da der Kultusminister den Ausführungen

---

offen ausgesprochenen Plane gemäß den ihnen angewiesenen Aufenthaltsort sofort wieder verlassen und sich an den bisherigen Bezirk zurückbegeben würden, was, da eine unausgesetzte polizeiliche Überwachung der Internirten nicht möglich ist, leicht ausführbar sein wird. Demnächst würde man also doch vor die Nothwendigkeit gestellt sein, mit der Expatriirung vorzugehen. Diese wird sich wirksam durchführen lassen mit Hülfe des § 361,2 des Strafgesetzbuchs, welcher mit Haft diejenigen bestraft, die, nachdem sie des Bundesgebietes verwiesen sind, ohne Erlaubniß zurückkehren.

195 Die Regierung Trier an den Kultusminister am 9. Oktober 1874 (LHAK, Bestand 442 Nr. 1996 im Entwurf).

196 Der Trierer Oberbürgermeister de Nys an die Regierung Trier am 18. Oktober 1874 (LHAK, Bestand 442 Nr. 1996).

197 Vom Trierer *Polizei-Sekretair* Lambert am 22. Oktober 1874 aufgenommenes Protokoll (LHAK, Bestand 442 Nr. 1996): *Verhandelt Trier, den 22. October 1874. In Folge Verfügung königlicher Regierung vom 21ten October wurde dem bisherigen Kaplan zu St. Laurentius Franz Schneiders, 24 Jahre alt, hierselbst wohnhaft, vor seinem Abgange zum Transport aus dem Regierungsbezirk Trier in den Regierungsbezirk Coblenz ad protocollum eröffnet, daß er, falls er im hiesigen Regierungsbezirk wiederum betroffen werden sollte, neben den weitern Folgen auch eine nach § 11 der Instruction zur Geschäftsführung der Regierungen in den Königlich Preußischen Staaten vom 23. October 1817 und § 48 der Verordnung wegen verbesserter Einrichtung der Provinzial-Behörden vom 26ten Dezember 1808 sofort zu vollstreckenden Executivhaft von vier Wochen zu gewärtigen habe. Gleichzeitig wurde demselben anheim gegeben, seinen Aufenthaltsort zu bestimmen, worauf derselbe erklärte, daß er seinen künftigen Aufenthaltsort nicht anzugeben im Stande wäre und sich bereits darüber geäußert habe, auch hier nichts mehr angeben würde und nichts unterschreiben werde.*

198 Innenminister Eulenburg an Kultusminister Falk am 8. November 1874 (GStA PK, I. HA Rep. 76 IV Sekt. 1 Abt. IX Nr. 24 Bd. 2): *Nach dem […] Berichte der Regierung zu Trier vom 21./22. Oktober ist anzunehmen, daß der Geistliche Franz Schneider* [richtig: Schneiders] *auf Grund der §§ 2.1. des Reichsgesetzes vom 4. Mai d. Js. aus dem Regierungsbezirke Trier ausgewiesen worden ist […]. Unter dieser* [zutreffenden] *Voraussetzung würde gegen den Schneider für den Fall seiner Rückkehr in den Bezirk*

des Innenministers *in allen Puncten* beipflichtete,[199] lehnten die beiden Minister getreu ihrem bisherigen Kurs die Verhängung neuer Exekutivhaftstrafen gegen ihre Ausweisung ignorierende Geistliche grundsätzlich ab, verbannten jedoch, mit ihrer bisher vertretenen und verfolgten Linie brechend, drei besonders unbotmäßige Geistliche des Bistums Trier außer Landes,[200] obwohl gegen zwei von ihnen,

---

in Gemäßheit unseres gemeinschaftlichen Circularerlasses vom 22. Juni d. Js. zunächst mit Internirung vorzugehen sein. Inzwischen hat der Schneider jedoch seine in dem Schreiben vom 16. v. Mts. der Regierung gegenüber ausgesprochene Drohung, in kurzer Zeit wieder nach Trier zurückkehren zu wollen, nicht nur ausgeführt, sondern aufs neue Amtshandlungen in der St.-Laurentius-Kirche daselbst vorgenommen, welche zu seiner Verhaftung in der Kirche geführt haben. Mit Rücksicht hierauf scheint es mir angezeigt, gegen den Schneider sofort die schärfsten zulässigen Maaßregeln in Anwendung zu bringen und ihn auf Grund des § 2 in Verbindung mit § 1 alin. 2 des Reichsgesetzes vom 4. Mai d. Js. seiner Staatsangehörigkeit verlustig zu erklären und aus dem Bundesgebiete auszuweisen. Ich werde in meiner Ansicht von der Nothwendigkeit dieser schärferen Maßregel durch die Schilderung bestärkt, welche der […] Zeitungsbericht des Präsidenten der Regierung zu Trier vom 22. v. Mts. von der planmäßigen Unbotmäßigkeit der dortigen katholischen Geistlichen und von der relativen Wirkungslosigkeit der gelinden Maaßnahmen der Aufenthaltsversagung beziehungsweise der Internirung entwirft. Unter der im § 1 alin. 2 l. c. erwähnten „Centralbehörde des Heimathsstaates“ welche zur Entziehung der Staatsangehörigkeit und zur Landesverweisung befugt sein soll, werden meines Erachtens die zuständigen Ressortminister zu verstehen sein, so daß es eines Beschlusses des gesammten Staatsministeriums in solchen Fällen nicht bedarf. Die anzuordnende Landesverweisung würde gegen den Schneider selbstverständlich erst dann zur Ausführung zu bringen sein, wenn derselbe etwa gegen ihn verhängte Executiv-, Untersuchungs- oder Strafhaften absolvirt haben wird.

199 Der Kultusminister an den Innenminister am 12. November 1873 (GStA PK, I. HA Rep. 76 IV Sekt. 1 Abt. IX Nr. 24 Bd. 2 im Entwurf).

200 Der Innen- und der Kultusminister an die Regierung Trier am 29. November 1874 (LHAK, Bestand 442 Nr. 1975; LHAK, Bestand 403 Nr. 15722; GStA PK, I. HA Rep. 76 IV Sekt. 1 Abt. IX Nr. 24 Bd. 2):
Die Königliche Regierung hat in den Berichten vom 21., 26. und 27. v. Mts., betreffend die Internirung der katholischen Geistlichen Schneiders, Maringer, Kiefer und Kautz, sich dahin ausgesprochen, daß ohne Anwendung von Executivhaft die auf Grund des Reichsgesetzes vom 4. Mai d. J. verfügten Ausweisungen aus einzelnen Bezirken sich nicht wirksam durchführen ließen und deshalb um die Ermächtigung nachgesucht, dergleichen Ausweisungsverfügungen, insbesondere auch bezüglich der obengenannten Geistlichen, durch Androhung bezw. Vollstreckung von vierwöchentlicher Executivhaftstrafe Nachdruck zu verleihen. Wir müssen Anstand nehmen, eine solche Ermächtigung zu ertheilen, weil, wie wir bereits in der Ausführungsinstruction vom 22. Mai [richtig: Juni] *hervorgehoben haben, die Intention des Gesetzes vom 4. Mai d. J. gerade dahin gegangen ist, an Stelle der gewöhnlichen Zwangsmittel die in diesem Gesetze für zulässig erklärten treten zu lassen, wenn auch ohne jene absolut auszuschließen. Andererseits treten wir der Königlichen Regierung darin bei, daß die planmäßige Unbotmäßigkeit der aus dem dortigen Bezirke ausgewiesenen katholischen Geistlichen schärfere Maßregeln erheischt als die bloße Aufenthaltsversagung oder*

nämlich gegen die Geistlichen Schneiders zu Trier und Maringer zu Niederbettingen, vorher noch keine Internierung verfügt worden war und gegen den dritten, Pfarrer Kautz zu Bliesransbach, erst einen Monat zuvor die Internierung ausgesprochen worden war.

In der Debatte um die Internierung eines anderen Geistlichen, der allerdings nicht aus dem Rheinland stammte, bekräftigte und verteidigte Innenminister Eulenburg gegenüber seinem Amtskollegen im Kultusressort mit neuen Argumenten seinen inzwischen eingenommenen Standpunkt. Er hob vor allem auf die Kostenfrage ab, denn er fragte sich, *warum der Staat sich die Kosten eines Zwangstransportes auf entfernte Strecken hin machen soll, wenn doch mit ziemlicher Bestimmtheit vorherzusehen ist, daß es kein Mittel giebt, den Internirten an dem Internirungsorte festzuhalten.* Im wahrscheinlich seltenen Fall, dass ein Internierter am Internierungsort verbleibe, stelle sich die Kostenfrage noch stärker, denn weder die Heimatgemeinde noch die Internierungsgemeinde noch Verwandte seien zum Unterhalt verpflichtet, sodass der Staat dafür aufkommen müsse, wofür aber bislang kein Fond ausgewiesen sei. Deshalb wollte der Innenminister in der Regel nur die Aufenthaltsversagung verhängt haben und auf eine Internierung nur in dem seltenen Ausnahmefall zurückgreifen, wenn der Staat ein positives Interesse am Verbleib eines Geistlichen an einem bestimmten Ort habe, beispielsweise wenn ein amtierungsunbefugter Geistlicher dort seinen Unterhalt verdienen könne. Insgesamt plädierte der Minister dafür, *das bisher verfolgte Princip*, die Internierung als Verschärfung der Ausweisung zu behandeln, preiszugeben und stattdessen im Einklang mit dem Wortlaut des Reichsgesetzes vom 4. Mai 1874 diese beiden Maßregeln als qualitativ auf gleicher Stufe stehend zu betrachten und *fortan nur alternativ eintreten zu lassen*, wobei er aus praktischen Erwägungen der Ausweisung im Allgemeinen den Vorzug geben wollte. Für beide Maßregeln würde dann die

---

auch die Internirung. Wir verfügen daher hiermit auf Grund des § 1 Abs. 2 in Verbindung mit § 2 des Reichsgesetzes vom 4. Mai d. Js. (Reichsgesetzblatt S. 43), daß die nachbenannten katholischen Geistlichen 1. Franz Schneiders zu Trier, 2. Peter Maringer zu Niederbettingen, 3. Kautz zu Bliesransbach in Erwägung,
daß dieselben wegen Vornahme von Amtshandlungen in einem Kirchenamte, das den Vorschriften der Staatsgesetze zuwider ihnen übertragen beziehungsweise von ihnen übernommen worden ist, rechtskräftig zu Strafe verurtheilt worden sind, daß ihnen demnächst [d.h. danach] *durch Verfügung der Königlichen Regierung zu Trier auf Grund der §§ 1.2. l. c. der Aufenthalt in dem Regierungsbezirke versagt worden ist, daß sie aber dieser gegen sie ergangenen Verfügung wiederholt zuwidergehandelt beziehungsweise wiederholt gesetzwidrige Amtshandlungen vorgenommen haben,*
ihrer Staatsangehörigkeit, wie hiermit geschieht, verlustig zu erklären und aus dem Bundesgebiete auszuweisen sind. […] Hierbei genehmigen wir, daß die den genannten Geistlichen für den Fall ihrer Rückkehr in den dortigen Regierungsbezirk bereits angedrohten Exekutivhaftstrafen vor der Ausführung der verhängten Landesverweisung vollstreckt werden dürfen, wie denn überhaupt die Ausführung der Letzteren erst nach der Verbüßung etwaiger zuerkannter Gefängniß- oder Haftstrafen zu erfolgen hat.

Ausbürgerung mit anschließender Landesverweisung als Verschärfung dienen, die das Rückkehrproblem endgültig lösen würde.[201]

Der Innenminister scheint sich bei wahrscheinlich wenig bis keinem Widerstand mit diesem Standpunkt durchgesetzt zu haben, denn seit Dezember 1874 wurde gegen keinen Pfarrgeistlichen der Regierungsbezirke Koblenz und Trier mehr eine Internierung ausgesprochen, wenn man vom Fall des Pfarrers P. Kiefer absieht, bei

---

201 Innenminister Eulenburg an Kultusminister Falk am 21. Dezember 1874 (GStA PK, I. HA Rep. 76 IV Sekt. 1 Abt. IX Nr. 24 Bd. 2): *[Es] fragt sich, warum der Staat sich die Kosten eines Zwangstransportes auf entfernte Strecken hin machen soll, wenn doch mit ziemlicher Bestimmtheit vorherzusehen ist, daß es kein Mittel giebt, den Internirten an dem Internirungsorte festzuhalten, es sei denn wiederum die Anwendung von Exekutivhaft oder wiederholter Rücktransport. Was die – wahrscheinlich seltenen – Fälle betrifft, wo die Internirten sich der Internierungsverfügung unterwerfen, so tritt damit eine neue Schwierigkeit hervor, nämlich daß die betreffenden Geistlichen meist mittellos sind und in den ihnen angewiesenen Aufenthaltsorten keine Gelegenheit finden werden, sich ihren Unterhalt zu erwerben. Aus diesem Grund hat sich der Landrath zu Biedenkopf bereits genöthigt gesehen, für den Unterhalt des dorthin internirten Geistlichen Zimmer einen täglichen Betrag von 18½ Sgr. anzuweisen. Auf die Heimathskommunen wird in solchen Fällen ebensowenig wie auf alimentationspflichtige Verwandte zurückgegriffen werden können, sondern die durch die Internirung nothwendig gewordene Unterstützung wird aus Staatsmitteln gewährt werden müssen, wofür Fonds nicht ausgeworfen sind. Ich gelange daher zu der Ansicht, daß die Internirung nach einem bestimmten Orte nur ausnahmsweise in denjenigen Fällen zur Anwendung zu bringen sein wird, wo der Staat ein bestimmtes Interesse daran hat, einen Geistlichen gerade an einem solchen Orte festzuhalten, so z.B. wenn Geistliche in der Absicht versetzt werden, eine neue Gelegenheit herbeizuführen, um den Staatsgesetzen durch Nichtanzeige zu trotzen. Hier wird es sich empfehlen, den Geistlichen, sobald die Bedingungen des Gesetzes vom 4ten Mai cr. vorliegen, an seinen bisherigen Aufenthaltsort zurückzuweisen, wo es ihm zugleich auch an Gelegenheit, seinen Unterhalt zu erwerben, nicht mangeln wird. Abgesehen von diesen Fällen dürfte meines Erachtens nur die Aufenthaltsversagung zu verfügen sein. Hieraus würde sich weiter die Nothwendigkeit ergeben, das bisher befolgte Princip, die Maaßregeln der Internierung und der Ausweisung successiv die eine als Steigerung der anderen aufeinander folgen zu lassen, aufzugeben und diese Maaßregeln fortan nur alternativ eintreten zu lassen. Dafür spricht auch meines Erachtens schon der Wortlaut des § 1 l. c., denn im Absatze 1 daselbst wird die Landespolizeibehörde ermächtigt, den Aufenthalt zu versagen oder anzuweisen. Beide Maaßnahmen werden also qualitativ einander gleichgestellt und als Steigerung und zugleich Zwangsmittel für beide erscheint die nach Absatz 2 zugelassene Expatriirung. Überdies enthält jede Versagung des Aufenthaltes in einem bestimmten Bezirke implicite die Anweisung des Aufenthaltes in den übrigen Bezirken; Anweisung und Ausweisung können daher nicht füglich als unterschiedene Maaßregeln nacheinander zur Anwendung kommen. [...] Aus diesen Gesichtspunkten vermag ich der von Eurer Excellenz befürworteten Internirung des Geistlichen Helfrich* [aus Dipperz, der aus den Kreisen Fulda, Hünfeld und Gersfeld ausgewiesen worden war] *nicht zuzustimmen, sondern nur die [...] Expatriirung für angezeigt zu erachten.*

dem es sich aber aus den oben angeführten Gründen nicht um eine ‚echte' Internierung handelte. Vielmehr wurden seitdem alle Anträge der Regierungen Koblenz und Trier auf Internierung eines Geistlichen[202] abschlägig beschieden und stattdessen eine Landesverweisung verfügt[203]. So war der aus dem Regierungsbezirk Koblenz ausgewiesene Kaplan H. Schmitz an Allerheiligen überraschend in Namedy bei Andernach aufgetaucht und hatte dort eine Frühmesse lesen können, weil der als Küster fungierende Lehrer mangels Geistesgegenwart es versäumt hatte, den Priester zum Verlassen der Kirche aufzufordern und diese abzuschließen.[204] Sechs

---

202 Beispiel: Die Regierung Koblenz an den Innen- und den Kultusminister am 3. Dezember 1874 (GStA PK, I. HA Rep. 76 IVSekt. 1 Abt. IX Nr. 24 Bd. 2): *Nachdem der katholische Geistliche Joseph Reiß zu Rübenach wegen Vergehens gegen den § 23 des Gesetzes vom 11. Mai v. J. über die Vorbildung und Anstellung der Geistlichen zufolge der Erkenntnisse vom 19. December v. J., 16. Januar, 13. März, 9. April, 14. April und 12. Mai d. J. rechtskräftig verurtheilt worden war, wurde derselbe von uns, da er auch nach dem Inkrafttreten des Reichgesetzes vom 4. Mai d. J. fortgesetzt, insbesondere in der Zeit vom 19. bis 26. September d. J., in den Pfarrkirchen zu Rübenach und Budenheim pfarramtliche Funktionen ausübte, auf Grund der Bestimmung im § 2 a. a. O. aus dem Regierungsbezirk Coblenz ausgewiesen, ihm die bezügliche Verfügung am 26. Oktober d. J. behändigt und, da er derselben nicht nachkam, am 23. ejd. seine Ausweisung im Wege des Transportes bewirkt. Trotzdem ist der p. Reiß am 21. v. M. wieder in Rübenach erschienen, hat in der dortigen Pfarrkirche an dem gedachten Tage vor der versammelten Gemeinde gepredigt und sich demnächst* [d.h. danach] *heimlich entfernt. Da derselbe hiernach den Staatsgesetzen beharrlich den schuldigen Gehorsam verweigert, möchte es geboten scheinen, mit Internirung gegen ihn vorzugehen und stellen wir Eure Excellenzen wir daher eine diesfällige Verfügung ganz gehorsamst anheim.*

203 Beispiele:
Der Innen- und der Kultusminister an die Regierung Koblenz am 5. Januar 1875 (LHAK, Bestand 403 Nr. 15722; LHAK, Bestand 441 Nr. 17276; GStA PK, I. HA Rep. 76 IV Sekt. 1 Abt. IX Nr. 24 Bd. 2): *Auf den Bericht vom 3. v. M. und J. eröffnen wir der Königlichen Regierung, daß dem Antrage auf Internirung des katholischen Geistlichen Joseph Reiß zu Rübenach, Kreises Coblenz, nicht entsprochen werden kann, da dessen planmäßige Unbotmäßigkeit schärfere Maßregeln erheischt. Wir verfügen vielmehr hiermit auf Grund des § 1 Abs. 2 in Verbindung mit § 2 des Reichsgesetzes vom 4. Mai v. J. (Reichsgesetzblatt S. 43), daß der katholische Geistliche Joseph Reiß zu Rübenach […] seiner preußischen Staatsangehörigkeit, wie hiermit geschieht, verlustig zu erklären und aus dem Bundesgebiete auszuweisen ist.*
Der Innen- und der Kultusminister an die Regierung Koblenz am 12. März 1875 (LHAK, Bestand 441 Nr. 17285; GStA PK, I. HA Rep. 76 IV Sekt. 1 Abt. IX Nr. 24 Bd. 3): *Auf den Bericht vom 18. Januar cr. eröffnen wir der Königlichen Regierung, daß dem Antrage auf Internirung des katholischen Geistlichen Ludwig Lunkenheimer aus Mayen nicht entsprochen werden kann, da dessen planmäßige Unbotmäßigkeit die Anwendung der schärferen Maßregel der Entziehung der Staatsangehörigkeit und Ausweisung aus dem Bundesgebiete erheischt.*

204 Der Bürgermeister von Andernach an den Landrat von Mayen am 7. November 1874 (LHAK, Bestand 441 Nr. 15460): *Dem Königlichen Landrathsamte beehre ich mich*

Wochen später erschien der gesperrte und ausgewiesene Kaplan eines Morgens erneut in der Kirche von Namedy und obwohl der gerüffelte Lehrer ihm diesmal erklärte, *er dürfe hier keine Messe lesen,* und die Kirchentür abzuschließen suchte, konnte der Kaplan seine Frühmesse beenden und danach spurlos wieder verschwinden, weil der Kirchenschlüssel unauffindbar war, der Ortsvorsteher angesichts der aufgebrachten Menge keine Verhaftung wagte und niemand über den Verbleib des Kaplans Auskunft geben wollte oder konnte.[205] Angesichts dieser wiederholten Missachtung der Ausweisung beantragte die Regierung Koblenz die

---

gehorsamst zu berichten, daß der aus dem Regierungsbezirke Coblenz ausgewiesene Kaplan Schmitz am 1. d. Mts. zu Namedy Gottesdienst abgehalten hat. Zu diesem Zwecke hat derselbe sich schon um 6 Uhr des Morgens in Namedy eingefunden, während der gewöhnliche Gottesdienst um 8 Uhr stattzufinden pflegt. Die Kirche soll daher auch nur schlecht besucht gewesen sein, wie es scheint nur von Eingeweihten. Die Ermittelung von Zeugen ist mir in Folge dessen nicht gelungen, zumal der Ortsvorsteher wegen Krankheit das Bett hüten mußte. Wie ich von dem Lehrer Bengel erfahren [habe], hat der p. Schmitz die Gelegenheit des Läutens der Frühglocke benutzt, um die Kirche zu betreten. Der p. Bengel hatte leider nicht die Geistesgegenwart, denselben zum Verlassen der Kirche aufzufordern resp. diese abzuschließen und mich zu benachrichtigen. Derselbe entfernte sich vielmehr, ohne das Erscheinen von Andächtigen abzuwarten, ist indessen angewiesen, sich in Zukunft besser vorzusehen. – Namedy war eine Filiale der Pfarrei Andernach und gehörte zur Bürgermeisterei Andernach/Land.

205 Der Bürgermeister von Andernach an den Landrat von Mayen am 16. Dezember 1874 (LHAK, Bestand 441 Nr. 17285): *Dem Königlichen Landrathsamte verfehle ich nicht gehorsamst zu berichten, daß der aus dem Regierungsbezirke ausgewiesene Kaplan Schmitz heute Morgen wiederum in Namedy Messe gelesen [hat]. Die Mittheilung des Lehrers Bengel, der heute Morgen zwischen 7 und 8 Uhr persönlich Anzeige gemacht, lautet wie folgt: „Heute Morgen gegen 7 Uhr hat der Kaplan Kraemer von Andernach in Namedy Gottesdienst gehalten. Gegen das Ende desselben trat der Kaplan Schmitz, welcher nach einem allgemein verbreiteten Gerüchte von Brohl gekommen sein soll, in die Kirche und begab sich in die Sakristei, um dort geistliche Kleider anzulegen. Ich folgte ihm dorthin und erklärte ihm, er dürfe hier keine Messe lesen und habe sich aus der Kirche zu entfernen, widrigenfalls ich dieselbe nach Beendigung des Gottesdienste des Kaplans Kraemer abschließen würde. Als der p. Schmitz mir barsch erwiderte, ich habe ihm nichts zu befehlen, ging ich, um die Kirche zu schließen, fand aber, daß der Schlüssel entwendet war. Nunmehr begab ich mich zu dem Ortvorsteher und zeigte ihm an, der Vicar Schmitz sei in der Kirche und lese Messe, indem ich gleichzeitig anheimgab, denselben zu verhaften. Sodann machte ich mich auf den Weg, um hier* [d.h. in Andernach] *Anzeige zu machen." Mit dem Lehrer kam gleichzeitig der Ortsvorsteher hier an, der auf meine Frage, warum er dem von mir ertheilten Auftrage gemäß den Kaplan Schmitz nicht verhaftet habe, erwiderte, dies sei der aufgeregten Menge gegenüber nicht möglich gewesen. Die von mir sofort gemachten Schritte zur Verhaftung des Schmitz haben zu keinem Resultate geführt, da er in Namedy nicht mehr anwesend und auch auf den Bahnhöfen zu Leutesdorf und Andernach nicht zu treffen war. Auf meine an einzelne Namedyer gerichtete Anfrage, wohin derselbe sich gewandt habe, erhielt ich stets die gleiche Antwort: Das weiß ich nicht.*

Internierung des Kaplans Schmitz,[206] doch der Innen- und der Kultusminister lehnten das Gesuch ab und beschlossen stattdessen, den Kaplan des Landes zu verweisen, wofür sie die dafür notwendigen genauen Daten übermittelt haben wollten[207].

Der aus den Kreisen Adenau, Ahrweiler und Rheinbach ausgewiesene Pfarrer A. Stiff zu Dümpelfeld hatte sich dort wochenlang dank *der Hülfe der ultramontanen Gemeindeglieder* in wechselnden Quartieren vor den Behörden versteckt halten können und bei seiner endlichen Verhaftung den Polizisten erklärt, *daß er nicht aufhören werde, auf die ihm von seinen kirchlichen Oberen verliehene Stelle zurückzukehren.*[208] Der aus den Kreisen Adenau, Cochem und Daun ausgewiesene

---

206 Die Regierung Koblenz an den Innen- und den Kultusminister am 23. Dezember 1874 (LHAK, Bestand 441 Nr. 17285 im Entwurf): *Euren Excellenzen verfehlen wir nicht gehorsamst zu berichten, daß der in Folge mehrfacher rechtskräftiger Verurtheilungen wegen Vergehens gegen den § 23 des Gesetzes vom 11. Mai v. J. mittels Verfügung vom 17. September d. J. aus unserem Bezirk ausgewiesene katholische Geistliche Heinrich Schmitz zu Andernach bereits zu wiederholten Malen die Ausweisungsverfügung übertreten und in Andernach und Namedy wieder geistliche Amtshandlungen vorgenommen hat. Bei der offenkundigen Absicht des p. Schmitz, den Staatsgesetzen auch ferner Widerstand zu leisten, erscheint es geboten, die durch das Reichsgesetz gegebenen schärferen Maßregeln gegen ihn in Anwendung zu bringen. Euren [Excellenzen] stellen wir daher ehrerbietigst anheim, die Internirung des p. Schmitz hochgeneigtest anordnen zu wollen.*

207 Innenminister Eulenburg und Kultusminister Falk an die Regierung Koblenz am 18. Januar 1875 (LHAK, Bestand 441 Nr. 17285; GStA PK, I. HA Rep. 76 IV Sekt. 1 Abt. IX Nr. 24 Bd. 2): *Nach Inhalt des Berichts vom 23ten v. Mts., betreffend die Internirung des katholischen Geistlichen Heinrich Schmitz zu Andernach, sehen wir uns veranlaßt, gegen den genannten Geistlichen die schärfere Maßregel der Entziehung der Staatsangehörigkeit und der Ausweisung aus dem Bundesgebiete zur Anwendung zu bringen. Die Königliche Regierung wolle uns daher unverzüglich anzeigen, wann die Verurtheilung des Schmitz erfolgt ist, welches das ihm gesetzwidrig übertragene Amt war, wegen dessen Übernahme er bestraft worden ist, ob er dasselbe Amt sich wiederholt angemaßt beziehungsweise thatsächlich ausgeübt hat und event. wann dies geschehen, unter welchem Datum die Ausweisungsverfügung seitens der Königlichen Regierung ergangen ist und auf welchen Bezirk sie sich erstreckt hat, endlich in welchen Fällen Schmitz dieser Verfügung zuwidergehandelt hat.*

208 Die Regierung Koblenz an den Innen- und den Kultusminister am 19. Dezember 1874 (LHAK, Bestand 441 Nr. 17270 im Entwurf): *Euer [Excellenzen] beehren wir uns gehorsamst anzuzeigen, daß der katholische Geistliche Alphons Stiff zu Dümpelfeld, Kreises Adenau, auf Grund des § 2 des Reichsgesetzes vom 4. Mai d. J. mittelst Oberpräsidialerlasses vom 4. August d. J. aus den Kreisen Adenau, Ahrweiler u. Rheinbach zwar ausgewiesen ist, die bezügliche Maßregel jedoch die beabsichtigte Wirkung zu verfehlen scheint. Der p. Stiff ist am 6. d. Mts. in Dümpelfeld ergriffen und zurücktransportirt. Die Verhaftung fand bei seinem Austritt aus der Kirche statt und erklärte derselbe den ihn begleitenden Gensdarmen, daß er nicht aufhören werde, auf die ihm von seinen kirchlichen Oberen verliehene Stelle zurückzukehren. Auch hier liegt ein Fall beharrlichen Ungehorsams gegen die Staatsgesetze vor, welcher die Rechtsordnung u. die*

Pfarrer M. Kaes zu Ueß hatte ebenfalls dem ihn auf seiner zweiten Zwangsverbringung eskortierenden Beamten ins Gesicht gesagt, *daß er solange auf seinen Posten zurückkehren werde, als ihm hierzu die physische Möglichkeit verbleibe.*[209] Der aus dem Regierungsbezirk Koblenz ausgewiesene Kaplan C. Hansen zu Cochem, der angesichts seiner sechsmaligen Verurteilung wegen maigesetzwidrigen Amtierens *zweifellos zu den renitentesten Geistlichen* des Regierungsbezirks gehörte, war dorthin zurückgekehrt und *hielt vor versammelter Gemeinde die Predigt und das Hochamt ab.*[210] Die angesichts dieser Fälle von hartnäckigem, die Autorität der Kulturkampfgesetze schädigenden Ungehorsam gestellten Internierungsanträge der

---

Achtung vor den Gesetzes umso mehr geschädigt hat, als es dem p. Stiff mit Hülfe der ultramontanen Gemeindeglieder gelungen war, sich schon wochenlang in Dümpelfeld aufzuhalten und die Wachsamkeit der Behörden durch einen fortwährenden Wechsel seines Aufenthalts zu täuschen.

209 Die Regierung Koblenz an den Innen- und den Kultusminister am 19. Dezember 1874 (LHAK, Bestand 441 Nr. 17270 im Entwurf): *Euer [Excellenzen] verfehlen wir nicht gehorsamst zu berichten, daß der katholische Geistliche Mathias Kaes zu Uess, Kreises Adenau, welchem mittelst Oberpräsidialerlasses vom 12. August d. J. der Aufenthalt in den Kreisen Adenau, Cochem, diesseitigen Bezirks, und Daun, Reg.-Bezirk Trier, auf Grund des § 2 des Reichsgesetzes vom 4. Mai d. J. versagt ist, der bezüglichen ihm zu Protocoll eröffneten Verfügung Folge zu leisten nicht gesonnen ist. Nach zweimaliger im Wege des Transportes bewirkter Ausweisung hat der p. Kaes sowohl dem ihn begleitenden Beamten als auch in einer Eingabe uns gegenüber die Erklärung abgegeben, daß er solange auf seinen Posten zurückkehren werde, als ihm hierzu die physische Möglichkeit verbleibe. Der sich hierin aussprechenden grundsätzlichen Verneinung der Staatsgesetze möchte durch Beseitigung dieser Möglichkeit zu begegnen sein und stellen Euer [Excellenzen] wir hiernach gehorsamst anheim, die Internirung des p. Kaes hochgeneigtest anordnen zu wollen.*

210 Die Regierung Koblenz an den Innen- und den Kultusminister am 19. Dezember 1874 (LHAK, Bestand 441 Nr. 17279 im Entwurf): *Euren [Excellenzen] verfehlen wir nicht gehorsamst zu berichten, daß der katholische Geistliche Carl Hansen zu Cochem, welcher nach sechsmaliger Bestrafung wegen Vergehens gegen den § 23 des Gesetzes vom 11. Mai v. J. die Ausübung pfarramtlicher Functionen in Cochem fortsetze und daher von uns mittelst Verfügung vom 6. Oktober d. J. aus dem Regierungsbezirk Coblenz ausgewiesen worden ist, auch die letztgedachte Maßnahme unbeachtet läßt. Nachdem am 25. Oktober dessen Ausweisung im Wege des Transportes vollstreckt war, stellte sich derselbe am 29. ejusdem wieder in Cochem ein und hielt vor versammelter Gemeinde die Predigt und das Hochamt ab. Obwohl sich derselbe an dem gedachten Tage der Verhaftung durch die Flucht entzogen hat und somit ein zwangsweiser Rücktransport nicht zu ermöglichen war, so halten wir es schon jetzt für geboten, mit strengeren Maßregeln gegen ihn vorzugehen. Der p. Hansen gehört zweifellos zu den renitentesten Geistlichen unseres Bezirks. Die Aufrechterhaltung der öffentlichen Ordnung und mit Rücksicht darauf, daß das nicht immer zu verhütende Gelingen derartiger Fluchtversuche die Achtung vor der Autorität des Gesetzes in erheblichem Maße schädigt, stellen wir ehrerbietigst anheim, gegen den p. Hansen die Internirung hochgeneigtest verfügen zu wollen.*

Regierung Koblenz beantworteten die Berliner Minister wie seit Ende November 1874 üblich mit einem Ausbürgerungsbeschluss.[211]

Insgesamt waren somit nur gegen zwei im Regierungsbezirk Koblenz[212] und gegen drei im Regierungsbezirk Trier[213] amtierende Priester bis Anfang November 1874 Internierungen gemäß dem Reichsgesetz vom 4. Mai 1874 verhängt worden, von denen aber keine einzige vollstreckt wurde, da alle betroffenen Geistlichen ‚untertauchten', in der Regel emigrierten[214]. Ab Ende November 1874 wurden aus den dargelegten Gründen keine Internierungen mehr verfügt, sondern die dahingehend gestellten Anträge der beiden Bezirksregierungen ausnahmslos vom Innen- und vom Kultusminister mit der Ausbürgerung des Kandidaten beantwortet. Somit hatte sich die preußische Staatsregierung entschieden, die gemäß Reichsgesetz vom 4. Mai 1874 verhängten Ausweisungen nicht mit dem Mittel der im Reichsgesetz gar nicht vorgesehenen Exekutivhaft, aber auch nicht mit dem Mittel der Aufenthaltszuweisung oder Internierung, sondern allein mit dem Mittel der konsequenten Expatriierung mit gleichzeitiger Landesverweisung durchzusetzen und so die Exekutivprobleme, die durch die notorische heimliche Rückkehr von ausgewiesenen Pfarrgeistlichen in ihre Heimatpfarrei aufgeworfen wurden, zu lösen, was sich – wie an anderer Stelle noch ausgeführt werden wird – durchaus als erfolgreich erwies.

---

211 Der Innen- und der Kultusminister an die Regierung Koblenz am 29. Januar 1875 (LHAK, Bestand 441 Nr. 17270 u. Nr. 17279; GStA PK, I. HA Rep. 76 IV Sekt. 1 Abt. IX Nr. 24 Bd. 2): *Auf den Bericht vom 19. December pr. eröffnen wir der Königlichen Regierung, daß dem Antrage auf Internirung der katholischen Geistlichen Stiff zu Dümpelfeld, Hansen zu Cochem und Kaes zu Ueß nicht entsprochen werden kann, vielmehr wegen der planmäßigen Unbotmäßigkeit derselben die schärfere Maaßregel der Entziehung der Staatsangehörigkeit und der Ausweisung aus dem Bundesgebiete zur Anwendung zu bringen ist.*

212 F. Wehn zu Niederberg am 19. August 1874 nach Wetzlar (Regierungsbezirk Koblenz), P. Zimmermann zu Mülheim am 3. November 1874 nach Bergen (Insel Rügen im Regierungsbezirk Stralsund).

213 J. Alt zu Prüm am 9. Oktober 1874 nach Naugard (Regierungsbezirk Stettin), W. Kautz zu Bliesransbach am 26. Oktober 1874 nach Greiffenberg (Regierungsbezirk Stettin), J. Kraemer zu Oberweis am 19. August 1874 nach Wollin (Regierungsbezirk Stettin).

214 Der Bürgermeister von Oberweis berichtete am 3. Mai 1878 dem Landrat von Bitburg (LHAK, Bestand 442 Nr. 1978), dass sich J. Kraemer in Gent in einem Kloster aufhalte; die Regierung Trier meldete am 13. Juli 1881 an Kultusminister Gossler (GStA PK, I. HA Rep. 76 IV Sekt. 13 Abt. XII Nr. 13 Bd. 6), dass sich J. Alt angeblich bei einem Pfarrer in der Nähe von Kaiserlautern, das in der bayerischen Pfalz lag, einquartiert habe. Die Pfarrer Wehn und Kautz wurden bald nach der Internierung sowieso auch ganz des Landes verwiesen.

7. Die Landesverweisung

Zur Terminologie ist vorab zu bemerken, dass die Staatsangehörigkeitsentziehung oder Ausbürgerung oder Expatriierung theoretisch nicht zwingend mit einer Landesverweisung oder physischen Verbannung aus dem Deutschen Reich einhergehen musste, aber bei den kulturkampfbedingten, auf der Grundlage von §§ 1 und 2 des Reichsgesetzes vom 4. Mai 1874 gegen katholische Priester verhängten Maßregeln faktisch immer einherging, weshalb in dieser Studie die Begriffe synonym verwendet werden. Der Begriff ‚Ausweisung', der in den Quellen und in der Sekundärliteratur bisweilen verwechselungsgefährlich zur Bezeichnung einer Landesverweisung verwendet wird, bleibt in dieser Darstellung für ein Aufenthaltsverbot in einem bestimmten preußischen Territorium, meist einem Regierungsbezirk, reserviert.

Das Prozedere bei Landesverweisungen war üblicherweise das Folgende: Ein Bürgermeister oder Landrat meldete, dass ein ausgewiesener Geistlicher in das ihm versperrte Territorium zum ersten oder wiederholten Mal zurückgekehrt war und dort mehr oder weniger lang amtiert hatte, woraufhin er entweder für die Behörden unauffindbar wieder verschwand oder verhaftet und per Polizeieskorte über die Grenze des Aufenthaltverbotsgebiets verbracht wurde oder ins Gefängnis eingeliefert wurde, weil mittlerweile neue Strafurteile rechtskräftig geworden waren, die ja vor einer Entfernung abzubüßen waren.[215] Die zuständige Bezirksregierung, an welche die Meldung gerichtet war oder auf dem Dienstweg gelangte,

215 Beispiele:
Der Landrat von Prüm an die Regierung Trier am 12. August 1874 (LHAK, Bestand 442 Nr. 1973): *Der Königlichen Regierung verfehle ich nicht gehorsamst anzuzeigen, daß der ausgewiesene Geistliche Junck zu Pronsfeld vorigen Sonntag dort Messe gelesen und sich alsbald wieder entfernt hat. Sein Aufenthalt ist bis jetzt nicht zu ermitteln gewesen.* – Ders. an dies. am 21. September 1874 (ebd.): *Der Königlichen Regierung (beehre) ich mich gehorsamst zu berichten, daß der [aus dem Regierungsbezirk Trier ausgewiesene] Geistliche Junck zu Pronsfeld am 18. c. im hiesigen Kreise betroffen und über die Grenze des Regierungsbezirks in der Richtung nach Kreuznach transportirt worden ist.* – Ders. an dies. am 6. Februar 1875 (ebd.): *Der Königlichen Regierung verfehle ich nicht in Verfolg meines Berichtes vom 21. September pr. gehorsamst anzuzeigen, daß der am 18. ejusd. über die Grenze des hiesigen Regierungsbezirks in der Richtung nach Creuznach transportirte Geistliche Johann Junk vor mehreren Wochen sowie am 2. d. Mts. in Pronsfeld wiederholt Amtshandlungen verrichtet hat. Da die Ankunft desselben geheim gehalten wurde und er sofort nach Abhaltung des Gottesdienstes, das letzte Mal unter Mitnahme des bei der Halssegnung dargebrachten, nicht unbedeutenden Opfergeldes, verschwand, so war sein abermaliger Transport über die Grenze nicht zu bewerkstelligen.*
Der Bürgermeister von Neumagen an den Landrat von Bernkastel am 11. September 1874 (LHAK, Bestand 442 Nr. 1943): *Ew. Hochwohlgeboren beehre ich mich gehorsamst zu berichten, daß der ausgewiesene Geistliche Joseph Anheier von hier heute Morgen 8 Uhr hier verhaftet und per Civiltransporteur in einem Wagen nach Wittlich gebracht ist, um von dort weiter über Manderscheid über die Grenze des Regierungsbezirks in der Richtung nach Cöln transportirt zu werden.* – Ders. an dens. am 30. November 1874

stellte dann, wenn ihr die ‚Vergehen' gravierend und begründet genug erschienen, den Ausbürgerungsantrag an den Innen- und Kultusminister,[216] die gemeinsam

---

(LHAK, Bestand 442 Nr. 1943): *Ew. Hochwohlgeboren beehre ich mich gehorsamst zu berichten, daß ich gestern nach beendeter Frühmesse unter Zuziehung des Gendarmen Ullrich den am 10. September c. von hier ausgewiesenen und steckbrieflich verfolgten Kaplan Joseph Anheier aus Coblenz verhaftet und heute durch den Gendarmen Ullrich zur Abbüßung einer dreimonatlichen Gefängnißstrafe in das Arresthaus nach Trier habe bringen lassen.*

Der Landrat von Zell an die Regierung Koblenz am 25. Januar 1875 (LHAK, Bestand 441 Nr. 17292): *Der Neopresbyter Johann Kaas, früher zu Zell, welcher nach der geehrten Verfügung vom 1. Dezember v. Js. aus dem Regierungsbezirke Coblenz und den Kreisen Wittlich und Bernkastel des Regierungsbezirk[s] Trier ausgewiesen worden [war], ist anscheinend in der Nacht von Sonnabend auf Sonntag hierher zurückgekehrt und hat gestern hier Messe gelesen. Heute Morgen früh wurde der Kaas von der Polizei dahier verhaftet und habe ich angeordnet, daß derselbe sofort über Altlay, Büchenbeuren nach Birkenfeld transportirt werde.*

216 Beispiele:

Die Regierung Koblenz an den Innen- und den Kultusminister am 19. Februar 1875 (LHAK, Bestand 441 Nr. 17292 im Entwurf): *Nachdem der durch rechtskräftige Urtheile vom 27. Juni, 9. und 28. April, 6. und 12. Mai und 21. Juli v. J. zu Geld- und ev. Gefängnißstrafen verurtheilte, gesetzwidrig zum Hülfsgeistlichen an der katholischen Pfarre zu Zell ernannte Neopresbyter Johann Kaas in dem ihm gesetzwidrig übertragenen Amte in der Zeit vom 21. Mai bis 4. Juli v. J. an 26 Tagen Messen gelesen und am 7. Juni eine Predigt gehalten, auch später noch seelsorgerliche Functionen ausgeübt hatte, wurde demselben mittelst Oberpräsidialerlasses vom 21. November v. J. auf Grund des § 2 des Reichsgesetzes vom 4. Mai v. J., betreffend die Verhinderung der unbefugten Ausübung von Kirchenämtern, der Aufenthalt im Regierungsbezirk Coblenz u. in den Kreisen Wittlich u. Bernkastel des Regierungsbezirks Trier untersagt und die bezügliche Verfügung am 19. Dez. v. J. zu Protocoll eröffnet. Der p. Kaas ist indessen am 24. v. Mts. wieder in Zell erschienen u. hat in der Pfarrkirche daselbst eine Messe gelesen. Am nächstfolgenden Tage erfolgte sein Rücktransport. Da auch hier ein planmäßiges Zuwiderhandeln gegen die Bestimmungen des Reichsgesetzes vorliegt, erscheint es zur Aufrechterhaltung der öffentlichen Ordnung geboten, mit strengeren Maßregeln gegen den p. Kaas vorzugehen. Euren [Excellenzen] stellen wir hiernach ehrerbietigst anheim, die Expatriirung gegen denselben hochgeneigtest aussprechen zu wollen.*

Die Regierung Koblenz an den Innen- und den Kultusminister am 21. Juni 1875 (LHAK, Bestand 441 Nr. 17282 im Entwurf): *Dem [Pfarrer] p. Müller [zu Schöneberg] (ist) der Aufenthalt in dem hiesigen Reg.-Bezirke sowie in dem zum Reg.-Bezirke Wiesbaden gehörigen Kreise Rüdesheim untersagt und diese Untersagung auch dem p. Müller am 21. Dezember pr. protokollarisch eröffnet worden. Gleichwohl hat derselbe seitdem zu Schöneberg wiederholte geistliche Amtshandlungen vorgenommen und zwar am 1. Weihnachtsage 1874, sowie am 7. März, am 1. Ostertage und am 4. April 1875 Messe gelesen, endlich am 6. März d. J. Beichte gehört. Wiederholte Bestrafungen des Müller sind durch richterliche Urtheile des hiesigen Kgl. Landgerichts vom 8. März und 5. April d. J. erfolgt. Damit dürfte ausreichend unser gehorsamster*

dafür entscheidungsbefugt waren. Nach einer eventuellen Rückfrage nach den genauen Daten bezüglich der Verurteilungen und der Ausweisung erließen die beiden Minister anstandslos die beantragte Ausbürgerungsverfügung, denn eine ministerielle Ablehnung eines Gesuchs ist nicht dokumentiert; nur die Internierungsanträge wurden, wie oben ausgeführt, ab Ende November 1874 regelmäßig mit Expatriierungsverfügungen beschieden. Die variationsarmen, gleichstrukturierten Ausbürgerungsbescheide erklärten den Betreffenden wegen Vornahme von Amtshandlungen in einem ihm maigesetzwidrig übertragenen oder von ihm übernommenen Amt und bis auf eine Ausnahme auch wegen einmaliger oder wiederholter Missachtung eines Ausweisungsbeschlusses, d.h. einer Rückkehr in das aufenthaltsverbotene Gebiet, der preußischen Staatsangehörigkeit für verlustig und geboten seine Verbannung aus dem Deutschen Reich. Der Beschluss war dem Betroffenen entweder sofort, in der Mehrzahl der Fälle jedoch erst *nach seiner etwaigen Rückkehr* (und natürlich Ergreifung) zu Protokoll mitzuteilen und nötigenfalls zwangsweise zu vollstrecken, allerdings wie üblich erst nach Abbüßung aller ausstehenden Gefängnisstrafen.[217] Wohlgemerkt zog die Aberkennung der

---

Antrag gerechtfertigt sein, gegen den p. Müller die Expatriirung und Ausweisung aus dem Bundesgebiete hochgeneigtest verfügen zu wollen.

217 Beispiele:
Der Innen- und der Kultusminister an die Regierung Koblenz am 8. März 1875 (LHAK, Bestand 441 Nr. 17270; LHAK, Bestand 403 Nr. 15722; GStA PK, I. HA Rep. 76 IV Sekt. 1 Abt. IX Nr. 24 Bd. 3):
Auf den Bericht vom 11. v. Mts., betreffend den katholischen Geistlichen Alphons Stiff aus Dümpelfeld, verfügen wir für den Fall der Rückkehr des Genannten in den dortigen Bezirk hiermit was folgt: Der katholische Geistliche Alphons Stiff aus Dümpelfeld wird in Erwägung,
daß derselbe, obwohl er durch die rechtskräftigen Erkenntnisse vom 13. März, 1. April und 27. Mai v. J. wegen Vornahme von Amtshandlungen in dem ihm den Vorschriften der §§ 1 bis 3 des Gesetzes vom 11. Mai 1873 über die Vorbildung und Anstellung der Geistlichen zuwider übertragenen Amte eines Pfarrers zu Dümpelfeld, also wegen Vergehen gegen § 23 dieses Gesetzes, verurtheilt worden ist, auch nach dem Inkrafttreten des Reichsgesetzes vom 4. Mai v. J., betreffend die Verhinderung der unbefugten Ausübung von Kirchenämtern, und zwar am 27., 30., 31. Mai, 7., 14. und 21. Juni v. Js. in dem ihm gesetzwidrig übertragenen Amte zu Dümpelfeld geistliche Amtshandlungen verrichtet hat, daß demselben in Folge dessen unter Anwendung des § 2 des letztgedachten Gesetzes durch den Oberpräsidialerlaß vom 11. August v. J. der fernere Aufenthalt in den Kreisen Adenau, Ahrweiler und Rheinbach untersagt worden ist, daß er jedoch dieser Verfügung nicht nur zuwidergehandelt, sondern auch am 6. December v. J. das ihm den Vorschriften der Staatsgesetze zuwider übertragene Amt eines Pfarrers zu Dümpelfeld aufs Neue ausgeübt hat,
auf Grund der §§ 1 und 2 des erwähnten Reichsgesetzes vom 4. Mai v. J. der preußischen Staatsangehörigkeit hierdurch verlustig erklärt und aus dem Bundesgebiete ausgewiesen. Die Königliche Regierung hat vorstehende Verfügung dem p. Stiff nach seiner etwaigen Rückkehr zu Protokoll publiciren und demnächst die verfügte Ausweisung nöthigenfalls zwangsweise zur Ausführung bringen zu lassen. Dem Berichte über die

event. Erledigung dieser Verfügung ist ein Signalement des p. Stiff beizufügen. Zugleich ist dabei anzugeben, wohin der p. Stiff sich muthmaßlich begiebt.

Der Innen- und der Kultusminister an die Regierung Koblenz am 23. April 1875 (LHAK, Bestand 403 Nr. 15722; LHAK, Bestand 441 Nr. 17276; GStA PK, I. HA Rep. 76 IV Sekt. 1 Abt. IX Nr. 24 Bd. 3):

Auf den Bericht vom 20. Februar d. J., betreffend den katholischen Geistlichen Wehn aus Niederberg, verfügen wir hiermit was folgt: Der katholische Geistliche Wehn aus Niederberg wird in Erwägung,

daß derselbe, obwohl er durch die rechtskräftigen Erkenntnisse des Königlichen Kreisgerichts zu Neuwied vom 4. März, 6. Mai, 8. und 21. August 1874 wegen Vornahme von Amtshandlungen in der ihm den Vorschriften der §§ 1 bis 3 des Gesetzes vom 11. Mai 1873 über die Vorbildung und Anstellung der Geistlichen zuwider übertragenen Pfarre zu Niederberg, also wegen Vergehen gegen § 23 dieses Gesetzes in zusammen 50 Fällen verurtheilt worden ist, auch nach dem Inkrafttreten des Reichsgesetzes vom 4. Mai 1874, betreffend die Verhinderung der unbefugten Ausübung von Kirchenämtern, und nach der am 21. Juli 1874 erlangten Rechtskraft des Erkenntnisses vom 4. März 1874 am 2. August v. Js. in der Pfarrkirche zu Niederberg Hochamt und Predigt abgehalten hat, unter Aufhebung der die Internirung des p. Wehn in der Stadt Wetzlar anordnenden, aber bisher nicht zur Ausführung gelangten Verfügung der Königlichen Regierung zu Coblenz vom 19. August 1874 auf Grund des § 1 Absatz 2 des erwähnten Reichsgesetzes vom 4. Mai v. J. der preußischen Staatsangehörigkeit hierdurch verlustig erklärt und aus dem Bundesgebiete ausgewiesen. Die Königliche Regierung hat vorstehende Verfügung dem p. Wehn nach seiner Entlassung aus dem Gefängnisse zu Protokoll publiciren und demnächst die verfügte Ausweisung nöthigenfalls zwangsweise, jedoch erst nach Verbüßung aller gegen ihn erkannten Gefängniß- bzw. Haftstrafen zur Ausführung bringen zu lassen. Dem Berichte über die Erledigung dieser Verfügung ist ein Signalement des p. Wehn beizufügen. Zugleich ist dabei anzuzeigen, wohin der p. Wehn sich muthmaßlich begiebt.

Der Innen- und der Kultusminister an die Regierung Koblenz am 6. Juli 1875 (LHAK, Bestand 441 Nr. 17282; GStA PK, I. HA Rep. 76 IV Sekt. 1 Abt. IX Nr. 24 Bd. 3):

Auf den Bericht der Königlichen Regierung vom 21. v. Mts., betreffend den katholischen Geistlichen Christian Müller aus Schöneberg, Kreises Creuznach, verfügen wir hiermit was folgt: Der katholische Geistliche Christian Müller aus Schöneberg, Kreises Creuznach, wird in Erwägung,

daß derselbe, obwohl er wiederholt wegen Vornahme von Amtshandlungen in der den Vorschriften der §§ 1 bis 3 des Gesetzes vom 11. Mai 1873 über die Vorbildung und Anstellung der Geistlichen zuwider ihm übertragenen Pfarre zu Schöneberg, also wegen Vergehen gegen den § 23 dieses Gesetzes rechtskräftig verurtheilt worden ist, auch nach dem Inkrafttreten des Reichsgesetzes vom 4. Mai v. Js., betreffend die Verhinderung der unbefugten Ausübung von Kirchenämtern, in Schöneberg sowie in der Filialgemeinde Hergenfeld Amtshandlungen vorgenommen hat, daß demselben in Folge dessen unter Anwendung der §§ 2 und 1 des letztgedachten Gesetzes durch Verfügung der Regierung zu Coblenz vom 21. Dezember v. Js. der fernere Aufenthalt in dem Regierungsbezirke Coblenz sowie in dem zum Regierungsbezirke Wiesbaden gehörigen Kreise Rüdesheim untersagt worden ist, daß er jedoch dieser Verfügung zuwidergehandelt, wiederholt in Schöneberg Amtshandlungen vorgenommen und zwar am 1. Weihnachtsfeiertage

preußischen Staatsangehörigkeit laut § 4 des Reichsgesetzes vom 4. Mai 1874 automatisch auch den Staatsangehörigkeitsverlust in jedem anderen deutschen Bundesstaat nach sich, sodass ein aus Preußen ausgebürgerter Geistlicher nicht in einem anderen Bundesstaat des Deutschen Reiches seine Zuflucht nehmen konnte und durfte.[218] Nach Erhalt des Ausbürgerungsbeschlusses informierte und instruierte die Bezirksregierung den zuständigen Landrat der angestammten Heimatgemeinde des zu Exilierenden dementsprechend.[219] Wenn der betroffene Geistliche anwesend und ‚greifbar', da gerade im Gefängnis war, wurde ihm die Landesverweisung vom Landrat oder von einem von diesem Beauftragten meist, aber keineswegs immer persönlich mitgeteilt und nach Abbüßung aller Strafen per Polizeieskortierung zur nächsten Staatsgrenze vollstreckt.[220] In der großen Mehrzahl der Fälle allerdings

---

v. Js. sowie am 7. März, am 1. Ostertage und am 4. April d. Js. Messe gelesen und am 6. März d. Js. Beichte gehört hat,
auf Grund der §§ 1 und 2 des erwähnten Reichsgesetzes vom 4. Mai v. Js. der preußischen Staatsangehörigkeit hierdurch verlustig erklärt und aus dem Bundesgebiete ausgewiesen. Die Königliche Regierung hat die vorstehende Verfügung dem p. Müller zu Protokoll zu publiciren, demnächst [d.h. danach] *die verfügte Ausweisung, widrigenfalls zwangsweise, jedoch erst nach Verbüßung aller gegen ihn erkannten Gefängniß- beziehungsweise Haftstrafen, wenn deren noch rückständig sein sollten, zur Ausführung bringen zu lassen. Dem Berichte über die Erledigung dieser Verfügung ist ein Signalement des p. Müller beizufügen. Zugleich ist dabei anzuzeigen, wohin derselbe sich muthmaßlich begiebt.*

218 Die Regierung Koblenz an die *Königl. Baierische Regierung von Unterfranken und Aschaffenburg zu Würzburg* am 18. Januar 1878 (LHAK, Bestand 441 Nr. 17285): *Da jedoch gemäß § 4 des […] Gesetzes vom 4. Mai 1874 diejenigen Personen, welche nach den Vorschriften dieses Gesetzes ihre Staatsangehörigkeit in einem Bundesstaate verlustig erklärt worden sind, dieselbe auch in jedem andren Bundestaate verlieren, so dürfte dem p. Lunkenheimer unseres Dafürhaltens der Aufenthalt im Königreich Baiern auf Grund des Freizügigkeitsgesetzes vom 1. November 1867 nicht gestattet werden.*

219 Beispiel: Die Regierung Trier an den Landrat von Saarbrücken am 14. Dezember 1874 (LHAK, Bestand 442 Nr. 1975 im Entwurf): *Euer Hochwohlgeboren erwiedern wir auf den Bericht vom 10. Dezember cur., nach welchem der Geistliche Kautz zu Bliesransbach noch dort in Haft gehalten wird, das Folgende: Durch Entscheidung der Herrn Minister des Innern und der geistlichen Angelegenheiten vom 29. November cur. ist der Geistliche Wilhelm Kautz von Bliesransbach […] seiner Staatsangehörigkeit verlustig erklärt und aus dem Bundesgebiete auszuweisen. Euer Hochwohlgeboren wollen dem p. Kautz, gegen welchen Ihrem erwähnten Berichte zufolge nunmehr festgestellt ist, daß er auch am 2. und 9. November cur. sich nach Bliesransbach begeben und dort Amtshandlungen vorgenommen hat, die obige Entscheidung zu Protokoll eröffnen und an denselben, nachdem er die sämmtlichen Gefängnißstrafen abgebüßt haben wird, die verfügte Ausweisung aus dem Bundesgebiete mittelst zwangsweisen Transports zur Ausführung bringen.*

220 Beispiele:
Vom Trierer Polizeikommissar Schneider am 22. Dezember 1874 aufgenommenes Protokoll (LHAK, Bestand 442 Nr. 1996): *Verhandelt in der Strafanstalt zu Trier am 22ten Dezember 1874. Dem katholischen Geistlichen Franz Schneiders aus Fankel wurde*

konnte dem Betroffenen wegen Verschwundenbleibens – bis auf eine Ausnahme (Pfarrer F. Wehn) waren ja alle Expatriierten vor der Ausbürgerung bereits aus der Region ihres (ursprünglichen) Wirkungsorts definitiv ausgewiesen worden – der Ausbürgerungsbeschluss nicht persönlich zugestellt, überbracht oder eröffnet werden und der Wunsch der Behörden, etwas über den Aufenthaltsort des Verbannten zu erfahren, blieb meistens unerfüllt oder wurde mit der Weitergabe von bloßen Gerüchten befriedigt.[221] Die Fähigkeit des Staates, den Verbleib seiner

durch den mitunterzeichneten Polizei-Commissar dato zu Protokoll eröffnet, daß er durch Entscheidung der Herrn Minister des Innern und der geistlichen Angelegenheiten vom 29ten November c. [...] nach § 1 Abschnitt 2 in Verbindung mit § 2 l. c. seiner Staatsangehörigkeit für verlustig erklärt und aus dem Bundesgebiete ausgewiesen ist.
Vom Landrat von Saarbrücken am 28. Dezember 1874 aufgenommenes Protokoll (LHAK, Bestand 442 Nr. 1975): *Zufolge Verfügung der Königlichen Regierung zu Trier vom 14. Dezember 1874 wurde dem hier in Haft befindlichen Geistlichen Wilhelm Kautz Nachstehendes eröffnet: Durch Entscheidung der Herrn Minister des Innern und der geistlichen Angelegenheiten vom 29. November cr. ist der Geistliche Wilhelm Kautz von Bliesransbach [...] seiner Staatsangehörigkeit verlustig erklärt und aus dem Bundesgebiete auszuweisen. Hieran schloß sich die Mittheilung an den Herrn Kautz, daß morgen dessen Transport über die deutsche Grenze auf der Eisenbahn in der Richtung nach Luxemburg erfolgen würde, wogegen in Betreff der Route der Herr Kautz nichts zu erinnern* [d.h. einzuwenden] *fand.*
Die Regierung Trier an den Kultusminister am 27. Februar 1875 (LHAK, Bestand 442 Nr. 1996 im Entwurf): *Ew. [Excellenz] beehren wir [...] bezüglich des Geistlichen Franz Schneiders zu Trier gehorsamst zu berichten, daß derselbe noch eine mehrmonatliche Strafhaft, welche in neuester Zeit erst vollstreckbar geworden, zu verbüßen hat. Die Hohe Entscheidung wegen Ausweisung aus dem Bundesgebiete wurde demselben unterm 22. December pr. in der hiesigen Strafanstalt zu Protokoll eröffnet, und [es] wird die erwähnte Ausweisung nach Ablauf der Strafzeit (anfangs Juni) mittelst zwangsweisen Transports an ihm zur Ausführung gebracht werden.* – Der Trierer Oberbürgermeister an die Regierung Trier am 5. Juni 1875 (ebd.): *Königlicher Regierung beehre ich mich [...] gehorsamst anzuzeigen, daß der katholische Geistliche Caplan Schneiders am 4. ds. Mts. durch den berittenen Gendarm Koenig von hier nach der Wasserbilliger Brücke transportirt und aus dem deutschen Bundesgebiet ausgewiesen wurde.*

221 Beispiele:
Der Landrat des Landkreises Trier an die Regierung Trier am 7. April 1875 (LHAK, Bestand 442 Nr. 2007): *Der Königlichen Regierung beehre ich mich [...] gehorsamst zu berichten, daß der Geistliche Johann Weyrauch, vormals zu Pfalzel, im hiesigen Bezirke noch nicht betroffen worden ist, weshalb ihm die seitens der Herrn Minister des Innern und der geistlichen pp. Angelegenheiten unterm 29. Januar getroffene Entscheidung wegen Verlustes seiner preußischen Staatsangehörigkeit und wegen seiner Ausweisung aus dem Bundesgebiete noch nicht hat zu Protokoll eröffnet werden können. [...] Wie mir der Herr Oberprokurator auf eine Anfrage zu Ende vorigen Monats mitgetheilt hat, soll p. Weyrauch sich zur Zeit bei dem katholischen Pfarrer zu Zeiskam in der bayrischen Pfalz aufhalten. Etwas Weiteres ist mir zwischenzeitlich in Beziehung hierauf nicht bekannt geworden.*

Der Landrat von Cochem an die Regierung Koblenz am 24. April 1875 (LHAK, Bestand 441 Nr. 17279): *Der Königlichen Regierung beehre ich mich [...] gehorsamst anzuzeigen, daß der aus dem Bundesgebiete ausgewiesene Geistliche Carl Hansen seit dem 29ten November v. Js. sich hier nicht mehr hat sehen lassen. Ob derselbe sich gegenwärtig noch im Inlande aufhält, konnte bis jetzt nicht festgestellt werden. Nach den seitens des hiesigen Bürgermeisters bei der Polizeibehörde in Trier, dem Heimathsorte des p. Hansen, eingezogenen Erkundigungen soll der Vater des Letzteren sich geäußert haben, sein Sohn halte sich im Auslande (wahrscheinlich in Holland) auf und habe die Absicht, sich zum Zwecke weiterer Studien nach Innsbruck zu begeben.*
Der Landrat von Zell an die Regierung Koblenz am 25. April 1875 (LHAK, Bestand 441 Nr. 17292): *Der Königlichen Regierung beehre ich mich gehorsamst zu berichten, daß die in dem hohen Rescripte der Herrn Minister des Innern und der geistlichen pp. Angelegenheiten vom 12. März c. enthaltene Verlustigerklärung der preußischen Staatsangehörigkeit des Neopresbyters Johann Kaas aus Zell und dessen Ausweisung aus dem deutschen Bundesgebiete dem genannten Kaas nicht notifizirt werden konnte, da derselbe seit seiner früher erfolgten Ausweisung aus dem Regierungsbezirke Coblenz und den Kreisen Berncastel und Wittlich des Regierungsbezirks Trier sich nicht mehr in Zell noch im hiesigen Kreise aufhält und seit dem Empfange der neben allegirten Verfügung in demselben nicht betroffen worden ist. Man spricht davon, daß der Kaas sich in Würzburg aufhalten soll; ob dies richtig ist, weiß ich nicht.*
Die Regierung Koblenz teilte dem Innen- und dem Kultusminister am 26. August 1875 mit (LHAK, Bestand 441 Nr. 17285 im Entwurf), dass die Ausbürgerungsverfügung vom 17. Februar 1875 (ebd.) *dem katholischen Geistlichen Heinrich Schmitz aus Andernach nicht hat publicirt werden können, da der p. Schmitz nach seiner Entlassung aus dem hiesigen Arresthause spurlos verschwunden ist. Weder in seinem bisherigen Aufenthaltsort Andernach und überhaupt im Kreise Mayen noch auch in seinem Heimathsorte St. Catharinen im Kreise Neuwied konnte der Aufenthalt des p. Schmitz ermittelt werden. Die in St. Catharinen wohnenden Eltern wollen den Aufenthalt ihres Sohnes nicht kennen.*
Die Regierung Koblenz berichtete dem Innen- und dem Kultusminister am 15. September 1875 (LHAK, Bestand 441 Nr. 17282), *daß bis jetzt weder der [Ausbürgerungs-] Erlaß v. 6. Juli cr. dem Geistlichen Christian Müller aus Schoeneberg im Kreise Kreuznach hat publicirt werden noch auch die gegen denselben rechtskräftig erkannten Gefängnißstrafen von zusammen 200 Tagen haben vollstreckt werden können, da der Aufenthaltsort des p. Müller bis jetzt nicht zu ermitteln gewesen ist. Der Kreislandrath glaubt, daß sich p. Müller im benachbarten Auslande aufhält.* – Am 15. Mai 1876 berichtete die Regierung Koblenz den beiden Ministern (ebd.), *daß über den Aufenthaltsort des kath. Geistlichen Christian Müller aus Schoeneberg, Kreis Creuznach, bis jetzt nichts hat ermittelt werden können und daher die verfügte Ausweisung noch nicht zur Ausführung gekommen ist.*
Auf Nachfrage berichtete die Regierung Trier dem Innen- und dem Kultusminister am 24. Dezember 1875 (LHAK, Bestand 442 Nr. 1973 im Entwurf), *daß die gegen den Geistlichen Johann Junk aus Pronsfeld verfügte Ausweisung aus dem Bundesgebiet bisher nicht zur Ausführung gebracht werden konnte, indem derselbe in den diesseitigen Bezirk nicht wieder zurückgekehrt ist.* – Auf Nachfrage berichtete dieselbe an dieselben am 23. April 1878 (ebd. im Entwurf), *daß die Ausweisung des Geistlichen Johann Junk aus dem Bundesgebiete noch nicht hat zur Ausführung gebracht werden*

Staatsbürger zu eruieren, war auffällig beschränkt, selbst wenn diese sich noch innerhalb des Deutschen Reiches aufhielten. Aufgrund dieser Unkenntnis dekretierten notgedrungen die Mehrzahl der Ausbürgerungsbescheide, dem Betroffenen die Landesverweisung erst *nach seiner etwaigen Rückkehr* in das ihnen verbotene Territorium und – so ist zu ergänzen – Ergreifung zu Protokoll zu eröffnen, obwohl sie die sofortige staatsrechtliche Gültigkeit und Wirksamkeit der Ausbürgerung konstatierten.[222]

---

können. Über den muthmaßlichen Aufenthalt des p. Junk konnte nur ermittelt werden, daß sich derselbe nach England oder Schottland begeben haben soll.

Die Regierung Koblenz an die *Königl. Baierische Regierung von Unterfranken und Aschaffenburg zu Würzburg* am 18. Januar 1878 (LHAK, Bestand 441 Nr. 17285): *Der katholische Geistliche Ludwig Lunkenheimer aus Mayen (ist) wegen Vergehen gegen den § 23 des preußischen Gesetzes vom 11. Mai 1873 über die Vorbildung und Anstellung der Geistlichen auf Grund der §§ 1 & 2 des Reichsgesetzes vom 4. Mai 1874 die Preußische Staatsangehörigkeit für verlustig erklärt und dessen Ausweisung aus dem Bundesgebiete verfügt worden. Bei der fortgesetzten Abwesenheit des p. Lunkenheimer hat die dieserhalb erlassene Verfügung bis jetzt nicht zur Ausführung gebracht werden können.*

In der auf den 18. April 1884 datierten und vom Trierer Regierungspräsidenten unterschriebenen (allerdings unvollständigen) *Nachweisung von katholischen Geistlichen im Regierungsbezirk Trier, gegen welche Maßregeln auf Grund des Reichsgesetzes vom 4. Mai 1874 verhängt worden sind* (LHAK, Bestand 403 Nr. 15723) heißt es zu den ausgebürgerten Geistlichen J. Anheier, J. Junk, P. Maringer, J. Stölben und J. Weyrauch unisono, dass das Ausbürgerungs- und Landesverweisungsdekret dem Betreffenden nicht zugestellt werden konnte, da dieser d*en Bezirk verlassen [hat] und nicht zurückgekehrt ist.*

222 Beispiele:

Der Innen- und der Kultusminister an die Regierung Koblenz am 8. März 1875 (LHAK, Bestand 441 Nr. 17279; LHAK, Bestand 403 Nr. 15722; GStA PK, I. HA Rep. 76 IV Sekt. 1 Abt. IX Nr. 24 Bd. 3):

Auf den Bericht vom 11. v. Mts., betreffend den katholischen Geistlichen Carl Hansen aus Cochem, verfügen wir für den Fall der Rückkehr des Genannten in den dortigen Bezirk hiermit was folgt. Der katholische Geistliche Carl Hansen aus Cochem wird in Erwägung,

daß derselbe, nachdem er durch die rechtskräftigen Erkenntnisse vom 23. Dezember, 16. Januar, 13. Februar, 24. März, 28. April und 29. Juli v. Js. wegen Vornahme von Amtshandlungen in dem ihm den Vorschriften der §§ 1 bis 3 des Gesetzes vom 11. Mai 1873 über die Vorbildung und Anstellung der Geistlichen zuwider übertragenen Amte eines Kaplans der katholischen Pfarre zu Cochem, also wegen Vergehen gegen § 23 dieses Gesetzes verurtheilt worden ist, nach dem Inkrafttreten des Reichsgesetzes vom 4. Mai v. Js., betreffend die Verhinderung der unbefugten Ausübung von Kirchenämtern, und zwar am 30. August v. Js. als Kaplan der Pfarre Cochem geistliche Amtshandlungen daselbst verrichtet hat, daß demselben in Folge dessen unter Anwendung des §§ 1 und 2 des letztgedachten Gesetzes durch die Verfügung der Königlichen Regierung zu Coblenz vom 6. Oktober pr. der fernere Aufenthalt in dem Regierungsbezirke Coblenz untersagt worden ist, daß er jedoch dieser Verfügung

Lässt sich diese Aufforderung, die Betroffenen erst im Fall einer eventuellen erneuten Einfindung und Festnahme im Aufenthaltsverbotsgebiet persönlich zu informieren, einigermaßen damit erklären, dass die Behörden in den allermeisten Fällen den Aufenthaltsort der von ihnen ausgewiesenen und ausgebürgerten Priester gar nicht kannten oder diese außerhalb ihres Zuständigkeits- und Zugriffsradius wussten,[223] so sind doch die Fälle schwer verständlich und erklärlich, in denen auch Betroffenen, die in staatlichem Gewahrsam waren und daher leicht hätten

---

wiederholt zuwidergehandelt und am 24. Oktober und 29. November v. Js. in der Pfarrkirche zu Cochem aufs Neue geistliche Amtshandlungen vorgenommen hat,
auf Grund der §§ 1 und 2 des erwähnten Reichsgesetzes vom 4. Mai v. Js. der preußischen Staatsangehörigkeit hierdurch verlustig erklärt und aus dem Bundesgebiete ausgewiesen. Die Königliche Regierung wolle dem p. Hansen nach seiner etwaigen Rückkehr diese Verfügung zu Protokoll eröffnen und demnächst die Ausweisung nöthigenfalls zwangsweise zur Ausführung bringen lassen. Dem Berichte über die eventuelle Erledigung dieser Verfügung ist ein Signalement des p. Hansen beizufügen. Zugleich ist dabei anzuzeigen, wohin der p. Hansen sich muthmaßlich begiebt.

Der Innen- und der Kultusminister an die Regierung Trier am 31. Mai 1875 (LHAK, Bestand 442 Nr. 1973; GStA PK, I. HA Rep. 76 IV Sekt. 1 Abt. IX Nr. 24 Bd. 3):
Auf den Bericht vom 24. v. M., betreffend den katholischen Geistlichen Johann Junk aus Pronsfeld, Kreises Prüm, verfügen wir für den Fall der Rückkehr des Genannten in den dortigen Regierungsbezirk hiermit was folgt: Der Geistliche Johann Junk aus Pronsfeld wird in Erwägung,
daß derselbe, obwohl er durch die rechtskräftigen Erkenntnisse vom 15. Dezember 1873, 26. Januar, 14. März und 1. Mai 1874 wegen Vornahme von Amtshandlungen in dem ihm den Vorschriften der §§ 1 bis 3 des Gesetzes vom 11. Mai 1873 über die Vorbildung und Anstellung der Geistlichen zuwider übertragenen Amte eines Pfarrers der katholischen Pfarre zu Pronsfeld, also wegen Vergehen gegen § 23 dieses Gesetzes, verurtheilt worden ist, auch nach dem Inkrafttreten des Reichsgesetzes vom 4. Mai 1874, betreffend die Verhinderung der unbefugten Ausübung von Kirchenämtern, und zwar am 8., 10., 14., 17., 21., 24., 25. und 31. Mai pr. in der Pfarrkirche zu Pronsfeld Amtshandlungen vorgenommen, insbesondere Messen gelesen hat, daß demselben infolge dessen unter Anwendung des § 2 und 1 des letztgedachten Gesetzes durch Verfügung der Regierung zu Trier vom 11. Juli 1874 der fernere Aufenthalt in dem Regierungsbezirke Trier untersagt worden ist, daß er jedoch dieser Verfügung zuwidergehandelt, wiederholt in Pronsfeld Amtshandlungen vorgenommen und namentlich am 2. Februar d. J. in der Pfarrkirche zu Pronsfeld abermals Messe gelesen hat,
auf Grund der §§ 1 und 2 des erwähnten Reichsgesetzes vom 4. Mai v. J. der preußischen Staatsangehörigkeit hierdurch verlustig erklärt und aus dem Bundesgebiete ausgewiesen. Die Königliche Regierung hat vorstehende Verfügung dem p. Junk nach seiner etwaigen Rückkehr zu Protokoll zu publiciren und demnächst die verfügte Ausweisung nöthigenfalls zwangsweise zur Ausführung bringen zu lassen. Dem Berichte über die ev. Erledigung dieser Verfügung ist ein Signalement des p. Junk beizufügen. Zugleich ist dabei anzugeben, wohin der p. Junk sich muthmaßlich begiebt.

223 Weitere Beispiele neben den obengenannten:

informiert werden können, die Mitteilung ihrer Ausbürgerung erst im Fall der Rückkehr gemacht werden sollte, also an eine Bedingung geknüpft wurde, deren künftiges Eintreten völlig ungewiss war, sodass den Betroffenen deren geschehene Ausbürgerung schlicht auf unbestimmte Zeit absichtlich verschwiegen wurde. So hatten die beiden Minister den bereits aus dem Regierungsbezirk Trier ausgewiesenen Kaplan Anheier zu Neumagen, der wegen Missachtung der Ausweisungsverfügung gerade im Trierer Gefängnis einsaß, lediglich *für den Fall, daß der Genannte nach seiner am 28. d. Mts. zu bewirkenden Transportirung wiederum in den dortigen Bezirk zurückkehren sollte,* außer Landes verwiesen, was ihm auch erst *nach seiner etwaigen Rückkehr* zu eröffnen und anschließend *nöthigenfalls zwangsweise* auszuführen war. Gleichzeitig und gleichwohl stellten die Minister, wie sie durch die Wendung ‚*wie hiermit geschieht*' vor ‚*verlustig zu erklären*' deutlich machten, die sofortige staatsrechtliche Gültigkeit der Ausbürgerung fest.[224] Die gleiche

---

Der Landrat von Cochem an die Regierung Koblenz am 24. April 1875 (LHAK, Bestand 441 Nr. 17279): *Der Königlichen Regierung beehre ich mich [...] gehorsamst anzuzeigen, daß der aus dem Bundesgebiete ausgewiesene Geistliche Carl Hansen seit dem 29ten November v. Js. sich hier nicht mehr hat sehen lassen. Ob derselbe sich gegenwärtig noch im Inlande aufhält, konnte bis jetzt nicht festgestellt werden.*
Der Oberbürgermeister von Trier an die Regierung Trier am 15. Mai 1875 (LHAK, Bestand 442 Nr. 1944): *Königlicher Regierung habe ich die Ehre [...] gehorsamst zu berichten, daß der katholische Geistliche Matthias Arenth aus Dudweiler, welchem in Folge verehrlicher Verfügung vom 5. Februar cr. der Aufenthalt in dem hiesigen Regierungsbezirke untersagt worden ist, unter'm 3. März nach Kirchen (Reggs.-Bez. Coblenz) transportirt und seither nicht mehr in dem hiesigen Regierungsbezirke betroffen worden ist. Dem Vernehmen nach soll er sich in dem Redemptoristen-Kloster zu Brüssel aufhalten. Wenn derselbe hierhin zurückkehren sollte, wird die verfügte Ausweisung aus dem Bundesgebiete sofort vollzogen werden.*

224 Der Innen- und der Kultusminister an die Regierung Trier am 10. Februar 1875 (LHAK, Bestand 442 Nr. 1943; GStA PK, I. HA Rep. 76 IV Sekt. 1 Abt. IX Nr. 24 Bd. 2): *Auf den Bericht vom 10. v. Mts., betreffend den aus dem dortigen Regierungsbezirke ausgewiesenen Geistlichen Joseph Anheier aus Coblenz, verfügen wir für den Fall, daß der Genannte nach seiner am 28. d. Mts. zu bewirkenden Transportirung wiederum in den dortigen Bezirk zurückkehren sollte, hierdurch auf Grund des § 1 Absatz 2 in Verbindung mit § 2 des Reichsgesetzes vom 4. Mai v. Js. (Reichsgesetzblatt S. 43), daß der katholische Geistliche Joseph Anheier in Erwägung,*
daß derselbe wegen Vornahme von Amtshandlungen in einem Kirchenamte, das den Vorschriften der Staatsgesetze zuwider ihm übertragen beziehungsweise von ihm übernommen worden ist, durch die gerichtlichen Erkenntnisse vom 6. März und 18. Mai pr. rechtskräftig zu Strafe verurteilt ist, daß ihm demnächst durch Verfügung der Königlichen Regierung zu Trier vom 2. Juli pr. auf Grund der §§ 1 und 2 l. c. der fernere Aufenthalt in dem Regierungsbezirke Trier untersagt worden ist, daß er aber dieser gegen ihn ergangenen Verfügung wiederholt zuwidergehandelt bzw. dennoch gesetzwidrige Amtshandlungen in Neumagen, Kreises Bernkastel vorgenommen hat,

Widersprüchlichkeit zeichnet die Umsetzungsverfügung der Regierung Trier vom 18. Februar 1875 aus: Obwohl diese die bereits bestehende Rechtskräftigkeit der Ausbürgerung voraussetzte, wies sie den zuständigen Landrat von Bernkastel an, den ministeriellen Ausbürgerungsbescheid dem Kaplan Anheier erst *nach seiner etwaigen Rückkehr* in seinen Kreis zu eröffnen und anschließend die Landesverweisung *mittels zwangsweisen Transports über die Grenze nach Luxemburg zur Ausführung zu bringen.*[225] Wohlgemerkt war dieser Kaplan keineswegs verschollen, sondern saß seit dem 30. November 1874 zur Abbüßung einer dreimonatigen Haftstrafe gewissermaßen unter den Augen der darüber unterrichteten Regierung Trier im Trierer Gefängnis ein,[226] sodass er leicht über seine erfolgte Ausbürgerung zu benachrichtigen gewesen wäre. Auf Anweisung der Regierung Trier wurde ihm jedoch laut Eröffnungsprotokoll am Tag vor seiner Entlassung vage *die weiteren Maßnahmen nach dem Reichsgesetz vom 4. Mai 1874* tatsächlich erst *im Falle seiner Rückkehr in den hiesigen Regierungsbezirk* angedroht und ihm verschwiegen, dass ihm über zwei Wochen vorher durch Ministerentscheid die preußische Staatsbürgerschaft bereits aberkannt war.[227] In der Tat wurde Kaplan Anheier nach seiner

---

seiner preußischen Staatsangehörigkeit, wie hiemit geschieht, verlustig zu erklären und aus dem Bundesgebiete auszuweisen ist. Die Königliche Regierung wolle dem p. Anheier nach seiner etwaigen Rückkehr diese Verfügung zu Protokoll eröffnen und demnächst die Ausweisung nöthigenfalls zwangsweise zur Ausführung bringen. Dem Berichte über die eventl. Erledigung dieser Verfügung ist ein Signalement des p. Anheier beizufügen. Zugleich ist dabei anzugeben, wohin der p. Anheier sich muthmaaßlich begiebt.

225 Die Regierung Trier an den Landrat von Bernkastel am 18. Februar 1875 (LHAK, Bestand 442 Nr. 1943 im Entwurf): *Ew. [Hochwohlgeboren] eröffnen wir, daß der ausgewiesene Geistliche Joseph Anheier aus Coblenz durch Entscheidung der Herrn Minister des Innern und der geistlichen pp. Angelegenheiten vom 10. Februar cr. [… …] nach § 1 Absatz 2 in Verbindung mit § 2 l. c. seiner preußischen Staatsangehörigkeit verlustig erklärt und aus dem Bundesgebiete ausgewiesen ist. Ew. [Hochwohlgeboren] wollen dem p. Anheier nach seiner etwaigen Rückkehr diese Entscheidung zu Protokoll eröffnen und an demselben, nachdem er die etwa noch weiter gegen ihn anstehenden gerichtlichen Gefängnißstrafen abgebüßt hat, die verfügte Ausweisung aus dem Bundesgebiete mittelst zwangsweisen Transports über die Grenze nach Luxemburg zur Ausführung bringen.*

226 Der Bürgermeister von Neumagen an den Landrat von Bernkastel am 30. November 1874 (LHAK, Bestand 442 Nr. 1943): *Ew. Hochwohlgeboren beehre ich mich gehorsamst zu berichten, daß ich gestern nach beendeter Frühmesse unter Zuziehung des Gendarmen Ullrich den am 10. September c. von hier ausgewiesenen und steckbrieflich verfolgten Kaplan Joseph Anheier aus Coblenz verhaftet und heute durch den Gendarmen Ullrich zur Abbüßung einer dreimonatlichen Gefängnißstrafe in das Arresthaus nach Trier habe bringen lassen.*

227 Die Regierung Trier an den Trierer Oberbürgermeister de Nys am 17. Dezember 1874 (LHAK, Bestand 442 Nr. 1943 im Entwurf): *Ew. [Hochwohlgeboren] wollen dem zur Zeit im hiesigen Arresthause befindlichen Geistlichen Joseph Anheier zu Neumagen, welcher unserer Ausweisungsverfügung vom 2. Juli cr. entgegen in den hiesigen*

Entlassung aus dem Trierer Gefängnis am 28. Februar 1875 auch nicht an die deutsche Staatsgrenze, beispielsweise in Richtung des nahegelegenen Staates Luxemburg, sondern über die Grenze des ihm verbotenen Regierungsbezirks Trier in den Regierungsbezirk Koblenz polizeilich transportiert.[228]

Desgleichen beantragte die Regierung Trier noch vor der Freilassung des ebenfalls zu der Zeit inhaftierten Kaplans Stölben zu Bernkastel, dem der Aufenthalt im Regierungsbezirk Trier untersagt war, dessen Expatriierung *für den Fall seiner Rückkehr nach obenerwähnter Freilassung.*[229] In Berlin wurde die gewünschte

---

Bezirk zurückgekehrt ist, unmittelbar nach seiner Entlassung aus dem Arresthause zwangsweise über die Grenze des Reg.-Bezirks in der Richtung nach Coblenz tranportiren lassen. Vor dem Transporte ist dem p. Anheier protocollarisch zu eröffnen, daß er im Falle seiner Rückkehr in den hiesigen Regierungsbez. die weiteren Maßnahmen nach dem Reichsgesetz vom 4. May cur., betreffend die Verhinderung der unbefugten Ausübung von Kirchenämtern, zu gewärtigen habe.
Vom Trierer *Polizei-Commissar* Schneider am 27. Februar 1875 aufgenommenes Protokoll (ebd.): *Verhandelt in der Straf-Anstalt zu Trier am 27. Februar 1875. In Folge Verfügung Königlicher Regierung vom 17. Dezember v. Js. wurde dem in der hiesigen Straf-Anstalt detinirten katholischen Geistlichen Joseph Anheier aus Neumagen, welcher der Ausweisungsverfügung Königlicher Regierung vom 2. Juli v. Js. entgegen in den hiesigen Bezirk zurückgekehrt ist und nach seiner morgen erfolgten Entlassung aus dem Arresthause über die Grenze des Regierungsbezirks in der Richtung nach Coblenz zwangsweise transportirt werden soll, ad protocollum andurch eröffnet, daß er im Falle seiner Rückkehr in den hiesigen Regierungsbezirk die weiteren Maßnahmen nach dem Reichsgesetze vom 4. Mai 1874, betreffend die Verhinderung der unbefugten Ausübung von Kirchenämter, zu gewärtigen haben. Vorgelesen und [es] hat der p. Anheier die Unterschrift verweigert.*

228 Der Trierer Oberbürgermeister an die Regierung Trier am 1. März 1875 (LHAK, Bestand 442 Nr. 1943): *Der p. Anheier wurde gestern aus der hiesigen Strafanstalt entlassen und nach Kirn (Regierungsbezirk Coblenz) transportirt.*

229 Die Regierung Trier an den Innen- und den Kultusminister am 4. Juni 1875 (LHAK, Bestand 442 Nr. 1997 im Entwurf): *Der unterm 14. October 1873 zum Kaplan in Bernkastel gesetzwidrig ernannte kath. Geistliche Joseph Stoelben aus Coblenz wurde, nachdem er wegen Vornahme von Amtshandlungen in dem ihm gegen die Vorschriften der Staatsgesetze übertragenen Kirchenamte 5 Mal und zwar mittelst der gerichtlichen Urtheile vom 2. Dezember 1873, 5. Januar, 23. Februar, 10. April und 29. Mai pr. rechtskräftig zu Strafe verurtheilt worden, demungeachtet aber nach dem 29. Mai pr. und namentlich auch nach dem 10. Juli pr. geistliche Amtshandlungen in Bernkastel vorgenommen hatte, unterm 15. Juli pr. aus dem Regierungsbezirk Trier ausgewiesen. Auf die dem p. Stölben unterm 26. Juli pr. zugestellte Ausweisungsverfügung reiste derselbe von Bernkastel zwar ab, kehrte jedoch schon am 1. August pr. dahin zurück, so daß er am 13. August pr. verhaftet und zwangsweise über die Grenze gebracht werden mußte. Demungeachtet war er am 21. November pr. nach Bernkastel zurückgekehrt, las am Sonntag den 22. November pr. Messe und hielt während des Hochamtes die Predigt. Tags darauf wurde derselbe festgenommen und, weil er wegen verschiedener noch zu verbüßender Haftstrafen seitens des hiesigen Königl. Oberprokurators steckbrieflich verfolgt*

Ausbürgerungsverfügung ausgestellt, welche, wie aus der Wendung ,wird *der Preußischen Staatsangehörigkeit hierdurch verlustig erklärt und aus dem Bundesgebiete ausgewiesen*' erhellt, als staatsrechtlich sofort wirksam betrachtet wurde, aber nur dann dem Kaplan mitgeteilt werden sollte, falls er sich nach seiner bevorstehenden *Entlassung aus der dortigen Strafanstalt nicht unverzüglich aus dem dortigen Regierungsbezirk entfernen oder falls er nach solcher Entfernung in denselben zurückkehren sollte.*[230] Nach seiner Freilassung am 7. Juli 1875 ließ der Trierer Oberbürgermeister

---

wurde, in der hiesigen Strafanstalt untergebracht, aus welcher er am 7. Juli entlassen werden wird. Wir haben demselben in der hiesigen Strafanstalt unterm 18. März cr. zu Protokoll eröffnen lassen, daß er, falls er nach seiner Entlassung aus dem Gefängniß nicht unverzüglich aus dem hiesigen Regierungsbezirke sich entferne beziehungsweise dahin zurückkehre, nach Maßgabe des Reichsgesetzes vom 4. Mai pr. Expatriirung und die weiteren betreffenden Maßnahmen zu erwarten habe. Mit Rücksicht hierauf bitten Ew. [Excellenzen] wir ganz gehorsamst, die Expatriirung des Genannten und dessen Ausweisung aus dem Bundesgebiete für den Fall seiner Rückkehr nach obenerwähnter Freilassung hochgeneigtest verfügen zu wollen.

230 Der Innen- und der Kultusminister an die Regierung Trier am 29. Juni 1875 (LHAK, Bestand 442 Nr. 1997; GStA PK, I. HA Rep. 76 IV Sekt. 1 Abt. IX Nr. 24 Bd. 3): *Auf den Bericht vom 4. d. Mts., betreffend den katholischen Geistlichen Joseph Stoelben aus Coblenz, verfügen wir hiermit was folgt: Der unter dem 14. October 1873 zum Kaplan in Bernkastel gesetzwidrig ernannte katholische Geistliche Joseph Stoelben aus Coblenz wird in Erwägung,*
daß derselbe, obwohl er mittelst der gerichtlichen Erkenntnisse vom 2. December 1873, 5. Januar, 23. Februar, 10. April und 29. Mai v. Js. wegen Vornahme von Amtshandlungen in dem den Vorschriften der §§ 1 bis 3 des Gesetzes vom 11. Mai 1873 über die Vorbildung und Anstellung der Geistlichen zuwider ihm übertragenen vorgedachten Kirchenamte, also wegen Vergehen gegen den § 23 dieses Gesetzes rechtskräftig verurtheilt worden ist, auch nach dem Inkrafttreten des Reichsgesetzes vom 4. Mai v. J., betreffend die Verhinderung der unbefugten Ausübung von Kirchenämtern, beziehungsweise nach dem 29. dess. Mts. und namentlich noch nach dem 10. Juli v. Js. geistliche Amtshandlungen in Bernkastel vorgenommen hat; daß demselben in Folge dessen unter Anwendung der §§ 2 und 1 des letztgedachten Gesetzes durch Verfügung der Regierung zu Trier vom 15. Juli v. J der fernere Aufenthalt in dem Regierungsbezirke Trier untersagt worden ist; daß er jedoch dieser ihm am 26. Juli v. Js. zugestellten Verfügung zuwidergehandelt hat, indem er zwar alsbald von Bernkastel abreiste, jedoch am 1. August v. J. und trotz seiner demnächstigen zwangsweisen Entfernung am 21. November v. Js. abermals nach Bernkastel zurückkehrte und daselbst wiederholt Amtshandlungen vorgenommen, insbesondere Sonntag den 22. November v. Js. dort Messe gelesen und während des Hochamts die Predigt gehalten hat,
auf Grund der §§ 1 und 2 des Reichsgesetzes vom 4. Mai v. J. der Preußischen Staatsangehörigkeit hierdurch verlustig erklärt und aus dem Bundesgebiete ausgewiesen. Die Königliche Regierung hat die vorstehende Verfügung dem p. Stoelben, falls er sich nach seiner am 7. Juli d. Js. stattfindenden Entlassung aus der dortigen Strafanstalt nicht unverzüglich aus dem dortigen Regierungsbezirk entfernen oder falls er nach solcher Entfernung in denselben zurückkehren sollte, zu Protokoll publiciren und demnächst die verfügte Ausweisung nöthigenfalls zwangsweise zur Ausführung bringen zu lassen.

am gleichen Tag den Kaplan auch nicht etwa an die Staatsgrenze, sondern *per Eisenbahn nach Kirn* in den Regierungsbezirk Koblenz transportieren[231] und die Regierung Trier bestimmte in einem an alle Landräte adressierten Rundschreiben, dass der Ausbürgerungsbeschluss dem Kaplan zu eröffnen sei, *falls er in den dortigen Bezirk zurückkehren sollte.*[232] Dem Kaplan wurde also bei seiner Entlassung die zehn Tage zuvor bereits erfolgte Ausbürgerung verschwiegen und er sollte erst dann benachrichtigt werden, wenn er in den ihm versperrten Regierungsbezirk Trier zurückkehren sollte.

Anders als in den Fällen, in denen der Ausgewiesene sich tatsächlich außerhalb des verbotenen Territoriums oder an einem den Behörden unbekannten Ort aufhielt, wurde somit in diesen beiden letzteren Fällen eine bereits vollzogene Ausbürgerung dem betreffenden Geistlichen nicht mitgeteilt, obwohl dies leicht zu realisieren gewesen wäre, da er sich in staatlicher Obhut, sprich im Gefängnis befand. Den Betroffenen wurde also ein für sie hochwichtiger staatlicher Rechtsakt verheimlicht und eine Benachrichtigung auf den unbestimmten Zeitpunkt einer etwaigen Gesetzesübertretung verschoben. Über die Gründe für dieses Vorgehen lässt sich mangels expliziter Thematisierung in den Quellen nur spekulieren. Vielleicht wollte man staatlicherseits diesen Expatriierten eine letzte Chance geben, indem man ihnen die bereits angeordnete Landesverweisung erst nach einer nochmaligen Rückkehr in das Aufenthaltsverbotsterritorium eröffnete und diese dann vollzog.

Jedenfalls entstand angesichts der Tatsache, dass die meisten expatriierten Geistlichen für die Behörden unauffindbar verschwunden waren, die eigentümliche Situation, dass viele Ausgebürgerte zumindest nicht durch eine amtliche persönliche Mitteilung[233] den Entzug der preußischen Staatsangehörigkeit erfuhren,

---

Dem Berichte über die Erledigung dieser Verfügung ist ein Signalement des p. Stoelben beizufügen. Zugleich ist dabei anzuzeigen, wohin der p. Stoelben sich muthmaaßlich begiebt.

231 Der Oberbürgermeister von Trier an die Regierung Trier am 8. Juli 1875 (LHAK, Bestand 442 Nr. 1997).

232 Die Regierung Trier an alle Landräte des Regierungsbezirks am 20. Juli 1875 (LHAK, Bestand 442 Nr. 1997): *Durch Entscheidung der Herrn Minister des Innern und der geistlichen pp. Angelegenheiten vom 29. Juni cr. ist der unter dem 14. October 1873 zum Kaplan in Bernkastel gesetzwidrig ernannte katholische Geistliche Joseph Stoelben aus Coblenz [...] auf Grund der §§ 1 und 2 des Reichsgesetzes vom 4. Mai v. J. der Preußischen Staatsangehörigkeit hierdurch verlustig erklärt und aus dem Bundesgebiete ausgewiesen. Ew. Hochwohlgeboren wollen dem p. Stoelben, falls er in den dortigen Bezirk zurückkehren sollte, diese Entscheidung zu Protocoll eröffnen und die Ausweisung mittelst zwangsweisen Transports über die Grenze nach Luxemburg zur Ausführung bringen lassen.*

233 Inwieweit die Ausbürgerungen und Landesverweisungen öffentlich publik gemacht wurden, konnte nicht geklärt werden. Die Regierung Trier machte nur diejenigen der Geistlichen W. Kautz und F. Schneiders zusammen mit einer Personenbeschreibung in ihrem Amtsblatt bekannt (Amtsblatt der Königlich Preußischen Regierung

solange sie nicht in das aufenthaltsverbotene Gebiet zurückkehrten und sich ergreifen ließen. So konnte Kaplan Lunkenheimer zu Mayen, dem ebenfalls seine im April 1875 verfügte Ausbürgerung erst *nach seiner etwaigen Rückkehr* eröffnet werden sollte,[234] von Herbst 1875 bis Ende Dezember 1877 ungestört in Würzburg als Hauslehrer arbeiten, an der dortigen Universität studieren und schließlich in der Diözese Würzburg eine Anstellung als Kaplan erhalten, bis er anlässlich einer Bitte um die bayerische Staatsangehörigkeit aufgrund der dadurch ausgelösten Korrespondenz der Bezirksregierung zu Würzburg mit der Regierung Koblenz[235]

---

zu Trier, Jg. 1875, S. 24f u. S. 134. Auch in: LHAK, Bestand 442 Nr. 1975 u. Nr. 1997). Möglicherweise wurde die Ausbürgerung der übrigen oder aller Geistlichen im ‚Deutschen Reichsanzeiger' publiziert, worauf einige verstreute Bemerkungen hindeuten, und/oder im ‚Öffentlichen Anzeiger zum Amtsblatt der Bezirksregierung' Koblenz bzw. Trier veröffentlicht, was aber nicht überprüft werden konnte.

234 Der Innen- und der Kultusminister an die Regierung Koblenz am 23. April 1875 (LHAK, Bestand 441 Nr. 17285; GStA PK, I. HA Rep. 76 IV Sekt. 1 Abt. IX Nr. 24 Bd. 3):
Auf den Bericht vom 18. März d. J., betreffend den katholischen Geistlichen Ludwig Lunkenheimer aus Mayen, verfügen wir für den Fall der Rückkehr des Genannten in den dortigen Bezirk hiermit was folgt: Der katholische Geistliche Ludwig Lunkenheimer aus Mayen wird in Erwägung,
daß derselbe trotz der wegen Vergehen gegen den § 23 des Gesetzes vom 11. Mai 1873 über die Vorbildung und Anstellung der Geistlichen erfolgten rechtskräftigen Verurtheilungen vom 19. Dezember 1873, 16. Januar, 13. März, 1. April, 28. April und 27. Mai 1874 auch noch nach dem Inkrafttreten des Reichsgesetzes vom 4. Mai 1874, betreffend die Verhinderung der unbefugten Ausübung von Kirchenämtern, und zwar am 25. Oktober v. J. in der zur Pfarrei Mayen gehörigen Kapelle zu Cürrenberg den Gottesdienst abgehalten und am 1. November d. J. in der Pfarrkirche zu Mayen Messe gelesen hat,
daß demselben in Folge dessen unter Anwendung der §§ 1 und 2 des Reichsgesetzes vom 4. Mai 1874 durch Verfügung der Königlichen Regierung zu Coblenz vom 4. Dezember v. J. der fernere Aufenthalt in dem Regierungsbezirke Coblenz untersagt worden ist,
daß derselbe jedoch dieser Verfügung wiederholt zuwidergehandelt und insbesondere am 25. und 26. Dezember v. J. in der Pfarrei Mayen sich eingestellt und daselbst geistliche Amtshandlungen vorgenommen hat,
auf Grund der §§ 1 und 2 des erwähnten Reichsgesetzes vom 4. Mai v. J. der preußischen Staatsangehörigkeit hierdurch verlustig erklärt und aus dem Bundesgebiete ausgewiesen. Die Königliche Regierung hat vorstehende Verfügung dem p. Lunkenheimer nach seiner etwaigen Rückkehr zu Protokoll publiciren und demnächst die verfügte Ausweisung nöthigenfalls zwangsweise, jedoch erst nach Verbüßung etwa ihm zuerkannter Gefängniß- oder Haftstrafen zur Ausführung bringen zu lassen. Dem Berichte über die ev. Erledigung dieser Verfügung ist ein Signalement des p. Lunkenheimer beizufügen. Zugleich ist dabei anzuzeigen, wohin der p. Lunkenheimer sich muthmaßlich begiebt.

235 Die Regierung Koblenz an *die Königl. Baierische Regierung von Unterfranken und Aschaffenburg zu Würzburg* am 18. Januar 1878 (LHAK, Bestand 441 Nr. 17285 im Entwurf).

erst seine Ausbürgerung erfuhr, von der ihm nach eigener Aussage *bis dahin nichts bekannt war*, weil er zum Zeitpunkt der Ausbürgerung in Löwen studiert hatte und danach nicht mehr nach Mayen zurückgekehrt war.[236] Auch Kaplan J. Anheier, dem ebenfalls seine am 10. Februar 1875 verfügte Ausbürgerung *nach seiner etwaigen Rückkehr*, die aber offenbar nicht erfolgte, eröffnet werden sollte, amtierte noch über ein Jahr später ungestört in der Pfalz.[237] Allerdings scheinen dies Einzelfälle gewesen sein, denn, wie an anderer Stelle ausgeführt werden wird, lebten alle ausgebürgerten und des Landes verwiesenen Geistlichen des Bistums Trier soweit nachweisbar tatsächlich längere Zeit im Ausland und es ist kein Fall quellenmäßig belegt, in welchem ein solcher Geistlicher den ganzen Kulturkampf über bis zur Aufhebung der Ausbürgerung sich ‚untergetaucht' im Deutschen Reich aufhalten und so gewissermaßen ‚überwintern' konnte. Trotzdem bleiben Unklarheiten bestehen bezüglich der Fragen, wie die für den Staat meist unauffindbaren ausgebürgerten Geistlichen von ihrer Landesverweisung überhaupt erfuhren und weshalb im Einzelfall selbst Ausgebürgerte, die sich in staatlichem Gewahrsam, sprich im Gefängnis befanden, erst nach ihrer eventuellen Rückkehr in das ihnen aufenthaltsverbotene Territorium informiert werden sollten.

Die Prozedur der Landesverweisung soll nun wieder an Hand eines in jeder Hinsicht typischen Beispiels exemplarisch nachvollzogen werden. Der bereits mehrfach wegen maigesetzwidriger Amtierung verurteilte Kaplan Heinrich Volk zu Polch, ein Neopresbyter des Trierer Weihejahrgangs von 1873, wurde schließlich am 5. September 1874 aus dem Regierungsbezirk Koblenz ausgewiesen mit der Maßgabe, innerhalb von 24 Stunden nach Entlassung aus dem Koblenzer Gefängnis, wo er momentan einsaß, sich aus dem Regierungsbezirk zu entfernen.[238] Nach seiner Entlassung kam er am Abend des 1. Oktober 1874 zurück nach Polch, aber statt sich jeder weiteren Amtierung zu enthalten und zur Einhaltung der

---

236 Pfarrer L. Lunkenheimer, damals Kaplan in Mayen, in seinem Erlebnisbericht.

237 Das *Präsidium der Königl. Bayer. Regierung der Pfalz* zu Speyer an die Regierung Trier am 14. Juni 1876 (LHAK, Bestand 442 Nr. 1943): *Seit einiger Zeit hält sich in der Pfalz ein angeblich aus der Diöcese Trier ausgewiesener katholischer Geistlicher auf. Derselbe heißt Joseph Anheyer, war zuletzt Caplan in Neumagen und wechselt sein Domicil zwischen der Gemeinde Zeiskam und Steinfeld, wo er dem kath. Pfarrer in der Seelsorge aushilft.*

238 Vom Koblenzer Polizeidirektor am 11. September 1874 aufgenommenes Protokoll (LHAK, Bestand 441 Nr. 17285): *Der Unterzeichnete begab sich heute Nachmittag in das hiesige Arresthaus, um gemäß Verfügung der Königl. Regierung hierselbst vom 5. d. Mts. den daselbst befindlichen katholischen Geistlichen Heinrich Volk von Polch einen Ausweisungsbeschluß zu behändigen. Es wurde dem p. Volk bei Überreichung qu. Ausweisungsbeschlusses eröffnet was folgt: Er habe sich nach seiner Entlassung aus der Haft innerhalb 24 Stunden aus dem Regierungsbezirk Coblenz zu entfernen und nicht wieder dahin zurückzukehren, widrigenfalls er in jedem Falle der Betretung zwangsweise werde entfernt werden. Aufgefordert, über den Empfang des Ausweisungsbeschlusses durch seine Unterschrift zu quittiren, verweigerte p. Volk dieses.*

24-Stunden-Frist gleich am nächsten Morgen abzureisen, hielt er am Folgetag erst einmal die Frühmesse und als er am Nachmittag immer noch nicht aufbrach, ließ ihn der Bürgermeister um 16 Uhr verhaften und zwangsweise zur Polizeidirektion Koblenz bringen, von wo er in den Regierungsbezirk Wiesbaden weiterbefördert werden sollte.[239] Am 25. Oktober 1874 tauchte er jedoch überraschend morgens *um 10 Uhr wie ein deus ex machina in der* Polcher Pfarrkirche auf und zelebrierte *in derselben vor der versammelten Gemeinde ein Hochamt.* Danach ging er in die örtliche Niederlassung der Barmherzigen Schwestern, trank dort Kaffee und verschwand, *ohne zu sagen wohin.* Die beiden Gendarmen, die von dem Vorfall erst am Nachmittag erfuhren, vermochten den ‚Missetäter' nicht zu fassen, aber der Bürgermeister stellte Strafanzeige und erstattete dem Landrat von Mayen Meldung.[240] Eine Woche später, an Allerheiligen, hielt der Kaplan erneut in Polch um 10 Uhr

239 Der Bürgermeister von Polch an den Landrat von Mayen am 5. Oktober 1874 (LHAK, Bestand 441 Nr. 17285): *Nachdem derselbe* [d.h. der Geistliche Heinrich Volk *von hier*] am *1ten d. Mts. nachmittags um 4 Uhr aus dem Arresthause zu Coblenz entlassen worden war, ist der Geistliche Heinrich Volk abends gegen 10 Uhr hier angekommen und hat am folgenden Morgen um 7 Uhr in der hießigen Pfarrkirche öffentlich eine Messe gelesen und am Schlusse derselben auch eine Ansprache an das versammelte Publikum gehalten. Nachmittags gleich nach 4 Uhr habe ich denselben, weil ihm der längere Aufenthalt im Regierungsbezirk versagt war, verhaftet und zur weiteren Instradirung* [d.h. Beförderung] *nach dem Regierungsbezirke Wiesbaden an die Königliche Polizeidirection zu Coblenz dirigirt. Sowohl morgens nach der Messe als auch nachmittags bei der Verhaftung hatte sich einiges Volk (Kinder, Mädchen und Frauen) auf der Straße zusammen gefunden; Störungen der öffentlichen Ruhe sind aber nicht vorgekommen. Wegen der Dienstverrichtungen des p. Volk habe ich der Staatsbehörde sofort Anzeige gemacht.*

240 Der Bürgermeister von Polch an den Landrat von Mayen am 26. Oktober 1874 (LHAK, Bestand 441 Nr. 17285): *Der katholische Geistliche Heinrich Volk, welcher durch Verfügung der Königlichen Regierung vom 5ten v. Mts. aus dem Regierungsbezirk Coblenz ausgewiesen ist, ist gestern Morgen um 10 Uhr wie ein deus ex machina in der hießigen Pfarrkirche aufgetaucht und hat in derselben vor der versammelten Gemeinde ein Hochamt celebrirt. Ich selber bin z. Z. dienstlich von hier abwesend gewesen und erst abends gegen 11 Uhr zurückgekehrt. Die beiden Gendarmen wollen den Vorfall erst nachmittags erfahren und sodann vergeblich nach dem p. Volk recherchirt haben. Dieselben sind von mir angewiesen, ihre Recherchen mit allem Eifer fortzusetzen. Ich selber bin soeben, 8 Uhr morgens, in der Niederlassung der hießigen Barmherzigen Schwestern gewesen und habe von der Oberin nicht ohne Mühe das Geständniß erlangt, daß sie den p. Volk während des von ihm celebrirten Hochamtes zum ersten Male gesehen habe und daß derselbe nach Schluß desselben in ihrer Niederlassung gewesen und, nachdem er sich mit Kaffee restaurirt, wieder fortgegangen sey, ohne zu sagen wohin. Ich habe die Oberin darauf hingewiesen, daß sie für die Richtigkeit und Vollständigkeit ihrer Angaben verantwortlich sey. Dieselbe hat mir darauf aber schlechthin erwidert, daß sie dabei stehen bleibe. Indem ich dem Königlichen Landrathsamt in Eile hiervon Anzeige zu machen mich beehre, füge ich zugleich hinzu, daß ich den Vorfall sofort auch der Staatsbehörde zur Anzeige bringen werde.*

das Hochamt mit Predigt und bot zwei Ehen auf. Der anwesende Bürgermeister nahm nach Beendigung des Gottesdienstes den Geistlichen persönlich fest, ließ ihn *unter Gendarmerie-Escorte nach der Grenze des Regierungsbezirks Coblenz in den Regierungsbezirk Wiesbaden* bringen, stellte Strafanzeige bei der Staatsanwaltschaft und klagte, vom ständigen Zwang zur Beschäftigung mit dem störrischen Kaplan erkennbar genervt, dem Oberpräsidenten die *mehr als beharrliche Renitenz gegen das Gesetz vom 11. Mai 1873.*[241] Nach ausführlicher Darlegung des mittlerweile beachtlichen Sündenregisters stellte die Regierung Koblenz daraufhin an den Innen- und den Kultusminister einen Antrag auf Internierung des Geistlichen, welche Maßregel die ministerielle Instruktion vom 22. Juni 1874 als nächste Sanktionsstufe nach der Ausweisung ja vorsah.[242] Innenminister Eulenburg, der – wie

241 Der Bürgermeister von Polch an den Oberpräsidenten der Rheinprovinz am 1. November 1874 (LHAK, Bestand 441 Nr. 17285): *Der katholische Geistliche Heinrich Volk, über dessen Verhalten ich zuletzt am 26ten v. Mts. zu berichten die Ehre gehabt habe, ist heute abermal hier erschienen und hat um 10 Uhr in der hiesigen Pfarrkirche, nachdem vorher öffentlich dazu eingeläutet worden war, vor der ganzen Pfarrgemeinde ein Hochamt celebrirt, während demselben von der Kanzel eine – meines Erachtens nicht anstößige – Predigt gehalten, 2 Ehegelöbnisse und die für die nächste Woche eintretenden täglichen Messen öffentlich verkündigt. Nach Schluß seiner Rede hat er sodann wieder wie auch am vorigen Sonntag die männliche Bevölkerung zur Kirche ermahnt, weil sonst ihm selber Verlegenheit entstehen könnte, und dann sein h. Meßopfer fortgesetzt. Ich selber bin Zeuge des Herganges gewesen, habe mich aber nach der Wandlung aus der Kirche entfernt und nach Schluß des Dienstes den p. Volk persönlich festgenommen und um 2 Uhr bereits unter Gendarmerie-Escorte nach der Grenze des Regierungsbezirks Coblenz in den Regierungsbezirk Wiesbaden dirigirt. Da der p. Volk hiermit abermal eine mehr als beharrliche Renitenz gegen das Gesetz vom 11ten May v. J. an den Tag gelegt hat, so habe ich sofort der Königlichen Staatsbehörde davon Anzeige gemacht und erlaube mir hier wiederholt ehrerbietigst meine unmaßgebliche Ansicht dahin auszusprechen, daß das Verhalten des p. Volk als ein tendenziöses erscheint und daher mit der ganzen gesetzlichen Gewalt zu inhibiren seyn dürfte. Die Bevölkerung war bei dem Vorfalle augenscheinlich sehr aufgeregt, hat sich aber passiv verhalten und es sind Störungen der öffentlichen Ordnung nicht vorgefallen.*

242 Die Regierung Koblenz an den Innen- und den Kultusminister am 4. November 1874 (LHAK, Bestand 441 Nr. 17285 im Entwurf): *Gegen den katholischen Geistlichen Heinrich Volk zu Polch im Kreise Mayen war von uns in Erwägung, daß derselbe trotz der am 19. December pr., 16. Januar, 12. Februar, 24. März, 14. April und 12. May d. J. erfolgten rechtskräftigen Verurtheilungen wegen Vergehen gegen den § 23 des Gesetzes vom 11. Mai pr. auch noch nach dem Inkrafttreten des Gesetzes vom 4. Mai d. J., betreffend die Verhinderung der unbefugten Ausübung von Kirchenämtern, sich unerlaubte Amtshandlungen hatte zu Schulden kommen lassen, in Anwendung des § 2 des letztcitirten Gesetzes die Ausweisung aus dem Regierungsbezirk Coblenz durch Erlaß vom 5. September cr. verfügt und demselben dieser Erlaß unter der Verwarnung publicirt worden, bei Vermeidung der zwangsweisen Entfernung sich nach Ablauf von 24 Stunden nach seiner Entlassung aus dem hiesigen Arresthause, in welchem derselbe zu jener Zeit zum Zweck der Abbüßung gegen ihn erkannter subsidiarer*

oben dargelegt – mittlerweile eine skeptische bis ablehnende Haltung gegenüber der Internierung einnahm, sprach sich jedoch dafür aus, *statt der von der Regierung zu Coblenz vorgeschlagenen Internirung die schärfere Maßregel der Entziehung der Staatsangehörigkeit und der Verweisung aus dem Bundesgebiete gegen den Geistlichen Heinrich Volk zur Anwendung kommen zu lassen.*[243] Entsprechend diesem Vorschlag verfügten die beiden Minister die Landesverweisung des Kaplans, die diesem sofort zu eröffnen und *nöthigenfalls zwangsweise zur Ausführung zu bringen* war.[244]

Gefängnißstrafen detinirt war, nicht mehr in dem ihm untersagten Bezirke aufzuhalten noch dahin zurückzukehren. Nichtsdestoweniger ist p. Volk nach seiner Entlassung aus dem Gefängniß wieder nach Polch zurückgekehrt, von wo er denn unserer Anordnung gemäß am 2. Oktober cr. zwangsweise über die Grenze des Bezirks dirigirt wurde. Aber auch diese Maßregel hat den p. Volk nicht abgehalten, am 25. Oktober wiederholt in Polch zu erscheinen und daselbst ein Hochamt zu celebriren. Wegen dieser wiederholten Nichtbeachtung unseres Aufenthaltsverbotes und da Ankündigungen des p. Volk zufolge anzunehmen steht, daß er fortzufahren beabsichtigt, in Polch zu erscheinen und daselbst unerlaubte Amtshandlungen vorzunehmen, haben wir es für nothwendig erachtet, nunmehr zur Internirung desselben überzugehen und erlauben wir uns zu diesem Zwecke in Gemäßheit des hohen Erlasses Ew. Excellenzen vom 19. August cr. um hochgeneigte Bestimmung des Ortes, in welchem p. Volk zu interniren sein würde, ganz gehorsamst zu bitten.

243 Innenminister Graf zu Eulenburg an Kultusminister Falk am 13. November 1874 (GStA PK, I. HA Rep. 76 IV Sekt. 1 Abt. IX Nr. 24 Bd. 2).

244 Der Innen- und der Kultusminister an die Regierung Koblenz am 2. Januar 1875 (LHAK, Bestand 403 Nr. 15722; LHAK, Bestand 441 Nr. 17285):
Auf den Bericht der Königlichen Regierung vom 4. November v. Js., betreffend den Geistlichen Volk, verfügen wir hiermit was folgt: Der katholische Geistliche Heinrich Volk zu Polch im Kreise Mayen wird in Erwägung,
daß derselbe trotz der am 19. Dezember 1873, 16. Januar, 12. Februar, 24. März, 14. April und 12. Mai v. Js. erfolgten rechtskräftigen Verurtheilungen wegen Vergehen gegen den § 23 des Gesetzes vom 11. Mai 1873 über die Vorbildung und Anstellung der Geistlichen auch noch nach dem Inkrafttreten des Reichsgesetzes vom 4. Mai v. Js., betreffend die Verhinderung der unbefugten Ausübung von Kirchenämtern, sich unerlaubte Amtshandlungen hat zu Schulden kommen lassen, daß demselben in Folge dessen unter Anwendung des § 1 und 2 des letzt citirten Gesetzes durch Verfügung der Königlichen Regierung zu Coblenz vom 5. September v. Js. der fernere Aufenthalt in dem Regierungsbezirk Coblenz untersagt worden ist, daß er jedoch dieser Verfügung wiederholt zuwidergehandelt und das ihm den Vorschriften der Staatsgesetze zuwider übertragene Kirchenamt auf's Neue ausgeübt hat,
auf Grund der §§ 1 und 2 des oben citirten Reichsgesetzes vom 4. Mai v. Js. der Preußischen Staatsangehörigkeit hierdurch verlustig erklärt und aus dem Bundesgebiete ausgewiesen. Die Königliche Regierung hat vorstehende Verfügung dem Volk zu publiciren und demnächst die verfügte Ausweisung nöthigenfalls zwangsweise zur Ausführung zu bringen. Dem Berichte über die Erledigung dieser Verfügung, welchem wir binnen längstens vier Wochen entgegen sehen, ist ein Signalement des Volk beizufügen. Zugleich ist dabei anzugeben, wohin der Volk sich muthmaßlich begiebt.

Dementsprechend beauftragte die Regierung Koblenz den Landrat von Mayen, die Ausbürgerungsbescheid *dem p. Volk zu publiziren und die verfügte Ausweisung nöthigen Falles zwangsweise zur Ausführung zu bringen.*[245] Doch wie in der Mehrzahl der Fälle konnte auch dieser Ausbürgerungsbescheid dem Betroffenen nicht persönlich mitgeteilt oder zugestellt werden, da er für die Behörden spurlos verschwunden blieb.[246]

Nach der Darlegung des staatlichen Prozedere bei der Landesverweisung soll das Ergebnis der Klerusrepressionsorgie in den Blick genommen werden. Insgesamt wurden 18 Geistliche, und zwar 10 Geistliche aus dem Regierungsbezirk Koblenz[247] und 8 Geistliche aus dem Regierungsbezirk Trier[248], auf der Rechtsbasis des Reichsgesetzes vom 4. Mai 1874 ausgebürgert und des Landes verwiesen. Damit erwiesen sich erneut die Regierungsbezirke Koblenz und Trier innerhalb der Rheinprovinz, ja sogar innerhalb Preußens als ein Kerngebiet der Klerusverfolgung, denn von den insgesamt 24 preußenweit und 19 rheinlandweit expatriierten Geistlichen hatten 18 in diesen beiden Regierungsbezirken amtiert.[249]

Was bezüglich der Ausgewiesenen bereits als hochwahrscheinlich und als zumindest in den allermeisten, wenn nicht in allen Fällen zutreffend konstatiert wurde, gilt für die Ausgebürgerten mit Sicherheit: Wie aus der ‚Verbrechensgeschichte' und aus den Landesverweisungsdekreten, die sämtlich in den einschlägigen Akten vorliegen, ersichtlich ist, hatten alle reichsverbannten Geistlichen ein neues Amt übernommen, ohne regulärer Inhaber eines anderen Amtes zu sein,

---

245 Die Regierung Koblenz an den Landrat von Mayen am 17. Januar 1875 (LHAK, Bestand 441 Nr. 17285).

246 Die Regierung Koblenz an den Innen- und den Kultusminister am 4. Februar 1875 (LHAK, Bestand 441 Nr. 17285 im Entwurf): *Euren Excellenzen verfehlen wir nicht [...] zu berichten, daß nach Anzeige der Localbehörden der katholische Geistliche Heinrich Volk seit dem 1. Nov. v. J. nicht wieder nach Polch zurückgekehrt ist und da auch dessen Aufenthalt unbekannt ist, der hohe Erlaß vom 2. v. Mts. ihm bisher nicht hat publizirt werden können.*

247 C. Hansen zu Cochem am 8. März 1875, J. Kaas zu Zell am 12. März 1875, M. Kaes zu Ueß am 8. März 1875, L. Lunkenheimer zu Mayen am 23. April 1875, C. Müller zu Schöneberg am 6. Juli 1875, J. Reiß zu Rübenach am 5. Januar 1875, H. Schmitz zu Andernach am 17. Februar 1875, A. Stiff zu Dümpelfeld am 8. März 1875, H. Volk zu Polch am 2. Januar 1875, F. Wehn zu Niederberg am 23. April 1875.

248 J. Anheier zu Neumagen am 10. Februar 1875, M. Arenth zu Trier am 20. April 1875, J. Junk zu Pronsfeld am 31. Mai 1875, W. Kautz zu Bliesransbach am 29. November 1874, P. Maringer zu Niederbettingen am 29. November 1874, F. Schneiders zu Trier am 29. November 1874, J. Stölben zu Bernkastel am 29. Juni 1875, J. Weyrauch zu Pfalzel am 29. Januar 1875.

249 Dies ergibt sich aus der vielerwähnten *Nachweisung der auf Grund des Reichsgesetzes vom 4. Mai 1874 gegen Geistliche und andere Religionsdiener verfügten Aufenthaltsversagungen, Aufenthaltsanweisungen, Entziehungen der Staatsangehörigkeit und Ausweisungen aus dem Bundesgebiete* (GStA PK, I. HA Rep. 76 IV Sekt. 1 Abt. IX Nr. 24 Bd. 5. Abdruck im Statistikanhang).

was konkret bedeutet, dass unter den Ausgebürgerten kein Geistlicher war, der ein gesetzmäßig, d.h. vor Inkrafttreten der Maigesetze übernommenes Seelsorgeamt innehatte und in einer erledigten oder nichterledigten anderen Pfarrei, insbesondere in einer Nachbarpfarrei, so wiederholt und regelmäßig aushalf, dass er dort nach staatlicher Definition ein weiteres, diesmal anzeigepflichtiges Amt übernommen hatte. Dies dürfte darin begründet liegen, dass einerseits die rechtmäßig angestellten Geistlichen auch um der pastoral-kultischen Versorgung ihrer Gemeinden zuliebe nicht ihre Position durch die fortgesetzte Vornahme unbefugter Amtshandlungen in einer fremden Pfarrei gefährden wollten und dass andererseits der Staat erklärtermaßen eine regulär und legal bestehende Seelsorge nur im gefühlten Notfall beeinträchtigen wollte. Diese Einschätzung wird durch die Tatsache erhärtet, dass von den insgesamt 21 Geistlichen[250], gegen die entweder eine Internierung oder eine Expatriierung verfügt wurde – zwei Geistliche[251] waren ja Adressaten von beidem –, allein 11 Priester[252] zum Trierer Weihejahrgang von 1873 gehörten. Die Hauptadressaten der staatlichen Klerusverfolgung und die Hauptopfergruppe stellten mit weitem Abstand die neu in ein Amt eingeführten Geistlichen.

Bis auf Pfarrer Wehn zu Niederberg, gegen den keine endgültige, sondern nur eine vorübergehende Ausweisung bis zur Beendigung des gegen ihn eingeleiteten Strafverfahrens gemäß § 5 des Reichsgesetzes verhängt worden war, waren alle anderen schließlich ausgebürgerten Pfarrgeistlichen vorher aus einer Region, in welcher ihr Wirkungsort lag, definitiv ausgewiesen worden, gehörten also zu den 51 ausgewiesenen Geistlichen der Regierungsbezirke Koblenz und Trier. Dass gegen 31 dieser 51 Geistlichen keine Sanktionsverschärfung in Gestalt einer Internierung oder Expatriierung ausgesprochen wurde, lässt darauf schließen, dass die ausgewiesenen Pfarrgeistlichen der Regierungsbezirke Koblenz und Trier mehrheitlich nach der Ausweisung resignierten und sich zurückzogen, insofern sie danach zwar vielleicht noch einmal oder einige Male heimlich und unerkannt zwecks Gottesdienstabhaltung in ihre Heimatpfarrei zurückkehrten, aber dort nicht mehr so offen und häufig amtierten, dass der Staat sich zur Verhängung einer weiteren der im Reichsgesetz vom 4. Mai 1874 vorgesehenen Sanktionsmaßregel veranlasst gesehen hätte. 20 der 51 definitiv ausgewiesenen Geistlichen amtierten jedoch hartnäckig weiter, sodass sie schließlich interniert (4) und (1) / oder (16) expatriiert (17) wurden, wozu als 5. Internierter und 18. Expatriierter noch Pfarrer Wehn kam, der – wie gesagt – als einziger vorher nicht definitiv aus einer rheinischen Region ausgewiesen war. Kann man die 51 ausgewiesenen Geistlichen als

250 J. Alt, J. Anheier, M. Arenth, C. Hansen, J. Junk, J. Kaas, M. Kaes, W. Kautz, J. Kraemer, L. Lunkenheimer, P. Maringer, C. Müller, J. Reiß, H. Schmitz, F. Schneiders, A. Stiff, J. Stölben, H. Volk, F. Wehn, J. Weyrauch, P. Zimmermann.

251 Die Pfarrer W. Kautz und F. Wehn.

252 J. Alt, J. Anheier, C. Hansen, J. Kaas, L. Lunkenheimer, J. Reiß, H. Schmitz, F. Schneiders, J. Stoelben, H. Volk, P. Zimmermann.

‚geistliche Intensivtäter' apostrophieren, dann die 21 internierten und/oder expatriierten Geistlichen als deren ‚harten Kern'.

Die Ausbürgerungen von Priestern, die in den Regierungsbezirken Koblenz und Trier amtierten, wurden ausnahmslos in dem kurzen Zeitraum zwischen Ende November 1874 und Anfang Juli 1875 vorgenommen. Da – wie schon ausgeführt – fast alle Ausweisungen ebenfalls bis Mitte 1875 ausgesprochen wurden und ab Ende November 1874 auch keine Internierungen mehr verhängt wurden, sondern die Minister auf alle diesbezüglichen Anträge mit Expatriierungen reagierten, bedeutet dies, dass Mitte 1875, also ein gutes Jahr nach Inkrafttreten des Reichsgesetzes vom 4. Mai 1874, dessen Exekution in den Regierungsbezirken Koblenz und Trier weitestgehend abgeschlossen war. Damit hatte sich rund zwei Jahre nach Promulgierung der Maigesetze von 1873 der Staat mittels des Reichsgesetzes in besagtem Gebiet der 52 geistlichen Hauptopponenten (der oben genannten 51 ausgewiesenen Geistlichen plus Pfarrer Wehn) entledigt, indem er ihnen den Aufenthalt in einem rheinischen Territorium, in welchem ihr angestammter Wirkungsort lag, verboten und/oder ihnen einen bestimmten, meist außerrheinischen Ort als obligatorischen Aufenthaltsort zugewiesen und/oder sie ganz aus dem Deutschen Reich verbannt hatte.

Abschließend soll exkursartig noch auf eine besondere Zielgruppe von Landesverweisungen eingegangen werden, nämlich auf die sich im Deutschen Reich aufhaltenden ausländischen Priester. Im Unterschied zu den inländischen Priestern beruhte deren Landesverweisung nicht auf dem vielerwähnten Reichsgesetz vom 4. Mai 1874, sondern hatte eine andere Rechtsgrundlage. Das Gesetz vom 11. Mai 1873 hatte nämlich in § 25 bestimmt, dass Ausländern, welchen vor Verkündigung dieses Gesetzes ein geistliches Amt übertragen worden ist und daher gesetzmäßig amtieren, innerhalb einer verlängerbaren Frist von sechs Monaten die deutsche Staatsangehörigkeit zu erwerben haben, wenn sie weiterhin im Besitz des Amtes und des Amtseinkommens bleiben wollen. Zur Umsetzung und Kontrolle dieser Bestimmung forderte der Kultusminister in seinem Runderlass vom 30. Mai 1873[253] von allen preußischen Oberpräsidenten ein Verzeichnis der in ihrer Provinz amtierenden ausländischen Geistlichen.

Das staatliche Vorgehen gegen die im Rheinland lebenden ausländischen Geistlichen, soweit sie keine Ordensgeistlichen waren, begann anders als dasjenige gegen die im Osten Preußens amtierenden jedoch so richtig erst anlässlich und im Gefolge des Attentats, welches der Böttchergesellen Kullmann am 13. Juli 1874 in Bad Kissingen auf den dort zu Kur weilenden Reichskanzler Fürst Bismarck verübte, der dabei aber nur leicht verletzt wurde. Trotzdem führte dieser Anschlag nicht nur zu heftigen Angriffen auf das Zentrum und zu einer Verschärfung der

253 LHAK, Bestand 403 Nr. 13680; GStA PK, I. HA Rep. 76 IV Sekt. 1 Abt. XII Nr. 6 Bd. 1. Text im Quellenanhang I.

staatlichen Repression des katholischen Vereins- und Pressewesens,[254] sondern wurde von Bismarck auch mit einer an Zynismus grenzenden Berechnung dazu instrumentalisiert, um alle noch verbliebenen ausländischen katholischen Priester aus Preußen zu vertreiben. Im Auftrag Bismarcks regte nämlich Staatssekretär Bernhard Ernst von Bülow gegenüber dem Innenminister an, *daß dieser so sehr geeignete Anlaß ohne Zeitverzug benutzt werde* zur Abschiebung der nicht die deutsche Staatsangehörigkeit besitzenden Priester. *Der Herr Ministerpräsident erachtet, daß diese Maßregel längst wünschenswerth gewesen wäre und es nur an einem genügenden Anknüpfungspunkt gefehlt habe. Letzterer biete sich jetzt in der denkbar geeignetsten Weise von selber dar und es sei Gebot der Politik, ihn nicht ungenutzt vorübergehen zu lassen.*[255] In einem Ausführungserlass forderten daraufhin der Innen- und der Kultusminister alle preußischen Oberpräsidenten auf, künftig keinem nichtdeutschen Geistlichen die Niederlassung in Preußen mehr zu gestatten und *diejenigen ausländischen (nichtdeutschen) katholischen Geistlichen, welche sich zur Zeit noch in Preußen befinden, auszuweisen,* und zwar jeden einzeln persönlich, nicht mittels einer pauschalen Verfügung.[256] In einem weiteren Erlass wurden diejenigen ausländischen Geistlichen, die sich in Bonn zum Studium der altkatholischen Theologie oder zur Vorbereitung auf den Dienst in der altkatholischen

254 Vgl. J. Kißling: Geschichte des Kulturkampfes im Deutschen Reiche, Bd. 3, S. 1–11; H. Brück: Geschichte der katholischen Kirche in Deutschland, Bd. 4 Abt. 1, 2. Aufl., S. 386–396; E. Huber: Deutsche Verfassungsgeschichte, Bd. 4, 2. Aufl., S. 728f.

255 Der Staatssekretär im Auswärtigen Amt Bernhard Ernst von Bülow an Innenminister Graf zu Eulenburg am 17. Juli 1874 (GStA PK, I. HA Rep. 77 Tit. 413 Nr. 129): *Im Namen und Auftrag des Herrn Ministerpräsidenten beehre ich mich, zunächst mit Beziehung auf das Kissinger Attentat bei Eurer Excellenz den Antrag zu stellen, daß dieser so sehr geeignete Anlaß ohne Zeitverlust benutzt werde, um aus dem Königleich Preußen alle katholischen Priester und zwar nicht prinzipiell, sondern einzeln auszuweisen, welche Ausländer im Sinne der die Reichsangehörigkeit bestimmenden Gesetze sind. Der Herr Ministerpräsident erachtet, daß diese Maßregel längst wünschenswerth gewesen wäre und es nur an einem genügenden Anknüpfungspunkt gefehlt habe. Letzterer biete sich jetzt in der denkbar geeignetsten Weise von selber dar und es sei Gebot der Politik, ihn nicht ungenutzt vorübergehen zu lassen.*

256 Innenminister Eulenburg und Kultusminister Falk an alle preußischen Oberpräsidenten am 29. Juli 1874 (LHAK, Bestand 403 Nr. 7558; GStA PK, I. HA 77 Tit. 413 Nr. 129): *Wir erachten es mit dem Wohle des Staates zur Zeit nicht für verträglich, katholische Geistliche, welche nicht Angehörige des deutschen Reiches sind, innerhalb des preußischen Staatsgebietes zu dulden. Derartigen Geistlichen ist daher der Aufenthalt bezw. die Niederlassung in Preußen fortan nicht mehr zu gestatten; auch sind diejenigen ausländischen (nichtdeutschen) katholischen Geistlichen, welche sich zur Zeit noch in Preußen befinden, auszuweisen. Die Ausweisung ist nicht generell, sondern gegen jeden Einzelnen der gedachten Geistlichen zu verfügen. Euer Hochwohlgeboren ersuchen wir ganz ergebenst, in Gemäßheit dieses Erlasses das Erforderliche für die dortige Provinz gefälligst anzuordnen und uns über die Ausführung desselben binnen 4 Wochen Bericht zu erstatten.*

Kirche aufhielten, von der Vertreibung ausgenommen,[257] wodurch die ausschließliche Fokussierung auf den katholischen Klerus, die so oft durch ein konfessionsneutrales Vokabular zu kaschieren versucht wurde, überdeutlich wird. Gegenüber dem Staatssekretär allerdings bemerkten die beiden Minister, dass, da die Landesverweisung der in den preußischen Ostprovinzen lebenden ausländischen Geistlichen bereits verfügt worden sei und im Gefolge des Jesuitengesetzes eine beträchtliche Anzahl von ausländischen Ordensgeistlichen abgeschoben worden seien, *die Zahl der gegenwärtig noch in Preußen sich aufhaltenden ausländischen katholischen Geistlichen keine beträchtliche sei.*[258]

Da sich diese Diagnose bewahrheitete und die regierungsamtlichen Erlasse zumindest im Rheinland nicht ganz so rigoros und unerbittlich umgesetzt wurden, wie es ihre scharfe Rhetorik nahelegt, war die tatsächliche Vertriebenenzahl eher gering. Im Regierungsbezirk Koblenz hielt sich lediglich ein einziger ausländischer Priester auf, und zwar in Linz ein aus der Schweiz stammender Ordensgeistlicher, der nach der Landesverweisung in sein Herkunftsland zurückkehrte.[259] Die

257 Der Innen- und der Kultusminister an den Oberpräsidenten der Rheinprovinz am 7. August 1874 (LHAK, Bestand 403 Nr. 7558; GStA PK, I. HA 77 Tit. 413 Nr. 129): *Mit Bezug auf unsere Verfügung vom 29. v. Mts., betreffend die Ausweisung der ausländischen katholischen Geistlichen, bemerken wir ergebenst, daß diejenigen altkatholischen Geistlichen, welche sich in Bonn theils des Studiums halber, theils zur Vorbereitung für den altkatholischen Kirchendienst in der Umgebung des Bischofs Reinkens aufhalten, selbstverständlich durch jene Verfügung nicht betroffen werden, auch wenn sie nicht Angehörige des Deutschen Reiches sind. Zur Vermeidung etwaiger Mißverständnisse haben wir jedoch nicht unterlassen wollen, hierauf besonders aufmerksam zu machen und ersuchen Ew. Hochwohlgeboren ergebenst, demgemäß auch die Bezirks-Regierungen der dortigen Provinz mit gefälliger Weisung zu versehen.*

258 Der Innen- und der Kultusminister an den Staatssekretär im Auswärtigen Amt Bernhard Ernst von Bülow am 29. Juli 1874 (GStA PK, I. HA Rep. 77 Tit. 413 Nr. 129 im Entwurf): *Wir bemerken [...] ganz ergebenst, daß wir für die Provinzen Posen, Schlesien und Preußen bereits im Jahre 1872 die allmählige Entfernung der ausländischen katholischen Geistlichen angeordnet haben. Dann sind auf Grund des Reichsgesetzes vom 4. Juli 1872, betreffend den Orden der Gesellschaft Jesu, eine beträchtliche Zahl ausländischer Ordensgeistlichen aus dem Lande gewiesen worden. Endlich ist auch sonst mit der Ausweisung nichtdeutscher katholischer Geistlichen mehrfach vorgegangen [worden] und [es] sind Beschwerden über die erfolgte Ausweisung von uns grundsätzlich zurückgewiesen worden. Wir glauben daher annehmen zu dürfen, daß die Zahl der gegenwärtig noch in Preußen sich aufhaltenden ausländischen katholischen Geistlichen keine beträchtliche sei. Eurer [Excellenz] geneigter Erwägung stellen wir schließlich ganz ergebenst anheim, ob etwa dahin zu wirken seyn möchte, daß die von uns angeordnete Maaßregel von Seiten der deutschen Bundesstaaten wenigstens insoweit unterstützt werde, daß sie diesseits ausgewiesene Geistliche bei sich nicht aufnehmen.*

259 Die Regierung Koblenz an den Oberpräsidenten der Rheinprovinz am 8. September 1874 (LHAK, Bestand 403 Nr. 7558): *(Wir) beehren wir uns, Euer Hochwohlgeboren*

Regierung Trier scheint mehrere ausländische Geistliche zur Abreise veranlasst zu haben,[260] darunter einen ehemaligen Inländer, der nach einem mehr als zehnjährigen Aufenthalt im Ausland die Reichsangehörigkeit laut Gesetz verloren hatte[261]. Der Bürgermeister von Wadern setzte sich mutig für den Verbleib eines *hochbetagten, still für sich lebenden, von Politik und allem sich fern haltenden, allgemein in hoher Achtung stehenden* französischen Geistlichen ein. Dieser *in Folge Altersschwäche an Körperentkräftung leidende Greis* lebe seit 14 Jahren in der Familie des Rittergutsbesitzers und Merziger Landrats Baron von Louisenthal auf Schloss Dagstuhl *in strengster Zurückgezogenheit und in größter Ruhe* und spende seine aus Frankreich bezogene Pension als Almosen an Bedürftige. Der weitere Aufenthalt des *nahe am Ende seines Lebens stehenden Geistlichen* würde keineswegs das Staatswohl gefährden, während eine Landesverweisung *bei der diesseitigen Bevölkerung eine ungünstige Beurtheilung erfahren und große Mißstimmung hervorrufen würde.*[262] Die Berliner Minister hatten ein Einsehen und ermöglichten dem

---

ehrerbietigst zu berichten, daß im Regierungsbezirk Coblenz sich nur ein nichtdeutscher katholischer Geistliche[r] zur Zeit befand und zwar der Ordensgeistliche Peter Alphons Spinden zu Linz, welcher zu Freiburg in der Schweiz gebürtig ist. Wir haben diesen Geistlichen zu Folge des Erlasses der Herrn Minister des Innern und der geistlichen, Unterrichts- und Medicinal-Angelegenheiten vom 29. Juli c. aus unserm Bezirke ausgewiesen und [es] ist derselbe nach dem Berichte des Landrathes des Kreises Neuwied am 24ten August c. nach seiner Heimath in der Schweiz abgereist.

260 Die Regierung Trier an den Oberpräsidenten der Rheinprovinz am 22. September 1874 (LHAK, Bestand 403 Nr. 7558): *Euer Hochwohlgeboren beehren wir uns [...] gehorsamst zu berichten, daß wir diejenigen katholischen Geistlichen, welche als Nichtangehörige des Deutschen Reichs im hiesigen Regierungsbezirke Aufenthalt genommen haben, aus dem Gebiete des preußischen Staats ausgewiesen haben, und zwar bei Vermeidung des zwangsweisen Transports bzw. weiterer Folgen.*

261 Die Regierung Trier *an den katholischen Priester Herrn Nolte hierselbst* am 1. September 1874 (LHAK, Bestand 442 Nr. 10419): *Weil wir es mit dem Wohle des Staates zur Zeit nicht für verträglich erachten, daß katholische Geistliche, welche nicht Angehörige des deutschen Reiches sind, innerhalb des preußischen Staatsgebietes sich aufhalten oder daselbst ihren Wohnsitz nehmen, so werden Sie, da Sie die Reichsangehörigkeit durch längeren als zehnjährigen Aufenthalt im Auslande verloren und bis jetzt nicht wieder erworben haben, hiermit aus Preußen ausgewiesen. Sie haben hiernach das preußische Staatsgebiet binnen einer Woche nach Empfang dieser Verfügung zu verlassen, widrigenfalls Sie den zwangsweisen Transport über die Grenze zu gewärtigen haben.*

262 Der Bürgermeister von Wadern, Friedrich, an den Landrat von Merzig am 22. August 1874 (LHAK, Bestand 403 Nr. 7558; GStA PK, I. HA Rep. 77 Tit. 413 Nr. 129): *Dem Königlichen Landrathsamte beehre ich mich [...] gehorsamst zu berichten, daß sich im hiesigen Bürgermeisterei-Bezirke nur ein Geistlicher befindet, der nicht Angehöriger des Deutschen Reiche ist. Es ist dies der Priester Herr Emanuel Nicola, ein Franzose, der bereits 75 Jahre alt ist, sich seit 14 Jahren in der Familie des Rittergutsbesitzers und Königlichen Landraths Herrn Baron von Louisenthal zu Schloß*

Geistlichen, seinen Lebensabend in seiner preußischen Wahlheimat zu verbringen.[263]

Anlässlich einer durch Zeitungsmeldungen ausgelösten Anfrage des preußischen Königs und deutschen Kaisers resümierten der Innen- und der Kultusminister die Ergebnisse ihres nach dem Kissinger Attentat verschärften Vorgehens gegen die in Preußen lebenden ausländischen Priester. Einerseits bezeichneten sie *die Nichtduldung solcher Geistlichen im Staatsgebiete als Regel*, zumal nach ihrer Ansicht *das Kissinger Attentat einen augenscheinlichen Beweis lieferte, bis zu welchem Grade die ultramontane Agitation die Gemüther zu verwirren und zu fanatisiren vermöge.* Andererseits wurden bis dahin, also bis knapp vier Monate nach dem Attentat, von den *einundzwanzig ausländischen katholischen Geistlichen, welche überhaupt im ganzen Staatsgebiete ermittelt worden sind*, nur zehn tatsächlich des

---

Dagstuhl aufhält. Nach den eingezogenen Erkundigungen und meinen eigenen, mehr als 5jährigen Beobachtungen lebte dieser ehrwürdige, gegenwärtig in Folge Altersschwäche an Körperentkräftung leidende Greis zu Dagstuhl stets in strengster Zurückgezogenheit und in größter Ruhe, sozusagen für sich allein, da selbst sein Verkehr mit den Gliedern der Familie von Louisenthal ein sehr beschränkter ist. Als emeritirter französischer Geistlicher bezieht er vierteljährlich aus Frankreich eine Pension und [es] besteht seine ganze Thätigkeit darin, daß er in der Haus-Capelle zu Dagstuhl Stillmessen liest und seine Pension, da für seine eignen geringen Bedürfnisse seitens der Familie von Louisenthal gesorgt wird, als Almosen an verschiedene Arme und Kranke spendet. Daß Herr Nicola irgendwelchen brieflichen Verkehr unterhalte, habe ich ebensowenig ermitteln können, wie mir bestimmt bekannt ist, daß derselbe mit der Geistlichkeit der Umgegend in gar keiner Beziehung steht, wie das ja auch bei seinem hohen Alter und seiner Schwäche leicht angenommen werden kann. Der Aufenthalt des Herrn Nicola zu Schloß Dagstuhl wird sonach in keiner Hinsicht als dem Wohle des Staates zuwiderlaufend angesehen werden können. Sehr schmerzlich müßte es aber für den langjährigen Wohlthäter so manches Armen hiesigen Bezirks und auch für letztere sein, wenn dem Herrn Nicola nun versagt werden sollte, seine vielleicht nur mehr wenige[n] letzten Lebenstage in Dagstuhl verbringen zu dürfen, umso schmerzlicher als derselbe ohne Verwandte ist, die sich seiner annehmen könnten und er gewiß nie anders dachte, als daß er sein Leben zu Dagstuhl in Ruhe und Frieden beschließen könnte. Begreiflicherweise würde die Maßregel der Ausweisung des Herrn Nicola auch die Familie des Herrn Freiherrn von Louisenthal in große Betrübniß versetzen und ich darf wohl auch pflichtmäßig meine Überzeugung nicht verschweigen, daß die gedachte Maßregel, so sehr dieselbe im Allgemeinen genommen wünschenswerth ist, doch in diesem Falle, wo dieselbe gegen einen hochbetagten, still für sich lebenden, von Politik und Allem sich fern haltenden, allgemein in hoher Achtung stehenden Priester gerichtet werden soll, bei der diesseitigen Bevölkerung eine ungünstige Beurtheilung erfahren und große Mißstimmung hervorrufen würde. Aus diesen Gründen gestatte ich mir denn auch ehrerbietigst und gehorsamst die Bitte, hochgeneigtest vermitteln zu wollen, daß die Maßregel der Ausweisung gegen den nahe am Ende seines Lebens stehenden Geistlichen Herrn Nicola zu Dagstuhl nicht zur Ausführung gelange.

263 Der Innen- und der Kultusminister an den Oberpräsidenten der Rheinprovinz am 10. November 1874 (LHAK, Bestand 403 Nr. 7558).

Landes verwiesen; von den elf übrigen wurde sieben der weitere Aufenthalt in Preußen gestattet, während über das Schicksal der restlichen vier noch nicht entschieden wurde.[264]

8. Zwischenfazit I: Das Ausmaß der staatlichen Durchsetzungs- und Implementierungsfähigkeit

Die von Regierungspräsident v. Wolff verfassten Zeitungsberichte der Regierung Trier konstatierten ab Mitte 1875 mit unüberhörbarem Triumph, dass die unbefugten Vornahmen von geistlichen Amtshandlungen und die Stippvisiten von ausgewiesenen Geistlichen in den Regierungsbezirk deutlich nachgelassen hätten mit der Folge eines drastischen Rückgangs der Zahl der geistlichen Gefängnisinsassen.

---

264 Der Innen- und der Kultusminister an König Wilhelm I. am 10. November 1874 (GStA PK, I. HA Rep. 77 Tit. 413 Nr. 129 im Entwurf): *Euer Kaiserliche und Königliche Majestät haben mittelst des von dem Geheimen Kabinetsrathe von Wilmowski an den ehrerbietigst mitunterzeichneten Minister der geistlichen pp. Angelegenheiten gerichteten Schreibens d. d. Baden-Baden den 6. October d. Js. Bericht darüber zu erfordern geruht, inwiefern die in öffentlichen Blättern verbreitete Nachricht, daß gegen ausländische, in Preußen sich aufhaltende katholische Geistliche die Ausweisung verfügt worden sei, ohne daß gegen sie etwas Gravirendes vorgelegen habe, auf Thatsachen beruhe und eventuell, welche Motive bei dem Verfahren obwalteten. Hierauf ermangeln wir nicht, Eurer Majestät Nachstehendes allerunterthänigst vorzutragen: Bereits seit dem Beginne des von der römisch-katholischen Kirche hervorgerufenen Konflictes haben wir es als unsere Aufgabe erachtet, ausländische (nichtdeutsche) katholische Geistliche von dem Staatsgebiete fern zu halten, weil dieselben erfahrungsmäßig ihren Aufenthalt in Preußen meist nur zu dem Zwecke nehmen, die ultramontane Agitation zu fördern und den Widerstand gegen die Durchführung der kirchenpolitischen Gesetze zu verstärken. Hatten daher im Laufe der letzten Jahre bereits mehrfache Ausweisungen ausländischer katholischer Geistlichen verfügt werden müssen, so hielten wir es für geboten, die Nichtduldung solcher Geistlichen im Staatsgebiete als Regel aufzustellen, als das Kissinger Attentat einen augenscheinlichen Beweis lieferte, bis zu welchem Grade die ultramontane Agitation die Gemüther zu verwirren und zu fanatisiren vermöge. Bei der in diesem Sinne an die Bezirksregierungen erlassenen Verfügung nahmen wir jedoch von vornherein die altkatholischen Geistlichen sowie die der Utrechter Kirchengemeinschaft angehörigen Pfarrer von der Ausweisung aus und behielten uns zugleich vor, unter den übrigen ausländischen katholischen Geistlichen Ausnahmen bezüglich derjenigen zu machen, von welchen mit Bestimmtheit anzunehmen sein würde, daß sie ihren Aufenthalt in Preußen nicht zu kirchlich-politischen Agitationen benutzen. In Folge dessen sind von einundzwanzig ausländischen katholischen Geistlichen, welche überhaupt im ganzen Staatsgebiete ermittelt worden sind, nur zehn ausgewiesen worden; sieben von ihnen ist der fernere Aufenthalt in Preußen gestattet worden, während in Betreff der übrigen vier zur Zeit noch Erörterungen schweben, von deren Resultate wir unsere Entschließung bezüglich einer eventuellen Ausweisung abhängig gemacht haben* [gemeint wohl: machen werden].

Die katholischen Geistlichen würden offene Übertretungen der Maigesetze und Konfrontationen mit der Staatsgewalt vermeiden und allgemein vorsichtiger und zurückhaltender agieren. Diese Trendwende wurde wesentlich auf das Sanktionsinstrumentarium zurückgeführt, welches das Reichsgesetz vom 4. Mai 1874 den Staatsorganen an die Hand gegeben hatte.[265] Diese Diagnose wird bestätigt von

265 Der Trierer Regierungspräsident v. Wolff in seinem Zeitungsbericht vom 22. Juli 1875 für das 2. Quartal des Jahres 1875 (LHAK, Bestand 403 Nr. 17964): *Als bemerkenswerth ist zunächst hervorzuheben, daß im verflossenen Quartale ungesetzliche Amtshandlungen katholischer Geistlicher meines Wissens nicht mehr vorgekommen sind, auch die gesperrten und ausgewiesenen Geistlichen den Regierungsbezirk nicht mehr betreten haben. Die Gefängnisse haben sich in Folge dessen entleert und [es] sitzt nur noch ein Geistlicher wegen Übertretung der Maigesetze im Justiz-Arresthause zu Saarbrücken. Der geringe Eindruck, welchen das wohlfeile Martyrium auf die katholische Bevölkerung für die Dauer machte, in Verbindung mit den Entbehrungen, die für die Inhaftirten damit verbunden waren, hat offenbar zu dieser veränderten Praxis geführt. Daß hierin ein wesentlicher Erfolg der kirchlichen Gesetzgebung und gewissermaßen ein Beugen des Klerus unter dieselbe liegt, wird den Lesern ultramontaner Blätter natürlich verschwiegen.* – Ders. in seinem Zeitungsbericht vom 22. Januar 1876 für das 4. Quartal des Jahres 1875 (ebd.): *Die niedere katholische Geistlichkeit zeigt mit wenigen Ausnahmen eine Zurückhaltung, die schroff gegen die frühere aggressive Haltung contrastirt und als eine Wirkung der kirchlichen Gesetzgebung des letzten Jahres zu betrachten ist.* – Ders. in seinem Zeitungsbericht vom 20. Juli 1876 für das 2. Quartal des Jahres 1876 (ebd.): *Zuwiderhandlungen gegen die sogenannten Maigesetze sind neuerdings nicht mehr vorgekommen. Man vermeidet jeden Conflict mit denselben, um nicht Amt oder Freiheit einzubüßen.* – Ders. in seinem Zeitungsbericht vom 23. Oktober 1876 für das 3. Quartal des Jahres 1876 (ebd.): *Die Haltung der katholischen Geistlichen ist im Ganzen seit dem Tode des [Trierer] Bischofs [am 30. Mai 1876] eine ruhigere und gemäßigtere geworden. Sie mögen wohl im Stillen fortfahren, ihren Einfluß im regierungsfeindlichen Sinne zu üben, sie nehmen sich aber mehr in Acht dabei wie früher.* – Ders. in seinem Zeitungsbericht vom 24. April 1877 für das 1. Quartal des Jahres 1877 (ebd.): *Das Obertribunal (hat) in jüngster Zeit sehr strenge Entscheidungen in Betreff der Vornahme geistlicher Amtshandlungen in vacanten oder nicht vacanten Nachbarpfarreien aufgestellt. Der größte Theil der Geistlichen ist dadurch sehr vorsichtig geworden und hat die früher gewährte Aushülfe versagt.* – Ders. in seinem Zeitungsbericht vom 25. Juli 1877 für das 2. Quartal des Jahres 1877 (ebd.): *Auch das Verhalten der katholischen Geistlichkeit giebt neuerdings äußerlich weniger Anlaß zur Klage. Übertretungen der Staatsgesetze werden sichtlich vermieden und das verflossene Quartal hat nur vereinzelte Bestrafungen gebracht.* – Ders. in seinem Zeitungsbericht vom 24. Oktober 1877 für das 3. Quartal des Jahres 1877 (ebd.): *In dem Verhalten der katholischen Geistlichkeit den Staatsgesetzen gegenüber ist auch im verflossenen Vierteljahr wiederum ein Fortschritt zum Besseren zu erkennen. Man merkt wenig von Agitation und Übertretungen der Maigesetze kommen nur in vereinzelten Fällen vor.* – Ders. in seinem Zeitungsbericht vom 21. Januar 1878 für das 4. Quartal des Jahres 1877 (ebd.): *Der Stand des kirchenpolitischen Kampfes ist im Wesentlichen unverändert; nur kann man erfreulicher Weise sagen, daß der Clerus*

dem für die Diözese Trier erstellten *Verzeichniß der auf Grund der §§ 22 und 23 des Gesetzes über die Vorbildung und Anstellung der Geistlichen vom 11. Mai 1873 beantragten und eingeleiteten gerichtlichen Untersuchungen und erfolgten Bestrafungen,*[266] wonach ab 1876 die rechtskräftigen Verurteilungen von Priestern des Bistums Trier, insbesondere die Mehrfachverurteilungen ein und desselben Priesters wegen unbefugter Vornahme von Amtshandlungen, deutlich zurückgingen. Gemäß diesem Verzeichnis, an dessen Zuverlässigkeit freilich keine übertriebenen Erwartungen gestellt werden dürfen,[267] wurden von den insgesamt 100 Geistlichen, die von Inkrafttreten des Gesetzes vom 11. Mai 1873 bis zum ersten Milderungsgesetz vom 14. Juli 1880 wegen besagten Delikts rechtskräftig verurteilt wurden, nur 23 Geistliche von Anfang 1876 bis zum ersten Milderungsgesetz rechtskräftig verurteilt. Noch deutlicher zeigt sich der Rückgang ab 1876 bei der Zahl der geistlichen ‚Wiederholungstäter' mit mehr als drei rechtskräftigen Verurteilungen, denn alle die zu dieser Kategorie gehörenden 50 Geistlichen wurden bis September 1875 rechtskräftig abgeurteilt, während nach 1875 nur noch ein einziger Geistlicher eine Mehrfachverurteilung hinnehmen musste, nämlich Pfarrer J. Weirich zu Enkirch, der im ersten Halbjahr des Jahres 1876 dreimal rechtskräftig verurteilt wurde. Am drastischsten und aussagekräftigsten offenbart sich der im Nachlassen der Strafverfolgung sich widerspiegelnde Schwund der ‚kriminellen Energie' bei der Zahl der rechtskräftigen Verurteilungen, denn während in den rund zweieinhalb Jahren bis Ende 1875 357 rechtskräftige Verurteilungen wegen unbefugter Vornahme geistlicher Amtshandlungen gemäß § 23 des Gesetzes vom 11. Mai 1873 ausgesprochen wurden, waren es in den viereinhalb Jahren von Anfang 1876 bis Juli 1880 nur noch 25 rechtskräftige Verurteilungen. Dieser eklatante Rückgang rechtskräftiger Verurteilungen hatte zur Folge und wird dadurch bestätigt, dass

---

im Allgemeinen sich noch passiver verhält wie in den ersten Quartalen des vorigen Jahres. – Ders. in seinem Zeitungsbericht vom 23. Oktober 1878 für das 3. Quartal des Jahres 1878 (ebd.): *Die Geistlichkeit vermeidet sichtlich jeden Conflict mit den Staatsgesetzen und hat mit Ausnahme einiger bekannter Heißsporne aufgehört, gegen die Regierung zu hetzen.* – Ders. in seinem Zeitungsbericht vom 24. April 1879 für das 1. Quartal des Jahres 1879 (ebd.): *Übertretungen der sogenannten Maigesetze durch Geistliche kommen nur noch sehr selten vor.*

266 LHAK, Bestand 403 Nr. 15716.

267 So fehlt z.B. der Trierer Pfarrer Classen, der nach der Benachrichtigung über die Einleitung des Erzwingungsverfahrens zur dauerhaften Besetzung seiner Pfarrstelle vierzehnmal wegen unbefugter Vornahme geistlicher Amtshandlungen verurteilt wurde. Weiterhin muss bedacht werden, dass keineswegs alle in diesem Verzeichnis aufgeführten Priester im Bistum Trier inkardiniert waren. Beispielsweise listet das Verzeichnis auch den Kölner Seminarprofessor Scheeben (Nr. 167) und den Vikar E. Radziwill aus Ostrowa (Nr. 157) auf, die beide wegen einer *Amtshandlung,* wahrscheinlich einer Messfeier, in der Pfarrkirche von Marpingen verurteilt wurden. Gleichwohl vermittelt das Verzeichnis hinsichtlich der Relationen aussagekräftige Ergebnisse, wenn man nicht auf der Exaktheit jeder Zahl besteht.

ab Frühsommer 1875 die Zahl der in den Gefängnissen einsitzenden Geistlichen sich deutlich verminderte, wie die zwischen Mai 1874 bis Juli 1875 vom jeweiligen Direktor des Trierer und des Saarbrücker Gefängnisses dem Trierer Regierungspräsidenten allwöchentlich einzureichenden und eingereichten Namensverzeichnisse der in ihrem jeweiligen Arresthaus einsitzenden Geistlichen belegen.[268] Vergleicht man die Insassenzahlen der ersten in jedem neuen Monat eingereichten Verzeichnisse[269], dann zeigt sich im Saarbrücker Gefängnis ab März 1875 und im Trierer Gefängnis ab Juni 1875 eine deutliche Verringerung der Zahl der geistlichen Häftlinge und Mitte Juli, als die Regierung Trier die Gefängnisdirektoren von der Pflicht zur Einreichung allwöchentlicher Verzeichnisse entband und nur noch jeden Zu- und Abgang gemeldet haben wollte,[270] beherbergten die beiden Anstalten jeweils nur noch einen einzigen Geistlichen. Die staatliche Strafverfolgung des Pfarrklerus wegen unbefugter Vornahme geistlicher Amtshandlungen war ein relativ kurzfristiges Phänomen, das sich auf die zwei Jahre von Herbst 1873 bis Mitte 1875 konzentrierte und danach deutlich bis zum Faststillstand abebbte.

Wie ist dieses Phänomen zu erklären? Der drastische Rückgang sowohl der Zahl rechtskräftiger Verurteilungen wegen unbefugter Vornahme geistlicher Amtshandlungen wie der Zahl der deswegen verurteilten Geistlichen kann nur als Reaktion auf die staatliche Strafverfolgung, genauer und deutlicher gesagt als Kapitulation gewertet werden, die freilich nicht förmlich verkündet wurde. Die Kapitulation war eine Reaktion auf die Tatsache, dass den amtierungsunbefugten Pfarrgeistlichen zwar einzelne verborgene Amtsverrichtungen und den zusätzlich ausgewiesenen Geistlichen heimliche kurzzeitige Stippvisiten in ihre Heimatpfarrei möglich waren, aber keine Aufrechterhaltung eines kontinuierlichen und geordneten gottesdienstlichen Lebens in einer Gemeinde, dass ein entsprechender Versuch vielmehr früher oder später die Sanktionsspirale in Gang setzte, die mit einer Gefängnisstrafe begann, nach mehreren Gefängnisstrafen zur Ausweisung führte und schließlich mit der Verbannung aus dem Deutschen Reich endete. Die mit einem Amtierungsverbot belegten

---

268 *‚Namentliches Verzeichniß der im Justiz-Arresthause zu Saarbrücken in der Woche vom […] bis […] detinirt gewesenen katholischen Geistlichen‘* und *‚Namentliches Verzeichnis der in der Strafanstalt zu Trier befindlichen katholischen Geistlichen am […]‘* (LHAK, Bestand 442 Nr. 10420).

269 In Saarbrücken: 9. Mai 1874: 1 inhaftierter Geistlicher; 6. Juni: 6; 5. Juli: 4; 2. August: 2; 6. September: 5; 4. Oktober: 5; 1. November: 5; 6. Dezember: 5; 3. Januar 1875: 5; 7. Februar: 4; 7. März: 2; 4. April: 2; 2. Mai: 2; 30. Juni: 0 (Pfr. Isbert, der einzig verbliebene Insasse, hatte Hafturlaub); 4. Juli: 1; 18. Juli (das letzte Verzeichnis): 1 (Pfr. Isbert).
In Trier: 4. Mai 1874: 5 inhaftierte Geistliche; 1. Juni: 15; 6. Juli: 8; 3. August: 6; 7. September: 8; 5. Oktober: 6; 2. November: 3; 7. Dezember: 6 (bis dahin immer einschl. des Trierer Bischofs); 4. Januar 1875: 6; 1. Februar: 4; 1. März: 5; 5. April: 4; 3. Mai: 4; 7. Juni: 2; 5. Juli: 2; 19. Juli (das letzte Verzeichnis): 1 (Pfr. Mergens).

270 Die Regierung Trier an den jeweiligen Direktor des Trierer und des Saarbrücker Gefängnisses am 16. Juli 1875 (LHAK, Bestand 442 Nr. 10420 im Entwurf).

Geistlichen hatten die Sinn- und Fruchtlosigkeit einer weiteren hartnäckigen Renitenz eingesehen und den aussichtslos gewordenen Kampf aufgegeben, was natürlich gelegentliche versteckte Zuwiderhandlungen in Form von verbotenen geistlichen Amtshandlungen nicht ausschloss, wohl aber eine systematische und halbwegs offene Amtierung, welche der öffentliche kirchliche Gemeindegottesdienst unvermeidlich mit sich brachte und erforderlich machte. Insgesamt war somit die konsequente staatliche Strafverfolgung trotz aller unzweifelhaften exekutiven Mängel und Grenzen, die noch ausführlicher dargelegt werden, insofern durchaus erfolgreich, als der Staat die Amtierung maigesetzwidrig angestellter oder per vielerwähnter Benachrichtigung gesperrter Geistlicher auf Dauer weitgehend unterbinden und die Ersteren letztlich alle aus ihrem Amt vertreiben konnte. Die Quellen lassen nirgends erkennen, dass ein gesperrter, d.h. mit einem Amtierungsverbot bedachter Pfarrgeistlicher offen und dauerhaft seine Berufsausübung fortsetzen konnte. Auf diesem Feld hatte die Staatsmacht bis Ende 1875 klar gesiegt und ihre Durchsetzungskraft bewiesen.

Die sich schon Anfang 1875 bemerkbar machende und ab Mitte 1875 deutlich hervortretende zunehmende Meidung des Pfarrklerus, mit den Maigesetzen in Konflikt zu geraten, erfolgte mit Einverständnis oder gar auf Aufforderung der Trierer Bistumsleitung, denn die Erlebnisberichte der Kulturkampfpriester melden übereinstimmend, dass im Laufe des Jahres 1875 der Trierer Bischof und sein Generalvikar den wiederholt verurteilten und dann oft ausgewiesenen Amtsneulingen empfahlen oder gar befahlen, den Kampf mit dem preußischen Strafverfolgungsapparat einzustellen. Als beispielsweise dem bereits aus dem Regierungsbezirk Koblenz ausgewiesenen Kaplan L. Lunkenheimer zu Mayen 1875 das Gerücht zu Ohren kam, er solle auf der Insel Rügen interniert werden, fuhr er nach Trier, um sich *die Losung zu holen*. Vor dem Bischöflichen Palais traf er einen Amtsbruder, der ihm mitteilte, *er habe soeben von Bischof Eberhard vernommen, wir sollten auseinandergehen und uns nicht aufreiben in den Scharmützeln mit der Polizei. Diese Direktive teilte ich* – so berichtet Kaplan Lunkenheimer – *einer Anzahl Leidensgenossen in Bonn, wo ich selbe traf, mit und jeder von uns suchte nun anderwärts unterzukommen.*[271] Dem aus dem Regierungsbezirk Koblenz ausgewiesenen Kaplan C. Hansen zu Cochem war *von der geistlichen Behörde der Wink geworden, nicht mehr auf unsere Stellen zurückzukehren.*[272] Der aus dem Regierungsbezirk Koblenz ausgewiesene Kaplan N. Heit zu Koblenz kehrte solange immer wieder an seine Stelle zurück und ließ sich jedesmal zwangsweise *wieder fortführen, bis von Seiten der geistlichen Behörde bedeutet wurde, es sei genug.*[273] Der ebenfalls ausgewiesene Kaplan T. Kerpen zu Dieblich *zeigte sich wenigstens in der Öffentlichkeit nicht mehr in Dieblich,* nachdem ihm *nun auch von der Bischöflichen Behörde bedeutet wurde, wir hätten genug gegen die Maigesetze opponirt.*[274] Kaplan H. Schmitz zu Andernach

271 Pfarrer L. Lunkenheimer, damals Kaplan in Mayen, in seinem Erlebnisbericht.
272 Pfarrer C. Hansen, damals Kaplan in Cochem, in seinem Erlebnisbericht.
273 Pfarrer N. Heit, damals Kaplan in Koblenz, in seinem Erlebnisbericht.
274 Pfarrer T. Kerpen, damals Kaplan in Dieblich, in seinem Erlebnisbericht.

ging nach Abbüßung seiner sechsten Gefängnisstrafe im April 1875 ins Exil, *da nun unser Bischof wünschte, daß wir jetzt nach 1½jährigem Kampfe uns etwas hinter die Schußlinie zurückziehen sollten.*[275] Kaplan H. Volk ignorierte solange das für den Regierungsbezirk Koblenz verhängte Aufenthaltsverbot, *bis ich die Weisung erhielt, den Widerstand jetzt aufzugeben und mir eine Stellung im Auslande zu suchen.*[276] Kaplan J. Thielen zu Schweich ging am 8. September 1874 kurz nach seiner Ausweisung aus dem Regierungsbezirk Trier *zu Fuß nach Trier, klopfte abends 10 Uhr bei dem Hochwürdigsten Herrn Generalvikar de Lorenzi an, um neue Weisung zu erhalten. Diese lautete dahin: „Sie sind jetzt frei, der Gewalt gewichen. Gehen Sie einstweilen ruhig in's Luxemburgische und sehen Sie sich nach einem Posten um."*[277] So geschah die Einstellung des offenen und aktiven Widerstands in Gestalt eines weitgehenden Verzichts auf die Vornahme verbotener geistlicher Amtshandlungen, zumindest von solchen, bei denen das Risiko einer Ergreifung und Bestrafung zu groß war, auch auf Anraten oder gar Anweisung der Trierer Bistumsleitung.

Die These, dass die Geistlichkeit im Laufe des Jahres 1875 vor dem vom Reichsgesetz vom 4. Mai 1874 noch einmal intensivierten Repressionsdruck kapitulierte, wird durch viele Berichte bestätigt, wonach Geistliche, die keine Chance auf eine vom Staat geduldete Festanstellung und damit keine berufliche Perspektive in Preußen hatten, vorwiegend jüngere Kapläne, nach mehreren Verurteilungen, insbesondere wenn noch eine Ausweisung hinzukam, meist im Jahr 1875 mit oberhirtlicher Zustimmung oder Empfehlung mehrheitlich resignierten und sich ‚in alle Winde zerstreuten', und zwar häufig ins Ausland, obwohl sie gar nicht ausgebürgert waren. Es setzte 1875, teilweise sogar schon Ende 1874, ein allgemeiner Exodus von amtierungsunbefugten Geistlichen ein. So schrieb der Trierer Bischof dem Oberpräsidenten im Mai 1875, dass *in Folge des Druckes der Verhältnisse fast alle bis jetzt nicht angestellte Geistliche die Diöcese verlassen haben und meist an mir unbekannten Aufenthaltsorten verweilen,*[278] und im November 1875 demselben Adressaten, dass *die bisher nicht angestellten jüngeren Geistlichen fast alle die Diöcese verlassen und in verschiedenen Ländern (Belgien, Frankreich, England, Schottland, ja bis nach Amerika hin) zerstreut sind.*[279] Der am 30. August 1873 im Trierer Dom geweihte, schon mehrfach im Gefängnis eingesessene Kaplan J. Kirsch zu Vallendar beobachtete bei seinen Amtsbrüdern und Schicksalsgefährten als Ergebnis des staatlichen Strafverfolgungsdrucks, welcher durch das Reichsgesetz vom 4. Mai 1874 mit den vom diesem eröffneten Möglichkeiten der Ausweisung,

275 Pfarrer H. Schmitz, damals Kaplan in Andernach, in seinem Erlebnisbericht.

276 Pfarrer H. Volk, damals Kaplan in Polch, in seinem Erlebnisbericht.

277 Pfarrer J. Thielen, damals ohne feste Anstellung in Mettendorf lebend, in seinem Erlebnisbericht.

278 Der Bischof von Trier an den Oberpräsidenten der Rheinprovinz am 20. Mai 1875 (LHAK, Bestand 403 Nr. 10404).

279 Der Bischof von Trier an den Oberpräsidenten der Rheinprovinz am 16. November 1875 (LHAK, Bestand 403 Nr. 10405).

Internierung und Ausbürgerung enorm verstärkt worden war, ab Sommer 1875 ein resignierendes Aufgeben, das sich in einer Verminderung der Zahl der inhaftierten Geistlichen und in einer Abwanderung beruflich perspektivloser Priester nach Süddeutschland oder ins Ausland niederschlug: *Im Sommer 1875 hatte sich die Zahl der gefangenen Priester allmählich vermindert. Gemäß Maigesetz 1874 mit Internirung bedroht oder entweder ganz des Landes verwiesen oder aus einem oder einigen Regierungsbezirken ausgewiesen, suchten sie nach ihrer meistens zweiten Entlassung aus dem Gefängnisse in Süddeutschland oder im Auslande Verwendung ihrer Thätigkeit.* Kaplan Kirsch selbst schloss sich, nachdem er aus den Regierungsbezirken Koblenz, Trier und Wiesbaden ausgewiesen und am 31. August 1875 schließlich aus dem Koblenzer Gefängnis entlassen worden war, den Emigranten an und reiste, obgleich keineswegs ausgebürgert, in die Vereinigten Staaten, wo er bis 1886 in den Diözesen Buffalo und Savannah als Seelsorger wirkte und dabei in jeder Hinsicht aufschlussreiche (und durchaus lesenswerte) Beobachtungen zur religiösen Lage in den USA machte. Seine – gewiss verallgemeinerbare – Motivation und Situation schilderte er so: *Da mir also der Aufenthalt in der eigentlichen Heimath versagt, für mich die Ausübung meines geistlichen Amts in Preußen überhaupt unmöglich war, der Gedanke, in einem anderen Theile Deutschlands um Verwendung nachzusuchen, zuwider war, entschloß ich mich, ins Ausland zu gehen, und zwar dahin, wohin die göttliche Vorsehung mich führen würde. Am 31. August [1875], am Tage meiner Primiz, schlug für mich die Stunde der Freiheit. Ein Polizist gab das Geleite zur Bahn, löste für beide eine Fahrkarte nach Bingen. In Bingen sah er mich weiterfahren und damit hatte er seinen Auftrag erfüllt und mir stand da die Welt, die weite Welt offen.*[280] Der dem gleichen Weihejahrgang angehörende Kaplan P. Boever zu Wiesbach, dem noch im Saarbrücker Gefängnis seine Ausweisung aus dem Regierungsbezirk Trier eröffnet worden war, wurde nach seiner Entlassung von einem Gendarmen zwangsweise über die Grenze des Regierungsbezirks nach Kirn gebracht. Zwar kehrte er später noch dreimal *bei Nacht und Nebel* nach Wiesbach zurück, aber sah offenbar keine Chance auf ein längeres strafverfolgungsfreies Amtieren; jedenfalls emigrierte er im Januar 1875 nach Luxemburg, wo er einem Pfarrer in der Seelsorge aushalf, und anschließend weiter in die USA.[281] Dechant Duy zu St. Ingbert hatte dem am 15. Mai 1875 aus dem Saarbrücker Gefängnis

280 Pfarrer J. Kirsch, damals Kaplan in Vallendar, in seinem Erlebnisbericht.

281 Pfarrer P. Boever, damals Kaplan in Wiesbach, in seinem Erlebnisbericht: *Am 5. Nov. [1874] wurde ich aus dem Gefängniß entlassen [...]. So konnte ich mich also wieder der goldenen Freiheit freuen, die sich jetzt in viel herrlicherem Glanze zeigte wie früher. Aber nicht lange sollte diese Freude dauern. Am folgenden Tage hatte ich Ruhe. Aber schon am zweiten Morgen bei Tagesgrauen brach schon das Verhängniß wieder über mich herein in Gestalt des Bürgermeisters, 3 Gensdarmen und eines Polizisten. Jetzt galt es mich über die Grenze des Regierungsbezirkes Trier, aus dem ich ausgewiesen war, zu bringen. [...] So wurde ich denn Samstag, den 7. Nov. 1874, und unter den manchfachsten lauten, klingenden und rührendsten Beweisen der Theilnahme der Bewohner von Wiesbach, die sich sofort bei der ersten Kunde aus dem ganzen Orte im Pfarrhause angesammelt*

entlassenen Kaplan M. Görgen zu Neunkirchen und anderen *Sperrlingen aus dem Kohlenrevier bei der bischöflichen Behörde in Speyer ein Unterkommen in der Diöcese Speyer erwirkt. Dort verblieben wir* – so der Neopresbyter Görgen – *bis zu unserer Zurückberufung in die Heimathsdiöcese anfangs des Jahres 1884.*[282] Der gleichfalls dem Weihejahrgang 1873 angehörende Kaplan J. Imandt zu Dillingen/Saar, der eine für ihn traumatische dreimonatige Gefängnisstrafe in Saarbrücken verbüßt hatte und aus dem Regierungsbezirk Trier ausgewiesen worden war, reiste Ende 1874 heimlich nach Trier, um sich mit seinem Bischof über seine Zukunft zu beraten: *Mitte Dezember mußte ich Düsseldorf verlassen, denn obgleich ich nur in Civilkleidung ausging, war die Polizei auf mich aufmerksam geworden. Ich hielt mich in Coblenz und Umgegend auf und traf am 31. Dez. 1874 in Trier ein. An diesem Tage hatte Bischof Eberhard nach neunmonatlicher Gefängnishaft die Freiheit wiedererhalten. Am 3. Januar ging ich zu dem Hochwürdigsten Herrn. Er setzte sich neben mich auf's Kanape[e]. Er war tief gerührt; es sprach nur sein Vaterherz. Mein Vorhaben, nach Österreich auszuwandern, hieß er gut. Der damalige Bischof Rüdiger von Linz, in welcher [Diözese] mein Vetter August Imandt Pfarrprovisor war und heute noch Pfarrer ist (Ebensee) hatte mir Aufnahme in seiner Diöcese zugesichert. So verließ ich denn am 9. Januar das elterliche Haus und war bald bei meinem Herrn Vetter in Weyr o. d. Ens.*[283] Der aus dem Regierungsbezirk Koblenz ausgewiesene Kaplan T. Kerpen zu Dieblich zog sich nach mehreren heimlichen Besuchen von Dieblich, die er u.a. zu Versehgängen nutzte, wohl Anfang 1875 *nach Cusel in der Rheinpfalz zurück und auf Verlangen des Hochwürdigsten Herrn Bischofs Haneberg [von Speyer] blieb ich dann 2 Jahre als Kaplan in Cusel. Von Cusel aus wurden aber auch mehrere preußische Ortschaften pastorirt. Da mir dort auch zuletzt Schwierigkeiten bereitet wurden, kam ich durch Vermittelung des Herrn Dechanten Dr. Hammer nach Laval in Frankreich als Hauslehrer zu einer adligen Familie.*[284] Der aus dem Regierungsbezirk

---

hatten, über die Grenze gebracht. [...] Unter Begleitung [eines] Gensdarmen ging es dann bis Kirn. Hier angekommen (½7 Uhr abends) stieg der Gensdarm zuerst aus, brummte über die Schulter „So, nun habe ich meines Auftrages mich entledigt" und verschwand in dunkler Nacht, mich meinem Schicksal überlassend; aber ich war wieder frei. Von hier ging dann meine Reise an den Rhein über Cöln, Aachen, durch Belgien nach dem Luxemburgischen zunächst zu Verwandten. Noch dreimal kehrte ich später bei Nacht und Nebel nach Wiesbach zurück. Weil der Hochw. Herr Bischof Eberhard mir gesagt [hatte], wenn nur möglich in der Seelsorge thätig zu bleiben, so ging ich im Januar 1875 auf das Anerbieten des Herrn Pastors Mehring in Bettendorf, Luxemburg, ein, bei ihm zu bleiben und ihm zu helfen. Als dieser Herr im Sommer 1875 nach Amerika ging, fand ich in der Familie Salenting dort die liebevollste und zuvorkommenste Aufnahme und konnte dem Herrn Pastor in der Seelsorge in jeder Hinsicht helfen.

282 Pfarrer M. Görgen, damals Kaplan in Neunkirchen im Kreis Ottweiler, in seinem Erlebnisbericht.

283 Pfarrer J. Imandt, damals Kaplan in Dillingen/Saar, in seinem Erlebnisbericht.

284 Pfarrer T. Kerpen, damals Kaplan in Dieblich, in seinem Erlebnisbericht.

Trier ausgewiesene Kaplan H. Schieben zu Spiesen kam *tief in der Nacht* verbotenerweise nach Spiesen zurück *und logirte bei einem Steiger. Morgens, Dom. Passionis* [d.h. am Passionssonntag], *saß ich im Beichtstuhl. Die drei Gensdarmen erschienen wieder, fanden mich aber nicht, weil ich jede Nacht ein anderes Logie nahm. Am 3ten Tage waren sie [nahe] dran, mich zu fassen und mich nach Kirn abzuführen. Da lief ich eilig über die nahe bayerische Grenze und fand bald in der Diöcese Speyer, zu Burrweiler, Decanat Landau, bei Herrn Pfarrer und Geistlicher Rath Hendel gastliche Aufnahme. Ununterbrochen 9 Jahre war ich bei demselben.*[285] Kaplan J. Spanier zu Hönningen, ebenfalls ein Neupriester, war vor seiner Entlassung aus dem Koblenzer Gefängnis am 22. März 1875 von seiner Ausweisung aus den Regierungsbezirken Koblenz und Trier benachrichtigt worden. *Diese Verfügung hatte zur Folge, daß ich mich weder in Hönningen noch in meiner Heimath Trittenheim aufhalten konnte.* Deshalb begab er sich in den Regierungsbezirk Köln, von wo aus er seiner Pfarrei Hönningen und seinen Verwandten in Trittenheim heimliche Besuche abstattete, bei denen er aber in Hönningen nur knapp einer Verhaftung entging und in Trittenheim aufgrund eines Verrats tatsächlich verhaftet und unter Polizeibedeckung in den Regierungsbezirk Köln zurückgeführt wurde. Als dann noch eine sechste Verurteilung hinzukam, *und zwar wieder zu drei Monaten* Gefängnis, wandte er sich, wohl um die Strafe nicht ‚absitzen' zu müssen, *nunmehr nach Belgien, wo ich* – so sein Bericht – *gastfreundliche Aufnahme und sogleich Stellung fand. So war ich endlich außer Landes und so konnte das Vaterland meinetwegen ruhig sein.*[286] Der Kaplan und Neupriester J. Thielen zu Schweich floh, wie ihm vom Trierer Generalvikar empfohlen, nach fünf rechtskräftigen Verurteilungen und seiner Ausweisung aus dem Regierungsbezirk Trier im September 1874 nach Luxemburg, wo ihn der dortige Bischof zur Vertretung des erkrankten Pfarrers von Reisdorf einsetzte. Zwar kehrte er von seinem Luxemburger Exil wiederholt ins Bistum Trier zurück, hielt dort auch Predigten, vermied aber immer nur knapp eine drohende Verhaftung durch sofortige und teils waghalsige Fluchtmanöver. 1878 wanderte er nach Kärnten aus, wo er in Pusarnitz eine Stelle als Seelsorger erhielt.[287] Der Kaplan und Neupriester N. Thielen war mehrmals wegen Amtshandlungen in seinem Geburtsort Mettendorf im Kreis Bitburg verurteilt worden und ihm drohten nun ein mehrmonatiger Gefängnisaufenthalt. *Da nun meine Verhaftung mit jedem Tage zu erwarten stand, erklärte mir Bischof Eberhard persönlich: „Si persequuntur vos in ista civitate, fugite in aliam"* [d.h. „Wenn sie euch verfolgen in diesem Staate, flieht in einen anderen"], *da ich, wie er sagte, nirgendwo in der Welt an einen festen Posten gebunden sei. So ergriff ich anfangs Februar 1875 bei Nacht und Nebel die Flucht über die luxemburgische Grenze und ließ das Vaterland in Ruhe.* Der Luxemburger Bischof setzte N. Thielen als Hausgeistlichen in einem

---

285 Pfarrer H. Schieben, damals Kaplan in Spiesen, in seinem Erlebnisbericht.
286 Pfarrer J. Spanier, damals Kaplan in Hönningen, in seinem Erlebnisbericht.
287 Pfarrer J. Thielen, damals Kaplan in Schweich, in seinem Erlebnisbericht.

Krankenhospiz in der Nähe der Hauptstadt ein, wo er bis 1884 verblieb.[288] Alle diese noch vermehrbaren[289] Beispiele illustrieren und belegen den an der drastischen Verminderung von Verurteilungen wegen unbefugter Amtsausübung ablesbaren Sachverhalt, dass beginnend Anfang 1875 und verstärkt ab Mitte 1875 die maigesetzwidrig installierten, mit Gefängnis bestraften und vielfach ausgewiesenen Priester, überwiegend junge Kapläne vor allem des Trierer Weihejahrgangs 1873, unter Gutheißung und teils sogar auf Aufforderung der Trierer Bistumsleitung sich für einen Abbruch des Kampfes, d.h. für eine Einstellung des systematischen Widerstandes gegen die Maigesetze in Gestalt einer hartnäckigen Verletzung des Amtierungsverbots entschieden und vielfach aus Preußen oder gar ganz aus dem Deutschen Reich auswanderten.

Laut der Regierung Trier verließen sogar einige an sich gesetzmäßig angestellte Sukkursalpfarrer, die lediglich infolge der vielerwähnten Benachrichtigung Berufsausübungsverbot hatten, angesichts des staatlichen Verfolgungsdrucks und drohender Gefängnisstrafen ihre Pfarreien, in denen eine halbwegs normale und geregelte Amtierung nicht mehr möglich war, teils auch das Bistum und manchmal auch den Staat.[290] Pfarrer B. Hermes zu Gusenburg beispielsweise, der nach der

---

288 Pfarrer N. Thielen, damals ohne feste Anstellung in Mettendorf lebend, in seinem Erlebnisbericht.

289 So meldete der Landrat von Bitburg der Regierung Trier am 6. Januar 1875 (LHAK, Bestand 442 Nr. 1978), dass der maigesetzwidrig ernannte und aus dem Regierungsbezirk Trier ausgewiesene, aber nicht ausgebürgerte Pfarrer J. Kraemer zu Oberweis *eine Kaplanstelle in dem luxemburgischen Orte Rosport unweit Echternach versieht und sich daselbst aufhält.* Am 3. Mai 1878 meldete der Bürgermeister von Oberweis dem Landrat (ebd.): *Kraemer hält sich gegenwärtig zu Gent (Belgien) in einem Kloster auf.* – Der Bürgermeister von Kröv berichtete am 8. Februar 1875 dem Landrat von Wittlich (LHAK, Bestand 442 Nr. 1983), dass der maigesetzwidrig angestellte und rechtskräftig wegen unbefugten Amtierens zu zwei Monaten Gefängnis verurteilte Kaplan J. Leusch zu Mastershausen *sich augenblicklich auf der Universität in Würzburg befinden* soll.
Laut K. Kammer (Trierer Kulturkampfpriester) wirkte Kaplan J. Alt zu Prüm fast zehn Jahre lang bis 1884 in Landstuhl in der Pfalz (S. 36), was durch seinen Erlebnisbericht bestätigt wird, fungierte Kaplan J. Büsch zu Treis bis 1883 fast zehn Jahre lang als Privatgeistlicher im Ausland (S. 44), verbrachte Kaplan N. Heit zu Koblenz bis 1892 siebzehn Jahre im Ausland (S. 52), was durch seinen Erlebnisbericht bestätigt wird, arbeitete Kaplan H. Schmitt zu Dudweiler neun Jahre als Seelsorger im Bistum Speyer (S. 81) und war Kaplan F. Schmitz zu Cues von 1874 bis 1892 in Würzburg und zeitweilig auch in Bamberg tätig (S. 85). Alle diese Kapläne waren maigesetzwidrig angestellte Priester des Trierer Weihejahrgangs von 1873 und wohlgemerkt war keiner von ihnen ausgebürgert worden.

290 Die Regierung Trier an den Oberpräsidenten der Rheinprovinz am 17. Februar 1876 (LHAK, Bestand 403 Nr. 10866): *Ew. Hochwohlgeboren verfehlen wir nicht gehorsamst anzuzeigen, daß verschiedene Succursalpfarrer, denen die Mittheilung im Sinne des § 23*

Benachrichtigung über das gegenüber dem Bischof von Trier eingeleitete Erzwingungsverfahren behufs definitiver Besetzung seiner Sukkursalpfarrstelle zu amtieren fortfuhr und deshalb zuletzt zu einer dreimonatigen Gefängnisstrafe verurteilt wurde, emigrierte nach dem Silvestergottesdienst des Jahres 1875 mit seinen nächsten Angehörigen, weil er – so der Landrat von Trier – nicht seine dreimonatige Haftstrafe abbüßen wollte oder weil er – so die Version des Pfarrers – nicht für einen eventuellen Tumult, wie er bei der Verhaftung eines Priesters leicht vorkommen konnte, verantwortlich gemacht und bestraft werden wollte. Zunächst hielt er sich in Luxemburg auf, zog dann aber bald weiter nach Belgien, weil er wegen seiner seelsorgerischen Tätigkeit im Grenzgebiet und seiner Kontakte mit seiner Heimatgemeinde bei der Regierung Trier denunziert worden war.[291] Auch diese Beispiele

---

al. 2 des Gesetzes vom 11. Mai 1873 zugegangen ist, sich den Folgen der Verurtheilungen durch Entfernung von ihren Wohnorten zu entziehen suchen und dem Vernehmen nach andere dem Beispiel folgen werden. Der Pfarrer Jox zu Brockscheid im Kreise Daun wird auf Grund eines Urtheils des Zuchtpolizeigerichts vom 7. Januar cr, wodurch er unter anderen wegen Beamtenbeleidigung zu einer directen Gefängnißstrafe von 14 Tagen verurtheilt worden ist, von dem Königlichen Oberprokurator im öffentlichen Anzeiger zum hiesigen Amtsblatt vom 10. d. Mts. streckbrieflich verfolgt. Die Pfarrer Hormisch zu Bettingen und Mertes zu Messerich haben laut Bericht des Kreislandrathes von Bitburg vom 12. d. Mts. ihren Wohnort verlassen und sollen sich ins Ausland begeben haben.

Der Präsident der Regierung Trier in seinem Zeitungsbericht vom 21. April 1876 für das 1. Quartal des Jahres 1876 (LHAK, Bestand 403 Nr. 17964): *Die meisten der gesperrten Succursalpfarrer haben sich [...] der Vollstreckung der gegen sie erkannten Strafen durch die Flucht entzogen. Nur der bekannte Pfarrer an der Liebfrauenkirche zu Trier, Classen, ließ es auf's Äußerste ankommen, fungirte täglich weiter, suchte die Vollstreckung der Strafen durch systematische Erschöpfung aller Rechtsmittel hinzuhalten und ließ sich dann, nachdem er 14 Verurtheilungen erfahren hatte, und einige Strafen in sein Mobiliar vollstreckt waren, ins Gefängniß führen, in welchem er wahrscheinlich zwei Jahre zubringen wird.*

291 Der Landrat des Landkreises Trier an die Regierung Trier am 2. November 1880 (GStA PK, I. HA Rep. 76 IV Sekt. 13 Abt. XII Nr. 13 Bd. 6): *Dem p. Hermes ist [...] von Königlicher Regierung am 15. September 1875 im Namen und Auftrage des Herrn Oberpräsidenten die Benachrichtigung zugegangen, daß das Zwangsverfahren wegen definitiver Besetzung der Succursalpfarrstelle zu Gusenburg auf Grund der §§ 18 und 19 des Gesetzes vom 11. Mai 1873 seitens des Herrn Oberpräsidenten eingeleitet sei, und ihm dabei eröffnet worden, daß er sich jeder Amtshandlung in dem Pfarramte zu enthalten habe, widrigenfalls das Strafverfahren nach § 23 Absatz 2 l. c. gegen ihn eingeleitet werden würde. Der p. Hermes hat indessen nach wie vor amtirt, was wiederum gerichtliche Untersuchungen und Bestrafungen nach sich gezogen hat, so namentlich das Urtheil des hiesigen Zuchtpolizeigerichts vom 18. December 1875 [...] zu 300 M. Geldbuße event. 3 Monaten Gefängniß und [die] Kosten. Um der Vollstreckung*

dokumentieren, dass nach einem Amtierungsverbot an eine einigermaßen unbehinderte Weiteramtierung am zugewiesenen Wirkungsort nicht mehr zu denken war und dass die staatliche Strafverfolgung nach der von Herbst 1873 bis etwa Mitte 1875 währenden ‚heroischen' Widerstandszeit die amtierungsunbefugten Geistlichen letztlich zur nicht erklärten Kapitulation in Gestalt einer Amtierungseinstellung, häufig gefolgt von einem Ausweichen in einen anderen deutschen Bundesstaat oder von einer Emigration ins Ausland, gezwungen hatte.

Die den Pfarrklerus zur Kapitulation zwingende staatliche Durchsetzungsfähigkeit, hier konkret in Gestalt einer Vertreibungsfähigkeit, wird überdies dadurch belegt, dass in allen überprüfbaren Fällen die landesverwiesenen Geistlichen tatsächlich längere Zeit im Ausland lebten. Zwar ist es im Einzelfall bisweilen unklar, ob die Ausbürgerung oder die Unmöglichkeit, in Preußen während des Kulturkampfes eine staatlicherseits tolerierte Anstellung zu erlangen, die Veranlassung zum Exodus ins Ausland war, aber dass von den achtzehn des Landes verwiesenen Priestern der Regierungsbezirke

dieses Urtheils und den Folgen der weitern gerichtlichen Untersuchung zu entgehen, hat der p. Hermes, nachdem er noch in der Neujahrsnacht von 1875 auf 1876 in Gusenburg Gottesdienst gehalten, die Communion gespendet und gepredigt, in selbiger Nacht den Pfarrort verlassen und sich in das Ausland geflüchtet.

Der sich in Gondregnies in Belgien aufhaltende Pfarrer B. Hermes zu Gusenburg an den Kultusminister am 14. September 1881 (GStA PK, I. HA Rep. 76 IV Sekt. 13 Abt. XII Nr. 13 Bd. 7): *Ich bin einer der Succursalpfarrer der Diöcese Trier, welcher im Monate August 1875 durch den Herrn Oberpräsidenten der Rheinprovinz benachrichtigt wurde auf Grund der §§ 18 und 19 des Gesetzes vom 11ten Mai 1873, daß behufs definitiver Besetzung des von mir damals innegehabten Pfarramtes gegen den Bischof von Trier das Zwangsverfahren eingeleitet sei. Dem Willen meines Bischofs entsprechend habe ich aber nach kurzer Unterbrechung fortgefahren, die gewohnte seelsorgerliche Thätigkeit auszuüben. In Folge dessen bin ich auf Grund des § 23 leg. cit. mehrfach verurtheilt worden. Um tumultuarischen Scenen, wie sie bei Verhaftung von Geistlichen leider vorzukommen pflegten, vorzubeugen, habe ich mich ins Ausland begeben. [... ...] Als ich nun später nach Weggang von meiner Pfarrei mich meiner schon bejahrten Geschwister wegen an der Grenze meiner Heimath im Großherzogthum Luxemburg aufhielt und um nicht ganz unthätig zu sein, einige Zöglinge bei mir aufnahm, die aber die sogenannten Oberprimarschulen des Ortes besuchten, dann aber erfuhr, daß dieser Umstand ebenso wie der, daß mehrere Mal einige meiner Pfarrkinder mich besuchen kamen, zu neuen Denunziationen bei der Königlichen Regierung in Trier Veranlassung gab, entschloß ich mich, mit meinen Angehörigen mich möglichst weit von meiner Heimat mich zu entfernen und kam so hier[hin] nach Belgien.*

Koblenz und Trier die siebzehn Geistlichen J. Anheier,[292] M. Arenth,[293] C. Hansen,[294] J. Junk,[295] J. Kaas,[296] M. Kaes,[297] W. Kautz,[298] L. Lunkenheimer,[299] P. Maringer,[300]

---

292 Pfarrer J. Masson von Ochtendung, dem Altersruhesitz des Pfarrers Anheier, schrieb in einem Brief an das Trierer Generalvikariat vom 17. Juni 1928 (BAT, Abt. 85 Nr. 25) über Pfarrer Anheier: *Als Kulturkampfskaplan in Neumagen wurde er von der weltlichen Behörde verfolgt, mußte mehrfach flüchten und sich verborgen halten. Nach Abbüßung mehrmonatlicher Gefängnisstrafe mußte er für 8 Jahre ins Ausland. 1884 wurde er zunächst Hilfsgeistlicher, dann bis 1890 Pfarrer in Uersfeld.*

293 Der Trierer Oberbürgermeister teilte der Regierung Trier am 29. August 1876 mit (LHAK, Bestand 442 Nr. 1944), *daß der katholische Geistliche Matthias Arenth sicherem Vernehmen nach in das Redemptoristenkloster zu Lüttich (Belgien) eingetreten ist und sich gegenwärtig noch in demselben befindet.*

294 Laut seinem Erlebnisbericht erhielt Kaplan C. Hansen zu Cochem im Oktober 1875 vom Luxemburger Bischof Adames eine Kaplanstelle in Bettborn, trat 1878 eine neue Stelle im *Haushaltungspensionat für deutsche Mädchen* in Heer bei Maastricht an und ging 1882 nach Doebling, einer Wiener Vorstadt, wo er in einem Waisenhaus arbeitete.

295 Laut ‚Der Weltklerus der Diözese Trier seit 1800' war Pfarrer J. Junk nach seiner Ausbürgerung Priester in Hull (England).

296 In der ‚Festschrift zur Weihe der katholischen Pfarrkirche St. Stephan in Schmelz-Bettingen/Saar am 22. November 1961' heißt es auf S. 32 (Kopie: BAT, Abt. 85 Nr. 793) zu Pfarrer Johannes Kaas: „[...] im Mai 1875 wurde er schließlich aus Preußen ausgewiesen. Kaas ging damals nach England, war zunächst zwei Jahre Kaplan an St. Anna in der Industriestadt Manchester und übernahm 1877 eine selbständige Seelsorgsstelle in Mos[s]ley. Als der Abbau der Kulturkampfgesetze wieder die Anstellung von Geistlichen im Bistum Trier ermöglichte, kehrte Kaas nach zehnjährigem Exil in sein Heimatbistum zurück und erhielt gleich die Pfarrei Bettingen zugewiesen, die er zunächst noch als Hilfsgeistlicher, aber doch mit den Rechten eines Pastors, von 1888 ab dann auch nominell als Pfarrer bis zu seinem Tode 1911 verwaltete." Laut ‚Der Weltklerus der Diözese Trier seit 1800' war Kaplan J. Kaas nach seiner Ausbürgerung Kaplan in St. Ann's (Manchester, England) und wurde 1877 Missionspfarrer in Mossley (Lancashire).

297 Der Landrat von Adenau berichtete der Regierung Koblenz am 15. April 1875 (LHAK, Bestand 441 Nr. 17270), *daß der Geistliche Mathias [...] Kaes in Uess sich nicht mehr aufhält. Sicherem Vernehmen nach ist derselbe nach Belgien übergesiedelt, woselbst er eine Priesterstelle angenommen hat.* – Laut W. Dietz (Die Auswirkungen des Kulturkampfes, S. 106) hielt sich Pfarrer Kaes in Lüttich auf.

298 Laut ‚Der Weltklerus der Diözese Trier seit 1800' wurde Pfarrer W. Kautz zu Bliesransbach Ende Dezember 1874 „nach Luxemburg exportiert und in einem Kloster in Nancy aufgenommen".

299 Laut seinem Erlebnisbericht emigrierte Kaplan L. Lunkenheimer zu Mayen Anfang 1878 in die Habsburger Monarchie, wo er *bis zum Jahre 1884 teilweise in Böhmen, teilweise in Salzburg, teilweise in Wien als Hofmeister in adeligen Familien thätig war und gelegentlich auch in der Seelsorge mitwirkte.*

300 Laut K. Kammer (Trierer Kulturkampfpriester, S. 117) war Pfarrer P. Maringer zu Niederbettingen nach einem dreimonatigen Aufenthalt in Luxemburg 1875/76

C. Müller,[301] H. Schmitz,[302] F. Schneiders,[303] A. Stiff,[304] J. Stoelben,[305] H. Volk,[306] F. Wehn[307] und J. Weyrauch,[308] bei denen die Quellen- und Literaturlage eine

---

Professor am französischen Collège St. Caprais in Agen und von 1877 bis 1884 Kaplan und Pfarrer im englischen Bistum Salford.

301 Laut seinem Erlebnisbericht emigrierte Pfarrer C. Müller zu Schöneberg im September 1875 nach Schottland, arbeitete ab Januar 1876 als Kaplan und Pastor im Bistum Salford und von Mai 1879 bis Juni 1882 im Bistum Northampton, bevor er Rektor des Nonnenklosters St. Mary's Abbey in East Bergholt (Grafschaft Suffolk) wurde.

302 Laut seinem Erlebnisbericht arbeitete Kaplan H. Schmitz zu Andernach von 1875 bis 1884 *bei einer gut katholischen freiherrlichen Familie* als Hauskaplan und Lehrer in der Steiermark *dicht an der ungarischen Grenze.*

303 Der Luxemburgische Regierungspräsident an die Regierung Trier am 6. August 1877 (LHAK, Bestand 442 Nr. 1996): *Die Erkundigungen, welche ich [...] eingezogen [habe], haben ergeben, daß der katholische Geistliche Schneiders seit achtzehn Monaten seinen Wohnsitz in England genommen [hat], wo er geistliche Functionen verrichtet, daß er, eine kurze Vakanz benutzend, neulich einige Tage in Wasserbillig im Gasthofe Vuinard zubrachte, um einige Verwandten und Freunde wiederzusehen. Man versichert, daß die Besuche, welche diese ihm machten, so wenig zahlreich und so ruhig waren, daß außer dem Personal des Gasthofes niemand dieselben wahrgenommen hat. Einige Tage nachher, am 25ten Juli, ist Schneiders nach England zurückgekehrt.*

304 Laut K. Kammer (Trierer Kulturkampfpriester, S. 126) war Pfarrer A. Stiff zu Dümpelfeld in Belgien, Schottland, England und Irland als Seelsorger tätig, bevor er in Südtirol als Hauslehrer in einer Grafenfamilie und dann in Holland als Religionslehrer angestellt wurde. Sein Aufenthalt in Schottland wird vom Erlebnisbericht des Pfarrers C. Müller bestätigt. W. Dietz (Die Auswirkungen des Kulturkampfes, S. 106) gibt seine Exilorte mit „Marienwerth, Grande Swisse" an.

305 Laut K. Kammer (Trierer Kulturkampfpriester, S. 91) floh Kaplan J. Stoelben zu Bernkastel 1875 nach England, wo er von 1877 bis 1884 Pfarrer von St. Mary in Manchester war.
Der Landrat von Bernkastel an die Regierung Trier am 15. Juli 1879 (LHAK, Bestand 442 Nr. 1978): *Der Königlichen Regierung beehre ich mich [...] zu berichten, daß der Geistliche Stoelben sich in England aufhält und in Ashton bei Manchester Pfarrer ist. Derselbe hat sich seit seiner Ausweisung aus dem Bundesgebiete im hiesigen Kreise nach dem Berichte des hiesigen Bürgermeisters nicht betreffen lassen.*

306 Laut seinem Erlebnisbericht reiste Kaplan H. Volk zu Polch auf Einladung des Erzbischofs Manning von Westminister im April 1875 nach London, wo er nach 10 Monaten für 10 Jahre die Leitung der dortigen deutschen Mission übernahm.

307 In seinem Schreiben an den Trierer Generalvikar vom 31. Mai 1884 (BAT, Abt. 85 Nr. 1933) sprach Pfarrer Wehn davon, in England gewesen zu sein und der Trierer Bischof erinnerte in seinem Glückwunschschreiben vom August 1913 an Pfarrer Wehn zu dessen 50jährigem Priesterjubiläum (ebd.) daran, dass *Sie in trauriger Zeit das Vaterland verlassen und das Brod der Verbannung essen mußten.*

308 In einem Gesuch um die Pensionierung des Pfarrers Weyrauch zu Bodendorf schrieb ein unbekannter Absender, wohl ein Amtsbruder, am 13. November 1916 an den Trierer Bischof Korum über Pfarrer Weyrauch (BAT, Abt. 85 Nr. 1971): *Im August 1871 in Trier zum Priester geweiht, wurde er zunächst Kaplan in Vallendar, dann 1874*

Überprüfung zulässt, tatsächlich ins Ausland emigrierten, ist als starkes Indiz für das langfristige Implementierungsvermögen des Staates zu deuten. Ebensowenig wie ein gesperrter Priester längere Zeit in seinem Wirkungsort amtieren und ein ausgewiesener Priester in der ihm verbotenen Region auf Dauer leben konnte, konnte sich ein ausgebürgerter Priester langfristig im Deutschen Reich aufhalten. Insgesamt führen daher der programmatische Buchtitel „The failure of Bismarck's Kulturkampf" und die einseitige Überbetonung der „limits of coercion"[309] in die Irre, weil sie die Exekutivmacht des preußischen Staatsapparats unterschätzen, wenn man die im Vergleich zu den totalitären Diktaturen des 20. Jahrhundert nur begrenzte Zielsetzung der Klerusverfolgung berücksichtigt, die nicht auf eine generelle Verhinderung jeglicher seelsorglicher Tätigkeit oder auf die physische Vernichtung von Priestern[310], sondern auf eine Amtierungsunterbindung für bestimmte Gruppen von Klerikern abzielte. Diesen gesperrten Pfarrgeistlichen allerdings vermochte die preußische Staatsgewalt trotz aller unbestreitbaren Exekutivdefizite auf Dauer doch eine halbwegs kontinuierliche, die religiösen Bedürfnisse einer Gemeinde befriedigende Amtierung am zugewiesenen Wirkungsort unmöglich zu machen und somit ihnen gegenüber das Amtierungsverbot mit Hilfe des Reichsgesetzes vom 4. Mai 1874 letztendlich auch durchzusetzen. Dieses Reichsgesetz hatte tatsächlich den Exekutivorganen vor allem in Gestalt der Ausweisung und Ausbürgerung ein wirksames Instrumentarium an die Hand gegeben, um maigesetzwidrig, also illegal angestellte Pfarrkleriker zur Amtierungseinstellung an

---

Frühmesser in Pfalzel bei Trier. Nachdem er hier wiederholt mit den sog. Maigesetzen in Konflikt geraten war und deshalb viermal eine Gefängnisstrafe in Trier verbüßt hatte, wurde er gesperrt und ging nach der Pfalz. Später nochmals wegen einer gottesdienstlichen Handlung in Waldhilbersheim bestraft, wurde er aus dem Deutschen Reiche ausgewiesen und nun ging er nach Belgien, wo er zuerst ein Jahr in Antwerpen, dann 5½ Jahre in Bruges [d.i. Brügge] *war, zwischendurch 7 Monate in Rom. Im Jahre 1882 kam er nach Riedenburg in Österreich, wo er bis 1885 blieb. In diesem Jahre wurde er Hilfsgeistlicher in Merchingen, 1888 Pfarrer dortselbst, 1893 Pfarrer in Adenau und 1909 Pfarrer in Bodendorf.*

309 R. Ross: The failure of Bismarck's Kulturkampf, S. 95–120. Solchen allgemeinen Behauptungen wie „even with the best of intentions on the part of the Prussian government the antichurch measures could not be efficiently implemented" (ebd., S. 116) oder „As an instrument of coercion, the May Laws proved a dismal failure" (R. Ross: The Kulturkampf and the limitations of power, S. 677) oder „that the organisation and methods used in enforcing the Kulturkampf were hopelessly inadequate" (ebd., S. 679) muss trotz aller Berechtigung des Grundanliegens von R. Ross, die Exekutivdefizite und die Grenzen der preußischen Staatsmacht aufzuzeigen, entschieden widersprochen werden, zumal wenn man die Ergebnisse der staatlichen Exekution an deren Absichten misst.

310 R. Ross (The Kulturkampf, S. 194f) weist selbst darauf hin, dass kein Priester und wohl auch kein Gläubiger nachweisbar durch direkte staatliche Gewalteinwirkung während des Kulturkampfes ums Leben gekommen ist.

ihrem vom Bischof zugewiesenen Wirkungsort zu zwingen. Dieses Klerussegment, gegen das sich die staatliche Klerusrepressionsoffensive hauptsächlich gerichtet hatte, hatte sich bis Ende 1875 der überlegenen Staatsmacht beugen müssen, sodass das Reichsgesetz vom 4. Mai 1874 durchaus seinen Zweck erfüllt und sein Ziel erreicht hatte.

www.ingramcontent.com/pod-product-compliance
Ingram Content Group UK Ltd.
Pitfield, Milton Keynes, MK11 3LW, UK
UKHW041827290926
8980IPUK00002B/125

9 783631 824528